BRUNNER - SUDDARTH

SOINS INFIRMIERS

MÉDECINE ET CHIRURGIE

D1501928

FONCTION
GÉNITO-URINAIRE

BRUNNER/SUDDARTH

SOINS INFIRMIERS – MÉDECINE ET CHIRURGIE

(EN 6 VOLUMES)

BRUNNER - SUDDARTH

SOINS INFIRMIERS

MÉDECINE ET CHIRURGIE

FONCTION GÉNITO-URINAIRE

Suzanne Smeltzer
Brenda Bare

4

3e ÉDITION

ERPI ÉDITIONS DU RENOUVEAU PÉDAGOGIQUE INC.

5757, RUE CYPIHOT, SAINT-LAURENT (QUÉBEC) H4S 1X4
TÉLÉPHONE : (514) 334-2690 TÉLÉCOPIEUR : (514) 334-4720

J. B. LIPPINCOTT
A WOLTERS KLUWER COMPANY

VOLUME 4 DE 6

Ce volume est une version française des parties 4, 10 et 11 de la septième édition de *Brunner & Suddarth's Textbook of Medical-Surgical Nursing* de Suzanne Smeltzer et Brenda Bare, publiée et vendue à travers le monde avec l'autorisation de J.B. Lippincott Company

Traduction: Sylvie Beaupré, Marie-Annick Bernier, France Boudreault, Pierre-Yves Demers, Annie Desbiens, les traductions l'encrier, Jocelyne Marquis, Véra Pollak
Révision et supervision éditoriale: Jocelyne Marquis et Suzie Toutant
Correction d'épreuves: France Boudreault, Pauline Coulombe-Côté, Corinne Kraschewski, Diane Provost
Coordination de la réalisation graphique: Micheline Roy
Conception de la page couverture: Denis Duquet
Photocomposition et montage: Compo Alphatek Inc.

Les médicaments et leur posologie respectent les recommandations et la pratique en vigueur lors de la publication du présent ouvrage. Cependant, étant donné l'évolution constante des recherches, les modifications apportées aux règlements gouvernementaux et les informations nouvelles au sujet des médicaments, nous prions le lecteur de lire attentivement l'étiquette-fiche de chaque médicament afin de s'assurer de l'exactitude de la posologie et de vérifier les contre-indications ainsi que les précautions à prendre. Cela est particulièrement important dans le cas des nouveaux médicaments ou des médicaments peu utilisés.

Les méthodes et les plans de soins présentés dans le présent ouvrage doivent être appliqués sous la supervision d'une personne qualifiée, conformément aux normes de compétence en vigueur et en tenant compte des circonstances particulières de chaque situation clinique. Les auteurs, les adaptateurs et l'éditeur se sont efforcés de présenter des informations exactes et de rendre compte des pratiques les plus courantes. Cependant, ils ne peuvent être tenus responsables des erreurs ou des omissions qui auraient pu se glisser ni des conséquences que pourrait entraîner l'utilisation des informations contenues dans cet ouvrage.

© Éditions du Renouveau Pédagogique Inc., 1994
5757, rue Cypihot
Saint-Laurent, Québec (Canada) H4S 1X4
Tous droits réservés.

Dépôt légal: 2ᵉ trimestre 1994
Bibliothèque nationale du Québec
Bibliothèque nationale du Canada
Imprimé au Canada

ISBN 2-7613-0891-3 (Volume 4)
13004 ABCD
ISBN 2-7613-0696-1 (L'ensemble)
2245

2 3 4 5 6 7 8 9 0 II 9 8 7 6 5
FM9

CONSULTANTS

PARTIE 9

Version française

Chapitres 35, 36 et 37

Sylvain Pouliot, inf., M.Sc. option santé communautaire, diplôme de
  2ᵉ cycle en administration publique
  Conseiller en développement des ressources humaines, Centre
  hospitalier Robert Giffard, Québec
  Chargé de cours, module de Nursing, Université du Québec à
  Rimouski et à Trois-Rivières
  Chargé de cours, école des sciences infirmières, université Laval,
  Québec

PARTIE 10

Version anglaise

Chapitres 38, 39 et 40

Kathleen Kelleher Furniss, RN, C, MSN
  Infirmière praticienne en obstétrique, Wayne Obstetrical Group,
  Wayne, New Jersey
  Coordinatrice de projet, Domestic Violence Prevention Project,
  University of Medicine and Dentistry of New Jersey, Newark,
  New Jersey

Chapitre 41

Ryan R. Iwamoto, RN, CS, MN
  Infirmier clinicien spécialisé, Secion of Radiation Oncology,
  Virginia Mason Clinic, Seattle, Washington

Version française

Guylaine Pepin, inf. B.Sc.
  Auxiliaire d'enseignement, école des sciences infirmières,
  université Laval, Québec

PARTIE 11

Version anglaise

Chapitre 42

Dorothy B. Liddel, MSN, RN, ONC
  Professeur adjoint, Edyth T. James Department of Nursing,
  Columbia Union College, Takoma Park, Maryland

Chapitre 44

Diana J. Mason, PhD, RN, C
  Directrice adjointe, formation et recherche, Beth Israel Medical
  Center, New York, New York

Chapitre 45

Beverly Whipple, PhD, RN
  Professeur adjoint, College of Nursing, Rutgers, The State University
  of New Jersey, Mewark, New Jersey

Chapitre 46

Norma M. Metheny, PhD, RN
  Professeur en sciences infirmières, St.Louis University, St.Louis,
  Missouri

Chapitre 47

Susan A. Rokita, RN, MS
  Infirmière clinicienne spécialisée en oncologie, University Hospital,
  The M.S. Hershey Medical Center, Hershey, Pennsylvania

Cindy Stern, RN, MSN, OCN
  Spécialiste clinique en oncologie, Thomas Jefferson University
  Hospital, Philadelphia, Pennsylvania

Version française

Chapitre 42

Micheline Saint-Jacques, inf., M.Sc.
  Directrice des soins infirmiers, Institut de réadaptation, Montréal

Chapitre 43

Gisèle Besner, inf., M.Sc.
  Conseillère en soins infirmiers, direction des soins infirmiers,
  Hôpital Saint-Luc

Chapitres 44 et 45

Danielle Fleury, inf., M.Sc.
  Adjointe à la vice-doyenne aux études de premiers cycles, faculté
  des sciences infirmières, Université de Montréal

Chapitre 46

Sylvie Le May, certificat en gestion des services de santé inf., M.SC.,
  chargée d'enseignement, faculté des sciences infirmières,
  Université de Montréal

Chapitre 47

Louise Bouchard, inf., PhD
  Professeur agrégé, faculté des sciences infirmières, Université de
  Montréal

AVANT-PROPOS

Les six premières éditions anglaises de *Soins infirmiers — médecine et chirurgie* ont été le fruit d'une collaboration qui a trouvé son expression dans un partenariat *efficace*. Le soutien inébranlable des enseignantes, des praticiennes et des étudiantes nous a donné la plus grande des joies en nous amenant à nous pencher sur la quintessence des soins infirmiers, les réactions humaines aux problèmes de santé.

Nous sommes heureuses que Suzanne Smeltzer et Brenda Bare aient accepté d'être les auteures et les directrices de la septième édition de cet ouvrage. Elles nous ont déjà prêté main forte lors des éditions précédentes, et nous pouvons attester qu'elles ont l'intégrité, l'intelligence et la détermination nécessaires à la publication d'un ouvrage d'une telle envergure. Elles savent à quel point il est important de lire tout ce qui est publié sur le sujet, de voir comment les découvertes de la recherche en sciences infirmières peuvent être mises à profit dans la pratique, de choisir des collaborateurs *qualifiés* et d'analyser à fond les chapitres pour s'assurer que leur contenu est exact et d'actualité.

Nous tenons à remercier les infirmières qui ont utilisé notre ouvrage pour leur fidélité et leur encouragement. Nous passons maintenant le flambeau à Suzanne et à Brenda, avec la certitude qu'elles consacreront tout leur talent à la recherche de l'excellence qui constitue la marque de ce volume.

Lillian Sholtis Brunner, RN, MSN, ScD, *Litt*D, FAAN
Doris Smith Suddarth, RN, BSNE, MSN

PRÉFACE

Quand on passe d'une décennie à une autre, les prévisions et les prédictions abondent. Quand c'est dans un nouveau siècle que l'on s'engage, elles déferlent. À l'aube du XXIe siècle, la documentation spécialisée dans les soins de santé regorge donc de prédictions sur l'avenir de notre monde, et plus particulièrement sur l'avenir des systèmes de soins de santé. Les titres des ouvrages et des articles sur le sujet contiennent souvent des mots comme «perspectives démographiques au XXIe siècle», «prospectives en matière de soins de santé» ou «les systèmes de soins de santé en mutation».

Selon ceux et celles qui ont tenté de prédire ce que seront les soins infirmiers au XXIe siècle, les infirmières doivent se préparer à faire face à des changements et à relever de nouveaux défis. Il leur faudra donc anticiper les courants et les orientations de leur profession si elles ne veulent pas se laisser distancer. Les nouveaux enjeux leur ouvriront des perspectives inédites sur leur profession, tant dans la théorie que dans la pratique, et cela ne pourra se faire que dans un souci constant d'excellence.

Dans la septième édition de *Soins infirmiers en médecine et en chirurgie* de Brunner et Suddarth, nous nous sommes donné pour but de favoriser l'excellence dans la pratique des soins infirmiers. Nous avons continué de mettre l'accent sur ce qui a fait notre marque dans les éditions précédentes : notions de physiopathologie, explications scientifiques, résultats de la recherche et état des connaissances actuelles sur les principes et la pratique des soins infirmiers cliniques. Pour décrire le vaste champ d'application des soins infirmiers en médecine et en chirurgie, nous avons eu recours à des principes de physique, de biologie, de biotechnologie médicale et de sciences sociales, combinés à la théorie des sciences infirmières et à l'art de prodiguer les soins.

La démarche de soins infirmiers constitue le centre, la structure du présent ouvrage. À l'intérieur de cette structure, nous avons mis en évidence les aspects gérontologiques des soins, les traitements médicamenteux, l'enseignement au patient, les soins à domicile et la prévention. Le maintien et la promotion de la santé, de même que les autosoins, occupent aussi une place importante. Cet ouvrage est axé sur les soins aux adultes qui présentent un problème de santé aigu ou chronique et sur les rôles de l'infirmière qui leur prodigue des soins : soignante, enseignante, conseillère, porte-parole, coordonnatrice des soins, des services et des ressources.

Nous avons accordé plus d'espace que dans les éditions précédentes aux questions d'actualité en matière de soins de santé. Dans cet esprit, nous avons consacré un chapitre aux problèmes d'éthique qui se posent le plus dans la pratique des soins infirmiers. Nous avons aussi traité en détail des besoins en matière de santé des personnes âgées (dont le nombre augmente sans cesse), des sans-abri, des personnes atteintes du sida ou d'autres maladies immunitaires et des personnes atteintes d'une maladie chronique dont la vie est prolongée grâce aux progrès de la médecine.

Nous avons accordé une importance particulière à la recherche en sciences infirmières en consacrant une section aux progrès de la recherche à la fin de chaque partie de l'ouvrage. Dans cette section, nous présentons une analyse des résultats de différentes recherches, suivie de leur application possible en soins infirmiers. Dans les bibliographies, nous avons marqué d'un astérisque les articles de recherche en sciences infirmières. Nous avons choisi avec soin les références les plus représentatives de l'état actuel des connaissances et de la pratique.

De plus, nous avons voulu dans l'édition française faciliter la consultation d'un ouvrage aussi exhaustif en le séparant en volumes plus petits et plus faciles à transporter dans les cours ou sur les unités de soins. Pour ce faire, nous avons divisé la matière en six grandes fonctions, auxquelles nous avons ajouté divers éléments de théorie plus générale : le **volume 1** traite de la fonction respiratoire, du maintien de la santé et de la collecte de données ; le **volume 2** couvre les fonctions cardiovasculaire et hématologique ainsi que les notions biopsychosociales reliées à la santé et à la maladie ; le **volume 3** traite des fonctions digestive, métabolique et endocrinienne ainsi que des soins aux opérés ; le **volume 4** explique la fonction génito-urinaire ainsi que les principes et les difficultés de la prise en charge du patient ; le **volume 5** couvre les fonctions immunitaire et tégumentaire, les maladies infectieuses et les soins d'urgence ; et enfin, le **volume 6** traite des fonctions sensorielle et locomotrice.

Afin de faciliter la lecture du texte, nous avons utilisé le terme «infirmière» et avons féminisé les titres de quelques professions. Il est entendu que cette désignation n'est nullement restrictive et englobe les infirmiers et les membres masculins des autres professions. De même, tous les termes masculins désignant des personnes englobent le féminin. Nous avons choisi de désigner par le terme «patient» la personne qui reçoit les soins parce que, dans le contexte du présent ouvrage, il correspond bien à la définition donnée par les dictionnaires : Personne qui subit ou va subir une opération chirurgicale ; malade qui est l'objet d'un traitement, d'un examen médical (*Petit Robert).* Dans tous les autres contextes, les infirmières peuvent utiliser un autre terme de leur choix : client, bénéficiaire, etc.

Nous avons conservé notre perspective éclectique des soins au patient, parce qu'elle permet aux étudiantes et aux infirmières soignantes d'adapter ce qu'elles apprennent à leur propre conception des soins infirmiers. La matière du présent ouvrage peut être utilisée avec tous les modèles conceptuels de soins infirmiers.

Nous considérons la personne qui reçoit les soins comme un être qui aspire à l'autonomie, et nous croyons qu'il incombe à l'infirmière de respecter et d'entretenir cette volonté d'indépendance.

À l'aube du XXIe siècle, dans l'évolution rapide de la société et des soins de santé, une chose n'a pas changé : l'infirmière a toujours pour rôle d'humaniser les soins. La septième édition de *Soins infirmiers – médecine et chirurgie* de Brunner et Suddarth, avec sa perspective holistique des soins au patient, fait écho à ce souci d'humanisation.

TABLE DES MATIÈRES

VOLUME 2

VOLUME 3

partie 10

Fonctions de la reproduction

partie **11**

Prise en charge du patient : Principes et difficultés

VOLUME 5

partie 12

Fonction immunitaire

partie 13

Fonction tégumentaire

partie 14

Maladies infectieuses et soins d'urgence

VOLUME 6

partie 15

Fonction sensorielle

partie *16*

Fonction locomotrice

partie 9
Fonctions rénale et urinaire

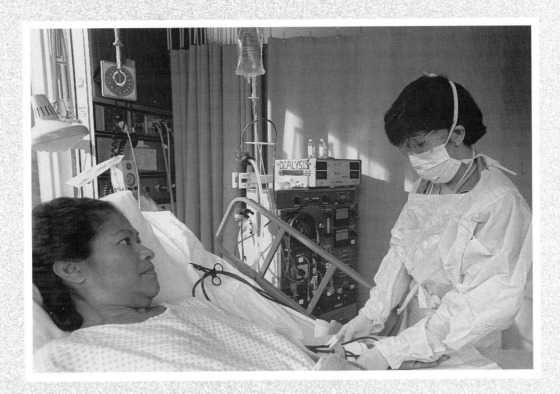

35
ÉVALUATION DES FONCTIONS RÉNALE ET URINAIRE

OBJECTIFS D'APPRENTISSAGE

Après avoir étudié ce chapitre, vous devriez être en mesure de réaliser ce qui suit:

1. Décrire le rôle du rein dans le maintien de l'équilibre hydroélectrolytique et acidobasique.
2. Utiliser les paramètres d'évaluation pour déterminer l'état des fonctions rénale et urinaire.
3. Décrire les examens diagnostiques pour l'exploration de la fonction rénale et urinaire.
4. Élaborer un plan de soins infirmiers pour les patients soumis à un examen de l'appareil urinaire.

PHYSIOLOGIE

L'appareil urinaire comprend les reins, les uretères, la vessie et l'urètre. Les principales fonctions du rein sont d'assurer l'équilibre hydroélectrolytique de l'organisme et d'éliminer du sang les déchets issus du métabolisme. L'urine extraite par les reins est véhiculée par les uretères à la vessie, où elle est entreposée temporairement. Lors de la miction, la vessie se contracte et l'urine est excrétée de l'organisme par l'urètre. Bien qu'une partie de l'eau et des électrolytes soit éliminée par la transpiration et dans les matières fécales, ce sont les reins qui assurent une régulation précise du milieu interne. L'activité uréoexcrétoire du rein est indispensable à la vie. Cependant, contrairement aux appareils cardiovasculaire et respiratoire, le dérèglement complet des reins n'entraîne pas une mort subite. On peut avoir recours à des techniques de traitement comme la dialyse (rein artificiel) pour pallier la défaillance de la fonction rénale.

L'appareil urinaire possède une particularité remarquable, celle de pouvoir s'adapter à des charges liquidiennes pouvant varier considérablement selon les habitudes de chacun. Le rôle du rein consiste essentiellement à éliminer les déchets provenant de l'alimentation et du métabolisme que les autres organes n'ont pas éliminés. La quantité de déchets excrétée en une journée se compose généralement de 1 à 2 L d'eau, de 6 à 8 g de sel (chlorure de sodium), et de 70 mmol d'acides. L'urine doit également éliminer d'autres déchets, dont l'urée, qui proviennent de la dégradation des protéines ingérées.

Anatomie de l'appareil urinaire

Les reins sont des organes jumelés pesant chacun environ 125 g. Ils sont situés de chaque côté des dernières vertèbres thoraciques, à quelques centimètres à droite et à gauche du rachis, ils sont tapissés d'un fin tissu fibreux appelé la capsule.

À l'avant, les reins sont séparés de la cavité abdominale et des viscères par le péritoine. À l'arrière, ils sont protégés par la paroi thoracique inférieure. Chaque rein est alimenté en sang par l'artère rénale et drainé par la veine rénale. Les artères rénales débouchent de l'aorte abdominale, et les veines rénales ramènent le sang dans la veine cave inférieure.

Le rein est capable d'épurer efficacement le sang, en partie à cause de l'importance de son débit sanguin, qui représente 25 % du débit cardiaque.

L'urine se forme à l'intérieur des unités fonctionnelles du rein, les *néphrons*. Elle passe ensuite dans des canaux collecteurs, les tubules, qui se réunissent pour former le bassinet. Chaque bassinet donne naissance à un uretère, long canal formé de muscles lisses qui relie chaque rein à la vessie et sert de conduit à l'urine.

La vessie est un organe creux situé juste derrière l'os du pubis. Elle sert de réservoir temporaire à l'urine. La paroi vésicale est essentiellement constituée d'une tunique musculaire, le *détrusor*. La contraction du détrusor permet de vider la vessie lors de la miction. L'urètre, qui part de la vessie, traverse le pénis chez l'homme et aboutit juste en avant du vagin chez la femme. Chez l'homme, il traverse la prostate, située juste en dessous du col de la vessie. À la sortie de la prostate, l'urètre est entouré par un étroit faisceau de fibres musculaires. C'est le sphincter externe. Le sphincter est le principal mécanisme qui préside à la miction.

Néphron.   Le rein est divisé en deux zones: une zone externe, le cortex et une zone interne, la médulla (voir la figure 35-1). Chez l'humain, le rein renferme environ un million d'unités fonctionnelles appelées néphrons. Chaque néphron comprend un glomérule et un tubule (figure 35-2). Le glomérule, qui forme la tête du néphron, est constitué d'une touffe de capillaires vascularisés par une artériole afférente et drainés par une artériole efférente. Cette dernière possède une paroi musculaire épaisse qui aide à maintenir une forte pression à l'intérieur des capillaires glomérulaires. Comme dans le cas des autres capillaires, les parois des capillaires glomérulaires sont constituées d'une couche de cellules endothéliales et d'une membrane basale. De l'autre côté de la membrane basale se trouvent des cellules épithéliales qui forment la première partie du tubule, lui-même divisé en trois

segments: le tubule contourné proximal, l'anse de Henlé et le tubule contourné distal. Les tubules distaux convergent pour former des canaux collecteurs. Le canal traverse le cortex et la médulla avant de déboucher dans le bassinet.

Fonction du néphron.   Le processus de formation de l'urine débute dès que le sang traverse le glomérule. Le liquide est filtré à travers les parois du réseau de capillaires glomérulaires et passe dans le tubule contourné proximal. Normalement, environ 80 % du plasma qui traverse le glomérule est filtré dans le néphron et on obtient à peu près 180 L de filtrat par jour. La composition du filtrat est proche de celle du plasma sanguin débarrassé de ses protéines. Il contient essentiellement de l'eau, des électrolytes et d'autres petites molécules. Certaines de ces substances sont réabsorbées sélectivement dans la circulation sanguine par les cellules tubulaires. D'autres sont sécrétées dans le filtrat au cours de sa progression dans le tubule. L'urine est le produit résiduel qui, avec ses constituants, parvient jusqu'au bassinet. Certaines substances, comme le glucose, sont normalement réabsorbées entièrement par le tubule et sont absentes de l'urine. Les processus de réabsorption et de sécrétion dans le tubule font fréquemment appel au transport actif et exigent l'utilisation d'énergie métabolique. Les quantités des différentes substances normalement filtrées dans le glomérule, réabsorbées par les tubules et excrétées dans l'urine, sont indiquées au tableau 35-1.

Composition de l'urine

Le rein est le principal organe excréteur de l'organisme. Il élimine les déchets provenant de l'alimentation et du métabolisme. Chez une personne en santé, la quantité des matières excrétées quotidiennement correspond à celle des matières ingérées ou fabriquées par l'organisme, si bien que sur une certaine période de temps, il n'y a pas de changement net dans la composition de l'organisme.

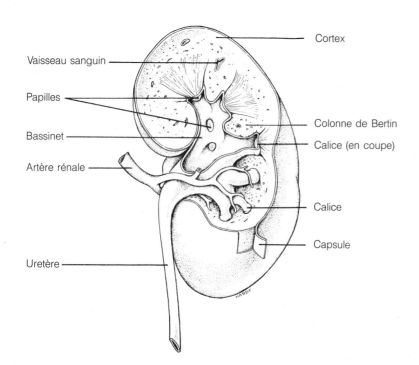

Cortex

Vaisseau sanguin

Papilles

Bassinet

Artère rénale

Uretère

Colonne de Bertin

Calice (en coupe)

Calice

Capsule

Figure 35-1 Schéma de la structure interne du rein illustrant, dans la région médullaire, les relations entre, d'une part, le bassinet et les calices, et d'autre part, les pyramides.

(Source: E. E. Chaffee et E. M. Greisheimer, *Basic Physiology and Anatomy*, 3e éd., Philadelphia, J. B. Lippincott)

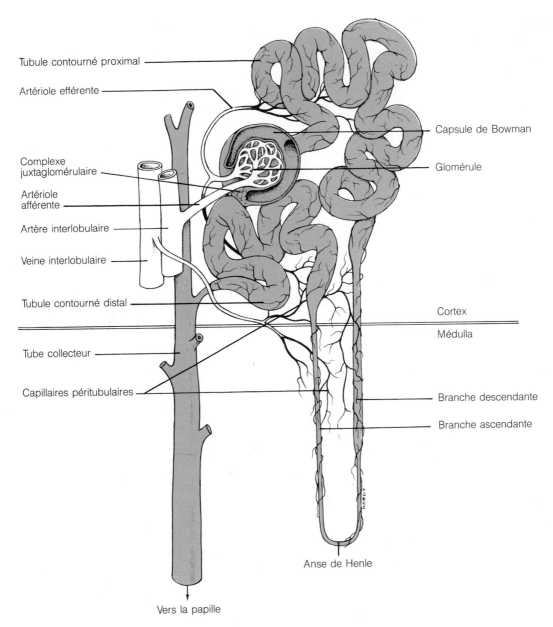

Tubule contourné proximal

Artériole efférente

Complexe juxtaglomérulaire

Artériole afférente

Artère interlobulaire

Veine interlobulaire

Tubule contourné distal

Tube collecteur

Capillaires péritubulaires

Capsule de Bowman

Glomérule

Cortex

Médulla

Branche descendante

Branche ascendante

Anse de Henle

Vers la papille

Figure 35-2 Schéma du néphron et de ses vaisseaux sanguins. Le tube collecteur recueille l'urine en provenance des néphrons voisins. Noter que l'anse de Henle plonge profondément dans la région médullaire.

(Source: E. E. Chaffee et E. M. Greisheimer, *Basic Physiology and Anatomy*, 3ᵉ éd., Philadelphia, J. B. Lippincott)

Les urines sont composées essentiellement d'eau. Une personne saine ingère environ 1 à 2 L d'eau par jour, dont 400 à 500 mL se retrouvent généralement excrétés dans les urines. Le reste est rejeté par les pores, par les poumons lors de la respiration, et dans les matières fécales. Les reins excrètent également des électrolytes, notamment du sodium, du potassium, des chlorures, des bicarbonates et, en quantité moindre, des ions. Le régime alimentaire quotidien du Nord-Américain contient à peu près 6 à 8 g de chlorure de sodium (sel) et la même quantité de chlorure de potassium, et ces électrolytes sont presque intégralement excrétés dans les urines.

Un troisième groupe de substances apparaît dans les urines. Ce sont des déchets d'origine métabolique, dont le plus important est l'urée. L'organisme produit et rejette environ 25 g d'urée par jour. Il rejette également des substances issues

de la dégradation métabolique des protéines (créatinine, phosphates et sulfates) ainsi que de l'acide urique, qui provient de la dégradation métabolique des acides nucléiques.

Il est important de noter que certaines substances présentes en fortes concentrations dans le sang sont ordinairement complètement réabsorbées dans le tubule par le transport actif. Le glucose et les acides aminés, par exemple, sont généralement filtrés dans le glomérule et réabsorbés de telle sorte qu'ils sont tous les deux absents des urines. Toutefois, du glucose apparaît dans les urines lorsque son taux plasmatique est si élevé que sa concentration dans le filtrat glomérulaire excède la capacité de réabsorption du tubule. Normalement, le glucose est complètement réabsorbé lorsque sa concentration sanguine est inférieure à 11 mmol / L. Les urines du diabétique contiennent du glucose car son taux de glucose

TABLEAU 35-1. *Filtration, réabsorption et excrétion de certains constituants normaux du plasma*

	Filtration (g/24 h)	Réabsorption (g/24 h)	Excrétion (g/24 h)*
Sodium	540,0	537,0	3,3
Chlorure	630,0	625,0	5,3
Bicarbonate	300,0	300,0	0,3
Potassium	28,0	24,0	3,9
Glucose	140,0	140,0	0,0
Urée	53,0	24,0	25,0
Créatinine	1,4	0,0	1,4
Acide urique	8,5	7,7	0,8

* Valeurs normales caractéristiques; de grandes variations peuvent exister en fonction du régime alimentaire.

dans le sang dépasse la capacité d'absorption du rein. En général, on ne retrouve pas de protéines dans les urines, la taille de ces molécules ne leur permettant pas d'être filtrées dans le glomérule. Leur présence dans les urines indique habituellement que les glomérules sont lésés, ce qui provoque des «fuites».

Excrétion de l'acide

Le catabolisme ou la dégradation des protéines donne naissance à des composés acides, notamment l'acide phosphorique et l'acide sulfurique. De plus, une certaine quantité de substances acides est ingérée chaque jour. Contrairement au gaz carbonique, ces acides ne sont pas volatils et ne peuvent donc pas être éliminés par les poumons. Ils doivent être excrétés dans les urines parce qu'en s'accumulant dans le sang, ils en abaissent le pH (augmentant son acidité) et inhibent le fonctionnement cellulaire. Un rein en bonne santé excrète quotidiennement environ 70 mmol d'acides et est capable de faire passer assez d'acides dans les urines pour en abaisser le pH à 4,5, les rendant ainsi 1000 fois plus acides que le plasma.

L'organisme doit généralement éliminer d'autres acides que ceux excrétés directement par les reins dans les urines sous forme d'acides libres. Cette fonction est accomplie par les reins, cette fois avec l'aide de tampons chimiques. Les ions H^+ sont sécrétés par les cellules tubulaires dans le filtrat, où ils sont tamponnés essentiellement par les phosphates et l'ammoniaque (NH_3). Le phosphate est présent dans le filtrat glomérulaire et l'ammoniaque est élaborée par les cellules tubulaires et sécrétée dans le filtrat. Le tamponnage permet au rein d'excréter d'importantes quantités d'acides non dissociés sans baisser le pH des urines.

Excrétion des électrolytes

La quantité d'électrolytes et d'eau que le rein va excréter chaque jour varie énormément et dépend des quantités ingérées. Les 180 L de filtrat élaborés chaque jour par les glomérules contiennent environ 1100 g de chlorure de sodium. Sauf 2 L d'eau et 6 à 8 g de chlorure de sodium, tout le reste est normalement réabsorbé par les reins. Le sodium est réabsorbé avec l'eau du filtrat pour maintenir l'équilibre osmotique. Le restant d'eau, le chlorure de sodium, les autres électrolytes et les déchets sont excrétés sous forme d'urines. Ainsi, lors de

l'élimination urinaire, plus de 99 % de l'eau et du sodium filtrés dans le glomérule ont déjà été réabsorbés dans le sang. En assurant le fonctionnement de la réabsorption de l'eau et du sodium, le rein assure le maintien de l'équilibre du volume hydrique.

- Une excrétion de sodium supérieure à la quantité de sodium ingérée provoque la déshydratation.
- Une excrétion de sodium inférieure à la quantité ingérée provoque une rétention hydrique.

La régulation de l'élimination sodée est assurée par l'aldostérone, une hormone synthétisée et sécrétée par la glande surrénale. Une hypersécrétion d'aldostérone dans le sang réduit la quantité de sodium excrétée dans les urines.

La sécrétion de l'aldostérone par la glande surrénale est sous la dépendance première de l'angiotensine, hormone peptique fabriquée par le foie et activée dans le poumon. Les taux d'angiotensine sont eux-mêmes sous la dépendance d'une autre hormone, la rénine, élaborée par les cellules rénales. Ce mécanisme complexe est amorcé lorsque la pression dans les artérioles rénales descend en-dessous de la valeur normale, ce qui se produit dans les cas de choc ou de déshydratation. Ce mécanisme augmente la rétention hydrique et accroît le volume du liquide intravasculaire.

Le potassium, l'ion intracellulaire le plus important, est un autre électrolyte dont la concentration dans les liquides biologiques est commandée par le rein. L'excrétion du potassium par le rein est directement proportionnelle à la concentration d'aldostérone, alors que l'excrétion du sodium est inversement proportionnelle à la concentration d'aldostérone.

- La rétention de potassium constitue la complication la plus grave de l'insuffisance rénale.

Élimination hydrique

La régulation de l'élimination hydrique constitue une autre fonction importante du rein. Une augmentation de l'apport liquidien entraîne l'excrétion d'une grande quantité d'urines diluées. Inversement, une réduction de l'apport liquidien donne des urines très concentrées. Le taux relatif de dilution et de concentration des urines s'exprime en fonction de son *osmolalité.* Celle-ci correspond à la quantité de matières solides (électrolytes et autres molécules) dissoutes dans les urines. Le filtrat des capillaires glomérulaires possède la même osmolalité que le sang, soit environ 300 mOsm/L. Quand le filtrat traverse les tubules et les canaux collecteurs, l'osmolalité peut varier de 50 à 1200 mOsm/L. Ces valeurs représentent la capacité maximale de dilution et de concentration du rein.

On peut mesurer l'osmolalité en analysant un échantillon d'urines. L'*osmolalité* représente le nombre de particules de soluté par unité de solution. En revanche, la *densité* des urines, qui indique à la fois la quantité des particules et leur nature, est moins précise. C'est pourquoi les protéines, le glucose et les substances de contraste injectées par voie intraveineuse modifient plus la densité que l'osmolalité. On mesure l'osmolalité lorsqu'on désire évaluer avec précision la capacité de concentration et de dilution du rein. L'osmolalité normale des urines oscille entre 500 et 800 mOsm/L. Quant à la densité normale, elle varie de 1,015 à 1,025 (avec un apport liquidien normal).

La régulation de l'élimination hydrique et de la concentration de l'urine s'effectue dans le tubule, qui fait varier la quantité d'eau réabsorbée selon le degré de réabsorption des électrolytes. La composition en électrolytes du filtrat glomérulaire est, aux protéines près, analogue à celle du plasma. La réabsorption de l'eau est tributaire d'une hormone antidiurétique, l'ADH ou vasopressine, qui est libérée par le lobe postérieur de l'hypophyse en réponse aux fluctuations de l'osmolalité sanguine. Une réduction de l'apport liquidien entraîne une augmentation de l'osmolalité et la libération d'ADH. Le rein réagit en suscitant une réabsorption accrue d'eau et en rétablissant une osmolalité sanguine normale. Une augmentation de l'apport liquidien entrave la libération de l'ADH par l'hypophyse et réduit la réabsorption d'eau dans le tube rénal, ce qui entraîne une augmentation du volume urinaire (diurèse).

- La perte de la capacité de concentration et de dilution des urines est souvent l'une des premières manifestations de la néphropathie. L'organisme sécrète alors une urine diluée ayant une densité constante voisine de 1,010 ou une osmolalité constante voisine de 300 mOsm/L.

Clairance rénale

L'épreuve la plus couramment utilisée pour évaluer la capacité d'excrétion du rein est la *clairance rénale* (ou coefficient d'épuration plasmatique rénale). La clairance d'une substance A est donnée par la formule suivante:

Clairance:

$$\frac{\text{(Concentration urinaire de A)} \times \text{(débit urinaire en un temps donné)}}{\text{Concentration plasmatique de A}}$$

Par exemple, si la concentration plasmatique artérielle d'une substance est de 0,1 mg/mL, sa concentration urinaire de 50 mg/mL et le débit urinaire de 1,0 mL/min, la clairance de cette substance est égale à 500 mL/min. Cela signifie que 500 mL de sang ont été totalement épurés de cette substance en une minute. Peu de substances dans l'organisme sont entièrement épurées en un seul passage dans le rein. Dans l'exemple donné, si le sang est épuré de cette substance à 50 % seulement, la concentration urinaire de la substance sera de

25 mg/mL et la clairance sera de 250 mL/min. On peut ainsi déterminer la clairance de n'importe quel composé, mais la méthode des clairances s'est révélée particulièrement utile avec la *créatinine*, déchet endogène issu des muscles squelettiques. N'étant ni sécrétée ni réabsorbée de façon significative par les tubules, la créatinine est éliminée à peu près exclusivement par filtration glomérulaire. La clairance de la créatinine permet donc de déterminer de façon efficace le volume du filtrat glomérulaire. Chez un adulte en bonne santé, celui-ci varie de 100 à 120 mL/min (de 1,67 à 2,00 mL/sec.)

Stockage de l'urine dans la vessie

L'urine fabriquée par le rein est transportée du bassinet à la vessie par les uretères. Ce transport est facilité par des ondes péristaltiques dont la fréquence varie de 1 à 5 par minute et qui sont produites par les muscles lisses de la paroi des uretères. L'urine s'écoule dans la vessie de façon sporadique, entraînée par les ondes péristaltiques. Bien qu'il n'y ait pas de sphincter entre la vessie et les urètres, le caractère unidirectionnel des ondes péristaltiques et l'ancrage oblique des urètres dans la vessie empêchent le reflux de l'urine dans l'uretère chez les personnes en bonne santé. Cependant, lorsque la maladie provoque une surdistension de la vessie, l'élévation de la pression dans la vessie peut se propager aux urètres, causant leur distension et un reflux éventuel de l'urine. Cela peut entraîner une infection du rein (pyélonéphrite) et des lésions dues à une pression trop élevée (hydronéphrose).

La pression dans la vessie est habituellement très basse, même quand l'urine s'y accumule, car les muscles lisses de la vessie s'étirent graduellement au fur et à mesure qu'elle se remplit. En règle générale, les premières sensations de remplissage se produisent après que 100 à 150 mL d'urine se sont accumulés dans la vessie. Dans la plupart des cas, le besoin d'uriner se fait sentir lorsque la vessie contient environ 200 à 300 mL d'urine. Lorsque la quantité d'urine atteint 400 mL, un besoin pressant se fait habituellement sentir.

La miction est régie par la contraction du *sphincter externe de l'urètre.* Ce muscle volontaire est innervé à partir de la région sacrée de la moelle épinière. Le contrôle volontaire de l'émission d'urine n'est pas présent à la naissance. C'est un réflexe acquis. Quand apparaît le besoin d'uriner, le sphincter externe de l'urètre se relâche et le *détrusor* (muscle vésical lisse) se contracte et expulse l'urine dans la vessie par l'urètre. La pression exercée par la vessie durant la miction correspond à peu près à 50 — 150 cm d'eau. Chez la femme, l'urine résiduelle s'écoule par gravité et, chez l'homme, elle est expulsée par des contractions musculaires volontaires.

La contraction du détrusor est assurée par un réflexe du système nerveux parasympathique. Le centre réflexe se trouve situé dans la portion sacrée de la moelle épinière. Le système nerveux parasympathique n'a pas de rôle essentiel dans la miction, mais il empêche le liquide séminal de pénétrer dans la vessie lors de l'éjaculation. Une destruction des nerfs pelviens de la vessie et du sphincter entraîne la suppression du contrôle volontaire et du réflexe urinaire, ce qui provoque une surdistension de la vessie lorsqu'elle est pleine. Quand les influx spinaux issus de l'encéphale ne se rendent plus jusqu'à la vessie (par exemple, après une section de la moelle épinière), le réflexe de contraction de la vessie subsiste, mais le contrôle volontaire disparaît. Dans un cas comme dans l'autre, le muscle vésical peut se contracter et expulser l'urine, mais ces contractions sont généralement insuffisantes pour permettre à la vessie de se vider entièrement. On appelle *urine résiduelle* l'urine qui reste dans la vessie après la miction.

Le *cathétérisme vésical* (introduction d'une sonde dans l'urètre jusqu'à la vessie) peut être utilisé pour évaluer la fonction rénale et mesurer la quantité d'urine résiduelle, qui ne dépasse généralement pas 50 mL. Dans la mesure du possible, on doit toutefois éviter cette technique ou observer une stricte asepsie en cas de nécessité, car elle augmente les risques d'infection. On peut également évaluer une affection de la vessie en mesurant la pression de la vessie après instillation de différents volumes de soluté physiologique. C'est la *cystomanométrie*.

PHYSIOPATHOLOGIE RÉNALE

On peut classer les maladies du rein selon le segment du néphron atteint. La glomérulonéphrite et les différentes formes du syndrome néphrotique touchent principalement le glomérule. Les maladies vasculaires, les infections et les toxines s'attaquent essentiellement au tubule, bien que quelques dysfonctionnements glomérulaires puissent exister. L'obstruction de l'écoulement urinaire causée par des calculs (pierres), des protéines ou autres matières logés dans les canaux collecteurs ou dans les urètres peuvent finir par endommager le néphron tout entier. Des lésions graves peuvent déclencher une insuffisance rénale et conduire à une *urémie*.

Troubles glomérulaires

Glomérulonéphrite. La glomérulonéphrite se manifeste en réaction à plusieurs maladies marquées par une inflammation du glomérule. Les principales manifestations sont l'hématurie, la protéinurie, la rétention de sodium et d'eau, l'hypertension et, parfois, l'oligurie. Ces anomalies sont dues aux lésions des capillaires glomérulaires qui laissent s'échapper des globules rouges dans la lumière du tubule. Dans les cas les plus courants, la glomérulonéphrite est la conséquence de réactions immunitaires causées par des infections streptococciques, surtout chez les enfants, et par des maladies auto-immunes comme le syndrome de Goodpasture et le lupus érythémateux. La glomérulonéphrite est généralement entièrement guérissable, mais elle peut évoluer vers une insuffisance rénale chez certains patients.

Syndrome néphrotique. Le syndrome néphrotique est causé par un groupe de maladies glomérulaires consécutives à une perméabilité accrue du glomérule aux protéines. Souvent, au microscope optique, on n'observe aucune altération de la structure rénale. La maladie se manifeste principalement par la fuite de protéines plasmatiques dans l'urine, notamment l'albumine. Même si le foie est capable d'accroître sa production d'albumine, il est incapable de suppléer la perte quotidienne d'albumine par le rein, ce qui entraîne une hypoalbuminémie. Il en résulte une pression oncotique qui entraîne un œdème généralisé lorsque l'eau émigre du système vasculaire et va s'accumuler dans l'espace extracellulaire. La diminution du volume sanguin circulant active le système rénine-angiotensine, ce qui accroît la rétention sodée et aggrave l'œdème. Chez les patients atteints du syndrome néphrotique, on note également une concentration accrue de lipides dans le sang (*hyperlipidémie*), dont la cause demeure inconnue. Le syndrome néphrotique peut être déclenché par presque toutes les maladies rénales intrinsèques ou certaines maladies intéressant non seulement le glomérule mais l'organisme tout entier.

Insuffisance rénale

Nous présentons dans ce chapitre une description sommaire de l'insuffisance rénale afin de montrer au lecteur la multiplicité et la complexité des anomalies et des problèmes qu'une néphropathie est susceptible d'entraîner. On trouvera au chapitre 37 une description plus détaillée de l'insuffisance rénale aiguë et chronique.

L'insuffisance rénale se manifeste lorsqu'une lésion rénale empêche l'excrétion efficace de l'eau, des électrolytes et des déchets issus du métabolisme. Le rein est alors incapable de participer efficacement à la régulation du milieu interne. D'apparition brutale, l'insuffisance rénale aiguë est souvent réversible. L'insuffisance rénale chronique, quant à elle, évolue généralement de façon graduelle, mais elle peut également survenir à la suite d'une crise aiguë. Un seul rein sain suffit généralement pour maintenir l'équilibre hydroélectrolytique et assurer l'élimination des déchets issus du métabolisme. Une insuffisance rénale signifie donc une atteinte bilatérale des reins. Les signes et les symptômes de l'insuffisance rénale résultent en grande partie d'un déséquilibre hydroélectrolytique. Le diagnostic est souvent fondé sur la découverte d'une *hyperazotémie*, c'est-à-dire une élévation de la concentration des déchets azotés dans le sang. L'*urémie*, caractérisée par les signes et les symptômes d'une accumulation de ces déchets, apparaît lorsque l'altération de la fonction rénale est importante.

Pathogenèse de l'insuffisance rénale. La diminution de l'excrétion des déchets issus du métabolisme peut être provoquée par un ralentissement de la circulation sanguine rénale (insuffisance prérénale), un obstacle sur les voies excrétrices (insuffisance postrénale) ou une atteinte du rein lui-même (insuffisance intrarénale).

- Le ralentissement de la circulation sanguine rénale peut être provoqué par de l'hypotension, une insuffisance cardiaque, la déshydratation ou une trombose des artères rénales. Une forte diminution de la circulation sanguine rénale peut provoquer des atteintes secondaires aux reins et une insuffisance rénale. On appelle *urémie extrarénale* une affection causée par la diminution de l'excrétion des déchets due au ralentissement de la circulation sanguine rénale en l'absence de lésion rénale.

- Une baisse du débit urinaire due à une obstruction totale peut se retrouver chez des patients qui ont une prostate hypertrophiée, des calculs (pierres) dans les uretères ou dans l'urètre, ou des tumeurs infiltrantes. Une atteinte secondaire aux reins et une insuffisance rénale apparaîtront si l'obstruction n'est pas rapidement éliminée. C'est ce qu'on appelle l'insuffisance *obstructive* ou *postrénale*.

- L'insuffisance rénale aiguë est causée par une lésion directe aux reins dont l'origine peut être une vascularite aiguë, une glomérulonéphrite aiguë, une hypertension grave («maligne») ou, plus couramment, une lésion tubulaire aiguë (néphrite interstitielle aiguë). Les états cliniques pouvant donner naissance à une néphrite interstitielle aiguë comprennent l'hypotension (choc), l'exposition à des produits chimiques néphrotoxiques, la destruction des globules rouges (hémolyse intravasculaire) accompagnée d'une hémoglobinurie (causée par des réactions transfusionnelles, par des brûlures étendues ou par la perfusion intraveineuse d'eau) ou un traumatisme qui aurait porté atteinte aux tissus musculaires. Des lésions de ce genre entraînent une production de myoglobine, qui est véhiculée jusqu'aux reins, puis excrétée dans les urines (myoglobinurie). C'est ce qu'on appelle des causes *intrarénales* de l'insuffisance rénale.

L'insuffisance rénale chronique peut avoir les mêmes causes que l'insuffisance rénale aiguë ; de plus, elle peut être la conséquence d'une infection des reins, d'une néphrosclérose, d'une néphropathie diabétique, de collagénoses ou d'autres néphropathies chroniques et évolutives.

Urémie

L'*urémie* désigne les manifestations d'un dysfonctionnement rénal chronique qui provoque l'accumulation dans le sang des substances normalement excrétées dans les urines. L'urémie est une affection généralisée qui affecte tous les organes.

Liquides et électrolytes.   Les anomalies hydroélectrolytiques qui caractérisent l'insuffisance rénale sont causées par une diminution du nombre des néphrons fonctionnels. Une baisse de la filtration glomérulaire, conséquence de la réduction du nombre des glomérules fonctionnels, constitue la principale altération physiopathologique que subit le rein. Cette baisse diminue la clairance des substances qui ne peuvent être excrétées que par filtration. La baisse du taux de filtration glomérulaire se reflète par une baisse de la clairance de la créatinine. Cette baisse fait augmenter le taux de créatinine sérique. La créatinine étant produite de façon continue, elle constitue un indicateur sûr et précis pour le diagnostic d'une néphropathie. L'azote uréique du sang augmente avec la détérioration du rein, mais son taux dépend de l'apport nutritionnel en protéines et de la dégradation tissulaire.

Outre la baisse du taux de filtration glomérulaire, la diminution du nombre de néphrons fonctionnels empêche graduellement les tubules de modifier le filtrat glomérulaire avant qu'il ne soit excrété sous forme d'urines. En conséquence, les urines ressemblent à un filtrat de plasma ; elles ont une densité et une osmolalité fixes. Cette incapacité à concentrer ou à diluer l'urine empêche les reins de réagir adéquatement aux fluctuations des apports quotidiens en eau et en électrolytes. Une diminution de l'apport en eau ou en sel peut entraîner une déshydratation ou une déplétion sodique. Une augmentation de ces apports peut causer une intoxication par l'eau ou une surcharge de sodium. Une baisse de la fonction tubulaire peut également empêcher l'excrétion de l'excès de potassium (K+) et d'ions acides (H+). Dans les maladies rénales avancées, la production normale de H+ par le métabolisme ou la libération de K+ par les cellules lésées peuvent provoquer respectivement une acidose ou une hyperkaliémie. La baisse de l'excrétion des acides est provoquée essentiellement par l'incapacité des tubules à excréter l'ammoniaque (NH_3) et à réabsorber le bicarbonate de sodium ($NaHCO_3$). Il peut aussi se produire une baisse de l'excrétion des phosphates et des acides organiques. De plus, l'excrétion des médicaments peut être très altérée, ce qui exige un ajustement de la posologie.

Métabolisme du calcium et altérations osseuses. L'urémie se manifeste principalement par des troubles du métabolisme du calcium accompagnés d'altérations osseuses secondaires. Une baisse de la concentration sérique du calcium en constitue souvent le premier indice. Plusieurs mécanismes physiopathologiques interviennent dans l'évolution de l'urémie. Les taux de calcium dépendent des taux de phosphore. (Les taux de calcium et de phosphore entretiennent un lien de réciprocité ; quand l'un augmente, l'autre baisse.) Une excrétion réduite de phosphore dans l'urine et une élévation du taux de phosphore sérique entraînent une diminution de la quantité de calcium libre dans l'organisme. De plus, les reins lésés ne sont plus capables de convertir efficacement la vitamine A en sa forme active, ce qui entraîne une réduction de l'absorption du calcium dans le tube digestif.

La baisse du taux de calcium a comme deuxième conséquence de forcer les glandes parathyroïdes à produire un excès de parathormone, provoquant ainsi une *hyperparathyroïdie* secondaire, caractérisée par une déminéralisation de la substance osseuse et la formation de kystes osseux. Les altérations osseuses sont aggravées par un défaut de fixation du calcium à la suite du ralentissement de l'activité de la vitamine D et de la réabsorption accrue du calcium due à une acidose chronique. La déminéralisation de la substance osseuse entraîne des fractures et des douleurs osseuses. On utilise fréquemment le terme *ostéodystrophie rénale* pour désigner l'altération osseuse complexe que provoque l'urémie.

Anémie.   L'anémie, autre manifestation courante de l'urémie, est généralement causée par une baisse de la production des érythrocytes (globules rouges) par la moelle osseuse et par l'augmentation de la lyse de ces cellules. La diminution de l'érythropoïèse est associée à une baisse du taux de production de l'érythropoïétine par les reins. Dans cette forme d'urémie, les globules rouges du sang périphérique sont généralement de taille normale (anémie normocytaire) et de concentration normale en hémoglobine (anémie normochrome). Une hémorragie du tube digestif ou d'une autre région peut contribuer à l'anémie.

Manifestations cardiovasculaires.   L'hypertension, fréquemment associée à l'insuffisance rénale chronique, peut être la cause ou la conséquence d'une lésion rénale. L'hypertension primaire entraîne une lésion rénale à la suite d'une athérosclérose des vaisseaux rénaux, qui se manifeste par une néphrosclérose. L'hypertension secondaire est causée par une augmentation de la production de rénine par le rein malade, causant une vasoconstriction généralisée accompagnée d'une rétention de sel, ce qui entraîne une rétention hydrique et une expansion du volume vasculaire.

- Les patients dont la fonction rénale est altérée sont sujets à des surcharges vasculaires, car ils sont incapables de compenser l'excès des apports d'eau et de sel.

- Une insuffisance cardiaque chronique accompagnée d'un œdème pulmonaire et périphérique se produit fréquemment à la suite d'une cardiopathie hypertensive aggravée par les effets d'une surcharge liquidienne et de l'anémie.

- L'insuffisance cardiaque provoque une baisse de la circulation sanguine rénale avec une élévation de l'azote uréique du sang sans commune mesure avec la gravité de la lésion rénale.

Autres manifestations de l'urémie.   L'urémie peut se manifester par des symptômes gastro-intestinaux, notamment l'anorexie, les nausées, les vomissements et le hoquet, par des symptômes neuromusculaires, notamment l'obscurcissement de la conscience, l'incapacité de se concentrer, la somnolence, la léthargie, les secousses musculaires, les convulsions et la tétanie reliée au manque de calcium sérique. Les symptômes dermatologiques, dont de fortes démangeaisons (prurit), sont fréquents. Par contre, le givre d'urée, un dépôt d'urée sur la peau provoqué par la transpiration, est rare de nos jours grâce au traitement rapide de l'urémie. L'immunité cellulaire des patients souffrant d'urémie est aussi modifiée, entraînant une hypersensibilité moins intense et retardée ainsi qu'une susceptibilité accrue aux infections, probablement reliée à la baisse de l'efficacité de la destruction des bactéries par les leucocytes. On ne connaît pas encore avec précision les mécanismes qui sous-tendent ces diverses manifestations. On croit toutefois que la rétention des substances normalement excrétées dans les urines, comme l'ammoniaque, les phénols et les autres composés organiques et inorganiques, pourrait en être la cause.

Évolution de l'insuffisance rénale

Les principaux mécanismes qui sous-tendent les changements physiopathologiques de l'insuffisance rénale aiguë et de l'insuffisance rénale chronique ont énormément de points communs. Cependant, leurs manifestations cliniques sont très différentes. Il existe deux phases dans l'insuffisance rénale aiguë: la phase oligurique et la phase polyurique.

Phase oligurique. La phase oligurique correspond à des agressions subites au rein qui provoquent un ralentissement de la formation de l'urine. C'est ce qu'on appelle la *phase oligurique* de l'insuffisance rénale aiguë.

- Les complications de la phase oligurique susceptibles de mettre en danger la vie du patient sont liées à la rétention d'eau et à la rétention des électrolytes (notamment l'hyperkaliémie et l'acidose).

Phase polyurique. Quand on élimine la cause pathologique initiale avant que ne se forme une lésion, la guérison commence par une augmentation graduelle du taux de filtration glomérulaire. À ce stade, les cellules tubulaires sont encore incapables de réabsorber l'eau et les électrolytes du filtrat glomérulaire, dont le volume s'accroît. Le volume des urines est alors supérieur à la normale; c'est la phase *polyurique* de l'insuffisance rénale aiguë.

- Les complications de la phase polyurique susceptibles de mettre en danger la vie du patient sont la déshydratation et la déplétion électrolytique.

La guérison complète de l'insuffisance rénale peut exiger plusieurs mois, voire un an. Certains patients atteints d'une insuffisance rénale aiguë ne recouvrent jamais une fonction rénale normale, même après l'élimination de la cause pathologique initiale; il y a alors évolution vers une insuffisance rénale chronique. Plus souvent, cependant, l'insuffisance rénale chronique est insidieuse et progresse graduellement. Souvent, ce sont des symptômes reliés à des anomalies hydro-électrolytiques qui font découvrir la maladie. À ce stade, la fonction rénale a généralement diminué de moitié et la concentration de créatinine dans le sang est au-dessus de la normale. Le chapitre 37 traite des soins infirmiers à prodiguer aux patients souffrant d'une insuffisance rénale.

ÉVALUATION DE LA FONCTION URINAIRE

SYMPTÔMES CLINIQUES DES DYSFONCTIONNEMENTS URINAIRES

Les signes et les symptômes qui laissent présager une affection des voies urinaires sont: la douleur, les troubles mictionnels et les troubles gastro-intestinaux.

Douleur

La douleur génito-urinaire n'est pas toujours présente dans la néphropathie, mais elle caractérise habituellement les affections aiguës. La douleur rénale est habituellement causée par une obstruction qui provoque la distension soudaine de la capsule rénale. L'intensité de la douleur dépend de la rapidité avec laquelle la distension se produit.

La douleur rénale est une douleur sourde à l'angle costo-vertébral (entre la cage thoracique et la colonne vertébrale) qui peut irradier jusqu'à l'ombilic. La douleur urétrale est une douleur dorsale qui irradie vers l'abdomen, la partie supérieure des cuisses et les testicules ou la vulve. Une douleur lombaire (entre les côtes et l'iléon) irradiant vers le bas de l'abdomen ou vers l'épigastre et souvent accompagnée de nausées, de vomissements et d'un iléus paralytique peut indiquer une colique néphrétique. La douleur vésicale (douleur du bas-ventre ou de la région sus-pubienne) est causée par une vessie distendue ou une infection vésicale. Les mictions impérieuses, le ténesme (tension douloureuse et envie continuelle d'uriner) et la dysurie (douleur en fin de miction) sont généralement présents. Une douleur lors de la miction indique une irritation du col vésical ou de l'urètre, une infection (urétrite), un traumatisme ou la présence d'un corps étranger dans la partie inférieure de l'appareil urinaire.

Une douleur intense au scrotum provient d'une inflammation ou d'un œdème de l'épididyme ou du testicule, ou encore d'une torsion du testicule. Une sensation plénitude dans la région périnéale ou vésicale accompagnée de douleur signale une prostatite aiguë ou un abcès de la prostate. Une douleur dans le dos et dans les jambes peut être causée par les métastases d'un cancer de la prostate qui auraient migré jusqu'aux os pelviens. Une douleur dans le corps de la verge peut provenir de troubles de l'urètre, tandis qu'une douleur dans le gland est généralement causée par une prostatite.

Troubles mictionnels

La miction normale est indolore. Une personne moyenne urine de cinq à six fois par jour, parfois une fois la nuit, et élimine de 1200 à 1500 mL d'urines par 24 heures. Cette quantité peut varier en fonction de l'apport liquidien, de la transpiration, de la température ambiante, des vomissements ou de la diarrhée.

On parle de *mictions fréquentes* (pollakyurie) quand les mictions sont plus fréquentes qu'à l'habitude ou que leur nombre est supérieur à la norme établie (une miction toutes les trois à six heures). La pollakyurie peut avoir des causes variées: infection, maladies des voies urinaires, trouble métabolique, hypertension ou médicaments (diurétiques, par exemple).

La *miction impérieuse* (besoin impérieux d'uriner) est causée par des lésions inflammatoires de la vessie, de la prostate ou de l'urètre, par des infections bactériennes aiguës ou par une prostatite chronique chez l'homme. Elle peut être également causée par une urétrotrigonite postérieure chronique (inflammation de l'urètre et du trigone de la vessie) chez la femme.

Les *brûlures mictionnelles* se rencontrent chez les patients souffrant d'une irritation de l'urètre ou d'une infection de la vessie. L'urétrite engendre fréquemment des brûlures pendant la miction, alors que la cystite en cause avant et après la miction.

La *dysurie* (miction douloureuse ou difficile) se rencontre dans différents états pathologiques.

Le *retard à la miction* (difficulté à amorcer la miction) peut indiquer une compression de l'urètre, une vessie neurogène ou une obstruction en aval de la vessie.

La *nycturie* (émission d'urines plus importante la nuit que le jour) suggère une baisse de la capacité de concentration du rein, une insuffisance cardiaque, un diabète sucré ou une évacuation incomplète de la vessie.

L'*incontinence urinaire* (émission involontaire d'urines) peut être due à un traumatisme du sphincter urinaire externe, à une vessie neurogène acquise, ou à des mictions impérieuses graves dues à une infection.

L'*incontinence à l'effort* (fuite intermittente d'urines lors d'un effort soudain) découle d'une faiblesse des mécanismes sphinctériens.

L'*énurésie* (incontinence nocturne) est physiologique jusqu'à l'âge de trois ans. Passé cet âge, elle est fonctionnelle ou symptomatique d'une obstruction des voies urinaires basses.

La *polyurie* (émission fréquente et abondante d'urine) est causée par le diabète sucré, le diabète insipide, les néphropathies chroniques ou un apport liquidien trop abondant.

L'*oligurie* (petite quantité d'urines: diurèse de 100 à 500 mL / 24 h) et l'*anurie* (diminution de la quantité d'urines: diurèse inférieure à 100 mL / 24 h) indiquent un dysfonctionnement rénal grave qui exige une intervention médicale rapide. Un état de choc, un traumatisme, une transfusion de sang incompatible ou une intoxication médicamenteuse peuvent être à l'origine de ces troubles. L'absence complète d'urine (anurie absolue) est généralement symptomatique d'une obstruction complète des voies urinaires.

L'*hématurie* (sang dans les urines) est un signe alarmant, car elle peut présager un cancer des voies génito-urinaires, une glomérulonéphrite aiguë ou une tuberculose rénale. La couleur des urines sanguinolentes dépend de leur pH et de la quantité de sang émise; les urines acides sont noirâtres, tandis que les urines alcalines sont rouges. L'hématurie peut avoir une cause systémique, comme une dyscrasie (trouble de la coagulation), un traitement aux anticoagulants, un néoplasme, un traumatisme ou un effort exagéré.

La *protéinurie* (*albuminurie*) (présence de protéines dans les urines) caractérise toutes les formes de néphropathies, aiguës ou chroniques. En temps normal, Il y a absence de protéines en quantité notable dans les urines.

Troubles gastro-intestinaux

Des troubles gastro-intestinaux peuvent accompagner un trouble urologique, car les voies gastro-intestinales et urinaires possèdent une innervation autonome et sensorielle commune et qu'elles sont soumises à des arcs réflexes communs. Les rapports anatomiques entre le rein droit, le côlon, le duodénum, la tête du pancréas, le canal cholédoque, le foie et la vésicule biliaire peuvent aussi être à l'origine de troubles gastro-intestinaux. Le rein gauche est en relation avec l'angle gauche du côlon, l'estomac, le pancréas et la rate, et cette proximité peut engendrer des symptômes intestinaux tels que des nausées, des vomissements, de la diarrhée, une douleur abdominale et un iléus paralytique. Des symptômes urinaires peuvent également être associés à l'appendicite.

PROFIL DU PATIENT

Lorsqu'elle rencontre le patient pour dresser son profil, l'infirmière doit absolument utiliser des termes simples et faciles à comprendre, et ne pas oublier que les questions sur les fonctions génito-urinaires peuvent mettre le patient mal à l'aise au point qu'il en «oublie» certains symptômes. L'infirmière essaiera cependant d'obtenir les renseignements suivants sur la fonction urinaire:

- Quel est le motif principal de la consultation?

- Le patient ressent-il de la douleur?
   Si oui, quel est son siège, quels en sont les caractéristiques et la durée, est-elle reliée à la miction, qu'est-ce qui la déclenche, qu'est-ce qui la soulage?

- Y a-t-il fièvre, frissons, expulsion de calculs?
   Souffre-t-il de dysurie? Quand? Se produit-elle au début ou à la fin de la miction? Y a-t-il retard de la miction avec effort pour uriner? Y a-t-il douleur pendant ou après la miction? A-t-il noté des changements dans la couleur des urines? A-t-il noté une diminution du débit urinaire? Souffre-t-il d'incontinence urinaire, d'incontinence à l'effort ou d'incontinence par réduction du temps d'alerte?
   Y a-t-il présence de sang dans les urines (hématurie)?

- Urine-t-il très souvent la nuit (nycturie)? Depuis quand?

- A-t-il des antécédents de troubles urinaires?

- Y a-t-il des cas de néphropathie dans la famille?

- A-t-il des antécédents d'infection urinaire?

- A-t-il été hospitalisé pour une infection des voies urinaires? Avant l'âge de 12 ans? A-t-il déjà subi une cystoscopie ou une radiographie des reins? A-t-il déjà eu une sonde à demeure?

- Est-il prédisposé aux infections des voies urinaires?

- Souffre-t-il de diabète sucré? d'hypertension? d'allergies?

- Quel emploi occupe-t-il actuellement? Que faisait-il avant? (exposition à des produits susceptibles d'affecter les voies urinaires: produits chimiques, plastiques, poix, goudron, caoutchouc?)

- A-t-il déjà été exposé à des toxines?

- Fume-t-il ou a-t-il déjà fumé?

- Quelles maladies de l'enfance a-t-il eues?

- A-t-il souffert d'énurésie après l'âge de trois ans?

- A-t-il déjà présenté des lésions génitales ou des maladies transmissibles sexuellement?

  À une femme:

- Combien d'enfants a-t-elle eus? Quel âge ont-ils? A-t-on eu recours aux forceps lors des accouchements? A-t-elle déjà subi un cathétérisme? Quand? Pour quelle raison? A-t-elle des pertes vaginales? A-t-elle des démangeaisons ou des irritations au vagin ou à la vulve?

- Le patient prend-il des médicaments sur ordonnance ou en vente libre susceptibles d'agir sur la fonction urinaire ou rénale. Lui a-t-on déjà prescrit des médicaments pour le traitement de troubles rénaux ou urinaires?

L'infirmière doit non seulement s'informer sur les symptômes physiques du patient, mais aussi sur son état psychologique et ses besoins sur le plan éducatif. Elle évalue le degré d'anxiété du patient, la perturbation de son image corporelle, son réseau de soutien et ses habitudes socioculturelles. En regroupant les données recueillies lors de la collecte des données initiale et les collectes de données subséquentes, l'infirmière sera en mesure de savoir quels éléments le patient comprend mal ou ne connaît pas.

EXAMEN PHYSIQUE

Les dysfonctionnements rénaux affectant l'organisme tout entier, il est recommandé d'effectuer une examen général. (On trouvera plus loin des explications détaillées.)

Par palpation directe, on peut souvent déterminer la taille et la mobilité des reins.

- Le patient installé en décubitus dorsal, l'examinatrice place une main sous son dos juste à la base des dernières côtes. Elle place ensuite la paume de l'autre main sur le ventre, les doigts juste au-dessus du nombril.

- Elle demande au patient d'inspirer profondément par le nez et, à chaque inspiration, d'appuyer ses mains ensemble.

Avec cette méthode, il est souvent possible de palper l'arrondi lisse du pôle inférieur du rein. Le rein droit est plus facile à palper que le gauche qui est situé plus haut.

Une néphropathie peut causer une sensibilité localisée dans la région de l'angle costovertébral (jonction entre la dernière côte et la colonne vertébrale). On ausculte les quadrants supérieurs de l'abdomen pour évaluer les *bruits* (sons d'origine vasculaire susceptibles d'indiquer une sténose des artères rénales).

Le toucher rectal permet, chez l'homme, de palper la prostate. Le toucher rectal doit faire partie de tout examen physique des hommes âgés, chez qui l'hyperplasie de la prostate est fréquente (voir le chapitre 49).

On examine la région inguinale pour déceler la présence d'une tuméfaction ganglionnaire, d'une hernie inguinale ou fémorale ou d'une varicocèle. Chez la femme, on examine la vulve, l'urètre et le vagin.

Au cours de l'examen physique, on examine tout particulièrement le visage et les membres pour déceler la présence d'un œdème, signe d'une rétention aqueuse.

EXAMENS DIAGNOSTIQUES

ANALYSE D'URINES

L'analyse d'urines fournit un grand nombre de renseignements. Généralement on effectue une analyse d'urines à l'admission du patient ou avant une intervention chirurgicale. Elle comprend l'évaluation des points suivants:

1. Couleur et limpidité
2. Odeur
3. pH et densité
4. Recherche de protéines (protéinurie), de glucose (glucosurie) et de corps cétoniques (cétonurie)
5. Examen microscopique du sédiment pour déceler la présence de globules rouges, de globules blancs, de cylindres, de cristaux, de pus et de bactéries.

On trouvera au tableau 35-2 les situations où l'analyse d'urines est indiquée à l'admission du patient dans un centre hospitalier. En présence de certains symptômes, on utilise une bandelette réactive pour dépister rapidement la présence d'hémoglobine, de corps cétoniques, de protéines et de leucocytes. De nombreuses autres analyses peuvent être faites dans des situations particulières.

TABLEAU 35-2. *Indications de l'analyse d'urines à l'admission*

ANTÉCÉDENTS DES SYMPTÔMES SUIVANTS:	
Dysurie	Mictions fréquentes
Retard à la miction	Écoulement urétral
Douleur lombaire	
ANTÉCÉDENTS DE TROUBLES POUVANT AFFECTER LA FONCTION RÉNALE	
Néphropathie	Diabète sucré
Collagénose vasculaire	Exposition à des néphrolysines
RÉSULTATS DE L'EXAMEN PHYSIQUE	
Fièvre d'origine inconnue	Sensibilité au niveau de l'angle costovertébral
Œdème généralisé	Anomalies de la prostate
Ictère	

(Source: B. V. Aken et coll., «Efficacy of routine admission urinalysis», *Am J Med*, avril 1987; 82(4):719-722)

Prélèvement des échantillons d'urines

Il vaut mieux effectuer les analyses d'urines sur un échantillon d'urines frais, recueilli de préférence lors de la première miction du matin, car les urines du matin sont plus concentrées et ainsi plus susceptibles de révéler des anomalies. Toutefois, pour la plupart des analyses, un échantillon prélevé de façon aléatoire est acceptable pourvu qu'il ait été recueilli dans un contenant propre et protégé des contaminations et de la détérioration chimique. Il faut réfrigérer les échantillons à 4 °C tout de suite après le prélèvement. Laissées à la température de la pièce, les urines deviennent alcalines à cause de la décomposition de l'urée par les bactéries. Si les urines ne sont pas réfrigérées l'examen microscopique doit être fait dans les 30 minutes qui suivent le prélèvement. Tout retard entraîne la dissolution des éléments cellulaires et une prolifération bactérienne dans les échantillons non stériles.

- Il faut recueillir les échantillons d'urines selon la méthode du mi-jet, en utilisant un flacon à large col (voir la figure 35-3).

Prélèvement des urines de 24 heures

Beaucoup d'analyses quantitatives sont effectuées sur un échantillon de toutes les urines évacuées sur une période de 24 heures. Voici comment l'on procède:

On demande au patient de vider sa vessie à une heure déterminée (par exemple, à 8 h). On jette cet échantillon, puis on recueille toutes les urines durant les 24 heures qui suivent, soit jusqu'à 8 h le lendemain matin.

La vessie du patient doit être complètement vide au début et à la fin du prélèvement. Les urines sont recueillies dans un flacon propre. Selon les analyses demandées, on peut ajouter un agent de conservation ou garder l'échantillon au réfrigérateur. La perte d'une seule miction rend l'épreuve non valable. La réussite de la cueillette des urines de 24 heures exige que le patient reçoive des explications claires.

Échantillon d'urines au milieu du jet

En raison de l'inévitable contamination des urines par les microorganismes résidant à proximité du méat urétral, un échantillon d'urine obtenu suivant la façon habituelle n'est d'aucune utilité pour une culture d'urines. Le cathétérisme vésical permet d'éviter cette contamination. Cependant, à cause des risques d'infection, cette méthode n'est plus utilisée systématiquement pour prélever des échantillons d'urines, sauf dans quelques cas précis. On peut effectuer des analyses bactériologiques fiables sur des échantillons d'urines recueillis par la méthode du milieu du jet et éviter ainsi le cathétérisme vésical.

Directives pour l'homme

- Décalotter le gland et le nettoyer avec du savon. Rincer avec des compresses de gaze imbibées d'eau.
- Ne pas recueillir la première partie du jet.
- Continuer à uriner dans un flacon stérile à large goulot ou dans un tube à essai de gros calibre muni d'un bouchon stérile.
- Ne pas recueillir les dernières gouttes d'urines, car des sécrétions prostatiques peuvent y être présentes.

Directives pour la femme

- Écarter les lèvres pour découvrir le méat urétral (voir la figure 35-3).
- En utilisant des éponges imbibées d'eau savonneuse, nettoyer le pourtour du méat.
- Nettoyer le périnée de l'avant vers l'arrière.
- Rincer avec des compresses de gaze imbibées d'eau, en essuyant de l'avant vers l'arrière.
- Maintenir les lèvres écartées et uriner avec force, mais ne pas recueillir la première partie de la miction. (La partie distale de l'urètre contient des bactéries qui sont éliminées de l'urètre au début de la miction.)
- Recueillir l'urine à mi-jet en veillant à ce que le récipient ne touche pas les parties génitales.

EXPLORATIONS RÉNALES

On utilise les épreuves d'exploration rénale pour évaluer la gravité d'une néphropathie et pour suivre les progrès cliniques d'un patient. Ces épreuves permettent également d'obtenir des renseignements sur l'activité uréo-excrétoire des reins. Tant que la fonction rénale n'est pas réduite de moitié, les résultats des épreuves d'exploration rénales sont généralement dans les limites de la normale. Pour une évaluation plus précise de la fonction rénale, il faut combiner différentes épreuves. Le tableau 35-3 indique les épreuves les plus courantes. Vu le rôle important que jouent les reins dans le maintien de l'équilibre hydroélectrolytique, il faut aussi obtenir les taux des électrolytes sériques.

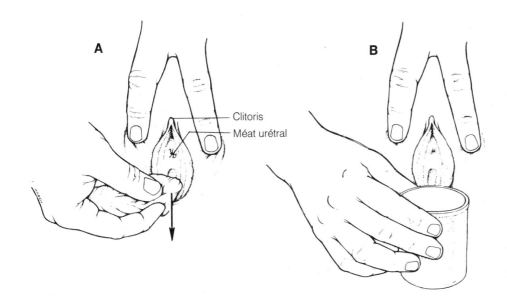

A

Clitoris
Méat urétral

B

Figure 35-3. Prélèvement d'un échantillon d'urines selon la technique du mi-jet, chez la femme (**A**) On demande à la patiente d'écarter les lèvres et de se laver, de l'avant vers l'arrière, avec une compresse savonneuse. (**B**) Le récipient stérile est tenu de façon à ne pas toucher le corps, et les lèvres doivent rester écartées.

TABLEAU 35-3.   *Épreuves d'explorations rénale*

Épreuve	But / Justification	Protocole
ÉVALUATION DU POUVOIR DE CONCENTRATION URINAIRE		
Densité Osmolalité	Évalue le pouvoir du rein à concentrer des solutés dans l'urine. Ce pouvoir, qui diminue au début d'une néphropathie, permet de dépister les anomalies de la fonction rénale à leur début.	Le patient est soumis à une restriction hydrique stricte pendant une période de 12 à 24 h. Cela permet d'évaluer le pouvoir de concentration des tubules dans des conditions déterminées. On mesure la densité des urines à des moments précis.
CLAIRANCE DE LA CRÉATININE (ENDOGÈNE)*		
	Permet une estimation du taux de filtration glomérulaire. Mesure le volume de sang épuré de créatinine en une minute. Permet de dépister une néphropathie à ses débuts. Sert à suivre l'évolution de la fonction rénale.	Se fait sur les urines de 24 heures. Un prélèvement sanguin est fait durant cette période.
DOSAGE DE LA CRÉATININE SÉRIQUE		
	Permet d'apprécier la fonction rénale en vérifiant l'équilibre entre la production et la filtration glomérulaire.	Le dosage se fait sur un échantillon de sang.
DOSAGE DE L'AZOTE URÉIQUE		
	Permet d'évaluer la capacité uréo-excrétoire du rein. La quantité d'azote uréique dans le sang dépend de la quantité d'urée produite par l'organisme et du débit urinaire. (L'urée est le déchet azoté du métabolisme des protéines.) Elle varie en fonction de l'apport en protéines et de la dégradation tissulaire.	Le dosage se fait sur un échantillon de sang.

* La clairance correspond à la quantité de sang épuré d'une substance en un temps donné.

ÉCHOGRAPHIE

L'échographie donne d'excellentes images de l'appareil urinaire. Elle permet de déceler facilement les anomalies comme les masses, les malformations ou les obstructions. L'échographie est une technique non effractive qui n'exige pas de préparation spéciale du patient. En raison de sa grande sensibilité, elle a supplanté de nombreuses autres méthodes diagnostiques et est maintenant utilisée d'emblée.

EXAMENS RADIOLOGIQUES ET AUTRES TECHNIQUES D'IMAGERIE

Radiographie des reins, des uretères et de la vessie.   La radiographie complète de l'abdomen (reins, uretères et vessie) permet de délimiter la taille, la forme et la position des reins et de mettre en évidence toute anomalie comme des calculs (pierres) dans les reins ou dans les voies urinaires, l'hydronéphrose, les kystes, les tumeurs ou un déplacement du rein causé par des altérations des tissus voisins.

Tomodensitométrie (TDM) et imagerie par résonnance magnétique (IRM).   La TDM et l'IRM sont deux techniques non effractives qui fournissent d'excellentes images en coupe des reins et des voies urinaires, ce qui permet d'apprécier l'étendue d'une tumeur maligne. Aucune préparation spéciale du patient n'est exigée.

Urographie intraveineuse par perfusion.   Il s'agit de la perfusion intraveineuse d'une grande quantité d'une substance de contraste diluée qui opacifie le parenchyme rénal et qui remplit complètement les voies urinaires. Cet examen est utile lorsque les techniques urographiques ordinaires ne réussissent pas à mettre en évidence de façon satisfaisante le système collecteur et excréteur (chez un patient dont le taux d'azote uréique sanguin est élevé, par exemple) ou lorsqu'on désire obtenir une opacification prolongée du système collecteur et évacuateur afin d'effectuer des *tomographies* (clichés d'un plan en coupe). On prend des clichés à des intervalles précis après la perfusion pour observer le remplissage et la distension du système collecteur. On prépare le patient comme pour une urographie intraveineuse, sauf qu'on ne lui impose pas de restriction hydrique (voir ci-dessous).

Urographie intraveineuse (pyélographie descendante ou pyélographie intraveineuse).   Cette technique est utilisée pour explorer les reins, les uretères et la vessie. Elle se fait par l'injection intraveineuse d'une substance de contraste radio-opaque. Cette substance est éliminée du sang par les reins. On peut également effectuer une *néphrotomographie* (tomographie du rein) pour mettre en évidence les différentes couches du rein et les structures diffuses de chaque couche, ce qui permet de différencier les kystes des tumeurs solides ou des lésions.

L'urographie intraveineuse est utilisée d'emblée chaque fois que l'on soupçonne un problème urologique, notamment pour diagnostiquer des lésions aux reins ou aux uretères. Elle fournit également une estimation sommaire de la fonction rénale. On injecte une substance de contraste (diatrizoate sodique ou diatrizoate de méglumine) par voie intraveineuse. On prend ensuite une série de clichés pour apprécier la progression de la substance de contraste dans les voies urinaires.

Préparation du patient. La marche à suivre est la suivante:

1. Vérifier si le patient a des antécédents d'allergie qui pourraient entraîner une réaction indésirable à la substance de contraste. Prévenir le médecin ou le radiologiste de toute allergie connue ou soupçonnée (surtout s'il s'agit d'une allergie à l'iode ou aux fruits de mer) de façon à ce qu'il puisse prendre les mesures nécessaires pour prévenir une réaction allergique grave. Noter, bien en évidence dans le dossier du patient, l'allergie soupçonnée.

2. Le cas échéant, administrer le laxatif prescrit au patient la veille de l'examen pour qu'il élimine les matières fécales et les gaz.

3. Interdire tout liquide 8 à 10 heures avant l'examen de façon à augmenter la concentration de l'urine. Il se peut toutefois que les personnes âgées dont les réserves rénales sont limitées ou chez qui la fonction rénale est perturbée, ainsi que les personnes atteintes de myélomes multiples ou d'un diabète sucré non équilibré ne supportent pas cette déshydratation. Avec l'autorisation du médecin, l'infirmière peut donner de l'eau à ces patients. Il faut toutefois éviter une trop grande hydratation qui diluerait la substance de contraste et fausserait l'image.

4. Expliquer au patient le déroulement de l'examen et les sensations que causera l'injection de la substance de contraste pendant l'examen (par exemple, sensation de chaleur temporaire ou rougeurs au visage).

Si le patient a des antécédents d'allergie, il faut lui administrer une dose d'essai de la substance de contraste par injection intradermique. S'il ne se produit aucune réaction après 15 minutes, la dose normale de substance de contraste est administrée par voie intraveineuse. Bien que cela soit rare, un choc anaphylactique peut se produire même si le test de sensibilité était négatif.

- Toutes les salles d'urographie intraveineuse doivent disposer d'une réserve de médicaments d'urgence (épinéphrine, corticostéroïdes, vasopresseurs, etc.) et d'oxygène, d'un nécessaire à trachéotomie et de tout ce qu'il faut pour traiter un choc anaphylactique.

Pyélographie rétrograde. Cette technique consiste à faire passer une sonde dans chaque uretère jusqu'au bassinet au moyen d'un cystoscope. On introduit ensuite dans les sondes une substance de contraste à l'aide d'une seringue ou par gravité. Cette technique est employée lorsque l'urographie intraveineuse ne donne pas une image satisfaisante des voies urinaires. On l'utilise cependant de moins en moins, car les méthodes d'urographie intraveineuse sont de plus en plus perfectionnées.

Cystographie. On insère une sonde dans la vessie et on y injecte une substance de contraste pour délimiter les parois vésicales et pour évaluer le *reflux vésico-urétéral* (retour de l'urine dans l'un des uretères ou dans les deux). On peut également effectuer une cystographie en même temps qu'on mesure la pression intravésicale.

Urétrocystographie. Cette technique permet d'explorer l'urètre et la vessie soit par injection rétrograde d'une substance de contraste dans l'urètre et dans la vessie, soit par la prise de clichés pendant l'élimination de la substance de contraste. On trouvera une description de l'*urétrocystographie mictionnelle* à la page 1031.

Angiographie rénale. On l'utilise pour observer la circulation artérielle des reins. À l'aide d'une aiguille spéciale, on perce l'artère fémorale (ou axillaire) et on y introduit une sonde qu'on fait glisser jusqu'à l'aorte ou jusqu'à l'artère rénale. On injecte ensuite par la sonde une substance de contraste pour opacifier la circulation artérielle du rein. L'angiographie rénale permet d'évaluer la dynamique de la circulation sanguine, de mettre en évidence une vascularisation anormale et de différencier un kyste rénal d'une tumeur.

Soins infirmiers. Avant l'examen, le médecin prescrit souvent un laxatif pour éliminer les matières fécales et les gaz du côlon afin la radiographie soit aussi nette que possible. Il faut raser le point d'injection, c'est-à-dire l'aine pour l'injection fémorale ou l'aisselle pour l'injection axillaire. Ensuite, l'infirmière repère et marque les endroits où elle prendra le pouls périphérique après l'examen (pouls radial, fémoral, pédieux). Elle prévient le patient qu'il ressentira peut-être une sensation de chaleur le long du vaisseau au moment où la substance de contraste sera injectée.

Après l'examen, l'infirmière mesure les signes vitaux jusqu'à ce qu'ils soient stables. Lorsque l'artère axillaire est choisie comme point d'injection il faut prendre la pression artérielle dans le bras opposé. L'infirmière examine ensuite le point de ponction pour déceler la présence d'œdème ou la formation d'un hématome. Elle palpe les pouls périphériques, note la couleur et la température du membre qui a servi à l'examen et compare ces données avec celles de l'autre membre. Elle peut appliquer des compresses froides sur le point de ponction pour réduire l'oedème et soulager la douleur.

EXAMENS ENDOSCOPIQUES

Cystoscopie

La cystoscopie permet d'observer directement l'urètre et la vessie. Le cystoscope, que l'on insère dans la vessie par l'urètre, est un appareil muni d'un système de lentilles et d'une source lumineuse, que l'urologue manipule de façon à obtenir une vue complète de l'urètre, de la vessie, des orifices urétéraux et de l'urètre prostatique. On peut y ajouter un dispositif de guidage pour permettre une évaluation de l'uretère et du bassinet. Le cystoscope permet également à l'urologue de prélever un échantillon d'urine sur chaque rein. Pour effectuer une biopsie, il introduit dans le cystoscope une pince coupante. La cystoscopie permet également de prélever des calculs logés dans l'urètre, la vessie ou l'uretère.

On fait glisser l'endoscope par observation visuelle directe. On inspecte d'abord l'urètre, puis la vessie. On introduit ensuite une solution stérile dans la vessie pour la dilater et la nettoyer des caillots de sang afin d'obtenir une meilleure image (figure 35-4). Une source lumineuse de forte intensité et des lentilles interchangeables permettent d'obtenir une excellente image et rendent possible la prise de photo de la vessie et de l'urètre.

Avant l'examen, on donne souvent un sédatif au patient. Avant d'insérer le cystoscope, on introduit un anesthésique local dans l'urètre et on peut également faire une injection intraveineuse de diazépam (Valium). Une anesthésie rachidienne ou générale est parfois nécessaire.

Interventions infirmières. L'infirmière doit expliquer au patient le déroulement des examens pour le rassurer. Elle lui donne habituellement un ou deux verres d'eau à boire avant son départ pour le service de radiologie.

Après l'examen, les interventions visent à soulager la douleur ou le malaise provoqué par le procédé. La cystoscopie peut léser les muqueuses, ce qui provoque des brûlures mictionnelles, des mictions fréquentes et une hématurie. L'application de chaleur humide sur l'hypogastre ou des bains de siège chauds contribuent à soulager la douleur et favorisent la relaxation musculaire. Les patients qui présentent une pathologie obstructive peuvent souffrir de rétention urinaire après une cystoscopie à cause d'un œdème. Les patients atteints d'hyperplasie de la prostate doivent faire l'objet d'une surveillance spéciale à cause des risques de rétention urinaire. Les bains de siège chauds et les relaxants musculaires peuvent éliminer la rétention urinaire, mais on est parfois obligé d'installer une sonde à demeure.

Il faut garder en observation le patient qui a subi une exploration instrumentale (une cystoscopie, par exemple) pour déceler tout signe ou symptôme d'infection des voies urinaires.

Biopsie rénale et urétérale par brossage

Les techniques de biopsie par brossage permettent de déterminer si une anomalie préalablement révélée par les radiographies de l'uretère ou du bassinet est une tumeur, un calcul, un caillot ou un artefact. Après avoir procédé à un examen cystoscopique, on introduit une sonde urétérale par laquelle on effectue la biopsie par brossage. On gratte la lésion suspecte pour prélever des cellules et des portions d'endothélium qui seront soumises à un examen histologique.

Après la biopsie, on effectue une perfusion intraveineuse pour nettoyer les reins et prévenir la formation de caillots. Il arrive que les urines contiennent du sang qui suinte de la zone grattée (ce saignement s'arrête généralement de lui-même dans les 24 à 48 heures). Après une biopsie, des coliques néphrétiques peuvent survenir. On les soulagera avec des analgésiques.

Endoscopie rénale (néphroscopie)

Cette technique consiste à introduire, par voie percutanée ou par une incision (pyélotomie), un fibroscope dans le bassinet pour observer l'intérieur du bassinet, prélever des calculs ou pratiquer une biopsie de lésions mineures. Elle permet également de diagnostiquer une hématurie rénale ou certaines tumeurs rénales.

Biopsie rénale à l'aiguille

La biopsie rénale à l'aiguille s'effectue à l'aide d'une aiguille à biopsie qu'on introduit par voie percutanée jusqu'au tissu ou par une petite incision qu'on pratique sur le côté. Elle permet d'évaluer l'évolution d'une néphropathie et d'obtenir des fragments de tissus pour examen par microscopie électronique ou en immunofluorescence. On l'utilise surtout dans les cas de glomérulopathie. Avant de faire une biopsie rénale, on effectue des épreuves de coagulation pour déterminer si cette intervention risque d'entraîner des saignements.

Le patient doit être gardé à jeun pendant six à huit heures. Avant la biopsie, on met en place une ligne intraveineuse. On prélève un échantillon d'urines pour établir une comparaison avec les urines recueillies après la biopsie. On informe le patient qu'il devra retenir sa respiration durant l'insertion de l'aiguille pour éviter le déplacement du rein.

On administre un sédatif au patient et on l'installe en décubitus ventral en plaçant un sac de sable sous son abdomen. Une anesthésie locale est pratiquée au siège de la biopsie, puis l'aiguille à biopsie est introduite dans le quatrant externe du rein, juste sous la capsule rénale. On peut vérifier si l'aiguille est bien placée par une radioscopie ou une échographie. Dans ce dernier cas, on utilise une sonde vésicale spéciale. On peut également effectuer une biopsie ouverte en pratiquant une petite incision sur le côté.

Soins infirmiers après la biopsie. Après le prélèvement, on applique un pansement pour comprimer le point d'insertion de l'aiguille. Pour réduire les risques de saignements, le patient doit rester quelque temps en décubitus ventral après la biopsie et garder le lit pendant 24 heures.

L'infirmière doit garder le patient en observation, car une hématurie peut se manifester peu de temps après la biopsie. Le rein est un organe extrêmement vascularisé: approximativement le quart de la circulation sanguine totale le traverse en une minute. L'aiguille de la biopsie perce la capsule rénale et peut causer un saignement dans l'espace périrénal. Généralement, le saignement s'arrête de lui-même, mais s'il persiste, une grande quantité de sang peut s'accumuler dans cet espace en peu de temps sans signes perceptibles jusqu'à ce qu'un collapsus cardiovasculaire se manifeste.

- Pour déceler les premiers signes d'hémorragie, il faut prendre les signes vitaux toutes les 5 à 15 minutes durant l'heure qui suit la biopsie, puis réduire progressivement la fréquence si cela est indiqué ou si aucun problème ne se manifeste.

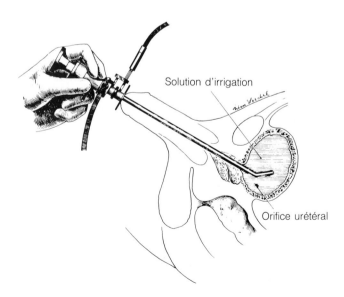

Solution d'irrigation

Orifice urétéral

Figure 35-4. Cystoscopie. Chez l'homme, le cystoscope est introduit dans la vessie. Le fil inférieur est un fil électrique qui sert à alimenter la lumière à l'extrémité distale du cystoscope. Le tube inférieur descend dans un réservoir stérile contenant une solution d'irrigation qui sert à gonfler la vessie.

- Les signes et les symptômes d'une hémorragie peuvent être une baisse de la pression artérielle, de l'anorexie, des vomissements et une sensation de douleur sourde dans l'abdomen.
- L'infirmière doit signaler au médecin toute douleur au dos et aux épaules et tout signe de dysurie.

Une douleur lombaire peut se manifester, mais elle indique habituellement un saignement à l'intérieur d'un muscle plutôt qu'autour du rein. Une douleur à type de colique peut survenir lorsqu'un caillot obstrue l'uretère; il s'agit d'une douleur lombaire lancinante irradiant dans l'aine.

Il faut procéder à une analyse minutieuse de toutes les urines du patient pour déceler la présence de sang. Un saignement persistant provoquera la formation d'un hématome. Il faut alors éviter de palper l'abdomen. Dans les huit heures qui suivent la biopsie, on obtient régulièrement le taux d'hémoglobine et l'hématocrite afin de vérifier s'il y a hémorragie. En règle générale, on maintient l'apport liquidien quotidien à 3 L si le patient ne souffre pas d'une insuffisance rénale. Si on note des saignements, il faut préparer le patient pour une transfusion et une intervention chirurgicale visant à arrêter l'hémorragie. Il est parfois nécessaire d'effectuer un drainage chirurgical ou, plus rarement, une néphrectomie (ablation du rein).

Enseignement au patient. Étant donné que l'hémorragie peut apparaître plusieurs jours après la biopsie, l'infirmière doit recommander au patient d'éviter les activités ou les sports exténuants et de ne pas soulever de poids lourds pendant au moins deux semaines. Si elle note les problèmes suivants, elle doit le signaler au médecin ou à la clinique externe: douleur lombaire, hématurie, sensation ébrieuse, évanouissements, pouls rapide ainsi que tout autre signe ou symptôme de saignement.

NÉPHROGRAPHIES ISOTOPIQUES

Les néphrographies isotopiques sont des examens non effractifs qui n'entravent pas les mécanismes physiologiques et qui n'exigent aucune préparation spéciale du patient. On injecte par voie intraveineuse un composé marqué au technétium[99] ou de l'hippuran marqué à l'iode[131]. On demande au patient de se placer en décubitus dorsal ou ventral ou en position assise, puis on place une caméra de scintillation derrière ses reins. L'image ainsi obtenue (scintigramme) donne la répartition du produit marqué dans les reins.

La scintigraphie au technétium[99] renseigne sur l'irrigation sanguine du rein et est utilisée lorsque la fonction rénale est défaillante. La scintigraphie à l'hippurate donne un indice de la valeur fonctionnelle des reins.

EXAMENS URODYNAMIQUES

Les examens urodynamiques sont des épreuves physiologiques et anatomiques destinées à l'évaluation des fonctions vésicale et urétrale. Ils permettent la mesure du débit urinaire, de la pression vésicale pendant la miction et au repos, de la résistance interne de l'urètre, et de la contraction et de la détente de la vessie. On évalue aussi la pression de l'abdomen, de la vessie et du détrusor, l'activité du sphincter, l'innervation vésicale, le tonus musculaire et le réflexe sacré.

Les examens urodynamiques les plus souvent utilisés sont les suivants:

La mesure du *débit urinaire*, soit le volume d'urine qui passe dans l'urètre en un temps donné (mL/s).

La *cystomanométrie*, qui enregistre, sous forme de graphique, la pression à l'intérieur de la vessie (pression intravésicale) à différents stades de remplissage ou de vidange. On enregistre aussi la quantité de liquide introduite dans la vessie et évacuée sous forme d'urine, ainsi que le moment où le patient ressent le premier besoin et les besoins impérieux d'uriner. Ces valeurs sont ensuite comparées aux pressions mesurées dans la vessie pendant le remplissage et la vidange. On demande d'abord au patient d'uriner, puis on note la grosseur, la force et la continuité du jet d'urine, le degré d'effort et de retard à la miction. On fait glisser ensuite une sonde à rétention dans l'urètre jusqu'à la vessie. On mesure le volume d'urine résiduelle et on laisse en place la sonde. On relie la sonde urétrale à un manomètre à eau, puis on injecte une solution stérile dans la vessie à un débit de l mL/s. Le patient prévient le technicien ou la technicienne dès qu'il a envie d'uriner, puis dès qu'il sent que sa vessie est pleine. À chaque fois, on note le niveau de remplissage de la vessie. On enregistre les pressions positives au niveau de la symphyse pubienne ainsi que les pressions et les volumes à l'intérieur de la vessie.

La *courbe de pression urétrale* mesure la résistance urétrale le long de l'urètre. On introduit un gaz et du liquide dans une sonde que l'on retire pendant qu'on mesure la pression le long de la paroi urétrale.

L'*urétrocystographie* rétrograde donne une image de l'urètre et de la vessie grâce à l'injection d'un produit de contraste.

L'*urétrocystographie mictionnelle* consiste à remplir la vessie d'un produit de contraste et à prendre des clichés au cours de la miction. Cette méthode révèle la présence ou l'absence d'un reflux vésico-urétéral ou d'anomalies congénitales des voies urinaires basses. On emploie également l'urétrocystographie permictionnelle pour étudier les difficultés d'évacuation de la vessie et l'incontinence.

L'*électromyographie* exige la pose d'électrodes sur le plancher pelvien et la musculature pelvienne ou le sphincter externe de l'anus. Elle permet d'évaluer l'activité neuromusculaire des voies urinaires basses.

RÔLE DE L'INFIRMIÈRE LORS D'UNE EXPLORATION FONCTIONNELLE RÉNALE ET URINAIRE

On évalue le fonctionnement des voies urinaires chez tous les patients, quelle que soit la nature ou la gravité du dysfonctionnement dont ils souffrent. Même après avoir subi ces examens à plusieurs reprises, les patients ressentent toujours une certaine appréhension quant à leur déroulement et à leurs résultats. De plus, ils éprouvent souvent de la gêne et de l'embarras, car la miction est généralement considérée comme une fonction à caractère intime et personnel.

Plan de soins infirmiers 35-1

Patient subissant des épreuves d'exploration de la fonction rénale et urinaire

Interventions infirmières	*Justification*	*Résultats escomptés*

Diagnostic infirmier: Manque de connaissance sur les procédés et les examens diagnostiques

Objectif: Acquisition de connaissances sur les examens diagnostiques

1. Évaluer les connaissances du patient sur les examens qu'il va subir.	1. Permet de savoir quels aspects doivent être expliqués plus à fond et sur quoi faire porter l'enseignement. Renseigne aussi sur la façon dont le patient perçoit les examens.	• Le patient explique pourquoi il doit subir les différents examens diagnostiques ainsi que ce qu'il aura à faire pendant ces examens.
2. Décrire les examens en s'en tenant aux faits, et en utilisant des termes et un langage faciles à comprendre pour le patient.	2. Lorsqu'il sait à quoi s'attendre, le patient est plus porté à se conformer aux directives et à collaborer.	• Il se conforme aux directives données pour la cueillette des urines, la modification de son apport liquidien ou toute autre exigence des examens diagnostiques.
3. Évaluer dans quelle mesure le patient comprend les résultats des examens.	3. L'appréhension peut empêcher le patient de comprendre les explications et les résultats donnés par le médecin et les autres membres du personnel soignant.	• Il est capable d'expliquer, dans ses propres mots, les résultats de l'examen diagnostique.
		• Il demande qu'on lui explique certains termes et examens.
4. Expliquer à nouveau au patient les résultats et les soins de suivi nécessaires.	4. Permet au patient d'éclaircir certains points et de savoir à l'avance quels soins il devra recevoir après son congé.	• Il explique le but des soins de suivi.
		• Il participe aux soins de suivi.

Diagnostic infirmier: Douleur reliée à une infection, à un œdème, à une obstruction ou une hémorragie dans les voies urinaires, ou à des examens diagnostiques effractifs

Objectif: Soulagement de la douleur

1. Évaluer l'intensité de la douleur. a) Dysurie b) Sensation de brûlure à la miction c) Douleurs abdominales d) Douleurs lombaires e) Spasme vésical	1. Fournit les données de base qui permettront d'évaluer les résultats des interventions et l'évaluation du problème.	• Le patient dit que la douleur a diminué. • Il a recours à des bains de siège au besoin. • Si cela est indiqué, il accroît son apport liquidien.
2. Inciter le patient à accroître son apport liquidien (sauf contre-indication).	2. Dilue l'urine et nettoie les voies urinaires basses.	• Il dit n'avoir aucun symptôme localisé (mictions impérieuses, mictions fréquentes, dysurie ou sensation de brûlure à la miction).
3. Inciter le patient à prendre des bains de siège tièdes.	3. Soulage la douleur et favorise la relaxation.	• Il dit être capable d'amorcer et d'arrêter la miction sans ressentir de douleur.
4. Signaler au médecin toute aggravation de la douleur.	4. Peut indiquer une affection récidivante ou des effets indésirables comme une hémorragie ou des calculs.	• Il énumère les signes et symptômes à signaler.
5. Administrer des analgésiques ou des antispasmodiques selon l'ordonnance.	5. Ces médicaments sont souvent prescrits pour soulager la douleur et les spasmes.	• Il prend les médicaments prescrits. • Il vide sa vessie aussitôt qu'il ressent le besoin d'uriner.
6. Évaluer les habitudes de miction et les pratiques d'hygiène du patient. Lui indiquer comment les améliorer.	6. Le fait d'attendre pour évacuer la vessie et les mauvaises pratiques d'hygiène peuvent accroître la douleur associée à un trouble urinaire.	• Il applique de bonnes mesures d'hygiène: il évite les bains moussants et applique les soins d'hygiène appropriés après être allé à la selle.

Plan de soins infirmiers 35-1 (suite)

Patient subissant des épreuves d'exploration de la fonction rénale et urinaire

Interventions infirmières	Justification	Résultats escomptés
Diagnostic infirmier : Anxiété reliée à (1) un risque d'altération de la fonction rénale et d'une autre partie de l'organisme, et (2) à l'embarras provoqué par l'exploration de fonctions jugées intimes		
Objectif : Réduction de l'anxiété		
1. Évaluer le degré de peur et d'appréhension du patient.	1. Si le patient a très peur, il aura de la difficulté à apprendre et à collaborer.	• Le patient semble détendu et rassuré.
2. Expliquer au patient chacun des examens et chacune des interventions.	2. Le patient a moins peur quand il sait à quoi s'attendre.	• Il explique pourquoi il doit subir les examens de façon calme et détendue.
3. Respecter la dignité et la pudeur du patient en fermant les portes, en le couvrant et en lui permettant de garder ses vêtements. Garder l'urinoir ou le bassin hygiénique hors de sa vue.	3. Le patient sent ainsi que le personnel soignant respecte sa dignité et sa pudeur.	• Il conserve sa dignité et sa pudeur. • Il est capable de discuter avec aisance de son problème urinaire en employant les termes corrects.
4. Utiliser les termes corrects, en s'en tenant aux faits, pour interroger le patient sur son problème urinaire.	4. L'infirmière met ainsi le patient à l'aise.	• Il est capable d'exprimer sa peur et ses craintes.
5. Évaluer dans quelle mesure le patient a peur des séquelles des examens et des interventions.	5. Peut révéler une peur injustifiée ou des idées fausses que l'on peut corriger par une bonne information.	• Il montre qu'il comprend bien les procédés et ce qui en résultera.
6. Enseigner au patient des exercices de relaxation.	6. Ces exercices aideront le patient à se détendre et atténueront l'anxiété engendrée par l'attente des résultats.	

Analyse et interprétation des données

Selon les données recueillies, voici les principaux diagnostics infirmiers possibles :

- Manque de connaissances sur les procédés et les examens diagnostiques.
- Douleur reliée à une infection rénale, à l'œdème, à une obstruction ou à une hémorragie dans les voies urinaires ou à des examens diagnostiques effractifs.
- Anxiété reliée à la possibilité d'un diagnostic de maladie grave ou d'altération de la fonction rénale.
- Anxiété reliée à l'embarras provoqué par l'exploration de fonctions jugées intimes.

Planification, exécution et évaluation

Les objectifs, les interventions infirmières, la justification de ces interventions et les résultats escomptés sont exposés en détail dans le plan de soins infirmiers 35-1.

Gérontologie

La fonction rénale et urinaire se transforme avec l'âge. Après 40 ans, le processus de filtration glomérulaire se détériore; il n'est plus qu'à 50 % de la normale à 70 ans. La fonction tubulaire, notamment le pouvoir de réabsorption et de concentration, se détériore également avec l'âge. Même si la fonction rénale reste adéquate en dépit de ces altérations, la réserve rénale diminue et le rein réagit moins efficacement aux changements physiologiques violents ou soudains. En même temps, les altérations subies par les autres systèmes et appareils de l'organisme empêchent le patient de lutter efficacement contre la maladie. Par conséquent, les signes et les symptômes de maladie ou d'infection peuvent différer de ceux que présentent normalement les plus jeunes.

Les anomalies fonctionnelles ou structurales qui se manifestent avec l'âge empêchent souvent l'évacuation complète de la vessie et augmentent les risques d'infection des voies urinaires, la cause la plus courante de septicémie chez les personnes de plus de 65 ans. Comme la fonction rénale, la fonction des uretères, de la vessie et de l'urètre s'altère avec l'âge. Les risques élevés d'hypertrophie de la prostate chez l'homme âgé rend très importante l'évaluation de la fonction urinaire, car une obstruction de l'urètre non décelée peut entraîner une insuffisance rénale et des infections. Les femmes âgées sont souvent incapables de vider complètement leur vessie et peuvent souffrir d'une stase urinaire.

Étant donné que la prévalence des maladies chroniques est plus élevée chez les personnes âgées et qu'elles ont recours plus souvent aux médicaments sur ordonnance et en vente libre, il est nécessaire d'établir un profil complet de façon à connaître les facteurs de prédisposition, les médicaments utilisés ou les interactions médicamenteuses susceptibles d'altérer encore plus la fonction rénale. La préparation du patient âgé pour les examens diagnostiques doit être effectuée avec beaucoup de soin afin d'éviter une déshydratation qui pourrait précipiter une insuffisance rénale, car sa réserve rénale est faible. Les restrictions de la mobilité qu'on impose souvent aux patients âgés peuvent provoquer des troubles urinaires et une consommation insuffisante de liquides. Les personnes âgées réduisent parfois leur apport liquidien afin d'uriner moins souvent ou de réduire les risques d'incontinence. Il est donc important que l'infirmière qui prodigue des soins aux personnes âgées leur explique les risques qu'entraîne un apport liquidien insuffisant.

RÉSUMÉ

Un fonctionnement normal des voies urinaires est essentiel à l'organisme pour lui permettre d'éliminer les déchets issus du métabolisme et de maintenir l'équilibre hydroélectrolytique et acidobasique. Toute perturbation des reins ou des voies urinaires basses peut provoquer des manifestations dans l'organisme tout entier. L'évaluation d'un patient qui souffre de pareilles perturbation peut se résumer à l'examen des différents éléments des voies urinaires basses, mais elle peut également comprendre l'étude des conséquences de la perturbation sur les concentrations des électrolytes. Le diagnostic d'un trouble urinaire peut exiger toute une gamme d'examens. La miction étant une fonction jugée intime et les voies urinaires étant étroitement reliées aux organes génitaux et à la fonction sexuelle, le patient peut se sentir gêné de parler de ses symptômes et craindre de poser des questions sur les examens et leurs résultats, de même que sur le fonctionnement des reins et de la vessie. L'infirmière doit anticiper les craintes du patient et le rassurer; elle doit répondre à ses questions et à celles de sa famille en s'en tenant aux faits, tout en faisant preuve de sensibilité pour atténuer leur gêne et leur embarras.

Bibliographie

Ouvrages

Bates B. A Guide to Physical Examination and History Taking. Philadelphia, JB Lippincott, 1991.

Brenner BM, Coe FL, and Rector FC Jr. Clinical Nephrology. Philadelphia, WB Saunders, 1987.

Catto ORD. Pregnancy and Renal Disorders. Dordrecht, Kluwer Academic Publishers, 1988.

DeWardener HE. The Kidney: An Outline of Normal and Abnormal Function, 5th ed. New York; Churchill Livingstone, 1985.

Fischbach F. A Manual of Laboratory Diagnostic Tests, 3rd ed. Philadelphia, JB Lippincott, 1988.

Guzzetta CE et al. Clinical Assessment Tools for Use With Nursing Diagnoses. St Louis, CV Mosby, 1989.

Hanno PM and Wein AJ. A Clinical Manual of Urology. Englewood Cliffs, NJ, Appleton-Century-Crofts, 1987.

Kunin CM. Detection, Prevention and Management of Urinary Tract Infections. Philadelphia, Lea & Febiger, 1987.

Massry SG and Glassock RJ. Textbook of Nephrology, 2nd ed. Baltimore, Williams & Wilkins, 1989.

Rose BD and Black RM. Manual of Clinical Problems in Nephrology. Boston, Little, Brown, 1988.

Schrier RW and Gottshalk CW (eds). Diseases of the Kidney. Boston, Little, Brown, 1988.

Toledo-Pereyra LH (ed.) Kidney Transplantation. Philadelphia, FA Davis, 1988.

Revues

Aken BV et al. Efficacy of the routine admission urinalysis. Am J Med 1987 Apr; 82(4):719–722.

Baer CL. Assessing flank pain. Nursing 1989 Oct; 19(10):75–79.

Becker KL and Stevens SA. Performing in-depth abdominal assessment. Nursing 1988 Jun; 18(6):59–64.

Campbell JPM and Gunn AA. Plain abdominal radiographs and acute abdominal pain. Br J Surg 1988 Jun; 75(6):554–556.

Del Mar C and Badger P. The place of routine urine testing on admission to hospital. Med J Aust 1989 Aug 7; 151(7):151–153.

Fairley KF and Birch DF. Detection of bladder bacteriuria in patients with acute urinary symptoms. J Infect Dis 1989 Feb; 159(2):226–231.

Garrett VE et al. Bladder emptying assessment in stroke patients. Arch Phys Med Rehabil 1989 Jan; 70(1):41–43.

Kahn RI. Outpatient endourologic procedures. Urol Clin North Am 1987 Feb; 14(1):77–89.

Kanel KT. The intravenous pyelogram in acute pyelonephritis. Arch Intern Med 1988 Oct; 148(19):2144–2148.

Kee JL and Hayes ER. Assessment of patient laboratory data in the acutely ill. Nurs Clin North Am 1990 Dec; 25(4):751–759.

Kellogg JA et al. Clinical relevance of culture versus screens for the detection of microbial pathogens in urine specimens. Am J Med 1987 Oct; 83(4):739–745.

Kiel DP and Moskowitz MA. The urinalysis: A critical appraisal. Med Clin North Am 1987 Jul; 71(4):607–624.

Lawrence VA, Gafni A, and Gross M. The unproven utility of the preoperative urinalysis: Economic evaluation. J Clin Epidemiol 1989; 42(12):1185–1192.

Mainprize TC and Drutz HP. Accuracy of total bladder volume and residual urine measurements: Comparison between real-time ultrasonography and catheterization. Am J Obstet Gynecol 1989 Apr; 160(4):1013–1016.

Needham CA. Rapid detection methods in microbiology: Are they right for your office? Med Clin North Am 1987 Jun; 71(4):591–605.

Pfaller M et al. The usefulness of screening tests for pyuria in combination with culture in the diagnosis of urinary tract infection. Diagn Microbiol Infect Dis 1987 Mar; 6(3):207–209.

Stark JL. A quick guide to urinary tract assessment. Nursing 1988 Jul; 18(7): 56–58.

Striegel J, Michael AF, and Chavers BM. Asymptomatic proteinuria. Postgrad Med 1988 Jun; 83(8):287–290, 293, 294.

Walter FG and Knopp RK. Urine sampling in ambulatory women: Midstream clean-catch versus catheterization. Ann Emerg Med 1989 Feb; 18(2): 166–172.

Woolhandler S et al. Dipstick urinalysis screening of asymptomatic adults for urinary tract disorders. JAMA 1989 Sep 1; 262(9):1215–1219.

36
TRAITEMENT DES PATIENTS ATTEINTS DE TROUBLES RÉNAUX ET URINAIRES

OBJECTIFS D'APPRENTISSAGE

Après avoir étudié ce chapitre, vous devriez être en mesure de réaliser ce qui suit:

1. *Décrire la succession des conditions entraînant une infection des voies urinaires chez un patient porteur d'une sonde vésicale à demeure.*
2. *Décrire la conduite à tenir auprès des patients porteurs d'une sonde vésicale à demeure.*
3. *Comparer la rétention urinaire et l'incontinence urinaire: causes, manifestations cliniques, complications et soins exigés.*
4. *Appliquer la démarche de soins infirmiers pour intervenir auprès des patients atteints de rétention urinaire.*
5. *Décrire la conduite à tenir auprès des patients âgés atteints d'incontinence urinaire.*
6. *Comparer l'hémodialyse et la dialyse péritonéale: principes de base, procédés, complications et interventions infirmières exigées.*
7. *Décrire les soins infirmiers à prodiguer au patient dialysé en milieu hospitalier.*
8. *Appliquer la démarche de soins infirmiers pour intervenir auprès des patients opérés aux reins.*

ASPECTS PSYCHOSOCIAUX

Les patients qui souffrent de troubles génito-urinaires éprouvent souvent de la tension et de la gêne au cours des examens et des traitements et abordent avec réticence la question des fonctions urinaires. Ceux atteints d'incontinence sont généralement malheureux, honteux et désarmés, craignant constamment «l'accident». Certains par contre feignent l'indifférence.

Chez l'homme, les interventions chirurgicales affectant les organes reproducteurs peuvent menacer la sexualité, peu importe l'âge. Chez les hommes plus âgés, on met souvent les difficultés sexuelles (impuissance, éjaculation précoce, etc.) sur le compte de la «prostate», même si leur cause est psychologique: inquiétude, culpabilité, répulsion ou fatigue. La crainte de troubles sexuels peut engendrer chez l'homme de la colère et de l'hostilité envers le personnel soignant. Certains refoulent leur colère, ce qui aggrave leur angoisse. Les patients atteints d'infections urinaires deviennent parfois dépressifs quand le traitement se prolonge. L'anxiété peut augmenter la fréquence des mictions et provoquer des envies impérieuses d'uriner.

Le patient qui souffre de troubles génito-urinaires a besoin de se sentir compris et respecté. Il désire qu'on réponde à ses questions, qu'on dissipe ses inquiétudes et qu'on soulage ses malaises. Il a en outre besoin que l'on respecte sa pudeur, son intimité et sa dignité, qu'on le rassure, qu'on le soutienne et qu'on le comprenne.

DÉSÉQUILIBRES HYDROÉLECTROLYTIQUES

Les déséquilibres hydroélectrolytiques sont une importante complication des troubles rénaux, et l'infirmière doit être en mesure de les dépister. Pour tous les patients atteints de troubles génito-urinaires, on doit inscrire sur une feuille d'ingesta et d'excreta le volume de tous les liquides ingérés par voie orale ou parentérale, de même que de tous les liquides excrétés par voie rénale ou autre. On doit aussi noter le poids du patient. Ces données sont essentielles pour déterminer la quantité de liquide permise.

L'infirmière doit être à l'affût de toute manifestation de déséquilibre hydroélectrolytique (voir le chapitre 46). En voici les principaux signes et symptômes:

1. Excès de volume liquidien: gain pondéral rapide (de plus de 5 %), œdème généralisé, râles humides, œdème palpébral et essoufflement
2. Déficit de volume liquidien: perte pondérale subite (de plus de 5 %), baisse de la température corporelle, sécheresse de la peau et des muqueuses, rides longitudinales ou sillons sur la langue, oligurie ou anurie
3. Déficit en sodium: crampes abdominales, appréhension, convulsions, pli cutané, oligurie ou anurie
4. Excès de sodium: muqueuses sèches et épaisses, rougeur de la peau, oligurie ou anurie, soif, langue sèche et rugueuse
5. Déficit en potassium: anorexie, distension abdominale, iléus paralytique asymptomatique, faiblesse généralisée, muscles flasques
6. Excès de potassium: diarrhées, coliques intestinales, irritabilité et nausées
7. Déficit en calcium: crampes abdominales, spasme carpopédal, crampes musculaires, tétanie et fourmillements dans le bout des doigts
8. Excès de calcium: douleur osseuse profonde, douleur lombaire et hypotonie musculaire
9. Déficit en bicarbonates: respiration profonde et rapide (Kussmaul), essoufflement exagéré à l'effort, stupeur et faiblesse
10. Excès de bicarbonates: respiration lente, hypertonie musculaire et tétanie
11. Carence en protéines: perte pondérale constante, dépression, pâleur, fatigue et muscles flasques
12. Déficit en magnésium: signe de Chvostek positif, convulsions, désorientation, hyperréflexie tendineuse et tremblements

L'infirmière doit être à l'affût des signes et symptômes de déséquilibres hydroélectrolytiques et informer le médecin dès qu'ils se manifestent. Si elle administre une perfusion intra-veineuse, elle doit en régler le débit selon l'ordonnance du médecin et les besoins liquidiens du patient. Des analyses de sang répétées permettront d'évaluer l'équilibre hydroélectrolytique. L'infirmière doit expliquer au patient les raisons de ces analyses et le préparer pour la ponction veineuse.

MAINTIEN D'UNE ÉLIMINATION URINAIRE ADÉQUATE

Que l'on souffre ou non d'un trouble urinaire, l'élimination des déchets de l'organisme par les reins est une fonction vitale. La composition des liquides biologiques est déterminée bien moins par les matières nutritives ingérées que par celles qui sont retenues par les reins. Les reins sains éliminent efficacement les substances inutiles à l'organisme et retiennent celles qui lui sont essentielles. Toutefois, quand ils présentent une atteinte, tout doit être mis en œuvre pour assurer une élimination urinaire adéquate et préserver leur fonctionnement.

Si on doit avoir recours à des moyens artificiels pour évacuer l'urine, on peut insérer une sonde directement dans la vessie, les uretères ou les bassinets. Il existe divers modèles de sonde, qui diffèrent par leur calibre, leur forme et leur longueur. Leur extrémité peut comporter un ou plusieurs orifices dont l'emplacement varie. Il existe des sondes en caoutchouc souple ou rigide, en tissu, en silicone, en métal, en verre ou en plastique. L'extrémité peut être ouverte ou fermée, en forme de champignon (sonde de Pezzer), à ailettes (sonde de Maléco), arrondie ou en biseau. On choisit le modèle de sonde selon l'usage que l'on veut en faire.

CATHÉTÉRISME VÉSICAL

Généralités

Le cathétérisme vésical peut sauver la vie d'un patient atteint par exemple d'obstruction des voies urinaires ou d'anurie. On doit parfois y avoir recours pour mesurer le volume d'urine résiduelle dans la vessie après la miction, pour court-circuiter une obstruction, pour assurer le drainage à la suite d'une intervention chirurgicale à la vessie, à la prostate ou au vagin, ou pour mesurer le débit urinaire horaire chez des patients gravement malades.

- On ne doit utiliser le cathétérisme vésical qu'en dernier recours en raison des risques d'infection des voies urinaires qu'il présente.

Les infections des voies urinaires comptent pour plus du tiers des infections nosocomiales, et la plupart d'entre elles (80 % au moins) sont consécutives à une exploration par sonde des voies urinaires. Les agents pathogènes que l'on retrouve dans les infections des voies urinaires dues à l'emploi des sondes sont, notamment: *Escherichia coli, Klebsiella, Proteus, Pseudomonas, Enterobacter, Serratia* et *Candida*. Beaucoup de ces microorganismes font partie de la flore intestinale normale ou sont acquis d'un autre patient ou d'un membre du personnel, ou encore par exposition à du matériel non stérile.

Les sondes vésicales entravent la plupart des mécanismes naturels de défense des voies urinaires inférieures, car elles obstruent les canaux périurétraux, irritent la muqueuse vésicale et sont une voie d'entrée pour les bactéries. Elles favorisent l'introduction des microorganismes dans la vessie de

trois façons: premièrement, par l'urètre au moment de l'introduction; deuxièmement, par le contact avec la fine pellicule
de liquide urétral qui recouvre la muqueuse; troisièmement,
par contamination (c'est le cas le plus fréquent).

Pour assurer la protection du patient, les points suivants
doivent être strictement observés lors de l'introduction d'une
sonde:

- Respecter rigoureusement les règles de l'asepsie.
- Nettoyer avec soin l'urètre.
- Employer une sonde plus petite que le méat urinaire pour réduire
  les risques de lésions et permettre l'écoulement des sécrétions
  le long du cathéter.
- Bien lubrifier la sonde vésicale à l'aide d'un lubrifiant anti-
  microbien approprié.
- Insérer la sonde vésicale délicatement et avec dextérité.
- Retirer la sonde vésicale dès que possible.

La figure 36-1 illustre la succession des conditions qui
entraînent une infection chez une personne âgée porteuse
d'une sonde urétrale à demeure pour une période prolongée.

**Soins infirmiers au patient porteur d'une
sonde à demeure avec système de drainage en
circuit fermé.** Avec une sonde à demeure, il est indispensable d'utiliser un système de drainage en circuit fermé,
conçu de façon à réduire les risques de déconnexion de la
sonde et de contamination. Certains systèmes se composent
d'une sonde à demeure, d'un raccord et d'un sac collecteur
muni d'un robinet de vidange; d'autres comprennent une
sonde urétrale à demeure à trois lumières, dont la première
permet l'écoulement de l'urine, la seconde le gonflement d'un
ballonnet avec de l'air ou de l'eau et la dernière l'irrigation
continue de la vessie à l'aide d'une solution antibactérienne.

 DÉMARCHE DE SOINS INFIRMIERS
**PATIENTS PORTEURS D'UNE SONDE
À DEMEURE RELIÉE À UN SYSTÈME
DE DRAINAGE EN CIRCUIT FERMÉ**

▷ *Collecte des données*

Le patient à qui on a posé une sonde vésicale à demeure avec
système de drainage en circuit fermé doit être observé de près
à la recherche de tout signe ou symptôme d'infection des voies
urinaires: urine trouble, hématurie, fièvre, frissons, anorexie
ou malaises. On s'assurera qu'il n'y a pas d'écoulement
purulent autour du méat urinaire, ni formation de dépôts. Les
cultures d'urines sont le moyen le plus efficace pour dépister
les infections. On doit aussi noter la couleur, l'odeur et le
volume des urines.

L'infirmière doit également vérifier périodiquement le
fonctionnement du système de drainage de même que le raccord de la sonde pour prévenir les pressions sur l'urètre, au
niveau de la jonction du pénis et du scrotum chez l'homme,
et les tensions ou tractions sur la vessie chez les patients des
deux sexes. Elle doit aussi noter soigneusement le volume
des liquides ingérés et le volume urinaire, ce qui donne des
renseignements supplémentaires sur la fonction rénale et
urinaire.

De plus, elle doit établir si le patient présente des risques
élevés d'infection des voies urinaires due au cathétérisme vésical: personne âgée, affaiblie, immunoprive, diabétique ou souffrant d'une maladie chronique. Elle doit également déterminer si le patient comprend bien les raisons du cathétérisme.
Étant donné l'important risque d'infection et de septicémie
subséquente, elle doit obligatoirement relever tout signe ou
symptôme d'infection.

Il se peut que le patient âgé à qui on a posé une sonde
urétrale à demeure pour enrayer l'incontinence ne présente
pas les signes d'infection caractéristiques. Il faut donc considérer tout changement, aussi minime soit-il, dans son état
physique ou mental comme un symptôme possible d'infection.

▷ *Diagnostics infirmiers*

Selon les données recueillies, voici les principaux diagnostics
infirmiers possibles:

- Risque élevé d'infection des voies urinaires relié à une
  contamination des voies urinaires
- Risque élevé d'atteinte à l'intégrité des tissus (urètre et vessie)
  relié au sondage

▷ *Objectifs:* Absence d'infection des voies urinaires, de
même que de lésions à l'urètre et à la vessie

▷ *Interventions infirmières*

▷ *Prévention de l'infection.* Un système de drainage
en circuit fermé exige les précautions suivantes:

- Respecter strictement les règles de l'asepsie lors de l'insertion
  de la sonde.
- Utiliser un système de drainage en circuit fermé préassemblé
  et stérile et ne jamais détacher la tubulure, ni avant, ni pendant,
  ni après la pose de la sonde pour éviter les contaminations.
- Éviter toute contamination du sac collecteur ou de la tubulure.
- Ne jamais placer le sac plus haut que le niveau de la vessie
  du patient pour éviter le reflux par gravité de l'urine contaminée
  dans la vessie.
- Ne pas laisser l'urine s'accumuler dans la tubulure, car un
  écoulement continu est nécessaire pour éviter l'infection; l'accumulation peut être causée par un nœud ou une boucle dans
  la tubulure.
- Ne jamais laisser le sac toucher le sol. S'il y a contamination,
  si une obstruction empêche l'écoulement de l'urine ou si les
  raccords fuient, il faut changer le sac et la tubulure.
- Vider le sac collecteur en utilisant le robinet de vidange toutes
  les huit heures, ou plus souvent si le volume des urines recueilli
  est plus grand, pour réduire les risques de prolifération bactérienne.
- Éviter la contamination du robinet de vidange. Un récipient
  destiné à recueillir les urines doit être réservé à l'usage exclusif
  du patient.
- Ne *pas* effectuer systématiquement l'irrigation de la sonde.
- Ne *jamais* détacher la sonde pour l'irriguer, obtenir un échantillon d'urines, ou transporter le patient.
- Prendre les mesures nécessaires pour que le patient et les membres du personnel ne puissent toucher la sonde par inadvertance.
- *Toujours* se laver les mains avant et après avoir touché la sonde,
  la tubulure ou le sac collecteur.

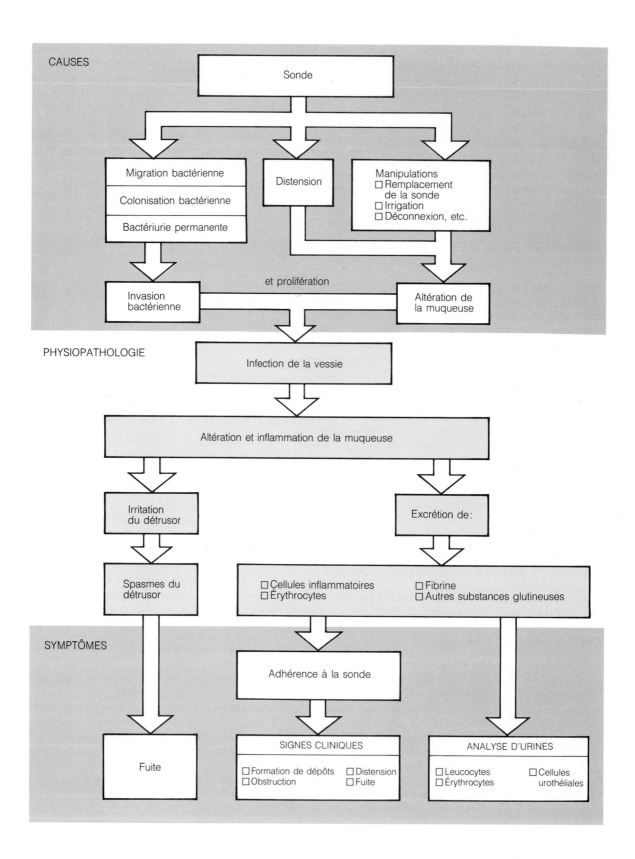

Figure 36-1. Physiopathologie et symptômes d'infection vésicale chez un patient porteur d'une sonde à demeure pour une période prolongée
(Source: W. O. Seiler et H. B. Stahelin, «Practical management of catheter-associated UTIs», *Geriatrics,* août 1988, 43[8]:44)

La sonde étant un corps étranger, elle provoque une réaction dans la muqueuse urétrale qui se traduit par un écoulement.

Cependant, on déconseille de nettoyer la zone de contact entre la sonde et le méat, car toute manipulation de la sonde, y compris au cours du nettoyage, augmente les risques d'infection. Un léger nettoyage avec du savon au cours du bain quotidien permet de faire disparaître la majeure partie du dépôt qui se forme à la surface de la sonde. On fixe la sonde solidement de façon à empêcher son va-et-vient dans l'urètre. Il est normal d'observer un écoulement et un dépôt au point de sortie de la sonde. Ce dépôt se forme à partir des sels urinaires et peut donner naissance à des calculs. Il est beaucoup moins important sur les sondes en silicone.

Un apport liquidien abondant et un débit urinaire accru sont nécessaires pour irriguer mécaniquement la sonde et pour diluer les composants urinaires qui forment un dépôt. (L'apport liquidien ne doit pas dépasser les limites de la réserve cardiaque du patient.) Pour prévenir l'obstruction des tubes, la formation de dépôts et de calculs, le médecin pourra prescrire de l'acide ascorbique ou du phosphate acide de potassium pour acidifier l'urine.

Il importe de prévenir les infections nosocomiales, car un grand nombre d'infections des voies urinaires sont acquises à l'hôpital. Les femmes, les personnes âgées et affaiblies ou les malades qui sont dans un état critique sont particulièrement exposés.

- On n'insistera jamais assez sur l'importance de *se laver les mains* avant et après les soins à chaque patient, et avant et après la manipulation d'une partie quelconque de la sonde ou du système de drainage.

- Un patient porteur d'une sonde vésicale à demeure ne doit pas partager sa chambre avec d'autres patients porteurs de sonde ou avec des patients souffrant d'une grave incapacité.

Pour dépister les infections, on procède à des analyses d'urines selon l'ordonnance du médecin. Un grand nombre de sondes sont munies d'un orifice d'aspiration (ponction) qui permet de prélever des échantillons. Chez la moitié des patients porteurs d'une sonde à demeure, on observe une bactériurie après deux semaines et chez presque tous, après quatre à six semaines, même si les recommandations de prévention des infections ont été scrupuleusement observées lors de la mise en place et des soins. Certains mettent en doute l'utilité des cultures d'urines et du traitement de la bactériurie chez les patients porteurs d'une sonde à demeure qui sont asymptomatiques, étant donné que la bactériurie est inévitable et que l'usage excessif des antibiotiques peut engendrer une résistance des bactéries.

▷ *Réduction des risques de lésions.* On doit utiliser une sonde de calibre approprié pour réduire les risques de lésions à l'urètre lors de l'insertion. Un lubrifiant facilitera son insertion qui doit toujours se faire doucement. On doit insérer la sonde suffisamment loin dans la vessie pour éviter de provoquer des lésions aux tissus urétraux lors du gonflement du ballonnet. La manipulation de la sonde est la principale cause de lésions à la muqueuse vésicale, ce qui entraîne inévitablement une infection quand l'urine envahit la muqueuse endommagée. La sonde doit être convenablement fixée pour

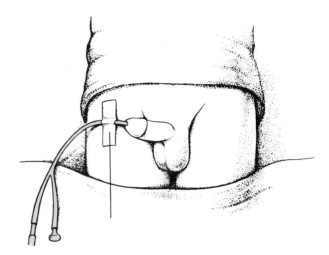

Figure 36-2. Chez l'homme, la sonde est fixée sur le haut de la cuisse ou sur l'abdomen, le pénis pointant vers l'abdomen, pour prévenir la formation d'une fistule.

éviter qu'elle ne se déplace, qu'elle n'exerce une traction sur l'urètre ou qu'elle ne soit retirée accidentellement. Il faut veiller à ce que les patients présentant un trouble cognitif ne retirent accidentellement la sonde vésicale pendant que le ballonnet est gonflé, ce qui pourrait provoquer un saignement et d'importantes lésions à l'urètre.

Chez l'homme, la sonde est fixée à l'aide de ruban adhésif sur le haut de la cuisse ou sur l'abdomen, le pénis pointant vers l'abdomen (figure 36-2), pour éviter toute pression sur l'urètre à la jonction du pénis et du scrotum, ce qui pourrait provoquer la formation d'une fistule.

Chez la femme, la sonde est fixée sur la cuisse, pour éviter les tensions ou les tractions sur la vessie.

▷ *Évaluation*

Résultats escomptés

1. Le patient ne présente pas d'infection des voies urinaires.
   a) Ses urines sont limpides, jaunes ou ambrées ; la densité urinaire se situe entre 1,015 et 1,025.
   b) Ses cultures d'urines sont négatives.
   c) Sa température est normale.
   d) Son apport liquidien et son débit urinaire sont satisfaisants.
   e) Il ne présente pas d'écoulements importants ni de dépôts autour du méat urinaire.
   f) Il s'assure que le sac collecteur est toujours placé au-dessous du niveau de la vessie, qu'il soit en position couchée ou assise, ou qu'il se déplace.
2. Le patient ne présente pas de lésions à l'urètre et à la vessie.
   a) Il dit ne pas éprouver de douleur ou de malaise à l'urètre ou à la vessie.
   b) Il n'y a pas de sang dans ses urines et il ne présente pas d'irritation de l'urètre.
   c) La sonde reste solidement fixée.
   d) Il n'y a pas de nœud ni de boucle dans la tubulure.
   e) Il ne ressent aucune douleur ou aucun malaise à la miction après le retrait de la sonde.
   f) Il élimine de 200 à 400 mL d'urine à chaque miction après le retrait de la sonde.
   g) Il ne présente aucun signe d'incontinence urinaire.

En résumé, bien que la sonde urétrale à demeure soit d'usage courant en milieu hospitalier, elle est une source d'infection des voies urinaires et une importante cause de septicémie, de morbidité et de mortalité. Les soins au patient porteur d'une sonde vésicale à demeure exigent une grande minutie afin de prévenir la contamination, la bactériurie et les infections des voies urinaires. Il ne faut pas oublier que chez les patients âgés porteurs d'une sonde à demeure, les signes et les symptômes d'infection des voies urinaires sont souvent non caractéristiques.

Il importe donc de procéder chez eux à une évaluation minutieuse pour dépister les signes et symptômes subtils d'infection des voies urinaires, de septicémie ou de choc septique, afin de réduire la morbidité et la mortalité associées au cathétérisme vésical dans cette population. L'enseignement au patient et à sa famille ou aux autres personnes chargées de lui prodiguer des soins peut contribuer à réduire l'incidence des complications. Si possible, on doit utiliser une solution de rechange au cathétérisme.

AUTOCATHÉTÉRISME INTERMITTENT

L'autocathétérisme intermittent permet d'évacuer périodiquement le contenu de la vessie. C'est le traitement à préconiser chez un patient atteint d'une lésion de la moelle épinière ou d'un autre trouble neurologique qui entrave l'évacuation de la vessie. L'insertion se fait sous asepsie durant la période d'apprentissage au centre hospitalier pour éviter les infections nosocomiales. À la maison, une asepsie rigoureuse n'est pas nécessaire, mais la propreté est essentielle. L'autocathétérisme accroît l'autonomie du patient, n'entraîne que peu de complications et permet des relations sexuelles plus normales. Son utilisation a pour objectif de diminuer la morbidité associée à l'usage prolongé d'une sonde à demeure. Elle peut aussi permettre au patient de se libérer graduellement de l'usage d'une sonde si cela lui est possible.

L'enseignement doit mettre l'accent sur l'importance de cathétérismes fréquents et réguliers, quelles que soient les circonstances. (La distension de la vessie ralentit la circulation sanguine dans la paroi vésicale et augmente les risques d'infection.)

La femme a besoin d'un miroir pour repérer le méat urinaire. On lui apprend à insérer elle-même la sonde sur une longueur de 7,5 cm dans l'urètre, vers le bas et l'arrière. On apprend à l'homme à lubrifier la sonde, à rétracter le prépuce d'une main tout en maintenant de l'autre son pénis à angle droit, ce qui redresse l'urètre et facilite l'insertion de la sonde. On insère la sonde sur une longueur de 15 à 25 cm, jusqu'à ce que l'urine commence à s'écouler. Après avoir retiré la sonde, on la nettoie avec de l'eau savonneuse, on la rince et on l'enveloppe dans une serviette en papier, un sac en plastique ou un étui spécial. Le patient qui a recours à l'autocathétérisme intermittent doit voir périodiquement un urologue pour une évaluation de la fonction urinaire et le dépistage des complications.

Si le patient est incapable de pratiquer lui-même l'autocathétérisme intermittent, on peut enseigner la technique à un membre de sa famille.

CATHÉTÉRISME SUS-PUBIEN

Pour pratiquer une aspiration vésicale sus-pubienne, on insère une sonde dans la vessie par une incision ou une ponction

pratiquée dans la région sus-pubienne. On peut utiliser la sonde sus-pubienne pour dévier temporairement le trajet de l'urine quand l'évacuation ne peut se faire par l'urètre (à cause de lésions, d'un rétrécissement ou d'une obstruction prostatique), à la suite de certaines interventions gynécologiques qui entravent le fonctionnement de la vessie (hystérectomie par voie vaginale ou réfection vaginale), et à la suite de fractures du bassin.

Pour faciliter l'insertion de la sonde sus-pubienne, on place le patient en décubitus dorsal. On dilate ensuite sa vessie en lui administrant des liquides par voie orale ou intraveineuse ou en instillant dans la vessie une solution physiologique stérile à l'aide d'une sonde vésicale. Cette mesure permet de repérer plus facilement la vessie.

On procède au lavage chirurgical de la région sus-pubienne et on marque le point d'incision à 5 cm environ au-dessus de la symphyse. On fait pénétrer la sonde dans la vessie par une incision ou une ponction faite avec un petit trocart. On la glisse en place, puis on la fixe à la peau au moyen d'une suture ou de ruban adhésif (figure 36-3). On recouvre la région de l'incision abdominale d'un pansement stérile. On relie la sonde à un système de drainage en circuit fermé et on fixe la tubulure sur l'abdomen à l'aide d'un ruban adhésif pour éviter toute tension.

Le cathétérisme sus-pubien peut se prolonger pendant plusieurs semaines. Pour vérifier si le patient est capable d'uriner spontanément, on clampe la sonde pendant quatre heures, durant lesquelles il essaie d'uriner. Dès qu'il a uriné, on enlève le clamp et on mesure le volume d'urine résiduelle. Généralement, on retire la sonde si le volume d'urine résiduelle est inférieur à 100 mL à deux reprises (le matin et le soir). Cependant, si le patient se plaint de douleur ou de malaise, on laisse la sonde en place.

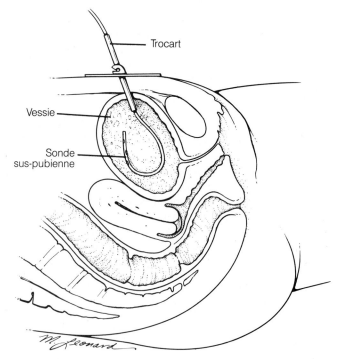

Figure 36-3. Cathétérisme sus-pubien. On ponctionne l'abdomen et la paroi de la vessie à l'aide d'un trocart, puis on glisse la sonde dans la canule du trocart. On retire ensuite le trocart et on fixe la sonde avec du ruban adhésif pour éviter qu'elle ne se déplace.

Les opérés a qui on a posé une sonde sus-pubienne recouvrent généralement leur fonction urinaire plus rapidement que ceux à qui on a posé une sonde urétrale. La sonde sus-pubienne est aussi moins désagréable pour le patient qu'une sonde à demeure. Elle assure une plus grande mobilité, permet la mesure du volume résiduel, et présente moins de risques d'infection vésicale. On retire la sonde sus-pubienne dès qu'elle n'est plus nécessaire et on pose un pansement stérile sur la région de l'incision.

ALTÉRATIONS DE L'ÉLIMINATION URINAIRE

RÉTENTION URINAIRE

La rétention urinaire, aiguë ou chronique, est l'incapacité d'uriner même quand le besoin est impérieux. La rétention chronique conduit souvent à l'incontinence par regorgement (provoquée par la pression de l'urine retenue dans la vessie) ou à l'accumulation d'urine résiduelle (urine qui reste dans la vessie après la miction).

La rétention urinaire peut affecter tous les opérés, mais particulièrement ceux qui ont subi une intervention au périnée ou à l'anus ayant déclenché un spasme réflexe des sphincters. Elle peut également survenir chez les patients gravement malades ou grabataires, de même que chez les personnes âgées. Elle peut être causée par l'anxiété, une hypertrophie de la prostate, un trouble urétral (infection, tumeur, calcul), un trauma, une vessie neurogène, etc. Certains médicaments provoquent une rétention urinaire, notamment les anticholinergiques-antispasmodiques comme l'atropine, les antidépresseurs-antipsychotiques comme les phénothiazines, les préparations antihistaminiques comme la pseudo-éphédrine (Sudafed), les inhibiteurs B-adrénergiques comme le propranolol et les antihypertenseurs comme l'hydralazine.

La rétention urinaire peut provoquer une infection, due à la distension de la vessie, à une mauvaise irrigation de la paroi vésicale et à la prolifération des bactéries. Une perturbation de la fonction rénale peut également survenir, en particulier lorsqu'une uropathie obstructive est présente.

Conduite à tenir. On veillera à éviter la distension de la vessie et l'on traitera toute infection ou obstruction. Une évaluation minutieuse et des interventions infirmières appropriées permettront d'éviter de nombreuses complications.

▶ DÉMARCHE DE SOINS INFIRMIERS
PATIENTS ATTEINTS DE RÉTENTION URINAIRE

▷ Évaluation

Les signes et les symptômes de rétention urinaire pouvant facilement passer inaperçus, l'infirmière doit faire preuve de vigilance pour les dépister.

- Quelle est l'heure et quel est le volume de la dernière miction?
- Le patient émet-il fréquemment de petites quantités d'urines?

- Les urines s'écoulent-elles goutte à goutte?
- Le patient se plaint-il de douleur ou de malaise dans la partie inférieure de l'abdomen? (Le malaise peut être relativement léger si la vessie se distend lentement.)
- Y a-t-il un gonflement dans la région du bassin? (Peut indiquer une rétention.)
- Y a-t-il matité à la percussion de la région sus-pubienne? (Peut indiquer que la vessie est pleine.)
- Y a-t-il d'autres signes de rétention urinaire, tels que la nervosité ou l'agitation?

▷ Analyse et interprétation des données

Selon les données recueillies, voici les principaux diagnostics infirmiers possibles:

- Rétention urinaire reliée à de la douleur, de la tension, un manque d'intimité, un environnement non familier ou l'obligation d'uriner dans une position inhabituelle
- Douleur reliée à une distension vésicale

▷ Objectifs: Retour du mode d'élimination normal; soulagement de la douleur

▷ Interventions infirmières

▷ *Retour du mode d'élimination normal.* L'infirmière peut favoriser l'élimination urinaire par diverses mesures: assurer au patient une certaine intimité, lui faciliter l'accès à la toilette ou à la chaise d'aisance, permettre au patient de sexe masculin de se tenir debout près du lit pour utiliser l'urinal, la plupart des hommes étant plus à l'aise dans cette position. L'infirmière peut également assurer la détente des sphincters par la chaleur (bains de siège, compresses chaudes sur le périnée, douches), ou en donnant à boire du thé chaud. Il lui faut de plus se faire rassurante et compréhensive.

Après une intervention chirurgicale, on doit administrer l'analgésique prescrit, car la douleur dans la région de l'incision peut rendre la miction difficile. Si le patient ne peut pas uriner, il faut avoir recours au cathétérisme pour prévenir la distension de la vessie. En cas d'obstruction prostatique, les tentatives de cathétérisme (par l'urologue) peuvent échouer. Il faudra alors mettre en place une sonde sus-pubienne.

▷ *Soulagement de la douleur et des malaises.* Le traitement de la rétention urinaire soulage généralement la distension abdominale, la douleur et l'inconfort. La suppression de la cause (par exemple, une obstruction) élimine généralement chez le patient la crainte d'une récidive.

▷ Évaluation

Résultats escomptés
1. Le patient a recouvré un mode d'élimination normal.
   a) Il élimine de 300 à 400 mL d'urines toutes les trois heures.
   b) Il ne présente aucune distension abdominale.
   c) Il n'éprouve aucune sensation de plénitude vésicale.
2. Le patient ne ressent plus de douleur ou de malaise.
   a) Il dit ne pas éprouver de douleur ou de malaise dans la région de l'abdomen ou de la vessie.
   b) Il prend les mesures nécessaires pour éviter le retour de la rétention urinaire ou de malaises dans la région de la vessie.

INCONTINENCE URINAIRE

L'incontinence urinaire est l'incapacité de contrôler volontairement l'émission d'urines. Si elle est d'origine inflammatoire (cystite), elle sera probablement passagère. En revanche, si elle est causée par un trouble neurologique grave comme une paraplégie, elle sera permanente.

En Amérique du Nord, des millions d'adultes souffrent d'incontinence urinaire. Ce trouble affecte des personnes de tous les âges, mais il est particulièrement fréquent chez les personnes âgées. Des études ont révélé que plus de la moitié des patients des centres d'hébergement et de soins prolongés souffrent d'incontinence urinaire. Le vieillissement n'entraîne pas nécessairement l'incontinence urinaire, mais il y prédispose, à cause des altérations de la fonction urinaire qu'il provoque. L'âge, le sexe et le nombre des accouchements ont une influence sur l'incontinence urinaire, qui est plus fréquente chez les femmes, peut-être en raison du dernier facteur. Les principaux facteurs de risque sont: les infections des voies urinaires, la ménopause, les interventions chirurgicales touchant l'appareil génito-urinaire, les maladies chroniques et certains médicaments. L'incontinence urinaire peut provoquer des rougeurs, des escarres de décubitus, des infections de la peau et des voies urinaires, et peut également restreindre l'activité. On estime qu'il en coûte annuellement plus de 10,3 milliards de dollars pour soigner les patients atteints d'incontinence urinaire. Les conséquences psychosociales de ce trouble sont très importantes: honte, perte de l'estime de soi, isolement social, etc. Chez la personne âgée, il conduit souvent au placement en établissement.

L'*incontinence à l'effort* est la perte involontaire d'urines en l'absence de lésions urétrales. Elle est causée par une augmentation soudaine de la pression dans l'abdomen. Elle touche surtout les femmes et est due notamment à une blessure obstétricale, à des lésions du col vésical, à une maladie pelvienne extrinsèque, à une fistule ou à une atteinte du détrusor. Elle peut également être d'origine congénitale (ectopie vésicale ou urétrale).

L'*incontinence par réduction du temps d'alerte* se caractérise par une émission involontaire d'urines après une envie impérieuse d'uriner. Elle a souvent pour cause un spasme de la vessie dû par exemple à un trouble neurologique. On la retrouve également chez des patients souffrant d'une irritation locale due à une infection des voies urinaires ou à une tumeur vésicale.

L'*incontinence par regorgement* se caractérise par des pertes d'urine fréquentes, parfois presque continuelles, accompagnées d'une évacuation incomplète de la vessie se traduisant par une distension. L'incontinence par regorgement peut être causée par des troubles neurologiques (par exemple, une lésion de la moelle épinière) ou par une obstruction due à un médicament, une tumeur, un rétrécissement de l'urètre, une hyperplasie de la prostate, ou une vessie neurogène.

L'*incontinence fonctionnelle* est le passage imprévisible et involontaire d'urine chez un patient dont les voies urinaires sont intactes. Elle peut être causée par un déficit cognitif grave, empêchant le patient de sentir le besoin d'uriner (comme dans la maladie d'Alzheimer) ou par une incapacité physique l'empêchant de se rendre à la toilette à temps.

Il existe également des *incontinences mixtes* qui se manifestent par un mélange des caractéristiques des autres formes d'incontinence décrites plus haut, et peuvent être dues à plusieurs facteurs. Ce n'est qu'après avoir effectué une évaluation et obtenu l'opinion d'un spécialiste qu'on pourra déterminer si le traitement a des chances de succès. Il faut soumettre *toutes* les personnes atteintes d'incontinence à une évaluation et à un traitement.

Le succès du traitement de l'incontinence urinaire dépend de la nature du trouble sous-jacent. Il faut donc, avant d'entreprendre un traitement approprié, cerner le problème et évaluer les chances de guérison. L'incontinence urinaire ne pourra être traitée efficacement si l'infirmière ou les membres de l'équipe soignante la considèrent comme une conséquence inévitable du vieillissement ou comme un trouble irréversible, et ne voient pas la nécessité d'unir leurs efforts pour y faire échec.

L'incontinence urinaire est dite transitoire ou réversible quand sa cause peut être traitée et que la personne atteinte peut recouvrer un mode d'élimination urinaire normal. Parmi les causes réversibles citons: les délires, les infections des voies urinaires, les vaginites atrophiques ou les urétrites, certains agents pharmacologiques (anticholinergiques, sédatifs, alcool, analgésiques, diurétiques, relaxants musculaires, agents adrénergiques), des facteurs psychologiques (dépression, régression), des troubles endocriniens, une restriction de l'activité, une rétention urinaire et des fécalomes.

Après avoir décelé une incontinence chez un patient, on établit son profil complet comprenant une description détaillée du problème et les antécédents médicamenteux. Pour faciliter la détermination du type d'incontinence urinaire, on établira les habitudes antérieures d'élimination, on tiendra un registre des mictions et on procèdera à des examens au lit du malade (comme la mesure du volume d'urine résiduelle). On peut également procéder à des examens urodynamiques plus poussés.

Selon les résultats de l'évaluation, on prescrira des interventions infirmières ou un traitement médical, ou les deux. Les interventions infirmières les plus efficaces sont souvent des mesures toutes simples comme d'assurer au patient des conditions qui favorisent l'élimination, de placer la sonnette d'appel, le bassin ou l'urinal à sa portée, de laisser une veilleuse la nuit et d'aider le patient à choisir des vêtements faciles à mettre et à enlever quand il va à la toilette. Pour traiter l'incontinence urinaire, l'infirmière peut également enseigner au patient les exercices de Kegel pour renforcer les muscles pubococcygiens et l'inciter à les pratiquer régulièrement, entreprendre un programme de rééducation vésicale, accroître son apport liquidien pour éviter la constipation et la formation de fécalomes, une cause fréquente d'incontinence urinaire chez les personnes sédentaires. L'utilisation de la rétroaction biologique ou de thérapies de comportement peut aussi se révéler efficace dans la rééducation vésicale (voir le chapitre 42).

L'incontinence à l'effort peut parfois être traitée par la chirurgie. De nombreuses interventions sont possibles: réfection vaginale, suspension de la vessie dans l'abdomen ou relèvement du col vésical. Pour assurer l'ouverture et la fermeture de la vessie, on peut utiliser un sphincter artificiel composé d'un ballonnet, fait de caoutchouc ou de silicone, qui sert de mécanisme autorégulateur de pression. Une autre méthode pour traiter l'incontinence à l'effort consiste à stimuler électroniquement la structure périnéale à l'aide d'un minuscule générateur d'impulsions.

Pour tous les autres types d'incontinence, les interventions infirmières décrites plus haut sont généralement plus appropriées.

VESSIE NEUROGÈNE

Le terme vessie neurogène désigne un trouble fonctionnel de la vessie qui provient d'une lésion du système nerveux. Ce trouble peut être associé à une tumeur ou une lésion de la moelle épinière, à certaines maladies neurologiques (sclérose en plaques), à des anomalies congénitales (spina bifida, myélo-méningocèle), à une infection ou à certaines maladies chroniques comme le diabète. Il existe deux formes de vessie neurogène: la forme hypertonique (spasmodique) et la forme hypotonique (flasque). La forme hypertonique se caractérise par une émission automatique, réflexe ou incontrôlée d'urine avec évacuation incomplète de la vessie. La forme hypotonique se manifeste par une perte de la sensation de plénitude de la vessie, qui entraîne sa distension par l'accumulation d'urine.

L'infection due à l'accumulation d'urine dans la vessie et au cathétérisme subséquent constitue la principale complication de la vessie neurogène. Ce trouble peut aussi provoquer une hypertrophie des parois vésicales ayant pour conséquence un *reflux vésico-urétéral* (reflux anormal d'urine de la vessie vers les uretères) et une *hydronéphrose* (dilatation des structures internes du rein causée par l'augmentation de pression due à l'accumulation d'urine). L'accumulation d'urine, l'infection et la déminéralisation osseuse provoquée par l'immobilité peuvent entraîner une *urolithiase* (formation de calculs dans les voies urinaires). L'insuffisance rénale est la principale cause de décès chez les patients atteints d'un trouble de la vessie d'origine neurologique.

Interventions infirmières

Les soins au patient atteint d'une vessie neurogène constituent un défi majeur pour l'équipe soignante. Dans tous les cas, on peut viser certains objectifs à long terme: (1) la prévention de la distension de la vessie, (2) l'évacuation régulière et complète de la vessie, (3) la prévention des infections et de l'urolithiase, et (4) le maintien d'une capacité vésicale adéquate sans reflux vésico-urétéral.

Les soins immédiats comprennent le cathétérisme intermittent ou la mise en place d'une sonde à trois voies reliée à un système de drainage en circuit fermé pour éviter la distension de la vessie. Pour effectuer des cathétérismes intermittents, on introduit une sonde de petit calibre dans la vessie à intervalles réguliers (toutes les quatre, six ou huit heures). Ce mode d'évacuation simule assez bien la fonction vésicale normale et ne provoque pas les complications généralement engendrées par une sonde vésicale à demeure. On doit aussi mesurer toutes les heures les ingesta et les excreta pour établir le mode d'élimination.

Quand on pose une sonde à demeure chez un homme, on la fixe sur le haut de la cuisse ou sur l'abdomen, le pénis pointant vers l'abdomen, pour éviter la formation d'un angle et une tension à la jonction du pénis et du scrotum (voir figure 36-2).

Que le cathétérisme soit intermittent ou continu, il faut encourager le patient à boire de grandes quantités de liquide pour réduire le nombre de bactéries dans l'urine, diminuer l'accumulation d'urine dans la vessie, faire baisser la concentration du calcium dans l'urine et réduire au maximum la précipitation des cristaux urinaires et la formation subséquente de calculs. On doit préserver la mobilité du patient en le faisant marcher si possible ou en ayant recours à un fauteuil roulant ou à une table basculante. On recommande un régime pauvre en calcium pour éviter la formation de calculs.

Les conséquences de la vessie neurogène varient grandement d'un patient à un autre. Il est donc difficile d'en évaluer les séquelles et de prédire le succès de la rééducation.

Examens diagnostiques

Dès que l'état du patient le permet, on procède à des examens diagnostiques pour déterminer s'il y a atteinte de la vessie ou du col vésical. Les premiers résultats serviront de base et permettront par la suite des comparaisons. Des mesures répétées de l'azote uréique du sang, de la clairance de la créatinine et de la créatinine sérique permettent d'évaluer la fonction rénale. La cystographie peut révéler l'existence d'un reflux vésico-urétéral, et l'urétrographie de complications urétrales. On peut aussi procéder à des études de la pression et du débit urinaires et à une urographie. Dans certains cas, on effectue une cystoscopie pour évaluer les pertes de fibres musculaires et de tissu élastique ou pour prélever une biopsie.

Vessie hypertonique

La vessie hypertonique (spasmodique) est causée par une lésion de la moelle épinière au-dessus de l'arc réflexe de la miction (lésion du neurone moteur supérieur). Cette lésion entraîne une perte de la sensibilité et du contrôle moteur ainsi qu'une réduction de la capacité vésicale et une hypertrophie importante de la paroi vésicale. En conséquence, l'évacuation de la vessie échappe partiellement ou complètement au contrôle du patient.

Dans ce cas, la rééducation vise le rétablissement d'un réflexe de miction spontané et efficace. On procède de la façon suivante:

- On fait boire au patient une quantité précise de liquide entre 8 h et 22 h; aucun liquide, sauf de petites gorgées, ne sera pris après 22 h, pour éviter la distension de la vessie.

- À des heures précises, le patient essaie d'uriner en comprimant sa vessie, en tapotant son abdomen ou en étirant son sphincter anal avec un doigt pour déclencher la miction.

- Immédiatement après la miction, on effectue un cathétérisme pour déterminer le volume d'urine résiduelle.

- On mesure le volume des urines évacuées naturellement et par la sonde.

- On palpe la vessie à intervalles réguliers pour déterminer si elle est distendue.

- On enseigne au patient chez qui la sensation de plénitude est absente à reconnaître les signes indiquant que la vessie est pleine: transpiration, mains ou pieds froids, anxiété, etc.

- On allonge les intervalles entre les cathétérismes et on poursuit ceux-ci jusqu'à ce que le volume d'urine résiduelle soit acceptable.

Vessie hypotonique

La vessie hypotonique (flasque) est causée par une lésion du neurone moteur inférieur, le plus souvent due à un traumatisme. Elle est fréquente chez les diabétiques. Elle provoque une accumulation d'urine dans la vessie qui se traduit par une distension et est due à une perte de contractilité du muscle vésical. Une perte de sensibilité peut accompagner la vessie hypotonique de sorte que le patient ne ressent aucun malaise. La distension de la vessie provoque des lésions de la musculature vésicale, des infections vésicales dues à la stagnation de l'urine et des infections rénales dues à l'augmentation de pression causée par l'urine.

Un patient atteint de vessie hypotonique suivra le même programme de rééducation que le patient atteint de vessie hypertonique. Il doit uriner toutes les deux heures, pour prévenir la distension de la vessie. Les parasympathomimétiques, comme le chlorure de béthanéchol (Urécholine), peuvent favoriser la contraction du muscle vésical, et peuvent se révéler très efficaces dans les cas de vessie hypotonique sans obstruction au niveau du col vésical.

On peut également enseigner au patient l'autocathétérisme intermittent qui, même s'il doit être utilisé de façon prolongée, constitue une méthode sûre et efficace de traitement.

Les patients de sexe masculin qui ne peuvent parvenir à maîtriser le réflexe vésical ou à pratiquer l'autocathétérisme, mais dont la vessie se vide sans difficulté avec un volume résiduel normal, peuvent utiliser un étui pénien (condom Texas). La femme, quant à elle, peut porter une serviette hygiénique ou une culotte étanche. Toutefois, on ne doit avoir recours à ces solutions qu'après avoir effectué une évaluation minutieuse et essayé d'autres types de traitements. Une intervention chirurgicale peut être nécessaire pour remédier aux spasmes du col vésical ou au reflux vésico-urétéral ou encore pour procéder à une dérivation urinaire (voir chapitre 37).

En résumé, on croit que le vieillissement de la population entraînera une augmentation de l'incidence de l'incontinence urinaire. Pour traiter efficacement ce trouble, il importe de reconnaître qu'il est généralement transitoire. Dans beaucoup de cas, le fait de reconnaître son existence constitue l'étape la plus importante de l'évaluation et du traitement. Pour assurer un traitement efficace, l'infirmière et les autres membres de l'équipe soignante doivent considérer l'incontinence comme un trouble réversible, et non comme une conséquence inévitable de la maladie ou du vieillissement, et unir leurs efforts pour tenter d'y faire échec. Les traitements médicaux de l'incontinence urinaire sont nombreux, mais les mesures qui peuvent être prises par l'infirmière pour la soulager sont plus nombreuses encore. Celle-ci doit donc être sensible à ce problème et mettre tout en œuvre pour le traiter efficacement.

DIALYSE

La dialyse est un procédé qui permet d'épurer le sang quand les reins en sont incapables à cause d'une altération de leur fonctionnement ou d'une absorption de toxines susceptibles de causer des lésions irréversibles pouvant avoir des conséquences fatales. Dans la dialyse, des molécules en solution se diffusent à travers une membrane semi-perméable, passant du côté où la concentration est la plus forte vers le côté où la concentration est la plus faible. Les fluides traversent la membrane semi-perméable par osmose, ou par ultrafiltration grâce à une pression externe exercée sur la membrane.

La dialyse vise à maintenir le patient en vie, à assurer son bien-être jusqu'à ce que la fonction rénale normale soit rétablie et à épurer le sang quand l'altération de la fonction rénale est irréversible. Il existe différentes méthodes de dialyse, dont l'*hémodialyse*, l'*hémofiltration* et la *dialyse péritonéale*.

On a recours à la dialyse pour débarrasser le sang des substances toxiques et des déchets normalement excrétés par les reins chez les patients souffrant d'insuffisance rénale, et pour traiter l'œdème rebelle (qui ne répond pas au traitement), le coma hépatique, l'hyperkaliémie, l'hypercalcémie, l'hypertension et l'urémie. La *dialyse* est utilisée temporairement pour traiter notamment l'hyperkaliémie, la surcharge liquidienne ou la congestion pulmonaire, l'acidose, la péricardite et une grave détérioration cognitive. On peut également l'employer pour éliminer certaines drogues ou toxines de l'organisme (intoxication médicamenteuse ou surdosage).

On a recours à la *dialyse de façon permanente* dans les cas d'insuffisance rénale chronique (insuffisance rénale terminale) avec signes et symptômes d'urémie: malaise généralisé, nausées et vomissements, anorexie grave, léthargie croissante, confusion mentale, hyperkaliémie, surcharge liquidienne qui ne répond pas aux diurétiques et à une restriction de l'apport liquidien. De plus, l'apparition d'un frottement péricardique chez un patient atteint d'insuffisance rénale chronique exige immédiatement un traitement de dialyse. La décision de soumettre un patient à la dialyse doit être prise en collaboration avec le patient lui-même et sa famille. L'infirmière peut aider ceux-ci en répondant à leurs questions, en leur apportant les précisions voulues et en soutenant leur décision.

HÉMODIALYSE

L'hémodialyse est utilisée pendant une courte période (quelques jours à quelques semaines) pour le traitement de certaines affections aiguës, et de façon permanente pour le traitement de l'insuffisance rénale terminale (IRT). Une membrane synthétique, semi-perméable remplace les glomérules et les tubules jouant le rôle d'un filtre.

Pour le patient atteint d'insuffisance rénale chronique, l'hémodialyse augmente la qualité et l'espérance de vie. Cependant, elle ne peut ni guérir l'insuffisance rénale, ni compenser les fonctions endocrinienne et métabolique des reins. Il s'agit d'un traitement à vie, habituellement à raison de trois séances de trois à quatre heures par semaine, à moins qu'une greffe rénale ne soit possible. On soumet un patient à la dialyse chronique lorsque ce traitement est indispensable à sa survie ou au traitement de ses symptômes d'urémie.

L'hémodialyse utilisée pour traiter l'insuffisance rénale terminale exige un accès au système circulatoire, l'emploi d'un dialyseur à membrane semi-perméable (rein artificiel) et un bain de dialyse approprié.

Accès au système circulatoire

Pour réaliser une hémodialyse permanente, on accède au système circulatoire par un cathétérisme de la veine sous-clavière au moyen d'un cathéter à double ou à multiple voies, ou par une voie d'accès permanente comme une fistule ou une greffe. Le cathétérisme n'est pas sans risques, car il peut entraîner des lésions vasculaires comme un hématome, un pneumothorax, une infection, une thrombose de la veine sous-clavière ou un ralentissement du débit sanguin. On peut quand même l'utiliser pendant plusieurs semaines.

Fistule.   Pour créer une fistule, le médecin relie une artère et une veine par une anastomose terminoterminale ou latérolatérale. La fistule n'est généralement fonctionnelle qu'après quatre à six semaines, soit le temps nécessaire à la cicatrisation et à la dilatation du segment veineux qui devra accommoder deux grosses aiguilles creuses de calibre 14 ou 16. On insère ces aiguilles dans la fistule pour permettre le passage du sang dans le dialyseur. Le segment artériel de la fistule sert à l'écoulement du sang artériel et le segment veineux au retour du sang dialysé dans la circulation.

Greffon.   On peut aussi accéder à la circulation par une greffe, qui s'obtient en suturant aux vaisseaux du patient une portion de veine ou d'artère de bovin, une prothèse synthétique en Gore-Tex (hétérogreffe) ou une portion de sa propre veine saphène (autogreffe). On utilise généralement la greffe lorsque les vaisseaux du malade ne peuvent se prêter à la création d'une fistule. On la construit dans l'avant-bras, le bras ou le haut de la cuisse. On doit souvent avoir recours à la greffe chez les personnes dont le système vasculaire est atteint, comme les diabétiques.

Autres voies d'accès.   Le cathétérisme de la veine fémorale fournit un accès rapide au système circulatoire en cas d'urgence. Le shunt artéroveineux (A-V) est une autre voie d'accès utilisée pour une hémodialyse de courte durée. Pour obtenir un shunt A-V on introduit une canule dans une artère et une veine adjacentes et on relie les deux extrémités du tube de façon à former un arc. Avant l'hémodialyse, on retire le raccord qui relie les deux extrémités et on fixe la tubulure au dialyseur. Les shunts A-V sont rarement utilisés de nos jours, mais ils sont utiles pour l'hémofiltration (voir page 1046).

Principes de l'hémodialyse

L'hémodialyse a pour objectif d'extraire du sang les substances azotées toxiques et l'excès d'eau. Pour modifier la composition du sang on utilise une solution d'électrolytes, la solution de dialyse, séparée du sang par une membrane semi-perméable. On ajoute de l'héparine au sang pour éviter la coagulation. Le sang est amené vers la membrane semi-perméable du rein artificiel au moyen d'une pompe. Les toxines et les déchets sont éliminés par diffusion, c'est-à-dire que le déplacement s'effectue depuis le côté à haute concentration vers le côté à plus faible concentration. Le liquide de dialyse contient les principaux électrolytes dans des concentrations équivalentes à celles du liquide extracellulaire de l'organisme. Ces concentrations peuvent être réglées en fonction du taux sérique des électrolytes que l'on veut obtenir. (Les érythrocytes et les protéines ne traversent pas la membrane de dialyse.)

On extrait l'excès d'eau par *osmose*, c'est-à-dire en créant un gradient de pression approprié (*ultrafiltration*). Pour maintenir le système tampon de l'organisme, on ajoute au liquide de dialyse des acétates qui se diffusent dans le sang du patient et se métabolisent en bicarbonates. Le sang purifié retourne dans l'organisme par une veine. À la fin de la séance de dialyse, une grande partie des déchets ont été éliminés, l'équilibre hydroélectrolytique est rétabli et le système tampon est reconstitué.

Durant la dialyse, on observe de près le patient, la membrane et le bain de dialyse pour dépister toute complication: embolie gazeuse, ultrafiltration insuffisante ou excessive, fuite sanguine, contamination, complications reliées au shunt ou à la fistule, etc. Dans l'unité de dialyse, l'infirmière a pour fonction de soutenir et d'observer le patient, de lui prodiguer de l'enseignement et de procéder à une évaluation continue de son état.

Les dialyseurs et le traitement de l'insuffisance rénale terminale évoluent sans cesse. Il existe aujourd'hui trois principaux types d'hémodialyseurs: à bobine, à plaques ou à fibres creuses.

Soins au patient soumis à l'hémodialyse de façon permanente

Pour le patient sous hémodialyse, un régime alimentaire spécialement adapté est important pour prévenir les conséquences de l'urémie (perte pondérale, apport nutritionnel insuffisant, perte d'éléments nutritifs durant la dialyse et maladies concomitantes).

L'utilisation judicieuse de l'hémodialyse permet parfois un régime alimentaire moins strict, mais comportant toujours une restriction des protéines, du sodium, du potassium et des liquides. Les protéines devront être de bonne qualité et complètes (œufs, viande, lait, poisson) pour assurer une bonne utilisation, maintenir un bilan azoté positif et remplacer les acides aminés perdus par la dialyse. Si on observe une importante perte d'éléments nutritifs et d'électrolytes solubles dans l'eau, on peut administrer au patient un supplément de vitamines et de minéraux. Dès les premières séances de dialyse, on note généralement chez le patient une amélioration de l'état clinique; on peut alors lui prescrire un régime moins sévère.

Les reins excrètent un grand nombre de médicaments soit complètement, soit en partie. Les taux sanguins et tissulaires des médicaments comme les cardiotoniques, les antibiotiques, les antiarythmiques, ou les antihypertenseurs doivent donc être suivis de près afin de prévenir les intoxications. Il importe aussi de faire preuve de prudence en ce qui concerne les médicaments en vente libre, comme les comprimés pour les maux de tête. Il faut de plus se rappeler que l'hémodialyse extrait certains médicaments du sang, ce qui exige un ajustement de la posologie par le médecin.

Complications

L'hémodialyse peut prolonger la vie indéfiniment, mais elle ne peut arrêter la progression de la maladie rénale, ni remplacer entièrement la fonction rénale, ni faire disparaître complètement les symptômes de l'urémie. Un grand nombre de complications peuvent donc survenir. L'artériosclérose est la principale cause de décès chez les patients hémodialysés, car certaines perturbations du métabolisme des lipides (*hypertriglycéridémie*) semblent aggravées par l'hémodialyse. L'insuffisance cardiaque, les coronaropathies, comme l'angine de poitrine, l'accident vasculaire cérébral et l'insuffisance vasculaire périphérique peuvent affecter le patient hémodialysé. L'anémie et la fatigue contribuent à diminuer son bien-être physique et émotionnel et à miner son énergie, ce qui se traduit par une perte d'intérêt. Le stress physiologique causé par la maladie chronique, les médicaments, etc. peut provoquer des ulcères gastriques et autres complications gastro-intestinales. L'altération du métabolisme du calcium peut entraîner une ostéodystrophie rénale se manifestant par des douleurs osseuses et des fractures. Parmi les autres complications, on note une surcharge liquidienne associée à une insuffisance cardiaque, à la malnutrition et aux troubles métaboliques attribuables à des variations rapides de l'équilibre hydroélectrolytique.

Grâce à l'hémodialyse, on a déjà pu maintenir en vie pendant des années des patients atteints d'une importante insuffisance rénale, dans l'attente d'une greffe rénale. En dépit des restrictions qu'elle impose, l'hémodialyse permet à beaucoup d'insuffisants rénaux de mener une vie active et satisfaisante. Quelques femmes hémodialysées ont même donné naissance à des bébés en parfaite santé.

Au Québec, les coûts de la dialyse sont entièrement remboursés par la Régie de l'assurance-maladie. Toutefois, l'hémodialyse et l'insuffisance rénale restreignent l'activité professionnelle du patient, ce qui peut entraîner de graves problèmes financiers pour lui et sa famille.

Aspects psychosociaux

Les personnes soumises de façon permanente à un traitement d'hémodialyse font face à des difficultés majeures. En général, l'évolution de leur maladie est imprévisible et leur vie est perturbée. Elles éprouvent des difficultés professionnelles et financières, connaissent une baisse de la libido ou une impuissance sexuelle, de même qu'une dépression causée par la nature chronique de leur maladie et la peur de la mort. Les jeunes patients se demandent s'ils pourront se marier et avoir des enfants ou s'ils ne représentent pas un fardeau trop lourd pour leur famille.

Les séances de dialyse, de même que les restrictions alimentaires, régissent la vie de la famille, réduisent l'activité sociale et peuvent entraîner des conflits, des frustrations, de la culpabilité et de la dépression. Souvent, on considère le patient comme un «marginal» dont les jours sont comptés. Il peut lui être difficile, ainsi qu'à son conjoint et à sa famille, d'exprimer sa colère ou ses sentiments négatifs.

L'infirmière peut aider les membres de la famille en leur faisant comprendre que la colère et la détresse sont des sentiments normaux dans cette situation. Elle leur fournira également de l'information et leur indiquera les ressources dont ils disposent pour obtenir de l'aide. La famille devrait être consultée sur le choix du traitement et participer aux prises de décisions.

Il faut donner au patient la possibilité d'exprimer sa colère et ses inquiétudes face aux restrictions imposées par la maladie et le traitement, à ses difficultés professionnelles et financières, à la douleur, etc. S'il refoule sa colère, il est menacé de dépression et de désespoir, ce qui peut même mener au suicide. L'incidence des suicides augmente chez les dialysés. Si, par contre, il la dirige vers les autres, la situation à la maison, déjà précaire, peut devenir insupportable. Il a donc besoin de proches ou d'amis vers lesquels il peut se tourner dans les moments de stress et de découragement. Certains patients auront recours au déni de la réalité pour faire face au cortège de complications (infections, hypertension, anémie, neuropathie, etc.) qui les accable. L'infirmière peut être d'un grand secours en aidant le patient hémodialysé à affronter ses inquiétudes et ses difficultés.

Hémodialyse à domicile

Certains patients peuvent bénéficier d'une hémodialyse à domicile, ce qui exige toutefois une grande motivation et la capacité d'adapter le traitement aux besoins variables de l'organisme.

Le patient et le membre de la famille qui va l'aider dans son traitement doivent être formés par le centre de dialyse. Ils doivent savoir comment préparer, faire fonctionner et démonter l'appareil. Ils doivent apprendre à entretenir et à nettoyer le matériel, à introduire certains médicaments (héparine) dans la tubulure et à faire face aux situations d'urgence (rupture de la membrane dialysante, état de choc, convulsions). Une personne compétente doit visiter la maison pour s'assurer que les installations électriques et de plomberie sont adéquates pour le fonctionnement de l'appareil. L'hémodialyse à domicile a pour objectif de laisser le patient assumer en majeure partie la responsabilité de son traitement et de lui permettre d'avoir une vie plus normale.

Les patients sous hémodialyse qui jouissent d'une aide financière préfèrent pour la plupart subir leur traitement dans un centre spécialisé plutôt qu'à la maison.

Dialyse à haut débit

La dialyse à haut débit est un nouveau type de dialyse qui augmente la clairance des substances de poids moléculaire faible et moyen, et permet l'excrétion d'importants volumes de liquide grâce à un débit sanguin élevé, à une circulation accélérée du liquide de dialyse et à une membrane de grande surface dotée d'une grande perméabilité. Elle pourrait donc permettre une plus grande efficacité et des séances d'une durée réduite. Elle ne convient toutefois qu'aux patients dont l'état physique est stable, étant donné la rapidité d'excrétion du liquide.

Hémofiltration

L'hémofiltration ou *hémofiltration artérioveineuse* continue est une autre méthode permettant de suppléer temporairement à la fonction rénale. On l'utilise dans les unités de soins intensifs chez les patients atteints d'une surcharge liquidienne causée par une insuffisance rénale oligurique (débit urinaire trop faible) ou chez ceux dont les reins sont incapables de faire face à des besoins nutritionnels ou métaboliques soudainement élevés. Ce n'est pas une pompe, comme dans l'hémodialyse, mais la pression sanguine du patient qui fait circuler le sang à travers un filtre de petites dimensions et de faible résistance (figure 36-4.) Le sang va d'une artère (par un shunt artérioveineux ou un cathéter artériel) jusqu'à un hémofiltre qui élimine l'excès de liquide, d'électrolytes et de déchets azotés et revient dans le système circulatoire par le segment veineux du shunt artérioveineux ou par un cathéter veineux. L'ultrafiltrat, produit de la filtration du sang, contient les déchets et les substances toxiques; il doit être jeté. On peut administrer des liquides par voie intraveineuse pour remplacer ceux éliminés durant le traitement. L'hémofiltration est un procédé lent et continu, qui convient particulièrement aux patients dont le système cardiovasculaire est instable.

Hémodialyse artérioveineuse continue

L'*hémodialyse artérioveineuse continue* possède plusieurs des caractéristiques de l'hémofiltration. Elle permet toutefois une clairance plus rapide de l'urée grâce à la présence d'un gradient de concentration. Elle se fait au moyen d'un liquide de dialyse, circulant contre une membrane semi-perméable comme dans

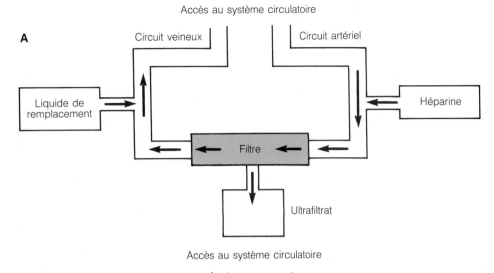

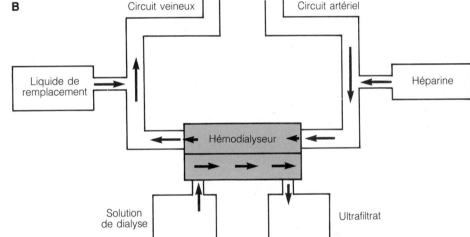

Figure 36-4. Schéma (**A**) de l'hémofiltration artérioveineuse continue et (**B**) de l'hémodialyse artérioveineuse continue (Source: N. S. Nahman et D. F. Middendorf, «Continuous Arteriovenous Hemofiltration», *Med Clin North Am*, juillet 1990, 74[4]:977)

l'hémodialyse ordinaire, mais c'est la pression artérielle du patient qui régit le débit sanguin, et non une pompe.

L'hémofiltration et l'hémodialyse artérioveineuse continue possèdent un certain nombre d'avantages majeurs: elles n'entraînent pas d'échanges hydriques rapides, n'exigent pas l'emploi d'un dialyseur, ni la présence de personnel spécialisé et elles peuvent être mises en place rapidement dans les centres hospitaliers qui ne possèdent pas un centre de dialyse. Pour ces deux types de traitement, on a accès au système circulatoire par une fistule interne préalablement établie (comme pour l'hémodialyse), par une voie d'accès externe, comme un shunt artérioveineux (A-V), ou par cathétérisme de la veine fémorale ou des vaisseaux sanguins radiaux.

DIALYSE PÉRITONÉALE

Dans la dialyse péritonéale, le péritoine, qui a une surface d'environ 22 000 cm², est utilisé comme membrane à diffusion. Elle se fait par l'introduction d'une solution de dialyse stérile dans la cavité péritonéale, à intervalles réguliers. La dialyse péritonéale permet de suppléer aux reins pour extraire l'urée et la créatinine du sang. L'urée est extraite à une fréquence de 15 à 20 mL / min, mais l'extraction de la créatinine est plus lente.

Grâce à des cathéters en silicone non irritants et aux solutions de dialyse commerciales, la dialyse péritonéale est relativement facile à réaliser. En plus des indications déjà mentionnées, on emploie la dialyse péritonéale dans le traitement de la péritonite (inflammation du péritoine), en ajoutant au liquide de dialyse des antibiotiques qui viennent en contact direct avec la région infectée. À l'occasion, la dialyse péritonéale est utilisée pour le lavage de l'abdomen dans les cas de blessure abdominale ou de pancréatite aiguë. On peut y avoir recours quelques jours après une opération à l'abdomen.

La dialyse péritonéale dure de 36 à 48 heures tandis que l'hémodialyse ne dure que de six à huit heures. Elle peut être intermittente (plusieurs séances par semaine, chacune d'une durée de 6 à 48 heures) ou continue.

Grâce aux cathéters en Silastic implantables par chirurgie, qui permettent l'accès permanent à la cavité péritonéale, aux appareils de dialyse péritonéale continue cyclique automatiques et aux sacs de dialyse en plastique, les patients atteints d'insuffisance rénale chronique peuvent pratiquer leur traitement à domicile.

Il existe différents types de dialyse péritonéale dont les modalités varient, mais dont les principes sont semblables.

Principes. Par un cathéter placé dans l'abdomen, on infuse de 1 à 3 L (en général, 2 L) de solution de dialyse stérile dans la cavité du péritoine. La solution circule par gravité dans la cavité péritonéale qui sert de membrane, et vient en contact direct avec les vaisseaux sanguins. Les déchets et l'excès d'eau sont éliminés de la circulation par diffusion et par osmose durant le *temps de séjour,* période pendant laquelle la solution reste dans la cavité abdominale. À la fin du temps de séjour, on draine la solution de la cavité abdominale, puis on la jette. On remplace le sac et on poursuit la dialyse. L'échange (infusion, temps de séjour et drainage) peut durer moins d'une heure (ce qui est surtout utile dans les cas d'urémie aiguë) ou plusieurs heures (une nuit ou une journée, comme dans la dialyse ambulatoire continue ou dans la dialyse continue cyclique).

Objectifs et indications.   Cette méthode de traitement a pour objectif d'éliminer les substances toxiques et les déchets du métabolisme, de rétablir l'équilibre hydrique (en extrayant l'excès de liquide) et l'équilibre électrolytique. Elle est surtout utilisée chez les patients atteints d'insuffisance rénale qui ne peuvent ou ne veulent se soumettre à l'hémodialyse ou à une greffe rénale. Les patients sensibles à la modification rapide du métabolisme hydroélectrolytique qui caractérise l'hémodialyse, sont moins perturbés par la dialyse péritonéale dont le rythme est plus lent. Par conséquent, les insuffisants rénaux âgés, ou atteints de diabète ou de maladie vasculaire, ou encore ceux chez qui la présence d'héparine dans la grande circulation risque de provoquer des effets secondaires sont candidats à la dialyse péritonéale. On peut aussi utiliser la dialyse péritonéale dans le traitement de l'hypertension grave, de l'insuffisance cardiaque et de l'œdème pulmonaire qui ne répondent pas aux traitements habituels.

Préparation du patient.   Le patient qui doit subir une dialyse péritonéale peut être atteint d'une maladie aiguë exigeant la correction d'importantes perturbations de l'équilibre hydroélectrolytique par un traitement de courte durée, ou il peut souffrir d'une insuffisance rénale chronique exigeant un traitement prolongé. La préparation du patient, et de sa famille, dépend donc de son état physique et psychologique, de son niveau de conscience et de son expérience antérieure de la dialyse.

Avant de procéder à la dialyse péritonéale, on doit expliquer le traitement au patient et lui faire signer une formule de consentement éclairé. On prend ensuite ses signes vitaux, on le pèse, on obtient ses taux d'électrolytes sériques, et on note ces données sur la feuille d'observation appropriée. Il est préférable que la vessie et les intestins soient vides, ce qui réduit les risques de perforation des organes et des structures internes. L'infirmière doit également évaluer l'anxiété du patient, lui donner les renseignements dont il a besoin et lui apporter son soutien.

Préparation du matériel.   Après avoir rassemblé tout le matériel nécessaire, l'infirmière consulte le médecin pour déterminer la concentration de la solution de dialyse et les médicaments à y ajouter, notamment de l'héparine pour prévenir la formation de caillots fibrineux et l'occlusion du cathéter péritonéal ou des antibiotiques pour traiter la péritonite. Avant d'ajouter ces médicaments, on réchauffe la solution de dialyse à la température corporelle (37 °C) pour éviter de provoquer chez le patient un malaise et des douleurs abdominales ainsi que pour améliorer la clairance de la créatinine par la dilatation des vaisseaux du péritoine. Juste avant de commencer la séance, on relie la tubulure au dispositif d'administration et on la laisse se remplir de liquide de dialyse afin d'éviter l'entrée de bulles d'air à l'intérieur du cathéter et de

la cavité péritonéale, ce qui pourrait provoquer des malaises chez le patient et entraver l'instillation et le drainage du liquide.

Mise en place du cathéter pour la dialyse péritonéale.   Si on prévoit une dialyse de courte durée, on peut employer un cathéter avec guide. Le médecin l'insère au lit du patient, sous asepsie stricte. Il désinfecte d'abord la peau avec un antiseptique pour réduire les risques de contamination et d'infection autour du point d'insertion, puis il infiltre un anesthésique local dans l'épiderme et les tissus sous-cutanés, avant de pratiquer une petite incision ou une ponction dans la partie inférieure de l'abdomen, 3 à 5 cm sous l'ombilic. Comme cette région ne contient pas de gros vaisseaux sanguins, le saignement sera peu important. Il insère ensuite un *trocart* dans le péritoine après avoir demandé au patient de contracter ses muscles abdominaux et de relever la tête, puis il fait passer le cathéter dans la canule du trocart et le place comme il se doit. On injecte le liquide de dialyse auquel on a ajouté les médicaments dans la cavité du péritoine, en éloignant l'*épiploon* (repli du péritoine qui s'étend entre deux organes de la cavité abdominale) du cathéter. On peut utiliser une suture en bourse pour fixer le cathéter en place.

On laisse le liquide de dialyse s'écouler dans la cavité péritonéale à raison de deux litres en 5 à 10 minutes environ. Le liquide de dialyse reste ensuite dans la cavité péritonéale le temps nécessaire à la diffusion et à l'osmose, c'est ce que l'on appelle le temps de séjour. La diffusion des composés de faible poids moléculaire (comme l'urée et la créatinine) se fait au cours des 5 à 10 premières minutes. À la fin du temps de séjour, on déclampe le tube de drainage et on draine la solution de la cavité péritonéale, à l'aide d'un système fermé. Le drainage prend généralement entre 10 et 30 minutes et le liquide obtenu (le dialysat) est normalement limpide et incolore ou jaune paille. Il ne doit pas contenir de sang après les quelques premiers échanges. Voir à l'encadré 36-1 pour les soins infirmiers au patient sous dialyse péritonéale.

DIALYSE PÉRITONÉALE CONTINUE AMBULATOIRE

La dialyse péritonéale continue ambulatoire (DPCA) est utilisée pour le traitement de l'insuffisance rénale terminale. Contrairement à la dialyse péritonéale intermittente, elle peut s'effectuer en continu, sans l'aide d'infirmières et de techniciens spécialisés. Elle ne contraint pas le patient à l'immobilité et peut être réalisée à domicile, par le patient lui-même, parfois avec l'aide d'un membre de sa famille. On peut adapter la technique en fonction des besoins physiologiques du patient et de ses capacités d'apprentissage.

Le liquide de dialyse, contenu dans un sac en plastique souple, est injecté par un cathéter péritonéal permanent (Tenckhoff) implanté dans l'abdomen, à la salle d'opération. Le cathéter est muni d'un ou deux manchons en Dacron, permettant au tissu cutané de s'insérer et de réaliser une obturation empêchant le passage des liquides et des bactéries. Un tunnel sous-cutané (de 5 à 10 cm de longueur) fournit une protection supplémentaire contre l'infection bactérienne (figure 36-5).

Une fois le liquide de dialyse complètement diffusé dans la cavité péritonéale, on replie le sac et on le place sous les vêtements évitant ainsi d'avoir à brancher et débrancher la tubulure sur le cathéter, ce qui diminue les risques de contamination et de péritonite.

On peut également utiliser un cathéter avec un raccord en Y. Dans ce cas, on laisse diffuser le liquide de dialyse, après quoi on attache un nouveau sac de dialyse à une branche du raccord en Y, l'autre branche étant reliée à un sac de drainage. On laisse ensuite s'écouler une petite quantité de liquide de dialyse dans le sac de drainage, avant de drainer le liquide qui a séjourné dans la cavité péritonéale, ce qui a pour but de chasser les contaminants qui auraient pu s'introduire lors du branchement des sacs. En entraînant les contaminants dans le sac de drainage, on évite qu'ils se retrouvent dans la cavité du péritoine et on réduit ainsi les risques de péritonite. Quand le drainage est terminé, on infuse le contenu du nouveau sac de dialyse dans la cavité péritonéale.

Pour réduire les risques de péritonite, on doit aussi éviter de contaminer le cathéter, la solution de dialyse ou la tubulure et veiller à ce que la tubulure ne se détache pas du cathéter accidentellement. On évite toute manipulation inutile du cathéter et on nettoie méticuleusement la région de son insertion, conformément au protocole en vigueur dans l'établissement.

Le succès de la dialyse péritonéale continue ambulatoire repose sur la façon dont on entretient le cathéter permanent. Les complications les plus courantes sont: l'obstruction des tubulures, le déplacement du cathéter à l'intérieur du bassin, son obstruction par de l'épiploon, des fuites de liquide, des infections dans la région de l'orifice de sortie, la formation de caillots fibrineux et des contaminations bactériennes ou fongiques.

Principes. La dialyse péritonéale continue ambulatoire repose sur les mêmes principes que les autres types de dialyse péritonéale: la diffusion et l'osmose. Cependant, comme il s'agit d'un traitement continu, les concentrations sanguines des déchets azotés restent très stables; celles-ci dépendent du degré de l'atteinte rénale, du volume quotidien de liquide de dialyse et, bien sûr, du taux de production des déchets. Les fluctuations de la composition chimique du sérum sont ainsi moins importantes. Les électrolytes sériques restent généralement dans les limites de la normale.

Plus le temps de séjour du liquide de dialyse dans la cavité péritonéale est long, plus la clairance des composés de poids moléculaire moyen est élevée. On croit que ces composés sont d'importantes toxines. Les composés de faible poids moléculaire, tels que l'urée, se diffusent plus rapidement que les composés de poids moléculaire moyen, mais leur clairance est plus lente dans la DPCA que dans l'hémodialyse.

Dans la dialyse péritonéale, on élimine l'excès d'eau créant un gradient de concentration (osmose inverse). Des solutions de glucose à 1,5, 2,5 et 4,25 % existent en différents formats, de 500 mL à 3000 mL, ce qui permet de préparer la solution de dialyse conformément au degré de tolérance du patient, à son poids et à ses besoins physiologiques.

En général, le patient effectue quatre échanges par jour, à intervalles de quatre ou cinq heures (par exemple, à 8 h, 12 h, 17 h et 22 h), qu'il complète par une épuration de 8 à 12 heures pendant le sommeil. Chaque échange dure de 30 à 60 minutes, selon le temps de séjour prescrit. L'infusion du liquide de dialyse prend entre 5 et 10 minutes et le drainage environ 20 minutes. Le temps de séjour varie entre 10 et 30 minutes. La DPCA est continue, soit 24 heures par jour, sept jours par semaine.

Indications. La DPCA convient particulièrement aux patients qui veulent effectuer leur dialyse à la maison, ainsi qu'aux patients sous hémodialyse chronique qui présentent des complications dues à leur traitement: défaillance de la voie d'accès à la circulation, soif excessive, hypertension grave, céphalées, et anémie grave exigeant de fréquentes transfusions.

Les patients en attente d'une greffe rénale peuvent être sans danger soumis à la DPCA. La DPCA est entièrement indiquée pour les diabétiques atteints d'insuffisance rénale terminale, car elle permet de corriger l'hypertension et l'urémie, et d'équilibrer le diabète de façon satisfaisante par l'administration intrapéritonéale d'insuline.

En général, la DPCA donne de bons résultats chez les patients âgés qui bénéficient de l'aide de leur famille ou des services sociaux, ainsi que chez les patients sérieux et capables d'effectuer le traitement qui veulent plus de liberté. Avant de choisir la DPCA, on doit donc établir si le patient jouit d'un bon soutien familial et s'il est capable d'effectuer son traitement.

Les patients choisissent la DPCA pour avoir une plus grande liberté et un horaire plus souple, pour réduire les restrictions alimentaires et liquidiennes, pour éviter l'anémie ou corriger leur pression artérielle, pour éviter les ponctions veineuses et pour accroître leur bien-être. Près de la moitié des patients nouvellement atteints d'insuffisance rénale terminale optent pour la DPCA. Le nombre des personnes qui bénéficient de ce traitement ne cesse d'augmenter.

Contre-indications. La DPCA est contre-indiquée chez les patients dont le coefficient d'épuration des solutés est faible à cause de la présence d'adhérences dans la paroi abdominale ou d'une maladie inflammatoire généralisée. Elle est également contre-indiquée lorsque le patient souffre d'une douleur dorsale chronique accompagnée d'une atteinte discale pouvant être aggravée par la pression continue du liquide de dialyse. La colostomie, l'iléostomie ou la néphrostomie peuvent augmenter les risques de péritonite. Chez les patients qui suivent un traitement immunosuppresseur, on peut observer une mauvaise cicatrisation du point d'insertion du cathéter.

Les personnes arthritiques ou celles qui n'ont pas de force dans les mains peuvent avoir besoin d'aide pour effectuer les échanges, mais l'expérience a démontré que des personnes atteintes de cécité totale ou de certaines autres incapacités physiques peuvent apprendre à effectuer elles-mêmes la DPCA.

Complications

La DPCA n'est pas sans complications. La plupart d'entre elles sont bénignes, mais certaines peuvent avoir de graves conséquences.

Péritonite. La péritonite est la complication la plus fréquente et également la plus grave de la DPCA. Elle survient chez 60 à 80 % des patients soumis à la dialyse péritonéale. La plupart des crises de péritonite sont dues à une contamination accidentelle par *Staphylococcus epidermidis*; elles ne se manifestent que par de légers symptômes et se résorbent facilement. Cependant, la péritonite provoquée par *Staphylococcus aureus* est plus grave, son pronostic est plus sombre et sa durée plus longue. Les germes Gram négatif que l'on retrouve dans le liquide péritonéal proviennent généralement des intestins, surtout si plus d'une espèce est présente et qu'il s'agit d'anérobies. La péritonite se manifeste par la turbidité du dialysat et des douleurs abdominales diffuses. Une

(suite à la page 1053)

Encadré 36-1
Soins infirmiers au patient sous dialyse péritonéale intermittente

Intervention	*Justification*

I. Veiller au bien-être du patient pendant la dialyse.
  A) Favoriser son bien-être physique.
    1. Lui frictionner fréquemment le dos et masser les points d'appui.
    2. L'aider à se retourner.
    3. Relever la tête du lit à intervalles réguliers.
    4. Si son état le permet, le faire asseoir dans un fauteuil pendant de brèves périodes. Cela n'est possible que s'il porte un cathéter. Avec un trocart, l'alitement est obligatoire.
	Les séances de dialyse sont longues et fatigantes pour le patient.

B) Lui faire part de ses progrès et des résultats de la dialyse.
    1. Lui donner des explications supplémentaires sur le déroulement et les objectifs de la dialyse.
    2. Le renseigner sur son état (perte liquidienne, perte pondérale, retour de l'équilibre électrolytique).
	Le fait d'informer le patient l'aide à accepter la dialyse et lui permet de collaborer aux séances.

C) Adopter une démarche holistique.
    1. Veiller à son bien-être physiologique et psychologique tout au cours de l'intervention, en tenant compte de ses besoins, de ses réactions, de ses inquiétudes et de ses problèmes de santé.
    2. Tenir sa famille au courant de son état et de ses progrès.
	Si on néglige le patient au profit de la technique, on menace son bien-être psychologique et on risque de passer à côté de certains troubles physiques et psychologiques.

II. S'assurer que l'écoulement et le drainage du liquide de dialyse se font de façon continue. A) Si le drainage du liquide ne se fait pas correctement, retourner le patient. *Ne jamais pousser sur le cathéter.* Vérifier la perméabilité du cathéter. Vérifier si le clamp est ouvert, et s'assurer que la tubulure n'est pas nouée et ne contient pas de bulles d'air.	Le ralentissement ou l'interruption du drainage peuvent avoir pour cause une obstruction de l'extrémité du cathéter par l'épiploon. Pour remédier à ce problème il suffit parfois de changer le patient de position, mais dans certains cas le cathéter devra être replacé par un médecin. On ne doit pas repousser le cathéter dans la cavité péritonéale à cause des risques de contamination.
B) Respecter strictement les règles de l'asepsie chaque fois qu'on infuse une solution de dialyse fraîche ou qu'on vide les sacs de drainage.	Réduit les risques d'infection.
C) Prendre la pression artérielle et le pouls toutes les 15 min pendant le premier échange, et toutes les heures par la suite. Vérifier la fréquence cardiaque pour dépister les arythmies.	Une baisse de la pression artérielle peut indiquer une perte excessive de liquide causée par la concentration en glucose de la solution de dialyse. Une variation des signes vitaux peut annoncer un choc ou une surcharge liquidienne.
D) Prendre la température corporelle toutes les quatre heures, surtout après le retrait du cathéter.	Les infections se manifestent habituellement après la dialyse.
E) Poursuivre la dialyse jusqu'à ce que la composition chimique du sang s'améliore. La durée moyenne de la dialyse est de 36 à 48 heures. Selon l'état du patient, le nombre des échanges est de 24 à 48. Si son état est grave, on retire habituellement le trocart après 48 à 72 heures et on insère un nouveau trocart pour le traitement suivant.	La durée de la dialyse dépend de la gravité de l'atteinte rénale, de même que de la taille et du poids du patient.

Encadré 36-1 (suite)

Intervention	*Justification*
III. Être à l'affût des modifications de l'équilibre hydroélectrolytique et des variations du poids, mesurer les signes vitaux et noter les ingesta et les excreta.	
A) Tenir un bilan exact des ingesta et des excreta pendant la dialyse.	Des complications (déshydratation, collapsus circulatoire, hypotension, choc et mort) peuvent survenir si le drainage entraîne des pertes liquidiennes excessives. Des pertes importantes peuvent passer inaperçues si on ne vérifie pas attentivement le pansement qui recouvre la sortie du cathéter.
1. Calculer les pertes et les gains de liquide à la fin de chaque échange; vérifier si le pansement est souillé par une quantité importante d'écoulements et déterminer les pertes que ces écoulements représentent, à l'aide d'une balance de précision.	
2. Il doit y avoir un équilibre liquidien, ou une légère perte ou un léger gain.	
3. Noter les données suivantes:	
a) L'heure exacte du début et de la fin de chaque échange, ainsi que de chaque drainage	
b) Le volume et la composition de la solution de dialyse, de même que le volume et les caractéristiques du dialysat	
c) Le bilan hydrique (cumulatif)	
d) Le nombre d'échanges	
e) Les médicaments ajoutés à la solution de dialyse	
f) Le poids du patient avant et après la dialyse et les variations quotidiennes de poids	
g) Le niveau de conscience du patient au début, au cours et à la fin du traitement	
h) Les signes vitaux et l'état général du patient	
IV. Être à l'affût des complications.	
A) Péritonite	La péritonite est la complication la plus fréquente. Pour la prévenir on peut administrer des antibiotiques, soit par voie générale, soit en les ajoutant au liquide de dialyse.
1. Les signes de péritonite sont les nausées, les vomissements, l'anorexie, des douleurs, une sensibilité au toucher et une rigidité de l'abdomen et la turbidité du dialysat.	
2. Demander une numération globulaire et des cultures microbiennes sur le dialysat.	
B) Saignements	Un petit saignement autour du cathéter n'est pas alarmant, à moins qu'il ne persiste. Pendant les premiers échanges, le dialysat est souvent teinté de sang provenant des tissus sous-cutanés. On peut ajouter de petites quantités d'héparine au liquide de dialyse pour éviter l'obstruction du cathéter par des caillots. On peut mesurer le taux d'hémoglobine dans le dialysat pour déterminer l'importance du saignement.
1. Vérifier s'il y a présence de sang au point d'insertion du cathéter et dans le dialysat.	
2. Prendre régulièrement les signes vitaux.	
3. Vérifier le taux d'hémoglobine et l'hématocrite.	
C) Difficultés respiratoires	Les difficultés respiratoires peuvent être causées par la pression du liquide dans la cavité péritonéale qui repousse le diaphragme vers le haut, ce qui limite la profondeur des respirations.
1. Ralentir l'écoulement du liquide de dialyse.	
2. S'assurer que l'écoulement n'est pas gêné par la présence de nœuds dans la tubulure.	En cas de difficultés respiratoires graves, on doit drainer immédiatement le liquide de la cavité péritonéale et appeler le médecin.
3. Éviter que l'air ne pénètre dans la cavité péritonéale en maintenant la chambre compte-gouttes remplie aux trois-quarts de sa capacité.	
4. Élever la tête du lit; inciter le patient à tousser et à faire des exercices respiratoires.	
5. Le changer de position.	

Encadré 36-1 (suite)

Intervention	*Justification*

D) Douleurs abdominales
Inciter le patient à changer de position.

La douleur peut être due à un liquide de dialyse trop froid, à un drainage incomplet, à une irritation chimique, à une irritation par le cathéter, à une péritonite ou à la pression de l'air sur le diaphragme. Dans ce dernier cas, elle irradie vers l'épaule.

E) Fuites
1. Changer fréquemment le pansement entourant le trocart; prendre soin de ne pas déloger le cathéter.
2. Utiliser des alèzes de plastique stérile pour prévenir la contamination.

Les fuites autour du cathéter sont une cause de péritonite.

F) Constipation
1. Aider le patient à se déplacer.
2. Lui offrir des aliments riches en fibres et des liquides, en tenant compte des restrictions imposées par son régime alimentaire.

L'inactivité, un apport alimentaire réduit, la présence de composés de liaison des phosphates et la présence de liquide dans l'abdomen peuvent causer de la constipation.

G) Faible taux sérique d'albumine
1. Vérifier le taux sérique de protéines.
2. S'assurer de l'absence d'œdème ou d'hypotension. Vérifier s'il y a variation de poids.

Chaque échange entraîne la perte de petites quantités d'albumine, ce qui peut provoquer un œdème accompagné d'hypotension.

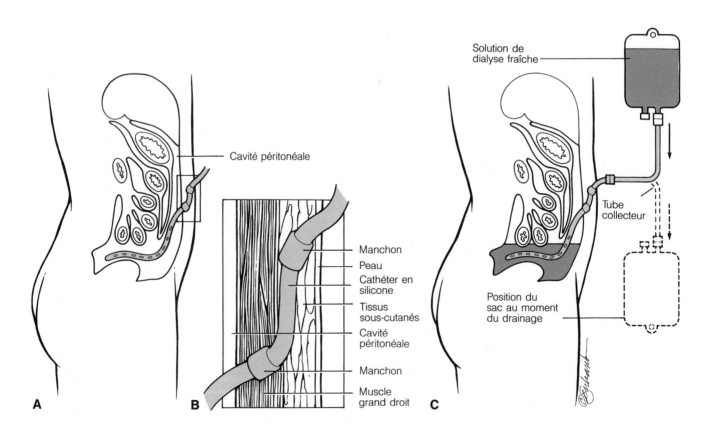

Figure 36-5. Dialyse péritonéale continue ambulatoire **(A)** Le cathéter péritonéal est implanté dans la cavité abdominale. **(B)** Des patchs en Dacron et un tunnel sous-cutané protègent des infections bactériennes. **(C)** Le liquide de dialyse s'écoule par gravité dans le cathéter péritonéal et pénètre dans la cavité péritonéale. Une fois le temps de séjour écoulé, on draine le liquide, puis on le jette.

hypotension et d'autres signes de choc peuvent apparaître si la péritonite est causée par *Staphylococcus aureus*. On doit faire procéder à une numération globulaire sur le dialysat, de même qu'à une coloration de Gram et à des cultures pour connaître le germe responsable de la péritonite.

Si le patient est trop malade pour effectuer sa dialyse, c'est au centre hospitalier qu'on traitera sa péritonite. On le place généralement sous dialyse péritonéale intermittente pour 48 heures ou plus, ou on arrête complètement la dialyse pour quelques jours, pendant qu'on lui fait subir une antibiothérapie par voie parentérale. L'arrêt de la dialyse favorise la phagocytose par les macrophages, des études ayant démontré que la présence de liquide de dialyse entrave la réponse des macrophages à l'infection. Si les symptômes sont bénins, on peut traiter le patient en consultation externe. Dans ce cas, on peut ajouter les antibiotiques au liquide de dialyse ou les administrer par voie orale durant 10 jours. En général, l'infection disparaît en deux à quatre jours. Pour préserver ce qu'il reste de la fonction rénale du patient, on doit s'assurer que les doses d'antibiotique administrées ne sont pas néphrotoxiques. Une intervention chirurgicale peut être nécessaire si la péritonite est due à des bactéries provenant d'une lésion intestinale.

Si une infection au point d'insertion du cathéter persiste (habituellement causée par *Staphylococcus aureus*), on devra peut-être retirer le cathéter permanent pour éviter une aggravation de la péritonite.

On doit aussi retirer le cathéter dans les cas de péritonite d'origine fongique ou quand plus de trois cultures de liquide péritonéal sont positives. On traite le patient par hémodialyse pendant environ un mois avant de mettre en place un nouveau cathéter.

Peu importe le microorganisme qui en est responsable, la péritonite fait perdre de grandes quantités de protéines et peut entraîner une grave malnutrition et un retard de la cicatrisation. Il faut donc la dépister précocement et la traiter sans délai.

Fuites. On note parfois des fuites de liquide de dialyse juste après l'insertion du cathéter. Ces fuites s'observent au point d'insertion. En général, elles cessent spontanément si l'on suspend la dialyse pendant plusieurs jours pour permettre la cicatrisation de l'incision. Durant cette période, il est important de réduire les facteurs qui pourraient retarder la cicatrisation, tels que les contractions excessives des muscles abdominaux ou les efforts de défécation.

Des fuites peuvent aussi apparaître spontanément quelques mois ou quelques années après la pose du cathéter. Elles peuvent se produire au point de sortie du cathéter ou à l'intérieur de la paroi abdominale.

Saignements. On peut observer, à l'occasion, la présence de sang dans le dialysat, notamment lors des menstruations chez les jeunes femmes. Dans la plupart des cas, on ne connaît pas la cause de ce saignement. On l'a parfois associé au déplacement du cathéter à l'intérieur du bassin. Chez certains patients, un saignement apparaît à la suite d'un lavement ou d'une légère lésion. Il cesse toujours après un jour ou deux et n'exige aucune intervention particulière, sauf de rapprocher les séances de dialyses afin de prévenir l'obstruction du cathéter par des caillots sanguins.

Autres complications. Parmi les autres complications, citons les hernies abdominales, probablement engendrées par l'excès de pression exercée continuellement sur la paroi abdominale. On a observé notamment des hernies dues à une incision chirurgicale ou à une cicatrice, des hernies inguinales, des hernies diaphragmatiques et des hernies ombilicales. L'excès de pression dans l'abdomen peut aussi aggraver les hernies hiatales et les hémorroïdes.

L'hypertriglycéridémie est fréquente chez les patients soumis à la DPCA, à cause d'une accélération de l'athérogenèse. Les maladies cardiovasculaires sont une importante cause de décès dans cette population.

La DPCA peut également engendrer des douleurs lombaires basses et de l'anorexie, à cause de la présence de fluides dans l'abdomen. L'anorexie est parfois due à un goût de sucré qui reste dans la bouche et que l'on attribue à la présence de glucose dans le liquide de dialyse.

Altération de l'image corporelle et sexualité. Même si la DPCA permet une plus grande liberté et une meilleure autonomie au patient atteint d'insuffisance rénale terminale, elle n'est pas sans problèmes. Le cathéter abdominal ainsi que le sac et sa tubulure altèrent l'image corporelle du patient. Le liquide présent dans l'abdomen fait augmenter son tour de taille de 3 à 6 cm, si ce n'est plus, ce qui rend difficile le choix des vêtements et lui donne l'impression d'être «trop gros». L'image corporelle est parfois si altérée que le patient répugne à regarder son cathéter ou à en prendre soin pendant des jours, voire des semaines. Le fait d'en parler avec des patients qui ont une attitude positive peut lui être bénéfique. Certains patients semblent bien accepter leur cathéter, le considérant comme l'instrument qui assure leur survie. Par ailleurs, d'autres ont l'impression de passer leurs journées à procéder aux échanges et de ne plus avoir de temps libre, surtout au début du traitement. Certains deviennent dépressifs et se sentent dépassés par la responsabilité du traitement.

La sexualité et l'activité sexuelle peuvent être compromises, la présence du cathéter étant une entrave psychologique aux rapports sexuels. La présence de deux litres de liquide de dialyse, d'un cathéter péritonéal et d'un sac peut altérer la fonction sexuelle et l'image corporelle.

Enseignement au patient et soins à domicile

On peut enseigner la DPCA au patient dès que son état est stable. L'apprentissage dure de cinq jours à deux semaines et se fait généralement en milieu hospitalier.

Durant la période d'apprentissage, on enseigne au patient les rudiments de l'anatomie et de la physiologie des reins. On lui explique les différentes phases de sa maladie, le déroulement des séances de dialyse, les complications qui peuvent survenir au cours de ces séances et les mesures à prendre dans l'éventualité de complications. On lui montre aussi comment mesurer ses signes vitaux, prendre soin du cathéter, se laver les mains et, avant tout, on lui indique quelles sont les complications qui exigent une aide de l'extérieur et où s'adresser pour obtenir cette aide. Vu les conséquences de la péritonite, on lui explique en détail, ainsi qu'à sa famille, les signes de cette infection, de même que les mesures de prévention et de traitement immédiat.

Une diététicienne et une travailleuse sociale rencontrent le patient et sa famille durant la période d'apprentissage et à intervalles réguliers par la suite. Même si le patient sous DPCA a un régime alimentaire moins strict que le patient sous hémodialyse, il a besoin des conseils d'une diététicienne. La DPCA entraîne en effet une importante perte de protéines et cette perte doit être compensée par un régime à forte teneur en protéines. Il importe également de prévenir la constipation par une consommation suffisante de fibres alimentaires. Souvent, les patients sous DPCA gagnent de 2 à 3 kg au cours du premier mois de traitement. Ils doivent donc réduire leur consommation d'hydrates de carbone pour éviter l'excès de poids. Il n'est généralement pas nécessaire de limiter l'apport en potassium, en sodium ou en liquides.

La DPCA élimine généralement deux litres de liquide en 24 heures, en plus des huit litres de liquide de dialyse infusés dans l'abdomen; cela permet un apport liquidien normal même chez le patient anéphrique (à qui on a enlevé les deux reins).

L'enseignement est adapté aux capacités d'apprentissage et aux connaissances du patient et la durée des séances, à ses capacités physiques. Le suivi téléphonique, de même que les services de consultation externe et de soins à domicile, facilitent le retour du patient à la maison et la prise en charge de son traitement. Il importe qu'il puisse compter sur les conseils d'une infirmière pour la préparation de la solution de dialyse, la mesure de sa pression artérielle, etc. Il doit se présenter à la clinique externe une fois par mois, ou plus souvent si nécessaire, pour s'assurer que les échanges sont faits de façon adéquate et sous asepsie stricte. Les infirmières remplacent la tubulure toutes les quatre à huit semaines. Des remplacements plus fréquents risqueraient d'entraîner une contamination. On doit aussi s'assurer par de fréquentes analyses biochimiques que le traitement de dialyse est adéquat.

La DPCA ne convient pas à tous les patients atteints d'insuffisance rénale terminale, mais est idéale pour ceux qui désirent prendre en charge leur traitement et veulent se libérer du joug de la machine et de la rigidité des horaires. Si le patient est disposé à effectuer les échanges comme on le lui a enseigné et qu'il est capable d'intégrer le traitement à son mode de vie, il peut avoir une vie normale, tout en ayant le sentiment d'avoir un rôle à jouer dans le succès de son traitement. Certains patients sous DPCA disent avoir plus d'énergie et se sentir presque aussi bien qu'avant leur maladie.

Il ne serait pas indiqué de conseiller la DPCA à tous les patients. On doit plutôt aider chacun d'entre eux à trouver le traitement qui convient le mieux à son mode de vie, et qui lui permettra d'atteindre le maximum de bien-être.

Dialyse péritonéale continue cyclique

La dialyse péritonéale continue cyclique (DPCC) allie une dialyse péritonéale intermittente nocturne à une dialyse diurne prolongée.

Pour effectuer ce type de dialyse, le patient est branché à un appareil automatique au coucher et subit au cours de la nuit de trois à cinq échanges, à raison de deux litres de solution de dialyse chacun. Au cours de la journée, il garde dans l'abdomen entre un et deux litres de liquide de dialyse, qu'il évacue avant de se brancher sur l'appareil pour la nuit. L'appareil est silencieux et la tubulure suffisamment longue pour permettre de se retourner normalement pendant le sommeil.

Cette méthode de dialyse péritonéale présente moins de risques de contamination que la DPCA parce qu'elle exige moins de manipulations. Elle évite la servitude des échanges durant le jour, ce qui facilite la vie professionnelle et les activités de la vie quotidienne.

SOINS AU PATIENT SOUMIS À LA DIALYSE EN MILIEU HOSPITALIER

Il arrive qu'on doive hospitaliser un patient soumis à l'hémodialyse ou à la dialyse péritonéale en raison de complications reliées à son insuffisance rénale ou à son traitement de dialyse, ou de troubles qui n'ont rien à voir avec sa maladie rénale ou son traitement. Quand un patient soumis à l'hémodialyse est hospitalisé, pour quelque raison que ce soit, il faut veiller à bien protéger l'accès vasculaire, en vérifiant régulièrement sa perméabilité. Il faut aussi s'assurer que le bras où se trouve l'accès vasculaire ne sera pas utilisé pour la mesure de la pression artérielle ou pour les prises de sang. Même si le patient soumis à la DPCA n'a généralement pas besoin d'explications concernant les soins de la région entourant le cathéter, il importe de profiter de son hospitalisation pour vérifier s'il se conforme aux recommandations et pour corriger s'il y a lieu les malentendus. Chez tous les patients soumis à la dialyse, on doit éviter l'administration de médicaments néphrotoxiques et ajuster la posologie des autres médicaments de façon à prévenir les effets toxiques sur les reins ou un surdosage dû à la réduction de l'excrétion rénale. Il faut être à l'écoute de tous les problèmes et de tous les symptômes dont se plaint le malade et éviter de les attribuer systématiquement à l'insuffisance rénale ou à la dialyse.

Les patients qui sont sous dialyse depuis un certain temps remettent parfois en question les conséquences de leur maladie et de son traitement sur leur qualité de vie et celle de leur famille. Il faut dans ce cas leur donner l'occasion d'exprimer leurs sentiments et leurs réactions et d'explorer les choix qui leur sont offerts. Il n'est pas rare qu'un patient songe à arrêter la dialyse. Il importe alors de le prendre au sérieux et de lui donner l'occasion de discuter de ses problèmes avec les membres de l'équipe de dialyse ainsi qu'avec un psychologue, un psychiatre, une infirmière, une personne en qui il a confiance ou un membre du clergé. Le patient a le droit de révoquer sa décision de se soumettre à la dialyse, et on doit respecter son choix s'il a été fait en toute connaissance de cause.

Résumé: La dialyse est aujourd'hui utilisée de façon courante pour le traitement de l'insuffisance rénale. Cependant, le fait qu'elle soit essentielle à la survie provoque souvent d'importantes perturbations psychologiques chez le patient et les membres de sa famille, qui ont en général besoin des services de conseillers. La dialyse est bien sûr indispensable pour soigner l'insuffisance rénale, mais il importe qu'elle soit acceptée par le patient et sa famille. Une infirmière compatissante, qui connaît l'importance des aspects techniques de la dialyse ainsi que ses conséquences psychologiques pour le patient, joue souvent un rôle fondamental à cet égard.

CHIRURGIE RÉNALE

On a recours à la chirurgie rénale pour éliminer des obstructions (tumeurs ou calculs), pour effectuer une néphrostomie ou une urétérostomie, pour procéder à l'ablation d'un rein dans les cas d'atteinte unilatérale, pour traiter un cancer du rein, ou encore pour effectuer une greffe rénale.

Soins préopératoires

On ne procède à une chirurgie rénale qu'après une période d'évaluation et de préparation visant à obtenir, dans toute la mesure du possible, une fonction rénale satisfaisante. Avant l'opération, on incite le patient à boire pour favoriser l'excrétion des déchets, à moins qu'il ne soit atteint d'une insuffisance rénale ou cardiaque. S'il souffre d'une infection, on lui administre un antibiotique à large spectre afin de réduire les risques de septicénie. S'il présente des antécédents de tendance aux ecchymoses et aux saignements, on procède à des épreuves de coagulation (temps de prothrombine, temps de céphaline et numération des plaquettes). La préparation générale pour l'opération est identique à celle décrite au chapitre 32.

Les patients qui doivent subir une intervention chirurgicale ont souvent beaucoup d'appréhension. Leurs craintes sont parfois aggravées par la douleur, la fièvre et l'hématurie. L'infirmière doit les aider à reconnaître et à exprimer leurs craintes. La communication sera favorisée par un climat de confiance et par des soins de tout premier ordre. Un patient qui doit subir l'ablation d'un rein peut croire qu'il sera par la suite dépendant de la dialyse s'il ignore qu'un seul rein sain peut assurer une fonction rénale normale.

Difficultés opératoires

Pour accéder aux reins, on peut pratiquer une incision au flanc, une incision intercostale, une incision dorsolombaire, un incision abdominale transverse ou une incision thoraco-abdominale (figure 36-6). Les difficultés de la chirurgie rénale découlent de l'inaccessibilité relative des reins. On doit prévoir des modalités pour pallier l'altération de l'excrétion urinaire.

SOINS POSTOPÉRATOIRES

Comme les reins sont très vascularisés, les principales complications de la chirurgie rénale sont l'hémorragie et le choc cardiovasculaire. On doit souvent remplacer les pertes de sang et de liquides survenues au cours de l'opération.

La distension abdominale et l'iléus paralytique sont des complications assez fréquentes des opérations touchant les reins et les uretères. On croit qu'elles sont dues à la perte du péristaltisme intestinal et à la manipulation du côlon ou du duodénum durant l'opération. On obtient un soulagement rapide de la distension abdominale en insérant une sonde gastrique, ce qui provoque une diminution de la compression (voir au chapitre 34 pour d'autres mesures de soulagement de la distension abdominale). On interdit toute boisson jusqu'à ce que l'auscultation révèle la présence de bruits intestinaux ou jusqu'à ce que l'on observe une production de gaz.

Dans les cas d'infection, on administre des antibiotiques en se basant sur le résultat de l'antibiogramme. On doit être à l'affût des effets toxiques de ces médicaments quand on procède à l'examen du patient et à l'évaluation de sa fonction rénale. On peut aussi administrer de faibles doses d'héparine,

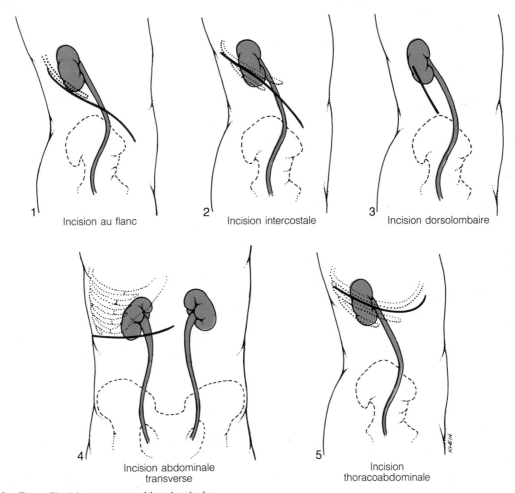

1. Incision au flanc   2. Incision intercostale   3. Incision dorsolombaire   4. Incision abdominale transverse   5. Incision thoracoabdominale

Figure 36-6. Types d'incision pour une chirurgie rénale

car des études ont démontré que l'administration sous-cutanée d'héparine pouvait prévenir la thrombo-embolie chez les sujets atteints de maladie rénale.

Les soins peuvent également comprendre une néphrostomie, l'insertion d'une sonde et l'utilisation d'un drain tuteur urétéral.

Entretien des sondes

Presque tous les opérés aux reins ou aux voies urinaires, ainsi qu'un grand nombre de patients atteints de troubles rénaux ou urinaires, portent un drain, ou une sonde ou des cathéters. La néphrostomie, la pyélostomie et l'urétérostomie exigent qu'on place une sonde dans le rein, le bassinet ou l'uretère pour dériver les urines en attendant la cicatrisation de la plaie. On doit veiller au bon fonctionnement des sondes pour éviter leur obstruction par des caillots, ce qui pourrait causer une infection. Le passage d'un caillot dans l'uretère peut provoquer une douleur analogue à celle de la colique néphrétique.

Néphrostomie. On insère une sonde de néphrostomie directement dans le rein, soit par une incision chirurgicale, soit par voie percutanée, pour assurer la dérivation temporaire ou permanente de l'urine. On utilise une sonde simple, une sonde en U ou une sonde circulaire. La néphrostomie a pour but d'assurer le drainage du rein après une opération, de permettre au tissu rénal lésé par une obstruction de se cicatriser et d'assurer l'évacuation de l'urine dans les cas d'obstruction urétérale. On branche la sonde à un appareil de drainage en circuit fermé ou à un sac de stomie.

La *néphrostomie percutanée* est l'insertion d'une sonde dans le bassinet par une ponction cutanée. On la pratique pour permettre l'évacuation de l'urine dans les cas d'obstruction urétérale, ouvrir une voie en vue de la pose d'un drain tuteur urétéral (voir plus loin), dissoudre un calcul, dilater un rétrécissement, fermer une fistule, administrer des médicaments, insérer un instrument de biopsie ou un néphroscope, ainsi que pour effectuer certaines interventions chirurgicales.

Pour procéder à une néphrostomie percutanée, on nettoie et on anesthésie la peau, puis on demande au patient de retenir sa respiration pendant qu'on introduit une aiguille à ponction lombaire dans le bassinet. On aspire ensuite de l'urine pour culture et on injecte parfois un produit de contraste dans le bassinet et les calices. Par l'aiguille, on introduit un guide à cathéter angiographique, puis on retire l'aiguille et on distend le conduit avec des sondes ou des guides avant de mettre en place la sonde de néphrostomie, que l'on fixe ensuite par des sutures et que l'on raccorde à un système de drainage en circuit fermé.

On doit observer le patient qui a subi une néphrostomie, à la recherche de signes de saignement, de lithiase, de fistule ou d'infection.

- S'assurer de l'absence de saignement au siège de la néphrostomie (complication majeure).
- S'assurer de la perméabilité de la sonde. Une obstruction peut causer de la douleur, des lésions, une tension sur les sutures, et une infection. Si la sonde est accidentellement délogée, elle doit être remplacée immédiatement par le chirurgien, avant que l'ouverture ne se referme.
- *Ne jamais fermer avec une pince la sonde de néphrostomie*, ce qui pourrait précipiter le développement d'une pyélonéphrite aiguë.

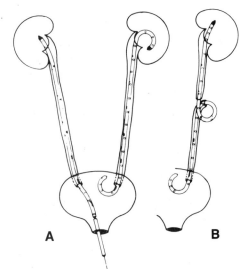

Figure 36-7. Drains tuteurs urétéraux (**A**) Passage rétrograde du drain tuteur. Le drain est en forme de J à chaque extrémité, ce qui empêche son déplacement. L'extrémité proximale se fixe dans la partie inférieure du calice ou du bassinet et l'extrémité distale se trouve dans la vessie. (**B**) Mise en place d'un drain tuteur par incision chirurgicale avant une anastomose urétérale.

(Source: Medical Engineering Corporation, Racine, Wisconsin)

- On irrigue rarement la sonde de néphrostomie. Si une irrigation est nécessaire, elle peut être faite par le chirurgien.

Pour pratiquer une irrigation, on ne doit utiliser que 10 mL de solution physiologique stérile réchauffée, vu le faible volume du bassinet. Un plus grand volume de liquide pourrait provoquer des lésions ou une infection due à un reflux pyélorénal. On recommande au patient de boire beaucoup de liquide pour assurer une bonne irrigation et pour prévenir la formation de calculs rénaux. Les urines sont gardées acides pour empêcher la formation sur la sonde de dépôts provenant des sédiments urinaires. Si le patient a une sonde de néphrostomie dans chaque rein, on mesure séparément les excreta provenant de chacune des sondes. Pour les déplacements, on peut raccorder les sondes à des sacs collecteurs fixés aux jambes.

Drains tuteurs urétéraux

Un drain tuteur urétéral est un dispositif tubulaire que l'on insère dans l'uretère pour permettre l'écoulement de l'urine chez les patients souffrant d'une obstruction (à la suite d'un œdème, d'un rétrécissement, d'une fibrose ou d'une tumeur maligne avancée), ainsi que pour rétablir la fonction rénale, dériver l'urine, favoriser la cicatrisation et maintenir le calibre et la perméabilité de l'uretère après une opération (figure 36-7).

Le drain, fait de silicone doux et souple, peut être temporaire ou permanent. On l'insère à l'aide d'un cystoscope, ou par une sonde de néphrostomie ou encore en pratiquant une incision chirurgicale. La présence du drain tuteur dans l'uretère peut provoquer des infections. On observe aussi la formation de dépôts, des saignements et des obstructions par des caillots. Le drain peut se déplacer.

De nouveaux modèles de drains tuteurs permettent d'éviter certaines de ces complications. Le drain urétéral à double J présente une courbure en J à chacune des extrémités, l'empêchant de se déplacer verticalement. On l'utilise à la place de la néphrostomie ou de la pyélostomie pour les drainages vésicaux de courte ou de longue durée. Il existe aussi un drain dont les deux extrémités sont en spirale, l'une se plaçant dans le bassinet et l'autre à l'orifice de l'uretère. Les spirales retiennent le drain, ce qui permet au patient de se déplacer librement.

Les interventions infirmières auprès d'un patient porteur d'un drain tuteur sont le dépistage des saignements, l'observation et la mesure du débit urinaire, le dépistage des écoulements purulents au point d'insertion du drain ou dans le sac de drainage, et le dépistage des signes de déplacement du drain (colique et diminution du débit urinaire).

L'implantation d'un drain tuteur à demeure entraîne souvent une réaction locale au niveau de l'uretère, comme un œdème des muqueuses, pouvant causer une obstruction urétérale temporaire.

▶ DÉMARCHE DE SOINS INFIRMIERS
PATIENTS OPÉRÉS AUX REINS

▷ Évaluation

Immédiatement après une chirurgie rénale, l'infirmière doit évaluer la respiration et la circulation, l'intensité de la douleur, la perméabilité et le fonctionnement du système de drainage.

Pour évaluer la respiration, on en détermine le rythme, l'amplitude et la symétrie. L'inspiration et la toux provoquent fréquemment une douleur dans la région de l'incision, ce qui peut provoquer une contraction de la cage thoracique et une respiration superficielle. L'auscultation permet de déceler les murmures vésiculaires normaux et anormaux. Selon l'emplacement de l'incision, l'infirmière pourra anticiper les problèmes respiratoires et la douleur.

Pour évaluer la circulation, on mesure les signes vitaux, la pression artérielle et la pression veineuse centrale. La couleur et la température de la peau ainsi que le débit urinaire renseignent également sur l'état de la circulation. On observe l'incision et les tubes de drainage à intervalles réguliers pour déceler les saignements.

La douleur est un important problème postopératoire chez les patients ayant subi une chirurgie rénale, à cause de l'emplacement de l'incision et de la position sur la table d'opération qu'exige l'accès aux reins. Avant d'administrer des analgésiques, on doit établir le siège et l'intensité de la douleur. La distension abdominale peut aussi être cause de douleur.

Il faut observer les urines et les écoulements provenant des sondes et des tubes insérés pendant l'intervention (volume, couleur et autres caractéristiques). On informe le médecin si le drainage se ralentit ou s'arrête, ce qui pourrait traduire une obstruction susceptible d'engendrer de la douleur, une infection ou une désunion des sutures.

▷ Analyse et interprétation des données

Selon les données recueillies, voici les principaux diagnostics infirmiers possibles:

- Risque élevé de dégagement inefficace des voies respiratoires relié à l'emplacement de l'incision
- Risque élevé de diminution du débit cardiaque relié à une perte de sang

- Douleur reliée à l'emplacement de l'incision, à la position sur la table d'opération et à la distension abdominale
- Altération de l'élimination urinaire reliée à la présence d'une sonde

▷ Planification et exécution

▷ *Objectifs:* Dégagement efficace des voies respiratoires; maintien du débit cardiaque; soulagement de la douleur; maintien de l'élimination urinaire

▷ Interventions infirmières

▷ *Dégagement efficace des voies respiratoires.* La chirurgie rénale prédispose à des complications respiratoires et à l'iléus paralytique. L'incision étant sous-costale ou postérieure, la respiration et la toux peuvent provoquer une vive douleur. Si la plèvre a été transpercée, un pneumothorax peut se constituer. L'incision est généralement voisine du diaphragme et, s'il s'agit d'une incision sous-sternale, les nerfs peuvent avoir été étirés et contusionnés.

Il est donc nécessaire de soulager la douleur par l'administration d'analgésiques, ce qui permet au patient d'effectuer plus efficacement ses exercices de respiration profonde et de toux. L'utilisation du spiromètre de stimulation peut favoriser la dilatation des poumons. On incite le patient à tousser après chaque inspiration profonde afin de dégager les sécrétions. Le soulagement de la distension abdominale permet d'accroître l'amplitude de la respiration et l'expansion thoracique.

▷ *Maintien du débit cardiaque.* Les saignements, les hémorragies, l'hypovolémie et le choc constituent les principales complications de la chirurgie rénale. Le rôle de l'infirmière est de surveiller l'apparition de ces complications, d'informer le médecin si elles se manifestent et d'administrer le sang et les solutions de remplacement selon son ordonnance, s'il y a lieu. Elle doit également prendre régulièrement les signes vitaux, observer l'aspect de la peau, le système de drainage urinaire et l'incision chirurgicale pour déceler tout signe de diminution du volume sanguin ou liquidien et du débit cardiaque.

▷ *Soulagement de la douleur.* La douleur et les malaises peuvent être causés par l'incision chirurgicale, mais aussi par une distension de la capsule rénale (tumeur, caillot sanguin), de l'ischémie (par occlusion des vaisseaux) et un étirement des vaisseaux rénaux. Il est nécessaire de soulager la douleur pour permettre au patient de respirer profondément, de tousser, de se retourner et de se déplacer. Les douleurs peuvent également être d'origine musculaire, la position sur la table d'opération ayant créé des tensions anatomiques et physiologiques. Des massages, l'application de chaleur humide et l'administration d'analgésiques peuvent apporter un certain soulagement.

▷ *Maintien de l'élimination urinaire.* Il faut observer le débit urinaire et les écoulements pour préserver la fonction rénale. Un drainage adéquat est essentiel pour prévenir les obstructions et les infections. On mesure séparément le débit provenant de chaque sonde. Il est essentiel que ces mesures soient précises, car elles sont le reflet de la fonction rénale et de la perméabilité du système de drainage.

Toutes les manipulations des sondes et des tubulures doivent se faire sous asepsie stricte. On doit toujours se laver

(suite à la page 1061)

Plan de soins 36-1
Patient opéré aux reins

Interventions infirmières	Justification	Résultats escomptés

Diagnostic infirmier: Risque élevé de dégagement inefficace des voies respiratoires relié à la douleur causée par une incision se situant au niveau de la partie supérieure de l'abdomen ou au flanc, à des malaises ou à l'immobilité

Objectif: Dégagement efficace des voies respiratoires

1. Administrer des analgésiques selon l'ordonnance du médecin.	1. Le soulagement de la douleur permet au patient de faire des exercices de respiration profonde et de toux.	• Le patient fait ses exercices de respiration profonde et de toux quand on l'y incite et qu'on l'aide.
2. Maintenir l'incision avec les mains ou un oreiller pour aider le patient à tousser.	2. Le maintien de l'incision permet au patient de tousser adéquatement et prévient l'atélectasie.	• Le patient a un rythme respiratoire de 12-18/min. • Il présente des murmures vésiculaires normaux.
3. Aider le patient à changer souvent de position.	3. Favorise le drainage et la dilatation de tous les lobes des poumons.	• Il présente une ampliation thoracique normale, et sa respiration n'est pas superficielle.
4. Inciter le patient à utiliser le spiromètre de stimulation selon l'ordonnance du médecin.	4. Favorise la prise de respirations profondes.	• Il utilise le spiromètre de stimulation quand on l'y incite. • Il maintient l'incision quand il prend des respirations profondes ou qu'il tousse.
5. Aider et encourager le patient à la marche.	5. Dégage les sécrétions pulmonaires.	• Il dit éprouver de moins en moins de douleur et de malaise quand il tousse ou prend des respirations profondes. • Ses gaz artériels et ses radiographies pulmonaires sont dans les limites de la normale. • Sa température corporelle est normale, et il ne présente aucun signe d'atélectasie ou de pneumonie à l'examen.

Diagnostic infirmier: Douleur reliée à l'incision chirurgicale, à la position sur la table d'opération et à l'étirement des muscles au cours de l'opération

Objectif: Soulagement de la douleur

1. Évaluer l'intensité de la douleur.	1. Cette première évaluation servira de base pour évaluer les effets des mesures de soulagement de la douleur.	• Le patient dit n'éprouver aucune douleur ni malaise.
2. Administrer des analgésiques selon l'ordonnance du médecin.	2. Favorise le soulagement de la douleur.	• Il prend les analgésiques prescrits.
3. Appliquer de la chaleur humide sur les muscles endoloris et masser la région affectée.	3. Favorise la détente et soulage les douleurs musculaires.	• Il connaît les justifications de l'application de chaleur humide et des massages.
4. Maintenir l'incision avec les mains ou avec un oreiller lors des changements de position et des exercices de respiration profonde et de toux.	4. Diminue la sensation de tiraillement dans la région de l'incision et rassure le patient.	• Il exerce ses muscles endoloris selon les recommandations. • Il augmente graduellement son activité physique et l'intensité de ses exercices.
5. Aider et encourager le patient à marcher dès qu'il le peut.	5. Favorise le retour de l'activité musculaire.	• Il a recours à des distractions, à des exercices de relaxation et à l'imagerie mentale pour soulager la douleur.

Plan de soins 36-1 (suite)

Patient opéré aux reins

Interventions infirmières	Justification	Résultats escomptés
		• Il ne présente aucun signe extérieur de douleur ou de malaise (agitation, transpiration, plaintes).
		• Il effectue ses exercices de respiration profonde et de toux.

Diagnostic infirmier: Peur et anxiété reliées au diagnostic, aux résultats de l'opération et à l'altération de la fonction urinaire

Objectif: Réduction de la peur et de l'anxiété

Interventions infirmières	Justification	Résultats escomptés
1. Si possible, évaluer le degré d'anxiété et d'inquiétude du patient avant l'opération.	1. Ces données de bases serviront à des comparaisons futures.	• Le patient exprime ses réactions et ses sentiments aux membres du personnel soignant.
		• Il partage ses réactions et ses sentiments avec la personne clé dans sa vie.
2. Avant l'opération, évaluer les connaissances du patient au sujet de l'intervention et des résultats escomptés.	2. Ces données serviront de base pour l'enseignement prodigué ultérieurement.	• Il exprime adéquatement sa détresse face à sa maladie et aux changements qu'elle risque d'entraîner dans sa vie familiale et professionnelle.
3. Déterminer la signification des changements provoqués par l'opération pour le patient et la personne clé dans sa vie.	3. Permet de comprendre les réactions du patient aux résultats prévus ou imprévus de l'opération.	• Il connaît l'information dont il a besoin pour favoriser son adaptation.
		• Il participe aux activités qui se déroulent dans son environnement immédiat.
4. Encourager le patient à exprimer ses réactions, ses sentiments et ses craintes.	4. Le patient a souvent besoin d'exprimer ses réactions pour mieux les comprendre et y faire face.	• Il accepte la visite d'une personne appartenant à un groupe de soutien ou se joint à un groupe de soutien.
5. Encourager le patient à partager ses sentiments avec la personne clé dans sa vie.	5. Permet au patient et à la personne clé dans sa vie de s'aider mutuellement, ce qui les rapprochera.	• Il connaît dans son entourage une personne capable de lui apporter de l'aide.
6. Suggérer ou organiser la visite d'un membre d'un groupe de soutien approprié.	6. Apporte au patient le soutien d'une personne qui a subi une opération similaire et qui a réussi à s'adapter aux changements consécutifs à cette opération.	

Diagnostic infirmier: Altération de l'élimination urinaire reliée au drainage urinaire

Objectif: Maintien de l'élimination urinaire

Interventions infirmières	Justification	Résultats escomptés
1. Évaluer le fonctionnement du système de drainage urinaire dès sa mise en place.	1. Ces données serviront de base pour les évaluations ultérieures.	• Le patient présente un débit urinaire normal et son système de drainage est perméable.
		• Le débit urinaire est en rapport avec l'apport liquidien.
2. Mesurer le débit urinaire et vérifier la perméabilité du système de drainage.	2. Permet d'obtenir des données de base.	• Ses analyses de laboratoire (azote uréique sanguin, créatinine et densité urinaire) sont normales.
3. Toujours manipuler le système de drainage sous asepsie stricte après s'être lavé les mains.	3. Prévient la contamination du système de drainage urinaire ou en réduit les risques.	• Les cultures d'urine sont négatives.
		• Ses urines sont limpides et diluées. Il y a absence de dépôts ou de débris dans le système de drainage.
4. Assurer l'entretien du système de drainage en circuit fermé.	4. Réduit les risques de contamination bactérienne et d'infection.	

Plan de soins 36-1 (suite)

Patient opéré aux reins

Interventions infirmières	Justification	Résultats escomptés
5. Si une irrigation du système de drainage est nécessaire, porter des gants, utiliser une solution stérile et s'assurer que les systèmes de drainage et d'irrigation ne permettent pas l'entrée de contaminants.	5. Permet d'irriguer le système tout en prévenant l'introduction de germes, ce qui réduit les risques d'infection.	• Il connaît les raisons pour lesquelles il doit éviter de manipuler la sonde, ou le système de drainage ou d'irrigation. • Les sondes ou les drains tuteurs urétéraux restent bien en place jusqu'à ce qu'ils soient retirés par le médecin. • Il s'assure que le système de drainage ne permet pas l'entrée de contaminants.
6. Si une irrigation est nécessaire elle doit être effectuée en douceur, en utilisant une solution physiologique stérile et en observant la quantité de liquide prescrite.	6. Maintient la perméabilité du système de drainage et prévient les augmentations soudaines de pression dans les voies urinaires, qui pourraient causer des lésions, de la pression sur les sutures et de la douleur.	• Sa température corporelle est normale, et il ne présente aucun signe ou symptôme d'infection des voies urinaires. • Il nettoie le méat urinaire et la sonde avec de l'eau et du savon. • Il consomme suffisamment de liquide (6-8 verres d'eau ou plus par jour, à moins de contre-indication).
7. Aider le patient à se retourner dans le lit et à se déplacer pour éviter que le drain tuteur ou la sonde ne se détache accidentellement.	7. Évite les lésions dues au déplacement accidentel du drain tuteur ou de la sonde, et les risques que représentent les interventions nécessaires à leur remplacement (cystoscopie, par exemple).	• Le système de drainage urinaire reste bien en place jusqu'à ce qu'il soit retiré par le médecin. • Il prévient les infections et l'obstruction du système de drainage. • Il assure l'entretien de la dérivation urinaire tel qu'on le lui a enseigné. • Il veille à ses soins d'hygiène, et l'on ne remarque aucune odeur désagréable.
8. Observer l'aspect, la couleur, le volume et l'odeur des urines.	8. Donne des renseignements sur le débit urinaire, la perméabilité du système de drainage et la présence de dépôts dans l'urine.	
9. Réduire les manipulations de la sonde et du système de drainage et, par conséquent, les risques de lésions à l'urètre.	9. Réduit les risques de contamination du système de drainage et prévient les invasions bactériennes.	
10. Au moment du bain, procéder à un nettoyage en douceur du méat urinaire avec de l'eau et du savon.	10. Élimine les dépôts et les débris en prenant soin d'éviter les lésions à l'urètre et la contamination de la sonde.	
11. Fixer le tube de drainage.	11. Empêche la tubulure de bouger ou de se détacher, réduit les risques de lésions à l'urètre ou de contamination de la sonde.	
12. Maintenir un apport hydrique adéquat.	12. Favorise un débit urinaire adéquat et prévient l'accumulation d'urine dans la vessie.	
13. Aider et encourager le patient à la marche, mais s'assurer que le système de drainage reste bien en place.	13. Réduit les complications cardio-vasculaires et pulmonaires.	
14. Si un patient doit rentrer à la maison avec une sonde ou une dérivation urinaire en place, lui donner, ainsi qu'à sa famille, l'enseignement nécessaire.	14. Il est essentiel que le patient comprenne le fonctionnement du système de drainage ou de la dérivation urinaire pour éviter les infections et les complications.	

les mains avant et après la manipulation de n'importe quelle partie du système de drainage. L'utilisation d'un système de drainage en circuit fermé est essentielle pour éviter les contaminations et les infections. On observe de près les urines évacuées afin de dépister toute variation de leur volume, de leur couleur, de leur odeur et de leur composition. On fait généralement effectuer des analyses d'urines et des cultures pour suivre l'évolution du patient. Le sac collecteur doit toujours être en-dessous du niveau de la vessie pour prévenir le reflux de l'urine dans les voies urinaires. Il ne doit toutefois pas toucher le sol pour éviter les contaminations. La plupart des systèmes de drainage urinaire n'ont pas besoin d'être irrigués de façon systématique. Quand une irrigation est nécessaire, elle doit se faire avec précaution au moyen d'une solution stérile, en exerçant le moins de pression possible. On doit de plus se conformer aux directives du médecin, respecter rigoureusement les règles de l'asepsie et éviter d'entraver l'écoulement.

▷ *Enseignement au patient et soins à domicile.* Si le patient doit rentrer à la maison avec un système de drainage en place, il faut s'assurer que lui et sa famille comprennent l'importance des mesures à prendre pour assurer le bon fonctionnement de ce système et prévenir les infections. Avant qu'il ne reçoive son congé, on lui prodiguera un enseignement et on lui remettra des directives écrites. Il faut lui indiquer également dans quelles circonstances il doit faire appel à une infirmière ou à un médecin.

On doit aussi assurer au patient les services d'une infirmière à domicile. Celle-ci doit bien sûr prendre connaissance des directives données au patient. Elle a pour tâche d'évaluer dans quelle mesure celui-ci est capable de se conformer aux directives. Elle doit en outre répondre à ses questions et à celles de sa famille, s'assurer de l'absence d'infection ou d'obstruction des voies urinaires, inciter le patient à boire une quantité suffisante de liquide et évaluer dans quelle mesure il se conforme aux recommandations qui lui ont été faites. Avec le patient et sa famille, elle passe en revue les signes, les symptômes et les problèmes qui exigent une consultation auprès d'un médecin.

Voir le plan de soins 36-1 pour les interventions infirmières précises auprès d'un opéré aux reins.

▷ *Évaluation*

Résultats escomptés

1. Le patient recouvre un mode de respiration normal.
   a) Il présente des murmures vésiculaires nets et normaux.
   b) Son rythme respiratoire et son expansion thoracique sont normaux.
   c) Il effectue ses exercices respiratoires toutes les deux heures.
   d) Il utilise le spiromètre de stimulation selon les directives.
   e) Sa température et ses signes vitaux sont normaux.
2. Il maintient un débit cardiaque normal.
   a) Ses signes vitaux, sa pression artérielle et sa pression veineuse centrale sont normaux.
   b) Sa peau ne présente pas de turgescence et a une température et une couleur normales.
   c) Il ne présente plus de pertes de sang ou de liquide.
   d) Il ne présente aucun signe ou symptôme de choc ou d'hypovolémie (diminution du débit urinaire, agitation, accélération du pouls).

3. Il éprouve un soulagement de la douleur et des malaises.
   a) Il dit éprouver un soulagement progressif de la douleur.
   b) Il prend des analgésiques de moins en moins souvent.
   c) Il se retourne, tousse et prend de profondes respirations comme on le lui a conseillé.
   d) Il marche chaque jour un peu plus.
   e) Il a recours à l'application de chaleur humide et aux massages pour soulager les douleurs musculaires.
4. Il maintient une élimination urinaire normale.
   a) Il assure la perméabilité des tubes de drainage.
   b) Il ne présente pas de déséquilibre hydroélectrolytique comme l'indiquent l'absence de turgescence de la peau, des électrolytes sériques dans les limites de la normale et l'absence de tout autre symptôme.
   c) Il dit n'éprouver aucune aggravation de la douleur, de la sensibilité ou de la pression dans la région de l'insertion de la sonde ou du drain.
   d) Il manipule le système de drainage avec précautions.
   e) Il se lave les mains avant et après toute manipulation du système de drainage et ne le manipule qu'en cas d'absolue nécessité.
   f) Il connaît les justifications de l'utilisation et de l'entretien d'un système de drainage en circuit fermé.
   g) Il connaît les signes et les symptômes qui exigent une consultation auprès d'un professionnel de la santé.
   h) Il ne présente aucun signe d'infection (fièvre ou douleur).

Résumé: On a recours à la chirurgie rénale pour éliminer une obstruction, pour rétablir le drainage des voies urinaires ou pour effectuer l'ablation d'un rein. Le patient qui doit subir une intervention au rein est souvent inquiet; il appréhende l'intervention et en craint les conséquences. Après l'opération, il ressent de la douleur et des malaises, causés par l'emplacement de l'incision et la position sur la table d'opération. Au cours de la période postopératoire, l'infirmière a pour principale responsabilité d'administrer au patient des analgésiques destinés à soulager ses douleurs et à favoriser son bien-être, afin qu'il puisse faire les exercices nécessaires pour prévenir les complications respiratoires. L'entretien et l'observation du système de drainage sont essentiels pour prévenir la détérioration de la fonction rénale ainsi que pour assurer l'équilibre hydrique. L'infirmière a aussi pour tâche de préparer adéquatement le patient qui doit rentrer à la maison avec un système de drainage.

RÉSUMÉ

Les traitements utilisés chez les patients atteints de troubles rénaux et urinaires ont pour but de soulager leurs symptômes, de favoriser leur bien-être et de prolonger leur vie. Toutefois, ces traitements ne reproduisent pas exactement les fonctions rénale et urinaire, ils ne guérissent pas nécessairement la maladie et s'accompagnent souvent d'effets secondaires et de complications. Certains d'entre eux exigent beaucoup de temps et une dépense considérable d'énergie, autant physiquement que psychologiquement. Ils exigent de plus une importante adaptation et peuvent entraîner des problèmes sociaux et financiers, de même que du stress et de l'incertitude, aussi bien pour le patient lui-même que pour sa famille. L'infirmière qui soigne un patient exigeant un traitement de ce type doit en connaître les conséquences physiques, sociales, psychologiques et économiques, et offrir au patient et à sa famille l'aide dont ils ont besoin pour s'adapter à leur nouvelle situation.

Bibliographie

Ouvrages

Brenner BM, Coe FL, Rector FC Jr. Clinical Nephrology. Philadelphia, WB Saunders, 1987.

Catto ORD. Pregnancy and Renal Disorders. Dordrecht, Kluwer Academic Publishers, 1988.

DeWardener HE. The Kidney: An Outline of Normal and Abnormal Function, 5 ed. New York: Churchill Livingstone, 1985.

Gingell C and Abrams P (eds). Controversies and Innovations in Urologic Surgery. New York, Springer-Verlag, 1988.

Hanno PM and Wein AJ. A Clinical Manual of Urology. Englewood Cliffs, NJ, Appleton-Century-Crofts, 1987.

Kunin CM. Detection, Prevention and Management of Urinary Tract Infections. Philadelphia, Lea & Febiger, 1987.

Massry SG and Glassrock RJ. Textbook of Nephrology, 2nd ed. Baltimore, Williams & Wilkins, 1989.

Nolph KD. Peritoneal Dialysis, 3rd ed. Norwell, MA, Kluwer Academic, 1989.

Pak CYC. Renal Stone Disease: Pathogenesis, Prevention and Treatment. Boston, Nijhoff, 1987.

Riehle RA Jr. Principles of Extracorporeal Shock Wave Lithotripsy. New York: Churchill Livingstone, 1987.

Rose BD and Black RM. Manual of Clinical Problems in Nephrology. Boston, Little, Brown, 1988.

Schrier RW and Gottshalk CW (eds). Diseases of the Kidney. Boston: Little, Brown, 1988.

Revues

Les articles de recherche en sciences infirmières sont marqués d'un astérisque.

Généralités

Chambers JK. Fluid and electrolyte problems in renal and urologic disorders. Nurs Clin North Am 1987 Dec; 22(4):815-826.

Chambers JK. Metabolic bone disorders. Imbalances of calcium and phosphorus. Nurs Clin North Am 1987 Dec; 22(4):861-872.

Chenevey B. Overview of fluids and electrolytes. Nurs Clin North Am 1987 Dec; 22(4):749-759.

Lancaster LE. Renal and endocrine regulation of water and electrolyte balance. Nurs Clin North Am 1987 Dec; 22(4):761-772.

Sondes vésicales

Brettman LR. Nosocomial infection risks associated with short-term and long-term inpatient care. Urology 1988 Sep; 32(3):21-23.

* Bristol S et al. The mythical danger of rapid urinary drainage. Am J Nurs 1989 Mar; 89(3):344-345.

* Dodds P and Hans AL. Distended urinary bladder drainage practices among hospital nurses. Appl Nurs Res 1990 May; 3(2):68-72.

Jaff MR and Paganini EP. Meeting the challenge of geriatric UTIs. Geriatrics 1989 Dec; 44(12):60-62, 65, 69.

Ouslander JG, Greengold B, and Chen S. Complications of chronic indwelling urinary catheters among nursing home patients: A prospective study. J Urol 1987 Nov; 138(5):1191-1195.

Ouslander JG, Greengold B, and Chen S. External catheter use and urinary tract infections among incontinent male nursing home patients. J Am Geriatr Soc 1987 Dec; 35(12):1063-1070.

* Roe BH. Study of information given by nurses for catheter care to patients and their carers. J Adv Nurs 1989 Mar; 14(3):203-210.

* Roe BH. Use of bladder washouts: A study of nurses' recommendations. J Adv Nurs 1989 Mar; 14(3):494-500.

Seiler WO and Stähelin HB. Practical management of catheter-associated UTIs. Geriatrics 1988 Aug; 43(8):43-50.

* Watson R. A nursing trial of urinary sheath systems on male hospitalized patients. J Adv Nurs 1989 Jun; 14(6):217-225.

Zilkoski MW, Smucker DR, and Mayhew HE. Urinary tract infections in elderly patients. Postgrad Med 1988 Sep 1; 84(3):191-198.

Incontinence urinaire

Abdellah FG. Incontinence: Implications for health policy. Nurs Clin North Am 1988 Mar; 23(1):291-297.

* Brink CA et al. A digital test for pelvic muscle strength in older women with urinary incontinence. Nurs Res 1989 Jul/Aug; 38(4):196-199.

Cella M. The nursing costs of urinary incontinence in a nursing home population. Nurs Clin North Am 1988 Mar; 23(1):159-168.

* Creason NS et al. Prompted voiding therapy for urinary incontinence in aged female nursing home residents. J Adv Nurs 1989 Feb; 14(2):120-126.

Jirovec MM, Brink CA, and Wells TJ. Nursing assessments in the inpatient geriatric population. Nurs Clin North Am 1988 Mar; 23(1):219-230.

McCormick KA, Scheve AAS, and Leahy E. Nursing management of urinary incontinence in geriatric inpatients. Nurs Clin North Am 1988 Mar; 23(1):231-264.

Morishita L. Nursing evaluation and treatment of geriatric outpatients with urinary incontinence: Geriatric day hospital model. A case study. Nurs Clin North Am 1988 Mar; 23(1):189-206.

National Institutes of Health Consensus Development Conference Statement. Urinary incontinence in adults. 1988 Oct 3-5; 7(5):1-114.

Newman DK et al. Restoring urinary continence. Am J Nurs 1991 Jan; 91(1):28-34.

Palmer MH. Incontinence: The magnitude of the problem. Nurs Clin North Am 1988 Mar; 23(1):139-157.

Palmer MH. Urinary incontinence. Nurs Clin North Am 1990 Dec; 25(4):919-934.

Petrilli CO, Traughber B, and Schnelle JF. Behavioral management in the inpatient geriatric population. Nurs Clin North Am 1988 Mar; 23(1):265-277.

Smith DAJ. Continence restoration in the homebound patient. Nurs Clin North Am 1988 Mar; 23(1):207-218.

* Whippo CC and Creason NS. Bacteriuria and urinary incontinence in aged female nursing home residents. J Adv Nurs 1989 Mar; 14(3):217-225.

Wyman JF. Nursing assessment of the incontinent geriatric outpatient population. Nurs Clin North Am 1988 Mar; 23(1):169-187.

Dialyse

Cloonan CC, Gatrell CB, Cushner HM. Emergencies in continuous dialysis patients: Diagnosis and management. Am J Emerg Med 1990 Mar; 8(2):134-138.

Frank DI. Psychosocial assessment of renal dialysis patients. ANNA J 1988 Aug; 15(4):207-210, 232.

Gibson S. Renal replacement therapy, I. Practitioner 1989 Nov 22; 233(1479):1535-1537.

Jones KR. Policy and research in end-stage renal disease. Image: J Nurs Scholarship 1987 Fall; 19(3):126-129.

Lewis SL. Alteration of host defense mechanisms in chronic dialysis patients. ANNA J 1990 Apr; 17(2):170-180.

Mailloux LU et al. Predictors of survival in patients undergoing dialysis. Am J Med 1988 May; 84(5):855-862.

Martino AN. Rehabilitation: How can more dialysis and transplant patients be fully rehabilitated? Transplant Proc 1987 Apr; 19(2 Suppl 2):107-110.

* Nyamathi A. Coping responses of spouses of MI patients and of hemodialysis patients as measured by the Jalowiec coping scale. J Cardiovasc Nurs 1987 Nov; 2(1):67-74.

* O'Brien ME. Compliance behavior and long-term maintenance dialysis. AM J Kidney Dis 1990 Mar; 15(3):209-214.

Port FK. Mortality and causes of death in patients with end-stage renal failure. Am J Kidney Dis 1990 Mar; 15(3):215-217.

Redrow M et al. Dialysis in the management of pregnant patients with renal insufficiency. Medicine 1988 Jun; 67(4):199-208.

Snyder TE. An exercise program for dialysis patients. Am J Nurs 1989 Mar; 89(3):362-364.

Hémodialyse, hémofiltration et hémodialyse artérioveineuse continue

Betts DK and Crotty GD. Response to illness and compliance of long-term hemodialysis patients. ANNA J 1988 Apr; 15(2):96–99.

Chmielewsli C, Zellers L, and Eyer J. Continuous arteriovenous hemofiltration in the patient with hepatorenal syndrome: A case study. Crit Care Nurse Clin North Am 1990 Mar; 2(1):115–121.

Jameson MD and Wiegmann TB. Principles, uses and complications of hemodialysis. Med Clin North Am 1990 Jul; 74(4):945–960.

* Jones LC and Pruett SG. Self-care activities and processes used by hemodialysis patients. ANNA J 1988 Apr; 13(2):73–79.

Lawyer LA and Valasco A. Continuous arteriovenous hemodialysis in the ICU. Crit Care Nurs 1989 Jan; 9(1):29–41.

Lievaart A and Voerman HJ. Nursing management of continuous arteriovenous hemodialysis. Heart Lung 1991 Mar; 20(2):152–158.

Nahman NS Jr and Middendorf DF. Continuous arteriovenous hemofiltration. Med Clin North Am 1990 Jul; 74(4):975–984.

Paradiso C. Hemofiltration: An alternative to dialysis. Heart Lung 1989 May; 18(3):282–290.

Price CA. Continuous arteriovenous ultrafiltration: A monitoring guide for ICU nurses. Crit Care Nurs 1989 Jan; 9(1):12–19.

Dialyse péritonéale

Cairns HS et al. Treatment of resistant CAPD peritonitis by temporary discontinuation of peritoneal dialysis. Clin Nephrol 1989 Jul; 32(1):27–30.

Carbone V. Continuous ambulatory peritoneal dialysis procedures. Crit Care Nurs 1987 Jul/Aug; 7(4):74–80.

Covalesky R. . . . About peritoneal dialysis. Nursing 1990 Apr; 20(4):91.

Goodenough GK, Lutz LJ, and Gregory MC. Home-based renal dialysis. Am Fam Physician 1988 Feb; 37(2):203–214.

Khanna R and Nolph KD. The physiology of peritoneal dialysis. Am J Nephrol 1989; 9(6):504–512.

Maher JF and Maher AT. Continuous ambulatory peritoneal dialysis. Am Fam Physician 1989 Nov; 40(5):187–192.

Nolph KD, Lindblad AS, and Novak JW. Continuous ambulatory peritoneal dialysis. N Engl J Med 1988 Jun 16; 318(24):1595–1600.

Saklayen MG. CAPD peritonitis: Incidence, pathogens, diagnosis, and management. Med Clin North Am 1990 Jul; 74(4):997–1010.

Steiner RW and Jalasz NA. Abdominal catastrophes and other unusual events in continuous ambulatory peritoneal dialysis patients. Am J Kidney Dis 1990 Jan; 15(1):1–7.

Strangio L. Peritoneal dialysis made easy. Nursing 1988 Jan; 18(1):43–46.

Twardowski ZJ. Peritoneal dialysis: Current technology and techniques. Postgrad Med 1989 Apr; 85(5):161–164, 167, 170, 173, 174, 181, 182.

Chirurgie rénale

Applegeet CJ. Nursing aspects of outpatient surgery. Urol Clin North Am 1987 Feb; 14(1):21–25.

Cass AS. Nephrectomy: A review of the surgical approaches. Today's OR Nurse 1990 Jun; 12(6):16–21.

Mackety CJ. Lasers in urology. Nurs Clin North Am 1990 Sep; 25(3):697–709.

McDonald HP Jr. Office ambulatory surgery in urology. Urol Clin North Am 1987 Feb; 14(1):27–30.

Cassady JF Jr. Regional anesthesia for urologic procedures. Urol Clin North Am 1987 Feb; 14(1):43–50.

Wetchler BV. Outpatient general and spinal anesthesia. Urol Clin North Am 1987 Feb; 14(1):31–42.

Information/ressources

Organismes

American Society for Artificial Internal Organs
P.O. Box C Boca Raton, FL 33429 (407) 391-8589
American Association of Kidney Patients
1 Davis Blvd., Suite LL1, Tampa, FL 33606 (813) 251-0725
National Institute of Diabetes and Digestive and Kidney Diseases
National Institutes of Health, Bethesda, MD 20892
National Kidney Foundation
30 East 33rd St., New York, NY 10016 (212) 889-2210

37

TRAITEMENT DES PATIENTS ATTEINTS DE TROUBLES DE FONCTIONNEMENT DES REINS ET DES VOIES URINAIRES

SOMMAIRE

OBJECTIFS D'APPRENTISSAGE

Après avoir étudié ce chapitre, vous devriez être en mesure de réaliser ce qui suit:

1. Énumérer les facteurs qui contribuent aux infections des voies urinaires.
2. Établir un plan d'enseignement pour le patient atteint d'une infection des voies urinaires.
3. Comparer la pyélonéphrite, la glomérulonéphrite et le syndrome néphrotique: causes, modifications physiopathologiques, manifestations cliniques et traitement.
4. Décrire les causes de l'insuffisance rénale aiguë et chronique.
5. Appliquer la démarche de soins infirmiers pour intervenir auprès des patients atteints d'insuffisance rénale aiguë.
6. Appliquer la démarche de soins infirmiers pour intervenir auprès des patients atteints d'insuffisance rénale chronique.
7. Établir un plan de soins infirmiers postopératoires et un plan d'enseignement pour le patient subissant une greffe rénale.
8. Décrire les modalités de traitement des lithiases urinaires (calculs rénaux).
9. Établir un plan d'enseignement pour le patient souffrant d'une lithiase urinaire (calculs rénaux).
10. Formuler les diagnostics infirmiers préopératoires et postopératoires pour le patient subissant une dérivation urinaire.
11. Décrire la cystite interstitielle et ses conséquences physiques et psychologiques sur le patient.

Certains troubles des voies urinaires et des reins sont bénins et peuvent être traités facilement, mais d'autres mettent la vie du patient en danger et exigent le remplacement de l'organe malade ou un traitement de dialyse à vie. Les récents progrès réalisés dans les domaines de la pharmacologie et de la technologie ont facilité le diagnostic et le traitement des troubles rénaux de sorte que des troubles qui exigeaient auparavant une intervention chirurgicale et une longue période de convalescence, peuvent aujourd'hui être traités par des méthodes non infractives.

INFECTIONS DES VOIES URINAIRES

GÉNÉRALITÉS

Les infections des voies urinaires sont causées par la présence de microorganismes pathogènes dans les voies urinaires, et peuvent être symptomatiques ou asymptomatiques. Elles peuvent toucher n'importe quelle partie des voies urinaires: vessie (cystite), urètre (urétrite), prostate (prostatite) ou rein (pyélonéphrite). À part la région qui entoure le méat urinaire, les voies urinaires sont normalement stériles. Certains facteurs prédisposent aux infections des voies urinaires, dont l'incapacité de vider la vessie, l'altération des mécanismes de défense de l'organisme, et les explorations instrumentales, notamment le cathétérisme. Le diabète, la grossesse et certains troubles neurologiques augmentent également les risques d'infection des voies urinaires parce qu'ils entraînent une évacuation incomplète de la vessie et une stase urinaire.

La *bactériurie* est la présence de bactéries dans les urines. Une infection des voies urinaires peut persister des mois et même des années, sans qu'aucun symptôme ne se manifeste. Dans de rares cas, elle peut entraîner une septicémie à germes Gram négatif et la mort. Deux pour cent des personnes hospitalisées contractent une infection des voies urinaires durant leur séjour au centre hospitalier. Ces infections mettent la vie en danger dans 1 % des cas. Au moins 80 % des infections nosocomiales des voies urinaires sont causées par des explorations instrumentales, dont l'utilisation de sondes. Les risques d'infection chez les patients à qui l'on a posé une sonde vésicale à demeure augmentent de façon considérable après deux jours. Les infections des voies urinaires se répartissent en trois catégories: les infections *non compliquées* (généralement chez la jeune femme en bonne santé), les infections *compliquées* (plus fréquentes chez l'homme et causées le plus souvent par une anomalie anatomique ou physiologique des voies urinaires chez l'homme comme chez la femme) et les infections récidivantes (caractérisées par des poussées d'infection suivies de périodes de rémission).

Facteurs contribuant aux infections des voies urinaires

L'absence de bactéries dans la vessie est assurée par l'urètre, (qui constitue une barrière physique), par l'écoulement de l'urine, par divers enzymes et anticorps et par l'action antiadhérente qu'exercent les cellules de la muqueuse vésicale. En temps normal, l'action combinée de ces mécanismes permet d'éliminer de la vessie, de façon rapide et efficace, un nombre important de bactéries. Pour qu'une infection se produise, il faut que les bactéries s'introduisent dans la vessie, qu'elles se fixent sur l'épithélium des voies urinaires, qu'elles ne soient pas évacuées dans les urines, qu'elles échappent aux mécanismes de défense de l'organisme et qu'elles provoquent une inflammation. La majorité des infections des voies urinaires ont pour cause la migration de microorganismes d'origine intestinale qui, après être passés du périnée à l'urètre, remontent jusqu'à la vessie où ils s'implantent dans les muqueuses. Des composés antiadhérents, les glycosaminoglycannes, exercent normalement une action protectrice, attirant les molécules d'eau pour former une barrière aqueuse entre la vessie et

l'urine. Certaines substances (les cyclamates, la saccharine, l'aspartame et les métabolites du tryptophane) pourraient entraver l'action des glycosaminoglycannes. Des recherches ayant pour but de trouver des substances susceptibles de stimuler l'antiadhérence sont actuellement en cours. L'urine renferme une autre substance protectrice, l'orosomucoïde de Tamm-Horsfall, qui recouvre les cellules épithéliales de la vessie. L'inflammation et l'abrasion de la muqueuse urétrale, l'évacuation incomplète de la vessie, certains troubles métaboliques (diabète, grossesse, goutte) et les traitements immunodépresseurs entravent les mécanismes de défense et augmentent les risques d'infection des voies urinaires.

Le *reflux vésico-urétral* désigne le retour de l'urine de la vessie dans l'urètre. Il est provoqué par une augmentation de la pression dans la vessie causée notamment par la toux et les éternuements. Avec le retour de la pression à la normale, l'urine monte dans la vessie, ramenant des bactéries en provenance de la région antérieure de l'urètre. Le reflux vésico-urétral peut aussi être causé par une anomalie du col vésical ou de l'urètre. La ménopause peut altérer l'angle vésico-urétral et la contractilité de l'urètre, ce qui expliquerait la plus forte incidence des infections des voies urinaires chez les femmes ménopausées.

Le *reflux vésico-urétéral* désigne le retour de l'urine de la vessie dans un des uretères ou dans les deux. Normalement, la valvule urétérovésicale empêche ce reflux, en particulier lors de la miction. Toutefois, quand son fonctionnement est altéré par une malformation congénitale ou une anomalie de l'uretère, les bactéries peuvent atteindre les reins et entraîner éventuellement leur destruction.

La *contamination du méat urinaire par les matières fécales* constitue une autre voie d'accès des bactéries aux voies urinaires. Chez la femme, des organismes pathogènes peuvent remonter du périnée jusqu'à la vessie au cours des rapports sexuels. Les *explorations instrumentales* (cathétérisme vésical ou cystoscopie) sont également sources d'infections des voies urinaires. La *stase de l'urine* dans la vessie peut provoquer une infection susceptible d'envahir entièrement les voies urinaires, et toute *obstruction* à l'écoulement de l'urine diminue la résistance aux infections. L'obstruction des voies urinaires est causée principalement par des anomalies congénitales, un rétrécissement de l'urètre, des spasmes du col vésical, des tumeurs vésicales, la présence de calculs dans les uretères ou dans les reins, une compression des uretères et certaines anomalies neurologiques. Les microorganismes peuvent aussi atteindre l'appareil génito-urinaire par le sang (dissémination hématogène) ou par le système lymphatique (dissémination lymphogène). Voir la figure 37-1 pour les principales causes d'infection des voies urinaires.

On traite chaque année des millions d'infections des voies urinaires, principalement chez la femme. Ces infections se manifestent et se traitent de façon différente chez la femme et chez l'homme.

Infections des voies urinaires chez la femme.
Des différences anatomiques évidentes rendent la femme beaucoup plus vulnérable que l'homme aux infections des voies urinaires. En Amérique du Nord, une femme sur cinq contracte une infection des voies urinaires au cours de sa vie, et chez 3 % d'entre elles, elle est récidivante. Chaque année, des millions de visites chez le médecin par des femmes ont pour cause un malaise dû à une infection des voies urinaires. Heureusement, dans 90 % des cas, ces infections n'entraînent pas

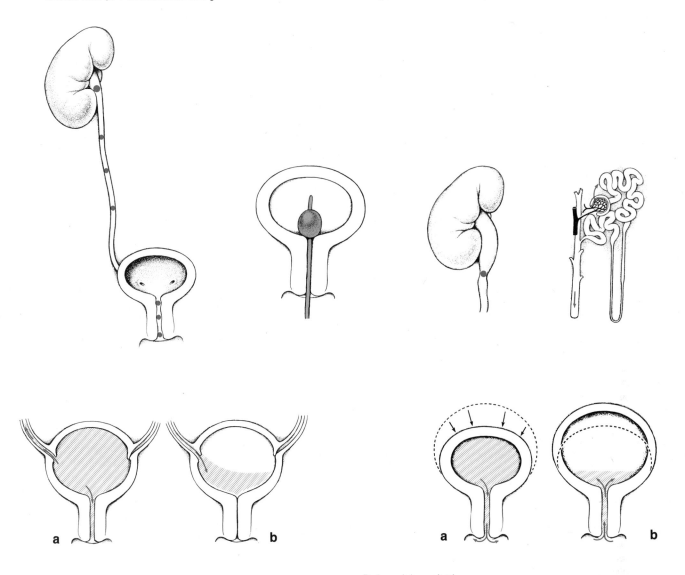

Reflux vésico-urétéral
(a) Un mauvais fonctionnement de la valvule urétérovésicale entraîne le passage de l'urine dans les uretères lors de la miction et son retour dans la vessie après la miction. (b) L'évacuation incomplète de la vessie provoque une stase et la contamination des uretères par l'urine contenant des bactéries.

Reflux vésico-urétral
Sous l'effet de la toux ou de l'effort, la pression augmente dans la vessie provoquant le passage de l'urine de la vessie dans l'urètre (a). Quand la pression revient à la normale, l'urine remonte dans la vessie (b), ramenant avec elle des bactéries en provenance de l'urètre.

Figure 37-1. Principales causes d'infection des voies urinaires

de complications. Chez les femmes enceintes, toutefois, elles doivent être traitées sans délai, même si elles sont asymptomatiques à cause d'un risque de pyélonéphrite aiguë et d'accouchement prématuré.

Les infections des voies urinaires sont plus fréquentes chez la femme que chez l'homme, en raison de la faible longueur de l'urètre et de sa proximité anatomique avec le vagin, les glandes péri-urétrales et le rectum. Elles sont causées par le colibacille *Escherichia coli* dans 80 % des cas et *Staphyloccus saprophyticus* dans 11 % des cas. D'autres germes comme *Proteus mirabilis*, certaines espèces de Klebsiella, d'*Enterobacter* et de *Pseudomonas* ainsi que divers entérocoques peuvent aussi provoquer des infections des voies urinaires. L'invasion de l'orifice vaginal par les bactéries des matières fécales serait à l'origine de beaucoup de ces infections. Ces

bactéries se propagent à l'urètre et remontent jusqu'à la vessie où elles adhèrent à l'urothélium (l'épithélium des voies urinaires). Il semblerait que l'adhérence soit plus forte au début du cycle menstruel, après une hystérectomie ou avec le vieillissement, ce qui suggère l'existence d'un lien avec la baisse du taux des estrogènes. De plus, le vieillissement entraîne une atrophie de l'urothélium, ce qui réduirait la force du jet mictionnel et conséquemment l'évacuation des bactéries lors de la miction. Dans la plupart des cas, un seul traitement à l'aide d'un antibiotique approprié suffit à enrayer une infection des voies urinaires non compliquée.

Infections des voies urinaires chez l'homme.
Tout comme chez la femme, les infections de voies urinaires chez l'homme sont provoquées par des bactéries qui remontent de l'urètre. Cependant, leur urètre est plus long et plus éloigné

du rectum. De plus, les sécrétions prostatiques ont des propriétés bactéricides qui confèrent une protection. Les infections des voies urinaires sont donc beaucoup moins fréquentes chez l'homme et sont souvent dues à une anomalie anatomique ou physiologique de l'appareil génito-urinaire. Par conséquent, elles s'accompagnent généralement de complications. L'homme souffrant d'une infection des voies urinaires, même si c'est la première fois, devrait subir un examen urologique dans le but de dépister une obstruction urinaire, une infection de la prostate, des calculs rénaux ou une maladie générale. Chez l'homme, *Escherichia coli* est responsable de 75 % des infections. Les autres sont provoquées par des germes Gram négatif, de l'espèce *Proteus* principalement. Les récidives sont habituellement causées par le même germe, ce qui indique l'échec du traitement ou une anomalie anatomique ou physiologique qui doit être corrigée pour éliminer la bactériurie. Les infections des voies urinaires chez l'homme ne répondent généralement pas à un traitement de courte durée (trois à quatre jours); elles exigent souvent un traitement de quatre à six semaines.

Gérontologie

Les infections des voies urinaires sont la cause la plus fréquente de maladie infectieuse chez les personnes de plus de 65 ans. Elles se compliquent souvent d'une septicémie à germes Gram négatif qui a des conséquences fatales dans 50 % des cas. Des anomalies anatomiques ou une vessie neurogène provenant d'un accident cérébrovasculaire ou d'une neuropathie diabétique peuvent empêcher l'évacuation complète de la vessie, ce qui augmente les risques d'infection des voies urinaires. Si on a recours à une sonde à demeure, les risques d'infection augmentent de façon considérable car la présence de la sonde favorise l'adhérence des bactéries à la paroi vésicale. La fréquence des bactériuries est fonction de l'âge, des incapacités et du sexe, les femmes étant plus souvent affectées que les hommes. L'évacuation incomplète de la vessie et la stase urinaire sont fréquentes chez la femme âgée. La ménopause rend aussi les femmes plus vulnérables à la colonisation bactérienne, la baisse du taux des estrogènes favorisant l'adhérence des bactéries au vagin et à l'urètre. Chez certaines femmes ménopausées sujettes aux cystites à répétition, une estrogénothérapie substitutive, par voie orale ou topique, peut rétablir le taux de glycogène et l'acidité dans les cellules épithéliales du vagin.

Les propriétés antibactériennes des sécrétions prostatiques, qui protègent l'homme contre la colonisation bactérienne de l'urètre et de la vessie, diminuent avec l'âge. Chez les hommes de 65 ans et plus, les infections des voies urinaires sont presque aussi fréquentes que chez les femmes du même âge. Les principales causes de l'augmentation spectaculaire du nombre des infections des voies urinaires chez les hommes âgés sont l'hyperplasie ou le cancer de la prostate, le rétrécissement de l'urètre et la vessie neurogène. Les lithiases, les sondes vésicales à demeure et les maladies débilitantes contribuent également à cette augmentation, de même que les cathétérismes et les cystoscopies effectués dans le cadre d'un examen ou d'un traitement. Les bactériuries sont plus fréquentes chez les hommes atteints de troubles cognitifs ou de démence, ou qui souffrent d'incontinence urinaire ou fécale. La cause la plus fréquente d'infections récidivantes des voies urinaires chez les hommes âgés est la prostatite bactérienne chronique. Une prostatectomie transurétrale peut réduire la fréquence des récidives. Les infections des voies urinaires chez l'homme âgé peuvent également avoir pour cause la présence de calculs prostatiques infectés, ce qui peut exiger une antibiothérapie prolongée ou une intervention chirurgicale.

Les centres d'hébergement sont un important réservoir de bactéries résistantes aux antibiotiques, en raison notamment du nombre élevé de résidents souffrant de maladie chronique, porteurs d'une sonde à demeure ou souffrant d'escarres de décubitus, de même que de l'usage fréquent d'antibiotiques. L'immobilité, et l'évacuation incomplète de la vessie qu'elle entraîne, peuvent aussi contribuer aux infections des voies urinaires chez les patients des centres d'hébergement. Les infections des voies urinaires sont en outre plus fréquentes chez les patients qui utilisent le bassin hygiénique que chez ceux qui utilisent la chaise percée ou les toilettes. Le lavage fréquent des mains, l'hygiène du périnée et l'isolement des patients porteurs d'une sonde peuvent contribuer à diminuer la fréquence des infections des voies urinaires dans les centres d'hébergement.

Les organismes qui causent les infections des voies urinaires chez les personnes âgées vivant dans les centres d'hébergement diffèrent parfois de ceux que l'on retrouve chez les autres personnes âgées, probablement à cause de l'usage fréquent des antibiotiques. *Escherichia coli* est l'organisme le plus fréquent dans la communauté et les centres hospitaliers, mais chez les résidents des centres d'hébergement porteurs d'une sonde vésicale à demeure, on retrouve le plus souvent *Proteus, Klebsiella, Pseudomonas* ou des entérocoques. Pour être efficace, le traitement des infections des voies urinaires dans les centres d'hébergement doit durer de 7 à 10 jours. Des spécialistes croient qu'il est préférable de ne pas traiter les bactériuries asymptomatiques, à cause du risque d'apparition de souches résistantes aux antibiotiques.

Le diagnostic des infections des voies urinaires et des septicémies est difficile chez les personnes âgées car les symptômes sont souvent non caractéristiques (altération de la conscience, léthargie, anorexie, hyperventilation et fébricule, plutôt que envies fréquentes et impérieuses d'uriner et dysurie). Les risques de récidive fréquente augmentent avec l'âge. En raison du taux de mortalité élevé associé aux septicémies chez les personnes âgées, on doit entreprendre un traitement dès que l'on dépiste une infection. Le vieillissement altère la résorption intestinale des médicaments, affaiblit la fonction rénale et le débit hépatique, ce dont on doit tenir compte en adaptant en conséquence la posologie des antibiotiques.

Symptômes cliniques

L'éventail des signes et des symptômes d'infection des voies urinaires est vaste. Souvent, le patient est asymptomatique et la bactériurie n'est découverte qu'à l'occasion d'un examen médical périodique. Les signes et les symptômes de l'infection des voies urinaires inférieures (cystite) sont des envies fréquentes d'uriner, des brûlures mictionnelles, accompagnées dans certains cas de spasmes dans les régions vésicale et sus-pubienne. On observe parfois de l'hématurie et des douleurs lombaires. Les signes et les symptômes d'infection des voies urinaires supérieures sont la fièvre, les frissons, une douleur au flanc et des douleurs mictionnelles. L'examen clinique révèle une douleur et une sensibilité au niveau de l'angle costovertébral. Si le rein est gravement atteint, des symptômes d'insuffisance rénale peuvent se manifester, notamment des nausées, des vomissements, un prurit, une perte de poids, un œdème et des essoufflements.

Examens diagnostiques

La présence de 100 000 germes par millilitre dans un échantillon d'urines prélevé en milieu de jet ou à partir d'une sonde indique une infection des voies urinaires très probable. Cependant, on a observé des infections des voies urinaires suivies d'une septicémie chez des patients dont la numération bactérienne était plus faible. Chez environ un tiers des femmes présentant des symptômes d'infection aiguë des voies urinaires, les cultures d'urines prélevées en milieu de jet comptent moins de 100 000 germes par millilitre, ce qui laisse croire que le critère des 100 000 germes n'est pas toujours fiable. La présence de bactéries, *quel qu'en soit le nombre,* dans des échantillons d'urines prélevés par ponction sus-pubienne ou par sonde est signe d'infection. On observe une hématurie microscopique dans les urines d'environ 50 % des patients atteints d'une infection aiguë. On peut aussi y retrouver des leucocytes, qui, s'ils sont en grand nombre, indiquent une infection des voies urinaires supérieures. La culture d'urines permet d'identifier le germe causal, mais on l'omet souvent chez les femmes présentant une première infection ou une infection occasionnelle, prenant pour acquis qu'elle est attribuable à *Escherichia coli*. Certains spécialistes recommandent de limiter les cultures et les analyses d'urines aux patients qui souffrent d'infections persistantes ou récidivantes, qui présentent une neutropénie, qui ont subi une greffe du rein ou qui sont porteurs d'une sonde vésicale à demeure. On trouvera une liste des indications de cultures d'urines au tableau 37-1.

Une urétrite aiguë due à des microorganismes transmis sexuellement (*Chlamydia trachomatis, Neisseria gonorrhoeae* et le virus de l'herpès, par exemple) ou une vaginite aiguë causée par *Trichomonas* ou *Candida* peuvent provoquer des symptômes analogues à ceux d'une infection des voies urinaires. Il faut donc dans certains cas procéder à un diagnostic différentiel. Généralement, la dysurie observée au moment de l'écoulement des urines sur le périnée indique une vaginite plutôt qu'une infection des voies urinaires. On effectue habituellement des cultures d'urines chez les hommes atteints d'une infection des voies urinaires, à cause des possibilités d'anomalie anatomique ou physiologique. On peut également procéder à une culture du liquide prostatique ou des urines émises après un massage de la prostate.

Chez les personnes fortement prédisposées aux infections compliquées ou récidivantes on peut procéder, après traitement, à des examens diagnostiques tels qu'une urographie intraveineuse ou une cystographie pour déterminer si l'infection est due à une anomalie des voies urinaires. L'urographie intraveineuse, l'échographie, la cystoscopie ou les examens urodynamiques sont souvent utilisés pour dépister la cause d'une infection récidivante qui résiste au traitement. On a recours à l'urographie intraveineuse, à la cystographie ou à la cystoscopie rétrogrades, ainsi qu'à l'échographie pour déterminer si l'infection est causée par une lithiase, une tumeur ou un abcès, une hydronéphrose ou une hypertrophie de la prostate.

CYSTITE (INFECTION DES VOIES URINAIRES INFÉRIEURES)

La cystite est une inflammation de la vessie, le plus souvent causée par des bactéries provenant de l'urètre. Le reflux vésico-urétral (retour de l'urine de la vessie dans l'urètre), la contamination du méat urinaire par les matières fécales, le cathétérisme vésical et la cystoscopie en sont les principales causes. (On trouvera à la page 1105 la description de la cystite interstitielle, trouble inflammatoire non infectieux de la vessie caractérisé par des symptômes semblables à ceux de l'infection des voies urinaires basses.)

La cystite est plus fréquente chez la femme que chez l'homme, la portion distale de l'urètre étant souvent envahie par des bactéries provenant de l'orifice vaginal.

Certaines anomalies de la muqueuse de l'urètre, du vagin ou des organes génitaux externes permettent aux organismes de s'implanter et de se multiplier dans la région péri-urétrale et d'envahir ensuite la vessie. Chez la femme, la cystite aiguë est causée généralement par *Escheriachia coli* et survient souvent à la suite d'un rapport sexuel, surtout si elle n'urine pas immédiatement après, la miction favorisant l'élimination des bactéries de la vessie. Le début de l'activité sexuelle coïncide souvent avec l'apparition d'infections des voies urinaires. L'utilisation d'un diaphragme avec spermicide favorise aussi les infections, parce qu'il s'agit d'un corps étranger créant une obstruction partielle de l'urètre. En outre, le spermicide altère la flore vaginale, ce qui pourrait favoriser la colonisation du vagin par *Escherichia coli* et augmenter le pouvoir d'adhérence des bactéries aux cellules épithéliales des voies urinaires. Chez l'homme, la cystite est notamment consécutive à une infection de la prostate, une épididymite ou la présence de calculs vésicaux. C'est pourquoi on doit procéder à des examens diagnostiques après le premier épisode de cystite pour en connaître la cause et être ainsi en mesure de la traiter.

Le patient atteint d'une cystite se plaint d'envies fréquentes et impérieuses d'uriner, de brûlures ou de douleur à la miction, de nycturie, et d'une douleur ou d'un spasme dans la région vésicale ou sus-pubienne. L'analyse d'urines révèle une pyurie (présence de pus), la présence de bactéries et souvent de globules rouges (hématurie). Des trousses utilisées dans les cabinets de médecins permettent d'évaluer qualitativement l'importance de la bactériurie et de déterminer si la bactérie en cause est Gram négatif ou Gram positif.

Traitement médical

Le médicament idéal pour le traitement des infections des voies urinaires chez la femme élimine efficacement les bactéries des voies urinaires sans trop affecter la flore intestinale et vaginale, ce qui réduit la fréquence des candidoses vaginales, que l'on observe chez 25 % des patientes ayant reçu des antibiotiques, et qui sont souvent plus difficiles et plus coûteuses à traiter que l'infection initiale. De plus, il doit être peu coûteux,

TABLEAU 37-1. *Indications de cultures d'urines chez les patients présentant des symptômes d'infection des voies urinaires*

Caractéristiques inhabituelles ou symptômes de complications
Infection des voies urinaires dans les trois semaines précédentes (suggérant une récidive)
Persistance des symptômes pendant au moins sept jours
Hospitalisation ou cathétérisme récent (suggère une infection nosocomiale)
Grossesse

avoir peu d'effets secondaires et ne provoquer qu'une faible résistance. Étant donné qu'une première infection non compliquée des voies urinaires chez la femme est presque toujours provoquée par *Escherichia coli* ou une autre bactérie en provenance de la flore intestinale, il doit être efficace contre ces bactéries. La nitrofurantoïne (Furodantin), un antiseptique urinaire, satisfait généralement à ces exigences. Son effet secondaire le plus fréquent est les nausées qui sont toutefois moins importantes avec la forme macrocrystalline du médicament (Macrodantin) prise aux repas. Le sulfisoxazole (Novosoxazole, Gantrisin) et le triméthoprime/sulfaméthoxazole (Bactrim, Septra) sont d'autres médicaments utilisés avec succès pour traiter les infections des voies urinaires inférieures non compliquées. Les antibiotiques comme l'ampicilline et l'amoxicilline risquent de faire apparaître des souches résistantes. Le schéma posologique utilisé pour le traitement de l'infection non compliquée des voies urinaires inférieures chez la femme est variable: dose unique, traitement de trois à quatre jours ou traitement de sept à dix jours. On doit bien sûr recommander à la patiente de poursuivre son traitement jusqu'au bout, même si elle ressent un soulagement rapide. On recommande un traitement prolongé pour les hommes, les femmes enceintes et les femmes souffrant d'une pyélonéphrite ou d'une autre infection urinaire compliquée.

Récidives.   Un traitement de trois jours suffit généralement à enrayer une infection des voies urinaires non compliquées chez la femme. Toutefois, on observe un taux de récidive de 20 %. Si la récidive se produit peu de temps après la première infection et est causée par le même germe, ce qui est relativement rare, elle est généralement due à une anomalie qui doit être dépistée par des examens urologiques, et corrigée. Elle est parfois attribuable à un traitement inadéquat ou trop court. Chez l'homme, les infections récidivantes sont généralement provoquées par la persistance du même organisme et exigent des examens plus approfondis et une modification du traitement.

Chez la femme, les infections récidivantes sont le plus souvent causées par une nouvelle bactérie. Si l'examen ne révèle aucune anomalie structurelle des voies urinaires, on enseigne parfois à la femme à s'administrer elle-même son traitement chaque fois que des symptômes apparaissent. Dans ce cas, elle ne communique avec un professionnel de la santé que si les symptômes persistent ou si elle fait de la fièvre. Ces patientes doivent aussi apprendre à dépister la présence de bactéries dans les urines au moyen de bandelettes réactives.

L'utilisation prolongée d'antibiotiques réduit les risques de récidive et peut donc être indiquée pour les patients qui y sont prédisposés. Si la récidive est due à une bactérie persistante, il faut éliminer le facteur causal (calculs, abcès, etc.). Une fois le traitement terminé et les urines redevenues stériles, on utilise souvent un traitement préventif composé de faibles doses de nitrofurantoïne sous forme macrocrystalline à prendre chaque soir au coucher.

Si la récidive se produit après la fin du traitement, on peut prescrire une antibiothérapie à doses maximales pendant trois à quatre jours suivie de doses normales tous les deux jours au coucher pendant six ou sept mois, s'il n'y a pas de nouvelle récidive. On peut également prescrire une dose d'antibiotique après les rapports sexuels, une dose tous les soirs au coucher, ou tous les deux jours, ou encore trois fois par semaine.

▶ *DÉMARCHE DE SOINS INFIRMIERS*
PATIENTS SOUFFRANT D'INFECTIONS DES VOIES URINAIRES INFÉRIEURES

▷ *Collecte des données*

Si on soupçonne une infection des voies urinaires, on doit noter les signes et symptômes du patient: douleur, envies fréquentes et impérieuses d'uriner, retard à la miction ou modifications de l'aspect des urines. On doit aussi évaluer ses habitudes d'élimination urinaire pour déceler les facteurs de prédisposition, et noter l'écart entre les mictions, le lien entre les symptômes d'infection et les rapports sexuels, les moyens de contraception utilisés et les habitudes d'hygiène personnelle. On doit en outre évaluer les connaissances du patient sur l'antibiothérapie et les soins préventifs. Il faut également noter le volume, la couleur, la concentration, le degré de turbidité et l'odeur des urines, ces caractéristiques pouvant être modifiées par une infection des voies urinaires.

▷ *Analyse et interprétation des données*

Selon les données recueillies, voici les principaux diagnostics infirmiers possibles:

- Douleur et malaise reliés à l'inflammation et à l'infection de l'urètre, de la vessie ou autres segments des voies urinaires
- Manque de connaissances sur les facteurs qui prédisposent aux infections et aux récidives, sur la détection et la prévention des récidives et sur l'antibiothérapie

▷ *Planification et exécution*

▷ *Objectifs de soins:*   Soulagement de la douleur et du malaise; acquisition de connaissances sur les mesures de prévention et sur le traitement

▷ *Interventions infirmières*

▷ *Soulagement de la douleur et du malaise.*   Dès le début de l'antibiothérapie, le patient note souvent la disparition de la dysurie, des envies fréquentes et impérieuses d'uriner, du retard à la miction, et des autres malaises associés aux infections des voies urinaires. Les antispasmodiques peuvent être utiles pour soulager l'irritabilité de la vessie et la douleur. L'acide acétylsalicyclique, l'application de chaleur sur la région du périnée et les bains chauds peuvent soulager l'envie impérieuse d'uriner, le malaise et les spasmes. On incite le patient à boire de grandes quantités de liquide pour favoriser le flux sanguin rénal et chasser les bactéries des voies urinaires, en évitant ceux qui pourraient irriter la vessie (thé, café, Coca-Cola, etc.). On lui recommande aussi d'uriner souvent (toutes les deux à trois heures) pour évacuer complètement la vessie afin de réduire le nombre des bactéries dans l'urine, éviter la stase urinaire, et prévenir les récidives.

▷ *Enseignement au patient et soins à domicile.*   Les femmes présentant des infections récidivantes des voies urinaires doivent recevoir des directives détaillées sur les points suivants:

1. Réduire la concentration des agents pathogènes à l'entrée du vagin par des mesures d'hygiène appropriées.

a) Prendre des douches plutôt que des bains, car les bactéries de l'eau du bain ont tendance à pénétrer dans l'urètre.

b) Nettoyer le périnée et le méat urinaire, après chaque défécation, de l'avant vers l'arrière.

2. Boire de grandes quantités de liquide durant la journée pour éliminer les bactéries.

3. Uriner toutes les deux ou trois heures durant la journée et évacuer complètement la vessie. Cela évite la distension de la vessie et l'altération de l'irrigation des parois vésicales, qui sont des causes d'infection des voies urinaires.

4. Prendre les mesures qui s'imposent si les rapports sexuels sont à l'origine des infections.

a) Uriner immédiatement après les rapports sexuels.

b) Prendre un antibiotique par voie orale après les rapports sexuels.

5. Si la présence de bactéries dans les urines persiste, se conformer à une antibiothérapie prolongée pour prévenir la colonisation de la région péri-urétrale et le retour de l'infection. On prend le médicament le soir après l'évacuation de la vessie et juste avant le coucher, afin d'assurer une concentration adéquate durant la nuit.

6. Procéder à une recherche de bactéries dans les urines au moyen de bandelettes réactives (Microstix) en suivant les directives suivantes:

a) Laver le méat urinaire plusieurs fois, en changeant de débarbouillette à chaque fois.

b) Recueillir un échantillon d'urines au milieu du jet.

c) Retirer une bandelette de son contenant et la plonger dans les urines.

d) Attendre le temps prescrit par le fabricant.

e) Lire les résultats sur l'échelle de colorations fournie par le fabricant.

f) Si les résultats sont positifs, entreprendre une antibiothérapie conformément à l'ordonnance du médecin et la poursuivre jusqu'au bout.

g) Consulter son médecin si les symptômes persistent ou si de la fièvre apparaît.

7. Se présenter fidèlement à ses rendez-vous chez le médecin et consulter celui-ci si les symptômes réapparaissent, si l'infection ne répond pas au traitement ou si de nouveaux symptômes d'atteinte des voies urinaires se manifestent.

▷ *Évaluation*

Résultats escomptés

1. Le patient éprouve un soulagement de la douleur, de son besoin impérieux d'uriner, de la dysurie et de la fièvre.

a) Il dit ne pas éprouver de douleur, de besoin impérieux d'uriner, de dysurie ou de retard à la miction.

b) Il prend ses antibiotiques conformément à l'ordonnance du médecin.

c) Il prend des analgésiques et des bains chauds pour soulager ses malaises.

d) Il boit huit à dix verres de liquide chaque jour.

e) Il urine toutes les deux ou trois heures.

f) Son urine est limpide et inodore.

2. Le patient améliore ses connaissances sur les mesures préventives et sur le traitement prescrit.

a) Il explique pourquoi la douche est préférable au bain pour ses soins quotidiens d'hygiène.

b) Il fait suivre chaque défécation d'un nettoyage approprié.

c) Il explique pourquoi il est important de nettoyer le périnée et le méat urinaire après chaque défécation.

d) Il urine fréquemment durant la journée, et vide sa vessie avant le coucher pour éviter une distension.

e) Il urine immédiatement après les rapports sexuels.

f) Il prend l'antibiotique prescrit après chaque rapport sexuel.

g) Il poursuit son antibiothérapie jusqu'au bout.

h) Il fait la démonstration de la recherche des bactéries dans les urines au moyen d'une bandelette réactive.

i) Il consulte son médecin si les symptômes réapparaissent.

j) Il se présente à ses rendez-vous chez son médecin.

k) Il lui mentionne tout nouveau symptôme d'atteinte des voies urinaires.

PYÉLONÉPHRITE (INFECTION DES VOIES URINAIRES SUPÉRIEURES)

La pyélonéphrite est une infection bactérienne du bassinet, des tubules et du tissu interstitiel d'un rein ou des deux reins. Les bactéries peuvent accéder à la vessie par l'urètre et gagner les reins par les uretères; elles peuvent aussi atteindre les reins par la circulation sanguine. La pyélonéphrite est souvent la conséquence d'un reflux vésico-urétral causé par une insuffisance de la valvule urétérovésicale permettant un retour de l'urine dans l'uretère, généralement au moment de la miction (voir figure 37-1). La pyélonéphrite peut aussi être causée par une obstruction des voies urinaires (qui rend les reins plus sensibles à l'infection) ou par une maladie rénale. Elle peut être aiguë ou chronique.

La pyélonéphrite aiguë se manifeste par des frissons, de la fièvre, une douleur au flanc, une sensibilité au niveau de l'angle costovertébral, une leucocytose, la présence de bactéries et de leucocytes dans les urines et, souvent, par des symptômes d'infection des voies urinaires inférieures comme la dysurie et les envies fréquentes d'uriner. On a associé la pyélonéphrite à la présence de bactéries enrobées d'anticorps dans les urines. (La fixation des anticorps sur les bactéries se fait dans la substance médullaire du rein; les bactéries enrobées d'anticorps présentes dans les urines sont dépistées par immunofluorescence.)

Dans le rein, la pyélonéphrite se caractérise par des zones d'inflammation avec infiltration interstitielle de cellules inflammatoires pouvant parfois entraîner l'atrophie et la destruction des tubules et des glomérules, de même que la formation d'abcès. À plus ou moins brève échéance, la pyélonéphrite devient chronique, les reins se sclérosent et se contractent, et ils ne peuvent plus remplir leur fonction.

Examens diagnostiques et traitement. On peut utiliser l'urographie intraveineuse et d'autres examens diagnostiques pour déterminer s'il y a obstruction des voies urinaires, car il importe de libérer l'obstruction pour éviter la destruction du rein. Le traitement de la pyélonéphrite est essentiellement semblable à celui de la cystite. On procède d'abord à une culture d'urines et à un antibiogramme pour identifier le germe causal et choisir l'antibiotique le plus approprié. Le traitement doit assurer une concentration stable d'antibiotique dans le parenchyme rénal et être assez long pour éviter une récidive.

On observe parfois des récidives asymptomatiques qui mettent des mois, voire des années à se manifester. Si on craint cette éventualité, on peut administrer une antibiothérapie initiale, suivie d'une antibiothérapie prolongée que l'on poursuit jusqu'à ce que toutes les traces d'infection soient disparues, que tous les facteurs prédisposants soient réprimés et que la fonction rénale soit stable. On procède périodiquement à des mesures de la créatinine sérique et à des numérations globulaires pendant toute la durée du traitement prolongé.

Pyélonéphrite chronique

Des crises répétées de pyélonéphrite aiguë peuvent conduire à une pyélonéphrite chronique (néphrite interstitielle chronique). Cependant, selon des études récentes, la pyélonéphrite n'entraînerait pas une insuffisance rénale chronique aussi souvent qu'on le pensait.

Le patient atteint de pyélonéphrite chronique ne présente généralement aucun symptôme d'infection, sauf lors des crises aiguës. Il peut présenter de la fatigue, des céphalées, une anorexie, de la polyurie, une soif excessive et une perte de poids. Les infections persistantes et récidivantes entraînent une sclérose progressive des reins et, à plus ou moins brève échéance, une insuffisance rénale.

Les complications de la pyélonéphrite chronique sont notamment l'insuffisance rénale terminale (due à la détérioration progressive de la structure et de la fonction rénales), l'hypertension, et la lithiase rénale (causée par une infection chronique due à des bactéries qui décomposent l'urée).

Examens diagnostiques et traitement. La gravité de l'atteinte rénale est déterminée par une urographie intraveineuse ainsi que la mesure des taux d'azote uréique et de créatinine et de la clairance de la créatinine. Si on observe une bactériurie, on administre au patient une antibiothérapie. On choisit l'antibiotique en fonction des résultats de la culture et de l'antibiogramme. Si on ne peut éliminer les bactéries, on peut avoir recours à la nitrofurantoïne ou au triméthropine-sulfaméthoxazole pour enrayer leur croissance. Les principales complications de la pyélonéphrite chronique sont l'hypertension et l'insuffisance rénale chronique. L'altération de la fonction rénale entrave l'excrétion des antibiotiques. Il importe donc de vérifier régulièrement son intégrité, surtout si l'antibiotique utilisé est potentiellement néphrotoxique.

ABCÈS PÉRINÉPHRÉTIQUE

L'abcès périnéphrétique est un abcès situé dans le tissu adipeux qui entoure le rein. Il peut se former à la suite d'une infection rénale ou d'une infection hématogène (transmise par la voie de la circulation sanguine). Parfois, il est consécutif à une infection rénale staphylococcique ou à la propagation d'une infection provenant de régions voisines, comme une diverticulite ou une appendicite. Souvent, les symptômes apparaissent soudainement: fièvre, frissons, leucocytose et autres signes de suppuration. Les symptômes localisés sont une sensibilité ou une douleur au flanc ou à l'abdomen. Généralement, le patient semble gravement malade.

Traitement. On traite les abcès périnéphrétiques par une antibiothérapie appropriée et une incision et drainage. Les drains sont généralement insérés dans l'espace périnéphrétique et laissés en place jusqu'à ce que cesse l'écoulement.

Comme celui-ci est souvent abondant, il faut changer fréquemment les pansements externes. Comme pour tout autre abcès, on doit être à l'affût des signes de septicémie, tenir le bilan des ingesta et des excreta, et suivre de près la réaction du patient au traitement.

ANTHRAX RÉNAL

L'anthrax rénal est une infection hématogène, causée en général par un *staphylocoque*. Survenant habituellement à la suite d'un furoncle ou d'un anthrax cutané, il se caractérise par de la fièvre, un malaise généralisé et une douleur sourde dans la région rénale. Il disparaît généralement sous l'action de la chimiothérapie et de la pénicilline. On a observé récemment une augmentation de la fréquence des anthrax rénaux causés par des bactéries Gram négatif.

TUBERCULOSE RÉNALE ET UROGÉNITALE

Physiopathologie et manifestations cliniques. La tuberculose rénale et urogénitale est causée par *Mycobacterium tuberculosis*. Elle se propage habituellement des poumons jusqu'aux reins et aux autres organes de l'appareil génito-urinaire par la circulation sanguine. Au début, les symptômes sont bénins: un peu de fièvre l'après-midi accompagnée d'une perte de poids et d'appétit. Généralement, la tuberculose rénale débute dans l'une des pyramides du rein et une ulcération du bassinet s'ensuit. Des microorganismes sont transportés par l'urine dans la vessie de sorte que celle-ci est généralement atteinte.

La tuberculose urogénitale est toujours consécutive à la tuberculose rénale, l'infection se propageant vers le bas. Chez l'homme, la prostate et l'épididyme peuvent être touchés.

La tuberculose vésicale est une extension de la tuberculose rénale et elle se caractérise par la formation de nombreux petits ulcères dans la vessie, surtout près du trigone. Les symptômes de la tuberculose vésicale sont semblables à ceux de la cystite, sauf pour une irritabilité très marquée de la vessie attribuable à l'emplacement des lésions. Les premiers symptômes de la maladie sont une augmentation du débit urinaire, une pyurie importante, une acidification de l'urine (dans presque toutes les autres pyuries, l'urine est alcaline) et une hématurie (macroscopique ou microscopique). L'infection de la vessie se manifeste par de la douleur, une dysurie et des envies impérieuses d'uriner, et l'irritabilité par des envies fréquentes d'uriner et une nycturie. Les manifestations de l'irritabilité sont plus tardives.

Traitement. Lorsqu'on découvre une tuberculose rénale ou urogénitale, on doit en rechercher le foyer primitif et déterminer si le patient a été en contact avec la tuberculose. On recueille au moins trois échantillons (prélevés en milieu de jet) des premières urines du matin pour la recherche de *Mycobacterium tuberculosis*.

Le traitement vise à éliminer le germe causal. Il se fait par polychimiothérapie (association d'éthambutol, isoniazide et rifampine), afin de retarder l'apparition de souches résistantes. Dans certains cas, une chimiothérapie de courte durée (quatre mois), a donné des résultats satisfaisants. La tuberculose rénale étant la manifestation d'une maladie généralisée, on met tout en œuvre pour améliorer l'état de santé général du patient. Une intervention chirurgicale est parfois nécessaire pour prévenir une obstruction ou procéder à l'ablation d'un rein gravement atteint. On doit faire comprendre au patient l'importance de subir périodiquement des examens de contrôle (cultures d'urines, urographies) généralement pendant une année complète.

On doit reprendre le traitement si une récidive se produit. Une sténose urétérale ou des spasmes vésicaux sont des complications qui peuvent se manifester au cours de la période de cicatrisation.

Résumé: Les infections des voies urinaires peuvent être non compliquées comme celles qui résultent de la contamination de l'urètre et de la vessie lors des rapports sexuels, mais elles peuvent aussi être compliquées et exiger un traitement prolongé et un suivi rigoureux. Les patients âgés sont particulièrement vulnérables aux infections des voies urinaires, qui entraînent parfois chez eux une septicémie pouvant avoir des conséquences fatales. Les soins infirmiers au patient atteint d'une infection des voies urinaires visent essentiellement à dépister et à évaluer les facteurs qui augmentent les risques d'infection de ce type, ainsi qu'à enseigner au patient les façons de réduire ces risques. Même si les manifestations cliniques des infections des voies urinaires non compliquées ne mettent pas la vie du patient en danger, elles sont souvent source de malaise et de souffrance. L'infirmière doit donc offrir au patient son aide et sa compréhension.

GLOMÉRULONÉPHRITE AIGUË

Le terme glomérulonéphrite aiguë désigne un groupe de maladies rénales caractérisées par une réaction inflammatoire des glomérules, provoquée par une réponse des mécanismes de défense de l'organisme à une infection. Il ne s'agit donc pas d'une infection comme telle. Dans la plupart des glomérulonéphrites, des immunoglobulines G (principales immunoglobulines sériques humaines) sont présentes dans la paroi des capillaires glomérulaires. Les immunoglobulines ont une fonction d'anticorps. Quand une réaction antigène-anticorps se produit, on observe la formation de complexes antigène-anticorps qui circulent dans l'organisme. Dans la glomérulonéphrite aiguë, certains de ces complexes se fixent dans les glomérules, siège de la filtration rénale, et entraînent une réaction inflammatoire.

Dans la plupart des cas, une infection de la gorge par des streptocoques bêta-hémolytiques du groupe A précède la glomérulonéphrite de deux à trois semaines. La toxine émise par les streptocoques agit comme un antigène, stimulant la formation d'anticorps. Comme on l'a mentionné plus haut, les complexes antigène-anticorps se logent dans les glomérules entraînant des lésions. La glomérulonéphrite peut aussi être consécutive à la scarlatine, à l'impétigo (infection cutanée) et à certaines infections virales aiguës (infections des voies respiratoires supérieures, oreillons, varicelle, Epstein-Barr, hépatite B et sida). Il existe plusieurs formes de glomérulonéphrite: proliférative, extramembraneuse, membranoproliférative et maligne. On connaît encore mal la physiopathologie de ces différentes formes de glomérulonéphrite.

Physiopathologie. Les lésions glomérulaires qui réduisent la surface de filtration sont causées par une prolifération (production accrue) des cellules endothéliales qui tapissent les glomérules, une infiltration des glomérules par les leucocytes et un épaississement de la membrane filtrante du glomérule (membrane basale). Dans la glomérulonéphrite aiguë, on observe une hypertrophie et une congestion des reins. Toutes les formes de glomérulonéphrite se caractérisent par une atteinte des tissus rénaux (glomérulaires, tubulaires ou vasculaires) dont la gravité est variable. Dans certains cas, ce sont des antigènes provenant de l'extérieur de l'organisme, comme les bactéries ou les virus, qui provoquent la formation de complexes immunitaires se déposant dans les glomérules. Dans d'autres cas, c'est le tissu membraneux du rein, détruit par une maladie quelconque, qui provoque la réaction immunitaire. La microscopie électronique et l'immunofluorescence permettent l'étude de ces réactions.

Manifestations cliniques. Dans sa forme bénigne, la glomérulonéphrite est parfois dépistée fortuitement par une analyse d'urines courante chez un patient ayant présenté récemment une pharyngite ou une amygdalite avec fièvre. Dans sa forme plus grave, elle se manifeste par des céphalées, des malaises, un oedème facial et une douleur au flanc. On note souvent une hypertension, de légère à grave, ainsi qu'une sensibilité au niveau de l'angle costovertébral. (L'angle costovertébral, qu'on utilise comme point de repère, est l'angle formé de chaque côté du corps par la côte la plus basse de la cage thoracique et la colonne vertébrale.)

La glomérulonéphrite aiguë touche surtout les jeunes. Chez les plus vieux, elle peut exister à l'état latent et se manifester à la suite d'une infection à streptocoque. La glomérulonéphrite d'origine virale touche des personnes de tous les âges.

Examens diagnostiques. On note généralement une hématurie et une oligurie. Dans de rares cas, on observe une anurie (*absence* d'urine dans la vessie) pendant un ou deux jours. En général, au début de la maladie le patient émet entre 50 et 200 mL d'urines foncées dont la densité est élevée (la densité peut être faible si le pouvoir de concentration du rein est entravé). Le sédiment est épais et composé de globules rouges, de leucocytes et de cylindres de toutes sortes. (Les cylindres hématiques indiquent une lésion glomérulaire.) Les urines contiennent aussi d'importantes quantités de protéines. Un fort pourcentage de patients atteints de glomérulonéphrite présentent un taux élevé d'antistreptolysines O, ce qui indique une réaction immunitaire à un streptocoque hémolytique. On note habituellement une augmentation des taux d'azote uréique et de créatinine. Le patient peut être anémique en raison de l'hématurie et d'une altération des mécanismes hématopoïétiques.

La glomérulonéphrite poststreptococcique provoque souvent une hausse du taux des antistreptolysines O ou du taux de l'antidésoxyribonucléase B. Les taux sériques du complément sont parfois abaissés, mais reviennent à la normale en deux à huit semaines. Une biopsie rénale peut faciliter le diagnostic.

Quand l'état du patient s'améliore, la diurèse augmente tandis que la protéinurie et le volume du sédiment urinaire diminuent. Chez les enfants, le taux de guérison est de 90 %. Chez les adultes, il n'est pas fermement établi, mais il se situe autour de 70 %. Certains patients deviennent gravement urémiques en quelques semaines et doivent recourir à la dialyse pour se maintenir en vie. D'autres évoluent lentement vers une glomérulonéphrite chronique, même s'ils semblent guéris.

Traitement.   Le traitement vise à sauvegarder la fonction rénale et à prévenir les complications. On administre de la pénicilline si l'on soupçonne une infection à streptocoque résiduelle. On incite le patient à garder le lit durant la phase aiguë, jusqu'à ce que les urines s'éclaircissent et que le taux d'azote uréique, le taux de créatinine et la pression artérielle soient revenus à la normale. Le repos favorise également l'excrétion urinaire. On se base sur les analyses d'urines pour déterminer la durée du repos au lit. Une trop grande activité pourrait aggraver la protéinurie et l'hématurie.

On réduit l'apport en protéines si on observe des signes d'insuffisance rénale et de rétention d'azote (taux d'azote uréique élevé). On réduit l'apport en sodium s'il y a hypertension, œdème ou insuffisance cardiaque. On peut prescrire des diurétiques et des antihypertenseurs pour traiter l'hypertension. Le régime alimentaire doit être riche en glucides, qui fournissent de l'énergie et réduisent le catabolisme des protéines.

L'apport liquidien dépend des pertes liquidiennes et des variations quotidiennes de poids. Les pertes liquidiennes insensibles (par la respiration et la défécation) se situent entre 500 et 1000 mL, ce dont on doit tenir compte dans le bilan des ingesta et des excreta. Habituellement, la diurèse revient à la normale une à deux semaines après la manifestation des premiers symptômes, et l'œdème et l'hypertension diminuent. Cependant, la protéinurie et une hématurie microscopique persistent parfois pendant quelques mois. Chez certains patients, la maladie peut évoluer vers la glomérulonéphrite chronique. Les principales complications sont l'encéphalopathie hypertensive, l'insuffisance cardiaque et l'œdème pulmonaire. On considère l'encéphalopathie hypertensive comme une urgence médicale et son traitement vise à réduire la pression artérielle sans compromettre la fonction rénale.

Dans les cas de glomérulonéphrite maligne, on procède à un échange plasmatique (plasmaphérèse) et à un traitement anti-inflammatoire à base de stéroïdes et de médicaments cytotoxiques. Sans un traitement énergique, cette forme de glomérulonéphrite évolue généralement vers l'insuffisance rénale terminale. Dans les cas de glomérulonéphrite aiguë avec urémie grave, on doit avoir recours à la dialyse.

Enseignement au patient et soins à domicile. On doit expliquer au patient la nature des examens de contrôle et la fréquence à laquelle il doit s'y soumettre: mesure de la pression artérielle, recherche de protéines dans les urines et taux d'azote uréique et de créatinine. On lui recommande de consulter son médecin si des symptômes d'insuffisance rénale se manifestent (fatigue, nausées, vomissements, diminution du débit urinaire, etc.). Il faut traiter rapidement toutes les infections. Si le patient vit seul, il peut avoir recours aux services d'une infirmière du CLSC qui suivra de près son évolution de façon à dépister les premiers symptômes d'insuffisance rénale. Si le patient reçoit des stéroïdes ou des médicaments cytotoxiques, on lui donne, ainsi qu'à sa famille, des renseignements sur ces médicaments (posologie, effet recherché, effets secondaires et précautions).

GLOMÉRULONÉPHRITE CHRONIQUE

Physiopathologie.   La glomérulonéphrite chronique peut être consécutive à une glomérulonéphrite aiguë ou à des réactions immunitaires répétées si bénignes qu'elles passent inaperçues, mais dont la répétition provoque une hypotrophie des reins, qui peut aller jusqu'au cinquième de leur taille normale. Les reins se composent alors principalement de tissus fibreux et leur cortex n'est plus qu'une mince couche de 1 à 2 mm d'épaisseur ou moins, déformée par des bandes de tissu sclérosé, ce qui confère à leur surface un aspect rugueux et irrégulier. Un grand nombre de glomérules et de tubules se sclérosent, et les artérioles s'épaississent. Il en résulte une grave atteinte glomérulaire entraînant une insuffisance rénale chronique.

Manifestations cliniques.   Les symptômes de la glomérulonéphrite chronique sont variables. Certains patients gravement atteints n'ont éprouvé aucun symptôme pendant de nombreuses années. Parfois on découvre la maladie fortuitement, par une analyse de sang ou une mesure de la pression artérielle, ou encore lors d'un examen de la vue qui révèle des altérations vasculaires ou une rétinopathie. Il arrive que les premiers signes soient un saignement de nez soudain et abondant, un ictus ou une convulsion. Beaucoup de patients présentent, à la fin de la journée, un œdème des pieds à peine perceptible. Dans la plupart des cas, les symptômes sont d'ordre général: perte de poids, fatigue, irritabilité et nycturie. Les céphalées, les étourdissements et les troubles digestifs sont fréquents.

L'examen clinique peut révéler des signes de carences nutritionnelles, une pigmentation jaune-grisâtre de la peau et un œdème périorbitaire et périphérique (œdème déclive). La pression artérielle peut aussi bien être normale que très élevée. L'examen de la vue révèle une hémorragie rétinienne, la présence d'exsudats, un rétrécissement ou une sinuosité des artérioles ainsi qu'un œdème papillaire. Les muqueuses sont pâles en raison de l'anémie.

À mesure que la glomérulonéphrite s'aggrave, on voit apparaître des signes et des symptômes d'insuffisance rénale. La surcharge liquidienne cause une distension des veines du cou. Dans certains cas, une cardiomégalie, un bruit de galop et d'autres signes d'insuffisance cardiaque se manifestent. Les poumons laissent entendre des craquements. Dans les derniers stades de la maladie, on observe une neuropathie périphérique caractérisée par une grave hyporéflexie tendineuse et par des altérations neurosensorielles. Quand l'urémie est franche, le patient devient confus et son champ d'attention est réduit. Une autre manifestation tardive de la glomérulonéphrite chronique est la péricardite avec frottement péricardique et pouls paradoxal (baisse excessive de la tension artérielle ou du pouls à l'inspiration, consécutive à une baisse du débit cardiaque).

Certaines épreuves de laboratoire sont anormales. L'analyse d'urines révèle une densité constante de 1,010, une protéinurie fluctuante et des anomalies à l'examen microscopique. Lorsque la filtration glomérulaire devient insuffisante, on observe une hyperkaliémie et une diminution de la concentration des bicarbonates (acidose métabolique). L'administration d'antiacides contenant du magnésium à un patient souffrant d'insuffisance rénale peut entraîner une hypermagnésémie fatale. Quand l'insuffisance rénale s'aggrave, on note une anémie consécutive à la diminution de l'érythropoïèse (formation des érythrocytes) et de la durée de vie des érythrocytes, une hypoalbuminémie accompagnée d'un œdème, consécutive à une perte de protéines due aux lésions glomérulaires, une diminution du taux sérique de calcium parallèlement à une augmentation du taux des phosphates. Chez environ 50 % des patients, la vitesse de l'influx nerveux diminue dès que le taux de filtration glomérulaire baisse sous les 50 mL / min, en raison de l'augmentation de la quantité de déchets dans les tissus et des anomalies du système nerveux et des électrolytes. Les radiographies révèlent parfois une hypertrophie du cœur et un œdème pulmonaire. L'électrocardiogramme peut être normal, ou refléter une hypertension avec hypertrophie du ventricule gauche et des déséquilibres électrolytiques.

Traitement. Le traitement du patient non hospitalisé dépend de ses symptômes. Ainsi, s'il présente une hypertension, on modifiera son régime alimentaire et son apport liquidien de façon à rétablir l'équilibre métabolique. On modifie l'apport en protéines (à haute valeur biologique) selon la réaction du patient, en veillant à ce que l'apport énergétique soit suffisant pour éviter une trop grande utilisation des protéines. Si on observe des signes d'infection des voies urinaires, on doit entreprendre une antibiothérapie pour éviter une aggravation de l'atteinte rénale.

S'il y a œdème grave, le repos au lit s'impose. On relève la tête du lit pour accroître le bien-être du patient et favoriser l'excrétion urinaire. On pèse le patient tous les jours et on lui administre des diurétiques pour réduire la surcharge liquidienne. On règle l'apport en liquide et en sodium en fonction de la capacité d'excrétion des reins.

Dès le début de la maladie, on décide si l'on aura recours à la dialyse pour préserver la condition physique du patient, prévenir les déséquilibres hydroélectrolytiques et réduire les risques de complications dues à l'insuffisance rénale. Le traitement de dialyse est plus simple si on l'entreprend avant que de graves complications n'apparaissent.

Interventions infirmières. L'infirmière a pour tâche d'expliquer au patient et à sa famille ce qui se passe. Elle doit également les soutenir tout au cours de la maladie et du traitement, en leur permettant d'exprimer leurs inquiétudes, en répondant à leurs questions et en discutant avec eux des différents choix de traitement.

L'infirmière suit de près le patient pour dépister toute altération de l'équilibre hydroélectrolytique et tout signe de détérioration de la fonction rénale. Elle doit informer sans délai le médecin si elle note des signes de déséquilibre, ou d'atteinte cardiaque ou neurologique. Si le patient doit subir un traitement de dialyse, il aura besoin, de même que sa famille, de beaucoup d'aide et de soutien pour comprendre l'importance du traitement et ses conséquences pour l'avenir. Voir le chapitre 36 pour des explications sur la dialyse.

SYNDROME NÉPHROTIQUE

Le syndrome néphrotique est un trouble clinique caractérisé par une protéinurie marquée, une hypoalbuminémie, un œdème et une hypercholestérolémie. Il est toujours associé à une grave atteinte glomérulaire. Bien que généralement considéré comme un trouble de l'enfance, il peut survenir à tout âge. Il peut être dû à une glomérulonéphrite chronique, à un diabète accompagné d'une glomérulosclérose intercapillaire, à une amyloïdose rénale, au lupus érythémateux aigu disséminé et à une thrombose veineuse rénale. Pour la physiopathologie du syndrome néphrotique, voir page 1022.

Manifestations cliniques. Le syndrome néphrotique s'accompagne d'une rétention liquidienne qui évolue lentement vers un œdème qui prend le godet. On observe une perte de protéines dans les urines, ce qui entraîne leur épuisement, et une hypercholestérolémie. On établit le diagnostic sur la foi des signes et symptômes, d'un examen clinique, des résultats des épreuves d'exploration fonctionnelle, de la mesure du taux de protéines dans les urines de 24 heures et des taux sériques des électrolytes. L'analyse d'urines révèle une hématurie microscopique, la présence de cylindres ainsi que d'autres anomalies. On peut confirmer le diagnostic par un examen histologique du tissu rénal prélevé par biopsie. Les complications du syndrome néphrotique sont notamment l'infection, une hypercoagulabilité et une accélération de l'athérogenèse. Les patients atteints d'une grave protéinurie *accompagnée* d'un taux sérique élevé de créatinine courent un risque accru d'insuffisance rénale terminale.

Traitement. Le traitement a pour but de préserver la fonction rénale. Le repos au lit est indiqué pendant quelques jours pour favoriser l'excrétion urinaire et réduire l'œdème. On prescrit un régime alimentaire à haute teneur en protéines afin de régénérer les tissus et de reconstituer la réserve de protéines de l'organisme. Un œdème grave exige un régime alimentaire pauvre en sodium, de même que la prise de diurétiques, et de stéroïdes (prednisone) pour réduire la protéinurie. Dans les cas de syndrome néphrotique qui ne répond pas à la corticothérapie, on peut administrer de la ciclosporine.

Interventions infirmières. Dans les premiers stades de la maladie, les soins infirmiers prodigués aux patients atteints de glomérulonéphrite aiguë s'appliquent. Au stade avancé, ce sont les soins infirmiers relatifs à l'insuffisance rénale chronique qui s'imposent (voir page 1079).

Le patient à qui on a prescrit des stéroïdes ou de la ciclosporine doit recevoir de l'information sur ces médicaments ainsi que sur les signes et les symptômes qui exigent une consultation auprès du médecin. De plus, il peut avoir besoin de renseignements supplémentaires sur la composition d'un régime à forte teneur en protéines et pauvre en cholestérol.

NÉPHROSCLÉROSE

La néphrosclérose est le durcissement (sclérose) des artères rénales. Généralement associée à l'hypertension, elle est la manifestation rénale de l'artériosclérose généralisée. Elle se présente sous deux formes: maligne et bénigne. La néphrosclérose maligne est une maladie vasculaire généralisée qui débute dans le rein, et dont l'évolution est rapide. Elle se manifeste successivement par une protéinurie, une hypertension artérielle qui va en s'aggravant, des altérations de la fonction rénale et des anomalies du fond d'œil. La survie n'est généralement que de quelques mois. La mort peut être causée par une urémie, une insuffisance cardiaque, ou un accident vasculaire cérébral. La maladie touche surtout les adultes de 30 à 50 ans.

La néphrosclérose bénigne atteint surtout les personnes âgées. Les symptômes d'insuffisance rénale n'apparaissent qu'au stade avancé de la maladie. Pendant les années qui précèdent, les urines ont une faible densité, renferment des traces de protéines ainsi que quelques cylindres hyalins ou granuleux.

HYDRONÉPHROSE

L'hydronéphrose est causée par une obstruction entravant l'évacuation urinaire. Elle se caractérise par la dilatation du bassinet et des calices d'un ou des deux reins, entraînant l'amincissement du parenchyme rénal. Quand l'écoulement de l'urine est entravé, on observe un reflux augmentant la pression intrarénale. Si l'obstruction se situe dans l'urètre ou dans la vessie, l'augmentation de la pression affecte les deux reins; mais si elle se situe dans un uretère (présence d'un calcul ou d'une coudure), un seul rein est affecté.

Une obstruction partielle ou intermittente peut provenir d'un calcul formé dans le bassinet qui s'est par la suite logé dans l'uretère. L'obstruction peut également avoir pour cause une compression par une tumeur ou par une bande de tissu cicatriciel résultant d'un abcès ou d'une inflammation. L'hydronéphrose est parfois due à une anomalie à la jonction urétéropyélique ou à une mauvaise position du rein, qui favorise la torsion ou la coudure de l'uretère. Chez les hommes âgés, la cause la plus fréquente de cette maladie est une obstruction de l'urètre dans la région du col vésical par une hypertrophie de la prostate.

Quelle que soit la cause de l'obstruction, on observe une accumulation d'urine dans le bassinet provoquant la dilatation du bassinet et des calices, et une atrophie progressive du rein. Si seul un rein est affecté, l'autre s'hypertrophie graduellement (hypertrophie compensatoire). À la longue, la fonction rénale s'altère.

Manifestations cliniques. Si la maladie évolue lentement, elle est généralement asymptomatique. Une obstruction soudaine peut entraîner une douleur au flanc et au dos. Si elle s'accompagne d'une infection, on observe une dysurie, des frissons, de la fièvre, une sensibilité et une pyurie. La congestion du rein affecté peut entraîner des saignements qui se manifestent par une hématurie. Dans les cas d'atteinte des deux reins, on peut observer des signes et symptômes d'insuffisance rénale chronique.

Traitement. Le traitement vise à établir la cause de l'obstruction, à la supprimer, à traiter l'infection et, enfin, à rétablir ainsi qu'à préserver la fonction rénale.

Pour court-circuiter l'obstruction, on a parfois recours à une dérivation urinaire par néphrostomie (voir le chapitre 36) ou une autre méthode de dérivation. On traite les infections au moyen d'antibiotiques pour éviter une pyélonéphrite. Dans les cas où une intervention chirurgicale s'impose (calculs, tumeur, obstruction de l'uretère), on doit procéder à la préparation du patient. La néphrectomie (ablation du rein) est parfois indiquée dans les cas d'atteinte grave d'un seul rein.

INSUFFISANCE RÉNALE

L'insuffisance rénale se produit lorsque les reins sont dans l'incapacité d'extraire de l'organisme les déchets métaboliques et de remplir leur fonction de régulation. Elle se caractérise donc par une accumulation de déchets dans les liquides biologiques entraînant la perturbation des fonctions endocriniennes et métaboliques et des déséquilibres hydroélectrolytiques et acidobasiques. Il s'agit d'une maladie touchant l'organisme tout entier et qui est l'aboutissement de diverses maladies des reins et des voies urinaires.

INSUFFISANCE RÉNALE AIGUË

Physiopathologie

L'insuffisance rénale aiguë est la perte soudaine et presque complète de la fonction rénale, provoquée soit par une défaillance de la circulation rénale, soit par une atteinte glomérulaire, ou tubulaire. Elle peut se manifester par une oligurie (volume quotidien d'urines inférieur à 500 mL), une anurie (volume quotidien d'urines inférieur à 50 mL), mais aussi par un débit urinaire élevé. On observe dans tous les cas, indépendamment du volume urinaire quotidien, une augmentation des taux sériques de créatinine, du taux sanguin d'azote uréique ainsi qu'une rétention de certains autres déchets métaboliques normalement excrétés par les reins. L'insuffisance rénale peut être la conséquence d'une altération de l'irrigation rénale, causée notamment par une hypovolémie, une hypotension ou un choc, provoquant une réduction de la filtration glomérulaire, une ischémie rénale et une atteinte des tubes rénaux. Elle peut également survenir à la suite de brûlures, d'un choc traumatique violent, d'une infection ou d'une intoxication médicamenteuse ayant entraîné une nécrose tubulaire aiguë et un arrêt temporaire de la fonction rénale. Les brûlures et les chocs traumatiques s'accompagnent d'une libération de myoglobine (une protéine musculaire) et d'hémoglobine qui ont des effets toxiques sur les reins et peuvent entraîner une ischémie. L'insuffisance rénale aiguë peut encore survenir à la suite d'une hémolyse due à une réaction transfusionnelle grave. On assiste dans ce cas à une forte libération d'hémoglobine qui traverse les glomérules, se concentre dans les tubes et forme des précipités qui obstruent l'écoulement de l'urine. Il en résulte un œdème des reins et une nécrose possible des cellules épithéliales tubulaires (encadré 37-1).

On ne connaît pas toujours la pathogénèse de l'insuffisance rénale aiguë et de l'oligurie, mais on en connaît généralement la cause. Dans de nombreux cas, elle est consécutive à une maladie, à une obstruction des voies urinaires par des calculs ou une tumeur, ou un à blocage de l'artère rénale. Les anti-inflammatoires non stéroïdiens ont parfois un rôle à jouer, en particulier chez les personnes âgées. Ces médicaments interfèrent avec les prostaglandines qui protègent normalement le flux sanguin rénal, ce qui provoque une altération de l'irrigation rénale.

L'insuffisance rénale aiguë peut être réversible si on en dépiste et on en élimine la cause avant que la fonction rénale ne soit altérée. C'est le cas de l'insuffisance rénale due à une réduction du flux sanguin rénal provoquée par une hypovolémie, une hypotension, une réduction du débit cardiaque et une insuffisance cardiaque, une obstruction des reins ou des voies urinaires inférieures par une tumeur, un caillot ou un calcul ou une obstruction bilatérale des artères ou des veines rénales.

L'insuffisance rénale aiguë comporte trois phases: une phase oligurique, une phase postoligurique et une phase de récupération. La phase oligurique (volume urinaire quotidien inférieur à 500 mL/j) s'accompagne d'une augmentation du taux sérique des composés normalement excrétés par les reins (urée, créatinine, acide urique, acides organiques et cations intracellulaires, comme le potassium et le magnésium). Cette phase dure environ dix jours.

Dans certains cas, le débit urinaire est de deux litres par jour, même si la fonction rénale est altérée et le taux d'azote

Encadré 37-1
Causes de l'insuffisance rénale aiguë

Causes prérénales

Hypovolémie
  Hémorragie
  Déshydratation
Ischémie
  Clampage total de l'aorte
  Chirurgie de l'aorte ou des vaisseaux rénaux
  Intervention chirurgicale majeure, chez une personne âgée
Septicémie
  Choc septique

Causes rénales

Ischémie rénale prolongée
«Néphropathie pigmentaire»
  Hémoglobinurie (réaction transfusionnelle,
    anémie hémolytique)
  Myoglobinurie (choc traumatique violent, brûlures,
    lésions tissulaires étendues)
Exposition à des agents néphrotoxiques
  Aminosides (gentamicine, kanamycine)
  Métaux lourds (plomb, mercure)
  Solvants et produits chimiques (arsenic, éthylène glycol,
    tétrachlorure de carbone)
  Anti-inflammatoires non stéroïdiens
  Opacifiant radiologique
Glomérulonéphrite aiguë
Pyélonéphrite aiguë

Causes postrénales

Obstruction des voies urinaires
  Calcul
  Tumeur
  Hypertrophie de la prostate
  Rétrécissement

Manifestations cliniques

L'altération des mécanismes de régulation du rein affecte pratiquement tout l'organisme. Le patient est dans un état grave, souffrant de léthargie, de nausées persistantes, de vomissements et de diarrhée, sa peau et ses muqueuses sont déshydratées et son haleine exhale une odeur d'urine. Il peut aussi présenter de la somnolence, des céphalées, des contractures musculaires et des convulsions, signes d'atteinte du système nerveux central. Le débit urinaire est faible. Les urines émises peuvent être sanguinolentes; leur densité est inférieure à la normale (1,010). On observe une augmentation quotidienne du taux sérique de créatinine qui est fonction du catabolisme des protéines.

Si le taux de filtration est réduit, on observe une baisse de l'excrétion du potassium. De plus, le catabolisme des protéines provoque le passage de potassium intracellulaire dans le compartiment extracellulaire, ce qui se traduit par une hyperkaliémie grave (taux élevé de potassium dans le sang) pouvant provoquer des arythmies et un arrêt cardiaque. Le potassium provient principalement de la dégradation tissulaire, du régime alimentaire, de sang se trouvant hors du système vasculaire comme le sang présent dans les voies gastro-intestinales, du sang transfusé ou d'autres sources comme les solutions intraveineuses, la pénicilline potassique et le passage du potassium intracellulaire dans le compartiment extracellulaire en réaction à une acidose métabolique.

Les diarrhées et les vomissements provoquent d'importantes pertes de sodium. Le patient oligurique présente souvent une acidose progressive (baisse du pH sanguin) due à une réduction de la capacité du sang en gaz carbonique. On peut observer une augmentation du taux sérique des phosphates associée à une baisse du taux sérique de calcium due à une diminution de son absorption intestinale.

L'anémie accompagne inévitablement l'insuffisance rénale aiguë. Elle est due à des pertes de sang consécutives à des lésions gastro-intestinales, à la durée de vie réduite des globules rouges et à une baisse de la production d'érythropoïétine.

Prévention et maintien de la santé

L'infirmière doit procéder à une cueillette de données détaillée pour déterminer si le patient a pris des antibiotiques néphrotoxiques ou s'il a été exposé à des écotoxines. Les reins sont particulièrement sensibles aux effets défavorables des antibiotiques étant donné qu'ils reçoivent un fort débit sanguin (25 % du débit cardiaque, au repos) et qu'ils constituent la principale voie d'excrétion de ces médicaments. Ce sont les néphrons qui sont le plus vulnérables aux effets toxiques car ils sont le siège de la filtration glomérulaire, de même que de la sécrétion et de la réabsorption tubulaires. Par conséquent, il importe d'évaluer la fonction rénale chez les personnes qui prennent des antibiotiques et autres médicaments potentiellement néphrotoxiques (aminosides, gentamicine, tobramycine, polymyxine B, amphotéricine B, vancomycine, amikacine, cyclosporine), en procédant à la mesure des taux d'azote uréique et de créatinine dans les 24 heures qui suivent le début du traitement et au moins deux fois par semaine par la suite. Tous les médicaments qui réduisent le débit sanguin rénal peuvent détériorer le rein. Ainsi, les analgésiques pris de façon prolongée, surtout en association avec des anti-inflammatoires non stéroïdiens, peuvent provoquer une néphrite interstitielle et une nécrose papillaire. Les patients

uréique élevé. Il s'agit de ce qu'on appelle une «insuffisance rénale avec débit urinaire élevé». Cette forme d'insuffisance rénale apparaît surtout après l'administration d'antibiotiques néphrotoxiques, mais également à la suite de brûlures, d'un choc traumatique ou de l'administration d'un anesthésique halogéné (Halotane).

La *phase postoligurique* est marquée par une augmentation graduelle du débit urinaire indiquant une reprise de la filtration glomérulaire. Même si le volume urinaire quotidien est normal et parfois même élevé, la fonction rénale reste souvent très anormale. Il faut donc poursuivre les soins médicaux et les soins infirmiers spécialisés.

La *période de récupération* marque l'amélioration de la fonction rénale et peut durer de 3 à 12 mois. Généralement, il subsiste une altération du taux de filtration glomérulaire et du pouvoir de concentration tubulaire.

souffrant d'insuffisance cardiaque ou de cirrhose avec ascite sont particulièrement exposés à l'insuffisance rénale provoquée par les anti-inflammatoires non stéroïdiens. L'âge, les néphropathies existantes et la prise simultanée de plusieurs médicaments néphrotoxiques augmentent les risques d'atteinte rénale.

Les mesures suivantes peuvent prévenir les complications rénales:

- Assurer un apport liquidien adéquat avant, pendant et après une intervention chirurgicale.
- Prévenir le choc, ou le traiter sans délai par des transfusions sanguines et des perfusions intraveineuses de liquides.
- Suivre de près les patients qui sont dans un état critique en mesurant la pression veineuse centrale et le débit urinaire horaire pour dépister l'insuffisance rénale le plus tôt possible.
- Traiter rapidement l'hypertension.
- Assurer un apport liquidien adéquat aux patients qui doivent subir des examens diagnostics entraînant des pertes liquidiennes (lavement baryté, urographie intraveineuse, etc.), en particulier les personnes âgées dont la réserve rénale est insuffisante.
- Si on doit administrer une transfusion, s'assurer que le patient reçoit bien le sang préparé à son intention pour éviter une réaction transfusionnelle grave entraînant d'importantes lésions rénales.
- Prévenir ou juguler les infections, qui peuvent endommager progressivement les reins.
- Porter une attention spéciale aux plaies suppurantes, aux brûlures et aux autres causes de maladies infectieuses et de septicémie.
- Prodiguer des soins méticuleux aux patients porteurs d'une sonde à demeure afin de prévenir les infections ascendantes des voies urinaires. On doit toujours retirer les sondes dès qu'elles ne sont plus nécessaires.
- Assurer un apport liquidien adéquat aux patients souffrant de cancer ou de troubles métaboliques (goutte, par exemple) ou subissant une chimiothérapie.

Traitement

Les reins ont un remarquable pouvoir de récupération. Par conséquent, le traitement de l'insuffisance rénale vise à maintenir l'équilibre biochimique et à prévenir les complications de manière à favoriser la régénération des tissus rénaux et le retour de la fonction rénale. On doit être à l'affût de tous les facteurs susceptibles d'aggraver l'insuffisance rénale.

On a parfois recours à la dialyse pour prévenir les complications graves associées à l'urémie (hyperkaliémie, péricardite et convulsions). La dialyse corrige efficacement un grand nombre d'anomalies biochimiques, réduit les risques de saignement et permet au patient une plus forte consommation de liquides, de protéines et de sodium. Elle peut même favoriser la cicatrisation. On peut choisir entre l'hémodialyse, l'hémofiltration ou la dialyse péritonéale. Voir le chapitre 36, consacré au traitement des patients atteints de troubles rénaux et urinaires, pour de plus amples renseignements sur les différentes méthodes de dialyse.

Les déséquilibres hydroélectrolytiques sont une importante complication de l'insuffisance rénale aiguë. L'hyperkaliémie est parmi ces déséquilibres celui qui peut avoir les conséquences les plus sérieuses. Elle se manifeste par un taux sérique de potassium supérieur à 6 mmol/L, des ondes T pointues à l'ECG et certains signes cliniques. On peut abaisser le taux de potassium sanguin en administrant des résines échangeuses de cations, telles que le sulfonate de polystyrène de sodium (Kayexalate), par voie orale ou par rétention de lavement. Pour être efficace, ce médicament doit passer rapidement dans le tube digestif. C'est pourquoi on l'administre dans du Sorbitol. Ce traitement peut provoquer la formation de fécalomes. Si le Kayexalate est administré par lavement à garder, les échanges de potassium se font principalement dans le côlon. On peut donc, si nécessaire, utiliser une sonde rectale à ballonnet pour faciliter la rétention de la résine. L'absorption du potassium par la résine prend entre 30 et 45 minutes.

- Un taux élevé ou croissant de potassium exige immédiatement une dialyse péritonéale, une hémodialyse ou une hémofiltration.
- En cas d'urgence ou comme mesure temporaire, on peut administrer par voie intraveineuse du glucose et de l'insuline ou du gluconate de calcium.
- On peut administrer du bicarbonate de sodium pour augmenter le pH sanguin, ce qui favorise le passage du potassium dans les cellules et en réduit par le fait même le taux sérique. Il s'agit d'un traitement de courte durée que l'on utilise en association avec les restrictions alimentaires et la dialyse.
- On doit éliminer ou réduire l'apport exogène en potassium.

Pour assurer l'équilibre hydroélectrolytique, on doit peser le patient tous les jours, procéder à des mesures répétées de la pression veineuse centrale, de même qu'à des analyses sanguines et urinaires, mesurer les pertes liquidiennes, prendre régulièrement la pression artérielle et procéder à des examens physiques. On peut inscrire les données sur un graphique pour avoir une idée immédiate de l'amélioration ou de la détérioration de l'état du patient. On doit tenir un bilan exact des ingesta et des excreta, en tenant compte de tous les liquides absorbés par voie orale ou parentérale et de tous les liquides perdus par les urines, les selles et les écoulements, de même que par aspiration gastrique. La transpiration, la respiration et l'activité métabolique contribuent également aux pertes de liquides. On se sert du bilan des ingesta et des excreta pour établir l'apport liquidien permis.

On pèse le patient tous les jours. On peut s'attendre à ce qu'il perde de 0,2 à 0,5 kg par jour lorsque le bilan azoté est négatif (apport énergétique insuffisant). Cette perte de poids représente la dégénération des tissus. Un poids stable ou une hypertension sont des signes de rétention liquidienne. L'excès de liquide se manifeste par une dyspnée, de la tachycardie et une distension des veines du cou, de même que par la présence de râles humides à l'auscultation. Comme l'oedème pulmonaire est une complication reliée à l'excès de volume liquidien, on doit procéder plusieurs fois par jour à l'examen des régions présacrale et prétibiale pour s'assurer de l'absence d'oedème. Il faut de plus estimer les pertes sodiques (en mesurant les taux sérique et urinaire de sodium) et les corriger.

Chez certains patients, des perfusions intraveineuses de liquides et de médicaments permettent de rétablir le flux sanguin rénal. L'administration de diurétiques (mannitol, furosémide ou acide éthacrynique) peut rétablir le débit urinaire et prévenir ou réduire l'aggravation de l'atteinte rénale. Dans les cas d'insuffisance rénale aiguë provoquée par une hypovolémie consécutive à une hypoprotéinémie, on peut administrer de l'albumine. Il faut aussi, s'il y a lieu, traiter les chocs et les infections.

Dans les cas d'acidose grave, on doit suivre de près les gaz du sang artériel et assurer une ventilation assistée si des difficultés respiratoires se manifestent. Il est parfois nécessaire d'administrer du bicarbonate de sodium ou de recourir à la dialyse.

On corrige l'hyperphosphatémie (taux sérique élevé de phosphates) par l'administration d'un fixateur des phosphates comme l'hydroxyde d'aluminium, qui diminue l'absorption intestinale des phosphates.

On limite l'apport alimentaire en protéines à un gramme par kilogramme de poids corporel durant la phase oligurique pour réduire au maximum le catabolisme des protéines et éviter ainsi l'accumulation de déchets toxiques. On comble les besoins énergétiques en augmentant l'apport en hydrates de carbone, ce qui a pour effet d'économiser les protéines, qui peuvent ainsi servir à la croissance et à la régénération des tissus. On restreint la consommation d'aliments et de liquides riches en potassium et en phosphore (bananes, agrumes, jus d'agrumes et café). L'apport en potassium se situe généralement entre 40 et 60 mEq par jour et l'apport en sodium, à 2 mEq par jour. Il est parfois nécessaire d'avoir recours à la nutrition parentérale totale (voir le chapitre 26).

La phase oligurique de l'insuffisance rénale aiguë peut durer de dix à vingt jours. Elle est suivie de la phase postoligurique, qui se manifeste par une augmentation du débit urinaire indiquant une reprise de la filtration glomérulaire. On procède à des analyses de sang pour évaluer l'équilibre hydroélectrolytique et déterminer le volume et la composition en sodium et en potassium des solutions de remplacement à administrer.

Après la phase postoligurique, le patient doit se conformer à un régime riche en protéines et en énergie. On lui recommande de ne reprendre ses activités que graduellement, à cause de la faiblesse musculaire provoquée par l'augmentation du catabolisme.

Interventions infirmières

L'infirmière joue un rôle important dans le traitement de l'insuffisance rénale aiguë, car c'est souvent elle qui attire l'attention sur le trouble qui a contribué à son déclenchement. Elle a en outre pour tâche de dépister les complications, de participer au traitement d'urgence des déséquilibres hydroélectrolytiques, et d'évaluer les progrès du patient, de même que sa réaction au traitement. Elle doit aussi informer les membres de la famille de l'état du patient, leur expliquer les différents traitements et leur apporter un soutien psychologique. Même si l'insuffisance rénale aiguë menace de façon plus imminente la vie du patient, l'infirmière ne doit pas négliger dans son plan de soins les mesures destinées à traiter le trouble sous-jacent (brûlures, choc, traumatisme, obstruction des voies urinaires, etc.).

Les déséquilibres hydroélectrolytiques graves qu'entraîne l'insuffisance rénale aiguë exigent que l'infirmière suive de près les taux sériques d'électrolytes et soit à l'affût des signes cliniques de complications tout au cours de la maladie. De plus, celle-ci doit vérifier minutieusement les solutions parentérales, les substances ingérés par voie orale ainsi que les médicaments pour s'assurer qu'ils ne contiennent pas de potassium. Il lui faut de plus être à l'affût des signes cardiaques et musculosquelettiques d'hyperkaliémie. Pour dépister les déséquilibres hydriques, elle doit observer l'apport liquidien, le débit urinaire, les variations de poids, la présence d'œdème, la distension des veines jugulaires, la présence de bruits cardiaques ou respiratoires anormaux, ou de difficultés respiratoires. Elle informe immédiatement le médecin de tout signe de détérioration de l'équilibre hydroélectrolytique et prépare les médicaments pour le traitement d'urgence: glucose et insuline, gluconate de calcium, résines échangeuses de cations (Kayexalate), selon le cas. Elle doit aussi préparer si nécessaire le matériel d'hémodialyse, de dialyse péritonéale ou d'hémofiltration.

Pendant la phase aiguë de l'insuffisance rénale, le ralentissement du métabolisme est indiqué pour réduire le catabolisme et la libération de potassium, ainsi que l'accumulation de déchets endogènes (urée et créatinine). Le repos au lit permet de ralentir le métabolisme en réduisant la dépense d'énergie. La fièvre et les infections accélèrent le métabolisme. Il faut donc les prévenir, ou les traiter sans délai. L'infirmière doit de plus assurer l'intégrité de la fonction pulmonaire et prévenir l'atélectasie et les infections respiratoires en aidant fréquemment le patient à se retourner, à tousser et à prendre des respirations profondes, surtout si celui-ci est somnolent et léthargique. Elle doit aussi assurer le respect des règles de l'asepsie lors de la mise en place de sondes et de cathéters par méthode infractive, afin de réduire les risques d'une infection pouvant entraîner une accélération du métabolisme. Dans la mesure du possible, on évite l'usage des sondes à demeure en raison de graves risques d'infection des voies urinaires.

Les soins de la peau occupent une place importante dans les interventions de l'infirmière. La peau du patient souffrant d'insuffisance rénale est souvent sèche et vulnérable aux lésions à cause de l'œdème. De plus, la présence de toxines irritantes dans les tissus cutanés peut provoquer des démangeaisons et des excoriations. En massant les protubérances osseuses, en retournant souvent le patient ou en le lavant à l'eau fraîche, l'infirmière peut accroître son bien-être et protéger l'intégrité de sa peau.

Le patient atteint d'insuffisance rénale aiguë doit se soumettre à un traitement d'hémodialyse, de dialyse péritonéale ou d'hémofiltration pour éviter de graves complications. La durée du traitement varie selon la cause et la gravité de l'atteinte rénale. Pendant toute la durée du traitement, l'infirmière doit offrir au patient et à sa famille aide et réconfort et leur donner toutes les explications nécessaires. Il appartient au médecin d'expliquer les objectifs et les raisons du traitement, mais l'infirmière doit généralement apporter des explications supplémentaires ou des éclaircissements, le patient étant souvent très anxieux et inquiet. Au tout début, il peut être difficile pour les membres de la famille de toucher le patient et de s'entretenir avec lui durant les séances de dialyse; ils auront donc besoin de l'aide et des encouragements de l'infirmière. Même si celle-ci doit effectuer beaucoup d'interventions à caractère technique, elle ne doit pas oublier les besoins psychologiques et les inquiétudes du patient et de sa famille. Elle doit de plus être toujours à l'affût des complications de l'insuffisance rénale aiguë et du trouble sous-jacent.

INSUFFISANCE RÉNALE CHRONIQUE (INSUFFISANCE RÉNALE TERMINALE)

L'insuffisance rénale chronique ou insuffisance rénale terminale est une détérioration progressive et irréversible de la fonction rénale, accompagnée de déséquilibres hydroélectrolytiques, qui conduit à l'urémie (syndrome provoqué par un excès d'urée et d'autres déchets azotés dans le sang). Les causes en sont nombreuses: glomérulonéphrite chronique, pyélonéphrite, hypertension, maladies héréditaires, comme la maladie polykystique des reins, troubles vasculaires, uropathie obstructive, néphropathies associées à des maladies intéressant l'organisme entier comme le diabète, les infections, les intoxications par des médicaments ou autres substances. Par exemple une exposition au plomb, au cadmium, au mercure ou au chrome dans l'environnement ou le milieu de travail peut provoquer une insuffisance rénale chronique. L'atteinte rénale étant irréversible, la dialyse ou la greffe du rein sont nécessaires pour garder le patient en vie.

Physiopathologie. La détérioration de la fonction rénale entraîne une accumulation dans le sang des déchets du métabolisme des protéines qui sont habituellement évacuées dans les urines. Il s'ensuit des déséquilibres biochimiques et des altérations cardiovasculaires, hématologiques, digestives, neurologiques, musculosquelettiques et cutanées. Les organes reproducteurs peuvent aussi être atteints.

On observe généralement une rétention de sodium et d'eau, ce qui augmente les risques d'œdème, d'insuffisance cardiaque, d'hypertension et d'ascite. L'hypertension peut également être provoquée par l'activation du système rénine-angiotensine et par l'augmentation concomitante de la sécrétion d'aldostérone.

À l'inverse, on observe chez certains patients des pertes sodées avec risque d'hypotension et d'hypovolémie. Ces pertes sont dues à des vomissements et des diarrhées et ont pour effet d'aggraver l'urémie. La rétention d'ions hydrogène, la diminution de la production d'ammoniac et les pertes de bicarbonate peuvent entraîner une acidose métabolique.

L'augmentation du taux sérique des phosphates entraîne une baisse du taux de calcium, et réciproquement. Dans l'insuffisance rénale chronique, la baisse du débit de filtration glomérulaire entraîne une hausse du taux de phosphates. Il s'ensuit donc une baisse du taux de calcium, avec augmentation consécutive de la sécrétion de parathormone. Il en résulte une perte osseuse de calcium provoquant une ostéodystrophie. L'atteinte chronique de la fonction rénale ralentit de plus la production du métabolite actif de la vitamine D par le rein (1,25-dihydroxycholécalciférol). Chez certains patients, il se produit une altération de la calcification, qui aboutit à l'ostéomalacie. On observe aussi une augmentation du taux de magnésium due à une diminution de l'excrétion urinaire de cet électrolyte.

Les patients en insuffisance rénale souffrent d'anémie à cause d'une production inadéquate d'érythropoïétine, de la faible longévité des globules rouges, de carences nutritives et de saignements surtout dans les voies gastro-intestinales. L'érythropoïétine est une substance normalement sécrétée par les reins qui stimule la production des globules rouges dans la moelle osseuse. L'anémie s'accompagne de fatigue, d'angine et d'essoufflements.

Les complications neurologiques de l'insuffisance rénale peuvent être provoquées par l'atteinte de la fonction rénale elle-même, mais aussi par l'hypertension grave et les déséquilibres hydroélectrolytiques qui en résultent. Elles peuvent aussi être dues aux effets des médicaments.

On constate chez certains insuffisants rénaux une baisse de la libido et une impuissance sexuelle. Chez les femmes,

on observe parfois une aménorrhée; la grossesse est possible. Des irritations cutanées, comme un prurit dû en partie au déséquilibre calcium-phosphates, contribuent à augmenter la souffrance du patient.

La vitesse de l'évolution vers l'insuffisance rénale chronique dépend de la nature du trouble sous-jacent, de l'excrétion urinaire des protéines et de l'hypertension. Une forte excrétion urinaire de protéines et une grave hypertension signifient une évolution rapide.

Manifestations cliniques

L'insuffisance rénale chronique est parfois d'apparition soudaine, mais son évolution est généralement lente. Elle se manifeste par une légère fatigue et léthargie, des céphalées, une faiblesse généralisée, des symptômes gastro-intestinaux (anorexie, nausées, vomissements, diarrhée), une tendance aux saignements et de la confusion mentale. On observe également une baisse de la sécrétion de la salive, une soif excessive et un goût métallique dans la bouche, une altération de l'odorat et du goût, une parotidite et une stomatite. Les symptômes cèdent généralement au traitement si l'insuffisance rénale en est à ses débuts. Dans le cas contraire, ils s'aggravent et se multiplient.

Le patient est de plus en plus somnolent, sa respiration devient de type Kussmaul et un coma profond s'installe accompagné souvent de convulsions, qui peuvent prendre la forme d'une légère tétanie ou se manifester par des spasmes violents (spasmes myocloniques) qui ressemblent à ceux de l'épilepsie. Une poudre blanche, le «givre d'urée», composée principalement de cristaux d'urée, se dépose sur la peau. En l'absence de traitement, la mort survient rapidement.

Traitement

Le traitement vise à préserver la fonction rénale et l'homéostasie le plus longtemps possible. On doit connaître et traiter tous les troubles qui contribuent à la maladie, qu'ils soient irréversibles ou réversibles (obstruction, etc.).

Lorsque la fonction rénale se détériore, il est nécessaire de réduire l'apport en protéines, de compenser les pertes de liquides et de sodium et de réduire quelque peu l'apport en potassium, tout en assurant des apports énergétique et vitaminique suffisants. La restriction de l'apport en protéines est nécessaire en raison de la réduction de la clairance glomérulaire (débit de filtration glomérulaire). Cette réduction provoque en effet une accumulation rapide dans le sang des produits de dégradation des protéines alimentaires et tissulaires (urée, créatinine, acide urique et acides organiques). Les protéines permises doivent provenir de produits laitiers, des œufs et des viandes, car ce sont des protéines de haute valeur biologique, c'est-à-dire qui contiennent tous les acides aminés essentiels en proportion adéquate. La quantité de liquide correspond généralement au volume des urines excrétées en 24 heures plus 500 à 600 mL.

On détermine les besoins en sodium et en potassium en mesurant les taux sériques et urinaires de ces électrolytes. Si on observe une perte de sodium, on procède à son remplacement. Dans le passé, on traitait l'hyperphosphatémie au moyen d'antiacides à base d'hydroxyde d'aluminium qui fixent les phosphates alimentaires dans les intestins. Cependant, on craint que l'aluminium ait des effets toxiques avec le temps et on a observé des cas d'ostéomalacie et d'encéphalopathie en relation avec de fortes concentrations de cet élément. C'est pourquoi de nombreux médecins utilisent aujourd'hui comme fixateurs des antiacides à base de carbonate de calcium, qui peuvent en outre être administrés à doses plus faibles. Pour être efficaces, les fixateurs de phosphates doivent être pris au moment des repas.

Les glucides et les lipides fournissent l'apport énergétique nécessaire pour empêcher l'amaigrissement. Comme un régime alimentaire à faible teneur en protéines ne contient pas suffisamment de vitamines et qu'on observe une perte de vitamines hydrosolubles au cours de la dialyse, un supplément vitaminique est nécessaire.

Pour traiter l'hypertension, on réduit le volume intravasculaire et on administre des antihypertenseurs. L'acidose métabolique est souvent faible et n'exige aucun traitement, mais dans certains cas, on doit la corriger par l'administration de bicarbonate de sodium et par la dialyse.

On doit être à l'affût des complications neurologiques qui se manifestent par de légères secousses musculaires, des céphalées ou un délire. Il faut protéger le patient souffrant d'une atteinte neurologique contre les blessures qu'il pourrait s'infliger par des mouvements involontaires, en matelassant les côtés de lit. Si une convulsion survient, l'infirmière en note immédiatement la nature, l'heure et la durée, de même que ses effets sur le patient. Elle en informe immédiatement le médecin. Pour prévenir les récidives, on administre par voie intraveineuse du diazépam (Valium) ou de la phénytoïne (Dilantin). On trouvera au chapitre 59 les soins au patient souffrant de convulsions. L'insuffisance cardiaque, les infections et le déficit de volume liquidien sont d'autres complications de l'insuffisance rénale chronique qui exigent un traitement.

L'érythropoïétine humaine (Epogen) facilite le traitement de l'anémie. Son administration est indiquée chez le patient en insuffisance rénale chronique dont l'hématocrite est inférieur à 0,30 et qui présente généralement d'importants symptômes d'anémie. Des mesures répétées de l'hématocrite permettent d'évaluer la réponse au traitement. L'objectif du traitement est d'obtenir un hématocrite de 0,33 à 0,38, ce qui peut demander de deux à six semaines. On administre l'érythropoïétine trois fois par semaine par voie orale ou sous-cutanée. Ses effets secondaires sont notamment une aggravation de l'hypertension, provoquée par des modifications hémodynamiques dues à la correction de l'anémie, et une augmentation du nombre de plaquettes pouvant provoquer une hypercoagulabilité. On doit donc ajuster en conséquence la quantité d'héparine ajoutée au liquide de dialyse pour prévenir la formation de caillots dans la tubulure. Au début du traitement à l'érythropoïétine, on procède à des mesures fréquentes de l'hématocrite. On mesure aussi les taux de fer sérique et de transferrine pour connaître la réserve en fer. Si la réserve en fer est insuffisante, on administre des suppléments de fer pour obtenir une meilleure réponse à l'érythropoïétine. On suit de près la pression sanguine et les taux sériques de potassium pour déceler l'hypertension et l'hyperkaliémie qui sont des complications du traitement dues à l'augmentation du volume des globules rouges. Si on note une hypertension, on instaure un traitement antihypresseur ou on modifie celui déjà en cours. Une hypertension rebelle est une contre-indication au traitement à l'érythropoïétine. Des symptômes semblables à ceux de la grippe se manifestent souvent au début du traitement, mais ils disparaissent généralement avec le temps. Les effets probables de l'érythropoïétine sont une diminution de la fatigue, un sentiment de bien-être, une meilleure tolérance de la dialyse, un accroissement de l'énergie et une plus grande endurance à l'effort. Elle évite de plus les transfusions et leurs complications (infections, formation d'anticorps et surcharge en fer).

Le patient dont l'atteinte rénale évolue vers l'insuffisance rénale chronique est dirigé vers un centre de dialyse ou de greffe rénale. La dialyse est généralement indiquée quand les autres traitements ne permettent plus au patient de mener une vie normale. Voir le chapitre 36 pour plus de détails sur la dialyse.

Interventions infirmières

L'infirmière qui traite un patient atteint d'insuffisance rénale chronique doit faire preuve de beaucoup de discernement pour prévenir les complications qu'entraîne l'altération de la fonction rénale et pour soulager le stress et l'anxiété engendrés par une maladie chronique.

Voici les principaux diagnostics infirmiers qui s'appliquent aux patients en insuffisance rénale chronique:

- Excès de volume liquidien et déséquilibre hydroélectrolytique reliés à la diminution du débit urinaire et aux restrictions alimentaires et liquidiennes
- Déficit nutritionnel relié à l'anorexie, à des troubles gastro-intestinaux et aux restrictions alimentaires
- Manque de connaissances sur la nature de la maladie et le déroulement du traitement
- Perturbation de l'estime de soi reliée à la perte de l'autonomie et à une perturbation dans l'exercice du rôle

L'infirmière doit viser par ses interventions à assurer l'équilibre hydroélectrolytique en dépistant les sources de déséquilibre. Elle doit établir un régime alimentaire qui procure un apport nutritionnel adéquat tout en respectant les limites imposées par le traitement. Il lui faut de plus donner au patient et à sa famille des explications sur les conséquences de l'insuffisance rénale et leur faire comprendre la nécessité de se conformer au traitement. Elle doit en outre tenter d'améliorer chez le patient l'estime de soi en favorisant une plus grande autonomie. Pour plus de détails, voir le plan de soins infirmiers 37-1.

Gérontologie

Changements chez la personne âgée. Le vieillissement provoque des changements dans la fonction rénale qui rendent la personne âgée plus vulnérable à l'insuffisance rénale. L'altération du flux sanguin rénal, de la filtration glomérulaire et de la clairance de la créatinine et de l'urée augmentent les risques d'effets néfastes des médicaments sur la fonction rénale. On doit donc faire preuve de beaucoup de prudence quand on administre un médicament à une personne âgée, surtout si elle prend d'autres médicaments d'ordonnance ou en vente libre, ce qui est fréquent. On note de plus chez les personnes âgées une forte incidence de maladies comme l'athérosclérose, l'hypertension, l'insuffisance cardiaque, le diabète et le cancer, qui prédisposent à des néphropathies. Les personnes âgées ne présentent généralement pas de déséquilibre hydroélectrolytique dans des circonstances normales.

(suite à la page 1086)

Plan de soins infirmiers 37-1
Patients atteints d'insuffisance rénale chronique

Interventions infirmières	Justification	Résultats escomptés

Diagnostic infirmier: Excès de volume liquidien et déséquilibre hydroélectrolytique reliés à la diminution du débit urinaire et aux restrictions liquidiennes

Objectif: Maintien de l'équilibre hydroélectrolytique

Interventions infirmières	Justification	Résultats escomptés
1. Évaluer l'équilibre hydroélectrolytique: a) Taux sériques d'électrolytes b) Pesées quotidiennes c) Bilan précis des ingesta et des excreta d) Turgescence cutanée et présence d'œdème e) Distension des veines du cou f) Pression artérielle, fréquence du pouls et rythme cardiaque g) Signes de déséquilibre calcique (signe de Chvostek et de Trousseau) h) Fréquence et effort respiratoires	1. Cette évaluation fournit des données de base permettant par la suite d'établir les modifications de l'équilibre hydro-électrolytique et les interventions néces-saires pour corriger les déséquilibres hydrique, sodique, potassique ou calci-que, selon le cas.	• Le patient présente des taux sériques d'électrolytes normaux ou acceptables. • Il ne présente aucune variation subite de poids. • Il a un apport alimentaire et liquidien conforme aux restrictions prescrites. • Sa peau ne présente pas de turgescence ni d'œdème. • Sa pression artérielle est normale. • Son pouls est normal. • Il ne présente pas de distension des veines du cou. • Il ne présente pas de difficultés respira-toires ni d'essoufflements. • Les signes de Chvostek ou de Trousseau sont négatifs.
2. Dépister les sources de liquides: a) Médicaments b) Aliments c) Solutions intraveineuses utilisées pour l'administration d'antibiotiques d) Liquides ingérés pour prendre les médicaments par voie orale	2. Il est possible de dépister des sources cachées de liquides, de sodium, de potassium et de phosphates.	• Il explique les raisons des restrictions alimentaires et liquidiennes. • Il lit les étiquettes des aliments préparés et reconnaît ceux qu'il doit éviter. • Il prend des antiacides conformément à l'ordonnance du médecin et évite ceux qui contiennent du magnésium.
3. Expliquer au patient et à sa famille pourquoi il est nécessaire de res-treindre certains aliments et certains liquides.	3. Un patient bien renseigné se conformera plus facilement aux restrictions alimentaires et liquidiennes.	• Il explique pourquoi il doit éviter les antiacides qui contiennent du magnésium.
4. Aider le patient et sa famille à dépister les sources cachées des électrolytes qui doivent être restreints.	4. Les restrictions alimentaires et liqui-diennes seront mieux observées si le patient et la famille sont autonomes.	• Il effectue régulièrement ses soins d'hygiène buccodentaire. • Il dit éprouver moins de sécheresse de la bouche. • Il dit avoir moins soif.
5. Administrer les antiacides selon l'ordonnance du médecin.	5. Les antiacides fixent les phosphates dans les intestins et permettent de rétablir des taux normaux de calcium et de phosphore.	• Il démontre de l'intérêt pour des activi-tés autres que celles reliées à la consommation d'aliments ou de liquides.
6. Éviter d'administrer des antiacides et des médicaments qui contiennent du magnésium.	6. Le patient en insuffisance rénale pré-sente des risques d'hypermagnésémie.	
7. Offrir au patient des aliments et des liquides qui respectent les restrictions.	7. On favorise ainsi un apport nutrition-nel et liquidien adéquat et l'équilibre électrolytique.	
8. Aider le patient à soulager les malaises provoqués par les restrictions. a) Assurer une hygiène buccodentaire adéquate. b) Encourager le recours à des distractions.	8. En augmentant son bien-être, on aide le patient à se conformer aux restric-tions alimentaires. a) Les soins d'hygiène buccodentaire évitent le dessèchement de la muqueuse buccale. b) On réduit ainsi l'obsession des restrictions alimentaires et liqui-diennes.	

Plan de soins infirmiers 37-1 (suite)
Patients atteints d'insuffisance rénale chronique

Interventions infirmières	Justification	Résultats escomptés

Diagnostic infirmier: Déficit nutritionnel relié à l'anorexie, aux troubles gastro-intestinaux et aux restrictions alimentaires

Objectif: Maintien d'un apport nutritionnel adéquat

1. Évaluer l'état nutritionnel:
   a) Variations de poids
   b) Mensurations
   c) Résultats de laboratoire

2. Évaluer les habitudes alimentaires du patient:
   a) Habitudes antérieures
   b) Préférences alimentaires
   c) Détermination de l'apport énergétique

3. Évaluer les facteurs qui contribuent à réduire l'apport nutritionnel:
   a) Anorexie
   b) Nausées et vomissements
   c) Aliments insipides
   d) Dépression
   e) Manque de connaissances au sujet des restrictions alimentaires
   f) Stomatite

4. Respecter les préférences alimentaires du patient dans les limites permises.

5. Favoriser la consommation de protéines de haute valeur biologique (œufs, produits laitiers, viandes).

6. Encourager la consommation de collations à forte teneur énergétique mais pauvres en protéines, en sodium et en potassium.

7. Éviter d'administrer les médicaments immédiatement avant les repas.

8. Expliquer les raisons des restrictions alimentaires et leur rôle dans l'amélioration de la fonction rénale et la baisse des taux d'urée et de créatinine.

---

1. Cette évaluation fournit des données de base permettant par la suite d'établir les variations et de déterminer les interventions nécessaires.

2. Il est permis de tenir compte des habitudes alimentaires passées et présentes du patient pour planifier les repas.

3. On donne au patient des renseignements sur les facteurs qui peuvent être modifiés ou éliminés pour favoriser un apport alimentaire adéquat.

4. On incite ainsi le patient à accroître son apport nutritionnel.

5. Les protéines de haute valeur biologique favorisent un bilan azoté positif, ce qui est nécessaire à la croissance et à la régénération des tissus.

6. Les aliments à forte teneur énergétique fournissent de l'énergie tout en ayant pour effet d'économiser les protéines nécessaires à la croissance et à la régénération des tissus.

7. La prise de médicaments immédiatement avant les repas peut produire de l'anorexie ou une sensation de ballonnement qui peuvent avoir pour effet de réduire l'apport nutritionnel. (Les antiacides pris dans le but de fixer les phosphates dans les intestins et de réduire le taux sérique des électrolytes produisent souvent un effet de ballonnement.)

8. On aide ainsi le patient à comprendre comment les restrictions alimentaires agissent sur les taux d'urée et de créatinine, et par le fait même sur la fonction rénale.

- Le patient indique les aliments qu'il aime parmi ceux qui lui sont permis.
- Il consomme des protéines de haute valeur biologique.
- Il consomme les aliments à forte teneur énergétique qui lui sont permis.
- Il dit avoir un meilleur appétit.
- Il prend ses antiacides selon un horaire qui évite la sensation de ballonnement avant les repas.
- Il connaît les justifications des restrictions alimentaires et la relation entre ces restrictions et les taux d'urée et de créatinine.
- Il choisit ses aliments selon la liste de ceux qui lui sont permis.
- Il connaît différentes façons de rehausser la saveur des aliments tout en évitant le sodium et le potassium.
- Il connaît les aliments qui lui sont défendus et donne la raison de ces interdictions.
- Il donne les raisons des restrictions alimentaires exigées par la dialyse.
- Il effectue ses soins buccodentaires avant chaque repas.
- Il dit avoir meilleur appétit quand il prend ses repas dans une ambiance agréable.
- Il ne présente pas de variations soudaines de poids.
- Sa peau a une turgescence normale et ne présente pas d'œdème; ses tissus se régénèrent normalement; ses taux de protéines et d'albumine sont acceptables.

Plan de soins infirmiers 37-1 (suite)
Patients atteints d'insuffisance rénale chronique

Interventions infirmières	*Justification*	*Résultats escomptés*
9. Fournir la liste des aliments permis, avec des suggestions pour en rehausser la saveur sans recourir au sodium ou au potassium.	9. Les listes permettent de présenter de façon concrète les restrictions alimentaires en plus de fournir au patient et à sa famille un outil de consultation.	
10. Fournir une liste des aliments qui peuvent être consommés en quantités limitées et des aliments interdits.	10. La liste comprend les aliments à éviter pour prévenir de graves déséquilibres électrolytiques et nutritionnels.	
11. Si le patient entreprend un traitement de dialyse, lui expliquer les modifications qu'il peut apporter à son régime alimentaire et les raisons pour lesquelles il peut être moins strict.	11. Des séances de dialyse fréquentes permettent d'évacuer les déchets (urée, créatinine, etc.). La dialyse péritonéale et l'hémodialyse permettent d'éliminer les protéines.	
12. S'assurer que le patient reçoit des soins buccodentaires avant chaque repas.	12. Les soins buccodentaires éliminent les déchets et humidifient les muqueuses, ce qui améliore le sens du goût.	
13. Faire en sorte que les repas se déroulent dans une ambiance agréable.	13. Une ambiance agréable contribue à stimuler l'appétit.	
14. Peser le patient tous les jours.	14. Le poids est un indice de l'état nutritionnel.	
15. Être à l'affût des signes de carence en protéines : a) Œdème b) Cicatrisation lente c) Baisse du taux sérique d'albumine	15. Un apport insuffisant en protéines entraîne une baisse des taux d'albumine et des autres protéines plasmatiques, en plus de favoriser l'œdème et de retarder la cicatrisation.	

Diagnostic infirmier : Manque de connaissances sur la nature de la maladie et le déroulement du traitement

Objectif : Acquisition de connaissances sur la nature de la maladie et le déroulement du traitement

1. Évaluer les connaissances du patient sur les causes de l'insuffisance rénale, ses conséquences et son traitement: a) Causes de l'insuffisance rénale b) Conséquences de l'insuffisance rénale c) Connaissance de la fonction rénale d) Relation entre les restrictions alimentaires et liquidiennes et l'insuffisance rénale e) Raison d'un traitement de remplacement de la fonction rénale (hémodialyse, dialyse péritonéale, greffe rénale)	1. Cette évaluation fournit des données servant de base aux explications et à l'enseignement.	• Le patient explique la cause et les conséquences de l'insuffisance rénale. • Il explique les raisons du traitement de remplacement de la fonction rénale. • Il explique comment les restrictions alimentaires et liquidiennes influent sur la fonction de régulation des reins. • Il pose des questions sur les différents choix de traitements qui s'offrent à lui, ce qui indique qu'il est prêt à recevoir de l'enseignement. • Il exprime comment il entend vivre de la façon la plus normale possible. • Il consulte les explications et les directives écrites qu'on lui a remises pour trouver des réponses à ses questions et pour obtenir des renseignements supplémentaires.
2. Expliquer au patient le fonctionnement des reins et les conséquences de l'insuffisance rénale en adaptant le vocabulaire utilisé et les explications à son niveau de compréhension et de réceptivité.	2. Le patient peut absorber les explications sur l'insuffisance rénale et son traitement quand il accepte sa maladie et ses conséquences.	

Plan de soins infirmiers 43-1 (suite)
Patients atteints d'insuffisance rénale chronique

Interventions infirmières	*Justification*	*Résultats escomptés*
3. Aider le patient à trouver des moyens d'intégrer dans sa vie les changements apportés par la maladie et son traitement.	3. On permet ainsi au patient de constater que sa vie ne sera pas complètement perturbée et centrée uniquement sur la maladie et son traitement.	
4. Donner oralement et par écrit des renseignements appropriés sur les points suivants: a) Fonction rénale et insuffisance rénale b) Restrictions liquidiennes et électrolytiques c) Restrictions alimentaires d) Horaire de la prise des médicaments e) Troubles, signes et symptômes dont il faut faire part au personnel soignant f) Calendrier des visites d'observation g) Ressources communautaires h) Choix de traitements	4. On fournit ainsi au patient un outil de consultation qui peut lui servir aussi bien au centre hospitalier qu'à la maison.	

Diagnostic infirmier: Intolérance à l'activité reliée à la fatigue

Objectif: Amélioration de la tolérance à l'activité

1. Évaluer les facteurs qui contribuent à la fatigue: a) Anémie b) Déséquilibres hydroélectrolytiques c) Accumulation de déchets du métabolisme (urée, créatinine, etc.) d) Dépression	1. Cette évaluation permet d'établir le degré de fatigue du patient.	• Le patient augmente graduellement ses activités. • Il dit avoir plus d'énergie et se sentir mieux. • Il fait suivre les périodes d'activités d'une période de repos. • Il participe à certains soins. • Il indique les activités qui ont pour lui de l'importance.
2. Favoriser l'autonomie du patient en lui permettant de réaliser certaines activités dans les limites de sa tolérance.	2. On améliore ainsi graduellement la tolérance et l'estime de soi.	
3. Faire suivre les périodes d'activité d'une période de repos.	3. On favorise ainsi l'activité et l'exercice en tenant compte des limites du patient et du repos dont il a besoin.	
4. Aider le patient à effecteur ses soins d'hygiène quand il est fatigué.	4. On favorise ainsi une hygiène adéquate et le repos.	
5. Aider le patient à déterminer les activités qui ont le plus d'importance pour lui.	5. Le patient consacre ainsi son énergie à des activités qui ont pour lui de l'importance.	

Diagnostic infirmier: Perturbation de l'estime de soi reliée à la perte de l'autonomie et d'une perturbation dans l'exercice du rôle

Objectif: Amélioration de l'estime de soi

1. Évaluer les réactions du patient (et de sa famille) face à la maladie et au traitement.	1. On obtient ainsi des données sur les difficultés qu'éprouvent le patient et sa famille à s'adapter aux changements qui affectent leur mode de vie.	• Le patient indique les stratégies d'adaptation qui lui ont déjà été utiles par le passé.

> *Plan de soins infirmiers 43-1* (suite)
> *Patients atteints d'insuffisance rénale chronique*

Interventions infirmières	Justification	Résultats escomptés
2. Évaluer la relation entre le patient et les membres de sa famille.	2. On obtient ainsi des renseignements sur le soutien que la famille peut apporter au patient.	• Il indique les stratégies d'adaptation auxquelles il ne pourra plus avoir recours à cause de l'insuffisance rénale et de son traitement (alcool, drogues ou effort physique intense).
3. Évaluer les stratégies d'adaptation du patient et des membres de sa famille.	3. Des stratégies d'adaptation qui ont été efficaces antérieurement peuvent se révéler dangereuses pour un patient en insuffisance rénale.	• Le patient et sa famille expriment leurs réactions et leurs sentiments face à l'insuffisance rénale et aux changements qu'elle impose.
4. Inciter le patient et sa famille à exprimer leurs inquiétudes et leurs réactions face aux changements provoqués par l'insuffisance rénale et son traitement: a) Perturbation de l'exercice du rôle b) Modification du mode de vie c) Modification de la vie professionnelle d) Modification de l'activité sexuelle e) Perte d'autonomie f) Modification des habitudes alimentaires g) Manque d'énergie	4. On permet ainsi au patient et à sa famille de cerner leurs inquiétudes et d'y faire face.	• Il obtient une aide professionnelle s'il est incapable de s'adapter aux changements provoqués par l'insuffisance rénale et son traitement. • Il se renseigne auprès des infirmières et autres personnes soignantes sur les différents choix de traitements qui s'offrent à lui. • Il tient compte de ses forces et de celles des membres de sa famille dans ses choix de traitement. • Il participe aux prises de décision concernant son traitement.
5. En cas de réactions complexes, procurer au patient et à sa famille une aide professionnelle.	5. On fournit ainsi au patient et à sa famille une aide supplémentaire.	
6. Donner au patient et à sa famille une description fidèle des différents choix de traitement (hémodialyse, dialyse péritonéale, greffe rénale).	6. On permet ainsi au patient et à sa famille de choisir le traitement approprié en toute connaissance de cause.	

Cependant, le vieillissement diminue la capacité du rein à répondre adéquatement aux déséquilibres hydroélectrolytiques soudains. C'est pourquoi on doit les prévenir, ou les dépister et les traiter rapidement, pour éviter une atteinte rénale. Certaines épreuves diagnostiques présentent plus de risques pour la personne âgée, de même que certains médicaments, comme les diurétiques. Il convient aussi de rappeler que les signes d'atteinte de la fonction rénale et de déséquilibre hydro-électrolytique sont souvent atypiques chez les patients âgés. De plus, on doit éviter d'associer systématiquement leurs troubles à des maladies déjà existantes ou de les considérer sans distinctions comme des manifestations normales du vieillissement.

Insuffisance rénale aiguë. La fréquence de l'insuffisance rénale aiguë augmente chez les patients âgés hospitalisés. En effet, environ 50 % des patients chez qui cet état clinique apparaît au cours d'un séjour dans un centre hospitalier pour un trouble médical ou une intervention chirurgicale ont plus de 60 ans. Chez les personnes âgées, l'insuffisance rénale aiguë était auparavant imputable dans la plupart des cas à une hypotension consécutive à une déshydratation et à un déséquilibre électrolytique. Aujourd'hui, sa cause la plus fréquente est la nécrose tubulaire aiguë provoquée

par un choc ou l'usage de médicaments néphrotoxiques. Chez le patient âgé qui souffre déjà d'une insuffisance rénale, l'exposition à des substances de contraste lors d'examens radiologiques est une cause majeure d'aggravation, surtout s'il est atteint de myélome multiple ou de diabète. Les substances de contraste provoquent la précipitation dans les reins de débris cellulaires, dont les effets sont amplifiées par les restrictions liquidiennes qu'imposent les nombreuses épreuves diagnostiques. La multiplication de l'usage des médicaments d'ordonnance et des médicaments en vente libre augmente aussi les risques d'insuffisance rénale. L'inhibition de la soif, l'immobilité, la contention et les troubles cognitifs sont tous des facteurs qui empêchent la personne âgée de consommer des liquides en quantité suffisante. La déshydratation qui s'ensuit compromet une fonction rénale déjà atteinte.

Insuffisance rénale chronique. Chez les personnes âgées, la glomérulonéphrite maligne, la glomérulonéphrite extramembraneuse et la néphrosclérose sont les plus fréquentes parmi les causes confirmées par biopsie d'insuffisance rénale chronique, et selon des données cliniques, la glomérulonéphrite, la néphrite interstitielle, les troubles rénovasculaires et l'obstruction des voies urinaires en seraient les causes les plus courantes. Le myélome multiple provoque souvent une insuffisance rénale qui évolue vers le stade chronique, à cause notamment d'une déshydratation, d'une hypercalcémie et de l'usage d'anti-inflammatoires non stéroïdiens.

Manifestations cliniques. Chez la personne âgée, les signes et les symptômes de néphropathie sont souvent non caractéristiques et peuvent être masqués par ceux d'autres troubles (insuffisance cardiaque, démence), ce qui peut retarder ou empêcher le diagnostic et le traitement. L'atteinte rénale se manifeste souvent par un syndrome néphrotique.

Traitement. Chez la personne âgée, on a recours avec succès à l'hémodialyse et à la dialyse péritonéale pour traiter l'insuffisance rénale. Même si elle donne d'aussi bons résultats que chez les plus jeunes, la greffe rénale est peu pratiquée chez les patients âgés, à cause de la fréquence de troubles concomitants (coronaropathies, maladies vasculaires périphériques, etc.). Il arrive que les patients âgés refusent la dialyse ou la greffe. Pour les patients qui ne peuvent pas ou ne veulent pas se soumettre à la dialyse ou à la greffe, on peut envisager un traitement plus traditionnel comme des modifications au régime alimentaire.

GREFFE RÉNALE

La plupart des patients en insuffisance rénale chronique choisissent la greffe rénale, car elle permet une vie plus agréable et plus normale. La greffe du rein est la transplantation d'un rein d'une personne encore vivante ou décédée sur une personne dont la fonction rénale est irrémédiablement atteinte. La plupart des patients qui subissent une greffe rénale ont auparavant suivi des traitements de dialyse pendant quelques mois ou quelques années. On doit évaluer les patients en insuffisance rénale chronique pour décider s'ils sont candidats à la greffe.

On peut retirer ou laisser en place les reins qui ne fonctionnent pas. Dans l'attente d'un rein compatible, le patient poursuit son traitement de dialyse. La greffe d'un rein provenant d'un donneur vivant, apparenté au patient, dont le groupe sanguin et le groupe HLA sont compatibles a plus de chances de succès que la greffe d'un rein provenant d'un donneur décédé. On place le greffon dans la fosse iliaque, dans l'espace rétropéritonial. L'uretère du nouveau rein est rattaché à la vessie ou à l'uretère du receveur par anastomose (figure 37-2).

Soins préopératoires

Les soins préopératoires visent le rétablissement du métabolisme. On détermine la compatibilité du rein par des groupages sanguins et tissulaires. On procède également à une recherche d'anticorps. On administre au patient des immunosuppresseurs, comme l'azathioprine (Imuran), la prednisone et la cyclosporine, afin d'inhiber ses mécanismes de défense et d'éviter un rejet ultérieur du greffon. On peut effectuer une hémodialyse la veille de la greffe. Le patient ne doit pas présenter d'infection au moment de la greffe, à cause de l'immunosuppression et des risques de propagation. On doit par conséquent traiter les maladies des gencives et les caries dentaires. On procède à un examen des voies urinaires inférieures afin d'évaluer le fonctionnement du col vésical et de détecter les reflux urétéraux.

Interventions infirmières. Les soins infirmiers qui précèdent une greffe rénale sont analogues à ceux qui précèdent les autres chirurgies rénales ou les chirurgies vasculaires. Le patient qui attend un rein compatible d'un donneur décédé traverse souvent des périodes de profond découragement, de dépression et d'anxiété. Si le rein provient d'un donneur vivant auquel il est apparenté, ses réactions émotives seront peut-être reliées à la crainte que le don menace la santé du donneur. L'infirmière qui prodigue des soins préopératoires a notamment pour tâche d'aider le patient à soulager ses inquiétudes.

Soins postopératoires

Les soins postopératoires visent à maintenir l'homéostasie jusqu'à ce que le rein greffé fonctionne bien. La réponse immunitaire, qui peut entraîner le rejet et la destruction du greffon, est le principal facteur limitant de la greffe. La survie du rein transplanté dépend donc du succès des techniques destinées à inhiber cette réponse immunitaire. Il faut évaluer les risques de l'immunosuppression en fonction des effets du rejet. Pour inhiber les mécanismes de défense de l'organisme, on administre des immunosuppresseurs comme l'azathioprine (Imuran), les stéroïdes (Prednisone) et la cyclosporine. On diminue graduellement les doses d'immunosuppresseurs sur une période de plusieurs semaines selon la réaction immunitaire du patient au greffon, mais on doit poursuivre le traitement indéfiniment. Il existe d'autres méthodes d'immunosuppression moins souvent utilisées, comme la plasmaphérèse, le drainage lymphatique et l'administration de globulines antilymphocytes, ainsi que de cyclophosphamide. On étudie actuellement l'utilisation d'anticorps monoclonaux (OKT3 et IL-2R) comme immunosuppresseurs.

Le rejet et l'insuffisance du rein greffé peuvent se manifester très tôt (après 24 à 72 heures), un peu plus tard (après 3 à 14 jours) ou plus tard encore (après trois semaines). L'échographie permet de détecter une hypertrophie du rein, tandis que la biopsie rénale et les techniques radiologiques servent à confirmer le rejet. Si un rejet grave se manifeste ou ne peut être évité sans des doses excessives d'immunosuppresseurs, on doit procéder au retrait du greffon et reprendre la dialyse.

Soins infirmiers postopératoires

Rejet et infection. Après une greffe du rein, on observe le patient à la recherche des signes et symptômes de rejet: oligurie, œdème, fièvre, élévation constante de la pression artérielle, appréhension, gain de poids et œdème ou sensibilité au niveau du greffon. On suit de près les résultats des analyses biochimiques, ainsi que la numération des plaquettes et des leucocytes dont la production est entravée par l'immunosuppression.

On observe attentivement le patient pour déceler tout signe d'infection, car l'immunosuppression et les complications de l'insuffisance rénale peuvent retarder la cicatrisation et prédisposer aux infections.

- On doit distinguer l'infection du rejet, ces complications se manifestant toutes deux par une altération de la fonction rénale et par de la fièvre.

Les immunosuppresseurs rendent le patient plus vulnérable à la candidiase, à l'infection à cytomégalovirus, à la pneumonie à *Pneumocystis carinii* et autres infections

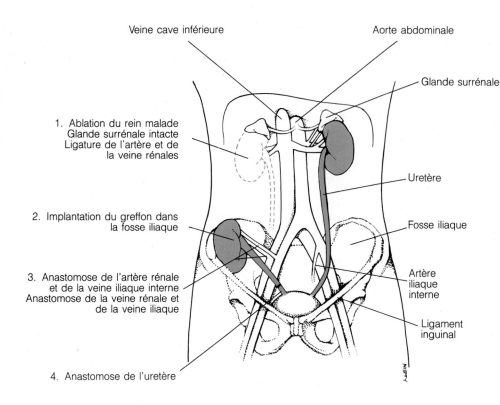

Veine cave inférieure

Aorte abdominale

Glande surrénale

1. Ablation du rein malade
   Glande surrénale intacte
   Ligature de l'artère et de
   la veine rénales

Uretère

2. Implantation du greffon dans
   la fosse iliaque

Fosse iliaque

3. Anastomose de l'artère rénale
   et de la veine iliaque interne
   Anastomose de la veine rénale et
   de la veine iliaque

Artère
iliaque
interne

Ligament
inguinal

4. Anastomose de l'uretère

Figure 37-2. Greffe rénale (1) On procède à l'ablation du rein malade et on ligature l'artère et la veine rénales. (2) On implante le greffon dans la fosse iliaque. (3) On abouche l'artère rénale à l'artère iliaque et la veine rénale à la veine iliaque. (4) On relie l'uretère du rein greffé à la vessie ou on l'abouche à l'uretère du receveur.

opportunistes dues à des virus, des champignons ou des protozoaires. Les infections opportunistes sont des infections dues à des microorganismes non pathogènes chez les sujets aux défenses immunitaires normales. Il faut éviter au patient les contacts avec des membres du personnel, des visiteurs et d'autres patients atteints d'une infection évolutive. Il est indispensable de se laver les mains fréquemment et soigneusement. Les membres du personnel et les visiteurs pourront porter un masque pour éviter de contaminer le patient jusqu'à ce qu'on diminue ses doses d'immunosuppresseurs. Les septicémies bactériennes et fongiques sont une importante cause de décès chez les patients qui ont subi une greffe rénale.

- Les manifestations cliniques de la septicémie sont notamment de grands frissons, la fièvre, la tachycardie et la tachypnée ainsi qu'une augmentation ou une diminution du nombre des leucocytes (leucocytose ou leucopénie).

Les portes d'entrée des microorganismes sont notamment les voies urinaires, les poumons et l'incision chirurgicale. On doit procéder fréquemment à des cultures d'urines, car les risques de bactériémie sont élevés, autant au cours de la période qui suit immédiatement la greffe que plus tard. Tout écoulement provenant d'une incision chirurgicale est une source possible d'infection, car il s'agit d'un excellent milieu de culture pour les bactéries. Pour s'assurer de l'absence d'infection dans les écoulements, on peut couper les extrémités des drains (sous asepsie stricte) et les faire parvenir au laboratoire pour culture après les avoir placés dans un milieu approprié.

Surveillance de la fonction urinaire. On doit vérifier la perméabilité et la stérilité de la voie d'accès à la circulation sanguine servant pour l'hémodialyse, car des caillots peuvent s'y former après la greffe, puisque le retour

de la fonction rénale améliore l'hémostase. Il est parfois nécessaire de recourir à l'hémodialyse après une greffe pour assurer le maintien de l'homéostasie jusqu'à ce que le rein transplanté fonctionne bien.

Les reins provenant d'un donneur vivant et apparenté au patient commencent généralement à fonctionner tout de suite après la greffe et peuvent produire de grandes quantités des urines diluées. Les reins provenant de cadavres peuvent présenter une nécrose tubulaire et ne fonctionner que deux ou trois semaines après la greffe. Dans la période qui précède la reprise de la fonction rénale, le volume des urines est très variable et on peut noter d'importantes fluctuations du bilan hydroélectrolytique. On doit mesurer toutes les 30 minutes ou toutes les heures, le débit urinaire provenant de la sonde vésicale. Dès qu'on retire la sonde, on demande au patient d'uriner fréquemment pour éviter les pressions sur les sutures du col de la vessie. On administre des solutions intraveineuses selon le volume des urines et les taux sériques d'électrolytes, conformément à l'ordonnance du médecin.

Autres complications. On observe dans certains cas l'apparition d'ulcères et de saignements digestifs dus aux stéroïdes. Les stéroïdes associés aux antibiotiques peuvent entraîner la colonisation de la bouche et des voies gastrointestinales par des champignons, ainsi qu'une vessie urinaire. Les maladies cardiovasculaires sont une cause de plus en plus fréquente de décès chez les greffés du rein, ce qui serait dû en partie au fait que leur âge moyen augmente. Il semble que les cancers seraient aussi plus fréquents chez les personnes ayant subi un traitement immunosuppresseur prolongé.

Considérations d'ordre psychologique. Pendant des mois, le rejet du greffon est la principale source d'inquiétude du patient, de sa famille et de l'équipe soignante. Cette crainte et les complications qu'entraîne le traitement immunosuppresseur (syndrome de Cushing, diabète, fragilité capillaire, ostéoporose, glaucome, cataractes et acné) sont la source d'un immense stress psychologique. L'incertitude face à l'avenir et les difficultés d'adaptation contribuent aussi au stress.

Enseignement au patient et soins à domicile. Le patient doit savoir qu'une greffe exige un suivi toute la vie durant. On lui donne par écrit des directives concernant son régime alimentaire, ses médicaments, l'apport liquidien permis, la pesée quotidienne, la mesure quotidienne du volume des urines, le bilan des ingesta et des excreta, la prévention des infections et la reprise des activités. On lui indique également les sports de contact qu'il doit éviter pour ne pas endommager le greffon.

L'infirmière doit s'assurer que le patient et sa famille comprennent l'importance de la prise des immunosuppresseurs prescrits par le médecin. Elle doit aussi leur enseigner à reconnaître les signes de rejet, d'infection ou d'effets secondaires graves des immunosuppresseurs: diminution du débit urinaire, gain de poids, malaise, fièvre, détresse respiratoire, sensibilité au niveau du greffon, anxiété, dépression, modification des habitudes alimentaires, liquidiennes ou autres, et variations de la pression artérielle. La Fondation canadienne du rein est un organisme de soutien à but non lucratif destiné aux personnes qui souffrent de maladie rénale. Cette association fournit aux patients et à leur famille de nombreuses suggestions et conseils sur la dialyse et la greffe.

Don d'organes. Le nombre des dons d'organes est toujours insuffisant. Pour donner ses organes, il suffit de remplir la section réservée à cette fin à l'endos du permis de conduire ou de la carte d'assurance-santé. Si une personne n'a pas signé de carte de dons d'organes, on doit obtenir l'autorisation d'un membre de sa famille immédiate au moment de son décès avant de prélever ses organes. Les membres de la famille demandent souvent aux infirmières de leur expliquer ce qu'est le don d'organes et quelles en sont les implications.

Résumé: L'insuffisance rénale affecte l'organisme tout entier et a des conséquences sur la vie professionnelle, la vie familiale et les loisirs. Le patient qui subit un traitement de dialyse ou une greffe est généralement soumis à un stress psychologique et physiologique considérable. Même si la dialyse atténue les symptômes et améliore l'état de santé, elle ne guérit pas l'insuffisance rénale chronique. De plus, les traitements de dialyse sont fréquents et souvent exténuants. Pour un grand nombre d'insuffisants rénaux, la greffe est le dernier espoir de vivre une vie normale ou presque normale. Avant ou après une greffe rénale, le patient doit souvent faire face à de sérieuses complications. Les diagnostics infirmiers qui s'appliquent à son état exigent une grande compétence de la part des infirmières chargées de ses soins. Celles-ci doivent posséder les aptitudes nécessaires pour évaluer l'état psychologique du patient et de sa famille et leurs capacités d'adaptation.

LITHIASE URINAIRE

La lithiase urinaire est la présence de calculs dans les voies urinaires. Les calculs sont formés par l'accumulation de cristaux urinaires d'oxalate de calcium, de phosphate de calcium ou d'acide urique. Ils peuvent se former dans n'importe quelle partie des voies urinaires. Certains sont microscopiques mais d'autres, comme ceux que l'on retrouve dans la vessie, peuvent atteindre la taille d'une orange. Voir la figure 37-3 pour les parties des voies urinaires où des calculs peuvent se former.

Certains facteurs prédisposent à la formation de calculs, dont les infections, la stase urinaire, l'immobilité prolongée (à cause de la réduction du débit urinaire et de l'altération du métabolisme du calcium), ainsi que l'hypercalcémie (augmentation du taux sérique de calcium) et l'hypercalciurie (augmentation du taux urinaire de calcium) qui peuvent être causés par une hyperparathyroïdie, une acidose tubulaire rénale, un apport exagéré de vitamine D, de lait ou d'alcalis et certaines maladies comme la leucémie, la polyglobulie essentielle et le myélome multiple qui s'accompagnent d'une multiplication anormale des érythrocytes dans la moelle osseuse (myéloprolifération). Les calculs phospho-ammoniaco-magnésiens sont dus à la présence d'uréase (une enzyme bactérienne) dans l'urine. Certains calculs proviennent d'une excrétion accrue d'acide urique, le produit final du métabolisme des purines. Les personnes qui souffrent d'une affection abdominale inflammatoire ou qui ont subi une iléostomie ou une résection intestinale, surtout de l'intestin grêle, sont prédisposées à la formation de calculs à cause d'une absorption accrue d'oxalates. La carence en vitamine A est une autre cause de lithiase urinaire. Dans de nombreux cas toutefois, les calculs se forment sans cause apparente.

La lithiase touche surtout les personnes de 30 à 50 ans et plus d'hommes que de femmes. Les personnes qui ont déjà eu une récidive ont tendance à en avoir d'autres. La majorité des calculs se composent de calcium ou de magnésium combiné à des phosphates ou à des oxalates. Ils sont pour la plupart opaques aux rayons X et donc visibles à la radiographie.

Manifestations cliniques

Les manifestations cliniques varient selon qu'il y a obstruction, infection ou œdème. L'obstruction peut s'accompagner d'une irritation et d'une stase urinaire pouvant favoriser l'apparition d'une infection. L'infection peut se propager aux bassinets et à la vessie provoquant de la fièvre, des frissons et une dysurie. Certains calculs sont asymptomatiques mais entraînent une lente destruction des unités fonctionnelles du rein, les néphrons. D'autres provoquent une douleur intolérable. Ainsi, ceux qui se logent dans le bassinet se manifestent par une douleur intense et profonde dans la région lombaire (partie du dos située entre le thorax et le bassin), et par une polyurie, de l'hématurie et de la pyurie. La douleur est causée par une augmentation soudaine de la pression hydrostatique, provoquant la distension du bassinet et de l'uretère proximal. Elle irradie dans l'abdomen vers la vessie, chez la femme, ou vers les testicules chez l'homme. On appelle *colique néphrétique* l'ensemble des manifestations de la migration d'un calcul rénal: douleur aiguë, extrême sensibilité au niveau de la région lombaire, nausées et vomissements. Cette crise peut s'accompagner de diarrhées et de douleurs abdominales, dues au réflexe réno-intestinal et à la proximité anatomique des reins, avec l'estomac, le pancréas et le côlon.

La migration d'un calcul dans l'uretère provoque une douleur aiguë et atroce irradiant dans les organes génitaux et le long de la face interne de la cuisse. La douleur est habituellement intermittente. On observe généralement des envies fréquentes d'uriner avec émission de faibles quantités d'urines

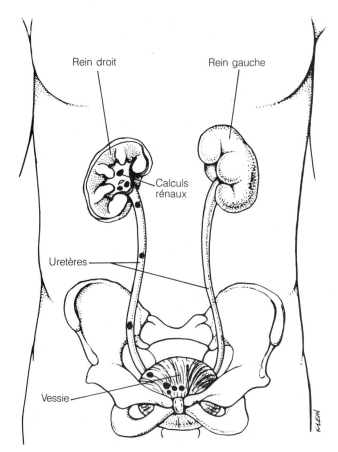

Figure 37-3. Parties des voies urinaires où des calculs peuvent se former

(pollakiurie). Les urines contiennent habituellement du sang provenant d'abrasions créées par le calcul. En général, les calculs de 0,5 à 1 cm de diamètre sont évacués spontanément. Ceux dont le diamètre dépasse 1 cm doivent être éliminés chirurgicalement ou désagrégés par lithotripsie. Les calculs qui se logent dans la vessie provoquent une irritation et peuvent s'accompagner d'une infection et d'hématurie. Ceux qui obstruent le col vésical provoquent une rétention urinaire.

Examens diagnostiques

L'urographie intraveineuse et la pyélographie rétrograde permettent de confirmer le diagnostic. Des analyses de sang et la cueillette des urines de 24 heures, pour la mesure des taux de calcium, d'acide urique, de créatinine et de sodium, du pH et du volume total s'imposent également. On doit en outre établir les habitudes alimentaires du patient, sa consommation de médicaments et ses antécédents familiaux de calculs rénaux afin de connaître les facteurs de prédisposition à la formation de calculs.

Traitement

Le traitement vise à éliminer le calcul, à en déterminer la composition, à éviter la destruction du néphron, à juguler l'infection et à corriger l'obstruction. L'infection et la contre-pression provoquées par la rétention urinaire peuvent détruire le parenchyme rénal.

S'il y a colique néphrétique, on doit avant tout soulager la douleur pour prévenir un choc ou un évanouissement. On soulage la douleur par l'administration de morphine ou de mépéridine. Les bains chauds ou l'application de chaleur humide sur la région lombaire peuvent procurer un certain soulagement. Si le patient ne vomit pas, on lui fait boire beaucoup de liquide afin d'augmenter la pression hydrostatique en amont du calcul, ce qui favorise sa descente. Un apport liquidien élevé tout au cours de la journée réduit la concentration des cristaux urinaires, augmente le volume des urines et en diminue la densité.

Pour corriger l'obstruction, on peut déloger le calcul à l'aide d'une fine sonde urétérale insérée par cystoscopie, ce qui diminue immédiatement la contre-pression sur le rein et soulage la douleur.

On recueille les calculs éliminés pour procéder à une analyse cristallographique permettant d'établir leur composition. Les calculs composés d'oxalate ou de phosphate de calcium traduisent habituellement une perturbation du métabolisme des oxalates et du calcium, tandis que ceux qui se composent d'urates indiquent une anomalie du métabolisme de l'acide urique. Les calculs phospho-ammoniaco-magnésiens (calculs d'infection) comptent pour 15 à 20 % des calculs urinaires. En cas d'infection, on administre les antibiotiques appropriés.

Diétothérapie et médicaments. La diétothérapie est particulièrement efficace dans le cas des calculs causés par un trouble métabolique provoquant une excrétion excessive de sels (hypercalciurie) ou une altération des propriétés biochimiques de l'urine (acidité). La plupart des calculs contiennent des sels de calcium combiné à des phosphates. Dans ce cas, on recommande un régime alimentaire faible en calcium et en phosphates (encadré 37-2). On doit aussi acidifier les urines. Parfois, le fait de boire suffisamment et d'éviter les aliments renfermant le principal constituant du calcul (le calcium, par exemple) suffit à en arrêter la croissance.

Le phosphate sodique de cellulose pourrait, selon certaines études, prévenir efficacement les lithiases en fixant le calcium alimentaire dans le tube digestif, réduisant ainsi la quantité de calcium réabsorbé dans la circulation sanguine. Si les calculs sont dus en partie à une augmentation de la production de parathormone (une hormone qui stimule la libération du calcium par les os), on peut utiliser les diurétiques pour réduire la concentration de calcium dans les urines et abaisser le taux de parathormone.

Pour les patients sujets aux calculs contenant des phosphates, on prescrira un régime pauvre en phosphates (voir l'encadré 37-2). On peut aussi prescrire un gel d'hydroxyde d'aluminium. L'hydroxyde d'aluminium se fixe aux phosphates dans le tube digestif, ce qui réduit leur concentration dans les urines.

Dans le cas des calculs composés d'acide urique, on recommande un régime alimentaire à faible teneur en purines pour réduire l'excrétion d'acide urique dans les urines. Les aliments riches en purine sont les fruits de mer et les abats. Parfois, on limite l'apport général en protéines. On peut administrer de l'allopurinol (Zyloprim) pour réduire l'excrétion d'acide urique dans le sang et les urines. Les urines doivent aussi être alcalinisées. Dans le cas des calculs cystiniques, on prescrit un régime alimentaire faible en protéines, on alcalinise les urines avec du bicarbonate de sodium et on administre de la pénicillamine pour réduire le taux urinaire de cystine. Pour les calculs oxaliques, on assure la dilution des urines et on réduit l'apport en oxalates. Les aliments riches en oxalates

Encadré 37-2
Régime alimentaire à faible teneur en calcium et en phosphates

Aliments permis

Lait: Quantité limitée à 250 mL par jour; on peut remplacer une partie du lait par de la crème.

Fromage: Fromage blanc seulement; quantité limitée à 60 g par jour

Graisses: Aucune restriction

Œufs: Un seul jaune par jour; aucune limite pour les blancs

Viandes, poissons, volailles: Bœuf, agneau, porc, veau, poulet, dinde, poisson: limite de 120 g par jour. Consulter la liste des aliments interdits.

Soupes et bouillons: Aucune restriction, sauf pour les potages à base de lait

Légumes: Outre une portion de pomme de terre, au moins trois portions dont une ou deux de légumes verts ou jaunes foncés quotidiennement. Consulter la liste des aliments interdits.

Fruits: Tous sauf la rhubarbe. Consommer des agrumes tous les jours.

Pain, céréales, pâtes: Pain blanc enrichi, brioches et craquelins, sauf ceux à base de farine autolevante ou de farina (non enrichie), flocons de maïs, farine de maïs, semoule de maïs, riz, céréales de riz, riz soufflé, macaroni, spaghetti, nouilles

Desserts: Tartes aux fruits, pavés aux fruits, glaces aux fruits, gélatine, crèmes faites avec la quantité de lait et d'œufs permis, gâteau des anges (ne pas employer de mélanges).

Boissons: Café, café de céréales, café décaféiné, thé, soda au gingembre

Condiments: Sucre, gelées, miel, sel, poivre et épices

Aliments interdits

Fromages: Tous sauf le fromage blanc

Viandes, poissons, volailles: Cervelle, cœur, foie, rognons, ris de veau, gibier (faisan, lièvre, chevreuil, coq de bruyère), sardines, œufs de poisson

Légumes: Feuilles de betterave, bettes à carde, choux à rosettes, feuilles de moutarde, épinards, navets, haricots secs, pois, lentilles, fèves de soya

Fruits: Rhurbarbe

Pain, céréales, pâtes: Pains, céréales et craquelins de grains entiers, pain de seigle, tous les pains à base de farine autolevante, gruau, riz brun et riz sauvage, son et céréales de son, germe de blé, toutes les céréales excepté celles qui figurent sur la liste des aliments permis.

Desserts: Tous sauf ceux qui sont permis.

Boissons: Boissons gazeuses, boissons chocolatées

Aliments divers: Noix, beurre d'arachides, chocolat, cacao, condiments à base de calcium ou de phosphates (lire les étiquettes).

Ce régime alimentaire contient de 500 à 700 mg de calcium et de 1000 à 1200 mg de phosphates.

Source: L. Anderson et coll., *Nutrition in Health and Disease,* 17e éd., Philadelphia, J. B. Lippincott

---

sont les légumes verts, les légumineuses, le céleri, les betteraves, la rhubarbe, le chocolat, le thé, le café et les arachides.

Si le patient n'évacue pas spontanément le calcul ou si des complications se présentent, on peut avoir recours à la lithotripsie extracorporelle par ondes de choc ou à l'extraction percutanée ou par urétéroscopie.

Lithotripsie extracorporelle par ondes de choc. La lithotripsie extracorporelle par ondes de choc (voir la figure 37-4) est un procédé non chirurgical qu'on utilise pour désagréger en petits fragments de la taille d'un grain de sable les calculs logés dans les calices rénaux. Ceux-ci peuvent ensuite être évacués dans les urines.

Dans la lithotripsie, les calculs sont broyés par la génération d'ondes de choc qui se déplacent dans l'eau et les tissus mous. Lorsque ces ondes rencontrent une substance d'intensité différente, comme un calcul, une onde de compression en fait éclater la surface. Le bombardement par les ondes de choc désintègre le calcul en une multitude de petits fragments que les voies urinaires supérieures peuvent alors évacuer spontanément. Le recours ou non à l'anesthésie dépend du nombre et de l'intensité des ondes de choc émises par le lithotriteur utilisé. Pour prévenir les arythmies, il faut synchroniser les ondes de choc avec l'électrocardiogramme du patient. Le nombre d'ondes de choc nécessaires pour désintégrer

le calcul dépend de la taille de celui-ci. Même si, généralement, les ondes de choc ne provoquent pas de lésions aux tissus voisins, leur répétition peut provoquer un malaise. Après la lithotripsie, il faut observer le patient à la recherche de signes de lésions pulmonaires, d'infection et d'obstruction des voies urinaires par des fragments de calculs. On filtre toutes les urines selon la méthode indiquée pour recueillir les fragments de calculs, que l'on fait parvenir au laboratoire pour analyse. On incite le patient à boire beaucoup de liquide pour faciliter l'évacuation des fragments de calculs. L'évacuation complète peut prendre de six semaines à plusieurs mois.

La lithotripsie est une méthode coûteuse mais rentable car elle permet de réduire la durée de l'hospitalisation et d'éviter des interventions chirurgicales. Elle permet aussi de réduire les coûts sociaux en diminuant la durée de la convalescence. On l'utilise avec succès en consultation externe. Dans ce cas, on indique au patient et à sa famille les signes et les symptômes de complications. On suit de près le patient pour s'assurer que le traitement a été efficace et qu'il ne présente aucune complication (obstruction, infection, hématome rénal ou hypertension). La fragmentation des calculs peut exiger plusieurs traitements.

Extraction des calculs par voie endoscopique. L'extraction des calculs par voie endoscopique fait appel à la

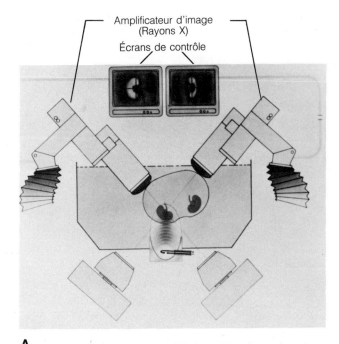

A

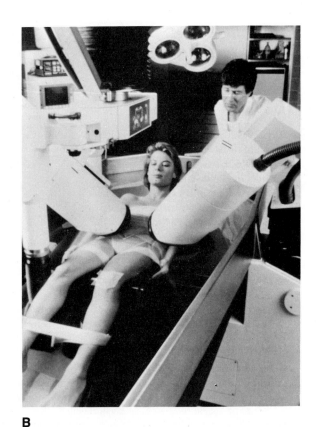

B

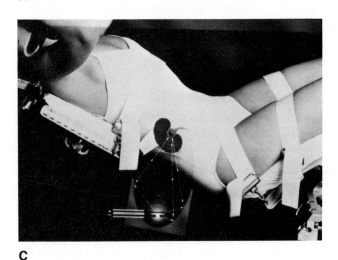

C

Figure 37-4. Lithotripsie extracorporelle par ondes de choc **(A)** Schéma du lithotriteur dirigé vers un calcul situé dans le rein (vue en coupe). On place le patient de façon à obtenir une image tridimensionnelle précise du calcul et on se guide par fluoroscopie au moyen d'écrans. **(B)** Immersion du patient en vue du traitement. (Avec les lithotriteurs de deuxième génération, on peut placer le patient sur un sac rempli d'eau.) **(C)** On dirige des ondes de choc sur le calcul.

(Source: Dornier Medical Systems, Inc.)

compétence du radiologue et de l'urologue. Elle peut éviter une opération majeure. Parmi les voies endoscopiques, on note la néphrostomie percutanée (ou néphrolithotomie) (voir le chapitre 36). Selon cette méthode, on introduit un néphroscope par une incision percutanée jusqu'au parenchyme rénal, puis on extrait le calcul au moyen de pinces ou d'un panier, dépendant de sa taille. On peut également pulvériser le calcul au moyen d'une sonde ultrasonore, pour ensuite irriguer les fragments et les aspirer hors du système collecteur. Si les fragments sont plus gros, on peut les extraire à l'aide de pinces ou d'un petit panier. La lithotripsie électrohydraulique (création d'un choc hydraulique au moyen d'une décharge électrique) est une autre façon de désagréger les calculs. Selon cette méthode, on introduit un lithotriteur par cystoscopie et on en place l'extrémité près du calcul. L'intensité et la fréquence de la décharge peuvent varier. Cette méthode s'effectue sous anesthésie locale.

Après l'extraction du calcul, on garde en place la sonde de néphrostomie jusqu'à ce que l'on soit assuré que l'uretère n'est pas obstrué par de l'oedème ou des caillots. Les complications les plus fréquentes de l'extraction de calculs par voie endoscopique sont notamment les hémorragies, les infections et l'extravasation urinaire. L'incision est petite, l'hospitalisation très courte et la guérison rapide. Une fois la sonde retirée, l'incision se referme spontanément.

Urétéroscopie. L'urétéroscopie permet de voir l'intérieur de l'urètre et d'y avoir accès. Elle se fait au moyen d'un urétéroscope. Elle permet l'extraction des calculs ou leur fragmentation par le laser, la lithotripsie hydraulique ou les ultrasons. Parfois, on insère un drain tuteur urétéral que l'on laisse en place pendant 48 heures afin de maintenir la perméabilité de l'uretère. L'urétéroscopie n'exige généralement qu'une très courte hospitalisation et peut dans certains cas se faire en externe.

Dissolution des calculs. La dissolution des calculs au moyen de substances alcalinisantes ou acidifiantes peut être utilisée dans les cas où les autres traitements ont peu de chances de succès, chez les patients qui refusent les autres traitements ou dont les calculs se dissolvent facilement (calculs phospho-ammoniaco-magnésiens). On introduit habituellement la solution d'irrigation chaude par une sonde de néphrostomie percutanée et on la laisse s'écouler de façon continue sur le calcul. La solution d'irrigation ressort soit par l'uretère, soit par la sonde de néphrostomie. Durant toute l'intervention, on doit suivre de près la pression à l'intérieur du bassinet. On peut utiliser une combinaison de certaines de ces méthodes pour assurer la disparition complète des calculs.

Extraction chirurgicale. L'extraction chirurgicale, longtemps la principale méthode d'extraction des calculs rénaux, n'est aujourd'hui utilisée que dans 1 à 2 % des cas, soit quand les autres formes de traitement ont échoué, ou quand on doit en même temps corriger des anomalies qui entravent le débit urinaire.

Si un calcul est logé dans le rein, on peut pratiquer une *néphrolithotomie* (qui est l'extraction du calcul après incision du rein) ou une *néphrectomie* (qui est l'ablation du rein). On pratique une néphrectomie quand le fonctionnement du rein est gravement altéré à cause d'une infection ou d'une hydronéphrose. On retire les calculs du bassinet par *pyélolithotomie*, ceux de l'uretère par *urétérolithotomie* et ceux de la vessie par *cystolithotomie*. Dans certains cas, les calculs vésicaux sont broyés à l'aide d'une pince introduite dans la vessie par l'urètre; c'est ce que l'on appelle une cystolitholapaxie. On trouvera au chapitre 36 les soins infirmiers aux patients ayant subi une chirurgie rénale.

▶ DÉMARCHE DE SOINS INFIRMIERS PATIENTS ATTEINTS DE LITHIASE URINAIRE

▷ Collecte des données

L'infirmière qui soigne un patient chez qui on soupçonne la présende de calculs doit procéder à une évaluation de la douleur (intensité, origine, irradiation). Elle doit noter également la présence d'autres symptômes de colique néphrétique: nausées, vomissements, diarrhées et distension abdominale, de même que les signes d'infection des voies urinaires (frissons, dysurie, fièvre, envies fréquentes d'uriner, retard à la miction) et d'obstruction (émission fréquente de petites quantités d'urines, oligurie ou anurie). Elle doit en outre recueillir les urines pour dépister la présence de sang et les filtrer pour récolter les calculs ou les fragments de calculs.

En établissant le profil du patient, l'infirmière doit porter une attention particulière aux facteurs de prédisposition aux calculs des voies urinaires ou à ceux qui ont déclenché l'actuel épisode de colique néphrétique. Les facteurs de prédisposition sont notamment les antécédents familiaux de calculs urinaires, certains cancers ou myélopathies, la chimiothérapie, les affections abdominales inflammatoires ou un régime alimentaire riche en calcium ou en purines. Les facteurs susceptibles de déclencher la formation de calculs chez un patient qui y est prédisposé sont la déshydratation, l'immobilité prolongée et l'infection. L'infirmière doit aussi évaluer les connaissances du patient sur les lithiases et sur les mesures destinées à prévenir les récidives.

▷ Analyse et interprétation des données

Selon les données recueillies, voici les principaux diagnostics infirmiers possibles:

- Douleur et malaise reliés à l'inflammation, l'obstruction et l'abrasion des voies urinaires
- Risque élevé d'infection et d'obstruction relié à l'obstruction des voies urinaires par un calcul ou de l'œdème
- Manque de connaissances sur la prévention des récidives de lithiase

▷ Planification et exécution

▷ *Objectifs de soins:* Soulagement de la douleur et du malaise; prévention de l'infection et de l'obstruction; acquisition de connaissances sur la prévention des récidives

▷ Interventions infirmières

▷ *Soulagement de la douleur.* Pour soulager la douleur aiguë de la colique néphrétique, on administre au patient des analgésiques narcotiques conformément à l'ordonnance du médecin. L'administration par voie intraveineuse ou intramusculaire permet d'apporter un soulagement rapide et de prévenir le choc que peut provoquer une douleur intense. L'application de chaleur humide peut aussi apporter un certain soulagement. On prodigue des encouragements au patient, on l'aide à adopter une position dans laquelle il est à l'aise, et à se déplacer, si cela soulage la douleur. Si on note une intensification de la douleur, on doit immédiatement en faire part au médecin pour qu'il puisse y apporter un soulagement en modifiant le traitement. Si on ne peut soulager la douleur et que les calculs ne sont pas évacués spontanément, on prépare le patient pour une extraction par lithotripsie, par voie percutanée, par voie endoscopique ou par chirurgie.

▷ *Prévention de l'infection et de l'obstruction.* Le patient chez qui on soupçonne la présence de calculs est sujet à l'infection et à l'obstruction des voies urinaires. On doit donc lui recommander de faire état de toute diminution du volume de ses urines ou de la présence de sang ou de turbidité. Il faut suivre de près le débit urinaire total et les habitudes de miction. On incite le patient à augmenter son apport liquidien pour prévenir la déshydratation et augmenter la pression hydrostatique dans les voies urinaires, ce qui favorise l'évacuation des calculs. Si le patient ne peut pas prendre de liquide par voie orale, on prescrira l'administration de liquide par voie intraveineuse. On aide le patient à marcher pour favoriser la descente des calculs dans les voies urinaires.

L'infirmière doit examiner attentivement les urines du patient pour dépister le passage spontané d'un calcul. Elle filtre toutes les urines à travers une gaze, car certains calculs, comme les calculs d'acide urique, peuvent s'émietter. Elle doit aussi s'assurer de l'absence de calculs dans les caillots sanguins et sur les côtés de l'urinoir ou du bassin hygiénique.

▷ *Enseignement au patient et soins à domicile.* On sait que les patients qui ont souffert d'une lithiase urinaire sont sujets à des récidives. On doit donc les inciter à suivre un régime alimentaire préventif. Ils doivent de plus consommer beaucoup de liquide, car une trop forte concentration des urines favorise la formation de calculs. Le débit urinaire chez ces patients devrait être de trois à quatre litres par jour. Il leur faut également éviter les augmentations brusques de température, qui peuvent diminuer le débit urinaire. S'ils pratiquent une activité ou un sport qui les font transpirer abondamment, ils doivent augmenter leur consommation de liquide pour éviter la déshydratation. Ils doivent aussi boire suffisamment au cours de la soirée pour éviter une trop grande concentration des urines pendant la nuit. On fait des cultures d'urines tous les mois ou tous les deux mois pendant un an et périodiquement par la suite. Dans les cas d'infection récidivante, on applique un traitement énergique.

Comme l'immobilité prolongée ralentit le débit urinaire et altère le métabolisme du calcium, on doit inciter le patient à marcher le plus possible. On déconseille l'absorption excessive de vitamines (surtout la vitamine D) et de minéraux.

Si le patient a subi l'extraction d'un calcul par lithotripsie, par voie percutanée, par urétéroscopie ou par chirurgie, on lui indique les signes et les symptômes de complications dont il doit faire part au médecin. On insiste auprès du patient et de sa famille sur l'importance d'un suivi pour évaluer la fonction rénale et assurer le succès de l'évacuation des calculs.

Si on prescrit des médicaments pour prévenir la formation de calculs, on explique au patient leur action et leur importance. On lui fournit également, verbalement et par écrit, des renseignements détaillés sur les aliments permis et interdits. On lui enseigne comment mesurer le pH urinaire et interpréter les résultats obtenus. Les risques de récidive étant élevés chez le patient qui souffre de lithiase, on doit lui indiquer les signes et symptômes de lithiase, d'obstruction et d'infection, et lui recommander de consulter immédiatement son médecin si ces signes et symptômes se manifestent.

▷ *Évaluation*

Résultats escomptés

1. Le patient éprouve un soulagement de ses symptômes.
   a) Il dit éprouver un soulagement de la douleur.
   b) Il adopte une position dans laquelle il est à l'aise.
   c) Il se fait aider et marche tous les jours un peu plus, avec de l'aide.
   d) Il prend des analgésiques selon l'ordonnance du médecin.
   e) Il applique de la chaleur humide sur la région lombaire et prend des bains chauds pour soulager ses malaises.
   f) Il ne présente aucun signe de choc ou de syncope provoqué par la douleur.
2. Le patient ne présente aucun signe d'infection ou d'obstruction des voies urinaires.
   a) Ses urines sont limpides et ne contiennent pas de globules rouges.
   b) Il émet de 200 à 400 mL d'urines à chaque miction.
   c) Il dit ne pas éprouver de dysurie, d'envie fréquente d'uriner et de retard à la miction.
   d) Sa température corporelle est normale.
   e) Il dit n'éprouver aucun frisson.
3. Le patient connaît mieux les mesures de prévention des récidives.
   a) Il consomme de grandes quantités de liquides (10 à 12 verres par jour).
   b) Ses urines sont limpides et sans traces de sang.
   c) Il connaît les mesures permettant d'éviter la déshydratation.
   d) Il évite dans la mesure du possible les périodes prolongées d'activité et d'immobilité.
   e) Il se conforme au régime alimentaire prescrit de façon à réduire les facteurs qui prédisposent aux lithiases.

f) Il évite les aliments riches en calcium, en phosphates, en oxalates et en purines.
g) Il connaît les symptômes dont il doit faire part au médecin (fièvre, frissons, douleur au flanc, hématurie).
h) Il prend le pH de ses urines comme on le lui a enseigné.
i) Il prend les médicaments prescrits pour empêcher la formation de calculs.
j) Il consulte son médecin si des signes ou symptômes de complications se manifestent à la suite de l'extraction ou de la fragmentation d'un calcul.

Résumé: L'apparition de nouvelles méthodes de traitement des lithiases urinaires accroît l'importance du rôle de l'infirmière qui doit prodiguer au patient de l'enseignement et des conseils et assurer un suivi. Un grand nombre de ces nouveaux traitements n'exigent qu'une courte hospitalisation et peuvent même être dispensés en externe. Il est donc essentiel que le patient et sa famille reçoivent des directives et un enseignement appropriés sur leurs complications. Par conséquent, l'infirmière doit leur enseigner comment dépister ces complications, les traiter ou en réduire la gravité. Elle doit de plus leur indiquer quand consulter un médecin ou une infirmière.

TRAUMATISMES RÉNAUX

Différents types de blessures au flanc, au dos ou au haut de l'abdomen peuvent entraîner des contusions ou des lacérations aux reins ou même la rupture d'un rein, ou encore des lésions au pédicule. Les reins sont protégés, à l'arrière, par les muscles du dos et, à l'avant, par un coussin formé de la paroi abdominale et des viscères. Ils sont très mobiles, n'étant fixés que par le pédicule rénal. À la suite d'un traumatisme, ils peuvent donc être poussés contre les côtes, ce qui peut provoquer des contusions ou une rupture. Dans les cas de fracture des côtes ou de l'apophyse transverse d'une vertèbre lombaire supérieure, s'ajoutent des risques de lacération. Les blessures aux reins peuvent être provoquées par un écrasement (accident de voiture ou de moto, chute ou blessure sportive) ou une plaie pénétrante (par balle ou par arme blanche). La ceinture de sécurité protège des traumatismes rénaux lors d'accidents de la route. On associe des traumatismes rénaux à toute sorte d'autres types de blessures.

Les blessures rénales les plus courantes sont les contusions, les lacérations, les ruptures et les lésions au pédicule. On observe aussi de légères lacérations internes du rein. Comme le rein reçoit la moitié du flux sanguin de l'organisme par l'aorte abdominale, une lacération même légère peut provoquer une hémorragie massive.

Manifestations cliniques. Les manifestations cliniques des traumatismes rénaux sont la douleur, la colique néphrétique causée par des caillots ou des fragments qui obstruent le système collecteur, une hématurie, la présence d'une masse au flanc, d'ecchymoses et de lacérations ou de blessures à la partie latérale de l'abdomen ou au flanc. Une hémorragie importante peut provoquer une hypovolémie et un choc.

Traitement. Le traitement vise à arrêter l'hémorragie, à soulager la douleur et à traiter l'infection, à préserver ou à rétablir la fonction rénale ainsi qu'à maintenir le débit urinaire.

L'hématurie est la manifestation la plus fréquente des traumatismes rénaux. Il n'existe aucune relation entre l'importance de l'hématurie et la gravité de la blessure rénale. Dans certains cas, il y a absence d'hématurie ou une hématurie microscopique. Il faut donc recueillir toutes les urines et les faire parvenir au laboratoire pour recherche de sang. On note l'heure de la miction et le volume des urines. Pour dépister l'hémorragie, on doit également être à l'affût d'une baisse du taux d'hémoglobine et de l'hématocrite.

On observe le patient à la recherche de signes d'oligurie et de choc hypovolémique, car une blessure au pédicule ou l'éclatement d'un rein peuvent entraîner une exsanguination rapide (hémorragie létale). Un hématome qui grossit peut provoquer la rupture de la capsule rénale. Pour dépister la présence d'un hématome, on palpe la région des côtes inférieures, des vertèbres lombaires supérieures, le flanc et l'abdomen à la recherche d'un point sensible. Si la palpation révèle la présence d'une masse sensible au flanc ou à l'abdomen avec enflure et ecchymoses, on doit penser à une hémorragie rénale ou à une extravasation. On peut marquer les contours de la masse au crayon pour observer par la suite s'ils se modifient. Une douleur intense au flanc ou dans la région costovertébrale peut indiquer une lésion au pédicule pouvant entraîner une nécrose du rein. Les traumatismes rénaux sont associés dans une proportion pouvant atteindre 80 % à des lésions d'autres organes abdominaux (foie, côlon, intestin grêle). Il faut donc dépister la présence d'abrasions et de lacérations cutanées, de plaies dans la région supérieure de l'abdomen ou dans la région inférieure du thorax.

On classe les traumatismes rénaux selon le type de la blessure qui les a causés (écrasement ou plaie pénétrante), de même que selon le siège ou la gravité de la blessure. Parmi les traumatismes *mineurs,* on note les contusions, les hématomes et certaines lacérations du cortex, et parmi les traumatismes *majeurs,* les lacérations graves accompagnées d'une rupture de la capsule. Les traumatismes *critiques* sont généralement des lacérations graves et multiples accompagnées de lésions vasculaires.

On peut traiter les traumatismes mineurs par des mesures traditionnelles comme le repos au lit jusqu'à la disparition de l'hématurie. Il est parfois nécessaire de procéder à des perfusions intraveineuses, car les saignements rétropéritonéaux peuvent engendrer un iléus paralytique.

On peut administrer des antibiotiques pour prévenir l'infection s'il y a hématome périrénal ou urinome (kyste contenant de l'urine). La résorption d'un hématome rétropéritonéal peut provoquer une fébricule.

Au cours des jours qui suivent le traumatisme, on doit examiner le patient fréquemment pour dépister les douleurs au flanc ou à l'abdomen, les spasmes musculaires et les tuméfactions au flanc.

- Tout *changement* brusque dans l'état du patient peut indiquer une hémorragie exigeant une intervention chirurgicale. On mesure les signes vitaux pour dépister les hémorragies. On évite l'administration de narcotiques, car ceux-ci peuvent masquer les symptômes abdominaux.

- Il faut préparer le patient pour une exploration chirurgicale si son pouls s'accélère, si sa pression artérielle baisse et s'il présente des symptômes de choc.

Les traumatismes rénaux critiques et la plupart des plaies pénétrantes exigent une exploration chirurgicale à cause d'une forte probabilité de blessures à d'autres organes qui pourraient avoir de sérieuses conséquences si elles n'étaient pas traitées. On doit pratiquer l'ablation du rein (néphrectomie) si les lésions ne peuvent être réparées. Dans les cas de traumatismes rénaux majeurs, on a recours soit à des traitements traditionnels, comme le repos au lit, soit à la chirurgie, selon l'état du patient et la nature de la blessure.

Les complications qui se manifestent dans les six mois qui suivent le traumatisme sont notamment le retour des hémorragies, les abcès, les infections, l'extravasation de l'urine et la formation de fistules.

Enseignement au patient et soins à domicile. Le suivi doit comporter la mesure de la pression artérielle pour dépister l'hypertension. Parmi les autres complications, citons la formation de calculs, les infections, les kystes, les anévrismes et l'altération de la fonction rénale. On réduit généralement l'activité pendant le mois qui suit le traumatisme, afin d'éviter les saignements. On indique au patient les changements dont il doit faire part à son médecin. On lui fournit également des directives sur la façon d'augmenter graduellement ses activités.

TRAUMATISMES VÉSICAUX

Un traumatisme vésical peut résulter d'une fracture pelvienne, de polytraumas ou d'un coup porté au bas de l'abdomen alors que la vessie est pleine. Une blessure par écrasement peut engendrer des contusions (ecchymose ou large meurtrissure de couleur anormale provoquée par une infiltration de sang dans les tissus d'une partie de la paroi vésicale), ou une rupture de la vessie extrapéritonéale ou intrapéritonéale, ou les deux. On doit soigner rapidement les complications provoquées par ces blessures (hémorragie, choc hypovolémique, infection et infiltration de sang dans les tissus).

On effectue d'abord une urétrographie rétrograde pour évaluer l'importance des lésions urétrales. Après l'urétrographie rétrograde, on pose une sonde pour prévenir la rupture de l'urètre et des complications majeures.

Traitement. Dans les cas de rupture de la vessie, on procède immédiatement à une exploration chirurgicale et à la réparation de la lacération. On effectue un drainage sus-pubien de la vessie et de la région qui l'entoure et on met en place une sonde urétrale à demeure.

Aux soins que l'on prodigue habituellement après toute chirurgie des voies urinaires vient s'ajouter une observation étroite du système de drainage (sonde sus-pubienne, sonde urétrale à demeure et drains périvésicaux) pour s'assurer de son efficacité, jusqu'à ce que la cicatrisation soit complète. On doit s'assurer de l'absence de signes d'hémorragie dans les jours qui suivent l'opération. Les lésions urétrales peuvent se compliquer d'un rétrécissement de l'urètre, d'incontinence et d'impuissance sexuelle.

KYSTES RÉNAUX

Les kystes rénaux peuvent être multiples (maladie polykystique) ou isolés. Dans sa forme adulte, la maladie polykystique du rein est une maladie héréditaire transmise sur le mode autosomique dominant et qui affecte généralement les deux reins. Elle se manifeste par une douleur abdominale ou lombaire, une hématurie, de l'hypertension, la présence de masses rénales palpables et des infections récidivantes des voies urinaires. Elle évolue généralement vers une insuffisance rénale, et peut être associée à la présence de kystes dans d'autres organes (foie, pancréas, rate) et à des anévrismes des artères cérébrales. Elle se manifeste généralement après l'âge de 20 ans.

Traitement. La maladie polykystique des reins est incurable, mais on peut en soulager les manifestations et en prévenir les complications. Le traitement de l'hypertension et des infections des voies urinaires peut prolonger la vie des personnes atteintes. L'hémodialyse est indiquée dès qu'apparaissent des signes d'insuffisance rénale. Un conseil génétique doit faire partie de l'enseignement au patient, à cause du caractère héréditaire de la maladie. Le patient doit éviter les sports et les activités qui pourraient occasionner des lésions aux reins.

Règle générale, les kystes isolés n'affectent qu'un seul rein et diffèrent, du point de vue clinique et physiopathologique, de ceux de la maladie polykystique du rein. On peut les ponctionner par voie percutanée.

MALFORMATIONS CONGÉNITALES

Les malformations congénitales des reins et des voies urinaires sont fréquentes. On peut par exemple observer une jonction des deux pôles inférieurs des reins formant ce qu'on appelle *un rein en fer à cheval*. Un des deux reins peut être petit, déformé et souvent non fonctionnel. Parmi les autres malformations des voies urinaires, notons l'uretère double et le rétrécissement d'un uretère. Le traitement de ces malformations n'est nécessaire que si elles sont symptomatiques. Avant de corriger une malformation par chirurgie, il importe de s'assurer du bon fonctionnement de l'autre rein.

CANCER DU REIN

En Amérique du Nord, le cancer du rein représente 2 % de tous les cancers chez les adultes. Il est deux fois plus fréquent chez les hommes que chez les femmes. Les facteurs de risque comprennent le tabagisme, l'exposition à des produits chimiques industriels, l'obésité et la dialyse (les kystes rénaux et les tumeurs rénales sont plus fréquents chez les patients soumis à une dialyse prolongée que dans la population générale). Les tumeurs rénales peuvent se former dans la capsule rénale, le parenchyme (carcinome), le tissu conjonctif (sarcome) ou le tissu adipeux. Elles peuvent également être d'origine neurogène ou vasculaire. Les adénocarcinomes représentent presque 90 % de toutes les tumeurs rénales. Ces tumeurs donnent rapidement des métastases dans les poumons, les os, le foie, le cerveau et le rein contralatéral. Entre 25 et 50 % des patients atteints de cancer rénal présentent des métastases au moment du diagnostic.

Manifestations cliniques.

Un grand nombre de tumeurs rénales ne provoquent aucun symptôme et sont découvertes par palpation, au cours d'un examen clinique courant. Les trois principaux signes de tumeur

rénale avancée sont la présence de sang dans les urines (hématurie), une douleur et la présence d'une masse au flanc. Le signe révélateur du cancer du rein est généralement une *hématurie* intermittente et microscopique, ou continue et macroscopique. On peut aussi observer une douleur sourde dans la fosse lombaire qui résulte d'une contrepression due à la compression de l'uretère, l'extension de la tumeur à la région périrénale ou une hémorragie dans le cortex rénal. La migration dans l'uretère d'un caillot ou d'une masse de cellules tumorales peut provoquer une colique néphrétique. Les symptômes de métastases (perte de poids inexpliquée, faiblesse et anémie) sont parfois les premières manifestations d'un cancer du rein.

Pour diagnostiquer une tumeur rénale, on peut utiliser l'urographie intraveineuse, la cystoscopie, la néphrotomographie, l'angiographie rénale, l'échographie ou la tomographie par ordinateur. Ces examens peuvent être épuisants pour le patient déjà affaibli par les effets généralisés de la tumeur, pour le patient âgé ou pour celui qui craint un diagnostic de cancer. L'infirmière doit donc le préparer à ces examens psychologiquement autant que physiquement. Elle doit aussi l'observer de près pour dépister tout signe de déshydratation et d'épuisement.

Traitement

Le traitement vise à supprimer la tumeur avant l'apparition des métastases. La néphrectomie élargie avec ablation de la glande surrénale, du tissu adipeux périrénal, du fascia de Gérota et des ganglions régionaux est le traitement de choix dans les cas de cancer opérable. Selon la nature de la tumeur, on peut avoir recours à la radiothérapie, à l'hormonothérapie, à la chimiothérapie ou à l'immunothérapie.

Embolisation de l'artère rénale. Chez les patients atteints d'un carcinome rénal avec métastases, on peut pratiquer une embolisation de l'artère rénale dans le but de bloquer l'irrigation de la tumeur pour détruire les cellules cancéreuses. On procède à l'embolisation quelques jours après les examens angiographiques. Pour ce faire, on introduit un cathéter dans l'artère rénale, et on y injecte le matériel emboligène (Gelfoam, caillot sanguin autologue, petites bobines d'acier) qui est entraîné par la circulation artérielle et bloque les vaisseaux qui alimentent la tumeur. Le ralentissement de l'irrigation sanguine de la tumeur facilite l'ablation du rein (néphrectomie). De plus, on présume qu'il stimule la formation d'anticorps en libérant des antigènes associés à la tumeur, ce qui favoriserait la réaction immunitaire contre les lésions métastatiques. L'embolisation pourrait également réduire le nombre de cellules tumorales pénétrant dans la circulation veineuse durant l'intervention chirurgicale.

Après l'embolisation de l'artère rénale et la nécrose de la tumeur, on observe l'apparition d'un «syndrome postinfarctus», qui dure de deux à trois jours, et qui se manifeste par une douleur localisée au flanc et à l'abdomen, de la fièvre et des troubles gastro-intestinaux. On soulage la douleur en administrant des analgésiques par voie parentérale et on combat la fièvre au moyen d'acide acétylsalicylique. Pour traiter les troubles gastro-intestinaux, on administre des antiémétiques, on réduit l'alimentation orale et on assure un apport alimentaire suffisant par perfusion intraveineuse.

Traitement biologique. On a récemment traité avec succès des tumeurs rénales à l'aide de modificateurs de la réponse biologique, comme l'interleukine 2 (IL-2) une protéine de régulation de la croissance cellulaire. On peut administrer l'interleukine seule ou en association avec des cellules activées par la lymphokine. L'utilisation de l'interféron, un autre modificateur de la réponse biologique, dans le traitement des cancers avancés du rein est actuellement à l'étude.

Interventions infirmières

Le patient atteint d'une tumeur rénale doit se soumettre à de nombreuses épreuves diagnostiques et à de nombreux traitements, dont des interventions chirurgicales, des séances de radiothérapie et de chimiothérapie. Après une intervention chirurgicale, des sondes et des drains sont habituellement en place pour assurer la perméabilité des voies urinaires, pour drainer les écoulements et pour permettre de mesurer avec précision le débit urinaire. À cause de l'emplacement de l'incision et de la position durant l'opération, le patient ayant subi une chirurgie rénale est souvent souffrant. Au cours de la période qui suit l'opération, l'infirmière doit donc lui administrer des analgésiques à intervalles rapprochés. Elle doit également l'aider à se retourner, à tousser et à prendre de profondes respirations pour prévenir l'atélectasie et autres complications respiratoires. Il lui faut en outre aider le patient et sa famille à accepter le diagnostic et l'incertitude concernant le pronostic de la maladie. (Voir le chapitre 36 pour les soins à prodiguer au patient ayant subi une opération au rein et le chapitre 47 pour les soins à prodiguer au patient atteint d'un cancer.)

Un suivi est essentiel pour dépister les signes de métastases ainsi que pour assurer le bien-être du patient. Le patient qui a subi l'ablation d'une tumeur rénale doit se soumettre tous les ans à un examen clinique et à une radiographie pulmonaire, car l'apparition tardive de métastases n'est pas rare. Tous les symptômes qui se manifestent chez un patient ayant souffert d'un cancer du rein peuvent être dus à des métastases.

CANCER DE LA VESSIE

Le cancer de la vessie touche surtout des personnes de plus de 50 ans et est trois fois plus fréquent chez l'homme que chez la femme. Les statistiques indiquent qu'il représenterait 2 % de tous les cancers et que sa fréquence augmente. Le carcinome de type transitionnel en est le type le plus courant.

Les *facteurs de risque* du cancer de la vessie sont notamment le tabagisme et l'exposition à des substances cancérigènes, comme les teintures, le caoutchouc, le cuir, l'encre ou les peintures. Certaines études suggèrent qu'il existerait une relation entre le café et le cancer de la vessie. La schistosomiase chronique (infection parasitaire qui irrite la vessie) est un autre facteur de risque. Les cancers de la prostate, du côlon, du rectum chez l'homme et des organes génitaux chez la femme peuvent donner des métastases vésicales.

Manifestations cliniques. Les tumeurs se forment habituellement à la base de la vessie et envahissent les orifices urétéraux et le col vésical. L'*hématurie macroscopique* en est le symptôme le plus fréquent. L'infection des voies urinaires est une complication courante du cancer de la vessie; elle se manifeste par des envies fréquentes et impérieuses d'uriner et de la dysurie. Les troubles mictionnels et les modifications de la composition des urines peuvent être des signes de cancer de la vessie. Les métastases peuvent causer des douleurs pelviennes et lombaires.

Les examens diagnostiques du cancer de la vessie sont notamment l'urographie intraveineuse, la tomographie par ordinateur, l'échographie, la cystoscopie et l'examen bimanuel sous anesthésie. On établit le diagnostic par des biopsies de la tumeur et de la muqueuse adjacente.

Les cellules tumorales des carcinomes de type transitionnel et des carcinomes *in situ* sont caractéristiques. L'examen cytologique des urines fraîches et des lavages de la vessie avec une solution salée peuvent fournir des renseignements sur le pronostic de la maladie, surtout dans le cas des patients qui présentent d'importants risques de récidive.

Traitement. Le traitement du cancer de la vessie dépend de la nature de la tumeur (le classement se fait selon le degré de différenciation cellulaire), du stade de la croissance (le degré d'envahissement local et la présence ou l'absence de métastases) et du nombre de foyers cancéreux. On tient également compte dans le choix du traitement de l'âge et de l'état physique, mental et émotif du patient.

Dans le cas de papillomes simples (tumeurs épithéliales bénignes), on peut pratiquer une résection transurétrale ou une fulguration. La résection transurétrale permet l'ablation de la tumeur à travers l'urètre, et la fulguration, sa destruction par des étincelles de haute fréquence. Le traitement des tumeurs superficielles est difficile car les anomalies cellulaires s'étendent souvent à toute la muqueuse vésicale et peuvent même toucher les muqueuses du bassinet, de l'uretère et de l'urètre. On observe de plus un taux de récidive de 60 % après résection transurétrale ou fulguration. Les patients atteints de papillomes bénins doivent subir périodiquement des cytologies et des cystoscopies, à cause d'un risque d'évolution vers des tumeurs malignes envahissantes.

La chimiothérapie au moyen d'une association de méthotrexate, de vinblastine, de doxorubicine (Adriamycin) et de cisplatine a permis la rémission partielle de certains carcinomes de type transitionnel au stade avancé. On effectue actuellement es études cliniques portant sur l'utilisation de la cisplatine en association avec la chirurgie et la radiothérapie.

On utilise parfois la chimiothérapie locale (chimiothérapie intravésicale ou instillation d'agents antinéoplasiques dans la vessie) pour traiter des tumeurs localisées superficielles avec risques élevés de récidive ou dont la résection a été incomplète. Ce type de chimiothérapie se fait au moyen de fortes concentrations d'agents néoplasiques (thiotépa, doxorubicine, 5-fluorouracile). Durant l'instillation, qui dure environ deux heures, on limite l'apport liquidien pour éviter l'émission d'urines. Après l'instillation, on incite le patient à uriner et à boire de grandes quantités de liquides pour évacuer le médicament de la vessie.

Dans certains cas, on irradie la tumeur avant la chirurgie pour en retarder la croissance, ce qui diminue les risques de récidive au même endroit ou de dissémination hématogène ou lymphogène. On peut utiliser la radiothérapie en association avec la chirurgie, ou seule dans les cas de tumeur.

On traite les tumeurs envahissantes par cystectomie (ablation de la vessie) partielle, totale ou radicale. Chez l'homme, la cystectomie radicale est l'ablation de la vessie, de la prostate, des vésicules séminales et des tissus périvésicaux adjacents, et chez la femme, de la vessie, de la partie inférieure de l'uretère, de l'utérus, des trompes, des ovaires, de la partie antérieure du vagin et de l'urètre. Dans certains cas, on pratique une lymphadénectomie (ablation des ganglions lymphatiques). La cystectomie exige une dérivation urinaire (voir plus loin).

La chimiothérapie a peu d'effets sur les carcinomes de type transitionnel. L'association cisplatine, doxorubicine, cyclophosphamide, administrée selon différents schémas posologiques donne les meilleurs résultats.

Comme on l'a vu plus haut, on peut également traiter le cancer de la vessie par instillation directe d'agents antinéoplasiques. On peut ainsi utiliser des concentrations plus fortes d'agents antinéoplasiques, leurs effets toxiques généralisés étant réduits. Pour les cancers plus avancés ou dans les cas d'hématurie rebelle due à la radiothérapie, on peut provoquer la nécrose de la tumeur en réduisant l'irrigation de la paroi vésicale à l'aide d'un ballonnet rempli d'eau placé dans la vessie (traitement hydrostatique). Chez certains patients, l'instillation de formol, de phénol ou de nitrate d'argent a eu raison de l'hématurie et de la strangurie (miction douloureuse et lente).

DÉRIVATIONS URINAIRES

La dérivation urinaire consiste à détourner l'urine de la vessie et à l'évacuer par une voie autre que sa voie normale, généralement par une ouverture pratiquée dans la peau (stomie). On pratique une dérivation urinaire lorsque l'on est contraint d'effectuer une cystectomie totale à cause d'une tumeur vésicale, volumineuse ou envahissante, de même que dans les cas de tumeur pelvienne, d'anomalies congénitales, de rétrécissement ou de lésion aux uretères et à l'urètre, de vessie neurogène, d'infection chronique ayant causé d'importantes lésions aux uretères et aux reins et de cystite interstitielle réfractaire au traitement.

Les spécialistes ne s'accordent pas sur la meilleure méthode de dérivation urinaire permanente et les progrès dans e domaine sont rapides. On choisit généralement la méthode appropriée en fonction de l'âge du patient, de l'état de sa vessie, de sa constitution, de son poids, du degré de dilatation des uretères et de l'état de sa fonction rénale, de même que de ses capacités d'apprentissage et d'adaptation.

L'acceptation d'une dérivation urinaire dépend en grande partie de l'emplacement de la stomie et du sac utilisé qui devrait être parfaitement étanche et adhérer à la peau, ainsi que de l'aptitude du patient à prodiguer lui-même les soins nécessaires.

Les méthodes de dérivation urinaire les plus courantes sont:

1. L'*urétéro-iléostomie*: Abouchement des uretères dans un segment isolé de l'iléon. L'évacuation des urines se fait par une ouverture de la peau (voir la figure 37-5A). On peut également aboucher l'uretère dans le côlon (urétérocolostomie) ou dans le jéjunum (utérojéjunostomie).

2. L'*iléostomie continente de Kock*: Abouchement des uretères dans un segment isolé de l'iléon pour former un réservoir muni d'une valvule à une voie. Les urines sont évacuées par sonde (voir la figure 37-6).

3. L'*urétérosigmoïdostomie*: Abouchement des uretères dans le côlon sigmoïde, ce qui permet l'évacuation des urines par le rectum (voir la figure 37-5B).

4. L'*urétérostomie*: Abouchement d'un des deux uretères à la peau de l'abdomen (voir la figure 37-5C).

5. La *cystostomie*: Abouchement de la vessie à la paroi abdominale (voir la figure 37-5D).

6. La *néphrostomie*: Introduction d'une sonde dans le bassinet par une incision au flanc, ou dans le rein par voie percutanée (voir la figure 37-5E).

Urétéro-iléostomie

L'urétéro-iléostomie est l'abouchement d'un uretère dans une anse de l'iléon, puis à la paroi abdominale. L'anse iléale forme un conduit qui permet à l'urine de se rendre des uretères jusqu'à l'abdomen. On peut également aboucher l'uretère à une anse du côlon sigmoïde. On recueille les urines dans un sac d'iléostomie. On relie les extrémités réséquées de l'iléon pour rétablir la continuité intestinale.

Au moment de l'opération, on insère des drains tuteurs (généralement minces et flexibles) dans les uretères pour empêcher leur occlusion par de l'œdème. On les laisse généralement en place pendant 5 à 15 jours. On place également des drains (Jackson Pratt ou autres) dans l'espace laissé par la vessie pour réduire l'accumulation de liquide.

Après l'opération, on place une barrière cutanée autour de la stomie et on pose un sac collecteur transparent et jetable que l'on relie à un système de drainage. Tant que l'œdème subsiste, on doit tailler l'ouverture de la barrière cutanée selon la taille de la stomie. Le sac est transparent, ce qui permet d'observer la stomie, de s'assurer de la perméabilité des drains et d'observer le débit urinaire. Le sac collecteur draine l'urine (et non les selles) de façon continue. Il est préférable de le changer avant qu'il ne perde son étanchéité.

Interventions infirmières. Au cours de la période qui suit immédiatement l'opération, on vérifie le débit urinaire toutes les heures, car un débit inférieur à 30 mL / h peut indiquer une obstruction du conduit iléal, un reflux de l'urine ou une fuite au niveau de l'anastomose urétéro-iléale. Dans certains cas, on doit insérer une sonde dans le conduit urinaire pour vérifier s'il y a stase urinaire ou présence d'urine résiduelle causées par une constriction de la stomie.

Il faut examiner fréquemment la stomie pour dépister les saignements. Un léger saignement est normal: il indique une bonne irrigation. Si la couleur de la stomie passe du rose ou du rouge au pourpre foncé, on doit penser à une altération de l'irrigation. Si la cyanose et la congestion persistent, on devra probablement avoir recours à la chirurgie.

La stomie est insensible, mais la peau qui l'entoure est très sensible à l'irritation par les urines ou par le sac. Il faut donc examiner souvent la peau pour déceler tout signe d'irritation et de saignement, tout dépôt alcalin accompagné d'une irritation de la peau et tout signe d'infection.

Des draps ou des vêtements souillés d'urines ou une odeur d'urine doivent alerter le personnel infirmier. Ils peuvent indiquer soit une fuite d'urine, soit une infection, soit un manque de soins d'hygiène. Étant donné qu'un important dépôt alcalin peut se former rapidement autour de la stomie, on doit maintenir le pH des urines à moins de 6,5. Pour déterminer le pH, on doit recueillir les urines fraîchement écoulées par la stomie. La mesure du ph sur les urines accumulées dans le sac collecteur ne serait pas précise. Il est essentiel que le sac soit parfaitement ajusté pour éviter que la peau qui entoure

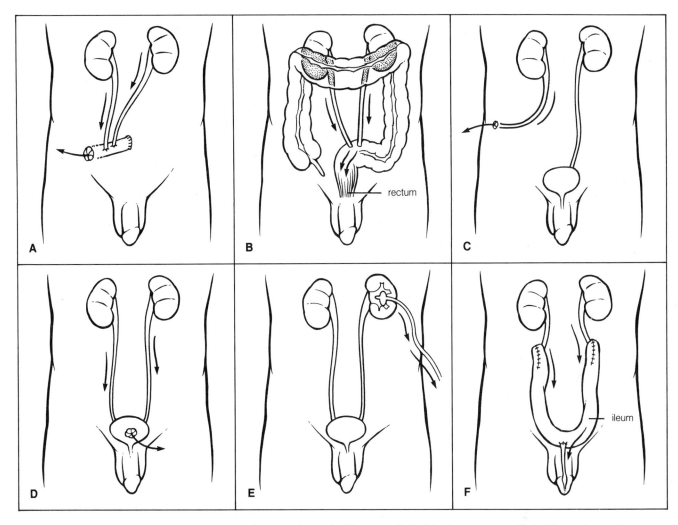

Figure 37-5. Les différents types de dérivations urinaires **(A)** Urétéro-iléostomie **(B)** Urétérosigmoïdostomie **(C)** Urétérostomie **(D)** Cystostomie **(E)** Néphrostomie **(F)** Technique de Camey

la stomie n'entre en contact avec les urines. Si les urines ont une odeur fétide, le médecin prescrit parfois le prélèvement par sonde d'un échantillon pour culture et antibiogramme. La sonde permet également de s'assurer de la perméabilité de la vessie et de vérifier s'il y a présence d'urine résiduelle. La cicatrisation de la stomie peut gêner l'écoulement de l'urine.

On incite le patient à boire beaucoup de liquide pour irriguer le conduit iléal et pour réduire l'accumulation de mucus. En effet, le conduit ayant été construit à partir d'une muqueuse, des quantités importantes de mucus peuvent être excrétées dans les urines. On doit rassurer le patient en lui expliquant qu'il s'agit d'un phénomène normal après une urétéro-iléostomie.

Complications. Les complications de cette méthode de dérivation urinaire sont notamment l'infection ou la réouverture de la plaie, les fuites d'urine, l'obstruction de l'uretère ou de l'intestin grêle, l'acidose hyperchlorémique et la gangrène au niveau de la stomie. Certaines complications se manifestent plus tardivement, comme l'obstruction urétérale, le rétrécissement de la stomie, la pyélonéphrite et la formation de calculs.

Enseignement au patient et soins à domicile.
Choix du sac. Le sac est constitué d'une ou de deux pièces. Il peut être jetable ou réutilisable. Le choix du sac est fonction de l'emplacement de la stomie, des activités habituelles du patient, de sa constitution physique et de ses moyens financiers. Les sacs réutilisables sont munis d'une barrière cutanée que l'on fixe à la peau à l'aide d'un adhésif. Certains sacs jetables s'emploient avec une barrière cutanée réutilisable. Les sacs jetables ont l'avantage d'être prêts à l'emploi en plus d'être légers et faciles à dissimuler. Il est indispensable d'appliquer une crème pour éviter l'irritation de la peau par l'urine. Voir la figure 37-7 pour des exemples de sacs.

Taille de l'ouverture du sac. Une fois l'oedème postopératoire disparu, on calibre la stomie toutes les trois à six semaines durant les premiers mois. Pour déterminer la taille de l'ouverture du sac, on mesure avec une règle le diamètre externe de la stomie. Le diamètre de l'anneau permanent ne doit pas dépasser de plus de 1,6 mm le diamètre de la stomie. L'anneau doit s'adapter parfaitement à l'ouverture pour éviter que la peau ne vienne en contact avec les urines.

Changement du sac. On change le sac au moment qui convient le mieux pour le patient. Par exemple, on peut

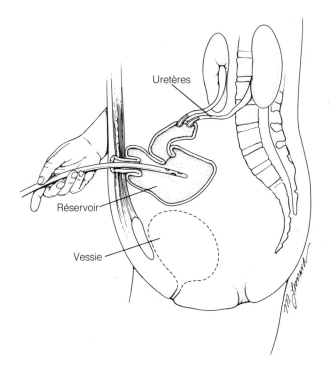

Figure 37-6.   Iléostomie continente de Kock. Insertion d'une sonde par la valvule pour drainer l'urine accumulée.

le faire tôt le matin, avant l'ingestion de liquides, car le débit urinaire est alors réduit. Habituellement, on doit changer le sac tous les trois à cinq jours.

Mise en place du sac.   Il est préférable de changer le sac avant l'apparition de fuites. Un sac qui fuit doit être changé sans délai. Il existe plusieurs types de sacs, mais tous exigent l'emploi d'une barrière cutanée pour protéger la peau contre l'irritation et l'excoriation. Pour assurer l'intégrité de la peau, il ne faut jamais réparer un sac ou une barrière cutanée avec du ruban adhésif, ce qui pourrait entraîner l'accumulation d'urine sous la barrière cutanée.

Sac réutilisable

- Préparer le sac selon les directives du fabricant.
- Tailler l'anneau du protecteur cutané pour l'adapter à la stomie.
- Humidifier les bords de la barrière cutanée avec de l'eau ou avec un solvant pour adhésif.
- Nettoyer la peau autour de la stomie avec un peu d'eau chaude savonneuse. Rincer soigneusement la peau et bien l'assécher pour que le sac puisse y adhérer parfaitement.
- Recouvrir délicatement la stomie avec un tampon de gaze ou une compresse de gaze roulée afin d'absorber l'urine et de garder la peau sèche pendant la mise en place du nouveau sac.
- Examiner soigneusement la peau entourant la stomie afin de déceler tout signe d'irritation.
- Placer l'ouverture de la barrière cutanée sur la stomie après avoir appliqué une pâte protectrice ou placé un anneau d'étanchéité si on le désire.
- Placer ensuite le sac et le faire adhérer avec précaution.
- On peut utiliser un couvre-sac ou talquer la peau autour du sac pour absorber la sueur et prévenir l'irritation.

Sac jetable

- Mesurer le diamètre de la stomie et tailler le protecteur cutané pour l'ajuster à la forme de la stomie en laissant 1,6 mm de jeu.

- Retirer l'ancien sac.
- Nettoyer la peau avec de l'eau chaude et bien l'assécher.
- Examiner la peau qui entoure la stomie pour s'assurer de l'absence d'irritation.
- Recouvrir délicatement la stomie avec un tampon de gaze ou une compresse de gaze roulée afin d'absorber l'urine et de garder la peau sèche pendant la mise en place du nouveau sac.
- Retirer le papier-pelure à l'endos de la barrière.
- Placer l'ouverture de la barrière cutanée sur la stomie et faire adhérer la barrière à la peau en exerçant une pression ferme et uniforme.
- Certains sacs se fixent sur une plaque à bourrelet qui adhère à la peau.
- Fermer le robinet qui se trouve au bas du sac.
- On peut utiliser un couvre-sac ou talquer la peau autour du sac pour absorber la sueur et prévenir l'irritation.
- Appliquer du ruban hypoallergène tout autour du disque ou de la barrière cutanée.

Chez certains patients, la forme de la stomie exige l'emploi d'accessoires et de sacs faits sur mesure.

Élimination des odeurs.   Il faut conseiller au patient d'éviter les aliments qui donnent une forte odeur aux urines: asperges, fromages et œufs. On peut aussi mettre dans le sac quelques gouttes de déodorant ou de vinaigre dilué, que l'on introduit par le robinet à l'aide d'une seringue ou d'un compte-gouttes. L'absorption orale d'acide ascorbique peut acidifier l'urine et atténuer les odeurs. On doit aussi rappeler au patient de changer souvent son sac et d'effectuer soigneusement les soins d'hygiène qui s'imposent.

Soins du sac.   Il faut vider le sac par le robinet d'évacuation quand il est au tiers plein, pour éviter qu'il ne décolle de la peau sous le poids des urines. Certains patients préfèrent porter un sac fixé à la jambe, relié au sac de stomie. Afin d'éviter au patient de vider le sac à stomie durant la nuit, on raccorde celui-ci à un récipient collecteur, à l'aide d'une tubulure et d'un adaptateur. On doit laisser une petite quantité d'urines dans le sac à stomie pour éviter que ses parois n'adhèrent l'une à l'autre. On peut fixer la tubulure le long de la jambe du pyjama pour éviter qu'elle ne s'enroule. Tous les jours, on rince le récipient collecteur et la tubulure à l'eau fraîche et, une fois par semaine, avec du vinaigre dilué 1:3 avec de l'eau.

Nettoyage et désodorisation des sacs réutilisables. Généralement, on rince à l'eau chaude les sacs réutilisables et on les fait tremper pendant 30 min dans du vinaigre dilué 1:3 avec de l'eau ou dans un déodorant commercial. On rince de nouveau à l'eau tiède et on le laisse sécher à l'air, à l'abri du soleil. L'eau chaude et l'exposition directe au soleil peuvent dessécher le sac et le rendre plus fragile. Lorsque le sac est sec, on le saupoudre avec de l'amidon avant de le ranger. Le patient doit posséder deux sacs et les porter en alternance.

On recommande au patient de communiquer avec son association locale de stomisés pour obtenir un soutien et des conseils[1].

Iléostomie continente de Kock

L'iléostomie continente de Kock est une méthode de dérivation urinaire utilisée chez les patients qui ont subi l'ablation

---

1. Pour les adresses, consulter la bibliographie à la fin de ce chapitre.

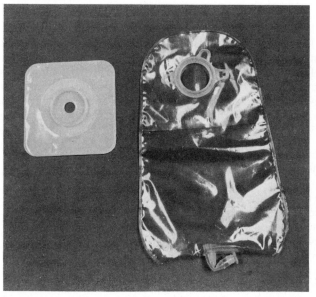

A

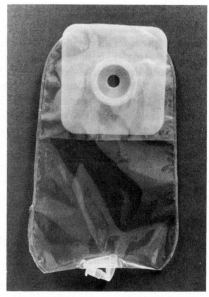

B

Figure 37-7. Barrière cutanée et sac à urostomie (**A**) Barrière Stomahesive (Squibb), *à gauche* et sac Sur-Fit, *à droite* (**B**) Barrière Stomahesive fixée au sac

de la vessie ou dont la vessie n'est plus fonctionnelle (vessie neurogène). Il s'agit de l'abouchement de l'uretère dans un segment de l'intestin grêle qui sert de réservoir à l'urine (figure 37-6). L'évacuation des urines se fait par une ouverture pratiquée dans la paroi abdominale. Pour empêcher les fuites d'urine, on procède à une intussusception (invagination) de l'intestin, ce qui crée une valvule permettant l'évacuation de l'urine accumulée au moyen d'une sonde, à intervalles réguliers. Cette méthode de dérivation a l'avantage d'éviter les fuites et de permettre au patient de drainer lui-même l'urine. Il faut évacuer l'urine régulièrement pour éviter l'absorption des déchets métaboliques, le reflux de l'urine dans les uretères et les infections des voies urinaires.

Urétérosigmoïdostomie

L'urétérosigmoïdostomie est l'implantation des uretères dans le côlon sigmoïde. On a généralement recours à cette dérivation dans les cas d'irradiation pelvienne étendue, de résection de l'intestin grêle ou d'une maladie de l'intestin grêle. Le patient suit généralement le régime alimentaire préopératoire habituel, mais est parfois soumis à une diète hydrique quelques jours avant l'opération afin d'éliminer le contenu du côlon. On lui administre des antibiotiques (néomycine, kanamycine) pour détruire la flore intestinale. L'urétérosigmoïdostomie exige que le sphincter anal et la fonction rénale soit intacts et le péristaltisme urétéral actif. On évalue le contrôle sphinctérien par la capacité de rétention lors de l'administration de lavements.

Le patient qui a subi une urétérosigmoïdostomie évacue les urines par le rectum. Il doit donc adapter ses habitudes de vie à la fréquence des mictions (toutes les deux heures), ce qui risque de restreindre ses activités sociales. Le liquide évacué a la consistance d'une diarrhée aqueuse et un certain degré de nycturie est possible. Le patient a cependant l'avantage de contrôler ses mictions et de ne pas porter de sac.

Après l'opération, on place une sonde dans le rectum pour drainer l'urine et prévenir les reflux vers les uretères et les reins. On fixe le tube aux fesses à l'aide d'un ruban adhésif et on prend grand soin de la peau qui entoure l'anus pour prévenir les excoriations. Si on doit pratiquer une irrigation de la sonde, on procédera en douceur afin d'éviter l'introduction de bactéries dans les uretères.

Dans l'urétérosigmoïdostomie, on observe une forte réabsorption d'électrolytes, parce qu'une grande surface de muqueuse intestinale est en contact avec l'urine. Cette dérivation peut donc se compliquer d'un déséquilibre électrolytique et d'une acidose, de même que de carences en potassium et en magnésium dues à l'effet de diarrhée créé par la présence d'urine dans les intestins. Après l'opération, on assure l'équilibre hydroélectrolytique en suivant de près les taux sériques des électrolytes et en compensant les pertes par des perfusions intraveineuses. On peut prévenir l'acidose par un régime alimentaire faible en chlore, avec supplément de citrate de sodium et de potassium. On demande au patient d'évacuer ses urines toutes les deux ou trois heures pour éviter de faire pression sur le rectum et réduire au maximum l'absorption des constituants urinaires. Il est essentiel d'indiquer au patient les symptômes d'infection des voies urinaires: fièvre, douleur lombaire et envie fréquente d'uriner.

Après le retrait de la sonde rectale, le patient apprend à faire des exercices de contrôle du sphincter anal. Au début, les émissions d'urines sont fréquentes, mais avec le temps, du réconfort et des encouragements, le patient arrive à améliorer le contrôle sphinctérien et à distinguer l'envie de déféquer de celle d'uriner.

La pyélonéphrite (infection des voies urinaires supérieures produite par des bactéries provenant du côlon) est une complication relativement courante de l'urétérosigmoïdostomie. Elle exige une antibiothérapie prolongée.

Le patient ayant subi une urétérosigmoïdostomie doit éviter les aliments qui provoquent de la flatulence. Il doit également éviter les activités qui provoquent l'absorption d'air (mâcher de la gomme, fumer, etc.). Pour prévenir l'acidose hyperchlorémique, on réduit l'apport en sel. Comme l'acidose fait perdre du potassium, on augmente la consommation d'aliments et de médicaments qui en contiennent. L'adénocarcinome du côlon sigmoïde est une complication tardive de cette dérivation. Il est probablement causé par le contact constant de la muqueuse du côlon avec de l'urine.

Urétérostomie cutanée

L'urétérostomie est l'abouchement des uretères à une ouverture pratiquée dans la paroi abdominale. On a recours à cette méthode dans le cas des patients qui présentent une obstruction urétérale due à un cancer pelvien avancé ou de ceux chez qui les autres types de dérivation entraînent des risques chirurgicaux. On l'utilise également chez les patients qui ont subi une radiothérapie abdominale.

Immédiatement après l'opération, on met en place un sac de stomie. Le traitement du patient ayant subi une urétérostomie est très semblable au traitement du patient ayant subi une urétéro-iléostomie (voir p. 1098), même si la stomie est généralement à fleur de peau ou en retrait.

Cystostomie

La cystostomie est une méthode de dérivation urinaire peu employée. Il s'agit de l'introduction sous anesthésie locale, d'une sonde spéciale dans la vessie, soit par une incision pratiquée dans le bas de l'abdomen, soit par une ponction effectuée au moyen d'un trocart. On a recours à cette méthode dans les cas d'obstruction prostatique, quand il est impossible d'utiliser une sonde urétrale. La cystostomie peut être temporaire (en attendant une chirurgie correctrice), ou permanente.

Le patient doit boire beaucoup pour éviter la formation de dépôts autour du cathéter. Les principales complications de la cystostomie sont la formation de calculs vésicaux, les infections aiguës et chroniques et des problèmes avec les sacs collecteurs. On peut avoir recours aux conseils d'un stomathérapeute pour le choix d'un sac collecteur et son utilisation.

Autres méthodes de dérivation urinaire

Les techniques chirurgicales évoluent rapidement, grâce à des recherches visant à améliorer leurs résultats et à réduire leurs complications. Il existe par exemple de nouvelles techniques de dérivation urinaire (colocystoplastie, caecocystoplastie) qui permettent la reconstruction de la vessie à partir d'un segment du gros intestin. Selon une autre technique, la technique de Camey (figure 37-5F), on reconstitue la vessie à partir d'un segment de l'iléon, anastomosé à l'extrémité restante de l'urètre, ce qui permet l'évacuation des urines par l'urètre.

TRAITEMENT DES PATIENTS SUBISSANT UNE DÉRIVATION URINAIRE

Traitement préopératoire

Avant de pratiquer une cystectomie (ablation de la vessie), on évalue avec soin la fonction cardiorespiratoire du patient, surtout s'il s'agit d'une personne âgée. On sait en effet que les personnes âgées supportent moins bien que les plus jeunes les interventions longues et complexes. On prend également des mesures pour réduire l'accumulation de résidus dans les intestins afin de décomprimer les intestins et réduire les risques d'iléus postopératoire. On prescrit au patient un régime alimentaire pauvre en résidus et on lui administre des antibiotiques pour réduire la flore intestinale et, par conséquent, les risques d'infection et de septicémie. On doit de plus lui assurer un apport liquidien suffisant pour prévenir l'hypovolémie au cours de l'opération. Le patient qui doit subir une dérivation urinaire à cause d'un cancer peut présenter une grave malnutrition attribuable à la croissance de la tumeur, à une entérite due aux radiations et à un apport alimentaire insuffisant. On peut dans ce cas avoir recours à la nutrition entérale ou à la nutrition parentérale totale pour soutenir le patient, réduire les effets toxiques des anesthésiques, favoriser la cicatrisation et améliorer la réponse au traitement. La radiothérapie accroît les risques d'affections cutanées.

Traitement postopératoire

Le traitement postopératoire vise à maintenir la fonction urinaire, à prévenir les complications postopératoires (complications respiratoires, déséquilibres hydroélectrolytiques) et à favoriser le bien-être du patient. On doit assurer le bon fonctionnement des sondes et des systèmes de drainage et suivre de près le débit urinaire. Durant l'opération, on met en place une sonde gastrique pour décomprimer les intestins et soulager la pression exercée sur les anastomoses intestinales. On la laisse généralement en place pendant plusieurs jours. On donne à boire au patient dès le retour de la fonction intestinale, qui se manifeste par la présence de bruits intestinaux, le passage de gaz et la diminution de la distension abdominale. Entretemps, on lui administre des liquides et des électrolytes par voie intraveineuse. Dès que son état le permet, le patient doit marcher avec l'aide de l'infirmière.

Les dérivations urinaires provoquent souvent des complications, car il s'agit d'interventions complexes pratiquées pour des raisons graves (cancer, traumatisme) chez des patients dont l'état nutritionnel est souvent médiocre. Aux complications chirurgicales habituelles (atélectasie, déséquilibres hydroélectrolytiques, etc.) s'ajoutent la rupture des anastomoses, les infections, la formation de fistules, les fuites d'urine ou de selles et les irritations cutanées. Ces complications exigent une hospitalisation prolongée durant laquelle le patient sera probablement soumis à une nutrition parentérale totale et à des aspirations gastro-intestinales. Dans certains cas, une nouvelle intervention chirurgicale est nécessaire. Le traitement postopératoire a donc pour objectif d'établir l'évacuation urinaire, de fournir un apport nutritionnel suffisant pour favoriser la cicatrisation et de prévenir les infections.

Interventions infirmières

Immédiatement après l'opération, l'infirmière a pour tâche de prévenir ou de dépister les complications. Elle observe de près les sondes et les sacs collecteurs mis en place durant l'opération. Elle note le volume et la couleur des urines recueillies, et s'assure de la perméabilité du système de drainage. Elle informe sans délai le médecin de toute diminution ou augmentation du débit urinaire, ce qui pourrait traduire une obstruction des voies urinaires, une diminution du volume liquidien ou une hémorragie. Il faut aussi administrer au patient des analgésiques, conformément à l'ordonnance du médecin, afin de favoriser son bien-être, et lui permettre de se retourner, de tousser et de prendre de profondes respirations sans que la douleur ne soit trop intense. Les soins infirmiers au patient ayant subi une dérivation urinaire comprennent des interventions destinées au patient ayant subi une chirurgie intestinale (voir le chapitre 28) et des voies urinaires (voir le chapitre 36). Les soins reliés directement aux dérivations urinaires sont décrits dans les paragraphes consacrés à chacune des méthodes de dérivation.

▶ DÉMARCHE DE SOINS INFIRMIERS
PATIENTS SUBISSANT UNE DÉRIVATION URINAIRE

▷ Collecte des données

On doit procéder à une évaluation complète du patient admis dans un centre hospitalier pour subir une dérivation urinaire. Il faut porter une attention particulière aux connaissances du patient et de sa famille sur l'opération et les modifications anatomiques et physiologiques qu'elle entraîne. On évalue également l'image et l'estime de soi du patient ainsi que ses stratégies d'adaptation au stress et à l'altération de son image corporelle. On note également son état mental, sa dextérité manuelle et sa coordination ainsi que ses méthodes d'apprentissage préférées, afin d'établir son aptitude à participer à ses soins postopératoires.

▷ Analyse et interprétation des données

Selon les données recueillies, voici les principaux diagnostics infirmiers possibles:

Diagnostics préopératoires
- Anxiété reliée à la perte de l'image corporelle associée à l'intervention chirurgicale
- Manque de connaissances sur les conséquences de l'intervention chirurgicale

Diagnostics postopératoires
- Manque de connaissances sur la prise en charge de la fonction urinaire
- Risque élevé de perturbation de l'estime de soi relié à l'altération de l'image corporelle
- Stratégies d'adaptation individuelle inefficaces reliées à la crainte du diagnostic et aux répercussions de l'intervention chirurgicale
- Risque de dysfonctionnement sexuel relié aux conséquences de l'intervention chirurgicale et à la gêne que provoque la stomie
- Risque élevé d'atteinte à l'intégrité de la peau relié à un mauvais entretien du sac de stomie

▷ Planification et exécution

Objectifs de soins préopératoires: Soulagement de l'anxiété; acquisition de connaissances sur les résultats escomptés de l'intervention chirurgicale

Objectifs de soins postopératoires: Acquisition de connaissances sur la prise en charge de la fonction urinaire; amélioration de l'estime de soi; utilisation de stratégies d'adaptation permettant d'accepter l'altération de la fonction urinaire et de la sexualité; maintien de l'intégrité de la peau qui entoure la stomie

▷ Interventions infirmières
▷ Avant l'opération

▷ *Soulagement de l'anxiété.* Le patient atteint d'un cancer de la vessie qui doit subir une cystectomie et une dérivation urinaire craint de perdre l'amour des siens, son image corporelle et sa sécurité. La stomie, le sac et la cicatrice exigent une adaptation impliquant une modification des habitudes d'hygiène. L'homme doit dans certains cas accepter son impuissance sexuelle (on peut envisager la pose d'une prothèse pénienne), et la femme, l'altération de son apparence. On doit donc offrir à ces patients une aide physique et psychologique. On doit leur porter une attention particulière, évaluer leur perception de soi et leurs stratégies d'adaptation au stress et à l'altération de leur image corporelle. Il faut aussi les aider à préserver leur autonomie et leur mode de vie habituel dans toute la mesure du possible. Il importe de plus de les inciter à exprimer leurs craintes et leur anxiété. On peut communiquer avec les groupes de soutien appropriés pour obtenir la visite d'un stomisé qui apportera au patient son aide, et des conseils qui faciliteront son adaptation.

▷ *Enseignement au patient.* Le recours aux services d'un stomathérapeute peut se révéler extrêmement utile. Celui-ci peut en effet expliquer au patient et à sa famille le déroulement de l'intervention chirurgicale et les raisons du port d'un sac après l'opération. On décide de l'emplacement de la stomie après examen du patient en position debout, assise et couchée. La stomie doit se trouver dans une région libre de saillies osseuses, de plis cutanés et de bourrelets de graisse, et être facilement accessible pour le patient. On marque l'endroit choisi avec un stylo à encre indélébile. On recommande de faire porter au patient un sac à demi rempli d'eau avant l'opération.

▷ Après l'opération

▷ *Enseignement au patient.* Le principal objectif des soins postopératoires est de favoriser l'autonomie et la participation aux soins. L'infirmière responsable ou le stomathérapeute travaillent en collaboration avec le patient et sa famille et leur offrent toute l'aide dont ils ont besoin pour se familiariser avec les différentes étapes des soins de la stomie. Ils incitent le patient à participer au choix du sac et à l'établissement du moment de la journée le plus propice au changement du sac. Ils les aident également à vaincre leurs craintes et leur répulsion en les incitant à regarder et à toucher la stomie.

On indique au patient et à sa famille les signes et les symptômes dont ils doivent faire part à leur médecin et les difficultés qu'ils peuvent résoudre eux-mêmes. On adapte l'enseignement et la participation aux soins en fonction de la vitesse de récupération et des capacités d'apprentissage du patient. On lui donne des directives orales et écrites et on lui permet de pratiquer les soins de la stomie et de faire la démonstration de ce qu'il a appris.

▷ *Amélioration de l'estime de soi.* Le patient qui a subi une dérivation urinaire doit s'adapter à l'altération de sa fonction urinaire en plus de craindre la perte de l'estime de son entourage, l'altération de sa sexualité et de sa fonction sexuelle, la perte de son autonomie et la modification de ses habitudes de vie. Ses capacités d'adaptation reposent en partie sur l'image corporelle et l'estime de soi qu'il avait avant l'opération et sur l'aide et les réactions de son entourage. L'infirmière peut aider le patient à améliorer son image corporelle en lui enseignant les techniques de soins de la stomie qui lui permettront d'accroître sa confiance et son autonomie. Elle doit de plus faire montre de compréhension envers les sentiments et les réactions du patient au cours de la période d'adaptation pour l'aider à accepter l'altération d'une fonction jusque-là considérée comme intime et normale.

▷ *Amélioration de la sexualité.* Le patient qui connaît une altération de sa fonction sexuelle à la suite d'une intervention chirurgicale est généralement bouleversé par cette perte et par ce qu'elle représente pour lui et pour sa partenaire. On doit donc l'inciter à partager avec elle ses sentiments à cet égard, et à consulter ensemble un sexologue qui pourra leur indiquer d'autres façons d'exprimer leur sexualité. La visite d'un stomisé qui a une vie familiale, sociale et professionnelle active peut également convaincre le patient et sa famille des possibilités d'une réadaptation complète.

▷ *Maintien de l'intégrité de la peau qui entoure la stomie.* Pour assurer l'intégrité de la peau, on doit d'abord réduire les facteurs qui entravent l'apport nutritionnel et la cicatrisation. L'infirmière doit prodiguer des soins cutanés méticuleux et entretenir scrupuleusement le système de drainage jusqu'à ce que le patient soit capable de le faire lui-même. Elle doit de plus fournir au patient et à un membre de sa famille le matériel et les directives qui leur permettront d'acquérir la confiance et l'habileté dont ils ont besoin. Les directives doivent être orales et écrites. On recommande au patient de consulter une infirmière ou un médecin s'il a des questions après son départ du centre hospitalier. Les infirmières peuvent aussi apporter une aide supplémentaire au patient et à sa famille par des appels téléphoniques, ou des visites au cours desquelles elles revoient les soins de la peau et l'entretien du sac de stomie. L'entretien du sac de stomie est décrit à la page 1100.

▷ *Évaluation*

Résultats escomptés

Avant l'opération
1. Le patient éprouve moins d'anxiété.
   a) Il exprime ses craintes et son anxiété au sujet de l'intervention chirurgicale et de ses conséquences.
   b) Il exprime ouvertement, et de façon appropriée, le chagrin causé par l'altération de son image corporelle.
   c) Il partage ses craintes, ses inquiétudes et son anxiété avec sa partenaire.
   d) Il accepte de recevoir la visite d'un stomisé.
   e) Il dit éprouver moins d'anxiété.
   f) Il manifeste de l'intérêt pour différents événements et activités.
2. Le patient a amélioré ses connaissances sur les conséquences de l'opération.
   a) Il indique le but de l'opération et les résultats escomptés.
   b) Il décrit en ses propres termes les modifications que subira sa fonction urinaire.
   c) Il pose à l'infirmière ou au stomathérapeute des questions appropriées sur les suites opératoires.

Après l'opération
1. Le patient a amélioré ses connaissances sur la prise en charge de sa fonction urinaire.

   a) Il collabore à l'entretien du système de drainage urinaire.
   b) Il exprime ses préférences et ses opinions lors des prises de décision concernant les soins et le traitement.
   c) Il décrit les altérations anatomiques consécutives à l'opération.
   d) Il décrit les mesures destinées à assurer l'intégrité de la peau et les met en pratique.
   e) Il adapte ses activités quotidiennes en fonction de l'entretien de la stomie.
   f) Il connaît les problèmes qui peuvent se présenter et les façons de les aborder.
   g) Il connaît les signes et les symptômes qui exigent une consultation auprès d'une infirmière ou d'un médecin.
   h) Il pose des questions appropriées concernant les soins à domicile.
   i) Il connaît les professionnels de la santé ou les personnes ressources auprès desquelles il peut obtenir de l'aide et des conseils sur la prise en charge de sa fonction urinaire après sa sortie du centre hospitalier.
2. Le patient a amélioré son image de soi.
   a) Il dit accepter la dérivation urinaire, la stomie et le port d'un sac.
   b) Il effectue ses soins avec une autonomie de plus en plus grande.
   c) Il exprime son désir de reprendre ses activités de la vie quotidienne et de retrouver son mode de vie habituel.
   d) Il connaît d'autres moyens d'exprimer sa sexualité (s'il est impuissant).
   e) Il dit accepter le soutien et l'aide des membres de sa famille et du personnel soignant.
   f) Il effectue ses soins d'hygiène et soigne son apparence.
   g) Il accepte de recevoir la visite d'un stomisé.
   h) Il accepte de visiter bénévolement des patients sur le point de subir une dérivation urinaire.
3. Le patient améliore sa sexualité.
   a) Il exprime ses inquiétudes concernant les altérations de sa sexualité et de sa fonction sexuelle.
   b) Il manifeste le désir de connaître d'autres méthodes d'expression sexuelle.
   c) Il parle avec sa partenaire ou avec un conseiller de ses inquiétudes concernant sa vie sexuelle.
   d) Il consulte un sexologue, si nécessaire.
   e) Il se livre avec sa partenaire à des activités d'intérêt commun.
4. Le patient maintient l'intégrité de sa peau.
   a) Il ne présente aucune lésion cutanée autour de la stomie.
   b) Il ne signale aucune douleur ou aucun malaise dans la région de la stomie.
   c) Il connaît les mesures à prendre en cas d'excoriation.
   d) Il entretient correctement le système de drainage et le sac.

Résumé: Le patient qui subit une dérivation urinaire a besoin de soins médicaux et infirmiers spécialisés, car il s'agit d'une opération qui peut provoquer d'importantes complications et de graves problèmes. Le patient qui doit subir cette opération craint non seulement les modifications de la fonction urinaire et de l'image corporelle qu'elle entraîne, mais également les conséquences de la maladie (cancer ou autre) qui l'ont rendu nécessaire. Pour aider efficacement le patient, ainsi que sa famille, à maîtriser les techniques qui lui permettront une réadaptation complète, l'infirmière doit faire preuve de patience, de compréhension et de sensibilité. Elle doit de plus collaborer efficacement avec les autres membres du personnel soignant (stomathérapeute, infirmière de liaison, infirmière du CLSC, etc.) afin de déterminer les services auxquels le patient peut avoir recours et lui enseigner à les utiliser à bon escient.

CYSTITE INTERSTITIELLE

La cystite interstitielle est une maladie relativement fréquente chez la femme âgée, mais beaucoup moins chez l'homme. Elle se manifeste par une irritation et inflammation de la vessie. Ses principaux symptômes sont des envies fréquentes et impérieuses d'uriner, de la nycturie, une pression sus-pubienne et une douleur quand la vessie est pleine. Cette douleur se fait sentir dans l'abdomen ou dans la région du périnée; elle peut irradier vers l'aine, et disparaît ou s'atténue quand la vessie est vide. Histologiquement, la maladie serait d'origine inflammatoire ou auto-immunitaire, mais on ne lui connaît pas de médiateur chimique. On ne sait pas non plus pourquoi elle est localisée à la vessie. On croit qu'elle pourrait avoir pour cause la pénétration de substances irritantes dans l'urothélium ou les tissus sous-jacents due à une altération de la barrière entre la muqueuse de la paroi vésicale et l'urine.

Les urines des personnes atteintes de cystite interstitielle contiennent des érythrocytes et des leucocytes, mais ne contiennent pas de bactéries, ni de cellules néoplasiques. La présence de mastocytes dans les urines est un signe de la maladie, et la présence d'ulcères de Hunner sur la paroi vésicale en est une caractéristique. Toutefois, les ulcères de Hunner sont parfois absents. Le diagnostic se fait généralement par élimination, étant donné l'absence de critères bien définis, et est parfois retardé de plusieurs années. La moyenne d'âge des personnes atteintes se situe entre 40 et 50 ans et la durée de la maladie est de 7 à 10 ans. Les symptômes s'aggravent au cours des premières années, puis se stabilisent ou fluctuent. La cystite interstitielle est une maladie évolutive et répond mieux au traitement si elle est dépistée à ses débuts. Il s'agit d'une maladie chronique et invalidante souvent associée à une douleur chronique. La douleur et les envies fréquentes d'uriner peuvent nuire aux activités professionnelles et sociales de la personne atteinte et la nycturie peut la priver de sommeil. La cystite interstitielle n'est pas une maladie d'origine psychique, même si on ne peut la diagnostiquer sur la base de critères précis. Il s'agit plutôt d'une maladie physique ayant des conséquences psychologiques. De nombreux patients atteints de cystite interstitielle ne peuvent obtenir un diagnostic précis ou une explication de leurs symptômes, et souffrent d'un manque de compréhension de la part du personnel médical.

Diagnostic

On diagnostique généralement la cystite interstitielle après avoir éliminé les autres causes susceptibles de provoquer les mêmes symptômes, sur la base des antécédents médicaux, des signes et symptômes, d'études cystoscopiques, urodynamiques et histologiques et d'analyses de laboratoire. Un relevé des mictions pendant 48 à 72 heures, de même que du volume des urines émises lors de chacune d'elles, peut aider à établir le diagnostic. On exclut les troubles similaires en se fondant sur des biopsies, des examens radiologiques (urographie, cystographie, radiographies des os et du bassin), des échographies et des tomodensitographies. La seule anomalie radiologique

de la cystite interstitielle est une réduction du volume de la vessie, qui n'est pas toujours présente. Les analyses et les cultures d'urines, le volume d'urine résiduelle et le débit urinaire sont généralement normaux chez les patients qui souffrent de cystite interstitielle.

La cystite interstitielle se caractérise par des lésions ulcéreuses de la muqueuse vésicale visibles à l'examen cystoscopique. Ces lésions, que l'on appelle ulcères de Hunner, ont l'aspect de pétéchies et envahissent la vessie tout entière. Elles confluent souvent pour former des zones d'hémorragie qui s'activent quand la vessie est distendue sous l'effet d'une anesthésie générale (il s'agit là d'un important critère diagnostique). Pour déterminer la présence d'ulcères de Hunner, on instille, par cystoscopie et sous anesthésie générale, un liquide dans la vessie sous une pression de 80 cm d'eau jusqu'à ce que la vessie soit distendue à sa pleine capacité. On évacue ensuite le liquide. Chez le patient atteint de cystite interstitielle, les dernières gouttes de liquide sont teintées de sang. La distension de la vessie provoque la rupture des fissures et des cicatrices présentes sur la muqueuse vésicale, ce qui donne naissance à l'ulcère de Hunner. Un examen subséquent révèle la présence de lésions ulcéreuses et souvent de taches hémorragiques dans toute la vessie, généralement réparties inégalement. Ce tableau apparaît dans la forme avancée de la cystite interstitielle. L'image cystoscopique ne traduit pas forcément la gravité des symptômes ou la réaction au traitement.

Traitement

On peut traiter la cystite interstitielle par l'administration d'antidépresseurs tricycliques qui, par leur action anticholinergique centrale et périphérique, réduisent l'excitabilité du muscle lisse de la vessie. Parmi les autres traitements, notons la destruction des ulcères par le laser, l'instillation dans la vessie de différentes substances (nitrate d'argent, néomycine, etc.) et la cystectomie avec dérivation urinaire. Dans certains cas, la dérivation urinaire a apporté un soulagement total même si la vessie est restée en place. La chirurgie est indiquée quand la douleur ne peut être soulagée et que les contractions sont importantes et s'accompagnent d'incontinence.

Des études portant sur des médicaments susceptibles de soulager les symptômes de cystite interstitielle sont actuellement en cours. Parmi ces médicaments, citons l'héparine administrée par voie sous-cutanée (elle stabilise la production des mastocytes, s'oppose aux effets de l'histamine, de la bradykinine et de la prostaglandine E et inhibe le système complémentaire ainsi que l'action des agents inflammatoires) et le diméthylsulfoxyde (à cause de ses propriétés antiinflammatoires, immunologiques, analgésiques et bactériostatiques) qui pourrait corriger les anomalies de la couche protectrice de la muqueuse vésicale. Chez certains patients, on a tenté de soulager les symptômes au moyen de l'électrostimulation percutanée.

Interventions infirmières

Souvent, le patient atteint de cystite interstitielle présente depuis longtemps des symptômes qui l'empêchent de vaquer normalement à ses occupations habituelles. Dans bien des cas, il a consulté un grand nombre de médecins, dont aucun n'a pu lui apporter un soulagement appréciable de ses symptômes, certains mettant même en doute leur existence, n'ayant pu poser un diagnostic. Il est donc souvent déprimé et anxieux, en plus d'être méfiant et septique au sujet des traitements qu'on lui propose, surtout s'il les a déjà essayés sans succès. Par conséquent, il importe que l'infirmière lui fasse comprendre qu'elle croit en ses symptômes et qu'elle est consciente de leur gravité et de leurs répercussions sur sa vie. Elle doit aussi lui donner des explications sur les examens diagnostiques et les traitements qu'il doit subir. Elle doit en outre évaluer ses capacités de faire face à la maladie et lui offrir une aide psychologique.

AFFECTIONS DE L'URÈTRE

Caroncule

Une caroncule est une petite excroissance polypoïde rouge et très vascularisée, située sur le bord postérieur du méat urinaire chez la femme. Dans de rares cas, elle ne provoque aucun symptôme, mais elle est le plus souvent extrêmement douloureuse. Elle peut se manifester par des envies fréquentes d'uriner, de même qu'une douleur intense et une sensation de brûlure localisée qui s'accroît à l'effort. Les symptômes disparaissent avec l'excision de la caroncule.

Urétrite

L'urétrite, ou inflammation de la muqueuse de l'urètre, est généralement due à une infection ascendante. Elle peut être gonococcique, non gonococcique (voir le chapitre 53), ou mixte.

Urétrite gonococcique. L'urétrite gonococcique, ou gonorrhée, est causée par *Neisseria gonorrhoeae* et se transmet par contact sexuel. Chez l'homme, elle provoque une inflammation du méat urinaire et des brûlures à la miction. Trois à quatorze jours après un rapport sexuel, parfois plus tard, un écoulement urétral apparaît. Elle est asymptomatique dans de rares cas. Chez la femme, on peut observer un écoulement urétral, mais la maladie est souvent asymptomatique et pour cette raison, non diagnostiquée. Chez l'homme, l'infection peut envahir les tissus voisins et entraîner une périurétrite, une prostatite, une épididymite et un rétrécissement urétral. L'obstruction de l'épididyme peut provoquer la stérilité. Voir le chapitre 53, pour le traitement de la gonorrhée et l'enseignement au patient qui en est atteint.

Urétrite non gonococcique. L'urétrite non gonococcique est généralement causée par *Chlamydia trachomatis* ou par *Ureaplasma urealyticum*. Chez l'homme, elle se manifeste par une dysurie modérée ou grave et un écoulement urétral faible ou modéré. Elle exige sans délai une antibiothérapie au moyen de tétracycline ou de doxycycline. Si la tétracycline ne donne pas de résultats ou que le patient y est allergique, on peut la remplacer par l'érythromycine. Un suivi est nécessaire pour s'assurer de l'efficacité du traitement. Tous les partenaires sexuels d'une personne souffrant d'urétrite non gonococcique doivent subir un examen de dépistage de maladies transmises sexuellement.

Rétrécissement de l'urètre

Le rétrécissement de l'urètre est la diminution du calibre de sa lumière par du tissu cicatriciel et des contractions. Il est provoqué par des blessures dues notamment à l'insertion d'instruments chirurgicaux durant une intervention transurétrale, à la présence d'une sonde à demeure ou à une cystoscopie. Il peut aussi survenir à la suite d'un écartèlement provoqué par un traumatisme, d'un accident de voiture, ou d'une urétrite gonococcique non traitée. Il peut aussi être dû à une anomalie congénitale.

Le rétrécissement de l'urètre se manifeste par une diminution de la force et du débit du jet urinaire et par des symptômes d'infection et de rétention urinaires. Il entraîne le reflux de l'urine, ce qui peut engendrer une cystite, une prostatite ou une pyélonéphrite. Pour le prévenir, on doit traiter les infections urétrales le plus rapidement possible, éviter le cathétérisme urétral prolongé et prendre toutes les mesures de précaution qui s'imposent quand on introduit un instrument dans l'urètre, y compris une sonde.

Traitement. Le traitement peut être palliatif (dilatation graduelle à l'aide de sondes métalliques ou de bougies) ou correcteur (urétrotomie interne). Si l'urètre est trop étroit pour accepter une sonde, l'urologue se sert de petites bougies filiformes qu'il fait pénétrer dans la vessie pour permettre l'écoulement de l'urine. Pour dilater l'urètre, on introduit ensuite une sonde à dilatation de plus gros calibre en se servant de la bougie filiforme comme guide. Après la dilatation, on a recours à des bains de siège chauds et à des analgésiques non narcotiques pour soulager la douleur, et à des antibiotiques pendant plusieurs jours pour réduire la réaction inflammatoire et le malaise qu'elle provoque.

Dans les cas graves, on doit parfois pratiquer une excision ou une urétroplastie. Chez certains patients, une cystostomie sus-pubienne est nécessaire. On trouvera à la page 1102 les soins postopératoires aux patients ayant subi une cystostomie.

RÉSUMÉ

Les troubles des voies urinaires et des reins peuvent se compliquer de troubles généralisés, et perturber l'équilibre hydroélectrolytique et acidobasique. Les complications peuvent aussi être d'ordre psychologique. L'infirmière qui soigne un patient atteint de troubles des voies urinaires et des reins doit posséder une bonne connaissance du fonctionnement des reins et des voies urinaires inférieures, de même que des manifestations des déséquilibres hydroélectrolytiques. Même dans les cas de troubles bénins, comme une infection non compliquée des voies urinaires, l'infirmière a un important rôle à jouer. Elle doit en effet s'assurer, par un enseignement approprié, que le patient se conforme à son traitement et à ses rendez-vous ultérieurs. Quand le trouble des reins ou des voies urinaires exige des traitements complexes (dialyse, greffe, lithotripsie ou dérivation urinaire), l'infirmière doit non seulement assumer la majeure partie de l'enseignement au patient, mais elle doit en plus prodiguer des soins spécialisés impliquant l'usage de techniques de pointe. Aujourd'hui, on a tendance à réduire la durée de l'hospitalisation et à mettre davantage l'accent sur les soins à domicile. Dans le cas des patients atteints de troubles rénaux, des soins à domicile de qualité sont indispensables pour préserver la fonction rénale restante et assurer la guérison.

Bibliographie

Ouvrages

Brenner BM, Coe FL, and Rector FC Jr. Clinical Nephrology. Philadelphia, WB Saunders, 1987.

Catto GRD. Clinical Transplantation: Current Practice and Future Prospects. Lancaster, England, MTP Press Limited, 1987.

Cerilli GJ. Organ Transplantation and Replacement. Philadelphia, JB Lippincott, 1988.

Gingell C and Abrams P (ed). Controversies and Innovations in Urologic Surgery. New York, Springer-Verlag, 1988.

Hanno PM and Wein AJ. A Clinical Manual of Urology. Englewood Cliffs, NJ, Appleton-Century-Crofts, 1987.

Kunin CM. Detection, Prevention and Management of Urinary Tract Infections. Philadelphia, Lea & Febiger, 1987.

Massry SG and Glassrock RJ. Textbook of Nephrology, 2nd ed. Baltimore, Williams & Wilkins, 1989.

Nolph KD. Peritoneal Dialysis, 3rd ed. Norwell, MA, Kluwer Academic, 1989.

Pak CYC. Renal Stone Disease: Pathogenesis, Prevention and Treatment. Boston, Nijhoff, 1987.

Riehle RA Jr. Principles of Extracorporeal Shock Wave Lithotripsy. New York, Churchill Livingstone, 1987.

Rose BD and Black RM. Manual of Clinical Problems in Nephrology. Boston, Little, Brown & Co, 1988.

Sigardson-Poor KM and Haggerty LM. Nursing Care of the Transplant Recipient. Philadelphia, WB Saunders, 1990.

Smith PH. Combination Therapy in Urological Malignancy. New York, Springer-Verlag, 1989.

Smith SL (ed). Tissue and Organ Transplantation: Implications for Nursing Practice. St Louis, CV Mosby, 1990.

Revues

Les articles de recherche en sciences infirmières sont marqués d'un astérisque.

Généralités

Chambers JK. Fluid and electrolyte problems in renal and urologic disorders. Nurs Clin North Am 1987 Dec; 22(4):815-826.

Chenevey B. Overview of fluids and electrolytes. Nurs Clin North Am 1987 Dec; 22(4):749-759.

Lancaster LE. Renal and endocrine regulation of water and electrolyte balance. Nurs Clin North Am 1987 Dec; 22(4):761-772.

Faubert PF and Porush JG. Managing hypertension in chronic renal disease. Geriatrics 1987 Jan; 42(1):49-58.

Innerarity SA. Electrolyte emergencies in the critically ill renal patient. Crit Care Nurs Clin North Am 1990 Mar; 2(1):89-99.

Pearlstein G. Renal system compliations in HIV infection. Crit Care Nurs Clin North Am 1990 Mar; 2(1):79-87.

Infections des voies urinaires

Andriole VT. Urinary tract infections: Recent developments. J Infect Dis 1987 Dec; 156(6):865-869.

Asher EF, Oliver BG, and Fry DE. Urinary tract infections in the surgical patient. Am Surg 1988 Jul; 54(7):466-469.

Boscia JA et al. Therapy vs no therapy for bacteriuria in elderly ambulatory nonhospitalized women. JAMA 1987 Feb 27; 257(8):1067-1071.

Brettman LR. Nosocomial infection: Risks associated with short-term and long-term inpatient care. Urology 1988 Sep; 32(Suppl 3):21-23.

Brettman LR. Pathogenesis of urinary tract infections: Host susceptibility and bacterial virulence factors. Urology 1988 Sep; 32(Suppl 3):9-11.

Breitenbucher RB. UTI: Managing the most common nursing home infection. Geriatrics 1990 May; 45(5):68-75.

Brooks D. UTI: A practical approach to management. Practitioner 1989 May 22; 233(1469):762-764.

Cook DJ, Achong MR, and Dobranowski J. Emphysematous pyelonephritis. Complicated urinary tract infection in diabetes. Diabetes Care 1989 Mar; 12(3):229-232.

Dolan JG, Bordley DR, and Polito R. Initial management of serious urinary tract infection: Epidemiologic guidelines. J Gen Intern Med 1989 May/Jun; 4(3):190-194.

Fihn SD. Behavioral aspects of urinary tract infection. Urology 1988 Sep; 32(Suppl 3):16-18.

Foxman B. Recurring urinary tract infection: Incidence and risk factors. Am J Public Health 1990 Mar; 80(3):331-333.

Gleckman RA and Czachor JS. Managing diabetes-related infections in the elderly. Geriatrics 1989 Aug; 44(8):37-39, 44-46.

Jaff MR and Paganini EP. Meeting the challenge of geriatric UTIs. Geriatrics 1989 Dec; 44(12):60-65, 69.

Johnson JR and Stamm WE. Urinary tract infections in women: Diagnosis and treatment. Ann Intern Med 1989 Dec 1; 111(11):906-917.

Jones P, Jones SL, and Katz J. A randomized trial to improve compliance in urinary tract infection patients in the emergency department. Ann Emerg Med 1990 Jan; 19(1):16-20.

Josephson S et al. *Gardnerella vaginalis* in the urinary tract: Incidence and significance in a hospital population. Obstet Gynecol 1988 Feb; 71(2):245-250.

Karafin LJ and Coll ME. Lower urinary tract disorders in the postmenopausal woman. Med Clin North Am 1987 Jan; 71(1):111-121.

Kaye D (ed). Urinary tract infections. Med Clin North Am 1991 Mar; 75(2):241-513.

Krieger JN. Urinary tract infections in women: Causes, classification, and differential diagnosis. Urology 1990 Jan; 35(Suppl 1):4-7.

Leibovici L et al. A clinical model for diagnosis of urinary tract infection in young women. Arch Intern Med 1989 Sep; 149(9):2048-2050.

Lipsky BA. Urinary tract infections in men. Epidemiology, pathophysiology, diagnosis, and treatment. Ann Internal Med 1989 Jan 15; 110(2):138-150.

McNeeley SG Jr. Treatment of urinary tract infections during pregnancy. Clin Obstet Gynecol 1988 Jun; 32(2):480-487.

Meares EM Jr. Urinary tract infections in the male patient. Urology 1988 Sep; 32(Suppl 3):19-20.

Mott PD and Barker WH. Treatment decisions for infections occurring in nursing home residents. J Am Geriatr Soc 1988 Sep; 36(9):820-824.

Nicolle LE et al. Localization of urinary tract infection in elderly, institutionalized women with asymptomatic bacteriuria. J Infect Dis 1988 Jan; 157(1):65-70.

Platt R. Adverse consequences of asymptomatic urinary tract infections in adults. Am J Med 1987 Jun 26; 82(Suppl 6B):47-52.

Rudman D et al. Clinical correlates of bacteremia in a Veterans Administration extended care facility. J Am Geriatr Soc 1988 Aug; 36(8):726-732.

Safrin S, Siegel D, Black D. Pyelonephritis in adult women: Inpatient versus outpatient therapy. Am J Med 1988 Dec; 85(6):793-798.

Saviteer SM, Samsa GP, Rutala WA. Nosocomial infections in the elderly. Am J Med 1988 Apr; 84(4):661-668.

Schaeffer AJ. Recurrent urinary tract infection in the female patient. Urology 1988 Sep; 32(Suppl 3):12-15.

Seiler WO and Stähelin HB. Practical management of catheter-associated UTIs. Geriatrics 1988 Aug; 43(8):43-50.

Smith JW. Southwestern Internal Medicine Conference: Prognosis in pyelonephritis: Promise or progress. Am J Med Sci 1989 Jan; 297(1):53-62.

Stamey TA. Recurrent urinary tract infections in female patients: An overview of management and treatment. Rev Infect Dis 1987 Mar/Apr; 9(Suppl 2):S195-S210.

Stamm WE et al. Urinary tract infections: From pathogenesis to treatment. J Infect Dis 1989 Mar; 159(3):400-406.

Stover SL et al. Urinary tract infection in spinal cord injury. Arch Phys Med Rehabil 1989 Jan; 70(1):47-54.

* Whippo CC and Creason NS. Bacteriuria and urinary incontinence in aged female nursing home residents. J Adv Nurs 1989 Mar; 14(3):217-225.

Wilhelm MP and Edson RS. Antimicrobial agents in urinary tract infections. Mayo Clin Proc 1987 Nov; 62(11):1025–1031.

Zilkowski MW, Smucker DR, and Mayhew HE. Urinary tract infections in elderly patients. Postgrad Med 1988 Sep 1; 84(3):191–194, 197–199, 201, 202, 205, 206.

Zilkowski MW. Urinary tract infections in the elderly. Am Fam Physician 1989 May; 39(5):125–134.

Troubles rénaux

Bernard DB. The nephrotic syndrome: A clinical approach. Hosp Pract 1990 Sep 15; 25(9):86–88, 93–102.

Cameron JS. Treatment of primary glomerulonephritis using immunosuppressive agents. Am J Nephrol 1989; 9(Suppl 1):33–40.

Couser WG. Rapidly progressive glomerulonephritis: Classification, pathogenetic mechanisms, and therapy. Am J Kidney Dis 1988 Jun; 11(6): 449–464.

FitzSimmons SC et al. Kidney disease of diabetes mellitus: NIDDK initiatives for the comprehensive study of its natural history, pathogenesis, and prevention. Am J Kidney Dis 1989 Jan; 13(1):7–10.

Goyer RA. Environmentally related diseases of the urinary tract. Med Clin North Am 1990 Mar; 74(2):377–389.

Jennette JC and Falk RJ. Diagnosis and management of glomerulonephritis and vasculitis presenting as acute renal failure. Med Clin North Am 1990 Jul; 74(4):893–908.

Johnson DL. Nephrotic syndrome: A nursing care plan based on current pathophysiologic concepts. Heart Lung 1989 Jan; 18(1):85–93.

Keller F et al. Long-term treatment and prognosis of rapidly progressive glomerulonephritis. Clin Nephrol 1989; 39(4):192–197.

Murphy PJ, Wright G, and Rai GS. Nephrotic syndrome in the elderly. J Am Geriatr Soc 1987 Feb; 35(2):170–173.

Packham DK et al. Primary glomerulonephritis and pregnancy. Q J Med 1989 Jun; 71(266):537–553.

Paller MS. Drug-induced nephropathies. Med Clin North Am 1990 Jul; 74(4):909–917.

Reddi AS and Camerini–Davalos RA. Diabetic nephropathy. An update. Arch Intern Med 1990 Jan; 150(1):31–43.

Rosenfeld JA. Renal disease and pregnancy. Am Fam Physician 1989 Apr; 39(4):209–212.

Whelton PK and Klag MJ. Hypertension as a risk factor for renal disease. Hypertension 1989 May; 13(5pt2):I19–I27.

Williams W. Poststreptococcal glomerulonephritis: How important is it as a cause of chronic renal failure? Transplant Proc 1987 Apr; 19(2): 97–100.

Zarconi J and Smith MC. Glomerulonephritis. Bacterial, viral, and other infectious causes. Postgrad Med 1988 Jul; 84(1):239–251.

Insuffisance rénale aiguë

Baer CL. Acute renal failure. Recognizing and reversing its deadly course. Nursing 1990 Jun; 20(6):34–40.

Burke JF Jr. and Francos GC. Surgery in the patient with acute or chronic renal failure. Med Clin North Am 1987 May; 71(3):489–497.

Finn WF. Diagnosis and management of acute tubular necrosis. Med Clin North Am 1990 Jul; 74(4):873–891.

Harper J. Rhabdomyolysis and myoglobinuric renal failure. Crit Care Nurs 1990 Mar; 10(3):32–36.

Martinez–Maldonado M and Kumjian DA. Acute renal failure due to urinary tract obstruction. Med Clin North Am 1990 Jul; 74(4):919–932.

Miller CA and Evans D. CNS manifestations of acute renal failure. Crit Care Nurs 1987 May/Jun; 7(3):94–95.

Norris MKG. Acute tubular necrosis: Preventing complications. Dimens Crit Care Nurs 1989 Jan/Feb; 8(1):16–26.

Insuffisance rénale chronique

Ad Hoc Committee for the National Kidney Foundation. Statement on the clinical use of recombinant erythropoietin in anemia of end-stage renal disease. Am J Kidney Dis 1989 Sep; 14(3):163–169.

Anderson S and Brenner BM. Progressive renal disease. A disorder of adaptation. Q J Med 1989 Mar; 70(263):185–189.

Asrat T and Nageotte MP. Renal failure in pregnancy. Semin Perinatol 1990 Feb; 14(1):59–67.

Beaman M et al. Changing pattern of acute renal failure. Q J Med 1987 Jan; 62(237):15–23.

Berg J. Assessing for pericarditis in the end-stage renal disease patient. Dimens Crit Care Nurs 1990 Sep/Oct; 9(5):266–271.

* Betts DK and Crotty GD. Response to illness and compliance of long-term hemodialysis patients. ANNA J 1988 Apr; 15(2):96–99.

Chambers JK. Metabolic bone disorders. Imbalances of calcium and phosphorus. Nurs Clin North Am 1987 Dec; 22(4):861–872.

Dillard P. Nursing care of the black renal patient—The role, challenge and reward. Transplant Proc 1987 Apr; 19(2):118–120.

Erlich L. Use of EPOGEN for treatment of anemia associated with chronic renal failure. Crit Care Nurse Clin North Am 1990 Mar; 2(1):101–113.

Eschbach JW. The anemia of chronic renal failure: Pathophysiology and the effects of recombinant erythropoietin. Kidney Int 1989 Jan; 35(1): 134–148.

Eschbach JW et al. Treatment of the anemia of progressive renal failure with recombinant human erythropoietin. N Engl J Med 1989 Jul 20; 321(3):158–163.

Eschbach JW and Adamson JW. Guidelines for recombinant human erythropoietin therapy. Am J Kidney Dis 1989 Aug; 14(2 Suppl 1):2–8.

Food and Drug Administration. Epoetin alfa approved for anemia treatment. JAMA 1989 Jul 14; 262(2):184.

Gehm L and Propp DA. Pulmonary edema in the renal failure patient. Am J Emerg Med 1989 May; 7(3):336–339.

Glück Z and Nolph KD. Ascites associated with end-stage renal disease. Am J Kidney Dis 1987 Jul; 10(1):9–18.

Hahn K. The many signs of renal failure. Nursing 1987 Aug; 17(8):34–41.

Hall PM. Can progression of renal disease be prevented? Postgrad Med 1989 Jul; 86(1):113–115, 120.

Jones KR. Policy and research in end-stage renal disease. Image: J Nurs Scholar 1987 Fall; 19(3):126–129.

Julius M et al. Independence in activities of daily living for end-stage renal disease patients: Biomedical and demographic correlates. Am J Kidney Dis 1989 Jan; 13(1):61–69.

Kleeman CR. Metabolic coma. Kidney Int 1989 Dec; 36(6):1142–1158.

Levin ML. The elderly patient with advanced renal failure. Hosp Pract 1989 Mar 30; 24(3A):35–44.

Lim VS. Reproductive function in patients with renal insufficiency. Am J Kidney Dis 1987 Apr; 9(4):363–367.

Miller LR et al. Acquired renal cystic disease in end-stage renal disease: An autopsy study of 155 cases. Am J Nephrol 1989; 9(4):322–328.

* Moore MN. Development of a sleep–awake instrument for use in a chronic renal population. ANNA J 1989 Feb; 16(1):15–19.

* Nyamathi A. Coping responses or spouses of MI patients and of hemodialysis patients as measured by Jalowied coping scale. J. Cardiovasc Nurs 1987 Nov; 2(1):67–74.

* O'Brien ME. Compliance behavior and long-term maintenance dialysis. Am J Kidney Dis 1990 Mar; 15(3):209–214.

Oldenburg B, McDonald GJ, and Perkins RJ. Prediction of quality of life in a cohort of end-stage renal disease patients. J Clin Epidemiol 1988; 41(6):555–564.

Plawecki HM, Brewer S, and Plawecki JA. Chronic renal failure. J Gerontol Nurs 1987 Dec; 13(12):14–17.

Rostand SG et al. Renal insufficiency in treated essential hypertension. N Engl J Med 1989 Mar 16; 320(11):684–688.

Roy AT et al. Renal failure in older people. J Am Geriatr Soc 1990 Mar; 38(3):239–253.

Sacks CR, Peterson RA, and Kimmel PL. Perception of illness and depression in chronic renal disease. Am J Kidney Dis 1990 Jan; 15(1):31–39.

Sasak C and Giordano E. Case management of the anemic patient. Epoetin alfa: Focus on patient teaching. ANNA J 1990 Apr; 17(2):188–190.

Schwartz AB et al. Erythropoietin for the anemia of chronic renal failure. Am Fam Pract 1988 Jun; 37(6):211–215.

Sekkarie MA et al. Recovery from end-stage renal disease. Am J Kidney Dis 1990 Jan; 15(1):61–65.

Stenvinkel P, Alvestrand A, and Bergström J. Factors influencing progression in patients with chronic renal failure. J Intern Med 1989 Sep; 226(3): 183-188.

Tzamaloukas AH. Diagnosis and management of bone disorders in chronic renal failure and dialyzed patients. Med Clin North Am 1990 Jul; 74(4):961-974.

Greffe rénale

Bass M. Infection in renal transplantation: The first six months. Crit Care Nurs Clin North Am 1990 Mar; 2(1):133-138.

Briggs JD. Renal transplantation. Q J Med 1989 Jul; 72(267):589-597.

Cunningham N and Smith SL. Postoperative care of the renal transplant patient. Crit Care Nurs 1990 Oct; 10(9):74-80.

Fedric TN. Immunosuppressive therapy in renal transplantation. Crit Care Nurs Clin North Am 1990 Mar 2(1):123-131.

Gaudier FL et al. Pregnancy after renal transplantation. Surg Gynecol Obstet 1988 Dec; 167(6):533-543.

Harasyko C. Kidney transplantation. Nurs Clin North Am 1989 Dec; 24(4): 851-863.

Holechek MJ, Burrell-Diggs D, and Navarro MO. Renal transplantation: An option for end-stage renal disease patients. Crit Care Nurs 1991 Feb; 13(4):62-71.

Luke RG. Hypertension in renal transplant recipients. Kidney Int 1987 Apr; 31(4):1024-1037.

Mathew TH. Recurrence of disease following renal transplantation. Am J Kidney Dis 1988 Aug; 12(2):85-96.

Renshaw DC. Sex and the renal transplant patient. Clin Ther 1987; 10(1): 2-7.

Shah B et al. Current experience with renal transplantation in older patients. Am J Kidney Dis 1988 Dec; 12(6):516-523.

Surman OS. Psychiatric aspects of organ transplantation. Am J Psychiatry 1989 Aug; 146(8):972-982.

* Sutton TD and Murphy SP. Stressors and patterns of coping in renal transplant patients. Nurs Res 1989 Jan/Feb; 38(1):46-49.

Yoshimura N and Oka T. Medical and surgical complications of renal transplantation: Diagnosis and management. Med Clin North Am 1990 Jul; 74(4):1025-1037.

Lithiase urinaire

Atala A and Steinbock GS. Extracorporeal shock-wave lithotripsy of renal calculi. Am J Surg 1989 Mar; 157(3):350-358.

Cass AS. Extracorporeal shock wave lithotripsy. How does it work? Who are candidates for it? Postgrad Med 1988 May 1; 83(6):185-190, 192.

Dickinson IK et al. Combination of percutaneous surgery and extracorporeal shockwave lithotripsy for the treatment of large renal calculi. Br J Urol 1986; 58(6):581-584.

Kramolowsky EV, Quinlan SM, and Loening SA. Extracorporeal shock wave lithotripsy for the treatment of urinary calculi in the elderly. J Am Geriatr Soc 1987 Mar; 35(3):251-254.

Newman DM et al. Extracorporeal shock-wave lithotripsy. Urol Clin North Am 1987 Feb; 14(1):63-71.

Roth RA and Beckmann CF. Complications of extracorporeal shock-wave lithotripsy and percutaneous nephrolithotomy. Urol Clin North Am 1988 May; 15(2):155-166.

Segura JW. Surgical management of urinary calculi. Semin Nephrol 1990 Jan; 10(1):53-63.

Smith LH. The pathophysiology and medical treatment of urolithiasis. Semin Nephrol 1990 Jan; 10(1):31-52.

Tillotson SL and DeLuca SA. Complications of extracorporeal shock wave lithotripsy. Am Fam Physician 1988 Dec; 38(6):161-163.

Willscher MK et al. Safety and efficacy of electrohydraulic lithotripsy by ureteroscopy. J Urol 1988 Nov; 140(5):957, 958.

Wilson WT and Preminger GM. Extracorporeal shock wave lithotripsy. An update. Urol Clin North Am 1990 Feb; 17(1):231-242.

Traumatismes rénaux

Cass AS et al. Deaths from urologic injury due to external trauma. J Trauma 1987 Mar; 27(3):319-321.

Cass AS and Luxenberg M. Management of extraperitoneal ruptures of bladder caused by external trauma. Urology 1989 Aug; 33(3):179-183.

Gasparis L and Noone J. Managing emergencies. Renal genitourinary emergencies. Nursing 1989 Mar; 19(3):96-100.

Smith MF. Renal trauma: Adult and pediatric considerations. Crit Care Clin North Am 1990 Mar 2(1):67-77.

Sommers MS. Blunt renal trauma. Crit Care Nurs 1990 Mar; 10(3):38-48.

Weiskittel P and Sommers MS. The patient with lower urinary tract trauma. Crit Care Nurs 1989 Jan; 9(1):53-65.

Whitehorne M, Cacciola R, Quinn ME. Multiple trauma: Survival after the golden hour. J Adv Med Surg Nurs 1989 Dec; 2(1):27-39.

Cancer des voies urinaires et déviations urinaires

Broadwell DC. Peristomal skin integrity. Nurs Clin North Am 1987 Jun; 22(2):321-332.

Erickson PJ. Ostomies: The art of pouching. Nurs Clin North Am 1987 Jun; 22(2):311-320.

Fowler JE Jr. Continent urinary reservoirs. Surg Annu 1988; 2:201-225.

Killeen KP and Libertino JA. Management of bowel and urinary tract complications after urinary diversion. Urol Clin North Am 1988 May; 15(2): 183-194.

Lange MP et al. Management of multiple enterocutaneous fistulas. Heart Lung 1989 Jul; 18(4):386-390.

Lieskovsky G, Skinner DG, and Boyd SD. Complications of the Kock pouch. Urol Clin North Am 1988 May; 15(2):195-205.

National Cancer Institute. U.S. Department of Health and Human Services. National Institutes of Health. What you need to know about bladder cancer. NIH Pub. No. 90-1559. Washington, DC, 1989.

National Cancer Institute. U.S. Department of Health and Human Services. National Institutes of Health. Adult kidney cancer and Wilms' tumor. NIH Pub. No. 90-2342. Washington, DC, 1989.

Petillo MH. The patient with a urinary stoma: Nursing management and patient education. Nurs Clin North Am 1987 Jun; 22(2):263-279.

Rolstad BS. Innovative surgical procedures and stoma care in the future. Nurs Clin North Am 1987 Jun; 22(2):341-356.

Sagalowksy AI. Technique of the continent ileal bladder: Camey procedure. Urol Clin North Am 1987 Aug; 14(3):643-651.

Schover LR. Sexuality and fertility in urologic cancer patients. Cancer 1987 Aug; 60(Suppl 1):553-558.

Shipes E. Psychosocial issues: The person with an ostomy. Nurs Clin North Am 1987 Jun; 22(2):291-302.

Shipes E. Sexual function following ostomy surgery. Nurs Clin North Am 1987 Jun; 22(2):303-310.

Cystite interstitielle

Albers DD and Geyer JR. Long-term results of cystolysis (supratrigonal denervation) of the bladder for intractable interstitial cystitis. J Urol 1988 Jun; 139(6):1205, 1206.

Fall M. Transcutaneous electrical nerve stimulation in interstitial cystitis. Update on clinical experience. Urology 1987 Apr; 29(4 Suppl):40-42.

Fowler JE Jr. et al. Interstitial cystitis is associated with intraurothelial Tamm-Horsfall protein. J Urol 1988 Dec; 140(6):1385-1389.

Gillenwater JY and Wein AJ. Summary of the National Institute of Arthritis, Diabetes, Digestive and Kidney Diseases Workshop on Interstitial Cystitis. National Institutes of Health, Bethesda, MD, Aug 28-29, 1987. J Urol 1988 Jul; 140(1):203-206.

Hanno PM and Wein AJ. Editorial: Interstitial cystitis. J Urol 1987 Sep; 138(3):595, 596.

Hanno PM, Buehler J, and Wein AJ. Use of amitriptyline in the treatment of interstitial cystitis. J Urol 1989 Apr; 141(4):846-848.

Hanno PM et al. Diagnosis of interstitial cystitis. J Urol 1990 Feb; 143(2): 278-281.

Holm–Bentzen M et al. Painful bladder disease: Clinical and pathoanatomical differences in 115 patients. J Urol 1987 Sep; 138(3):500–502.

Holm–Bentzen M et al. A prospective double-blind clinically controlled multicenter trial of sodium pentosanpolysulfate in the treatment of interstitial cystitis and related painful bladder disease. J Urol 1987 Sep; 138(3):503–507.

Messing EM. The diagnosis of interstitial cystitis. Urology 1987 Apr; 29(4 Suppl):4–7.

Painful bladder diseases: Interstitial or abacterial cystitis? Lancet 1988 Feb 13; 1(8581):337–338.

Parsons CL and Mulholland SG. Successful therapy of interstitial cystitis with pentosanpolysulfate. J Urol 1987 Sep; 138(3):513–516.

Perez–Marrero R, Emerson LE, and Feltis JT. A controlled study of dimethyl sulfoxide in interstitial cystitis. J Urol 1988 Jul; 140(1):36–39.

Perez–Marrero R, Emerson LE, and Juma S. Urodynamic studies in interstitial cystitis. Urology 1987 Apr; 29(4 Suppl):27–30.

Steinkohl WB and Leach GE. Urodynamic findings in interstitial cystitis. Urology 1989 Dec; 34(6):399–401.

Information/Ressources

Organismes

American Cancer Society
    1599 Clifton Rd. NE, Atlanta, GA 30329, (404) 320-3333
Cancer Information Service
    1-800-4-CANCER
American Society for Artificial Internal Organs
    PO Box C, Boca Raton, FL 33429, (407) 391-8589
International Association for Enterostomal Therapy
    2081 Business Center Dr., Suite 290, Irvine, CA 92715, (714) 476-0268
Interstitial Cystitis Association
    PO Box 1553, Madison Square Garden Station, New York, NY 10159, (212) 979-6057
American Association of Kidney Patients
    1 Davis Blvd., Suite LL1, Tampa, FL 33606, (813) 251-0725
National Institute of Diabetes and Digestive and Kidney Diseases
    National Institutes of Health, Bethesda, MD 20892
National Kidney Foundation
    30 East 33rd St., New York, NY 10016, (212) 889-2210
United Ostomy Association
    36 Executive Park, Suite 120, Irvine, CA 92714-6744, (714) 660-8624

PROGRÈS DE LA RECHERCHE EN SCIENCES INFIRMIÈRES

SOINS INFIRMIERS AUX PATIENTS ATTEINTS DE TROUBLES RÉNAUX ET URINAIRES

Les infirmières qui effectuent des travaux de recherche ont récemment accordé une attention particulière à un certain nombre de sujets, dont l'incontinence urinaire, l'entretien des sondes à demeure et le stress provoqué par la dialyse et la greffe du rein.

De nombreux travaux de recherche portent sur l'incontinence urinaire, notamment sur l'évaluation de patients atteints de ce trouble et sur les mesures qui permettent d'en réduire la fréquence.

Les sondes à demeure sont toujours un sujet de préoccupation pour les infirmières. Elles ont besoin d'études approfondies pour établir les interventions infirmières reliées à l'entretien des sondes et des systèmes de drainage, ainsi que pour connaître les difficultés auxquelles font face les patients porteurs d'une sonde à l'extérieur des centres hospitaliers.

Les facteurs de stress associés à l'hémodialyse et à la greffe du rein ainsi que les réactions psychologiques que le stress entraîne ont fait l'objet de nombreux travaux de recherches de la part d'infirmières. Les études portant sur les facteurs de stress reliés à la dialyse péritonéale sont toutefois beaucoup plus rares. Or, la dialyse péritonéale évolue rapidement et s'implante dans les unités de soins prolongés et dans les foyers. Il importe donc d'étudier ses effets sur les patients et leur famille, autant du point de vue physique que psychologique.

On doit aussi souligner l'importance des études portant sur les réactions physiologiques et psychologiques des patients subissant une dérivation urinaire et sur les interventions infirmières s'y rapportant. Il est aussi extrêmement urgent de procéder à des recherches sur les infections récidivantes des voies urinaires et sur la cystite interstitielle à cause des répercussions physiologiques, psychologiques et financières de ces troubles.

Incontinence urinaire

▷ **Brink C. A. et coll., «A digital test for pelvic muscle strength in older women with urinary incontinence», Nurs. Res.,** *juillet-août 1989;38(4):196-199*
L'incontinence urinaire à l'effort est un trouble fréquent, souvent associé à une faiblesse des muscles pelviens. Par conséquent, une méthode objective d'évaluation de la force de ces muscles serait très utile. Cette étude avait pour but d'établir la fiabilité et la validité d'une méthode digitale

d'évaluation de la force des muscles pelviens chez des femmes âgées atteintes d'incontinence urinaire. Les analyses statistiques utilisées furent le coefficient de stabilité par la méthode du test-retest et le coefficient d'objectivité. Pour évaluer la force des muscles pelviens, l'examinatrice introduisait ses doigts gantés dans le canal vaginal, sur une distance de 4 à 6 cm. L'évaluation était faite sur une échelle de 0 à 4 (0 - 0,3 - 0,5 - 1 - 2 - 3 - 4) et portait sur la force exercée par la contraction des muscles pelviens, l'altération du plan vertical formé par les doigts de l'examinatrice et la durée de la contraction.

L'échantillon se composait de 338 femmes atteintes d'incontinence urinaire ne vivant pas dans un établissement hospitalier et dont l'âge se situait entre 55 et 90 ans (67,5 ± 89). Le type d'incontinence le plus fréquent était l'incontinence urinaire à l'effort, la majorité des femmes ayant dit en avoir ressenti les symptômes. Les examinatrices étaient des infirmières de première ligne spécialement formées par les chercheuses. On a utilisé un instrument de mesure appelé périnomètre pour évaluer la force des muscles pelviens. On a mesuré au moyen de cet instrument la force d'une première grande contraction soutenue, la force moyenne de six contractions de dix secondes chacune ainsi que celle de cinq contractions rapides non soutenues. Les mesures au périnomètre ont aussi servi à évaluer la validité de la méthode digitale.

Le coefficient de stabilité a été déterminé en comparant une première mesure prise chez 228 sujets à une seconde mesure prise entre quatre et six semaines plus tard par la même examinatrice. On a observé une bonne corrélation entre les deux mesures. Le coefficient d'objectivité a été déterminé en comparant les résultats obtenus par deux examinatrices, le même jour chez un même patient. On a encore une fois observé une bonne corrélation. On a de plus observé une bonne corrélation entre les résultats obtenus avec le périnomètre et ceux obtenus au moyen de la méthode digitale sur 298 sujets, ce qui a ainsi permis d'étayer la validité de cette méthode. Des analyses subséquentes ont révélé que les femmes incapables d'interrompre volontairement le jet au milieu de la miction et celles qui perdent d'importantes quantités d'urines lors des épisodes d'incontinence ont les muscles pelviens les plus faibles.

Soins infirmiers. Les résultats de cette étude démontrent que la méthode digitale d'appréciation de la force des muscles pelviens est assez fiable pour être utilisée dans des études ultérieures de l'incontinence urinaire chez la femme. La mise au point d'une méthode fiable pour évaluer la force des muscles pelviens est une étape importante dans l'étude des facteurs responsables de l'incontinence urinaire chez la femme et des mesures permettant de la soulager.

▷ *Creason N. S. et coll., «Prompted voiding therapy for urinary incontinence in aged female nursing home residents»*, J. Adv. Nurs., *fév. 1989; 14(2):120-126*

Cette étude, portant sur 85 résidentes âgées de centres d'hébergement, avait pour but de comparer les effets sur l'incontinence urinaire de l'incitation à aller à la toilette avec ceux de simples contacts sociaux. L'échantillon se composait de résidentes de quatre centres d'hébergement âgées de 65 ans et plus et incontinentes depuis au moins deux semaines. Aucune d'elles ne portait une sonde à demeure. Les femmes du premier groupe (30) étaient incitées à aller à la toilette et celles du second groupe (27) ont reçu des visites à caractère social. Le groupe témoin se composait de 28 sujets.

Dans le premier groupe, des infirmières auxiliaires demandaient toutes les heures aux femmes si elles avaient besoin d'aller à la toilette et les aidait à le faire si elles le désiraient. Les infirmières auxiliaires vérifiaient également toutes les heures si leurs vêtements étaient mouillés. Les femmes du second groupe recevaient toutes les heures une visite à caractère purement social d'une infirmière auxiliaire. Il n'était aucunement fait mention des toilettes au cours de cette visite qui durait de deux à trois minutes. L'infirmière auxiliaire aidait toutefois la femme à aller à la toilette si elle en manifestait le désir. Elle vérifiait également toutes les heures si les vêtements étaient mouillés. Les sujets du groupe témoin ont reçu les soins normalement dispensés dans un centre d'hébergement, et la vérification de leurs vêtements était faite selon les directives en vigueur dans l'établissement, soit toutes les deux ou trois heures. Les données recueillies sur les sujets des trois groupes comprenaient une évaluation de la fonction cognitive, à l'aide du mini-examen de l'état mental, et une évaluation des capacités fonctionnelles au moyen de l'indice de Katz. On a noté les épisodes d'incontinence urinaire pour analyse ultérieure. On a reporté sur graphique les résultats des vérifications des vêtements effectuées dans les trois groupes pour obtenir une représentation visuelle du mode d'élimination. Quand un mode d'élimination se dessinait après deux semaines, on instituait un traitement expérimental en se fondant sur ce mode. Si aucun mode d'élimination ne se dessinait, on poursuivait les vérifications et les visites toutes les heures, comme au début de l'étude.

L'échantillon se composait de 85 femmes âgées de 65 à 99 ans, la moyenne d'âge étant de 87 ans. Chez 65 % d'entre elles (55 sujets) la fonction cognitive était à l'échelon le plus bas et chez 16 % (14 sujets), elle se situait à l'échelon plus haut. Chez 19 % d'entre elles (16 sujets), elle se situait dans la normale. Une grande majorité de sujets présentaient, selon l'indice de Katz, une grave incapacité fonctionnelle, exigeant une aide pour se laver, s'habiller et aller à la toilette.

Comme il était impossible de répartir les sujets au hasard dans les groupes, les auteurs de l'étude ont analysé les similitudes entre les sujets des deux premiers groupes et du groupe témoin avant d'instaurer les traitements expérimentaux. Les sujets du premier groupe, et ceux du groupe témoin avaient des intérêts semblables, mais ceux du second groupe présentaient moins d'incapacités fonctionnelles et moins d'épisodes d'incontinence, avaient une meilleure fonction cognitive et étaient plus jeunes que les sujets des deux autres groupes.

Les résultats ont démontré que l'âge, l'altération de la fonction cognitive et l'incapacité fonctionnelle sont tous reliés à l'incontinence urinaire. L'analyse de la proportion des épisodes d'incontinence urinaire (nombre de fois qu'on trouva les vêtements mouillés par rapport au nombre de vérifications) à la fin des cinq premières semaines de l'étude a révélé que le premier groupe avait des résultats plus près de ceux du second groupe que de ceux du groupe témoin.

Soins infirmiers. Malgré les défauts de méthodologie inhérents aux études de ce genre, cette étude démontre que l'on peut réduire les épisodes d'incontinence en rappelant aux patients d'aller à la toilette. On peut aussi de cette façon réduire les coûts engendrés par les changements de draps et les irritations cutanées, et permettre aux femmes incontinentes de retrouver leur dignité et leur estime de soi.

▷ *Whippo C. C. et N. S. Creason, «Bacteriuria and urinary incontinence in aged female nursing home residents»*, J. Adv. Nurs., *mars 1989;14(3):217-225*

On sait que l'incontinence urinaire est un symptôme d'infection des voies urinaires, sauf bien sûr chez les personnes qui souffrent déjà d'incontinence. Cette étude avait donc pour but d'établir les signes et symptômes de bactériurie chez des femmes atteintes d'incontinence urinaire vivant en centre d'hébergement.

L'échantillon se composait de 65 femmes vivant dans un centre d'hébergement et souffrant d'incontinence urinaire, dont l'âge se situait entre 64 et 97 ans (moyenne : 85 ans). Pour dépister les bactériuries, on a demandé aux sujets de recueillir, sous surveillance, un échantillon d'urines au milieu du jet. On a fait parvenir ces échantillons au laboratoire pour dépistage des bactéries, et culture sur les échantillons positifs. On a ensuite divisé les sujets en trois groupes, selon la numération bactérienne. Le premier groupe se composait des sujets dont les urines ne contenaient pas de bactéries, le second, des sujets chez qui la numération bactérienne dépassait 100 000 germes par millilitre d'urines et le troisième, des sujets chez qui la numération bactérienne était inférieure à 100 000 germes par millilitre d'urines. On a recueilli dans les trois groupes les données suivantes : fréquence des épisodes d'incontinence urinaire, fréquence des symptômes physiques reliés habituellement aux infections des voies urinaires (envies fréquentes et impérieuses d'uriner, dysurie, tachycardie, fièvre, hématurie) et signes physiques d'incontinence urinaire. On a évalué la fonction cognitive à l'aide du mini-examen de l'état mental et les capacités fonctionnelles à l'aide de l'indice de Katz.

Dans les trois groupes, on a noté une absence des symptômes classiques d'incontinence urinaire (douleurs et brûlure à la miction). Les examens physiques ont révélé dans les trois groupes un nombre important de signes d'infection urinaire : nycturie, envies fréquentes d'uriner durant la journée, retard à la miction et envies impérieuses d'uriner devant être satisfaites dans les cinq minutes. On a noté quelques différences entre les groupes pour ce qui a trait aux symptômes physiques (envies impérieuses d'uriner devant être satisfaites dans les cinq minutes, par exemple), mais ces différences n'étaient pas celles prévues. On a noté chez les patientes atteintes d'un déficit cognitif une tendance plus marquée aux infections des voies urinaires, mais à peine significative du point de vue statistique. On a aussi observé une moins grande fréquence des infections urinaires chez les personnes dont les capacités fonctionnelles, selon l'indice de Katz, sont meilleures.

Soins infirmiers. Les résultats de cette étude confirment que les infections des voies urinaires chez les femmes âgées ne se manifestent pas nécessairement par les signes et symptômes caractéristiques de cette maladie. De plus, certaines patientes âgées sont incapables de reconnaître les signes d'infection des voies urinaires à cause de capacités fonctionnelles ou de facultés cognitives affaiblies, d'où l'importance de procéder à une évaluation de ces paramètres.

Entretien des sondes

▷ **Roe B. H., «Study of information given by nurses for catheter care to patients and their carers», J. Adv. Nurs., *mars 1989;14(3):203-210***

Cette étude avait pour but d'établir quels renseignements les infirmières en santé communautaire et les infirmières en milieu hospitalier donnent à leurs patients porteurs d'une sonde à demeure. On a donc interrogé à ce sujet 46 infirmières de la santé communautaire et 60 infirmières en milieu hospitalier. On a effectué les entrevues selon un calendrier semirigide. Les personnes qui menaient les entrevues se guidaient sur une liste de vérification. L'entrevue portait sur les points suivants: recommandations concernant le type de la sonde utilisée, fréquence à laquelle on doit remplacer la sonde, nettoyage du méat urinaire et du système de drainage urinaire, fréquence à laquelle on doit changer les sacs, lavages vésicaux, lavage des mains et opinions de l'infirmière sur les sondes. On a attribué une cote à chacun des différents éléments d'information apporté par l'infirmière, pour un total possible de 19. On a recueilli également des données sur le niveau d'études des infirmières ainsi que sur leur milieu de travail (infirmière de la santé communautaire ou infirmière en milieu hospitalier).

La cote moyenne selon le milieu de travail et le niveau d'études allait de 3,39 à 5,60 (total possible: 19). Les cotes individuelles allaient de 0 (absence de renseignements) à 12. Le niveau d'études n'a pas influencé les résultats de façon significative. Par contre, le milieu de travail a une influence significative, les infirmières en santé communautaire fournissant plus de renseignements et de directives que les infirmières en milieu hospitalier. Les opinions des infirmières concernant le type, la taille et la longueur des sondes varient considérablement. Il en est de même pour la fréquence de remplacement des sondes et les recommandations concernant le nettoyage du méat urinaire. Les différences dans les opinions ne semblent pas fonction du niveau d'études. Par contre, celles concernant le type de cathéter (en silicone contre enduit de silicone) sont fonction du milieu de travail.

Soins infirmiers. Cette étude démontre que les infirmières en milieu hospitalier et les infirmières de la santé communautaire donnent souvent à leurs patients porteurs de sonde ou à la personne chargée de leurs soins, des renseignements trop fragmentaires, et parfois non conformes aux règles qui figurent dans la documentation. Même si les sondes à demeure sont moins employées de nos jours, elles sont encore indiquées dans certains cas. Le patient qui doit rentrer chez lui avec une sonde en place (ou la personne chargée de ses soins) doit recevoir des renseignements détaillés sur l'entretien de cette sonde. Les renseignements prodigués par l'infirmière en milieu hospitalier doivent concorder avec ceux donnés par l'infirmière en santé communautaire, ce qui est essentiel pour assurer un bon entretien de la sonde et prévenir les complications.

Hémodialyse et greffe rénale

▷ **Jones L. C. et S. G. Pruett, «Self-care activities and processes used by hemodialysis patients», ANNA J., *avril 1986;13(2)73-79***

Cette étude avait pour but de confirmer l'hypothèse selon laquelle les patients soumis à l'hémodialyse recouraient à des mesures d'autoprotection pour faire face aux facteurs d'agression habituellement associés à ce traitement, et de déterminer quelles sont les mesures d'autoprotection utilisées. L'échantillon se composait de 25 patients hémodialysés, 24 hommes et une femme. L'âge des sujets allait de 31 à 70 ans (moyenne: 47 ans). La durée du traitement d'hémodialyse allait de 15 à 139 mois (moyenne: 58,4 mois). Pour obtenir les données nécessaires à l'étude, on a soumis les sujets à des entrevues semi-structurées. Les facteurs d'agression utilisés dans le cadre de cette étude provenaient d'études publiées antérieurement. Les données recueillies lors des entrevues ont été analysées qualitativement.

On a consigné et classé les données en fonction de chaque facteur d'agression, puis on les a analysées dans le but d'établir des constantes. Les auteurs ont décrit les mesures d'autoprotection comme des actes personnels posés délibérément par les patients et les mécanismes d'autoprotection comme des réactions qui constituent des mécanismes d'adaptation. L'étude a permis de définir quatre types de mécanismes d'autoprotection: (1) la *pondération* de demandes compétitives; (2) la *substitution,* un mécanisme selon lequel on remplace ses désirs et ses activités par d'autres; (3) le *retrait,* un mécanisme selon lequel on évite les circonstances, les personnes et les pensées qui provoquent un stress; (4) la *défensive,* un mécanisme selon lequel on fait preuve de vigilance envers tout ce qui concerne son corps. Les sujets de l'étude utilisaient des mécanismes d'autoprotection différents face à un même facteur d'agression. Par exemple, un patient a dit consommer des aliments interdits juste avant une séance d'hémodialyse au moment où leurs effets nocifs seront atténués par le traitement (pondération); un autre évite de penser aux aliments qui lui sont interdits (retrait) et un troisième remplace les aliments interdits par d'autres aliments (substitution).

Soins infirmiers. Les répercussions cliniques de l'utilisation de mécanismes d'autoprotection par les patients hémodialysés dépassent le cadre de cette étude. Toutefois, les résultats obtenus laissent croire que ces mécanismes ont suffisamment d'importance pour qu'il convienne de les évaluer, et de renseigner les patients sur leurs conséquences. On doit noter qu'une seule femme figurait parmi les sujets, ce qui ne permet pas d'appliquer ces résultats aux deux sexes.

▷ **Bett D. K. et G. D. Crotty, «Response to illness and compliance of long-term hemodialysis patients», ANNA J. *avril 1988;15(2):96-99***

Cette étude avait pour but de déterminer s'il existe chez les patients hémodialysés une relation entre l'acceptation de la maladie et l'observance des restrictions liquidiennes et alimentaires. Pour ce faire, on a étudié l'influence du degré d'acceptation de la maladie sur les taux sériques de potassium et de phosphates et le gain de poids entre les traitements de dialyse, ainsi que les relations entre ces trois variables.

Quarante-six patients stables soumis à l'hémodialyse depuis au moins deux ans ont participé à cette étude. Les données ont été obtenues au moyen d'un test comportant 34 items permettant d'évaluer la signification de la maladie pour le sujet ainsi que les réactions congnitives, affectives et comportementales qu'elle entraîne chez lui. Les items étaient présentés sous forme d'énoncés sur lesquels le sujet devait exprimer son accord ou son désaccord selon une échelle d'appréciation de type Likert allant de 0 (pas du tout d'accord) à 3 (tout à fait d'accord). Le score total allait de 0 à 102.

On a recueilli des données démographiques sur les sujets, (âge, nombre de mois ou d'années en hémodialyse et origine ethnique). On a noté également le gain de poids entre les séances de dialyse ainsi que les taux sériques de potassium et de phosphates. On a de plus pesé les patients avant et après chaque séance de dialyse. Dans le cadre de cette étude, l'observance des restrictions liquidiennes et alimentaires se définissait par un gain de poids de 0 à 1,4 kg, des taux sériques de potassium de 3,5 à 5,5 nmol/L et des taux sériques de phosphates de 1,1 à 1,6 nmol/L.

Résultats.   Le score moyen du test fut de 73,9, ce qui traduit une bonne acceptation de la maladie. Les taux de potassium étaient dans les limites acceptables chez 71,7 % des sujets, mais les taux de phosphates chez 23,9 % seulement. Le gain de poids était dans les limites fixées chez 6,5 % des sujets seulement. On n'a pu établir une corrélation significative entre l'acceptation de la maladie et les taux de potassium et de phosphates. Par contre, la corrélation entre l'acceptation de la maladie et le gain de poids est significative. On a noté de plus que l'âge a une influence sur l'acceptation de la maladie et le gain de poids, les sujets plus âgés l'acceptant mieux et gagnant moins de poids que les plus jeunes.

Les résultats de cette étude indiquent que chez les patients hémodialysés, l'acceptation de la maladie a peu d'influence sur l'observance des restrictions alimentaires et liquidiennes, mais ses auteurs suggèrent que d'autres variables pourraient avoir une influence plus grande.

Soins infirmiers.   La rigueur avec laquelle les patients hémodialysés se conforment à leurs restrictions liquidiennes et alimentaires est très variable. L'évaluation de l'observance des restrictions alimentaires et liquidiennes doit donc se faire sur une base individuelle. Il faut explorer avec le patient les facteurs qui influent sur l'observance de ces restrictions. Le fait que celui-ci observe une recommandation ou une restriction ne veut pas dire qu'il observera les autres.

▷ O'Brien M. E., *«Compliance behavior and long-term maintenance dialysis»*, Am. J. Kidney Dis., *mars 1990;15(3):209-214*
Cette étude longitudinale avait pour but d'établir s'il existe une relation entre le soutien social et l'observance des recommandations et restrictions chez les patients hémodialysés et de déterminer si l'observance reste constante au cours des mois qui suivent l'apparition d'une insuffisance rénale chronique exigeant un traitement de dialyse.

Dans le cadre de cette étude, on a défini le soutien social par l'intérêt que portent les personnes clés dans la vie du patient envers l'observance des restrictions et recommandations ayant trait à sa maladie et par leurs exigences à cet égard, et l'observance, comme le fait de se conformer strictement à ces restrictions et recommandations. Pour la première phase de l'étude, l'échantillon se composait de 126 sujets en hémodialyse depuis 12 à 18 mois. Pour la phase 2, trois ans plus tard, l'échantillon était réduit à 63 sujets et, pour la phase 3, six ans plus tard, le nombre des sujets n'était plus que de 33.

La relation entre le soutien social et l'observance a été étudiée dans les trois phases et les modifications dans le soutien social et dans l'observance dans les phases 2 et 3.

On a évalué le soutien de l'entourage et le soutien professionnel au moyen d'échelles d'appréciation. L'Hemodialysis Regimen Compliance Schedule a permis d'évaluer l'observance. On a également recueilli des données démographiques. Dans la phase 3 de l'étude, on a recueilli des données qualitatives au moyen d'un guide d'entrevue spécialement adapté aux patients hémodialysés. Les items du guide d'entrevue portaient sur le soutien familial et professionnel, les exigences de la famille et du personnel soignant concernant l'observance des différentes modalités du traitement et l'attitude du patient envers ces modalités, incluant le traitement de dialyse lui-même.

Résultats.   Les résultats de cette étude révèlent que le soutien social et professionnel sont étroitement reliés à l'observance, au début du traitement d'hémodialyse. Chez les patients de faible statut socioéconomique, l'influence du soutien professionnel est plus forte que celle du soutien familial. Les résultats indiquent également que l'observance varie avec le temps, s'améliorant dans certains cas et se détériorant dans d'autres cas.

Une comparaison de l'observance chez les patients décédés entre les phases 1 et 2 de l'étude et ceux qui ont survécu jusqu'aux phases 2 et 3 a révélé une meilleure observance dans le premier groupe. Les patients qui ont survécu jusqu'à la phase 3 avaient la plus faible observance. L'analyse des données qualitatives suggère que les survivants ont appris à se fixer des limites auxquelles ils se conforment.

Soins infirmiers.   Chez les patients hémodialysés, une observance rationnelle basée sur des limites fixées par le patient lui-même semble avoir plus d'effets sur la survie qu'une observance stricte. Pour être en mesure de fixer ses propres limites, le patient doit bien connaître les conséquences de ses actes. Pour y arriver, il a besoin d'un enseignement personnalisé complet et rationnel.

▷ Sutton T. D. et S. P. Murphy, *«Stressors and patterns of coping in renal transplant patients»*, Nurs. Res., *janv.-fév. 1989;38(1);46-49*
Cette étude avait pour but de déterminer l'importance et la gravité de facteurs d'agression précis auxquels sont soumis les patients ayant subi une greffe rénale et les stratégies d'adaptation auxquels ils ont recours, et d'établir si le temps a une influence sur le stress et sur les stratégies d'adaptation. L'échantillon se composait de 40 patients ayant subi une greffe rénale moins de quatre ans auparavant. Pour évaluer l'importance des facteurs de stress on a adapté une échelle d'appréciation destinée aux patients en insuffisance rénale terminale, en ajoutant 10 items aux 35 déjà existants. Les items ajoutés portaient sur la peur du rejet et les sentiments à l'endroit du donneur. L'échelle allait de 0 (pas important) à 5 (très important).

Pour évaluer les stratégies d'adaptation on a utilisé l'échelle de Jalowiec. On a aussi relevé des données démographiques (âge, sexe, état civil, race) et des renseignements reliés à la maladie (modalités de traitement avant la greffe, type de greffe, temps écoulé depuis la greffe, autres problèmes de santé importants et médication).

L'échantillon se composait de 40 patients ayant subi une greffe rénale depuis moins de quatre ans. On a obtenu leur participation lors d'une visite d'observation postgreffe.

L'importance moyenne des facteurs d'agression fut de 74,1 ± 24,8 (entre 45 à 149), le score maximum étant de 175. Les cinq facteurs les plus importants étaient: le coût de l'opération, la peur du rejet, le gain de poids, l'incertitude par rapport à l'avenir et la restriction des activités physiques. Les données démographiques n'ont pas eu une influence significative sur l'évaluation des facteurs d'agression.

Pour examiner les modifications dans le temps, on a divisé les sujets en deux groupes, le premier se composant des sujets greffés depuis 23 mois ou moins et le second de ceux greffés depuis 24 à 48 mois. Les scores d'importance des facteurs d'agression étaient plus élevés dans le second groupe. Le facteur d'agression le plus important dans le premier groupe fut le coût de l'opération et dans le second groupe, la peur du rejet. Pour ce qui est des autres facteurs, les résultats furent relativement semblables dans les deux groupes.

Le score d'adaptation moyen fut de 102,3 ± 15,5 (entre 69 et 129), le score maximal étant de 200. Les données démographiques n'ont pas eu une influence significative sur le score d'adaptation. Si on sépare les problèmes d'ordre physique des problèmes d'ordre affectif, on obtient un score moyen beaucoup plus élevé pour les problèmes d'ordre physique que pour ceux d'ordre affectif. On a attribué cette différence aux sujets diabétiques insulinodépendants. On n'a pas observé de corrélation entre le score total des facteurs d'agression et le score total d'adaptation ou les sous-scores d'adaptation. Par contre, on a observé une corrélation entre le score total des facteurs d'agression et le sous-score d'adaptation aux problèmes d'ordre affectif.

Soins infirmiers. Les résultats de cette étude indiquent que les facteurs d'agression sont encore présents quatre ans après la greffe, les coûts de l'opération et la peur du rejet étant les deux plus importants. On doit donc répondre à toutes les questions des patients concernant le fonctionnement du greffon et éviter de prendre leurs appréhensions à la légère. Les résultats de cette étude suggèrent que les facteurs d'agression changent avec le temps, ce qui devra être confirmé par une étude longitudinale. Il semble que les patients qui viennent de subir une greffe rénale ont moins peur du rejet que ceux dont la greffe est moins récente, ce que l'on peut attribuer à une détérioration du fonctionnement du greffon. On doit donc donner à ces patients des renseignements précis et leur proposer des choix (dans la mesure du possible) pour améliorer leur confiance et réduire leur stress.

Bibliographie

Recherche connexe

Dodds P and Hans AL. Distended urinary bladder drainage practices among hospital nurses. Appl Nurs Res 1990 May; 3(2):68-72.

Moore MN. Development of a sleep-awake instrument for use in a chronic renal population. ANNA J 1989 Feb; 16(1):15-19.

Nyamathi A. Coping responses of spouses of MI patients and of hemodialysis patients as measured by the Jalowiec coping scale. J Cardiovasc Nurs 1987 Nov; 2(1):67-74.

Roe BH. Use of bladder washouts: A study of nurses' recommendations. J Adv Nurs 1989 Jun; 14(6):494-500.

Watson R. A nursing trial of urinary sheath systems on male hospitalized patients. J Adv Nurs 1989 Jun; 14(6):467-470.

partie 10
Fonctions de la reproduction

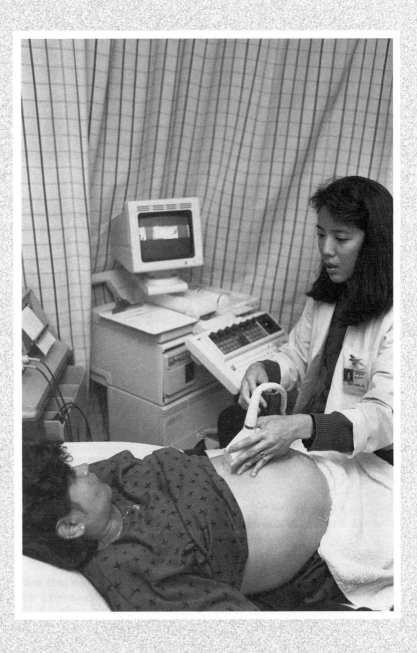

38
TRAITEMENT DES PROBLÈMES ASSOCIÉS À LA PHYSIOLOGIE DE LA FEMME

OBJECTIFS D'APPRENTISSAGE

Après avoir étudié ce chapitre, vous devriez être en mesure de réaliser ce qui suit:

1. Nommer les structures anatomiques du système reproducteur féminin et décrire ses principales fonctions.

2. Décrire les examens diagnostiques et les tests permettant de dépister les troubles de fonctionnement de l'appareil reproducteur féminin et le rôle de l'infirmière dans ces démarches.

3. Décrire l'emploi des irrigations vaginales et vulvaires et des crèmes vaginales, ainsi que les principes régissant cet emploi.

4. Décrire la physiologie de la menstruation, ainsi que les changements physiques et les facteurs psychosociaux qui y sont associés.

5. Appliquer la démarche de soins infirmiers pour intervenir auprès des patientes souffrant du syndrome prémenstruel.

6. Préciser les facteurs qui perturbent la menstruation et les soins infirmiers qui s'y rapportent.

7. Mettre au point un plan d'enseignement pour les femmes qui traversent la ménopause.

8. Décrire les méthodes de contraception en précisant les soins et l'enseignement convenant à chacune.

9. Décrire les soins infirmiers à la patiente qui subit un avortement.

10. Donner les causes et les traitements de la stérilité.

11. Appliquer la démarche de soins infirmiers pour intervenir auprès des patientes présentant une grossesse ectopique tubaire.

12. Décrire les indices témoignant de la violence conjugale et des agressions envers les femmes, et les stratégies d'intervention de l'infirmière auprès des femmes victimes de violence.

ANATOMIE ET PHYSIOLOGIE

L'appareil reproducteur de la femme se compose des deux ovaires, des deux trompes de Fallope ou trompes utérines, de l'utérus et du vagin. La *vulve* est l'ensemble des organes génitaux externes; elle se compose de deux épais replis de tissu, les *grandes lèvres*, et deux replis de tissu plus fin, les *petites lèvres*, situées à l'intérieur des premières. Les grandes lèvres se rejoignent à leur extrémité supérieure et recouvrent partiellement le *clitoris*, organe sensible constitué de tissu érectile. Entre les petites lèvres, sous le clitoris, se trouve l'orifice externe de l'urètre, le méat urinaire, qui mesure un peu plus de 3 cm de longueur. Sous le méat urinaire il y a une ouverture plus grande, l'orifice du vagin (figure 38-1). De chaque côté de l'orifice vaginal se trouvent les *glandes de Bartholin*,

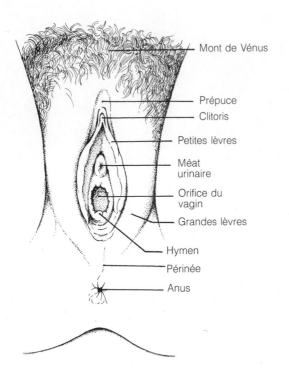

Figure 38-1. Organes génitaux externes de la femme
(Source: E. E. Chaffee et E. M. Greisheimer, *Basic Physiology and Anatomy*, Philadelphia, J. B. Lippincott)

des organes de la grosseur d'un pois qui sécrètent une substance mucoïde qu'elles évacuent par un petit conduit dont l'orifice se situe à l'intérieur des petites lèvres, devant l'hymen. Le repli cutané que l'on voit entre les organes génitaux externes et l'anus s'appelle la fourchette. On désigne sous le nom de périnée l'ensemble des tissus qui composent les organes génitaux externes de la femme.

Le *vagin* est un canal de 7,5 à 10 cm de longueur, tapissé d'une muqueuse, qui part de l'utérus et descend vers l'avant jusqu'à la vulve. Il se trouve en arrière de la vessie et de l'urètre, en avant du rectum. Normalement, les parois antérieures et postérieures du vagin se touchent. La partie supérieure du vagin, le *cul-de-sac*, entoure le *col de l'utérus*.

L'*utérus* est un organe musculeux en forme de poire dont la partie supérieure mesure quelque 7,5 cm de longueur et 5 cm de largeur. Ses parois ont une épaisseur d'environ 1,25 cm. Sa taille peut varier en fonction du nombre d'enfants auxquels la femme a donné naissance.

En effet, chez la jeune femme *nullipare* (qui n'a jamais eu d'enfant) l'utérus est souvent plus petit que chez la femme *multipare* (qui a eu au moins deux enfants).

L'utérus se compose d'un col étroit qui communique avec le vagin et d'une partie supérieure plus large, le *fond utérin* recouvert à l'avant et partiellement à l'arrière par le péritoine. Il se situe entre la vessie et le rectum; il est retenu dans la cavité pelvienne par plusieurs ligaments. Les *ligaments ronds* se déploient antérieurement et latéralement jusqu'à l'orifice profond du canal inguinal, et descendent le canal inguinal pour se confondre avec les tissus des grandes lèvres. Les *ligaments larges* sont des replis du péritoine qui partent des parois latérales du bassin et enveloppent les trompes utérines. Les ligaments utérosacrés s'étendent à l'arrière du sacrum, et les ligaments vésico-utérins à l'avant. La cavité utérine a la forme d'un triangle dont l'un des côtés débouche sur un petit canal dans le col de l'utérus; ce canal présente à chacune de ses extrémités une constriction que l'on appelle *orifice externe* et *orifice interne*. Les côtés supérieurs de l'utérus s'appellent les *cornes*; celles-ci sont reliées aux trompes de Fallope qui s'étendent jusqu'aux ovaires.

Les *ovaires* se situent à l'arrière des ligaments larges, derrière et sous les trompes. Ils sont de forme ovale et mesurent environ 3 cm de longueur. Ils renferment des milliers de minuscules ovocytes. Ensemble, les ovaires et les trompes de Fallope forment ce que l'on appelle les *annexes* (figure 38-2).

Les ovaires, qui renferment normalement de 30 000 à 40 000 ovocytes, restent inactifs pendant la première période de la vie. Mais au moment de la puberté (qui se produit

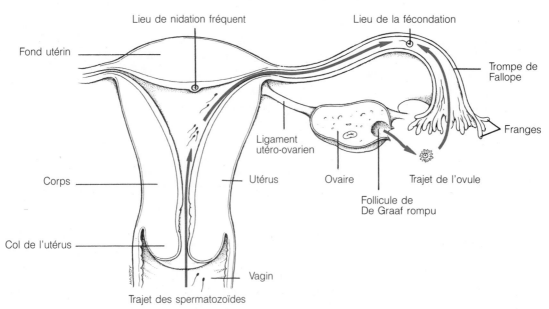

Figure 38-2. Schéma des organes de reproduction féminins, illustrant le trajet de l'ovule depuis l'ovaire jusqu'à la trompe de Fallope, le trajet des spermatozoïdes, et le lieu habituel de la fécondation.
(Source: E. E. Chaffee et E. M. Greisheimer, *Basic Physiology and Anatomy*, Philadelphia, J. B. Lippincott)

habituellement entre 12 et 14 ans) les ovocytes peuvent parvenir à maturité, à raison de un par mois. Sous l'influence des hormones produites par l'hypophyse (FSH), des follicules primaires commencent à se développer. Ceux-ci croissent pendant la phase folliculaire du cycle menstruel et se transforment en follicules secondaires et follicules de De Graaf. Un seul d'entre-eux atteint la surface de l'ovaire à chaque cycle, où il se romp et libère l'ovule qu'il contient. La libération périodique d'un ovule mature s'appelle *ovulation*, et elle signale le début de la phase lutéinique du cycle menstruel. L'ovule gagne généralement la trompe de Fallope, d'où il est transporté jusqu'à l'utérus. S'il rencontre la cellule reproductrice de l'homme (le spermatozoïde), les deux se fusionnent et il y a *fécondation*. Après la libération de l'ovule, le follicule de De Graaf se transforme rapidement en *corps jaune* pour sécréter une substance qui a pour fonction de préparer l'utérus à recevoir l'ovule fécondé.

Si la fécondation n'a pas lieu, l'ovule se désintègre et la muqueuse tapissant l'utérus, l'*endomètre*, qui s'était épaissie et gonflée de sang, se desquame, ce qui provoque la menstruation. La menstruation est un écoulement de sang, de mucus et de cellules à travers le col du vagin. Elle se produit en moyenne tous les 28 jours depuis la puberté jusqu'à la ménopause; le cycle menstruel normal peut toutefois varier de 21 à 42 jours. L'écoulement dure habituellement 4 ou 5 jours, la femme perdant entre 50 et 60 mL de sang. Après la menstruation, l'endomètre stimulé par les œstrogènes prolifère et s'épaissit, une nouvelle ovulation se produit et le cycle recommence. L'ovulation a généralement lieu au milieu de l'intervalle entre les règles.

Les règles s'arrêtent généralement entre l'âge de 45 et 52 ans (51,3 ans en moyenne). On appelle ménopause l'arrêt de la menstruation (on parle aussi de *climatère* ou périménopause). La ménopause se manifeste également par une atrophie des seins et des organes génitaux internes et externes, de même que, dans certains cas, par des changements affectifs et vasculaires et une diminution de la densité osseuse dus aux changements hormonaux.

MAINTIEN DE LA SANTÉ

Au cours des 20 dernières années, les problèmes de santé des femmes ont suscité un intérêt accru, notamment parce que les femmes elles-mêmes y accordent de plus en plus d'attention. Les facteurs biologiques et psychosociaux qui agissent directement sur la santé des femmes, de la conception à la mort, font continuellement l'objet d'études.

Depuis leur entrée dans le monde du travail, les femmes ont vu se modifier leur mode de vie: nouvelles structures familiales, multiplicité des rôles, concurrence. Elles sont plus exposées aux risques environnementaux, et s'adonnent en nombre croissant à des pratiques qui menacent la santé (notamment la consommation de drogues). Elles présentent plus de maladies liées au stress et sont nombreuses à s'inscrire à des programmes de lutte contre le stress. Par contre, elles se sentent davantage responsables de leur santé et pratiquent en plus grand nombre des activités physiques et des sports de compétition.

Souvent, la femme attend pour avoir des enfants que sa vie professionnelle soit bien établie. L'usage des contraceptifs oraux et du stérilet est très répandu, tout comme celui du diaphragme et d'autres moyens de contraception mécaniques. Dernièrement, la popularité du stérilet a diminué en raison de problèmes associés à son utilisation, mais il en existe maintenant de nouveaux modèles qui présentent moins de risques chez les femmes jugées aptes à utiliser ce moyen de contraception.

L'infirmière connaît mieux aujourd'hui les mesures de prévention destinées spécialement aux femmes et elle est beaucoup plus consciente de leurs besoins particuliers. Elle encourage les patientes à définir elles-mêmes leurs objectifs et les comportements qui leur permettront de les atteindre. Elle peut les aider à le faire en leur enseignant ce qu'est la santé, en leur proposant des stratégies d'intervention, et en leur assurant qu'elles pourront toujours compter sur son appui et ses conseils.

Enseignement de l'hygiène

L'infirmière est particulièrement bien placée pour enseigner aux jeunes filles et aux femmes les principes de la santé et de l'hygiène personnelle, notamment de l'hygiène des organes génitaux. Pour assurer le bon fonctionnement de l'appareil reproducteur, comme de tout le reste de l'organisme, il importe de bien manger, de faire de l'exercice et de se reposer suffisamment. En plus d'enseigner ces principes généraux à la patiente, l'infirmière doit lui offrir des renseignements sur les maladies transmissibles sexuellement (MTS) et sur les soins requis avant la conception d'un enfant, pendant la grossesse et après la naissance.

Les notions touchant l'hygiène féminine varient beaucoup selon les cultures, ce qui paraît convenable à la femme européenne pouvant ne pas l'être pour la femme américaine ou la femme japonaise. Dans certaines sociétés, on ne juge pas nécessaire d'insister sur la propreté; les habitudes à cet égard peuvent aussi être influencées par le climat ou les coutumes locales. Même les membres d'une même famille ont parfois des idées divergentes sur l'hygiène personnelle.

L'infirmière doit donc être consciente du fait qu'il existe des pratiques d'hygiène féminine bien ancrées dans certaines cultures qui peuvent avoir des répercussions sur la santé. Beaucoup de ces pratiques sont empiriques et il faut juger de leur utilité avec discernement. C'est le cas des douches vaginales. Des recherches modernes sur la physiologie du vagin ont révélé qu'elles ne sont d'aucune utilité; elles risquent au contraire d'irriter la muqueuse vaginale ou de diminuer la résistance à l'infection.

Contrairement à ce que l'on croit, il est rare que le vagin dégage une odeur. Souvent, l'odeur est plutôt d'origine externe, étant causée par l'interaction entre l'huile sécrétée par la peau de la vulve et les bactéries, ou par des traces de sang menstruel ou de sperme. Dans ce cas, on peut résoudre le problème par une irrigation à basse pression à l'eau chaude, ou, tout au plus, par une douche avec une solution de 30 mL de vinaigre blanc pour 1 L d'eau. Une mauvaise odeur persistante peut avoir pour cause un tampon resté en place, un autre corps étranger ou une vaginite, ce qui exige un examen, et un traitement approprié.

COLLECTE DES DONNÉES
BILAN DE SANTÉ

L'infirmière est particulièrement bien placée pour faire connaître aux patientes les processus physiologiques normaux associés à la menstruation et à la ménopause. La jeune fille et la femme d'âge mûr connaissent souvent des difficultés qui sont faciles à résoudre mais qui, si elles ne sont pas traitées, peuvent entraîner des problèmes plus graves.

- Des petites pertes sanguines, des menstruations irrégulières ou trop abondantes et tout écoulement sanguin après la ménopause sont des signes de danger dont les femmes devraient faire part à leur médecin.

Les douleurs menstruelles persistantes, la leucorrhée et les troubles urinaires doivent également faire l'objet d'un examen. En général, il est facile de corriger ces problèmes s'ils sont pris à temps. De même, il est important pour toutes les femmes qui ont plus de 18 ans, ou qui sont sexuellement actives quel que soit leur âge, de subir annuellement un examen des seins et un examen gynécologique.

La patiente qui se présente pour une consultation en gynécologie peut se sentir mal à l'aise à cause des facteurs émotifs, culturels ou sociaux qui sont reliés à la sexualité. Il importe que l'infirmière tienne compte des valeurs de chaque femme à cet égard et fasse preuve de compréhension.

Des facteurs psychiques peuvent également intervenir au moment de la ménopause. La perte de la capacité de reproduction est parfois source de déception pour la femme qui n'a pas eu d'enfants. Celle dont les enfants ont atteint l'âge adulte peut avoir l'impression d'être devenue inutile. Par contre, certaines femmes éprouvent à cette période de leur vie un sentiment de libération sexuelle et personnelle. Chaque patiente a des réactions différentes qui dépendent de sa situation, ce dont il importe de tenir compte.

Parce que les questions gynécologiques revêtent un caractère intime, l'infirmière doit respecter la confidentialité des informations qu'elle reçoit. Celles-ci ne doivent être transmises qu'aux professionnels qui prodiguent directement des soins à la patiente, ce qui s'applique, du reste, pour les renseignements touchant tous les patients. Les infirmières sont tenues au secret professionnel par leur code de déontologique et par la Loi.

VIOLENCE CONJUGALE ET VIOLENCE FAITE AUX FEMMES

Les infirmières qui soignent les femmes doivent connaître l'étendue, dans notre société, de la violence faite aux femmes. Chaque année, 1 Canadienne sur 10 est battue. L'infirmière est donc susceptible de voir beaucoup de femmes battues dans l'exercice de sa profession. La violence infligée aux femmes peut être physique ou psychologique, et s'accompagner de menaces ou d'agressions envers ses enfants, ses animaux familiers ou ses biens. La violence des hommes paraît liée au pouvoir et à la domination, ainsi qu'au maintien de leur rôle de chef de famille. La violence implique une domination par la peur, les menaces, les insultes ou la brutalité physique.

L'infirmière est bien placée pour dépister les problèmes de violence si elle est bien renseignée sur le sujet, si elle est vigilante et si elle sait poser les questions qui aident les femmes à se confier. Beaucoup de femmes répugnent à admettre qu'elles sont victimes de violence parce qu'elles sont persuadées d'en porter la faute ou ont honte de l'avouer. Dans certains cas, à moins qu'on ne leur pose des questions directes, elles ne révèleront pas la cause de leur problème de santé ou de leurs blessures. C'est pourquoi il est important que l'infirmière pose des questions directes à toutes les patientes dans le cadre

de la collecte des données. Il suffit parfois de demander à la femme si quelqu'un lui fait du mal, si un partenaire l'a déjà blessée ou s'il lui arrive d'avoir peur de son partenaire, pour lui donner l'occasion de faire connaître ses difficultés.

Il est recommandé de poser les mêmes questions de diverses façons. Chaque fois qu'un cas de violence conjugale échappe à l'attention d'un professionnel de la santé, on perd une occasion d'intervenir. Quand on présume qu'une femme est victime de violence, on doit l'interroger en tête-à-tête, car elle ne dévoilera rien en présence de son mari ou de son partenaire. On doit aussi s'assurer que celui-ci n'est pas à portée de voix pour éviter de mettre la patiente en danger.

L'infirmière peut se demander pourquoi certaines femmes restent dans une situation où elles sont victimes de violence et de mauvais traitements. Or, ce n'est ni par masochisme, ni pour le plaisir d'être persécutées, mais pour de nombreuses autres raisons: crainte de briser son foyer, espoir de voir son partenaire changer, manque d'argent, peur de se retrouver parmi les sans-abri, menaces de mort de la part de son partenaire. Si elle reste, ce n'est donc pas à cause de la violence mais bien en dépit d'elle.

Il n'y a pas de signes ou de symptômes précis indiquant qu'une femme est victime de violence. L'infirmière peut déceler de vagues indices: des bleus au bras qu'elle explique en disant qu'elle s'est «frappée sur une porte», tentative de suicide, recours aux médicaments ou à l'alcool, fréquentes visites au service des urgences, vagues douleurs au bassin, ou encore dépression.

La violence n'est pas un phénomène qui se produit une seule fois dans un couple. En général, elle persiste et s'aggrave avec le temps. C'est un fait qu'il importe de souligner quand une femme dit que son partenaire l'a blessée, mais qu'il a promis de changer. L'homme violent peut changer, mais seulement s'il est bien décidé à le faire avec l'aide d'une psychothérapie.

L'infirmière doit bien connaître les services locaux offerts aux femmes victimes de violence conjugale, afin d'être en mesure de diriger la patiente vers les secours appropriés, après lui avoir fait comprendre qu'elle n'est pas seule et qu'elle n'a pas à accepter d'être meurtrie ou frappée.

La Fédération de ressources d'hébergement pour femmes violentées et en difficulté du Québec, dont on trouvera l'adresse à la fin du présent chapitre, ou le CLSC (centre local de services communautaires) sont des sources de renseignements sur les maisons d'hébergement existant dans chaque ville. L'infirmière peut également s'adresser aux maisons d'hébergement de sa ville pour obtenir des brochures décrivant leurs services, qu'elle placera dans les présentoirs des salles d'attente ou dans les toilettes. Dans tous les endroits où on prodigue des soins de santé aux femmes, on devrait trouver des brochures offrant des renseignements sur les ressources et services aux personnes victimes de violence. Des infirmières ont constaté qu'en mettant ces brochures dans les toilettes, elles offraient aux patientes la chance de les parcourir à leur aise, à l'abri des regards indiscrets.

L'infirmière qui veut offrir les meilleurs soins possible doit considérer toutes les femmes comme des victimes potentielles de violence, leur poser des questions à ce sujet et se montrer attentive aux indices qui peuvent témoigner qu'elles en sont victimes. Si elle se rend compte qu'une femme est victime de violence, elle doit aider celle-ci à prendre la bonne décision en lui faisant comprendre avec empathie que la violence est inacceptable et en lui fournissant des renseignements sur les maisons d'hébergement et les lignes téléphoniques d'urgence. Si la femme décide de rester avec son partenaire, l'intervention de l'infirmière sera peut-être utile plus tard.

EXAMEN GYNÉCOLOGIQUE

L'examen gynécologique est un élément de l'examen physique dont l'infirmière peut se charger. Une formation théorique et pratique lui permettra d'acquérir la compétence nécessaire à cet égard.

Pour procéder à cet examen, on peut placer la patiente dans différentes positions, dont la plus fréquente est la position gynécologique traditionnelle (le corps en décubitus dorsal). Il existe une variante de la position gynécologique avec le corps en position demi-assise. Cette position offre plusieurs avantages: (1) elle incommode moins la patiente; (2) elle permet à la patiente et à l'examinatrice de se voir; (3) elle facilite l'examen bimanuel; (4) elle permet à la femme d'utiliser un miroir pour voir son anatomie, pour constater la présence de lésions ou pour apprendre à employer certains moyens de contraception.

Si l'examen gynécologique se fait dans un centre hospitalier et que la patiente ne peut être placée sur une table munie d'étriers pour cause de maladie, d'invalidité ou de troubles neurologiques, on peut utiliser la position de Simms: décubitus latéral gauche avec le bras gauche en arrière et la jambe droite fléchie à un angle de 90 degrés. On peut écarter la lèvre droite pour accéder au vagin.

On demande à la patiente de vider sa vessie avant l'examen, à la fois pour assurer son bien-être et pour faciliter l'examen. On peut recueillir les urines à ce moment si des analyses ont été prescrites.

La patiente se couche sur la table, les pieds dans les étriers; on lui demande de se détendre, de placer les fesses au bord de la table et d'ouvrir les cuisses le plus possible. Pour respecter sa pudeur, on la recouvre d'un drap. On doit préparer à l'avance le matériel nécessaire: source d'éclairage, spéculum vaginal, gants non stériles, lubrifiant, spatule, cytobrosse ou cotons-tiges, lames de verre, fixateur (solution ou vaporisateur), et matériel requis pour le dépistage du sang occulte.

On procède d'abord à l'examen des grandes et des petites lèvres. Le tissu épidermique des grandes lèvres, avec ses follicules pileux caractéristiques du tissu cutané, cède graduellement la place à la muqueuse rose de l'orifice vaginal. Chez la femme nullipare, les petites lèvres se rejoignent normalement à l'ouverture du vagin. Chez la femme qui a porté des enfants, il arrive que les petites lèvres soient écartées et qu'il y ait protrusion du tissu vaginal. On demande ensuite à la patiente de «pousser». Chez la femme qui a subi un traumatisme de la paroi antérieure du vagin au cours d'un accouchement, on peut observer une insuffisance musculaire se manifestant par un *cystocèle*, une saillie de la vessie dans la sous-muqueuse de la paroi antérieure du vagin. Si le traumatisme a touché la paroi postérieure du vagin, on peut observer un *rectocèle*, une saillie du rectum dans le vagin. Le col de l'utérus, ou l'utérus lui-même, peuvent subir des pressions qui leur font descendre le canal du vagin et apparaître à l'orifice: c'est le *prolapsus utérin*.

La muqueuse de l'orifice ne doit pas présenter de lésions superficielles. Avec la main gantée, on peut ouvrir les petites lèvres et palper le vagin; chez les femmes vierges, on touchera parfois une membrane d'épaisseur variable, l'*hymen*,

à 1 ou 2 cm de l'orifice. L'hymen permet habituellement le passage de deux doigts, mais parfois d'un seul. Il arrive exceptionnellement qu'il bouche complètement l'entrée du vagin. Chez les femmes non vierges, on peut sentir la présence de lobules hyménaux, formés de tissus cicatriciels. Les glandes de Bartholin se situent entre les petites lèvres et les lobules hyménaux. Ces glandes s'infectent souvent dans les cas de gonorrhée et présentent parfois un abcès douloureux exigeant une incision et un drainage.

Examen au spéculum

Le spéculum à deux valves se présente dans une variété de tailles; il peut être fait de métal ou de plastique. On peut le réchauffer à l'eau chaude ou au moyen d'un coussin chauffant pour que son insertion soit moins désagréable. Le spéculum n'est pas lubrifié, parce que les lubrifiants commerciaux pourraient perturber la cytologie du col de l'utérus. Le spéculum de métal est muni de deux vis de réglage. L'une, située sur le manche, tient en place les deux cuillères; on doit la serrer. L'autre, qui tient en place l'appui-pouce, est desserrée. On tient le spéculum de la main droite, en pressant sur l'appui-pouce pour garder les cuillères fermées.

Certains préfèrent insérer les cuillères un peu en oblique, d'autres les insèrent à l'horizontale, en pressant vers le bas sur le vagin. On se sert du pouce et de l'index de la main gauche pour ouvrir l'orifice vaginal (figure 38-3).

On introduit doucement le spéculum dans l'orifice vaginal et on l'avance lentement jusqu'au sommet du vagin. On peut alors en soulever l'extrémité et le replacer en position horizontale. Puis on l'ouvre lentement pour exposer le col de l'utérus. On resserre ensuite la vis de l'appui-pouce pour bloquer le spéculum en position ouverte.

Si on observe un écoulement purulent à l'ouverture du col, on en prélève un échantillon au moyen d'un coton-tige stérile que l'on place ensuite dans un milieu approprié en vue d'une culture en laboratoire. Dans les populations exposées aux maladies transmissibles sexuellement, on recommande de procéder au dépistage systématique du gonocoque et de *Chlamydia*. Les infections par ces microorganismes sont en effet très répandues et peuvent provoquer des lésions des trompes et la stérilité.

Le col utérin doit aussi faire l'objet d'un examen. Chez les femmes nullipares, son orifice est lisse et son diamètre est de 2 à 3 mm. Les femmes qui ont donné naissance à des enfants ont parfois une lacération, généralement latérale, qui donne à l'orifice du col l'apparence d'une fente. De plus, il peut y avoir excroissance, à la surface du col, de l'épithélium du canal endocervical: on aperçoit dans ce cas un épithélium de surface d'un rouge foncé disposé autour de l'orifice.

Les transformations malignes ne sont pas toujours visibles. La présence d'épithélium endocervical autour de l'orifice peut causer des infections et un écoulement chroniques. Dans ce cas, on observe la présence de petits kystes à la surface du col; ils sont de couleur blanche ou bleuâtre, et on les appelle *kystes de Naboth*. La muqueuse endocervicale peut former un polype rouge foncé qui fait saillie à travers l'orifice. Ces polypes, rarement malins, peuvent causer des saignements irréguliers, mais ils peuvent être facilement excisés au cabinet du médecin ou dans une clinique externe. Un carcinome peut se manifester par une tumeur en forme de chou-fleur qui est friable et saigne facilement. Un col de teinte bleutée est le signe d'une grossesse à ses débuts (signe de Jacquemier).

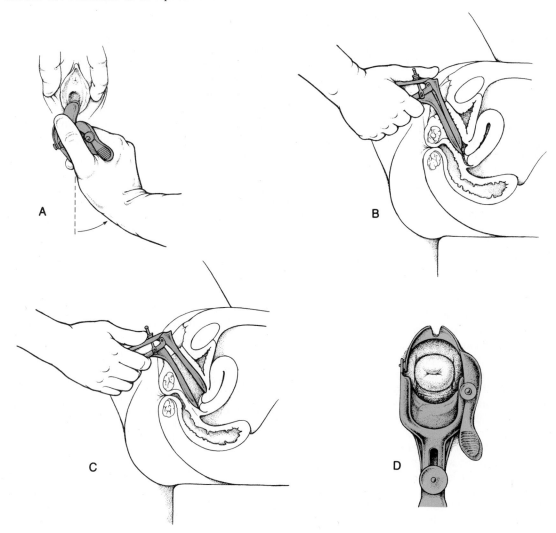

Figure 38-3. Examen au spéculum du vagin et du col de l'utérus **(A)** De la main gauche gantée, on écarte les lèvres; de la main droite, on tourne légèrement le spéculum dans le sens contraire des aiguilles d'une montre avant de l'introduire dans le vagin. **(B)** On introduit le spéculum fermé dans le vagin. **(C)** et **(D)** On ouvre les cuillères du spéculum pour faire apparaître l'orifice du col.

Entre 1940 et 1970, on a prescrit aux femmes qui avaient des saignements pendant la grossesse du diéthylstilboestrol (DES) par voie orale pour éviter une fausse couche. Ce médicament s'est révélé efficace dans de nombreux cas, mais on l'a associé à des anomalies de l'appareil génital chez les femmes et les hommes qui y ont été exposés *in utero*, 1 femme sur 1000 développant un adénocarcinome à cellules claires du vagin ou du col utérin. Il faut vérifier si les femmes nées au cours de cette période ont été exposées au DES. Ces femmes ont parfois un col encapuchonné (sommet en pointe, ou entouré d'un repli de tissu). Dans ce cas, on doit avoir recours à une colposcopie.

On examine le vagin en retirant le spéculum. Lisse chez les jeunes filles, il devient plus épais après la puberté, présentant de nombreuses crêtes et un excès d'épithélium. Il y a parfois écoulement. L'écoulement causé par les bactéries est jaune et purulent; celui provoqué par *Trichonomas* est clair et aqueux, souvent jaune, et quelquefois mousseux et nauséabond; celui causé par *Candida* est épais et blanc et a l'apparence du lait caillé. Chez la femme ménopausée, le vagin s'amincit avec la baisse des œstrogènes, et il arrive souvent que les crêtes disparaissent.

Examen bimanuel

Pour procéder à cet examen, l'examinatrice se tient debout. Il se fait avec l'index et le majeur de la main gantée et lubrifiée (figure 38-4). Ces doigts sont placés dans l'orifice vaginal, les autres doigts étant repliés sur la paume; le pouce est entièrement écarté. Les doigts montent le long du canal vaginal dont ils palpent les parois. Celles-ci présentent parfois des zones dures de tissu cicatriciel laissées par un traumatisme obstétrical; elles sont parfois sensibles au toucher. Des zones sensibles ou brûlantes dans la partie antérieure du vagin peuvent être un signe d'urétrite avec infection urinaire.

On palpe le col de l'utérus pour en déterminer la consistance, la mobilité, la grosseur et la position. Le col utérin normal est uniformément ferme sans être dur; au début d'une grossesse, il devient plus mou et le canal cervical s'allonge. Un col dur peut être le signe d'un envahissement par des

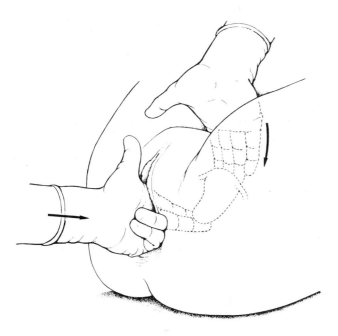

Figure 38-4. Examen pelvien bimanuel

cellules néoplasiques. Normalement, on peut mobiliser l'utérus et le col utérin.

Si la mobilisation du col est douloureuse, on parle de *signe du chandelier*, ce qui témoigne en général d'une infection pelvienne. Si l'utérus ne peut être mobilisé, on pense à de l'endométriose ou à un cancer. Le corps de l'utérus, dont le diamètre et la longueur sont normalement deux fois ceux du col, est fléchi vers la paroi abdominale à l'avant. Toutefois, une femme sur cinq a un utérus rétroversé, incliné dans le sens inverse vers le sacrum.

L'examinatrice place maintenant l'autre main à mi-chemin entre le nombril et le pubis et appuie fermement en direction du vagin. Si l'utérus se trouve dans la position appropriée, il descend et bouge sous l'action de la main posée sur l'abdomen et des doigts insérés dans le vagin.

On peut alors déterminer de façon exacte sa taille, sa mobilité et la régularité de ses contours. Les infirmières de première ligne, les infirmières sages-femmes et les médecins parviennent à maîtriser cette technique en l'effectuant sous surveillance à beaucoup de reprises.

On passe ensuite à la palpation des annexes droite et gauche, qui comprennent les trompes de Fallope et les ovaires. Les doigts de la main insérés dans le vagin se déplacent d'un côté, puis de l'autre ; la main posée sur l'abdomen les suit en appuyant vers le bas. On retient les annexes entre les deux mains, et on les palpe pour déceler les masses et les zones sensibles et vérifier la mobilité de leur contenu. Les ovaires sont souvent un peu sensibles, et on doit rassurer la patiente en lui disant qu'un certain malaise est normal.

La palpation manuelle du vagin et de son cul-de-sac s'accomplit en plaçant l'index dans le vagin et le majeur dans le rectum. En rapprochant doucement les deux doigts, on comprime la paroi postérieure du vagin et la paroi antérieure du rectum, ce qui permet de vérifier l'intégrité de ces organes. Cette intervention peut donner à la patiente l'impression d'avoir envie de déféquer. Il faut donc la rassurer en lui disant qu'elle ne déféquera pas même si elle en ressent l'envie.

Pour éviter la contamination réciproque des orifices du rectum et du vagin, l'examinatrice doit changer de gants. Tout au long de l'examen, elle doit rassurer la patiente et lui donner des explications.

EXAMENS DIAGNOSTIQUES

Tests effectués au cours de l'examen gynécologique

Frottis cervicovaginal (test de Papanicolaou)
Le frottis cervicovaginal permet de dépister le cancer du col utérin. Il se fait en prélevant par aspiration ou raclage de l'orifice du col utérin des sécrétions vaginales que l'on place sur une lame en verre et que l'on fixe immédiatement par immersion ou vaporisation. On doit demander à la patiente d'éviter les douches vaginales dans les jours qui précèdent le prélèvement, car elles pourraient fausser les résultats. Le frottis cervicovaginal ne doit pas se faire pendant les règles, car la présence du sang en rend l'interprétation difficile.

Un résultat positif ne signifie pas que la patiente soit atteinte de cancer (sauf dans le cas d'un résultat de classe V), mais il indique qu'il y a lieu d'effectuer une biopsie par colposcopie. S'il y a présence d'inflammation ou de cellules atypiques, on reprend généralement le frottis trois à six mois plus tard. La plupart des femmes sont alarmées par un résultat positif, qu'elles associent au cancer. L'infirmière doit informer la patiente qu'un test positif ne signifie pas nécessairement qu'elle a un cancer et lui apporter un soutien moral.

Le frottis est examiné par une technicienne-spécialiste en cytologie. Les résultats des frottis cervicovaginaux se classent en quatre catégories :

Classe I : Absence de cellules atypiques ou anormales
Classe II : Présence de cellules atypiques, habituellement due à une inflammation
Classe III : Présence de cellules évocatrices de cancer
Classe IV : Présence de cellules fortement évocatrices de cancer
Classe V : Présence de cellules cancéreuses

Dans certains centres, on exprime les résultats des frottis cervicovaginaux au moyen de termes descriptifs, comme normal, inflammation, atypie, koïlocytose (modification des cellules sous l'action du virus du papillome humain), dysplasie faible, modérée ou grave, cancer invasif.

Selon une nouvelle terminologie, on répartit les lésions en deux catégories : les *lésions intraépithéliales mal différenciées*, correspondant aux néoplasies cervicales intraépithéliales (NCI) de type I et II ; et les *lésions intraépithéliales bien différenciées*, correspondant aux NCI de type III, c'est-à-dire aux cancers *in situ*. Ces termes, de plus en plus employés dans l'analyse des frottis cervicovaginaux, désignent tous les précurseurs d'un cancer invasif du col de l'utérus. On trouvera des renseignements plus détaillés au tableau 38-1.

Biopsie du col de l'utérus
Le type de la biopsie effectuée dépend de l'anomalie révélée par le test de Papanicolaou. Si la lésion est bien visible, ou qu'on peut la voir par grossissement au *colposcope*, on peut effectuer une ou plusieurs biopsies à l'emporte-pièce dans le cabinet du médecin, sans anesthésie, le col utérin étant moins sensible à l'incision que le vagin. Tout test de Papanicolaou

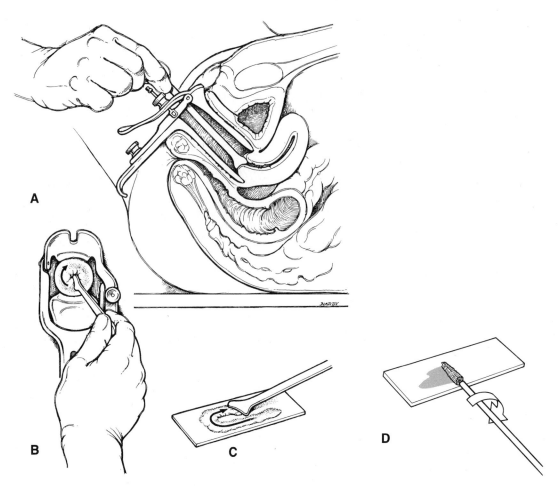

Figure 38-5. Prélèvement de sécrétions cervicales pour examen cytologique au moyen d'une spatule d'Ayre (**A**) On expose le col de l'utérus au moyen d'un spéculum et on place la spatule sur l'orifice du col. (**B**) On imprime à la spatule une rotation de 360 degrés, fermement mais en prenant soin d'éviter les lésions. (**C**) On étale les sécrétions recueillies sur la spatule sur une lame en verre que l'on place immédiatement dans une solution de fixation. (**D**) Si on utilise une cytobrosse, on lui imprime une rotation dans le vagin. On la roule sur la lame pour étaler les sécrétions recueillies.

suspect (inflammation persistante, dysplasie) est suivi d'une colposcopie pour le prélèvement de biopsies. Si ces biopsies révèlent la présence de cellules précancéreuses ou d'une néoplasie cervicale intraépithéliale (NCI), il est généralement nécessaire de pratiquer une cryothérapie ou une conisation (prélèvement, sur le col, d'un fragment endocervical de forme conique).

Si la conisation est pratiquée pour le traitement d'une lésion intraépithéliale bien différenciée (cancer *in situ*), on recommande à la patiente de se reposer pendant les 24 heures suivant l'opération et de laisser le tamponnement en place jusqu'à ce que le médecin l'enlève, généralement le lendemain. Le médecin doit être informé de tout saignement important. Il doit donner à la patiente des directives touchant la reprise de l'activité sexuelle et les bains. On recommande l'emploi du condom après une biopsie du col, parce que les tissus sont exposés, ce qui augmente les risques d'infection par le VIH.

Frottis et biopsie de l'endomètre
Un frottis de tissu provenant directement de l'endomètre permet un diagnostic cytologique précis. On peut aussi examiner les sécrétions ou les cellules de l'endomètre, ou encore une solution de lavage injectée dans l'endomètre.

La biopsie de l'endomètre est réalisée en consultation externe pendant l'examen gynécologique. L'anesthésie n'est généralement pas nécessaire, mais si on doit y avoir recours, on peut utiliser avec succès un bloc paracervical. On peut faire le prélèvement au moyen d'une curette mince et creuse introduite par une sonde utérine. On peut également procéder par aspiration. La biopsie de l'endomètre est sans doute la méthode la plus précise que l'on puisse utiliser en consultation externe pour diagnostiquer le cancer de l'endomètre. Elle est généralement indiquée dans les cas de saignements irréguliers et de stérilité, de même que chez certaines femmes sous oestrogénothérapie.

Test de Schiller
Pour procéder à ce test, on place la patiente en position gynécologique et on expose le col de l'utérus au moyen d'un spéculum. On badigeonne ensuite le col avec une solution iodée. Si les cellules sont normales, l'iode réagit avec le glycogène pour donner une coloration acajou sur toute la surface du

TABLEAU 38-1. *Comparaison de cinq classifications des résultats des frottis cervicovaginaux*

Interprétation du résultat	Système numérique	Classification selon le degré de dysplasie cellulaire	Classification des lésions intraépithéliales	Classification selon le degré de dyskariose	Classification de Bethesda
Négatif	Classe I	Négatif; métaplasie épidermoïde	Pas de désignation	Négatif	Négatif
	Classe II	Métaplasie épidermoïde atypique			Cellules atypiques
Suspect	Classe III	Dysplasie faible Dysplasie modérée	NCI I NCI II	Cas frontière Faible Modéré	Lésion intra-épithéliale mal différenciée*
Probable	Classe IV	Dysplasie grave Cancer *in situ*	NCI III	Grave	Lésion intra-épithéliale bien différenciée*
Positif	Classe V	←— — — — — — — — — — — — —Cancer invasif— — — — — — — — — — — — — —→			

Le groupe de travail de Bethesda a proposé, en 1989, l'emploi de ces deux nouveaux termes «pour remplacer tous ceux actuellement utilisés pour désigner les lésions cellulaires qui précèdent le stade invasif, y compris les degrés de NCI, les degrés de dysplasie et le cancer in situ».
(Source: J. T. Fullerton, et M. K. Barger, «Papanicolaou smear: An update on classification and management», *J Am Acad Nurse Pract*, juillet-sept. 1989; [3]:87)

col (résultat négatif). Cependant, s'il y a présence de cellules immatures, on observera des zones non colorées (résultat positif). On peut se guider sur les zones non colorées pour prélever les biopsies. Ces zones peuvent indiquer un cancer, mais aussi des cicatrices, une érosion, ou une leucoplasie non maligne.

Dilatation et curetage

Pour pratiquer l'intervention appelée dilatation et curetage, on ouvre le canal cervical au moyen d'un dilatateur et on racle l'endomètre avec une curette. Cette intervention a pour objectif de prélever des tissus endométriaux ou endocervicaux pour examen cytologique, d'enrayer des saignements anormaux, ou d'évacuer les produits de la conception qui restent d'un avortement incomplet.

Elle se fait habituellement sous anesthésie et toujours sous asepsie, à la salle d'opération. Beaucoup de gynécologues la font sous anesthésie locale avec administration de diazépam (Valium), de midazolam (Versed) ou de mépéridine (Demerol). L'infirmière donne des explications à la patiente et se charge de la préparer physiquement et psychologiquement. La patiente a le droit d'être renseignée sur le déroulement de l'opération (ce que le gynécologue fait généralement) ainsi que sur la douleur, les écoulements et les restrictions auxquels elle peut s'attendre par la suite. Bon nombre de médecins ne jugent pas nécessaire de raser le périnée, mais ils exigent généralement que la vessie soit vide et que le contenu de l'intestin ait été évacué par un petit lavement.

Dans la salle d'opération, la patiente est placée dans la position gynécologique. L'opération se fait comme on l'a décrit précédemment. On peut également prélever des tissus pour biopsie ou encore, procéder à une conisation. Une fois l'opération terminée, on place un tamponnement dans le canal du vagin, et on couvre le périnée d'une serviette hygiénique stérile. Le tamponnement reste généralement en place pendant 24 heures. S'il faut changer la serviette, on la remplace par une autre serviette stérile. S'il y a saignement excessif, on doit en informer le médecin. Après l'opération, la patiente passe le reste de la journée au lit; elle peut toutefois se lever pour aller à la toilette. Elle n'a pas à observer de restrictions alimentaires. Les douleurs du bassin ou du bas du dos peuvent généralement être soulagées par un analgésique faible. Le médecin indique à la patiente quand elle peut reprendre ses rapports sexuels en toute sécurité. Pour réduire les risques d'infection et d'hémorragie, la plupart des médecins conseillent d'éviter la pénétration vaginale pendant les deux semaines suivant l'intervention.

Examens endoscopiques

Laparoscopie (endoscopie pelvienne)

La laparoscopie permet l'examen visuel des organes pelviens au moyen d'un instrument de 10 mm de diamètre environ, introduit dans la cavité péritonéale par une incision sous-ombilicale de 2 cm (figure 38-6). Elle est utilisée pour des motifs diagnostiques (douleur pelvienne d'origine inconnue) ou pour certaines interventions chirurgicales mineures (ligature des trompes, biopsie des ovaires, lyse d'adhérences péritubaires). La laparoscopie est précédée de l'insertion d'une canule dans le col utérin (sonde intra-utérine) grâce à laquelle on pourra déplacer l'utérus au cours de la laparoscopie pour faciliter l'examen.

Pour obtenir une meilleure vue du bassin, du bas de l'abdomen et du contenu des viscères, on peut insuffler dans la cavité péritonéale une certaine quantité de gaz carbonique, qui détache les intestins des organes pelviens. Si on effectue une électrocoagulation des trompes, on peut en prélever un segment pour examen histologique. Une fois la laparoscopie terminée, on retire l'instrument et on laisse le gaz s'échapper par la partie extérieure de la sonde. On ferme ensuite l'incision au moyen de sutures ou d'une petite agrafe, et on la recouvre d'un pansement.

On observe attentivement la patiente pendant plusieurs heures afin de déceler toute réaction indésirable témoignant d'une hémorragie, d'une blessure ou d'une brûlure provoquée

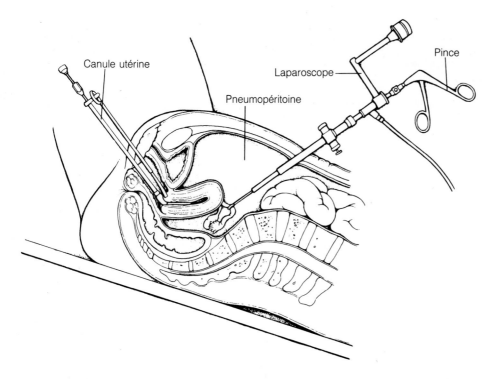

Canule utérine

Pneumopéritoine

Laparoscope

Pince

Figure 38-6.   Laparoscopie. Le laparoscope (**à droite**) est inséré à travers une petite incision pratiquée dans l'abdomen. Une pince introduite dans le laparoscope permet de saisir la trompe de Fallope. Afin d'obtenir une meilleure vue, on insère dans le vagin une sonde utérine (**à gauche**) qui pousse l'utérus vers le haut. On insuffle ensuite du gaz pour créer une poche d'air (pneumopéritoine), afin de surélever le bassin (remarquer l'angle), et forcer ainsi les intestins à remonter dans l'abdomen.

par l'instrument d'électrocoagulation. Ces complications sont toutefois rares. La laparoscopie est une intervention qui peut se faire en chirurgie d'un jour sous anesthésie générale ou régionale et qui offre un bon rapport coût-efficacité.

Hystéroscopie

L'hystéroscopie permet l'examen direct de toutes les parties de la cavité utérine au moyen d'un instrument optique lumineux. Il est préférable de l'effectuer environ cinq jours après la fin de la menstruation, soit au cours de la phase œstrogénique du cycle menstruel. On nettoie d'abord le vagin et la vulve, puis on pratique une anesthésie par blocage péricervical. On insère ensuite l'hystéroscope dans le canal cervical et on l'avance, sous observation directe, de 1 ou 2 cm, puis on injecte par l'hystéroscope un liquide (sérum physiologique ou solution de dextrose à 5 %) pour dilater la cavité utérine.

L'hystéroscopie est le plus souvent indiquée comme complément au curetage dans les cas de stérilité, d'hémorragie non expliquée, de rétention d'un stérilet ou d'avortements spontanés à répétition en début de grossesse. Elle est contre-indiquée pour les patientes souffrant d'un cancer du col utérin ou de l'endomètre ou d'une salpingite aiguë.

Colposcopie et colpomicroscopie

Le *colposcope* (instrument qui grossit de 10 à 25 fois) et le *colpomicroscope* (qui grossit jusqu'à 400 fois) sont des instruments optiques conçus pour offrir une vue tridimensionnelle, *in situ,* de l'épithélium (coloré ou non) du col utérin et du vagin. Ils permettent de voir les zones suspectes, mais non un diagnostic précis, qui doit se faire par d'autres méthodes, comme la biopsie. Les gynécologues qui utilisent cette méthode diagnostique ont reçu une formation spéciale.

Examens radiologiques

De nombreuses techniques radiologiques peuvent être utilisées pour le diagnostic des troubles gynécologiques: clichés radiographiques ordinaires, lavements barytés, clichés en série du tube digestif, urographie intraveineuse, cystographie, hystérosalpingographie, tomodensitométrie et scintigraphie.

Hystérosalpingographie

L'hystérosalpingographie est l'examen aux rayons X de l'utérus et des trompes de Fallope après l'injection d'une substance de contraste. Cette méthode diagnostique est employée pour étudier les problèmes de stérilité, pour évaluer la perméabilité des trompes et pour détecter les anomalies de la cavité utérine.

Pour effectuer cet examen, on place la patiente dans la position gynécologique et on expose le col au moyen d'un spéculum à deux valves. On insère ensuite une canule dans l'utérus, puis on injecte la substance de contraste dans la cavité utérine et les trompes. Les clichés radiologiques permettront de voir le trajet et la répartition de la substance de contraste.

Avant l'hystérosalpingographie, on administre à la patiente un purgatif et un lavement pour que les clichés radiologiques ne soient pas brouillés par les gaz. On lui donne aussi un analgésique pour assurer son bien-être, car cet examen peut provoquer des nausées, des vomissements, des crampes et des étourdissements. Après l'examen, on conseille le port d'une serviette hygiénique pendant plusieurs heures, car la substance de contraste peut tacher les vêtements.

Tomodensitométrie

La tomodensitométrie offre certains avantages par rapport à l'échographie (abordée plus loin), même si elle expose la patiente à des radiations et qu'elle est plus coûteuse. Elle est plus efficace chez les patientes obèses, ou qui présentent une distension de l'estomac ou des intestins. De plus, elle peut révéler la présence d'un cancer et son extension aux ganglions lymphatiques rétropéritonéaux et au squelette; son utilité est toutefois limitée dans le diagnostic des autres troubles gynécologiques.

Angiographie et scintigraphie

On peut également avoir recours, au besoin, à l'angiographie et à la scintigraphie. L'utérus et les annexes se trouvant à proximité des reins, des uretères et de la vessie, on emploie souvent des outils de diagnostic urologiques comme le RUV (rein, uretère, vessie) et la pyélographie.

Autres instruments diagnostiques

Échographie

L'échographie est une méthode simple basée sur la transmission d'ondes sonores; elle repose sur le principe de la détection sonar employée dans les sous-marins. Les appareils de diagnostic échographique émettent des ondes sonores à pulsations d'une fréquence supérieure à 20 000 Hz qui effectuent un balayage linéaire du bassin et de l'abdomen. Le transducteur, posé sur l'abdomen ou inséré dans le vagin, transforme l'énergie mécanique en impulsions électriques qui sont amplifiées et affichées à l'écran d'un oscilloscope, puis reproduites sur pellicule photographique ou sur bande vidéo. Cet examen dure environ 10 minutes; il n'expose pas aux rayons ionisants et est absolument indolore. La vessie doit toutefois être pleine pour assurer une bonne visualisation de l'abdomen, ce qui peut être désagréable pour la patiente. (L'échographie du vagin n'exige pas que la vessie soit pleine.) Les renseignements obtenus grâce à l'échographie et aux méthodes radiologiques sont très utiles, surtout dans le cas des femmes enceintes ou obèses chez qui l'examen gynécologique n'est pas concluant.

Résonance magnétique nucléaire

La résonance magnétique nucléaire produit des images plus précises que les autres méthodes d'imagerie, et elle offre le grand avantage de ne pas comporter l'utilisation de rayons ionisants. Il s'agit cependant d'une méthode relativement coûteuse et peu accessible.

Résumé: La patiente qui subit un examen gynécologique et des épreuves diagnostiques gynécologiques, que ce soit dans le cadre d'un examen préventif ou à la suite d'un dérèglement des fonctions normales, est souvent mal à l'aise et anxieuse. Parce qu'elle hésite à poser des questions au personnel soignant, elle peut entretenir des idées fausses sur le fonctionnement des organes génitaux. Au cours de l'examen, l'infirmière a l'occasion de répondre aux questions de la patiente, de dissiper ses craintes et de l'encourager à adopter de bonnes habitudes de santé.

SOINS INFIRMIERS AUX PATIENTES PRÉSENTANT DES TROUBLES GYNÉCOLOGIQUES

Les troubles gynécologiques peuvent exiger différents soins, dont des irrigations, et des douches vaginales, de même que l'application de crèmes. Les *douches vaginales* sont employées avant et après une intervention chirurgicale et sont de deux types: vulvaire et vaginale. De même, on utilise les *irrigations vaginales* pour nettoyer le vagin et les régions voisines avant et après une opération; elles servent aussi à réduire l'inflammation. En outre, les douches chaudes ou froides sont parfois indiquées dans le traitement des écoulements vaginaux.

Pour administrer une douche vaginale, on place la patiente en décubitus dorsal, sur un bassin hygiénique, les genoux écartés. On évite d'exposer indûment la patiente et on protège le lit en plaçant un coussin absorbant sous le bassin. Les solutions couramment employées sont l'eau stérile, le soluté physiologique et les solutions antiseptiques.

On doit réchauffer la solution à 43,3 °C ou à la température prescrite. Il faut éviter de tenir la poire ou la poche renfermant la solution à plus de 60 cm au-dessus des hanches de la patiente. Après avoir enfilé des gants chirurgicaux, l'infirmière écarte les lèvres avec le pouce et l'index de la main gauche, puis nettoie l'orifice vaginal. Elle introduit ensuite délicatement la canule dans le vagin à une profondeur de quelque 5 cm, en l'orientant directement vers le sacrum. Puis elle retire la pince pour laisser s'écouler la solution. Pour éviter un reflux du liquide dans l'utérus, qui pourrait provoquer une contamination bactérienne de l'utérus et des trompes de Fallope, on ne doit pas exercer de pression sur la poire, mais laisser la solution s'écouler de façon intermittente. On utilise généralement au moins 1 L de solution.

Pour que le traitement soit efficace, il doit durer de 20 à 30 minutes. Une fois la solution administrée, on retire la canule et on demande à la patiente de forcer comme pour aller à la selle, afin de favoriser l'évacuation du liquide qui est resté dans le vagin. Ensuite, on retire le bassin hygiénique et on essuie la région périnéale avec un tampon d'ouate. Après une douche vaginale chaude, la patiente doit rester allongée pendant au moins une heure.

Une fois la douche vaginale terminée, on nettoie et on stérilise le dispositif (s'il n'est pas jetable), ainsi que le bassin hygiénique. Pour se donner une douche vaginale à la maison, la femme se couche ordinairement dans la baignoire et procède comme ci-dessus.

L'*irrigation vulvaire* est conseillée après une opération au périnée. On l'effectue après chaque miction ou défécation afin de prévenir l'infection de la plaie. On prépare la patiente à recevoir une irrigation vulvaire de la même façon que pour une douche vaginale. On verse doucement sur la vulve de l'eau chaude et stérile provenant d'un contenant également stérile, puis on essuie la région périnéale avec une compresse de gaze ou un tampon d'ouate stérile. On applique ensuite sur le périnée un pansement stérile ou une serviette hygiénique.

La patiente peut appliquer elle-même une *crème vaginale antiseptique* à l'aide d'un applicateur. Les crèmes peuvent être utilisées avant ou après l'intervention chirurgicale; elles remplacent souvent les douches vaginales. La patiente doit parfois porter une serviette hygiénique après le traitement pour éviter de tacher ses vêtements.

MENSTRUATION

Physiologie

Les *gonades* sont les glandes génitales qui produisent soit les gamètes femelles (ovules), soit les gamètes mâles (spermatozoïdes). Chez la femme, les gonades sont les *ovaires*, qui se situent dans le bassin, de chaque côté de l'utérus. Chez l'homme, les gonades sont les *testicules*, contenues dans le scrotum. Les gonades sont aussi d'importantes glandes endocrines.

Hormones ovariennes

Les ovaires produisent des hormones stéroïdes, principalement les oestrogènes et la progestérone. Le follicule de De Graaf, qui renferme l'ovule mature, produit une variété d'oestrogènes, dont le plus puissant est l'oestradiol. Les oestrogènes stimulent la croissance des organes de reproduction féminins et l'apparition des caractères sexuels secondaires. Ils jouent aussi un rôle important dans le développement des seins et dans le cycle menstruel.

La progestérone joue aussi un rôle important dans la régulation du cycle menstruel. Elle est sécrétée par le *corps jaune*, la formation qui remplace le follicule de De Graaf après l'expulsion de l'ovule. Elle joue un rôle indispensable dans la préparation de la muqueuse utérine (endomètre) pour la nidation. Après la nidation, c'est le placenta qui assure en grande partie la sécrétion de la progestérone nécessaire à l'évolution normale de la grossesse. De plus, la progestérone et les oestrogènes préparent les seins à la production et à la sécrétion du lait.

Les ovaires produisent également une petite quantité d'*androgènes*, qui jouent un rôle complexe durant le premier stade de développement du follicule. Leurs autres fonctions chez la femme sont encore à l'étude.

Régulation de la sécrétion des hormones ovariennes

La sécrétion des oestrogènes est principalement stimulée par l'*hormone folliculostimulante* (FSH), sécrétée par l'hypophyse, et la production de la progestérone est stimulée par l'*hormone lutéinisante* (LH). Un mécanisme de rétroaction régit en partie la sécrétion de la FSH et de la LH, un taux élevé d'oestrogènes freinant la sécrétion de la FSH mais stimulant celle de la LH, et un taux élevé de progestérone ayant l'effet inverse. La gonadolibérine (Gn-RH), provenant de l'hypothalamus, agit également sur la libération de la FSH et de la LH.

Cycle menstruel

La sécrétion cyclique des hormones ovariennes entraîne la modification de l'endomètre et la menstruation (figure 38-7). Au début du cycle (immédiatement après la menstruation), la sécrétion de FSH augmente, ce qui stimule la production des oestrogènes. L'endomètre devient alors plus épais et plus vascularisé (phase proliférative). Vers le milieu du cycle, le taux de LH augmente à son tour, stimulant la sécrétion de progestérone, et c'est alors que l'ovulation se produit. Stimulé à la fois par les oestrogènes et par la progestérone, l'endomètre atteint son épaisseur et sa vascularisation maximales (phase sécrétoire). Si l'ovule est fécondé, les taux d'oestrogène et de progestérone restent élevés, et on observe des changements hormonaux complexes. Si par contre la fécondation n'a pas eu lieu, la production de FSH et de LH diminue, la sécrétion des oestrogènes et de la progestérone décroît rapidement et l'endomètre vascularisé et épaissi se desquame, entraînant une hémorragie vaginale (la menstruation). Un nouveau cycle débute ensuite.

Aspects psychosociaux

La fille de 10 à 14 ans qui connaîtra bientôt l'apparition des premières règles (*ménarche*) doit être renseignée sur ce processus normal. Psychologiquement, il est plus sain de dire «les règles» ou «la menstruation» que de parler de maladie ou d'indisposition. Chez les jeunes filles qui s'alimentent bien,

dorment bien et font de l'exercice, la menstruation n'est pas douloureuse. Elles éprouvent parfois dans les jours qui la précèdent un engorgement des seins et une sensation de ballonnement. Le premier jour, elles peuvent se sentir un peu fatiguées et éprouver des douleurs dans le bas du dos, les jambes et le bassin; certaines ont des sautes d'humeur. Il est rare que les douleurs et les malaises l'obligent à s'écarter de ses activités quotidiennes. La serviette hygiénique est largement utilisée pour étancher le flux menstruel. Il existe des serviettes désodorisantes, mais elles contiennent des produits qui peuvent provoquer des réactions allergiques ou des irritations; c'est pourquoi on en déconseille l'emploi. Les tampons sont également beaucoup utilisés. Il n'y a pas lieu de croire qu'ils provoquent des effets indésirables s'ils s'insèrent facilement, sauf pour ce qui est du syndrome de choc toxique (que l'on abordera en détail au chapitre 39). Pour prévenir ce syndrome, il faut changer de tampon toutes les quatre heures. Si le cordon se brise ou qu'on ne peut retirer le tampon pour toute autre raison, il faut consulter son médecin ou une infirmière praticienne.

Comme on l'a déjà mentionné, la menstruation est envisagée de différentes façons selon les cultures. Dans certaines cultures, les femmes croient qu'il est néfaste de changer de serviette hygiénique ou de tampon trop fréquemment, parce que l'accumulation de sang favoriserait l'augmentation du flux, ce qui est considéré souhaitable. Il peut dans ce cas y avoir conflit si l'infirmière insiste pour que la patiente change de serviette. Il faut donc faire preuve de tolérance à cet égard.

Il existe d'autres idées préconçues sur la menstruation, comme celle voulant que la femme soit plus vulnérable à la maladie à ce moment. Plusieurs croient également qu'il est néfaste de se baigner, de prendre une douche, de se faire faire une permanente ou une obturation dentaire, ou encore de consommer certains aliments. Des jeunes femmes sont convaincues à tort qu'elles ne peuvent concevoir pendant la menstruation et n'utilisent aucun moyen de contraception. L'infirmière doit tenter de démolir ces mythes, dont certains sont profondément enracinés. Il lui faudra pour ce faire gagner la confiance de la patiente afin d'établir une bonne communication.

Syndrome prémenstruel

Le syndrome prémenstruel (SPM) est un ensemble de symptômes observés chez certaines femmes avant le début de la menstruation. On ne connaît pas la cause de ces symptômes, mais certains les attribuent à un excès d'oestrogène ou à une carence en progestérone durant la phase lutéale. Ces symptômes sont des céphalées, de la fatigue, des douleurs au bas du dos, un engorgement des seins et une sensation de ballonnement abdominal, de même que de l'irritabilité provoquant des sautes d'humeur, la crainte de perdre la maîtrise de soi, de la boulimie et des crises de larmes. Ils varient beaucoup d'une femme à l'autre et d'un cycle à l'autre chez une même femme, et semblent exacerbés par le stress. La perturbation qu'ils provoquent peut être faible ou marquée au point de perturber les relations familiales. Le SPM peut réduire la productivité et causer des accidents de travail et de l'absentéisme.

On pose généralement un diagnostic de SPM quand les symptômes décrits ci-dessus se manifestent de façon régulière avant le début des règles, puis disparaissent au moment de leur apparition.

CHAPITRE 38: *Traitement des problèmes associés à la physiologie de la femme*   1131

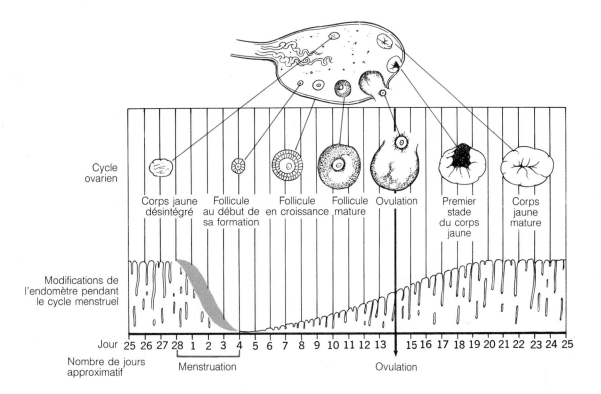

(Nombre de jours approximatif)

Phase	Menstruelle	Folliculaire	Ovulatoire	Lutéale	Prémenstruelle
Jours	1 2 3 4 5 6	7 8 9 10 11 12	13 14 15 16 17	18 19 20 21 22 23 24 25	26 27 28 1 2

Ovaire

Corps jaune désintégré; début du développement folliculaire	Croissance et maturation du follicule	Ovulation	Corps jaune actif	Corps jaune désintégré

Production d'œstrogène

Faible	Croissante	Élevée	Décroissante puis de nouveau croissante	Décroissante

Production de progestérone

Aucune	Aucune	Faible	Croissante	Décroissante

Production de FSH

Croissante	Élevée puis décroissante	Faible	Faible	Croissante

Production de LH

Faible	Faible puis croissante	Élevée	Élevée	Décroissante

Endomètre

Desquamation de la couche superficielle; dilatation des rameaux flexueux de l'artère utérine, puis contraction	Réorganisation et prolifération de la couche superficielle	Croissance continue	Sécrétion active et dilatation des glandes; vascularisation et épaississement de la muqueuse	Vasoconstriction des rameaux flexueux de l'artère utérine; début de la desquamation

Figure 38-7.   Relation entre l'activité hormonale et les modifications ovariennes et utérines

(Source: E. E. Chaffee et E. M. Greisheimer, *Basic Physiology and Anatomy*, 3e éd., Philadelphia, J. B. Lippincott)

Traitement

Il n'existe pas de traitement précis du SPM. On recommande généralement aux femmes qui en souffrent de noter leurs symptômes afin d'apprendre à les prévoir. Certains médecins prescrivent des analgésiques et des diurétiques, de même que de la progestérone naturelle ou synthétique. On ne connaît pas les risques à long terme de l'utilisation de la progestérone. On utilise également des inhibiteurs de prostaglandine, comme l'ibuprofène et Anaprox.

 ## DÉMARCHE DE SOINS INFIRMIERS

PATIENTES SOUFFRANT DU SYNDROME PRÉMENSTRUEL

▷ *Collecte des données*

L'infirmière doit établir une relation de confiance avec la patiente au moment où elle dresse le bilan de santé. Elle doit préciser le moment où les symptômes apparaissent et leur intensité. Elle doit aussi établir s'ils sont apparus après une modification importante de l'équilibre hormonal: emploi de contraceptifs oraux, grossesse, ligature des trompes ou période d'aménorrhée, même si on n'est pas certain de l'influence des changements hormonaux sur le SPM. Elle peut aussi demander à la patiente de noter l'intensité des symptômes et le moment de leur apparition sur une feuille comme celle qui apparaît à la figure 38-8. Pour être significatif, ce relevé devra se faire pendant au moins trois cycles. L'infirmière dresse également un bilan nutritionnel afin de déterminer si la patiente consomme trop de sel, d'alcool ou de café, ou si elle présente des carences.

▷ *Analyse et interprétation des données*

Selon les données recueillies, voici les principaux diagnostics infirmiers possibles:

- Anxiété reliée aux effets du SPM
- Stratégies d'adaptation individuelle et familiale inefficace reliées aux effets du SPM
- Risque élevé de violence envers les membres de la famille ou soi-même relié aux symptômes du SPM
- Manque de connaissances sur les causes et le traitement du SPM relié à l'impossibilité d'avoir accès à l'information

▷ *Planification et exécution*

▷ *Objectifs de soins*: Diminution de l'anxiété (sautes d'humeur, pleurs, boulimie, crainte de perdre la maîtrise de soi; amélioration des stratégies d'adaptation individuelle,

Relevé quotidien des symptômes du SPM

Nom _____

Année _____

Évaluation des symptômes:
0—absence de symptômes   2—symptômes modérés
1—symptômes faibles   3—symptômes graves (invalidants)

JOUR DU CYCLE	1	2	3	4	5	6	7	8	9	10	11	12	13	14	15	16	17	18	19	20	21	22	23	24	25	26	27	28	29	30	31
DATE																															
MENSTRUATION																															

SYMPTÔMES PSYCHOLOGIQUES

Dépression																															
Anxiété																															
Irritabilité																															
Léthargie																															
Insomnie																															
Pertes de mémoire																															
Confusion																															

SYMPTÔMES PHYSIQUES

Œdème																															
Sensibilité mammaire																															
Ballonnement abdominal																															
Palpitations																															
Gain pondéral																															
Constipation																															
Maux de tête																															
Rhinite																															

DOULEURS (habituellement NON liées au SPM)

Crampes menstruelles																															
Rapports sexuels douloureux																															
Douleur pelvienne																															
Douleur au dos																															

Poids le matin (kg)																															

Figure 38-8. Relevé quotidien permettant l'évaluation des symptômes du SPM
(Source: H. J. Chihal, *Premenstrual Syndrome: A Clinic Manual*, 2ᵉ éd., Dallas, Essential Medical Information Systems, 1990, pp. 80-81)

familiale et professionnelle; absence de réactions violentes; acquisition de connaissances sur le SPM et son traitement

▷ *Interventions infirmières*

▷ *Diminution de l'anxiété.* L'infirmière offre à la patiente son aide et ses conseils. Elle lui suggère de participer aux soins en tenant un relevé de ses symptômes (figure 38-8) et l'incite à planifier ses activités en fonction des périodes critiques. On peut, si la patiente le désire, faire participer son partenaire et ses enfants aux discussions sur le problème afin de favoriser la compréhension mutuelle et réduire les tensions. Des analgésiques ou des tranquillisants sont parfois prescrits.

▷ *Stratégies d'adaptation.* On favorise l'emploi de stratégies d'adaptation efficaces. On peut conseiller au partenaire d'aider la patiente en lui offrant son appui, en s'occupant davantage des enfants et en faisant appel aux services d'un conseiller matrimonial au besoin. La patiente peut tenter de planifier son travail en fonction des journées où elle sera moins productive à cause du SPM.

Il faut favoriser la réduction du stress par l'exercice physique, la méditation, l'imagerie mentale ou des activités créatrices. L'infirmière peut apaiser la patiente en se montrant attentive et compréhensive; la patiente a besoin de savoir que d'autres personnes comprennent ce qu'elle vit.

▷ *Enseignement.* L'infirmière peut proposer à la patiente de noter ses symptômes pendant trois mois et de consulter un professionnel de la santé pour obtenir un diagnostic précis. Elle lui conseille également de se prêter aux examens recommandés afin de s'assurer que ses symptômes ne sont pas dus à d'autres causes.

La patiente doit se conformer à un régime alimentaire spécial, ou prendre de petits repas en éliminant ou en diminuant sa consommation de sucre, de sel, d'alcool, de caféine et de nicotine. On peut lui prescrire des suppléments de vitamines B_6, de calcium et de magnésium. La relaxation et l'exercice quotidiens sont recommandés, ainsi que certaines mesures de promotion de la santé comme la réduction du poids. Dans certains cas, la patiente peut réorganiser son travail en fonction de la période mensuelle critique. La participation aux réunions d'un groupe de soutien peut lui être bénéfique, car elle lui permet d'obtenir un appui et de se rendre compte que d'autres ont des problèmes similaires aux siens ou même plus graves. On trouvera dans la section consacrée aux progrès de la recherche les résultats d'une étude menée auprès des partenaires de femmes atteintes du SPM. Le SPM est un trouble spontanément résolutif pour lequel il n'existe pas de traitement entièrement efficace.

Toute patiente qui manifeste des tendances suicidaires doit être immédiatement dirigée vers un psychologue. S'il y a lieu de croire que les enfants sont maltraités, il faut le signaler.

▷ *Évaluation*

Résultats escomptés
1. La patiente est moins anxieuse.
   a) Elle montre qu'elle comprend mieux la nature de son problème.
   b) Elle dit que son nouveau réseau de soutien (le personnel soignant) a soulagé ses inquiétudes.

2. La patiente utilise des stratégies d'adaptation efficaces.
   a) Elle tient un relevé mensuel de ses symptômes.
   b) Elle planifie ses activités en tenant compte de sa période critique.
   c) Elle dit se sentir plus à l'aise et souffrir moins du stress.
3. La patiente suit un régime alimentaire qui améliore son comportement.
   a) Elle diminue sa consommation de sucre raffiné et de sel.
   b) Elle consomme davantage d'aliments riches en magnésium (céréales complètes, noix, légumes verts).
   c) Elle évite la caféine, le tabac et l'alcool.
   d) Elle prend la vitamine B_6 (pyridoxine) prescrite.

Dysménorrhée

On appelle *dysménorrhée primaire* la menstruation douloureuse non associée à un trouble gynécologique. Cette affection, qui se manifeste habituellement quelques années après les premières règles, serait liée à l'établissement du cycle ovulatoire. La dysménorrhée primaire est répandue: elle touche plus de la moitié des femmes menstruées. Les crampes douloureuses sont causées par une hypersécrétion de prostaglandines entraînant une augmentation de la contractilité de l'utérus et des spasmes artériolaires. Des facteurs psychologiques comme l'anxiété et la tension peuvent également contribuer au problème. La douleur tend à diminuer avec l'âge; souvent elle disparaît complètement après un accouchement.

La *dysménorrhée secondaire* est consécutive à un trouble gynécologique: endométriose, tumeur ou pelvipéritonite. Ces troubles sont abordés au chapitre 39.

Évaluation et manifestations cliniques
Les crampes qui caractérisent la dysménorrhée primaire apparaissent généralement 12 à 24 heures avant les règles; elles sont d'abord de faible intensité, puis s'accentuent pendant le flux. Elles persistent pendant 12 à 24 heures après le début des règles. La douleur se situe au bas de l'abdomen et peut irradier vers le bas du dos et le haut des cuisses; elle est parfois accompagnée de frissons, de nausées, de vomissements, de maux de tête et d'irritabilité. Quelques femmes souffrent également de diarrhée. Dans le cas de la dysménorrhée secondaire, les patientes sont habituellement plus âgées, et la douleur ne se limite pas nécessairement au premier jour des règles ou même à la période menstruelle.

Il faut effectuer un examen physique complet afin d'écarter la possibilité d'anomalies comme le rétrécissement du col utérin ou du vagin ou l'imperforation de l'hymen, et d'autres affections comme l'endométriose, la pelvipéritonite, l'adénomyose et la présence de léiomyomes (tumeurs appelées improprement fibromes). Il est parfois nécessaire d'effectuer une hystérosalpingographie, une échographie ou une laparoscopie pour dépister ces troubles.

Traitement et interventions infirmières
La patiente qui souffre de dysménorrhée primaire doit connaître la raison de ses douleurs et savoir que la menstruation est une fonction normale de l'appareil reproducteur. Beaucoup de jeunes filles croient qu'elles doivent obligatoirement souffrir de dysménorrhée si leur mère en a souffert. La douleur, qui est réelle, peut être traitée après que l'on a

dissipé l'inquiétude liée à sa signification. Les symptômes disparaissent spontanément après quelques années, avec le début de l'activité sexuelle, ou encore après un accouchement.

Il existe également des moyens de soulager la douleur. On doit inciter la patiente à vaquer à ses occupations habituelles car, selon les principes de la neurophysiologie, l'activité physique et intellectuelle peut apporter un soulagement. Il est conseillé de prendre des analgésiques avant l'apparition des crampes. La patiente peut prendre aux quatre heures un léger inhibiteur de la synthèse des prostaglandines, comme l'aspirine ou d'autres inhibiteurs: ibuprofène (Motrin), naproxen (Naprosyn), acide méfénamique (Ponstan), naproxen sodique (Anaprox), selon l'ordonnance. Quand un inhibiteur n'offre pas de soulagement, on conseille à la patiente d'en essayer un autre. Ces médicaments sont généralement bien tolérés, mais provoquent chez certaines femmes des troubles gastro-intestinaux. Leurs contre-indications sont les allergies, les antécédents d'ulcères gastroduodénaux, la sensibilité aux médicaments de type aspirine, l'asthme et la grossesse. Les contraceptifs oraux à faible dose soulagent plus de 90 % des patientes. Le médecin peut prescrire au besoin, des antiémétiques, des antispasmodiques et de faibles tranquillisants.

En ce qui concerne la dysménorrhée secondaire, le traitement vise la cause sous-jacente (endométriose, pelvipéritonite, etc.).

TROUBLES DE L'ÉCOULEMENT MENSTRUEL

Aménorrhée (absence d'écoulement menstruel)

On appelle *aménorrhée primaire* l'absence de menstruation chez une jeune femme âgée de plus de 16 ans qui présente d'autres signes de maturité sexuelle, et chez une jeune fille de 14 ans qui ne présente pas de caractères sexuels secondaires. Elle peut provoquer beaucoup d'inquiétude chez la jeune fille et parfois chez sa mère, mais elle s'explique en général par de simples facteurs morphologiques, héréditaires, environnementaux et psychologiques.

L'infirmière doit faire preuve de compréhension envers la jeune fille et lui offrir la possibilité d'exprimer ses inquiétudes et son anxiété, qui sont souvent dues au fait qu'elle se sent différente des autres jeunes filles de son âge. Un examen physique complet, un bilan détaillé et des épreuves de laboratoire simples permettent d'exclure les troubles physiologiques, métaboliques ou endocriniens et les maladies de système. Si on dépiste une anomalie, le traitement vise sa correction.

L'aménorrhée secondaire est l'absence de règles pendant trois mois ou plus chez une femme qui a déjà eu des règles; elle est dite physiologique quand elle se manifeste chez la jeune fille pubère et pendant la grossesse et l'allaitement. Chez l'adolescente, elle s'explique le plus souvent par une perturbation affective mineure (départ du foyer, début des études collégiales, difficultés scolaires ou problèmes interpersonnels), ou par une grossesse (vient au deuxième rang parmi les causes d'aménorrhée chez les jeunes filles).

L'aménorrhée secondaire peut être consécutive à des troubles nutritionnels se manifestant par une perte ou un gain pondéral. Elle est parfois attribuable à un dérèglement endocrinien dû à un trouble hypophysaire ou thyroïdien, ce qui exige l'intervention d'un médecin.

Hémorragies utérines anormales

Ménorragie

La ménorragie est un écoulement sanguin anormalement abondant au cours des règles. Elle peut être causée par un trouble endocrinien, mais quand elle se produit à un âge plus avancé et qu'elle est associée à une augmentation de la durée des règles, elle est habituellement due à une inflammation, une tumeur de l'utérus ou un déséquilibre hormonal. Les problèmes d'ordre affectif peuvent également agir sur l'écoulement sanguin.

On recommande à la femme qui souffre de ménorragie de consulter son gynécologue et de lui décrire la nature de ses écoulements. Il est difficile de mesurer exactement la quantité de sang perdue, mais on peut l'estimer à partir du nombre des serviettes hygiéniques ou des tampons saturés en une heure, en tenant compte de leur type et de leur capacité d'absorption.

Métrorragie

La métrorragie est une hémorragie utérine en dehors de la période des menstruations. Il peut s'agir d'un symptôme de maladie, notamment de cancer ou de léiomyome. C'est pourquoi un diagnostic et un traitement rapides sont indiqués. Parce qu'elle est sans doute le trouble menstruel le plus significatif, la métrorragie exige une exploration, généralement par curetage. Tout écoulement sanguin survenant un an après la ménopause exige une évaluation médicale; il faut envisager la possibilité d'un cancer jusqu'à preuve du contraire.

PÉRIMÉNOPAUSE

La périménopause est la période commençant avec les premiers signes de la ménopause (ce sont en général des bouffées de chaleur) et se terminant un an après l'arrêt définitif des règles. La *ménopause* est l'arrêt physiologique des règles dû à la suppression de la fonction ovarienne. Son diagnostic est généralement rétrospectif parce qu'il suppose l'arrêt des règles depuis un an. Le *climatère* est la période de la vie au cours de laquelle se produisent des changements hormonaux qui indiquent pour la femme la fin de l'activité génitale active. La *postménopause* est la période qui suit l'arrêt des règles.

Physiologie

La ménopause marque la fin de l'activité génitale chez la femme. Elle survient généralement entre 49 et 52 ans, mais certaines la connaissent dès l'âge de 42 ans, d'autres à 55 ans seulement. L'âge moyen est de 51 ans. Elle se manifeste par l'arrêt de menstruation et un début d'atrophie des organes reproducteurs et des glandes mammaires, ce qui a pour cause la suppression de l'activité ovarienne (absence d'ovulation et, par conséquent, de sécrétion hormonale). On parle de ménopause artificielle quand la suppression du fonctionnement des ovaires est due à leur ablation ou à leur destruction par irradiation.

La ménopause n'est pas un phénomène pathologique, mais elle entraîne une carence en œstrogènes, avec les modifications physiologiques correspondantes et, dans certains cas, des troubles psychologiques.

Manifestations cliniques

En général, la ménopause se manifeste par des symptômes de nature physiologique et psychologique. Elle est précédée de modifications dans les règles: écoulement menstruel moins abondant et irrégularité. Souvent, l'intervalle entre les menstruations s'allonge, pouvant atteindre plusieurs mois. Tout écoulement menstruel prolongé, et tout écoulement entre les règles, doit être promptement signalé à un médecin.

Les bouffées de chaleur et les sueurs nocturnes que connaissent certaines femmes sont directement attribuables aux changements hormonaux. Les bouffées de chaleur témoignent d'une instabilité vasomotrice. Dans certains cas, elles sont fugaces; à l'autre extrême, elles sont intenses et désagréables, entraînant une sudation abondante. La femme qui éprouve d'importantes bouffées de chaleur cherche parfois le soulagement en s'éventant ou en prenant une douche.

Les manifestations physiques de la ménopause sont notamment une atrophie des organes reproducteurs, une sécheresse de la peau, un gain de poids et l'ostéoporose. On observe des modifications dans tout l'appareil génito-urinaire, mais surtout dans la région vulvovaginale. La pilosité du mont de Vénus diminue et les lèvres s'atrophient peu à peu. Les sécrétions vaginales sont moins abondantes, et la femme connaît parfois une dyspareunie (coït douloureux). Elle peut y remédier en employant un lubrifiant (K-Y Gel, Muco, H & R ou mousse contraceptive). Le pH du vagin augmente, créant une prédisposition aux infections bactériennes (vaginites). La femme éprouve parfois des démangeaisons ou une sensation de brûlure dans les tissus de la vulve.

Manifestations psychologiques

Certains symptômes d'origine psychologique se manifestent parfois avant ou pendant la modification des règles: étourdissements, fatigue, nervosité, insomnie, maux de têtes et troubles de concentration. C'est souvent à ce moment de sa vie que la femme voit partir du foyer ses enfants devenus adultes, ce qui lui donne l'impression de ne plus être utile. Chez certaines femmes, c'est la peur de vieillir qui exacerbe les symptômes psychologiques. Ces symptômes sont plus fréquents chez les femmes qui ne travaillent pas à l'extérieur du foyer, ou qui n'ont pas des activités qui ont pour elles de l'importance. Chez beaucoup de femmes les symptômes sont bénins; certaines n'en éprouvent aucun.

Traitement

La plupart des patientes réagissent favorablement à un programme axé sur l'enseignement, le soulagement de l'anxiété, la modification du mode de vie et l'amélioration du régime de santé.

Il est parfois nécessaire de prescrire des sédatifs ou des tranquillisants faibles afin de calmer la nervosité et de combattre la dépression, même si ces symptômes peuvent être dus à des facteurs autres que les changements hormonaux. Une psychothérapie peut être utile dans certains cas.

Les bouffées de chaleur persistantes et graves doivent être traitées par une œstrogénothérapie cyclique. La posologie est déterminée par le médecin selon un rythme approprié (par exemple, prise d'œstrogènes pendant les 25 premiers jours du mois, auxquels on ajoute un progestatif pendant les 13 derniers jours).

L'emploi prolongé de l'œstrogénothérapie pour retarder le vieillissement reste controversé. Les spécialistes sont en général prudents et n'ont recours à l'œstrogénothérapie que dans les cas de carence œstrogénique aiguë ou de symptômes

pénibles comme la vaginite, les bouffées de chaleur ou l'ostéoporose. Si on évite de prescrire des œstrogènes à toutes les femmes ménopausées, c'est par crainte qu'une administration prolongée ne provoque des changements néoplasiques dans les tissus vieillissants sensibles à l'action de ces hormones. L'ajout de progestérone paraît toutefois neutraliser ces changements jusqu'à un certain point.

Interventions infirmières

Il faut prendre des mesures pour promouvoir la santé globale de la femme. L'infirmière peut expliquer à la patiente que l'arrêt des règles est un phénomène physiologique normal entraînant rarement des troubles physiques ou psychologiques graves.

La durée moyenne de la vie après la ménopause est de 30 à 35 ans, ce qui correspond à la durée de l'activité génitale qui précède la ménopause. La ménopause n'est pas un changement de vie complet. Le désir sexuel ne disparaît pas et les rapports sexuels peuvent rester satisfaisants. En outre, beaucoup de femmes connaissent après la ménopause une amélioration de leur bien-être, particulièrement celles qui ont souffert de dysménorrhée.

Enseignement à la patiente

On doit insister sur les points suivants dans l'enseignement aux femmes qui traversent la ménopause:

- La période du climatère est normale et se termine d'elle-même.
- L'épuisement et l'influence de l'environnement peuvent exacerber les symptômes.
- En suivant un régime alimentaire sain et en maintenant un poids approprié, on peut améliorer sa condition physique.
- Un programme d'exercice bien adapté favorise la vitalité.
- En participant à des activités extérieures, on peut réduire l'anxiété et la tension.
- Il faut prévoir des changements dans le réseau de soutien à cause du départ des enfants, du vieillissement et de la plus grande dépendance des parents, et de la mort de personnes chères.
- Cette période convient parfaitement à l'épanouissement intellectuel, aux idées et aux activités nouvelles.
- La ménopause ne signifie pas la fin de l'activité sexuelle.
- Un examen physique annuel est essentiel au maintien d'une bonne santé.

On peut également faire les recommandations suivantes pour aider la patiente à éviter les troubles physiques ou à y remédier:

- En cas de démangeaisons ou d'une sensation de brûlure dans la vulve, consulter un professionnel qui prescrira, au besoin, une crème à base de cortisone ou d'autres hormones.
- Pour remédier à la dyspareunie (rapports sexuels douloureux), employer un lubrifiant hydrosoluble (K-Y Gel, Muco, mousse contraceptive).
- Pour améliorer le tonus musculaire du périnée et éviter l'incontinence urinaire, faire chaque jour les exercices de Kegel:
  Se coucher sur le dos et placer un coussin sous les genoux. Contracter les muscles du périnée comme pour interrompre l'écoulement urinaire; retenir la contraction pendant cinq secondes, puis se détendre. Répéter 10 fois, 3 ou 4 fois par jour. Ces exercices peuvent également se faire en position assise ou debout.

- Employer des lotions et des crèmes douces pour empêcher le dessèchement, les démangeaisons et les gerçures de la peau.
- Éviter les bains moussants, car ils contiennent souvent des ingrédients qui assèchent la peau.
- Soigner son apparence en se montrant particulièrement attentive au choix des couleurs, au maquillage et à la coiffure: une bonne mise peut avoir un effet tonique au moment où l'on en a le plus besoin.
- Si l'on souffre d'embonpoint, se joindre à un groupe de soutien comme les *Weight Watchers*. Au moment de la ménopause, on a tendance à prendre du poids, notamment autour des hanches, des cuisses et de l'abdomen.
- S'assurer d'un apport en calcium suffisant en tenant compte du fait que les besoins en calcium augmentent après la ménopause. Le lait et les suppléments de calcium peuvent freiner les progrès de l'ostéoporose (voir le chapitre 63 pour plus de renseignements sur cette affection).

La ménopause marque un tournant dans la vie d'une femme; elle y réagit selon l'idée qu'elle se fait d'elle-même et de sa valeur.

GÉRONTOLOGIE

Des examens fréquents peuvent aider à prévenir les troubles gynécologiques chez la femme âgée. Souvent, les femmes âgées négligent de passer régulièrement un examen gynécologique, certaines d'entre elles, qui ont accouché à la maison, n'en ayant jamais subi. Beaucoup le considèrent gênant et désagréable. En insistant sur l'importance d'un examen gynécologique annuel pour toutes les femmes, l'infirmière apporte une contribution essentielle à la santé publique. L'infirmière ou l'infirmière sage-femme peuvent faire de cet examen une occasion de rassurer et d'éduquer la patiente plutôt qu'un moment pénible.

La diminution de la pilosité et des tissus adipeux sous-cutanés dans la région vulvaire, ainsi que l'atrophie générale des tissus, sont caractéristiques du vieillissement. La femme voit alors augmenter sa vulnérabilité à l'irritation et à l'infection, ce qui se manifeste souvent par un prurit. Les modifications physiologiques comprennent la diminution de l'élasticité et de la lubrification du vagin.

Le changement primordial est l'absence de follicules actifs dans les ovaires. Il en résulte une diminution de la sécrétion des œstrogènes et des changements concomitants dans la production des androgènes. La carence en œstrogènes a des effets directs sur les ovaires, l'endomètre, l'épithélium vaginal et la peau, celle-ci étant dotée de récepteurs d'œstrogènes. Sur le plan clinique, les conséquences sont une dyspareunie et une plus grande vulnérabilité aux traumatismes vaginaux et aux infections urinaires. Les rapports sexuels fréquents contribuent au maintien de l'élasticité du vagin; quant au risque d'infection urinaire, il serait possible de le réduire en consommant chaque jour 6 à 8 verres d'eau et de la vitamine C (500 mg).

Le relâchement de la musculature du bassin entraîne parfois un prolapsus utérin, ce qui peut être corrigé chirurgicalement dans certains cas. Si l'intervention chirurgicale est indiquée, il faut savoir que la guérison des tissus est plus lente chez la femme âgée. De plus, il faut tenir compte des aspects psychosociaux des soins et du réseau de soutien essentiel au maintien de l'autonomie.

L'incidence du cancer augmente actuellement chez les personnes âgées. Les données gérontologiques sont présentées au chapitre 22, et l'évolution de la sexualité est abordée au chapitre 45.

CONTRACEPTION

Depuis des millénaires et pour les raisons les plus diverses, les êtres humains pratiquent la régulation des naissances. Il existe une variété de méthodes de contraception qui ont été approuvées ou vilipendées selon les époques. On n'a jamais trouvé la méthode idéale, chacune comportant des avantages et des inconvénients. La contraception est toujours en grande partie la responsabilité des femmes, la contraception masculine ayant peu évolué, bien que quelques méthodes soient actuellement à l'étude.

La planification familiale est l'utilisation de méthodes pour espacer ou éviter les grossesses. Les méthodes permettant d'éviter les naissances non désirées se répartissent en trois catégories:

> *Méthodes naturelles:* toute méthode qui n'est ni chimique, ni mécanique
> *Méthodes temporaires:* méthodes chimiques et mécaniques
> *Méthode permanente:* stérilisation

En Amérique du Nord, la stérilisation est la forme de contraception la plus répandue chez les femmes qui ne veulent plus d'enfants. Les femmes qui n'ont pas encore eu d'enfants ou qui n'en ont pas eu le nombre désiré se tournent de préférence vers les contraceptifs oraux.

Enseignement aux patients. La contraception et la planification des naissances ont fait couler beaucoup d'encre. L'infirmière est bien placée pour éclairer les patients à ce sujet. Les groupes religieux ont des prises de position précises sur la régulation des naissances, ce qu'il faut respecter. Grâce à la recherche, les méthodes de contraception sont maintenant plus sûres, certaines d'entre elles ayant une efficacité prolongée.

Méthodes naturelles

Les méthodes naturelles offrent les avantages suivants: (1) elles ne présentent pas de danger pour la santé; (2) elles sont peu coûteuses; (3) elles sont autorisées par certaines religions. Par contre, elles obligent le couple à faire preuve de discipline et à observer des périodes d'abstinence. De plus, elles sont moins efficaces que les autres méthodes, sauf pour la méthode symptothermique appliquée de façon stricte. Les centres hospitaliers catholiques et certaines cliniques de planification des naissances offrent des cours sur la méthode symptothermique. Mais il faut savoir que *l'abstinence* est le seul moyen entièrement efficace pour éviter la grossesse.

Abstinence périodique. La méthode de l'abstinence périodique est difficile d'emploi, car elle exige que la femme soit capable de déterminer le moment de l'ovulation et qu'elle s'abstienne de rapports sexuels pendant la période de fécondité, soit entre le 10e et le 17e jour du cycle, l'ovulation survenant le plus souvent environ 14 jours avant les règles;

on suppose que les spermatozoïdes peuvent féconder l'ovule jusqu'à 72 heures après la relation sexuelle, et que l'ovule est fertile pendant 24 heures après son expulsion de l'ovaire. Cette méthode est connue sous le nom d'Ogino-Knauss (ou du calendrier), elle consiste à déterminer la période de fécondité en soustrayant 18 jours du cycle le plus court et 11 jours du cycle le plus long, les partenaires devant s'abstenir pendant cette période. Des études démontrent que cette méthode a un taux d'échec de 40 %.

D'après certains chercheurs, les femmes qui déterminent avec soin la période «sûre» en notant les dates exactes de leurs règles pendant au moins un an, et qui appliquent rigoureusement la formule ainsi établie, ont un taux d'échec de 20 % seulement. Elle doivent toutefois s'abstenir de rapports sexuels pendant une longue période à chaque cycle, ce qui exige beaucoup de volonté.

Une autre méthode, la méthode symptothermique, consiste à noter quotidiennement les caractéristiques de la glaire cervicale et de la lubrification du vagin, lesquelles se modifient au cours du cycle menstruel (la glaire est plus abondante, claire et élastique au moment de l'ovulation) et à prendre sa température quotidiennement au réveil (la température s'élève après l'ovulation). Il est recommandé de suivre un cours sur cette méthode en compagnie de son partenaire avant de l'utiliser. Bien appliquée, elle a un taux d'efficacité qui approche les 90 %.

Une équipe de chercheurs a mis au point une méthode plus précise pour prédire l'ovulation: l'ovulimètre. Cette méthode est basée sur le fait qu'une enzyme appelée gaïacolperoxydase apparaît dans la glaire cervicale six jours avant l'ovulation. Cette enzyme régit la viscosité de la glaire, la rendant plus aqueuse pour permettre au spermatozoïde de traverser le canal cervical.

Des trousses basées sur le dépistage de la gaïacolperoxydase sont offertes en vente libre. Elles sont fiables et leur mode d'emploi est simple, mais elles coûtent cher. Elles sont plus efficaces pour planifier la conception que pour l'éviter.

Contraceptifs oraux

Mode d'action.   Les préparations orales d'oestrogènes et de progestérone de synthèse, connues sous le nom de «pilule», bloquent la stimulation de l'ovaire par le système nerveux central en empêchant la libération de FSH par l'hypophyse antérieure. La FSH est nécessaire à la maturation de l'ovule et, par conséquent, à l'ovulation. Les progestatifs (forme synthétique de la progestérone) empêchent l'ovulation en inhibant la sécrétion de la LH; ils rendent également la glaire cervicale imperméable au sperme. Les oestrogènes et les progestatifs synthétiques varient par leur puissance, de même que par leurs effets androgéniques et anabolisants.

Il existe deux grandes catégories de contraceptifs oraux: les combinés (oestroprogestatifs), qui contiennent un oestrogène et un progestatif, et les progestatifs seuls. Les progestatifs altèrent la production de glaire cervicale et rendent l'endomètre impropre à la nidation. On les prend tous les jours du mois. On peut observer des pertes sanguines périodiques. Les oestroprogestatifs peuvent contenir différentes proportions d'oestrogènes et de progestérone. Il existe par exemple des pilules biphasiques, renfermant une quantité constante d'oestrogènes et une quantité plus forte de progestérone à partir du 10e jour, et des pilules triphasiques contenant des quantités variables d'oestrogènes et de progestérone au cours d'un cycle de 21 jours. Ces pilules visent à empêcher l'ovulation et à assurer une contraception efficace tout en imitant le cycle normal et en fournissant suffisamment d'oestrogènes pour empêcher les petites pertes sanguines.

La prise des pilules peut commencer (selon les instructions du fabricant) le dimanche qui suit le début des règles, ou le premier jour des règles, ou encore 5 jours après le début des règles, et se poursuit pendant 21 jours. Dans le cas des combinés, aucune pilule n'est prise pendant les sept jours suivants, ce qui permet une hémorragie de privation causée par le retrait des hormones; il ne s'agit pas d'une menstruation. Pour les femmes qui préfèrent prendre une pilule tous les jours, il existe des emballages contenant sept pilules de sucre.

Les contraceptifs oraux provoquent parfois des effets indésirables: nausées, dépression, maux de tête, gain pondéral, crampes aux jambes et sensibilité mammaire. En général, ces symptômes disparaissent après trois ou quatre mois. Ils sont parfois liés à une rétention de sodium et d'eau causée par les oestrogènes: la patiente peut dans ce cas diminuer la teneur en sel de son régime alimentaire ou prendre une pilule contenant une plus faible dose d'oestrogènes.

D'autres effets secondaires, moins fréquents, ont été observés: thrombo-embolies, croissance accélérée des léiomyomes et ictère. Pour cette raison les femmes qui ont des antécédents de thrombo-embolie, de léiomyome ou de maladie du foie ou de la vésicule biliaire doivent éviter les contraceptifs oraux. On a aussi constaté une incidence accrue des infarctus du myocarde chez les fumeuses de plus de 35 ans qui prennent la pilule. On a de plus observé de rares troubles neuro-oculaires, mais on n'a pas établi si ces troubles sont dus à la pilule; toutefois, la femme qui éprouve des troubles de la vision doit cesser de la prendre et recourir à un autre moyen de contraception.

On recommande généralement aux femmes qui ont des règles peu fréquentes d'utiliser une autre méthode de contraception, car leurs ovaires peuvent mettre un certain temps à reprendre leur fonctionnement après l'arrêt de la pilule. Chez environ 20 % des femmes, les règles normales ne reprennent qu'après 2 ou 3 mois. La plupart des obstétriciens recommandent à la femme qui cesse de prendre la pilule d'utiliser une méthode mécanique pendant trois mois avant de chercher à concevoir. Les recherches à ce jour n'ont pas établi de lien entre les contraceptifs oraux et le cancer du sein; par contre, elles ont démontré qu'ils diminuent l'incidence de la maladie fibrokystique du sein, du cancer de l'utérus, du cancer de l'ovaire et des infections pelviennes.

Il existe des pilules micronisées à la progestérone qui n'ont toutefois qu'une efficacité relative, car elles n'empêchent pas l'ovulation chez 40 % des femmes qui l'emploient. Elles conviennent aux femmes chez qui les combinés provoquent des effets secondaires (maux de tête, hypertension, douleur aux jambes, chloasma, gain pondéral ou nausées), de même qu'aux non-fumeuses âgées de plus de 35 ans et aux femmes ayant des varices. Certains obstétriciens recommandent les progestatifs aux femmes qui allaitent.

Les contraceptifs oraux semblent augmenter le risque de contracter une MTS répandue, l'infection à *Chlamydia*. Quand elle explique l'emploi de la pilule, l'infirmière doit donc insister sur le fait que cette méthode contraceptive protège de la grossesse, mais non des MTS, y compris de l'infection par le VIH.

Encadré 38-1
Contre-indications absolues à l'emploi des contraceptifs oraux

Néoplasie oestrogénodépendante (certitude, possibilité ou antécédents)
Cancer du sein (certitude, possibilité ou antécédents)
Thrombophlébite ou thrombolo-embolie (présence ou antécédents)
Accident vasculaire cérébral, coronaropathie (présence ou antécédents)
Hémorragies utérines anormales d'origine inconnue
Grossesse certaine ou présumée
Tumeur du foie bénigne ou maligne
Hyperlipidémie
Hypertension non stabilisée
Diabète avec altérations vasculaires
Immobilisation prolongée d'un membre inférieur

Il est généralement admis que l'emploi prolongé des contraceptifs oraux ne provoque pas, que l'on sache, d'effets indésirables. Il n'y a pas lieu de craindre les anomalies fœtales, et, comme on l'a déjà mentionné, le fonctionnement normal de l'appareil reproducteur reprend, parfois avec un certain délai, après l'arrêt de la pilule. Des recherches se poursuivent en vue de mettre au point un contraceptif efficace qui ne serait administré qu'une fois par mois, soit par injection, soit sous forme de pilules.

Les contre-indications absolues des contraceptifs oraux sont énumérées à l'encadré 38-1. Les autres contre-indications sont l'hypertension, l'hyperlipidémie congénitale, les maladies du foie, l'ictère cholostatique, l'aménorrhée, le tabagisme (plus d'un demi-paquet par jour), la mononucléose au stade aigu et la drépanocytose. À l'heure actuelle, on recommande les contraceptifs oraux aux jeunes femmes; les non-fumeuses qui ne présentent pas d'autres contre-indications peuvent les utiliser jusqu'à l'âge de 35 ou 40 ans. Un nouveau combiné ne contenant que 20 μg d'œstrogènes (au lieu des 35 μg habituels) est aujourd'hui prescrit jusqu'à la ménopause aux non-fumeuses. Certains gynécologues acceptent de prescrire la pilule aux patientes souffrant de migraines, à condition que la douleur ne soit pas aggravée. De même, certains diabétologues autorisent son emploi aux patientes qui surveillent de près leur taux de glucose. La pilule peut stimuler la croissance des léiomyomes. Les patientes présentant de telles tumeurs doivent donc être informées de ce fait, et suivies de près si elles choisissent quand même ce moyen de contraception.

Méthodes mécaniques

Diaphragme.   Le diaphragme est un moyen de contraception efficace. Il se compose d'un dôme en caoutchouc à bords flexibles dont le diamètre varie entre 50 et 90 mm. On doit enduire sa face concave d'une crème ou d'une gelée spermicide avant de le placer au fond du vagin. Ensemble, le diaphragme et le produit spermicide empêchent les spermatozoïdes de pénétrer dans le canal cervical. Un diaphragme de la bonne taille et bien inséré ne cause aucune gêne: il s'appuie contre la paroi antérieure du vagin et, à l'arrière,

contre le bord de l'os pubien. Le diaphragme doit être ajusté par le médecin. La femme doit aussi apprendre à l'insérer correctement.

Chaque fois qu'on utilise un diaphragme, on doit l'examiner avec soin sous une lumière vive pour s'assurer qu'il ne présente pas de minuscules fissures ou perforations. On applique la gelée ou la mousse spermicide selon les directives. Si l'application a lieu plus de six heures avant les rapports sexuels, une nouvelle application sera nécessaire. On insère ensuite le diaphragme de façon à recouvrir entièrement le col utérin. Il doit rester en place au moins six heures après le coït. Après l'avoir retiré, on le lave à l'eau et au savon, on le rince, on l'essuie et on le replace dans son étui.

Cape cervicale.   Beaucoup plus petite que le diaphragme (22 à 35 mm), la cape cervicale ne couvre que le col utérin; on l'emploie avec un spermicide. Elle s'insère de façon semblable au diaphragme et a l'avantage de pouvoir rester en place pendant deux jours.

D'après certaines études, la cape est efficace mais peut irriter le col utérin; c'est pourquoi la plupart des cliniciens font un test de Papanicolaou avant de la prescrire et refont le test après trois mois.

Éponge vaginale.   Depuis quelques années, on trouve en vente libre, sous la marque de commerce Today, un contraceptif composé d'une éponge d'uréthane et d'un spermicide, le nonoxynol 9. L'éponge est insérée dans le vagin et couvre le col utérin; elle peut rester en place pendant 24 heures. Une boucle de polyester permet de la retirer. Elle serait, d'après certains tests, aussi efficace que le diaphragme.

En pratique, elle semble toutefois offrir une efficacité moindre, peut-être parce qu'elle est offerte en une seule taille. Elle peut également provoquer de l'irritation, et augmente les risques de syndrome de choc toxique et il arrive qu'elle se désagrège quand on la retire. Malgré ces inconvénients, il s'agit d'un moyen de contraception accessible, peu coûteux, et relativement efficace.

Condom.   Le condom est un manchon imperméable en caoutchouc ou en plastique qui se place, avant la pénétration, sur le pénis en érection dont il épouse étroitement la forme. L'homme doit se retirer pendant qu'il est encore en érection afin de prévenir les fuites de liquide spermatique.

Le condom est plus efficace lorsqu'on l'utilise avec une mousse contraceptive. S'il est fait de latex, il protège des MTS, dont la gonorrhée, l'infection à *Chlamydia* et l'infection par le VIH. Il s'agit de la *seule* méthode mécanique recommandée pour réduire les risques d'infection par le VIH. Les femmes doivent savoir qu'elles ont le droit d'exiger l'emploi du condom.

Stérilet

Le stérilet est un dispositif en plastique de forme variable, mesurant habituellement 2,5 × 2 cm, qui est inséré par un gynécologue dans la cavité endométriale en passant par le col utérin. Étant un corps étranger, il provoque dans l'utérus une réaction inflammatoire localisée qui aurait un effet toxique sur les spermatozoïdes et les blastocytes. Le Progestasert-T est un stérilet qui libère de la progestérone et doit être remplacé chaque année. Il a l'avantage de provoquer moins de crampes menstruelles à cause de la présence de progestérone, mais son taux d'efficacité est inférieur à celui des stérilets contenant du cuivre. Il existe un stérilet contenant du cuivre, le Paraguard, qui est efficace pendant 6 ans.

Le stérilet a l'avantage d'être efficace pendant longtemps; il ne semble pas provoquer d'effets indésirables généralisés et ne laisse pas de place à l'erreur. Il comporte toutefois des inconvénients: il peut causer des hémorragies abondantes et des infections, se déplacer ou perforer le col utérin. Il peut aussi provoquer des avortements spontanés ou septiques ou une grossesse ectopique. Il est contre-indiqué pour les femmes nullipares, les femmes ayant de nombreux partenaires, les femmes dont les règles sont abondantes ou douloureuses, et celles ayant des antécédents de grossesse ectopique ou d'infection pelvienne. Il faut souligner le fait que le stérilet ne diminue pas les risques de MTS.

Implant sous-cutané

L'implant sous-cutané Norplant est un moyen contraceptif réversible qui est efficace pendant cinq ans. Il se compose de six capsules souples en silastique qui libèrent régulièrement de petites doses d'un progestatif, le lévonorgestrel. Il semble assurer une protection efficace, son taux d'échec étant de moins de 1 %. Approuvé récemment aux États-Unis par la Food and Drug Administration (FDA), il a déjà été utilisé par quelque 500 000 femmes dans d'autres pays. Il est contre-indiqué dans les cas de troubles hépatiques aigus ou de tumeur hépatique, d'hémorragie vaginale d'origine inexpliquée, de cancer du sein et d'antécédents de thrombophlébite ou d'embolie pulmonaire.

L'implantation se fait en consultation externe, dans un cabinet médical ou une clinique, sous asepsie et sous anesthésie locale, par une petite incision pratiquée sur le bras. Pour avoir la certitude que la femme n'est pas enceinte, on effectue l'implantation dans les sept premiers jours du cycle menstruel. L'effet contraceptif se manifeste dans les 24 heures. On peut retirer les capsules n'importe quand, en 15 minutes environ tout comme pour l'implantation. Des saignements irréguliers sont l'effet secondaire le plus fréquent de l'implant sous-cutané.

L'enseignement de cette méthode doit porter sur les points suivants:

1. L'implantation n'est pas douloureuse.
2. Les capsules ne sont pas visibles, mais elles sont perceptibles au toucher quand on appuie sur l'intérieur du bras.
3. Normalement, la femme retrouve sa fécondité peu après le retrait des capsules.
4. L'implant peut provoquer des saignements.
5. Il n'augmente pas les risques de grossesse ectopique, mais on recommande de consulter un médecin si on éprouve des douleurs abdominales.
6. On recommande de ne pas fumer, même si on n'a pas établi les risques du tabagisme en rapport avec cette méthode.

Contraception postcoïtale

L'administration d'œstrogènes après les rapports sexuels, au moment opportun et selon la posologie appropriée, a pour effet d'empêcher la grossesse. La «pilule du lendemain» ne doit pas être utilisée systématiquement, mais elle est fort utile dans les situations d'urgence: viol, bris d'un préservatif ou d'un diaphragme, et autres «accidents». On l'administre depuis plus de huit ans aux victimes de viol.

Le médicament est efficace lorsqu'il est administré immédiatement après la fécondation et avant la nidation. Si on utilise le DES, le traitement dure cinq jours. On peut réduire les nausées en prenant le médicament au repas et en l'accompagnant d'un antiémétique. D'autres effets secondaires (sensibilité mammaire et écoulement sanguin irrégulier) peuvent se manifester de façon temporaire. Ovral, un contraceptif oral contenant du norgestrel, sert également de «pilule du lendemain», à raison de 2 comprimés dans les 12 à 24 heures suivant les rapports sexuels, et de 2 autres comprimés 12 heures plus tard. La patiente qui a recours à cette méthode doit savoir que le taux d'échec est de 1,6 %; on doit lui recommander d'autres formes de contraception. La contraception postcoïtale agit en perturbant la phase lutéinique, ce qui empêche la préparation de l'endomètre pour la nidation.

On a également eu recours, pour empêcher la conception, à l'insertion d'un stérilet contenant du cuivre après les rapports sexuels. Cette méthode ne convient pas toujours aux victimes de viol et ne peut être utilisée chez les personnes présentant des contre-indications à l'usage du stérilet.

Contraception permanente

De plus en plus répandue, la stérilisation est aujourd'hui le moyen de contraception le plus utilisé par les couples qui ne désirent plus d'enfants. Elle s'accomplit par la ligature des trompes chez la femme et la vasectomie chez l'homme. On doit considérer la stérilisation comme permanente, même si elle est réversible dans certains cas. L'hystérectomie et l'ovariectomie, exécutées pour d'autres motifs, entraînent également la stérilité.

Ligature des trompes. La ligature ou l'électrocoagulation des trompes de Fallope supprime la capacité de procréer, mais ne perturbe pas l'ovulation ou la menstruation. On peut la pratiquer par différentes techniques chirurgicales, par voie abdominale ou vaginale.

On emploie généralement la laparoscopie pour effectuer la ligature des trompes. On peut la pratiquer par *laparotomie* (incision sous-ombilicale), la fermeture des trompes se faisant au moyen d'agrafes ou de sutures. On peut également réséquer un segment de chaque trompe. L'opération peut avoir lieu au moment d'une autre intervention abdominale, par exemple une césarienne, à condition que la patiente ait donné au préalable un consentement éclairé.

La ligature des trompes se fait de plus en plus fréquemment par *minilaparotomie* (petite incision sus-pubienne). Selon cette technique on insère un instrument dans le vagin pour rapprocher l'utérus et les trompes de la paroi abdominale; on peut alors effectuer la ligature par l'incision abdominale.

On peut également avoir recours à la *colpotomie* (incision du vagin). Selon cette technique, on insère un *culdoscope* dans le vagin et l'incision vaginale, puis on ligature le pavillon de la trompe et on l'excise, ou on l'obture au moyen de clips en tantale. L'obturation au moyen de clips peut être réversible. La stérilisation par colpotomie a l'avantage d'éviter une cicatrice abdominale et l'insufflation intrapéritonéale de gaz qu'exige la laparoscopie. Toutefois, elle est peu utilisée parce qu'elle entraîne davantage d'infections postopératoires.

Enseignement à la patiente. Avant la stérilisation, on retire le stérilet s'il y a lieu. La prise des contraceptifs oraux se poursuit habituellement jusqu'au jour de l'opération. Après l'intervention, la patiente éprouve pendant quelques jours des douleurs abdominales. On lui recommande de se reposer pendant environ deux jours et de faire part à son médecin des symptômes suivants: hémorragie, douleur persistante ou croissante, fièvre. Pendant deux semaines, elle doit éviter de faire des exercices violents et de soulever des objets lourds.

Encadré 38-2
Méthodes de stérilisation

Vasectomie

Avantages
Méthode sûre; faible morbidité
Mortalité presque nulle
Simple
Peu coûteuse en comparaison de la stérilisation de la femme
Intervention de courte durée (20 minutes)

Inconvénients
Sans effet contraceptif tant que les spermatozoïdes présents dans
    l'appareil reproducteur n'ont pas été éjaculés
Complications: hémorragies, tuméfaction, infections

Taux d'échec
De 0 à 5,3 %

Réversibilité
De 5 à 90 %

Anesthésie
Locale

Période de rétablissement
De 1 à 5 jours

Ligature des trompes par laparoscopie

Avantages
Taux de complications peu élevé
Rétablissement rapide
Morbidité minime
Petite cicatrice
Intervention de courte durée (20 minutes)

Inconvénients
Complications rares mais parfois graves
Augmentation des crampes menstruelles chez certaines femmes

Taux d'échec
De 0 à 2 %

Réversibilité
De 10 à 90 %

Anesthésie
Générale dans la plupart des cas

Période de rétablissement
De 0 à 5 jours

(Source: R. Hatcher et coll., *Contraceptive Technology, 1990-1992*, 15ᵉ éd., Irvington (N. Y.), Irvington Publishers, 1990)

Vasectomie.   La vasectomie est la section et la ligature des canaux déférents; elle peut comprendre l'ablation
d'une partie des canaux. On ferme les extrémités coupées par
ligature ou électrocoagulation. La vasectomie bilatérale assure
la stérilité en empêchant les spermatozoïdes de franchir le
canal déférent.

Le liquide spermatique est sécrété par les vésicules séminales et la prostate, qui ne sont pas touchées par la vasectomie.
Il y aura donc production d'un éjaculat sans spermatozoïdes,
ceux-ci étant réabsorbés dans l'organisme. La vasectomie n'a
aucun effet sur la capacité sexuelle, l'érection, l'éjaculation
ou la production des hormones masculines.

On a observé deux comportements chez les hommes ayant
subi une vasectomie. Certains éprouvent une amélioration de
la libido, ne craignant plus de féconder leur partenaire.
D'autres, voulant peut-être soulager la crainte que l'opération
n'ait diminué leur virilité, affichent une attitude macho. On
peut tenter d'éviter ce comportement par un enseignement
approprié. Selon certains chercheurs, la vasectomie pourrait
entraîner une auto-immunisation, soit la formation d'anticorps
contre ses propres spermatozoïdes, ce qui n'a pas été prouvé
du point de vue clinique.

On doit expliquer au patient qu'il sera stérile, mais que
la vasectomie n'aura aucun effet sur sa capacité sexuelle.
L'intervention ne protège pas contre les MTS. On a observé
dans de rares cas une réanastomose spontanée du canal
déférent, soit un retour de la fertilité. Avant l'intervention, le
patient doit signer une formule de consentement légal.

Les complications associées à la vasectomie sont notamment les ecchymoses et la tuméfaction du scrotum, l'infection
superficielle de la plaie, la déférentite (inflammation du canal
déférent), l'épididymite ou l'orchiépididymite, les hématomes
et le granulome spermatique. Le *granulome spermatique* est
une réaction inflammatoire à la fuite de sperme, par l'extrémité
coupée du canal proximal. Il peut entraîner une réanastomose
spontanée.

Voir l'encadré 38-2 pour une comparaison de la vasectomie et de la ligature des trompes.

Enseignement au patient.   Pour réduire la tuméfaction et soulager la douleur, on peut appliquer, de façon intermittente, des sacs de glace sur le scrotum dans les heures qui
suivent l'opération. On recommande le port d'un slip ouvert en
coton offrant un maximum de soutien et de bien-être. On
observe souvent une décoloration de la peau du scrotum et
une enflure superficielle, ce que l'on peut traiter par des bains
de siège.

L'homme peut reprendre les rapports sexuels dès qu'il
le veut. Il doit toutefois savoir qu'il restera fécond pendant
quelque temps, soit jusqu'à ce que les spermatozoïdes em-
magasinés en aval de l'interruption des canaux aient été
expulsés.

Il doit donc avoir recours à un autre moyen de
contraception jusqu'à ce qu'il soit reconnu stérile. Certains
médecins établissent la stérilité sur la foi d'un éjaculat sans
spermatozoïdes recueilli 4 semaines après l'opération, d'autres
exigent l'examen de deux échantillons recueillis à 1 mois

d'intervalle et d'autres enfin considèrent que l'homme est stérile après 36 éjaculations.

Vasostomie. On peut rétablir la perméabilité du canal déférent par une technique microchirurgicale appelée vasostomie.

Après la vasostomie, beaucoup d'hommes produisent un éjaculat qui contient des spermatozoïdes, mais le taux de rétablissement de la fécondité se situe, selon les études, entre 29 et 85 %.

Banques de sperme. Il est possible, avant une vasectomie, de confier du sperme fécond à une banque de sperme, pour le cas où le patient, pour des motifs qu'il ne prévoit pas, souhaiterait un jour être père. On ne connaît pas le taux de réussite de l'insémination avec du sperme surgelé, et cette intervention suscite des problèmes juridiques et éthiques qui ne sont pas prêts d'être réglés.

Recherches sur la contraception

Les chercheurs sont conscients du fait qu'aucune méthode de contraception n'est absolument sûre, sauf l'abstinence, et que toutes les méthodes comportent certains risques. Toutefois, les recherches dans ce domaine coûtent cher et exposent à des poursuites, ce qui impose des limites. Les méthodes suivantes sont actuellement à l'étude:

> Un anneau vaginal libérant un progestatif, placé autour du col utérin, et qui serait efficace pendant trois mois; on l'enlèverait pendant les rapports sexuels. Ce dispositif exigerait une rigoureuse hygiène vaginale.

> Un antagoniste de la progestérone, le RU-486 (Mifepristone), qui empêche la nidation et déclenche les règles. Administré par voie orale dans les 10 jours précédant les règles, il provoque un avortement chez la plupart des patientes; il peut entraîner une hémorragie prolongée. Quand on lui adjoint un suppositoire de prostaglandine, il provoque l'avortement chez la grande majorité des patientes (jusqu'à 95 %) même 5 semaines après la conception. Ce médicament pourrait également servir au traitement du cancer du sein, de l'endométriose et de la grossesse ectopique.

AVORTEMENT

L'interruption volontaire de grossesse, ou la perte des produits de conception avant que le fœtus ne soit viable, s'appelle *avortement*.

On considère généralement que le fœtus est viable après six mois de gestation. Si le fœtus avorté pèse plus de 1000 g, il est normalement viable et on parle alors d'*accouchement prématuré*.

AVORTEMENT SPONTANÉ (FAUSSE COUCHE)

On estime qu'une fécondation sur 5 ou sur 10 se termine par un avortement spontané. Comme dans la plupart des cas le fœtus présente des malformations ou une tare, l'avortement spontané serait un phénomène de rejet naturel. Une menace d'avortement se traduit par des hémorragies et des crampes, et mène presque toujours à un avortement. L'avortement spontané survient généralement au cours du premier trimestre de la gestation.

Il existe différents types d'avortement spontané: imminent, inévitable, incomplet ou complet. Chez une femme en âge de concevoir, les hémorragies et les douleurs (contractions) utérines évoquent toujours la possibilité d'un avortement. Une *menace d'avortement* sans dilatation du col peut parfois être évitée par le repos au lit et un traitement prudent. Un avortement que l'on ne peut empêcher est dit *inévitable*. Dans le cas d'un *avortement incomplet*, une partie seulement des produits de conception est évacuée; si, au contraire, tous les produits de conception sont évacués, l'avortement est dit *complet*.

Avortements à répétition

Si une femme a une succession d'avortements (trois ou plus) dont on ne connaît pas la cause, on parle d'avortements à répétition. Jusqu'à 60 % de ces avortements seraient causés par des anomalies chromosomiques. Après deux avortements spontanés consécutifs, on procède habituellement à des études génétiques et chromosomiques. On tente dans certains cas de protéger une nouvelle grossesse par le repos au lit, l'administration de protestérone pour maintenir l'endomètre et d'extraits thyroïdiens à l'occasion.

La *béance du col de l'utérus* est une dilatation du col qui se fait sans douleur au cours du deuxième trimestre de la grossesse, entraînant un avortement spontané. Une intervention chirurgicale, le *cerclage du col (opération de Shirodkar)*, vise à empêcher cette dilatation prématurée. Elle consiste à entourer le col d'une suture en bourse. Souvent, la patiente qui subit cette intervention doit aussi garder le lit. Il est indispensable que les infirmières qui la soignent, y compris les infirmières en santé communautaire, sachent que cette suture est en place. Elle doit être retirée deux ou trois semaines avant le début du travail; l'accouchement se fait habituellement par césarienne.

Soins aux patientes en menace d'avortement. La menace d'avortement se manifeste par une hémorragie vaginale et des crampes abdominales. Il est conseillé alors de consulter un médecin, qui recommandera probablement à la femme de garder le lit, d'éviter les rapports sexuels, de suivre un régime alimentaire léger et d'éviter tout effort de défécation. S'il soupçonne une infection, il peut également prescrire des antibiotiques.

Interventions infirmières

Tous les tissus évacués doivent être conservés pour examen. On doit aussi conserver le contenu du bassin hygiénique, qui peut contenir du tissu fœtal ou placentaire. Si on observe une importante perte de sang, sur la foi du nombre des serviettes hygiéniques souillées, on devra peut-être administrer à la patiente des transfusions sanguines ou des perfusions intraveineuses. Dans les cas d'avortement incomplet, on prescrit parfois de l'oxytocine pour provoquer des contractions du fond de l'utérus avant de procéder à une dilatation avec curetage évacuateur. Le curetage évacuateur exige les mêmes soins infirmiers que le curetage ordinaire (voir page 1142). L'infirmière doit en outre surveiller les signes d'hémorragie (augmentation du pouls) et d'infection (augmentation de la température), ainsi que soulager la douleur.

Les femmes qui ont subi une fausse couche ont besoin que l'infirmière fasse preuve de bienveillance à leur égard. Celles qui avaient désiré ardemment un enfant auront des réactions différentes de celles qui n'avaient pas voulu être enceintes, mais qui craignent les conséquences de l'avortement. Les premières peuvent traverser une période de deuil qu'elles doivent assumer pour éviter d'autres problèmes. Or, elles nient souvent leur deuil pour diverses raisons: leur entourage ignorait qu'elles étaient enceintes; elles n'ont pas vu le fœtus perdu et doivent imaginer son sexe, sa taille, etc.; il n'y a pas de service funèbre; ceux qui sont au courant de l'avortement (famille, amis, personnel soignant) encouragent le déni en n'offrant pas à la femme l'occasion de pleurer sa perte et d'en parler.

En encourageant la patiente à donner libre cours à ses émotions, l'infirmière lui offre un soutien et peut déceler des indices qui lui permettront de planifier ses soins avec précision. Elle doit recommander aux proches de la patiente de la serrer dans leurs bras et de lui permettre de pleurer et de parler. Si le processus de deuil ne suit pas son cours, la femme sera peut-être hantée par des images évoquant les circonstances de la perte, éprouvera de la colère ou du chagrin de façon persistante, ou sera submergée par l'émotion chaque fois qu'elle se rappellera sa perte. Si elle ressent un chagrin pathologique, elle peut avoir besoin de l'aide d'un thérapeute spécialisé dans le processus du deuil.

INTERRUPTION VOLONTAIRE DE GROSSESSE

Au Canada, l'avortement thérapeutique est autorisé par la Loi quand il est pratiqué dans un centre hospitalier agréé, après l'avis favorable de la majorité des membres d'un comité d'avortement thérapeutique, lorsque la continuation de la grossesse pourrait mettre en danger la vie ou la santé de la mère. Tout avortement en dehors de ce contexte est considéré comme un acte criminel.

L'avortement légal se fait généralement en consultation externe, par l'une des méthodes suivantes.

Dilatation et curetage évacuateur
Le col est généralement dilaté au moyen d'un dilatateur ou de laminaires, et une canule d'aspiration est introduite dans l'utérus pour aspirer les produits de conception. Certains médecins refusent d'utiliser cette méthode pour mettre fin à une grossesse de plus de 12 semaines, mais des cliniques l'utilisent pour des grossesses de 16 semaines et même davantage.

Injection d'une solution salée hypertonique
Cette méthode comporte l'extraction d'une petite quantité de liquide amniotique et son remplacement par une solution salée hypertonique. Elle comporte toutefois de graves dangers: collapsus cardiovasculaire, œdème cérébral et pulmonaire, insuffisance rénale si la solution pénètre dans une veine, coagulation intravasculaire disséminée. Pour cette raison, elle est rarement utilisée. On peut administrer de l'oxytocine pour accélérer l'avortement.

Prostaglandines
Des prostaglandines peuvent être injectées dans le sac amniotique ou en suppositoire, ou encore par voie intramusculaire. Elles provoquent habituellement l'avortement par de fortes contractions de l'utérus. Cette méthode ne comporte pas de risque de coagulation intravasculaire disséminée comme l'injection d'une solution salée. Elle peut toutefois causer de la fièvre et des symptômes gastro-intestinaux (nausées, vomissements, diarrhée et crampes abdominales).

Laminaire
La dilatation du col utérin au moyen de la laminaire est une pratique millénaire reprise par la médecine moderne. La laminaire est une algue marine vivant en eaux froides, qui a la propriété d'augmenter considérablement de volume en milieu chaud et humide. Pour dilater le col, on utilise donc la laminaire façonnée en forme de tampon. On obtient généralement le maximum de dilatation après quatre ou cinq heures.

En comparaison avec les dilatateurs mécaniques, les laminaires provoquent moins de lésions et sont mieux tolérées par les patientes. Elles ont l'inconvénient de causer un certain malaise et de petites crampes. Elles exigent deux visites, la première pour l'insertion, la seconde quatre à six heures plus tard. Elles peuvent provoquer une faible endométrite (inflammation de l'endomètre), même si elles sont stérilisées par irradiation ou au gaz. Elles sont parfois difficiles à retirer et peuvent glisser dans l'utérus.

On peut aussi dilater le col au moyen d'une éponge Lamicel. Il s'agit d'une éponge de polyéthylène synthétique, imbibée de sulfate de magnésium et comprimée de façon à former une tige. L'éponge agit plus vite que la laminaire.

Hystérotomie
L'hystérotomie est une minicésarienne. On emploie rarement cette méthode pour interrompre une grossesse.

Avortement septique
Les avorteurs clandestins tentent souvent de mettre fin à une grossesse en administrant des quantités importantes de drogues, qui ont des effets toxiques et qui n'arrivent jamais à évacuer entièrement les produits de conception, ou en procédant à un curetage qui comporte d'importants risques de rupture utérine, d'hémorragie ou d'infection.

L'avortement septique était autrefois un problème répandu; aujourd'hui, grâce à la diffusion des renseignements sur la contraception et à la libéralisation des lois sur l'avortement, il se fait plus rare.

Pour la femme qui a eu un avortement septique sans complications, et qui a reçu rapidement des soins médicaux comprenant l'administration d'antibiotiques à large spectre, le pronostic est excellent. On doit assurer immédiatement le remplacement des liquides et du sang perdus avant de procéder à une évacuation de l'utérus.

Pour le traitement de l'avortement septique avec signes de choc, voir la section consacrée à l'état de choc au chapitre 34 et celle consacrée à la pelvipéritonite au chapitre 39.

Soins à la patiente qui subit une interruption volontaire de grossesse. Avant l'intervention, une infirmière ou un conseiller parle avec la patiente de ses craintes, de ses sentiments et des possibilités qui s'offrent à elle (continuer la grossesse et garder l'enfant, continuer la grossesse et donner l'enfant à l'adoption, mettre fin à la grossesse par l'avortement). Quand la patiente a confirmé sa décision, on procède à un examen gynécologique pour déterminer la taille de l'utérus. Avant l'avortement, on doit effectuer des épreuves de laboratoire: test de grossesse, hématocrite pour établir l'absence d'anémie, détermination du facteur Rh et tests de dépistage des MTS. La patiente anémique pourrait avoir besoin d'une transfusion sanguine; la patiente Rh négatif devra recevoir un vaccin anti-D (RhoGam) pour empêcher l'iso-immunisation; quant aux MTS, elles peuvent causer une infection.

Il existe une variété de méthodes permettant d'éviter la grossesse de façon temporaire ou définitive, ce dont on doit

Encadré 38-3
Renseignements à la patiente ayant subi un avortement

1. Quelqu'un doit vous accompagner au moment de l'intervention et vous ramener chez vous (ne conduisez pas).
2. Vous pourrez reprendre vos activités normales dès que vous vous en sentirez capable.
3. On vous donnera peut-être un médicament (Methergine ou Ergotrate), qui aidera votre utérus à retrouver sa taille normale. Il est important de prendre ce médicament selon les directives que vous avez reçues. Le médicament provoque des contractions de l'utérus ; par conséquent, si vous éprouvez des crampes utérines, cela n'a rien d'anormal. Il est possible qu'on vous prescrive également des antibiotiques pour prévenir l'infection.
4. Pour prévenir l'infection, évitez pendant deux ou trois semaines d'avoir des rapports sexuels avec pénétration ou d'insérer quoi que ce soit dans votre vagin. Les autres formes d'activité sexuelle ou d'orgasme ne sont pas nocives. Évitez également les douches vaginales, les bains, la baignade et les tampons.
5. Vous cesserez probablement de saigner après trois ou quatre jours ; les pertes sanguines peuvent toutefois persister pendant trois semaines. Certaines patientes ne saignent pas du tout. Si le saignement est assez abondant pour saturer deux serviettes hygiéniques en une heure, ou si vous faites de la fièvre, téléphonez immédiatement à un médecin.
6. Vous aurez une menstruation normale dans quatre à six semaines.
7. Deux semaines après l'intervention, vous devrez retourner voir votre médecin, qui s'assurera que vous êtes physiquement rétablie et que vous ne présentez pas d'infection. Cette visite vous offrira l'occasion d'exprimer vos sentiments et de discuter de la contraception.
8. Si vous utilisez des contraceptifs oraux, commencez à les prendre le dimanche après l'avortement. Sinon, utilisez une mousse contraceptive et un préservatif pour empêcher une nouvelle grossesse.
9. Si vous avez l'un des symptômes suivants, communiquez avec une infirmière ou un médecin :
   Fièvre (38 °C ou plus)
   Douleurs ou crampes abdominales (graves ou qui vont en s'accentuant)
   Sensibilité abdominale lorsque vous appuyez sur le ventre, lorsque vous toussez ou lorsque vous marchez
   Saignement abondant ou qui dure plus de trois semaines
   Écoulement vaginal nauséabond
   Éruption cutanée, urticaire ou asthme (il peut s'agir d'une réaction aux médicaments)
   Absence de règles après six semaines.

(Source: J. Hawkins et coll., *Protocols for Nurse Practitioners in Gynecologic Settings*, Tiresias Press, 1988 ; R. Hatcher et coll., *Contraceptive Technology, 1990-1992*, 15e éd., Irvington (N. Y.), Irvington Publishers, 1990)

parler avec la patiente. L'efficacité de la contraception dépend de la méthode choisie et de la façon dont elle est appliquée par le couple. On doit évaluer, chez toutes les femmes qui pratiquent la contraception, la connaissance de la méthode utilisée et de ses effets indésirables, de même que le degré de satisfaction. La patiente doit continuer de subir régulièrement des examens médicaux, y compris un examen gynécologique et un test de Papanicolaou. L'infirmière est dans une position idéale pour évaluer les connaissances de la patiente et pour lui dispenser un enseignement sur la reproduction et la santé des femmes. Dans le cadre de l'enseignement sur la contraception, il est aujourd'hui important d'insister sur la nécessité d'associer le condom aux méthodes qui n'offrent pas de protection contre l'infection par le VIH. Voir l'encadré 38-3 pour un résumé de l'enseignement à donner aux femmes qui ont subi une interruption volontaire de grossesse.

INFERTILITÉ

L'infertilité se définit habituellement comme l'impossibilité de concevoir chez un couple qui n'utilise pas de moyens contraceptifs depuis au moins un an. L'*infertilité primaire* est celle de couples qui n'ont jamais eu d'enfant ; on parle d'*infertilité secondaire* quand un couple est incapable de concevoir après au moins une conception. L'infertilité est un problème

médical et social important, qui touche 10 à 15 % des couples en Amérique du Nord. Il est recommandé aux deux partenaires de consulter un médecin afin de bénéficier d'une évaluation et d'examens complets.

Étiologie

Les affections de l'utérus qui peuvent causer l'infertilité sont notamment le déplacement, les tumeurs, les anomalies congénitales et l'inflammation. Pour que l'ovule soit fécondé, il faut aussi que le vagin, les trompes de Fallope, le col utérin et l'utérus soient perméables et que la glaire soit réceptive aux spermatozoïdes. (Le sperme est alcalin, tout comme la glaire cervicale ; les sécrétions normales du vagin sont acides.) Souvent, plusieurs facteurs sont en jeu. Les tests requis font appel aux connaissances des gynécologues, des urologues et des endocrinologues.

Examens diagnostiques

Une évaluation approfondie tient compte non seulement des facteurs anatomiques et endocrinologiques, mais aussi des facteurs psychosociaux. Un bilan complet, un examen physique et des études de laboratoire doivent être faits chez les deux partenaires afin d'établir les causes de l'infertilité : MTS antérieures, anomalies, blessures, tuberculose, oreillons, orchite, troubles psychosociaux.

Les autres facteurs d'infertilité sont notamment les troubles de la spermatogenèse, l'endométriose, le DES et les anticorps antispermatozoïdes. Les avortements légaux n'altèrent pas la capacité de concevoir, à condition qu'ils n'aient pas été suivis d'une infection.

Les causes fondamentales d'infertilité sont chez la femme les affections des organes reproducteurs: ovaires, trompes de Fallope, col utérin et utérus, et chez l'homme les troubles de la spermatogenèse. La fréquence relative des causes d'infertilité est estimée comme suit:

Infertilité non expliquée: 28 %
Troubles de la spermatogenèse: 21 %
Insuffisance ovarienne: 18 %
Affections des trompes: 14 %
Endométriose: 6 %
Problèmes associés au coït: 5 %
Glaire cervicale: 3 %
Autres problèmes masculins: 2 %

(Source: L. Speroff et coll., *Clinical Gynecologic Endocrinology and Infertility*, 4ᵉ éd., Baltimore, Williams & Wilkins, 1989, p. 518)

Ovaires.   Pour établir si la stérilite est due à un trouble ovarien, on effectue des tests pour déterminer s'il y a ovulation régulière et prolifération de l'endomètre. À cette fin, on fait le relevé de la température basale pendant au moins quatre cycles, on effectue une biopsie de l'endomètre et on procède à des dosages hormonaux.

Trompes utérines (insufflation tubaire ou épreuve de Rubin).   Afin de déterminer la perméabilité des trompes de Fallope, on injecte du gaz carbonique dans l'utérus et les trompes, puis dans la cavité péritonéale, au moyen d'une canule stérile. Les trompes sont perméables quand on peut percevoir à l'auscultation le bruissement du gaz pénétrant dans l'abdomen. Autre signe de perméabilité: une douleur irradiant sous l'omoplate ou l'épaule du côté de la trompe perméable, qui donne à croire que du gaz se trouve sous le diaphragme et exerce une pression sur le nerf phrénique. Si la perméabilité est normale, la pression du gaz augmente de 80 à 120 mm Hg, puis baisse soudainement de 50 à 70 mm Hg lorsque le gaz passe dans la cavité péritonéale. Si le manomètre de pression atteint 200 mm Hg, on estime que la trompe est bouchée.

L'hystérosalpingographie   (voir page 1128) est un examen radiographique qui permet d'exclure les anomalies de l'utérus ou des trompes.

La *laparoscopie* (page 1127) permet de voir directement les trompes et les annexes et peut faciliter le diagnostic de troubles nuisant à la fécondité (par exemple l'endométriose).

Col utérin.   Pour déterminer s'il y a présence d'anomalies au niveau du col utérin, on procède à l'examen de l'évolution de la glaire cervicale afin d'établir si elle subit les transformations nécessaires à la pénétration et à la survie des spermatozoïdes, de même qu'à la croissance de l'œuf fécondé.

Le test de Hühner, examen postcoïtal de la glaire cervicale, se fait deux à huit heures après un rapport sexuel. La patiente doit éviter les rapports sexuels dans les 24 à 48 heures précédant le test, et ne pas prendre de douche vaginale ou de bain entre le coït et l'examen. Elle peut porter une serviette hygiénique jusqu'au moment du test. Le médecin utilise un compte-gouttes ou une canule spéciale pour aspirer un échantillon de la glaire, il étale l'échantillon sur une lame et l'examine au microscope pour vérifier s'il y a présence de spermatozoïdes mobiles.

Utérus.   Les léiomyomes, les polypes et les malformations congénitales sont au nombre des affections utérines qui peuvent causer la stérilité. On peut les détecter à l'examen gynécologique ou par hystérosalpingographie.

Troubles de la spermatogenèse.   L'analyse du sperme (spermogramme) se fait après deux ou trois jours d'abstinence sexuelle. À cette fin, on prélève le sperme dans un bocal en verre propre et sec, et on le garde à 22 °C ou moins. On procède à son analyse dans l'heure qui suit pour en déterminer le volume, de même que la mobilité, la morphologie et le nombre des spermatozoïdes.

L'éjaculat normal se compose de 2 à 6 mL d'un liquide alcalin et aqueux. On y compte normalement entre 60 et 100 millions de spermatozoïdes par millilitre. Statistiquement, le taux de fécondation diminue quand la numération est inférieure à 20 millions par millilitre.

Facteurs divers.   Des recherches se poursuivent actuellement sur une variété de facteurs, notamment les facteurs immunologiques, certains cas d'avortements à répétition pouvant s'expliquer semble-t-il, par une réaction immunitaire de la mère aux antigènes des tissus fœtaux ou placentaires. Pour prévenir cette réaction, on a perfusé à certaines femmes des lymphocytes de leur partenaire. Ce traitement a donné de bons résultats, mais on n'en connaît pas les effets à long terme et il reste expérimental.

Traitement

La stérilité est souvent difficile à traiter parce qu'elle est causée par une combinaison de différents facteurs. D'après les statistiques, beaucoup de couples suivis pour infertilité conçoivent un enfant spontanément, tandis que d'autres subissent tous les tests sans que l'on en arrive à expliquer leur infertilité. Entre ces deux extrêmes se situent de nombreuses difficultés, simples ou complexes, qu'il est possible de cerner et de traiter.

Le traitement peut exiger une intervention chirurgicale pour corriger un trouble de fonctionnement ou une anomalie, la prise de suppléments hormonaux, la détermination du moment de l'ovulation, et la correction des troubles psychologiques ou affectifs.

Nouvelles techniques de reproduction

On a mis au point de nombreuses techniques nouvelles pour faciliter la reproduction et l'exercice du droit fondamental à la procréation. Le droit américain comporte déjà des dispositions visant à assurer l'innocuité de ces techniques et à protéger l'intégrité de ceux qui y ont recours. Ces dispositions touchent notamment les comités de déontologie et les règles régissant l'obtention d'un consentement éclairé.

Insémination artificielle.   L'insémination artificielle est l'introduction de sperme dans l'appareil génital de la femme par un moyen artificiel. Si la stérilité est causée par une anomalie chez la femme qui empêche le passage des spermatozoïdes, l'insémination se fera avec le sperme du partenaire; si en revanche elle est causée par un trouble de la spermatogenèse chez l'homme, on pourra employer le sperme d'un donneur soigneusement choisi.

L'insémination artificielle est indiquée dans les cas où: (1) l'homme est incapable de déposer le sperme dans le vagin à cause d'une éjaculation prématurée, d'un hypospadias prononcé ou d'une dyspareunie (rapports sexuels douloureux pour la femme); (2) le sperme est incapable de passer du vagin à la cavité utérine (il s'agit en général d'un problème d'ordre chimique). On peut aussi y avoir recours dans le cas d'une femme célibataire qui désire un enfant.

Sperme du partenaire. Avant de procéder à une insémination artificielle, on doit s'assurer que la femme ne présente aucune anomalie de l'appareil génito-urinaire, que ses trompes sont perméables et qu'elle ne présente pas de troubles ovulatoires, et que le spermogramme est normal chez l'homme. Il faut établir le moment de l'ovulation le plus précisément possible. On procède généralement à 3 inséminations au cours d'un même cycle, entre le 10e et le 17e jour du cycle, car il suffit rarement d'une seule insémination pour obtenir une fécondation. Le sperme, obtenu par masturbation, est prélevé dans un contenant de 60 mL à large goulot. Beaucoup de spécialistes déconseillent l'obtention d'un éjaculat par coït interrompu ou dans un préservatif, pour éviter d'altérer les spermatozoïdes ou d'en perdre une partie.

Sperme d'un donneur. On peut avoir recours à un donneur lorsqu'il y a trouble de la spermatogenèse chez le partenaire, ou lorsque l'on craint la transmission d'une maladie héréditaire. On doit dans ce cas prendre des mesures de précaution pour éviter les difficultés juridiques, morales, affectives et religieuses. Pour ce faire, on doit obtenir le consentement écrit de toutes les parties.

Le donneur est choisi pour sa ressemblance physique et intellectuelle avec le partenaire; il ne doit pas présenter d'antécédents familiaux d'épilepsie, de diabète, ou de tares génétiques connues, et il doit avoir subi des épreuves de dépistage de la syphilis et du VIH. De préférence, on prendra des précautions pour que le donneur et la femme ne se connaissent pas.

Méthode de l'insémination. Avant de procéder à l'insémination, on place la femme en position gynécologique, on expose le col au moyen d'un spéculum et on nettoie le vagin et le col utérin avec un coton-tige. On aspire le sperme dans une seringue stérile à laquelle on attache une canule, que l'on dirige vers l'orifice externe, à moins de contre-indications. Dans ce cas, on l'injecte directement dans l'utérus (insémination intra-utérine). On doit alors laver le sperme avant l'injection pour en retirer les composés biochimiques. L'insémination intra-utérine est nécessaire lorsque la glaire est inadéquate, qu'il y a présence d'anticorps, ou lorsque la numération des spermatozoïdes est faible. Après l'injection, on retire soigneusement la seringue et la patiente reste allongée pendant 30 minutes. Aucune restriction n'est imposée par la suite à ses activités.

L'insémination artificielle connaît un taux de succès variable, et exige trois à six inséminations au cours d'une période de deux à quatre mois. L'Église catholique est opposée à cette méthode: il faut donc en informer les patients qui pourront alors consulter, s'ils le veulent, leur conseiller spirituel.

Fécondation in vitro. Pour réaliser la fécondation *in vitro* (FIV), on commence par stimuler l'ovaire (généralement avec du Pergonal ou du Clomid) afin qu'il produise de multiples ovules, parce que le taux de réussite est plus élevé s'il y a plus d'un embryon. Au moment opportun, établi par des dosages hormonaux et l'échographie, les ovocytes sont repérés par échographie puis extraits. Ils sont ensuite incubés avec les spermatozoïdes, et réimplantés dans l'utérus. La nidation doit avoir lieu dans les deux à trois jours suivants. Il existe une autre forme de FIV que l'on appelle le transfert intra-tubaire de gamètes (GIFT). Selon cette méthode, les ovocytes sont extraits, aspirés dans un tube avec les spermatozoïdes, et implantés dans la trompe de Fallope où l'insémination a lieu. Le taux de réussite varie entre 20 et 30 %.

Les indications les plus fréquentes de l'insémination artificielle sont une lésion tubaire irréversible, l'endométriose, les troubles immunitaires, la stérilité d'origine non expliquée, l'insuffisance du sperme et l'exposition au DES.

La FIV a suscité au départ des réactions partagées, mais il s'agit aujourd'hui d'un traitement de la stérilité couramment utilisé et offert par de nombreux centres.

Selon les recherches en sciences infirmières, les couples qui ont recours à l'insémination artificielle ont besoin de l'enseignement et de l'appui des professionnels de la santé pour surmonter leur anxiété. Voir à la fin de la présente section pour un résumé des recherches dans ce domaine.

L'infirmière peut diriger les patients vers des groupes de soutien composés de personnes vivant des problèmes d'infertilité. Elle peut aussi mettre sur pied ou animer des groupes de soutien pour répondre adéquatement aux besoins des personnes vivant des difficultés particulières. On pourra obtenir du CLSC de sa région tous les renseignements à cet égard.

Résumé: L'infertilité qui se définit comme l'impossibilité de concevoir après un an ou plus de rapports sexuels réguliers sans contraception, ou l'incapacité de mener une grossesse à terme, est un problème qui touche environ 15 % de la population nord-américaine.

Elle est causée par des anomalies de l'appareil reproducteur féminin, des réactions allergiques au sperme, l'endométriose, des anomalies de l'appareil génital masculin, des troubles de la spermatogenèse, des troubles endocriniens, des troubles sexuels ou des anomalies génétiques.

Pour établir les causes de l'infertilité, on procède à une série d'examens diagnostiques après un bilan de santé et un examen physique complet. L'infirmière joue alors un rôle d'éducatrice, son enseignement pouvant réduire l'anxiété et les troubles affectifs du couple. Une fois que l'on a cerné les facteurs causant l'infertilité, les patients peuvent bénéficier d'une variété de traitements: induction de l'ovulation, insémination artificielle ou fécondation *in vitro*. L'infirmière qui œuvre dans ce domaine doit jouer le rôle de conseillère et d'éducatrice, en plus d'apporter aux patients une aide affective et des soins compétents.

GROSSESSE ECTOPIQUE (GROSSESSE EXTRA-UTÉRINE)

La grossesse ectopique se produit quand l'ovule fertilisé ne se rend pas jusqu'à la cavité utérine. Il s'implante alors ailleurs que dans l'endomètre, soit dans la trompe de Fallope ou, plus rarement, dans l'ovaire, dans l'abdomen ou même dans le col utérin (figure 38-9).

Dans les cas d'implantation tubaire, la trompe se distend peu à peu pour se rompre quatre à six semaines après la conception.

Étiologie et incidence

L'incidence des grossesses ectopiques est plus élevée chez les femmes de 35 à 44 ans, et se situe dans ce groupe à 1 grossesse sur 50 environ. Ses principales causes sont la salpingite, l'endométriose, la pelvipéritonite, la chimiothérapie pour tuberculose génitale, les anomalies congénitales des trompes, l'altération de la fonction tubaire par des spasmes avec insuffisance musculaire, une chirurgie pelvienne ou abdominale, le stérilet, les progestatifs, l'exposition au DES, ou une grossesse ectopique antérieure. L'incidence accrue des grossesses ectopiques s'explique par la propagation de MTS comme la gonorrhée et les infections à *Chlamydia,* par l'amélioration de l'antibiothérapie dans les cas de pelvipéritonite, ce qui empêcherait la fermeture complète des trompes ; et par le fait que les femmes sont de plus en plus nombreuses à différer leur première grossesse. Malheureusement, 50 % des femmes qui connaissent une grossesse ectopique n'accoucheront jamais d'un enfant vivant, et 20 % connaîtront une autre grossesse ectopique.

Manifestations cliniques

Un retard d'une ou deux semaines dans l'apparition des règles, suivi par de petits saignements, peut être le signe d'une grossesse ectopique. On observe une menstruation plus ou moins abondante dans plus de la moitié des grossesse ectopiques, ce qui empêche la patiente et son médecin de soupçonner une grossesse. Le premier symptôme est habituellement une vague douleur du côté affecté, douleur probablement causée par des contractions utérines et la distension de la trompe. Beaucoup de patientes éprouvent, par moments, une douleur aiguë à type de colique.

Quand la trompe se rompt, la femme éprouve une douleur atroce, des vertiges, des étourdissements, et parfois des nausées et des vomissements (voir la figure 38-9 pour les critères d'évaluation). Ces symptômes sont causés par l'irritation du péritoine par le sang qui s'échappe de la trompe. La respiration de Kussmaul et les symptômes de choc indiquent que la patiente est dans un état critique. On observe aussi des signes d'hémorragie : pouls rapide et filant, hypothermie, agitation, pâleur et sueurs. Plus tard, la douleur s'étend à tout l'abdomen et irradie vers l'épaule et le cou. Pendant l'examen vaginal, le chirurgien sent parfois une masse importante de sang coagulé dans le bassin derrière l'utérus, ou au niveau de l'annexe.

Le tableau clinique rend parfois très simple le diagnostic ; mais quand la situation est moins claire, certains instruments peuvent être utiles. L'échographie permet souvent de distinguer une grossesse ectopique d'une grossesse intra-utérine. La laparoscopie permet au médecin de voir une grossesse tubaire avant la rupture de la trompe et d'empêcher ainsi cette rupture. Le dosage de la β-HCG (sous-unité bêta de la gonadotrophine chorionique humaine), une hormone sécrétée par les trophoblastes peu après la conception, est un élément essentiel du diagnostic. Au cours d'une grossesse normale, les taux de cette hormone doublent toutes les 72 heures. Un taux de 6500 unités UI / L avec absence de sac gestationnel dans l'utérus à l'échographie évoque une grossesse ectopique.

Traitement

Le traitement consiste à retirer de la trompe l'ovule fécondé par une intervention chirurgicale, car la grossesse ectopique met en danger la vie de la femme.

Quand l'opération se fait dès le début de la grossesse, la plupart des patientes s'en remettent rapidement ; mais la mortalité augmente s'il y a rupture de la trompe. On tente dans toute la mesure du possible de conserver la trompe par une résection avec anastomose termino-terminale ou une salpingostomie (ouverture de la trompe pour en rétablir la perméabilité). On peut laisser la trompe ouverte ou la fermer par une suture. Dans certains cas, toutefois, on doit procéder à une salpingectomie (ablation de la trompe) ou à une salpingoovariectomie (ablation de la trompe et des ovaires). Si la patiente a perdu beaucoup de sang, elle aura peut-être besoin

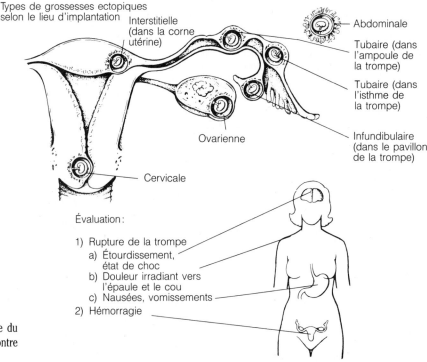

Figure 38-9. Grossesse ectopique. Le diagramme du haut, représentant l'utérus et la trompe de Fallope, montre les différents lieux d'implantation extra-utérine.

de transfusions et d'un traitement de l'état de choc avant et pendant l'intervention chirurgicale.

Pronostic

Le taux de conception après une grossesse ectopique est aujourd'hui peu élevé, mais les risques d'une nouvelle grossesse ectopique ou d'une fausse couche sont de cinq à six fois plus grands que chez les femmes qui n'ont jamais eu de grossesse ectopique.

 DÉMARCHE DE SOINS INFIRMIERS

PATIENTES PRÉSENTANT UNE GROSSESSE ECTOPIQUE

▷ *Collecte des données*

On doit établir dans le bilan de santé le cycle menstruel normal et noter tout écoulement sanguin (même léger) depuis la conception. On doit demander à la patiente de décrire et de situer ses douleurs, et d'indiquer si elle a éprouvé des douleurs aiguës ou une douleur irradiant dans l'épaule et le cou, ce qui suggère une pression sur le diaphragme. S'il y a rupture de la trompe, les signes et symptômes sont plus marqués et évoquent l'hémorragie et le choc.

Il faut évaluer, si possible, les effets de la grossesse ectopique sur la patiente: conséquences psychologiques, stratégies d'adaptation et signes de chagrin. Il faut évaluer régulièrement les signes vitaux, le niveau de conscience, l'importance et les caractéristiques de l'hémorragie vaginale.

▷ *Analyse et interprétation des données*

Selon les données recueillies, voici les principaux diagnostics infirmiers possibles:

- Douleur reliée à l'évolution de la grossesse ectopique
- Chagrin relié à la perte de la grossesse et à ses conséquences sur les grossesses à venir
- Manque de connaissances sur le traitement et les effets sur les grossesses à venir relié à un manque d'accès à l'information

Une grossesse ectopique peut se compliquer d'une hémorragie et d'un état de choc. Pour déceler ces graves problèmes, une évaluation minutieuse est essentielle.

▷ *Planification et exécution*

▷ *Objectifs de soins:* Soulagement de la douleur; acceptation du chagrin et de la perte de la grossesse; acquisition de connaissances sur cette grossesse anormale, son traitement et ses conséquences. Le dépistage rapide des complications est aussi un objectif de soins.

▷ *Interventions infirmières*

▷ *Soulagement de la douleur.* Après avoir situé la douleur, l'infirmière prend des mesures pour la soulager par des changements de position, la distraction et des techniques de relaxation. Elle offre à la patiente un soutien affectif en l'écoutant et en corrigeant ses notions erronées. Elle administre les analgésiques prescrits. Si la patiente doit subir une intervention chirurgicale, les médicaments préanesthésiques contribueront à soulager la douleur.

▷ *Processus de deuil.* La patiente et son partenaire n'expriment pas toujours en mots leurs réactions à la perte d'une grossesse à ses débuts. Dans certains cas, l'acceptation de cette perte ne viendra que beaucoup plus tard. L'infirmière doit donc être à l'écoute de la patiente et lui offrir son appui, et faire en sorte que son partenaire partage sa perte et son chagrin. On peut avoir recours aux services d'un psychothérapeute ou d'un membre du clergé, selon les besoins.

▷ *Enseignement à la patiente.* Parce que son état évolue très rapidement, la patiente peut souffrir de confusion au début de son séjour au centre hospitalier. Il faut traiter en premier lieu l'hémorragie et le choc qui mettent sa vie en danger, et attendre que son état se soit amélioré pour lui prodiguer de l'enseignement et lui expliquer les raisons des différentes interventions. On doit quand même lui expliquer les différents traitements, autant que possible en présence de son partenaire. Lorsque la patiente sera remise de la douleur postopératoire, il sera temps de l'informer, notamment sur les conséquences de cette grossesse avortée.

▷ *Complications.* En évaluant régulièrement les signes vitaux, le niveau de conscience, le volume de l'écoulement sanguin, de même que le bilan des ingesta et des excreta, on peut dépister l'hémorragie et y remédier rapidement. Le repos au lit est indiqué. On doit aussi vérifier les résultats des épreuves de laboratoire: hématocrite, hémoglobine et gaz artériels. Si on note des écarts importants, on doit en informer immédiatement le médecin et préparer la patiente à la possibilité d'une intervention chirurgicale.

▷ *Évaluation*

Résultats escomptés

1. La patiente ne manifeste aucun signe d'hémorragie ou de choc.
   a) L'hémorragie a diminué (nombre de serviettes hygiéniques saturées).
   b) La turgescence et la couleur de sa peau sont normales.
   c) Ses signes vitaux sont stables.
2. Elle éprouve un soulagement de la douleur et du malaise.
3. Elle commence à accepter la perte de la grossesse et exprime son chagrin.
   a) Elle exprime le chagrin que lui cause sa perte.
   b) Elle exprime l'espoir d'une nouvelle grossesse.
4. Elle acquiert des connaissances sur la grossesse ectopique et ses conséquences.
   a) Elle connaît les causes de la grossesse extra-utérine.
   b) Elle sait qu'elle devra se surveiller de près lors des grossesses futures.
5. Elle ne présente aucune complication.
   a) Ses signes vitaux sont normaux.
   b) Elle ne présente aucun signe d'hémorragie.
   c) Son débit urinaire est adéquat.

Résumé: La femme qui connaît une grossesse ectopique présente souvent, de façon simultanée, des signes de douleur, de choc causé par l'hémorragie et de chagrin. En plus de lui fournir des soins physiques de qualité, l'infirmière doit se montrer sensible à son chagrin. En outre, il arrive que la patiente se fasse des reproches et se demande si elle pourra à nouveau porter un enfant. Le partenaire de la patiente peut avoir des inquiétudes et des réactions semblables; c'est pourquoi il convient de tenir compte de ses besoins dans la planification des soins.

RÉSUMÉ

La promotion de mesures qui favorisent la santé des femmes représente l'une des tâches les plus importantes de l'infirmière. À cette fin, elle doit insister sur l'importance des examens gynécologiques périodiques. Ces examens permettent de dépister certaines affections à leur début, d'évaluer le fonctionnement de l'appareil reproducteur et de discuter de questions relatives à la sexualité. Pour que la femme puisse aborder en toute confiance ces questions personnelles, l'infirmière doit faire preuve d'ouverture d'esprit, de délicatesse et de compréhension. Elle doit en outre connaître les conséquences des troubles d'ordre sexuel sur la femme et son partenaire.

La patiente qui connaît une perturbation de l'appareil reproducteur éprouve souvent de la détresse, de l'anxiété et de la gêne parce que la reproduction et la sexualité sont des questions intimes. Elle a besoin de soins infirmiers de qualité et souhaite trouver chez l'infirmière compréhension et sensibilité.

Bibliographie

Ouvrages

Barger M (ed). Protocols for Gynecologic and Obstetric Health Care. Orlando, Grune & Stratton, 1988.

Campbell J and Humphreys J. Nursing Care of Victims of Family Violence. Reston, VA, Reston Publishing, 1984.

Cefalo R and Moos M-K. Preconceptional Health Promotion: A Practical Guide. Rickville, MD, Aspen Systems, 1988.

Chihal H. Premenstrual Syndrome: A Clinic Manual, 2nd ed. Dallas, Essential Medical Information Systems, 1990

Cunningham F et al. Obstetrics, 18th ed. Norwalk, CT, Appleton & Lange, 1989

Dickey R. Managing Contraceptive Pill Patients, 6th ed. Durant, OK, Creative Infomatics, 1990.

Doress P and Siegal D. The Midlife and Older Women Book Project, New York, Touchstone, 1987.

Emans S and Goldstein D. Pediatric and Adolescent Gynecology. Boston, Little, Brown & Co, 1990.

Fogel C and Lauver D. Sexual Health Promotion. Philadelphia, WB Saunders, 1990.

Gillis C et al. Toward a science of family nursing. Menlo Park, CA, Addison-Wesley, 1989.

Hatcher R et al. Contraceptive Technology, 1990-1992, 15th ed. Irvington, NY, Irvington Publishers, 1990.

Hawkins J et al. Protocols for Nurse Practitioners in Gynecologic Settings, 2nd ed. New York, Tiresias Press, 1988.

Hollingsworth D and Resnik R. Medical Counseling Before Pregnancy. New York, Churchill Livingstone, 1988

Hoole A et al. Patient Care Guidelines for Nurse Practitioners. Boston, Little, Brown & Co, 1988.

Jensen M and Bobak I. Maternity and Gynecologic Care: The Nurse and The Family, 4th ed. St Louis, CV Mosby, 1989.

Lichtman R and Papera S. Gynecology: Well-Woman Care. Norwalk, CT, Appleton & Lange, 1990.

Menning B. Infertility: A Guide for the Childless Couple. New Jersey, Prentice-Hall, 1988.

Moore K (ed). Public Health Policy Implications of Abortion: A Government Relations Handbook for Health Professionals. ACOG, 1990.

Niswander K (ed). Manual of Obstetrics, 3rd ed. Boston, Little, Brown & Co, 1988

Overall C. Ethics and Human Reproduction: A Feminist Analysis. Boston, Allen & Unwin, 1987.

Pernoll M and Benson R. Current Obstetric and Gynecologic Diagnosis and Treatment, 7th ed. Norwalk CT, Appleton & Lange, 1991.

Precis 3: An Update in Obstetrics and Gynecology. American College of Obstetricians and Gynecologists, Washington, DC, 1986.

Raff V and Friesner A. Quick Reference to Maternity Nursing. Rockville, MD, Aspen Systems, 1989.

Salzer LP. Infertility: How Couples Can Cope. Boston, GK Hall, 1986.

Shapiro C. Infertility and Pregnancy Loss: A Guide for Helping Professionals. San Francisco, Jossey-Bass, 1988.

Speroff L et al. Clinical Gynecologic Endocrinology and Infertility, 4th ed. Baltimore, Williams & Wilkins, 1989.

Stewart F et al. Understanding Your Body. Toronto, Bantam, 1987.

Revues

Les articles de recherche en sciences infirmières sont marqués d'un astérisque.

Généralités

Andrist L. Taking a sexual history and educating clients about safe sex. Nurs Clin North Am 1988 Dec; 23(4):959-973.

Brundage J and Pacholski C. Guiding Young Women's Health. NAACOG's Clin Iss Perinatal Health 1991; 2(2):271-277.

Edelman D. Diethylstilbestrol exposure and risk of clear cell carcinoma. Int J Fertil 1989 Jul/Aug; 34(4):251-255.

Gimpelson R. Office hysteroscopy: Indications and limitations. Female Patient 1989 May; 14(5):14-24.

Home Study Program on Well Women Gynecology. J Nurse Midwifery 1990 Nov/Dec; 35(6):339-384.

Jennings C. Corner on issues: Raising consciousness about women's health issues. J Am Acad Nurse Pract 1991 Apr/Jun; 3(2):92-94.

Maximovich A. Minimal endometriosis: When to treat. Fam Pract 1989 Jul; 14(7):51-58.

McBride A. Mental health effects of women's multiple roles. Image: Journal of Nursing Scholarship 1988 Spring; 20(1):41-47.

Modica M and Timor-Tritsch I. Transvaginal sonography provides a sharper view into the pelvis. JOGNN 1988 Mar/Apr; 17(2):89-95.

Schnarch D. Inhibited sexual desire: Diagnostic and treatment strategies. Female Patient 1989; 14(4):83-88.

Sheahan S. Identifying female sexual dysfunctions. Nurse Pract 1989 Feb; 14(2):25-34.

Smith M and Heaton D. Health concerns of lesbian women. Female Patient 1989 Jul; 14(7):43-74.

Shattuck J. Pelvic inflammatory disease: Education for maintaining fertility. Nurs Clin North Am 1988 Dec; 23(4):899-906.

Syndrome prémenstruel

Beckley F. The essential role of nurses in PMS management. OB/Gyn Nurs Pt Counsel 1991 Winter; 3(1):6-7.

Budhoff P. Use of prostaglandin inhibitors in the treatment of PMS. Clin Obstet Gynecol 1987 Jun; 30(2):453-464.

Cerrato P. Dietary help for PMS patients. RN 1988 Jan; 51(1):69-71.

Chisley J and Levy K. The media construct a menstrual monster: A content analysis of PMS articles in the popular press. Women Health 1990 Feb; 16(2):89-104.

Cortese J and Brown M. Coping responses of men whose partners experience premenstrual symptomatology. JOGNN 1989 Sep/Oct; 18(5):405-412.

Freeman E et al. Effects of medical history factors on symptom severity in women meeting criteria for premenstrual syndrome. Obstet Gynecol 1988 Aug; 72(2):236-239.

Keye W. General evaluation of premenstrual symptoms. Clin Obstet Gynecol 1987 Jun; 30(2):396-407.

Magos A and Studd J. A simple method for the diagnosis of premenstrual syndrome by use of a self-assessment disk. Am J Obstet Gynecol 1988 May; 158(5):1024-1028.

Robinson G. Premenstrual syndrome: Current knowledge and management. Can Med Assoc J 1989 Mar 15; 140(6):605-611.

Rubinow D and Schmidt J. Models for the development and expression of symptoms in premenstrual syndrome. Psychiatr Clin North Am 1989 Mar; 12(1):53-68.

Walton J and Youngkin E. The effect of a support group on self-esteem of women with premenstrual syndrome. JOGNN 1987 May/Jun; 16(3): 174-178.

Winter E et al. Dispelling myths: A study of PMS and relationship satisfaction. Nurse Pract 1991 May; 16(3):34-45.

Woods N. Premenstrual symptoms: Another look. Public Health Rep [Suppl] 1987 Jul/Aug; 106-112.

Examens diagnostiques

Beal M. Understanding cervical cytology. Nurse Pract 1987 Mar; 12(3): 15-22.

Enterline E and Leonardo J. Condylomata accuminata. Nurse Pract 1989 Apr; 14(8):8-16.

McQuiston C. The relationship of risk factors for cervical cancer and HPV in college women. Nurse Pract 1989 Apr; 14(4):18-26.

Nelson J et al. Cervical intra-epithelial neoplasia (dysplasia and carcinoma in situ) and early invasive cervical carcinoma. CA 1989 May; 39(3): 157-178.

Piver M. Preventing deaths from cervical cancer: The Papanicolaou smear controversy. Female Patient 1988 Oct; 13(10):19-37.

Menstruation

Connell A. Abnormal uterine bleeding. Nurse Pract 1989 Apr; 14(4):44-57.

* Heitkemper M et al. Gastrointestinal symptoms and bowel patterns across the menstrual cycle in dysmenorrhea. Nurs Res 1988 Mar/Apr; 37(2): 108-113.

* Heitkemper M et al. GI symptoms, function and psychophysiological arousal in dysmenorrheic women. Nurs Res 1991 Jan/Feb; 40(1):20-26.

Kelly J and Hatfield S. Menstrual irregularities and bone loss in female athletes. Fam Pract 1989; 17(7):35-39.

Murata J. Abnormal genital bleeding and secondary amenorrhea: Common gynecological problems. JOGNN 1990 Jan/Feb; 19(1):26-36.

Moghissi K. Secondary amenorrhea: Treatment decisions. Female Patient 1989 Feb; 14(2):95-98.

Treybig M. Primary dysmenorrhea or endometriosis. Nurse Pract 1989 May; 14(5):8-18.

Ménopause

Ausenhus M. Osteoporosis: Prevention during the adolescent and young adult years. Nurse Pract 1988 Sep; 13(9):42-48.

Denny M et al. Gynecological health needs of elderly women. J Gerontol Nurs 1989 Jan; 15(1):33-38.

* Dickson GL. The metalanguage of menopause research. Image: Journal of Nursing Scholarship 1990 Fall; 22(3):168-173.

* Dickson G. A feminist poststructuralist analysis of the knowledge of menopause. Adv Nurs Sci 1990 Mar; 12(3):15-31.

Miller P. New hope for osteoporosis. Female Patient 1990 Jan; 15(1):49-61.

Notelovitz M. Women and the climacteric: Ensuring physical and mental wellness. Clin Nurs Pract 1989 Summer; 7(2):6-11.

Piziak V. Osteoporosis: What can be done. Female Patient 1989 Feb; 14(2): 57-68.

Resnick N and Greenspan S. "Senile" osteoporosis reconsidered. JAMA 1989 Feb 17; 261(7):1025-1029.

Contraception

Breckholdt M et al. Oral contraception in disease states. Am J Obstet Gynecol 1990 Dec; 163(6 pt 2):2213-2216.

Brokaw A et al. Fitting the cervical cap. Nurse Pract 1988 Jul; 13(7):49-55.

Connell E. Barrier contraceptives: Their time has returned. Female Patient 1989 May; 14(5):66-75.

Connell E. Contraceptive advances. Part 1. Hormonal methods. Female Patient 1989 Dec; 14(12):29-36.

Duchin S et al. Oral contraceptives: Risks, benefits and guidelines. Patient Care 1989 Mar; 23(6):89-111.

Durant RH et al. Contraceptive behavior among sexually active Hispanic adolescents. J Adolesc Health Care 1990 Nov; 11(6):490-496.

Franklin M. Recently approved and experimental methods of contraception. J Nurse Midwifery 1990 Nov/Dec; 35(6):365-376.

Grimes D. IUD insertion: A clinical refresher. Female Patient 1989 Feb; 14(2):51-54.

* Hughes C and Torre C. Predicting effective contraceptive behavior in college females. Nurse Pract 1987 Sep; 12(9):44-54.

Jarrett M et al. The contraceptive needs of midlife women. Nurse Pract 1990 Dec; 15(12):34-39.

Kjersgaard A. Male or female sterilization: A comparative study. Fertil Steril 1989 Mar; 51(3):439-445.

Lethbridge D. The use of breastfeeding as a contraceptive. JOGNN 1989; 18(1):31-37.

* Loucks A. A comparison of satisfaction with types of diaphragms among women in a college population. JOGNN 1989; 18(3):194-200.

* Norris A. Cognitive analysis of contraceptive behavior. Image: Journal of Nursing Scholarship 1988 Fall; 20(3):135-139.

North B. Age appropriate contraceptive counseling for women. Med Aspects Hum Sexuality 1989; 23(7):22-28.

Rosenfield A. RU 486 and the politics of reproduction. Female Patient 1989 Feb; 14(2):69-74.

Sonenstein F et al. Sexual activity, condom use and AIDS awareness among adolescent males. Fam Plann Perspect 1989; 21(4):152-158.

Infertilité

Bernstein J et al. Psychological status of previously infertile couples after a successful pregnancy. JOGNN 1988 Nov/Dec; 17(6):404-408.

* Blenner JL. Passage through infertility treatment: A state theory. Image: Journal of Nursing Scholarship 1990 Fall; 22(3):153-158.

Davis D and Dearman C. Coping strategies of infertile women. JOGNN 1991 May/Jun; 20(3):221-228.

Hirsch A and Hirsch S. The effect of infertility on marriage and self concept. JOGNN 1989 Jan/Feb; 18:13-20.

Kempers R (ed). The infertile woman. Obstet Gynecol Clin North Am 1987 Dec; 14(4):1-XXX.

* Milne B. Couples experiences with in vitro fertilization. JOGNN 1988 Sep/Oct; 17(5):347-351.

* Olshansky E. Responses to high tech infertility treatment. Image: Journal of Nursing Scholarship 1988 Fall; 20(3):128-131.

Ory S. Keeping up to date on donor insemination. Contemp Obstet Gynecol 1989; 33(3):88-112.

Owens S. Gamete intra-fallopian transfer. JOGNN 1989 Mar/Apr; 18(2): 93-97.

Update on infertility: A symposium. J Reprod Med 1989 Feb; 34(2):117-155.

Préparation à la grossesse

Chez R. Identifying maternal/fetal risks before pregnancy. Med Aspects Human Sexuality 1991 Apr; 25(4):66-71.

Jimenez S. Starting a preconception class. Childbirth Educ 1989; 8(4):46-49.

Why it's important to help patients prepare for pregnancy: A symposium. Contemp Obstet Gynecol 1989; 33(6):64-85.

Avortement

Atrash H et al. Legal abortion in the U.S.: Trends and mortality. Contemp Obstet Gynecol 1990 Feb; 35(2):58-69.

Franco K et al. Psychological profile of dysphoric women post-abortion. JAMWA 1989; 44(4):113-115.

Kissling F. The abortion debate: Moving forward. Conscience 1991 Jan/Feb; 12(2):1-3.

Llewellyn S and Pytches R. An investigation of anxiety following termination of pregnancy. J Adv Nurs 1988 Jul; 13(4):468-471.

* Wells N. Management of pain during abortion. J Adv Nurs 1989 Jan; 14(1):56-62.

Grossesses ectopiques

Barber H. Ectopic pregnancy: A diagnostic challenge. Female Patient 1989 Apr; 14(4):113.

Davis K et al. Ectopic pregnancy: What to do during the 20 day window. J Reprod Med 1989 Feb; 34(2):162–166.

Battered Women

Bachman G. Childhood sexual abuse and the consequences in adult women. Obstet Gynecol 1988 Apr; 71(4):631–642.

* Campbell J. A test of two explanatory models of women's responses to battering. Nurs Res 1989 Jan/Feb; 38(1):18–23.

Campbell J and Alford P. The dark consequences of marital rape. Am J Nurs 1989 Jul; 89(7):946–949.

Chez R. Woman battering. Am J Obstet Gynecol 1988; 158(1):1–4.

Helton A. Battering during pregnancy. Am J Nurs 1986; 86(8):910–913.

* Weingourt R. Wife rape in a sample of psychiatric patients. Image: Journal of Nursing Scholarship 1990 Fall; 22(3):144–147.

Information/ressources

Organismes

American College of Obstetricians and Gynecologists
    600 Maryland Avenue SW, Washington, DC 20024-2588

American Infertility Society
    2131 Magnolia Ave Suite 201, Birmingham, AL 35256

Association for Voluntary Sterilization
    708 Third Ave, New York, NY 10017

Fédération des ressources pour femmes violentées et en difficulté du Québec
    C. P. 67, succ. Longueuil (Québec), J4K 4X8   (514) 674-0324

National Abortion Rights Action League
    825 15th St NW, Washington, DC 2005

National Coalition Against Domestic Violence
    PO Box 15127, Washington, DC 2003-0127

Nurses Association of the American College of Obstetricians and Gyne-cologists
    409 12th Street SW, Washington, DC 20024-2191

Planned Parenthood Federation of America
    810 Seventh Ave, New York, NY 10019

Resolve, Inc.
    P.O. Box 474, Belmont, MA 02178

39
TRAITEMENT DES AFFECTIONS DE L'APPAREIL REPRODUCTEUR DE LA FEMME

OBJECTIFS D'APPRENTISSAGE

Après avoir étudié ce chapitre, vous devriez être en mesure de réaliser ce qui suit:

1. Comparer les différents types d'infection vaginale et les facteurs de risque associés à chacun.

2. Élaborer un programme d'enseignement pour la patiente souffrant d'une infection vaginale.

3. Appliquer la démarche de soins infirmiers pour intervenir auprès des patientes souffrant d'une infection vulvovaginale.

4. Appliquer la démarche de soins infirmiers pour intervenir auprès des patientes souffrant d'une infection génitale à l'herpèsvirus.

5. Décrire les soins infirmiers à prodiguer pour prévenir et traiter le syndrome de choc toxique staphylococcique, et justifier chaque intervention.

6. Appliquer la démarche de soins infirmiers pour intervenir auprès des patientes atteintes du syndrome de choc toxique.

7. Comparer les affections malignes de l'appareil reproducteur de la femme.

8. Appliquer la démarche de soins infirmiers pour intervenir auprès des patientes subissant une hystérectomie.

9. Préciser les indications de la vulvectomie et décrire les interventions infirmières préopératoires et postopératoires.

10. Appliquer la démarche de soins infirmiers pour intervenir auprès des patientes subissant une vulvectomie.

11. Indiquer les interventions infirmières auprès des patientes atteintes d'une tumeur maligne de l'appareil reproducteur subissant une radiothérapie et une chimiothérapie.

INFECTIONS DE L'APPAREIL REPRODUCTEUR DE LA FEMME

INFECTIONS VULVOVAGINALES

Notions générales

Le vagin est protégé contre l'infection par un pH acide qui se situe normalement entre 3,5 et 4,5. Ce pH est assuré par les bacilles de Döderlein, qui font partie de la flore normale du vagin, et par des hormones, les œstrogènes. Sous l'influence des œstrogènes, l'épithélium vaginal passe de cuboïde à stratifié, ce qui en accroît la résistance. Le risque d'infection croît quand la résistance diminue, quand le pH est modifié ou quand la flore normale est altérée.

Les infections vulvovaginales sont fréquentes chez les femmes et l'infirmière de par son enseignement, joue un rôle important dans leur prévention et leur traitement. Les jeunes filles et les femmes ont besoin d'information sur l'anatomie féminine, sur l'hygiène personnelle et sur les avantages des sous-vêtements de coton absorbant.

L'épithélium du vagin est très sensible à l'action des œstrogènes, car ces hormones provoquent la formation de glycogène qui, en se décomposant en acide lactique, assurent l'acidité des sécrétions vaginales. Quand le taux des œstrogènes décroît (pendant la lactation ou à la ménopause, par exemple), le taux de glycogène décroît également. De même, la flore vaginale normale et le glycogène diminuent chez les adolescentes ou les jeunes femmes qui prennent des contraceptifs oraux; le problème est aggravé si on leur prescrit de la tétracycline pour soigner l'acné, comme cela arrive souvent. En effet, la tétracycline détruit la flore vaginale qui contribue à l'acidité des sécrétions vaginales, ce qui favorise la croissance des microorganismes. Donc, quand le pH vaginal augmente, les infections sont fréquentes: il faut en établir avec soin le diagnostic afin de les traiter comme il convient.

Pendant la période d'activité génitale quand l'épithélium vaginal est en maturation, certains facteurs peuvent causer des infections: rapports sexuels avec un partenaire infecté, mauvaise hygiène personnelle, et vêtements serrés, non absorbants et qui conservent la chaleur.

À la ménopause, la production des œstrogènes cesse. Les lèvres et le tissu du vagin peuvent s'atrophier et devenir plus fragiles, ce qui les rend plus vulnérables aux lésions et aux infections.

Les facteurs de risque des infections vulvovaginales sont énumérés à l'encadré 39-1.

Vulvite, leucorrhée et vaginite non spécifique

La vulvite (inflammation de la vulve) peut être associée à une affection dermatologique, à une mauvaise hygiène, à une maladie transmissible sexuellement (MTS), ou à une vaginite. Elle est généralement secondaire à une infection vaginale pendant les années de vie génitale active, mais isolée avant la puberté et après la ménopause.

La vaginite (inflammation du vagin) peut être causée par un champignon (*Candida*), un parasite (*Trichomonas*) ou une bactérie, dont *Gardnerella vaginalis*. Elle augmente la *leucorrhée*, un écoulement blanchâtre qui apparaît normalement au moment de l'ovulation et juste avant le début des règles. À cause de la proximité de l'urètre, elle est souvent accompagnée d'une urétrite. L'écoulement peut causer un prurit, des rougeurs, des brûlures et un œdème qui sont parfois aggravés par la miction et la défécation.

Le traitement de la vaginite peut viser la stimulation de la flore normale du vagin. Une douche de faible acidité (15 mL de vinaigre blanc pour 1 L d'eau chaude) peut y contribuer en rétablissant le pH normal.

Les douches peuvent toutefois propulser des bactéries vers le col et provoquer une infection pelvienne, d'où la nécessité de prendre certaines précautions. Que la patiente utilise du matériel jetable ou réutilisable, on doit lui recommander de se doucher en position couchée et de laisser le liquide s'écouler sous une très faible pression. Elle doit aussi éviter de surélever le matériel d'irrigation.

Une fois le diagnostic établi, on peut administrer les médicaments appropriés dans le vagin, au moyen d'un tube et d'un applicateur, qui permettent d'exprimer la quantité voulue. Pour soulager les démangeaisons ou l'irritation, on peut également prescrire l'application locale d'une pommade ou d'une crème vulvaire à l'hydrocortisone.

Encadré 39-1
Facteurs de risque des infections vulvovaginales

Prépuberté

Grossesse

Ménopause

Mauvaise hygiène personnelle

Désodorisants en aérosol

Détersifs et adoucissants

Sels ou mousses de bain

Sous-vêtements serrés

Sous-vêtements en fibres synthétiques

Douches vaginales fréquentes

Allergies et sensibilité aux spermicides, aux lubrifiants et au latex

Contraceptifs oraux

Antibiotiques à large spectre

Diabète sucré

Faibles taux d'œstrogènes

Rapports sexuels avec un partenaire infecté

Contact orogénital (la bouche peut être infectée par des levures)

TABLEAU 39-1. *Infections vaginales*

Affection	Cause	Manifestations cliniques	Objectifs du traitement
Candidose	*Candida albicans, glabrata* ou *tropicalis*	Inflammation de l'épithélium vaginal entraînant un prurit et une irritation rougeâtre Écoulement caséeux et blanchâtre collant à l'épithélium	Éliminer le champignon en administrant un antifongique (on emploie souvent les crèmes et suppositoires vaginaux Monistat, Micatin, Nilstat, Terazol et Gyno-Trosyd). Établir les causes possibles (traitement aux antibiotiques, sous-vêtements de nylon, vêtements serrés, grossesse, contraceptifs oraux). Si la patiente souffre de candidose récidivante, déterminer si elle souffre de diabète.
Infection à *Gardnerella*, ou vaginite non spécifique	*Gardnerella vaginalis* et anaérobies vaginaux	En général, aucun œdème ou érythème de la vulve ou du vagin Écoulement d'un blanc grisâtre ou jaunâtre collant à la vulve et aux parois du vagin	Administrer du métronidazole en recommandant à la patiente de ne pas boire d'alcool. Si l'infection est récidivante, traiter le partenaire.
Vaginite à *Trichomonas vaginalis* (MTS)	*Trichomonas vaginalis*	Inflammation de l'épithélium vaginal entraînant un prurit et une sensation de brûlure Écoulement vaginal mousseux d'un blanc ou d'un brun jaunâtre	Éliminer l'écoulement, soulager l'inflammation, rétablir l'acidité et la flore bactérienne normale en administrant du métronidazole par voie orale à la patiente et à son partenaire.
Bartholinite (infection de la glande de Bartholin)	*Escherichia coli* *Trichomonas vaginalis* Staphylocoque Streptocoque Gonocoque	Érythème autour de la glande de Bartholin Enflure et œdème Développement d'un abcès de la glande de Bartholin	Drainer l'abcès; prescrire des antibiotiques; pratiquer l'excision de la glande chez les patientes souffrant de bartholinite chronique.
Cervicite aiguë ou chronique	Chlamydia Gonocoque Streptocoque Nombreuses bactéries pathogènes	Écoulement vaginal abondant et purulent Lombalgies Mictions fréquentes et impérieuses	Déterminer la cause en effectuant l'analyse cytologique d'un frottis cervical et des cultures appropriées. Éliminer le gonocoque par la pénicilline ou, si la patiente y est allergique, par la spectinomycine ou la tétracycline. Éliminer le chlamydia par l'érythromycine, la tétracycline ou la doxicycline. Supprimer les autres causes par une cautérisation cervicale.
Vaginite atrophique	Manque d'œstrogènes; carence en glycogène	Écoulement; irritation causée par des sécrétions vaginales alcalines	Prescrire une oestrogénothérapie substitutive pour assurer l'épithélialisation du vagin; administrer une oestrogénothérapie vaginale; améliorer l'alimentation au besoin; remédier à la sécheresse en utilisant un lubrifiant.

Infections vaginales spécifiques

Les principales infections spécifiques du vagin sont la candidose, l'infection à Gardnerella et la trichomonase (tableau 39-1). La chlamydiose affecte ordinairement le col de l'utérus (cervicite).

Candidose

La candidose est une infection fongique causée par *Candida albicans*. Ce microorganisme, qu'on retrouve fréquemment dans la bouche, la gorge, le gros intestin et le vagin, se propage dans les régions humides et chaudes, par exemple les muqueuses et les replis cutanés. On retrouve *C. Albicans* chez des patientes ayant pris certains antibiotiques, dont la pénicilline, la céphalospirine et la tétracycline, qui perturbent la flore vaginale normale et le pH. L'infection clinique peut être associée à la grossesse, à certaines maladies comme le diabète sucré, ou à la prise de stéroïdes ou de contraceptifs oraux.

Les manifestations cliniques de la candidose sont un écoulement vaginal qui provoque un prurit intense. Cet écoulement est irritant, aqueux et tenace; il contient parfois des particules blanches d'aspect caséeux. La miction peut provoquer une sensation de brûlure, surtout en présence de lésions de grattage. Les symptômes sont souvent plus marqués immédiatement avant la menstruation, et plus réfractaires pendant la grossesse. On établit le diagnostic par une identification des spores au microscope et une culture.

Traitement   Le traitement vise à supprimer l'infection. Il faut établir les facteurs sous-jacents qui ont pu contribuer à la prolifération du Candida, comme la grossesse, le diabète, ou la prise d'antibiotiques, ou d'œstrogènes sous forme de contraceptifs oraux ou autres.

Les médicaments appropriés sont les antifongiques, par exemple le miconazole, la nystatine (Nilstat) et la crème au clotrimazole. On administre généralement le médicament pendant sept jours (davantage dans le cas d'un problème chronique), à l'heure du coucher. On l'introduit à l'intérieur du vagin au moyen d'un applicateur; on peut aussi l'appliquer sur la région vulvaire pour soulager le prurit. Le traitement se poursuit même pendant la menstruation. Un schéma posologique de trois doses peut aussi être efficace.

On évalue présentement la possibilité d'offrir en vente libre des crèmes vaginales efficaces contre la candidose ou les infections aux levures. Cependant, il faudra recommander aux patientes de n'utiliser ces crèmes que si elles sont certaines du diagnostic. Dans le doute, elles devront consulter un médecin.

Infections à Gardnerella

Les infections à Gardnerella se caractérisent par une odeur vaginale évoquant, aux dires de nombreuses patientes, celle du poisson. Les pertes sont souvent plus abondantes, surtout après les rapports sexuels. Cette infection ne cause pas de douleur ou de malaise local. L'écoulement est d'un blanc grisâtre ou jaunâtre; on en décèle facilement l'odeur quand on y ajoute une goutte d'hydroxyde de potassium. Au microscope, on voit des bactéries adhérant aux cellules vaginales et ayant l'aspect de bâtonnets courts. Le pH de l'écoulement est habituellement supérieur à 4,7.

Traitement.   L'administration de métronidazole (Flagyl) deux fois par jour pendant une semaine s'avère efficace. Si la patiente ne peut prendre ce médicament, on lui prescrit de l'ampicilline ou de l'amoxicilline. Certains médecins soignent le partenaire de la patiente dès la première infection, d'autres ne le font qu'en cas de récidive chez la femme.

Trichomonase

Le *Trichomonas vaginalis* est un protozoaire flagellé qui est la cause d'une vaginite fort répandue transmise sexuellement. L'homme peut être porteur asymptomatique de cet organisme dans ces voies génitales. Il peut dans ce cas le transmettre à la femme.

Les infections à trichomonas se caractérisent par un écoulement vaginal fluide et parfois mousseux, de couleur jaune, jaune verdâtre ou brun jaunâtre, malodorant et très irritant; l'écoulement provoque une vulvite qui se traduit par un prurit et une sensation de brûlure intenses dans la région vulvovaginale. Elles peuvent s'accompagner d'une dyspareunie et d'une dyspurie. Elles sont parfois asymptomatiques pendant une longue période. Chez certaines femmes, elles deviennent chroniques. Le diagnostic se fonde sur la recherche au microscope d'organismes piriformes, flagellés et mobiles. L'examen au spéculum révèle parfois un érythème vaginal avec de nombreuses pétéchies (taches rouges framboisées), qui apparaissent également sur le col de l'utérus.

Traitement.   Le métronidazole (Flagyl) est le médicament le plus efficace contre la trichomonase. On traite les deux partenaires, soit par une forte dose unique, soit par de plus petites doses prises trois fois par jour pendant une semaine. La dose unique est plus simple, et il est plus facile de s'y conformer. Par contre, le traitement d'une semaine est parfois plus efficace. Certains patients qui prennent du métronidazole se plaignent d'avoir dans la bouche un goût métallique désagréable mais temporaire. Pris en même temps que des boissons alcooliques, il provoque des nausées, des vomissements et des bouffées de chaleur. L'alcool est donc vivement déconseillé pendant le traitement.

Il faut également éviter les rapports sexuels, à moins d'employer un préservatif. Les patientes chez qui le métronidazole produit des effets fâcheux peuvent utiliser des suppositoires trichomonacides. Ceux-ci procurent un certain soulagement, mais non une guérison complète. Le métronidazole est contre-indiqué pour les patients souffrant de certaines dyscrasies ou de certains troubles du système nerveux central, pour les femmes qui allaitent et pour celles qui sont au premier trimestre d'une grossesse. On a constaté qu'il diminue la production des leucocytes; on ne doit donc jamais le prescrire sans examen préalable. De nombreux médecins refusent de le prescrire plus d'une fois par année sans avoir obtenu auparavant un hémogramme complet. La trichomonase et les infections à Gardnerella non traitées pendant la grossesse ont été associées à un accouchement avant terme.

Infections au chlamydia

L'infection à *Chlamydia trachomatis,* est une maladie transmise sexuellement. Elle connaît actuellement une augmentation (voir le chapitre 53). Ses manifestations cliniques chez la femme ressemblent à celles de la gonorrhée (cervicite et écoulement mucopurulent). Chez les hommes, on observe une urétrite et une épididymite. Le chlamydia affecte les voies génito-urinaires et peut provoquer une dysurie. L'infection peut également être asymptomatique. Le diagnostic est confirmé par un frottis ou par une culture.

Les centres épidémiologiques (régis par le département de santé communautaire [D.S.C.]) recommandent l'emploi de la tétracycline, de la doxycycline ou de l'érythromycine; le traitement dure habituellement une semaine. La tétracycline est déconseillée pour les femmes enceintes parce qu'elle peut avoir des effets tératogènes. Le traitement est généralement efficace s'il est entrepris assez tôt. S'il est différé, on peut observer des complications comme une infection des trompes de Fallope et la stérilité.

Gérontologie

Après la ménopause, il arrive souvent que la muqueuse vaginale s'atrophie et devienne ainsi plus vulnérable à des infections par les bactéries que l'on appelle *vaginites atrophiques*. Ces vaginites se manifestent par un écoulement vaginal désagréable provoquant des démangeaisons et une sensation de brûlure. Elles relèvent d'une œstrogénothérapie substitutive ou d'une application locale d'une crème vaginale aux œstrogènes pour régénérer l'épithélium.

▶ DÉMARCHE DE SOINS INFIRMIERS
PATIENTES ATTEINTES D'UNE INFECTION VULVOVAGINALE

▷ Collecte des données

La femme qui souffre d'un trouble vulvovaginal doit subir un examen sans tarder. Avant l'examen, il faut lui recommander d'éviter les douches vaginales, car celles-ci pourraient modifier l'aspect de la muqueuse vaginale et de la surface de la vulve. On note la présence d'érythème, d'oedème, d'excoriation et d'un écoulement. Les microorganismes qui causent les infections vulvovaginales sont généralement associés à un écoulement et à des effets caractéristiques (voir le tableau 39-1). On demande à la patiente si ses sécrétions sont devenues plus abondantes et si elle éprouve des sensations anormales (odeur, prurit, brûlure, etc.). Il y a souvent dysurie en raison de l'irritation locale du méat urinaire.

Il faut relever les facteurs qui peuvent être en jeu : (1) les facteurs physiques et chimiques, comme une transpiration excessive et le port de vêtements serrés ou en fibres synthétiques qui nuisent à l'évaporation; l'emploi de désodorisants, de parfums, de poudres, de savons et de bains moussants; une mauvaise hygiène du périnée; l'emploi d'éponges contraceptives, de suppositoires et de produits d'hygiène féminine; (2) les facteurs psychiques; (3) les troubles médicaux ou les facteurs endocriniens, comme le diabète et la baisse du taux des oestrogènes à la ménopause. On note tous les médicaments pris par la patiente, car certains antibiotiques et certaines hormones peuvent modifier la flore vaginale ou le pH et entraîner la prolifération de *C. albicans*.

Pour faciliter le diagnostic de l'infection, on peut effectuer un frottis vaginal (préparation humide). Pour ce faire, on prélève les sécrétions vaginales au moyen d'un coton-tige et on les étale sur deux lames. On place sur l'une des lames une goutte de solution salée et sur l'autre une goutte d'hydroxyde de potassium à 10 %. S'il s'agit d'une infection à Gardnerella, on voit au microscope sur la lame qui a reçu la solution salée, des bâtonnets courts adhérant aux cellules vaginales. En cas de trichomonase, on voit des petites cellules mobiles. Enfin, s'il s'agit d'une candidase, la lame à l'hydroxyde de potassium révèle la présence de spores caractéristiques de Candida.

▷ Analyse et interprétation des données

Selon les données recueillies, voici les principaux diagnostics infirmiers possibles :

- Douleur et malaise reliés à une sensation de brûlure ou à des démangeaisons causées par l'infection
- Risque élevé de réinfection ou de propagation de l'infection relié à un manque de connaissances sur l'hygiène et les mesures de prévention

▷ Planification et exécution

▷ **Objectifs de soins:** Soulagement de la douleur et du malaise; prévention des réinfections, des complications et de l'infection du partenaire sexuel; meilleure connaissance des moyens de prévention des infections vulvovaginales

▷ Interventions infirmières

▷ **Soulagement de la douleur et du malaise.** Les infections vulvovaginales sont traitées en consultation externe, à moins que la patiente n'ait d'autres problèmes de santé. Le tact et la douceur sont importants, ainsi que le soutien, car la femme éprouve souvent de la honte ou de la culpabilité à l'idée d'avoir été infectée par un partenaire sexuel. Dans certains cas, il faut inclure le partenaire dans le plan de soins.

L'infirmière a pour rôle de renforcer les directives touchant les irrigations du périnée à l'eau chaude, qui peuvent accroître le bien-être et nettoyer la zone infectée. On recommande parfois une irrigation après chaque miction ou défécation. La femme peut aussi prendre des bains de siège dans une baignoire ou dans un petit récipient jetable qui se place sur la toilette. Si la peau des cuisses est irritée, on peut la soulager en appliquant une légère couche d'amidon de maïs.

En général, les rapports sexuels sont déconseillés tant que l'infection n'est pas guérie. On recommande l'emploi d'un condom pour empêcher la réinfection et l'irritation des tissus sensibles. En cas de dyspareunie, on conseille la femme sur les autres moyens de manifester son affection et d'obtenir une satisfaction sexuelle.

▷ **Prévention des réinfections ou de la propagation de l'infection.** Pour prévenir les réinfections, il est essentiel d'éviter l'irritation des tissus provoquée par le grattage ou les vêtements serrés. La femme doit assurer la propreté du périnée en faisant une toilette quotidienne et en se lavant après chaque miction et défécation.

Après la ménopause, la femme connaît une diminution du taux des oestrogènes naturels. Le glycogène se fait alors moins abondant dans les cellules de la muqueuse vaginale et de la vulve; l'acidité du vagin diminue, et les tissus atrophiés deviennent plus fragiles et plus vulnérables aux lésions et aux infections. C'est pourquoi il est essentiel d'éviter les irritations et d'employer des lubrifiants appropriés.

L'infirmière peut utiliser un modèle du bassin pour démontrer l'application de certains médicaments, par exemple des suppositoires, et des crèmes ou pommades avec applicateur. Elle insiste sur la nécessité de se laver les mains avant et après chaque administration. Pour empêcher le médicament de s'écouler du vagin, la patiente doit rester couchée pendant une demi-heure après l'insertion; elle peut ensuite protéger ses vêtements au moyen d'une serviette hygiénique. Si la patiente doit prendre certains médicaments par voie orale, l'infirmière doit lui faire certaines recommandations. Ainsi la tétracycline, prescrite pour combattre le chlamydia, doit être prise une ou deux heures après les repas. La patiente doit éviter les produits laitiers, le fer et toute autre substance renfermant des minéraux, de même que l'exposition au soleil. De façon générale, les antibiotiques pris pendant une longue période détruisent la flore vaginale, ce qui peut provoquer une candidose.

▷ **Enseignement à la patiente et autosoins.** En plus d'enseigner à la patiente les moyens de prévenir les récidives, l'infirmière doit évaluer dans quelle mesure celle-ci a besoin de renseignements sur son problème immédiat. Elle doit notamment lui faire connaître les caractéristiques des écoulements normaux et anormaux et lui donner des renseignements précis sur les produits d'hygiène féminine et la douche vaginale : c'est à tort qu'on les croit indispensables. Ordinairement, la douche vaginale n'est pas nécessaire parce que le bain quotidien et une toilette convenable après la miction et la défécation assurent la propreté du périnée. D'autre part, les douches diminuent la flore normale et par conséquent la résistance aux infections; des douches répétées peuvent entraîner la dégradation et l'irritation chimique de l'épithélium vaginal. Cependant, il arrive que l'on prescrive des douches pour réduire une odeur anormale et désagréable, pour réduire un écoulement trop abondant, pour modifier le pH (en employant une solution au vinaigre, par exemple) ou pour assurer une irrigation avec une solution antiseptique. Dans ce cas, on explique la technique à la patiente en lui décrivant les mesures d'entretien et de désinfection du matériel.

Après une douche vaginale, et de façon générale, la femme doit bien assécher la région du périnée; un séchoir à cheveux réglé à faible puissance peut s'avérer efficace à cette fin. On lui conseille de porter des sous-vêtements amples en coton, d'éviter les vêtements serrés, faits de fibres synthétiques et non absorbants qui conservent la chaleur (bas-culottes ou pantalons), et de ne pas porter pendant de longues périodes un maillot de bain humide.

Il est préférable d'éviter les rapports sexuels tant que l'infection n'est pas guérie et que la femme souffre de dyspareunie (coït douloureux). À la reprise des relations, il est recommandé d'utiliser un condom et de s'efforcer de ne pas léser les tissus vaginaux. L'emploi d'un lubrifiant hydrosoluble (K-Y gel) atténue l'excoriation. Si l'infection réapparaît, il est parfois nécessaire de reprendre le traitement et de traiter le partenaire.

▷ *Évaluation*

Résultats escomptés
1. La patiente éprouve moins de douleur et de malaise.
   a) Elle n'éprouve plus de dyspareunie.
   b) Elle se dit soulagée de son prurit.
2. La patiente ne présente pas d'infection et de complications.
   a) Elle ne présente pas d'inflammation, de prurit, d'odeur anormale ou de dysurie.
   b) Elle dit que ses écoulements vaginaux sont normaux (fluides, clairs, non mousseux).
   c) Elle dit que son partenaire ne présente pas d'infection.
   d) Ses signes vitaux sont normaux.
   e) Son débit urinaire est normal.
3. La patiente participe aux autosoins et à la prévention des réinfections.
   a) Elle prend les médicaments prescrits.
   b) Elle porte des sous-vêtements absorbants.
   c) Elle évite les rapports sexuels non protégés.
   d) Elle suit les directives touchant les douches vaginales et le nettoyage du périnée.

CONDYLOMES ACUMINÉS

Les condylomes acuminés sont causés par le virus du papillome humain (papilloma virus) et se manifestent le plus souvent par de petites excroissances verruqueuses sur la vulve, les lèvres, le col de l'utérus, les parois du vagin ou le rectum. Certains types du virus sont associés au cancer du col utérin. Il arrive que ces excroissances se résolvent spontanément, mais dans la plupart des cas, un traitement est nécessaire pour les supprimer. On emploie notamment pour ce faire l'acide trichloracétique, les cautères et le laser.

Le papilloma virus ayant été associé à des dysplasies, la femme chez qui on l'a dépisté devrait subir un test de Papanicolaou deux fois par année pendant plusieurs années après le diagnostic. Son partenaire masculin devrait être examiné par un urologue, parce qu'il peut présenter de petites lésions asymptomatiques et pourrait par conséquent la réinfecter. L'urologue peut utiliser le colposcope ou faire un examen avec un instrument grossissant, après l'application d'acide acétique.

INFECTION À L'HERPÈSVIRUS DE TYPE 2 (HERPÈS GÉNITAL)

L'herpès génital est une infection virale qui provoque des lésions ulcéreuses sur le col de l'utérus, le vagin et les organes génitaux externes. Il se transmet habituellement par voie sexuelle et par auto-inoculation (soit de la bouche à la région génitale).

La prévalence croissante de cette maladie (entre 400 000 et 500 000 nouveaux cas chaque année) suscite l'inquiétude de la population et des professionnels de la santé. L'infection, en plus d'être douloureuse, a un caractère récurrent.

Il n'existe pas de cure à l'heure actuelle. L'herpès génital exige un diagnostic précis, des soins efficaces et des mesures visant à prévenir les complications.

Étiologie et pathophysiologie. Il existe au moins cinq virus herpétiques touchant les êtres humains: (1) Herpès simplex de type 1 (HSV-1), qui provoque habituellement des boutons de fièvre autour de la bouche; (2) Herpès simplex de type 2 (HSV-2); (3) herpèsvirus varicellae; (4) virus Epstein-Barr; (5) cytomégalovirus. HSV-2 serait en cause dans plus de 80 % des lésions génitales et périnéales, et HSV-1 dans 20 %.

Impossibles à différencier du point de vue clinique, le HSV-1 et le HSV-2 sont semblables à de nombreux égards. La transmission de l'infection semble exiger un contact personnel intime avec la bouche, l'oropharynx, la surface des muqueuses, le vagin ou le col utérin. Les lacérations cutanées et les conjonctives peuvent aussi être atteintes. À la température ambiante, le virus meurt habituellement par dessèchement. Quand sa réplication diminue, il monte par les nerfs sensoriels périphériques jusqu'aux ganglions nerveux où il reste à l'état latent; il se manifestera de nouveau lorsque son hôte subira une agression comme la fatigue, une maladie, des soins dentaires ou une exposition prolongée au soleil. Une femme chez qui le virus est actif et qui accouche par voie vaginale peut transmettre l'infection au nouveau-né. Chez celui-ci, il s'agit d'une infection grave avec un risque élevé de morbidité et de mortalité. C'est pourquoi on pratique une césarienne s'il y a eu une poussée de l'infection peu avant l'accouchement.

Manifestations cliniques. L'herpès génital se manifeste par une rougeur et un œdème accompagnés de démangeaisons et de douleur. Des vésicules apparaissent ensuite; elles confluent, s'ulcèrent et s'encroûtent. Chez la femme, les lèvres sont habituellement le foyer infectieux primitif, mais le col utérin, le vagin et la peau périanale peuvent aussi être touchés. Chez l'homme, des lésions apparaissent sur le gland, le prépuce et le pénis. Des symptômes évoquant ceux de la grippe peuvent se manifester trois ou quatre jours après l'apparition des lésions. On peut aussi observer une adénopathie inguinale, de la fièvre, un malaise, des céphalées, des myalgies et une dysurie. Chez la femme, une infection bactérienne secondaire peut provoquer des pertes purulentes. La douleur est intense pendant la première semaine, puis elle s'atténue. Les lésions disparaissent après deux semaines environ si elles ne sont pas infectées.

Les complications proviennent d'une propagation aux régions non génitales. Les fesses et le haut des cuisses peuvent être affectés, et même les yeux si on les touche sans se laver les mains. On a aussi observé des méningites aseptiques. Un diagnostic d'herpès génital provoque souvent un important stress.

Conduite à tenir. Il n'y a pas de cure pour l'infection par le HSV-2. Le traitement vise donc à soulager les symptômes, à prévenir la propagation de l'infection, à assurer le bien-être du patient, à diminuer les risques pour la santé, à offrir un soutien. Un programme de counseling et d'enseignement est également nécessaire. L'aciclovir (Zovirax), un agent antiviral, peut modifier l'évolution de l'infection. On peut l'administrer localement, de même que par voie orale ou par voie intraveineuse. En général, ce médicament peut réduire la durée de l'épisode et est efficace dans le traitement des récidives; il ne semble pas entraîner de résistance importante ou d'effets indésirables à long terme. Les récidives sont généralement beaucoup moins graves que la primo-infection; elles se manifestent par une sensation de brûlure et un prurit peu intenses dans la région du périnée.

 ## DÉMARCHE DE SOINS INFIRMIERS
PATIENTES ATTEINTES D'UNE INFECTION GENITALE À L'HERPÈSVIRUS

▷ *Collecte des données*

On établit la nature de l'infection par un bilan de santé et un examen physique et pelvien. La collaboration avec les autres membres de l'équipe soignante est nécessaire.

▷ *Analyse et interprétation des données*

Selon les données recueillies, voici les principaux diagnostics infirmiers possibles:

- Douleur reliée aux lésions génitales
- Risque élevé de réinfection ou de propagation de l'infection
- Anxiété et détresse reliées à la gêne causée par la maladie
- Manque de connaissances sur la maladie et sur les moyens de prévenir la propagation et les récidives.

▷ *Planification et exécution*

▷ *Objectifs de soins:* Soulagement de la douleur et du malaise; maîtrise de l'infection et prévention de la propagation; soulagement de l'anxiété; connaissance et observance du programme thérapeutique et des autosoins

▷ *Interventions infirmières*

▷ *Soulagement de la douleur.* Il faut assurer la propreté des lésions locales et recommander des mesures d'hygiène. L'application intermittente de petits sacs de glace sur les régions douloureuses peut procurer un soulagement. Les vêtements doivent être propres, amples, doux et absorbants. Des bains de siège à l'eau tiède assurent à la fois la propreté et le bien-être; l'aspirine et d'autres analgésiques permettent d'atténuer la douleur. Il faut éviter les pommades et les poudres occlusives qui empêchent les lésions de s'assécher et par conséquent de guérir.

La patiente qui souffre beaucoup peut devoir garder le lit. Il faut évaluer l'apport liquidien, la distension de la vessie et la fréquence des mictions, et s'assurer que l'apport liquidien est suffisant. Pour favoriser la miction, on peut verser de l'eau tiède sur la vulve. Ces mesures visent à prévenir la rétention et l'infection urinaires. L'aciclovir est administré par voie orale selon l'ordonnance, et on guette l'apparition d'effets secondaires: éruptions cutanées, céphalées, insomnie, acné, maux de gorge, crampes musculaires et adénopathie, même s'ils ne sont pas très probables. On recommande le repos et un régime alimentaire approprié. Dans les cas d'urétrite ou de dysurie graves, il est parfois nécessaire de poser une sonde urétrale à demeure. Pour prévenir la douleur et éviter le contact des urines avec les lésions, la patiente peut uriner dans un bain de siège ou à travers un tube de carton provenant d'un rouleur de papier hygiénique.

▷ *Maîtrise de l'infection.* Parce que l'herpèsvirus peut se propager à partir des écoulements provenant des lésions, il faut garder celles-ci au sec. L'emploi d'un séchoir à cheveux (à la température et à la puissance les plus faibles) assèche la peau et améliore le bien-être. En appliquant sur les lésions, selon l'ordonnance, une pommade à l'aciclovir quatre ou cinq fois par jour, on peut empêcher la propagation de l'infection et accélérer la guérison. On peut aussi prescrire de l'aciclovir par voie orale à raison de quatre ou cinq fois par jour pendant une semaine. Pour les mesures générales visant à prévenir la propagation de l'infection, voir l'encadré 39-2.

▷ *Enseignement à la patiente.* Aux problèmes physiques associés à l'herpès génital, s'ajoutent des problèmes psychologiques car la plupart des personnes atteintes de cette maladie l'acceptent très mal. En conseillant la patiente, l'infirmière doit donc passer en revue les causes et l'évolution de la maladie. Elle encourage les questions, qui indiquent que la patiente est prête à assimiler l'information. Les manifestations très variables de la maladie, son incidence considérable, la prévention des complications et les recherches les plus prometteuses sont abordées; l'infirmière rassure la patiente en lui disant qu'elle retrouvera dans quelques semaines ses capacités normales sur le plan social et sexuel. Voir l'encadré 39-2 pour les autosoins que doivent effectuer les personnes atteintes d'herpès génital.

▷ *Évaluation*

Résultats escomptés
1. La patiente n'éprouve plus qu'une légère douleur.
   a) Elle prend de l'aspirine, un analgésique ou de l'aciclovir, selon l'ordonnance du médecin.
   b) Elle se repose et ménage ses forces.
   c) Elle prend des bains de siège à l'eau chaude.
   d) Elle porte des vêtements de coton propres et amples.
   e) Elle évite les rapports sexuels lorsqu'elle présente des symptômes.
   f) Elle suit un programme de détente et de lutte contre le stress.
2. La patiente maîtrise l'infection.
   a) Elle se conforme aux mesures d'hygiène appropriées.
   b) Pour éviter de transmettre le virus aux régions non atteintes, notamment aux yeux, elle se lave les mains après chaque élimination et après le nettoyage du périnée.
   c) Elle n'utilise pas de pommades occlusives.
3. La patiente acquiert des connaissances sur l'herpès génital.
   a) Elle connaît les restrictions aux activités sexuelles imposées par la maladie.
   b) Elle manifeste l'intention de se conformer aux mesures appropriées de promotion de la santé, et de maîtriser le stress.
   c) Elle se dit disposée, au besoin, à prendre des rendez-vous de suivi.

Encadré 39-2
Enseignement à la patiente souffrant d'herpès génital et autosoins

- L'herpès est principalement transmis par contact direct; l'abstinence est nécessaire pendant une courte période.
- La patiente peut maîtriser la maladie sans modifier radicalement son mode de vie. Pendant le traitement, elle doit éviter les rapports sexuels avec son partenaire, mais elle peut l'embrasser et lui tenir la main.
- Les femmes atteintes d'herpès génital peuvent avoir des enfants, mais elles doivent prévenir leur obstétricien de la présence de la maladie afin qu'il puisse exercer la surveillance nécessaire.
- La patiente doit respecter consciencieusement certaines règles d'hygiène (se laver les mains, assurer la propreté du périnée, ne pas partager sa serviette, son savon et autres objets d'hygiène personnelle avec les autres membres de sa famille). Elle doit porter des vêtements amples, suivre un régime alimentaire équilibré et obtenir le repos et la détente dont elle a besoin.
- Elle doit laver les lésions doucement à l'eau courante, avec un savon doux, et les assécher délicatement.
- Elle ne doit pas s'exposer trop longtemps au soleil, ce qui semble provoquer des récidives (en plus de favoriser le cancer de la peau).
- Elle doit éviter les pommades occlusives, les savons fortement parfumés et les bains moussants.
- Elle doit prendre les médicaments prescrits, se présenter à ses rendez-vous de suivi et signaler les récidives, même si elles sont moins graves que la primo-infection.
- Il est conseillé à la patiente de se joindre à un groupe de soutien pour partager des solutions et se tenir au courant des nouveaux traitements. On peut se renseigner à cet égard en téléphonant au CLSC de sa localité ou en utilisant la ligne téléphonique Info-MTS 1-800-463-5656.
- Normalement, les précautions ne sont nécessaires qu'en présence de lésions actives.
- Des lésions apparaissent parfois (mais cela est rare) ailleurs que dans la région de la bouche ou du périnée; dans ce cas, on peut avoir des rapports sexuels si on recouvre les lésions d'un pansement imperméable.
- En cas de rapports sexuels avec un homme n'ayant jamais été infecté par l'herpès génital, il faut utiliser un condom.

SYNDROME DE CHOC TOXIQUE STAPHYLOCOCCIQUE

Le syndrome de choc toxique staphylococcique (SCT), trouble décrit pour la première fois à la fin des années 70, est causé par la bactérie *Staphylococcus aureus*. Il touche le plus souvent des femmes de moins de 30 ans qui portent des tampons hygiéniques pendant leurs règles (surtout des tampons ultra-absorbants). Son incidence s'établit aujourd'hui à six ou sept par 100 000; elle a connu un sommet en 1980.

On croît que la toxine protéique libérée par certaines souches de *S. aureus*, pénètre dans le sang par un reflux de l'utérus aux trompes de Fallope, ou par des brèches dans la muqueuse vaginale.

Le SCT apparaît à l'occasion chez des femmes non menstruées et des hommes; on l'a associé à la cellulite, à l'infection de plaies chirurgicales, à des abcès sous-cutanés et à des troubles exigeant un tamponnement nasal.

Manifestations cliniques. Le SCT se manifeste, chez la personne autrement en santé, par une fièvre subite (jusqu'à 39-40,5 ° C), des vomissements, de la diarrhée, des myalgies, de l'hypotension, des frissons, des céphalées, un érythème des paumes et autres symptômes évoquant l'installation rapide d'un choc septique. On observe souvent un érythème rouge maculaire semblable à un coup de soleil; chez certaines patientes il apparaît d'abord sur le torse, chez d'autres sur les mains (paumes et doigts) et les pieds (plante et orteils).

Trois à sept jours après l'apparition de l'érythème, on note une desquamation qui dure de sept à dix jours.

La diurèse diminue et le taux d'azote uréique du sang augmente. On peut observer une désorientation due au déficit liquidien et à la présence de toxines. On a signalé des cas de détresse respiratoire résultant d'un œdème pulmonaire.

Un syndrome de détresse respiratoire assombrit le pronostic. Il peut également y avoir inflammation des muqueuses. Les analyses du sang révèlent une leucocytose et des taux élevés de bilirubine, d'azote uréique et de créatinine.

Deux à trois pour cent des personnes atteintes du SCT meurent de complications.

Évaluation diagnostique. On effectue des prélèvements de sang et d'urines ainsi que des cultures de la gorge. On procède aussi à des prélèvements vaginaux et parfois cervicaux.

Traitement. Dès que l'on soupçonne un SCT, on doit retirer le tampon hygiénique. La patiente se repose au lit, et les soins visent avant tout à enrayer l'infection au moyen d'antibiotiques et à traiter l'hypovolémie, l'hypotension ou le choc.

En cas de détresse respiratoire, on institue une oxygénothérapie; s'il y a des signes d'acidose, on administre du bicarbonate de sodium. Du calcium est prescrit s'il y a hypocalcémie.

La pose d'une sonde de Swan-Ganz, la dopamine par voie intraveineuse et les combinaisons pressurisées antichoc (CPAC) peuvent contribuer au traitement du choc.

Le plan de soins doit être adapté à la gravité de l'état de chaque patiente, qui peut être bénin, mais aussi critique. Bien entendu, on ne saurait négliger ses réactions affectives et psychologiques.

DÉMARCHE DE SOINS INFIRMIERS
PATIENTES SOUFFRANT DU SYNDROME DE CHOC TOXIQUE

▷ Collecte des données

En dressant le profil de la patiente, l'infirmière cherche à déterminer si celle-ci a utilisé récemment des tampons. Elle lui demande de préciser quel type de tampons elle a utilisé, combien de temps elle les a portés avant de les changer, et si elle a eu de la difficulté à les insérer: il arrive que les bords rugueux de l'applicateur de carton ou de plastique lèsent la muqueuse vaginale, ouvrant ainsi une brèche qui permet aux microorganismes d'entrer dans le sang. L'infirmière doit aussi s'assurer qu'un tampon n'a pas été oublié en place.

▷ Analyse et interprétation des données

Selon les données recueillies, voici les principaux diagnostics infirmiers possibles:

- Anxiété reliée à l'apparition subite de symptômes très marqués
- Déficit de volume liquidien relié aux vomissements, à la diarrhée, et à la septicémie
- Manque de connaissances sur l'emploi des tampons et l'hygiène personnelle

▷ Planification et exécution

▷ *Objectifs de soins:* Diminution de l'anxiété et du stress psychologique; absence de vomissements et de diarrhée; absence de complications; acquisition des connaissances nécessaires

▷ Interventions infirmières

Les interventions infirmières découlent des objectifs; les priorités sont établies en fonction des besoins de la patiente. Le soutien affectif et des propos rassurants réduisent souvent l'anxiété et l'inquiétude. Une surveillance attentive, la prise des signes vitaux et la vérification des valeurs des gaz artériels offrent des indices importants sur l'état de la patiente. L'infirmière note les changements de la peau et tient le bilan des ingesta et des excreta, ce qui lui permet d'évaluer l'hydratation et la fonction rénale. La patiente est souvent dans un état critique et est traitée aux soins intensifs où on peut exercer une surveillance continue et réagir sans délai aux complications.

On effectue des cultures et antibiogrammes de toutes les sécrétions corporelles, y compris celles du nez, de la gorge, du vagin et du col utérin. Le médecin s'appuie sur les résultats des antibiotigrammes pour prescrire les antibiotiques appropriés.

Une coagulation intravasculaire disséminée apparaît parfois chez les personnes atteintes du SCT; c'est pourquoi l'infirmière doit guetter l'apparition d'hématomes, de pétéchies, de suintements aux points de ponction, de cyanose, et d'hypothermie du nez, du bout des doigts et des orteils. Le traitement des patients souffrant de choc et de coagulation intravasculaire disséminée est décrit aux chapitres 34 et 47 respectivement.

▷ *Enseignement à la patiente et soins à domicile.* À cause du lien entre l'emploi des tampons et le SCT, on déconseille l'utilisation des tampons ultra-absorbants. Les femmes qui utilisent des tampons doivent les changer toutes les quatre heures. Pour prévenir les lésions à la muqueuse vaginale, elles doivent éviter les applicateurs aux bords rugueux et insérer délicatement les tampons. De même, les diaphragmes ne doivent pas être laissés en place plus de six heures. Les tampons sont déconseillés à la patiente qui a déjà souffert du SCT. On lui déconseille aussi l'emploi du diaphragme ou de l'éponge contraceptive pendant la menstruation ou dans les trois mois suivant l'accouchement.

Le SCT se manifeste surtout quand il y a écoulement sanguin du vagin, soit pendant la menstruation et au cours du postpartum.

▷ Évaluation

Résultats escomptés
1. La patiente manifeste moins d'anxiété et de stress.
2. La patiente ne souffre pas de déficit de volume liquidien.
   a) Elle ne présente pas de vomissements et de diarrhée.
   b) Son apport nutritionnel et liquidien est satisfaisant.
3. La patiente ne présente pas de complications.
   a) Elle n'a pas d'écoulements purulents.
   b) Les gaz artériels et les épreuves de coagulation sont dans les limites de la normale.
   c) Elle ne présente pas d'infection.
4. La patiente comprend l'importance des mesures d'autosoins.
   a) Elle sait qu'une bonne alimentation et l'exercice contribuent à son rétablissement et à la prévention des récidives.
   b) Elle évite l'emploi des tampons.

ENDOCERVICITE ET CERVICITE

L'endocervicite est une inflammation de la muqueuse et des glandes du col utérin. Elle est relativement fréquente et peut être due à des microorganismes qui accèdent aux glandes cervicales après les rapports sexuels, l'avortement, les douches vaginales, la manipulation intra-utérine ou l'accouchement. L'infection, si elle n'est pas traitée, peut se propager à l'utérus, aux trompes de Fallope et à la cavité pelvienne. Dans la plupart des cas, l'endocervicite est causée par des microorganismes pyogènes courants, mais elle peut aussi être due au gonocoque ou au chlamydia.

L'inflammation provoque parfois l'érosion du tissu cervical, ce qui entraîne de petits saignements ou une hémorragie. Le principal symptôme de l'endocervicite est une leucorrhée, parfois accompagnée d'une sacralgie, de douleurs dans le bas de l'abdomen et de perturbations de l'élimination urinaire et de l'écoulement menstruel.

Le chlamydia est souvent à l'origine de la cervicite mucopurulente, une infection très fréquente qui apparaît le plus souvent chez les jeunes femmes en période d'activité génitale; elle est transmise par les rapports sexuels et peut causer une infection pelvienne et la stérilité. Les infections à chlamydia du col utérin sont souvent asymptomatiques, mais peuvent se manifester par un écoulement cervical, une dyspareunie, une dysurie et un écoulement de sang. La conjonctivite et la périhépatite font partie des complications possibles. Chez la femme enceinte, l'infection peut causer la mort du fœtus ou du nouveau-né, ou un accouchement prématuré. Jusqu'à 25 % des femmes atteintes d'une infection à chlamydia souffrent également d'une gonorrhée. Le traitement, qui comprend généralement l'administration d'amoxicilline puis de tétracycline, vise l'élimination des deux organismes.

Traitement.   Le traitement doit être préventif aussi bien que curatif. On prévient l'infection à chlamydia et la gonorrhée en utilisant un spermicide et un condom, et en évitant les rapports sexuels avec des inconnus ou des partenaires présentant un écoulement pénien; ce faisant, on diminue aussi l'incidence de l'endocervicite et des autres MTS. Pour guérir l'infection à chlamydia, on prescrit de la tétracycline ou de la doxycycline, ou de l'érythromycine chez la femme enceinte.

La cervicite chronique est parfois associée à des anomalies au test de Papanicolaou ou à la biopsie du col de utérin. Si une conisation est nécessaire, elle doit se faire sous anesthésie générale. Pour procéder à cette intervention, on insère l'extrémité d'un instrument électrique dans l'orifice externe du col et lui imprime un mouvement de rotation pour exciser un fragment de tissu de forme conique. On place ensuite dans le vagin un tamponnement qui devra être retiré par le médecin. On peut aussi avoir recours à la cautérisation et à la cryothérapie, qui sont des techniques pouvant être effectuées en consultation externe. Il faut en expliquer le déroulement à la patiente. On doit aussi lui indiquer que ces interventions provoquent un écoulement abondant et nauséabond pouvant durer jusqu'à trois semaines. Cet écoulement est causé par la desquamation des tissus du col utérin. Une visite d'observation est nécessaire après deux ou trois semaines pour vérifier les progrès de la guérison et déceler toute sténose pouvant exiger une dilatation. Des saignements abondants exigent une intervention rapide.

Pelvipéritonite (INFECTION PELVIENNE)

La pelvipéritonite est une inflammation de la cavité pelvienne qui peut toucher les trompes de Fallope (salpingite), les ovaires (ovarite), le péritoine ou le système vasculaire du bassin. L'infection peut être aiguë ou subaiguë, récidivante ou chronique, localisée ou étendue. Elle est ordinairement causée par une bactérie, mais peut aussi être due à un virus, à un champignon ou à un parasite.

Étiologie.   Les organismes pathogènes se propagent habituellement par le vagin; ils empruntent le col utérin pour atteindre l'utérus d'où, les circonstances aidant, ils peuvent s'étendre aux trompes et aux ovaires et se disséminer dans le bassin. Dans le cas des infections bactériennes qui suivent un accouchement ou un avortement, et de certaines infections liées au stérilet, les agents pathogènes se propagent directement dans les tissus qui soutiennent l'utérus par la voie des vaisseaux lymphatiques et sanguins (figure 39-1A). Les infections consécutives à un accouchement ou un avortement sont favorisées par l'apport sanguin supplémentaire exigé par le placenta, elles sont généralement unilatérales.

Dans le cas des infections gonococciques, les gonocoques pénètrent par le col utérin dans l'utérus, où ils trouvent un milieu propice à leur prolifération, particulièrement pendant les règles. Ils peuvent donc atteindre les trompes de Fallope et le bassin (figure 39-1B). L'infection est ordinairement bilatérale. Il arrive, quoique rarement, que le bacille de la tuberculose se dissémine par voie hématogène jusqu'aux organes reproducteurs (figure 39-1C).

L'infection par le chlamydia est l'une des causes les plus fréquentes de pelvipéritonite; elle est parfois accompagnée d'une gonorrhée. Le chlamydia atteint le col utérin puis monte jusqu'à l'utérus ou jusqu'aux trompes de Fallope.

Manifestations cliniques.   L'infection pelvienne se caractérise généralement par des pertes vaginales, une douleur dans le bas de l'abdomen et une sensibilité après les règles. Les caractéristiques de l'écoulement varient selon le microorganisme en cause. En cas de gonorrhée ou d'infection à staphylocoque, l'écoulement est ordinairement abondant et purulent; l'infection à streptocoque produit un écoulement plus fluide et plus mucoïde. Les symptômes généralisés sont, notamment, la fièvre, un malaise général, une anorexie, des nausées, des céphalées et parfois des vomissements. L'examen du bassin révèle une très grande sensibilité. Les symptômes sont tantôt aigus, tantôt subtils. Il faut éliminer la possibilité d'une grossesse ectopique, puis instaurer une antibiothérapie à large spectre que l'on modifie ensuite selon les résultats de la culture et de l'antibiogramme. Quand l'infection est légère ou modérée, la femme est généralement soignée en consultation externe; si l'infection est grave, l'hospitalisation est parfois nécessaire.

Au centre hospitalier, les soins comprennent le repos au lit, l'administration de solutés intraveineux pour corriger la déshydratation et l'acidose, et une antibiothérapie par voie intraveineuse. En cas de ballonnement abdominal ou d'iléus, on a recours à l'intubation nasogastrique et à l'aspiration. Pour surveiller l'évolution de l'infection, on prend régulièrement les signes vitaux et on observe les symptômes. Le partenaire sexuel doit être traité pour empêcher la réinfection.

Complications.   L'infection pelvienne peut se compliquer d'une péritonite pelvienne ou généralisée, de la formation d'abcès, de même que de rétrécissements et d'une obstruction des trompes de Fallope. L'obstruction pourra entraîner plus tard une grossesse ectopique, ou la stérilité. Les adhérences sont un problème fréquent qui peut rendre nécessaire, par la suite, l'ablation de l'utérus, des trompes et des ovaires. Parmi les autres complications, on peut citer une bactériémie accompagnée d'un choc septique et une thrombophlébite avec possibilité d'embolisation.

Interventions infirmières

L'infection peut causer une détresse à la fois physique et affective. La femme peut se sentir bien une journée, et éprouver le lendemain des symptômes et un malaise diffus. Elle souffre parfois de constipation et de troubles menstruels.

Quand elle est hospitalisée, elle doit garder le lit. On l'installe généralement dans la position semi-Fowler pour favoriser le drainage. L'application de chaleur externe sur l'abdomen au moyen d'un coussin chauffant améliore le bien-être. Des douches vaginales à l'eau tiède sont parfois prescrites pour améliorer la circulation locale. Il faut de plus assurer à la patiente un apport nutritionnel approprié et lui administrer les antibiotiques prescrits. Pour prévenir la propagation de l'infection, on évite l'emploi des sondes et des tampons hygiéniques.

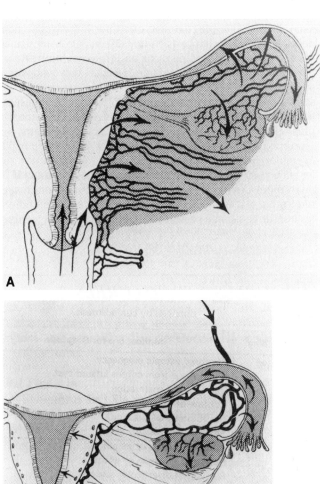
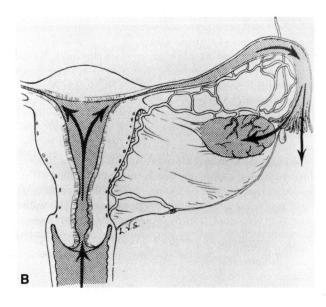

Figure 39-1. Voies de dissémination des microorganismes dans les infections pelviennes **(A)** Dissémination directe d'une infection bactérienne (autre que la gonorrhée) par la voie des vaisseaux lymphatiques **(B)** Dissémination directe de la gonorrhée **(C)** Dissémination hématogène d'une infection bactérienne (par exemple la tuberculose)

(Source: M. Pernoll et R. Benson éd., *Current Obstetric and Gynecologic Diagnosis and Treatment*, 7e éd., Norwalk, CT, Appleton & Lange, 1991)

Pour orienter le traitement, il importe de noter soigneusement les signes vitaux, ainsi que les caractéristiques et la quantité de l'écoulement vaginal.

Pour prévenir la propagation de l'infection aux autres patients, il faut prendre les mesures suivantes:

- Manipuler les serviettes hygiéniques souillées avec prudence, avec une pince ou des gants; les détruire conformément aux directives en vigueur dans le centre hospitalier.
- Se laver soigneusement les mains avec un savon antiseptique.
- Désinfecter tout objet touché par la patiente (instruments, bassins hygiéniques, sièges de toilette et draps), selon la méthode appropriée.

Ces précautions essentielles doivent être expliquées à la patiente et on doit l'encourager à y collaborer. Il faut aussi inciter celle-ci à se protéger des réinfections.

Les symptômes de réinfection ou de dissémination de l'infection sont notamment une douleur abdominale, des nausées et des vomissements, la fièvre, un malaise, un écoulement vaginal nauséabond et purulent et une leucocytose.

Enseignement à la patiente et soins à domicile. L'enseignement consiste à expliquer l'origine des infections pelviennes, de même que les moyens de les enrayer et de les éviter.

On donne notamment les renseignements et conseils suivants:

- Les microorganismes peuvent accéder à l'appareil reproducteur pendant les rapports sexuels, ou après une chirurgie pelvienne, un avortement ou un accouchement.
- Les femmes qui portent un stérilet sont parfois plus vulnérables à l'infection, particulièrement si elles ont de nombreux partenaires.
- Il faut assurer l'hygiène du périnée, notamment en s'essuyant de l'avant vers l'arrière.
- Les douches vaginales sont à éviter, parce qu'elles diminuent la flore normale qui combat les organismes pathogènes.
- Les sous-vêtements doivent êtres propres, amples et en coton.
- Il faut consulter un médecin si on observe une odeur ou un écoulement anormal provenant du vagin.
- Si les tampons ont causé des problèmes, on doit y renoncer.

- Les serviettes et les tampons hygiéniques doivent être changés au moins toutes les quatre heures.
- Le diaphragme ne doit pas rester en place plus de six heures.
- Il faut adopter des mesures de promotion de la santé: bonne alimentation, exercice, maintien du poids santé et détente.
- On doit consulter un gynécologue au moins une fois par année.
- Il faut exiger que le partenaire utilise un condom s'il y a risque d'infection.

Le condom joue un rôle préventif quand on a des rapports avec un partenaire que l'on ne connaît pas bien ou qui a eu récemment un autre partenaire. Enfin, toutes les patientes qui ont souffert d'une infection pelvienne doivent connaître les signes et les symptômes de grossesse ectopique: douleur, saignement anormal, lipothymie, étourdissements et douleur à l'épaule (voir le chapitre 38).

INFECTION PAR LE VIH ET SIDA

Les affections vulvovaginales peuvent être associées à l'infection par le virus de l'immunodéficience humaine (VIH) et le sida, qui sont décrits au chapitre 48.

Les femmes infectées par le VIH représentaient en 1990 près de 12 % des cas signalés, comparativement à 8 % en 1987. La plupart de ces femmes sont en âge de procréer, plus de 70 % d'entre elles sont noires ou d'origine hispanique. Plus de la moitié des femmes atteintes consomment des drogues par voie intraveineuse; les autres ont été exposées au virus par un contact sexuel avec un partenaire infecté.

L'existence de lésions génitales augmente les risques d'infection par le VIH, car elles constituent une porte d'entrée pour le virus. La syphilis semble évoluer plus rapidement chez les patients infectés par le VIH, passant directement, dans certains cas, du stade primaire au stade tertiaire. Le chlamydia est associé à une incidence accrue de l'infection par le VIH; il est possible que l'inflammation du col de l'utérus favorise l'entrée du virus. Les femmes infectées par le VIH ont une plus forte incidence de condylomes accuminés. Les lésions herpétiques sont aussi chez elles plus étendues et plus douloureuses, et les récidives plus fréquentes, ce qui est dû vraisemblablement à l'immunosuppression associée au VIH. On traite généralement les lésions herpétiques à l'aciclovir chez ces patientes. La candidose est fréquente chez les femmes infectées par le VIH; une candidose orale peut témoigner d'une évolution rapide de l'infection par le VIH.

Les femmes infectées par le VIH doivent bénéficier d'un counseling en matière de contraception et de pratiques sexuelles. Le risque de transmission périnatale se situe entre 25 et 50 %. C'est pourquoi les femmes infectées par le VIH doivent recevoir un enseignement qui leur permette de décider en toute connaissance de cause si elles veulent ou non avoir un enfant. Si elles décident de ne pas avoir d'enfant, on leur recommande d'employer des condoms avec spermicide ou des contraceptifs oraux. Toutefois, seul l'emploi du condom peut prévenir la contamination du partenaire.

Résumé: La plupart des infections de l'appareil reproducteur féminin ne menacent pas la vie de la patiente, mais elles provoquent souvent de la douleur, un malaise, de la crainte et de la gêne. Leurs symptômes peuvent causer de l'anxiété et la crainte d'être atteinte d'une maladie fatale, (comme le sida). La patiente qui contracte une infection vaginale peut développer de la méfiance à l'endroit de son partenaire sexuel, et ses relations intimes peuvent en être compromises.

La patiente qui souffre d'une infection vulvovaginale a souvent besoin d'aide pour obtenir le soulagement de ses symptômes, et d'un enseignement portant sur les mesures d'autosoins, les pratiques sexuelles protégées et l'hygiène. De plus, elle a parfois besoin de soutien pour surmonter ses réactions psychologiques (méfiance, colère ou dépression, par exemple). Enfin, elle a besoin de renseignements précis sur les effets possibles de l'infection (vulnérabilité accrue aux MTS ou stérilité). Les patientes qui ont recours aux tampons hygiéniques ou aux éponges contraceptives doivent apprendre à les utiliser de façon à prévenir le syndrome du choc toxique.

TROUBLES STRUCTURELS

FISTULES VAGINALES

Une fistule se définit comme un trajet anormal et sinueux faisant communiquer deux organes creux internes ou un organe creux interne et l'extérieur du corps. Le nom de la fistule indique les deux organes mis en communication. Ainsi la *fistule urétérovaginale* fait communiquer l'uretère et le vagin, la *fistule vésicovaginale* relie la vessie au vagin, et la *fistule rectovaginale* relie le rectum au vagin (figure 39-2).

Étiologie. Les fistules peuvent être congénitales. Chez l'adulte, elles sont souvent le résultat d'une altération des tissus lors d'une intervention chirurgicale ou d'un accouchement. Elles peuvent aussi être consécutives à une radiothérapie ou à une maladie comme un carcinome.

Manifestations cliniques. La manifestation la plus fréquente des fistules est la fuite vaginale. Par exemple, dans le cas d'une fistule vésicovaginale, l'urine s'infiltre de façon continue dans le vagin. Dans le cas d'une fistule rectovaginale, on observe une incontinence fécale et l'expulsion de flatuosités par le vagin. Quand les gaz s'associent à une leucorrhée, le vagin prend une odeur nauséabonde difficile à masquer.

On peut employer le bleu de méthylène pour mettre en évidence le trajet de la fistule. Dans le cas d'une fistule vésicovaginale, le colorant est instillé dans la vessie et apparaît dans le vagin. Quand le test au bleu de méthylène est négatif, on fait une injection intra-urétrale de carmin d'indigo; l'apparition du colorant dans le vagin témoigne d'une fistule urétérovaginale. On a souvent recours à la cystoscopie pour déterminer l'emplacement exact du trajet fistuleux.

Traitement. Le traitement vise à éliminer la fistule et à supprimer l'infection et, s'il y a lieu, l'excoriation. Souvent, la fistule guérit spontanément; sinon, il faut avoir recours à la chirurgie. On emploie habituellement la voie vaginale pour les fistules vésicovaginales et urétérovaginales, et la voie abdominale pour les fistules situées plus haut dans l'abdomen. Les fistules difficiles à réparer, ou de taille considérable, peuvent exiger une dérivation urétrale ou anale.

Les fistules sont souvent reliées à un traumatisme obstétrical ou chirurgical. Sinon, elles peuvent être associées à la maladie de Crohn ou à la maladie de Nicolas Favre.

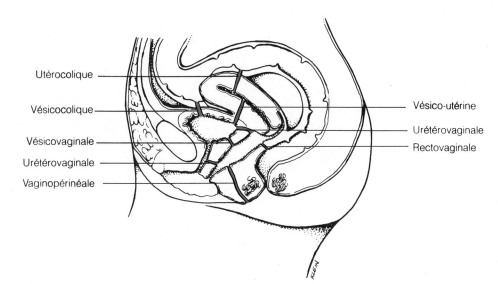

Utérocolique

Vésicocolique

Vésicovaginale

Urétérovaginale

Vaginopérinéale

Vésico-utérine

Urétérovaginale

Rectovaginale

Figure 39-2. Sièges des fistules les plus fréquents. *Utérocolique*: utérus et côlon. *Vésicocolique*: vessie et côlon. *Vésicovaginale*: vessie et vagin. *Urétrovaginale*: urètre et vagin. *Vaginopérinéale*: vagin et périnée. *Vésico-utérine*: vessie et utérus. *Urétérovaginale*: uretère et vagin. *Rectovaginale*: rectum et vagin.

Interventions infirmières. Les interventions infirmières visent à soulager le malaise, à prévenir l'infection et à améliorer chez la patiente la perception de soi et la capacité d'effectuer ses autosoins.

Une bonne alimentation avec un apport accru de vitamine C et de protéines, une bonne hygiène locale assurée par des douches vaginales et des lavements, le repos et la prise des antibiotiques prescrits, sont toutes des mesures qui favorisent la guérison des tissus. Une fistule rectovaginale guérit plus rapidement si la patiente suit un régime alimentaire pauvre en résidus et si l'on assure un bon drainage des tissus affectés.

Les femmes âgées ont besoin d'un repos postopératoire plus long que les femmes plus jeunes, parce qu'elles sont en général plus faibles et que leurs tissus sont sensibles et délicats. L'irrigation du périnée à l'eau tiède et des traitements à la lampe chauffante stimulent la guérison.

Après l'excision d'une fistule vésicovaginale, on installe ordinairement une sonde à demeure. On observe de près le drainage assuré par la sonde et on s'assure qu'elle fonctionne correctement, car si elle s'obstrue, l'urine s'accumule dans la vessie et exerce une pression qui peut léser les tissus incisés. Les irrigations de la vessie ou du vagin, si elles sont prescrites, sont effectuées avec douceur, sous une faible pression.

Quand la fistule ne peut être réparée, il faut établir de façon personnalisée les mesures de soins les plus efficaces. Une bonne hygiène, des bains de siège fréquents et des douches vaginales désodorisantes sont nécessaires, ainsi que l'emploi de serviettes hygiéniques et de sous-vêtements protecteurs. Pour empêcher l'excoriation, il faut accorder une attention particulière aux soins de la peau. Des crèmes douces, ou une légère couche d'amidon de maïs, peuvent procurer un soulagement. Il est également essentiel de tenir compte des besoins sociaux et psychologiques de la patiente.

Même si l'intervention chirurgicale a été pratiquée dans d'excellentes conditions, les fistules peuvent réapparaître. Pour assurer la réussite de l'opération, il faut traiter auparavant les vaginites; après l'opération, une observation de deux ans s'impose.

CYSTOCÈLE, RECTOCÈLE, ENTÉROCÈLE ET LACÉRATIONS DU PÉRINÉE

La cystocèle est une descente de la vessie vers l'orifice vaginal (figure 39-3). Elle est parfois causée par une faiblesse tissulaire, mais elle est généralement consécutive à des traumatismes subis pendant un accouchement. Elle n'apparaît souvent que plusieurs années plus tard au moment où le vieillissement entraîne une atrophie des organes génitaux et le relâchement des muscles pelviens.

La rectocèle et les lacérations du périnée sont la conséquence de lésions musculaires et tissulaires du plancher pelvien qui peuvent se produire lors d'un accouchement. La rectocèle est une saillie du rectum vers le haut qui entraîne vers l'avant la paroi postérieure du vagin. Elle est due à des lacérations des muscles qui se trouvent sous le vagin. Ces lacérations peuvent être si profondes qu'elles coupent entièrement les fibres du sphincter anal (déchirure complète). Enfin, l'entérocèle est la saillie d'une portion du petit intestin dans le vagin; elle accompagne souvent le prolapsus utérin.

Manifestations cliniques. La cystocèle se manifeste par une saillie vers le bas de la paroi vaginale antérieure, qui se traduit par une sensation de pesanteur dans le bassin, de la fatigue, des infections urinaires, de la difficulté à vider la vessie, de l'incontinence ou des mictions impérieuses et fréquentes. La patiente souffre de lombalgies et de douleurs pelviennes.

La rectocèle se manifeste de la même façon que la cystocèle, sauf que les symptômes urinaires sont remplacés par de la constipation. Une déchirure complète entraîne de l'incontinence fécale et des gaz intestinaux.

Traitement. On prescrit des exercices périnéaux (exercices de Kegel) qui renforcent les muscles affaiblis. Ces exercices sont plus efficaces au premier stade de la cystocèle. Si la chirurgie est contre-indiquée ou que la patiente la refuse, on peut avoir recours au *pessaire,* que l'on utilise aussi dans les cas bénins.

Le pessaire est un instrument que l'on insère dans la partie supérieure du vagin afin de favoriser l'alignement de la vessie,

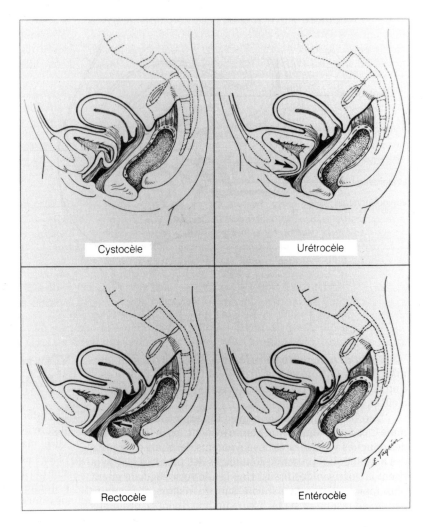

Figure 39-3. Illustration des quatre principaux types de relâchement du plancher pelvien: cystocèle, urétrocèle, rectocèle et entérocèle. Les flèches indiquent les points de saillie.

(Source: R. W. Kistner, *Gynecology: Principles and Practice*, 4ᵉ éd., Chicago, Year Book Medical Publishers, 1986)

de l'utérus ou de l'intestin. Il a habituellement la forme d'un anneau ou d'un beigne et peut être fait de différents matériaux, comme le caoutchouc ou le plastique. C'est le gynécologue qui détermine le type et la taille du pessaire et qui en fait l'insertion. La patiente peut apprendre à l'ôter au coucher et à le réintroduire au lever; sinon, il doit être retiré, vérifié et nettoyé à intervalles réguliers par une infirmière ou un médecin. En même temps, on examine les tissus pour déceler les régions sensibles ou les signes d'irritation. Le pessaire ne provoque habituellement aucun écoulement, malaise ou douleur; s'il y a écoulement, on recommande parfois des douches vaginales.

Traitement chirurgical. La cystocèle est traitée par une intervention chirurgicale, la *colporraphie antérieure*, visant à réparer la paroi antérieure du vagin et à renforcer le périnée. La réparation de la rectocèle et des lacérations du périnée s'appelle la *périnéorraphie* ou la *colporraphie postérieure*.

DÉPLACEMENTS DE L'UTÉRUS

En général, l'utérus et le col utérin sont placés à angle droit par rapport à l'axe longitudinal du vagin, le corps de l'utérus étant légèrement incliné vers l'avant. Cependant, l'utérus est un organe mobile, ce qui est nécessaire pour répondre aux exigences de la grossesse. Il peut donc se déplacer sous l'effet

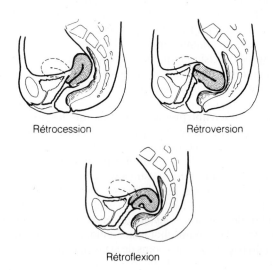

Figure 39-4. Déplacements rétrogrades de l'utérus. Le pointillé indique la position normale de l'utérus. La *rétrocession* est l'inclinaison en arrière de l'utérus; la *rétroversion* est la déviation de tout l'utérus vers l'arrière; la *rétroflexion* est l'inclinaison du fond de l'utérus vers l'arrière.

(Source: J. D. Hardy, *Hardy's Textbook of Surgery*, 2ᵉ éd., Philadelphia, J. B. Lippincott, 1988)

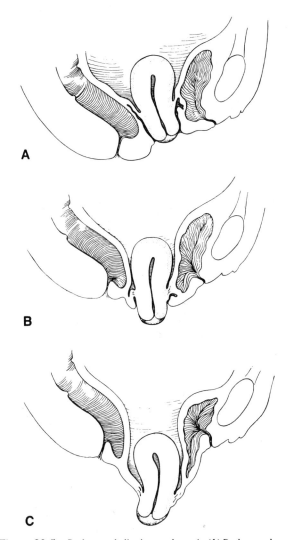

A

B

C

Figure 39-5. Prolapsus de l'utérus et du vagin (**A**) Prolapsus du premier degré: le col utérin descend jusqu'à l'orifice vaginal. (**B**) Prolapsus du deuxième degré: le col utérin fait saillie à travers l'orifice vaginal. (**C**) Prolapsus du troisième degré: procidence totale; l'utérus apparaît à travers l'orifice vaginal.

(Source: L. A. Gray, *Postgrad Med*, 30:209)

de la tension exercée par la grossesse, de la formation d'adhérences, du relâchement des muscles qui le soutiennent ou d'anomalies structurales. Ces déplacements ne causent généralement pas de problèmes graves mais peuvent entraîner des symptômes désagréables.

Déplacements rétrogrades. Les déplacements de l'utérus vers l'arrière (*rétroversion* et *rétroflexion*) (figure 39-4) peuvent provoquer des maux de dos ou une sensation de pression dans le bassin. Cependant, ils sont le plus souvent asymptomatiques.

La rétroversion asymptomatique est présente chez environ 20 % des femmes et est une variante de la position normale. Pendant l'accouchement, les femmes ainsi constituées ont parfois davantage de douleur dans le bas du dos que dans l'abdomen.

Prolapsus et procidence. Par suite du relâchement des muscles qui le soutiennent (causé le plus souvent par l'accouchement), l'utérus peut descendre le canal vaginal

(prolapsus) et même apparaître à l'extérieur de l'orifice vaginal (procidence) (figure 39-5).

Dans sa descente, l'utérus peut entraîner avec lui les parois vaginales et même la vessie (cystocèle) et le rectum (rectocèle). Les symptômes sont une pression, et des troubles urinaires (incontinence ou rétention) causés par le déplacement de la vessie. L'incontinence peut être aggravée par la toux, l'effort ou la station debout prolongée, ou même par le simple fait de monter un escalier. Les activités normales peuvent alors être entravées. L'infirmière doit recommander aux femmes qui souffrent de telles difficultés de consulter un médecin, car le temps n'apportera aucun remède.

La chirurgie constitue le meilleur traitement. L'utérus est fixé à sa place au moyen de sutures (hystéropexie), et les ligaments qui le retiennent sont renforcés et resserrés. Chez la femme ménopausée, on peut procéder à l'ablation de l'utérus (hystérectomie). Chez les femmes âgées ou qui sont trop malades pour supporter une opération, on peut avoir recours à un pessaire.

Interventions infirmières

Enseignement à la patiente et soins à domicile. Bon nombre des problèmes associés au relâchement des muscles du bassin (cystocèle, rectocèle, prolapsus utérin) auraient pu être évités. En consultant un médecin dès la première étape d'une grossesse, la femme s'assure que les difficultés seront dépistées à temps. Au cours du postpartum, elle peut apprendre les exercices de renforcement des muscles fessiers et périnéaux. Les contractions qui maîtrisent le jet urinaire renforcent aussi le tonus des muscles du périnée.

Il faut aussi enseigner à la patiente à isoler les muscles du périnée en initiant et en arrêtant le jet urinaire. Une fois qu'elle a appris à isoler ces muscles, elle pourra pratiquer les exercices de Kegel plusieurs fois par jour.

La femme qui tarde à obtenir un examen et des soins risque de connaître des complications: infection, ulcération du col utérin, cystite et hémorroïdes.

La patiente qui a besoin d'un pessaire doit apprendre à l'insérer, à l'enlever, à le nettoyer et à le réinsérer.

Soins infirmiers préopératoires. Avant l'opération, la patiente doit connaître l'ampleur de l'intervention et ses effets sur sa vie sexuelle future, de même que la durée prévue de la convalescence. Il faut souvent obtenir un échantillon d'urines prélevé en milieu de jet que l'on doit faire parvenir immédiatement au laboratoire. Si l'opération vise à réparer une rectocèle, on évacue parfois le contenu de l'intestin par l'administration d'un cathartique ou d'un lavement. Enfin, certains chirurgiens exigent un rasage du périnée.

Dans la salle d'opération, on place simultanément les deux jambes de la patiente dans les étriers pour éviter les efforts musculaires et les pressions sur les jambes et les cuisses. On trouvera au chapitre 32 d'autres détails sur les soins préopératoires.

Soins infirmiers postopératoires et réadaptation. En période postopératoire, les soins visent à prévenir l'infection ainsi que la pression sur les sutures; à cette fin il faut prévoir des soins périnéaux et parfois éviter les pansements. Quelques heures après la réparation d'une cystocèle ou d'une déchirure complète, on encourage la patiente à uriner. Si elle n'y parvient pas, après six heures, ou si elle éprouve un malaise ou une douleur dans la région de la vessie, on installe une sonde à demeure; certains médecins préfèrent laisser la sonde en place pendant deux à quatre jours. Plusieurs autres méthodes de soin de la vessie sont décrites au chapitre 36.

Après chaque miction ou défécation, le périnée est irrigué au moyen d'une solution salée stérile et tiède (voir à la page 1129) et asséché avec un coton hydrophile stérile.

Le soin des sutures peut se faire de différentes façons. Dans certains cas, on attend que la cicatrisation soit amorcée, soit entre 5 et 10 jours, après quoi la patiente se donne une douche vaginale quotidienne avec une solution salée stérile, pendant toute sa convalescence. Dans d'autres cas, on a recours au traitement humide, soit à deux petites douches par jour, à partir du lendemain de l'opération, et tout au long de la convalescence.

On peut utiliser une lampe chauffante ou un séchoir à cheveux pour assécher le périnée et favoriser la guérison. Il existe aussi sur le marché des associations d'un antiseptique et d'un anesthésique en aérosol qui procurent un soulagement. L'application locale d'un sac en plastique rempli de glace concassée peut accroître le bien-être; il faut cependant éviter que le poids du sac soit sur la patiente.

Les soins postopératoires courants sont très semblables aux soins exigés pour une opération abdominale. La patiente est installée dans le lit, la tête et les genoux légèrement surélevés. Le premier jour, elle ne prend que des liquides, mais elle peut par la suite reprendre son régime alimentaire normal dès qu'elle le désire.

La réparation d'une lacération complète du périnée, qui se fait par le sphincter rectal, exige une attention et des soins postopératoires particuliers. Pour éviter toute pression sur les sutures, on assure l'évacuation de la vessie au moyen d'une sonde.

Toutes les patientes qui ont subi une réparation chirurgicale dans la région de l'utérus doivent prendre tous les soirs un laxatif émollient, à partir du moment où un régime de consistance molle est autorisé et jusqu'à la fin de la convalescence.

Enseignement à la patiente et soins à domicile. Avant de quitter le centre hospitalier, la patiente doit recevoir des directives touchant les douches vaginales et l'emploi de laxatifs doux. On doit aussi lui recommander d'éviter de soulever des objets lourds ou de rester debout trop longtemps. Il faut lui rappeler qu'elle doit se présenter à un rendez-vous de suivi chez son gynécologue et lui demander quand elle peut reprendre sans danger les relations sexuelles.

On recommande à la patiente de signaler les symptômes suivants: douleur dans le bassin, écoulement anormal, incapacité d'assurer l'hygiène personnelle ou hémorragie vaginale. On lui conseille de faire régulièrement les exercices de Kegel pour le renforcement des muscles périnéaux (contracter les muscles périnéaux en serrant les fesses; garder la contraction; relâcher). La patiente peut faire cet exercice 10 ou 20 toutes les heures, en position assise ou debout.

Résumé: les troubles structurels de l'appareil reproducteur féminin peuvent toucher le vagin, l'utérus, la vessie ou le rectum. Souvent attribuables au vieillissement ou au traumatisme de l'accouchement, ils peuvent entraîner, à long terme, des complications comme un écoulement vaginal, une infection et l'excoriation, ainsi que des symptômes témoignant de lésions des voies urinaires et de troubles gastro-intestinaux.

La gravité des symptômes varie beaucoup: il peut s'agir de symptômes légers et intermittents, ou de symptômes graves qui perturbent les activités normales et exigent une intervention chirurgicale. Les exercices de Kegel peuvent renforcer les muscles du périnée et réduire l'incidence de certains troubles structurels.

TUMEURS ET AFFECTIONS BÉNIGNES

KYSTES VULVAIRES

Les kystes de la glande de Bartholin sont dus à une obstruction du conduit de la glande qui provoque une dilatation. Il s'agit de la forme de tumeur vulvaire la plus répandue. Ils se situent dans le tiers postérieur de la vulve, près du vestibule. Les kystes simples peuvent être asymptomatiques. Ils peuvent toutefois être infectés par le gonocoque, *Escherichia coli* ou un staphylocoque, avec formation d'un abcès et parfois une adénopathie inguinale. On traite ces abcès par incision et drainage, en plus d'une antibiothérapie.

Les kystes asymptomatiques, n'exigent aucun traitement. Souvent, la chaleur humide ou les bains de siège suffisent pour provoquer le drainage et la résolution d'un abcès.

LEUCOPLASIE VULVAIRE

Le leucoplasie vulvaire, qu'on appelle aussi lichen scléroatrophique, se manifeste par un épaississement et une sécheresse de la peau de la vulve ou par des macules ou papules blanchâtres et légèrement saillantes, de même que par un prurit plus ou moins grave. Certaines patientes ne connaissent aucun symptôme. La leucoplasie vulvaire est associée au cancer de la vulve dans de rares cas. Il faut donc pratiquer une biopsie. Si la biopsie révèle la présence de cellules malignes, on pratique une vulvectomie simple. Si elle est négative, on atténue les symptômes par l'application d'une crème à base de testostérone, d'œstrogène ou de cortisone, selon le type de la leucoplasie.

KYSTES OVARIENS

Physiopathologie. Les kystes ovariens sont fréquents. Ils peuvent découler de l'augmentation du volume d'un élément normal de l'ovaire (follicule de De Graaf ou corps jaune) ou de la croissance anormale de l'épithélium ovarien.

Les *kystes dermoïdes* sont des tumeurs qui proviendraient de parties de l'œuf qui disparaissent normalement au cours de la maturation. L'origine de ces kystes est mal connue, mais on sait qu'ils se composent de cellules embryonnaires non différenciées. Ils se développent lentement et renferment un liquide épais, jaune et sébacé provenant d'un revêtement épithélial.

Du point de vue clinique, les kystes se manifestent par une masse abdominale, et par une douleur aiguë ou chronique au bas de l'abdomen. Ils peuvent se rompre et simuler une urgence abdominale, comme une appendicite ou une grossesse ectopique. Les kystes de taille importante peuvent causer un gonflement de l'abdomen et exercer une pression sur les organes adjacents.

Le traitement des kystes ovariens est habituellement la chirurgie. Cependant, s'ils ont moins de cinq centimètres de diamètre et semblent d'origine physiologique ou remplis de liquide, et si la patiente est jeune et en santé, on prescrit souvent des contraceptifs oraux dans l'espoir d'entraîner leur résolution par la suppression de l'activité ovarienne. Quatre-vingt-dix-huit pour cent des tumeurs qui se manifestent chez des femmes âgées de moins de 30 ans sont bénignes. Après 50 ans, elles ne sont bénignes que dans la moitié des cas. Après l'ablation chirurgicale d'un kyste ovarien, les soins infirmiers postopératoires sont les mêmes que pour une chirurgie abdominale. Toutefois, il faut porter une attention particulière au ballonnement de l'abdomen dû à la baisse marquée de la pression intra-abdominale à la suite de l'excision d'un gros kyste. On peut empêcher cette complication, dans une certaine mesure, par un bandage abdominal bien ajusté.

TUMEURS BÉNIGNES DE L'UTÉRUS: LÉIOMYOMES (FIBROMYOMES)

Naissant des tissus musculaires, les léiomyomes de l'utérus, que l'ont appelle improprement fibromes, sont bénins dans 99,5 % des cas. Ils sont fréquents, apparaissant chez quelque 20 % des femmes blanches et 40 à 50 % des femmes noires. Ils se développent lentement entre l'âge de 25 et 40 ans et atteignent souvent un volume considérable après cet âge. Parfois asymptomatiques, ils se manifestent le plus souvent par des règles abondantes. Leurs autres symptômes proviennent de la pression qu'ils exercent sur les organes adjacents: douleur, lombalgie, constipation et troubles urinaires. Ces tumeurs entraînent souvent une métrorragie et même l'infertilité.

Traitement. Le traitement des léiomyomes dépend, dans une large mesure, de leur taille et de leur emplacement. La patiente dont les symptômes sont mineurs est suivie de près; si elle a l'intention d'avoir des enfants, on tente de conserver l'utérus. En général, les gros léiomyomes qui provoquent une pression doivent être retirés. Ordinairement, on procède à l'ablation de l'utérus (hystérectomie) en préservant, si possible, les ovaires. Dans le cas des petits léiomyomes, on peut pratiquer une myomectomie (ablation de la tumeur seulement). On peut également les détruire au laser.

Les léiomyomes rétrécissent et disparaissent à la ménopause lorsqu'ils ne sont plus stimulés par les œstrogènes. On a utilisé à titre expérimental des médicaments provoquant une ménopause médicale, par exemple le Lupron, pour favoriser le rétrécissement des tumeurs.

L'infirmière doit rassurer la patiente qui s'inquiète de la malignité de la tumeur en lui expliquant que les léiomyomes sont fréquents, ne causent pas de problèmes et n'évoluent pas vers le cancer. La démarche de soins infirmiers auprès des patientes ayant subi une hystérectomie est décrite à la page 1172.

ENDOMÉTRIOSE

L'endométriose est une lésion bénigne composée de cellules semblables à celles qui tapissent l'utérus; ces cellules croissent, de façon aberrante, dans la cavité pelvienne à l'extérieur de l'utérus. C'est une maladie déroutante parce que ses symptômes sont variables et parfois trompeurs. Une endométriose étendue provoque parfois peu de symptômes, tandis qu'une lésion isolée peut en provoquer beaucoup.

Physiopathologie. Par ordre de fréquence, l'endométriose touche les ovaires, les ligaments utérosacrés, le cul-de-sac, le septum rectovaginal, le péritoine urétérovésical, la surface externe de l'utérus, l'ombilic, les cicatrices de laparotomie, les sacs herniaires et l'appendice. Le tissu endométrial intra-utérin réagit à la stimulation des hormones ovariennes; à vrai dire il dépend de cette stimulation. Lors de menstruation il saigne dans des régions où le sang ne trouve pas d'issue, ce qui provoque des douleurs et des adhérences. Les lésions endométriales caractéristiques sont petites et plissées; leur couleur brune ou bleu-noir témoigne d'une rétention de sang. Un kyste ovarien formé de tissu endométrial est appelé kyste endométrioïde.

Incidence. Depuis quelques années, on diagnostique de plus en plus souvent l'endométriose grâce à la laparoscopie. Avant l'emploi du laparoscope, ce diagnostic exigeait une opération chirurgicale majeure. L'incidence de l'endométriose est élevée chez les femmes qui se marient et ont des enfants à un âge plus avancé, ou qui ont peu d'enfants. Elle est rare dans les pays comme l'Inde où les femmes se marient et ont des enfants très tôt.

L'endométriose touche le plus souvent les jeunes femmes nullipares de 25 à 35 ans. Une affection similaire de la muqueuse utérine, observée chez les femmes plus âgées et multipares, porte le nom d'adénomyose. On confondait autrefois ces deux affections, mais on les considère aujourd'hui comme des pathologies distinctes, même si leurs symptômes sont semblables et qu'elles peuvent être concomitantes.

Il semble qu'il existe une prédisposition à l'endométriose, car elle est plus fréquente chez les femmes dont des proches parentes en sont atteintes.

Causes. Les théories les plus en vogue sur l'origine des lésions endométriales sont celle de l'essaimage et celle de la métaplasie. D'après la première théorie, un reflux de l'écoulement menstruel (menstruation rétrograde) provoquerait l'essaimage des tissus endométriaux par voie tubaire vers les sites ectopiques. Une transplantation pourrait également se produire lors d'une opération chirurgicale; le tissu endométrial serait alors transmis par un instrument. Enfin, les tissus pourraient aussi se disséminer par les vaisseaux lymphatiques ou les veines. Selon la théorie de la métaplasie, le tissu endométrial proviendrait de débris de tissus épithéliaux embryonnaires, qui au cours de la croissance se transformeraient sous l'action de stimuli externes. En réalité, l'endométriose pourrait être imputable à de multiples causes.

Manifestations cliniques et évaluation diagnostique. Les symptômes de l'endométriose varient selon l'emplacement du tissu endométrial. Son symptôme principal est généralement une dysménorrhée dont les caractéristiques diffèrent des crampes utérines habituelles. La patiente se plaint d'une douleur sourde et profonde dans le bas de l'abdomen, le vagin, le bassin postérieur et le dos. Cette douleur se manifeste un ou deux jours avant les règles et dure deux ou trois jours. Certaines patientes, par contre, n'ont aucune douleur. D'autre part, les femmes en période d'activité génitale peuvent présenter des règles anormales et une dyspareunie (coït douloureux).

Un surcroît de prostaglandines libérées des cellules desquamées peut entraîner des nausées et une diarrhée. La stérilité est une conséquence possible de l'endométriose.

Pour connaître les symptômes de façon précise, il faut dresser un bilan de santé comprenant les détails du cycle menstruel. En outre, l'examen pelvien bimanuel révèle parfois la présence de nodules fixes et sensibles, et un utérus peu mobile, ce qui traduit la présence d'adhérences. Le diagnostic est confirmé par une laparoscopie.

Traitement.   Le traitement dépend de la nature des symptômes et de l'étendue de l'affection. Le fait que la patiente désire ou non avoir des enfants entre aussi en jeu. Si la femme est asymptomatique, on pourra se contenter d'un examen semestriel. Dans les cas d'atteintes plus graves, on aura recours, selon le cas, à des mesures palliatives, à l'hormonothérapie ou à la chirurgie. Les mesures palliatives sont notamment les analgésiques et les inhibiteurs de la prostaglandine. La grossesse peut aussi soulager les symptômes à cause de l'aménorrhée provoquée par la gestation.

L'hormonothérapie, soit l'administration de contraceptifs oraux pendant six à neuf mois, supprime la menstruation et soulage les douleurs menstruelles (dysménorrhée). Elle peut cependant provoquer des effets secondaires: rétention aqueuse, nausées, gain pondéral, pertes vaginales, et autres complications liées aux contraceptifs oraux. Si les effets secondaires sont trop désagréables, on abandonne ou on modifie le traitement.

Il existe une autre forme d'hormonothérapie, soit l'administration d'un androgène synthétique, le danazol (Cyclomen), qui provoque une aménorrhée par atrophie de l'endomètre et suppression de l'ovulation. Le danazol agit en bloquant la production de la gonadotropine par l'hypophyse. Ce médicament est toutefois coûteux et peut entraîner des effets secondaires comme la fatigue, la dépression, un gain pondéral, une peau grasse, une diminution de la taille des seins, une légère acné, des bouffées de chaleur et une atrophie du vagin.

La plupart des femmes poursuivent le traitement malgré ces effets. Les symptômes s'atténuent chez 80 à 90 % des patientes qui souffrent d'endométriose légère ou modérée. Le médicament est contre-indiqué pour les femmes enceintes, celles qui allaitent et celles qui ont des antécédents d'hémorragies vaginales ou de maladies du foie, du cœur ou des reins.

Un agoniste de la gonadolibérine (GnRH), le Synarel, provoque également une aménorrhée en inhibant la production des œstrogènes. Il est administré par aérosol nasal deux fois par jour pendant six mois. Les effets secondaires sont liés à la baisse du taux des œstrogènes (bouffées de chaleur, sécheresse du vagin, etc.). Il s'agit d'un médicament qui soulage avec efficacité les symptômes de l'endométriose et a donné de bons résultats chez des femmes qui ne pouvaient concevoir à cause de cette affection.

Quand les traitements médicaux sont inefficaces, la chirurgie peut être nécessaire. On choisit le type de l'opération en fonction des besoins de la patiente. On peut pratiquer une laparoscopie au cours de laquelle il est parfois possible de détruire par fulguration le tissu endométrial et de lyser ou de couper les adhérences. On peut aussi avoir recours au laser lors de la laparoscopie pour vaporiser le tissu endométrial ou le détruire par coagulation.

Selon les circonstances, on pourra effectuer d'autres types d'intervention dont la laparotomie, l'hystérectomie abdominale ou la salpingo-ovariectomie bilatérale.

Pronostic.   Quand l'endométriose est légère ou modérée, le traitement hormonal ou chirurgical soulage la douleur et améliore les chances de grossesse. Pour les femmes de plus de 35 ans, ou celles qui ne veulent pas d'enfants, l'hystérectomie est une possibilité.

Interventions infirmières.   En effectuant le bilan de santé et l'examen physique, on cherche à préciser les symptômes; on établit le moment de leur apparition et leur périodicité. On doit aussi demander à la patiente si elle désire avoir des enfants. Ces données permettent d'établir un plan de soins.

Les objectifs de soins sont, notamment: soulagement de la douleur, soulagement de la dysménorrhée et de la dyspareunie et correction de la stérilité. Les principales interventions infirmières sont l'évaluation de la douleur et de l'efficacité des méthodes et des médicaments utilisés pour en assurer le soulagement. Souvent, on peut rassurer la patiente en lui expliquant les divers examens diagnostiques.

S'ils souhaitent avoir un enfant, la femme et son partenaire ont besoin d'un soutien affectif. Au cours du traitement, il arrive que l'on constate que les chances de grossesse sont minimes. Il faut respecter les effets de cette constatation sur le couple et faire preuve de compréhension à leur égard.

Au moment opportun, on peut aborder avec la patiente et son partenaire des solutions de rechange comme la fécondation in vitro (FIV) et l'adoption, et les orienter vers les personnes ou les organismes appropriés.

Dans son enseignement à la patiente, l'infirmière dissipera les mythes (l'idée par exemple que l'endométriose est causée par l'emploi de tampons), et recommandera aux femmes qui souffrent de dysménorrhée ou de saignements anormaux de consulter un médecin. Les CLSC ou les cliniques de santé des femmes sont une bonne source de renseignements et de soutien pour les patientes qui veulent en savoir plus long.

ADÉNOMYOSE

L'adénomyose est l'envahissement de la paroi utérine par la muqueuse de l'endomètre. C'est chez les femmes de 40 à 50 ans qu'on observe le plus souvent ce dérèglement. Les symptômes en sont l'hyperménorrhée (règles abondantes et longues), une dysménorrhée acquise, une polyménorrhée (règles trop fréquentes) et de petits saignements avant la menstruation. L'examen physique révèle un utérus augmenté de volume, ferme et sensible. Le traitement dépend de la gravité des hémorragies et de la douleur; on privilégie actuellement l'hystérectomie, qui soulage mieux que les traitements médicaux.

TUMEURS MALIGNES

On estime que les tumeurs malignes de l'appareil reproducteur féminin (à l'exclusion du cancer du sein) entraînent chaque année plus de 2000 décès au Canada. Chaque année, on prévoit dépister plus de 1000 nouveaux cas de cancer du col utérin, qui entraîneront près de 400 décès. De même, on prévoit dépister chaque année 3000 nouveaux cas de cancer de l'utérus qui entraîneront plus de 500 décès. Le cancer de l'ovaire touchera 2000 femmes et provoquera 1200 décès.

Certains cancers sont difficiles à déceler ou à prévenir, mais ce n'est pas le cas du cancer du col utérin qui peut être décelé à ses débuts grâce au test de Papanicolaou, qui est relativement peu coûteux et sans douleur. Les examens pelviens doivent se faire dans une ambiance agréable et détendue afin que les femmes en fassent une habitude. On a proposé d'ajouter le test de Papanicolaou aux examens physiques courants subis par les personnes qui postulent un emploi, qui sont admises dans un centre hospitalier ou qui veulent souscrire à une assurance. Plus le nombre de femmes qui se soumettent régulièrement à ce test simple et non douloureux augmentera, plus on réduira le nombre des décès dus au cancer du col de l'utérus.

CANCER DU COL DE L'UTÉRUS

Il existe deux grands types de cancer primaire de l'utérus: le cancer du col, qui est généralement un épithélioma, et le carcinome de l'endomètre (fond et corps de l'utérus).

L'incidence du cancer du col utérin a diminué grâce au dépistage par le test de Papanicolaou. Le taux de cancer envahissant du col utérin est en effet passé, en 40 ans, de 45 par 100 000 femmes à 15. Il reste néanmoins au troisième rang parmi les cancers de l'appareil reproducteur féminin (à l'exclusion du cancer du sein). Il se manifeste le plus souvent entre 30 et 45 ans, mais peut apparaître dès l'âge de 18 ans. Son incidence est liée à l'activité sexuelle. Avant l'âge de 25 ans, il est plus fréquent chez les femmes qui ont eu de nombreux partenaires sexuels et plusieurs grossesses. Les conclusions de certaines études portent à croire que ce type de cancer serait une MTS.

Les facteurs de risque, en plus des relations sexuelles et des grossesses précoces et de la multiplicité des partenaires sexuels, sont l'exposition au papilloma virus, le tabagisme et l'exposition *in utero* au diéthylstilboestrol (DES). La plupart des tumeurs malignes du col utérin sont des épithéliomas malpighiens; les adénocarcinomes sont moins courants.

Le diagnostic peut être établi par un frottis de Papanicolaou témoignant d'une dysplasie, ou par une série de frottis anormaux suivie d'une biopsie qui révèle une néoplasie cervicale intraépithéliale ou une lésion intraépithéliale épidermoïde bien différenciée. Le cancer du col est généralement asymptomatique, mais il peut provoquer des pertes, et des règles irrégulières.

La leucorrhée en est parfois le seul symptôme. Les pertes augmentent peu à peu; elles deviennent aqueuses et, à la longue, foncées et nauséabondes à cause de la nécrose et de l'infection de la tumeur. Les règles sont irrégulières, et on peut observer des saignements entre les règles (métrorragie), ou après la ménopause. Ces saignements sont parfois très faibles, tachant tout juste les sous-vêtements, et se produisent généralement après un léger trauma (rapports sexuels, douche vaginale ou défécation). Avec l'évolution de la maladie, les saignements peuvent devenir constants et plus abondants.

Les infections chroniques semblent jouer un rôle important dans le développement du cancer du col. Avant que les symptômes ne se manifestent, on observe une grosse excroissance rougeâtre, ou un cratère profond et ulcéré sur le col. À mesure que le cancer évolue, il peut envahir des tissus qui se trouvent hors du col utérin, y compris les ganglions lymphatiques antérieurs au sacrum. Chez le tiers des patientes souffrant d'un cancer invasif du col utérin, on note une atteinte du fond de l'utérus. Les nerfs de cette région provoquent alors dans le dos et les jambes une douleur atroce ne pouvant être

soulagée que par des doses importantes de narcotiques. Si la maladie n'est pas traitée, elle aboutit à une émaciation et une anémie extrêmes, souvent accompagnées de fièvre causée par une infection secondaire et des abcès de la tumeur ulcérée.

Examens diagnostiques. La classification des cancers selon le stade clinique est un outil précieux pour le médecin, car elle lui indique l'étendue de la maladie. Il peut ainsi mieux planifier le traitement et établir le pronostic. La classification la plus répandue est celle de la Fédération internationale de gynécologie et d'obstétrique (tableau 39-2); toutefois on utilise aussi la classification TNM des cancers dans laquelle le T désigne la taille de la tumeur primitive, le N l'extension aux ganglions lymphatiques (nodes, en anglais) et le M les métastases.

On évalue les signes et les symptômes et on procède à des examens radiologiques et de laboratoire, ainsi qu'à des examens spéciaux comme la biopsie à l'emporte-pièce et la colposcopie. Selon le stade de la maladie, on a recours à d'autres examens: curetage après dilatation du col utérin, tomodensitométrie, lymphangiographie, résonance magnétique nucléaire, urographie intraveineuse, etc.

Traitement. Si la colposcopie et la biopsie révèlent des lésions précancéreuses (par exemple les lésions intraépithéliales épidermoïdes mal différenciées), ou des lésions intraépithéliales épidermoïdes bien différenciées, on peut avoir recours à un traitement non chirurgical soit la destruction des lésions par la cryothérapie (emploi d'un réfrigérant comme le dioxyde de carbone) ou le laser. Si la biopsie fait apparaître une NCI III ou une lésion intraépithéliale épidermoïde bien différenciée, c'est-à-dire un carcinome *in situ*, on a généralement recours à la conisation (excision d'un fragment en forme de cône).

Selon la classification NCI, les dysplasies légères ou modérées sont des NCI I et des NCI II et, selon la classification récente de Bethesda, des lésions intraépithéliales épidermoïdes mal différenciées.

La NCI III ou la lésion intraépithéliale épidermoïde bien différenciée correspond à une dysplasie grave et au cancer *in situ*. (Voir le tableau 38-1 pour la comparaison des différentes classifications des résultats du test de Papanicolaou.) Voir le tableau 39-3 pour d'autres termes utilisés dans les descriptions cytologiques, et le tableau 39-4 pour la technique du frottis de Papanicolaou.

Quand un cancer *in situ* du col utérin apparaît chez une femme qui n'est plus en âge de concevoir ou qui a eu les enfants qu'elle désirait, on recommande généralement une hystérectomie simple. Par la suite, on effectue fréquemment des examens pour déceler les récidives. Dans le cas de cancer invasif, on peut avoir recours à la radiothérapie, à l'hystérectomie radicale ou aux deux, selon le stade de la lésion (voir le tableau 39-2), et selon le jugement du médecin. Certains spécialistes préconisent la chirurgie, surtout quand la patiente ne tolère pas les effets de la radiothérapie ou présente un cancer radiorésistant. Les interventions chirurgicales qui suivent sont les plus souvent utilisées dans les cas de cancer du col utérin:

L'hystérectomie totale: ablation de l'utérus, du col utérin et des ovaires

L'hystérectomie radicale (opération de Wertheim): ablation en un seul bloc, par voie abdominale, de l'utérus, des annexes, du vagin proximal et des ganglions lymphatiques bilatéraux

TABLEAU 39-2. *Classification internationale des carcinomes du col de l'utérus*

Stade de la lésion	Extension	Description
Stade 0	Cancer *in situ*	Cancer confiné à l'épithélium; aucun signe d'envahissement
Stade I	Cancer confiné au col	Cancer strictement confiné au col
Stade IA		Cancer micro-invasif
Stade IB		Cancer manifeste du point du vue clinique
Stade II	Extension du vagin	Extension au-delà du col pour atteindre le vagin (sans toucher son tiers inférieur), ou à la région paracervicale d'un côté ou des deux
Stade IIA		Pas d'envahissement des paramètres
Stade IIB		Envahissement des paramètres
Stade III	Extension au tiers inférieur du vagin, ou à la paroi pelvienne	Atteinte palpable des ganglions lymphatiques de la paroi pelvienne L'urographie veineuse montre l'obstruction de l'un des uretères, ou des deux, par la tumeur
Stade IIIA		Extension au tiers inférieur du vagin seulement
Stade IIIB		Métastases isolées palpables sur la paroi
Stade IV	Extension à la vessie, au rectum, aux organes adjacents ou aux organes à distance	Envahissement de la vessie visible à la cystoscopie ou révélé par la présence d'une fistule vésicovaginale
Stade IVA		Envahissement des organes adjacents
Stade IVB		Envahissement des organes à distance

TABLEAU 39-3. *Autres termes descriptifs employés dans la formulation des résultats de la cytologie du col utérin*

Métaplasie malpighienne atypique
Cellules de l'épithélium malpighien métaplasiques présentant dans leur noyau les caractéristiques d'une inflammation active

Cervicite chronique
Exsudat inflammatoire associé à une modification de l'épithélium

Dyskératocytes
Cellules matures de l'épithélium malpighien dont le cytoplasme dense et réfringent témoigne de la présence du virus du papillome humain

Cellules géantes
Grosses cellules multinucléées pouvant indiquer la présence de l'herpèsvirus

Atypie koïlocytotique (atypie verruqueuse)
Cellules de l'épithélium malpighien creuses témoignant de la présence du virus du papillome humain

Parakératose
Manifestation d'une carence en œstrogènes

Régénération et réparation
Caractéristiques d'inflammation et de la réparation visibles dans les cellules de l'épithélium malpighien et les cellules cylindriques

(Source: J. K. Fullerton et M. K. Barger, «Papanicolaou smear: An update on classification and management», *J Am Acad Nurse Pract,* juillet-sept. 1989, 1[3]:87)

L'hystérectomie radicale vaginale (opération de Schauta): ablation par voie vaginale de l'utérus, des annexes et du vagin proximal (Note: Dans les deux interventions qui précèdent, le terme «radical» signifie que l'on enlève avec l'utérus une partie importante des tissus paravaginaux, paracervicaux, paramétriaux et utérosacrés.)

La lymphadénectomie pelvienne bilatérale: ablation des ganglions et des vaisseaux lymphatiques iliaques communs, iliaques externes, hypogastriques et obturateurs

L'exentération pelvienne: ablation des organes pelviens, y compris la vessie ou le rectum et les ganglions lymphatiques

La salpingo-ovariectomie: ablation des trompes utérines et des ovaires

Après ces opérations, un suivi par un oncologue spécialisé en gynécologie s'impose.

CANCER DE L'ENDOMÈTRE

Le cancer de l'endomètre utérin (fond ou corps de l'utérus) connaît une augmentation attribuable, en partie, au fait que les femmes vivent plus longtemps. Le rôle principal de l'infirmière dans la prévention de ce type de cancer est de recommander aux femmes de plus de 18 ans de se soumettre chaque année à un examen gynécologique. Le cancer de l'endomètre occupe par sa fréquence le quatrième rang parmi les cancers de la femme (après les cancers du sein, du côlon et du rectum, et du poumon). Il s'agit du cancer gynécologique le plus fréquent. On le traite par une hystérectomie totale et une

TABLEAU 39-4. *Technique du frottis de Papanicolaou*

Méthode	Justification
1. Ne pas faire le prélèvement s'il y a écoulement menstruel ou saignement manifeste (sauf si l'on soupçonne fortement la présence d'une néoplasie).	Le sang peut fausser l'interprétation du frottis.
2. Si l'on doit effectuer plusieurs prélèvements (par exemple pour le frottis de Papanicolaou et pour la recherche du gonocoque), commencer par le frottis de Papanicolaou.	On assure ainsi l'intégrité de la couche cellulaire superficielle.
3. Utiliser un crayon au plomb pour écrire sur la partie givrée de la lame.	L'encre n'adhère pas au verre.
4. Après l'insertion du spéculum, enlever doucement le mucus et le sang.	On s'assure ainsi de ne pas diluer les cellules du col utérin.
5. Insérer dans le canal endocervical, à deux ou trois centimètres, une cytobrosse* ou un coton-tige humecté de solution salée; lui imprimer une rotation de 180 à 360 degrés, le retirer et le rouler sur la lame.	On obtient ainsi des cellules endocervicales et, parfois, des cellules de la zone de jonction de l'épithélium stratifié et de l'épithélium cylindrique. La solution salée garde les cellules sur la partie extérieure du coton-tige.
6. Placer l'extrémité longue de la spatule d'Ayre** dans le canal cervical et racler la surface du col en imprimant à la spatule une rotation complète.	Cette méthode permet d'obtenir un prélèvement de cellules exocervicales et de cellules de la zone de jonction de l'épithélium stratifié et de l'épithélium cylindrique. (Cette zone se trouve parfois loin de l'orifice; il faut alors insérer plus loin la spatule.)
7. Obtenir un prélèvement de la muqueuse du cul-de-sac postérieur du vagin. (Prélèvement facultatif sauf en cas de lésion suspecte.)	On peut ainsi déceler un cancer de la paroi vaginale ou de l'endomètre (les cellules desquamées de l'endomètre se retrouvent parfois dans le cul-de-sac postérieur). Le cancer de l'endomètre est plus fréquent chez les femmes de plus de 45 ans.
8. Si la femme a subi une hystérectomie, prélever l'échantillon au niveau du cul-de-sac postérieur de la voûte vaginale.	Cet échantillon peut révéler la présence d'un cancer résiduel de la paroi vaginale.
9. Étaler le prélèvement sur la lame selon des mouvements nets et précis. Les traits ne doivent pas se chevaucher.	On évite ainsi de briser ou de détruire les cellules.
10. Fixer immédiatement les cellules au moyen d'un fixateur cytologique ou de laque à cheveux non parfumée ou en l'immergeant dans un bocal contenant de l'alcool à 95%.	Les cellules sont altérées par l'exposition à l'air ou à la lumière.

* Certains spécialistes recommandent l'emploi de la spatule avant celui de la cytobrosse, car la cytobrosse provoque souvent un léger saignement. La spatule prélève des cellules de la zone de jonction de l'épithélium stratifié et de l'épithélium cylindrique, tandis que la brosse ou le coton-tige recueille les cellules endocervicales. Les deux prélèvements sont nécessaires.
** La spatule d'Ayre est une petite spatule de bois fourchue qu'on trouve dans tous les cabinets de gynécologues.
(Source: J. T. Fullerton et M. K. Barger, «Papanicolaou Smear: An update on classification and management», *J Am Acad Nurse Pract,* 1989, juillet-sept., 1[3]:86)

salpingo-ovariectomie bilatérale. Selon le stade de la maladie, le traitement peut également comprendre, avant ou après l'opération, une irradiation endocavitaire ou une irradiation externe du bassin.

Environ la moitié des femmes qui présentent des saignements vaginaux après la ménopause sont atteintes d'un cancer de l'utérus. L'âge moyen des victimes est de 61 ans, la plupart d'entre elles ayant plus de 55 ans. Le risque est un peu plus grand pour les femmes obèses, car l'androstènedione se transforme en estrone dans les tissus adipeux, et l'utérus se trouve ainsi exposé à l'action d'œstrogènes qui n'est pas opposée (ou compensée) par la progestérone.

L'hormonothérapie substitutive par les œstrogènes non opposés est aussi un facteur de risque. On ajoute maintenant de la progestérone aux œstrogènes pour neutraliser ce danger, mais les femmes qui ont pris des œstrogènes seuls dans le passé sont aujourd'hui plus exposées au cancer de l'endomètre. Enfin la nulliparité et une ménopause tardive (après 52 ans)

augmentent aussi les risques, et le cancer de l'endomètre est plus fréquent chez les femmes blanches et chez les diabétiques. La plupart des cancers utérins sont des adénocarcinomes qui se développent aux dépens de la muqueuse. Le traitement varie selon le stade de la maladie, mais il commence presque toujours par une hystérectomie abdominale totale et une salpingo-ovariectomie bilatérale.

HYSTÉRECTOMIE

L'hystérectomie totale est l'ablation de l'utérus et du col utérin. Cette intervention est indiquée pour une variété de troubles, dont les hémorragies utérines dysfonctionnelles, l'endométriose, les tumeurs malignes et bénignes de l'utérus, du col utérin et des annexes, le relâchement des muscles périnéaux et le prolapsus de l'utérus, et les lésions irréparables de l'utérus. Les cancers exigent une hystérectomie abdominale totale et une salpingo-ovariectomie bilatérale.

DÉMARCHE DE SOINS INFIRMIERS
PATIENTES SUBISSANT UNE HYSTÉRECTOMIE

▷ Collecte des données

Le bilan de santé, l'examen physique et pelvien et les analyses de laboratoire permettent à l'infirmière d'avoir une bonne idée des problèmes de la patiente. L'infirmière doit aussi questionner la patiente sur sa perception de l'opération, car dans la plupart des cas, l'hystérectomie a d'importantes répercussions psychosociales. Si l'hystérectomie est pratiquée à cause d'une tumeur maligne, de l'anxiété, associée au cancer et à la peur de la mort, ajoutera au stress de l'opération.

▷ Analyse et interprétation des données

Selon les données recueillies, voici les principaux diagnostics infirmiers possibles:

- Anxiété reliée au diagnostic de cancer et à la crainte de la douleur, de la perte de la féminité et de la perturbation de l'image corporelle
- Perturbation de l'image corporelle reliée à la modification de la sexualité, de la fécondité et des relations avec la famille et le partenaire
- Douleur reliée à la chirurgie et aux traitements adjuvants
- Manque de connaissances sur le déroulement de l'hystérectomie et sur les autosoins

▷ Planification et exécution

▷ *Objectifs de soins:* Soulagement de l'anxiété; acceptation de la perturbation de l'image de soi; absence de douleur; acquisition de connaissances sur les autosoins

▷ Interventions infirmières

▷ *Soulagement de l'anxiété.* L'anxiété de la femme qui subit une hystérectomie est due à une variété de causes: dépaysement, effets de la chirurgie sur l'image corporelle et la capacité de reproduction, crainte de la douleur et du malaise, vulnérabilité. Plusieurs patientes sont gênées d'exposer leur région génitale, et pour certaines les soins médicaux sont en conflits avec leurs croyances religieuses. L'infirmière doit faire preuve de compréhension envers la patiente, car celle-ci a besoin d'exprimer ce qu'elle ressent à quelqu'un qui la comprend et veut l'aider.

L'infirmière doit aussi aider la patiente à reconnaître ses forces. Au cours de la période préopératoire, elle doit lui donner des explications sur les étapes de la préparation physique.

▷ *Préparation à l'opération.* La préparation physique est sensiblement la même que pour une laparotomie. On rase généralement la région pubienne et périnéale et on lave soigneusement à l'eau et au savon la moitié inférieure de l'abdomen, le pubis et le périnée (certaines salles d'opération n'exigent pas le rasage). Pour empêcher la contamination et les lésions accidentelles à l'intestin et à la vessie, on assure leur évacuation. La veille de l'opération, on administre généralement un lavement et une douche vaginale antiseptique; un sédatif assure une bonne nuit de repos. Le matin, on administre les médicaments préopératoires qui aident la patiente à se détendre.

▷ *Amélioration de l'image corporelle.* La collecte des données a révélé les sentiments de la femme à l'égard de l'hystérectomie. Ces sentiments varient selon le diagnostic, les relations avec les proches (famille, partenaire), les croyances religieuses et le pronostic. Les craintes peuvent porter sur l'incapacité d'avoir des enfants, sur la perte de la féminité, de même que sur l'altération des relations et de la satisfaction sexuelles. Si les craintes de la patiente concernent surtout la vie sexuelle, l'infirmière la rassure en lui disant que les relations sexuelles seront toujours possibles et qu'elle pourra les reprendre après une courte période d'abstinence permettant la guérison des tissus.

L'infirmière doit insister sur le fait que la satisfaction sexuelle et l'orgasme proviennent de la stimulation du clitoris et non de la présence d'un utérus. La plupart des femmes constatent une modification plus ou moins grandes des sensations sexuelles après une hystérectomie. Dans certains cas, l'opération raccourcit le vagin, ce qui peut perturber les sensations et provoquer un malaise.

D'autre part, si l'équilibre hormonal est perturbé, comme c'est souvent le cas quand l'appareil reproducteur est déréglé, la patiente peut éprouver de la dépression et une grande émotivité. Il faut donc faire preuve de compréhension envers la patiente et lui accorder toute l'attention dont elle a besoin. Il faut s'assurer la collaboration de la famille et des autres membres de l'équipe soignante à cet égard. L'infirmière qui manifeste de l'intérêt et de la sympathie envers sa patiente et qui est à son écoute peut lui être d'un grand secours. Il appartient à la patiente de décider si elle veut subir une hystérectomie, et il importe de respecter et d'appuyer sa décision.

▷ *Soulagement de la douleur.* L'hystérectomie peut se faire par voie abdominale ou vaginale, la décision du chirurgien étant fondée sur le diagnostic et la taille de l'utérus. L'hystérectomie vaginale exige un moins long alitement, mais il est nécessaire d'avoir recours à la voie abdominale en cas de tumeur maligne ou lorsque l'utérus est augmenté de volume. Les malaises abdominaux et la douleur sont fréquents. Il faut donc administrer les analgésiques prescrits pour soulager la douleur et faciliter la marche quotidienne.

Pour dissiper le malaise provoqué par le ballonnement abdominal, surtout s'il y a eu manipulation des viscères, on peut insérer une sonde nasogastrique pendant que la patiente est encore à la salle d'opération. L'ablation d'une tumeur de taille importante peut causer un œdème en raison d'une baisse subite de pression. L'apport liquidien et nutritionnel doit souvent être restreint pendant les jours qui suivent l'opération; en cas de flatulence, on a parfois recours à une sonde rectale ainsi qu'à l'application de chaleur sur l'abdomen. Dès que l'auscultation de l'abdomen indique la reprise du péristaltisme, on augmente l'apport liquidien et on autorise un régime à consistance molle. Le lever précoce favorise le retour du péristaltisme. La manipulation de l'intestin pendant l'opération entraîne parfois une occlusion intestinale.

▷ *Soins postopératoires.* Il faut appliquer les principes généraux des soins postopératoires en cas de chirurgie abdominale. On doit accorder une attention particulière à la circulation périphérique en notant la présence de varicosités et en favorisant la circulation par des exercices des jambes et l'application de bas élastiques. L'infection et l'hémorragie sont des risques importants. De plus, on peut observer des troubles d'élimination urinaire à cause de la proximité de la vessie surtout dans l'hystérectomie vaginale.

On insère une sonde si la patiente n'a pas uriné huit heures après l'intervention, l'oedème où le traumatisme nerveux pouvant causer une atonie temporaire de la vessie. On l'enlève généralement peu de temps après le lever.

▷ *Enseignement à la patiente et soins à domicile.* L'information fournie à la patiente dépend de ses désirs et de ses besoins. Si des restrictions s'imposent après l'opération, il est important qu'elle les connaisse. Elle doit aussi savoir qu'elle ne sera plus menstruée. Si ses ovaires sont toujours en place, elle ne connaîtra pas les symptômes d'une ménopause soudaine, mais s'ils ont été enlevés, on peut envisager une hormonothérapie substitutive. Certains considèrent que l'hystérectomie est «à peine plus grave qu'une appendicectomie». Mais en fait, elle provoque de la fatigue et de la faiblesse pendant plusieurs semaines, ce dont il faut informer la patiente.

La reprise des activités doit se faire graduellement. La patiente doit éviter de rester longtemps assise pour prévenir l'accumulation de sang dans le bassin, ce qui pourrait provoquer une thrombo-embolie. Elle préférera les douches aux bains, pour réduire les risques d'infection. Elle doit aussi éviter de forcer, de soulever les objets lourds, d'avoir des rapports sexuels et de conduire une voiture tant que ces activités ne sont pas autorisées par le médecin. Les pertes vaginales, une odeur nauséabonde, des saignements abondants ou la fièvre doivent être promptement signalés à un professionnel de la santé.

L'infirmière réitère les explications du médecin touchant la reprise des rapports sexuels. Elle peut notamment suggérer d'autres moyens d'expression sexuelle et indiquer les positions imposant le moins d'effort à la femme.

▷ *Évaluation*

Résultats escomptés

1. La patiente éprouve moins d'anxiété.
   a) Elle pose des questions précises sur les effets de l'opération sur la menstruation, la procréation, les relations sexuelles et le cancer.
   b) Elle parle de l'opération et de la période postopératoire.
2. La patiente s'accepte telle qu'elle est.
   a) Elle inclut son partenaire dans la planification de sa convalescence.
   b) Elle comprend sa maladie et le programme thérapeutique.
   c) Elle soigne son apparence.
   d) Elle parle avec l'infirmière de ses projets pour les deux premières semaines de sa convalescence à domicile.
   e) Elle ne présente pas de dépression ou de tristesse.
3. La patiente n'éprouve que peu de douleur ou un léger malaise.
   a) Elle se dit soulagée de la douleur abdominale.
   b) Elle marche sans avoir mal.
4. La patiente ne présente pas de complications.
   a) Sa température est normale au cours des 24 heures précédant sa sortie du centre hospitalier.
   b) Ses signes vitaux sont stables.
   c) Elle se déplace peu après l'opération.

d) Elle ne présente pas de douleur aux mollets, ni de rougeur, de sensibilité ou d'oedème aux membres.
e) Elle ne présente pas de troubles urinaires ou de ballonnement abdominal.
5. La patiente confirme qu'elle a acquis des connaissances sur les autosoins.
   a) Elle pratique les exercices de respiration profonde, les exercices pour les jambes et les changements de position qu'on lui a appris.
   b) Elle augmente chaque jour son activité et ses déplacements.
   c) Son apport liquidien et son débit urinaire sont satisfaisants.
   d) Elle fait alterner les périodes d'activités avec les périodes de repos.
   e) Elle connaît les symptômes qu'elle doit signaler.
   f) Elle décrit les objectifs de l'hormonothérapie substitutive.
   g) Elle répète les instructions et nomme les effets secondaires qu'elle doit signaler.
   h) Elle se présente à ses rendez-vous de suivi à la clinique ou au cabinet du médecin.
   i) Elle sait que certaines femmes notent une baisse de la satisfaction sexuelle après un hystérectomie, tandis que d'autres ne constatent aucun changement.

CANCER DE LA VULVE

Le cancer primitif de la vulve représente entre 3 et 4 % des cancers gynécologiques. Il apparaît le plus souvent après la ménopause, chez les femmes blanches. Il est généralement épidermoïde. Parmi les cancers intraépithéliaux de la vulve, on note les épithéliomas malpighiens *in situ* et la maladie de Paget extramammaire. Le cancer de la glande de Bartholin, l'épithélioma basocellulaire et le mélanome malin sont rares. Les causes du cancer de la vulve sont mal connues.

L'âge moyen des femmes atteintes est de 44 ans pour le cancer *in situ* de la vulve et de 61 ans pour le cancer envahissant; l'incidence est plus forte chez les femmes atteintes d'hypertension, d'obésité ou de diabète.

Manifestations cliniques et examens diagnostiques. Le symptôme le plus courant du cancer de la vulve est un prurit de longue date. Les hémorragies, un écoulement nauséabond et de la douleur témoignent habituellement d'un cancer au stade avancé. Les premières lésions font penser à une dermatite chronique. Une masse peut ensuite se développer, durcir, s'ulcérer et prendre l'aspect d'un chou-fleur. C'est par une biopsie qu'on établit généralement le diagnostic du cancer de la vulve.

- Toute lésion de la vulve qui persiste, qui est ulcérée, ou qui ne guérit pas malgré des soins appropriés, devrait faire l'objet d'une biopsie.

L'infirmière dispose d'excellents arguments pour convaincre les femmes qui présentent des symptômes de cancer de la vulve de consulter un médecin. En effet, il s'agit de l'une des formes de cancer les plus faciles à guérir et sa croissance est relativement lente. Il est aussi facile à dépister. L'irritation chronique de la vulve, ou la leucoplasie pourraient être associées à un risque accru de cancer de la vulve.

Traitement. Selon son étendue, on traite le cancer de la vulve, par une excision large, une vaporisation au laser, des crèmes antinéoplasiques (par exemple au 5-fluorouacile) ou par radiothérapie.

Le premier traitement est l'excision large. La radiothérapie est utilisée pour les tumeurs non réséquables. On peut avoir recours au laser pour les lésions *in situ*. Si la tumeur est très étendue, la vulvectomie est le traitement de choix.

La vulvectomie est généralement réservée aux femmes de plus de 60 ans qui présentent des lésions précancéreuses, des lésions cancéreuses *in situ* récidivantes, des hyperplasies atypiques, un cancer étendu ou des lésions dystrophiques. En cas de cancer envahissant, on effectue, en même temps que la vulvectomie, une lymphadénectomie régionale. La chimiothérapie et l'immunothérapie sont parfois utilisées comme traitements d'appoint.

 ### DÉMARCHE DE SOINS INFIRMIERS
PATIENTES SUBISSANT UNE VULVECTOMIE

▷ Collecte des données

L'infirmière doit recueillir des données par un examen physique et un examen du bassin, en plus d'établir un bilan de santé. Elle doit profiter de ce premier contact avec la patiente pour établir un climat de confiance. Les raisons qui ont amené la femme à consulter un professionnel de la santé sont évidentes; si elle a tardé à demander cette consultation, cependant, on doit chercher avec tact à déterminer la cause du délai. Que ce soit par pudeur, par déni ou par négligence, ses besoins futurs et ses soins pourront en être influencés. L'infirmière évalue les habitudes de santé de la femme et sa réceptivité à l'enseignement, ainsi que les facteurs psychosociaux. Enfin, elle entreprend de préparer la patiente à l'opération et lui offre un soutien psychologique.

▷ Analyse et interprétation des données

Selon les données recueillies, voici les principaux diagnostics infirmiers possibles:

- Anxiété reliée au diagnostic et aux suites de l'opération
- Atteinte à l'intégrité de la peau reliée au drainage de la plaie
- Risque élevé d'infection relié à la proximité des organes excréteurs
- Douleur reliée à l'excision chirurgicale et aux soins de la plaie
- Dysfonctionnement sexuel relié à la modification d'une partie du corps (la vulve) et de son fonctionnement
- Déficit d'autosoin relié à un manque de connaissances sur les soins du périnée et à l'état de santé global

▷ Planification et exécution

▷ *Objectifs de soins:* Acceptation de l'intervention chirurgicale; absence d'infection et de complications postopératoires; rétablissement d'une vie sexuelle satisfaisante et capacité d'effectuer les autosoins

▷ Interventions infirmières

▷ *Soins préopératoires*

▷ *Soulagement de l'anxiété.* La patiente doit avoir l'occasion de parler et de poser des questions. La crainte inspirée par la vulvectomie est moins forte quand la femme sait que ses chances de retrouver une vie sexuelle normale

sont bonnes. La femme en âge de procréer peut avoir des enfants après une vulvectomie simple. L'infirmière doit être au courant des explications fournies par le médecin à cet égard.

▷ *Préparation physique.* Les soins infirmiers assurant la préparation physique et psychologique à une opération sont décrits au chapitre 32. Il faut préparer la peau de l'abdomen, de l'aine, du haut des cuisses et de la vulve par des lavages quotidiens avec un savon antimicrobien. L'envergure de l'opération varie selon l'extension de la maladie; les lésions très étendues exigent la résection en profondeur des ganglions lymphatiques. Pour diminuer les risques d'infection et d'embolie pulmonaire, on peut entreprendre avant l'opération un traitement prophylactique aux antibiotiques et à l'héparine, que l'on poursuit après l'opération.

▷ Soins postopératoires

▷ *Soins de la plaie.* À la sortie de la salle d'opération, la plaie est couverte d'un pansement périnéal, fixé au moyen d'un bandage en T, ce qui favorise le bien-être de la patiente. Les plaies de l'aine peuvent être exposées ou couvertes d'un pansement simple. Un pansement compressif empêche l'accumulation de lymphe et de sérum. De nombreux chirurgiens insèrent de chaque côté de l'aine, à travers la plaie, des tubes ou des drains de plastique reliés à un appareil d'aspiration portatif. On facilite ainsi l'apposition des tissus et on empêche l'accumulation de sérosités.

La plaie est nettoyée en douceur, une fois par jour, par une irrigation tiède avec une solution physiologique ou une solution antiseptique. Après le nettoyage, une vaporisation à l'eau tiède est agréable et favorise la circulation. La plaie doit être fréquemment exposée à l'air afin de réduire l'humidité et la macération. Pendant que les sutures sont en place, on prescrit parfois l'utilisation d'une lampe chauffante ou d'un séchoir à cheveux pour procurer de la chaleur sèche.

▷ *Mesures de bien-être.* Les sutures sont parfois tendues. Pour réduire la pression sur la plaie et pour favoriser le bien-être de la patiente, il faut placer celle-ci de façon à réduire la tension sur les sutures. Il convient parfois de l'installer dans la position Fowler assistée ou de mettre un petit coussin sous ses genoux. Quand elle est couchée sur le côté, on place un oreiller entre ses jambes et un autre contre la région lombaire.

Un matelas pneumatique ou alvéolé peut favoriser la distribution du poids et soulager la pression exercée sur les saillies osseuses. Les changements de position prennent du temps et exigent de la patience autant de la part de la patiente que de celle de l'infirmière. Un trapèze aide la patiente à se déplacer elle-même; le deuxième jour, elle peut commencer à se lever.

Des analgésiques sont administrés au besoin pour assurer le bien-être. Parce que la cicatrisation se fait rarement par première intention, il faut généralement effectuer un parage de la plaie pour créer les conditions propices à la cicatrisation par deuxième intention. L'infirmière doit être consciente du fait que la douleur et la lenteur de la guérison peuvent décourager la patiente. Elle doit aussi respecter sa pudeur et éviter de l'exposer indûment. Elle doit de plus prévenir les odeurs désagréables en assurant la propreté et l'aération de la pièce, en utilisant des désodorisants et en jetant immédiatement les pansements souillés.

▷ *Prévention de l'infection.* Un régime pauvre en résidus permet d'éviter l'effort de défécation et la contamination de la plaie. En général, la patiente porte une sonde à demeure; les soins de la sonde et de l'urètre sont de la plus grande importance. Les infections étant fréquentes, il faut insister sur le respect absolu des règles de l'asepsie. Les bains de siège sont déconseillés après une vulvectomie à cause du risque d'infection.

▷ *Enseignement à la patiente et soins à domicile.* Quand la patiente se rétablit et participe davantage aux autosoins, on l'encourage à faire part de ses soucis. En participant au changement des pansements et à sa toilette, elle peut utiliser un miroir pour regarder la région du périnée. L'infirmière la rassure et l'encourage en lui faisant remarquer les progrès de la guérison et l'aspect de plus en plus normal des tissus.

L'infirmière recommande aussi à la patiente de communiquer ses inquiétudes à son partenaire sexuel et de lui faire part de ses progrès quotidiens. Quand la patiente reprend graduellement ses activités, les mots d'encouragement ont beaucoup d'importance.

Pour assurer les soins de la patiente après son retour à la maison, il faut donner des directives complètes au membre de la famille qui s'occupera d'elle ou à l'infirmière en santé communautaire qui lui rendra visite. On l'encourage à reprendre graduellement ses activités physiques et sociales. Le taux de guérison d'un cancer de la vulve correctement traité se situe entre 50 et 60 %; en l'absence de métastases des ganglions lymphatiques, ce taux s'établit entre 85 et 90 %.

La vulvectomie radicale est souvent très étendue et exige parfois une nouvelle hospitalisation pour une greffe cutanée. Les décisions à ce sujet sont prises en fonction de chaque cas.

▷ *Évaluation*

Résultats escomptés

1. La patiente accepte l'intervention chirurgicale.
   a) Elle utilise les ressources à sa disposition pour s'adapter au stress psychologique et le réduire.
   b) Elle pose des questions sur les conséquences de l'opération.
   c) Elle est prête à discuter de moyens, autres que les rapports sexuels, pour exprimer son amour et son affection.
2. La patiente évite l'infection et les complications postopératoires.
   a) Elle ne présente aucun signe ou symptôme d'infection; ses signes vitaux sont normaux.
   b) Elle se déplace sans éprouver trop de douleur.
   c) Elle assure la propreté du périnée après la miction et la défécation.
3. La patiente effectue ses autosoins comme il se doit.
   a) Elle participe de plus en plus au changement des pansements.
   b) Elle utilise un miroir pour observer les progrès de la guérison.
   c) Elle effectue des irrigations de la plaie pour assurer son bien-être et favoriser la guérison.

CANCER DU VAGIN

Les tumeurs du vagin sont généralement des métastases d'un choriocarcinome ou d'un cancer du col utérin ou une extension d'un cancer de l'utérus, de la vulve, de la vessie ou du rectum. Le cancer primitif du vagin est rare.

Les facteurs de risque sont notamment un cancer antérieur du col utérin, l'exposition au DES *in utero*, des antécédents de cancer de la vulve ou du vagin, de radiothérapie, de virus du papillome humain ou d'utilisation d'un pessaire.

Toutes les femmes qui ont eu un cancer du col utérin devraient subir régulièrement un examen visant à détecter les lésions vaginales.

Avant 1970, le cancer du vagin apparaissait surtout après la ménopause. Depuis les années 1970, il a été démontré que des jeunes femmes exposées *in utero* au DES (un médicament administré pendant plusieurs années aux femmes enceintes) pouvaient présenter des anomalies bénignes de l'appareil génital et, dans certains cas, un adénocarcinome à cellules claires du vagin.

L'exposition au DES a fait augmenter le risque d'adénocarcinome à cellules claires de 0,14 à 1,4 pour 1000. Une colposcopie est indiquée pour toutes les femmes qui ont été exposées à ce médicament; si l'on constate alors la formation de tissu glandulaire ou une lésion significative du col utérin, un suivi est essentiel.

Les pessaires vaginaux, utilisés pour soutenir un utérus descendu quand la réparation chirurgicale est impossible, causent de l'irritation s'ils ne sont pas correctement entretenus (c'est-à-dire vérifiés et nettoyés de façon régulière par un professionnel de la santé). Ils sont pour cette raison associés au cancer du vagin.

Le cancer du vagin se manifeste par des hémorragies spontanées, des pertes vaginales, de la douleur et des troubles urinaires ou rectaux. L'adénopathie inguinale (tuméfaction des ganglions de l'aine) est rare.

On emploie de plus en plus souvent le traitement au laser au premier stade d'un cancer de la vulve ou du vagin. Selon l'extension de la maladie, on a également recours à la chirurgie et à la radiothérapie.

Interventions infirmières. Les interventions infirmières auprès des jeunes femmes exposées au DES *in utero* ont pour principal objectif d'inciter celles-ci à collaborer de près avec les professionnels de la santé. Elles sont à un âge où la sexualité et tout ce qui y est rattaché, comme la grossesse, revêtent une grande importance; leur mère a aussi besoin d'un soutien affectif. Chez les jeunes femmes qui ont subi une chirurgie reconstructrice du vagin, on peut utiliser, au besoin, une méthode de dilatation du vagin. Les lubrifiants hydrosolubles peuvent aussi diminuer la dyspareunie. Enfin, la patiente qui développe une affection maligne exigeant un traitement doit connaître tous les aspects de la radiothérapie, de la chimiothérapie et de la chirurgie, selon le cas.

L'infirmière renseigne les patientes sur l'importance d'un dépistage précoce des cancers de la vulve et du vagin et leur recommande de consulter sans délai un médecin si elles notent des pertes ou des saignements anormaux. Elle doit aussi leur apprendre au cours de l'examen gynécologique courant à effectuer l'autoexamen de la région génitale. À l'aide d'un miroir, la patiente se familiarise avec l'anatomie féminine normale, et on lui indique les changements qu'elle doit signaler: lésions, plaies, masses et démangeaisons persistantes. Cet autoexamen peut se faire tous les mois au même moment que l'autoexamen des seins.

CANCER DES TROMPES DE FALLOPE

Le cancer des trompes de Fallope est très rare; il est le moins fréquent des cancers gynécologiques. Il se manifeste notamment par un écoulement abondant et aqueux, une douleur à type de colique dans le bas de l'abdomen ou une hémorragie vaginale anormale; l'examen peut révéler une trompe augmentée de volume. Le traitement habituel comprend la chirurgie et une radiothérapie subséquente.

CANCER DE L'OVAIRE

Le cancer de l'ovaire est insidieux et n'est souvent dépisté qu'au stade avancé. Il est difficile à diagnostiquer. Les tumeurs peuvent être primitives ou secondaires à un autre cancer. Il cause 12 000 décès par année et vient au quatrième rang parmi les cancers les plus meurtriers chez les femmes, après les cancers du sein, du côlon et du poumon. La majorité des victimes ont entre 45 et 65 ans. Il est surtout fréquent dans les pays industrialisés, sauf au Japon.

Le risque de cancer du sein est de trois à quatre fois supérieur à la moyenne chez les femmes atteintes d'un cancer de l'ovaire, et inversement, les femmes souffrant d'un cancer du sein sont davantage exposées au cancer de l'ovaire. On connaît mal les causes du cancer de l'ovaire, mais on sait que les contraceptifs oraux ont un effet protecteur. L'hérédité pourrait jouer un rôle; beaucoup de médecins recommandent un examen pelvien biannuel aux patientes ayant une ou deux proches parentes ayant souffert d'un cancer de l'ovaire. Toutefois, comme on l'a déjà mentionné, les tumeurs de l'ovaire peuvent échapper à un examen minutieux et il n'existe actuellement aucune méthode permettant de les dépister au premier stade. Les marqueurs tumoraux sont actuellement à l'étude. Jusqu'ici, ils peuvent faciliter le suivi, mais ils ne permettent pas le dépistage de la maladie à ses débuts.

On a associé notamment le cancer de l'ovaire à un régime riche en matières grasses, au tabagisme, à l'alcool, à l'emploi de poudre de talc dans la région du périnée, à des antécédents de cancer du sein, du côlon ou de l'endomètre et à des antécédents familiaux de cancer du sein ou de l'ovaire. La nulliparité, la stérilité et l'anovulation seraient aussi des facteurs de risque. Le taux de survie à cinq ans est de 37 %; ce faible pourcentage s'explique par la difficulté à dépister la maladie à ses débuts et par l'ignorance de ses causes.

Manifestations cliniques. Les symptômes de cancer de l'ovaire sont notamment des règles irrégulières, une augmentation de la tension prémenstruelle, une ménorragie avec sensibilité des seins, une ménopause précoce, des malaises abdominaux, une dyspepsie, une pression pelvienne et des mictions fréquentes. Ces symptômes sont souvent vagues; on doit envisager la possibilité d'un cancer ovarien chez toute femme présentant des symptômes gastro-intestinaux d'origine inconnue. La flatulence, un sentiment de plénitude gastrique après un repas léger et une augmentation du volume de l'abdomen sont d'importants symptômes.

Diagnostic. Un ovaire augmenté exige des examens plus poussés. L'examen du bassin ne permet pas de dépister un cancer ovarien à ses débuts, et les techniques de visualisation du bassin ne sont pas toujours fiables. Au moment où l'on établit le diagnostic, le cancer est déjà étendu hors de l'ovaire dans 75 % des cas et au-delà du bassin dans 60 % des cas.

Les cancers de l'ovaire sont issus de différents types de cellules. Quatre-vingt-dix pour cent des tumeurs sont d'origine épithéliale et 10 % sont issues des cellules germinales et du stroma.

Traitement. Le traitement du cancer de l'ovaire est chirurgical. Les examens préopératoires peuvent comprendre un lavement baryté, une sigmoïdoscopie, des clichés en série des segments supérieurs du tube digestif, une radiographie du thorax et une urographie intraveineuse. À cause du taux élevé de morbidité et de mortalité, il est important de déterminer le stade de la tumeur et d'établir le traitement en conséquence. Voir le tableau 39-5 pour la classification des cancers de l'ovaire. Lorsque la maladie en est à ses débuts, on effectue habituellement une hystérectomie abdominale totale ainsi qu'une salpingo-ovariectomie bilatérale et une omentectomie. Selon le stade, on a également recours à la radiothérapie, aux antinéoplasiques (cisplatine, Alkeran et autres agents), aux immunostimulants (les interférons) et aux radio-isotopes intrapéritonéaux. La régulation hormonale au moyen d'un agent antihormonal, le tamoxifène, est parfois efficace. Le cancer de l'ovaire se dissémine souvent sous la forme de petits implants métastatiques dans le bassin, que l'on traite par la technique d'irradiation en bandes du bassin et de l'abdomen. Selon cette technique, on divise l'abdomen en bandes de 2,5 cm que l'on irradie successivement afin de réduire les effets secondaires.

Pour évaluer les résultats des traitements d'appoint, on peut effectuer une laparotomie de contrôle et procéder à des biopsies multiples des organes internes. Si l'on doit employer après l'opération des agents radioactifs, il arrive qu'on laisse en place une sonde. Au stade avancé, la maladie relève le plus souvent de la chimiothérapie.

TABLEAU 39-5.   *Stades du cancer de l'ovaire*

I. Tumeur limitée aux ovaires

II. Tumeur d'un ou des deux ovaires avec extension pelvienne

III. Tumeur d'un ou des deux ovaires avec métastases extra-pelviennes ou adénopathies malignes rétropéritonéales ou inguinales

IV. Tumeur d'un ou des deux ovaires avec métastases à distance

---

Soins infirmiers. Des troubles ovariens de longue date accompagnés de symptômes vagues mais persistants de troubles gastro-intestinaux, sont deux indices qui doivent mettre l'infirmière sur la piste d'un cancer des ovaires à ses débuts. Au moment du diagnostic, la tumeur maligne est généralement étendue. Après la collecte et l'analyse des données, les soins infirmiers sont en fonction des modalités du traitement: chirurgie, radiothérapie, chimiothérapie ou traitement palliatif. L'infirmière offre à la patiente et à sa famille son attention, sa compassion, un soutien affectif et des soins visant à améliorer le bien-être.

RADIOTHÉRAPIE

La radiothérapie joue un rôle important dans le traitement des cancers gynécologiques. Dans certains stades du cancer intraépithélial du col utérin il s'agit du traitement de choix.

Pour les cancers de l'utérus et de l'ovaire, la radiothérapie est généralement un appoint à la chirurgie. Pour le traitement définitif du cancer du col utérin, on utilise une association de l'irradiation externe du bassin et de l'irradiation endocavitaire (irradiation interne). On utilise l'irradiation endocavitaire seule au tout premier stade d'un cancer micro-invasif. Quand le cancer du col utérin est confiné au col, le taux de guérison est de 85 % et plus. Si la maladie envahit les paramètres, ce taux baisse à 65 % environ; si les parois pelviennes sont atteintes, on ne parvient à guérir qu'une patiente sur trois environ. Chez les autres, on peut utiliser la radiothérapie à titre palliatif pour réduire la taille de la tumeur et circonscrire l'infection, la douleur et les hémorragies.

L'irradiation pelvienne externe s'échelonne habituellement sur quatre à six semaines et est suivie d'une irradiation endocavitaire. Cet ordre peut toutefois être inversé, si les caractéristiques de la tumeur l'indiquent. Le col utérin et l'utérus se prêtent à l'irradiation interne parce qu'ils sont des réceptacles naturels pour la source radioactive. La radiothérapie interne fait généralement appel au radium et au césium.

Dans certains cas, on peut aussi utiliser l'irradiation au cours de l'opération afin d'atteindre directement les régions affectées.

Pour ce type de radiothérapie, on dirige un faisceau d'électron sur le champ opératoire. On l'utilise dans les cas d'atteinte des ganglions para-aortiques, ou de tumeurs qui ne sont pas réséquables ou ne le sont qu'en partie. Cette méthode offre plusieurs avantages: elle permet de diriger précisément le faisceau et de limiter strictement l'irradiation à la tumeur, ce qui protège les autres organes. On y associe généralement, avant ou après l'opération, l'irradiation externe; on peut aussi l'employer après une conisation ou une hystérectomie.

Radiothérapie externe. Les bétatrons, les accélérateurs linéaires et les bombes au cobalt 60 émettent des doses de radiation importantes capables de pénétrer le bassin pour atteindre une tumeur. Les effets secondaires de l'irradiation sont cumulatifs et se manifestent généralement lorsque la dose totale dépasse la capacité de l'organisme d'en réparer les effets. Les principales complications de la radiothérapie sont l'entérite radique qui se manifeste par de la diarrhée et des crampes abdominales et la cystite radique dont les symptômes sont des envies fréquentes et impérieuses d'uriner et une dysurie. Il s'agit de réactions normales des tissus. Le radiothérapeute et l'infirmière doivent informer la patiente de la possibilité de ces complications et utiliser diverses mesures pour les soulager quand elles se manifestent. Parmi ces mesures, on note la modification du régime alimentaire (diminution de l'apport en fibres, en déchets cellulosiques et en lactose) et la prise d'antispasmodiques.

La patiente peut suivre un régime pauvre en résidus pour réduire la fréquence des selles et prévenir l'obstruction des voies gastro-intestinales, qui peuvent présenter des rétrécissements.

Pour réduire les résidus, on peut se conformer à ce qui suit:

- Se limiter à deux portions de produits laitiers par jour.
- Éviter les fruits crus, les légumineuses, les pois et le maïs soufflé.
- Éviter les céréales et les pains complets; s'en tenir aux produits raffinés.
- Manger des œufs et du fromage, de même que des viandes tendres, hachées et bien cuites.
- Boire des jus sans pulpe; manger des fruits en conserve et des légumes cuits.

Avant et pendant le traitement, l'infirmière doit évaluer les besoins physiques, psychologiques et d'apprentissage de la patiente et de sa famille. Trop d'information, ou l'anxiété, peuvent nuire à l'apprentissage.

Il arrive que de graves complications exigent l'arrêt du traitement pendant une courte période pour permettre aux tissus de se réparer.

Irradiation interne (endocavitaire). Pour administrer une irradiation interne, on doit mettre en place des applicateurs, ce qui se fait à la salle d'opération, sous anesthésie générale. Les applicateurs recevront la source de radioactivité après que l'on aura vérifié par des radiographies la situation exacte des applicateurs par rapport à l'anatomie du bassin et à la tumeur. Cette méthode permet de limiter l'exposition à la radioactivité du médecin et du personnel soignant. La patiente qui subit une radiothérapie interne doit être dans une chambre privée jusqu'à la fin du traitement, et on place devant sa porte un écran de plomb; il est parfois nécessaire d'évacuer les chambres voisines.

Il existe une variété d'applicateurs pour le traitement endocavitaire. Dans certains cas, de nombreux petits irradiateurs (capsules de Heyman par exemple) sont insérés dans la cavité endométriale et le canal endocervical. Un autre dispositif se compose d'un tube central (tandem) introduit dans la cavité utérine par le canal endocervical dilaté, et qui demeure en relation fixe avec des irradiateurs (ovoïdes) placés au sommet du vagin de part et d'autre du col utérin (figure 39-6).

Au moment de l'insertion de l'applicateur, on pose également une sonde urétrale à demeure. Un tamponnement vaginal retient l'applicateur. Le traitement a pour but d'assurer la diffusion interne de doses constantes d'irradiation tout au long de l'application; celle-ci dure habituellement de 24 à 72 heures, selon la dose totale établie par le médecin.

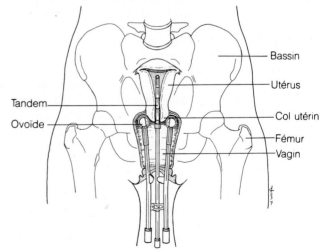

Figure 39-6. Mise en place du tandem et des ovoïdes pour la radiothérapie interne (Copyright J. Wolfe, 1987)

Soins infirmiers pendant la radiothérapie endocavitaire

Les éléments radioactifs utilisés pour la radiothérapie endocavitaire sont le radium ou le césium. La demi-vie du césium est longue, et il ne dégage aucun sous-produit gazeux. Ce traitement exige des soins infirmiers diligents. Il faut observer la patiente et lui prodiguer des soins tout en se protégeant des radiations. On doit pour ce faire observer les principes de la radioprotection qui s'énoncent comme suit:

- Réduire au minimum le temps passé près d'une source de radioactivité.
- Se tenir le plus éloigné possible de la source de radioactivité.
- Utiliser les dispositifs de protection appropriés.

L'infirmière qui est enceinte ou qui croit l'être ne doit pas participer directement aux soins. Il faut éviter de visiter inutilement la patiente. L'infirmière profitera du temps qu'elle passe avec la patiente pour inciter celle-ci à supprimer ses craintes. Pour réduire l'exposition aux radiations, l'infirmière peut se tenir au pied du lit ou dans l'entrée de la pièce.

Au cours du traitement, la patiente doit rester alitée. Elle peut se déplacer d'un côté à l'autre et soutenir son dos par un oreiller; la tête du lit peut être élevée à 45 degrés. On l'encourage à faire des exercices de respiration profonde et de toux, ainsi qu'à fléchir et à pointer les pieds pour étirer les muscles des mollets et favoriser le retour veineux. Les soins du dos augmentent le bien-être de la patiente, mais il faut les prodiguer dans le temps alloué à son chevet.

La patiente suit ordinairement un régime pauvre en résidus afin de diminuer la fréquence des selles: il ne s'agit pas tant d'éviter le déplacement de l'applicateur que de soulager le malaise chez la patiente. L'infirmière doit inspecter souvent la sonde urétrale pour s'assurer de sa perméabilité et prévenir ainsi une distension de la vessie, dont les parois pourraient alors être exposées aux radiations. Les soins périnéaux ne peuvent être assurés pendant le traitement, mais tout écoulement abondant doit être immédiatement signalé au radiothérapeute ou au chirurgien gynécologique.

On surveille l'apparition de fièvre, de nausées ou de vomissements, qui peuvent être des signes d'infection ou de perforation. Le personnel infirmier n'a pas à craindre l'expulsion de l'applicateur interne, parce qu'il a été solidement fixé par le radiothérapeute. On doit cependant vérifier de temps à autre s'il n'est pas déplacé. Si cela se produit, il faut prévenir immédiatement le responsable pour la radioprotection. Il ne faut jamais toucher avec la main une source de radioactivité.

Le responsable de la radioprotection fait connaître à tous ceux qui sont en contact avec la patiente (personnel soignant et famille) les précautions nécessaires. Les infirmières reçoivent des directives sur les limites de temps et d'éloignement à observer quand elles prodiguent des soins. On peut aussi appliquer les précautions suivantes:

1. Porter un dosimètre photographique personnel ou une chambre d'ionisation de poche.
2. Porter des gants de caoutchouc pour éliminer le matériel souillé qui pourrait être contaminé.
3. Voir à faire respecter les directives particulières qui s'appliquent à la blanchisserie et à l'entretien ménager.

4. Ne pas laisser la patiente quitter sa chambre et interdire la visite de femmes qui sont enceintes ou qui croient l'être, et de personnes de moins de 18 ans.
5. Avant que la patiente ne quitte la pièce, faire procéder à une vérification de la chambre par le service de radiothérapie ou le responsable de la radioprotection pour s'assurer de l'absence de radioactivité.

Retrait de l'applicateur. À la fin de l'irradiation interne on demande parfois à l'infirmière d'aider le radiothérapeute à retirer l'applicateur. Les sources de radioactivité peuvent être retirées de la même façon qu'on les a introduites, dans la chambre de la patiente, sans anesthésie locale ou générale. Avant de retirer l'applicateur, on administre parfois un faible sédatif.

Soins après le traitement. Après le traitement, la patiente recommence peu à peu à se déplacer. Son régime alimentaire est établi en fonction de sa tolérance. Elle peut prendre une douche dès qu'elle le veut; elle doit cependant éviter les douches vaginales, car le col utérin a été dilaté et le risque de contamination bactérienne est élevé.

Avant et après le traitement, l'infirmière doit vérifier si la patiente et sa famille ont des idées fausses sur la radiothérapie. Au besoin, elle peut demander à une infirmière spécialisée en oncologie de fournir de l'information ou de l'aide. On trouvera à la fin du chapitre 47 d'autres sources d'information sur le cancer.

Résumé: Les tumeurs malignes peuvent apparaître dans tous les organes de l'appareil reproducteur de la femme. Le dépistage rapide des cancers a augmenté grâce à la mise en œuvre des recommandations de l'American Cancer Society sur l'autoexamen des seins, les examens gynécologiques et la mammographie. Malheureusement, un grand nombre de femmes ne suivent pas ces recommandations, et négligent de voir un médecin quand elles présentent des symptômes. Qu'elle travaille dans un centre hospitalier, dans une clinique, dans un établissement de soins de longue durée ou à domicile, l'infirmière doit offrir aux femmes de l'enseignement sur les mesures de protection contre le cancer.

La patiente chez qui on a dépisté la présence d'un cancer gynécologique manifeste de l'anxiété et de la crainte, car son bien-être et celui de sa famille sont menacés. Elle craint, parfois avec raison, pour sa survie, ou pour sa qualité de vie et sa capacité de veiller aux besoins de sa famille. Une infirmière qui est sensible aux effets d'un diagnostic de cancer gynécologique, et qui est bien renseignée sur les avantages et les inconvénients des différents traitements, peut assurer au mieux les soins de ses patientes.

RÉSUMÉ

L'infirmière qui travaille auprès des femmes doit être ouverte aux plus récentes découvertes sur le traitement et la prévention des troubles gynécologiques. Le plan de soins infirmiers doit toujours tenir compte des améliorations et des nouveaux traitements.

Les programmes d'enseignement doivent viser surtout les femmes qui sont particulièrement exposées au cancer du col utérin, de l'utérus et de l'ovaire, et porter sur les signes et les symptômes avant-coureurs et les mesures de prévention de ces cancers. Les infections pelviennes, parfois transmises par contact sexuel, comme les infections à chlamydia, peuvent provoquer une incapacité, de la douleur et même la stérilité. Elles sont de plus en plus difficiles à traiter. Les infirmières doivent donc mettre tout en œuvre pour les prévenir. De même, elles peuvent par leur enseignement réduire la fréquence des condylomes accuminés, dus au virus du papillome humain, qui sont actuellement à l'état épidémique. Enfin, la patiente infectée par le virus de l'herpès simplex, et subissant de ce fait un traumatisme psychologique, a besoin de soins infirmiers, d'explications rassurantes et d'un enseignement sur les effets de ce virus.

Dans l'avenir, les soins infirmiers viseront, pour une bonne part, des populations âgées. C'est pourquoi l'infirmière doit être au courant des méthodes d'enseignement, des affections et des symptômes propres à ce groupe d'âge. On a longtemps négligé la santé gynécologique des femmes âgées, mais des infirmières ont innové en ce domaine et d'autres peuvent maintenir et améliorer les programmes existants.

En planifiant les soins destinés aux femmes atteintes d'un trouble gynécologique, l'infirmière doit tenir compte de leurs craintes au sujet de la mort et de la mutilation. Les femmes qui ont assisté un ami ou un parent subissant une radiothérapie ou une chimiothérapie ont parfois des idées préconçues sur l'issue de ces traitements; il faut en discuter avec elles.

Les femmes sans abri, pauvres, infectées par le VIH, ignorantes, vieilles ou victimes de violence ont droit comme les autres femmes à des soins de qualité. Pour l'infirmière, il s'agit aujourd'hui d'un défi de taille.

Bibliographie

Ouvrages

Ashwanden P et al. Oncology Nursing: Advances, Treatments and Trends into the 21st Century. Rockville, MD, Aspen Systems, 1990.

DeVita V et al. Cancer: Principles and Practice of Oncology, 3rd ed. Philadelphia, JB Lippincott, 1989.

DeVita V et al. AIDS, 2nd ed. Philadelphia, JB Lippincott, 1989.

Dunnihoo D. Fundamentals of Gynecology and Obstetrics. Philadelphia, JB Lippincott, 1990.

Emans J and Goldstein D. Pediatric and Adolescent Gynecology, 3rd ed. Boston, Little, Brown, 1990.

Fogel C and Lauver D. Sexual Health Promotion. Philadelphia, WB Saunders, 1990.

Glass R. Office Gynecology, 3rd ed. Baltimore, Williams & Wilkins, 1988.

Groenwald S. Cancer Nursing: Principles and Practice. Boston, Jones & Bartlett, 1987.

Jones H and Jones G. Novak's Textbook of Gynecology, 11th ed. Baltimore, Williams & Wilkins, 1988.

Lichtman R and Papera S. Gynecology Well-Woman Care. Norwalk, CT, Appleton and Lange, 1990.

Maclcod L et Cadieux A, La femme battue au Canada: un acte vicieux. Conseil Consultatif Canadien de la situation de la femme, Ottawa, 1980.

Newcomer V and Young E. Geriatric Dermatology. New York, Igaku-Shoin, 1989.

Nichols D and Randall C. Vaginal Surgery, 3rd ed. Baltimore, Williams & Wilkins, 1989.

Nori D and Hilaris B. Radiation Therapy of Gynecological Cancer. New York, Alan R Liss, 1987.

Pagna KD. L'infirmière et les examens paracliniques. Saint-Hyacinthe, Edisem, 1991.

Pernoll M and Benson R (eds). Current Obstetric and Gynecologic Diagnosis and Treatment. Norwalk, CT, Appleton & Lange, 1987.

Precis III: An Update in Obstetrics and Gynecology. Washington, DC, American College of Obstetrics and Gynecology, 1986.

Quilligan E and Zuspan F (eds). Current Therapy in Obstetrics and Gynecology 3. Philadelphia, WB Saunders, 1990.

Recurrent Vulvovaginal Candidiasis: A Continuing Education Program for Nurse Practitioners. Palo Alto, CA, Syntex-NAACOG, 1989.

Stewart F et al. Understanding Your Body: Every Woman's Guide to Gynecology and Health. Toronto, Bantam, 1987.

Veronesi U (ed). Surgical Oncology: A European Handbook. Berlin, Springer-Verlag, 1989.

Wang C (ed). Clinical Radiation Oncology. Littleton, MA, PSG, 1988.

Wittes R (ed). Manual of Oncologic Therapeutics. Philadelphia, JB Lippincott, 1989/1990.

Ziegfeld C (ed). Core Curriculum for Oncology Nursing. Philadelphia, WB Saunders, 1987.

Revues

Les articles de recherche en science infirmières sont marqués d'un astérisque.

Généralités

Centers for Disease Control: 1989 Sexually transmitted diseases treatment guidelines. MMWR 1989; 38(S-8):1–43.

Chacko M et al. Vaginal douching in teenagers attending a family planning clinic. J Adolesc Health Care 1989 Mar; 10(3):217–219.

Foley S. Preventive gynecologic nursing in an inpatient setting. J Obstet Gynecol Neonatal Nurs 1987 May-Jun; 16(3):160–166.

Lawhead R. Vulvar self-examination: What your patient should know. Female Patient 1990 Jan; 15(1):33–38.

Lichtman R. Perimenopausal hormone replacement therapy: Review of the literature. J Nurse Midwifery 1991 Jan/Feb; 36(1):30–48.

Nussbaum M et al. Attitudes vs performance in providing gynecologic care to adolescents by pediatricians. J Adolesc Health Care 1989 Mar; 10(3):203–208.

Gérontologie

Blesch K and Prohaska T. Cervical cancer screening in older women: Issues and interventions. Cancer Nurs 1991 Jun; 14(3):141–147.

Coopland A. Geriatric urogynecology. Obstet Gynecol Clin North Am 1989 Dec; 16(4):931–937.

Denny M and Koren M. Gynecological health needs of elderly women. J Gerontol Nurs 1989; 15(1):33–38.

* Dickson G. A feminist poststructuralist analysis of the knowledge of menopause. Adv Nurs Sci 1990 Mar; 12(3):15–31.

McKay M. Genital dermatoses in geriatric dermatology. In: Newcomer V and Young E. Geriatric Dermatology. New York, Igaku-Shoin, 1989, pp 477–492.

Morrison BD and Robbins L. Sexual assessment and the aging female. Nurs Pract 1989 Dec;14(12):35–45.

Infections vulvovaginales

Burnhill M. Clinician's guide to counseling patients with chronic vaginitis. Contemp Obstet Gynecol 1990 Jan;35(1);37–44.

Eschenbach D. Bacterial vaginosis: Emphasis on upper genital tract complications. Obstet Gynecol Clin North Am. 1989 Sept 16(3):593–610.

Gietyl K. Role of the nurse practitioner in the management of vaginitis. Am J Obstet Gynecol 1988 Apr; 158(4):1009–1011.

Hammill H. Some unusual causes of vaginitis (excluding trichomonas, bacterial vaginosis and candida albicans). Obstet Gynecol Clin North Am 1989 Sep; 16(3): 337–345.

Hammill H. Normal vaginal flora in relation to vaginitis. Obstet Gynecol Clin North Am 1989 Jun; 16(2):329–336.

Landers D. The treatment of vaginitis: Trichomonas, yeast and bacterial vaginosis. Clin Obstet Gynecol 1988 Jun; 31(2):473–479.

Pelosi M and Apuzzio J. Vaginitis: Update on diagnosis and treatment. Female Patient 1989 May; 14(5):84–98.

Secor RMC. Bacterial vaginosis: A comprehensive review. Nurs Clin North Am 1988 Dec; 23(4):865–875.

Sobel JD. Bacterial vaginosis: Assessment and treatment. Med Aspects Hum Sexuality 1990 Jun; (6):42–46.

Wolner-Hanssen P et al. Clinical manifestations of vaginal trichomoniasis. JAMA 1989 Jan; 261(4):571–576.

Herpès simplex de type 2

Breslin E. Genital herpes simplex. Nurs Clin North Am 1988 Dec; 23(4):907–915.

Brock B et al. Frequency of asymptomatic shedding of herpes simplex virus in women with genital herpes. JAMA 1990 Jan; 19; 263(3):418–420.

Cohen P and Young A. Herpes simplex: Update on diagnosis and management of genital herpes infection. Med Aspects Hum Sexuality 1988 Mar; 22(3):93–100.

Davies K. Genital herpes: An overview. JOGNN 1990 Sep/Oct; 19(5):401–406.

Lafferty W. Genital herpes: Recommendations for comprehensive care. Postgrad Med 1988 Feb; 83(2):157–165.

Landy H and Grossman J. Herpes simplex virus. Obstet Gynecol Clin North Am 1989 Sep; 16(3):495–515.

Peng T and Johnson T. HSV in the pregnant patient. Female Patient 1989 Aug; 14(8):27–41.

Endométriose

Corfman R and Grainger D. Endometriosis: Associated infertility and treatment options. J Reprod Med 1989 Feb; 34(2):135–141.

Filer R and Wu C. Coitus during menses: Its effect on endometriosis and pelvic inflammatory disease. J Reprod Med 1989 Nov; 34(11):887–890.

Lomano J. Fiberoptic laser laparoscopy in the treatment of pelvic endometriosis. Laser Nurs 1989 Winter; 3(4):9–11.

Rock J (ed). Endometriosis. Obstet Gynecol Clin North Am 1989 Mar; 16(1).

Treybig M. Primary dysmenorrhea or endometriosis. Nurs Pract 1989 May; 14(5):8–18.

Pelvipéritonite

Apuzzio J and Pelosi M. The "new salpingitis": Subtle symptoms, aggressive management. Female Patient 1989 Nov; 14(11):25–35.

Moscicki A. HPV infection in teenage girls. Med Aspects Hum Sexuality 1990 Jul; 24(7):2227.

Pastorek J. Pelvic inflammatory disease and tubo-ovarian abscess. Obstet Gynecol Clin North Am 1989 Jun; 16(2):347–361.

Pokorny S. Pelvic inflammatory disease: An epidemic among American teenagers. Female Patient 1989 Aug; 14(8):42–44.

Shattuck J. Pelvic inflammatory disease: Education for maintaining fertility. Nurs Clin North Am 1988 Dec; 23(4):899–906.

Wardell D. Ectopic pregnancy: A growing concern. J Am Acad Nurs Pract 1989 Oct/Dec; 1(4):119–125.

Condylomes accuminés virus du papillome humain

Carlone J (ed). Human papillomavirus: A growing epidemic. Nurs Pract Forum 1990 Jun; 1(1):10–62.

Deitch K. Symptoms of chronic vaginal infection and microscopic condyloma in women. JOGNN 1990 Mar/Apr; 19(2):133–138.

Enterline J and Leonardo J. Condylomata acuminata. Nurs Pract 1989 Apr; 14(4):8–16.

Koutsky L and Wolner-Hanssen P. Genital papillomavirus infection. Obstet Gynecol Clin North Am 1989 Sep; 16(3):541–564.

Lehr S and Lee M. The psychosocial and sexual trauma of a genital HPV infection. Nurs Pract Forum 1990 Jun; 1(1):25–30.

Lucas V. Human papillomavirus: A potentially carcinogenic STD. Nurs Clin North Am 1988 Dec; 23(4):917–935.

McQuiston C. The relationship of risk factors for cervical cancer and HPV in college women. Nurs Pract 1989 Apr; 14(4):18–26.

Nettina S and Kauffman F. Diagnosis and management of sexually transmitted genital lesions. Nurs Pract 1990 Jan; 15(1):20–39.

Toole K et al. Cervical dysplasia and condyloma as risks for carcinoma: Two case studies. Am J Maternal Child Nurs 1990 May/Jun; 15(3):170–175.

Walker J et al. Human papillomavirus genotype as a prognostic indicator in carcinoma of the uterine cervix. Obstet Gynecol 1989 Nov; 74(5):781–785.

Endocervicite: chlamydia

Bachman G. Psychosexual aspects of hysterectomy. Womens Health Iss 1990 Fall; 1(1):41–49.

Bourcier K and Seidler A. Chlamydia and condylomata acuminata: An update for the nurse practitioner. J Obstet Gynecol Neonatal Nurs 1987 Jan-Feb; 16(1):17–22.

Brown H. Recognizing common STD's in adolescents. Contemp Obstet Gynecol 1989 Mar; 33(3):47–62.

Cohen I. *Chlamydia trachomatis* in the perinatal period. Contemp Obstet Gynecol 1989 Jun; 33(6):22–34.

Dulaney P et al. A comprehensive education and support program for women experiencing hysterectomies. JOGNN 1990 Jul/Aug; 19(4):319–325.

Loucks A. Chlamydia: An unheralded epidemic. Am J Nurs 1987 Jul; 87(7):920–922.

Paavonen J et al. Randomized treatment of mucopurulent cervicitis with doxycycline or amoxicillin. Am J Obstet Gynecol 1989 Jul; 161(11):128–135.

Whelan M. Nursing management of the patient with *Chlamydia trachomatis* infection. Nurs Clin North Am 1988 Dec; 23(4): 877–883.

Woolard D et al. Screening for *Chlamydia trachomatis* at a university health service. J Obstet Gynecol Neonatal Nurs 1989, Mar/Apr; 18(2):145–149.

Hystérectomie

Cohen S et al. Another look at psychologic complications of hysterectomy. Image: Journal of Nursing Scholarship 1989 Spr; 21(1):51–53.

Hysterectomy and its alternatives. Consum Rep 1990 Sep; 55(9):603–607.

Patient guide: Hysterectomy. Female Patient 1990 Jan; 15(1):62–63.

Sloan D. The expendable organ. Female Patient 1989 Jun; 14(6):35–37.

Le sida chez les femmes

Anderson J. Gynecologic manifestations of AIDS and HIV. Female Patient 1989 Sep; 14(9): 57–68.

Fiumara N. Human immunodeficiency virus infection and syphilis. J Am Acad Dermatol 1989 Jul; 21(1): 141–142.

Gee G. AIDS: Context of care. Semin Oncol Nurs 1989 Nov; 5(4):244–248.

* Jacob J. Self-assessed learning needs of oncology nurses caring for individuals with HIV related disorders: A national survey. Cancer Nurs 1990 Aug; 13(4):246–255.

Me first! Medical manifestations of HIV in women. New Jersey Women and AIDS Network, 5 Elm Row, New Brunswick, NJ 08901.

Moroso G and Holman S. Counseling and testing women for HIV. NAACOG's Clinical Issues in Perinatal and Women's Health Nursing 1990; 1(1):10–19.

Redfield R and Burke D. HIV infection: The clinical picture. Sci Am 1988 Oct; 259(4):90–98.

Ryan J. Clinicians and HIV infections. Nurs Pract 1989 Sep; 14(10):4040–4046.

Sinclair B. Epidemiology and transmission of infection by human immunodeficiency virus. NAACOG's Clinical Issues in Perinatal and Women's Health Nursing 1990; 1(1):1–9.

Wenstrom K and Gall S. HIV infection in women. Obstet Gynecol Clin North Am 1989 Sep; 16(3):627–643.

Wofsy C. Women and acquired immunodeficiency syndrome. West J Med 1988 Dec; 149(6):687–690.

Cancers gynécologiques

Berek J (Mod). Monoclonal antibodies role in combating gyn malignancies. Contemp Obstet Gynecol 1990 Feb; 35(2):109–120.

* Christman N. Uncertainty and adjustment during radiotherapy. Nurs Res 1990 Jan/Feb; 39(1):17–20.

Coughman SM and Russo G. Cutaneous signs of internal cancer. Patient Care 1989 Jan 30; 23(2):28–41.

Dattoli M et al. Analysis of multiple prognostic factors in patients with stage 1b cervical cancer: Age as a major determinant. Int J Radiat Oncol Biol Phys 1989 Jul; 17(1):41–47.

Feldman J. Ovarian failure and cancer treatment: Incidence and interventions for the premenopausal woman. Oncol Nurs Forum 1989 May; 16(5):651–657.

Fullerton J and Barger M. Papanicolau smear: An update on classification and management. J Am Acad Nurs Pract 1989 Jul/Sep; 1(3):84–90.

Gribbin M. Could you detect these oncological crises? RN 1990 Jun; 53(6):36–42.

Harbeck S. Intraoperative radiation therapy. Oncol Nursing Forum 1988; 15(2):143–147.

Holloway R et al. Monitoring the course of cervical cancer with the squamous cell carcinoma serum radioimmunoassay. Obstet Gynecol 1989 Dec; 74(6):944–949.

Kwikkel H. Treating CIN: Laser vaporization or cryotherapy. Contemp Obstet Gynecol 1989 Mar; 33(3):29–44.

* Mishel M and Sorenson D. Uncertainty in gynecological cancer: A test of mediating functions of mastery and coping. Nurs Res 1991 May/Jun; 40(3):167–171.

Pearcy R et al. The value of pre-operative intracavitary radiotherapy in patients treated by radical hysterectomy and pelvic lymphadenectomy for invasive carcinoma of the cervix. Clin Radiol 1988 Jan; 39(1):95–98.

* Picard H. Fatigue in cancer patients: A descriptive study. Cancer Nurs 1991 Feb; 14(1):13–19.

Qian H et al. Smoking and reproductive cancer: A report from China. Female Patient 1989 Jun; 14(6):42–51.

Rubin M and Lauver D. Assessment and management of cervical intraepithelial neoplasia. Nurs Pract 1990, Oct; 15(10):23–31.

Schover L et al. Sexual dysfunction and treatment for early stage cervical cancer. Cancer 1989 Jan; 63(1):204–212.

Shy K et al. Papanicolau smear screening interval and risk of cervical cancer. Obstet Gynecol 1989 Dec; 74(6):838–843.

Slattery M et al. Cigarette smoking and exposure to passive smoke are risk factors for cervical cancer. JAMA 1989 Mar; 261(11):1593–1633.

Strohl R. The nursing role in radiation oncology: Symptom management of acute and chronic reactions. Oncol Nursing Forum 1988; 15(4):429–434.

Wilczynski S, et al. Adenocarcinoma of the cervix associated with human papillomavirus. Cancer 1988 Oct; 62(7):1331–1336.

Woodward J. The triple C approach to the detection of cervical cancer. Nurs Pract Forum 1990 Jun; 1(1):31–39.

Cancer de l'ovaire

Heintz A et al. The treatment of advanced ovarian carcinoma: Clinical variables associated with prognosis. Gynecol Oncol 1988 Jul; 30(3):347–358.

Koonings P et al. Relative frequency of primary ovarian neoplasms: A ten-year review. Obstet Gynecol 1989 Dec; 74(6):921–925.

McGowan L. Ovarian cancer after hysterectomy. Obstet Gynecol 1987 Mar; 69(3):386–389.

Cancer de la vulve et du vagin

Baggish M et al. Quantitative evaluation of the skin and accessory appendages in vulvar carcinoma in situ. Obstet Gynecol 1989 Aug; 74(2):169–173.

Chamorro T. Cancer of the vulva and vagina. Semin Oncol Nurs 1990 Aug; 6(3):198–205.

Edelman D. Diethylstilbestrol exposure and the risk of clear cell cervical and vaginal adenocarcinoma. Int J Fertil 1989 Apr; 34(4):251–255.

Cancer de l'utérus

Boyd M. Endometrial cancer. Can J Surg 1989 Mar; 32(2):89–92.

Dunton C. Treatment of early invasive (1A) and advanced stage (IIB-IVA) cervical carcinoma. Am J Gynecol Health 1990 Nov/Dec; 4(6):192–194.

Feldman J. Ovarian failure and cancer treatment: Incidence and intervention for the premenopausal woman. Oncol Nurs Forum 1989 May; 16(5):651–657.

Gilman C. Management of early-stage endometrial carcinoma. Am Fam Physician 1987 Apr; 35(4):103–112.

Greven K et al. Analysis of failure patterns in stage III endometrial carcinoma and therapeutic implications. Int J Radiat Oncol Biol Phys 1989 Jul; 17(1):35–39.

Hricak H et al. Endometrial carcinoma staging by MR imaging. Radiology 1987 Feb; 162(2):297–305.

Hubbard J et al. Cancer of the endometrium. Semin Oncol Nurs 1990 Aug; 6(3):206–213.

Kuten A et al. Results of radiotherapy in recurrent endometrial carcinoma: A retrospective analysis of 51 patients. Int J Radiat Oncol Biol Phys 1989 Jul; 17(1):29–34.

Lewandowski G and Delgado G. Postoperative adjuvant external beam radiotherapy in surgical stage I endomentrial carcinoma. Cancer 1989 Oct; 64(7):1414–1417.

Rostad ME. The radical vulvectomy patient: Preventing complications. Dimens Crit Care Nurs 1988 Sep/Oct; 7(5):289–294.

Schulz M and Shen J. Treatment of stage I endometrial carcinoma. J Reprod Med 1989 Feb; 34(2):167–172.

Information/ressources

Organismes

American Cancer Society
777 Third Avenue, New York, NY 10017

Centre de références du Grand Montréal
881, boul. de Maisonneuve est, Montréal (Québec)
(514) 527-1375

Fondation québécoise du cancer
2075, rue Champlain, Montréal (Québec) H2L 2T1
(514) 527-2194

Herpetics Engaged in Living Productively (HELP)
260 Sheridan Avenue, Palo Alto, CA 94306

Info-cancer
1-800-361-4212

Info-MTS
1-800-463-5656

40
TRAITEMENT DES AFFECTIONS DU SEIN

OBJECTIFS D'APPRENTISSAGE

Après avoir étudié ce chapitre, vous devriez être en mesure de réaliser ce qui suit:

1. *Établir, à l'intention de la patiente hospitalisée ou d'un groupe de femmes, un plan d'enseignement sur l'autoexamen des seins.*

2. *Décrire les examens diagnostiques qui servent à détecter les affections du sein.*

3. *Appliquer la démarche de soins infirmiers pour intervenir auprès des patientes souffrant d'un cancer du sein.*

4. *Comparer l'utilité thérapeutique de la chimiothérapie, de la chirurgie et de la radiothérapie dans le traitement des cancers du sein.*

5. *Décrire les besoins physiques, psychosociaux et de réadaptation de la patiente qui a subi l'ablation d'un sein.*

ANATOMIE

La poitrine des filles est identique à celle des garçons jusqu'à la puberté quand l'action des œstrogènes et d'autres hormones provoque le développement des seins chez la fille. Ce développement commence habituellement vers l'âge de 10 ans et se poursuit jusqu'à l'âge de 16 ans environ. Il existe cinq stades du développement des seins selon la classification du docteur Tanner. Le stade I est le stade prépubertaire; le stade II correspond au bourgeonnement du sein, le premier signe de la puberté chez la jeune fille; le stade III est la croissance du sein et de l'aréole; le stade IV se caractérise par le renflement du mamelon et de l'aréole; au stade V, le sein a atteint son volume normal et l'aréole s'est fondue dans le contour général.

La figure 40-1 illustre l'anatomie d'un sein pleinement développé. Les seins se composent de tissus glandulaire (parenchyme) et canalaire, ainsi que de tissu fibreux liant les lobes et de tissu adipeux se trouvant à l'intérieur et autour des lobes. Ce sont des glandes mammaires jumelles occupant la région allant du sternum à la ligne axillaire, entre la deuxième et la sixième côte, au-dessus du muscle grand pectoral; par leur prolongement axillaire, les tissus mammaires s'étendent jusqu'aux aisselles. Les ligaments périphériques supérieurs (ligament de Cooper), des bandes de tissu conjonctif, soutiennent le sein sur la paroi thoracique.

Le sein comprend 12 à 20 lobes coniques, eux-mêmes composés de lobules; les lobules sont formés de grappes d'alvéoles, petites structures débouchant sur un canal. Chaque canal débouche sur une ampoule, qui se rétrécit puis s'ouvre dans le mamelon. Le sein est constitué à 85 % de tissu adipeux.

Aspects psychosociaux

Dans la culture occidentale, le sein est un élément important de la beauté féminine. Les affections du sein sont généralement associées à la crainte de la mutilation, de la perte de son attrait sexuel et de la mort. Pour cette raison, beaucoup de femmes négligent de se soumettre aux examens qui permettent de les dépister à temps.

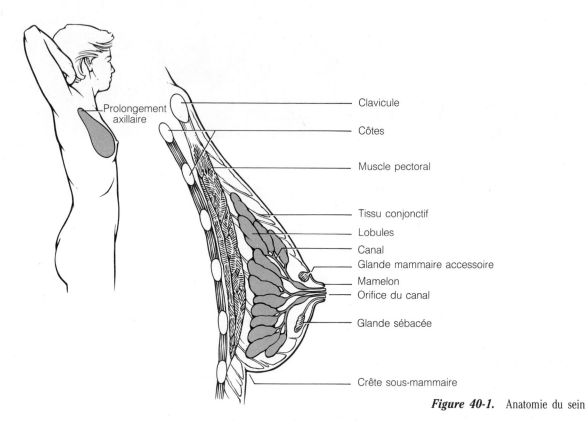

Prolongement axillaire

Clavicule

Côtes

Muscle pectoral

Tissu conjonctif

Lobules

Canal

Glande mammaire accessoire

Mamelon

Orifice du canal

Glande sébacée

Crête sous-mammaire

Figure 40-1. Anatomie du sein

Les professionnels de la santé doivent donc recommander aux femmes de pratiquer l'autoexamen des seins et leur apprendre à reconnaître les signes d'affections. L'infirmière joue un rôle clé dans l'enseignement de la prévention. Quel que soit le milieu où elle travaille, elle a l'occasion de dispenser de l'enseignement, de diffuser de l'information et de promouvoir les mesures de prévention et de dépistage des affections du sein.

INCIDENCE DES MALADIES DU SEIN

La plupart des affections du sein chez la femme sont bénignes. Cependant, le cancer du sein représente 28 % des cancers des femmes et serait responsable de 18 % des décès causés par le cancer. Seul le cancer du poumon est plus meurtrier.

Les maladies bénignes du sein, fréquentes chez les femmes, provoquent beaucoup d'anxiété. Le tissu mammaire connaît des variations pendant le cycle menstruel, la grossesse et la ménopause, c'est pourquoi il faut savoir distinguer les changements normaux de ceux qui ne le sont pas. La plupart des femmes remarquent que leurs seins sont plus noduleux et plus sensibles avant les règles; il est donc recommandé d'effectuer l'autoexamen après les règles, alors que la rétention d'eau est moins marquée et que les seins sont généralement moins noduleux, même chez les nombreuses femmes dont le tissu mammaire est grumeleux. Les affections bénignes du sein comprennent la maladie fibrokystique, les fibroadénomes et les kystes.

EXAMEN DES SEINS

SEINS DE LA FEMME

L'examen des seins fait toujours partie de l'examen physique général et de l'examen gynécologique. On le pratique également chez toutes les femmes qui soupçonnent ou craignent une maladie du sein. Entre 20 et 40 ans, on conseille aux femmes de faire examiner leurs seins par un médecin tous les 3 ans; après 40 ans, l'examen doit être annuel. Il faut au moins cinq minutes pour effectuer un examen complet du sein et pour enseigner la technique de l'autoexamen.

Inspection. L'examen commence par une observation. La patiente doit être nue jusqu'à la taille et assise confortablement, les bras le long du corps, face à l'examinatrice. Celle-ci observe d'abord la taille et la symétrie des seins; il est normal qu'un sein soit légèrement plus gros que l'autre. Elle inspecte ensuite la peau pour en vérifier la couleur, noter la topographie des veines et rechercher un épaississement ou un œdème. Un érythème peut témoigner d'une inflammation locale ou de l'envahissement des vaisseaux lymphatiques superficiels par un néoplasme. Une topographie veineuse marquée peut traduire une augmentation de l'irrigation sanguine exigée par une tumeur. Enfin, l'aspect de peau d'orange est un signe classique d'une tumeur maligne avancée. Il s'explique par la rétention de lymphe.

Les mamelons n'ont pas la même apparence chez toutes les femmes, mais ils sont normalement symétriques. Une légère inversion de l'un ou des deux mamelons est assez fréquente et n'est pas significative, à moins qu'elle ne soit d'apparition récente. Une ulcération, des éruptions ou un

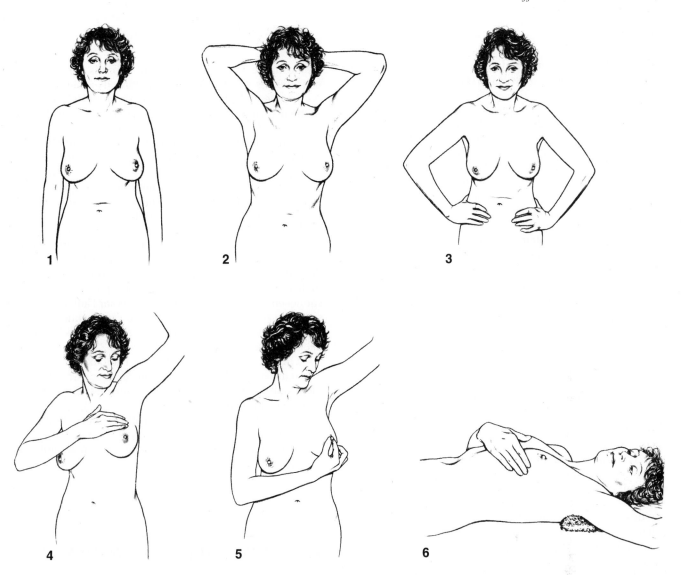

Figure 40-2. Autoexamen des seins. (1) En se tenant debout devant une glace, regarder les seins pour déceler les anomalies: écoulement par le mamelon, plissements, fossettes, desquamation de la peau. Les étapes 2 et 3 visent à faire apparaître les modifications de la forme ou du contour des seins. Pour les réaliser, on doit être capable de sentir une contraction des muscles pectoraux. (2) En continuant de regarder attentivement dans le miroir, joindre les mains derrière la tête. (3) Placer les mains fermement sur les hanches et amener les épaules et les coudes vers l'avant. Les étapes qui suivent peuvent être effectuées dans la douche. Les mains glissent facilement sur la peau savonneuse, ce qui permet de se concentrer sur les changements internes des seins. (4) Lever le bras gauche. La palpation du sein gauche se fait avec trois ou quatre doigts de la main droite: en procédant systématiquement de la périphérie vers le centre, exercer une pression du bout des doigts posés à plat, en décrivant de petits mouvements circulaires. Faire le tour du sein et se rapprocher graduellement du mamelon en s'assurant de couvrir le sein tout entier. Se montrer particulièrement attentive à la région entre le sein et l'aisselle, sans oublier le creux de l'aisselle lui-même. Rechercher une bosse anormale sous la peau. (5) Comprimer doucement le mamelon pour vérifier s'il y a écoulement (Si on observe un écoulement, pendant l'autoexamen ou à tout autre moment, il faut consulter un médecin.) Effectuer l'examen du sein droit de la même façon. (6) S'allonger sur le dos et répéter les étapes 4 et 5. Caler un oreiller ou une serviette pliée sous l'épaule gauche et lever le bras gauche au-dessus de la tête: dans cette position, les tissus du sein sont mieux répartis et plus faciles à examiner. Palper le sein en employant le mouvement de rotation déjà décrit. Faire de même pour le sein droit.
(Source: *What You Need to Know about Breast Cancer,* U. S. Department of Health and Human Services, Public Health Service, National Institutes of Health, Bethesda, MD, 1989)

écoulement du mamelon exigent une évaluation. Pour déceler une rétraction ou des fossettes cutanées qui pourraient passer inaperçues, l'examinatrice demande à la patiente de lever les deux bras au-dessus de la tête; en général ce mouvement provoque l'élévation des deux seins à une même hauteur. Puis, elle lui demande de placer les mains à la taille et de presser vers l'intérieur. Normalement ces mouvements, qui entraînent la contraction des muscles pectoraux, ne modifient pas le contour des seins ou l'orientation du mamelon; l'apparition d'une fossette ou d'une rétraction peut témoigner de la présence d'une tumeur. On doit ensuite examiner et palper les régions claviculaires et axillaires à la recherche d'œdème, d'une coloration anormale, de lésions ou d'une tuméfaction ganglionnaire.

Palpation. Pour la palpation des régions claviculaires et axillaires, la patiente peut rester assise. Pour palper la région axillaire, l'examinatrice prend l'avant-bras gauche de la patiente dans sa main gauche et l'éloigne doucement du thorax. En soutenant le bras de la patiente de la main gauche, l'examinatrice palpe les aisselles de la main droite ; elle y note la présence ou l'absence de ganglions contre la paroi thoracique. Avec la pulpe des doigts, elle palpe doucement l'emplacement des ganglions centraux, latéraux, sous-scapulaires et pectoraux. Normalement, ces ganglions lymphatiques ne sont pas perceptibles au toucher. S'ils sont tuméfiés, l'examinatrice en note le volume, l'emplacement, la mobilité, la consistance et la sensibilité. Puis elle aide la patiente à s'installer en décubitus dorsal et cale un petit oreiller sous son épaule pour assurer l'étalement uniforme du sein contre la paroi thoracique, ce qui facilite le dépistage des masses.

Il faut palper délicatement et de façon systématique toute la surface du sein, y compris le prolongement axillaire. L'examinatrice peut tracer, dans le sens des aiguilles d'une montre, des cercles concentriques allant de la périphérie vers le mamelon. Elle peut aussi palper en ligne droite depuis la périphérie jusqu'au mamelon en faisant le tour du sein dans le sens des aiguilles d'une montre.

Pendant la palpation, on note la consistance des tissus et la présence de points sensibles ou de masses. Quand une masse est décelée, on en note l'emplacement (par exemple : sein gauche, à 2 heures, à 2 cm du mamelon) on précise aussi sa taille, sa forme, sa consistance, sa délimitation par rapport aux tissus voisins et sa mobilité. Enfin, on comprime doucement l'aréole autour du mamelon pour faire apparaître les écoulements.

Le tissu mammaire de l'adolescente est généralement ferme et lobulaire. Chez les femmes ménopausées, il est souvent plus mince et plus granuleux au toucher. Pendant la grossesse et l'allaitement, les seins sont plus fermes et plus volumineux, et les lobules plus distincts. Sous l'influence des changements hormonaux associés à la grossesse, les aréoles prennent souvent une teinte plus foncée. Les femmes menstruées présentent parfois des kystes bien définis et mobiles qui deviennent plus gros et plus sensibles avant les règles. Les tumeurs malignes, au contraire, sont généralement dures, diffuses, fixées à la peau ou aux tissus sous-jacents, et indolores. Toute anomalie décelée à l'inspection ou à la palpation doit être examinée par un médecin.

SEINS DE L'HOMME

Il ne faut pas négliger l'examen des seins et des aisselles chez l'homme. On examine le mamelon et l'aréole à la recherche de masses, de lésions et d'un écoulement ; on palpe l'aréole pour y déceler les masses. Certains hommes présentent une gynécomastie (hypertrophie des glandes mammaires) : en ce cas le tissu glandulaire sous l'aréole, et dans son voisinage immédiat, est agrandi et ferme. Dans l'hypertrophie des seins associée à l'obésité par contre, le tissu est mou et adipeux. L'inspection et la palpation des aisselles se font de la même façon que chez la femme.

Un pour cent des cancers du sein s'observent chez des hommes. Ils se traitent de la même façon que chez les femmes. Ils sont toutefois dépistés plus tardivement, ce qui pourrait s'expliquer par le fait que les hommes sont moins vigilants que les femmes à cet égard.

AUTOEXAMEN DES SEINS

Beaucoup de cancers du sein sont dépistés par les femmes elles-mêmes. C'est pourquoi il importe d'enseigner à toutes les femmes la technique de l'autoexamen des seins et le moment où il convient de l'effectuer. On estime que 25 à 30 % seulement des femmes pratiquent chaque mois l'autoexamen des seins. De plus, les femmes qui découvrent une anomalie tardent souvent à consulter un médecin. Les raisons de cette négligence font encore l'objet d'études, mais on sait que la peur joue un rôle important. Les autres raisons qui inciteraient les femmes à différer la consultation et à en nier la nécessité sont les difficultés économiques, l'ignorance, l'absence de douleur, des facteurs psychologiques et la pudeur.

L'infirmière est bien placée pour informer les femmes des avantages d'un autoexamen régulier et d'un dépistage rapide du cancer du sein. Elle peut utiliser différents moyens pour motiver les femmes à pratiquer l'autoexamen : l'exemple personnel en est un. Pour obtenir des films sur l'autoexamen des seins, on peut s'adresser à la Société canadienne du cancer ou à la Fondation québécoise du cancer. La technique est décrite de façon détaillée à la figure 40-2.

On doit de préférence effectuer l'autoexamen des seins entre cinq et sept jours après le début des règles. Chez la femme ménopausée, on recommande d'examiner les seins le premier jour de chaque mois.

On doit enseigner à toutes les patientes qui ont subi l'ablation d'un sein l'autoexamen de l'autre sein et la palpation de la région de l'incision à la recherche d'une nodularité pouvant témoigner d'une récidive.

EXAMENS DIAGNOSTIQUES

Mammographie

La mammographie est une technique de visualisation du sein permettant de dépister des lésions non palpables. Elle n'exige pas l'injection d'une substance de contraste et ne prend qu'une vingtaine de minutes. Elle peut se faire au service de radiologie d'un centre hospitalier ou dans un cabinet privé. On prend deux vues : une incidence de face et une incidence de profil. Pour réaliser ces clichés, le sein est comprimé de haut en bas, puis latéralement, ce qui est désagréable pour la patiente mais de courte durée.

La mammographie permet de dépister des cancers non palpables parce qu'ils mesurent moins de 1 cm. Mais elle n'est pas infaillible, les résultats étant faussement négatifs dans 5 à 10 % des cas.

Un écoulement sanguinolent au niveau du mamelon, ou la découverte à la mammographie de la dilatation d'un seul canal peuvent témoigner d'une lésion bénigne ou maligne. On effectue alors une galactographie. Il s'agit d'une mammographie après injection par une canule, dans un canal débouchant dans l'aréole, d'une petite quantité (moins de un mL) d'une substance radio-opaque. Habituellement, l'examen n'est pas douloureux parce que le canal est dilaté. Une douleur signifie généralement que l'on a injecté le colorant dans le mauvais canal.

Les patientes à qui l'on recommande une mammographie s'inquiètent parfois des dangers de l'exposition aux rayons X. Or, dans la mammographie, cette exposition correspond à environ une heure au soleil; il faudrait donc subir en un an beaucoup de mammogaphies pour augmenter le risque de cancer. Les avantages de cet examen l'emportent largement sur les risques.

On recommande à toutes les femmes de subir, entre 35 et 40 ans, une mammographie de référence, entre 40 et 50 ans, une mammographie tous les ans ou tous les 2 ans, et après 50 ans, une mammographie tous les ans.

Thermographie et xéroradiographie

La thermographie est une technique qui permet de mesurer la température superficielle du tissu mammaire. On a espéré un temps qu'elle pourrait remplacer la mammographie, mais elle s'est révélé peu fiable. Elle est encore employée bien que rarement.

La xéroradiographie ressemble à la mammographie, mais les résultats ont l'aspect d'un bas-relief. Pour la réaliser on soumet une plaque enduite de sélénium à une charge électrique, puis on effectue l'exposition aux rayons X. Une technique de développement spéciale fait apparaître les tissus mous du sein, y compris la peau. La xéroradiographie est moins souvent employée que la mammographie.

Échographie

L'échographie est une technique d'imagerie qui fait appel aux ultrasons. Les échos produits par les ultrasons varient selon la densité des tissus. Ils sont transformés et affichés sur un écran. Cet examen, dont les résultats sont exacts dans 95 à 99 % pour les kystes, ne permet pas d'écarter de façon définitive la possibilité d'une tumeur maligne.

Biopsie à l'aiguille fine et biopsie chirurgicale

La biopsie à l'aiguille fine est une forme de biopsie (prélèvement d'un fragment de tissu en vue d'un examen) qui peut se faire en consultation externe, avec ou sans anesthésie locale. Après l'injection de l'anesthésique le cas échéant, on insère une aiguille fine au point de prélèvement. On aspire ensuite le tissu ou le liquide dans l'aiguille à l'aide d'une seringue et on étale le produit de l'aspiration sur une lame. La biopsie permet généralement un diagnostic précis.

Il existe un autre type de biopsie qui se fait à la salle d'opération sous anesthésie générale ou locale. Ordinairement, on l'utilise pour retirer toute la lésion que l'on soumet à une coupe à congélation et à un examen histopathologique. S'il y a diagnostic de cancer, on procède de plus à une recherche des récepteurs des œstrogènes et de la progestérone (dont on trouvera la description à la page 1194). S'il y a présence de récepteurs, on peut avoir recours à l'hormonothérapie après l'intervention chirurgicale définitive. Dans les cas où on a observé la présence de microcalcifications traduisant la possibilité d'une tumeur maligne, on utilise pour les localiser la technique du «harponnage». Selon cette technique, on insère une petite aiguille dans le sein (ce qui n'est généralement pas douloureux), puis on effectue une mammographie pour s'assurer que l'aiguille est bien à l'endroit désiré. On retire alors l'aiguille, laissant en place un fil-guide qui assure la précision de la biopsie.

Résumé: L'examen des seins et les examens diagnostics recommandés pour dépister à temps les affections des seins provoquent souvent de l'anxiété et de la gêne chez les femmes. Pour mettre la patiente à l'aise l'infirmière doit donc faire preuve de naturel et de tact. En recommandant l'autoexamen des seins à tous ses patients, hommes et femmes, elle favorise la prévention.

Une affection du sein exigeant des examens diagnostics plus poussés ou une intervention chirurgicale a sur la patiente des effets physiques et psychologiques dont l'infirmière doit tenir compte. En offrant à la patiente des renseignements exacts sur les interventions et les examens, et en lui accordant un soutien affectif, elle peut souvent soulager sa détresse.

AFFECTIONS DU MAMELON

Fissure.   Les seins des femmes qui allaitent peuvent présenter une fente longitudinale que l'on appelle fissure. Cette fente, continuellement irritée par l'enfant qui tète, peut devenir douloureuse et s'infecter, et même saigner. Il est bon de la laver tous les jours à l'eau, de la masser avec de la lanoline et de l'exposer à l'air. La femme peut continuer l'allaitement en utilisant au besoin une téterelle; toutefois si la fissure est profonde ou très douloureuse, on lui conseille d'y renoncer temporairement. Elle peut extraire son lait jusqu'à ce qu'elle puisse reprendre l'allaitement. Si la fissure persiste, il faut avoir recours à d'autres mesures diagnostiques et thérapeutiques.

Écoulement sanglant ou sanguinolent.   On observe parfois au niveau du mamelon un écoulement sanguinolent, qui apparaît souvent à la suite d'une pression exercée sur le bord de l'aréole. Cet écoulement peut être un signe de tumeur maligne, mais il est le plus souvent causé par une tumeur épithéliale bénigne de type verruqueux ou par un papillome siégeant soit dans l'un des canaux galactophores terminaux juste au bord de l'aréole, soit dans une région affectée par la maladie fibrokystique. Un traumatisme quelconque peut provoquer un saignement avec accumulation de sang dans le canal. Une pression du mamelon exprime le sang accumulé. Si un papillome est en cause, le traitement comprend l'exérèse du canal avec le papillome. Même si les papillomes sont habituellement bénins, il faut procéder à un examen histologique du tissu excisé pour exclure le cancer.

Maladie de Paget.   Apparaissant le plus souvent chez les femmes de plus de 45 ans, la maladie de Paget atteint généralement un seul mamelon. Les causes en sont inconnues. Les premiers symptômes sont des lésions cutanées, rappelant l'eczéma, qui peuvent s'étendre au-delà de l'aréole. La femme peut ressentir d'abord une légère sensation de brûlure ou un prurit, suivi d'une ulcération ou d'une érosion et, aux stades plus avancés, d'une rétraction du mamelon. Toute lésion aréolaire qui ne guérit pas après quelques semaines de soins (lavage et mesures de protection) doit faire l'objet d'une biopsie pour écarter la possibilité de la maladie de Paget. Comme il s'agit d'une affection maligne, on la traite par une mammectomie. Si la maladie ne touche que l'aréole, le risque de métastases aux ganglions axillaires se situe autour de 5 %; quand une tumeur est présente, les chances de guérison par traitement chirurgical sont plus faibles.

INFECTIONS DU SEIN

Mastite.   Les femmes qui allaitent peuvent souffrir d'une mastite (inflammation ou infection du tissu mammaire). Une variété de causes sont possibles: transmission de microorganismes par les mains de la patiente ou du personnel soignant, contamination par la bouche, les yeux ou la peau du nourrisson, diffusion hématogène de microorganismes. La mastite entraîne une obstruction des canaux galactophores causant une stagnation du lait dans l'un ou plusieurs lobules. La consistance du sein devient dure ou pâteuse, et la patiente se plaint d'une douleur sourde dans la région touchée. Un écoulement purulent, séreux ou sanglant au niveau du mamelon doit faire l'objet d'une investigation.

Les antibiotiques et la chaleur locale assurent le traitement. Il ne faut pas cesser l'allaitement, car le bébé, qui a été en contact avec le microorganisme serait privé des anticorps de sa mère. On peut prescrire un antibiotique à large spectre pendant 7 à 10 jours. La patiente doit porter un soutien-gorge bien ajusté et prendre des mesures strictes d'hygiène personnelle; le repos et l'hydratation sont des aspects importants du traitement.

Abcès lié à la lactation.   L'abcès du sein est généralement une complication de la mastite aiguë, mais des femmes qui n'allaitent pas peuvent en souffrir. La région touchée devient rouge et très sensible, et on peut fréquemment exprimer du mamelon un écoulement purulent. La femme atteinte d'un abcès cesse souvent d'allaiter, mais de nombreux médecins préconisent la poursuite de l'allaitement si la femme y consent. Le sein doit être fermement soutenu et des antibiotiques sont prescrits; il faut parfois recourir à l'incision et au drainage si l'abcès ne répond pas à un traitement médical. L'application de compresses chaudes et humides peut accélérer sa résolution.

KYSTES ET TUMEURS BÉNIGNES DU SEIN

Maladie fibrokystique du sein.   La maladie fibrokystique du sein est aussi connue sous les noms de dysplasie fibrokystique, de maladie kystique et de mastose. Il s'agit d'une affection fréquente due à une prolifération de tissus fibreux dans les canaux produisant de multiples kystes. Elle apparaît le plus souvent entre 30 et 50 ans. On n'en connaît pas la cause, mais le fait que les kystes disparaissent après la ménopause donne à penser qu'il y aurait un lien avec les oestrogènes. Souvent, la taille des kystes varie au cours du cycle menstruel: elle augmente lors de la période prémenstruelle et diminue après les règles. Les kystes sont indolores chez certaines, mais très sensibles chez d'autres, surtout avant les règles. Certaines femmes éprouvent à l'occasion des douleurs fulgurantes. Le stress et la caféine peuvent aggraver les symptômes. Une diminution de la consommation de caféine et de sel, un soutien-gorge offrant un bon support et des suppléments de vitamine E sont parfois efficaces et parfois sans effet.

Bon nombre de kystes peuvent être aspirés, avec ou sans anesthésie locale. Dans certains cas, cependant, les kystes sont formés de tissu mammaire noduleux et granuleux et

ne sont pas aspirables. Une biopsie est parfois requise pour distinguer les changements kystiques d'une tumeur maligne. Si une biopsie d'une masse fibrokystique révèle une hyperplasie atypique, le risque de cancer du sein est plus élevé.

Si la sensibilité et la douleur sont marquées, on peut prescrire du danazol (Danocrine); ce médicament combat l'effet des oestrogènes et réduit de ce fait la douleur et le tissu nodulaire. On ne l'emploie cependant que dans les cas les plus graves à cause de ses effets indésirables: bouffées vasomotrices, vaginite et virilisation (apparition de caractères sexuels masculins).

On prescrit aussi, à l'occasion, de faibles analgésiques ou de faibles diurétiques. Un régime pauvre en sel, et l'élimination des substances contenant de la méthylxanthine (café, thé, cola et chocolat), ont parfois des effets favorables. En général, les symptômes disparaissent à la ménopause.

ÉCOULEMENTS

Chez la patiente qui n'allaite pas, un écoulement provenant du mamelon peut avoir de multiples causes: carcinome, papillome, adénomes hypophysaires, maladie fibrokystique et de nombreux médicaments. Les contraceptifs oraux, la grossesse, l'oestrogénothérapie substitutive, les médicaments de type chlorpromazine peuvent y contribuer. Les femmes qui pratiquent des sports qui provoquent un mouvement du tissu mammaire comme la course ou la danse aérobique peuvent aussi présenter un écoulement. Même s'il n'y a pas lieu de s'alarmer, il faut consulter un médecin si on observe un écoulement provenant du mamelon.

AUTRES AFFECTIONS

La *macromastie* (seins trop volumineux) est un problème pour certaines femmes. Les cures d'amaigrissement et une variété de médicaments ont été utilisés sans succès pour y remédier. La mammoplastie de réduction est la seule solution pour les femmes que cette anomalie affecte physiquement et psychologiquement. Cette opération est décrite plus loin dans le présent chapitre.

Les *fibroadénomes* sont des tumeurs bénignes du sein qui sont fermes, rondes et mobiles, mais non sensibles. Ils apparaissent généralement entre la fin de l'adolescence et le début de la trentaine. Ils relèvent d'une exérèse chirurgicale.

La *tumeur phyllode* est une forme rare de fibroadénome qui a une croissance rapide. Elle est rarement maligne mais doit faire l'objet d'une exérèse chirurgicale. Une mammectomie s'impose quand elle est maligne. (On trouvera au tableau 40-1 les caractéristiques des kystes et tumeurs des seins.)

Les *lipomes* sont de petites tumeurs graisseuses bénignes. Ils peuvent évoquer une tumeur maligne parce qu'ils sont fermes et mal encapsulés. Une biopsie est parfois nécessaire.

Résumé: Les affections des seins que l'on vient de décrire mettent rarement en danger la vie de la patiente, mais elles sont souvent source de malaise et d'anxiété. Les femmes chez qui elles sont dépistées risquent d'y voir le signe de maladies

TABLEAU 40-1. *Caractéristiques de kystes et tumeurs du sein*

Les masses du sein les plus courantes sont les kystes de la maladie fibrokystique, les fibroadénomes et les tumeurs malignes. Le diagnostic ne peut généralement être établi avec certitude que par une biopsie. Les caractéristiques énumérées ci-dessous représentent des indices.

	Maladie fibrokystique	*Fibroadénomes*	*Tumeurs malignes*
(Ces illustrations tentent de reproduire la sensation des masses au toucher.)			
Âge	De 20 ans à la ménopause	De la puberté à la ménopause	De 20 à 90 ans; incidence la plus élevée: de 40 à 80 ans
Nombre	Une ou plusieurs	Une (généralement)	Une (généralement)
Forme	Ronde	Ronde, en forme de disque, ou lobulaire	Irrégulière
Consistance	Molle ou ferme	En général ferme	Ferme ou dure
Mobilité	Mobile	Mobile	Parfois fixe
Sensibilité	Souvent sensible	Indolore	Habituellement indolore
Signes de rétraction	Absents	Absents	Parfois présents

(Source: B. A. Bates, *Guide to Physical Examination*, Philadelphia, J. B. Lippincott, 1991)

plus graves. L'infirmière doit comprendre leurs effets possibles sur la patiente pour être en mesure d'aider celle-ci à mieux connaître l'affection dont elle souffre et les mesures qui peuvent la soulager.

CANCER DU SEIN

Le cancer du sein touche une femme sur neuf. Ces chiffres stupéfiants poussent les infirmières à considérer de plus près la prévention et le traitement de cette maladie, de même que l'éducation de la population à cet égard. Le cancer du sein peut apparaître à n'importe quel âge après l'apparition des premières règles, mais il est beaucoup plus fréquent après 40 ans.

Incidence

L'incidence du cancer du sein augmente de 1 % par année depuis le début des années 1970, et son taux de mortalité est resté sensiblement le même. On espère modifier ces chiffres par le dépistage et le traitement dès le premier stade de la maladie. À l'échelle mondiale, le cancer du sein touche chaque année plus d'un million de femmes. Au Canada, plus de 14 000 cas sont diagnostiqués chaque année et le nombre des décès dus à ce cancer dépasse 5000. La mortalité augmente avec l'âge, sauf après la ménopause, où elle connaît un léger déclin pour des raisons encore inconnues. On note une faible incidence du cancer du sein chez les femmes qui ont subi une ovariectomie bilatérale et une plus faible incidence chez les femmes noires et orientales que chez les femmes blanches. On a constaté des différences raciales: les femmes noires et orientales paraissent moins souvent atteintes que les femmes blanches. L'incidence est très faible chez les Japonaises; elle augmente cependant chez celles qui s'installent aux États-Unis et adoptent un mode de vie occidental, ce qui donne à penser que le régime alimentaire et des facteurs environnementaux seraient en cause.

Facteurs de risque

Les principaux facteurs de risque du cancer du sein sont les suivants:

1. Un cancer du sein antérieur (une tumeur maligne se développe dans l'autre sein dans 8 à 17 % des cas.)
2. Un cancer du sein chez la mère ou une sœur (Le risque est multiplié par deux ou trois, et davantage encore si le cancer s'est manifesté avant la ménopause.)
3. La nulliparité
4. Le fait d'avoir un premier enfant après l'âge de 30 ans (Le risque est plus élevé que pour les femmes nullipares.)
5. L'apparition précoce des premières règles, soit avant l'âge de 12 ans et une ménopause tardive, soit après 50 ans (Le facteur en cause serait l'exposition aux œstrogènes en l'absence de la progestérone, ce qui créerait des conditions favorables au développement du cancer en présence d'un cofacteur, peut-être de nature environnementale. Les contraceptifs oraux et l'œstrogénothérapie substitutive ne paraissent pas augmenter le risque.)
6. Une exposition importante à des rayons ionisants (traitement aux rayons X ou retombées nucléaires)

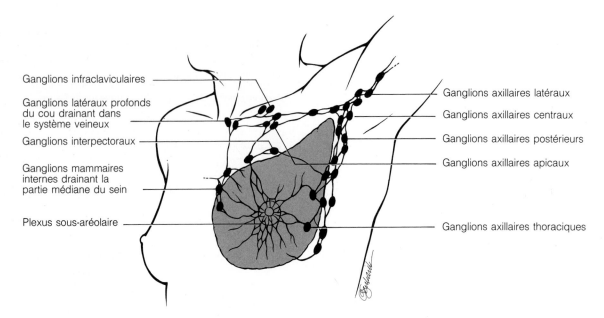

Figure 40-3. Drainage lymphatique du sein

7. Un cancer de l'utérus, des ovaires ou du côlon
8. Un régime alimentaire riche en matière grasses, l'obésité, et la consommation d'alcool (Les femmes qui boivent une quantité d'alcool modérée sont plus exposées que la normale; de même, le risque est un peu plus élevé dans les pays où l'on boit régulièrement du vin, comme la France et l'Italie. D'après certaines études, la consommation d'alcool dans la jeunesse rendrait la femme encore plus vulnérable.)
9. Des antécédents d'hyperplasie atypique (lobulaire ou canalaire) révélés par une biopsie
10. Le sexe féminin (Le seul fait d'être une femme expose au cancer du sein même en l'absence de facteurs de risque.)

Manifestations cliniques

Les symptômes du cancer du sein sont insidieux. Une masse indolore, parfois mobile, se développe dans le sein, généralement dans le quadrant externe supérieur, et plus souvent à gauche qu'à droite. Dans 90 % des cas, c'est la femme elle-même, ou son partenaire, qui la découvre. Il n'y a habituellement aucune douleur, sauf au stade avancé. Chez quelques femmes, c'est un malaise bien localisé, décrit comme une sensation de brûlure, un picotement ou un vague endolorissement, qui est le premier signe de la maladie. Certaines femmes n'ont pas de symptômes ni de masse palpable, mais une mammographie anormale. Au stade avancé, on observe des fossettes cutanées ou un aspect en peau d'orange; l'œdème provoqué par l'obstruction de la circulation lymphatique dans le derme en est la cause. En s'examinant dans un miroir, la patiente constate parfois une asymétrie, ou une élévation du sein touché. Il peut y avoir rétraction du mamelon. Plus tard, le sein a tendance à se fixer à la paroi thoracique; une ulcération et des métastases apparaissent ensuite. Pour diagnostiquer les tumeurs malignes du sein à leur début, on doit faire preuve de vigilance, établir un bilan de santé complet, procéder à un examen minutieux et obtenir une mammographie. Si les résultats des examens sont suspects, il faut effectuer une biopsie-exérèse.

Il importe d'obtenir un échantillon adéquat que ce soit par biopsie à l'aiguille fine ou par biopsie-exérèse. Si les résultats de la biopsie sont positifs, on doit effectuer un bilan complet comprenant une exploration de la fonction hépatique, une recherche de l'antigène carcino-embryonnaire (un marqueur non spécifique dont le taux augmente s'il y a présence de métastases), une scintigraphie osseuse, des radiographies thoraciques et une scintigraphie hépatique. Ces examens ont pour but de vérifier s'il y a présence de métastases, ou d'altération de la fonction hépatique et rénale, qui témoigneraient d'un cancer au stade avancé.

Physiopathologie

Le cancer du sein n'apparaît pas du jour au lendemain. Il commence par la duplication d'une seule cellule qui prend entre 30 et 210 jours. Environ 16 duplications cellulaires sont nécessaires pour produire une tumeur mesurant 1 cm; c'est à ce moment que la tumeur devient apparente sur le plan clinique. Si chaque duplication prend 30 jours, il faudra au moins 30 mois pour qu'une tumeur devienne palpable; si on compte 210 jours, la tumeur ne sera palpable que dans 17 ans. (L'intérêt de la mammographie est de permettre le dépistage d'un carcinome avant qu'il ne soit palpable.)

À moins que l'on ne pratique une biopsie ou une opération plus définitive, la tumeur continue de croître. Elle peut se fixer à la paroi thoracique, ce qui se manifeste par l'aspect de peau d'orange. Elle peut également s'étendre aux ganglions lymphatiques régionaux, et notamment aux ganglions axillaires. Au stade avancé, ces ganglions deviennent facilement palpables. Le cancer peut également s'étendre aux ganglions mammaires et sus-claviculaires. On a observé plusieurs cas d'invasion par la voie des canaux lymphatiques sous-cutanés des ganglions axillaires du côté opposé. Il est donc important de procéder à l'examen des deux régions axillaires (le drainage lymphatique du sein est illustré à la figure 40-3). Les sièges de métastases les plus fréquents sont les poumons, le foie, le squelette et le cerveau. Les symptômes de métastases sont décrits au tableau 40-2.

TABLEAU 40-2. *Sièges, signes et symptômes usuels des métastases du cancer du sein*

Siège	Symptômes	Signes
Os (particulièrement la colonne vertébrale et les os longs proximaux)	Au début, douleur plus marquée la nuit Douleur difficile à caractériser; peut être sourde ou térébrante	Sensibilité de la colonne vertébrale
Poumons et plèvre	Dyspnée Toux Douleur thoracique	Toux Expectorations Faiblesse des bruits respiratoires
Peau	Prurit (à l'occasion)	Nodules ou papules fermes, isolés, de couleur chair Faible érythème dans certains cas En général, absence de douleur
Ganglions lymphatiques		Ganglions tuméfiés, indolores
Foie (il est rare que les métastases apparaissent exclusivement dans cet organe)	Douleur ou malaise localisé dans la partie supérieure droite de l'abdomen	Hépatomégalie Jaunisse Ascite
Moelle épinière (particulièrement les segments thoracique et lombaire)	Symptômes progressifs de compression de la moelle au niveau de la lésion Douleur localisée dans la colonne vertébrale Faiblesse musculaire des membres inférieurs Perte sensorielle et paralysie des membres inférieurs Dysfonctionnement de la vessie et de l'intestin	Altération sensorielle et motrice au niveau de la lésion Réflexes hyperactifs des membres inférieurs
Système nerveux central	Symptômes généralisés d'augmentation de la pression intracrânienne Maux de tête Nausées, vomissements Altération de la fonction cognitive Altérations fonctionnelles correspondant à la région cérébrale affectée (par exemple: hémiparésie, convulsions, altérations visuelles)	Œdème papillaire Anomalies correspondantes de l'état mental et neurologique

(Source: M. Mast, «Primary care of the mastectomy patient», *Nurse Pract*, fév. 1984, 9[2]:63-78)

Traitement chirurgical

Pour traiter le cancer du sein, on procède à l'ablation ou à la destruction de la tumeur, suivie d'une radiothérapie, d'une chimiothérapie, d'une hormonothérapie, ou d'une association de ces traitements. À cause de sa complexité du point de vue biologique, la maladie relève d'une variété de traitements.

Les chances de guérison sont beaucoup plus fortes quand la tumeur est confinée au sein, le taux de survie de cinq ans étant alors supérieur à 80 %. Quand le cancer s'est étendu aux ganglions axillaires, ce taux baisse à 60 % et parfois en-deçà.

Plusieurs types d'interventions chirurgicales sont possibles:

1) La tumorectomie (exérèse locale de la tumeur) avec curage ganglionnaire, suivie d'une cobaltothérapie
2) La quadrantectomie, ou ablation du quadrant où se situe la tumeur (en général le quadrant externe supérieur) avec curage ganglionnaire, suivie d'une radiothérapie
3) La mammectomie simple, ou exérèse du tissu allant de la clavicule au rebord costal et de la ligne médiane au grand dorsal, avec ablation du prolongement axillaire en entier et des aponévroses pectorales
4) La mammectomie radicale modifiée, ou ablation du tissu mammaire au complet et des ganglions axillaires; on ne touche pas au grand ou au petit pectoral. Cette intervention est l'une des plus courantes pour le traitement du cancer du sein.
5) La mammectomie radicale, ou ablation du sein en entier ainsi que des ganglions axillaires et des deux muscles pectoraux (tableau 40-3). Cette opération est rare de nos jours.

Évolution du traitement chirurgical du cancer du sein.
Il y a 25 ou 30 ans, on traitait le cancer du sein par une mammectomie radicale comprenant l'ablation du grand et du petit pectoral et un curage complet des ganglions axillaires. Cette intervention, mise au point par Halsted en 1893, présentait de nombreux inconvénients. Elle n'améliorait pas les taux de morbidité et de mortalité et était très difficile à accepter pour les patientes. Il y a une trentaine d'années, on a donc commencé à utiliser la mammectomie radicale modifiée comprenant l'ablation du sein et des ganglions axillaires, mais préservant l'intégrité des muscles pectoraux.

TABLEAU 40-3.   *Traitement chirurgical du cancer du sein*

Opération	Description
Mammectomie partielle Tumorectomie	Ablation de la tumeur et d'une quantité variable des tissus adjacents avec curage des ganglions axillaires
Quadrantectomie	Ablation du quadrant où se trouve la tumeur avec curage des ganglions axillaires
Curage des ganglions axillaires	Exérèse, pour examen histologique, de certains ganglions axillaires enfoncés dans le tissu adipeux
Mammectomie radicale modifiée	Ablation de tout le tissu mammaire avec curage des ganglions axillaires
Mammectomie radicale	Ablation du sein en entier et du grand et du petit pectoral avec curage des ganglions axillaires

Cette intervention s'est largement répandue. Depuis cinq ou dix ans, on a recours à un traitement comprenant l'exérèse locale de la tumeur, le curage des ganglions axillaires et l'irradiation subséquente des tissus mammaires restants, avec un taux de survie de cinq ans identique, ou même supérieur, à celui obtenu avec la mammectomie radicale de Halsted ou de la mammectomie radicale modifiée. De nombreuses études permettent de conclure que le traitement de choix d'une tumeur cancéreuse du sein ne dépassant pas 4 cm, est la tumorectomie avec un curage des ganglions axillaires, suivie d'une radiothérapie. Quand les lésions dépassent 4 cm, la plupart des chirurgiens effectuent une mammectomie radicale modifiée avec curage des ganglions axillaires.

L'évolution du traitement chirurgical du cancer du sein est largement attribuable au fait que les femmes prennent de plus en plus leur santé en main. Les femmes ont intérêt à se renseigner sur le taux de réussite du traitement proposé et sur les autres traitements possibles.

Le traitement du cancer du sein repose sur le postulat selon lequel il s'agit d'une maladie généralisée. C'est pourquoi on ne se contente pas de détruire localement le cancer, mais on vise également les micrométastases qui peuvent être présentes dans les tissus mammaires adjacents ou disséminées dans l'organisme tout entier. Dans cette optique, la chirurgie associée à une chimiothérapie est plus efficace que la chirurgie seule. Quant à la radiothérapie après une mammectomie simple ou une mammectomie radicale modifiée, elle diminue les récidives locales, mais n'augmente pas les chances de survie. Les études actuelles visent à déterminer le traitement le plus efficace du cancer du sein, la bonne association d'antinéoplasiques et le moment idéal de la radiothérapie, dans une perspective multidisciplinaire.

Les anticorps monoclonaux sont devenus des outils de traitement efficaces du cancer et pourraient jouer un rôle de plus en plus important au fur et à mesure des progrès de la recherche. Ces protéines de synthèse agissent comme des anticorps à l'endroit des cellules cancéreuses; elles peuvent également servir de marqueurs dans les scintigraphies, permettant le dépistage des tumeurs cancéreuses à leur début. Une autre technique nouvelle, la cytométrie de flux, s'avère d'un grand intérêt. Elle permet l'étude du taux de division des cellules à chaque étape de leur croissance; le nombre de cellules qui sont dans la phase S du cycle cellulaire est proportionnel à l'agressivité de la tumeur.

CLASSIFICATION PAR STADES

Avant le traitement du cancer du sein, il faut en établir le stade, d'après l'examen histologique du tissu mammaire et ganglionnaire prélevé par biopsie, et le degré d'envahissement à distance (figure 40-4).

Le stade I correspond à une petite tumeur de moins de 2 cm, avec ganglions lymphatiques négatifs et sans métastases.

Le stade II correspond à une tumeur de 2 à 5 cm, avec ganglions lymphatiques mobiles positifs ou négatifs et sans métastases.

Le stade III correspond à une tumeur de plus de 5 cm ou à une tumeur de n'importe quelle taille avec envahissement de la peau ou de la paroi thoracique. Les ganglions lymphatiques sont positifs et fixés dans la région claviculaire; il n'y a pas de métastases.

Le stade IV correspond à la présence de métastases; les ganglions peuvent être positifs ou négatifs.

On connaît aussi la classification TNM, selon laquelle T désigne la tumeur primaire, N l'extension aux ganglions lymphatiques et M les métastases à distance (tableau 40-4).

TYPES DE CANCER DU SEIN

On trouvera au tableau 40-5 la liste des types de cancer du sein.

TABLEAU 40-4.   *Classification TNM des cancers du sein (tumeur, ganglions, métastases)*

Stade I	T: moins de 2 cm	N: pas d'extension aux ganglions axillaires	M: pas de métastases
Stade II	T: plus de 2 cm	N: ganglions axillaires mobiles	M: pas de métastases
Stade III	T: plus de 5 cm	N: ganglions axillaires fixes	M: pas de métastases
Stade IV	T: toute tumeur	N: ganglions sus-claviculaires ou infraclaviculaires	M: métastases

(Source: American Joint Committee on Cancer. *Manual for Staging of Cancer*, 3ᵉ éd., Philadelphia, J. B. Lippincott, 1988, pp. 145-150)

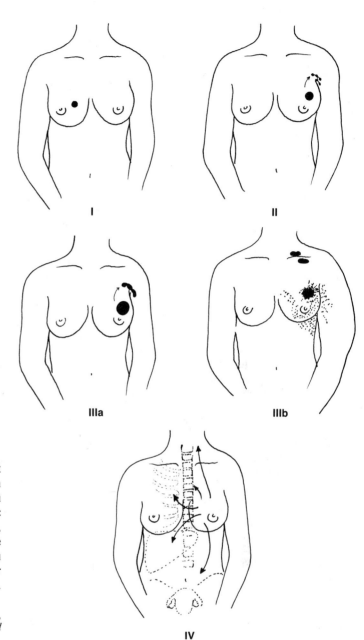

Figure 40-4. L'Union internationale contre le cancer et l'American Joint Committee on Cancer ont établi une classification du cancer du sein en quatre stades cliniques. Stade I: tumeurs de moins de 2 cm confinées au sein. Stade II: tumeurs de moins de 5 cm, ou tumeurs plus petites avec ganglions axillaires petits et mobiles. Stade IIIA: tumeurs de plus de 5 cm, ou tumeurs associées à des ganglions axillaires agrandis et fixes. Stade IIIB: lésions plus avancées avec nodules satellites, fixation à la peau ou à la paroi thoracique, ulcération, œdème, ou extension (manifeste sur le plan clinique) aux ganglions sus-claviculaires ou sous-claviculaires. Stade IV: présence de métastases.

(Source: D. Dunnihoo, *Fundamentals of Gynecology and Obstetrics,* Philadelphia, J. B. Lippincott, 1990; adapté de: D. N. Danforth, et J. R. Scott (éd.), *Obstetrics and Gynecology,* 5e éd., Philadelphia, J. B. Lippincott, 1986)

TABLEAU 40-5. *Types* * *de cancer du sein et fréquence relative*

Canalaire invasif	70,0 %
Lobulaire invasif	10,0
Médullaire	6,0
Mucipare ou colloïde	3,0
Cystadénome	0,4
Papillaire	1,0
Carcinosarcome	0,1
Maladie de Paget	3,0
Mastite carcinomateuse	1,0
Cancer du sein *in situ*	5,0
canalaire	2,5
lobulaire	2,5

* Il existe des cancers combinant plus d'un type.

(Source: C. Henderson, et coll., «Cancer of the Breast», dans V. T. DeVita Jr., S. Helman, et S. A. Rosenberg, (éd.), *Cancer: Principles and Practice of Oncology,* vol. 1, 3e éd., Philadelphia, J. B. Lippincott, 1989, pp. 1204-1206)

Le *cancer canalaire invasif* représente environ 80 % des cancers du sein. La tumeur, dure au toucher, peut causer l'apparition d'une fossette ou une rétraction du mamelon. Même si la lésion primaire est petite, elle peut s'étendre rapidement aux ganglions lymphatiques. Le taux de survie est bon quand les ganglions ne sont pas atteints et que les récepteurs hormonaux sont positifs (voir la page 1194).

Le *cancer médullaire* représente 6 % des cancers du sein. La tumeur croît dans une capsule à l'intérieur d'un canal. Elle peut atteindre une taille importante, mais sa croissance est lente, de sorte que le pronostic est souvent favorable.

Le *cancer mucipare* est un type de cancer canalaire avec production de mucus; il représente 3 % des cancers du sein. Il croît lentement et est également associé à un pronostic favorable.

Le *cancer lobulaire* est sans doute le type de cancer du sein le plus bénin. En général, il n'envahit pas les tissus adjacents et a un pronostic beaucoup plus favorable que tous les autres types décrits ci-dessus. À l'heure actuelle, il n'existe pas de consensus sur le traitement. On peut proposer à la patiente une surveillance attentive sans chirurgie (parce qu'il s'agit d'un cancer *in situ*), ou une mammectomie bilatérale à titre préventif. L'incidence des tumeurs bilatérales se situe aux alentours de 50 % : au moment du traitement chirurgical définitif du sein affecté, on pratique souvent une biopsie en miroir à l'aveugle du sein opposé.

La *mastite carcinomateuse* est un cancer du sein rare (1 à 2 % des cas) dont les symptômes sont caractéristiques. La tumeur localisée est sensible et douloureuse; le sein est hypertrophié et anormalement ferme. La peau du sein prend une coloration rouge, et il y a souvent œdème et rétraction du mamelon. Ces symptômes s'aggravent rapidement, ce qui porte la femme à consulter sans délai un médecin. La maladie peut envahir rapidement d'autres parties du corps. La chimiothérapie constitue l'un des principaux moyens d'en arrêter la progression. On utilise également la radiothérapie et la chirurgie.

La maladie de Paget du mamelon (décrite à la page 1187) est l'une des formes les plus rares du cancer du sein. Une sensation de brûlure et des démangeaisons en sont des symptômes fréquents. La tumeur peut être canalaire ou invasive et située en profondeur sous le mamelon. Souvent, elle n'est pas palpable, et la mammographie est le seul moyen de la dépister. Dans la plupart des cas, la mammectomie est le traitement de choix. Le plus souvent, la tumeur primaire est intracanalaire et bien confinée. Le curage des ganglions axillaires est donc rarement indiqué. Si la tumeur s'étend à l'extérieur du canal, on qualifie le cancer d'invasif et on doit avoir recours à la mammectomie radicale modifiée.

Pronostic

L'évolution du cancer du sein est plus difficile à prévoir que celle des autres cancers: elle est influencée par l'hormonodépendance, la réponse immunitaire, la résistance de l'hôte et d'autres facteurs variables ou inconnus. Le pronostic est meilleur quand les ganglions lymphatiques ne sont pas atteints. Toutefois, l'absence de ganglions palpables lors de l'examen clinique ne signifie pas nécessairement l'absence d'atteinte ganglionnaire. L'étendue de la tumeur au moment du traitement est un indicateur pronostique important. C'est en établissant le diagnostic du cancer du sein, avant l'apparition de métastases, que l'on pourra améliorer le taux de guérison. En encourageant la pratique de l'autoexamen des seins, les examens réguliers par un médecin et les mammographies selon la fréquence recommandée, l'infirmière joue à cet égard un rôle essentiel.

TRAITEMENT DE LA PATIENTE ATTEINTE D'UN CANCER DU SEIN

Le cancer du sein étant une maladie complexe dont les manifestations sont variables, il existe plusieurs façons de le traiter. Les régimes de traitement, souvent fort complexes, sont dictés par le diagnostic histologique, l'âge de la patiente, l'oncologue, le chirurgien, l'évolution de la maladie et les protocoles courants.

Dans les cas de tumeur primaire du sein, on délaisse de plus en plus la mammectomie radicale en faveur d'interventions moins mutilantes. Il est rare, de nos jours, que la biopsie du sein soit immédiatement suivie d'une mammectomie, ce qui épargne à la patiente le stress de ne pas savoir avant l'opération si elle se réveillera avec un sein en moins. On préfère prendre le temps de confirmer les résultats de la biopsie et de discuter des méthodes de traitement. Selon le stade et le type de maladie, il est possible d'associer chirurgie, chimiothérapie, immunothérapie, hormonothérapie et radiothérapie. La femme a souvent l'occasion de choisir entre différents types de chirurgie, et on doit également envisager la possibilité d'une chirurgie reconstructrice. Au cours de la prise de décision, l'infirmière doit être à l'écoute de la patiente et lui donner toute l'information dont elle a besoin pour faire un choix éclairé.

Avant l'opération, le chirurgien décide de l'incision qui permettra d'enlever la tumeur et les ganglions atteints, tout en étant la plus discrète possible. L'un des objectifs du traitement consiste à conserver ou à rétablir le fonctionnement normal de la main, du bras et de la ceinture scapulaire du côté opéré. Les lambeaux et les tissus sont maniés avec soin pour assurer au mieux la viabilité, l'hémostasie et le drainage.

Après l'exérèse de la masse tumorale, on procède à la ligature des points hémorragiques et on ramène la peau sur la paroi thoracique. Si les lambeaux ne sont pas assez grands pour fermer la plaie, on effectue une greffe cutanée. Un pansement non adhérent (Adaptic) permet l'écoulement du sérum et du sang à travers les bandes; on peut ensuite appliquer un pansement compressif. Deux drains peuvent être mis en place, l'un dans l'aisselle, l'autre sous le lambeau supérieur; un dispositif d'aspiration portatif est parfois utilisé. De larges bandes élastiques peuvent retenir le pansement final.

Hormonothérapie

Les décisions touchant l'hormonothérapie se fondent sur la présence ou l'absence de récepteurs des œstrogènes et de la progestérone dans le tissu cancéreux prélevé lors de la biopsie. Des directives spéciales s'appliquent à la manipulation du tissu qui doit être envoyé à un laboratoire spécialisé. Le tissu mammaire normal contient des récepteurs œstrogéniques. Cependant, la proportion des tumeurs malignes du sein qui contiennent des récepteurs des œstrogènes (elles sont alors dites ER+ ou récepteurs d'œstrogènes positives) n'est que d'un tiers environ. Les tumeurs ER+ sont dites hormonodépendantes, ce qui signifie qu'on peut entraver leur croissance en réduisant la production hormonale. Les tumeurs ER+ ont parfois une croissance plus lente que les tumeurs récepteurs d'œstrogènes négatives (ER−). Un résultat à moins de 3 fmol/mg est considéré négatif, un résultat entre 3 et 10 fmol/mg est douteux et un résultat supérieur à 10 fmol/mg est positif. Plus le chiffre est élevé, plus la suppression hormonale a de chances d'avoir des effets favorables. Les cancers qui ont des récepteurs d'œstrogènes et de progestérone (ER+ et PR+) ont un meilleur pronostic. La plupart des tumeurs PR+ sont également ER+. L'absence de récepteurs de la progestérone traduit parfois la propagation de la maladie. Chez les femmes en préménopause les tumeurs sont le plus souvent non hormonodépendantes, tandis que chez les femmes ménopausées depuis au moins cinq ans, elles sont majoritairement hormonodépendantes. (Voir la figure 40-5 pour la relation entre les récepteurs hormonaux et le traitement du cancer.)

Figure 40-5. Choix du traitement après mammectomie (information basée sur les recommandations du *NIH Consensus Development Conference Statement*). G + : ganglions positifs; G – : ganglions négatifs; ER + : récepteurs d'œstrogènes positif; ER – : récepteurs d'œstrogène négatif. * Il faut envisager la chimiothérapie, mais son utilisation ne fait pas partie des recommandations établies.
(Source: B. Doig, «Adjuvant chemotherapy in breast cancer: A Review of the Literature», *Cancer Nurs*, avril 1988; 11[2]:95)

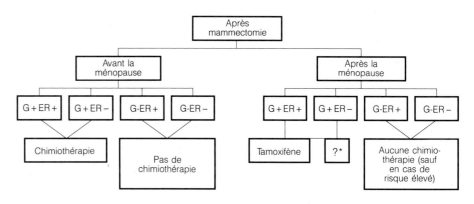

La suppression de la production hormonale peut se faire par chirurgie: ablation des glandes endocrines qui sécrètent des hormones (ovaire, hypophyse ou surrénales). Avant la ménopause, on peut avoir recours à l'ovariectomie chez les femmes atteintes d'un cancer hormonodépendant. Cependant, l'ablation chirurgicale, considérée autrefois comme un traitement efficace, est rarement pratiquée aujourd'hui parce que l'on dispose de médicaments permettant d'atteindre le même résultat.

Les principaux agents hormonaux employés pour le traitement des tumeurs hormonodépendantes sont le tamoxifène, Megace, le DES, Halotestin et Cytadren.

1. *Tamoxifène.* Cet antiœstrogène, que certains considèrent aussi efficace que l'ovariectomie, est aujourd'hui le plus utilisé des médicaments antihormonaux. Il est indiqué pour les femmes ménopausées avec tumeurs ER + et ganglions axillaires positifs. Ses effets secondaires sont peu nombreux, mais il provoque parfois des nausées, des vomissements, des bouffées de chaleur, une rétention aqueuse et de la dépression. Des recherches sont en cours afin d'établir son efficacité dans la prévention du cancer du sein chez les femmes qui y sont prédisposées.

2. *DES (diéthylstilboestrol).* Le DES supprime la production de l'hormone folliculostimulante (FSH) et de l'hormone lutéinisante (LH), ce qui diminue la production ovarienne des œstrogènes et leur liaison. Le DES est moins souvent employé que le tamoxifène parce qu'il entraîne plus d'effets secondaires (gain pondéral, rétention aqueuse, nausées).

3. *Megace.* On ne connaît pas le mécanisme d'action de ce médicament; peut-être a-t-il pour effet de réduire la quantité de récepteurs des œstrogènes. Il provoque parfois une augmentation de l'appétit et un gain pondéral.

4. *Halotestin.* Ce dérivé de la testostérone supprime les œstrogènes en supprimant la FSH et la LH. Ses effets secondaires comprennent la virilisation: augmentation de la pilosité du visage, gravité de la voix, hypertrophie du clitoris et augmentation de la libido.

5. *Aminoglutéthimide ou Cytadren.* En bloquant la conversion des androgènes en œstrogènes, ce médicament simule les effets d'une surrénalectomie. Il agit en inhibant l'aromatase, l'enzyme responsable de cette conversion. Il peut provoquer un érythème qui est parfois source de démangeaisons. Il peut également supprimer la fonction surrénalienne, ce que l'on peut prévenir par l'administration d'hydrocortisone. Il faut observer de près la patiente pour déceler tout signe d'hypofonctionnement de la corticosurrénale.

Initialement, tous ces médicaments peuvent causer une aggravation de la maladie; ils peuvent parfois provoquer une hypercalcémie exigeant l'abandon du traitement. L'infirmière qui travaille avec des patientes recevant une hormonothérapie doit veiller à les renseigner sur les médicaments administrés et les réactions qu'ils peuvent provoquer.

Chimiothérapie adjuvante

La chimiothérapie est l'une des armes les plus puissantes dont on dispose pour lutter contre le cancer. Les agents chimiothérapeutiques entravent la reproduction cellulaire; malheureusement, ils peuvent en même temps tuer les cellules normales et provoquer des effets extrêmement indésirables. La mauvaise publicité faite à ce traitement est due, pour une bonne part, à ces effets. On trouvera au chapitre 47 un aperçu général de la chimiothérapie.

Malgré un débat qui se poursuit depuis des années sur l'emploi de la chimiothérapie pour combattre le cancer du sein après une intervention chirurgicale définitive, on ne s'entend toujours pas sur le choix des candidates et des agents. À cet égard, les décisions reposent sur une foule de facteurs, et surtout sur l'avis de l'oncologue traitant. D'après les recherches du groupe de Milan et du National Surgical Adjuvant Breast and Bowel Project (NSABP), la plupart des patientes devraient recevoir une chimiothérapie, qu'il y ait ou non des métastases au moment où le cancer est découvert. Mais chaque cas doit faire l'objet d'une évaluation. Le diagnostic et le traitement du cancer du sein exigent la collaboration de spécialistes d'une variété de disciplines. Employées isolément, la chirurgie, la radiothérapie ou la chimiothérapie ne suffisent généralement pas pour combattre efficacement la maladie.

Les patientes qui doivent entreprendre une chimiothérapie sont souvent anxieuses parce qu'elles en craignent les effets secondaires. Toutefois, il est rare que cette crainte les incite à renoncer au traitement. Elles ont quand même besoin d'une préparation psychologique et d'un enseignement appropriés. Il faut leur offrir de la documentation, ainsi que la possibilité de s'entretenir avec le médecin et l'infirmière spécialisée en oncologie. On les aide ainsi à surmonter leur crainte des effets secondaires du traitement et d'une récidive de la maladie.

La chimiothérapie n'est pas administrée en même temps que la radiothérapie parce que sa toxicité et ses effets secondaires pourraient s'en trouver exacerbés; elle peut la précéder ou la suivre. Elle a pour but d'éliminer la propagation de macrométastases ou de micrométastases. Les variables qui influencent le choix du traitement et de la démarche thérapeutique sont notamment le nombre des ganglions atteints, la présence ou l'absence de récepteurs hormonaux et les dimensions de la tumeur.

Il est important d'entreprendre la chimiothérapie avant le développement d'une résistance: pour cette raison, elle doit commencer peu après le traitement chirurgical. L'emploi d'une association de deux ou trois agents chimiothérapeutiques convient particulièrement aux femmes préménopausées. Les principaux effets indésirables associés à la chimiothérapie sont les nausées, l'alopécie, l'inflammation des muqueuses, les dermatites, la cystite hémorragique, la constipation, la diarrhée, les conjonctivites, un malaise généralisé, la dépression, un gain pondéral et l'aplasie médullaire. Pour des raisons qu'on ne connaît pas, à peu près la moitié des patientes sous chimiothérapie prennent plus de 5 kg, ce qui ajoute à l'altération de l'image corporelle entraînée par la mammectomie.

Les complications sérieuses de la chimiothérapie sont notamment l'aplasie médullaire, qui peut mener à des infections généralisées, des effets toxiques découlant d'une association avec la radiothérapie, une hépatoxicité, des troubles de la coagulation, une aménorrhée et une insuffisance ovarienne.

En outre, les réactions physiques et psychologiques à la chimiothérapie peuvent altérer l'estime de soi, la sexualité et le bien-être. Des symptômes comme les nausées et l'alopécie seraient difficiles à supporter même pour une personne bien portante et sereine. Ils le sont d'autant plus pour celle qui lutte contre une maladie qui peut être mortelle. L'aide d'une infirmière spécialisée en oncologie, d'un professionnel de la santé mentale ou d'un groupe de soutien peut donc lui être précieuse.

L'exercice aérobique peut réduire le gain pondéral, en plus de procurer un sentiment de bien-être et de réduire l'anxiété.

Les agents chimiothérapeutiques que l'on emploie le plus souvent pour traiter le cancer du sein sont Cytoxan (C), le méthotrexate (M), le fluorouacile (F) et l'adriamycin (A). On utilise souvent l'association CMF ou CAF. L'oncologue choisit les agents qui conviennent à la patiente et établit un protocole de traitement personnalisé.

La patiente peut décider de subir une greffe autologue de moelle osseuse. Dans ce cas, on extrait avant la chimiothérapie une certaine quantité (200 à 500 mL) de moelle osseuse. Après l'administration de doses importantes d'agents chimiothérapeutiques, la moelle osseuse est réinjectée à la patiente par voie intraveineuse. Cette technique spécialisée doit être effectuée par des personnes ayant reçu une formation appropriée. Les soins aux patients qui n'ont aucune résistance aux infections doivent être appliqués. La patiente doit recevoir une préparation, un enseignement et un soutien appropriés.

Les effets secondaires de la chimiothérapie varient selon les antinéoplasiques utilisés. Ainsi, l'adriamycine peut être toxique pour les tissus si elle s'infiltre; c'est pourquoi on ne l'utilise généralement que diluée et on ne l'injecte que dans les grosses veines. Elle provoque parfois des nausées et des vomissements qui peuvent être soulagés par un antiémétique et des tranquillisants, ou encore par des techniques d'imagerie mentale ou de relaxation. Elle peut également causer une alopécie. Pour réduire les effets psychologiques de l'alopécie, la patiente peut se procurer à l'avance une perruque. De même, des chapeaux et des foulards élégants peuvent avoir un effet bénéfique. On a cru que les bonnets de glace pourraient empêcher la perte des cheveux en ralentissant la circulation dans

le cuir chevelu, mais ils se sont révélé inefficaces, ne faisant que la retarder. Il faut rassurer la patiente en lui disant que ses cheveux repousseront après le traitement; la teinte et la texture en seront peut-être modifiées toutefois.

Pour réduire la perte des cheveux, la patiente peut suivre les recommandations suivantes:

1. Éviter les shampooings quotidiens.
2. Se laver les cheveux tous les quatre à sept jours; utiliser un shampooing doux, à base de protéines, et un revitalisant; rincer avec soin et assécher par tapotement.
3. Éviter les séchoirs électriques, les rouleaux et les fers à friser, qui peuvent accentuer la chute des cheveux. À proscrire également: les pinces à cheveux, les barrettes, la laque et les colorants.
4. Éviter de se brosser les cheveux; employer un peigne à larges dents.
5. Si les cils et les sourcils sont également touchés, envisager l'utilisation d'un crayon à sourcils et de faux cils.

L'infirmière spécialisée en oncologie doit savoir aider les patientes qui supportent difficilement les effets indésirables de la chimiothérapie. Pour rendre moins pénible la perte des cheveux, elle peut remettre à la patiente une liste des fournisseurs de perruques de la région et lui enseigner à nouer de façon attrayante les foulards et les turbans. Elle encourage le recours aux médicaments qui atténuent les nausées, les vomissements et les lésions buccales. En prenant le temps d'expliquer les effets secondaires de la chimiothérapie et les moyens de les soulager, elle peut réduire l'anxiété des femmes qui hésitent à poser des questions. Elle peut aussi par son soutien et ses conseils aider les femmes qui ont des problèmes financiers ou qui souffrent d'être séparées de leur famille.

À cause de la diversité des formes du cancer du sein, il n'existe pas de règle simple pour le choix du traitement. Il faut donc expliquer à la patiente les choix qui s'offrent à elle pour lui permettre de prendre une décision éclairée.

Les plus importants aspects des soins infirmiers à la patiente atteinte d'un cancer du sein sont la communication, l'établissement d'un climat de confiance et l'orientation vers un groupe de soutien. Au cours de ses visites, l'infirmière doit inciter la patiente à poser des questions et prendre le temps d'y répondre. La patiente qui est renseignée sur les effets indésirables de la chimiothérapie et sur les moyens de les soulager sera davantage en mesure de les affronter.

Radiothérapie

En général, on commence la radiothérapie après l'exérèse de la tumeur; son objectif est de réduire les risques d'une récidive locale et d'éliminer le tissu cancéreux résiduel. Ce traitement semble plus efficace pour supprimer les petits groupes de cellules que les tumeurs importantes. On peut utiliser l'irradiation externe de la région affectée (y compris les ganglions lymphatiques) de façon intermittente pendant plusieurs semaines; la région visée est délimitée par un tracé à l'encre. Pour diminuer l'anxiété de la patiente, il faut la rassurer et la renseigner sur la radiothérapie. On doit aussi lui donner les directives suivantes sur le soin de la peau: employer un savon doux et frotter le moins possible; éviter les savons et les désodorisants parfumés; lubrifier la peau avec une lotion hydratante (Lubriderm, Aquaderm, Eucerin); en cas de prurit, utiliser le savon Aveeno; éviter les vêtements serrés, les soutiens-gorge à armature métallique, les températures extrêmes et les rayons ultraviolets. L'enseignement à dispenser sur le traitement lui-même est résumé au tableau 40-6.

On peut aussi avoir recours à la curiethérapie. Cette méthode exige l'implantation chirurgicale dans la région touchée, d'aiguilles ou de tubes creux destinés à recevoir des aiguilles ou des grains radioactifs (figure 40-6). On peut aussi employer une association des deux méthodes. Dans tous les cas, l'objectif est de détruire les cellules malignes qui ont échappé à la chirurgie ou qui se sont disséminées ailleurs dans l'organisme. On recommande à la patiente d'employer un savon doux et d'éviter les produits parfumés, les désodorisants et la poudre pendant le traitement; ceux-ci peuvent contenir un résidu métallique qui risque d'irriter la peau irradiée.

La patiente qui subit une curiethérapie peut souffrir de l'isolement imposé par le traitement. Des livres, la télévision, des appels téléphoniques, la répartition des visites tout au long de la journée peuvent la distraire. L'infirmière lui recommande d'éviter l'exposition de la région traitée au soleil pendant un an après le traitement; elle doit aussi lui expliquer qu'elle ressentira probablement des élancements et des douleurs fulgurantes au sein.

On a amplement traité dans la documentation scientifique des bienfaits et des indications de la radiothérapie. L'infirmière qui travaille dans ce domaine, comme dans tous les autres domaines, doit constamment se tenir au courant des résultats des recherches.

La durée de la radiothérapie varie selon le stade du cancer; elle est en moyenne de six semaines. Elle peut entraîner, quoique rarement, des complications comme une pneumonite, des fractures des côtes, des changements cutanés et une fibrose du tissu mammaire. Ses principaux effets secondaires sont des réactions cutanées modérées, l'œsophagite, des télangiectasies, un œdème du bras, de la fatigue, un léger malaise et un mal de gorge. La fatigue provoquée par la radiothérapie

TABLEAU 40-6. *Enseignement à la patiente en vue de la radiothérapie*

Tout au long du traitement, les communications avec le personnel sont maintenues par téléphone ou par télévision en circuit fermé.

Avant chaque séance de traitement, la patiente se place dans la position établie lors de la simulation.

À l'instar d'une radiographie, le traitement ne provoque aucune douleur.

L'accélérateur linéaire émet un puissant bourdonnement lorsqu'il est en marche.

En tout, la séance dure entre 15 et 20 minutes.

Le traitement comme tel exige une ou deux minutes.

Des radiographies hebdomadaires permettent de vérifier l'état de la région irradiée.

Toutes les semaines, la patiente devra se soumettre à un prélèvement pour un hémogramme et à un examen par un médecin.

(Source: J. K. Harness et coll. (éd.), *Breast Cancer: Collaborative Management*, Chelsea, MI, Lewis Publishers, 1988)

se manifeste habituellement deux semaines après le début du traitement et peut se prolonger pendant plusieurs semaines après son interruption. Cette fatigue, et les nombreuses visites à la clinique d'oncologie, peuvent déprimer la patiente. Il faut la rassurer en lui disant que sa fatigue est normale et ne traduit pas une récidive. Dans le cas d'un cancer avancé, on emploie la radiothérapie à des fins palliatives, pour soulager la douleur causée par les métastases osseuses.

Reconstruction

Souvent, la femme est disposée à envisager une chirurgie réparatrice qui peut lui apporter de grands bienfaits psychologiques.

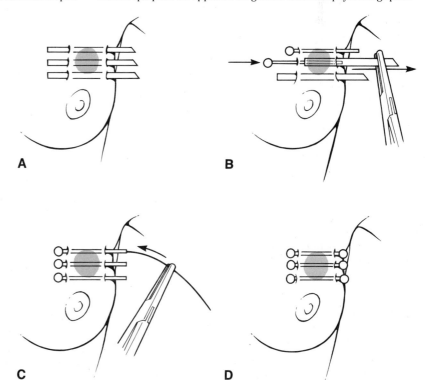

Figure 40-6. Curiethérapie visant le cancer du sein (**A**) Des aiguilles de métal creuses sont insérées à l'endroit où se trouvait la tumeur avant l'ablation chirurgicale. (**B**) Les aiguilles sont remplacées par des sondes en plastique. (**C**) La substance radioactive est placée dans les sondes. (**D**) Les sondes sont fixées au moyen de boutons métalliques.

(Source: D. E. Mast et D. W. Mood, «Preparing patients with breast cancer for brachytherapy», *Oncol Nurs Forum*, 1990; 17:267-270; reproduction autorisée par la Oncology Nursing Press

Les candidates à une telle opération peuvent s'adresser aux cliniques des maladies du sein pour obtenir l'information et l'appui dont elles ont besoin.

Les risques que l'opération comporte suscitent parfois de l'inquiétude; la patiente doit également décider si elle veut différer l'intervention ou la subir immédiatement. Les risques sont notamment ceux de toute intervention chirurgicale: infection ou réaction indésirable à l'anesthésie. De plus, le résultat peut laisser à désirer du point de vue esthétique. Enfin le silicone utilisé pour enduire ou remplir certaines prothèses, peut causer une infection, une maladie des tissus conjonctifs, ou un dérèglement du système immunitaire. Le FDA s'est inquiété des éventuels effets indésirables des prothèses de silicone, mais il n'existe pas d'études concluantes à ce sujet. La femme qui envisage d'avoir recours à une prothèse de silicone doit obtenir toute l'information dont elle peut disposer et lire le dépliant qui accompagne la prothèse. Bien entendu, les femmes qui subissent une reconstruction à partir de leurs propres tissus n'ont pas à craindre les effets du silicone.

En choisissant de subir une chirurgie reconstructrice au moment de la mammectomie, la femme s'évite une seconde opération; en revanche la durée de l'intervention est augmentée. La reconstruction immédiate permet d'atténuer les effets psychologiques de la mutilation. Parfois, il n'est pas possible d'effectuer la reconstruction au moment de la mammectomie parce que la peau et les muscles sont trop tendus. Bien sûr, les femmes qui ne sont pas certaines de leur décision doivent différer la reconstruction.

La chirurgie reconstructrice est abordée plus loin dans le présent chapitre, et les différentes modalités de traitement du cancer du sein sont indiquées au tableau 40-7.

CANCER DU SEIN ET GROSSESSE

Deux à cinq pour cent des tumeurs malignes du sein se manifestent chez des femmes enceintes. Les tumeurs et les modifications du tissu mammaire sont plus difficiles à déceler pendant la grossesse à cause des changements physiologiques normaux qui y sont associés. De plus, beaucoup de femmes cessent de pratiquer l'autoexamen des seins pendant la grossesse; l'infirmière doit leur recommander de conserver cette habitude, même si l'examen est plus difficile.

Quand une masse est découverte pendant la grossesse, on peut avoir recours à la mammographie (avec les mesures de protection nécessaires), et à la biopsie. Le traitement est essentiellement le même, mais la radiothérapie est contre-indiquée. Certains oncologues entreprennent la chimiothérapie dès la seizième semaine de la grossesse, les organes du fœtus étant alors déjà formés. Si un traitement général est nécessaire, on pratique une césarienne dès que cette opération ne comporte plus de danger. Quand une masse est dépistée chez une femme qui allaite, on lui recommande de sevrer l'enfant, pour laisser le sein retrouver son état normal avant l'intervention chirurgicale. Si une tumeur agressive est décelée au début d'une grossesse, et que la chimiothérapie est recommandée, la patiente peut envisager de mettre fin à la grossesse.

Certains chirurgiens conseillent d'attendre deux ans après le traitement d'un cancer du sein avant d'envisager une grossesse. Si le cancer était de stade II ou III, un délai de quatre ans est parfois recommandé. Une grossesse après le traitement ne paraît pas augmenter les risques de récidive.

Par son écoute attentive, l'infirmière peut offrir un soutien important à la patiente qui doit prendre une décision difficile concernant le traitement du cancer ou la poursuite d'une grossesse.

CANCER DU SEIN ET STRESS

De nombreuses femmes atteintes d'un cancer du sein croient que le stress a contribué au développement de la tumeur maligne, et se font des reproches à cet égard. Or, on a beaucoup étudié le rôle des facteurs psychologiques dans l'évolution de cette maladie. L'infirmière qui soigne des femmes atteintes d'un cancer du sein doit souvent répondre à des questions à ce sujet. Il importe donc qu'elle se tienne à jour en parcourant régulièrement les publications appropriées.

Les études portant sur le rôle du stress dans les tumeurs mammaires menées chez les animaux ont donné des résultats contradictoires. On sait toutefois que le stress a d'importants effets sur les systèmes immunitaire et endocrinien; et qu'il est peut-être un cofacteur dans le déclenchement du processus malin. De plus, les études portant sur les traits de personnalité qui favorisent la survie ont démontré que l'absence de soutien social et le stress seraient des facteurs négatifs.

Il faut expliquer à la patiente que les recherches actuelles ne permettent pas de tirer des conclusions sur la relation entre le stress et le cancer et tenter de lui faire comprendre qu'elle n'a rien à se reprocher. Il faut toutefois laisser la patiente vivre son deuil.

Proches parentes. L'infirmière ne doit pas oublier les sœurs ou les filles de la patiente, qui en plus de s'inquiéter du sort d'une personne aimée, craignent d'être elles-mêmes touchées par la maladie puisque le cancer du sein est plus fréquent que la moyenne chez les proches parentes d'une victime. L'infirmière offre aux femmes dans cette situation un enseignement, des directives en matière de soins, des renseignements sur l'autoexamen des seins et un soutien affectif.

▶ ## DÉMARCHE DE SOINS INFIRMIERS
PATIENTES ATTEINTES D'UN CANCER DU SEIN

L'incidence élevée du cancer du sein, son pronostic, son effet sur l'avenir des femmes, et l'évolution constante des modalités de traitement sont autant de facteurs qui imposent une grande vigilance à l'infirmière qui a résolu de s'acquitter de son rôle d'éducatrice.

En dressant le bilan de santé, on évalue les réactions de la patiente au diagnostic et sa capacité de s'y adapter. Pour recueillir des données à ce sujet, on se posera notamment les questions suivantes:

Quelles sont les réactions affectives de la patiente au diagnostic?
Quels sont ses mécanismes d'adaptation?
Quelles sont les personnes susceptibles de lui offrir un soutien?
A-t-elle un partenaire qui pourra l'aider à prendre des décisions au sujet du traitement?

TABLEAU 40-7. *Modalités de traitement du cancer du sein*.*

Type de traitement	Objectifs	Effets secondaires	Interventions infirmières
CHIMIOTHÉRAPIE	Diminuer ou prévenir les métastases.		Calmer l'anxiété et réduire les effets secondaires des médicaments.
Adriamycine (A)		Lésions buccales, nausées, vomissements, diarrhée, perte de l'appétit, perte des cheveux. Risque de toxicité tissulaire en cas d'infiltration; risque de cardiotoxicité	Nausées et vomissements: administrer des antiémétiques, des tranquillisants ou de la marijuana; pratiquer l'imagerie mentale
Cytoxan (C)		Nausées, vomissements, perte d'appétit, irrégularités menstruelles	
Méthotrexate (M)		Nausées, vomissements, lésions buccales	Lésions buccales: remplacer les eaux dentifrices commerciales par une solution de bicarbonate de soude ou de l'eau salée.
5-fluorouacile (F)		Lésions buccales, nausées, vomissements, diarrhées	Perte de cheveux: obtenir une perruque avant l'apparition de l'alopécie. Encourager la femme à porter des turbans et des foulards. Déconseiller les shampooings fréquents et le brossage.
Velban		Nausées, vomissements, perte de cheveux	
Vincristine (V)		Perte de cheveux, fourmillements, constipation, maux de tête, douleur au point de perfusion IV, perte d'appétit	Perte d'appétit: le goût des aliments est parfois modifié; faire l'essai d'une variété de plats. De nombreux petits repas sont parfois mieux tolérés que trois gros repas.
Associations CMF CAF CMFVP (P = prednisone) CA			
HORMONOTHÉRAPIE Androgènes: fluoxymestérone (Halotestin), pour les patientes non ménopausées	Supprimer l'activité des œstrogènes.	Virilisation, rétention aqueuse, ictère cholostatique, hypercalcémie	Surveiller l'apparition des symptômes suivants: libido augmentée, gravité de la voix, hirsutisme. Obtenir le taux de calcium sérique. Surveiller l'apparition des symptômes suivants: léthargie, insomnie, soif, nausées, vomissements, problèmes d'élocution, rétention aqueuse, collapsus ou coma.

TABLEAU 40-7.   (suite)

Type de traitement	Objectifs	Effets secondaires	Interventions infirmières
Œstrogènes (diéthylstilbœstrol) pour les femmes ménopausées	Supprimer l'activité de la FSH et de la LH.		Surveiller l'apparition des symptômes suivants: nausées, vomissements, œdème, hémorragies vaginales, incontinence urinaire, érythème, phlébite, insuffisance cardiaque.
Corticostéroïdes (prednisone)	Supprimer la production des œstrogènes par les surrénales et diminuer le taux urinaire des métabolites des œstrogènes.	Permet d'éviter l'hypercalcémie associée à l'administration d'androgènes et d'œstrogènes. Traitement hormonal efficace des métastases du cerveau Provoque, à différents degrés, un syndrome de Cushing: faciès lunaire, gain pondéral, œdème des membres inférieurs.	
Citrate de tamoxifène antiœstrogénique (Nolvadex)	Traitement palliatif efficace pour les femmes ménopausées dont la tumeur est ER+. Permet parfois de différer ou d'éviter l'ablation des surrénales ou de l'hypophyse.	Effets nocifs généralement passagers: thrombopénie, leucopénie; semble moins toxique que les autres antiœstrogènes.	Surveiller l'apparition des symptômes suivants: bouffées de chaleur, nausées, vomissements, hémorragies vaginales, érythème, thrombopénie, gain pondéral, troubles visuels, œdème.
Antagoniste des enzymes (aminoglutéthimide)	Inhiber la synthèse des œstrogènes.	Inhibition de la fonction surrénalienne	Surveiller l'apparition d'érythème, de léthargie, d'étourdissements.
Megace	Progestatif dont le mécanisme d'action est mal connu; il réduit probablement le nombre des récepteurs des œstrogènes dans les tissus mammaires.	Gain pondéral, bouffées de chaleur, hémorragies vaginales, augmentation de la pression artérielle, œdème, dépression, érythème	Surveiller l'apparition d'effets secondaires.
RADIOTHÉRAPIE	Soulager la douleur. Traitement efficace en cas de métastases osseuses; moins efficace pour les métastases des viscères	Selon la région irradiée Poitrine: œsophagite, pneumonite, essoufflement, petite toux Abdomen: troubles digestifs Corps entier: léthargie	Administrer les analgésiques requis tant que l'irradiation n'aura pas soulagé la douleur. Reconnaître la fatigue et la faiblesse souvent causées par l'irradiation. Une fois la douleur maîtrisée, recommander à la patiente de prendre des précautions spéciales pour prévenir les fractures pathologiques: éviter de soulever des enfants ou de lourds paquets et de faire des mouvements énergiques des bras (en balayant par exemple).
OVARIECTOMIE	Supprimer la stimulation cyclique de la tumeur par les hormones. Traitement indiqué pour les femmes non ménopausées: 1. Ablation chirurgicale 2. Radiothérapie Si le cancer est confiné au sein, l'ovariectomie n'est pas toujours recommandée.	(Voir la description des soins aux opérés au chapitre 34.) Disparition immédiate des œstrogènes Disparition des œstrogènes après quatre à six semaines	

FSH: hormone folliculostimulante; LH: hormone lutéinisante
* Cette liste de médicaments, d'effets secondaires et d'interventions infirmières n'est pas exhaustive.

Faut-il éclaircir certains points afin de dissiper la confusion, de corriger les notions erronées ou de soulager la culpabilité? La patiente est-elle mal à l'aise?

La famille de la patiente peut aider l'infirmière en lui fournissant des renseignements qui lui seront utiles dans l'établissement du plan de soins infirmiers. Les patientes ayant des antécédents de troubles psychiatriques réagissent généralement au diagnostic de façon moins rationnelle que celles dont les stratégies d'adaptation sont efficaces. De même, la femme dont une proche parente est morte d'un cancer du sein acceptera plus difficilement ce diagnostic qui évoque pour elle la perte et le deuil.

▷ Analyse et interprétation des données

Selon le bilan de santé et les données recueillies, voici les principaux diagnostics infirmiers possibles :

- Anxiété et stratégies d'adaptation inefficaces reliées au diagnostic de cancer, au traitement et au pronostic
- Perturbation de l'image corporelle reliée à une intervention chirurgicale majeure et aux effets secondaires de la radiothérapie et de la chimiothérapie
- Douleur reliée au traumatisme chirurgical
- Déficit d'autosoins relié à l'immobilisation partielle du bras du côté opéré
- Risque de dysfonctionnement sexuel relié à la perte d'une partie du corps, à la perturbation de l'image de soi et à la crainte des réactions du partenaire

▷ Planification et exécution

▷ *Objectifs de soins :* Réduction de l'anxiété; stratégies d'adaptation efficaces; amélioration de l'image de soi; soulagement de la douleur; capacité d'effectuer les autosoins; amélioration de la fonction sexuelle

▷ Interventions infirmières

▷ Soins préopératoires

▷ *Diminution de l'anxiété et adaptation.* C'est au moment où la patiente apprend qu'elle devra subir un traitement et faire un séjour au centre hospitalier que l'on doit entreprendre de la préparer sur le plan affectif. Il est recommandé de ne pas différer le traitement. La personne qui doit être hospitalisée, ne serait-ce que pour une journée afin de subir une biopsie, a souvent une crainte légitime du cancer; l'anxiété, qu'elle soit modérée ou prononcée, est presque toujours présente. La crainte, qui peut aller jusqu'à la panique, entraîne parfois des délais; elle est liée à la mort et à la modification de l'image corporelle.

L'infirmière offre à la patiente la possibilité de parler de ses craintes et de ses inquiétudes. Elle doit aussi lui expliquer tous les aspects du traitement choisi. La femme et son partenaire ont besoin de connaître l'existence d'une variété de ressources et de mesures: prothèses, chirurgie reconstructrice, groupes de soutien. Chaque étape du traitement est précédée d'un enseignement. Il faut aussi expliquer le déroulement des examens diagnostiques et décrire les soins préopératoires. Quand une greffe cutanée ou une transplantation de tissus est nécessaire, on explique la nature de l'incision.

Une fois établi, le plan de traitement est mis en oeuvre rapidement, en tenant compte de l'état physique, psychologique et nutritionnel de la patiente. Celle-ci doit être considérée comme un membre actif de l'équipe soignante. Pour affronter l'inconnu et s'adapter aux circonstances immédiates, elle a besoin de renseignements sur l'opération; elle doit notamment connaître l'endroit et la taille de l'incision, ainsi que les soins postopératoires. Si l'on prévoit des pertes sanguines importantes, on peut accorder à la patiente le temps nécessaire pour mettre son propre sang en réserve. D'autre part, s'il doit y avoir radiothérapie ou chimiothérapie, il est important que la patiente ait l'occasion de rencontrer le radiothérapeute, l'oncologue et l'infirmière spécialisée en oncologie pour aborder avec eux les points qui la préoccupent. Il faut notamment traiter avec elle de la portée, des effets indésirables, de la fréquence, de la durée et des objectifs du traitement, de même que des mesures visant à corriger l'altération de l'image corporelle (prothèses et chirurgie plastique).

▷ Soins postopératoires

Après l'opération, il faut prendre régulièrement le pouls et la pression artérielle, qui peuvent permettre de déceler le choc et l'hémorragie. Il est *interdit* d'utiliser le bras du côté opéré pour la prise de la pression artérielle, les injections, les perfusions intraveineuses ou les ponctions veineuses, ce qui pourrait provoquer une infection ou compromettre la circulation. On examine régulièrement les pansements pour déceler les traces d'hémorragie et on surveille le drainage. On encourage et on aide l'opérée à se retourner et à faire des exercices de toux et de respiration profonde pour éviter les complications pulmonaires. Le pansement ne doit pas entraver l'expansion du thorax. Il faut examiner les greffes, s'il y a lieu, pour déceler les anomalies: rougeur, douleur, oedème ou écoulement anormal. En surveillant de près la région de l'opération, on peut déceler immédiatement les signes d'infection ou de complication.

▷ *Mise en position.* L'installation de l'opérée dépend du type de pansement. La position semi-Fowler est souvent la meilleure. On peut élever le bras pour favoriser, par l'action de la pesanteur, l'écoulement des liquides dans les voies lymphatiques et veineuses. Normalement, on peut prévenir le lymphoedème en veillant à ce que le coude soit plus haut que l'épaule et le poignet plus haut que le coude. L'importance du lymphoedème est souvent fonction du nombre de voies lymphatiques collatérales excisées. Le bras est fléchi ou en extension, selon la préférence du chirurgien.

▷ *Réduction de l'anxiété et adaptation.* Si l'apparence de la plaie provoque un malaise chez l'opérée, on doit anticiper des problèmes. Il faut respecter les défenses psychologiques de la patiente et ne pas l'obliger à regarder l'incision tant qu'elle n'est pas prête à le faire. On peut l'aider à accepter l'altération de son corps en lui montrant des dessins de la région de l'opération, ou en obtenant l'assistance d'amis ou de parents. L'infirmière doit faire preuve de tout le tact dont elle est capable quand elle intervient dans un domaine aussi délicat; toute réticence de la part de la patiente doit être respectée.

L'infirmière évalue continuellement le réseau de soutien de l'opérée et de son conjoint, à cause de son importance dans l'adaptation postopératoire. Souvent, le partenaire a aussi besoin des conseils, du soutien et de l'enseignement de l'infirmière. Celle-ci évalue aussi les connaissances de la patiente, son attitude et ses croyances religieuses.

▷ *Soulagement de la douleur.* Quand l'opérée s'est remise de l'anesthésie générale, on doit lui administrer les analgésiques nécessaires pour soulager la douleur et lui permettre de se déplacer et de pratiquer les exercices de respiration profonde. Il importe que l'infirmière recueille des données sur la douleur, car celle-ci se manifeste à des degrés différents selon les personnes. L'élévation du bras est une mesure qui soulage la douleur tout en contribuant à prévenir le lymphœdème et l'accumulation de liquide. D'autre part, l'autoanalgésie (décrite au chapitre 43) peut être un excellent moyen d'assurer avec efficacité le soulagement de la douleur et le bien-être de la patiente.

▷ *Capacité d'effectuer les autosoins.* L'opérée a besoin de renseignements sur le développement d'un œdème chirurgical après l'opération et sur les mesures permettant de le prévenir. Les coupures, les contusions et les infections dans la région de l'incision peuvent entraîner de graves complications. Il faut aussi éviter toute pression sur les sutures. L'infirmière doit répéter et éclaircir l'enseignement donné par le chirurgien pour favoriser son assimilation. Elle peut suggérer à la patiente des brochures, des livres, et des groupes de soutien qui lui apporteront des renseignements supplémentaires.

▷ *Soins de la plaie.* Le changement des pansements est une occasion pour l'infirmière d'aborder avec l'opérée, et parfois avec des membres de son entourage, la nature de l'incision, son aspect, les sensations qui y sont associées et l'évolution de son apparence. La patiente doit savoir que la sensibilité est diminuée dans la région de l'opération à cause de la section des nerfs, et qu'il faut faire preuve de prudence pour éviter les blessures. Elle doit également connaître les signes d'infection et d'irritation qu'elle doit signaler au médecin. On emploie le mot *incision* de préférence au mot *cicatrice*, parce qu'il et moins péjoratif dans l'esprit de la majorité des patients. Au stade approprié de la guérison, on peut favoriser la circulation et l'élasticité de la peau en massant doucement la région de l'incision avec une lotion au beurre de cacao ou autre.

Une fois que les nausées associées à l'anesthésie sont disparues et que la patiente tolère les liquides, on l'encourage à se lever; l'infirmière doit la soutenir du côté non opéré. Lorsque les tubes de drainage ont été retirés, on entreprend des exercices passifs d'amplitude des mouvements articulaires pour améliorer la circulation et la force musculaire et pour prévenir les contractures. La participation aux autosoins (se brosser les dents, se laver le visage, se coiffer), a aussi un effet bénéfique sur le plan physique et affectif. Les mouvements des mains (escalade d'un mur avec les mains, par exemple), favorisent l'utilisation du bras et préviennent les contractures. Les exercices ne doivent pas provoquer de douleur; ils peuvent être accompagnés, au début, d'un léger malaise, d'une sensation d'effort et d'anxiété. S'il y a eu greffe cutanée ou si l'incision est tendue, les membres de l'équipe soignante doivent collaborer pour assurer l'introduction graduelle des exercices. Voir la figure 40-7 pour les exercices musculaires recommandés. Il faut s'assurer que la patiente respecte la position corporelle, exerce les muscles des deux bras et évite de protéger le côté opéré en se voûtant.

La mammectomie radicale entraîne des restrictions des mouvements du bras beaucoup plus marquées que les interventions de moindre envergure. Après une mammectomie simple ou modifiée, les restrictions associées au lymphœdème sont rares, et on recommande la mobilité complète.

Les activités normales qui utilisent le bras, à domicile ou au travail, sont recommandées pour maintenir le tonus musculaire. On conseille à la patiente de bouger activement le bras en marchant, de garder propre la région de l'incision, d'éviter les blessures au bras ou à la main et de porter des vêtements amples.

Des visites ou des appels téléphoniques de suivi permettent d'évaluer la cicatrisation de la plaie, l'état physique et affectif de la patiente et son degré d'adaptation. De nos jours, on réduit souvent la durée de l'hospitalisation et on assure un suivi par téléphone. Au cours des appels téléphoniques, on pose des questions sur le drainage (si les drains sont restés en place), le soulagement de la douleur, et l'adaptation de la patiente et de sa famille. S'il est nécessaire d'avoir recours

---

TABLEAU 40-8. *Enseignement postopératoire aux patientes ayant subi un curage des ganglions axillaires*

Prendre garde de se brûler en fumant ou en cuisinant.

Éviter les coups de soleil.

S'assurer que les injections, les vaccins, les prélèvements de sang et la prise de la pression artérielle sont faits sur le bras non affecté.

Se raser les aisselles avec un rasoir électrique à tête étroite pour réduire le risque de coupures ou d'égratignures.

Porter les sacs lourds du bras non affecté.

En cas de coupure, laver immédiatement la plaie, appliquer un médicament antibactérien et la couvrir d'un pansement stérile; l'examiner souvent pour déceler les signes d'infection (rougeur, sensibilité ou autre).

Ne jamais couper les cuticules; utiliser une crème ou une lotion pour les mains.

Porter des gants protecteurs quand on fait du jardinage ou quand on utilise des détersifs puissants.

En faisant de la couture, employer un dé à coudre.

Éviter les produits chimiques et les composés irritants.

Utiliser un insectifuge pour éviter les piqûres d'insectes.

Éviter les vêtements avec des élastiques aux poignets.

A. *Escalade des mains sur un mur.* Se tenir debout face au mur, les pieds écartés, les orteils le plus près possible du mur. Fléchir légèrement les coudes et placer les paumes sur le mur à la hauteur des épaules. En fléchissant les doigts, escalader le mur avec les mains jusqu'à ce que l'extension des bras soit complète, puis revenir au point de départ de la même façon.

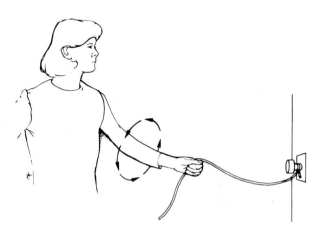

B. *Rotation de la corde.* Se tenir debout face à la porte. Saisir l'extrémité de la corde dans la main du côté opéré; placer l'autre main sur la hanche. Allonger le bras et le tenir presque parallèle au sol et faire tourner la corde par un mouvement de rotation le plus grand possible. Commencer lentement, puis accélérer le mouvement.

C. *Barre ou manche à balai.* Saisir le manche à balai avec les deux mains écartées d'environ 60 cm. Sans fléchir les bras, amener le balai au-dessus de la tête. En pliant les coudes, le descendre derrière la tête. Refaire le mouvement à l'inverse pour revenir au point de départ.

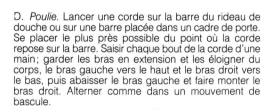

D. *Poulie.* Lancer une corde sur la barre du rideau de douche ou sur une barre placée dans un cadre de porte. Se placer le plus près possible du point où la corde repose sur la barre. Saisir chaque bout de la corde d'une main; garder les bras en extension et les éloigner du corps, le bras gauche vers le haut et le bras droit vers le bas, puis abaisser le bras gauche et faire monter le bras droit. Alterner comme dans un mouvement de bascule.

Figure 40-7. Exercices après une mammectomie. Ces exercices ont pour but de rétablir toute l'amplitude de mouvement de l'articulation de l'épaule touchée.

(Source: A. Radler, *Handbook for Your Recovery,* New York, The Society of Memorial Center)

à l'aide et aux conseils d'une infirmière en santé communautaire, on obtient l'autorisation de la patiente pour entreprendre les démarches nécessaires.

Lymphœdème. Le lymphœdème est une tuméfaction inesthétique et parfois invalidante qui se produit lorsque les voies lymphatiques ne sont pas capables d'assurer le retour de la lymphe vers la circulation générale. Quand il y a eu exérèse des ganglions et du système lymphatique, un système collatéral doit s'établir, ce qui exige rarement plus d'un mois. La plupart des patientes ne développent pas un lymphœdème grave; le mouvement, les exercices et un enseignement approprié contribuent à le prévenir. L'élévation du bras atteint, le massage et les exercices doivent se poursuivre pendant trois ou quatre mois. On trouvera au tableau 40-8 des directives touchant l'enseignement à la patiente.

En cas de lymphœdème grave, on place le bras sur un oreiller de façon à ce que le coude soit plus élevé que l'épaule, et la main plus élevée que le coude pour favoriser le drainage. On évite les bandages élastiques, et toute autre source de constriction, pour ne pas nuire à l'établissement du système lymphatique collatéral. En cas d'oedème persistant, certaines patientes portent pendant les heures d'activité, une manche élastique faite sur mesure qui va du poignet à l'épaule. Le lymphœdème grave était plus fréquent quand on pratiquait davantage la mammectomie radicale.

▷ *Amélioration de la fonction sexuelle.* La perturbation de l'image corporelle et de l'estime de soi, la réaction du partenaire et l'anxiété éprouvée par le couple sont des facteurs qui peuvent entraîner une modification des habitudes sexuelles. Certains partenaires supportent mal la vue de l'incision; d'autres ne paraissent nullement perturbés et sont capables, par leur attitude détendue, de communiquer à la patiente l'idée qu'elle est toujours aussi désirable. La réaction du partenaire a bien sûr des effets sur l'image de soi, la sexualité et l'adaptation de la patiente. L'infirmière peut éclaircir certaines questions en discutant avec la femme, en présence de son conjoint, de la perception qu'elle a d'elle-même et de la possibilité que la fatigue, les nausées et l'anxiété entraînent une baisse de sa libido. Il est important de dissiper des notions erronées, comme l'idée que le cancer puisse être transmis par les rapports sexuels ou provoqué par les caresses. De même, on peut réduire les tensions dans le couple en favorisant une discussion ouverte sur les craintes, les besoins et les désirs de chacun des partenaires. Enfin, on peut conseiller au couple de profiter des moments où la patiente est moins fatiguée pour les rapports sexuels, d'adopter des positions dans lesquelles elle est plus à l'aise ou d'explorer d'autres moyens d'expression (baisers, stimulation manuelle).

▷ *Évaluation*

Résultats escomptés

1. La patiente se montre disposée à affronter l'anxiété provoquée par le diagnostic, et les effets de la chirurgie sur l'image de soi et la fonction sexuelle.
   a) Elle parle de ses inquiétudes concernant l'évolution de la maladie.
   b) Elle dit que la mammectomie n'aura pas nécessairement un effet négatif permanent sur la sexualité.
2. La patiente n'éprouve à peu près pas de malaise.
   a) Sa température est normale 48 heures avant de quitter le centre hospitalier.

   b) Elle affirme que la douleur dans la région de l'incision est faible.
   c) Elle n'observe pas d'écoulements dans la région de l'incision.
   d) La plaie cicatrise de façon satisfaisante.
   e) Elle énumère les symptômes de complications (rougeur, sensation de chaleur, douleur) qu'elle doit signaler.
3. La patiente participe activement aux autosoins.
   a) Elle effectue les exercices prescrits.
   b) Elle fait d'autres exercices pour favoriser la guérison.
4. La patiente applique les mesures nécessaires pour prévenir les complications.
   a) Elle énumère les signes et les symptômes de complications.
   b) Elle décrit les effets indésirables de la chimiothérapie et les mesures permettant de les réduire s'ils se présentent.
   c) Elle évite les coupures, les contusions, les infections et les pressions sur le côté opéré.
   d) Elle explique les raisons qui justifient les visites de suivi auprès du médecin.
   e) Elle sait à qui s'adresser si elle présente des complications.

Les soins à prodiguer à la patiente atteinte d'un cancer du sein sont résumés dans le plan de soins infirmiers 40-1.

SOINS À LA PATIENTE ATTEINTE D'UN CANCER DU SEIN AVANCÉ

Après une intervention chirurgicale pour un cancer du sein, les visites de suivi sont planifiées de façon individuelle, souvent en fonction des traitements postopératoires. Par exemple, selon les préférences du médecin et l'état de la patiente, les visites peuvent être fixées tous les deux ou trois mois pendant deux ans, puis tous les six mois pendant cinq ans et tous les ans par la suite. On vise à prolonger le plus possible la rémission et à dépister immédiatement les récidives de la tumeur ou les métastases. Si le cancer du sein est inopérable ou étendu, la surveillance de sa progression se fait par des radiographies en série des foyers métastatiques (poitrine, crâne, os longs, bassin), des épreuves d'exploration de la fonction hépatique, une mammographie du tissu mammaire restant et des scintigraphies osseuse, hépatique et cérébrale. La moitié des récidives se manifestent localement ou touchent les ganglions régionaux; dans un quart des cas, les viscères sont atteints. Des lésions peuvent apparaître aux hanches, à la colonne vertébrale, aux côtes et dans le bassin.

Interventions infirmières

Les soins visent la régression ou le soulagement des symptômes. La qualité de vie est un objectif important des interventions infirmières.

L'évaluation de l'état physique et psychosocial de la patiente est une tâche difficile pour l'infirmière; à cet égard, la famille et les amis peuvent lui fournir des renseignements précieux. Les soins palliatifs sont un important aspect de la pratique infirmière et médicale, car ils permettent d'améliorer la qualité de vie quand la guérison n'est plus possible. Les métastases osseuses sont particulièrement douloureuses et diminuent la mobilité. Les soins à domicile, ou dans un centre spécialisé, sont parfois indiqués; on peut diminuer la détresse de la patiente en prenant des dispositions précises à cet égard avant qu'elles ne deviennent nécessaires.

La femme souffre souvent d'anxiété et de dépression et peut penser au suicide. Toutefois, l'instinct de survie l'emporte généralement.

Les modalités de traitement varient selon l'état de la patiente; on trouvera plus de renseignements à ce sujet au chapitre 47 (Soins infirmiers aux patients atteints de cancer).

CHIRURGIE RECONSTRUCTRICE ET PLASTIQUE DU SEIN

Hypertrophie du sein

Dans la culture nord-américaine, les seins sont un élément important de l'image de soi. La perception d'une anomalie, quelle qu'elle soit, peut inciter la femme à demander une intervention chirurgicale; le plus souvent, c'est une variation dans le volume des seins qui est à l'origine de sa détresse et l'amène à se renseigner sur la possibilité d'une modification. On parle d'hypertrophie quand les seins sont trop gros. Ce phénomène peut se manifester à l'adolescence, habituellement de façon bilatérale, mais parfois d'un seul côté; l'hypertrophie unilatérale est bien sûr plus traumatisante. Chez la femme adulte, l'hypertrophie est presque toujours bilatérale.

Symptômes de l'hypertrophie des seins. Les femmes souffrant d'hypertrophie des seins se plaignent souvent de sensibilité, de douleurs diffuses et de fatigue. La sensibilité et la douleur sont particulièrement marquées avant les règles. Le poids des seins hypertrophiés provoque une sensation de tiraillement dans l'épaule, et même le soutien-gorge le plus coûteux n'assure pas un soutien adéquat. Chez beaucoup de patientes, ses bretelles creusent de profonds sillons sur les épaules.

La femme est limitée par le malaise et la gêne que lui infligent le port d'un maillot de bain ou la participation à des activités sportives; parfois sa posture est altérée. Dans certains cas sa vie sociale en souffre, de même que sa confiance en soi.

Mammoplastie

La mammoplastie de réduction se pratique sous anesthésie générale, par un plasticien. Des drains sont posés dans l'incision pendant l'opération et restent en place un ou deux jours; les incisions sont couvertes de simples pansements de gaze non compressifs.

Interventions infirmières postopératoires. Après une mammoplastie, les soins postopératoires habituels sont indiqués. La patiente est rapidement sur pied; il est rare qu'elle se dise traumatisée par l'opération, en raison, peut-être, du soulagement qu'elle en obtient. Il n'y aura pas de récurrence de l'hypertrophie. Les seins peuvent toutefois augmenter de volume si la patiente prend du poids. Il arrive que le mamelon devienne noir et se couvre d'une croûte. Cette croûte tombe quand le mamelon est revascularisé et celui-ci retrouve un aspect à peu près normal. L'allaitement est impossible pour environ la moitié des opérées. Après l'opération, la femme peut ressentir des émotions variées (euphorie et soulagement, mais aussi inquiétude et déception); il est donc important de la rassurer.

Opération pour augmenter le volume des seins ou les remonter

L'*augmentation mammaire* est pratiquée assez fréquemment. L'incision se fait le long de la crête sous-mammaire du sein, dans le creux axillaire, ou au bord de l'aréole. On remonte le sein et on forme une poche entre le sein et la paroi thoracique. On insère ensuite dans cette poche une prothèse en matière plastique ou synthétique ayant pour effet d'augmenter le volume du sein ou de le remonter. Un plasticien expérimenté peut réaliser cette intervention en consultation externe sous anesthésie locale. Certaines complications comme les infections, peuvent exiger le retrait de l'implant.

Reconstruction du sein après une mammectomie

De plus en plus souvent quand le cancer du sein est dépisté à temps et que le pronostic est favorable, la mammectomie est suivie d'une reconstruction du sein. Pour assurer le succès de la reconstruction, il faut que la peau et les tissus sous-cutanés soient souples et lâches et que l'irrigation sanguine soit suffisante. Les chirurgiens et les oncologues ne sont pas tous d'accord sur le moment idéal pour entreprendre la reconstruction. Certains sont d'avis que la reconstruction immédiate risque d'empêcher la détection d'une récidive rapide, mais les faits ne semblent pas confirmer cette opinion. D'après les partisans de l'intervention immédiate, celle-ci n'entraînerait qu'un léger retard dans le diagnostic et apporterait, en revanche, d'importants bienfaits psychologiques. On s'emploie actuellement à établir des critères de sélection des candidates à la reconstruction qui réduiraient les risques de récidive. Certains proposent d'attendre cinq ans après la fin de la chimiothérapie ou de la radiothérapie, ou six mois après l'intervention chirurgicale, mais dans la plupart des cas, la reconstruction se fait quelques mois après la chirurgie ou la fin du traitement.

Méthodes

Le choix de la méthode chirurgicale se fonde sur l'état de la peau et du muscle sous-jacent. Il arrive que la reconstruction du mamelon fasse l'objet d'une intervention distincte. Les méthodes chirurgicales sont décrites dans les figures 40-8 et 40-9.

Pour les femmes dont les seins sont petits, on utilise des prothèses de silicone. Toutefois, cette matière a été associée à une variété de complications, et on en étudie actuellement les risques. On peut aussi utiliser un expanseur. Il s'agit d'un sac vide muni d'un petit tube débouchant sur l'extérieur que l'on insère au moment de l'opération et que l'on gonfle au cours des semaines suivantes en y injectant de petites quantités de solution physiologique. On le retire ensuite pour le remplacer par une prothèse permanente.

On peut également avoir recours à la technique du lambeau. Selon cette technique, on découpe dans le muscle grand droit de l'abdomen, par exemple, un lambeau permettant la reconstruction d'un sein plus volumineux. La perte de ce muscle abdominal peut entraîner des difficultés. Si on choisit plutôt le grand dorsal, la quantité de muscle nécessaire est moins grande, mais les problèmes ultérieurs sont moins graves. De même, on peut prélever un lambeau de muscle fessier. Toutes ces techniques comportent les risques habituels

(suite à la page 1209)

Plan de soins infirmiers 40-1
Patiente atteinte d'un cancer du sein

Interventions infirmières	Justification	Résultats escomptés

Diagnostic infirmier: Anxiété et stratégies d'adaptation inefficaces reliées au diagnostic du cancer du sein, au traitement et au pronostic

Objectif: Réduction de l'anxiété et stratégies d'adaptation efficaces

1. Entreprendre la préparation psychologique de la patiente (et de son partenaire) dès le moment où elle apprend qu'elle devra être hospitalisée et subir un traitement.	1. Les mécanismes d'adaptation ne deviennent efficaces qu'au moment où la patiente fait face à la réalité.	• La patiente présente moins de stress et d'anxiété; elle se montre capable de s'adapter à sa maladie. • Elle participe à la planification du traitement et pose des questions sur les solutions qui conviennent le mieux à ses besoins particuliers.
2. Recueillir des données sur: a) l'expérience personnelle de la femme, et ses connaissances, en matière de cancer du sein; b) ses mécanismes d'adaptation en période de crise; c) son réseau de soutien; d) sa réaction affective au diagnostic.	2. Ces facteurs ont une influence considérable sur le comportement de la patiente et sa capacité de s'adapter au diagnostic, à la chirurgie et aux traitements subséquents. La femme qui a vu mourir une amie ou une parente atteinte d'un cancer du sein n'aura pas la même réaction que celle qui a vu une amie survivre avec une excellente qualité de vie.	• Elle sait que la colère, l'anxiété, la dépression, le déni et le repli sur soi sont des réactions normales. • La patiente réagit favorablement à l'information qu'elle recueille. • Elle se dit sensible à l'appui témoigné par sa famille, ses amis et d'autres femmes ayant subi une opération au sein, en soulignant que cet appui l'a aidée à vivre des moments difficiles.
3. Renseigner la patiente sur les recherches récentes et les nouvelles modalités de traitement.	3. Un choix plus vaste et la possibilité de meilleurs résultats, tant sur le plan physique que sur le plan esthétique, peuvent apaiser les craintes de la patiente et favoriser son acceptation du traitement.	• Elle sait que l'on a préparé son partenaire à lui accorder un soutien. • Elle lit la documentation fournie.
4. Décrire les expériences qui attendent la patiente et l'encourager à poser des questions.	4. On réduit ainsi sa peur de l'inconnu.	
5. Lui faire connaître les ressources de plus en plus nombreuses qui sont disponibles pour accélérer son rétablissement.	5. Des renseignements sur les nouvelles prothèses, les nouvelles techniques de reconstruction et d'autres ressources font comprendre à la patiente qu'elle pourra bénéficier des traitements les plus nouveaux.	

Diagnostic infirmier: Perturbation de l'image corporelle reliée à la nature de l'intervention chirurgicale et aux effets secondaires de la radiothérapie et de la chimiothérapie

Objectif: Adaptation réaliste aux changements provoqués par le traitement

1. Confirmer auprès du médecin la nature du traitement prévu.	1. La coopération avec le médecin est nécessaire pour s'assurer que la patiente ne recevra pas de renseignements contradictoires.	• La patiente accepte le programme thérapeutique. • Elle dit que le chagrin doit suivre son cours. • Elle sait se prévaloir des ressources de son réseau de soutien; elle prévoit des activités avec les personnes qui le composent.
2. Expliquer que la perte d'une partie du corps est normalement une cause de chagrin.	2. Une fois ce fait établi, la patiente est en mesure de passer au stade d'adaptation suivant.	• Elle en vient à regarder l'incision et participe aux changements de pansement.
3. Encourager les visites de parents et d'amis compatissants.	3. Un réseau de soutien formé de personnes qui comptent pour la patiente offre un appui plus solide qu'un réseau formé d'étrangers.	

Plan de soins infirmiers 40-1 (suite)
Patiente atteinte d'un cancer du sein

Interventions infirmières	Justification	Résultats escomptés
4. Lui dire que la réticence à regarder l'incision, ou à l'exposer à la vue de son partenaire, est normale (éviter l'emploi du mot «cicatrice»). Insister sur le fait que l'apparence de l'incision va s'améliorer de jour en jour.	4. On atténue ainsi chez la femme le sentiment qu'elle ne pourra jamais accepter son corps altéré.	• Elle est consciente des bienfaits à long terme de la chimiothérapie ou de la radiothérapie, malgré leurs effets indésirables.
5. Aborder de façon concrète l'emploi d'une prothèse, les interventions de reconstruction et la modification des vêtements.	5. En ayant une attitude constructive et en faisant connaître à la patiente les mesures d'adaptation dont elle dispose, on améliore l'image de soi de la patiente et on favorise l'acceptation du programme thérapeutique.	

Diagnostic infirmier: Douleur reliée au traumatisme chirurgical

Objectif: Absence de douleur et de malaise

1. Recueillir des données sur l'intensité, la nature et le siège de la douleur.	1. On obtient ainsi des données de base permettant l'évaluation des mesures de soulagement.	• La patiente signale les aggravations de la douleur et accepte les médicaments prescrits pour la soulager.
2. Administrer des analgésiques par voie orale, IM ou IV, selon l'ordonnance.	2. On soulage ainsi la douleur.	• Elle pratique fréquemment ses exercices; elle déplace le bras affecté délicatement et progresse en passant des exercices passifs aux exercices actifs.
3. Collaborer avec le médecin pour assurer la mise en œuvre de l'autoanalgésie.	3. L'autoanalgésie soulage la douleur, améliore le bien-être de la patiente et réduit son sentiment d'impuissance.	• Elle décrit des activités qu'elle accomplira chez elle pour favoriser l'amplitude des mouvements articulaires du côté opéré.
4. Expliquer que les nerfs sont sectionnés ou endommagés, mais que l'on dispose d'analgésiques et de narcotiques pour soulager la douleur.	4. Les analgésiques et les narcotiques peuvent interrompre les voies de transmission des impulsions nerveuses vers la moelle épinière et le cerveau.	• Elle énumère des activités qu'elle doit éviter pour ne pas risquer une blessure dans la région de l'opération et au bras affecté.
5. Installer la patiente de façon à améliorer son bien-être; on recommande notamment la position semi-Fowler et l'élévation du bras du côté atteint.	5. On réduit ainsi la pression sur l'incision. L'action de la pesanteur réduit l'accumulation de liquide dans le bras. (Dès le lendemain de l'opération, la patiente commence les exercices de la main comme les flexions du poignet et la pression d'une balle.)	• Elle décrit les mesures à prendre en cas de blessure. • Si elle présente un lymphœdème, elle commande un bracelet Medic Alert.
6. Promouvoir des exercices passifs, puis actifs, de la main, du bras et de l'épaule du côté opéré.	6. On stimule ainsi la circulation, on favorise la compétence neurovasculaire et on prévient la stase qui peut provoquer une rigidité de la ceinture scapulaire.	
7. Encourager la patiente à se protéger et à éviter tout ce qui pourrait porter atteinte à l'intégrité de la peau ou imposer une tension au bras et à l'épaule (coupures, brûlures, détersifs puissants, infections, port de paquets ou d'un sac à main trop lourds).	7. Le bras atteint résiste mal aux agressions à cause de l'altération de la circulation et de la faiblesse des nerfs.	
8. Conseiller l'application, plusieurs fois par jour, d'une crème efficace.	8. On assure ainsi la santé de la peau, son intégrité, sa souplesse et sa résistance.	

Plan de soins infirmiers 40-1 (suite)
Patiente atteinte d'un cancer du sein

Interventions infirmières	*Justification*	*Résultats escomptés*
9. Recommander à la patiente d'avertir son médecin si elle éprouve de la douleur, ou qu'elle observe de l'œdème, ou une rougeur au bras ou dans la région de l'incision.	9. En traitant immédiatement les infections et les blessures, on en prévient l'aggravation.	
10 S'il y a risque d'œdème, conseiller le port d'un bracelet Medic Alert.	10. Le bracelet Medic Alert indique aux personnes concernées d'éviter ce qui peut causer des lésions au bras (injections, prise de la pression artérielle, etc.).	

Diagnostic infirmier: Déficit d'autosoins relié à l'immobilisation partielle du bras du côté opéré

Objectif: Maintien de la mobilité et capacité d'effectuer les autosoins

1. Encourager la participation active de la patiente aux soins postopératoires.	1. La participation accélère la guérison.	• La patiente participe aux changements de pansement; elle se dit intéressée à travailler avec une équipe de réadaptation comprenant un kinésithérapeute.
2. Encourager les activités sociales, et notamment les échanges avec des femmes qui sont entièrement rétablies d'une opération semblable.	2. L'être humain s'épanouit par les relations sociales.	• Elle se soucie de son apparence et accepte les conseils d'un groupe de soutien concernant la réadaptation.
3. Modifier graduellement le programme d'exercice en fonction de l'amélioration du bien-être et de la tolérance.	3. La tension sur les tissus affectés sera de moins en moins forte.	• Elle participe aux autosoins (se laver, se vêtir, soigner son apparence).
4. Complimenter la patiente quand elle fait preuve d'adresse ou de créativité (en se coiffant ou en se maquillant, par exemple).	4. Le bien-être psychologique contribue au bien-être physique.	• Elle dit attendre avec impatience et apprécier les visites de son partenaire; elle lui fait part de ses progrès.

Diagnostic infirmier: Risque de dysfonctionnement sexuel relié à la perte d'une partie du corps et à la crainte des réactions du partenaire

Objectif: Amélioration de la vie sexuelle

1. Être capable de parler de sexualité de façon détendue; faire preuve de compréhension et d'ouverture d'esprit.	1. La patiente peut déceler un manque de sincérité, une insécurité, ou un manque de connaissances et d'expérience. L'infirmière qui aborde le sujet pour la première fois peut bénéficier des conseils d'une infirmière spécialisée en oncologie.	• La patiente exprime sa confiance et son désir d'être aidée; elle pose des questions pertinentes.
		• Elle inclut le partenaire dans les aspects du problème qui le concernent.
		• Elle se dit sensible à la délicatesse de l'infirmière qui respecte son intimité.
2. Encourager les partenaires à exprimer leurs inquiétudes au moment le plus opportun, avant ou après une intervention thérapeutique importante, par exemple.	2. La patiente n'aura pas l'impression d'affronter seule des difficultés qui concernent le couple.	• Elle manifeste son acceptation de l'incision en participant aux changements de pansement et en utilisant l'émollient qui lui est prescrit, par exemple du beurre de cacao.
3. S'assurer d'être en tête-à-tête avec la patiente pour parler de questions personnelles.	3. On respecte ainsi l'intimité de la patiente.	• Elle dit qu'il faut du temps pour s'adapter mais qu'en faisant preuve de patience on peut réaliser en grande partie les objectifs visés.
4. Avant que le partenaire ne voie l'incision, lui en décrire l'aspect.	4. S'il sait à quoi s'attendre, le partenaire sera moins effrayé.	

Plan de soins infirmiers 40-1 (suite)
Patiente atteinte d'un cancer du sein

Interventions infirmières	Justification	Résultats escomptés
5. Insister sur le fait que la modification du comportement exige du temps, et que le comportement actuel ne signifie pas nécessairement que l'on ne pourra s'adapter à la situation.	5. Toute intervention chirurgicale exige une période d'adaptation et de convalescence et, dans certains cas, une modification du mode de vie.	

Risque de complications: Infection, lésions, lymphœdème, troubles neurovasculaires

Objectif: Prévention des complications

1. À moins de contre-indications, placer le bras de façon à ce que le coude soit plus haut que l'épaule et le poignet plus haut que le coude.	1. On diminue ainsi l'œdème, la pression exercée sur les nerfs et les vaisseaux sanguins, la douleur et le malaise.	• La patiente montre comment on doit disposer les oreillers pour assurer convenablement l'élévation du bras.
2. Recommander à la patiente de prendre garde aux blessures, et aux infections, et d'éviter les activités trop vigoureuses.	2. On prévient ainsi l'accumulation de liquide et les lésions neurovasculaires.	• Elle sait qu'il faut éviter, notamment, les injections et la prise de la pression artérielle du côté opéré.
3. Décrire les exercices en allant du plus simple au plus complexe, et en faire la démonstration.	3. Un programme progressif d'exercices permet d'améliorer le tonus musculaire, de reprendre rapidement toutes les activités habituelles et de prévenir des problèmes comme l'ankylose de l'épaule.	• Peu à peu, elle parvient à déplacer librement son bras; elle peut se peigner et faire l'escalade d'un mur avec les mains sans ressentir de malaise; elle prend les mesures nécessaires pour prévenir l'ankylose de l'épaule.
4. Recommander la kinésithérapie et, au besoin, un programme de réduction du poids.	4. L'activité et des exercices spéciaux, de même que la modification du régime alimentaire, sont des mesures générales favorisant le bien-être et permettant d'éviter les complications.	• Elle acquiert de bonnes habitudes de santé et prévient par le fait même les complications.

d'une intervention chirurgicale, y compris les hémorragies et les infections.

Soins infirmiers postopératoires
Après l'opération, des drains reliés à un système de drainage en circuit fermé servent à évacuer les liquides de la plaie. Il faut réduire la pression sur les incisions. Ainsi en montant la tête du lit à 30° et en plaçant les genoux de la patiente en flexion, on réduit la pression sur l'incision abdominale. Les antiémétiques servent à combattre les nausées et les vomissements; les analgésiques soulagent la douleur. L'une des tâches les plus importantes de l'infirmière consiste à vérifier la circulation en observant la couleur et la température du sein reconstruit; une marbrure ou une baisse marquée de la température de la peau doivent être immédiatement signalées au chirurgien. On doit aussi avertir le chirurgien si le drainage dépasse 50 mL/h.

Quand elle recommence à marcher au lendemain de l'opération, la patiente doit protéger la plaie en se tenant courbée. Elle pourra peu à peu redresser sa posture. Elle doit éviter le port d'un soutien-gorge, et les massages du sein, tant que le médecin ne les a pas autorisés. Pour éviter les pressions

sur l'incision, elle attendra un mois avant de lever les bras plus haut que l'épaule et de soulever des poids de plus de 2 kg.

Mammectomie préventive

On propose à certaines femmes fortement prédisposées au cancer du sein une mammectomie préventive. Les candidates à cette opération sont les femmes qui ont des antécédents familiaux de cancer du sein et des seins polykystiques; un cancer du sein antérieur avec un sein restant de plus en plus noduleux; des seins noduleux, avec mammographie suspecte; une maladie fibrokystique avec hyperphasie atypique; et une très grande crainte du cancer du sein.

MALADIES DU SEIN CHEZ L'HOMME

La gynécomastie (hypertrophie des glandes mammaires) est la pathologie des seins la plus fréquente chez l'homme. Elle peut se manifester à l'adolescence; elle est alors due aux hormones testiculaires. Elle se manifeste avant ou après

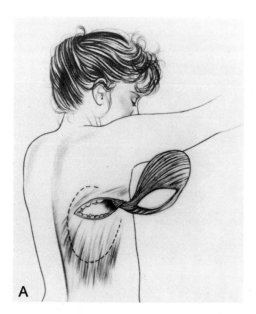

On découpe un lambeau myocutané du grand dorsal. Le lambeau ainsi obtenu reste attaché en un point et est passé par voie sous-cutanée sous l'aisselle et ressorti au niveau du sein.

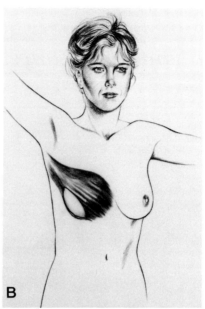

Le lambeau en place, après avoir été ramené du dos à la poitrine.

Le lambeau en place, recréant la forme du sein après reconstruction du mamelon et de l'aréole.

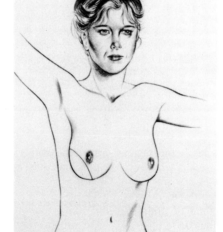

Figure 40-8. Reconstruction du sein par lambeau myocutané du grand dorsal
(Source: *The Breast Cancer Digest,* 2ᵉ éd., Bethesda, MD, U. S. Department of Health and Human Services, Public Health Service)

la puberté, et disparaît normalement après un an ou deux. Elle est généralement unilatérale, et se caractérise par une masse ferme et sensible sous l'aréole. Chez l'adulte, elle est parfois diffuse; dans certains cas elle est liée à des médicaments (digitaline, réserpine, ergotamine ou phénytoïne). La douleur et la sensibilité en sont les premiers symptômes.

On observe aussi des cancers du sein chez l'homme, mais cela est rare. Les symptômes sont notamment une bosse indolore sous l'aréole, la rétraction du mamelon et l'ulcération de la peau. L'âge moyen au moment du diagnostic dépasse d'environ 10 ans l'âge moyen chez la femme. Les méthodes diagnostiques et les modalités de traitement sont les mêmes

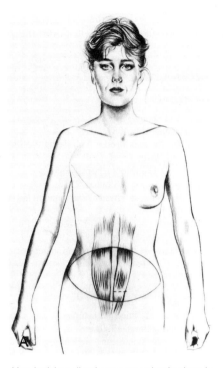

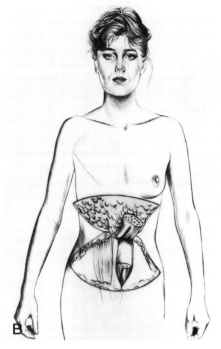

Une incision elleptique est pratiquée dans le bas de l'abdomen, et on dissèque l'un des deux muscles verticaux de l'abdomen.

Le lambeau de peau, de muscle et de tissu adipeux est amené vers le sein sous la peau du haut de l'abdomen et du bas du thorax.

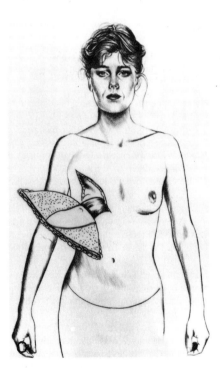

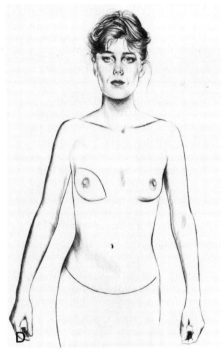

Le lambeau, qui a gardé son irrigation, est mis en place et façonné pour former le nouveau sein.

Le lambeau en place, recréant la forme du sein après reconstruction de l'aréole.

Figure 40-9. Reconstruction du sein par lambeau myocutané du grand droit de l'abdomen
(Source: *The Breast Cancer Digest*, 2ᵉ éd., Bethesda, MD, U. S. Department of Health and Human Services, Public Health Service)

que pour les femmes. Il semble y avoir une certaine prédisposition familiale. Il existe d'autres facteurs de risque, dont l'orchite ourlienne, l'exposition aux radiations et le syndrome de Klinefelter (anomalie chromosomique entraînant la réduction du taux de testostérone). La présence d'une masse au sein chez l'homme est généralement le fait d'une gynécomastie. On croit que la gynécomastie pourrait prédisposer au cancer, mais cela n'est pas prouvé.

Les cancers du sein de l'homme relèvent habituellement d'une mammectomie radicale, à cause de l'atteinte du muscle pectoral. L'opération est suivie d'une radiothérapie. Le pronostic varie selon le stade de la maladie au moment du dépistage. En cas de maladie avancée, on observe des métastases surtout dans les os et les tissus mous. à ce stade, on peut avoir recours à l'orchidectomie, à la surrénalectomie et à l'hypophysectomie.

RÉSUMÉ

La femme atteinte d'un cancer du sein doit bénéficier de soins infirmiers qui tiennent compte de ses besoins physiologiques et de ses réactions affectives au diagnostic et au traitement. Au début de la phase postopératoire, elle aura besoin d'aide pour se déplacer, effectuer ses autosoins et soulager la douleur. Il faut de plus faire preuve de compréhension à son égard et l'aider à faire face au diagnostic de cancer du sein et à toutes ses ramifications, y compris le choix du traitement, le pronostic et la qualité de vie. L'infirmière doit être en mesure de coordonner les soins dispensés à la patiente et de faire l'inventaire des services de soutien. De plus, elle doit préparer le congé et les traitements ultérieurs (chimiothérapie ou radiothérapie), aider la patiente à faire face à ces traitements et favoriser l'observance du programme thérapeutique.

Comme on l'a noté tout au long du présent chapitre, le traitement des patientes atteintes d'un cancer du sein représente un défi. Il exige notamment une grande compréhension des sentiments que provoquent, chez les femmes, cette maladie qui menace leur estime de soi, leur sexualité et leur vie. L'infirmière doit se tenir au courant des résultats des recherches et des nouvelles modalités de traitement. À l'heure actuelle, les principaux champs de recherche dans le domaine du traitement et de la prévention du cancer sont les oncogènes (des gènes tumoraux qui régissent la prolifération cellulaire), les facteurs de croissance (substances sécrétées par les cellules cancéreuses pour favoriser leur croissance), les anticorps monoclonaux (anticorps de synthèse qui combattent les cellules cancéreuses) et les lipoprotéines (leur modification chez les cancéreux pourrait servir au dépistage du cancer). De même, les modificateurs de la réponse biologique (comme l'interféron), qui modifient la réaction de l'hôte aux cellules tumorales en renforçant la réponse immunitaire, pourraient être de plus en plus utilisés dans l'avenir. On pourrait également voir augmenter l'emploi des méthodes de la médecine douce et de techniques de réduction du stress. Il est donc légitime d'être optimiste et de communiquer cet optimisme aux personnes atteintes de cancer. L'infirmière apporte une contribution essentielle à la lutte contre le cancer du sein par la recherche, les soins dispensés aux patientes et les efforts consacrés à l'enseignement et à la prévention. En enseignant l'autoexamen des seins à chacune de ses patientes, elle peut jouer un rôle clé dans la diminution du taux de mortalité associé à cette maladie.

Bibliographie

Ouvrages

Ariel I and Cleary J. Breast Cancer: Diagnosis and Treatment. New York, McGraw-Hill, 1987.

Ash C and Jenkins J (eds). Enhancing the Role of Cancer Nursing. New York, Raven Press, 1990.

Barger M (ed). Protocols for Gynecologic and Obstetric Health Care. Orlando, Grune & Stratton, 1988.

Bates B. A Guide to Physical Examination, 5th ed. Philadelphia, JB Lippincott, 1991.

Broniatowski-Grundfest S and Esselstyn C. Controversies in Breast Disease. New York, Marcel Dekker, 1988.

Cancer Statistics 1991, American Cancer Society, Atlanta, GA.

Clarck C. Le livre de l'allaitement maternel. Laval, Guy Saint-Jean éditeur, 1982.

Cooper C (ed). Stress and Breast Cancer. New York, John Wiley & Sons, 1988.

Davidson A. Modified Radical and Other Cancer Poems. Palo Alto, CA, Monday Press, 1990.

DeVita V, Hellman S, and Rosenberg SA (eds). Cancer: Principles and Practice of Oncology, 3rd ed. Philadelphia, JB Lippincott, 1989.

Dunnihoo D. Fundamentals of Gynecology and Obstetrics. Philadelphia, JB Lippincott, 1990.

Eating Hints: Recipes and Tips for Better Nutrition During Cancer Treatment. US Dept of Health and Human Services. Public Health Service, National Institutes of Health, National Cancer Institute, Bethesda, MD, 1987. NIH Publication No. 87-2079.

Fogel C and Lauver D. Sexual Health Promotion. Philadelphia, WB Saunders, 1990.

Groenwald S. Cancer Nursing: Principles and Practices. Boston, Jones and Bartlett, 1990.

Haagensen C. Diseases of the Breast, 3rd ed. Philadelphia, WB Saunders, 1986.

Harris J et al. Breast Diseases. Philadelphia, JB Lippincott, 1987.

Henderson C et al. Cancer of the breast. In: DeVita V, Hellman S, and Rosenberg SA. Cancer: Principles and Practice of Oncology, 3rd ed. Philadelphia, JB Lippincott, 1989.

Hindle W. Breast Disease for Gynecologists. Norwalk, CT, Appleton and Lange, 1990.

Holland J and Rowland J. Handbook of Psychooncology. New York, Oxford University Press, 1989.

Kushner R. Alternatives: New Developments in the War on Breast Cancer. New York, Warner, 1986.

Lawrence R. Breastfeeding, 3rd ed. St Louis, CV Mosby, 1989.

Love SM. Dr. Susan Love's Breast Book. Reading, MA, Addison-Wesley, 1990.

Marchant D (ed). Breast Disease. New York, Churchill Livingstone, 1986.

Martin L. Health Care of Women. Philadelphia, JB Lippincott, 1978.

Moosa A, Robson M, and Schimpff S (eds). Complete Textbook of Oncology. Baltimore, Williams & Wilkins, 1986.

Quilligan E and Zuspan F. Current Therapy in Obstetrics and Gynecology 3. Philadelphia, WB Saunders, 1990.

Speroff L, Glass R, and Kase N. Clinical Gynecologic and Endocrinology and Infertility. Baltimore, Williams & Wilkins, 1989.

Stewart F et al. Understanding Your Body. Toronto, Bantam, 1987.

Strax P. Make Sure You Do Not Have Breast Cancer. St. Martin's Press, 1990.

Tenenbaum L. Cancer Chemotherapy: A Reference Guide. Philadelphia, WB Saunders, 1989.

Ziegfeld C (ed). Core Curriculum for Oncology Nursing. Philadelphia, WB Saunders, 1987.

Revues

Les articles de recherche en sciences infirmières sont marqués d'un astérisque.

Généralités

Moch S. Health within illness: Conceptual evolution and practice. Adv Nurs Sci 1989 July; 11(4):23–31.

Rudolph A and McDermott R. The breast physical examination: Its value in early cancer detection. Cancer Nurs 1987 Feb; 10(2):100–105.

Maladies du sein

Ellerhorst-Ryan J, Turba E, and Stahl D. Evaluating benign breast disease. Nurs Pract 1988 Sep; 13(9):13–28.

Greydanus D, Parks D, and Farrell G. Breast Disorders in Children and Adolescents. Pediatr Clin North Am 1989 Jun; (3):601–637.

Lierman L. Discovery of breast changes: Women's responses and nursing implications. Cancer Nurs 1988 Jun; 11(6):352–361.

Prévention, auto-examen et mammographie

Beck S et al. The family high-risk program: Targeted cancer prevention. Oncol Nurs Forum 1988 May/Jun; 15(3):301–306.

Bope E. Screening for breast cancer: Recent increases underscore new urgency. Fem Patient 1989 Mar; 14(3):75–86.

Clarke D and Sandler L. Factors involved in nurses' teaching breast self-examination. Cancer Nurs 1989 Jan; 12(1):41–45.

Cretain G. Motivational factors in breast self-examination: Implications for nurses. Cancer Nurs 1989 Apr; 12(4):250–256.

Crooks C and Jones S. Educating women about the importance of breast screenings: The nurse's role. Cancer Nurs 1989 Jun; 12(3):161–164.

Hamwi D. Screening mammography: Increasing the effort toward breast cancer detection. Nurs Pract 1990 Dec; 15(12):27–32.

Harrison L. Life-saving patient education: Breast self-examination. Matern Child Nurs J 1989 Sep/Oct; 14(5):315.

* Haughey B et al. Breast self-examination: Reported practices, proficiency and stage of disease at diagnosis. Oncol Nurs Forum 1988 Mar; 15(3):315–319.

Heyman D et al. Is the hospital setting the place for teaching breast self-examination? Cancer Nurs 1991 Feb; 14(1):35–40.

Lauver D. Identifying womens' descriptions of breast tissue for the promotion of breast self examination. Health Care Women Int 1991 Jan/Mar; 12(1):73–83.

* Lauver K and Angerame M. Overadherence with breast self-examination recommendations. Image: J Nurs Scholarship 1990 Fall; 11(3):148–152.

* Lierman L et al. Predicting breast self-examination using the theory of reasoned action. Nurs Res 1990 Mar/Apr; 39(2):97–101.

Nielsen B. The nurse's role in mammography screening. Cancer Nurs 1989 Oct; 12(5):271–275.

* Olson R and Mitchell E. Self-confidence as a critical factor in breast self-examination. J Obstet Gynecol Neonatal Nurs 1989 Nov/Dec; 18(6):476–481.

Redeker N. Health beliefs, health locus of control, and the frequency of practice of breast self examination in women. J Obstet Gynecol Neonatal Nurs 1989 Jan/Feb; 18(1):45–51.

Rutledge D and Davis G. Breast self-examination compliance and the health belief model. Oncol Nurs Forum 1988 Mar/Apr; 15(2):175–179.

Screening mammography: A missed clinical opportunity? Results of the NCI Breast Cancer Screening Consortium and National Health Interview Survey Studies. JAMA 1990 Jul; 264(1):54–58.

Zapka J et al. Breast cancer screening by mammography: Utilization and associated factors. Am J Public Health 1989 Nov; 79(11):1499–1502.

Cancer

Cady B. New diagnostic, staging and therapeutic aspects of early breast cancer. Cancer 1990 Feb; 65(Suppl):634–647.

Carey R and Jevne R. Development of an information package for post-mastectomy patients on adjuvant therapy. Oncol Nurs Forum 1986 May/Jun; 13(3):78–79.

Clark J and Landis L. Reintegration and maintenance of employees with breast cancer in the workplace. J Am Assoc Occup Health Nurs 1989 May; 37(5):186–196.

Diekman J. Cancer in the elderly: Systems overview. Semin Oncol Nurs 1988 Aug; 4(3):169–177.

* Dodd M. Patterns of self-care in patients with breast cancer. West J Nurs Res 1988 Feb; 10(1):7–24.

Donegan W. Are we positive about node negative cancer. J Surg Oncol 1990 Jan; 43(1):199–202.

Duda R. Pathogenesis, diagnosis and treatment of breast cancer. Compr Ther 1990 Jan; 16(1):43–52.

Fisher B et al. Eight year results of a randomized clinical trial comparing total mastectomy and lumpectomy with or without irradiation in the treatment of breast cancer. N Engl J Med 1989 Mar; 320:822–828.

Fitzsimmons M et al. Hereditary cancer syndromes: Nursing's role in identification and education. Oncol Nurs Forum 1989 Jan; 16(1):87–94.

Fraser M and Tucker M. Late effects of cancer therapy: Chemotherapy related malignancies. Oncol Nurs Forum 1988 Jan/Feb; 15(1):67–77.

Fraser M and Tucker M. Second malignancies following cancer therapy. Semin Oncol Nurs 1989 Feb; 5(1):43–55.

Gambosi J and Ulreich S. Recovering from cancer: A nursing intervention program recognizing survivorship. Oncol Nurs Forum 1990 Feb; 17(2):215–218.

Cancer du sein

Albrecht S. Season of birth and laterality of breast cancer. Nurs Res 1990 Mar/Apr; 39(2):118–120.

Arathuzik D. Pain experience for metastatic breast cancer patients: Unraveling the mystery. Cancer Nurs 1991 Feb; 14(1):41–48.

Bergvist L et al. The risk of breast cancer after estrogen and estrogen-progestin replacement therapy. N Engl J Med 1989 Aug; 321(5):293–297.

Bonadonna G. Conceptual and practical advances in the management of breast cancer. J Clin Oncol 1989 Oct; 7(10):1380–1397.

Bruera E et al. Asthenia in breast cancer. Am J Nurs 1989 May; 89(5):737–738.

Cawley M et al. Informational and psychosocial needs of women choosing conservative surgery and primary radiation for early stage breast cancer. Cancer Nurs 1990 Apr; 13(2):90–94.

Collins-Hattery A et al. S phase index and ploidy prognostic markers in node negative breast cancer: Information for nurses. Oncol Nurs Forum 1991 Jan/Feb; 18(1):59–62.

Hilton B. The phenomenon of uncertainty in women with breast cancer. Issues Ment Health Nurs 1988 Mar; 9(3):217–238.

Hindle W. Key questions about breast cancer. Contemp Obstet Gynecol 1989 Nov; 34(5):72–78.

Kelsey J and Gammon M. The epidemiology of breast cancer. Ca 1991 May/Jun; 41(3):146–165.

Lindsey A, Dodd M, and Kaempfer S. Endocrine mechanisms and obesity: Influences in breast cancer. Oncol Nurs Forum 1987 Mar/Apr; 14(2):47–51.

* Loveys B. Breast cancer: Demands of illness. Oncol Nurs Forum 1991 Jan/Feb; 18(1):75–80.

McGee R and White C. Helping employees and families cope with breast cancer treatment. J Am Assoc Occup Health Nurs 1989 May; 37(5):178–185.

McKenney S. Helping your patient cope with breast cancer. Nursing '88 1988 Dec; 18(12):64.

Moch S. Health within the experience of breast cancer. J Adv Nurs 1990 Dec; 15(12):1426–1435.

Morrow M. Management of nonpalpable breast lesions. Princ Pract Oncol Updates 1990 Jan; 4(1):1–11.

Nettles-Carlson B. Early detection of breast cancer. J Obstet Gynecol Neonatal Nurs 1989 Sep/Oct; 18(5):373–381.

Nielsen B and East D. Advances in breast cancer: Implications for care. Nurs Clin North Am 1990 Jun; 25(2):365–375.

* Northouse L. A longitudinal study of the adjustment of patients and husbands to breast cancer. Oncol Nurs Forum 1989 Jul/Aug; 16(4):511-516.
* Northouse L. The impact of breast cancer on patients and husbands. Cancer Nurs 1989 Oct; 12(5):276-284.
* Northouse L. Social support in patients' and husbands' adjustment to breast cancer. Nurs Res 1988 Mar/Apr; 37(2):91-95.
Rutherford D. Assessing psychosexual needs of women experiencing lumpectomy: A challenge for research. Cancer Nurs 1988 Aug; 11(4):244-249.
Schover L. The impact of breast cancer on sexuality, body image and intimate relationships. CA 1991 Apr; 41(2):112-120.
Schwartz M. Living with loss: Dreaming of lace. Lears 1990 Oct; 3(8):54-56.
Speroff L. Breast cancer and postmenopausal hormone therapy. Contemp Obstet Gynecol 1990 Jan; 35(1):71-82.
Stein P et al. Breast cancer: Risks, treatment and perioperative patient care. AORN J 1991 Apr; 53(4):938-944.
Stillman M. Evaluation and treatment of pain in breast cancer. Fem Patient 1990 Mar; 15(3):57-72.
Tandon A et al. Cathepsin D and prognosis in breast cancer. N Engl J Med 1990 Feb; 322(5):297-308.
Ward S, Heidrich S, and Wolberg W. Factors women take into account when deciding upon type of surgery for breast cancer. Cancer Nurs 1989 June; 12(6):344-351.

Traitement chirurgical du cancer du sein
Dietrich-Gallagher M and Hyzinski M. Patient education: Teaching patients to care for drains after breast surgery for malignancy. Oncol Nurs Forum 1989 Mar/Apr; 16(2):263-267.
Feather B and Wainstock J. Perceptions of post-mastectomy patients: Social supports and attitudes towards mastectomy. Cancer Nurs 1989 Oct; 12(5):301-309.
Fox K. Ellen's going home: Can she manage without you? Preparing your postmastectomy patient for discharge. Nursing 1989 May; 19(5):80-81.
Kinne D. The surgical management of primary breast cancer. Ca 1991 Mar/Apr; 41(2):71-84.
Love S. Breast removal and reconstruction. Harvard Med School Health Lett 1990 Feb; 15(4):3-6.

Chirurgie reconstructrice
Angelo T and Gorrell C. Breast reconstruction using tissue expanders. Oncol Nurs Forum 1989 Jan/Feb; 16(1):23-27.
Bostwick J. Breast reconstruction following mastectomy. CA 1989; 39(1):40-49.
Kramer A. Immediate breast reconstruction. Plast Surg Nurs 1988 Winter; 8(4):150-154.

Chimiothérapie
Adjuvant chemotherapy of early breast cancer. Med Lett 1990 May 18; 32(818):49-50.
* Brandt B. The relationship between hopelessness and selected variables in women receiving chemotherapy for breast cancer. Oncol Nurs Forum 1987 Mar/Apr; 14(2):35-39.
Cawley M. Recent advances in chemotherapy. Nurs Clin North Am 1990 Jun; 25(2):377-385.
Doig B. Adjuvant chemotherapy in breast cancer: A review of the literature. Cancer Nurs 1988 Feb; 11(2):91-98.
Ehlke G. Symptom distress in breast cancer patients receiving chemotherapy in the outpatient setting. Oncol Nurs Forum 1988 May/Jun; 15(3):643-646.
Greenspan E. Toward the chemoprevention of breast cancer. Fem Patient 1989 Apr; 14(4):103-110.
Grindel C, Cahill C, and Walker M. Food intake of women with breast cancer during their first six months of chemotherapy. Oncol Nurs Forum 1989 May/Jun; 16(3):401-407.

Hillner B and Smith T. Efficacy and cost-effectiveness of adjuvant chemotherapy in women with node-negative breast cancer. N Engl J Med 1991 Jan; 324(3):160-169.
Love R et al. Side effects and emotional distress during cancer chemotherapy. Cancer 1989 Feb; 63(2):604-612.
* Payne S. Coping with palliative chemotherapy. J Adv Nurs 1990 Jun; 15(6):652-658.
Winningham M and McVicar M. The effect of aerobic exercise on patients' reports of nausea. Oncol Nurs Forum 1988 Jul/Aug; 15(4):447-450.
Winningham M et al. Effect of aerobic exercise on body weight and composition in patients with breast cancer on adjuvant chemotherapy. Oncol Nurs Forum 1989 Sep/Oct; 16(5):683-689.

Hormonothérapie
Dunne C. Hormonal therapy for breast cancer. Cancer Nurs 1988 May; (11)5:288-294.
Goodman M. Concepts of hormonal manipulation in the treatment of cancer. Oncol Nurs Forum 1988 Sep/Oct; 15(5):639-647.

Radiothérapie
* Christman N. Uncertainty and adjustment during radiotherapy. Nurs Res 1990 Jan/Feb; 39(1):17-47.
Hassey K. Radiation therapy for breast cancer: A historic review. Semin Oncol Nurs 1985 Aug; 1(3):181-188.
Mast D and Wood D. Preparing patients with breast cancer for brachytherapy. Oncol Nurs Forum 1990 Feb; 17(2):267-270.
Pierce S and Harris J. The role of radiation therapy in the management of primary breast cancer. Ca 1991 Mar/Apr; 41(2):85-96.
Strohl R. Radiation therapy: Recent advances and nursing implications. Nurs Clin North Am 1990 Jun; 25(2):309-328.

Grossesse et cancer du sein
Dow K. Breast cancer and fertility. NAACOG's Clinical Issues in Perinatal and Women's Health Nursing 1990; 1(4):444-452.
Greene F. Gestational breast cancer: A ten-year experience. South Med J 1988 Dec; 81:1509-1511.
Hassey K. Pregnancy and parenthood after treatment for breast cancer. Oncol Nurs Forum 1988; 15(4):439-444.
Larkin K. Cancer and pregnancy. NAACOG's Clinical Issues in Perinatal and Women's Health, Vol 1, No. 2. Philadelphia, JB Lippincott, 1990.

Gérontologie
Castiglione M, Gelber R, and Goldhirsch A. Adjuvant systemic therapy for breast cancer in the elderly. J Clin Oncol 1990 Mar; 8(3):519-526.
Ludwick R. Breast examination in the older adult. Cancer Nurs 1988 Feb; 11(2):99-102.
Welch-McCaffrey D and Dodge J. Planning breast self-examination programs for elderly women. Oncol Nurs Forum 1988 Nov/Dec; 15(6):811-814.
Williams R. Factors affecting the practice of breast self-examination in older women. Oncol Nurs Forum 1988 Sep/Oct; 15(5):611-616.

Information/ressources

Organismes
American Cancer Society
  90 Park Avenue
  New York, NY 10016
Centre de références du Grand Montréal
  881, boul. de Maisonneuve est, Montréal (Québec)
  tél.: (514) 527-1375
Fondation Québécoise du Cancer
  2075, rue Champlain, Montréal (Québec) H2L 2T1
  tél.: (514) 527-2194
Info-Cancer (ligne téléphonique)
  1-800-361-4212

National Cancer Institute

  Public Inquiry Section, Office of Cancer Communications, National Cancer Institute, Building 31, Room 10 A 24, Bethesda, MD 20892

  On peut obtenir du matériel pédagogique sur les sujets suivants: biopsies, choix de traitements, mammectomie, radiothérapie, chimiothérapie, reconstruction, régime alimentaire et études cliniques

National Alliance of Breast Cancer Organizations

  1180 Avenue of the Americas, 2nd Floor, New York, NY 10036, (212) 719-0154

Reach to Recovery Program—I Can Cope Program

  On peut obtenir de l'information par l'entremise des différentes branches de l'American Cancer Society

Y-ME Breast Cancer Support Program

  1757 Ridge Road, Homewood, IL 60430

41
TRAITEMENT DES AFFECTIONS DE L'APPAREIL REPRODUCTEUR DE L'HOMME

OBJECTIFS D'APPRENTISSAGE

Après avoir étudié ce chapitre, vous devriez être en mesure de réaliser ce qui suit:

1. *Décrire l'anatomie et le rôle de l'appareil reproducteur masculin.*

2. *Comparer les avantages et les inconvénients des quatre types d'adénomectomie.*

3. *Appliquer la démarche de soins infirmiers pour intervenir auprès des patients subissant une adénomectomie.*

4. *Décrire les soins infirmiers à prodiguer aux patients atteints d'un cancer des organes reproducteurs masculins.*

5. *Décrire les affections des testicules et du pénis et en préciser la physiopathologie, les manifestations d'ordre clinique et le traitement.*

6. *Décrire les causes et le traitement des troubles de l'érection.*

L'homme est doté de plusieurs organes qui font partie à la fois de l'appareil urinaire et de l'appareil reproducteur. La maladie de l'un de ces organes peut donc affecter les deux appareils. C'est pour cette raison que les maladies de l'appareil reproducteur sont généralement soignées par un urologue.

ANATOMIE

Les organes de l'appareil reproducteur masculin sont les testicules, les canaux déférents, les vésicules séminales, le pénis et des glandes accessoires: la prostate et les glandes de Cowper ou glandes bulbo-urétrales (figure 41-1). Les testicules, ou gonades mâles, se forment chez l'embryon à l'intérieur de la cavité abdominale, près des reins. Vers le septième mois de la vie intra-utérine, ils descendent derrière le péritoine et franchissent la paroi abdominale au niveau de l'aine. Plus tard, ils continuent leur descente le long du canal inguinal pour se loger dans les bourses. Ils sont accompagnés dans ce trajet par des vaisseaux sanguins et lymphatiques, des nerfs et des canaux qui forment, avec le tissu de soutien, le cordon spermatique; ce cordon relie l'anneau inguinal profond et le scrotum en passant par la paroi abdominale et le canal inguinal.

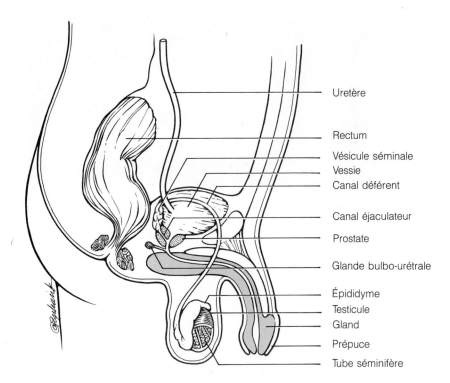

Uretère

Rectum

Vésicule séminale

Vessie

Canal déférent

Canal éjaculateur

Prostate

Glande bulbo-urétrale

Épididyme

Testicule

Gland

Prépuce

Tube séminifère

Figure 41-1. Organes de l'appareil reproducteur masculin

En outre, deux replis cylindriques du péritoine accompagnent les testicules dans leur descente; ils s'oblitèrent peu à peu ne laissant que la *tunique vaginale,* l'enveloppe la plus interne des testicules. (Lorsque les prolongements du péritoine restent ouverts dans la cavité abdominale, ils constituent un sac dans lequel le contenu abdominal peut pénétrer pour former une hernie inguinale.)

Les testicules sont logés dans les bourses où la température est légèrement inférieure à celle du corps, afin de permettre la spermatogenèse. Chaque testicule se compose de nombreux tubes ou canalicules séminifères dans lesquels se forment les spermatozoïdes (gamètes mâles). Les spermatozoïdes se dirigent par un ensemble de tubes collecteurs vers l'épididyme, un organe en forme de capuchon placé sur le testicule et contenant des canaux tortueux qui mènent au canal déférent. Ce dernier est un conduit cylindrique à paroi épaisse qui emprunte le canal inguinal pour monter jusqu'à la cavité abdominale; il y entre derrière le péritoine, puis redescend vers la base de la vessie. La vésicule séminale est une petite poche qui s'ouvre sur le canal déférent, et qui sert de réservoir aux spermatozoïdes fabriqués par les testicules. Le canal déférent se continue par le canal éjaculateur, qui traverse la prostate et débouche dans l'urètre. Au moment du coït, les sécrétions des testicules sont acheminées par ce canal jusqu'à l'extrémité du pénis.

Les testicules ont deux fonctions: la formation de spermatozoïdes à partir des cellules germinales des tubes séminifères et la production par les cellules interstitielles de la testostérone (hormone mâle) qui stimule l'apparition des caractères sexuels secondaires masculins et en assure le maintien.

Siégeant immédiatement sous le col de la vessie, la prostate est une glande qui entoure l'urètre à sa partie supérieure. Elle est traversée par le canal éjaculateur, qui constitue le prolongement du canal déférent. Cette glande produit des sécrétions qui contribuent à former le sperme en se mélangeant aux spermatozoïdes, dont elles assurent l'alcalinité, ce qui favorise leur mobilité.

La glande bulbo-urétrale se trouve sous la prostate, derrière l'urètre. Au moment de l'éjaculation, ses sécrétions déversées dans l'urètre assurent la lubrification.

Le pénis, ou verge, a deux fonctions: il est l'organe de l'accouplement et de la miction. Il se compose de trois parties: un gland, un corps et une racine. Le gland, extrémité arrondie de la verge, reste toujours mou, même pendant l'érection. Le méat urétral se situe au bout du gland. Un prolongement de la peau du pénis, le prépuce, protège habituellement le gland et se rétracte pour l'exposer. Le corps du pénis se compose de tissus érectiles richement vascularisés; la dilatation des vaisseaux sanguins, quand il y a excitation sexuelle, entraîne l'érection. Le pénis est traversé par l'urètre, qui part de la vessie et passe par la prostate.

Malformations congénitales

La plus fréquente des malformations congénitales de l'appareil reproducteur masculin est la *cryptorchidie* ou absence de testicule dans les bourses. Elle entraîne la stérilité car les cellules reproductrices sont détruites à la température du corps. Parfois, les testicules descendent spontanément. Dans le cas contraire, on peut les faire descendre par une hormonothérapie ou une intervention chirurgicale.

L'hypospadias et l'épispadias sont des malformations de l'urètre dans le pénis. Il y a *hypospadias* quand l'orifice urétral s'ouvre à la face inférieure du pénis; on parle d'*épispadias* quand le méat s'ouvre à la face dorsale du pénis. Pour corriger ces anomalies anatomiques, on a recours à diverses opérations de chirurgie plastique.

GÉRONTOLOGIE

Avec l'âge, la prostate devient plus grosse et ses sécrétions diminuent ; les bourses descendent, les testicules rapetissent et durcissent, et le poil pubien devient plus clairsemé et plus raide.

La modification de l'activité des gonades se traduit, notamment, par une diminution du taux de testostérone dans le plasma et de la quantité de progestérone produite.

L'homme ne perd pas avec l'âge sa capacité de reproduction. La spermatogenèse (production de sperme) est toujours possible, malgré une certaine dégénérescence des tubes séminifères. Cependant la fonction sexuelle, comprenant la libido (le désir) et la capacité d'avoir une érection, s'altère. Le déclin de la fonction sexuelle commence généralement dans la soixantaine. Plusieurs facteurs, dont les problèmes psychologiques, la maladie et les médicaments, peuvent perturber la fonction sexuelle. En général, l'homme âgé met plus de temps à accomplir l'acte sexuel. L'activité sexuelle dans le jeune âge est en corrélation étroite avec l'activité sexuelle à un âge plus avancé, le jeune homme plus actif que la moyenne devenant souvent un vieillard plus actif que la moyenne.

L'impuissance, la difficulté d'avoir ou de maintenir une érection, peut être due à des facteurs organiques ou psychologiques. Les causes organiques de l'impuissance sont, notamment, l'insuffisance vasculaire, le diabète sucré et les neuropathies. Certains médicaments peuvent aussi affecter la performance sexuelle. On trouvera au chapitre 45 une description de la sexualité et de la fonction sexuelle.

AFFECTIONS DE LA PROSTATE

Prostatite

La prostatite est une inflammation de la prostate causée par des agents infectieux (bactéries, champignons, mycoplasmes) ou par un trouble organique (rétrécissement de l'urètre, hyperplasie de la prostate, etc.). La prostatite est dite bactérienne ou non bactérienne, selon que le liquide prostatique contient ou non des microorganismes. Ces microorganismes proviennent généralement de l'urètre.

Les symptômes de la prostatite sont nombreux : malaise périnéal, sensations de brûlure, envies fréquentes et impérieuses d'uriner, douleur pendant ou après l'éjaculation. On parle de *prostatalgie* (douleur à la prostate) quand il y a douleur à la miction ou douleur périnéale, mais absence de signe d'inflammation ou de prolifération bactérienne dans le liquide prostatique.

La *prostatite bactérienne aiguë* peut provoquer l'apparition soudaine de fièvre, de frissons et de douleur dans le périnée, le rectum ou le bas du dos. Elle est parfois associée à des symptômes urinaires : sensation de brûlure, envies fréquentes et impérieuses d'uriner, nycturie et dysurie. Elle est parfois asymptomatique.

Pour la diagnostiquer, on a besoin d'un bilan de santé complet, d'une culture du liquide ou du tissu prostatique et, parfois, d'un examen histologique du tissu. Pour localiser la source de l'infection (col de la vessie, urètre, prostate), il est nécessaire de recueillir des échantillons d'urines à différents moments de la miction pour une culture fragmentée. Après avoir nettoyé le gland et rétracté le prépuce (s'il y a lieu), le patient évacue entre 10 à 15 mL d'urines dans un premier bocal ; il s'agit des urines urétrales. Sans interrompre le jet urinaire, il recueille un deuxième échantillon de 50 à 75 mL dans un deuxième bocal ; il s'agit des urines vésicales. Si le patient ne souffre pas de prostatite aiguë, le médecin fait immédiatement un massage de la prostate pour exprimer le liquide prostatique qui sera recueilli dans un troisième contenant. S'il est impossible de recueillir le liquide prostatique, le patient évacue une petite quantité d'urines qui contiendra peut-être la bactérie présente dans le liquide prostatique. L'analyse des urines recueillies après l'examen de la prostate révèle souvent la présence de nombreux globules blancs.

Traitement. Le traitement vise à prévenir les complications comme la formation d'abcès et la septicémie. Un antibiotique à large spectre, auquel le microorganisme en cause est sensible, est administré pendant 10 à 14 jours. Une perfusion intraveineuse est parfois nécessaire pour assurer une concentration suffisante du médicament dans le sérum et les tissus. On recommande au patient de garder le lit, ce qui favorise la résolution rapide des symptômes. Pour augmenter le bien-être, on a recours à des analgésiques (pour soulager la douleur), à des antispasmodiques (pour soulager l'irritation de la vessie), à des bains de siège (pour soulager la douleur et les spasmes) et à des agents émollients (pour soulager la douleur en supprimant l'effort de défécation). On augmente aussi l'apport en liquide afin de diminuer les risques d'infection urinaire et favoriser l'élimination des microorganismes présents dans les voies urinaires.

L'œdème de la glande peut provoquer une rétention urinaire. Les autres complications sont, notamment, l'épididymite, la septicémie et la pyélonéphrite.

La prostatite bactérienne chronique provoque souvent chez l'homme des infections récurrentes des voies urinaires. Ses symptômes sont généralement bénins : envies fréquentes et impérieuses d'uriner, dysurie, écoulements urétraux occasionnels. On observe dans de très rares cas une forte fièvre et des frissons. Le traitement de la prostatite chronique est difficile. On a recours aux antibiotiques (co-trimoxazole, tétracycline, minocycline, doxycycline), même si ceux-ci ont une action limitée. Une antibiothérapie continue à faibles doses est parfois indiquée ; le patient doit être informé de la possibilité de récidives. Les antispasmodiques, qui réduisent l'irritation de la vessie, les bains de siège et les agents émollients améliorent le bien-être.

Le traitement de la *prostatite non bactérienne* est axé sur le soulagement des symptômes : bains de siège, analgésiques, anti-inflammatoires, etc. Il importe d'examiner la partenaire sexuelle du patient pour écarter toute possibilité d'infection.

Enseignement au patient. On explique au patient qu'il doit prendre les antibiotiques pendant toute la période prescrite. Il peut prendre des bains de siège chauds (10 à 20 minutes) plusieurs fois par jour. On l'encourage à augmenter son apport liquidien et on lui recommande d'éviter les aliments et les boissons ayant un effet diurétique ou qui augmentent les sécrétions prostatiques : ce sont l'alcool, le café, le thé, le chocolat, les colas et les mets épicés. L'excitation sexuelle et le coït sont proscrits pendant les périodes d'inflammation bactérienne aiguë. En cas de prostatite chronique non bactérienne, par contre, l'éjaculation (par les rapports sexuels ou la masturbation) peut être bénéfique, car elle diminue la rétention de liquide prostatique. Pour éviter la douleur, le patient ne doit pas rester assis pendant de longues périodes. Enfin, un suivi médical s'impose pendant six mois ou un an, car les récidives, causées par le même organisme ou par un nouvel agent pathogène, sont possibles.

Hyperplasie prostatique bénigne (adénome prostatique)

L'augmentation du volume de la prostate est fréquente chez les hommes de plus de 50 ans. Elle provoque une obstruction de la vidange de la vessie, par une obstruction du col vésical ou de l'urètre prostatique. Elle est connue sous le nom d'hyperplasie prostatique bénigne ou d'adénome prostatique. À l'examen, la prostate est hypertrophiée, indolore et de consistance élastique. La cause de cette affection n'est pas connue, mais il y a lieu de croire qu'un déséquilibre hormonal déclencherait l'hyperplasie du tissu stromal de soutien et du tissu glandulaire.

L'obstruction de l'évacuation de l'urine provoque la dilatation graduelle des uretères (urétérohydronéphrose) et des reins (hydronéphrose). Les lobes hypertrophiés de la prostate peuvent obstruer le col vésical ou l'urètre prostatique, causant une évacuation incomplète de la vessie et une rétention urinaire. La stase urinaire peut entraîner une infection des voies urinaires.

Manifestations cliniques et examens diagnostiques. Le *prostatisme* est l'ensemble des troubles urinaires dus à l'hyperplasie de la prostate: envies fréquentes et impérieuses d'uriner, nycturie, retard à la miction, effort abdominal, diminution du volume et de la force du jet urinaire, interruption du jet urinaire, fuites postmictionnelles (écoulement de gouttes d'urine après la miction), sensation d'évacuation incomplète de la vessie, rétention aiguë (volume résiduel de plus de 60 mL) et infections récurrentes des voies urinaires. À la longue, une rétention chronique et un important volume résiduel peuvent entraîner une hyperazotémie et une insuffisance rénale. On observe également des symptômes généralisés: fatigue résultant de la nycturie, anorexie, nausées et vomissements dus à l'altération de la fonction rénale. La distension de la vessie peut aussi provoquer un malaise épigastrique.

D'autres affections, dont la sténose urétrale, le cancer de la prostate, la vessie neurogène et les lithiases vésiculaires sont associées aux mêmes symptômes.

Un examen physique comprenant un toucher rectal, et une série d'épreuves diagnostiques permettent de connaître le volume de la prostate et de déterminer s'il y a des modifications de la paroi vésicale et une altération de la fonction rénale. Ces épreuves peuvent comprendre une analyse d'urines et des études urodynamiques pour connaître la nature et l'importance de l'obstruction. On peut également obtenir des épreuves d'exploration de la fonction rénale, dont la clairance de la créatinine et procéder à des examens radiologiques (cystoscopie, pyélographie et cystographie) pour déterminer s'il y a atteinte rénale. Si une opération est envisagée, on procède à une investigation hématologique complète. L'hémorragie étant l'une des principales complications postopératoires, il importe de corriger s'il y a lieu les troubles de la coagulation. Il faut aussi évaluer les fonctions cardiaque et respiratoire, car une forte proportion des opérés de la prostate présentent des maladies du cœur et des poumons.

Traitement. Le traitement dépend de la cause du problème, de la gravité de l'obstruction et de l'état de santé du patient. Si le patient est admis d'urgence parce qu'il est incapable d'uriner, on installe immédiatement une sonde. La sonde ordinaire est souvent trop flexible pour vaincre la résistance offerte par l'urètre comprimé. Pour la rendre plus rigide, l'urologue y insère une petite tige, appelée stylet. Dans les cas graves, on peut avoir recours à une sonde métallique avec une courbe prononcée. Quelquefois, on pratique une incision dans la vessie (cystostomie sus-pubienne) pour assurer l'évacuation.

Comme on sait que des facteurs hormonaux sont en jeu dans l'hyperplasie prostatique bénigne, on a recours dans certains cas à une hormonothérapie à base d'antiandrogènes et de progestatifs. Ce traitement peut réduire la taille de l'adénome et améliorer l'évacuation urinaire. Ses effets secondaires sont, notamment, la gynécomastie, des troubles de l'érection et des bouffées congestives. Souvent, il faut recourir à la chirurgie pour soulager l'obstruction de façon permanente en excisant le tissu hyperplasique: cette intervention s'appelle la prostatectomie.

PATIENTS SUBISSANT UNE PROSTATECTOMIE

En cas de prostatectomie (ablation totale ou partielle de la prostate), les interventions préopératoires visent à évaluer l'état de santé général du patient et à améliorer la fonction rénale. Il faut pratiquer l'opération avant l'apparition d'une rétention urinaire aiguë, d'une infection ou d'une altération du haut appareil urinaire.

Il existe quatre techniques d'ablation de la partie fibroadénomateuse hypertrophiée de la prostate (tableau 41-1). Dans chaque cas, on évide la loge prostatique en retirant l'ensemble du tissu hyperplasique. La résection transurétrale n'exige aucune incision cutanée; les trois autres interventions se font à ciel ouvert.

La *résection transurétrale* est la méthode la plus souvent utilisée. Elle se fait au moyen d'un instrument endoscopique, doté d'un système optique et d'un dispositif électrique, l'anse coupante. L'instrument est introduit dans l'urètre jusqu'à la prostate, qui devient directement accessible à la vue; on actionne ensuite l'anse coupante pour la résection de l'adénome (figure 41-2A). Cette méthode permet d'éviter l'incision, et on peut l'utiliser pour des adénomes de différentes tailles (les urologues ne s'entendent pas sur le volume de l'adénome exigeant une intervention à ciel ouvert). La résection transurétrale est particulièrement indiquée pour les patients chez qui la chirurgie présente un grave danger et dont l'adénome est de petite taille. Elle n'exige qu'une courte hospitalisation. Cependant les rétrécissements sont fréquents, et il peut être nécessaire de répéter l'opération.

La *prostatectomie sus-pubienne* (opération de Freyer) a recours à la voie abdominale et à une incision pratiquée dans la vessie (figure 41-2B). Cette technique peut être utilisée pour les adénomes de toutes les tailles. Elle entraîne peu de complications, mais les pertes sanguines sont relativement abondantes. Elle comporte aussi les risques de la chirurgie abdominale.

La *prostatectomie périnéale* se fait par incision dans le périnée (figure 41-2C). On l'utilise généralement en dernier recours. La plaie peut se contaminer facilement à cause de la proximité du rectum. De plus, cette technique comporte un risque élevé d'incontinence, d'impuissance et de lésions rectales.

TABLEAU 41-1.   *Comparaison des différentes techniques de prostatectomie*

Le choix de la technique opératoire est déterminé par (1) le volume de l'adénome prostatique, (2) la gravité de l'obstruction, (3) l'âge du patient, (4) son état de santé et (5) la présence de maladies concomitantes.

Technique	Avantages	Inconvénients	Soins infirmiers postopératoires
RÉSECTION TRANSURÉTRALE (ablation du tissu prostatique au moyen d'un instrument endoscopique introduit dans l'urètre)	Pas d'incision abdominale Méthode moins dangereuse convenant aux patients chez qui la chirurgie présente un grave danger Hospitalisation et convalescence plus courtes Taux de morbidité plus bas Moindre douleur	Doit être effectuée par un chirurgien très expérimenté. Possibilité de récidive de l'obstruction, de lésions et de sténose de l'urètre Risque d'hémorragies postopératoires et d'autres complications : éjaculation rétrograde, incontinence urinaire, épididymite	Être à l'affût des signes d'hémorragie (couleur des urines). Observer les symptômes de sténose urétrale (dysurie, effort à la miction, faiblesse du jet urinaire).
ABLATIONS À CIEL OUVERT Voie sus-pubienne	Technique simple Vaste champ d'exploration Possibilité de détecter les ganglions lymphatiques cancéreux Excision plus complète de l'adénome Possibilité de traiter les lésions vésicales concomitantes	Exige une incision de la vessie. Hémorragie difficile à enrayer. Risque de fuites d'urine autour du tube sus-pubien Convalescence parfois longue et pénible Risque d'incontinence Risque d'impuissance (7 à 13 %)	Être à l'affût des signes d'hémorragie et de choc. Assurer méticuleusement l'asepsie autour du tube sus-pubien.
Voie périnéale	Accès direct du point de vue anatomique Drainage par l'action de la pesanteur Plus efficace dans les cas de cure radicale du cancer Peut être utilisée quand l'incision abdominale est contre-indiquée (personnes obèses par exemple).	Incidence plus élevée d'impuissance et d'incontinence urinaire Lésions du rectum et du sphincter externe Champ opératoire restreint Risque d'infection accru	Éviter les lavements de même que les sondes et les thermomètres rectaux. Utiliser des coussinets de drainage pour absorber l'excès de l'écoulement urinaire. Fournir au patient un beigne en caoutchouc mousse pour favoriser son bien-être lorsqu'il s'assoit. Surveiller la plaie pendant plusieurs jours après le retrait de la sonde pour déceler les fuites d'urine.
Voie rétropubienne	Pas d'incision de la vessie Meilleur accès visuel et risque plus faible d'hémorragie Convalescence plus courte Moins de lésions du sphincter vésical	Impossibilité de traiter les maladies concomitantes de la vessie Incidence accrue d'hémorragies du plexus veineux prostatique ainsi que d'ostéite pubienne	Être à l'affût des signes d'hémorragie. Être à l'affût des fuites postmictionnelles qui peuvent survenir pendant plusieurs jours après le retrait de la sonde.

La voie *rétropubienne* est employée plus souvent que la voie sus-pubienne. On pratique une incision dans le bas de l'abdomen, et on atteint la prostate entre la symphyse pubienne et la vessie, sans incision de la vessie (figure 41-2D). Cette technique convient pour l'ablation d'un gros adénome logé haut dans le bassin. L'hémorragie est aisément enrayée, et la visualisation est bonne. Cependant, des infections se développent facilement dans l'espace prévésical et au niveau de l'os pubien (ostéite).

 DÉMARCHE DE SOINS INFIRMIERS

PATIENTS SUBISSANT UNE PROSTATECTOMIE

▷ *Collecte des données*

L'infirmière recueille les effets de l'hyperplasie prostatique bénigne sur le mode de vie du patient au cours des derniers mois.

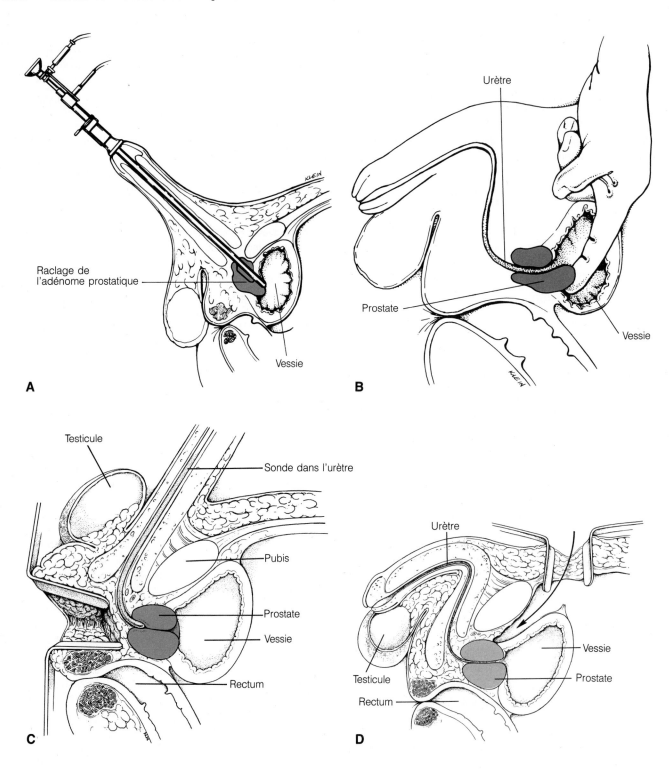

Figure 41-2. Techniques de prostatectomie (**A**) Résection transurétrale. L'anse métallique de l'instrument endoscopique racle le tissu prostatique qui bloque à l'orifice vésical. (**B**) Prostatectomie sus-pubienne. Après avoir pratiqué une incision abdominale, le chirurgien effectue l'énucléation de l'adénome prostatique. (**C**) Prostatectomie périnéale. Deux écarteurs, à gauche, ouvrent les lèvres de l'incision périnéale pour permettre de voir la prostate. (**D**) Prostatectomie rétropubienne. Elle se fait par une incision dans le bas de l'abdomen. Noter les deux écarteurs et la flèche indiquant la prostate.

A-t-il été actif compte tenu de son âge? Quels sont les problèmes urinaires qui l'ont incité à demander une consultation: réduction de la force du jet urinaire, retard à la miction, envies impérieuses et fréquentes d'uriner, nycturie, dysurie, rétention urinaire, hématurie? Souffre-t-il de malaises ou de douleurs: maux de dos, douleur au flanc, malaises dans le bas de l'abdomen ou la région infrapubienne? Ces malaises peuvent être causés par une infection, une rétention ou une colique néphrétique. A-t-il perdu du poids? Est-il pâle? Peut-il se lever du lit et y retourner sans aide?

L'infirmière doit aussi noter les antécédents familiaux de cancer, de maladies cardiaques ou rénales et d'hypertension. Ces données aident le personnel soignant à prévoir le moment où le patient pourra reprendre ses activités normales après l'opération.

▷ *Analyse et interprétation des données*

Selon le bilan de santé et les autres données recueillies, voici les principaux diagnostics possibles:

Avant l'opération
- Anxiété reliée à l'incapacité d'uriner
- Douleur reliée à la distension de la vessie
- Manque de connaissances sur la maladie et son traitement

Après l'opération
- Douleur reliée à l'incision chirurgicale, à la présence d'une sonde et à des spasmes vésicaux
- Risque élevé d'infection relié à l'invasion de la plaie par des bactéries
- Manque de connaissances sur les soins postopératoires et sur la convalescence
- Dysfonctionnement sexuel

Les complications qui peuvent survenir après l'opération sont, notamment:

- l'hémorragie et le choc
- l'infection
- la thrombose
- l'obstruction de la sonde

▷ *Planification et exécution*

Objectifs de soins préopératoires: Réduction de l'anxiété; acquisition de connaissances sur la maladie et l'intervention chirurgicale

Objectifs de soins postopératoires: Correction du déficit de volume liquidien, soulagement de la douleur et du malaise; prévention des infections; capacité d'effectuer les autosoins

▷ *Interventions infirmières*

▷ *Avant l'opération*

▷ *Réduction de l'anxiété.* L'infirmière doit permettre au patient de se familiariser avec le milieu hospitalier et prend des mesures pour réduire son anxiété. Elle évalue ses connaissances de la maladie et sa compréhension des explications déjà données par le médecin. Si le patient éprouve de la réticence à parler de ses problèmes parce qu'ils sont reliés aux organes génitaux et à la sexualité, l'infirmière doit respecter son intimité et établir un climat de confiance. Souvent, le patient a des inquiétudes d'ordre sexuel dont il a besoin de parler: il peut croire, par exemple, que ses pratiques sexuelles antérieures ont pu causer ses problèmes actuels. Il faut donc encourager le patient à exprimer ses sentiments et ses craintes.

▷ *Bien-être du patient.* Si le patient est souffrant, on lui recommande de garder le lit, on lui administre des analgésiques et on prend des mesures pour réduire son anxiété. L'infirmière surveille les habitudes d'élimination urinaire du patient, observe les symptômes de distension de la vessie et collabore au cathétérisme. L'installation d'une sonde à demeure est indiquée en cas de rétention urinaire prolongée ou d'azotémie (accumulation de déchets azotés dans le sang). Il est souhaitable d'assurer graduellement, sur une période de plusieurs jours, la décompression de la vessie, notamment si le patient est âgé et souffre d'hypertension et d'altération de la fonction rénale, ou s'il a connu pendant plusieurs semaines une importante rétention urinaire. Le drainage de la vessie peut provoquer des variations de la pression artérielle et une diminution de la fonction rénale pendant quelques jours. Si le patient ne tolère pas la sonde urétrale, on le prépare à une cystostomie (voir les chapitres 36 et 37).

▷ *Enseignement au patient.* En tête-à-tête avec le patient et au moment propice, l'infirmière passe en revue l'anatomie des organes affectés et leur fonction dans l'appareil génito-urinaire; elle peut utiliser des diagrammes pour illustrer son propos. Elle lui explique de nouveau les mesures de préparation aux examens diagnostiques et à la chirurgie, le protocole variant selon la technique chirurgicale utilisée. Elle lui mentionne aussi où se situera l'incision: directement au-dessus de la vessie, dans le bas de l'abdomen ou dans le périnée. Si l'opération est réalisée à l'aide d'un instrument endoscopique, il n'y a pas d'incision externe. L'infirmière renseigne aussi le patient, en répondant à ses questions et en tenant compte de ses besoins, sur le système de drainage que l'on compte utiliser, sur le type d'anesthésie, sur le fonctionnement de la salle de réveil, et sur les soins prévus immédiatement avant et après l'opération.

▷ *Préparation à l'opération.* La préparation préopératoire est décrite au chapitre 32. Pour une prostatectomie, le patient doit porter des bas élastiques surtout si l'opération se fait en position gynécologique. Un lavement préopératoire peut faciliter la défécation après l'opération, ce qui réduit les risques d'hémorragie.

▷ *Après l'opération*

▷ *Soulagement de la douleur.* Le patient doit garder le lit pendant 24 heures après la prostatectomie. S'il est souffrant, il faut déterminer la cause et le siège de la douleur. Celle-ci peut être liée à l'incision ou à l'excoriation de la peau autour de la sonde. Si elle se situe au flanc, elle peut provenir d'un trouble rénal ou de spasmes vésicaux. L'irritabilité de la vessie peut provoquer une hémorragie et la rétention de caillots.

Les spasmes vésicaux se traduisent notamment par un besoin impérieux d'uriner, une pression ou une sensation de plénitude dans la vessie et l'apparition autour de la sonde d'un écoulement sanguin provenant de l'urètre. Un relaxant des muscles lisses peut atténuer les spasmes, qui sont parfois intermittents et violents. On peut aussi les soulager par l'application de compresses chaudes sur le pubis ou par des bains de siège.

Avant d'administrer les médicaments prescrits pour la douleur, l'infirmière prend les signes vitaux du patient, y compris la pression artérielle. Ensuite, afin de supprimer toute obstruction qui pourrait causer un malaise, elle vérifie la tubulure d'évacuation et en effectue l'irrigation: il s'agit habituellement d'instiller dans la sonde 50 mL de solution d'irrigation, puis de s'assurer que le même volume est recueilli dans le sac de drainage. Pour réduire la tension de la sonde sur la vessie, on la fixe sur la jambe ou l'abdomen du patient.

Les pansements trop serrés, saturés par des écoulements ou mal appliqués sont désagréables pour le patient.

▷ *Prévention des infections.*   Le premier changement de pansement après une prostatectomie est fait par l'urologue, mais les changements subséquents peuvent être faits par l'infirmière. Les risques d'infection étant élevés, on doit veiller à l'asepsie. Les pansements peuvent être maintenus en place par un suspensoir coussiné ou un bandage en T double: on croise les bandelettes au-dessus de la plaie pour assurer une double protection, puis on les ramène vers le haut, de chaque côté du scrotum, pour les fixer à la taille.

On évite la prise de température rectale, les lavements et l'emploi de sondes rectales qui risqueraient de provoquer des lésions et des hémorragies dans la cavité prostatique. Une fois les sutures périnéales retirées, on nettoie le périnée selon les indications. On peut diriger une lampe chauffante vers la région périnéale, en prenant soin de recouvrir le scrotum d'une serviette. Les bains de siège favorisent aussi la guérison.

▷ *Enseignement au patient et soins à domicile.*   Dès que le patient en est capable, on l'encourage à marcher. Il ne doit pas rester assis trop longtemps, car cette position augmente la pression dans l'abdomen et, par conséquent, les risques de douleur et d'hémorragie. Il doit prendre du jus de pruneaux et des agents émollients pour diminuer l'effort de défécation. Si un lavement est prescrit, on l'administre avec précaution pour éviter une perforation du rectum.

Après le retrait de la sonde, il arrive que le patient ne recouvre pas immédiatement la maîtrise de sa vessie, ce qui est pour lui source de découragement et de dépression. Les mictions sont souvent fréquentes et accompagnées d'une sensation de brûlure. Les exercices suivants favorisent la maîtrise de la vessie:

- Contracter les muscles périnéaux en serrant les fesses; maintenir la contraction pendant quelques secondes. Il est recommandé de faire cet exercice, en position assise ou debout, à raison de 10 à 20 répétitions toutes les heures.
- Essayer d'interrompre le jet urinaire pendant quelques secondes.

Le patient continue de faire les exercices périnéaux tant qu'il n'a pas retrouvé pleinement la maîtrise de sa vessie. On lui recommande aussi d'uriner *dès qu'il en ressent l'envie.* Il doit savoir que le rétablissement du mode normal d'élimination se fera graduellement et que les fuites mictionnelles peuvent durer un an. L'urine est parfois trouble pendant quelques semaines, puis s'éclaircit à mesure que la région de la prostate guérit.

Pendant la période de la guérison de la capsule prostatique (six à huit semaines), le patient doit éviter les actions qui provoquent la manœuvre de Valsalva (effort de défécation, soulèvement d'objets lourds) afin de prévenir une augmentation de la pression veineuse et une hématurie. De même, il doit éviter les longs trajets en voiture et les exercices qui exigent un effort (l'effort augmente les risques d'hémorragie). La nourriture épicée, l'alcool et le café peuvent provoquer des malaises. On lui recommande de boire assez pour éviter la déshydratation, qui favorise la formation de caillots risquant d'obstruer l'écoulement de l'urine. Enfin, les saignements, le passage de caillots, la réduction du débit urinaire, la rétention urinaire et les symptômes d'infection des voies urinaires doivent être signalés au médecin.

▷ *Amélioration de la fonction sexuelle.*   La prostatectomie ne provoque généralement pas l'impuissance, sauf si elle a été faite par voie périnéale, auquel cas des lésions au nerf honteux sont inévitables. Habituellement, le patient peut reprendre ses activités sexuelles après six à huit semaines, le temps requis pour la guérison de la capsule prostatique. Des changements anatomiques dans la partie postérieure de l'urètre peuvent entraîner une éjaculation rétrograde: le sperme remonte vers la vessie d'où il est éliminé dans les urines.

La prostatectomie totale, qui est généralement associée au cancer, entraîne presque toujours l'impuissance. Si le patient ne veut pas renoncer aux activités sexuelles, il peut subir la pose d'un implant pénien, qui assure la rigidité du pénis lors du coït.

▷ *Prévention des complications.*   Après la prostatectomie, il faut observer le patient pour dépister les complications majeures comme l'hémorragie, l'infection, la thrombose et l'obstruction de la sonde.

Hémorragie.   La prostate hyperplasique étant très vascularisée, les complications immédiates de la prostatectomie sont l'hémorragie et le choc. L'hémorragie peut se produire dans la loge prostatique et risque de provoquer la formation de caillots susceptibles d'obstruer le jet urinaire. Immédiatement après l'opération, les urines recueillies sont rose foncé; elles passent au rose pâle dans les 24 heures qui suivent.

- Un écoulement sanguin rouge clair, très visqueux et comportant de nombreux caillots témoigne d'une hémorragie artérielle. Le sang veineux est plus foncé et moins visqueux.
- L'hémorragie artérielle exige habituellement une intervention chirurgicale (suture ou coagulation transurétrale des vaisseaux, par exemple), tandis que l'on peut enrayer l'hémorragie veineuse en faisant subir à la sonde la traction nécessaire pour que le ballonnet exerce une pression sur la capsule prostatique.

Infection et thrombose.   Les infections des voies urinaires et l'épididymite sont aussi des complications de la prostatectomie. Au cours de l'opération, on peut procéder à une vasectomie pour empêcher la propagation rétrograde de l'infection, depuis l'urètre prostatique jusqu'à l'épididyme, en passant par les canaux déférents. Le traitement de l'épididymite est abordé à la page 1228.

Sauf en cas de prostatectomie transurétrale, les opérés de la prostate connaissent un taux élevé de thrombose veineuse profonde et d'embolie pulmonaire. On peut instaurer un traitement préventif en administrant de faibles doses d'héparine.

Obstruction de la sonde.   Après une prostatectomie transurétrale, *il faut absolument assurer la perméabilité de la sonde,* car une sonde obstruée entraîne une distension de la capsule prostatique et consécutivement, des hémorragies.

On peut prescrire du furosémide pour favoriser la diurèse après l'opération, ce qui contribue à assurer la perméabilité de la sonde.

- On observe le bas de l'abdomen pour déceler tout signe d'obstruction de la sonde. La distension de la vessie se traduit par un signe distinctif qu'on appelle globe vésical et qui est une masse arrondie au-dessus du pubis.
- On examine le sac de drainage, les pansements et la plaie à la recherche de sang. On note par écrit la couleur des urines: le passage du rose à l'ambre traduit une diminution de l'hémorragie.
- On prend régulièrement la pression sanguine, le pouls et la respiration et on compare les valeurs obtenues aux valeurs préopératoires afin de déceler l'hypotension. On surveille l'apparition des symptômes suivants: agitation, peau moite et froide, pâleur, chute de la pression artérielle, accélération du pouls.

On peut assurer l'évacuation de la vessie par un système de drainage stérile en circuit fermé. Par exemple, le système à trois lumières permet de nettoyer la vessie et d'éviter la formation de caillots (figure 41-3). Une irrigation de la sonde en douceur peut être prescrite pour éliminer les caillots.

- Si le patient se plaint de douleur, on vérifie les tubes. On procède à l'irrigation du système de drainage, si le médecin l'autorise, pour éliminer toute obstruction avant l'administration d'un analgésique: il s'agit habituellement d'instiller 50 mL de solution d'irrigation dans la sonde, puis de s'assurer que le même volume est recueilli dans le sac de drainage.
- Il faut prévenir le globe vésical qui peut provoquer une hémorragie secondaire par une dilatation des vaisseaux coagulés dans la capsule prostatique.
- On tient un bilan des ingesta et des excreta, y compris le volume de solution utilisé pour l'irrigation.

Pour empêcher une traction sur la vessie, le tube de drainage, mais non la sonde, est fixé par une bande adhésive à la face intérieure de la cuisse préalablement rasée. Si une sonde cystostomique est en place, on la fixe à l'abdomen. L'infirmière rappelle au patient les raisons de la présence de la sonde et lui explique que son envie d'uriner est causée par la présence de la sonde et les spasmes de sa vessie. Elle lui recommande de ne pas tirer sur la sonde, car il risque ainsi de provoquer une hémorragie avec obstruction subséquente des tubes et la rétention urinaire.

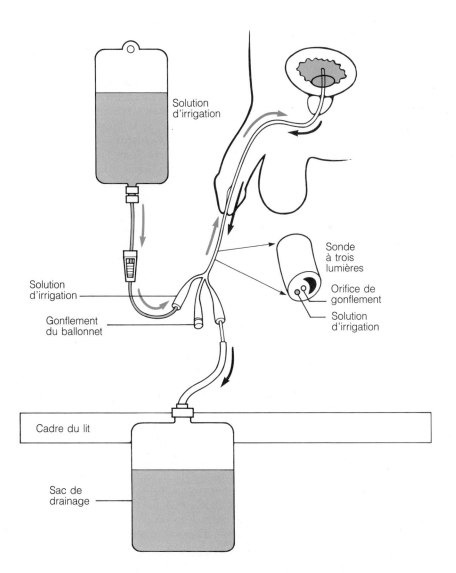

Figure 41-3. Système d'irrigation à trois lumières

Retrait de la sonde. Après le retrait de la sonde, qui se fait généralement quand les urines sont limpides, les patients qui ont subi une chirurgie périnéale, sus-pubienne ou rétropubienne peuvent connaître pendant plusieurs jours des fuites d'urine autour de la plaie. Le tube cystostomique peut être retiré avant ou après la sonde. Le patient souffre parfois d'incontinence urinaire après le retrait de la sonde; on lui explique qu'elle va probablement disparaître avec le temps.

◇ *Évaluation*

Résultats escomptés

Avant l'opération

1. Le patient ne souffre pas d'anxiété.
   a) Il exprime ses inquiétudes et accepte les solutions proposées.
   b) Il se dit soulagé de savoir que son problème peut être traité et qu'il ne s'agit pas d'une tumeur maligne.
2. Le patient se sent mieux.
   a) Il dit que la douleur et le malaise ont diminué.
   b) Il dit mieux manger et mieux dormir.
3. Le patient connaît le déroulement de l'intervention chirurgicale et le régime de soins préopératoires.
   a) Il parle de l'opération et des soins prévus par la suite.
   b) Il a recours aux exercices des muscles périnéaux et à d'autres techniques favorisant la maîtrise de la vessie.
   c) Il participe à toutes les mesures de préparation à l'opération.

Après l'opération

1. Le patient n'éprouve pas de douleur.
   a) Il se dit soulagé de sa douleur.
   b) Il énumère les signes et les symptômes qu'il doit signaler.
2. Le patient ne présente pas d'infection.
   a) Ses signes vitaux se maintiennent dans les limites de la normale.
   b) Sa plaie est en voie de guérison et ne présente aucun signe d'inflammation.
   c) Il énumère les signes d'infection qu'il doit signaler.
3. Le patient réagit favorablement aux mesures d'autosoins.
   a) Il est chaque jour plus actif.
   b) Son débit urinaire est normal et concorde avec son apport liquidien.
   c) Il s'emploie à regagner la maîtrise de sa vessie par des exercices des muscles périnéaux et l'interruption du jet urinaire.
   d) Son apport liquidien est satisfaisant.
   e) Il évite de faire des efforts et de soulever des objets lourds.
4. Le patient exprime ses inquiétudes concernant sa fonction sexuelle.
5. Le patient maintient une élimination urinaire acceptable.
   a) Il s'assure de la perméabilité de la sonde et des autres tubes.
   b) Il dit comprendre que l'incontinence urinaire disparaîtra peu à peu.

Résumé: Pour aider efficacement le patient qui subit une prostatectomie et le préparer, ainsi que sa famille, à la réadaptation, l'infirmière doit avoir une bonne connaissance de l'opération et de la physiologie de l'appareil génito-urinaire. Les soins postopératoires visent principalement à assurer le bien-être du patient, à prévenir les complications et à rétablir la maîtrise de la vessie. Pour atteindre ce dernier objectif, l'infirmière enseigne au patient les exercices périnéaux et l'encourage à les faire régulièrement. Elle doit aussi aborder avec tact, s'il y a lieu, la question de l'impuissance.

CANCER DE LA PROSTATE

Après les cancers de la peau autres que le mélanome, le cancer de la prostate est le cancer le plus fréquent chez l'homme. Il est la deuxième cause de mortalité par le cancer chez les nord-américains de plus de 55 ans, et est le cancer le plus répandu chez les hommes de race noire. Comme la proportion d'hommes âgés augmente dans la population, on accordera de plus en plus d'attention à cette maladie.

Manifestations cliniques. Le cancer de la prostate à ses débuts est généralement asymptomatique. Son évolution est variable. À un stade avancé, ce sont des symptômes d'obstruction ou des symptômes liés aux métastases qui en signalent la présence. Ainsi, quand la tumeur est assez grosse pour empiéter sur le col de la vessie et provoquer ainsi l'obstruction du jet urinaire, on observe des mictions difficiles et fréquentes, une rétention urinaire ou une diminution de la force et du volume du jet urinaire. Quant aux métastases, fréquentes en cas de cancer de la prostate, elles atteignent les os, les ganglions lymphatiques, le cerveau et les poumons, et se manifestent notamment par des douleurs au dos, à la hanche, au périnée ou au rectum, de l'anémie, une perte de poids, de la faiblesse, des nausées et une oligurie. En outre, la tumeur peut causer une hématurie en envahissant l'urètre ou la vessie. Parfois, malheureusement, ce sont là les premiers signes de l'existence d'un cancer de la prostate.

Dépistage aux premiers stades. Le dépistage du cancer aux premiers stades étant la clé de l'amélioration du taux de guérison, tout homme de plus de 40 ans devrait subir un toucher rectal lors de son examen général périodique. La palpation rectale de la glande a aussi de l'importance, car le cancer à ses débuts peut se présenter sous la forme d'un nodule dans la substance de la glande ou comme une induration diffuse du lobe postérieur. Le toucher rectal, en plus d'être plus précis, plus accessible et moins coûteux que les autres tests de dépistage, permet de recueillir des données cliniques sur le rectum, le sphincter anal et les caractéristiques des selles.

Examens diagnostiques. On peut observer au toucher rectal une induration de la prostate; les tumeurs plus avancées sont dures et fixes. Le diagnostic se fonde sur un examen histologique de tissus prélevés par prostatectomie transurétrale, prostatectomie ouverte ou biopsie par aspiration (périnéale ou transrectale). La biopsie à l'aiguille fine permet d'obtenir rapidement et sans douleur des cellules prostatiques pour examen cytologique et classification par stades du cancer s'il y a lieu. D'autre part, on observe un taux sérique élevé des phosphatases acides quand le cancer s'étend au-delà de la capsule prostatique. (Les phosphatases acides sont présentes dans la plupart des tissus, mais elles sont 1000 fois plus concentrées dans la prostate.) Le dosage radio-immunologique de la phosphatase acide prostatique est utile dans certains cas.

L'antigène prostatique spécifique est produit par l'épithélium de la prostate, normal ou néoplasique, et sécrété dans la lumière de la glande, à une concentration proportionnelle à la masse totale de la prostate. Cet antigène témoigne de la présence de tissu prostatique, mais ne signifie pas nécessairement qu'il y a malignité. Le dosage de l'antigène prostatique spécifique sert principalement à la surveillance des effets du traitement anticancéreux et au dépistage de la progression locale d'une tumeur ou de sa récidive.

L'échographie pourrait faciliter le dépistage d'un cancer de la prostate non palpable. Plus communément, on utilise l'échographie transrectale, en complément du toucher rectal et pour déterminer le stade d'un cancer localisé. En outre, les biopsies de la prostate se font souvent sous contrôle échographique.

Les autres épreuves diagnostiques sont, notamment, la scintigraphie osseuse pour dépister les métastases osseuses, les radiographies du squelette pour détecter les métastases ostéoblastiques, la pyélographie excrétrice pour mettre en évidence les changements dus à l'obstruction urétrale, des épreuves d'exploration de la fonction rénale, et la lymphangiographie pour dépister les métastases dans les ganglions pelviens.

Traitement

Le choix du traitement est basé sur le stade de la maladie et sur l'âge et les symptômes du patient. Le tableau 41-2 résume les traitements possibles aux divers stades. La prostatectomie radicale (ablation de la prostate et des vésicules séminales) est le traitement chirurgical préconisé pour les patients dont la maladie est curable et dont l'espérance de vie est d'au moins 10 ans. Elle peut s'accompagner d'une orchidectomie bilatérale. La prostatectomie radicale entraîne l'impuissance et, chez 5 à 10 % des patients, un degré variable d'incontinence urinaire. (Voir à la page 1223 pour les soins au patient ayant subi une prostatectomie.)

TABLEAU 41-2. *Traitement du cancer de la prostate*

Stade A :	Tumeur à ses débuts, non dépistée au toucher rectal, mais découverte au moment d'une prostatectomie pratiquée pour corriger une obstruction
Traitement :	Stade A_1 : Observation
	Stade A_2 : Prostatectomie radicale, avec ou sans radiothérapie
Stade B :	Tumeur confinée à la prostate, palpable sous la forme d'un nodule ferme dans la glande ou d'une induration diffuse du lobe
Traitement :	Prostatectomie radicale ou radiothérapie
Stade C :	Tumeur localisée siégeant à l'intérieur ou autour de la capsule prostatique (col de la vessie, vésicules séminales), sans métastases osseuses, hépatiques ou pulmonaires
Traitement :	Radiothérapie
Stade D :	Cancer métastatique
Traitement :	Orchidectomie, diéthylstilbœstrol, chimiothérapie pour les tumeurs réfractaires à l'hormonothérapie, radiothérapie palliative pour les métastases osseuses

(Source : C. A. Perez et coll., «Carcinoma of the prostate», *Principles and Practice of Oncology,* ouvrage publié sous la direction de V. T. De Vita, S. Hellman et S. A. Rosenberg, Philadelphia, J. B. Lippincott, 1989)

Un cancer de la prostate découvert à ses débuts peut être traité par une radiothérapie curative. On peut utiliser la curiethérapie au moyen d'un accélérateur linéaire, ou l'irradiation interstitielle (implantation d'iode ou d'or radioactif) associée à une lymphadénectomie pelvienne. On emploie aussi la radiothérapie à titre palliatif dans les stades avancés de la maladie. Les effets secondaires de la radiothérapie, qui sont ordinairement transitoires, comprennent la rectite (inflammation du rectum), l'entérite (inflammation de la muqueuse intestinale) et la cystite dues aux doses de radiation utilisées et à la proximité du rectum, de l'intestin et de la vessie. La radiothérapie a moins d'effets que la chirurgie sur la capacité sexuelle ; pour cette raison, elle a la préférence des patients jeunes.

Dans la moitié des cas environ, la tumeur est déjà à un stade avancé ou il y a présence de métastases au moment du diagnostic. On a alors recours à un traitement palliatif. On peut choisir de supprimer la stimulation androgénique de la prostate, soit par une orchidectomie (ablation des testicules), soit par une hormonothérapie (administration d'œstrogènes). Ce traitement n'assure pas la guérison du cancer mais en empêche la propagation. Comme l'adénocarcinome de la prostate est hormonodépendant, l'épithélium s'atrophie ou devient inactif quand la production des androgènes est inhibée.

L'orchidectomie réduit la concentration de testostérone dans le plasma, puisque cette hormone est produite dans une proportion de 93 % par les testicules. De nombreux urologues préfèrent l'orchidectomie à l'œstrogénothérapie parce que ses effets secondaires sont moins importants. Cependant, la castration a des répercussions considérables sur le plan psychique. Pour ce qui est des œstrogènes, on pense qu'ils inhibent les gonadotropines responsables de l'activité androgénique des testicules. À l'heure actuelle, l'œstrogène le plus souvent utilisé est le diéthylstilbœstrol (DES).

Le DES réduit les symptômes, la taille de la tumeur et la douleur causée par les métastases, ce qui améliore le bienêtre. Cependant, il y a lieu de croire qu'il augmente considérablement, à fortes doses, les risques de thromb-oembolie, d'embolie pulmonaire et d'infarctus du myocarde, et, à un moindre degré, les risques d'accident vasculaire cérébral. On préférera donc des doses plus faibles qui semblent tout aussi efficaces.

La gynécomastie (hypertrophie de la glande mammaire chez l'homme) est une complication désagréable de l'œstrogénothérapie que l'on peut atténuer en irradiant le tissu mammaire avant le début du traitement. De plus, l'œstrogénothérapie entraîne presque toujours l'impuissance.

Pour les patients qui ne peuvent supporter la chirurgie, certains préconisent la cryochirurgie. La chimiothérapie est aussi une possibilité : on étudie en ce moment les effets de la doxorubicine, de la cisplatine et de la cyclophosphamide.

Chez les patients qui ne répondent pas aux traitements habituels, le phosphate sodique d'estramustine (Emcyt), un conjugué d'œstradiol et de moutarde azotée, donne des résultats prometteurs pour ce qui est du soulagement rapide de la douleur. Ce traitement est basé sur l'hypothèse selon laquelle l'hormone (l'œstradiol) sert au transfert de l'agent antinéoplasique (la moutarde azotée) vers le tissu sensible aux hormones (la prostate). Le médicament est disponible sous forme de capsules. Ses effets indésirables sont notamment les nausées, les vomissements, et parfois la diarrhée. Il est contre-indiqué chez les patients qui souffrent de thrombophlébite active ou de troubles thrombo-emboliques, et doit être administré avec prudence aux patients ayant des antécédents d'accident vasculaire cérébral ou de coronaropathie.

Pour maintenir la perméabilité de l'urètre, il est parfois nécessaire d'effectuer des résections transurétrales répétées. Quand une telle intervention n'est pas réalisable, on assure le drainage par une sonde insérée par voie sus-pubienne ou transurétrale.

Si les symptômes sont récurrents, on peut avoir recours aux corticostéroïdes qui procurent un soulagement, sans toutefois agir sur la tumeur.

Des transfusions sanguines sont nécessaires pour maintenir un taux d'hémoglobine satisfaisant lorsque des métastases infiltrent la moelle osseuse. L'irradiation des lésions osseuses peut atténuer la douleur. Pour soulager la douleur, on peut aussi employer les œstrogènes et les narcotiques ou, s'il le faut, une section des fibres nerveuses de la moelle épinière qui transmettent les signaux de la douleur.

Résumé: Le cancer de la prostate est le cancer le plus répandu chez les hommes. L'infirmière joue un rôle important auprès des patients atteints de cette forme de cancer et de leur famille en les aidant à faire face à la maladie, à la modification de leurs activités normales et à leur crainte de la mort. Elle peut favoriser le processus d'adaptation en se montrant sensible aux difficultés sexuelles qu'entraînent parfois la maladie ou le traitement. On trouvera des renseignements supplémentaires au chapitre 43 (soulagement de la douleur), au chapitre 47 (soins au patient atteint d'un cancer avancé) et aux pages 1221 à 1226 (soins au patient subissant une prostatectomie). Les soins au patient atteint d'un cancer de la prostate sont résumés dans le plan de soins infirmiers 41-1.

AFFECTIONS DES TESTICULES ET DES ORGANES VOISINS

Cryptorchidie

La cryptorchidie, ou ectopie testiculaire, est l'absence de l'un ou des deux testicules dans les bourses, par suite de leur arrêt dans l'abdomen ou le canal inguinal. Pour faire descendre le testicule, on peut avoir recours à une hormonothérapie, ou à une intervention chirurgicale appelée orchidopexie.

L'orchidopexie consiste à faire descendre le testicule et à le fixer dans le scrotum. Pour le maintenir à l'endroit voulu, on peut exercer une traction sur la cuisse au moyen d'une suture partant de l'extrémité inférieure du scrotum.

Orchite

L'orchite est une inflammation des testicules (congestion testiculaire) dont l'origine peut être bactérienne, virale, parasitaire, traumatique, chimique ou idiopathique.

Dans un cas sur cinq, l'homme qui contracte les oreillons après la puberté développe une forme quelconque d'orchite dans les quatre à sept jours qui suivent l'inflammation de la mâchoire et du cou. Les testicules peuvent s'atrophier, ce qui provoque souvent l'impuissance et la stérilité. Aujourd'hui, on administre de la gammaglobuline aux hommes qui n'ont jamais eu les oreillons et qui sont exposés à la maladie, ce qui réduit la gravité de la maladie elle-même et de ses complications.

Traitement

Si l'orchite est d'origine bactérienne, virale ou fongique, elle relève d'un traitement spécifique. On recommande le repos, l'élévation du scrotum, l'application de sacs de glace pour réduire l'œdème du scrotum et l'administration d'antibiotiques, d'analgésiques et d'anti-inflammatoires.

Épididymite

L'épididymite est une infection de l'épididyme provenant ordinairement d'une infection de la prostate ou des voies urinaires. Elle peut également être une complication de la gonorrhée. Chez l'homme de moins de 35 ans, elle est causée le plus souvent par *Chlamydia trachomatis.* L'infection se propage par le canal déférent depuis l'urètre et le canal éjaculateur jusqu'à l'épididyme.

Le patient se plaint d'abord d'une douleur unilatérale et d'une sensibilité dans le canal inguinal tout le long du canal déférent, puis d'une douleur et d'œdème dans les bourses et dans l'aine. On observe une tuméfaction de l'épididyme qui devient très douloureux. L'urine contient parfois du pus (pyurie) et des bactéries (bactériurie), et le patient peut présenter des frissons et de la fièvre.

Traitement. Si le patient consulte un médecin dans les 24 heures suivant l'apparition de la douleur, on peut le soulager par l'infiltration d'un anesthésique dans le cordon spermatique. En cas d'épididymite due à *Chlamydia,* le patient et ses partenaires sexuels doivent suivre une antibiothérapie. On surveille l'apparition d'un abcès. S'il n'y a pas d'amélioration après deux semaines, il faut envisager la possibilité d'une tumeur testiculaire sous-jacente. Chez les patients qui présentent des infections récidivantes et invalidantes, ou une inflammation chronique et douloureuse, on peut avoir recours à une épididymectomie (ablation de l'épididyme). Une épididymite prolongée peut bloquer le trajet des spermatozoïdes; bilatérale, elle cause souvent la stérilité.

Soins infirmiers. Le patient doit garder le lit. Pour empêcher la traction sur le cordon spermatique, pour améliorer le drainage veineux et pour soulager la douleur, les bourses sont supportées par une serviette pliée. On administre des antibiotiques selon l'ordonnance du médecin jusqu'à ce que l'inflammation aiguë soit disparue.

On peut atténuer la douleur en appliquant de façon intermittente des compresses froides sur les bourses. Par la suite, l'application de chaleur ou des bains de siège peuvent favoriser la résolution de l'inflammation. La douleur est soulagée par l'administration des analgésiques prescrits.

Enseignement au patient et soins à domicile. Tant que l'infection n'est pas jugulée, le patient doit éviter les efforts et l'excitation sexuelle. On lui recommande de prendre des analgésiques et des antibiotiques, conformément à l'ordonnance du médecin, et d'appliquer des sacs de glace, au besoin, pour améliorer son bien-être. Il faut parfois quatre semaines ou plus pour que l'épididyme retrouve son état normal.

Cancer des testicules

Le cancer des testicules est le plus meurtrier des cancers chez les hommes de 20 à 35 ans. Il peut prendre naissance dans les cellules germinales des testicules (séminome, tératocarcinome et carcinome embryonnaire), ou dans l'épithélium. La plupart des cancers des testicules sont d'origine germinale,

(suite à la page 1234)

▶ ## Plan de soins infirmiers 41-1
Patients souffrant du cancer de la prostate

Interventions infirmières	Justification	Résultats escomptés

Diagnostic infirmier: Anxiété reliée à l'inquiétude et au manque de connaissances sur le diagnostic, le programme thérapeutique et le pronostic.

Objectif: Diminution du stress et amélioration de la capacité d'adaptation

1. Dresser un bilan de santé afin d'obtenir les renseignements suivants: a) les raisons de l'inquiétude du patient; b) sa connaissance de la maladie; c) son expérience antérieure du cancer; d) sa connaissance ou son ignorance du diagnostic et du pronostic; e) son réseau de soutien et ses capacités d'adaptation.	1. L'infirmière doit travailler en collaboration avec le patient pour rendre l'information plus claire et comprendre de quelle façon celui-ci affronte sa maladie.	• Le patient paraît plus détendu. • Il dit éprouver moins d'anxiété. • Ses réponses indiquent qu'il comprend la maladie et le traitement. • Il communique ouvertement avec son entourage.
2. Dispenser de l'enseignement sur la maladie et le programme thérapeutique: a) décrire en termes simples les examens diagnostiques en précisant leur durée et leur déroulement; b) passer en revue le programme thérapeutique en offrant l'occasion de poser des questions.	2. En aidant le patient à comprendre les examens diagnostiques et le programme thérapeutique on réduit son anxiété.	
3. Évaluer la réaction psychologique du patient au diagnostic et au pronostic, ainsi que les stratégies d'adaptation au stress qu'il a employées dans le passé.	3. Ces renseignements offrent des indices permettant de définir les mesures qui favoriseront l'adaptation.	

Diagnostic infirmier: Altération de l'élimination urinaire reliée à une obstruction de l'urètre causée par une hypertrophie ou un adénome de la prostate, et par la perte du tonus musculaire de la vessie en raison d'une distension ou d'une rétention prolongées

Objectif: Rétablissement du mode d'élimination urinaire normal

1. Établir le mode d'élimination urinaire antérieur du patient.	1. On obtient ainsi des données de base permettant de faire des comparaisons et de définir les objectifs.	• L'élimination urinaire se fait à une fréquence normale. • Le patient dit ne pas éprouver d'envies fréquentes et impérieuses d'uriner, ou de sensation de plénitude vésicale. • Après l'élimination, il y a absence de globe vésical palpable. • Le bilan des ingesta et des excreta est normal.
2. Noter les signes et les symptômes de rétention urinaire: volume et fréquence des mictions, globe vésical, envies impérieuses d'uriner et malaise.	2. Il faut soupçonner une rétention urinaire quand le patient émet souvent de petites quantités d'urines (20 à 30 mL), et que le débit urinaire ne correspond pas à l'apport liquidien.	
3. Mesurer le volume résiduel au moyen d'une sonde.	3. On peut ainsi dépister la rétention urinaire.	
4. Prendre des mesures pour traiter la rétention urinaire: a) encourager le patient à uriner en position normale;	a) L'élimination est plus facile parce que le patient est plus détendu.	

Plan de soins infirmiers 41-1 (suite)
Patients souffrant du cancer de la prostate

Interventions infirmières	Justification	Résultats escomptés
b) administrer les médicaments cholinergiques selon l'ordonnance; c) surveiller les effets des médicaments.	b) On stimule ainsi les contractions de la vessie. c) Si les médicaments ne sont pas efficaces, on envisagera d'autres mesures.	
5. Consulter le médecin au sujet d'un recours au cathétérisme intermittent ou à une sonde à demeure et assister celui-ci au besoin.	5. Le cathétérisme soulage la rétention urinaire jusqu'à ce que l'on puisse en préciser la cause; dans certains cas il faut recourir à la chirurgie pour supprimer l'obstruction.	
6. Surveiller le fonctionnement de la sonde, assurer la stérilité du système fermé et effectuer l'irrigation au besoin.	6. La sonde doit fonctionner correctement pour remplir sa fonction; la prévention des infections est essentielle.	
7. S'il y a lieu, préparer le patient à la chirurgie.	7. Une opération peut être nécessaire pour supprimer l'obstruction.	

Diagnostic infirmier: Manque de connaissances sur le cancer, les troubles urinaires et les modalités de traitement

Objectif: Acquisition des connaissances nécessaires

1. Établir une bonne communication avec le patient.	1. Il s'agit d'établir une relation de confiance et d'empathie.	• Le patient parle ouvertement de ses inquiétudes et de ses problèmes. • Il pose des questions et s'intéresse à son état de santé.
2. Passer en revue l'anatomie de la région affectée.	2. Une connaissance de l'anatomie est essentielle à la compréhension des fonctions organiques.	• Il décrit des activités qui peuvent favoriser ou entraver sa guérison. • Il énumère des moyens de rétablir ou de maintenir la maîtrise de sa vessie.
3. Donner au patient de l'information précise sur son programme thérapeutique.	3. L'information à communiquer dépend du programme thérapeutique établi pour le patient.	• Il fait montre d'une bonne connaissance des mesures d'entretien de la sonde et il en maîtrise la technique. • Il énumère les signes et les symptômes dont il doit signaler l'apparition.
4. Recommander des mesures pour réduire la pression sur la région de l'incision après la prostatectomie. a) Éviter de rester trop longtemps debout ou assis (dans un fauteuil ou en voiture). b) Éviter les efforts, que ce soit en faisant de l'exercice, en allant à la selle, en soulevant un objet ou au cours des relations sexuelles.	4. Ces précautions, nécessaires pendant six à huit semaines après l'opération, visent à empêcher les hémorragies.	
5. Recommander au patient des mesures pour rétablir ou maintenir la maîtrise de sa vessie.	5. Ces mesures aident le patient à maîtriser la fréquence des mictions et les fuites; elles contribuent aussi à prévenir la rétention urinaire.	

Plan de soins infirmiers 41-1 (suite)
Patients souffrant du cancer de la prostate

Interventions infirmières	Justification	Résultats escomptés
a) Uriner quand il en ressent le besoin (c'est-à-dire, en général, à intervalles de deux ou trois heures); uriner en position assise ou en station debout.	a) La vessie se vide mieux quand le patient est debout ou assis.	
b) Éviter le cola et la caféine, et ne pas boire en soirée.	b) On réduit ainsi les mictions fréquentes durant la nuit.	
c) Décrire les exercices du périnée à faire toutes les heures.	c) Ces exercices aident à commander le début et la fin du jet urinaire.	
d) Établir avec le patient, un horaire convenant à ses habitudes.	d) Un horaire favorise l'exécution des activités normales.	
6. Faire la démonstration de l'entretien de la sonde; encourager les questions; insister sur l'importance de la position du sac collecteur. Demander au patient de répéter la démonstration.	6. Le patient qui est capable de démontrer l'emploi de la sonde (collecte, vidange et entretien) se sent plus autonome et est davantage en mesure de prévenir le reflux de l'urine et les infections qui y sont associées.	
7. Indiquer les signes de complications qui peuvent se présenter après le retour à la maison et qui justifient une consultation auprès du médecin : a) présence persistante de sang ou de caillots dans les urines; b) douleur, sensation de brûlure autour de la sonde; c) mictions fréquentes; d) diminution du débit urinaire; e) perte de plus en plus marquée de la maîtrise de la vessie.	7. Les hémorragies, les infections et les obstructions sont des complications qui exigent l'intervention d'un médecin.	

Diagnostic infirmier : Déficit nutritionnel relié à la diminution de l'apport oral, en raison d'une anorexie, de nausées et de vomissements provoqués par la maladie ou son traitement

Objectif : Maintien d'un état nutritionnel optimal

1. Évaluer la quantité de nourriture consommée.	1. Ce renseignement permettra d'évaluer l'apport nutritionnel.	• Le patient réagit favorablement à ses aliments préférés.
2. Peser régulièrement le patient.	2. La pesée régulière sur la même balance, et dans des conditions identiques, permet de déceler les changements de poids.	• Il assume la responsabilité de son hygiène buccale. • Son appétit s'étant amélioré, il constate qu'il a pris du poids.
3. Demander au patient des explications sur les raisons qui l'empêchent de manger davantage.	3. Les explications peuvent faire ressortir des pratiques faciles à corriger.	
4. Respecter les préférences alimentaires du patient (éviter par exemple les aliments trop épicés ou trop froids).	4. Son appétit sera meilleur si les aliments lui plaisent.	

Plan de soins infirmiers 41-1 (suite)

Patients souffrant du cancer de la prostate

Interventions infirmières	Justification	Résultats escomptés
5. Reconnaître les effets des médicaments ou de la radiothérapie sur l'appétit.	5. La radiothérapie, et certains antinéoplasiques provoquent de l'anorexie.	
6. Avertir le patient qu'une modification du goût des aliments peut se produire.	6. Le vieillissement et la maladie peuvent entraîner une perte de la sensibilité aux saveurs. De plus, l'odorat et le goût peuvent être modifiés à cause de l'absorption par l'organisme des sous-produits de la destruction cellulaire due au cancer et à son traitement.	
7. Prendre des mesures pour réduire les nausées et les vomissements. a) Administrer des antiémétiques 24 heures par jour au besoin, selon l'ordonnance du médecin. b) Dispenser des soins de la bouche après les vomissements. c) Assurer des périodes de repos après les repas.	7. Les vomissements peuvent diminuer l'appétit.	
8. Offrir au patient plusieurs petits repas dans une ambiance agréable.	8. Le patient tolère mieux les petits repas.	
9. Évaluer la capacité du patient de se procurer la nourriture et de la préparer.	9. Cette capacité peut être compromise par l'invalidité ou l'absence de soutien social.	

Diagnostic infirmier: Dysfonctionnement sexuel relié aux effets du traitement (chimiothérapie, hormonothérapie, radiothérapie, chirurgie)

Objectif: Capacité de modifier les habitudes sexuelles et d'en tirer satisfaction

1. Déterminer, d'après le bilan de santé, les effets de la maladie sur la fonction sexuelle du patient.	1. En général, il connaît une baisse de la libido et plus tard de l'impuissance.	• Le patient décrit les raisons de la modification de sa fonction sexuelle. • Il parle, avec les professionnels de la santé appropriés, de nouvelles pratiques sexuelles qui lui procurent de la satisfaction.
2. Selon le cas, renseigner le patient sur les effets de la prostatectomie, de l'orchidectomie, de la chimiothérapie, de la radiothérapie et de l'hormonothérapie sur la fonction sexuelle.	2. Les modalités de traitement peuvent altérer la fonction sexuelle; les effets de chaque traitement doivent faire l'objet d'une évaluation distincte.	
3. Aider la partenaire du patient à comprendre la situation; encourager le couple à chercher de nouveaux moyens de se manifester leur affection.	3. Souvent, la maladie renforce les liens dans le couple en ranimant l'affection.	

Plan de soins infirmiers 41-1 (suite)
Patients souffrant du cancer de la prostate

Interventions infirmières	Justification	Résultats escomptés

Diagnostic infirmier : Douleur reliée à l'évolution de la maladie et aux modalités de traitement

Objectif : Soulagement de la douleur

1. Déterminer la nature et le siège de la douleur.	1. Les données sur la douleur permettent de choisir des mesures de soulagement appropriées et offrent une base pour évaluer l'efficacité du traitement.	• Le patient dit que la douleur est soulagée. • Il prévoit l'exacerbation de la douleur, il en connaît les caractéristiques et l'intensité, et obtient un soulagement.
2. Éviter les gestes qui peuvent aggraver la douleur.	2. Les coups sur le lit, par exemple, peuvent facilement exacerber la douleur du patient.	• Il connaît des méthodes douces de soulagement de la douleur et utilise celles qui lui conviennent.
3. La douleur étant le plus souvent liée aux métastases osseuses, veiller à ce que le patient repose sur un matelas ferme placé sur une planche, et prendre des mesures pour éviter les chutes et les blessures.	3. Le patient est mieux supporté et plus à l'aise.	
4. Fournir un soutien aux membres affectés.	4. Le soutien et la restriction du mouvement des membres affectés contribuent à soulager la douleur.	
5. Le cas échéant, préparer le patient à la radiothérapie.	5. La radiothérapie soulage parfois la douleur.	
6. Administrer un analgésique ou un narcotique à intervalles réguliers, selon l'ordonnance.	6. Les analgésiques modifient la perception de la douleur et améliorent le bien-être. En les administrant de façon régulière 24 heures par jour, plutôt qu'à la demande, on assure mieux le soulagement.	
7. Utiliser des méthodes douces de soulagement de la douceur (imagerie mentale, relaxation, etc.).	7. Certaines méthodes douces sont très efficaces pour soulager la douleur et n'ont aucun effet secondaire.	

Diagnostic infirmier : Altération de la mobilité physique et intolérance à l'activité reliées à l'hypoxie tissulaire, à la malnutrition, à l'épuisement, et à la compression de la moelle épinière ou des nerfs due à la propagation des métastases

Objectif : Amélioration de la mobilité physique

1. Recueillir des données sur les facteurs qui entravent la mobilité (douleur, hypercalcémie, intolérance à l'effort).	1. Ces données peuvent révéler la cause du problème ; dans la mesure du possible, on traite alors cette cause.	• Le patient présente une amélioration de sa mobilité physique. • Il se dit encouragé par des objectifs à court terme qui lui paraissent plus facilement réalisables.
2. Soulager la douleur en administrant les médicaments prescrits.	2. En améliorant le bien-être du patient, les analgésiques et les narcotiques lui permettent d'être plus actif.	

Plan de soins infirmiers 41-1 (suite)
Patients souffrant du cancer de la prostate

Interventions infirmières	Justification	Résultats escomptés
3. Encourager l'emploi d'aides à la motricité (canne, déambulateur).	3. Une aide à la motricité procure au patient la confiance dont il a besoin pour se déplacer.	
4. Demander aux proches du patient de l'aider à faire les exercices d'amplitude des mouvements articulaires, à s'installer correctement et à marcher.	4. L'aide de la partenaire, ou d'un proche, encourage le patient à répéter les activités et à atteindre ses objectifs.	
5. Féliciter le patient quand il fait un petit pas en avant.	5. Les félicitations favorisent l'amélioration.	
6. Évaluer l'état nutritionnel.	6. Voir le diagnostic infirmier «Déficit nutritionnel».	

dont 40 % de séminomes. Le séminome a tendance à rester localisé, tandis que les autres types croissent rapidement. On ne connaît pas la cause des tumeurs testiculaires, mais la cryptorchidie, les infections, et des facteurs génétiques et endocriniens paraissent contribuer à leur développement.

Le risque de cancer testiculaire est 35 fois plus élevé que la normale chez les hommes qui présentent une ectopie testiculaire. Les tumeurs testiculaires sont habituellement malignes et ont tendance à produire rapidement des métastases se logeant dans les ganglions lymphatiques du rétropéritoine et dans les poumons.

Manifestations cliniques.   Les symptômes, (masse scrotale et tuméfaction généralement indolore des testicules) apparaissent graduellement. Le patient se plaint parfois d'une sensation de lourdeur dans les bourses, l'aine ou le bas ventre. Des lombalgies (causées par l'atteinte des ganglions rétropéritonéaux), les douleurs abdominales, une perte pondérale et une faiblesse générale peuvent traduire la présence de métastases.

- Une tuméfaction indolore des testicules évoque le diagnostic de tumeur testiculaire.

L'autoexamen des testicules permet souvent de dépister le cancer à ses débuts. L'enseignement de cette pratique, décrite à la figure 41-4, est une contribution importante à la promotion de la santé.

Évaluation diagnostique.   L'alpha-fœtoprotéine et la choriogonadotrophine humaine sont des marqueurs tumoraux dont le taux peut augmenter chez les patients atteints de cancer des testicules. (Les marqueurs tumoraux sont des substances que les cellules tumorales libèrent en quantités anormales dans le sang; ils servent au diagnostic, à la classification par stades cliniques, et à l'évaluation de la réponse au traitement.) De nouvelles méthodes immunocytochimiques permettent de repérer les cellules qui semblent produire ces marqueurs. Les autres examens diagnostiques couramment

utilisés sont l'urographie intraveineuse pour dépister une déviation de l'urètre due à la masse tumorale; la lymphiangiographie pour évaluer dans quelle mesure le cancer s'est propagé au réseau lymphatique; et la tomodensitométrie du thorax et de l'abdomen pour déterminer si les poumons ou le rétropéritoine sont atteints.

Traitement.   L'objectif du traitement est de guérir la maladie. Le choix du traitement dépend du type de cellules en jeu et de l'étendue de la maladie. L'ablation du testicule atteint (orchidectomie) s'impose. Elle se fait par incision inguinale, avec ligature du cordon spermatique. Après l'orchidectomie, on procède parfois à un curage des ganglions lymphatiques rétropéritonéaux pour empêcher que la maladie n'atteigne le système lymphatique. Aux yeux de certains toutefois, le curage n'est pas justifié compte tenu de ses conséquences (dont l'absence d'éjaculation entraînant la stérilité et un risque de lésions urétérales) et du fait que les ganglions lymphatiques sont négatifs dans plus de la moitié des cas. Pour les tenants de l'intervention, par contre, il s'agit d'un traitement curatif permettant d'épargner au patient les effets plus désagréables encore de la chimiothérapie, inévitable en cas de récidive. Le curage des ganglions rétropéritonéaux n'a ordinairement pas d'effet sur la libido et l'orgasme, mais entraîne la stérilité. Pour le séminome, le traitement de choix est l'irradiation postopératoire des ganglions lymphatiques depuis la région iliaque jusqu'au diaphragme; l'irradiation se fait d'un seul côté, en protégeant l'autre testicule afin de conserver la fertilité. On a également recours à la radiothérapie chez les patients réfractaires à la chimiothérapie ou chez qui le curage des ganglions rétropéritonéaux n'est pas recommandé.

L'homme jeune peut confier son sperme à une banque avant le traitement. D'autre part, une prothèse remplie de gel peut être implantée à la place du testicule manquant.

Les carcinomes testiculaires sont très sensibles à la chimiothérapie. L'emploi de la cisplatine en association avec d'autres antinéoplasiques (vinblastine, bléomycine, dactinomycine,

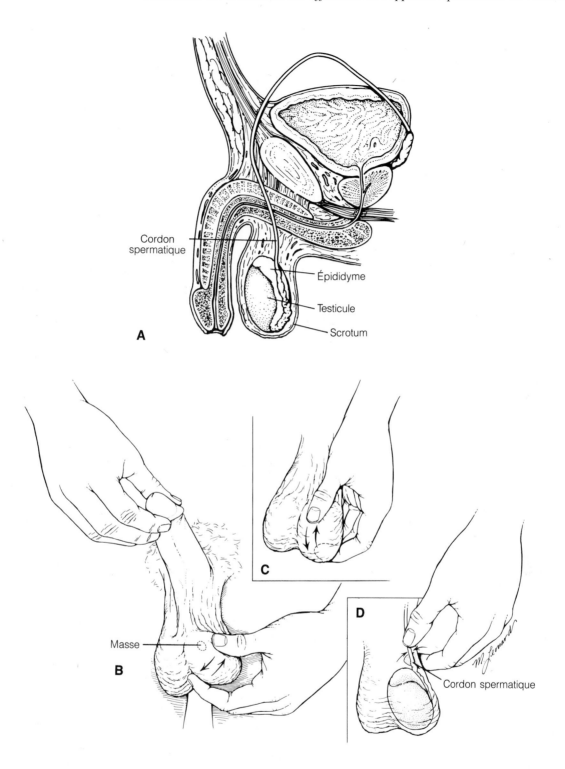

Figure 41-4. L'autoexamen des testicules, qui n'est ni long, ni difficile, doit se faire une fois par mois. Il est recommandé de l'effectuer après une douche ou un bain chaud, le scrotum étant alors plus lâche. On palpe les testicules des deux mains; le testicule normal est lisse et de consistance uniforme. (**A**) Anatomie normale (**B**) Le testicule est placé à l'horizontale, soutenu par l'index et le majeur, le pouce sur le dessus; on le roule doucement entre le pouce et les doigts pour déceler une anomalie ou une petite masse. (**C**) On répète l'opération, mais cette fois avec le testicule à la verticale. (**D**) On repère l'épididyme (organe allongé coiffant la partie antérosupérieure du testicule, qui sert à transporter et à emmagasiner le sperme). On examine l'autre testicule; il est normal que l'un soit plus gros que l'autre. Si l'on observe une petite masse de la grosseur d'un pois, il faut consulter un médecin; elle peut être due à une infection ou il peut s'agir d'une tumeur.

cyclophosphamide), mène à la rémission complète dans une forte proportion des cas. Il est préférable que le traitement soit administré sous la direction d'un oncologue, à cause de ses effets toxiques qui exigent une surveillance étroite. On peut obtenir des résultats favorables en associant différentes modalités de traitement, dont la chirurgie, la radiothérapie et la chimiothérapie. Grâce aux progrès en matière de diagnostic et de traitement, on considère qu'il est possible de soigner, et le plus souvent de guérir, un cancer du testicule disséminé.

Enseignement au patient.   Le patient a parfois de la difficulté à accepter sa maladie. Il faut aborder avec lui les questions liées à l'image corporelle et à la sexualité. En outre, il a besoin de beaucoup d'encouragement pour conserver une attitude positive tout au cours du traitement, qui est parfois très long. La radiothérapie ne provoque pas nécessairement la stérilité, et l'orchidectomie unilatérale ne diminue pas la virilité.

Le patient qui a déjà présenté une tumeur testiculaire a davantage de risques d'en développer une autre. Le suivi vise à dépister les récidives et comprend des radiographies du thorax, des urographies excrétoires, le radio-immunodosage des choriogonadotrophines humaines et des alpha-fœtoprotéines et l'examen des ganglions lymphatiques.

Résumé: Même si le cancer testiculaire ne représente que 1 % de tous les cancers, il est le plus mortel chez les hommes de 25 à 35 ans. Les modalités de traitement actuelles ont augmenté de façon importante les chances de survie. Pour dépister rapidement les récidives, il faut assurer un suivi prolongé.

Hydrocèle

L'*hydrocèle* est un épanchement de liquide que l'on observe généralement dans la tunique vaginale du testicule, mais qui peut également se produire dans le cordon spermatique. Elle peut être aiguë ou chronique; elle se distingue de la hernie par sa translucidité.

L'hydrocèle aiguë est associée à une épididymite aiguë, à moins qu'elle ne découle d'une lésion ou d'une maladie infectieuse générale (par exemple, les oreillons). La cause de l'hydrocèle chronique n'est pas connue.

Aucun traitement n'est nécessaire, à moins que l'hydrocèle n'entrave la circulation dans le testicule, ou que le testicule n'augmente de volume au point d'être source d'embarras ou de douleur.

Le traitement chirurgical de l'hydrocèle consiste à pratiquer une incision dans le scrotum jusqu'à la tunique vaginale distendue. On résèque le sac, ou on l'ouvre afin d'assurer l'affaissement de sa paroi et on le referme par une suture. Après l'opération, le patient porte un suspensoir pour accroître le soutien et le bien-être. La principale complication postopératoire est la formation d'un hématome dans les tissus lâches des bourses.

Varicocèle

La *varicocèle* est une dilatation des veines du plexus pampiniforme (réseau de veines faisant partie du cordon spermatique et allant des testicules à l'épididyme). Elle siège le plus souvent dans la partie supérieure du testicule gauche de l'adulte. Chez certains, elle est associée à la stérilité. Souvent, la dilatation des veines spermatiques ne provoque que peu de symptômes et n'exige aucun traitement, à moins que la fécondité ne semble menacée. Quant à la varicocèle symptomatique (douleur, sensibilité, malaise dans la région inguinale), elle relève d'un traitement chirurgical (ligature de la veine spermatique au niveau de l'aine). Après l'opération, l'application d'un sac de glace sur le scrotum pendant quelques heures peut soulager l'oedème. Par la suite, le patient porte un suspensoir.

IMPUISSANCE

L'impuissance est l'incapacité pour l'homme d'obtenir ou de maintenir une érection lui permettant d'avoir des rapports sexuels. Les érections peuvent être moins fréquentes, moins fermes, ou de trop courte durée. Chez les hommes de plus de 65 ans, l'incidence de l'impuissance se situe entre 25 et 50 %. La physiologie de l'érection et de l'éjaculation est complexe, faisant intervenir les systèmes sympathique et parasympathique de même que le système vasculaire. Au moment de l'érection, les nerfs pelviens transmettent des impulsions parasympathiques qui font dilater les petits vaisseaux sanguins de la région et augmentent l'afflux du sang vers le pénis, entraînant ainsi l'expansion des corps caverneux.

Les causes de l'impuissance peuvent être physiques ou psychologiques. Les facteurs psychologiques sont notamment l'anxiété, la fatigue, la dépression et les exigences culturelles en matière de performance sexuelle. Toutefois, les recherches indiquent que l'on a sous-estimé, jusqu'ici, le nombre des cas attribuables à des facteurs organiques. Parmi ces facteurs, on peut citer les vasculopathies oblitérantes, l'artériosclérose, les maladies endocriniennes (diabète, tumeurs hypophysaires, hypogonadisme avec carence en testostérone, hyperthyroïdie et hypothyroïdie), la cirrhose, l'insuffisance rénale chronique, les troubles de l'appareil génito-urinaire (chirurgie radicale du bassin), les cancers hématologiques (maladie de Hodgkin, leucémie), les troubles neurologiques (neuropathies, maladie de Parkinson), les traumatismes du bassin ou des organes génitaux, certains médicaments (psychotropes, anticholinergiques), de même que l'alcoolisme et la toxicomanie. On trouvera au tableau 41-3 une liste des médicaments souvent associés à l'impuissance.

Le diagnostic de l'impuissance repose sur un profil complet, une analyse des symptômes et un examen physique. Il faut aussi noter tous les médicaments pris par le patient, de même que sa consommation d'alcool et de drogues. Des analyses de laboratoire peuvent aussi être utiles.

L'avènement de laboratoires spécialisés dans l'étude du sommeil a rendu possible l'évaluation des érections nocturnes, qui se fait en plaçant autour de la verge une jauge au mercure permettant d'observer et d'enregistrer toute modification de la circonférence pénienne. Des recherches ont démontré que les érections nocturnes coïncident normalement avec le sommeil paradoxal. Chez les hommes souffrant d'impuissance organique, il n'y a pas d'érection pendant le sommeil. Ainsi, l'évaluation des érections nocturnes est un moyen de déterminer si l'impuissance relève de causes organiques ou psychologiques.

TABLEAU 41-3.   *Médicaments associés à l'impuissance*

Méthyldopa (Aldomet)
Guanéthidine (Ismelin)
Clonidine (Catapres)
Réserpine (Serpasil)
Spironolactone (Aldactone)
Les diurétiques
Chlorthalidone (Hygroton)
Prazosine (Minipress)
Clofibrate (Atromide-S)
Méthanthéline (Banthine)
Cimétidine (Tagamet)
Propanolol (Inderal)
Méthadone (Dolophine)
Baclofen (Lioresal)
Éthionamide (Trécator)
Perhexiline (Pexid)
Hexaméthonium (Methium Cl)
Mécamylamine (Inversine)
Camsylate de trimétaphan (Arfonad)
Propanthéline (Pro-Banthine)
Disulfirame (Antabuse)
Digoxine (Lanoxin)
La plupart des antinéoplasiques

(Source: S. R. Leiblum et R. T. Segraves, «Sex therapy with aging adults», *Principles and Practice of Sex Therapy: Update for the 1990s*, ouvrage publié sous la direction de S. R. Leiblum et R. C. Rosen, 2ᵉ éd., New York, Guilford Press, 1989)

On peut aussi mesurer l'afflux de sang artériel dans le pénis au moyen d'une sonde Doppler. Des tests de conduction nerveuse et l'évaluation psychologique du patient contribuent également au diagnostic.

Traitement.   Selon les causes du problème, le traitement peut être médical ou chirurgical, ou une association des deux. Par exemple, si le patient est alcoolique ou prend des antihypertenseurs, on tentera de traiter l'alcoolisme ou de modifier le traitement de l'hypertension. Une hormonothérapie corrige parfois l'impuissance causée par un trouble hypothalamique, hypophysaire ou gonadique. Des méthodes récentes de chirurgie vasculaire peuvent améliorer l'afflux sanguin dans le pénis. Si l'impuissance est d'origine psychologique, on dirige le patient vers un spécialiste de la thérapie sexuelle. Enfin, dans le cas du patient dont l'impuissance relève de causes organiques, on peut envisager le recours à un implant pénien.

Il existe deux types d'implants: la baguette semi-rigide ou la prothèse gonflable. La baguette semi-rigide, comme la prothèse de Small-Carrion, ne comprend aucune partie mobile. Elle maintient le pénis en semi-érection permanente. Par contre, la prothèse gonflable simule l'érection et la flaccidité naturelles.

Les principales complications de la pose d'un implant pénien sont les infections, l'érosion de la prothèse à travers la peau (problème plus fréquent avec la prothèse semirigide qu'avec la prothèse gonflable) et une douleur persistante qui peut exiger le retrait de la prothèse. Le choix de la prothèse se fait en fonction des activités quotidiennes du patient, de ses activités sociales, de ses attentes et des attentes de sa partenaire. Certaines interventions chirurgicales cytoscopiques comme la prostatectomie transurétrale sont plus difficiles à réaliser en présence d'une prothèse semi-rigide que d'une prothèse gonflable.

On peut tenter de provoquer des érections par des mesures pharmacologiques, comme l'injection directe dans la verge d'un agent vasoactif (papavérine ou phentolamine). Les effets indésirables de ce traitement sont le priapisme (érection anormale et prolongée) et l'apparition d'indurations au point d'injection.

Résumé: L'impuissance peut être causée par une variété de facteurs exigeant des mesures thérapeutiques particulières. Quelle qu'en soit la cause, elle a presque toujours de graves répercussions sur le plan psychologique et social. Le patient et sa partenaire ont donc besoin d'être écoutés et soutenus par l'infirmière.

AFFECTIONS DU PÉNIS

Phimosis

Le phimosis est un rétrécissement du prépuce empêchant de découvrir le gland; il peut être congénital ou découler d'une inflammation ou d'un oedème. De nos jours, on ne pratique plus de façon systématique la circoncision des nouveau-nés; c'est pourquoi l'enfant doit apprendre tôt à assurer l'hygiène du prépuce. Le phimosis peut empêcher l'hygiène du prépuce, ce qui peut entraîner une accumulation des sécrétions normales et une inflammation (*balanite*), provoquant la formation d'adhérences et une fibrose. Les sécrétions épaissies se couvrent d'une couche de sels urinaires et se calcifient, formant des concrétions préputiales. Chez l'homme, un cancer du pénis peut se développer. Le phimosis est corrigé par la circoncision (décrite ci-dessous), et le patient reçoit un enseignement touchant l'hygiène du prépuce.

Le *paraphimosis* est l'étranglement du gland par l'anneau préputial ramené en arrière de la couronne, de sorte qu'il est impossible de rabattre sur le gland le prépuce rétracté. On le traite par une réduction manuelle, qui consiste à repousser vers l'arrière le gland fermement comprimé tout en ramenant le prépuce vers l'avant. Lorsque l'inflammation et l'oedème ont disparu, la circoncision est généralement indiquée.

Circoncision

La circoncision est l'excision du prépuce recouvrant le gland. Chez les nouveau-nés, on la pratique habituellement pour des raisons d'hygiène. Chez l'adulte, ses indications sont le phimosis, le paraphimosis, les infections récurrentes du gland et du prépuce et le désir du patient.

Après l'opération, on surveille le patient pour déceler les hémorragies, et on change comme il se doit le pansement de gaze enduit de vaseline. La douleur de l'adulte nouvellement circoncis est parfois prononcée; on lui administre des analgésiques selon les besoins.

Cancer du pénis

Le cancer du pénis se manifeste chez les hommes de plus de 60 ans et représente en Amérique du Nord quelque 0,5 %

des cancers des hommes. Dans certains pays, cependant, son incidence atteint 10 %. Il est rare chez les hommes circoncis. Il se manifeste par une tumeur ou un ulcère cutané indolore, semblable à une verrue. Le cancer peut atteindre le gland, le sillon balanopréputial, le corps du pénis, l'urètre et les ganglions lymphatiques régionaux ou distants. On observe aussi la maladie de Bowen, un épithélioma spinocellulaire *in situ* du corps du pénis. La culpabilité, la gêne ou l'ignorance entraînent souvent un retard de plus d'un an dans le diagnostic. Les petites lésions localisées peuvent être traitées par une biopsie-exérèse ; on peut également avoir recours à la chimiothérapie par application locale d'une crème au 5-fluorouracil. L'irradiation externe ou l'implantation d'aiguilles radioactives donnent des résultats variables. Quand il faut pratiquer une pénectomie (ablation du pénis), on tente de préserver une partie du pénis. Après une pénectomie partielle, 40 % des patients sont capables d'avoir des rapports sexuels et d'uriner debout. La pénectomie totale est utilisée en dernier recours. On utilise la radiothérapie pour le traitement des petits épithéliomas spinocellulaires, ou à titre palliatif dans les cas de cancer avancé ou de métastases dans les ganglions lymphatiques.

Enseignement au patient. La circoncision du nourrisson supprime presque entièrement les risques de cancer du pénis en éliminant l'irritation et l'inflammation chroniques du gland. L'hygiène personnelle est une mesure de prévention importante pour l'homme non circoncis.

Priapisme

Le priapisme est une érection involontaire, prolongée et douloureuse. Il est provoqué par des facteurs vasculaires ou neurologiques : thrombose des vaisseaux pelviens, infiltration de cellules leucémiques, drépanocytose, tumeurs de la moelle épinière, envahissement du pénis ou de ses vaisseaux par une tumeur.

Le priapisme est considéré comme une urgence urologique ; son traitement a pour but d'améliorer le drainage veineux des corps caverneux pour empêcher l'ischémie, la fibrose et l'impuissance. Il faut d'abord faire céder l'érection, notamment par le repos au lit et la sédation. On peut irriguer les corps caverneux avec un anticoagulant, ce qui permet l'aspiration du sang ; on peut également pratiquer une dérivation du sang par un shunt entre les corps caverneux et la veine saphène, ou entre les corps caverneux et les corps spongieux et le gland.

Maladie de La Peyronie

La maladie de La Peyronie se manifeste par l'épaississement fibreux de la gaine des corps caverneux. Les plaques fibreuses, invisibles lorsque le pénis est flaccide, le font s'incurver au moment de l'érection, ce qui peut provoquer de la douleur et rendre le coït difficile, voire impossible. La maladie atteint surtout les hommes d'âge moyen ou avancé. On observe parfois une rétrocession spontanée ; sinon, on doit procéder à l'ablation chirurgicale des plaques, ou avoir recours à des injections locales de corticostéroïdes ou à un traitement local par ultrasons.

Rétrécissement de l'urètre

Le rétrécissement d'une partie de l'urètre peut être d'origine congénitale, ou être dû à une cicatrice provenant, par exemple,

d'une infection ou d'une opération chirurgicale. Le traitement consiste à dilater l'urètre ou, dans les cas les plus graves, à effectuer l'ablation chirurgicale de la partie rétrécie (urétrotomie).

Résumé : Il existe plusieurs affections du pénis. Celles-ci mettent rarement en danger la vie du patient, mais peuvent entraîner de l'anxiété quand elles modifient l'image corporelle. Il faut donc évaluer l'anxiété du patient et lui offrir le soutien et l'enseignement qui l'aideront à affronter ces modifications.

RÉSUMÉ

Les troubles de l'appareil reproducteur masculin sont courants dans la pratique infirmière. Pour soigner le patient qui en est atteint, l'infirmière doit connaître les complexités de l'appareil génito-urinaire masculin.

De plus, elle doit être sensible aux effets de ces troubles et de leur traitement sur le concept de soi, l'estime de soi et la sexualité du patient. Elle doit être capable d'aborder sans gêne la fonction urinaire et la sexualité. L'enseignement des mesures qui permettent de dépister les problèmes de santé dès leur apparition, par exemple l'autoexamen des testicules, est un aspect important de sa tâche.

L'homme qui rentre chez lui peu après une opération touchant l'appareil reproducteur a besoin de directives orales et écrites claires sur les activités qui lui sont permises. Il convient également de le rassurer, et de rassurer sa famille, en lui indiquant comment rejoindre une infirmière ou un médecin en cas de problème.

Bibliographie

Ouvrages

Corriere JN Jr. Essentials of Urology. New York, Churchill Livingstone, 1986.
Hanno PM and Wein AJ. A Clinical Manual of Urology. Norwalk, CT, Appleton-Century-Crofts, 1986.
Hill GS. Uropathology, Vols 1 and 2. New York, Churchill Livingstone, 1989.
Kaufman JJ. Current Urologic Therapy, 2nd ed. Philadelphia, WB Saunders, 1986.
Kaye JW. Outpatient Urologic Surgery. Philadelphia, Lea & Febiger, 1985.
Leiblum SR and Rosen RC (eds). Principles and Practice of Sex Therapy: Update for the 1990s, 2nd ed. New York, Guilford Press, 1989.
Perez CA et al. Carcinoma of the prostate. In DeVita VT, Hellman S, and Rosenberg SA (eds). Principles and Practice of Oncology, 3rd ed. Philadelphia, JB Lippincott, 1989, pp 1023–1058.
Schover LR. Sexuality and Cancer: For the Man Who Has Cancer, and His Partner. Atlanta, American Cancer Society, Inc, 1988.
Smith DR. General Urology, 11th ed. Los Altos, CA, Lange Medical Publications, 1984.
Swanson JM and Forrest KA. Men's Reproductive Health. New York, Springer-Verlag, 1984.
Walsh PC et al. Campbell's Urology, Vols 1–3, 5th ed. Philadelphia, WB Saunders, 1986.

Revues

Les articles de recherche en sciences infirmières sont marqués d'un astérisque.
Généralités
Allen DG and Whatley M. Nursing and men's health. Nurs Clin North Am 1986 Mar; 21(1):3–13.

Bansal S. Sexual dysfunction in hypertensive men. A critical review of the literature. Hypertension 1988 Jul; 12(1):1–10.

Baum N. Treatment of impotence. Part 1. Nonsurgical methods. Part 2. Surgical methods. Postgrad Med 1987 May 15; 81(7):133–140.

Cowling WR and Campbell VG. Health concerns of aging men. Nurs Clin North Am 1986 Mar; 21(1):75–83.

Cozad J. Impotence: Psychosocial aspects, evaluation methods, and treatments. Urol Nurs 1988 Oct/Dec; 9(2):10–12.

Forrester DA. Myths of masculinity: Impact upon men's health. Nurs Clin North Am 1986 Mar; 21(1):15–23.

Heller JE and Gleich P. Erectile impotence: Evaluation and management. J Fam Pract 1988 Mar; 26(3):321–324.

Kaiser FE. Impotence in diabetic men. Am J Med 1988 Nov; 85(5A):147–152.

Kaufman DG and Nagler HM. Specific nonsurgical therapy in male infertility. Urol Clin North Am 1987 Aug; 14(3):489–498.

Kniefe-Hardy MJ et al. Managing indwelling catheters in the home. Geriatr Nurs 1985 Sep/Oct; 6(5):280–285.

Mackety CJ. Lasers in urology. Nurs Clin North Am 1990 Sep; 25(3):697–709.

Mastman TJ et al. Erectile dysfunction in men with diabetes mellitus. Urology 1987 Jun; 29(6):589–592.

Meisler AW et al. Success and failure in penile prosthesis surgery: Two cases highlighting the importance of psychosocial factors. J Sex Marital Ther 1988 Summer; 14(2):108–119.

Merrill DC. Clinical experience with the Mentor inflatable penile prosthesis in 301 patients. J Urol 1988 Dec; 140(6):1424–1427.

* Millon-Underwood S and Sanders E. Factors contributing to health promotion behaviors among African-American men. Oncol Nurs Forum 1990 Sep/Oct; 17(5):707–712.

Morrison H. Diabetic impotence. Nurs Times 1988 Aug; 84(22):35–37.

Payton TR. Impotence: A non-prosthetic approach. Urol Nurs 1988 Jul/Sep; 9(1):10–12.

Pedersen B et al. Evaluation of patients and partners 1 to 4 years after penile prosthesis surgery. J Urol 1988 May; 139(5):956–958.

Podell RM. Sexual science: Bridging the disciplines. Urology 1988 Jan; 31(1):90–93.

Rousseau P. Impotence in elderly men. Postgrad Med 1988 May; 83(6):212–219.

Sarosdy MF et al. A prospective double-blind trial of intracorporeal papaverine versus prostaglandin E1 in the treatment of impotence. J Urol 1989 Mar; 141(3):551–553.

Sidi AA. Vasoactive intracavernous pharmacotherapy. Urol Clin North Am 1988 Feb; 15(1):95–101.

Wein AJ and Van Arsdalen KN. Drug-induced male sexual dysfunction. Urol Clin North Am 1988 Feb; 15(1):23–31.

Williams L. Pharmacologic erection programs: A treatment option for erectile dysfunction. Rehabil Nurs 1989 Sep/Oct; 14(5):264–268.

Troubles de la prostate

Barry MJ et al. Watchful waiting vs. immediate transurethral resection for symptomatic prostatism. JAMA 1988 May; 259(20):3010–3017.

Benson MC et al. Prostate cancer in men less than 45 years old: Influence of stage, grade, and therapy. J Urol 1987 May; 137(5):888–890.

Consensus Conference. The management of clinically localized prostate cancer. JAMA 1987 Nov; 258(19):2727–2730.

Early detection and diagnosis of prostate cancer. CA 1989 Nov/Dec; 39(6):1–69.

Fowler FJ et al. Symptom status and quality of life following prostatectomy. JAMA 1988 May; 259(20):3018–3022.

Geller J. Overview of benign prostatic hypertrophy. Urology 1989 Oct; 34(4 Suppl):57–63.

Gibbons RP et al. Total prostatectomy for clinically localized prostate cancer: Long term results. J Urol 1989 Mar; 141(3):564–566.

Goodman M. Concepts of hormonal manipulation in the treatment of cancer. Oncol Nurs Forum 1988 Sep/Oct; 15(5):639–647.

Graverson PH et al. Controversies about indications for transurethral resection of the prostate. J Urol 1989 Mar; 141(3):475–481.

Heinrich-Rynning T. Prostatic cancer treatments and their effects on sexual function. Oncol Nurs Forum 1987 May/Jun; 14(3):17–21.

Kirby RS. Alpha-adrenoceptor inhibitors in the treatment of benign prostatic hyperplasia. Am J Med 1989 Aug; 87(2A):26S–30S.

Krieger JN et al. Fast neutron radiotherapy for locally advanced prostate cancer. Urology 1989 Jul; 34(1):1–9.

LaFollette SS. Radical retropubic prostatectomy. AORN J 1987 Jan; 45(1):57–71.

Libman E and Fichten CS. Prostatectomy and sexual function. Urology 1987 May; 29(5):467–478.

Nielsen KT and Madsen PO. Pathogenesis, diagnosis, and management of benign prostatic hypertrophy. Compr Ther 1988 Nov; 14(11):21–26.

Pilepich MV et al. Definitive radiotherapy in resectable (Stage A_2 and B) carcinoma of the prostate: Results of a nationwide overview. Int J Radiat Oncol Biol Phys 1987 May; 13(5):659–663.

Schellhammer PF et al. Morbidity and mortality of local failure after definitive therapy for prostate cancer. J Urol 1989 Mar; 141(3):567–571.

Schellhammer PF et al. Prostate biopsy after definitive treatment by interstitial ^{125}Iodine implant or external beam radiation therapy. J Urol 1987 May; 137(5):897–901.

Sogani PC. Treatment of advanced prostatic cancer. Urol Clin North Am 1987 May; 14(2):353–371.

Stone NN. Flutamide in treatment of benign prostatic hypertrophy. Urology 1989 Oct; 34(4 Suppl):64–68.

Troubles des testicules

* Blackmore C. The impact of orchidectomy upon the sexuality of the man with testicular cancer. Cancer Nurs 1988 Feb; 11(1):33–40.

Fossa SD et al. Post-chemotherapy lymph node histology in radiologically normal patients with metastatic nonseminomatous testicular cancer. J Urol 1989 Mar; 141(3):557–559.

Geller NL et al. Prognostic factors for relapse after complete response in patients with metastatic germ cell tumors. Cancer 1989 Feb; 63(3):440–445.

Higgs DJ. The patient with testicular cancer: Nursing management of chemotherapy. Oncol Nurs Forum 1990 Mar/Apr; 17(2):243–249.

Laukkanen E et al. Management of seminoma with bulky abdominal disease. Int J Radiat Oncol Biol Phys 1988 Feb; 14(2):227–233.

* Martin JP. Male cancer awareness: Impact of an employee education program. Oncol Nurs Forum 1990 Jan/Feb; 17(1):59–64.

* Reno DR. Men's knowledge and health beliefs about testicular cancer and testicular self-examination. Cancer Nurs 1988 Apr; 11(2):112–117.

* Rudolf VM et al. The practice of TSE among college men: Effectiveness of an educational program. Oncol Nurs Forum 1988 Jan/Feb; 15(1):45–48.

Information/ressources

Organismes

Fondation québécoise du cancer

2075, rue Champlain, Montréal (Québec) H2L 2T1 (514) 527-2194

Info-Cancer

1-800-361-4212

PROGRÈS DE LA RECHERCHE EN SCIENCES INFIRMIÈRES

Généralités

Les infirmières qui se consacrent à la recherche dans le domaine de la santé de l'appareil reproducteur féminin se sont penchées sur un large éventail de questions : réactions psychologiques du couple et du conjoint à la fécondation *in vitro*, au syndrome prémenstruel et au diagnostic de cancer du sein ; réactions des femmes aux méthodes de diagnostic et de traitement effractives, parfois douloureuses ou gênantes, et qui provoquent du stress ; symptômes digestifs au cours du cycle menstruel ; lisibilité des notices accompagnant les contraceptifs vendus avec ou sans ordonnance.

Au chapitre de la santé de l'appareil reproducteur masculin, les chercheurs ont étudié la fréquence de l'autoexamen des testicules, et les effets sur la sexualité masculine de l'ablation d'un testicule (orchidectomie).

Réactions des couples et du partenaire masculin à la fécondation in vitro, au syndrome prémenstruel et au cancer du sein

▷ *B. J. Milne, «Couples' experiences with in vitro fertilization», J Obstet Gynecol Neonatal Nurs, sept.-oct. 1988; 17(5):347-352*

Afin de connaître les réactions et les besoins du couple soumis à la fécondation *in vitro* (FIV), on a effectué des entrevues avec 128 couples qui ont eu au moins une expérience de cette intervention. Il s'agit d'une étude descriptive menée à partir d'un entretien dirigé et d'une observation participante. L'entretien comportait 6 questions fermées visant à obtenir des données démographiques et 12 questions ouvertes portant sur l'expérience de la FIV et ses aspects les plus positifs et les plus négatifs. On a analysé les données provenant des entrevues pour repérer les notions et les thèmes récurrents.

Ce sont les interactions du couple avec l'équipe chargée de la FIV qui ont été citées le plus souvent à titre d'aspect le plus positif ; les couples ont également mentionné, à ce chapitre, l'amitié, le soutien et la camaraderie nés des échanges avec les autres couples dans la même situation. Fait intéressant, les interactions avec l'équipe chargée de la FIV ont également été citées le plus souvent à titre d'aspect le plus négatif. D'autres aspects négatifs étaient le caractère impersonnel et mécanique de l'expérience et l'impossibilité d'obtenir de l'information.

Le caractère impersonnel de l'intervention a été ressenti de façon particulièrement aiguë par les couples chez qui un échec préalable accentuait le besoin de soutien. Chez les hommes interrogés, la laparoscopie subie par la femme avait suscité un sentiment de gêne, d'impuissance et d'anxiété ; ils se sentaient coupables de la douleur ressentie par la femme.

Soins infirmiers. Un counseling visant à préparer le couple à chaque étape de la FIV pourrait diminuer l'anxiété et le sentiment de dépersonnalisation. L'information fournie aux couples devrait être répétée plusieurs fois et appuyée par de la documentation écrite, car l'anxiété peut entraver les capacités d'assimilation de l'adulte en situation d'apprentissage. La constitution d'un réseau d'entraide peut contribuer à soulager l'anxiété et offrir un appui. L'infirmière peut coordonner un groupe de soutien ou servir de personne-ressource pour les patients désireux d'en former un. Enfin, lorsque le traitement aboutit à un échec, la femme et son partenaire ressentent du chagrin et c'est alors qu'ils ont le plus besoin du soutien de l'infirmière.

▷ *E. Olshansky, «In vitro fertilization», Image: Journal of Nursing Scholarship, automne 1988; 20(3): 128-131*

L'auteur de cette étude a utilisé des questions ouvertes pour interroger 54 sujets sur leur expérience personnelle et de couple, de la stérilité et de son traitement, dans le but de mieux comprendre la dynamique psychosociale de la stérilité.

Chaque entrevue, d'une durée de 90 ou de 120 minutes, a été enregistrée, puis transcrite pour permettre l'analyse des données. On a repéré les thèmes récurrents au moyen d'un codage sélectif, puis on les a présentés à d'autres sujets ayant un problème de stérilité qui en ont confirmé la pertinence. Les thèmes suivants ont paru significatifs : une motivation intense, décrite comme une compulsion ; la difficulté à mettre fin au traitement et à passer à autre chose ; l'aversion pour les rapports sexuels, qui sont associés à l'échec du traitement ; des réactions très personnelles au traitement comprenant un immense espoir, puis un désespoir tout aussi grand en cas d'échec.

Soins infirmiers. Pour aider les couples qui font l'expérience de la FIV, l'infirmière doit être sensible au stress que cette technique provoque. En général, l'échec du traitement se répercute de façon négative sur l'estime de soi chez les deux partenaires. Il en résulte un stress affectif considérable que l'infirmière doit anticiper en offrant un counseling. De nouvelles recherches, basées sur les réactions affectives décrites dans la présente étude, pourraient permettre de définir un modèle d'intervention infirmière thérapeutique.

▷ *J. Cortese et M. Brown, «Coping responses of men whose partners experience premenstrual symptomatology», J Obstet Gynecol Neonatal Nurs, sept.-oct. 1989; 18(5):405-412*

Le syndrome prémenstruel (SPM) est une entité clinique complexe, qui peut perturber la vie familiale et l'harmonie dans le couple. La présente étude est basée notamment sur la théorie des systèmes familiaux et le modèle d'adaptation de Lazarus, et avait pour but d'analyser les stratégies d'adaptation des partenaires masculins de patientes souffrant du SPM. L'échantillon se composait de 86 couples recrutés par une variété de moyens (cabinets de médecins, annonces dans les journaux, séminaires sur le SPM). Les outils utilisés étaient un inventaire des symptômes du SPM et un inventaire des stratégies d'adaptation au SPM.

Les hommes ont été répartis en deux groupes: partenaires de femmes ayant des symptômes marqués, partenaires de femmes ayant des symptômes peu graves. On a classé par ordre d'importance les stratégies d'adaptation relevées, et on a procédé à une analyse des différences entre les deux groupes.

Selon les résultats obtenus, les partenaires de femmes ayant des symptômes graves avaient recours à une vaste gamme de stratégies d'adaptation et cherchaient activement de l'aide et de l'information sur le sujet, plus que les sujets du second groupe. De même, leurs réactions aux symptômes manifestés par la femme étaient plus variées.

Soins infirmiers. Les infirmières qui travaillent dans un établissement de soins primaires sont en mesure d'offrir aux couples en difficulté de l'information et de l'enseignement, en plus d'une orientation vers un spécialiste ou un groupe de soutien. Comme cette attitude l'indique, le fait que le conjoint d'une femme souffrant du SPM cherche à obtenir de l'aide et de l'information traduit souvent la détresse de celui-ci et des symptômes graves chez sa partenaire. Comme l'appui du conjoint a beaucoup d'importance dans le traitement du SPM, celui-ci doit recevoir toute l'aide et l'information dont il a besoin. De la documentation sur le SPM et de l'information sur les groupes d'entraide peuvent être mises à la disposition des patientes et de leur conjoint dans les endroits où l'on dispense des soins gynécologiques en externe. L'infirmière peut discuter de stratégies d'adaptation avec le partenaire et lui proposer de nouvelles solutions tout en cherchant à déceler les stratégies inefficaces. Les partenaires qui ne sont pas réceptifs aux idées proposées, ou dont la détresse est trop grande, doivent être orientés vers les spécialistes appropriés.

▷ *L. Norhouse, «A longitudinal study of the adjustment of patients and husbands to breast cancer», Oncol Nurs Forum, avril 1989; 16(4):511-515*

Cette étude avait pour objectif d'évaluer l'adaptation psychosociale de 41 femmes atteintes d'un cancer du sein, et de leur conjoint. Des données ont été recueillies à trois reprises, soit 3 jours, 30 jours et 18 mois après l'intervention chirurgicale. Pour évaluer l'état affectif, la détresse causée par les symptômes et la capacité d'assumer l'exercice du rôle, on a employé notamment l'échelle d'équilibre de l'affect, l'inventaire abrégé des symptômes et l'échelle d'adaptation psychosociale à la maladie. En se fondant sur la théorie des systèmes familiaux, l'auteur affirme que l'évaluation des effets à long terme de la maladie sur la patiente et sa famille est un élément important des soins infirmiers qui permet de définir les moyens de favoriser l'adaptation.

D'après les résultats obtenus, la détresse se manifeste au même degré aux trois étapes. On a en effet observé chez la femme et son partenaire une détresse de légère à modérée qui persiste pendant 18 mois. La plupart des patientes avaient repris une vie normale, mais cela était plus difficile pour celles qui présentaient une récidive du cancer ou qui subissaient une chimiothérapie. Les hommes plus jeunes ou mariés depuis moins longtemps étaient davantage affectés.

Au chapitre de l'humeur, les patientes et leurs maris affichaient sensiblement les mêmes résultats et la même évolution. Aux trois étapes de la collecte des données, la détresse des maris était aussi prononcée que celle de leur femme.

Soins infirmiers. L'évaluation de la femme souffrant de cancer du sein, et des membres de sa famille, doit se poursuivre après la fin du traitement. Il est important d'évaluer les réactions des membres de la famille parce que leurs stratégies d'adaptation ont des effets sur le système familial et sur la patiente elle-même. Pour favoriser l'adaptation des membres de la famille, et diminuer leur anxiété, on peut proposer des méthodes de résolution des problèmes, de même que de l'aide permettant de réduire les perturbations dans l'exercice du rôle. De nouvelles recherches permettront peut-être d'établir les ressources les plus utiles et de définir la période pendant laquelle elles doivent être offertes.

Interventions effractives: exigences en matière d'information et réactions

▷ *A. M. Barsevick et D. Lauver, «Women's informational needs about colposcopy», Image: Journal of Nursing Scholarship, printemps 1990; 22(1):23-26*

Cette étude avait pour but de définir l'enseignement à prodiguer aux patientes qui doivent subir une colposcopie (examen diagnostique permettant d'évaluer les anomalies révélées par le frottis cervical ou le frottis de Papanicolaou). Pour ce faire, on a analysé les questions posées par 36 femmes au cours de l'examen, en se basant sur le principe selon lequel l'enseignement sur les examens menaçants et sur les autosoins permet de réduire l'anxiété.

On a enregistré les questions posées spontanément par les patientes. Ces questions ont été classées en deux catégories selon qu'elles portaient sur la méthode ou sur les résultats de l'examen. Cinquante-deux pour cent des questions concernaient l'examen lui-même, 34 % portaient sur les résultats et leurs conséquences. Quatorze pour cent des questions visaient à clarifier des renseignements déjà fournis par le médecin, et 32 % la cause des anomalies du col utérin.

Les auteurs ont noté que les femmes ont demandé des renseignements sur la méthode d'examen, mais non sur les sensations qu'elles pourraient éprouver pendant cet examen, ni sur les autosoins à effectuer par la suite.

Soins infirmiers. L'infirmière doit donner des renseignements concrets et objectifs sur la colposcopie elle-même et sur les autosoins nécessaires par la suite. Sachant que la plupart des femmes veulent de l'information sur l'examen et sur la cause des anomalies, elle doit anticiper leurs questions, leur donner l'information nécessaire et éclaircir s'il le faut les renseignements déjà donnés. Elle peut atténuer ainsi l'anxiété de la patiente.

▷ *N. Wells, «Management of pain during abortion»,*
J Adv Nurs, 1989; 14:56-62

Cette étude avait pour but d'établir les effets sur la douleur au cours d'un avortement sous anesthésie locale, de quatre méthodes de thérapie cognitive du comportement: relaxation, deux techniques de visualisation et participation à un groupe de discussion sur la douleur. Le groupe de discussion était un groupe témoin permettant de contrôler les effets d'une attention accrue sur la perception de la douleur. En se fondant sur la théorie du portillon qui veut que la douleur soit multidimensionnelle, on a formulé une hypothèse selon laquelle les femmes recevant un enseignement sur l'une des trois premières méthodes mentionnées ci-dessus souffriraient moins et auraient une guérison plus rapide que les femmes ne connaissant pas ces méthodes. Les résultats sont basés sur des évaluations subjectives de la douleur, la durée de l'avortement, la durée du séjour à la salle de réveil et les analgésiques administrés dans les 24 heures suivant l'avortement. L'échantillon se composait de 40 sujets divisés en 4 groupes. Les sujets des trois premiers groupes ont reçu avant l'avortement un enseignement et un entraînement portant sur l'une des trois méthodes de thérapie cognitive. Les sujets du quatrième groupe ont discuté, avec le chercheur, du modèle de la douleur, de leur expérience antérieure de la douleur et des mesures adoptées dans le passé pour la soulager, mais n'ont reçu aucun enseignement sur des méthodes de soulagement de la douleur. Au cours de l'avortement, le chercheur a aidé les sujets des trois premiers groupes à mettre en pratique la méthode enseignée. On a demandé aux patientes d'évaluer la douleur à la fin de l'intervention et dans la salle de réveil. Le lendemain, on leur a téléphoné pour connaître la quantité et le type d'analgésiques pris à la maison après l'opération.

On n'a pas observé de différence significative entre les quatre groupes pour ce qui a trait à l'évaluation subjective de la douleur, à la rapidité de la guérison ou à l'emploi des analgésiques. La petite taille de l'échantillon (n = 40), l'absence d'un contrôle à l'aveugle des évaluations, et les réactions affectives des patientes à l'avortement ont peut-être influé sur les résultats de l'étude.

Soins infirmiers. L'infirmière travaillant dans le domaine visé par l'étude pourrait y trouver des idées pour de nouvelles recherches. Une étude semblable sur un échantillon plus important, permettrait peut-être de déterminer si les méthodes faisant l'objet de cette étude peuvent soulager efficacement la douleur au cours d'un avortement, ou d'autres interventions de courte durée.

Symptômes digestifs et cycle menstruel

▷ *M. Heitkemper, J.F. Shaver et E.S. Mitchell, «Gastro-*
intestinal symptoms and bowel patterns across the
menstrual cycle in dysmenorrhea», Nurs Res, mars-
avril 1988; 37(2):108-113

Les troubles gastro-intestinaux (nausées, vomissements, diarrhée et autres) peuvent contribuer à la détresse de la femme au cours du cycle menstruel, c'est pourquoi les auteurs de cette étude s'y sont intéressé. Leur but était de situer les troubles digestifs au cours du cycle menstruel et d'établir s'il existe des différences à cet égard entre les femmes souffrant de dysménorrhée et celles qui n'en souffrent pas. L'échantillon se composait de 34 femmes, réparties en deux groupes, dysménorrhéiques (n = 15) et non dysménorrhéiques (n = 19), d'après l'autoévaluation de leurs crampes menstruelles. Le groupe des femmes non dysménorrhéiques a été divisé en deux sous-groupes selon que la femme prenait des contraceptifs oraux (n = 9) ou non (n = 10). L'observation s'est poursuivie pendant deux cycles menstruels. Chaque femme a consigné quotidiennement dans un journal ses symptômes digestifs: fréquence et consistance des selles, présence de nausées, de vomissements, de constipation ou de diarrhée. Le journal comportait une liste de contrôle de six symptômes digestifs: douleurs abdominales, nausée, diarrhée, constipation, augmentation ou diminution de l'apport alimentaire. Les symptômes éprouvés au cours de la menstruation ont été évalués de façon rétrospective, selon huit catégories: douleur, altération de la concentration, modifications du comportement, réactions du système nerveux autonome, rétention aqueuse, affect négatif, excitation, et autres.

Chez les femmes dysménorrhéiques, le cycle menstruel et les règles étaient plus longs que chez les femmes non dysménorrhéiques des deux sous-groupes; toutefois, l'écart n'était significatif que pour la durée du cycle. Dans les trois groupes, les selles étaient plus molles pendant les règles. Les douleurs abdominales ont été signalées plus souvent pendant les règles qu'à tout autre moment du cycle menstruel. Les nausées et la diminution de l'apport alimentaire étaient plus fréquentes chez les femmes dysménorrhéiques au moment des règles, ainsi que les troubles digestifs en général. Enfin, détresse, affect négatif, douleur, modifications du comportement et réactions du système nerveux autonome pendant les règles ont été notés plus souvent par les femmes dysménorrhéiques.

Soins infirmiers. En expliquant aux femmes dysménorrhéiques que l'altération de la fonction digestive est liée aux hormones ou aux prostaglandines, on pourrait peut-être soulager leur anxiété et leur détresse. Les femmes qui prennent des contraceptifs oraux et qui remarquent une modification de leurs selles seront rassurées d'apprendre que ce changement provient de la variation du taux des hormones ovariennes. Enfin, on pourrait tenir compte des modifications de la fonction digestive dans la planification des interventions thérapeutiques.

Lisibilité de l'information sur les contraceptifs

▷ *J. Swanson et coll., «Readability of commercial and*
generic contraceptive instructions», Image: Journal
of Nursing Scholarship, été 1990; 22(2):96-99

Cette étude porte sur la lisibilité du mode d'emploi de différents contraceptifs trouvé dans les notices des fabricants ou les feuillets préparés par le personnel clinique. Son intérêt réside dans le fait que beaucoup d'adolescents et d'adultes ont une capacité de lecture très faible, et que l'échec des moyens de contraception entraîne des grossesses non désirées. Selon des études antérieures, l'analphabétisme fonctionnel contribuerait à une mauvaise utilisation des contraceptifs. On a utilisé six tests de lisibilité normalisés pour analyser les notices des fabricants et la documentation rédigée par le personnel des établissements de santé et les maisons d'édition spécialisées dans l'information sur la santé.

L'étude démontre que les notices des fabricants de contraceptifs oraux exigent une capacité de lecture de l'anglais de 9e, 10e et 11e année; les directives accompagnant les contraceptifs en vente libre exigent une capacité de lecture de 11ᵉ année. Quant à l'information rédigée par le personnel clinique, elle exige une capacité de lecture dépassant la 8ᵉ année. Ces résultats indiquent que l'information écrite sur les contraceptifs exige une capacité de lecture trop élevée pour les adolescents, particulièrement les non-anglophones.

Soins infirmiers. La rédaction des feuillets de renseignement et l'enseignement clinique doivent se fonder sur les besoins de la population visée. L'information doit être claire et rédigée en tenant compte de la capacité de lecture des personnes auxquelles elle s'adresse. Les notices des fabricants ne correspondent pas nécessairement aux besoins des patients cliniques et il faut y ajouter de l'information plus générale. Les fabricants pourraient simplifier leurs notices, ils les rendraient ainsi accessibles à un plus grand nombre de personnes. De même, les rédacteurs pourraient faciliter la tâche du personnel des services de santé en indiquant la capacité de lecture exigée pour comprendre l'information fournie. Un enseignement personnalisé dispensé par des professionnels de la santé, appuyé par de la documentation écrite convenant à la capacité de lecture du sujet, pourrait faire diminuer l'incidence des grossesses non désirées. La formation en soins infirmiers doit préparer les étudiantes à dispenser de l'enseignement aux personnes dont la capacité de lecture est faible et à rédiger de l'information à leur intention. Avant de dispenser de l'enseignement, il conviendrait donc d'évaluer la capacité de lecture du sujet.

Santé de l'appareil reproducteur chez l'homme

▷ J. P. Martin, «*Male cancer awareness: Impact of an employee education program*», Oncol Nurs Forum, janv.-fév. 1990; 17(1):59-64

Cette étude avait pour but d'évaluer l'efficacité d'un programme de sensibilisation des hommes au cancer, à partir d'un échantillon de commodité composé de 663 hommes, tous employés d'une société d'électricité du sud-ouest des États-Unis, qui participaient à un programme offrant de l'information générale sur le cancer et des renseignements précis sur le cancer de la prostate et des testicules; on y abordait les facteurs de risque, les signes et les symptômes, les techniques de dépistage et l'autoexamen des testicules. Avant et après les séances du programme, on a distribué aux sujets un questionnaire portant sur l'expérience antérieure du cancer et l'utilisation des méthodes de dépistage, de même que sur les connaissances et les attitudes touchant le cancer de la prostate et des testicules.

Quatre-vingt-cinq pour cent des sujets qui ont assisté aux séances du programme de sensibilisation ont répondu aux questions portant sur l'expérience antérieure du cancer et les méthodes de dépistage. De ce groupe, 7,8 % seulement ont dit pratiquer l'autoexamen mensuel des testicules et 27,9 % ont dit se soumettre tous les ans à un examen physique. Les questionnaires distribués avant et après les séances ont été remplis par 448 participants. Ils ont permis d'observer une nette amélioration des connaissances, la proportion des réponses exactes aux questions étant passée de 70,2 % à 86,6 %. L'analyse des réponses fournies avant les séances révèle que les sujets avaient des idées fausses sur l'âge auquel on risque d'être atteint du cancer des testicules et sur les facteurs de risque de cancer de la prostate. Les réponses au questionnaire

administré après les séances révèlent que le programme a réussi à corriger les idées fausses, à améliorer les connaissances sur le cancer chez les hommes, et à favoriser le recours à des mesures de promotion de la santé.

Soins infirmiers. Le fait de connaître les mesures de promotion de la santé ne signifie pas nécessairement qu'on les adopte, mais il s'agit néanmoins d'un premier pas. Beaucoup d'hommes manquent de connaissances sur le cancer, d'où l'importance de l'enseignement des infirmières qui travaillent dans les écoles, dans les milieux de travail ou auprès de patients âgés.

▷ D. R. Reno, «*Men's knowledge and health beliefs about testicular cancer and testicular self-examination*», Cancer Nurs, avril 1988; 11(2):112-117

Cette étude avait pour but d'établir les connaissances et les croyances touchant le cancer et l'autoexamen des testicules, de même que la pratique de l'autoexamen des testicules. L'échantillon de commodité se composait de 126 hommes de 18 à 40 ans poursuivant des études collégiales. Des données démographiques ont été relevées. D'après l'hypothèse de l'auteur, l'homme pratique l'autoexamen des testicules quand il se croit susceptible de développer un cancer testiculaire et pense que l'autoexamen lui permettra de le détecter dès son apparition. Pour confirmer cette hypothèse, on a demandé aux sujets de remplir un questionnaire portant sur les connaissances et les croyances au sujet des bienfaits de l'autoexamen et les croyances touchant les risques de cancer des testicules.

Des 126 hommes interrogés, 12 ont dit pratiquer l'autoexamen et 114 ont dit ne pas le pratiquer. Parmi les 12 hommes qui le pratiquaient, seuls 41 % le faisaient une fois par mois et 50 % d'entre eux n'étaient pas sûrs de le faire correctement. Ceux qui ne le pratiquaient pas n'en avaient jamais entendu parler; en outre, tous les répondants ont affirmé que personne ne leur avait montré comment l'effectuer. Des 114 hommes qui ne pratiquaient pas l'autoexamen, 100 ont dit qu'ils le feraient si on leur fournissait l'information nécessaire. On n'a pas observé de différences significatives pour ce qui est des croyances au sujet des risques de cancer des testicules. Quant aux connaissances, elles étaient faibles dans les deux groupes, mais significativement supérieures chez ceux qui pratiquaient l'autoexamen. On a observé une corrélation positive très significative entre la perception des risques de cancer testiculaire et la perception des avantages de l'autoexamen. De même, la perception des risques est en corrélation avec les connaissances sur le cancer testiculaire et l'autoexamen. On n'a pas observé de différences significatives dans les données démographiques entre les hommes qui pratiquaient l'autoexamen et ceux qui ne le faisaient pas. Les résultats confirment donc l'hypothèse de base de l'étude.

Soins infirmiers. Les résultats de l'étude mettent en relief la nécessité de l'enseignement sur le cancer testiculaire, les avantages de l'autoexamen des testicules et la façon correcte d'effectuer cet examen. L'auteur propose d'enseigner la technique de l'autoexamen dès l'adolescence, afin d'instaurer tôt cette mesure de promotion de la santé.

▷ C. Blackmore, «*The impact of orchidectomy upon the sexuality of the man with testicular cancer*», Cancer Nurs, février 1988; 11(1):33-40

Cette étude avait pour but de déterminer si l'ablation d'un testicule à cause d'un cancer affecte la sexualité. Pour ce faire, on a comparé le fonctionnement sexuel de 16 hommes ayant subi une orchidectomie pour une tumeur des cellules germinales du testicule avec celui de 5 hommes ayant subi une orchidectomie unilatérale pour un motif autre que le cancer. Dans tous les cas, l'opération remontait à deux ans ou moins. Un troisième groupe, servant de groupe témoin, était formé de 10 hommes du même groupe d'âge (18 à 45 ans). Les sujets du groupe témoin avaient tous consulté récemment un omnipraticien, mais aucun d'entre eux n'avait d'antécédents de problèmes testiculaires.

On a demandé aux sujets de remplir un questionnaire portant sur les réactions affectives (anxiété, dépression, culpabilité, hostilité, joie, contentement, vigueur et affection), l'image corporelle, les symptômes de psychopathologie, la libido (fréquence du coït, masturbation, fréquence souhaitée ou idéale du coït) et la satisfaction sexuelle. En outre, on a demandé aux sujets des deux premiers groupes d'évaluer l'intensité de leur libido avant l'opération.

On n'a observé aucune différence significative entre les trois groupes, qui ont tous fait état de problèmes sexuels. En comparant la libido postopératoire et l'évaluation rétrospective de la libido préopératoire, on a observé chez les sujets atteints de cancer testiculaire une baisse significative de la libido.

Soins infirmiers. Blackmore recommande donc aux infirmières de continuer à explorer des méthodes d'évaluation de la sexualité afin de mieux comprendre les préoccupations des patients et d'être en mesure de leur proposer des stratégies en cas d'altération de la sexualité. Dans tous les domaines de la pratique des soins infirmiers, il importe de connaître et de comprendre les ramifications psychosociales de la sexualité.

partie **11**

Prise en charge du patient : Principes et difficultés

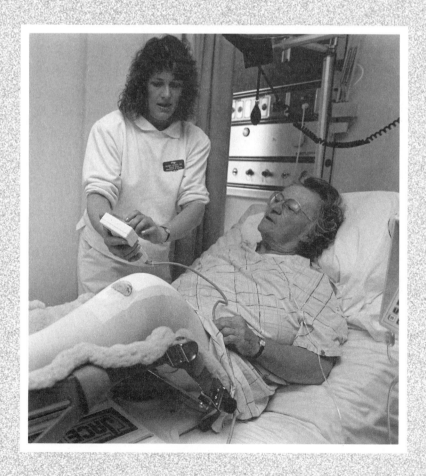

42

RÉADAPTATION : PRINCIPES ET TECHNIQUES

OBJECTIFS D'APPRENTISSAGE

Après avoir étudié ce chapitre, vous devriez être en mesure de réaliser ce qui suit :

1. *Exposer les principes de la réadaptation.*

2. *Définir la démarche multidisciplinaire en réadaptation.*

3. *Reconnaître les réactions émotionnelles normales des patients qui viennent d'être atteints d'une incapacité.*

4. *Appliquer la démarche de soins infirmiers auprès des patients ayant un déficit d'autosoins, une altération de la mobilité, une atteinte à l'intégrité de la peau et une altération de l'élimination.*

5. *Décrire les interventions infirmières destinées à promouvoir l'autonomie dans les activités de la vie quotidienne.*

6. *Décrire les interventions infirmières destinées à promouvoir la mobilité, la locomotion ainsi que l'utilisation des aides compensatoires.*

7. *Décrire les causes des escarres de décubitus et les interventions infirmières destinées à les prévenir.*

8. *Intégrer dans le plan de soins aux patients atteints d'incontinence urinaire ou fécale des mesures de rééducation vésicale et intestinale.*

9. *Décrire la réintégration dans le milieu pour les patients qui retournent à domicile ou vont dans un centre de soins prolongés.*

PRINCIPES DE LA RÉADAPTATION

Le mérite ne se mesure pas à la hauteur atteinte, mais plutôt à la distance parcourue en tenant compte des obstacles à franchir.
— Archibald Rutledge

La réadaptation est un processus dynamique, axé sur le recouvrement de la santé et mis en œuvre pour permettre aux personnes malades ou handicapées de fonctionner le mieux possible sur les plans physique, mental, spirituel, social et économique. La réadaptation vise à aider ces personnes à acquérir une qualité de vie acceptable dans la dignité, le respect de soi et l'autonomie, en leur enseignant comment utiliser leurs ressources et leurs capacités pour s'adapter à leur situation et l'accepter. La réadaptation est donc axée sur les *capacités, non sur les incapacités*. L'adaptation réelle à une incapacité ne peut se faire de façon superficielle ; elle exige une révision, et parfois même une redéfinition des valeurs.

Les membres de l'équipe de réadaptation travaillent en collaboration avec le patient pour lui permettre de recouvrer la plus grande autonomie possible : ils travaillent tant à partir des caractéristiques qui lui sont propres qu'à partir des caractéristiques communes à tous les êtres humains. Ils l'incitent à participer activement et l'encouragent à puiser la force nécessaire dans ses ressources intérieures pour se donner une qualité de vie satisfaisante. Ils lui apprennent également à s'adapter à ses difficultés et à goûter les joies de l'existence.

La réadaptation fait partie intégrante des soins infirmiers et doit être entreprise dès les premiers contacts avec le patient. Comme toute maladie grave peut entraîner une incapacité, *les soins doivent essentiellement reposer sur les principes de la réadaptation,* qui visent principalement à permettre, le plus rapidement possible, le recouvrement de l'autonomie ou des fonctions qui existaient avant la maladie. Si cet objectif ne peut être atteint, on tentera de donner au patient la plus grande autonomie possible dans sa situation ainsi qu'une qualité de vie acceptable. Pour établir son programme de réadaptation, on établira des objectifs réalistes basés sur l'évaluation du patient.

En réadaptation le patient est un partenaire. Il doit collaborer à l'établissement des objectifs et participer activement à sa réadaptation. Le personnel infirmier l'assistera dans l'exécution de ses activités quotidiennes. Il est encouragé à porter ses propres vêtements, car ceux-ci évoquent pour lui la santé et le bien-être, et rehaussent son estime et son respect de soi. Le programme de réadaptation stimule le patient, l'aide à devenir socialement autonome et à réintégrer, si possible, le marché du travail. C'est avec le soutien des membres de l'équipe de réadaptation que le patient se réalisera pleinement.

Les programmes de réadaptation s'adressent aux personnes atteintes d'une incapacité physique aussi bien qu'à celles qui souffrent d'une déficience mentale ou psychologique. Il existe également des programmes de réadaptation cardiaque et pulmonaire.

Le recours aux services de réadaptation ne peut aller qu'en augmentant, car les progrès technologiques permettent maintenant de sauver la vie de personnes gravement malades ou ayant d'importantes déficiences. Tous ceux qui en ont besoin, peu importe leur âge, leur condition socioéconomique ou leur maladie, ont droit à ces services. Sans la réadaptation, la guérison est plus lente, les capacités résiduelles ne sont pas développées, l'incapacité se complique à cause des contractures ou autres pertes, et le patient éprouve plus de douleur et de malaise.

La réadaptation offre des avantages économiques incontestables, puisqu'elle permet à des personnes qui seraient autrement sans emploi ou dépendantes de la société de réintégrer le marché du travail et de prendre une part active à la vie de leur collectivité.

GÉRONTOLOGIE

Les personnes âgées craignent par-dessus tout de perdre leur autonomie. Le fait d'être capable d'exécuter une tâche, si simple soit-elle, est très important pour les personnes âgées. Les objectifs de réadaptation à court terme de ces personnes doivent donc comprendre le maintien de l'autonomie, ce qui nécessite la collaboration de tous les membres de l'équipe

soignante. Il faut encourager les personnes âgées à prendre des décisions et à accomplir des tâches utiles et valorisantes. Il est possible qu'elles mettent plus de temps que les plus jeunes à apprendre comment effectuer les autosoins, les exercices, les techniques de transfert et à retrouver leur mobilité. Les programmes de réadaptation à leur intention doivent tenir compte des multiples pathologies, des capacités physiologiques amoindries, des problèmes de mobilité et d'équilibre, et de la diminution des facultés mentales. Les personnes très âgées ont généralement besoin de beaucoup de services de soutien.

CONSÉQUENCES PSYCHOLOGIQUES DE L'INCAPACITÉ

Toute déficience physique entraîne une perturbation de l'image corporelle et des conséquences psychologiques profondes. Le patient est à tout le moins bouleversé quand il prend conscience de ses incapacités. La forme de son corps et sa posture peuvent être altérées et ses capacités d'interaction sociale perturbées. Sa place au sein de la famille et de la société peut également être compromise. Souvent, il se dévalorise et se considère comme un citoyen de seconde zone. Bref, il se sent différent.

Selon la personnalité du patient, son travail, son milieu culturel, sa situation sociale et le soutien qu'il reçoit des personnes clés dans sa vie, l'incapacité sera un simple inconvénient, une épreuve ou une tragédie. L'estime de soi, le sentiment d'avoir le pouvoir d'agir et de décider, la force morale et le soutien social sont d'importants facteurs dans l'adaptation à une incapacité.

RÉACTIONS ÉMOTIONNELLES À L'INCAPACITÉ PHYSIQUE

La personne qui vient d'être atteinte d'une incapacité vit un deuil. Elle éprouve une série de réactions émotionnelles. Souvent, elle est d'abord déconcertée et bouleversée ; c'est le choc. Ensuite elle refuse d'accepter la réalité ; c'est le déni. Elle est dans un état conflictuel et doit envisager les difficultés inhérentes à la perte d'autonomie et d'estime de soi. Elle craint de plus que son intégrité personnelle et familiale ne soit menacée. Il se peut aussi qu'elle refuse d'accepter ses limites. Parfois, elle espère à tort une guérison rapide et, à cause de ses faux espoirs, n'entend que ce qu'elle veut bien entendre. Elle devient égocentrique et a des exigences puériles. Son refus d'accepter la situation peut lui être utile pendant un certain temps, mais elle devra tôt ou tard affronter la réalité.

Vient ensuite l'étape du chagrin et de la dépression où le patient pleure la perte fonctionnelle ou corporelle. (La dépression peut aussi avoir pour cause une privation sensorielle ou un manque de stimulation.) On note généralement à cette étape un changement de comportement, le plus souvent une régression. Il semble qu'il faille traverser cette phase de deuil pour s'adapter à une incapacité, car elle permet de réfléchir à la signification de la perte et fait partie du processus émotionnel de réadaptation. Par conséquent, le personnel soignant ne doit pas tenter importunément de dérider le patient, ce qui pourrait provoquer chez lui une extrême hostilité et un comportement «difficile». Il doit plutôt encourager le patient à exprimer ses sentiments sur sa perte.

Le patient peut ensuite passer par une phase de colère ou de révolte. Il rejette alors le blâme sur son entourage et s'aliène ainsi les membres de sa famille et du personnel soignant. Ceux-ci peuvent céder à ses demandes ou s'éloigner de lui.

Finalement la phase d'adaptation ou d'acceptation suit les étapes du choc, du déni, de la dépression, et de la révolte. Avec le temps, le patient s'habitue à son état et est capable de mieux l'accepter. Il redéfinit son image corporelle et oriente ses énergies vers l'amélioration de ses capacités physiques.

Le patient est maintenant en mesure d'accepter un certain degré de dépendance et d'admettre qu'il a besoin d'aide pour effectuer des tâches qui lui étaient auparavant faciles. Il commencera à se rendre compte que le désespoir est vain, et il sait qu'il doit s'adapter à sa nouvelle situation et modifier ses objectifs en conséquence.

Pour qu'il y ait adaptation, il faut que le patient accepte les limites imposées par son incapacité et qu'il participe à son programme de réadaptation de façon pleine et entière. Ce n'est qu'à partir de ce moment qu'il peut commencer à regarder vers l'avenir et à se fixer des objectifs réalistes.

Il importe toutefois de savoir que le cheminement à travers ces différentes étapes du deuil n'est pas toujours linéaire. De nombreux patients oscillent entre l'acceptation et le chagrin, de sorte qu'ils ont des crises de colère et de dépression longtemps après la période normale de chagrin. Chaque changement de situation (retour à la maison, début de la réadaptation professionnelle, amorce d'une nouvelle relation) rappelle à la personne ses incapacités, son image corporelle modifiée et le caractère permanent de son état. Elle aura besoin d'expériences sociales satisfaisantes pour renforcer son estime de soi.

Certains patients refusent d'accepter leur incapacité et gaspillent leurs énergies à se rebeller inutilement. D'autres nient leur incapacité et refusent de faire les efforts nécessaires pour s'adapter à leur situation. D'autres encore ont des réactions exagérées et font semblant d'être joyeux et courageux. On pourrait croire que le déni est une réaction saine, mais il implique souvent un rejet total de la déficience, de sorte que le patient refuse de faire ce qui pourrait lui être utile. Un patient qui ne réagit pas au moment opportun éprouve probablement des difficultés d'adaptation et peut avoir besoin de l'aide d'un spécialiste (psychologue ou psychiatre). (Consulter le chapitre 10 pour plus de renseignements sur les réactions à la maladie et les stratégies d'adaptation.)

FATIGUE

Les personnes atteintes d'une incapacité souffrent en outre de fatigue, car l'incapacité complique la vie quotidienne et entraîne des frustrations qui épuisent le corps et l'esprit. Pour certains, la peur de tomber est toujours présente. Les déplacements sont extrêmement pénibles et exigent des efforts de

tous les instants. La marche avec des béquilles ou un appareil orthopédique nécessite une dépense considérable d'énergie.

On trouvera ci-dessous une série de conseils utiles que l'infirmière pourra utiliser pour enseigner aux patients à réduire leur dépense d'énergie et à conserver leurs forces pour améliorer leur qualité de vie.

Bien définir ses objectifs et ses priorités
- Établir un ordre de priorités; éliminer les activités non essentielles.
- Planifier ses activités et les espacer.
   Planifier chacune de ses journées.
   Répartir les tâches difficiles tout au long de la semaine.
   Organiser son travail : garder le matériel nécessaire à portée de la main.
   Placer le travail à faire devant soi.
- Se reposer avant d'entreprendre une tâche difficile.
- Interrompre ses activités avant que la fatigue ne se fasse sentir.
- Poursuivre le programme d'exercices de renforcement musculaire.

Aménager son environnement
- Essayer d'être bien organisé.
- Placer ses objets personnels à un endroit précis de façon à pouvoir les retrouver facilement.
- Placer les accessoires dont on a besoin dans une boîte ou un panier (objets de toilette, matériel nécessaire aux travaux manuels ou à d'autres travaux).
- Utiliser des techniques de conservation de l'énergie et de simplification du travail.
- Utiliser des aides compensatoires.
- Prendre des mesures de sécurité.

Prendre sa vie en main
- Accepter les difficultés inhérentes à l'incapacité.
- Mettre en valeur ses points forts.
- Éviter de se replier sur soi-même.
- Chercher des façons ingénieuses de surmonter ses difficultés.
- Maintenir et améliorer son état de santé général.
- Se ménager des loisirs.

SEXUALITÉ

Le terme «sexualité» désigne plus qu'une simple activité biologique. Il englobe les notions de féminité et de masculinité, de même que les réactions envers les autres et la perception que les autres ont de soi. La sexualité prend plusieurs formes : affection, compassion, partage et intimité.

De plus en plus, on reconnaît que les personnes handicapées ont des problèmes et des besoins sexuels. Toutefois, elles hésitent à en parler car on considère généralement que les questions d'ordre sexuel sont du domaine privé. D'autre part, les professionnels de la santé sont tellement préoccupés par la réadaptation physique de leur patient (soit le recouvrement de son autonomie) qu'ils ont tendance à oublier parfois que la sexualité fait partie intégrante de sa personnalité. Or, il est essentiel de reconnaître et de régler les problèmes sexuels de la personne atteinte d'une incapacité, car la réadaptation n'est complète que si elle est globale et que la personne retrouve sa valeur personnelle. Les professionnels de la santé, les familles et la société ne doivent pas oublier que les personnes handicapées sont des êtres humains sexués qui ont besoin d'avoir une vie sociale et sexuelle.

Les personnes atteintes d'une incapacité manquent d'information sur la sexualité et ont peu d'occasions de se faire de nouveaux amis ou d'établir des relations amoureuses. Elles présentent souvent une faible estime d'elles-mêmes et manquent d'assurance en société.

Les problèmes sexuels doivent être déterminés sur une base individuelle. Il faut inviter le patient à parler de ses appréhensions à cet égard. Il est possible que celui-ci ait besoin d'une éducation sexuelle spéciale et doive améliorer son aptitude à communiquer, son savoir-faire social et sa confiance en soi. S'il y a lieu, il peut avoir recours aux services d'un sexologue. Les cours, les livres, les films et les groupes de soutien peuvent également lui être utiles. (Consulter le chapitre 45 pour des renseignements supplémentaires sur la sexualité.)

ÉQUIPE DE RÉADAPTATION

La réadaptation est un processus dynamique qui exige une collaboration étroite entre une équipe de professionnels, le patient et sa famille. Les membres de l'équipe de réadaptation appartiennent à différentes disciplines, et chacun d'eux apporte une contribution particulière. Ils font chacun une évaluation du patient et déterminent ses besoins en fonction de leur spécialité. Ils établissent des objectifs communs et se réunissent fréquemment pour échanger leurs observations, évaluer les progrès de la réadaptation et modifier les objectifs s'il y a lieu.

Le *patient* est le membre le plus important de cette équipe. C'est vers lui que sont axés tous les efforts, et c'est lui qui détermine le résultat final de ces efforts. Il participe à l'établissement des objectifs, il apprend à fonctionner en utilisant les capacités qui lui restent et à s'adapter à son incapacité. Les autres membres de l'équipe l'aident à retrouver son autonomie, sa dignité et une qualité de vie acceptable.

La *famille du patient* doit également faire partie de l'équipe car, étant une entité dynamique, elle est nécessairement affectée par l'incapacité de l'un de ses membres et doit s'adapter aux changements que provoque cette incapacité. La famille peut offrir un soutien constant à la personne handicapée, participer au processus de résolution des problèmes et apprendre à prodiguer les soins courants.

L'*infirmière en réadaptation* doit établir une relation thérapeutique et de confiance avec le patient et sa famille. Elle aide le patient à satisfaire à ses besoins et elle met constamment l'emphase sur ses forces et ses atouts. Elle doit l'écouter activement, l'encourager et se réjouir avec lui de ses succès. Elle le félicite des efforts qu'il fait pour améliorer son image de soi et être le plus autonome possible dans ses soins.

En appliquant la démarche de soins infirmiers, l'infirmière établit un plan de soins destiné à faciliter la réadaptation, à favoriser le recouvrement et le maintien d'un niveau de santé optimal, et à prévenir les complications. Elle aide le patient à reconnaître ses forces, à inventorier ses succès passés et à établir de nouveaux objectifs. Généralement, l'infirmière intervient sur les plans de l'adaptation à l'incapacité, de l'autonomie dans les soins personnels, de la mobilité, des soins cutanés et du traitement des problèmes d'élimination urinaire et intestinale. L'infirmière joue le rôle de soignante, d'enseignante, de conseillère, de porte-parole du patient et de consultante. Elle est souvent chargée de la coordination de l'ensemble du programme de réadaptation.

Le *médecin traitant* est chargé du diagnostic et du traitement. C'est lui qui dirige et coordonne le programme thérapeutique.

Le *physiatre* est un médecin spécialiste en médecine physique et en réadaptation. Il est chargé d'évaluer le potentiel physique du patient, d'établir les objectifs de réadaptation, de prescrire les traitements dans les cas de troubles de la fonction neuromusculosquelettique et de superviser le programme de rééducation physique.

Le *physiothérapeute* utilise divers moyens et exercices pour renforcer les muscles affaiblis, diminuer la spasticité et rééduquer les muscles. Sous sa direction, le patient apprend à se déplacer et à améliorer au maximum sa mobilité.

L'*ergothérapeute* a pour fonction d'aider la personne à effectuer les activités de la vie quotidienne malgré son incapacité. Pour ce faire, il met au point des activités pratiques destinées à améliorer la force et la coordination du patient, lui enseigne des méthodes pour réduire sa dépense d'énergie et simplifier son travail, conçoit des adaptations et recommande des aides compensatoires.

L'*orthophoniste* fait la rééducation verbale. Il aide la personne atteinte d'un trouble du langage à rétablir une communication efficace avec son entourage. De plus, il participe au diagnostic et au traitement de la dysphagie (difficulté à avaler).

Le *psychologue* évalue les capacités cognitives, la perception et le comportement du patient, de même que son degré de motivation, ses valeurs et son attitude face à son incapacité. Il aide le patient et sa famille à surmonter les difficultés engendrées par l'incapacité. De plus, il aide souvent les membres du personnel à maîtriser le stress associé à leur travail.

Le *travailleur social* est chargé d'évaluer la situation socioéconomique du patient (mode de vie, mécanismes d'adaptation, ressources, réseaux de soutien). Il a aussi pour fonction de donner au patient et à sa famille des renseignements concernant les prestations d'invalidité et autres questions financières et de faciliter la réintégration sociale du patient après son départ du centre de réadaptation.

Le *conseiller d'orientation* intervient quand la nature de l'incapacité impose un changement de carrière. Il a pour tâche de déterminer les intérêts et les aptitudes du patient et de lui conseiller des cours de formation professionnelle, des modifications à apporter à son travail ou des possibilités d'emploi.

L'*orthésiste* et le *prothésiste* conçoivent et fabriquent les orthèses et les prothèses (membres, articulations, prothèses oculaires, mammaires). Ils sont aussi chargés d'ajuster ces appareils et d'enseigner aux patients à les utiliser.

L'*ingénieur en rééducation fonctionnelle* met à profit la science et la technologie pour concevoir et fabriquer des appareils destinés à aider les personnes atteintes d'une incapacité grave à fonctionner de façon aussi autonome et productive que possible. De nombreuses aides électroniques existent actuellement, notamment des aides visuelles et des aides à la motricité pour les non-voyants, des appareils destinés aux personnes atteintes de déficience auditive, tactile ou verbale, de même que toutes sortes d'aides à la manipulation et à la motricité.

Le *sexologue* a pour tâche d'aider les personnes handicapées qui éprouvent des problèmes liés à la sexualité. Ce rôle peut aussi être assumé par le psychologue, l'infirmière ou le travailleur social.

ÉVALUATION DU POTENTIEL DE RÉADAPTATION

Il est essentiel que les membres de l'équipe de réadaptation dressent un profil complet du patient avant d'établir un plan d'intervention personnalisé. Leur évaluation touche les aspects physiologique, psychologique, socioéconomique et les capacités cognitives fonctionnelles du patient, son comportement, ainsi que son milieu familial et professionnel.

L'infirmière procède quant à elle à sa collecte de données dans une optique holistique qui englobe les domaines physique, mental, émotionnel, spirituel, social et économique. L'infirmière en réadaptation concentre son attention sur les stratégies d'adaptation, les capacités fonctionnelles, la mobilité, l'intégrité de la peau ainsi que la régulation vésicale et intestinale.

L'infirmière considère le patient en tant qu'individu et en tant que membre d'une famille. Comme les réactions à une incapacité fonctionnelle ou à une perte physique diffèrent d'une personne à l'autre, elle doit déterminer comment chaque patient et chaque famille perçoivent l'incapacité et connaître leurs stratégies d'adaptation.

La collecte de données sur les capacités fonctionnelles du patient est aussi un élément important des soins infirmiers de réadaptation. L'infirmière évalue dans quelle mesure le patient est capable de satisfaire à ses besoins, de s'alimenter, de se laver et d'effectuer ses soins d'hygiène, de se vêtir et de soigner son apparence, et de se mouvoir. La mobilité repose sur le mouvement des articulations, la force musculaire et l'intégrité du système nerveux. Les incapacités les plus susceptibles de provoquer une perte de fonctionnement sont celles qui touchent l'appareil locomoteur, le système nerveux et l'appareil cardiovasculaire. L'infirmière doit également recueillir des données sur les problèmes reliés à l'incapacité, comme l'atrophie musculaire et la baisse de la condition physique, qui peuvent aussi affecter le potentiel de réadaptation. L'infirmière évalue aussi les forces résiduelles du patient.

Pour évaluer les capacités fonctionnelles du patient, l'infirmière l'observe pendant qu'il effectue une activité (manger ou s'habiller par exemple), note son degré d'autonomie, le temps qu'il prend et l'aide dont il a besoin, sa capacité de se mouvoir ainsi que son degré de coordination et d'endurance.

Les capacités fonctionnelles peuvent être évaluées à l'aide de nombreux indices et échelles, qui servent généralement à déterminer l'aptitude à s'acquitter des activités de la vie quotidienne de façon autonome, à se mouvoir et à communiquer. Les centres de réadaptation utilisent ces échelles pour l'évaluation initiale du patient et pour évaluer ses progrès par la suite.

L'*échelle PULSES* (sigle anglais formé des premières lettres des différents champs d'évaluation) permet d'apprécier la condition physique (bilan santé-maladie), le fonctionnement des membres supérieurs (alimentation, soins d'hygiène), le fonctionnement des membres inférieurs (déplacement, marche), les fonctions sensorielles (vue, ouïe, langage), l'élimination vésicale et intestinale et les facteurs socioéconomiques (soutien social et financier). Les scores vont de 1 pour autonome à 4 pour très dépendant.

L'*index de Barthel* est utilisé pour mesurer le degré d'autonomie du patient dans l'exécution de ses activités quotidiennes (s'alimenter, se laver, se vêtir, soigner son apparence), et pour évaluer le contrôle des sphincters, la capacité de se déplacer et de circuler (en marchant ou en fauteuil roulant). Cette échelle ne tient pas compte des capacités cognitives et de communication.

L'*échelle de mesure de l'indépendance fonctionnelle (MIF)* sert à évaluer le degré d'autonomie dans six domaines : autosoins, contrôle des sphincters, mobilité, locomotion, communication et capacités cognitives.

Le *PECS* (Patient Evaluation Conference System) se divise en 15 catégories. Il s'agit d'une échelle très complète qui tient compte en plus, de la médication, de la douleur, de l'alimentation, de l'utilisation d'aides compensatoires, de l'état psychologique, de la profession et des loisirs.

L'infirmière doit également recueillir des données sur les risques d'atteinte à l'intégrité de la peau et aux modes d'élimination urinaire et fécale, car la prévention des lésions cutanées est essentielle à la santé du patient. Il importe de dépister et de traiter les problèmes d'élimination pour que le patient puisse conserver sa dignité et son respect de soi.

 ## DÉMARCHE DE SOINS INFIRMIERS
INCAPACITÉ (TOTALE OU PARTIELLE) D'EFFECTUER LES ACTIVITÉS DE LA VIE QUOTIDIENNE

Les activités de la vie quotidienne (AVQ) sont les autosoins que le patient doit effectuer tous les jours pour répondre à ses besoins et aux exigences de la vie quotidienne. Se laver et effectuer ses soins d'hygiène, se vêtir et soigner son apparence, s'alimenter et utiliser les toilettes comptent parmi les activités qui ne peuvent être exécutées sans aide par de nombreux patients. Par conséquent, on doit entreprendre un programme de réapprentissage des activités de la vie quotidienne dès le début de la réadaptation, car la capacité d'effectuer ces activités sans aide est souvent la clé de l'autonomie et un facteur essentiel au retour à la maison et à la réintégration sociale.

▷ Collecte des données

L'infirmière doit évaluer l'aptitude du patient à effectuer les activités de la vie quotidienne, déterminer son degré d'autonomie et les interventions infirmières dont il a besoin. Elle peut procéder à cette évaluation en observant le patient. Pour se laver, il faut être capable de manipuler les robinets, de réunir les objets nécessaires, de se dévêtir et de se sécher après le bain. Pour se vêtir et soigner son apparence, il faut être en mesure de choisir, d'enfiler et d'attacher les vêtements, de les enlever et de se peigner. Pour s'alimenter, il faut être en mesure de choisir les aliments, de prendre des ustensiles et

Encadré 42-1
Directives pour l'enseignement des activités de la vie quotidienne

1. Déterminer le but de l'activité avec le patient en faisant preuve de réalisme. Fixer des objectifs qui pourront être atteints à court terme.
2. Inventorier différentes façons d'accomplir la tâche. (Exemple: Il existe plus d'une façon d'enfiler un vêtement.)
3. Choisir la méthode la plus susceptible de réussir.
4. Consigner la méthode choisie dans le plan de soins et inscrire dans les notes d'observation dans quelle mesure le patient est capable de l'exécuter.
5. Déterminer les mouvements nécessaires à la réalisation de l'activité. (Exemple: Pour saisir un verre, on étend le bras, on ouvre la main, on entoure le verre avec les doigts, on lève le bras qui tient le verre à la verticale, on fléchit le bras vers le corps.)
6. Commencer par faire exécuter des mouvements faisant appel à la motricité grossière, puis inclure graduellement des mouvements faisant travailler la motricité fine. (Exemples: Boutonner un vêtement, manger avec une fourchette.)
7. Encourager le patient à aller au bout de ses capacités.
8. Vérifier la tolérance du patient à l'activité.
9. Réduire au maximum les frustrations et la fatigue.
10. Féliciter le patient de ses efforts et de ses réalisations.
11. Aider le patient à effectuer l'activité dans un cadre réel.

de les porter à la bouche, de mastiquer les aliments et de les avaler. Pour utiliser les toilettes, il faut être capable de s'y rendre, d'ouvrir sa braguette ou de baisser sa culotte, de s'asseoir sur la toilette, de s'essuyer, de se relever et de se laver les mains. Si le patient peut s'asseoir et lever les mains jusqu'à sa tête, il est probablement en mesure de se laver et de s'alimenter. Se vêtir exige de l'équilibre, une certaine force musculaire et de la coordination. Utiliser les toilettes exige que l'on puisse se déplacer et se vêtir.

Les échelles d'évaluation du niveau de fonctionnement peuvent être utiles pour apprécier et noter le degré d'autonomie dans l'exercice des activités de la vie quotidienne. L'infirmière doit également connaître l'état général du patient, ses capacités fonctionnelles et ses objectifs thérapeutiques. Elle doit tenir compte du soutien que le patient peut recevoir de sa famille pour fixer des objectifs et élaborer un plan de soins.

▷ Analyse et interprétation des données

À partir des données recueillies, voici les principaux diagnostics infirmiers possibles:

- Incapacité (partielle ou totale) de se laver et d'effectuer ses soins d'hygiène; de se vêtir et de soigner son apparence; et/ou de s'alimenter et d'utiliser les toilettes reliée à une incapacité fonctionnelle (paralysie, amputation, déficience physique).

▷ Planification et exécution

▷ *Objectifs de soins*: Le patient sera capable de se laver et d'effectuer ses soins d'hygiène, seul ou avec de l'assistance, en utilisant les aides compensatoires nécessaires. Il sera capable de se vêtir et de soigner son apparence, seul ou avec de l'assistance, en utilisant les aides compensatoires nécessaires. Il sera capable de s'alimenter, seul ou avec de l'assistance, en utilisant les adaptations nécessaires. Il sera aussi capable d'utiliser les toilettes, seul ou avec de l'assistance, en utilisant les aides compensatoires nécessaires.

▷ Interventions infirmières

▷ *Se laver/effectuer ses soins d'hygiène, se vêtir/soigner son apparence, s'alimenter, utiliser les toilettes.* La motivation est essentielle à l'apprentissage des méthodes d'autosoins. Il faut donc encourager le patient à faire sans aide tout ce dont il est capable. D'autre part, il faut aussi l'aider à reconnaître ce qu'il ne peut faire seul sans danger. *Il est très important qu'il sache quand demander de l'aide.*

Pendant que le patient tente d'acquérir le plus d'autonomie possible dans ses soins personnels, il incombe à l'infirmière de lui enseigner des méthodes efficaces pour y arriver, de le guider dans son apprentissage et de soutenir ses efforts. De l'assistance et des directives cohérentes facilitent l'apprentissage. Il faut noter comment le patient accomplit la tâche afin d'évaluer ses progrès, de le motiver et de l'encourager. (Voir l'encadré 42-1: Directives pour l'enseignement des activités de la vie quotidienne.)

Figure 42-1. Courroie universelle. Elle sert à retenir les ustensiles, la brosse à dents ou le peigne pour favoriser l'autonomie des personnes dont l'usage des mains est limité.

Les techniques d'autosoins doivent être adaptées en fonction des besoins du patient et de son mode de vie. Une manipulation simple exige souvent de la concentration et des efforts considérables de la part d'une personne atteinte d'une incapacité. Il est donc nécessaire de faire preuve de beaucoup de sens pratique et d'un peu d'ingéniosité. Il importe de se rappeler qu'il existe plus d'une façon d'accomplir une tâche donnée. Ainsi, un patient peut se pencher vers l'avant pour toucher sa tête s'il ne peut le faire en position droite.

Un patient qui a de la difficulté à effectuer une activité de la vie quotidienne peut utiliser une aide compensatoire. Il existe dans le commerce une grande variété de ces adaptations, mais les infirmières, les ergothérapeutes, le patient lui-même ou un membre de sa famille peuvent en fabriquer. Par exemple, la courroie universelle (figure 42-1) peut améliorer l'autonomie des personnes qui ont de la difficulté à utiliser leurs mains. Elle permet en effet de retenir un ustensile, une brosse à dents, un peigne ou autre objet d'usage courant. Un peigne à long manche ou un chausse-pied peuvent aussi être utiles. Pour permettre à une personne handicapée de manger sans aide, il suffit parfois de recouvrir le manche d'une cuillère d'un coussinet en caoutchouc mousse. Les brosses à dents électriques permettent souvent de faciliter l'hygiène dentaire des personnes qui ont de la difficulté à bouger les bras, les mains et les poignets. Des attaches en velcro sur les vêtements et les chaussures peuvent remplacer les boutons, les fermetures éclair et les lacets. Les infirmières devraient se tenir au courant des plus récents progrès dans le domaine des aides techniques afin d'être en mesure de recommander à leurs patients, avec discernement et prudence, les aides qui pourraient leur être utiles.

Il existe aussi un vaste choix d'aides techniques informatisées destinées aux patients ayant des incapacités importantes. On peut obtenir de l'information sur le matériel et les aides techniques en s'adressant au Centre régional d'information de démonstration et d'évaluation des aides techniques (CRIDEAT).

Dans le cas des personnes ayant de multiples incapacités, il est peut être utopique de vouloir atteindre l'autonomie dans les soins personnels. Ces personnes devront peut-être obtenir de l'aide de leur Centre local de services communautaires ou d'un organisme privé car, à cause de leurs obligations, les membres de leur famille ne sont pas nécessairement capables de les assister dans ces tâches. Il faut alors les aider à accepter cette dépendance et mettre davantage l'accent sur leur autonomie dans d'autres domaines, comme les relations interpersonnelles, afin d'augmenter leur estime de soi, de faciliter l'exercice de leur rôle social et de renforcer leur identité personnelle.

Encadré 42-2
Amplitude des mouvements (de gauche à droite, par articulation)

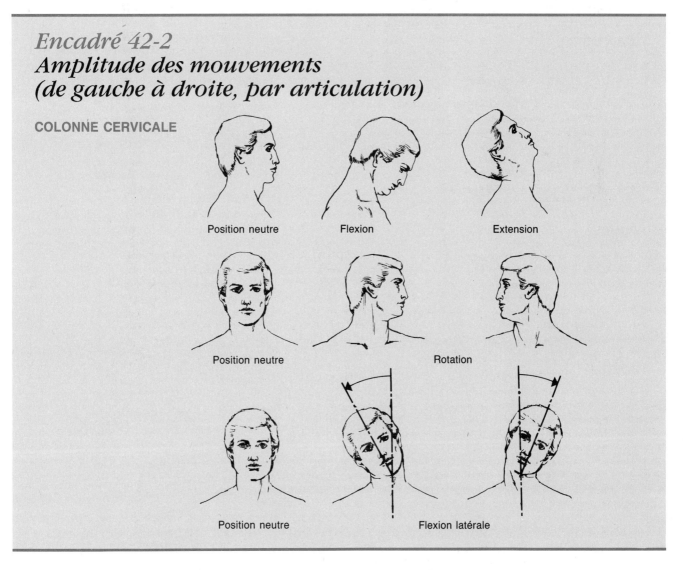

COLONNE CERVICALE

Position neutre   Flexion   Extension

Position neutre   Rotation

Position neutre   Flexion latérale

Encadré 42-2 (suite)

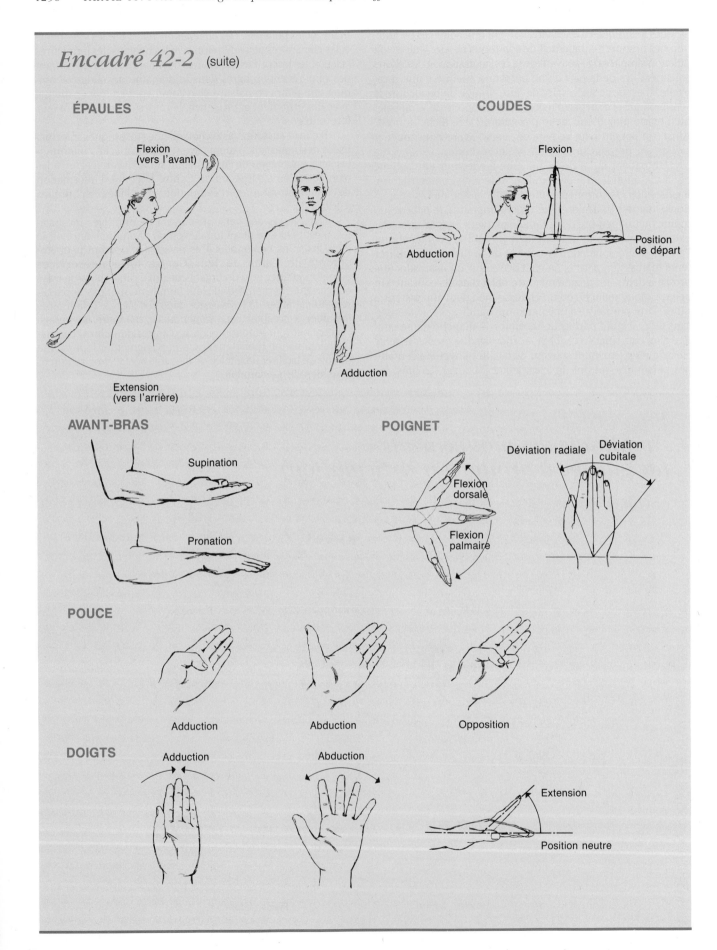

Encadré 42-2 (suite)

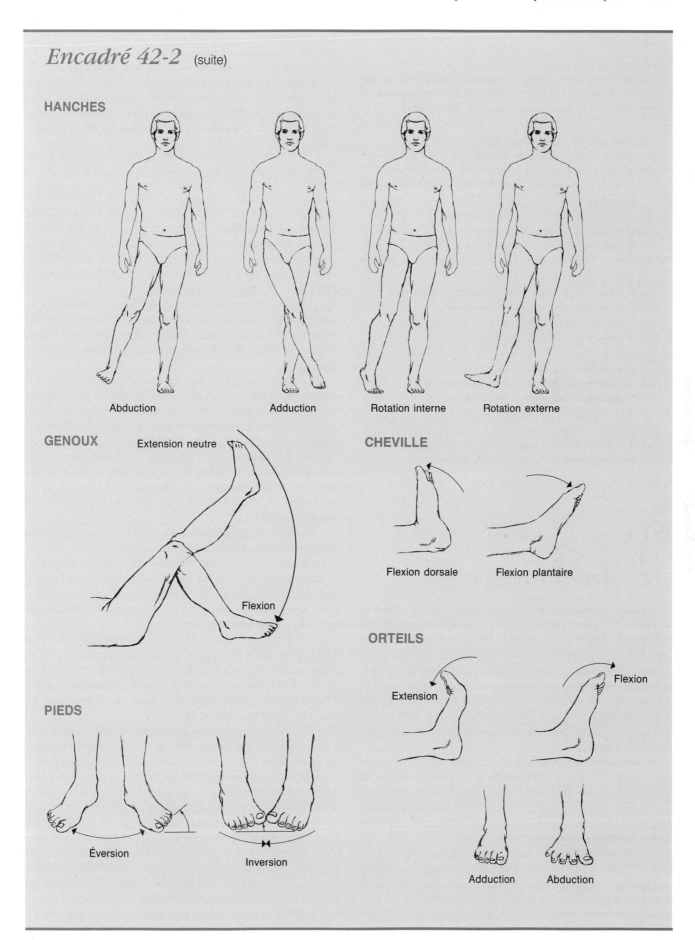

HANCHES

Abduction   Adduction   Rotation interne   Rotation externe

GENOUX

Extension neutre

Flexion

CHEVILLE

Flexion dorsale   Flexion plantaire

ORTEILS

Extension   Flexion

PIEDS

Éversion   Inversion

Adduction   Abduction

▷ *Évaluation*

Résultats escomptés

1. Le patient se lave et effectue ses soins d'hygiène seul ou avec de l'assistance, en utilisant les aides techniques nécessaires.
   a) Il se lave de façon aussi autonome que possible.
   b) Il utilise efficacement les aides adaptées.
   c) Il est satisfait de son degré d'autonomie.
2. Le patient se vêt et soigne son apparence seul ou avec de l'assistance, en utilisant les aides compensatoires nécessaires.
   a) Il se vêt et soigne son apparence de façon aussi autonome que possible.
   b) Il utilise efficacement les aides adaptées.
   c) Il est satisfait de son degré d'autonomie.
   d) Il manifeste plus d'intérêt pour son apparence.
3. Le patient s'alimente seul ou avec de l'assistance, en utilisant les aides compensatoires nécessaires.
   a) Il s'alimente de façon aussi autonome que possible.
   b) Il utilise efficacement les aides adaptées.
   c) Il manifeste plus d'intérêt pour la nourriture.
   d) Il s'assure d'un apport nutritionnel adéquat.
4. Le patient utilise les toilettes seul ou avec de l'assistance, en se servant des aides techniques nécessaires.
   a) Il utilise les toilettes de façon aussi autonome que possible.
   b) Il utilise efficacement les aides adaptées.
   c) Il est satisfait de son degré d'autonomie.
   d) Il a des mictions et des selles à une fréquence adéquate.
   e) Il ne présente pas d'incontinence, de constipation, d'infections urinaires ni d'autres complications.

▶ *DÉMARCHE DE SOINS INFIRMIERS*
ALTÉRATION DE LA MOBILITÉ PHYSIQUE

Les personnes malades ou blessées sont souvent alitées et doivent restreindre leurs activités. L'immobilité entraîne des problèmes, dont une diminution du tonus musculaire, des contractures et des déformations. Chaque articulation a une amplitude de mouvement normale (encadré 42-2). Si cette amplitude est réduite, le fonctionnement de l'articulation et des muscles qui exécutent le mouvement est altéré, ce qui peut provoquer de douloureuses déformations. L'infirmière doit savoir quelles situations sont susceptibles d'entraîner des complications de ce genre.

L'infirmière qui travaille en réadaptation voit très fréquemment des problèmes d'altération de la mobilité. L'incapacité de se déplacer sans aide peut être temporaire ou permanente. L'infirmière doit donc évaluer la mobilité du patient et établir un plan de soins visant à favoriser son autonomie dans les limites thérapeutiques prescrites.

Il faut parfois utiliser une *orthèse,* un appareil externe destiné à soutenir ou à aligner une partie du corps, à prévenir ou à corriger une déformation ou à améliorer le fonctionnement corporel. Les attelles, les gouttières, les collets, les corsets, les supports et les étriers sont tous des orthèses. Les orthèses sont conçues et fabriquées par un orthésiste ou prothésiste.

Les orthèses statiques (sans pièces mobiles) servent à stabiliser les articulations et à prévenir les contractures. Les orthèses dynamiques sont flexibles et servent à améliorer le fonctionnement en soutenant les muscles affaiblis. L'infirmière peut déterminer si le patient a besoin d'une orthèse et, le cas échéant, elle travaille en collaboration avec le patient et l'orthésiste pour tirer le meilleur parti possible de cet appareil.

▷ *Collecte des données*

Une collecte de données globale comprend une évaluation de la posture et de la démarche du patient, de sa mobilité, de sa force musculaire, du fonctionnement de ses articulations et des restrictions à la mobilité prescrites. La mobilité peut être réduite à cause d'une paralysie, d'une perte de force musculaire ou de la présence d'un appareil d'immobilisation (un plâtre ou une attelle par exemple).

Le physiothérapeute mesure l'amplitude des mouvements articulaires au moyen d'un goniomètre (instrument servant à mesurer les angles). Cette mesure fournit une valeur initiale qui sert à établir des objectifs et à apprécier les progrès du patient.

Le physiothérapeute peut également procéder à une évaluation de la force musculaire, de la flexibilité et de l'endurance. Certains examens neurologiques et musculaires faits par le médecin (électromyogramme, vitesses de conductibilité nerveuse, par exemple) fournissent de l'information pour l'évaluation de la force musculaire. L'infirmière prend aussi connaissance des résultats de ces examens et recueille des données supplémentaires en observant le patient dans ses déplacements afin d'évaluer et de noter ses capacités et son besoin d'assistance.

L'incapacité de mouvoir ses articulations dans toute leur amplitude peut entraîner l'apparition de contractures. Une *contracture* est un raccourcissement du muscle et du tendon entraînant une déformation. Les contractures limitent la mobilité des articulations. Le mouvement d'une articulation contractée et déformée provoque des douleurs et entraîne une dépense supplémentaire d'énergie.

L'infirmière évalue les capacités du patient, la gravité de l'incapacité et les possibilités d'adaptation physiologique en observant le patient lorsqu'il change de position, se déplace et marche. L'observation lui permet également de déceler l'hypotension orthostatique, la pâleur, la diaphorèse, les nausées, la tachycardie et la fatigue.

Dans le cas des patients incapables de marcher sans aide, l'infirmière doit évaluer l'équilibre, de même que la capacité de se déplacer et d'utiliser les aides à la motricité (béquilles ou déambulateur, par exemple). La marche à l'aide de béquilles exige beaucoup d'énergie et un effort cardiovasculaire considérable. Les personnes âgées ayant une tolérance moindre à l'effort, dont les bras sont faibles et qui ont des problèmes d'équilibre dus à l'âge ou à de multiples maladies seront sans doute incapables d'utiliser des béquilles. Le déambulateur est plus stable et constitue souvent la solution de prédilection dans leur cas. Il appartient à l'infirmière d'évaluer l'aptitude du patient à utiliser les différentes aides à la motricité.

L'infirmière doit observer le patient afin de déceler, s'il y a lieu, les problèmes associés à l'utilisation d'une orthèse.

▷ Analyse et interprétation des données

À partir des données recueillies, voici le principal diagnostic infirmier possible:

Altération de la mobilité physique reliée à l'alitement, à un trouble neuromusculaire, à un appareil d'immobilisation, à des contractures et à l'intolérance à l'activité

▷ Planification et exécution

▷ *Objectifs de soins:*   Absence de contractures ou de déformations, maintien de la force musculaire et de la mobilité des articulations, capacité de se déplacer de façon autonome et meilleure tolérance à l'activité

▷ Interventions infirmières

▷ *Mise en position.*   Pour prévenir les contractures et les déformations, il suffit souvent de s'assurer que la position du patient est toujours correcte. Un bon alignement corporel est essentiel, quelle que soit la position adoptée. L'infirmière doit évaluer la position et l'alignement corporel du patient chaque fois qu'elle le voit et l'aider, au besoin, à adopter une position correcte et à garder un bon alignement.

Les positions des patients alitées sont le décubitus dorsal (sur le dos), le décubitus latéral (sur le côté) et le décubitus ventral (sur le ventre). L'infirmière doit aider le patient à adopter l'une de ces positions et lui assurer un bon alignement corporel au moyen d'oreillers. On trouvera à l'encadré 42-3 une description de ces positions.

▷ *Prévention de la rotation externe de la hanche.* Les patients alités pendant un certain temps peuvent présenter une déformation appelée rotation externe de la hanche. En effet, chez une personne couchée sur le dos, la hanche, qui est une énarthrose, a tendance à tourner vers le dehors. Pour prévenir cette déformation, on place un rouleau trochantérien de la crête iliaque jusqu'au milieu de la cuisse. Installé correctement, le rouleau trochantérien supporte la saillie formée par le grand trochanter.

▷ *Prévention du pied tombant.*   Le pied tombant est une déformation qui se manifeste par une immobilisation du pied en flexion plantaire (cheville fléchie en direction de la plante du pied). Si cette déformation n'est pas corrigée, le pied ne peut plus reprendre sa position normale et la personne doit marcher sur la pointe des pieds. Le pied tombant est dû à une contracture des muscles jumeaux et soléaire, et peut être causé par une lésion du nerf péronier ou par une perte de flexibilité du tendon d'Achille.

- L'alitement prolongé, le manque d'exercice, une mauvaise position et le poids de la literie (qui garde le pied en flexion plantaire) sont des facteurs qui contribuent au pied tombant.

Encadré 42-3
Mise en position du patient alité

Décubitus dorsal (couché sur le dos)

1. La tête est en ligne droite par rapport à la colonne vertébrale, sur le plan latéral comme sur le plan antéropostérieur.
2. Le bassin est placé de façon à réduire au maximum la flexion des hanches.
3. Les coudes sont fléchis et les mains reposent sur les côtés de l'abdomen.
4. Les jambes sont en extension et un support petit mais ferme est placé sous la région poplitée.
5. Les talons sont soulevés du matelas par un petit oreiller ou par une serviette pliée placée sous les chevilles.
6. Les orteils sont pointés vers le haut et reposent contre un appui-pieds afin de prévenir le pied tombant.
7. Un rouleau trochantérien est placé légèrement sous le grand trochanter, dans la région de l'articulation de la hanche, afin de prévenir la rotation externe de la hanche.

Décubitus latéral (couché sur le côté)

1. La tête est en ligne droite par rapport à la colonne vertébrale et soutenue par un oreiller.
2. Le corps est droit et bien aligné.
3. Les épaules et les coudes sont fléchis et l'avant-bras du dessus est supporté par un oreiller.
4. La partie supérieure de la hanche est légèrement avancée et la jambe est soutenue en légère abduction par un oreiller.
5. Les pieds sont placés en flexion dorsale et retenus dans cette position par un coussin.
6. Le dos peut être soutenu par un oreiller.

Décubitus ventral (couché sur le ventre)

1. La tête est tournée sur le côté et en ligne droite par rapport au reste du corps.
2. Les bras sont en abduction et en rotation externe au niveau de l'articulation de l'épaule; les coudes sont fléchis.
3. Un support plat est placé sous le bassin, du nombril jusqu'au tiers supérieur de la cuisse.
4. Les membres inférieurs sont en position neutre.
5. Les pieds dépassent le bord du matelas.

Pour prévenir cette déformation invalidante, on place un appui-pieds ou des oreillers pour garder les pieds perpendiculaires à la jambe quand le patient est en décubitus dorsal. La plante des deux pieds doit être fermement appuyée sur l'appui-pieds ou sur l'oreiller. Le port de chaussures de tennis qui soutiennent bien la cheville peut aussi prévenir cette déformation.

On incitera le patient à faire des exercices d'assouplissement des chevilles plusieurs fois par heure: flexions dorsales et plantaires du pied, flexions et extensions des orteils, éversions et inversions.

▷ *Maintien de la force musculaire et de la mobilité des articulations.* L'exercice fait intervenir les muscles, les nerfs, les os et les articulations, de même que le système cardiovasculaire et l'appareil respiratoire. *La restauration de la fonction dépend de la force de la musculature qui commande les articulations.* On peut utiliser à la fois des *exercices de mobilisation passive des articulations* et des *exercices thérapeutiques* pour la réadaptation des personnes atteintes d'une incapacité.

▷ *Exercices de mobilisation.* Une articulation bouge sur un ou plusieurs plans selon une amplitude de mouvement dite normale. (Voir l'encadré 42-2, Amplitude des mouvements articulaires et l'encadré 42-4, Définitions.) Les exercices de mobilisation passive (encadré 42-5) ont pour but de maintenir ou d'améliorer les mouvements articulaires et doivent être entrepris dès que l'état du patient le permet. Ils peuvent être adaptés selon son degré de mobilité, sa constitution morphologique et son âge.

La mobilisation peut être *active* (effectuée par le patient sous la surveillance de l'infirmière), *passive* (effectuée par l'infirmière) ou *active assistée* (effectuée par le patient avec l'aide de l'infirmière). À moins d'indication contraire, une articulation doit être mobilisée trois fois sur toute son amplitude au moins deux fois par jour. On ne doit jamais dépasser l'amplitude de mouvement d'une articulation. Par conséquent,

le mouvement doit s'arrêter au point de résistance ou quand le patient ressent de la douleur. En présence d'un spasme musculaire, on mobilise doucement l'articulation jusqu'au point de résistance, on exerce une pression légère et régulière jusqu'à ce que le muscle se relâche et on reprend le mouvement.

Pour les exercices de mobilisation passive ou assistée, le patient doit être couché sur le dos et installé confortablement, les bras le long du corps et les genoux en extension. On s'assure qu'il conserve une bonne posture tout au long des exercices. Le lit doit être réglé de façon à respecter les lois de la mécanique corporelle.

Pendant les exercices, on soutient l'articulation: on stabilise les os situés au-dessus de celle-ci et on déplace la partie du corps qui se trouve en aval sur toute l'amplitude du mouvement articulaire. Par exemple, pour mobiliser le coude, on stabilise l'humérus et on déplace le radius et le cubitus au niveau du coude.

▷ *Exercices thérapeutiques.* Les exercices thérapeutiques sont prescrits par le médecin et pratiqués avec l'aide du physiothérapeute ou de l'infirmière.

Le patient doit bien comprendre à quoi servent les exercices. Pour l'aider à bien se conformer au programme, on peut lui remettre des instructions écrites qui indiquent la fréquence, la durée et le nombre de répétitions de chacun des exercices, ainsi que des illustrations des exercices.

S'ils sont exécutés correctement, les exercices aident (1) à maintenir ou à améliorer la force musculaire, (2) à maintenir l'amplitude de mouvement des articulations, (3) à prévenir les déformations, (4) à stimuler la circulation, (5) à améliorer la force et l'endurance et (6) à favoriser la détente. Ils peuvent aussi servir à motiver le patient et à favoriser son bien-être. Ils sont de cinq types: actifs, actifs assistés, passifs, contre résistance et isométriques. On trouvera au tableau 42-1 une description de chacun de ces types d'exercices, avec leur but et leur action.

Encadré 42-4
Définitions

Abduction — Mouvement par lequel un membre ou un segment de membre est écarté de l'axe médian du corps

Adduction — Mouvement par lequel un membre ou un segment de membre est rapproché de l'axe médian du corps

Flexion — Mouvement par lequel un membre, un segment de membre ou une partie du corps forme un angle plus ou moins grand avec le segment voisin

Extension — Mouvement inverse de la flexion, par lequel deux segments de membres contigus se placent sur un même axe

Rotation — Déplacement autour d'un axe

   Interne — Mouvement vers le dedans

   Externe — Mouvement vers le dehors

Flexion dorsale — Mouvement par lequel la main est repliée vers l'arrière, en direction de l'avant-bras, ou le pied vers l'avant, en direction de la jambe

Flexion palmaire — Mouvement par lequel la main est repliée en direction de la paume

Flexion plantaire — Mouvement par lequel le pied est replié en direction de la plante

Pronation — Rotation de l'avant-bras qui dirige la paume de la main vers le bas

Supination — Rotation de l'avant-bras qui dirige la paume de la main vers le haut

Opposition — Mouvement par lequel le pouce touche le bout de chaque doigt de la même main

Inversion — Mouvement par lequel la plante du pied est tournée vers l'intérieur

Éversion — Mouvement par lequel la plante du pied est tournée vers l'extérieur

▷ *Mobilité* — Dès que l'état du patient le permet, on l'aide à s'asseoir sur le bord du lit, puis à se lever, et on évalue sa tolérance.

Une hypotension orthostatique (posturale) peut se manifester en station debout et, à cause d'une insuffisance des réflexes vasomoteurs et d'une accumulation de sang dans la région splanchnique (viscérale) et dans les jambes, provoquer une diminution de la circulation cérébrale. Si on observe des signes d'hypotension orthostatique (pâleur, diaphorèse, nausées, tachycardie, étourdissements) on recouche immédiatement le patient sur le dos.

Les patients souffrant d'une lésion de la moelle épinière, d'une lésion cervicale ou d'une maladie qui exige un alitement prolongé doivent être amenés à la position verticale progressivement. On peut dans ces cas utiliser une *table basculante*. Il s'agit d'une planche qui peut basculer de 5 à 10 degrés à la fois de la position horizontale à la position verticale. En plus de favoriser l'adaptation vasomotrice aux changements de position, la table basculante permet au patient d'accomplir des activités qui exigent une certaine mise en charge sur ses membres inférieurs et un meilleur équilibre en position verticale; elle prévient aussi les complications de l'immobilité.

Pour utiliser la table basculante, on transfère le patient de son lit à la table, on l'installe de façon à ce qu'il ne glisse pas lorsqu'il est en station debout et on l'attache pour éviter les chutes. Les pieds sont protégés par des souliers bien ajustés.

L'infirmière doit rester auprès du patient tout le temps qu'il utilise la table basculante, évaluer sa tolérance et rechercher les signes d'hypotension orthostatique. L'angle est établi en fonction de la tolérance du patient et du poids que l'on veut que ses jambes supportent. L'infirmière doit aussi surveiller la pression artérielle et le pouls et déceler les signes d'hypotension comme la pâleur, la diaphorèse, les étourdissements et les nausées. Une baisse de la pression artérielle, une tachycardie ainsi que des signes et des symptômes d'insuffisance cérébrale (faiblesse et vertige, par exemple) indiquent une intolérance à la station debout. Il faut alors remettre la table en position horizontale. Parfois, la prévention de l'hypotension orthostatique exigera, en plus d'un changement de position progressif, le port d'un collant de compression, d'un bandage abdominal bien ajusté et d'un bandage compressif pour les jambes ou de bas anti-embolie. Il ne faut pas prolonger la station debout à cause des risques d'accumulation de sang dans les veines des membres inférieurs et de la pression exercée sur la plante des pieds.

▷ *Transferts.* Un transfert est un mouvement utilisé pour faire passer un patient d'un endroit à un autre (par exemple du lit au fauteuil, du fauteuil à la toilette, du fauteuil roulant à la baignoire). On commence les transferts dès que le patient est autorisé à quitter son lit. Celui-ci y participe plus ou moins activement selon ses capacités, ce qui doit être évalué par l'infirmière.

Il est important que les personnes alitées conservent leur force musculaire. Pour ce faire, elles doivent faire des exercices de soulèvement dans le but de renforcer les muscles extenseurs des bras et des épaules. On installe le patient en position assise, le dos bien droit. On place un livre sous chacune de ses mains, et il pousse avec les mains vers le bas de façon à soulever le poids de son corps. Ces exercices devraient idéalement permettre au patient de se soulever et de déplacer son corps dans différentes directions.

Si les muscles sont trop faibles pour vaincre la résistance du poids corporel, on comble la distance entre le lit et le fauteuil au moyen d'une planche de transfert polie et légère sur laquelle on fait glisser le patient. La planche peut aussi servir à le déplacer du fauteuil à la toilette ou au banc de la baignoire. Le respect des mesures de sécurité est de toute première importance lors des transferts.

- Appliquer les freins du fauteuil et du lit avant de procéder au transfert.
- Placer une des extrémités de la planche sous le siège du patient et l'autre extrémité sur la surface vers laquelle le déplacement doit se faire (le fauteuil, par exemple).
- Demander au patient de se soulever avec les mains pour placer les fesses dans la bonne position, puis de se glisser sur la planche.

L'infirmière peut enseigner au patient les techniques de transfert. Les patients incapables de supporter la station debout peuvent se déplacer de leur lit à un fauteuil roulant de diverses façons. On doit donc choisir la technique qui convient le mieux à chacun, en tenant compte de ses capacités. Une démonstration de la technique choisie peut leur être utile. Si l'ergothérapeute enseigne les techniques de transfert, il doit le faire en collaboration avec l'infirmière afin qu'ils donnent les mêmes directives. L'infirmière doit guider et aider le patient lors du transfert. Se reporter à la figure 42-2 qui illustre un transfert avec et sans mise en charge sur les jambes.

Souvent, l'infirmière doit aider les patients faibles ou souffrant d'une incapacité à sortir du lit. Au cours des changements de position, elle doit les soutenir et les assister sans les brusquer, tout en veillant à ce qu'ils ne se blessent pas. Elle ne doit pas tirer sur un membre supérieur faible ou paralysé, ce qui pourrait provoquer une luxation de l'épaule. De plus, il est important qu'elle connaisse bien les techniques qui permettent de déplacer le patient vers le bord du lit, de l'y asseoir, et de l'aider à se mettre debout. Les mouvements doivent toujours se faire du côté le plus fort. On trouvera à l'encadré 42-6 une description des techniques permettant d'aider le patient à sortir du lit.

À domicile, les personnes qui manquent de force musculaire ou qui ont perdu la mobilité de leurs hanches, de leurs genoux ou de leurs chevilles ont de la difficulté à se mettre au lit ou à en sortir et à se déplacer vers un fauteuil, les toilettes ou la baignoire. Une corde attachée à la tête du lit peut les aider à se placer au centre du lit. De même, une corde attachée au pied du lit peut les aider à en descendre et à y remonter. On peut aussi surélever un fauteuil en plaçant des blocs creux sous les pieds ou des coussins sur le siège. Des barres fixées au mur près de la toilette et du bain permettent au patient de se lever plus facilement et lui procurent une plus grande stabilité.

▷ *Préparation à la marche.* Le fait de pouvoir marcher à nouveau est excellent pour le moral de toute personne immobilisée pendant un certain temps. Pour se préparer à la marche, que ce soit avec un appareil orthopédique, un déambulateur, une canne ou des béquilles, le patient doit renforcer ses muscles. *L'exercice prépare à la marche.* Les séances d'exercice se font sous la surveillance de l'infirmière et selon ses directives.

Les muscles qui doivent être renforcés sont les quadriceps et les fessiers. Les quadriceps stabilisent l'articulation du genou. Pour travailler les *quadriceps* en isométrie, le patient

(suite à la page 1265)

Encadré 42-5
Mobilisation passive (de gauche à droite)

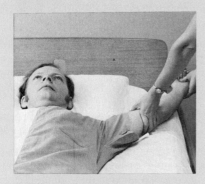

Abduction et adduction de l'épaule. Lever le bras latéralement depuis le côté du corps jusqu'au-dessus de la tête (abduction) et revenir à la position initiale (adduction).

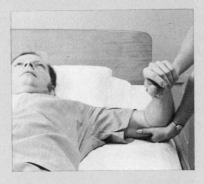

Rotation interne de l'épaule. Avec le bras au niveau de l'épaule, le coude fléchi à 90 degrés et la paume de la main dirigée vers le pied, tourner l'avant-bras jusqu'à ce que la paume soit dirigée vers l'arrière.

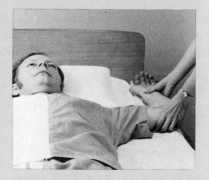

Rotation externe de l'épaule. Avec le bras au niveau de l'épaule, le coude fléchi à 90 degrés et la paume de la main dirigée vers le pied, tourner l'avant-bras jusqu'à ce que la paume soit dirigée vers l'avant.

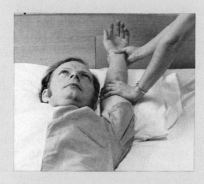

Flexion de l'épaule. Lever le bras vers l'avant jusqu'au-dessus de la tête.

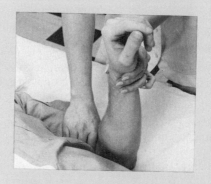

Pronation de l'avant-bras. Avec le coude au niveau de la taille à un angle de 90 degrés, tourner la main de façon à ce que la paume soit vers le bas.

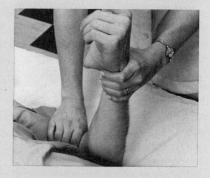

Supination de l'avant-bras. Avec le coude au niveau de la taille à un angle de 90 degrés, tourner la main de façon à ce que la paume soit vers le haut.

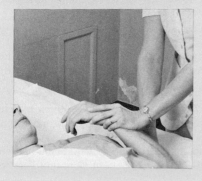

Flexion et extension du coude. Plier le coude pour amener l'avant-bras et la main vers l'épaule (flexion), puis revenir à la position initiale (extension).

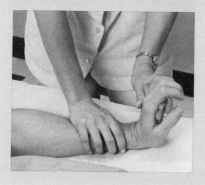

Flexion dorsale. Ramener la main vers le dessus de l'avant-bras.

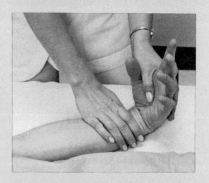

Flexion palmaire. Plier le poignet pour amener la paume vers l'avant-bras. Revenir en position neutre.

Encadré 42-5 (suite)

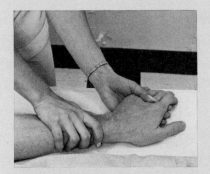

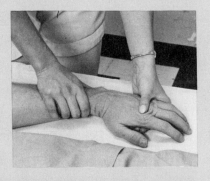

Déviation cubitale. Déplacer la main latéralement de façon à amener l'auriculaire vers l'avant-bras.

Déviation radiale. Déplacer la main latéralement de façon à amener le pouce vers l'avant-bras.

Opposition du pouce. Amener le pouce vers l'auriculaire.

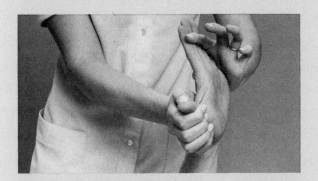

Extension des doigts.

Abduction et adduction de la hanche. Écarter latéralement la jambe le plus loin possible du corps (abduction) et la ramener dans le plan médian puis par-dessus l'autre jambe aussi loin que possible (adduction).

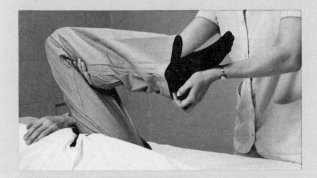

Flexion de la hanche et du genou. Amener la jambe le plus loin possible vers la poitrine en pliant le genou, puis revenir à la position neutre, la jambe en extension.

Rotation interne et externe de la hanche. Tourner la jambe et le pied vers l'autre jambe (interne). Tourner la jambe et le pied vers l'extérieur (externe).

Encadré 42-5 (suite)

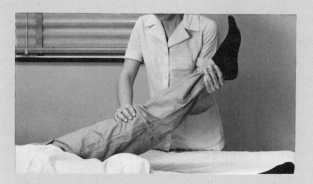

Pour étirer le muscle ischiojambier, placer la jambe en extension puis la soulever.

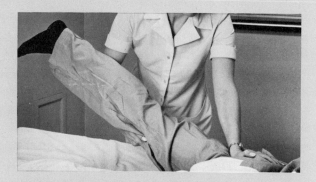

Hyperextension de la hanche. Le patient étant placé en décubitus ventral, amener la jambe le plus haut possible vers l'arrière.

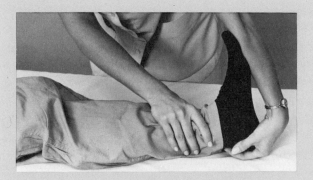

Flexion dorsale et plantaire du pied. Amener le pied vers la jambe (flexion dorsale), puis l'éloigner de la jambe (flexion plantaire).

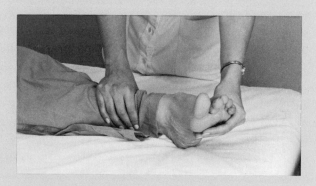

Inversion et éversion du pied. Déplacer le pied pour amener la plante du pied vers l'extérieur (éversion), puis vers l'intérieur (inversion).

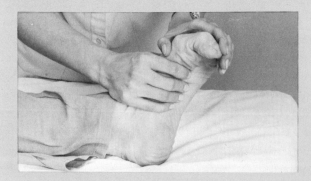

Flexion des orteils. Plier les orteils vers le dessous du pied.

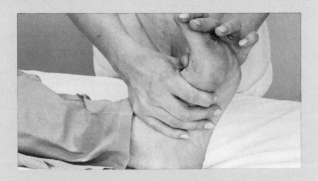

Extension des orteils. Plier les orteils le plus loin possible vers la jambe.

TABLEAU 42-1.   *Exercices thérapeutiques*

Exercice	Description	Objet	Exécution
Passif	Exercice exécuté par le physiothérapeute ou l'infirmière sans la participation du patient	Conserver aux articulations la meilleure amplitude de mouvement possible et assurer une bonne circulation.	Stabiliser l'articulation et soutenir la partie du corps qui se trouve en aval. Bouger l'articulation lentement et doucement sur toute son amplitude de mouvement. Le patient ne doit pas ressentir de douleur.
Actif assisté	Exercice exécuté par le patient avec l'aide du thérapeute ou de l'infirmière	Favoriser le fonctionnement normal des muscles.	Soutenir la partie du corps en aval de l'articulation et inciter le patient à bouger son articulation sur toute son amplitude de mouvement. Ne pas l'aider plus qu'il ne le faut. Les périodes d'activité doivent être courtes et suivies d'une période de repos suffisante.
Actif	Exercice exécuté par le patient sans aide, par exemple se tourner d'un côté à l'autre dans le lit, passer de la position dorsale à la position ventrale, se remonter dans le lit	Améliorer la force musculaire.	Si possible, le patient doit exécuter les exercices actifs contre la force de gravité. Le patient doit bouger l'articulation sur toute son amplitude de mouvement, sans aide. (Il faut s'assurer qu'il exécute le bon mouvement.)
Contre résistance	Exercice actif exécuté par le patient contre une résistance manuelle ou mécanique	Augmenter la force musculaire en utilisant une résistance.	Le patient bouge l'articulation sur toute son amplitude de mouvement contre la résistance opposée par le thérapeute. La résistance est d'abord légère, puis augmentée progressivement. Des sacs de sable ou des poids placés sur la partie du corps qui se trouve en aval de l'articulation peuvent aussi servir à créer la résistance. Les mouvements doivent être exécutés sans secousse.
Isométrique	Exercice de contraction et de relâchement en alternance d'un muscle, dans lequel le patient garde la partie du corps qui travaille en position fixe.	Conserver la force lorsqu'une articulation est immobilisée.	Le patient doit contracter le muscle au maximum de sa capacité, sans bouger l'articulation, maintenir la contraction pendant quelques secondes, puis relâcher le muscle. Il doit respirer profondément.

essaie de pousser la région poplitée contre le matelas tout en soulevant le talon, il maintient la contraction pendant cinq secondes, puis il relâche les muscles pendant cinq secondes et les relâche pendant cinq secondes. Il fait 10 à 15 répétitions de cet exercice toutes les heures. Le renforcement des quadriceps prévient les contractures en flexion du genou. Pour travailler les *fessiers* en isométrie, le patient contracte ou serre les fesses et les relâche pendant cinq secondes. Il fait 10 à 15 répétitions de cet exercice toutes les heures.

Le patient qui doit utiliser une aide à la motricité (déambulateur, canne, béquilles) doit renforcer les muscles de ses membres supérieurs. Pour ce faire, les exercices de soulève-ment sont utiles. Ils peuvent être exécutés en position assise, en poussant les mains contre le siège d'un fauteuil ou un matelas. Ils peuvent aussi être exécutés en décubitus ventral. Les soulèvements faits à l'aide d'un trapèze sont également très efficaces. On enseigne aussi au patient à *lever les bras au-dessus de la tête*, en tenant des poids dans les mains, et les redescendre en gardant un rythme constant. On augmente ensuite graduellement le poids. Les muscles des mains peuvent être renforcés *en serrant une balle en caoutchouc*.

Le physiothérapeute conçoit des exercices pour aider le patient à améliorer son équilibre en position assise et debout et à acquérir la stabilité et la coordination dont il a besoin

A. Transfert du lit au fauteuil roulant avec mise en charge sur une jambe. Le patient se lève, pivote sur une jambe jusqu'à ce que ce qu'il soit dos au siège, puis s'assoit.

B. (À gauche) Transfert du fauteuil roulant au lit sans mise en charge. (À droite) Avec jambes immobilisées.

C. (À gauche) Transfert sans mise en charge, technique combinée. (À droite) Soulèvement à l'aide d'un trapèze.

Figure 42-2. Techniques de transfert du lit au fauteuil roulant et du fauteuil roulant au lit. Il faut mettre les freins du fauteuil. Les zones ombragées indiquent les parties du corps sur lesquelles il n'y a pas de charge.

pour marcher. Une fois que le patient a acquis l'équilibre nécessaire, il peut utiliser des barres parallèles. Sous la surveillance du physiothérapeute, le patient s'exerce à déplacer le poids de son corps d'un côté à l'autre en soulevant une jambe pour appuyer son poids sur l'autre jambe, puis à marcher entre les barres.

▷ *Utilisation des aides à la motricité.* Une fois que le patient est prêt à marcher, on doit lui fournir l'aide à la motricité qui lui convient, lui enseigner à l'utiliser de façon sûre et l'informer de la limite de poids que ses jambes peuvent supporter (sans mise en charge ou avec mise en charge partielle). L'infirmière doit constamment évaluer la stabilité du patient et le protéger des chutes. Celui-ci doit porter des chaussures solides et bien ajustées. Il faut toutefois le prévenir des risques que posent les planchers humides ou cirés et les tapis à longs poils. On doit également lui enseigner à marcher sur les surfaces inclinées et irrégulières, de même que dans les escaliers.

Les *béquilles* offrent support et stabilité. Elles permettent de se déplacer d'un endroit à l'autre, mais exigent un bon

équilibre et une posture droite. Par mesure de sécurité, il faut les munir de gros bouts en caoutchouc. De plus, le patient doit porter des chaussures bien ajustées et dotées de semelles fermes. Les béquilles peuvent être utilisées par les patients dont les jambes ne peuvent porter le poids de leur corps ou ne peuvent le porter que partiellement. Il revient au physiothérapeute de déterminer si les béquilles conviennent au patient.

Les exercices préparatoires à l'utilisation de béquilles visent à renforcer les muscles de la ceinture scapulaire et des membres supérieurs qui doivent porter le poids corporel.

Voici les principaux groupes musculaires qui sont appelés à travailler lorsqu'on utilise des béquilles (figure 42-3**A**):

- Muscles abaisseurs des épaules — stabilisent les membres supérieurs et préviennent le haussement brusque des épaules.
- Muscles adducteurs des épaules — retiennent la partie supérieure de la béquille contre la paroi thoracique.
- Muscles fléchisseurs, extenseurs et abducteurs (au niveau des épaules) des bras — pour déplacer les béquilles vers l'avant, vers l'arrière et sur le côté.

Encadré 42-6
Comment aider le patient à sortir du lit

Déplacer le patient vers le bord du lit

- Amener sa tête et ses épaules vers le bord du lit.
- Amener ses pieds et ses jambes vers le bord du lit. (De cette façon, son corps est courbé, ce qui donnera une bonne amplitude de mouvement aux muscles latéraux du tronc.)
- Placer les deux mains assez loin sous ses hanches. (Avant de passer à la prochaine étape, contracter les muscles du dos et de l'abdomen.)
- Redresser le dos en tirant le patient vers soi.

Asseoir le patient sur le bord du lit

- Placer les bras et les mains sous les épaules du patient.
- Lui demander de pousser avec le coude contre le lit. En même temps, lui soulever les épaules avec un bras et de l'autre bras descendre ses jambes hors du lit. (Les jambes sont entraînées vers le bas par la pesanteur, ce qui facilite le soulèvement du tronc.)

Aider le patient à se mettre debout

- Bien aligner ses pieds avec son corps.
- Se placer face à lui et saisir fermement les deux côtés de sa cage thoracique.
- Pousser un genou contre le sien.
- Le faire basculer vers l'avant pour qu'il se place en station debout. (Garder un genou contre le sien tout au cours de cette étape.)
- S'assurer que ses genoux restent bloqués (en extension complète) pendant qu'il est debout. (Il s'agit là d'une mesure de sécurité pour les patients qui sont faibles ou alités depuis un certain temps.)
- Lui accorder *suffisamment* de temps pour retrouver son équilibre.
- Le faire pivoter de façon à le placer dos au siège du fauteuil, puis l'aider à s'asseoir.

- Muscles extenseurs de l'avant-bras — préviennent la flexion du coude; contribuent de façon importante à soulever le corps dans la propulsion en balancier.
- Muscles extenseurs du poignet — permettent aux bras de faire porter le poids du corps sur les traverses.
- Muscles fléchisseurs des doigts et du pouce — servent à saisir les traverses des béquilles.

La longueur des béquilles doit être ajustée en fonction de la taille du patient. Il existe des béquilles réglables qui permettent un excellent ajustement.

Longueur des béquilles. Pour déterminer la longueur des béquilles, on peut mesurer le patient en position debout ou couchée, ou la calculer à partir de sa taille.

Pour prendre la mesure des béquilles lorsque le patient est en position debout, on le place contre un mur, les pieds légèrement écartés et éloignés du mur. On fait une marque à 5 cm vers le côté, à partir du bout du petit orteil. On fait une seconde marque à 15 cm en avant de la première. On détermine ensuite la longueur approximative des béquilles en partant de 5 cm sous l'aisselle jusqu'à la seconde marque.

Lorsque le patient est en position couchée, on mesure la distance entre le creux axillaire antérieur et la plante du pied, puis on ajoute 5 cm à cette mesure. On peut aussi déterminer la longueur approximative des béquilles en soustrayant tout simplement 40 cm de la taille du patient.

La poignée doit être réglée de façon à permettre une flexion de 20 à 30 degrés au niveau du coude. Les mains doivent être en flexion dorsale. On peut placer un coussinet de caoutchouc mousse sur les traverses axillaires pour réduire la pression exercée par les béquilles sur le bras et la cage thoracique.

▷ *Enseignement de la marche avec des béquilles.* La marche à l'aide de béquilles n'est pas naturelle. Avant qu'un patient ne tente de se déplacer avec des béquilles, l'infirmière ou le physiothérapeute doit donc lui expliquer et lui démontrer comment le faire. L'enseignement est personnalisé pour répondre aux besoins du patient. Pour apprendre à garder son équilibre, le patient doit d'abord s'appuyer sur le dossier d'un fauteuil, puis se tenir sur la jambe non atteinte. Pour l'aider, l'infirmière peut le soutenir par la taille ou utiliser une courroie.

Le patient doit ensuite apprendre à s'appuyer sur les traverses des béquilles. (Les personnes dont les poignets et les bras ne peuvent porter le poids du corps parce qu'elles souffrent d'arthrite ou d'une fracture peuvent utiliser des béquilles à plate-forme pour les avant-bras qui font porter le poids sur les avant-bras.) Le patient ne doit pas faire porter son poids sur les aisselles, car la pression des béquilles pourrait provoquer des lésions aux nerfs du plexus brachial et entraîner une paralysie.

Position de base. La *position du tripode* assure un maximum de stabilité. On place les béquilles entre 20 et 25 cm

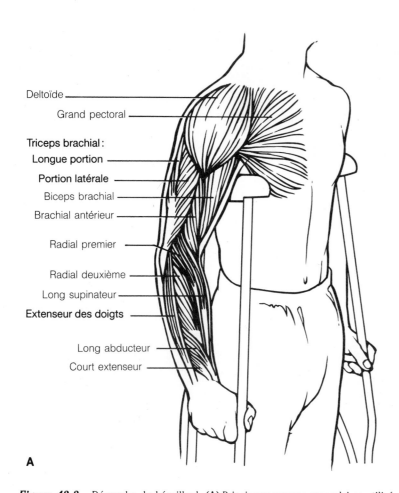

Deltoïde

Grand pectoral

Triceps brachial:

Longue portion

Portion latérale

Biceps brachial

Brachial antérieur

Radial premier

Radial deuxième

Long supinateur

Extenseur des doigts

Long abducteur

Court extenseur

A

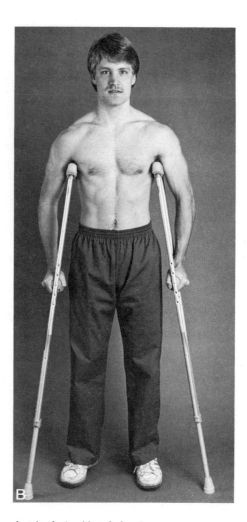

B

Figure 42-3. Démarche du béquillard. **(A)** Principaux groupes musculaires utilisés **(B)** Position du tripode (position de base)

en avant des orteils et à la même distance de chaque côté par rapport au petit orteil (figure 42-3**B**). La base de support est adaptée à la taille du patient (plus une personne est grande plus sa base de support sera large).

Démarche du béquillard. Le patient doit apprendre à déplacer son poids et à garder son équilibre. La démarche qui lui convient est choisie en fonction de la nature et de la gravité de son incapacité, de sa condition physique, de la force de son tronc et de ses bras, ainsi que de son équilibre. On doit lui enseigner deux démarches afin qu'il puisse passer de l'une à l'autre pour réduire sa fatigue musculaire, chaque démarche faisant intervenir une combinaison différente de groupes musculaires. (La contraction constante d'un muscle diminue son apport sanguin.) Il peut utiliser une démarche plus rapide au besoin, et une démarche plus lente dans les endroits où il y a affluence.

La position du tripode est la position de départ de toutes les démarches, dont les plus connues sont les démarches à quatre temps, à trois temps et à deux temps, de même que la propulsion en balancier. On trouvera dans

l'encadré 42-7 la séquence des mouvements pour chacune de ces démarches.

Pendant que le patient apprend à marcher avec des béquilles, l'infirmière évalue continuellement sa stabilité et le protège des chutes. Elle marche avec lui et le retient par la taille, au besoin, pour assurer son équilibre.

L'infirmière évalue également sa tolérance et lui permet de se reposer s'il transpire ou s'il est essoufflé. L'inactivité et l'alitement prolongés réduisent la force et l'endurance.

Autres techniques d'utilisation des béquilles. Pour être entièrement autonome, le patient qui se déplace à l'aide de béquilles doit apprendre à s'asseoir dans un fauteuil et à s'en relever, de même qu'à monter et à descendre un escalier. On peut lui enseigner les techniques qui lui permettront de le faire:

Pour s'asseoir
1. Saisir les béquilles par les traverses pour assurer sa stabilité.
2. Se pencher légèrement vers l'avant en s'assoyant.
3. Placer la jambe atteinte vers l'avant pour éviter qu'elle ne porte le poids et ne fléchisse.

Encadré 42-7
Démarches du béquillard

Les points d'appui sont ombragés. ↑ Indique le pied ou la béquille que l'on avance.

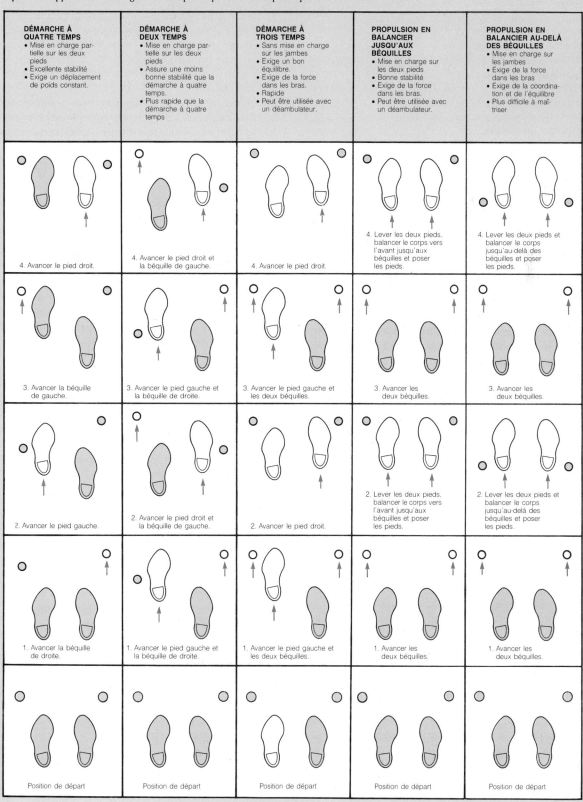

DÉMARCHE À QUATRE TEMPS	DÉMARCHE À DEUX TEMPS	DÉMARCHE À TROIS TEMPS	PROPULSION EN BALANCIER JUSQU'AUX BÉQUILLES	PROPULSION EN BALANCIER AU-DELÀ DES BÉQUILLES
• Mise en charge partielle sur les deux pieds • Excellente stabilité • Exige un déplacement de poids constant.	• Mise en charge partielle sur les deux pieds • Assure une moins bonne stabilité que la démarche à quatre temps. • Plus rapide que la démarche à quatre temps	• Sans mise en charge sur les jambes • Exige un bon équilibre. • Exige de la force dans les bras. • Rapide • Peut être utilisée avec un déambulateur.	• Mise en charge sur les deux pieds • Bonne stabilité • Exige de la force dans les bras. • Peut être utilisée avec un déambulateur.	• Mise en charge sur les jambes • Exige de la force dans les bras • Exige de la coordination et de l'équilibre • Plus difficile à maîtriser
4. Avancer le pied droit.	4. Avancer le pied droit et la béquille de gauche.	4. Avancer le pied droit.	4. Lever les deux pieds, balancer le corps vers l'avant jusqu'aux béquilles et poser les pieds.	4. Lever les deux pieds et balancer le corps jusqu'au-delà des béquilles et poser les pieds.
3. Avancer la béquille de gauche.	3. Avancer le pied gauche et la béquille de droite.	3. Avancer le pied gauche et les deux béquilles.	3. Avancer les deux béquilles.	3. Avancer les deux béquilles.
2. Avancer le pied gauche.	2. Avancer le pied droit et la béquille de gauche.	2. Avancer le pied droit.	2. Lever les deux pieds, balancer le corps vers l'avant jusqu'aux béquilles et poser les pieds.	2. Lever les deux pieds et balancer le corps jusqu'au-delà des béquilles et poser les pieds.
1. Avancer la béquille de droite.	1. Avancer le pied gauche et la béquille de droite.	1. Avancer le pied gauche et les deux béquilles.	1. Avancer les deux béquilles.	1. Avancer les deux béquilles.
Position de départ	Position de départ	Position de départ	Position de départ	Position de départ

Pour se relever
1. S'avancer au bord du fauteuil, la jambe intacte légèrement sous le siège.
2. Saisir les deux béquilles par les traverses avec la main qui se trouve du côté de la jambe atteinte.
3. Pousser vers le bas sur la traverse en soulevant le corps pour se mettre debout.

Pour descendre un escalier
1. Avancer le plus loin possible sur la marche.
2. Placer les béquilles sur la marche suivante. Avancer d'abord la jambe la plus faible, puis la jambe la plus forte. De cette façon, c'est la jambe la plus forte qui travaille de concert avec les bras pour soulever et descendre le poids du corps.

Pour monter un escalier
1. Placer la jambe la plus forte sur la marche.
2. Y placer ensuite les béquilles et la jambe la plus faible. (La jambe la plus forte monte la première et descend la dernière.) Pour aider le patient à se souvenir de cette séquence, on pourra lui dire «en haut avec les bons et en bas avec les mauvais».

▷ *Déambulateur.* Le déambulateur offre un meilleur support que les béquilles ou la canne, mais ne permet pas de reproduire la démarche naturelle dans laquelle la jambe avance en même temps que le bras opposé. Il est utile aux personnes qui manquent d'équilibre et ne peuvent utiliser les béquilles. Le patient doit porter des chaussures solides et bien ajustées. L'infirmière doit constamment évaluer sa stabilité et le protéger des chutes. Elle doit marcher avec lui et le retenir par la taille, au besoin, pour assurer son équilibre.

La hauteur du déambulateur est déterminée selon la taille du patient, de façon à ce que les bras présentent une flexion de 20 à 30 degrés au niveau du coude quand les mains reposent sur les traverses.

Pour se déplacer à l'aide d'un déambulateur, le patient doit procéder comme suit:

1. Saisir les poignées pour assurer sa stabilité.
2. Lever le déambulateur et le placer devant soi tout en penchant le corps légèrement vers l'avant.
3. Avancer à l'intérieur du déambulateur en portant le poids du corps sur les mains et avancer la jambe la plus faible en mettant plus ou moins de poids, selon les recommandations.
4. Se tenir en équilibre sur les pieds.
5. Lever le déambulateur et le placer à nouveau devant soi pour poursuivre la marche de la façon décrite ci-dessus.

▷ *Canne.* La canne offre soutien et équilibre. De plus, elle allège la pression sur les articulations portantes en répartissant le poids. Les cannes quadripodes offrent plus de stabilité que les cannes ordinaires.

Pour un maximum de stabilité, la canne doit être munie d'un embout légèrement évasé et formé d'anneaux concentriques flexibles. Cet embout absorbe également les chocs et permet de marcher plus rapidement en se fatiguant moins.

Pour déterminer si la canne est de la bonne longueur, on demande au patient de fléchir le coude à un angle de 30 degrés, de saisir la poignée de la canne et d'en placer l'extrémité à 15 cm sur le côté en ligne avec le petit orteil. La poignée doit se trouver au niveau du grand trochanter. Il existe des cannes réglables permettant un bon ajustement.

On tient la canne du côté opposé à la jambe atteinte et on reproduit la démarche normale dans laquelle chaque jambe avance en même temps que le bras opposé.

L'infirmière doit évaluer constamment la stabilité du patient et le protéger des chutes. Elle doit marcher avec lui et le retenir par la taille, au besoin, pour assurer son équilibre.

Pour se déplacer à l'aide d'une canne, on procède ainsi:
1. Tenir la canne dans la main opposée à la jambe atteinte afin d'élargir la base de support et de réduire l'effort imposé à cette jambe. (Si pour une raison quelconque le patient est incapable de tenir la canne dans la main opposée, il peut la tenir dans l'autre main.)
2. Avancer la canne en même temps que la jambe atteinte.
3. La tenir assez près du corps pour éviter de pencher vers l'avant.
4. S'appuyer sur la canne pendant que la jambe non atteinte avance.

Monter et descendre les escaliers à l'aide d'une canne
1. Pour monter, placer la jambe non atteinte sur la marche.
2. Y placer ensuite la jambe atteinte et la canne.
3. Faire l'inverse pour descendre. (La jambe forte monte la première et descend la dernière.)

▷ *Utilisation d'une orthèse ou d'une prothèse.* Les orthèses et les prothèses ont pour fonction de faciliter la mobilité et d'améliorer dans toute la mesure du possible la qualité de vie du patient. L'infirmière doit encourager le patient sans toutefois entretenir de faux espoirs. Après une amputation, elle doit prendre les mesures nécessaires pour accélérer la cicatrisation des tissus, appliquer des pansements compressifs pour favoriser la formation du moignon et réduire au maximum les risques de contracture. Elle travaille en collaboration avec le patient et veille à ce qu'il suive à la lettre les instructions du prothésiste ou de l'orthésiste concernant les soins de la peau et l'entretien de la prothèse ou de l'orthèse. S'ils sont trop serrés ou mal ajustés, ces appareils peuvent provoquer des escarres ou autres lésions cutanées. On doit enseigner au patient à procéder périodiquement à un examen de son orthèse ou de sa prothèse pour s'assurer qu'elle s'ajuste comme il se doit, qu'elle n'est pas déformée et que le rembourrage répartit la pression uniformément.

L'utilisation efficace d'une prothèse exige les efforts conjugués du patient, du physiothérapeute, de l'infirmière et du prothésiste. Ces efforts viseront à faire accepter au patient la prothèse et à l'utiliser pour augmenter sa mobilité et sa qualité de vie.

▷ *Évaluation*

Résultats escomptés
1. Le patient améliore sa mobilité physique.
   a) Il conserve sa force musculaire et la mobilité de ses articulations.
   b) Il ne présente pas de contractures.
   c) Il suit son programme d'exercices.
2. Le patient se déplace en toute sécurité.
   a) Il connaît les techniques de transfert avec aide.
   b) Il peut effectuer certains transferts de façon autonome.
3. Le patient marche avec toute l'autonomie dont il est capable.
   a) Il utilise les aides à la motricité en respectant les règles de sécurité.
   b) Il suit les recommandations concernant la mise en charge.
   c) Il demande de l'aide au besoin.

4. Le patient fait preuve d'une meilleure tolérance à l'activité.
   a) Il ne présente pas d'hypotension orthostatique.
   b) Il supporte sans fatigue les efforts qu'exige la marche.
   c) Il augmente graduellement sa vitesse de marche et la distance parcourue.

◆ *DÉMARCHE DE SOINS INFIRMIERS*
ATTEINTE À L'INTÉGRITÉ DE LA PEAU

Les patients alités durant de longues périodes, ceux qui souffrent d'une diminution de la mobilité, de troubles vasomoteurs, de trophicité cutanée ou d'une réduction de la couche adipeuse entre la peau et les os sont plus vulnérables à la formation d'*escarres de décubitus*. Ces lésions se manifestent par une nécrose tissulaire localisée et sont causées par une pression sur la peau supérieure à la pression capillaire normale (32 mmHg). L'érythème (rougeur) en est le premier signe. Le tissu cutané devient ensuite ischémique et anoxique, puis se dégénère progressivement pour entraîner la destruction et la nécrose du tissu mou sous-jacent. L'escarre de décubitus qui résulte de ce processus est douloureuse et lente à guérir.

Les principaux facteurs qui contribuent à l'apparition des escarres de décubitus sont l'immobilité, une déficience sensorimotrice, une diminution de l'oxygénation tissulaire, une mauvaise alimentation, la pression, les forces de cisaillement et de friction, l'humidité, et les modifications cutanées dues à l'âge.

Quand une personne est immobile et inactive, les surfaces sur lesquelles elle repose (matelas, fauteuil, plâtre) exercent une pression sur sa peau et ses tissus sous-cutanés. Les saillies osseuses qui portent du poids sont alors les plus exposées aux escarres de décubitus. Ces saillies sont recouvertes de peau et d'une petite quantité de tissu sous-cutané. Les régions les plus sensibles aux escarres de décubitus sont donc la région du sacrum et du coccyx, celle de la tubérosité ischiatique (particulièrement chez les personnes qui restent assises pendant de longues périodes), celles du grand trochanter, des talons, des genoux, des malléoles, de la tubérosité interne du tibia, de la tête du péroné, des omoplates et des coudes (figure 42-4).

Souvent, les patients qui présentent une perte de sensibilité, une altération du niveau de conscience ou une paralysie ne ressentent pas les effets d'une pression prolongée sur la peau. Par conséquent, ils ne changent pas leur position pour soulager cette pression qui entrave la circulation sanguine et réduit l'irrigation de la peau. Une escarre de décubitus peut alors se former très rapidement.

Toute affection qui réduit la circulation sanguine ainsi que l'irrigation de la peau et du tissu sous-cutané (altération de l'irrigation tissulaire périphérique) augmente les risques d'escarres de décubitus. Les diabétiques, par exemple, présentent une altération de la microcirculation. De même, la circulation et l'irrigation du tissu cutané sont altérées chez les patients qui souffrent d'œdème. Les personnes obèses ont beaucoup de tissu adipeux mal vascularisé, ce qui les prédispose aux lésions cutanées.

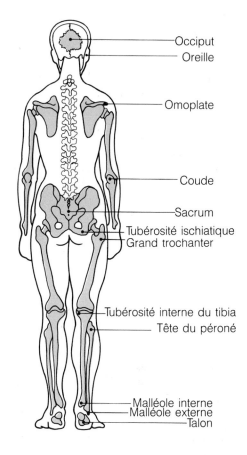

Figure 42-4. Régions sensibles aux escarres de décubitus

Les carences nutritionnelles, l'anémie et les désordres métaboliques, qui altèrent les tissus, contribuent à l'apparition des escarres de décubitus. L'anémie, quelle qu'en soit la cause, prédispose aux escarres de décubitus parce qu'elle réduit l'oxygénation tissulaire, ce qui augmente la vulnérabilité des tissus cutanés. Les patients qui ont un faible taux de protéines ou qui ont un bilan azoté négatif subissent des pertes tissulaires et présentent une mauvaise régénération des tissus. Certaines matières nutritives, comme la vitamine C et les oligoéléments, sont essentielles à la vitalité des tissus et à la reproduction cellulaire.

Certaines forces mécaniques contribuent à la formation des escarres de décubitus. La *friction* est la résistance à un mouvement entre deux surfaces en contact. Elle se produit quand deux surfaces glissent l'une sur l'autre. La friction endommage la peau et favorise la formation d'escarres. Le *cisaillement* est créé par l'interaction de la force de gravité (qui pousse le corps vers le bas) et de la force de friction. Il se produit, par exemple, quand le patient glisse dans son lit (figure 42-5). Il provoque ainsi le glissement des couches de tissus l'une sur l'autre, un étirement et une torsion des vaisseaux sanguins ainsi qu'une altération de la microcirculation dans la peau et le tissu sous-cutané. Les escarres de décubitus causées par la friction et le cisaillement se forment quand le patient glisse dans son lit ou quand il est déplacé ou mis en position de façon incorrecte (par exemple, quand on le tire vers le haut du lit au lieu de le soulever). La spasticité musculaire et la paralysie augmentent les risques d'escarres de décubitus dues à la friction et au cisaillement.

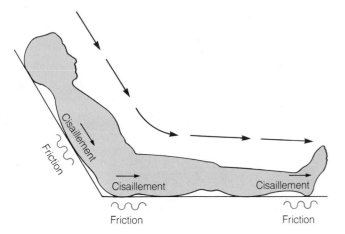

Figure 42-5. Forces mécaniques contribuant à la formation d'escarres de décubitus. La *friction* est une résistance au mouvement. Elle se produit, par exemple, quand le patient glisse dans son lit. Le *cisaillement* survient quand une couche de tissu glisse sur une autre, ce qui perturbe la microcirculation dans la peau et le tissu sous-cutané.

Un contact prolongé avec l'humidité provenant de la sueur, de l'urine, des selles ou d'un écoulement provoque une macération (ramollissement) de la peau. Les substances contenues dans les produits d'élimination et les écoulements irritent la peau. La peau humide et irritée est alors plus vulnérable aux lésions.

L'érosion de l'épiderme offre un terrain propice à l'invasion des microorganismes (streptocoques, staphylocoques, *Pseudomonas aeruginosa, Escherichia coli*) et, par conséquent, à l'infection. Un écoulement malodorant indique la présence d'une infection. Les lésions peuvent aussi s'étendre et donner lieu à une perte continuelle de sérum qui peut priver l'organisme de protéines essentielles à l'intégrité et à la régénération des tissus. Parfois, elles continuent de s'étendre et touchent l'aponévrose, le muscle et l'os en formant des sinus irradiants. Les escarres de décubitus de grande taille peuvent causer une infection générale, souvent due à des germes Gram négatif.

▷ *Gérontologie.* Chez les personnes âgées, l'épiderme est plus mince. Le derme contient aussi moins de collagène et la peau a perdu de son élasticité. Celle-ci est plus sèche à cause d'une diminution de l'activité des glandes sébacées et sudoripares. De plus, des changements cardiovasculaires provoquent une diminution de l'irrigation tissulaire. On observe également chez les personnes âgées une atrophie musculaire et une proéminence des structures osseuses. Souvent, leur perception sensorielle est diminuée, et elles ont de la difficulté à changer de position, ce qui contribue à créer une pression prolongée sur la peau. Par conséquent, elles sont plus vulnérables aux escarres de décubitus, qui sont source de souffrance et réduisent la qualité de vie.

Environ 35 % des personnes âgées qui sont hospitalisées ou qui vivent dans un établissement de soins prolongés souffrent à un moment ou à un autre d'escarres de décubitus. Le traitement de ces lésions exige beaucoup de temps et d'argent.

Encadré 42-8
Facteurs de prédisposition aux escarres de décubitus

Pression prolongée
Immobilité ou altération de la mobilité
Perte des réflexes de protection, perte ou diminution de la sensibilité
Mauvaise oxygénation tissulaire: œdème
Malnutrition, hypoprotéinémie, anémie, carence vitaminique
Forces de friction et de cisaillement, traumatisme
Incontinence urinaire et fécale
Modification de l'état de la peau: sécheresse ou humidité
Âge avancé, affaiblissement
Matériel et appareils: plâtre, contention, fauteuil, literie, traction

▷ **Collecte des données**

Pour déterminer si un patient présente des risques d'escarres de décubitus, l'infirmière doit tenir compte de sa mobilité, de sa perception sensorielle, de ses facultés cognitives, de son irrigation tissulaire, de son état nutritionnel, des forces de friction et de cisaillement, des sources d'humidité sur sa peau et de son âge. (On trouvera dans l'encadré 42-8 les facteurs de prédisposition aux escarres de décubitus.) L'infirmière doit:

Procéder au moins deux fois par jour à une évaluation complète de l'état de la peau.
Examiner tous les points d'appui pour y déceler la présence d'érythème.
Vérifier si la rougeur disparaît à la pression du doigt.
Palper la peau pour déceler une augmentation de chaleur.
Vérifier si la peau est sèche ou moite, ou s'il y a irritation.
Noter la présence d'écoulements et d'odeurs.
Évaluer le degré de mobilité.
Noter la présence de dispositifs de contention (ceinture de contention, attelles).
Évaluer l'état de la circulation (pouls périphérique, œdème).
Évaluer l'état neurologique.
Déterminer s'il y a incontinence.
Évaluer l'apport nutritionnel et liquidien.
Vérifier les résultats d'analyses dans le dossier du patient (hématocrite, hémoglobine, albumine sérique).
Noter les problèmes de santé actuels.
Vérifier la médication.

Si l'infirmière observe une escarre de décubitus, elle doit en noter les dimensions et le siège, puis en évaluer la gravité selon une échelle de mesure (voir l'encadré 42-9). Généralement une escarre de décubitus du 1er degré se caractérise par un érythème qui disparaît à la pression du doigt, une tuméfaction et de la congestion. Le patient ressent alors un certain malaise. La vasodilatation augmente, ce qui accroît la température cutanée. La rougeur fait peu à peu place à une coloration bleu gris d'aspect cyanosé due à l'occlusion des capillaires et à l'affaiblissement du tissu sous-cutané. Au 2e degré, la peau est brisée au niveau de l'épiderme et du derme.

Encadré 42-9
Stades de formation de l'escarre de décubitus

1er degré

- Zone d'érythème
- Érythème qui blanchit à la pression du doigt
- Chaleur de la peau
- Tuméfaction et congestion des tissus
- Malaise
- Rougeur qui fait place peu à peu à une coloration bleu gris

2e degré

- Rupture de la peau
- OEdème persistant
- Nécrose tissulaire
- Écoulements
- Infection possible

3e degré

- Atteinte du tissu sous-cutané
- Nécrose et écoulements
- Infection

4e degré

- Atteinte du muscle et de l'os sous-jacents
- Présence de poches d'infection profondes
- Nécrose et écoulements

On observe également une nécrose, une agglutination intra-veineuse, une thrombose et un œdème avec épanchement et infiltration cellulaire. Au 3e degré, l'escarre atteint le tissu sous-cutané. Au 4e degré, elle s'étend aux structures sous-jacentes, notamment au muscle et peut-être même à l'os. La lésion cutanée n'est parfois que la pointe de l'iceberg, sa petite surface cachant une atteinte profonde et très étendue.

Le pus et les odeurs nauséabondes sont des signes d'infection. Lorsque les escarres sont étendues, on observe souvent la présence de profondes poches d'infection. Parfois, l'exsudat se dessèchent et forme une croûte. L'infection peut évoluer vers une ostéomyélite, une arthrite purulente (formation de pus dans une cavité articulaire) ou une septicémie.

▷ Analyse et interprétation des données

À partir des données recueillies, voici le principal diagnostic infirmier possible:

Atteinte à l'intégrité de la peau reliée à l'un des facteurs suivants: immobilité, diminution de la sensibilité, diminution de l'irrigation tissulaire, déficit nutritionnel, forces de friction et de cisaillement, augmentation de l'humidité, âge avancé.

▷ Planification et exécution

▷ *Objectifs de soins:* Réduction de la pression; amélioration de la mobilité; amélioration de la perception sensorielle; amélioration de l'irrigation tissulaire; amélioration de l'état nutritionnel; réduction des forces de friction et de cisaillement; maintien de l'hygiène corporelle; guérison de l'escarre de décubitus.

▷ Interventions infirmières

▷ *Réduction de la pression.* Pour réduire et répartir la pression exercée sur la peau, de même que pour prévenir une diminution prolongée de l'irrigation de la peau et du tissu sous-cutané, on doit changer fréquemment le patient de position.

Ainsi, on rétablit la circulation sanguine dans les régions ischémiques et on permet aux tissus comprimés de se rétablir.

- Le patient doit donc être tourné toutes les heures ou toutes les deux heures.

À moins d'indication contraire, on doit installer le patient en alternance dans ces positions: décubitus latéral droit et gauche, décubitus ventral et décubitus dorsal. En plus des changements réguliers de position, on doit procéder à de petits déplacements de certaines parties du corps telles que la cheville, le coude ou l'épaule. Lors de chaque changement de position, il faut faire un examen de la peau pour déceler toute augmentation de température. Si on observe la présence de rougeur ou de chaleur sur une région donnée, on doit éviter toute pression sur cette région.

Chez les personnes âgées, les petits déplacements de poids sont souvent efficaces. En plaçant une serviette pliée ou une peau de mouton sous une épaule ou une hanche, on rétablit l'irrigation de la peau soumise à la pression. Il suffit de déplacer périodiquement la serviette ou la peau de mouton d'un point d'appui à un autre, dans le sens des aiguilles d'une montre. On doit inclure les autres mesures de prévention des escarres de décubitus dans le plan de soins du patient.

On peut également soulager la pression sur les saillies osseuses par la formation de ponts au moyen d'oreillers. Tout comme les piliers qui surélèvent les ponts et permettent de ne pas interrompre la circulation au-dessous, les oreillers surélèvent le corps et créent un espace entre les saillies osseuses et le matelas. Aux pieds, on peut utiliser un appui-pied ou un oreiller pour supporter la literie. Pour protéger les talons, on peut placer un morceau de caoutchouc mousse de 2,5 cm entre un drap doux bien propre et le matelas, ou encore utiliser une talonnière.

Il faut parfois employer du matériel ou des matelas spécialement conçus pour soutenir certaines parties du corps ou répartir uniformément la pression.

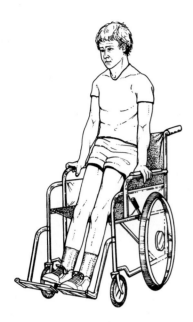

Figure 42-6. Soulèvement effectué vers le haut sur un fauteuil roulant afin de prévenir les escarres de décubitus au niveau des ischions. Les paraplégiques devraient pratiquer des soulèvements de ce genre toutes les 30 minutes, en gardant la position surélevée pendant 60 secondes. Pendant cet exercice les roues sont immobilisées.
(Source: G. G. Hirschberg, L. Lewis, et P. Vaughan. *Rehabilitation: A Manual for the Care of the Disabled and Elderly,* 2e éd., Philadelphia, J. B. Lippincott, 1976)

Les patients en fauteuil roulant devraient disposer d'un coussin spécialement adapté à leurs caractéristiques physiques personnelles. Ce coussin ajusté d'après les mesures de pression, réduit la compression dans les régions exposées aux escarres de décubitus, sans toutefois l'éliminer complètement. Par conséquent, il importe de rappeler au patient de déplacer fréquemment son poids et de se soulever pendant quelques secondes toutes les 30 minutes (figure 42-6).

Si le patient ne peut se retourner, on peut utiliser un matelas à gonflement alternatif fait de cellules qui se gonflent et se dégonflent, provoquant la constriction puis la dilatation des vaisseaux sanguins superficiels de la peau. La pression est ainsi réduite et l'apport sanguin augmenté.

Le matelas en mousse de polyuréthanne (matelas à coquille d'œuf) a pour propriété de répartir la pression plus uniformément en offrant une plus grande surface de contact. Le matelas pneumatique à boudins permet également, quand il est bien gonflé, de répartir la pression plus uniformément.

Pour les patients dont les saillies osseuses sont sensibles à la pression, il existe une variété de coussinets et de supports thérapeutiques qui se placent par-dessus le matelas. Ainsi, le matelas en gel de silicone, fait d'une matière dont la consistance est semblable à celle du tissu adipeux humain, épouse les formes du corps. Il existe également des coussinets hydrophiles moelleux qui répartissent la pression grâce à leur mollesse et à leur élasticité, absorbent l'humidité et réduisent la friction. On peut aussi protéger les saillies osseuses (sacrum, trochanters, talons, coudes, omoplates et occiput) au moyen d'un coussin en gel de silicone, d'une peau de mouton ou d'un morceau de caoutchouc mousse.

On recommande souvent l'emploi du matelas hydrostatique (lit d'eau) pour prévenir (et traiter) les escarres de décubitus.

Sur un matelas de ce type, le corps s'enfonce dans le liquide. Son poids est ainsi réparti sur une plus grande surface, ce qui diminue le poids par unité de surface et réduit par conséquent la pression. (Selon le principe de Pascal, le poids d'un corps flottant est réparti uniformément sur toute la surface qui est en contact avec le liquide.)

Il existe d'autres lits spéciaux destinés à prévenir les escarres de décubitus, notamment le lit à air fluidisé, le lit à faible perte d'air, qui offre un soutien sélectif, ainsi que le lit oscillant, qui bouge constamment pour modifier la répartition du poids et stimuler la circulation.

▷ *Amélioration de la mobilité.* On doit inciter le patient à rester actif et à marcher dès que possible. S'il doit rester assis pendant de longues périodes, il convient de lui rappeler de changer de position fréquemment afin de répartir son poids différemment sur le siège. Les exercices actifs et passifs tonifient les muscles, la peau et les vaisseaux. L'activité stimule la circulation et réduit l'ischémie tissulaire qui est un précurseur de l'escarre de décubitus.

Il est essentiel que les patients exposés aux escarres de décubitus se tournent régulièrement et qu'ils fassent des exercices selon un horaire bien établi. *Les changements de position doivent être effectués le jour comme la nuit.*

▷ *Amélioration de la perception sensorielle.* L'infirmière doit aider le patient à admettre que sa perception sensorielle est altérée et à compenser sa perte. Les interventions sont choisies en fonction de la cause de l'altération (diminution du niveau de conscience, lésion de la moelle épinière, etc.). Ainsi, on peut inciter le patient à être plus attentif à son corps, l'encourager à participer à ses autosoins ou encore le soutenir dans les efforts qu'il déploie en vue de compenser sa perte de sensibilité (par exemple, un paraplégique peut se soulever de son fauteuil toutes les 30 minutes). On doit enseigner au patient et à la personne qui lui prodigue les soins à procéder à un examen visuel des points d'appui et à utiliser, s'il y a lieu, un miroir afin de déceler les signes de formation d'escarres de décubitus.

▷ *Amélioration de l'irrigation tissulaire.* L'exercice et les changements de position améliorent l'irrigation tissulaire. Quand l'infirmière change le patient de position, elle peut masser doucement la peau saine aux points de pression en utilisant une lotion hydratante douce. Le massage de la peau qui entoure les saillies osseuses stimule la circulation du sang dans la peau, favorise le retour veineux, réduit l'œdème et améliore le tonus vasculaire.

- Il ne faut pas masser une région rougie, car cela pourrait aggraver la lésion.

Si le patient présente des signes d'altération de la circulation périphérique, comme de l'œdème, on peut surélever la partie du corps œdémateuse pour stimuler le retour veineux et réduire la congestion. L'infirmière *doit* rechercher et éliminer les facteurs susceptibles de créer une pression sur la peau (plis dans les draps, tubes, etc.).

▷ *Amélioration de l'état nutritionnel.* On doit assurer au patient un apport nutritionnel adéquat et un bilan azoté positif. Les escarres de décubitus se forment plus rapidement et sont plus difficiles à traiter chez les personnes ayant des carences nutritionnelles. Un régime à forte teneur en protéines (avec suppléments protéiniques) leur est parfois utile. Dans les cas d'anémie, il est souvent nécessaire d'administrer du fer pour augmenter le taux d'hémoglobine et maintenir ainsi l'oxygénation des tissus dans des limites acceptables. De plus, l'acide ascorbique (vitamine C) est essentielle à la vitalité et à la cicatrisation des tissus.

Les autres matières nutritives qui contribuent à la santé de la peau, sont la vitamine A, les vitamines du groupe B, le zinc et le soufre. Un régime alimentaire équilibré et une bonne hydratation permettent de conserver une peau saine et d'assurer une bonne cicatrisation des tissus lésés.

▷ *Réduction des forces de friction et de cisaillement.* Les forces de cisaillement s'exercent quand on traîne le patient au lieu de le soulever, quand celui-ci glisse dans le lit ou encore quand il se déplace en enfonçant ses talons ou ses coudes dans le matelas. Si on surélève la tête du lit, même de quelques centimètres, on augmente les forces de cisaillement sur la région sacrée. Il faut donc éviter la position demi-assise chez les patients exposés aux escarres de décubitus. Pour empêcher qu'ils ne glissent dans le lit, on installe un appui-pied bien coussiné et on place des talonnières ou autres dispositifs de protection sous leurs talons. Quand ils sont assis dans un fauteuil, on doit s'assurer qu'ils sont bien placés et bien appuyés. On préconise chez ces patients l'emploi de coussins en peau de mouton synthétique pour réduire la friction et le cisaillement.

- Pour éviter que les forces de friction et de cisaillement ne s'exercent lors des changements de position, il faut soulever le patient, non le traîner sur le drap.

▷ *Réduction de l'humidité.* On prévient la présence continuelle d'humidité sur la peau par des mesures d'hygiène rigoureuses. La peau souillée doit être lavée sans délai avec de l'eau et un savon doux, puis épongée avec une serviette moelleuse. On peut lubrifier la peau avec une lotion douce pour lui conserver sa souplesse. Cependant, on doit éviter d'utiliser un astringent ou une poudre. Chez les patients incontinents, l'emploi d'une crème protectrice peut avoir des effets bénéfiques. On doit vérifier souvent leur literie et la changer sans délai si elle est mouillée. La peau ne doit jamais rester en contact avec de la sueur, de l'urine, des selles ou des écoulements. Il faut éviter l'emploi d'alèses en plastique et de piqués imperméables.

▷ *Guérison de l'escarre de décubitus.* Même si l'escarre n'en est qu'à ses débuts, on doit éliminer toute pression sur la région atteinte. Il s'agit là d'une condition essentielle à la guérison. Le patient ne doit donc pas s'appuyer sur la lésion, ne serait-ce que pour quelques minutes. On doit le retourner et le changer de position régulièrement, en respectant rigoureusement l'horaire inscrit dans son plan de soins.

Pour favoriser la guérison, il faut de plus corriger la carence nutritionnelle et le déséquilibre électrolytique. Les plaies qui laissent s'écouler des liquides biologiques et des protéines mettent le patient dans un état catabolique et le prédisposent à une hypoprotéinémie ainsi qu'à des infections secondaires graves. Un régime riche en protéines, en vitamines, en minéraux et en énergie contribue à la cicatrisation des escarres de décubitus. Il est essentiel de donner au patient des hydrates de carbone, car ils «ménagent» les protéines tout en étant

une source d'énergie. La vitamine C et les oligo-éléments, particulièrement le zinc, jouent un rôle fondamental dans la formation du collagène et la cicatrisation des plaies.

Pour permettre la guérison des escarres du 1er degré, on doit: éliminer la pression exercée sur la peau du patient afin de favoriser l'irrigation tissulaire, améliorer l'état nutritionnel et l'équilibre hydroélectrolytique, réduire les forces de friction et de cisaillement et éviter le contact de la peau avec l'humidité.

- Il ne faut pas masser une région rougie, car cela pourrait aggraver la lésion.

Les escarres du 2e degré se caractérisent par une rupture de la peau. On les traite en appliquant les mesures décrites pour les escarres du 1er degré et en humidifiant la pièce. *Il ne faut donc pas assécher la plaie ouverte au moyen d'une lampe infrarouge.* Un milieu humide accélère la migration des cellules épidermiques à la surface de l'escarre. Pour obtenir un tel milieu tout en réduisant au maximum la perte de liquides biologiques et de protéines, on peut utiliser un pansement occlusif semi-perméable ou un pansement humide au soluté physiologique.

Dans le cas des escarres du 3e et du 4e degrés, on observe une atteinte tissulaire profonde. On traite ces lésions nécrotiques et suintantes de stade avancé en appliquant les mesures utilisées pour les escarres du 1er degré et en procédant au débridement de la plaie afin de favoriser la cicatrisation. Le débridement est l'excision des tissus nécrosés et dévitalisés qui favorisent la croissance bactérienne, retardent la formation du tissu de granulation et empêchent la guérison. Le débridement et le pansement d'une plaie pouvant être douloureux, l'infirmière doit préparer le patient, lui donner les explications nécessaires et lui administrer au besoin un analgésique selon l'ordonnance médicale.

Le débridement peut être chimique, mécanique ou chirurgical. Une fois la plaie débridée, l'exsudat sera absorbé par l'application d'un pansement occlusif hydrocolloïde ou d'un pansement interactif d'hydrogel. Afin d'orienter l'antibiothérapie, on doit procéder à des cultures et antibiogrammes des escarres infectées.

Lorsque la plaie est propre, on applique un traitement local dans le but d'empêcher l'infection, de favoriser la formation du tissu de granulation et de protéger ce tissu nouvellement formé. Il faut également prévenir les traumatismes. Les pansements, les solutions et les onguents appliqués sur l'escarre ne doivent pas entraver la cicatrisation. Les méthodes de traitement et les agents thérapeutiques sont nombreux, mais ils doivent être appliqués fréquemment pour être efficaces. Il faut procéder tous les quatre à six jours à une évaluation objective de la réaction de l'escarre au traitement. La guérison peut être longue.

Une intervention chirurgicale s'avère nécessaire si l'atteinte est profonde, s'il y a risque de complications (comme une fistule) ou si l'escarre ne répond pas au traitement. Cette intervention comprend une incision et drainage, une greffe par lambeau cutané ou myocutané et une résection osseuse.

Comme on peut s'attendre à une récidive des escarres de décubitus, il faut examiner la peau du patient toutes les 30 minutes. On doit augmenter progressivement la tolérance à la pression sur la région cicatrisée en allongeant le temps de pression de 5 à 10 minutes à la fois. On apprend au patient à améliorer sa mobilité de même qu'à se retourner, à déplacer son poids et à changer de position à intervalles réguliers. Il faut de plus lui enseigner comment réduire les risques d'escarres de décubitus, quels sont les principaux points de pression, comment en faire l'examen et comment éviter de les soumettre à une trop grande pression. L'évolution favorable des atteintes à l'intégrité de la peau repose essentiellement sur un dépistage précoce et sur une intervention rapide.

▷ *Évaluation*

Résultats escomptés

1. Le patient conserve une peau intacte.
   a) Il ne présente pas d'érythème dans les régions des saillies osseuses.
   b) Il ne présente pas de rupture de la peau.
2. Le patient évite la pression sur les saillies osseuses.
   a) Il change de position toutes les heures ou toutes les deux heures.
   b) Il forme des ponts pour soulager la pression.
   c) Il utilise le matériel spécialisé de façon appropriée.
   d) Il se soulève de son siège ou de son fauteuil roulant toutes les 30 minutes.
3. Le patient améliore sa mobilité.
   a) Il pratique des exercices d'amplitude des mouvements articulaires.
   b) Il se conforme à son horaire de changements de position.
   c) Il déplace son poids fréquemment.
4. Le patient améliore ses capacités sensorielles et cognitives.
   a) Il manifeste une amélioration de son niveau de conscience.
   b) Il procède à l'examen des régions exposées aux escarres de décubitus.
5. Le patient présente une amélioration de l'irrigation tissulaire.
   a) Il stimule sa circulation par des massages.
   b) Il surélève les parties du corps exposées à l'œdème.
6. Le patient atteint et maintient un état nutritionnel adéquat.
   a) Il explique l'importance des protéines et de la vitamine C dans son régime alimentaire.
   b) Son régime alimentaire est riche en protéines et en vitamine C.
   c) Son taux d'hémoglobine se maintient à un niveau acceptable.
   d) Son bilan azoté est positif.
7. Le patient évite de créer des forces de friction et de cisaillement.
   a) Il évite la position demi-assise.
   b) Il utilise au besoin un coussin en peau de mouton ou des talonnières.
   c) Il se soulève au lieu de se laisser glisser.
8. Le patient garde sa peau propre et sèche.
   a) Il évite les contacts prolongés avec les surfaces humides et souillées.
   b) Sa peau est propre et sèche.
   c) Il lubrifie sa peau à l'aide de lotions.
9. L'escarre de décubitus se cicatrise.
   a) Le patient évite toute pression sur la région affectée.
   b) Il améliore son état nutritionnel.
   c) Il participe au traitement.
   d) Il se comporte de façon à prévenir de nouvelles lésions.
   e) Il connaît les signes avant-coureurs de la formation des escarres de décubitus.

 # DÉMARCHE DE SOINS INFIRMIERS
ALTÉRATION DE L'ÉLIMINATION URINAIRE ET INTESTINALE

Les patients atteints d'une incapacité physique souffrent souvent d'incontinence urinaire et fécale. L'élimination urinaire et fécale sont d'importantes fonctions organiques dont le contrôle volontaire est soumis aux conventions sociales. En effet, l'incontinence compromet l'autonomie, provoque de la gêne et entraîne l'isolement. Chez les personnes âgées, elle est souvent la cause du placement dans les centres d'accueil. Environ 15 % des personnes âgées vivant chez elles souffrent d'incontinence urinaire ou fécale contre près de 50 % des personnes âgées vivant dans un centre d'hébergement.

D'autre part, les personnes ayant une incapacité physique peuvent souffrir de constipation. Dans ce cas, il faut viser à rétablir la régularité pour éviter le ballonnement abdominal, de fréquentes pertes de petite quantité de selles ou un fécalome.

▷ *Collecte des données*

L'incontinence urinaire se présente sous diverses formes : incontinence par réduction du temps d'alerte, incontinence par réflexe, incontinence à l'effort, incontinence fonctionnelle et incontinence vraie. Elle peut être due à de nombreux facteurs (par exemple, infection des voies urinaires, instabilité des muscles vésicaux, obstruction à l'évacuation de la vessie ou insuffisance du sphincter urinaire, troubles neurologiques, spasme ou contraction de la vessie, incapacité de se rendre aux toilettes à temps). Sa cause exacte doit donc être établie.

L'infirmière doit procéder à l'étude des résultats des épreuves diagnostiques (par exemple, analyse des urines, épreuves urodynamiques, résidu vésical) pour connaître la cause de l'incontinence. Elle doit recueillir les données relatives aux habitudes passées et présentes d'élimination et d'ingestion de liquides du patient. Elle doit de plus noter l'heure et le volume de toutes les mictions pendant au moins 48 heures, les épisodes d'incontinence et les actions qui y sont associées (par exemple, toux, éternuement, effort), l'heure de l'ingestion de liquides, le volume ingéré et les médicaments administrés. Elle doit procéder ensuite à une analyse des données afin d'établir les habitudes d'élimination du patient et les liens de cause à effet.

La capacité de se rendre à la salle de bains, d'enlever ses vêtements et d'utiliser les toilettes sont d'importants facteurs fonctionnels souvent associés à l'incontinence. Les facultés cognitives connexes (sensation et expression verbale du besoin d'uriner, capacité d'apprendre à contrôler l'émission de l'urine), qui peuvent être à l'origine de l'incontinence, doivent aussi être évaluées.

L'incontinence fécale et la constipation peuvent avoir de multiples causes (par exemple, perte ou diminution du contrôle sphinctérien, déficit cognitif et sensoriel, facteurs neurologiques, mauvaise alimentation, immobilité). L'origine du problème doit donc être établie.

L'infirmière doit recueillir des données sur les habitudes d'élimination, les habitudes alimentaires, l'usage de laxatifs, les troubles gastro-intestinaux (colite, par exemple), les bruits intestinaux, le réflexe anal et le tonus et les capacités fonctionnelles, afin de connaître la cause de l'incontinence. Elle doit de plus noter la fréquence des défécations et les caractéristiques des selles.

▷ Analyse et interprétation des données

À partir des données recueillies voici le principal diagnostic infirmier possible :

> Altération de l'élimination reliée à une incontinence urinaire, une incontinence fécale ou à la constipation*.

▷ Planification et exécution

▷ **Objectifs de soins :** Correction de l'incontinence urinaire ; correction de l'incontinence fécale ; rétablissement de la régularité de l'élimination intestinale

▷ Interventions infirmières

▷ *Correction de l'incontinence urinaire.* Une fois la nature de l'incontinence urinaire établie, on doit élaborer un plan de soins basé sur l'analyse des données recueillies. On peut envisager différentes façons de corriger l'incontinence urinaire. Les méthodes utilisées visent pour la plupart à rééduquer l'organisme dans le but de rétablir le contrôle de l'élimination urinaire ou de réduire au maximum les émissions involontaires d'urine. Le choix de la méthode de traitement est fonction de la cause de l'incontinence. Quant au succès de la rééducation, il repose essentiellement sur la participation du patient et sur sa volonté d'éviter les épisodes d'incontinence. Une attitude optimiste et une réaction positive aux progrès même les plus modestes favorisent également la correction de l'incontinence.

Pour assurer l'intégrité de la peau, on doit la laver et la sécher à fond après chaque épisode d'incontinence. Si une personne présente un écoulement constant d'urine, il est parfois nécessaire d'utiliser un onguent ou une lotion pour protéger la peau.

On ne doit jamais restreindre l'apport liquidien dans le seul but de réduire la fréquence des mictions. Le patient doit donc ingérer une quantité suffisante de liquide (2000 à 3000 mL / jour, selon ses besoins). Pour favoriser l'élimination urinaire à heures fixes, on peut donner au patient une quantité déterminée de liquide 30 minutes avant le moment prévu de la miction. Les liquides doivent être ingérés surtout durant le jour afin de réduire le besoin fréquent d'uriner au cours de la nuit.

La *rééducation vésicale* a pour but de rétablir le fonctionnement normal de la vessie. Elle peut être faite dans les cas d'incontinence par réduction du temps d'alerte si les facultés cognitives sont intactes. Pour procéder à une rééducation de la vessie, on doit établir un horaire d'élimination, fondé sur l'analyse des données recueillies, en précisant les heures prévues de mictions. On doit également s'assurer que le patient ait toute l'intimité nécessaire, qu'il utilise les toilettes ou une

chaise d'aisance. Au début de la période de rééducation, les intervalles entre les mictions sont courts (une heure trente à deux heures). Il convient d'encourager le patient à retenir la miction jusqu'au moment prévu et de consigner les moments de mictions volontaires et involontaires. Par la suite, on allonge les intervalles entre les mictions en fonction de l'amélioration de la capacité et du contrôle de la vessie. Il existe généralement un rapport entre l'ingestion de liquides et d'aliments, l'exercice et la miction. S'ils sont en mesure de le faire, les patients peuvent inscrire eux-mêmes tous les liquides et les aliments qu'ils ont ingérés, de même que les activités physiques auxquelles ils ont participé et l'heure de leurs mictions, de façon à pouvoir eux-même établir un horaire qui leur permette de fonctionner normalement.

Une *meilleure accessibilité aux toilettes* et l'adaptation des vêtements aident les patients souffrant d'incontinence fonctionnelle à se rendre seuls aux toilettes et à corriger leur incontinence.

La *formation d'habitudes* vise à corriger l'incontinence en amenant le patient à se conformer strictement à un horaire d'élimination. Cette méthode peut être efficace pour les patients atteints d'incontinence à l'effort, d'incontinence par réduction du temps d'alerte ou d'incontinence fonctionnelle. Les personnes âgées confuses doivent être amenées aux toilettes conformément à leur horaire, avant qu'une émission involontaire d'urine ne se produise.

La *rétroaction biologique* permet au patient d'apprendre à contracter ses sphincters. Elle peut être utilisée chez les personnes atteintes d'incontinence à l'effort ou d'incontinence par réduction du temps d'alerte dont les facultés cognitives sont intactes.

Les *exercices de renforcement des muscles périnéaux* sont utiles chez les personnes atteintes d'incontinence à l'effort qui possèdent toutes leurs facultés cognitives. Ils doivent être pratiqués tous les jours.

Le *cathétérisme intermittent* est indiqué pour les personnes souffrant d'incontinence par regorgement.

On doit *éviter* dans la mesure du possible l'emploi de *sondes à demeure*, car elles sont une importante source d'infection. Il faut parfois les utiliser pendant de courtes périodes au cours du traitement d'escarres de décubitus graves dues à une incontinence constante.

Le *cathéter externe* (condom Texas) sert à recueillir les mictions spontanées. Il peut être utile chez les hommes atteints d'incontinence réflexe ou d'incontinence vraie. Pour être entièrement efficace, le condom doit être de la bonne taille. On doit enseigner au patient ou à la personne qui lui prodigue les soins comment installer le condom ainsi que les mesures d'hygiène à appliquer (dont un examen quotidien de la peau) ainsi que l'entretien nécessaire.

Les *culottes d'incontinence* (couches) ne doivent être utilisées qu'en dernier ressort, car elles dissimulent le problème plutôt que de le régler. Elles donnent au patient l'impression de régresser. Il faut plutôt essayer de réduire les épisodes d'incontinence par les autres méthodes décrites auparavant.

Parfois, ces culottes peuvent être utiles pour protéger les vêtements des personnes atteintes d'incontinence à l'effort ou d'incontinence vraie. Toutefois, il est préférable de ne les utiliser que lorsqu'elles sont absolument nécessaires.

▷ *Correction de l'incontinence fécale.* Les programmes de rééducation intestinale ont pour but de régulariser cette

---

* Les diagnostics infirmiers de l'ANADI qui peuvent s'appliquer aux personnes atteintes d'un trouble d'élimination sont : constipation, incontinence fécale, incontinence urinaire fonctionnelle, incontinence urinaire réflexe, incontinence urinaire à l'effort, incontinence urinaire vraie, incontinence par réduction du temps d'alerte, incapacité d'utiliser les toilettes, altération de l'élimination urinaire, rétention urinaire.

fonction et de prévenir les émissions involontaires de selles. La continence fécale repose sur l'évacuation régulière et complète du contenu de la partie basse des intestins. Dans un programme de rééducation intestinale, on met à profit les réflexes naturels du patient et on favorise la défécation à heure fixe en misant sur la régularité, la consommation d'aliments et de liquides, l'exercice et une bonne position.

L'infirmière doit, pendant cinq à sept jours, noter l'heure de la défécation, les caractéristiques des selles, les aliments ingérés, les aptitudes cognitives du patient ainsi que de sa capacité d'utiliser les toilettes. L'analyse de ces notes permettra d'élaborer un programme individualisé de rééducation intestinale.

La régularité dans l'application du programme de rééducation intestinale est essentielle. Les tentatives de défécation doivent se faire tous les jours à la même heure, à 15 minutes près. Puisque les réflexes gastrocolique et duodénocolique se déclenchent 30 minutes environ après les repas, il est préférable de prévoir la défécation après le petit déjeuner. Cependant, si le patient avait auparavant l'habitude d'aller à la selle à un autre moment de la journée, on doit respecter cette habitude.

Le réflexe anorectal peut être stimulé au moyen de suppositoires (à la glycérine par exemple) ou d'un toucher rectal (stimulation avec un doigt ganté et lubrifié ou un dilatateur anal, par exemple). On insère le suppositoire environ 30 minutes avant l'heure prévue pour la défécation. On note ensuite le temps écoulé entre l'insertion du suppositoire et l'évacuation des selles pour modifier ultérieurement le programme en conséquence. Une fois les habitudes bien établies, l'emploi de suppositoires ne sera probablement plus nécessaire.

S'il en est capable, le patient peut se mettre en position accroupie (les genoux plus élevés que les hanches) pour aller à la selle. Dans la mesure du possible, il faut éviter d'employer un bassin hygiénique. On apprend au patient à pousser et à forcer en contractant ses muscles abdominaux. Au besoin, il peut se pencher vers l'avant pour augmenter la pression intra-abdominale et se masser le ventre de droite à gauche pour faciliter la progression des selles dans la partie basse de l'intestin.

Pour favoriser la régularité, le régime alimentaire doit être riche en fibres et l'apport liquidien doit être suffisant (2000 à 4000 mL/jour). On doit aussi préférer aux laxatifs les stimulants naturels comme les pruneaux, les fruits, les légumes et les grains entiers.

▷ *Prévention de la constipation.*   Pour élaborer le plan de soins, l'infirmière doit analyser les données concernant la défécation, les caractéristiques des selles, l'apport nutritionnel et liquidien, le niveau d'activité, les bruits intestinaux, les médicaments et autres.

Il existe de nombreuses façons de prévenir la constipation. Ainsi, le régime alimentaire doit être bien équilibré et suffisamment riche en fibres (légumes, fruits, son) pour prévenir les selles dures et stimuler le péristaltisme. L'apport liquidien doit être de deux à quatre litres par jour, à moins de contre-indication. Un jus de pruneau ou de figue (120 mL) pris une fois par jour, 30 minutes avant le repas, a parfois des effets bénéfiques.

On doit encourager le patient à rester actif et à faire de l'exercice, de même qu'à utiliser les toilettes sans aide et à aller à la selle à heure fixe. On doit aussi lui conseiller d'obéir

à son besoin naturel de déféquer et veiller à ce qu'il ait l'intimité voulue pendant la défécation.

Pour stimuler la défécation et prévenir la constipation, le médecin peut prescrire des laxatifs émollients, des agents augmentant la masse fécale, des stimulants doux et des suppositoires.

▷ *Évaluation*

Résultats escomptés

1. Le patient maîtrise ses fonctions d'élimination.
   a) Il n'a aucun épisode d'incontinence.
   b) Il prévient la constipation.
   c) Il utilise les toilettes de façon autonome.
2. Le patient ne souffre plus d'incontinence urinaire.
   a) Il applique le traitement approprié au type d'incontinence dont il souffre.
   b) Il a un apport liquidien adéquat.
   c) Il se lave et s'essuie après chaque épisode d'incontinence.
3. Le patient ne souffre plus d'incontinence fécale.
   a) Il participe au programme de rééducation intestinale.
   b) Il sait que la régularité est essentielle.
   c) Il modifie son régime alimentaire de façon à favoriser la continence.
   d) Il utilise des moyens de stimulation selon l'ordonnance du médecin et au besoin.
4. Le patient solutionne son problème de constipation.
   a) Il favorise la défécation par un régime alimentaire riche en fibres, un apport liquidien suffisant et de l'exercice.
   b) Il obéit à son besoin de déféquer.

RÉINTÉGRATION DANS LE MILIEU

La réadaptation vise surtout à aider la personne atteinte d'une incapacité à réintégrer son milieu après avoir appris à vivre avec son incapacité. Lorsque le patient reçoit son congé, une demande de services est adressée au Centre local de services communautaires (CLSC) pour assurer la continuité des soins à domicile. Le plan de congé du patient est formulé dès son admission au centre hospitalier et les démarches en vue du congé sont faites en tenant compte de son degré de fonctionnement physique.

Il faut évaluer le réseau de soutien du patient (famille, amis), car le succès de sa réintégration dans son milieu repose en grande partie sur l'attitude de son entourage envers lui et à l'égard de son incapacité.

Toutes les familles ne sont pas capables de mener à bien l'exigeant programme d'exercices et de conditionnement physique dont le patient a besoin. Certaines familles ne sont pas suffisamment stables ou n'ont pas les ressources nécessaires pour prendre soin d'une personne présentant de graves incapacités. Il arrive qu'une famille, même stable, soit dépassée par les contraintes physiques et financières engendrées par la présence d'une personne atteinte d'une déficience physique, ou n'ait pas le moral ou l'énergie nécessaires pour lui prodiguer les soins qu'il nécessite. Cette famille peut avoir besoin d'une thérapie pour exprimer ses sentiments et analyser ses attitudes envers la personne ayant une incapacité (rejet, aversion, évitement). On ne doit ménager aucun effort pour assurer que la transition du centre hospitalier à la maison se fasse bien.

Pour ne pas appréhender le retour du patient à la maison, la famille doit connaître tous les renseignements possibles sur l'état du patient et sur les soins qu'il exige. L'infirmière doit enseigner au patient et à sa famille des moyens qui leur permettront de surmonter les difficultés. Une liste de contrôle des habiletés requises par la famille peut être faite afin de s'assurer que la famille peut aider le patient à accomplir certaines tâches.

Avant que le patient ne quitte le centre hospitalier, une demande de service sera acheminée au CLSC (Centre local de services communautaires), s'il y a lieu. Les besoins du patient ainsi que les traitements prescrits seront indiqués afin d'assurer la continuité des soins et de faire en sorte que le patient conserve l'autonomie acquise au centre hospitalier. Il est possible que la famille doive acheter, emprunter ou bricoler du matériel spécialisé (mains courantes, siège de toilettes surélevé ou chaise d'aisance, banc pour baignoire, etc.). Parfois, des rampes d'accès doivent être construites et les portes doivent être élargies.

On doit enseigner aux membres de la famille à utiliser ce matériel et leur remettre un exemplaire du mode d'emploi. On doit de plus leur donner les noms de personnes ressources et leur remettre des listes de fournitures sur lesquelles sont indiqués les endroits où ils peuvent se les procurer, de même qu'un résumé du plan de soins.

Pour pouvoir vivre de façon plus autonome, le patient a parfois besoin d'un réseau de services de soutien et de systèmes de communication. Il incombe à l'infirmière de constituer ce réseau et d'en coordonner les activités dans un esprit de collaboration et en faisant appel à son expérience en administration. Celle-ci doit également prodiguer des soins professionnels, suggérer des consultations supplémentaires, au besoin, et agir à titre de porte-parole du patient et de conseillère en cas de difficultés. Elle continue à renforcer l'enseignement prodigué et aide le patient à se fixer des objectifs réalisables et à les atteindre. La personne ayant une déficience physique réussira à se réintégrer dans son milieu familial et social dans la mesure où elle conservera l'assurance et l'estime de soi qu'elle a acquises au cours de sa réadaptation, et où son entourage (famille, employeur et communauté) acceptera son handicap et lui accordera son appui.

De plus en plus, on a tendance à encourager les personnes atteintes d'une grave incapacité à mener une vie autonome et à vivre seules ou avec un groupe qui partage certaines ressources. Pour y parvenir, celles-ci doivent apprendre à tenir une maison, à travailler avec des auxiliaires familiales ou des préposés, en plus d'acquérir une certaine mobilité. Le but visé est l'intégration dans le milieu, ce qui signifie vivre et travailler dans son milieu naturel en ayant accès à des services adaptés : logement, transport, emploi, accès aux édifices publics et loisirs.

Les organismes gouvernementaux offrent des services destinés à aider les personnes atteintes d'une incapacité à réintégrer le marché du travail. Ce sont notamment des services d'ordre médical et psychologique, de consultation, de formation, de placement et de suivi.

Lorsque le patient est muté dans un centre de soins prolongés, on planifie la transition de façon à ce qu'il puisse continuer à progresser et acquérir plus d'autonomie.

La communication facilite l'adaptation à la vie dans le centre de soins prolongés. On doit aussi inciter la famille à visiter le patient, à participer aux soins et, si possible, à le prendre à la maison au cours des fins de semaine et des congés.

RÉSUMÉ

La réadaptation fait partie intégrante des soins infirmiers. Il s'agit d'un processus dynamique qui a pour but d'aider la personne malade ou handicapée à fonctionner le mieux possible et à acquérir une qualité de vie acceptable dans la dignité, le respect de soi et l'autonomie. La réadaptation commence dès le premier contact avec le patient ; elle est axée sur les capacités, non sur les incapacités. L'équipe de réadaptation se compose de professionnels spécialisés dans différentes disciplines, mais le patient en est le membre le plus important, car il y joue un rôle actif.

L'infirmière en réadaptation doit établir une relation thérapeutique avec le patient. En se servant de la démarche de soins infirmiers, elle doit l'aider à reconnaître ses forces et ses capacités, faire de l'écoute active, l'encourager et participer à sa réadaptation. La collecte de données peut comprendre une évaluation des capacités fonctionnelles (par exemple, PULSES, index de Barthel, MIF, PECS). Les données recueillies lui permettront de formuler un plan de soins pour aider le patient à s'adapter à son incapacité. Les interventions de l'infirmière porteront sur l'aide pour l'exécution des autosoins, l'amélioration de la mobilité, l'intégrité de la peau et le rétablissement de la continence urinaire et fécale. Elle doit assumer plusieurs rôles : soignante, enseignante, conseillère, porte-parole du patient, consultante et coordinatrice des soins.

Pour favoriser l'autonomie du patient dans ses autosoins, l'infirmière doit lui apprendre différentes techniques, le guider, le soutenir, l'inciter à participer et lui apprendre à utiliser les aides techniques qui peuvent lui être utiles pour atteindre ses objectifs. Elle doit aussi l'aider à reconnaître les situations où il a besoin d'assistance et lui apprendre comment obtenir cette assistance et comment éviter d'en dépendre outre mesure.

La réadaptation vise la réintégration dans le milieu. On doit donc planifier la transition entre les divers services de santé et la vie autonome (ou avec l'aide nécessaire) à domicile. Pour faciliter la transition, l'infirmière du CLSC doit travailler avec l'équipe de réadaptation, le patient et les membres de son réseau de soutien et les services communautaires.

Bibliographie

Ouvrages

American Nurses Association and Association of Rehabilitation Nurses. Standards of Rehabilitation Nursing Practice. Kansas City, MO. American Nurses Association, 1986.

Avillion A and Mirgon B. Quality Assurance in Rehabilitation Nursing: A Practical Guide. Rockville, MD, Aspen, 1989.

Basmajian JV and Wolf S (eds). Therapeutic Exercise. 5th ed. Baltimore, Williams & Wilkins, 1990.

Brandstater J and Basmajian J. Stroke Rehabilitation. Baltimore, Williams & Wilkins, 1987.

Carlson CE et al. Rehabilitation Nursing Procedure Manual. Rockville, MD, Aspen, 1990.

DeLisa J (ed). Rehabilitation Medicine: Principles and Practice, Philadelphia, JB Lippincott, 1988.

Dittmar S. Rehabilitation Nursing: Process and Application. St. Louis, CV Mosby, 1989.

England B et al. Quality Rehabilitation: Results Oriented Patient Care. Chicago, American Hospital Publishing Inc., 1989.

Ford J. Physical Management for the Quadriplegic Patient. 2nd ed. Philadelphia, FA Davis, 1987.

Fraser B et al. Physical Management of Multiple Handicaps: A Professional's Guide. Baltimore, Brookes, 1987.

Galias D. Rehabilitative Nursing Care of the Geriatric Resident. Des Moines, IA, Briggs Corp., 1988.

Goodgold J (ed). Rehabilitation Medicine. St. Louis, CV Mosby, 1988.

Heller B et al (eds). Psychosocial Interventions with Physically Disabled Persons. New Brunswick, NJ, Rutgers University Press, 1989.

Kottke F and Lehmann J (eds). Handbook of Physical Medicine and Rehabilitation. 4th ed. Philadelphia, WB Saunders, 1990.

Maloney FP, Burke JS and Ringel SP. Interdisciplinary Rehabilitation of Multiple Sclerosis and Neuromuscular Disorders. Philadelphia, JB Lippincott, 1985.

Matthews P and Carlson C. A Guide to Rehabilitation Nursing. Rockville, MD, Aspen, 1987.

Mumma C (ed). Rehabilitation Nursing: Concepts and Practice. 2nd ed. Evanston, IL, Rehabilitation Nursing Foundation, 1987.

O'Sullivan S and Schmitz T. Physical Rehabilitation: Assessment and Treatment. 2nd ed. Philadelphia: FA Davis, 1988.

Power P et al (ed). Family Interventions Throughout Chronic Illness and Disability. New York: Springer, 1988.

Rehabilitation Nursing Procedures Manual: the Nursing Division, the Rehabilitation Institute of Chicago. Rockville, MD, Aspen, 1989.

Schover L. Sexuality and Chronic Illness. New York: Guilford Press, 1988.

Sine R et al. Basic Rehabilitation Techniques: A Self-instructional Guide. 3rd ed. Rockville, MD, Aspen, 1988.

Singleton M and Branch E (ed). The Geriatric Patient: Common Problems and Approaches to Rehabilitation Management. New York, Haworth, 1989.

Revues

Les articles de recherche en sciences infirmières sont marqués d'un astérisque.

Réadaptation

* Baillie V et al. Stress, social support, and psychological distress of family caregivers of the elderly. Nurs Res 1988 Jul/Aug; 37(4): 217–222.

Banja J. Independence and rehabilitation: A philosophic perspective. Arch Phys Med Rehabil 1988 May; 69(5): 381–382.

Burton W et al. Cost management of short term disability. AAOHN J 1987 Aug; 36(5): 224–227.

Caradoc-Davies T et al. Benefit from admission to a geriatric assessment and rehabilitation unit. J Am Geriatr Soc 1989 Jan; 37(1): 25–28.

Carlson R. Adult rehabilitation: Attitudes and implications. J Gerontol Nurs 1988 Feb; 14(2): 24–30.

Diehl L. Client and family learning in the rehabilitation setting. Nurs Clin North Am 1989 Mar; 24(1): 257–264.

Drayton-Hargove S et al. Rehabilitation and long term management of the spinal cord injured adult. Nurs Clin North Am 1986 Dec; 21(4): 599–610.

Evans RL et al. Prospective payment for rehabilitation: Effects on hospital readmission, home care, and placement. Arch Phys Med Rehabil 1990 Apr; 71(5): 291–294.

Fox B. Geriatric patient education: Issues and answers. J Contin Educ Nurs 1988 Jul/Aug; 19(4): 169–173.

* Gaynor SE. The long haul: The effects of home care on caregivers. Image J Nurs Sch 1990.winter; 22(4): 208–212.

Giberson T. Community liaison nursing. An expanded role for the rehabilitation nurse. Nurs Clin North Am 1989 Mar; 24(1): 165–170.

Gordon D (ed.) Rehabilitation. Nurs Clin North Am 1989 Mar; 24(1): 161–296.

Henderson S et al. Meet your colleague: The speech-language pathologist. Perspectives 1987 Spr; 11(1): 10–12.

Jaffe K. Home health care and rehabilitation nursing. Nurs Clin North Am 1989 Mar; 24(1): 171–178.

Kirchman M. Attitudes toward disability. Phys Occup Ther Geriatr 1987 Spr; 5(3): 51–63.

Malzer R. Patient performance level during inpatient rehabilitation: Therapist, nurse, and patient perspectives. Arch Phys Med Rehabil 1988 Mar; 69(5): 363–365.

* McNett SC. Social support, threat, and coping responses and effectiveness in functionally disabled. Nurs Res 1987 Mar/Apr; 36(2): 98–103.

Narain P et al. Predictions of immediate and 6-month outcomes in hospitalized elderly patients. J Am Geriatr Soc 1988 Sep; 36(9): 775–783.

Novak PP et al. Professional involvement in sexuality counseling for patients with spinal cord injuries. Am J Occup Ther 1988 Feb; 42(2): 105–112.

Powers J. Helping family and patients decide between home care and nursing home care. South Med J 1989 Jun; 82(6): 723–726.

Quigley R et al. Nurse's use of the terms compliance and non-compliance in rehabilitation nursing practice. Rehabil Nurs 1988 Mar/Apr; 13(2): 90–91.

Rubin M. The physiology of bed rest. Am J Nurs 1988 Jan; 88(1): 50–56.

Swanson B et al. The impact of psychosocial factors on adapting to physical disability: A review of research literature. Rehabil Nurs 1989 Mar/Apr; 14(2): 64–68.

* Waters K. Outcomes of discharge from hospital for elderly people. J Adv Nurs 1987 May: 12(3): 347–355.

* Watson P. Family participation in the rehabilitation process: The rehabilitator's perspective. Rehabil Nurs 1987 Mar/Apr; 12(2): 70–73.

* Willenbrink M. Rehabilitation nursing and the patient: Outside influences that affect the level of recovery. Rehabil Nurs 1990 Mar/Apr; 15(2): 90–92.

Collecte des données

Buchanan B. Functional assessment: Measurement with the Barthel Index and PULSES profile. Home Health Nurse 1986 Nov/Dec; 4(6): 11,14–17.

Brown M. Functional assessment of the elderly. J Gerontol Nurs 1988 May; 14(5): 13–17.

Gillies D. Family assessment and counseling by the rehabilitation nurse. Rehabil Nurs 1987 Mar/Apr; 12(2): 65–69.

* Harrell J et al. Do nursing diagnoses affect functional status? J Gerontol Nurs 1989 Oct; 15(10): 13–19.

Hoeman S. Cultural assessment in rehabilitation nursing practice. Nurs Clin North Am 1989 Mar; 24(1): 277–289.

Kane J et al. Diagnostic related groups: Their impact on an inpatient rehabilitation program. Arch Phys Med Rehabil 1987 Dec; 68(12): 833–836.

Ring C et al. Balance function in elderly people who have and have not fallen. Arch Phys Med Rehabil 1988 Apr; 69(4): 261–264.

Autosoins

Lenihan A. Identification of self-care behaviors in the elderly: A nursing assessment tool. J Prof Nurs 1988 Jul/Aug; 4(4): 285–288.

Lord J et al. Functional ability and equipment use among patients with neuromuscular disease. Arch Phys Med Rehab 1987 Jun; 68(6): 348–352.

Penn C. Promoting independence. J Gerontol Nurs 1988 Mar; 14(3): 14–19, 38–49.

Reich N et al. What to wear: A challenge for disabled elders. Am J Nurs 1987 Feb; 87(2): 98–103.

* Stride N. An investigation of the dependence of severely disabled people in a hospital. J Adv Nurs 1988 Sep; 13(5):557–564.

Mobilité

Boies A. Management of contractures. Home Health Nurse 1987 Sep/Oct; 5(5): 40–41.

Gellman H et al. Late complications of the weight-bearing upper extremity in the paraplegic patient. Clin Orthop 1988 Aug; (233): 132–135.

Lane P and LeBlanc R. Crutch walking. Orthop Nurs 1990 Sep/Oct, 9(5): 31–38.

Maier P. Take the work out of range-of-motion exercises. RN 1986 Sep; 49(09): 46–49.

Mandzak-McCarron K and Drayton-Hargrove S. Ambulatory aids. Rehabil Nurs 1987 May/Jun; 12(3): 139-141.

Milde F. Impaired physical mobility. J Gerontol Nurs 1988 Mar; 14(3): 20-24, 38-40.

Selikson S et al. Risk factors associated with immobility. J Am Geriatr Soc 1988 Aug; 36(8): 707-712.

* Williams M et al. Efficacy of audiovisual tape versus verbal instructions on crutch walking: A comparison. J Emerg Nurs 1987 May/Jun; 13(3): 156-159.

Intégrité de la peau

* Bergstrom N et al. The Braden Scale for predicting pressure sore risk. Nurs Res 1987 Jul/Aug; 36(4): 205-210.

Braden B and Bergstrom N. A conceptual schema for the study of the etiology of pressure sores. Rehabil Nurs 1987 Jan/Feb; 12(1):8-12, 16.

Brown EM et al. A strategy for the management of pressure ulcers in nursing homes. Ostomy Wound Management 1989 Spr; 22: 28-30, 32.

Ceccio CM. Understanding therapeutic beds. Orthop Nurs 1990 May/Jun; 9(3): 57-70.

Clark M. Measuring the pressure. Nurs Times 1988 Jun 22-28; 84(25): 72, 75.

* Copeland-Fields L and Hoshiko B. Clinical validation of Braden and Bergatrom's conceptual schema of pressure sore risk factors. Rehabil Nurs 1989 Sep/Oct; 14(5): 257-260.

* Dai V and Catanzaro M. Health beliefs and compliance with a skin care regimen, Rehabil Nurs 1987 Jan/Feb; 12(1): 13-16.

Gosnell D. Assessment and evaluation of pressure sores. Nurs Clin North Am 1987 Jun; 22(2): 399-416.

* Holmes R et al. Nutrition know how: Combating pressure sores nutritionally. Am J Nurs 1987 87 Oct; (10): 1301-1306.

Iverson-Carpenter M. Impaired skin integrity. J Gerontol Nurs 1988 Mar; 14(3): 38-40.

Kerbs L. Paralysis: Keeping bedsores at bay. RN 1987 Dec; 50(12): 30-31.

* LaMantia J et al. A program designed to reduce chronic readmissions for pressure sores. Rehabil Nurs 1987 Jan/Feb; 12(1): 22-25.

Melcher RE et al. Pressure sores in the elderly: a systematic approach to management. Postgrad Med 1988 Jan; 83(1): 299-308.

Mondoux L (ed). Pressure ulcers. Nurs Clin North Am 1987 Jun; 22(2): 357-492.

Moolten S. Prevention and treatment of decubitus ulcers. Hospital Medicine 1987 Aug; 23(8): 123-147.

Pressure ulcers prevalence, cost, and risk assessment: Consensus Development Conference. Decubitus 1989 May; 2(2): 24-28.

Rubin M. The physiology of bedrest. Am J Nurs 1988 Jan; 88(1): 50-58.

Tali C et al. User-friendliness of protective support surfaces in prevention of pressure sores. Rehabil Nurs 1989 Sep/Oct; 14(5): 261-263.

Waterlow J. Prevention is cheaper than cure. Nurs Times 1988 Jun 22-28; 84(25):69-70.

Élimination

Abdellah FG. Incontinence: Implications for health care policy. Nurs Clin North Am 1988 Mar; 23(1): 291-298.

* Breakwell S et al. Differences in physical health, social interaction, and personal adjustment between continent and incontinent homebound aged women. J Community Health Nurs 1988; 5(1): 19-31.

Ellickson E. Bowel management plan for the homebound elderly. J Gerontol Nurs 1988 Jan/Feb; 14(1): 16-19.

Hahn K. Think twice about urinary incontinence. Nursing 1988 Jan; 18(1): 65-67.

Holmes P. Mind over bladder. Nurs Times 1990 Jan; 86(41): 16-17.

* Hu T et al. The cost effectiveness of disposable versus reuseable diapers; A controlled experiment in a nursing home. J Gerontol Nurs 1990 Feb; 16(2): 19-24, 36-37.

Jirovec MM, Brink CA, and Wells TJ. Nursing assessment in the inpatient geriatric population. Nurs Clin North Am 1988 Mar; 23(1): 219-230.

Johnson E et al. Dietary fiber intakes of nursing home residents and independent living older adults. Am J Clin Nutr 1988 Jul; 48(1): 159-164.

Kunin C et al. Morbidity and mortality associated with indwelling urinary catheters in elderly patients in a nursing home—Confounding due to the presence of associated diseases. J Am Geriatr Soc 1987 Nov; 35(11): 1001-1006.

McCormick K (ed). Urinary incontinence in the elderly. Nurs Clin North Am 1988 Mar; 23(1): 135-138.

McCormick KA, Scheve AAS, and Leahy E. Nursing management of urinary incontinence in geriatric inpatients. Nurs Clin North Am 1988 Mar; 23(1): 231-264.

Miller J. Assessing urinary incontinence. J Gerontol Nurs 1990 Mar; 16(3): 15-19, 34-35.

Morishita L. Nursing evaluation and treatment of geriatric outpatients with urinary incontinence. Nurs Clin North Am 1988 Mar; 23(1): 189-206.

Newman DK and Smith DA. Incontinence: The problem patients won't talk about. RN 1989 Mar; 52(3): 42-45.

Newman DK et al. Restoring urinary continence. Am J Nurs 1991 Jan; 91(1): 28-36.

Ouslander J et al. Clinical, functional, and psychosocial characteristics of an incontinent nursing home population. J Gerontol 1987 Nov; 42(6): 631-637.

Palmer MH. Incontinence: The magnitude of the problem. Nurs Clin North Am 1988 Mar; 23(1): 139-158.

Petrilli CO, Traughber B, and Schnelle JF. Behavioral management in the inpatient geriatric population. Nurs Clin North Am 1988 Mar; 23(1): 265-278.

Smith DAJ. Continence restoration in the homebound patient. Nurs Clin North Am 1988 Mar; 23(1): 207-218.

Wyman JF. Nursing assessment of the incontinent geriatric outpatient population. Nurs Clin North Am 1988 Mar; 23(1): 169-188.

43
DOULEUR

OBJECTIFS D'APPRENTISSAGE

Après avoir étudié ce chapitre, vous devriez être en mesure de réaliser ce qui suit:

1. *Faire la distinction entre la douleur aiguë et la douleur chronique.*

2. *Décrire les théories actuelles touchant la transmission des influx douloureux et le rôle des endorphines dans la perception de la douleur.*

3. *Définir les variables qui influent sur la réaction du patient à la douleur.*

4. *Décrire les particularités de la perception de la douleur et des réactions à la douleur chez les personnes âgées.*

5. *Énumérer les interventions infirmières propres à soulager l'anxiété provoquée par la douleur.*

6. *Intégrer des mesures de soulagement non pharmacologiques aux soins infirmiers dispensés aux patients qui souffrent.*

7. *Faire la distinction entre un soulagement préventif de la douleur et un soulagement «à la demande» ou au «besoin».*

8. *Expliquer le rôle des centres et cliniques de douleur dans le traitement de la douleur chronique.*

9. *Rédiger des critères permettant d'évaluer l'efficacité des mesures de soulagement de la douleur.*

10. *Utiliser la démarche de soins infirmiers pour intervenir auprès des patients qui souffrent.*

Plus que n'importe quelle maladie, la douleur provoque des perturbations et une perte des capacités. Elle constitue sans doute le motif le plus fréquent de consultation auprès des professionnels de la santé. Qu'elle soit causée par la maladie, par les méthodes diagnostiques ou par les traitements, elle accompagne la plupart des problèmes médicochirurgicaux. (Avant d'aborder les explications qui suivent, nous vous conseillons d'étudier le glossaire présenté à l'encadré 43-1).

La douleur était mal connue jusqu'à récemment et, pour la plupart des spécialistes, il s'agit encore d'un phénomène qui échappe à toute définition précise. On peut affirmer, cependant, qu'elle comporte trois éléments: 1) stimulus physique ou mental; 2) sensation de souffrance physique; 3) réaction à la souffrance.

De tous les membres de l'équipe de soins, c'est l'infirmière qui passe le plus de temps en compagnie du patient

Encadré 43-1
Glossaire

Douleur	Expérience sensorielle, affective, désagréable et subjective associée à une lésion tissulaire réelle ou potentielle. La description qu'en fait la personne qui souffre; la douleur existe dès lors qu'une personne dit qu'elle a mal.
Douleur aiguë	Douleur qui se manifeste pendant six mois ou moins, associée le plus souvent à un traumatisme précis.
Douleur chronique	Douleur qui se manifeste pendant plus de six mois, associée ou non à une cause précise; souvent rebelle aux traitements.
Nocicepteur	Récepteur sensible aux stimuli nociceptifs.
Stimulation nociceptive	Stimulus responsable d'une altération tissulaire.
Seuil de la douleur	Le degré minimal de douleur que le patient est capable de percevoir.
Tolérance à la douleur	Le degré maximal de douleur que le patient est capable d'endurer.

qui souffre. Elle a donc plus que tout autre la possibilité d'accroître le bien-être du patient et de soulager sa douleur. Lorsqu'un patient se plaint de douleur, le médecin doit en chercher la cause et la traiter. En plus de collaborer au diagnostic et au traitement médical, l'infirmière joue un rôle prépondérant dans le soulagement de la douleur.

En milieu clinique, l'infirmière qui soigne un patient qui a mal doit absolument faire sienne la perception qu'a celui-ci de sa douleur. Une règle de base régit les soins aux personnes qui souffrent: *la douleur est toujours réelle*, quelle qu'en soit la cause.

Dans le contexte *des soins infirmiers, la douleur se définit comme la description qu'en fait le patient, et elle existe dès lors qu'il dit avoir mal.* Cette définition comprend deux volets importants qui orienteront la collecte des données, les interventions et l'évaluation.

En premier lieu, l'infirmière ne doit pas mettre en doute la bonne foi du patient qui dit avoir mal. Lorsqu'on ne connaît pas la cause physique de la douleur, il importe de ne pas conclure que le patient ne souffre pas vraiment. Même si certaines sensations douloureuses peuvent être déclenchées ou aggravées par l'état mental ou psychologique du patient, elles n'en restent pas moins réelles et ne sont pas le fruit de son imagination. De plus, les états douloureux déclenchés par des états psychologiques comme l'anxiété s'accompagnent généralement de changements physiques tels que la diminution du débit sanguin ou la tension musculaire. La plupart des sensations douloureuses sont le résultat de deux types de stimuli: physiques d'une part, mentaux ou affectifs d'autre part. Pour évaluer la douleur, l'infirmière doit par conséquent recueillir des données à la fois sur ses causes physiques et sur ses causes mentales ou affectives. Ses interventions viseront ensuite à réduire ou à éliminer ces deux sources de douleur.

Deuxièmement, il ne faut pas oublier que le patient n'exprime pas sa douleur que par des mots. Certaines personnes ne peuvent pas ou ne veulent pas s'exprimer verbalement.

L'infirmière doit donc observer attentivement le patient afin de déceler des signes non verbaux de douleur.

Certains patients nient la douleur, et l'infirmière doit alors modifier sa façon de procéder lors de la collecte des données. Comme il est important de croire le patient qui dit souffrir, il est important d'être attentive aux patients qui nient la douleur. Beaucoup de gens le font de crainte de développer une dépendance à l'endroit des narcotiques. Si l'infirmière soupçonne la présence de douleur chez un patient qui nie souffrir, elle doit discuter avec celui-ci des raisons qui ont fait naître ses soupçons: le fait, par exemple, que la maladie ou le traitement est généralement douloureux, que le patient fait la grimace lorsqu'il bouge ou qu'il évite tout mouvement. L'infirmière doit aussi discuter avec le patient des raisons qui pourraient l'inciter à nier la douleur, comme la crainte de devenir dépendant des narcotiques ou de subir de nouveaux traitements.

COLLECTE DES DONNÉES

La collecte des données auprès du patient qui souffre comprend les évaluations suivantes:

- Déterminer s'il s'agit d'une douleur aiguë ou chronique.
- Observer les réactions comportementales du patient.
- Déceler les facteurs qui influent sur la douleur et les réactions du patient à celle-ci.

Il est essentiel de procéder à une collecte de données exhaustive. Pour aider le patient qui souffre, l'infirmière doit savoir qu'il y a douleur et comment celle-ci affecte le patient, ce qui n'est pas toujours évident. Le patient peut essayer de cacher sa douleur, ne pas connaître suffisamment la langue de l'infirmière pour lui en parler, ou encore présenter des réactions si faibles qu'il donne l'impression de ne pas souffrir.

DOULEUR AIGUË OU CHRONIQUE

La Commission on the Evaluation of Pain (1987) reconnaît deux grands types de douleur: la douleur aiguë et la douleur chronique. La douleur aiguë est généralement d'apparition récente et elle est le plus souvent reliée à un traumatisme précis. En l'absence de complications ou de maladie, elle s'atténue à mesure que le patient se rétablit; elle disparaît ordinairement dans les six mois, et généralement en moins d'un mois. La douleur chronique est une douleur constante ou intermittente qui dure depuis longtemps. Elle peut être associée ou non à une altération organique et peut persister longtemps après la guérison. La douleur aiguë est souvent considérée utile parce qu'elle signale un problème. Par contre, la douleur chronique en vient à constituer un problème en soi et ne témoigne pas nécessairement d'un trouble physique.

Douleur aiguë. La douleur aiguë est un phénomène très courant. En général, elle indique une atteinte corporelle exigeant une forme quelconque de traitement ou d'intervention. On constate habituellement la présence d'une maladie organique ou d'un traumatisme, dont la guérison peut également s'accompagner de douleur. À mesure que la guérison progresse, la douleur s'estompe et finit par disparaître.

Les traumatismes ou les maladies qui provoquent une douleur aiguë peuvent exiger un traitement ou guérir de façon spontanée. Par exemple, une piqûre au doigt guérit rapidement et la douleur a vite disparu, parfois en l'espace de quelques minutes. Lorsque le problème est plus grave, dans le cas d'une appendicite, par exemple, il peut être nécessaire d'avoir recours à la chirurgie. La douleur s'atténue alors à mesure que l'incision chirurgicale guérit.

Douleur chronique. On définit parfois la douleur chronique comme une douleur qui dure six mois ou plus, même s'il s'agit là d'une démarcation arbitraire. Un épisode de douleur peut avoir les caractéristiques de la douleur chronique bien avant l'échéance de six mois; de même, certaines douleurs conservent les caractéristiques de la douleur aiguë pendant plus de six mois. Cependant, après six mois, la plupart des douleurs sont accompagnées des problèmes que l'on associe à la douleur chronique. Selon plusieurs cliniciens, une douleur chronique est une douleur qui persiste plus d'un mois après le moment où elle aurait dû normalement disparaître. La douleur chronique n'a aucune fonction utile et devient souvent le problème principal. Elle subsiste au-delà de la période de guérison normale, et il est souvent impossible de lui attribuer une cause précise. Souvent, on ne sait pas exactement à quel moment elle est apparue, et elle est habituellement réfractaire au traitement dirigé vers la cause.

La douleur chronique relève souvent de l'une des catégories suivantes: 1) douleur aiguë récurrente; 2) douleur associée à une pathologie périphérique manifeste et qui est toujours présente; 3) douleur chronique non maligne associée à une pathologie centrale ou périphérique; 4) syndrome de la douleur chronique rebelle.

La *douleur aiguë récurrente* est une douleur intermittente. Le patient présente des épisodes de douleur bien circonscrits, qui peuvent se manifester pendant des années. Les douleurs de la migraine, des crises de drépanocytose et des crises de polyarthrite rhumatoïde font partie de cette catégorie.

La *douleur associée à une pathologie périphérique* toujours présente peut être d'une durée limitée ou illimitée.

La douleur provoquée par le cancer, par exemple, est une douleur de durée limitée, associée à une pathologie manifeste, périphérique et toujours présente. La douleur peut être d'une durée limitée du fait que le patient est soulagé après des mois de traitements douloureux. La douleur associée à l'arthrose est, quant à elle, de durée illimitée comme celle de l'arthrite dégénérative.

La *douleur chronique non maligne* peut être causée par une pathologie des voies de transmission périphérique (moelle épinière) ou centrale (cerveau). La pathologie est souvent mal définie, mais elle n'est pas mortelle. On qualifie parfois les douleurs de cette catégorie de «non malignes» pour préciser qu'elles ne sont pas causées par le cancer. Par exemple, un accident vasculaire cérébral peut entraîner une douleur chronique dont la cause se situe sur les voies de transmission centrale, soit au cerveau. La névralgie faciale est une douleur dont l'origine est centrale ou périphérique. Les douleurs lombaires sont très courantes et peuvent être d'origine périphérique mettant en jeu une ischémie des muscles, ou d'origine centrale quand la tension musculaire est causée par les émotions. Tant que la douleur n'empêche pas le patient de vaquer à ses activités quotidiennes, on la considère généralement comme une douleur chronique non maligne.

Le *syndrome de la douleur chronique rebelle* a les mêmes caractéristiques que la douleur chronique non maligne, sauf que le patient développe des stratégies d'adaptation inadéquates. Par exemple, une personne souffrant de douleurs lombaires peut se servir de sa douleur pour éviter de faire face à ses difficultés conjugales ou professionnelles; à la longue, cette attitude peut mettre en péril son mariage ou son emploi.

Même si les deux dernières catégories sont des formes de douleur non maligne, c'est-à-dire qu'elles ne mettent pas en danger la vie du patient, elles peuvent avoir des effets dévastateurs sur sa façon de vivre et sur sa qualité de vie.

ÉVALUATION INITIALE DE LA DOULEUR ET DES COMPORTEMENTS DU PATIENT

La douleur peut se manifester par les réactions suivantes: manifestations physiologiques, expression verbale, cris et gémissements, grimaces, mouvements corporels, recherche de contacts physiques ou changements en réaction à l'environnement. Les comportements varient considérablement d'une personne à l'autre, ou d'une fois à l'autre chez la même personne.

L'infirmière observe les comportements du patient afin de connaître:

- L'*intensité* de la douleur. Lorsque c'est possible, on demande au patient d'assigner une valeur à sa douleur au moyen d'une échelle descriptive ou numérique (par exemple: aucune douleur, douleur légère, moyenne, intense ou très intense; échelle de 0 à 10, 0 correspondant à «aucune douleur» et 10 à «la pire douleur possible») ou d'une échelle visuelle analogique. On peut ainsi définir l'évolution de la douleur et évaluer l'efficacité des interventions.

- La tolérance du patient à la douleur. La *tolérance* à la douleur peut se définir comme l'intensité ou la durée maximales d'une sensation douloureuse que le patient est disposé à supporter.

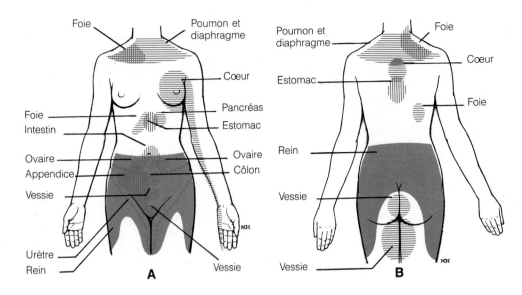

Figure 43-1. Douleur irradiée (**A**) Vue antérieure (**B**) Vue postérieure (E. E. Chaffee et I. M. Lytle, *Basic Physiology and Anatomy*, 4e éd., Philadelphia, J. B. Lippincott, 1980)

- Les caractéristiques de la sensation douloureuse. Celles-ci comprennent le *siège* (on trouvera à la figure 43-1 les régions où la douleur peut irradier), la *durée*, la *rythmicité* (périodes d'exacerbation et de diminution, de présence et d'absence de la douleur) et la *qualité* (par exemple: douleur perçante, brûlante, sourde). Une douleur sous forme de brûlure ou de choc électrique peut indiquer une lésion des nerfs (douleurs d'origine neuropathique). Elle répond peu aux analgésiques narcotiques. Il est important de la signaler au médecin.

- Les répercussions de la douleur sur la vie quotidienne (notamment le sommeil, l'appétit, la capacité de concentration, les rapports avec autrui, la capacité de se mouvoir, le travail, les loisirs). La douleur aiguë est habituellement associée à l'anxiété, et la douleur chronique à la dépression.

- Les mesures de soulagement perçues comme efficaces par le patient. De nombreux patients savent précisément ce qui accroît ou atténue leur douleur et ce qui les aide à la supporter. Avec l'expérience, ils ont appris quelles mesures pouvaient la soulager.

- Les craintes que la douleur engendre chez le patient. Il peut redouter des difficultés financières, le pronostic, la perturbation de l'exercice de son rôle, une modification de son image corporelle, etc.

Évaluation des réactions à la douleur

Pendant les périodes d'adaptation, il est parfois difficile, voire impossible, de recueillir des données physiologiques ou comportementales sur la douleur, parce que les signes indiquant la présence ou la nature de la douleur sont rares ou absents. L'infirmière doit être consciente de l'existence du phénomène de l'adaptation pour éviter de conclure à tort qu'un patient «qui n'a pas l'air de souffrir» n'éprouve aucune douleur (figure 43-2).

En général, les membres de l'équipe soignante connaissent mieux les caractéristiques de la douleur aiguë que celles de la douleur chronique. Il n'est pas rare qu'une infirmière ou un médecin mettent en doute la souffrance d'un malade qui dit calmement: «J'ai très mal à la jambe droite», ou d'un patient capable de dormir profondément immédiatement avant ou après avoir dit qu'il souffrait énormément. On suppose à tort que *tous* les patients qui souffrent doivent présenter quelques-unes des réactions comportementales ou physiologiques associées à la douleur aiguë: augmentation du pouls et de la fréquence respiratoire, pâleur, transpiration. Le patient qui souffre d'une douleur aiguë peut également pleurer, gémir, froncer les sourcils, immobiliser une partie du corps, serrer les poings ou se replier sur lui-même.

Mais les réactions à la brusque apparition d'une douleur aiguë ne sont pas nécessairement les mêmes que les réactions à une douleur qui dure plus de quelques minutes ou à une douleur devenue chronique. Le corps étant incapable de maintenir pendant des mois ou des années (ou même pendant quelques heures) une vigoureuse réaction physiologique, la plupart des personnes réagissent différemment à la douleur aiguë et à la douleur chronique.

Il se peut aussi que certaines manifestations comportementales de la douleur changent radicalement. Épuisé par la douleur, le patient peut devenir incapable de gémir ou de pleurer. Il peut en arriver à dormir même quand la douleur est violente. Il peut sembler détendu et absorbé dans une activité parce qu'il est passé maître dans l'art de se distraire de sa douleur. On doit encourager et non décourager le patient qui parvient ainsi à réduire au minimum les effets de la douleur chronique sur sa vie.

Quelle que soit la façon dont le patient s'adapte à la douleur chronique, une souffrance qui perdure engendre souvent les comportements caractéristiques de l'invalidité. Dans une certaine mesure, le patient peut être incapable de poursuivre les mêmes activités et de conserver les mêmes relations personnelles qu'avant l'apparition de la douleur. Il peut simplement devoir diminuer les activités physiques intenses mais il peut également devenir incapable de s'habiller ou de se nourrir.

Évaluation des effets néfastes de la douleur

Il est particulièrement important d'évaluer les effets néfastes de la douleur. On dit souvent que la douleur sert à signaler la présence d'une lésion et la nécessité de soigner une lésion ou d'empêcher qu'elle ne s'étende. Pourtant, si la douleur persiste ou qu'elle n'indique plus une lésion tissulaire, elle devient extrêmement pénible et est souvent nocive.

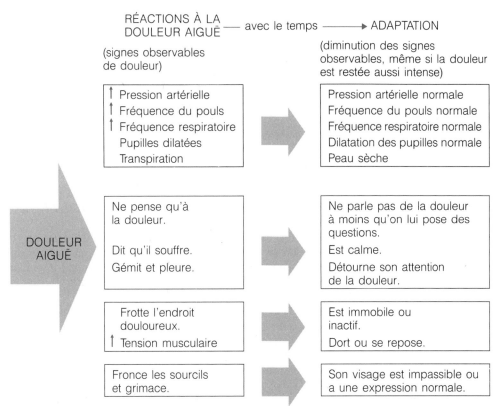

RÉACTIONS À LA DOULEUR AIGUË — avec le temps ——→ ADAPTATION

(signes observables de douleur)

(diminution des signes observables, même si la douleur est restée aussi intense)

↑ Pression artérielle
↑ Fréquence du pouls
↑ Fréquence respiratoire
Pupilles dilatées
Transpiration

Pression artérielle normale
Fréquence du pouls normale
Fréquence respiratoire normale
Dilatation des pupilles normale
Peau sèche

DOULEUR AIGUË

Ne pense qu'à la douleur.

Dit qu'il souffre.
Gémit et pleure.

Ne parle pas de la douleur à moins qu'on lui pose des questions.
Est calme.
Détourne son attention de la douleur.

Frotte l'endroit douloureux.
↑ Tension musculaire

Est immobile ou inactif.
Dort ou se repose.

Fronce les sourcils et grimace.

Son visage est impassible ou a une expression normale.

Figure 15-2. Adaptation à la douleur aiguë

Une douleur prolongée ou chronique peut retarder la guérison ou devenir en soi un handicap. Une douleur persistante qui n'est pas soulagée peut avoir de graves répercussions : dépression, fatigue, privation de sommeil, diminution ou augmentation de poids, baisse de concentration, perte d'emploi, divorce ou autres problèmes personnels.

Les problèmes découlant de la douleur aiguë peuvent retarder la guérison de la maladie qui a causé la douleur, perturber ou diminuer le sommeil, couper l'appétit, réduire l'apport liquidien et provoquer des nausées et des vomissements. On sait que le repos et l'alimentation jouent un rôle considérable dans la guérison. Lorsque la douleur perturbe le sommeil et l'alimentation, le patient est privé de ressources importantes dont il a besoin pour retrouver la santé. De plus, les nausées, les vomissements et la diminution de l'apport liquidien peuvent compromettre l'équilibre hydroélectrolytique.

A. **NOM** _____ **DATE** _____
SIÈGE : Décrire ou désigner le siège de la douleur. _____
_____
QUALITÉ : Quels sont les mots qui décrivent le mieux votre douleur?
_____
INTENSITÉ : Situer la douleur sur une échelle de 0 (aucune douleur) à 10 (la pire douleur possible).
    En ce moment _____ Une heure après l'administration du médicament _____
    À son maximum _____ À son point le plus bas _____
PRÉSENCE :
À quel moment la douleur a-t-elle commencé? _____
À quel moment de la journée se manifeste-t-elle? _____
À quelle fréquence se manifeste-t-elle? _____
Quelle est sa durée? _____
EFFET DE LA DOULEUR : Qu'est-ce qui soulage la douleur? _____
Qu'est-ce qui aggrave la douleur? _____
Quels autres problèmes ou symptômes accompagnent la douleur? _____
Quel est l'effet de la douleur sur votre vie et vos activités? _____
PLAN :
_____

B.
└───┘
0   **10**
Aucune douleur   La pire douleur possible
Échelle visuelle analogique

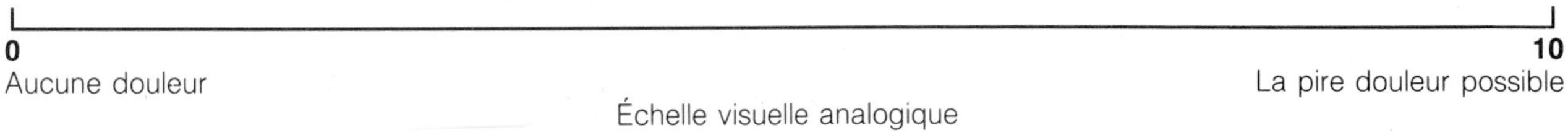

Figure 15-3. **(A)** Évaluation de la douleur **(B)** Échelle visuelle analogique de 10 cm. On demande au patient d'indiquer l'intensité de sa douleur en traçant une croix sur l'échelle.

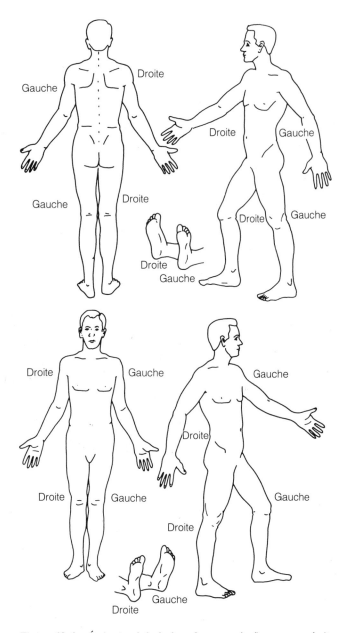

Figure 43-4. Évaluation de la douleur. On marque les figures aux endroits correspondant au siège de la douleur.

(Source: R. Melzack, [éd.], *Pain Measurement and Assessment,* New York, Raven Press)

Pour évaluer la douleur, sa présence, sa nature ainsi que ses effets pénibles et nocifs, l'infirmière doit poser des questions précises et observer avec attention. Les questions générales ne suffisent pas, car le patient peut donner des explications incomplètes et vagues.

Instruments de collecte des données

L'évaluation initiale de la douleur peut se faire au moyen des instruments d'évaluation présentés à la figure 43-3. S'il est difficile de situer la douleur, on peut avoir recours aux dessins de la figure 43-4. Ces formulaires remplis peuvent être versés au dossier, ou les résultats inscrits sur un graphique. On trouvera à l'encadré 43-2 des directives pour la collecte de données sur la douleur.

L'infirmière obtient les renseignements sur la douleur auprès du patient et elle les inscrit sur le formulaire d'évaluation de la douleur. On peut compléter les renseignements fournis par le patient en consultant son dossier de santé et en s'informant auprès de sa famille. Il importe toutefois de ne pas oublier que le patient est le seul qui ressente la douleur, et que lui seul peut estimer son intensité. Peu importe l'échelle descriptive ou numérique choisie, il faut toujours employer la même avec le même patient. La feuille d'évaluation propose une échelle de 0 à 10 (0 = aucune douleur, 10 = douleur intolérable).

FACTEURS INFLUANT SUR LA DOULEUR

La douleur ressentie par le patient est influencée par de nombreux facteurs. Ces facteurs peuvent accroître ou diminuer l'intensité de la douleur telle que le patient la perçoit, accroître ou diminuer la tolérance à la douleur et dicter un ensemble de réactions comportementales.

Il s'agit dans certains cas de facteurs situationnels découlant des circonstances immédiates. D'autres facteurs découlent du tempérament physique et affectif du patient. Dans les paragraphes qui suivent, nous traiterons de quelques-uns des facteurs qui agissent à la fois sur l'expérience de la douleur et sur la perception qu'en a l'infirmière.

Mécanismes neurophysiologiques de la douleur

La transformation d'un stimulus en une sensation douloureuse met en jeu des structures neuroanatomiques précises. Il ne faut toutefois pas en conclure qu'il existe une relation directe et prévisible entre un stimulus et l'apparition de la douleur, ni que toutes les personnes exposées au même stimulus (une appendicectomie, par exemple) ressentent une douleur de la même intensité. Au contraire deux personnes ayant subi des lésions comparables peuvent éprouver des sensations de douleur très différentes. L'infirmière qui ne comprend pas cela peut penser qu'un patient souffre alors qu'il n'éprouve aucune douleur, et ne pas voir la douleur d'un patient qui souffre beaucoup.

On a formulé beaucoup de théories sur les mécanismes neurologiques qui sous-tendent la sensation de douleur. Trois théories sont souvent évoquées: 1) la théorie de la spécificité, 2) la théorie du *pattern* et 3) la théorie du portillon. Ces théories ne s'excluent pas réciproquement, et aucune n'est jugée entièrement exacte ou complète. Chacune vient enrichir notre compréhension des mécanismes qui régissent la perception de la douleur après un stimulus donné.

Selon la *théorie de la spécificité*, il existe pour la douleur des récepteurs distincts et spécifiques qui transmettent les messages aux centres de la douleur situés dans le cerveau. Pour les adeptes de la *théorie du pattern*, par contre, les récepteurs de la douleur emploient les mêmes terminaisons et voies nerveuses que d'autres modalités sensorielles, mais ce sont des séquences distinctes d'activités dans ces mêmes neurones qui déterminent si les sensations sont perçues comme douloureuses ou non. Enfin, la *théorie du portillon* s'avère particulièrement utile pour comprendre le caractère individuel de l'expérience de la douleur. D'après cette théorie, il y a interaction entre la douleur et les autres modalités sensorielles, et

Encadré 43-2
Directives pour la collecte de données auprès d'un patient qui souffre

1. Évaluer les caractéristiques de la douleur.
   A. Intensité de la douleur
   B. Qualité, siège, durée et rythmicité de la douleur
   C. Tolérance à la douleur
   D. Effets néfastes de la douleur sur le rétablissement du patient
   E. Mesures de soulagement jugées efficaces par le patient
   F. Craintes du patient concernant sa douleur
2. Évaluer les réactions comportementales du patient à la douleur.
   A. Déterminer s'il s'agit d'une douleur aiguë ou chronique
   B. Observer, s'il y a lieu, les comportements suivants :
      1) Manifestations physiologiques (changements dans le pouls, la pression artérielle, la fréquence respiratoire, etc.)
      2) Expression verbale
      3) Cris et gémissements
      4) Grimaces
      5) Mouvements corporels
      6) Changement en réaction à son environnement
      7) Recherche de contacts physiques
      8) Adaptation des réactions physiologiques ou comportementales
      9) Effets de la douleur sur l'aptitude à communiquer et la capacité d'accomplir les activités de la vie quotidienne
3. Évaluer les facteurs qui agissent sur les réactions à la douleur.
   A. Facteurs ethniques et culturels
   B. Expérience antérieure de la souffrance
   C. Signification accordée à la douleur
   D. Réactions du patient aux mesures de soulagement

la stimulation des fibres qui transmettent les sensations non douloureuses peut bloquer la transmission des messages douloureux grâce à un système de portillons inhibiteurs.

Les recherches récentes sur la douleur ont démontré qu'aucune théorie n'explique pleinement les mécanismes de la transmission ou de la perception de la douleur ; aucune ne parvient, non plus, à rendre compte de la complexité des voies neuroanatomiques qui contribuent à la transmission des influx douloureux, modulent la sensation de douleur, expliquent les différences entre les individus en matière de sensations douloureuses et nous permettent de faire la distinction entre différents types de douleur.

Transmission des influx douloureux

En bref, la douleur se produit lorsque les *nocicepteurs* (terminaisons nerveuses), sont stimulés par des facteurs mécaniques, thermiques ou chimiques. Les stimuli nociceptifs sont ceux qui peuvent causer des lésions tissulaires. L'influx passe des nocicepteurs à la moelle épinière en empruntant soit les fibres A delta, soit les fibres C (figure 43-5). Les fibres A delta, parce qu'elles sont myélinisées, transmettent rapidement les messages douloureux. Quant aux fibres C, ce sont des petites fibres non myélinisées qui acheminent plus lentement les messages. Les influx relayés par les fibres A provoquent une sensation de douleur vive et localisée ; ceux qui sont acheminés par les petites fibres C provoquent une douleur sourde et diffuse. Les fibres nociceptives pénètrent la moelle épinière par la corne dorsale, font synapse dans la moelle aux couches I, II et V, et remontent par le faisceau spinothalamique. Ce faisceau est constitué de deux voies. La première de ces voies est le faisceau néospinothalamique qui monte jusqu'au thalamus et rayonne jusqu'au cortex somesthésique, où il apporte des informations sur la qualité, l'intensité et l'emplacement du stimulus. Dans la seconde voie, le faisceau paléospinothalamique, la transmission se fait par de multiples synapses ;

les influx sont acheminés à travers la formation réticulaire pour aboutir au thalamus, d'où ils rayonnent jusqu'aux régions limbique et sous-corticale. L'agencement du faisceau paléospinothalamique explique peut-être pourquoi les influx qu'il transmet sont perçus comme plus diffus que ceux du faisceau néospinothalamique.

Des recherches portent actuellement sur plusieurs substances dont on a constaté l'influence considérable sur la transmission des messages douloureux, dont la substance P, un neuropeptide qui facilite l'acheminement des messages, et les endorphines et les enképhalines, qui réduisent la production de la substance P et inhibent la transmission des influx douloureux.

Endorphines et enképhalines

Le terme *endorphine* provient de la fusion des mots *endogène* et *morphine*. Il désigne des substances fabriquées par l'organisme humain et qui ont une action analogue à celle de la morphine. D'autres substances, les enképhalines, jouent un rôle similaire. Les endorphines et les enképhalines ont notamment pour effet de soulager la douleur quand elles sont libérées par l'organisme.

Les endorphines et les enképhalines sont des peptides. Elles sont présentes en forte concentration dans le système nerveux central et soulagent la douleur selon le même mécanisme que la morphine et d'autres narcotiques. On pense qu'elles empêchent la transmission au cerveau et à la moelle épinière des influx qui pourraient causer une sensation douloureuse.

L'existence de telles substances dans l'organisme a plusieurs conséquences sur le plan clinique. En premier lieu, elle explique en partie que des personnes ayant subi les mêmes stimuli puissent ressentir la douleur à des degrés différents. En effet, les concentrations d'endorphines varient d'une personne à l'autre, et des facteurs circonstanciels comme l'anxiété

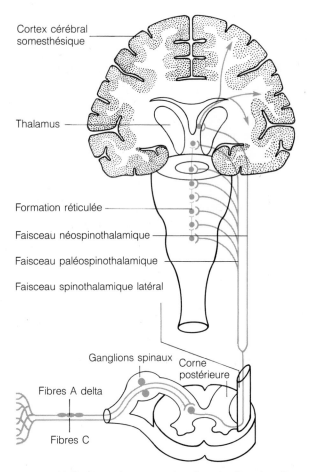

Cortex cérébral
somesthésique

Thalamus

Formation réticulée

Faisceau néospinothalamique

Faisceau paléospinothalamique

Faisceau spinothalamique latéral

Ganglions spinaux   Corne
postérieure

Fibres A delta

Fibres C

Figure 43-5. Voies de transmission des stimuli nociceptifs

agissent aussi sur ces concentrations. Les personnes qui produisent plus d'endorphines ont moins mal, et celles qui en produisent moins souffrent davantage.

Deuxièmement, certaines méthodes peuvent soulager la douleur, du moins en partie, en favorisant la libération d'endorphines. Des études indiquent que les placebos, l'acupuncture et l'électrostimulation transcutanée pourraient agir de cette façon.

En troisième lieu, d'autres mesures de soulagement de la douleur, comme l'imagerie mentale, peuvent aider le malade à stimuler lui-même la production des endorphines.

Influences culturelles

Dès la petite enfance, l'être humain apprend l'attitude qu'il doit avoir face à la douleur. Il peut apprendre, par exemple, qu'une blessure subie au cours d'une activité sportive n'est pas censée faire aussi mal qu'une blessure comparable résultant d'un accident, et qu'il a le droit d'exprimer plus vivement sa douleur dans le second cas que dans le premier. Il apprend les stimuli qui sont censés être douloureux et les façons d'y réagir. Les membres de son groupe culturel lui transmettent cette information par la façon dont ils se comportent envers lui. Selon sa conduite et leurs croyances, ils peuvent ne faire aucun cas de lui, le punir, le récompenser ou le féliciter. Parce que les croyances varient d'une culture à l'autre, il est évident que des patients éprouvant une douleur de même intensité n'y réagiront pas et ne la décriront pas de la même façon.

Chacun assimile au cours de sa vie les conduites face à la douleur jugées acceptables dans son milieu culturel. Une fois ces valeurs intériorisées, elles sont rarement modifiées par le contact avec les valeurs contradictoires d'autres milieux culturels. Ainsi, chacun grandit dans la conviction que sa façon de percevoir la douleur et d'y réagir est la seule correcte et normale.

Les valeurs de l'infirmière et celles d'un patient issu d'un autre milieu culturel peuvent être en contradiction. Selon ses croyances et ses valeurs, l'infirmière évitera d'exprimer la douleur par des pleurs et des gémissements, cherchera un soulagement immédiat, donnera une description complète de la douleur et fera confiance aux professionnels de la santé. Le patient, par contre, peut avoir appris à gémir et à se plaindre lorsqu'il a mal, à refuser les mesures de soulagement qui ne guérissent pas la cause de la douleur, à parler de sa douleur en employant des qualificatifs comme «insupportable», et à ne pas trop faire confiance au personnel soignant. Un patient issu d'un troisième groupe culturel peut se conduire de façon différente, ou encore afficher les mêmes comportements mais pour des motifs différents.

Une foule d'attitudes et de conduites (désir d'avoir de la compagnie ou d'être seul, attitude envers le diagnostic) peuvent varier selon les milieux culturels. L'infirmière qui apprend à reconnaître les valeurs de son groupe culturel et les aspects qui les distinguent de celles des autres groupes sera moins portée à juger la conduite d'un patient en fonction de ses propres valeurs. Mais il importe tout autant de ne pas se fier aux stéréotypes culturels. L'infirmière qui est sensible aux différences culturelles pourra mieux comprendre la souffrance du patient, évaluer avec plus de précision la douleur et les comportements qu'elle suscite, et la soulager plus efficacement.

Expérience antérieure de la douleur

On serait tenté de croire que les personnes qui ont souffert souvent ou longtemps ressentent moins d'anxiété et tolèrent mieux la douleur, que celles qui n'en n'ont pas souvent fait l'expérience. Pour la plupart des patients, cependant, c'est l'inverse qui est vrai.

Souvent, plus une personne a souffert, plus elle a peur de souffrir à nouveau. Elle peut manifester une moindre tolérance à la douleur et vouloir être soulagée plus rapidement et à un moindre degré de souffrance. On s'explique facilement ce phénomène si l'on songe que les mesures de soulagement sont souvent inefficaces ou insuffisantes. Le patient qui a souffert souvent en vient donc à craindre l'escalade de la douleur et la possibilité de ne pas être soulagé. De plus, le patient qui a éprouvé une douleur atroce connaît le degré d'intensité que peut atteindre la souffrance, tandis qu'une personne qui n'a jamais ressenti une telle douleur n'a pas cette crainte.

La réaction de certains patients à la douleur est le fruit de multiples épisodes distincts de douleur tout au cours de son existence. D'autres ont connu une douleur sans trêve: douleur prolongée ou chronique et persistante. L'expérience d'une douleur qui persiste pendant des mois et des années peut avoir des répercussions comme l'irritabilité, le repli sur soi et la dépression.

En raison des effets indésirables qui peuvent découler des expériences antérieures de douleur, il est important que l'infirmière les connaisse. Si le patient est soulagé de façon prompte

TABLEAU 43-1.   *Notions erronées intervenant dans l'évaluation des patients qui disent éprouver de la douleur*

Notion erronée	Correction
1. Pour ce qui a trait à l'existence et à la nature d'une sensation douloureuse, seule l'opinion de l'équipe soignante est digne de foi.	En ce qui concerne l'existence et la nature de la douleur qu'elle éprouve, seule la personne qui souffre est digne de foi, car c'est elle qui ressent la sensation douloureuse.
2. Pour juger de la crédibilité d'une personne lorsqu'elle parle de sa douleur, on peut se fier à notre propre échelle de valeurs et à notre intuition.	Une attitude professionnelle ne se fonde pas sur les jugements de valeur et l'intuition. On n'a pas à juger de la crédibilité d'un patient.
3. La douleur constitue avant tout un problème d'ordre affectif ou psychologique, surtout chez les personnes très anxieuses ou déprimées.	On peut avoir une réaction émotionnelle à la douleur sans que celle-ci ne découle d'un problème affectif. On peut soulager l'anxiété ou la dépression sans que l'intensité de la douleur diminue.
4. Il n'est pas rare que des patients fassent semblant d'avoir mal.	Il est très rare que les personnes qui disent souffrir mentent. Dans ce domaine, les simulateurs sont rares.
5. Le patient qui retire des avantages ou obtient un traitement de faveur à cause de la douleur ne souffre pas autant qu'il le prétend et peut-être même ne souffre-t-il pas du tout.	Le patient qui sait utiliser la douleur dans son intérêt n'est pas un simulateur pour autant. Il peut souffrir autant qu'il le dit.
6. Si la douleur est réelle, elle a une cause physique décelable.	Toute douleur est réelle, quelle qu'en soit la cause. Presque toutes les douleurs comportent à la fois des éléments physiques et psychologiques. Les douleurs purement psychogènes sont rares.
7. La douleur est accompagnée de signes visibles, qu'ils soient physiologiques ou comportementaux, qui témoignent de son existence et de son intensité.	Même dans les cas de douleur extrême, il existe un phénomène d'adaptation physiologique et comportementale qui est suivi de périodes où les signes de la douleur sont très faibles ou inexistants. Le fait de ne pas exprimer la douleur ne dénote pas nécessairement une absence de douleur. Comment faut-il que le patient agisse pour nous convaincre qu'il a mal?
8. Des stimuli physiques analogues produisent des douleurs analogues chez tout le monde. On peut toujours prévoir avec précision l'intensité et la durée de la douleur lorsque l'on connaît le stimulus qui l'a provoquée.	Les stimuli physiques analogues ne produisent *pas* une douleur d'une même intensité chez tout le monde. Les mêmes stimuli provoquent chez différentes personnes des douleurs de durée et d'intensité différentes. Il n'existe aucune relation directe et constante entre un stimulus donné et la perception de la douleur.
9. On devrait apprendre aux personnes qui souffrent à accroître leur tolérance à la douleur. Plus la douleur se prolonge, ou plus les expériences douloureuses sont fréquentes, mieux on la tolère.	La tolérance à la douleur est propre à chacun; elle varie d'une personne à l'autre et d'une situation à l'autre. Chez ces personnes qui souffrent depuis longtemps, le seuil de tolérance à la douleur baisse graduellement. Le respect du seuil de tolérance est l'élément clé d'un traitement adéquat de la douleur.
10. Lorsque le patient se dit soulagé après l'administration d'un placebo, cela signifie que sa douleur était simulée ou psychogène.	La documentation scientifique ne rapporte pas l'ombre d'un fait justifiant l'emploi d'un placebo pour établir un diagnostic de simulation ou de douleur psychogène.

(Source: M. McCaffery et A. Beebe. *Pain: Clinical Manual for Nursing Practice*, St. Louis, C. V. Mosby, 1989, p. 17)

et efficace, il craindra moins de souffrir à nouveau et sera mieux en mesure de tolérer la douleur. Le tableau 43-1 présente et corrige quelques-unes des notions erronées les plus répandues au sujet de la douleur et de son évaluation.

GÉRONTOLOGIE

L'évaluation de la douleur chez les personnes âgées est parfois plus difficile à cause des caractéristiques physiologiques, psychologiques et sociales de cette clientèle. Il peut arriver que la dégénérescence des neurones situés dans la corne postérieure de la moelle épinière affaiblisse la perception sensorielle et élève le seuil de la douleur. La personne âgée peut

donc subir une lésion sans s'en rendre compte ou ressentir de façon atypique un état douloureux. La douleur aiguë n'est pas toujours ressentie aussi vivement par les personnes âgées, mais la douleur chronique peut être plus intense. Les caractéristiques de la douleur et les réactions qu'elle provoque peuvent être différentes de celles que l'on trouve chez les patients plus jeunes et, dans certains cas, la douleur peut irradier loin du siège de la lésion ou de la maladie.

Beaucoup de personnes âgées consultent les professionnels de la santé parce qu'elles éprouvent de la douleur, mais certaines ne le font pas, même si elles souffrent beaucoup parce qu'elles croient qu'il est normal d'avoir mal quand on est vieux. On estime que plus de 85 % des personnes âgées souffrent d'au moins un problème de santé chronique susceptible de causer de la douleur. Souvent, les personnes âgées ne mentionnent pas qu'elles éprouvent de la douleur et attendent que la douleur soit insupportable avant d'en parler ou de consulter. D'autres ne consultent pas parce qu'elles craignent que la douleur ne soit le signe d'une maladie grave ou qu'elle ne les rendent dépendantes. Le patient peut combattre la douleur en employant des médicaments en vente libre ou des médicaments prescrits pour d'autres maladies. L'attitude de la personne âgée face à la douleur dépend de son mode de vie, de sa personnalité et de ses origines culturelles. Nombreux sont ceux qui, craignant de devenir dépendants des analgésiques narcotiques, ne disent pas qu'ils souffrent et ne demandent pas de médicaments pour soulager la douleur.

Contrairement aux idées reçues, tant chez les personnes âgées que chez le personnel soignant, la douleur est souvent *plus* significative chez les personnes âgées que chez les plus jeunes. Ainsi, l'apparition de maux de tête persistants chez une personne âgée peut être le symptôme d'une grave hémorragie intracrânienne. Une appendicite chez la personne âgée peut passer inaperçue parce que les réactions à la douleur sont altérées, que les symptômes sont signalés tardivement, ou parce que la réponse immunitaire est faible.

INTERVENTIONS INFIRMIÈRES

PLAN DE SOINS INFIRMIERS

Une fois que l'on a obtenu des renseignements sur le patient, on est en mesure d'établir un plan de soins infirmiers personnalisé. *En premier lieu, l'infirmière essaiera de modifier les facteurs qui agissent sur la nature de la sensation douloureuse et ceux qui accentuent l'intensité des réactions du patient à la douleur.* Il est toutefois impossible de modifier certains facteurs. Par exemple, si la sensation douloureuse est provoquée par la pression d'une tumeur maligne inopérable, on ne peut modifier ce facteur puisqu'il est impossible d'enlever la tumeur. Dans certains cas, les changements de position, la chimiothérapie ou l'irradiation permettent de réduire la pression. L'emploi opportun d'analgésiques peut aussi soulager la douleur. Même si les attentes culturelles du patient sont un facteur d'influence, on ne peut habituellement pas les changer et on ne doit pas essayer de le faire.

Parce qu'il n'est pas toujours possible ou désirable de modifier certaines réactions à la douleur, l'infirmière qui établit son plan de soins doit, dans un deuxième temps, *déterminer comment agir avec le patient compte tenu de ses comportements et de ses attitudes par rapport à la douleur.* Ainsi, pour des raisons culturelles et personnelles, un patient peut juger qu'il est naturel et souhaitable de réagir à la douleur en gardant le silence le plus complet sur ses émotions et ses sensations. Un autre patient peut avoir une réaction tout à fait opposée : il veut décrire en détail sa douleur et ses sentiments. L'infirmière devra procéder avec chacun de façon tout à fait différente.

Après avoir examiné les interventions personnalisées qu'elle peut effectuer pour assister un patient qui souffre, l'infirmière doit, en troisième lieu, *fixer des objectifs de soins et les partager avec le patient ou les lui faire approuver.* Pour certains patients, on peut viser la disparition complète de la

sensation douloureuse. Dans de nombreux cas, cependant, un tel objectif n'est pas réalisable. On peut alors fixer d'autres objectifs, comme de réduire l'intensité, la durée ou la fréquence de la douleur et en atténuer les effets nocifs. Ainsi, la douleur peut altérer l'appétit ou le sommeil, entravant ainsi le rétablissement après une maladie aiguë. Dans ce cas, les objectifs seront d'assurer au patient une bonne nuit de sommeil et une alimentation adéquate. De même, une douleur prolongée peut diminuer la qualité de la vie en perturbant le travail ou les relations personnelles ; l'objectif sera alors de réduire les absences au travail ou d'améliorer la qualité des relations interpersonnelles.

On peut atteindre ces objectifs par des mesures pharmacologiques ou non pharmacologiques. Dans la phase aiguë d'une maladie, le patient est souvent incapable de collaborer activement, mais lorsqu'il a recouvré l'énergie mentale et physique nécessaire, il peut apprendre des techniques d'autosoulagement, comme la relaxation par l'imagerie mentale. Ainsi, à mesure que le patient progresse vers son rétablissement, il peut avoir pour objectif de réduire la médication et de recourir de plus en plus à des techniques d'autosoulagement et à des mesures non pharmacologiques.

CONDUITE À TENIR DEVANT L'ANXIÉTÉ ASSOCIÉE À LA DOULEUR

L'anxiété pouvant influer profondément sur la perception de la douleur et la réaction qu'elle engendre, il nous apparaît pertinent d'en traiter. Nous aborderons donc ci-dessous l'anxiété reliée à l'anticipation d'une expérience douloureuse et celle reliée à la douleur elle-même ou à ses séquelles.

Anticipation de la douleur. Il est parfois bon qu'un patient qui anticipe la douleur ressente une anxiété modérée qui l'incitera à utiliser des stratégies d'adaptation. Dans un tel cas, il peut avoir des périodes d'inquiétude, sans que cette inquiétude ne l'habite constamment. En général, on peut favoriser un niveau salutaire d'anxiété en renseignant le patient sur le moment, le siège, l'intensité et la durée prévus de la douleur. L'infirmière veille alors à canaliser l'anxiété du patient en lui enseignant diverses méthodes de soulagement.

On peut habituellement réduire l'anxiété du patient en l'informant, à l'étape de l'anticipation, sur la nature de l'expérience douloureuse qui l'attend et sur les mesures à prendre pour soulager la douleur. Le patient sait ainsi qu'il pourra combattre la douleur lorsqu'elle surviendra et son anxiété est beaucoup moindre qu'elle ne le serait s'il ignorait tout des mesures pouvant réduire la douleur ou l'aider à la supporter. En se familiarisant avec les méthodes de soulagement, le patient a le sentiment de maîtriser les sensations douloureuses, et la douleur lui paraît moins menaçante.

Les patients qui anticipent un événement provoquant de la douleur peuvent réagir par une vive anxiété ou, à l'autre extrême, par l'absence complète d'anxiété. Certaines méthodes peuvent contribuer à réduire l'anxiété du patient qui semble très inquiet. On peut orienter son attention vers une activité précise, ou encore éliminer une source d'anxiété (en calmant un parent anxieux, par exemple). Dans les cas de vive anxiété, il peut être indiqué d'administrer des tranquillisants, s'ils sont prescrits, d'utiliser des techniques de modification du comportement ou l'hypnose, ou d'adresser le patient à un psychiatre ou à une infirmière spécialisée en psychiatrie.

Si le patient se montre à peine inquiet ou n'affiche aucune anxiété, c'est peut-être que ses expériences antérieures lui ont appris qu'il a une tolérance à la douleur élevée. Mais il arrive souvent que les patients qui ne manifestent aucune anxiété nient le fait qu'ils vont souffrir. Lorsque la douleur survient, ils ont par conséquent beaucoup de difficulté à y faire face et deviennent très anxieux. On ne sait pas vraiment comment aider ces patients: vaut-il mieux continuer de les informer ou ne rien leur dire? Si un renseignement précis sur la douleur provoque peu d'anxiété, il est sans doute préférable de se concentrer sur les mesures de soulagement de la douleur; les renseignements doivent être concis, généraux, et aller à l'essentiel.

Quand l'infirmière craint que l'absence d'anxiété ne soit une réaction de déni, elle demande au patient s'il souhaite avoir davantage de renseignements sur la douleur ou les moyens de la soulager, et elle respecte sa décision. Il importe cependant qu'elle observe attentivement le patient à l'approche de la situation qui génère de la douleur afin de déceler toute augmentation marquée de l'anxiété. Selon le degré d'émotion manifesté, on pourra alors suivre les conseils donnés ci-dessus touchant les interactions avec les malades souffrant d'anxiété modérée ou intense.

L'infirmière est parfois tentée de ne pas dire au patient qu'il éprouvera de la douleur ou que celle-ci risque d'être beaucoup plus forte qu'il ne le croit. Elle sait déjà, et avec raison, que cette information provoquera de l'anxiété chez le patient car la perspective de la douleur a généralement cet effet. Mais le patient doit savoir que la douleur peut survenir pour apprendre à y faire face. On commet une erreur en ne prévenant pas le patient qu'il va souffrir, sauf dans les cas suivants: 1) lorsqu'on sait par expérience qu'en le prévenant on provoquera chez lui une anxiété insurmontable qui l'empêchera de prendre des mesures positives pour affronter sa douleur; 2) lorsqu'il demande expressément qu'on ne le prévienne pas, et qu'on en a discuté à fond avec lui; 3) lorsqu'on sait par expérience qu'en le renseignant sur la douleur et les méthodes de soulagement, on l'empêche de nier la réalité quand il s'agit pour lui de la seule stratégie d'adaptation efficace.

L'anxiété du patient peut également varier en fonction des renseignements que lui transmet l'infirmière sur les mesures de soulagement dont il dispose et leur efficacité. L'infirmière peut éviter que l'anxiété du patient n'augmente en lui indiquant précisément quel genre de soulagement il peut attendre de chaque mesure. Par exemple, si le patient s'attend à ce que la distraction ou les médicaments suppriment totalement la douleur, son anxiété peut augmenter si tel n'est pas le cas. Or, il arrive fréquemment que ces mesures, à l'instar de nombreuses autres, ne font pas disparaître complètement la douleur ou ne diminuent pas son intensité autant que le patient le voudrait.

Sensation de douleur. Lorsque le patient éprouve des sensations douloureuses, il est souhaitable de réduire au minimum son anxiété. Chez le patient anxieux, en effet, la douleur est souvent perçue avec plus d'intensité ou est moins bien tolérée, ce qui augmente l'anxiété. On crée donc un cercle vicieux: le patient, de plus en plus anxieux, éprouve une douleur de plus en plus grande et est de moins en moins capable de la tolérer.

Il faut briser ce cercle vicieux le plus rapidement possible afin d'éviter l'escalade de la douleur. L'anxiété et la douleur sont plus faciles à combattre ou à circonscrire quand elles sont faibles. Il faut donc *employer les méthodes de soulagement avant que la douleur ne devienne trop forte.* De nombreux patients croient qu'il faut attendre avant de demander un soulagement que la douleur atteigne ou dépasse leur seuil de tolérance. Or, à ce moment-là, les médicaments peuvent difficilement les soulager de façon adéquate. C'est pourquoi il est important d'expliquer à tous les patients qu'il est plus facile de calmer la douleur si on a recours aux méthodes de soulagement *avant* qu'elle ne devienne insupportable.

L'enseignement et l'établissement d'une relation thérapeutique avec le patient permettent souvent à l'infirmière de diminuer efficacement l'anxiété du patient à l'étape de l'anticipation de la douleur ou pendant les épisodes de douleur (voir la section traitant de la relation infirmière-patient et de l'enseignement). Presque toutes les interventions infirmières visant à soulager la douleur contribuent, d'une façon ou d'une autre, à diminuer l'anxiété.

Séquelles de la douleur. Lorsque la sensation douloureuse diminue, on espère voir s'apaiser l'anxiété du patient. Si tel n'est pas le cas, certaines techniques peuvent aider le patient à assimiler l'expérience douloureuse (tableau 43-2).

Pour de nombreuses personnes, l'expérience de la douleur se poursuit après la disparition ou la diminution de la sensation douloureuse. Certains continuent à craindre la douleur parce qu'ils ignorent que le danger est désormais écarté. En expliquant au patient que les stimuli nociceptifs ont été supprimés, on peut souvent réduire sa crainte et son anxiété.

La plupart des patients n'oublient pas la douleur dès qu'elle décroît ou disparaît. Le patient peut être perturbé à cause de la façon dont il s'est conduit pendant qu'il souffrait ou s'inquiéter de la façon dont les gens ont jugé ses réactions. Il peut entretenir des notions erronées et parfois effrayantes sur l'origine ou le traitement de la douleur. Le fait d'avoir éprouvé une douleur plus intense qu'il n'avait pu imaginer peut lui donner un sentiment d'insécurité et l'impression de ne plus être capable de se dominer. Le patient qui souffre de douleur chronique et obtient un soulagement peut vivre une crise provoquée par la crainte de ce que sera sa vie sans la douleur. Il peut se mettre soudainement à trembler ou à transpirer, à éprouver des nausées, à vomir ou à frissonner. La douleur peut provoquer chez certains des cauchemars qui dureront pendant des semaines ou des mois. De toute évidence, les soins au patient qui souffre et le traitement de l'anxiété doivent se prolonger au-delà de l'épisode de douleur.

MESURES DE SOULAGEMENT NON PHARMACOLOGIQUES

Par ignorance ou manque de temps, de nombreux patients et membres de l'équipe soignante ont tendance à considérer les analgésiques comme le seul moyen de soulager la douleur. Cependant, de nombreuses interventions infirmières peuvent rendre la douleur moins pénible à supporter (voir le tableau 43-2). Il n'offre cependant qu'une vue générale de la question mais on pourra obtenir de plus amples renseignements en consultant la bibliographie présentée à la fin du présent chapitre. Grâce à ses lectures et à son expérience, l'infirmière apprendra aisément comment appliquer ces interventions.

Nous aborderons ci-dessous de façon plus détaillée quelques-unes des interventions infirmières non pharmacologiques énumérées au tableau 43-2. Les techniques de soulagement non pharmacologiques comportent très peu de risques. Bien qu'elles ne puissent remplacer les analgésiques, elles peuvent suffire à soulager les épisodes douloureux ne durant que quelques secondes ou quelques minutes ou une douleur légère à modérée. Lorsqu'une douleur intense persiste pendant plusieurs heures ou jours, l'emploi de certaines techniques non pharmacologiques conjugué aux médicaments peut offrir le soulagement le plus efficace.

Relation infirmière-patient et enseignement

Dans le domaine du traitement de la douleur, toutes les interventions infirmières reposent sur deux volets importants de la profession soit la relation infirmière-patient et l'enseignement. Ces interventions peuvent réduire la douleur en l'absence de toute autre mesure de soulagement, et elles peuvent augmenter l'efficacité des autres mesures. Grâce à une bonne relation thérapeutique et à l'enseignement, l'infirmière peut diminuer l'anxiété du patient et, souvent, soulager la douleur en réduisant son intensité ou en la rendant plus supportable.

La confiance est un aspect important de la relation infirmière-patient. En montrant au patient que l'on croit à sa douleur, on parvient souvent à atténuer son anxiété. Certains patients mettent un temps et une énergie considérables à essayer de convaincre les autres qu'ils ont mal. Il arrive qu'on doute qu'une personne ait vraiment mal parce qu'il est impossible de déceler la cause de la douleur ou parce que la personne qui souffre n'a pas un comportement caractéristique. Cela est particulièrement vrai dans le cas des patients qui essaient de ne pas montrer qu'ils souffrent. En disant au patient: «Je sais que vous avez de la douleur et j'aimerais mieux comprendre ce que vous ressentez», on arrive souvent à le rassurer. Un patient qui a peur de ne pas être cru est reconnaissant et soulagé de constater qu'il peut faire confiance à l'infirmière et que celle-ci sait qu'il souffre vraiment.

Chaque fois que l'infirmière est en présence d'un patient qui souffre, elle doit lui faire savoir qu'elle veut l'aider à trouver un soulagement. À cet égard, le patient ne sait pas toujours vers qui se tourner, car il est rare qu'un membre particulier du personnel soignant soit explicitement chargé du soulagement de la douleur. Quand l'infirmière lui dit simplement: «Avertissez-moi dès que vous commencez à avoir mal pour que je puisse vous aider», elle lui montre qu'elle veut et qu'elle peut l'aider à ne plus avoir mal.

L'infirmière peut également enseigner au patient comment vaincre la douleur. Ainsi, elle peut lui recommander de signaler la douleur dès qu'elle apparaît et de ne pas attendre qu'elle soit devenue trop intense et que son degré d'anxiété soit trop élevé. Il est beaucoup plus facile de prévenir les douleurs intenses et la panique que de les supprimer lorsqu'elles sont là.

Stimulation cutanée

D'après la théorie du portillon, la stimulation des fibres nerveuses de grand diamètre qui se trouvent dans la peau peut

réduire l'intensité de la douleur. Il se peut aussi que la stimulation cutanée provoque la libération d'endorphines. Il y a plusieurs moyens d'effectuer la stimulation cutanée. Lorsqu'elle veut employer cette méthode pour calmer la douleur, l'infirmière doit choisir la forme de stimulation qui convient ainsi que l'emplacement, la durée et l'intensité de l'intervention. Il faut procéder par approximations en se servant de son bon sens.

On peut facilement utiliser, à peu de frais, diverses formes de stimulation cutanée. Toutes les formes de stimulation cutanée sont acceptables, mais il faut parfois consulter le médecin traitant car certaines formes peuvent être contre-indiquées en raison du diagnostic médical ou de l'état physique du patient. Les mesures suivantes peuvent susciter différentes sensations cutanées: pression, vibration, chaleur, froid, bain, application d'une lotion ou d'une crème mentholée, électrostimulation percutanée. Cette dernière mesure, qui s'est avérée efficace pour soulager autant la douleur aiguë que la douleur chronique, est de plus en plus utilisée. Il s'agit d'un appareil à piles comportant des électrodes que l'on applique sur la peau pour produire une sensation de fourmillement, de vibration ou de bourdonnement dans la région douloureuse (figure 43-6).

L'application locale de froid sur une région douloureuse est une méthode efficace de soulagement de la douleur, malheureusement trop peu employée. L'application de froid offre un soulagement plus rapide et parfois plus durable que l'application de chaleur. Contrairement à ce que l'on croit généralement, le froid ne provoque pas nécessairement une contraction musculaire: il ralentit l'acheminement des influx qui maintiennent le tonus musculaire et peut détendre le muscle. Par conséquent non seulement le froid est-il indiqué pour réduire les saignements et l'œdème après un traumatisme, mais aussi pour calmer la douleur par la suite.

La stimulation cutanée doit être appliquée sur différentes parties du corps. Il est souvent efficace de stimuler la peau au siège même de la douleur ou autour, mais il peut arriver qu'une stimulation appliquée directement sur le siège de la douleur aggrave celle-ci. Lorsque la stimulation près du siège

(suite à la page 1296)

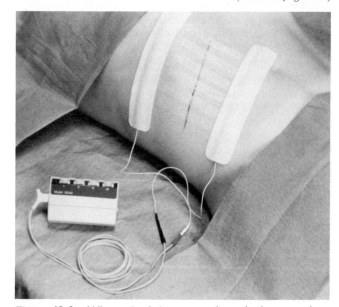

Figure 43-6. L'électrostimulation percutanée employée pour soulager la douleur causée par une incision chirurgicale.

(Source: Health Care Specialties Division / 3M, St. Paul, Minnesota)

TABLEAU 43-2. *Interventions infirmières visant à soulager la douleur*

Catégorie de soins infirmiers	Explication	Exemple d'intervention
1. Établissement d'une relation avec le patient qui souffre	Il faut tenir compte de tous les aspects des réactions à la douleur, croire le patient quand il explique ce qu'il ressent, et respecter ses attitudes et ses réactions face à la douleur (voir texte).	Dire au patient qu'on le croit lorsqu'il explique ce qu'il ressent.
2. Enseignement sur la douleur et les méthodes de soulagement	Il faut informer le patient sur la douleur en faisant appel aux différents modes sensoriels utilisés par celui-ci (visuel, auditif, kinesthésique).	Expliquer la nature d'une douleur éminente et en montrer le siège en exerçant une pression sur la peau; si une incision doit être pratiquée, pincer légèrement la peau à cet endroit.
3. Enseignement de groupe	On applique les principes de l'enseignement en petit groupe pour informer le patient et sa famille sur la douleur.	Une infirmière, deux patientes souffrant d'arthrite et leurs époux discutent des modifications à apporter dans l'exécution des travaux ménagers après leur sortie du centre hospitalier.
4. Counseling auprès des autres personnes qui sont en contact avec le patient	On aide ainsi les membres de l'entourage du patient qui souffre à concrétiser l'aide qu'ils peuvent lui apporter.	Parler en tête-à-tête avec la compagne d'un patient qui est très anxieuse parce que celui-ci se plaint d'une douleur abdominale dont on ne connaît pas encore la cause.
5. Stimulation cutanée	On applique à différents endroits sur la peau des stimuli de nature, de durée et d'intensité différentes (voir texte).	Appliquer un vibrateur manuel sur le cuir chevelu et la nuque pour soulager un mal de tête.
6. Distraction	On amène le patient à participer à des exercices faisant appel aux principaux modes sensoriels (voir texte).	Aider le patient à supporter un changement de pansement douloureux en employant les techniques du chant rythmique et de la respiration.
7. Relaxation	Il faut avoir recours à une variété de techniques pour aider le patient à éviter la fatigue et à détendre ses muscles.	Enseigner au patient la technique de respiration lente et rythmique.
8. Imagerie mentale	On aide le patient à imaginer un événement agréable ou un moyen de chasser la douleur de son corps (voir texte).	Conseiller au patient d'imaginer qu'il expulse la douleur chaque fois qu'il expire lentement.
9. Administration d'agents pharmacologiques	On administre au patient des analgésiques et on lui en explique les effets; on collabore avec le médecin afin de déterminer les besoins du patient en matière d'analgésiques (voir texte).	Administrer des analgésiques de façon préventive.
10. Diminution des stimuli nociceptifs	On emploie diverses techniques pour réduire la transmission des signaux douloureux au cortex cérébral.	Demander au patient d'exercer une légère pression avec un coussin sur l'incision abdominale pendant qu'il tousse ou respire profondément.
11. Consultation auprès de spécialistes	Avec le patient, sa famille et le médecin, on détermine si le patient a besoin d'une autre personne-ressource pour l'aider à affronter la douleur; on recherche avec eux la personne appropriée et on aide le patient et sa famille à obtenir un rendez-vous et à tirer profit de cette consultation.	Dire au patient qu'un prêtre pourrait calmer son anxiété en explorant avec lui sa crainte que la douleur ne soit le châtiment d'un péché.
12. Présence auprès du patient	Si on constate que la simple présence de l'infirmière ou d'une autre personne auprès du patient lui serait bénéfique, on veille à ce qu'il ne reste pas seul.	Demander à un bénévole du centre hospitalier de rester au chevet du patient qui ne veut pas être seul.

TABLEAU 43-2. (suite)

Catégorie de soins infirmiers	Explication	Exemple d'intervention
13. Assurance que la source des stimuli nociceptifs a été supprimée ou réduite	On explique au patient, lorsque c'est le moment, que l'on a agi de façon à diminuer ou à éliminer l'une des causes de sa douleur (voir texte).	Dire au patient qui subit une ponction lombaire que l'on vient de retirer l'aiguille et qu'il ne reste plus qu'à lui nettoyer le dos.
14. Assimilation de la souffrance	On reconnaît que le patient a besoin d'assimiler la souffrance sur les plans intellectuel et affectif et on l'aide à le faire (voir texte).	Discuter avec le patient de ce qu'il a pensé et de ce qu'il a senti lorsqu'il a subi un infarctus du myocarde.

Source: M. McCaffery. *Nursing Management of the Patient with Pain*, 2e éd., Philadelphia, J. B. Lippincott

de la douleur est inefficace, douloureuse, impossible ou contre-indiquée, on peut obtenir un soulagement en stimulant la région du corps opposée à la partie endolorie. C'est ce qu'on appelle la *stimulation controlatérale*. Par exemple, un patient souffrant d'épicondylite des joueurs de tennis au coude gauche est soulagé tout aussi bien, voire mieux, par l'application d'une crème mentholée au coude droit, ce qui est particulièrement utile lorsqu'il est difficile de stimuler directement la région douloureuse, notamment parce qu'elle est recouverte d'un plâtre ou que tout le membre est lésé ou brûlé.

On effectue généralement une stimulation d'intensité moyenne. Une faible stimulation provoque souvent de l'agacement ou une sensation de chatouillement, tandis qu'une stimulation intense peut être douloureuse.

Les indications touchant la durée de la stimulation cutanée, et les intervalles entre les applications varient considérablement. Chez certains patients, la douleur est soulagée pendant des heures ou des jours. Chez d'autres, le soulagement ne dure que le temps de la stimulation. Pour ces patients, l'emploi d'une crème mentholée ou d'un dispositif d'électrostimulation percutanée peut procurer une stimulation continue tout en leur permettant de rester actifs. La stimulation est appliquée en quelques minutes seulement mais elle peut soulager pendant des heures. Quant à l'appareil d'électrostimulation, on peut le porter 24 heures par jour.

Distraction

La distraction, qui consiste à concentrer l'attention du patient sur autre chose que sur sa douleur, peut procurer un soulagement efficace. Elle peut réduire l'intensité de la douleur perçue ou accroître la tolérance en rendant la douleur moins importante. Moins conscient de la douleur ou moins porté à y prêter attention, le patient est moins perturbé et la supporte mieux.

Il existe de nombreux types de distraction: le patient peut se contenter de rompre la monotonie, ou s'adonner à des activités physiques et mentales très complexes. Lorsque le milieu offre peu de stimuli, que ceux-ci manquent de diversité ou sont mal répartis, les seuils de sensibilité à régulation centrale ont tendance à s'abaisser, augmentant la sensibilité aux impressions comme celle de la douleur.

Si l'environnement est peu stimulant, l'infirmière peut atténuer la douleur en apportant des stimuli. Elle peut réduire au minimum les bruits étrangers, faire des visites brèves mais fréquentes au patient, lui apporter une collation ou lui enseigner des exercices physiques adaptés à sa situation. Il s'agit d'une forme de distraction simple qui détourne l'attention de la douleur.

Si la stimulation sensorielle est faible, il faut l'intensifier. On peut ainsi distraire le patient d'une douleur brève et violente (comme celle que provoque l'aspiration de la moelle osseuse ou le débridement d'une plaie) ou d'une douleur plus longue d'intensité modérée à forte. La distraction procure à certains malades un soulagement qui persiste pendant des heures.

La valeur des méthodes de distraction pour apaiser la douleur est souvent mal comprise par l'équipe soignante. On pense à tort que si le patient peut être distrait de sa douleur, c'est qu'il ne souffre pas beaucoup. L'infirmière aurait tort de conclure qu'un patient n'a pas mal parce qu'il rit et cause avec des visiteurs, car la distraction est un moyen de soulagement puissant. Il ne faut donc pas hésiter à y recourir. Si l'on doute de la douleur d'un patient parce qu'il utilise efficacement la distraction, on peut le pousser à renoncer à une excellente méthode de soulagement.

La distraction est efficace dans la mesure où le patient est capable de recevoir et de créer des stimuli sensoriels autres que la douleur. En règle générale, le soulagement est directement proportionnel au degré de participation du patient, au nombre de sens mis à contribution et à l'intérêt que le patient porte aux stimuli. Ainsi, on a plus de chances de soulager la douleur en stimulant la vue, l'ouïe et le toucher qu'en s'adressant à un seul sens.

Il est vrai qu'on peut accroître la complexité des distractions à mesure que la douleur augmente et obtenir ainsi un soulagement efficace, mais seulement jusqu'à un certain degré d'intensité de la douleur. Une douleur très intense peut empêcher le patient de se concentrer suffisamment pour participer à des activités mentales ou physiques compliquées.

De nombreux patients mettent au point leurs propres méthodes de distraction. Certains fredonnent, d'autres font du calcul mental ou s'absorbent dans une émission de télévision. L'infirmière peut les encourager dans cette voie et les aider à développer ces méthodes.

Si la douleur est brève, mais intense, on peut enseigner une méthode de distraction au patient. L'association d'une friction rythmique et de la concentration visuelle est une méthode que tous les patients peuvent maîtriser rapidement, même ceux qui sont affaiblis, fatigués, sous l'influence d'un sédatif ou qui ont des douleurs intenses. On demande au patient d'ouvrir les yeux, de fixer un point au mur ou au plafond, et de masser une partie de son corps. L'infirmière peut commencer elle-même le mouvement de massage, puis prendre la main du patient et guider ses mouvements. Un mouvement circulaire et ferme sur la peau nue peut être efficace. Le patient reçoit un apport constant de stimuli visuels, tactiles et kinesthésiques, tout en concentrant son attention sur le rythme. Si la distraction n'est pas suffisante, on peut y ajouter une autre activité, comme des inspirations et des expirations lentes. Le patient peut se répéter intérieurement: «Inspire lentement, expire lentement». Les bonnes techniques de distraction ont recours à des stimuli sensoriels associés à un mouvement rythmique et à la canalisation de l'attention sur la respiration. (Le massage des jambes est toujours contre-indiqué à cause du risque de formation et de mobilisation d'emboles.)

Une autre forme de distraction, la technique de «l'écoute active», peut être utile pour les patients fatigués ou sous sédation ou pour ceux dont la douleur dure plus de quelques minutes. Le patient emploie un magnétophone doté d'écouteurs ou d'un casque; il choisit une cassette et écoute la musique en marquant la mesure du doigt ou de la tête. Il peut obtenir une stimulation visuelle en concentrant son attention sur un objet ou en fermant les yeux et en imaginant une activité associée à la musique (la danse par exemple). Il peut monter le volume quand la douleur augmente, et le baisser quand elle diminue. Un brûlé qui subit un douloureux changement de pansement peut employer cette méthode de distraction pour rendre l'épreuve plus supportable.

Relaxation

La relaxation musculaire peut diminuer l'intensité de la douleur ou accroître la tolérance. Elle peut également accroître l'efficacité d'autres mesures de soulagement telles que le recours aux analgésiques ou à un coussin chauffant. Beaucoup de gens apprennent des techniques de relaxation pour lutter contre le stress de la vie courante. Des organismes communautaires offrent des séances de méditation transcendantale, de yoga, d'hypnose, de musicothérapie, etc. Si le patient connaît déjà une méthode de relaxation, il suffit parfois que l'infirmière lui conseille de s'en servir.

Presque toutes les personnes souffrant de douleur chronique ont besoin d'apprendre une technique de relaxation et de l'utiliser plusieurs fois par jour. Des périodes de détente régulières sont nécessaires pour combattre la fatigue et la tension musculaire causées par la douleur chronique ou par l'intensification de la douleur.

Une respiration abdominale lente et rythmée est une méthode de relaxation simple qui convient aux patients souffrant de douleur aiguë ou chronique. Le patient ferme les yeux et commence à respirer lentement et normalement (les respirations ne doivent pas être trop profondes), au rythme de six à neuf respirations par minute. Il maintient un rythme constant et compte silencieusement jusqu'à trois en inspirant (un, deux trois) et jusqu'à trois en expirant. Il termine la période de relaxation par une respiration profonde. En enseignant cette technique au patient, l'infirmière peut l'aider en comptant tout haut. Au début, le patient peut garder les yeux ouverts pendant que l'infirmière respire au même rythme que lui.

La respiration lente et rythmée constitue également une technique de distraction. Il s'agit toutefois d'une méthode qui, à l'instar des autres mesures de soulagement non pharmacologiques, exige un peu d'entraînement.

On peut aider un patient crispé qui souffre beaucoup à se détendre, rapidement et facilement, en lui donnant les directives suivantes: «Serrez les poings; respirez à fond et retenez votre souffle pendant un moment. En expirant, relâchez complètement les muscles. Maintenant, bâillez.»

Imagerie mentale

L'imagerie mentale à des fins thérapeutiques se définit comme le recours à son imagination dans le but d'obtenir un effet positif bien précis. Dans le cas qui nous occupe, les effets recherchés sont la relaxation et le soulagement de la douleur. L'imagerie mentale peut modifier des fonctions corporelles sur lesquelles nous n'avons aucune emprise directe ou consciente. Par exemple, quand une image troublante se présente à notre esprit juste au moment de nous endormir, notre rythme cardiaque augmente et nous transpirons. Les images angoissantes provoquent une réaction de stress; par contre, certaines images semblent susciter la détente ou apaiser la douleur. L'imagerie mentale ne s'enseigne pas rapidement et exige que le patient consacre beaucoup de temps et d'énergie à s'y entraîner. On l'enseigne donc généralement à des patients souffrant de douleur chronique, mais elle est tout aussi efficace pour combattre la douleur aiguë. Pour apprendre à employer l'imagerie mentale, le patient doit être capable de se concentrer, d'utiliser son imagination et de suivre des directives. On déconseille de l'enseigner à un patient fatigué, qui a pris des sédatifs ou qui souffre de douleurs intenses. L'une des formes les plus simples de l'imagerie mentale utilisée pour la détente et le soulagement consiste à combiner la respiration lente et rythmée décrite dans les techniques de relaxation à une image mentale de détente et de bien-être. Les yeux fermés, le patient imagine que chaque fois qu'il expire lentement, la tension musculaire et la douleur se dissipent, laissant une agréable sensation de détente. À chaque inspiration, il imagine que l'air apporte une énergie réparatrice dans la région douloureuse; à chaque expiration, il imagine qu'il expulse la douleur et la tension.

En général, on demande au patient de s'exercer à l'imagerie mentale trois fois par jour pendant environ 5 minutes. Il faut parfois plusieurs jours d'entraînement avant que le patient ne soit capable d'atténuer la douleur par cette méthode. Le soulagement peut durer des heures, et de nombreux patients connaissent les effets relaxants de l'imagerie mentale dès la première fois qu'ils en font l'essai.

MÉDICAMENTS

Que la douleur soit aiguë ou chronique, l'utilisation des médicaments doit se faire selon certaines règles. En général, les médicaments atteignent un maximum d'efficacité lorsque la posologie et l'intervalle entre les doses sont calculés en fonction des besoins du patient. Seule l'observation des réactions du patient permet d'administrer les narcotiques efficacement et en toute sûreté.

ADMINISTRATION PRÉVENTIVE

La prévention consiste dans ce domaine à donner un médicament (notamment un analgésique) avant que la douleur ne survienne, si elle est prévisible, ou tout au moins lorsqu'elle débute. Si on pense que la douleur sera constante ou durera la plus grande partie de la journée, il peut être indiqué d'instaurer un horaire régulier d'administration des analgésiques sur 24 heures. Même si l'analgésique est prescrit «au besoin» ou «prn», l'infirmière peut l'administrer à titre préventif avant que le besoin ne se fasse sentir, à condition de respecter l'intervalle prescrit entre les doses. Lorsque la douleur est constante ou prévisible, il vaut mieux procéder de cette façon car sinon le patient risque d'avoir à supporter une douleur intense avant de recevoir un médicament ou avant que l'action du médicament ne se fasse sentir.

La formule préventive offre de nombreux avantages. Il faut généralement une dose moins élevée pour soulager ou prévenir une douleur légère que pour soulager une douleur qui est devenue intense. L'administration préventive de médicaments peut donc permettre de réduire la posologie sur une période de 24 heures. En plus d'être plus efficace dans le soulagement de la douleur, elle prévient le risque de tolérance envers les analgésiques et diminue la gravité des effets secondaires tels que la sédation ou la constipation. Enfin, la formule préventive permet d'éviter les paroxysmes de douleur et de réduire la durée de la douleur. Si l'on attend pour administrer un analgésique que le patient ressente la douleur, il souffrira pendant qu'on lui procure l'analgésique et en attendant que celui-ci fasse effet. Sur un période de 24 heures, ceci peut représenter plusieurs heures de souffrance.

En maîtrisant mieux la douleur par la prévention, on risque moins de créer un besoin chez le patient. Certains membres de l'équipe soignante semblent croire qu'en administrant les narcotiques avec parcimonie, on prévient les risques de dépendance psychologique à l'égard de ces médicaments chez le patient qui souffre de douleur aiguë. Au contraire, un patient qui souffre et se voit privé d'analgésique risque plus d'en sentir un besoin irrésistible que celui dont la douleur est soulagée avant qu'elle n'engendre de l'angoisse. La dépendance psychologique, c'est désirer prendre des analgésiques narcotiques pour d'autres effets que le soulagement de la douleur. Les risques de développer une dépendance psychologique suite à la prise d'analgésiques narcotiques sont très faibles lorsque la personne n'a pas d'antécédents de consommation de drogue.

DOSES INDIVIDUALISÉES

S'il est nécessaire d'individualiser les doses et les intervalles qui les séparent, c'est que chaque patient métabolise et absorbe les médicaments à un rythme qui lui est propre. Les fluctuations de la douleur sont également variables. Il n'y a rien de surprenant à ce qu'une dose de narcotique administrée à un certain intervalle soit efficace pour un patient et totalement inefficace pour un autre. Trop souvent, malheureusement, la prescription et l'administration des analgésiques, et surtout des narcotiques, sont régies par des normes rigides et aveugles. L'infirmière ne doit pas oublier qu'il n'existe pas de chiffres magiques à cet égard. Par exemple, si un patient reçoit 100 mg de mépéridine (Demerol) par voie intramusculaire (IM) et le métabolise en deux heures, il faut comprendre qu'il s'agit d'un phénomène physiologique et non d'un problème de toxicomanie.

Craignant de créer une dépendance psychologique ou de provoquer une dépression respiratoire, on a tendance à administrer des doses de narcotiques insuffisantes aux personnes souffrant de douleur aiguë, ou aux personnes souffrant d'une maladie en phase terminale. La souffrance qui en résulte n'est aucunement nécessaire. Même l'administration prolongée de narcotiques ne provoque une dépendance psychologique que dans moins de 1 % des cas et le fait de réduire les doses ne réduit pas nécessairement les risques. On a signalé des cas de dépression respiratoire mettant en jeu la vie du patient après une seule dose de 25 à 50 mg de mépéridine par voie intramusculaire, tandis que d'autres patients ne subissent aucune sédation ni dépression respiratoire après avoir reçu 200 mg de mépéridine. L'administration répétée de narcotiques réduit les risques de dépression respiratoire, car l'organisme développe une tolérance à cet effet secondaire. Il faut se rappeler également que la douleur elle-même s'oppose à la dépression respiratoire, car elle accélère la respiration. Il existe un risque de dépression respiratoire chez les personnes qui reçoivent un narcotique pour la première fois et chez celles dont la douleur cesse subitement et complètement.

Pour soulager la douleur et assurer la sécurité des patients, on est donc tenu d'observer l'effet des narcotiques, surtout lors de l'administration d'une première dose ou lors d'une modification de la posologie ou de la fréquence d'administration. Pour effectuer ces observations, il suffit de remplir une feuille de surveillance: on y inscrit l'heure et la date d'administration, l'évaluation de la douleur (sur une échelle de 0 à 10), l'agent analgésique administré, les autres mesures de soulagement appliquées, les effets secondaires du médicament, en particulier la somnolence, et l'activité du patient. À intervalles réguliers, on demande au patient d'évaluer sa douleur sur une échelle de 0 à 10. On évalue souvent la fréquence et la qualité de sa respiration, ainsi que tout autre changement physiologique important. Prenons un exemple: on administre à un opéré sa première dose de mépéridine, 75 mg IM; on évalue sa douleur, sa respiration, etc. Si le degré de douleur n'a pas changé après une heure, si le patient est encore assez éveillé, et si son état respiratoire, sa pression artérielle et la fréquence de son pouls sont acceptables, un changement est nécessaire. La dose de mépéridine administrée ne constitue pas un danger pour ce patient, mais elle ne soulage pas sa douleur. Il se peut qu'une deuxième dose soit indiquée; par conséquent, l'infirmière consulte le médecin pour déterminer les nouvelles mesures qui sont justifiées.

PERSONNES ÂGÉES

À cause des changements physiologiques que subissent les personnes âgées, la prudence s'impose dans l'administration des analgésiques. Le risque d'interactions médicamenteuses est plus grand chez ces personnes car elles consomment plus de médicaments sur ordonnance ou en vente libre. Avant d'administrer un analgésique (narcotique ou autre) à une personne âgée, il est important de noter soigneusement tous les médicaments qu'elle prend afin de déceler les risques d'interactions nocives.

L'absorption et le métabolisme des médicaments sont altérés chez la personne âgée à cause de la diminution des fonctions hépatique, rénale et gastro-intestinale. De plus, les changements dans le poids, les réserves de protéines et la répartition des liquides organiques modifient la distribution du médicament dans l'organisme, ce qui ralentit son métabolisme. Ainsi, la concentration du produit dans le sang est plus élevée et se maintient plus longtemps. Le patient est plus sensible aux médicaments et plus exposé à leurs effets toxiques.

Les analgésiques narcotiques et les non narcotiques peuvent soulager efficacement les personnes âgées. Les analgésiques narcotiques peuvent leur être administrés sans danger si on évalue régulièrement leur efficacité. Ils sont toutefois plus susceptibles de produire un effet dépresseur sur le système nerveux central et l'appareil respiratoire. Le fait que les personnes âgées soient plus sensibles aux effets secondaires des analgésiques narcotiques, ne justifie pas qu'on les prive de ces médicaments s'ils peuvent leur assurer un soulagement de la douleur. Cependant, il faut faire preuve d'une prudence toute particulière lorsqu'on leur administre la mépéridine, car ce médicament se lie plus difficilement aux protéines plasmatiques chez les personnes âgées, ce qui entraîne des concentrations sanguines deux fois plus élevées que chez les sujets plus jeunes. Les personnes âgées étant généralement plus sensibles aux analgésiques, il vaut mieux commencer avec une petite dose d'analgésique non narcotique, augmenter lentement la posologie et ajouter de nouveaux médicaments avec prudence. Des contrôles fréquents sont nécessaires pour assurer un soulagement efficace et sans danger.

VOIES D'ADMINISTRATION DANS LES CAS DE DOULEUR MODÉRÉE À INTENSE

Le choix de la voie d'administration d'un analgésique dépendra de l'état du patient et de l'effet désiré. Pour soulager les douleurs modérées à intenses, toutes les voies peuvent être utilisées selon l'état du patient. L'administration par voie parentérale provoque plus rapidement l'analgésie que l'administration par voie orale, mais l'effet est de moindre durée. Les voies intraveineuse, sous-cutanée ou rectale peuvent également être indiquées si le patient ne peut rien prendre par la bouche ou s'il est en proie à des vomissements. Ainsi, on peut procurer un soulagement efficace de la douleur postopératoire en administrant 10 mg d'oxymorphone par suppositoire rectal (Numorphan; deux suppositoires de 10 mg au total assurent le même soulagement que 10 mg de morphine sous-cutanée ou 75 mg de mépéridine par voie intramusculaire). La voie rectale peut également être indiquée pour les patients ayant des problèmes de coagulation, notamment les hémophiles.

Les narcotiques peuvent être administrés par voie intraveineuse sous forme de bolus (ou de «bolus lent», sur une période de 5 à 10 minutes), ou encore au goutte-à-goutte au moyen d'une pompe à perfusion. Cette dernière méthode, qui assure un niveau d'analgésie plus stable, est indiquée pour soulager la douleur pendant une période de 24 heures, par exemple pendant la première journée suivant une intervention chirurgicale ou chez un cancéreux qui ne peut prendre de médicaments par la bouche. Les études démontrent que la majorité des patients absorbent mal la mépéridine par voie IM dans les huit heures qui suivent une opération et que la voie intraveineuse (IV) est beaucoup plus efficace et plus sûre. Il faut calculer avec soin la quantité de narcotique à administrer par voie intraveineuse de façon à soulager la douleur sans provoquer une dépression respiratoire ou d'autres effets secondaires.

Si le patient est capable de prendre un médicament par voie orale, on choisira de préférence cette méthode parce qu'elle est simple et non douloureuse, à la différence des injections. On peut soulager une douleur intense en administrant des narcotiques par voie orale, *à condition* toutefois que les doses soient suffisamment élevées. Dans la mesure du possible, on préférera l'administration par voie orale aux injections pour le soulagement de la douleur chronique. De nombreux narcotiques pris par voie orale peuvent soulager efficacement les douleurs intenses. Pour s'assurer de leur efficacité, cependant, il faut modifier la posologie en fonction de la voie d'administration, car l'absorption diffère selon la voie utilisée. Pour obtenir l'équivalent de 10 mg de morphine par voie IM ou SC, il faut donner par voie orale une dose de 30 à 60 mg de morphine ou de 4 à 8 mg d'hydromorphone (Dilaudid). On trouvera au tableau 43-3, les doses équivalentes de quelques analgésiques. Les doses équivalentes constituent un guide. La dose dont le patient a besoin est établie en fonction de sa réponse clinique. Elle est augmentée s'il est encore souffrant et diminuée s'il est trop somnolent. Pour les personnes parvenues au stade terminal d'une maladie provoquant une douleur chronique, les doses peuvent être graduellement augmentées à mesure que croissent la douleur ou la tolérance à l'analgésique. Chez la majorité de ces patients, l'augmentation de la dose procure davantage de soulagement; autrement dit, le pouvoir analgésique des narcotiques puissants n'a pas de plafond. (On parle de «plafond» dans le cas où, un certain soulagement ayant été obtenu, l'augmentation de la dose n'entraîne pas un soulagement plus marqué.) En outre, les doses élevées ne sont pas mortelles (le patient développe une tolérance non seulement à l'analgésie, mais aussi à la dépression respiratoire et à la sédation). Si l'on change la voie d'administration sans donner une dose de force équivalente (équi-analgésique), on risque d'entraîner une réaction de sevrage et de ranimer la douleur et l'anxiété.

Des patients souffrant de douleurs intenses ont pu être soulagés par une préparation orale de morphine à libération prolongée (MS Contin) ayant une durée d'action de 8 à 12 heures. Lorsqu'on change la voie d'administration et qu'on passe de la voie IM à la voie orale, il faut veiller à administrer des doses suffisantes pour assurer un soulagement adéquat.

AUTRES VOIES D'ADMINISTRATION ET MÉTHODES DE SOULAGEMENT

La recherche d'une solution au problème de la douleur aiguë et chronique a mené à la mise au point d'autres méthodes de soulagement, notamment la perfusion péridurale et l'auto-analgésie.

TABLEAU 43-3. *Doses équivalentes de quelques analgésiques*

Analgésique	Voie sous-cutanée ou intramusculaire (en mg)	Voie orale (en mg)
Morphine	10	60
Codéine	120	200
Dilaudid	1 — 2	8
Demerol	75 — 100	300

* Doses équivalant approximativement à 10 mg de sulfate de morphine

Perfusion péridurale. La perfusion péridurale de narcotiques ou d'anesthésiques locaux apparaît comme un moyen efficace de soulager la douleur des opérés et des patients souffrant d'une douleur chronique réfractaire aux traitements habituels. Le médecin insère, dans l'espace épidural (anesthésie épidurale) ou sous-arachnoïdien (anesthésie rachidienne) de la région thoracique ou lombaire, un cathéter par où sont administrés les narcotiques ou les anesthésiques locaux. La perfusion intermittente ou continue de ces agents par le cathéter soulage la douleur en évitant la plupart des effets indésirables des autres méthodes d'administration, notamment la sédation.

S'il faut administrer un analgésique pendant une longue période, ou si le patient souffre d'une douleur persistante et intense découlant d'une maladie mortelle (le cancer, par exemple), on fait passer le cathéter à travers un tunnel sous-cutané et on place une voie d'accès sous la peau de la région abdominale. L'analgésique narcotique est injecté à travers la peau dans la voie d'accès et est transmis par le cathéter directement à l'espace sous-arachnoïdien ou épidural. Il se peut que l'on doive injecter des narcotiques plusieurs fois par jour pour assurer un degré adéquat de soulagement.

Chez les patients qui ont besoin de doses plus fréquentes ou d'une perfusion continue de narcotiques pour échapper à la douleur, on peut avoir recours à l'implantation d'une pompe de perfusion. Cet appareil libère dans l'espace épidural ou sous-arachnoïdien de petites doses de narcotique à un rythme constant et préétabli. Il est doté d'un réservoir qu'il faut remplir une fois par mois ou par deux mois, selon les besoins du patient. Il permet d'éviter les injections répétées à travers la peau, et les visites répétées au centre hospitalier.

Grâce à ces méthodes, on peut arriver à administrer de très petites doses d'analgésiques narcotiques qui bloquent les voies de transmission des signaux douloureux sans affecter de façon marquée le pouls, la respiration ou la pression artérielle. On évite également les inconvénients de l'administration intramusculaire: délai du soulagement de la douleur et injections fréquentes. Les effets indésirables comme la dépression respiratoire et la sédation sont également réduits, car les doses sont faibles. L'apparition tardive de dépression respiratoire a toutefois été observée avec l'emploi de l'analgésie péridurale; par conséquent, il faut garder le patient en observation et avoir à portée de la main un antagoniste de la morphine comme le naloxone (Narcan) pour contrer la dépression respiratoire, le cas échéant. La dépression respiratoire se produit le plus fréquemment dans les 6 à 12 heures qui suivent l'administration de narcotiques par la méthode épidurale, mais elle peut se manifester plus tôt ou dans les 24 heures suivant la première injection. Il faut donc garder le patient en observation constante au moins 24 heures après la première injection, et plus longtemps si l'on note un changement dans l'état respiratoire ou le niveau de conscience. On doit également noter tout signe de rétention urinaire, de même que les démangeaisons, les vomissements ou les étourdissements. Enfin, il faut prendre des précautions pour réduire au minimum les risques d'infection autour du cathéter et de déplacement du cathéter.

Perfusion sous-cutanée d'analgésiques. La perfusion continue d'analgésiques est efficace pour le traitement des patients qui ont besoin d'une analgésie fréquente mais qui ne tolèrent pas l'administration orale ou de fréquentes injections intramusculaires. La perfusion se fait au moyen d'une aiguille papillon insérée dans le tissu sous-cutané. L'emploi d'une pompe à perfusion mobile laisse entière liberté de mouvement au patient et assure un soulagement continu. Il faut observer le patient pour déceler les effets secondaires généraux et locaux de l'analgésique, et changer le point d'insertion une fois par semaine. Cette méthode peut soulager la douleur suffisamment pour que le patient puisse rentrer chez lui, mais il faut le suivre de près et lui donner, ainsi qu'à sa famille, des instructions détaillées.

Analgésie contrôlée par le patient (ACP). Il s'agit d'une méthode efficace pour traiter les opérés et les personnes atteintes de cancer en proie à la douleur chronique. Elle permet au patient qui est capable et désireux de le faire de s'administrer lui-même son médicament sans risquer de dépasser les doses permises. La pompe d'ACP (figure 43-7) peut être utilisée pour la perfusion IV continue ou l'injection sous-cutanée ou péridurale d'analgésiques narcotiques, aussi bien au centre hospitalier qu'à domicile. En outre, elle permet au patient qui reçoit une perfusion continue de s'administrer au besoin un bolus sans risquer le surdosage, et d'augmenter la dose lorsque la douleur augmente ou lorsqu'il entreprend une activité qui déclenche la douleur. L'ACP offre un soulagement plus uniforme avec moins d'effets indésirables. Les doses que le patient s'administre ne sont pas supérieures à celles qu'il recevrait avec les méthodes classiques de soulagement de la douleur. Avant de donner un dispositif d'ACP au patient, il faut lui enseigner comment s'administrer les analgésiques et lui expliquer la méthode préventive, qui consiste à s'administrer des doses supplémentaires lorsque la douleur débute. Si le patient doit utiliser le dispositif à domicile, il faut lui expliquer l'action et les effets secondaires du médicament et s'assurer que lui et sa famille comprennent très bien le fonctionnement de l'appareil ainsi que ce qu'il faut faire lorsqu'une alarme survient.

RECOMMANDATIONS PHARMACOLOGIQUES

L'American Pain Society recommande de traiter par étapes la douleur associée au cancer. La première étape consiste à employer un analgésique non narcotique comme de l'aspirine, de l'acétaminophène ou un anti-inflammatoire non stéroïdien (AINS), car ces médicaments agissent sur les terminaisons nerveuses périphériques et réduisent la douleur en entravant l'action des prostaglandines. Si la douleur persiste ou augmente, on ajoute un agoniste narcotique faible tel que la codéine; c'est la deuxième étape. Enfin, à la troisième étape, l'APS recommande l'emploi de narcotiques puissants comme la morphine pour la douleur qui persiste ou s'aggrave.

Tant pour la douleur aiguë que pour la douleur chronique, il est conseillé d'utiliser, dans la mesure du possible, l'aspirine, l'acétaminophène (Tylenol ou Datril, par exemple) ou les AINS les plus puissants comme l'ibuprofène (Motrin). Ces médicaments assurent une analgésie sans entraîner la sédation et la constipation souvent associées aux narcotiques. De plus, quand il est nécessaire de donner un narcotique, il est logique d'administrer en même temps un analgésique non narcotique, car leurs sites d'action diffèrent. Par exemple, les AINS agissent sur le système nerveux périphérique, tandis que les narcotiques agissent principalement sur le système nerveux central. Les principaux effets secondaires des AINS sont les troubles digestifs et une altération de la fonction rénale. Il faut donc employer la plus petite dose susceptible de traiter la douleur efficacement.

La douleur chronique étant souvent accompagnée de dépression, il est possible que l'on doive utiliser des antidépresseurs tricycliques. Ces médicaments ont un effet sédatif et peuvent être administrés au coucher; ils peuvent ainsi contribuer à éliminer les troubles du sommeil souvent associés à la dépression et à la douleur chronique. De plus, étant donné qu'elles on un effet analgésique après dix jours d'administration régulière, le patient obtient l'avantage supplémentaire d'une analgésie non narcotique.

La mépéridine est sans doute le narcotique injectable le plus souvent prescrit. Cette pratique devrait cependant être reconsidérée, car ce médicament a une courte durée d'action et il est très irritant pour les tissus; pour traiter adéquatement la douleur, il faut donc injecter fréquemment (à intervalles de 2 ou 3 heures) une substance irritante. De plus, la mépéridine est plus toxique qu'on ne l'avait cru. Administrée par voie parentérale, elle entraîne des effets neuropsychiatriques (désorientation et hallucinations, par exemple) relativement graves. Les doses multiples provoquent l'accumulation d'un métabolite, la normépéridine, qui peut avoir un effet d'excitation (secousses musculaires, irritabilité, convulsions), particulièrement chez les patients atteints d'insuffisance rénale. Ces problèmes n'ont pas été signalés avec la morphine, qui constitue donc une solution de rechange acceptable.

Il faut en outre se méfier d'un autre usage assez répandu, qui consiste à administrer avec les narcotiques ce qu'on appelle des «potentialisateurs». Les potentialisateurs les plus souvent prescrits par voie parentérale sont la prométhazine (Phenergan) et l'hydroxyzine (Atarax). Les études et l'expérience clinique ont démontré que la prométhazine est un puissant sédatif; loin de potentialiser l'analgésie narcotique, elle favorise plutôt la dépression respiratoire et l'hypotension, et il se peut même qu'elle augmente la perception de l'intensité de la douleur. L'hydroxyzine, bien qu'elle ait certaines propriétés analgésiques, est extrêmement irritante et douloureuse quand on l'administre par voie intramusculaire, et il faut utiliser une aiguille assez longue et la méthode d'injection en Z. La plupart du temps, il vaut mieux assurer l'analgésie par des médicaments dont on connaît les propriétés analgésiques. Néanmoins, les potentialisateurs peuvent être utiles pour diminuer les nausées souvent associées à la douleur et à la mépéridine.

ENSEIGNEMENT AU PATIENT ET SOINS À DOMICILE

Douleur aiguë. Le patient qui a éprouvé une douleur aiguë à la suite d'une blessure, d'une maladie, d'un traitement ou d'une intervention chirurgicale craint souvent qu'elle ne se reproduise après sa sortie du centre hospitalier. Le fait qu'il ne pourra plus compter sur les infirmières et les médecins pour soulager sa douleur ajoute à son appréhension. Certains patients pensent que la douleur ne se manifestera plus lorsqu'ils quittent le centre hospitalier et sont très effrayés lorsqu'elle revient, qu'elle persiste ou qu'elle est pire qu'on ne leur avait dit. Il faut donc préparer le patient à son congé en lui expliquant à quel type de douleur ou de malaise il peut s'attendre et quelle en sera la durée. On lui explique également dans quelles circonstances la douleur est le signe d'un problème à signaler au médecin. On prépare le patient et la

(suite à la page 1303)

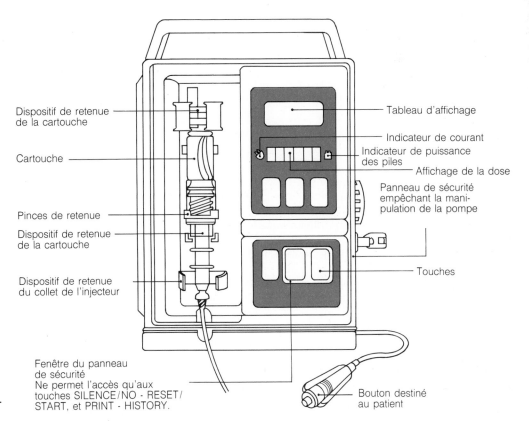

Dispositif de retenue de la cartouche

Cartouche

Pinces de retenue

Dispositif de retenue de la cartouche

Dispositif de retenue du collet de l'injecteur

Fenêtre du panneau de sécurité
Ne permet l'accès qu'aux touches SILENCE/NO - RESET/ START, et PRINT - HISTORY.

Tableau d'affichage

Indicateur de courant

Indicateur de puissance des piles

Affichage de la dose

Panneau de sécurité empêchant la manipulation de la pompe

Touches

Bouton destiné au patient

Figure 43-7. Dispositif d'auto-analgésie

Plan de soins infirmiers 43-1
Patient présentant de la douleur

Interventions infirmières	Justification	Résultats escomptés

Diagnostic infirmier: Douleur

Objectif: Soulagement de la douleur ou réduction de son intensité

1. Donner au patient l'assurance que l'on sait que sa douleur est réelle et qu'on l'aidera à la soulager.	1. La crainte que l'on doute de la réalité de sa douleur fait monter la tension et l'anxiété chez le patient et diminue sa tolérance à la douleur.	• Le patient se dit soulagé de savoir que l'on reconnaît que sa douleur est réelle et qu'on l'aidera à la soulager.
2. Déterminer l'intensité de la douleur selon une échelle d'évaluation.	2. On établit ainsi des valeurs initiales qui permettront d'évaluer les changements dans l'intensité de la douleur et l'efficacité des interventions.	• À la suite des interventions, il signale une diminution de l'intensité de la douleur.
3. Recueillir et consigner au dossier des données sur la douleur et ses caractéristiques: siège, caractère, fréquence, durée.	3. On évalue ainsi la douleur et le soulagement obtenu, et on peut établir la source et le type de la douleur.	• À la suite des interventions, il se dit moins perturbé par la douleur.
4. Administrer des analgésiques de façon à favoriser un soulagement optimal de la douleur dans les limites fixées par l'ordonnance du médecin. Si on n'obtient pas le soulagement désiré, demander au médecin de modifier l'ordonnance.	4. Les analgésiques sont plus efficaces si on les administre lorsque la douleur débute et à des doses suffisantes et régulières.	• Il utilise efficacement les médicaments prescrits pour combattre la douleur. • Il manifeste, au moment d'une douleur aiguë, moins de signes physiques et comportementaux de douleur (il ne grimace pas ou ne pleure pas, il est présent à son environnement, il participe aux événements et aux activités).
5. Évaluer les réactions comportementales du patient à la douleur et les facteurs qui agissent sur les réactions à la douleur.	5. On peut ainsi mieux comprendre la douleur du patient.	• Il trouve des mesures efficaces pour soulager la douleur.
6. Déterminer les mesures de soulagement employées avec succès par le patient lors d'expériences antérieures et l'inciter à y avoir recours à nouveau.	6. Le recours à des mesures que le patient connaît et accepte est à conseiller.	• Il fait la démonstration des mesures qu'il a apprises pour soulager la douleur et dit qu'elles sont efficaces.
7. Enseigner au patient de nouvelles mesures visant à soulager la douleur: • distraction, • imagerie mentale, • relaxation, • stimulation cutanée.	7. On accroît ainsi le nombre des possibilités et des mesures dont dispose le patient.	

Diagnostic infirmier: Risque de stratégies d'adaptation inefficaces, relié à la peur de souffrir et au stress engendré par la douleur

Objectif: Efficacité accrue des stratégies d'adaptation

1. Évaluer les stratégies d'adaptation du patient et les facteurs qui nuisent à leur efficacité.	1. On établit ainsi des valeurs initiales qui permettront d'évaluer les interventions et aideront le patient et le personnel soignant à reconnaître les facteurs qui rendent les stratégies d'adaptation inefficaces.	• Le patient reconnaît les stratégies d'adaptation efficaces et inefficaces. • Il montre qu'il fait usage de stratégies efficaces. • Il évite les stratégies destructrices (tabagisme, agressivité, abus d'alcool ou de drogues).
2. Enseigner au patient comment utiliser les analgésiques correctement et en toute sécurité.	2. On peut proposer ainsi au patient de nouvelles stratégies d'adaptation qui ne comportent pas de risques.	• Il décrit l'emploi sûr et approprié des analgésiques.

Plan de soins infirmiers 43-1   (suite)
Patient présentant de la douleur

Interventions infirmières	Justification	Résultats escomptés
3. Aider le patient à trouver et à appliquer des stratégies d'adaptation efficaces. 4. Aider le patient à planifier des activités et à y participer.	3. Le recours antérieur à des stratégies d'adaptation inefficaces ou peu efficaces indique que le patient a besoin d'aide pour trouver des stratégies efficaces. 4. On offre ainsi des distractions au patient et on l'aide à retrouver de l'intérêt pour ses activités.	• Il énumère les effets secondaires des analgésiques et décrit les mesures de soulagement adéquates. • Il n'éprouve pas les effets indésirables des analgésiques et obtient un soulagement adéquat. • Il dit compter de moins en moins sur les analgésiques pour soulager sa douleur. • Il dit qu'il peut soulager sa douleur avec des analgésiques moins puissants. • Il reconnaît qu'il a besoin de stratégies d'adaptation plus efficaces. • Il participe à des activités familiales, sociales et professionnelles. • Il se montre plus présent à ce qui se passe autour de lui. • Il dit être capable de dormir et de se reposer. • Il dit que la douleur l'accapare moins. • Il parle d'autre chose que de sa douleur. • Il dit que son mode de vie est satisfaisant.

famille aux soins à administrer à la maison en les renseignant sur les médicaments à utiliser en cas de douleur et sur leurs effets secondaires. On rappelle au patient que les mesures de soulagement qui ont été efficaces à l'hôpital peuvent être employées à domicile. L'infirmière soutient et rassure le patient et sa famille en leur rappelant qu'il est possible de traiter la douleur chez soi.

Douleur chronique. Il arrive souvent qu'un patient soit hospitalisé parce que sa douleur ne peut être maîtrisée efficacement. S'il avait été hospitalisé une première fois à cause d'une douleur chronique, son anxiété et sa crainte seront encore plus fortes lorsqu'il devra retourner chez lui. Il faut donc enseigner au patient et à sa famille les méthodes d'évaluation de la douleur et d'administration des analgésiques. L'infirmière leur donne des directives verbales et écrites, et leur demande de s'exercer à administrer les médicaments jusqu'à ce qu'ils puissent le faire avec assurance. Elle leur apprend comment surveiller l'état respiratoire et reconnaître la dépression du système nerveux central ainsi que les autres effets indésirables des analgésiques, qu'ils soient narcotiques ou non. Si les médicaments ont d'autres effets prévisibles tels que la constipation, elle explique au patient comment les prévenir et les traiter.

Si le patient doit recevoir des analgésiques à domicile par injection intramusculaire ou sous-cutanée, ou par perfusion intraveineuse ou péridurale, il doit être vu par une infirmière des soins à domicile. Celle-ci le visite chez lui après sa sortie du centre hospitalier et procède à une évaluation afin de déterminer s'il applique correctement le programme de traitement de la douleur et de s'assurer que la méthode d'injection ou de perfusion qu'il emploie est sûre et adéquate. Si une voie d'accès sous-cutanée a été implantée, l'infirmière des soins à domicile vérifie la voie d'accès et le tunnel sous-cutané, et examine les points d'injection; au besoin, elle remplit d'analgésique le réservoir de la pompe (selon l'ordonnance du médecin), change l'aiguille et la tubulure, ou supervise l'exécution de ces tâches par un membre de la famille. Elle observe le patient pour déceler toute modification de ses besoins en matière d'analgésiques. En collaboration avec le médecin traitant, elle aide le patient et sa famille à modifier la dose. Elle incite le patient et sa famille à compléter le traitement analgésique par des méthodes de soulagement non pharmacologiques. Grâce à ces soins, le patient peut d'obtenir un soulagement adéquat de la douleur tout en demeurant chez lui avec sa famille.

MÉTHODES DE TRAITEMENT NEUROCHIRURGICALES

Plusieurs méthodes neurochirurgicales sont employées avec succès auprès des patients qui ne peuvent être soulagés efficacement par des médicaments, à cause d'un risque de dépendance ou de sédation invalidante. Ces méthodes, notamment la section des voies neurologiques qui relaient les messages douloureux, sont décrites au chapitre 58.

CENTRES ET CLINIQUES DE DOULEUR

Aux États-Unis et au Canada, on a créé des cliniques de douleur pour aider les patients qui souffrent de douleur chronique. Ces cliniques font appel à des personnes de diverses disciplines qui mettent en commun leurs perspectives sur le soulagement de la douleur. Le traitement comprend la rétroaction biologique, l'acupuncture, les blocs nerveux, l'hypnose, le training autogène, la thérapie de groupe, la pharmacothérapie, la physiothérapie et les conseils sur l'alimentation. Les centres antidouleur n'ont pas tous recours aux mêmes méthodes pour soulager la douleur. Certains centres traitent les patients en consultation externe; d'autres les reçoivent dans une unité de traitement de la douleur.

Quand un patient ne parvient pas à obtenir un soulagement adéquat, le médecin peut le diriger vers un centre de douleur pour une évaluation et un traitement. Dans certains centres hospitaliers, on a formé des équipes de professionnels de la santé spécialisées dans le traitement de la douleur. L'infirmière, le médecin ou un autre membre de l'équipe de soins peut adresser le patient à cette équipe, qui pourra l'aider à soulager sa douleur.

Des programmes de soins palliatifs ont été mis sur pied dans de nombreuses régions pour soigner les mourants et soulager leurs symptômes. Le traitement de la douleur constitue l'un des principaux objectifs de ces programmes.

ÉVALUATION DE L'EFFICACITÉ DES MESURES DE SOULAGEMENT DE LA DOULEUR

Afin de juger objectivement de l'efficacité des interventions infirmières visant à soulager la douleur, l'infirmière doit en faire l'évaluation avec le patient et sa famille. Cette évaluation est répétée à intervalles réguliers.

En *comparant* les résultats de ces évaluations, l'infirmière peut juger de l'efficacité des mesures de soulagement de la douleur. Elle dispose ainsi d'un critère de référence à partir duquel elle peut décider s'il faut continuer une intervention donnée ou la modifier (voir le plan de soins infirmiers 15-1).

Les résultats escomptés d'une intervention infirmière visant à soulager la douleur peuvent être les suivants, avec des variations:

1. La douleur est soulagée ou son intensité est réduite.
   a) Le patient note un degré d'intensité moindre sur l'échelle de 0 à 10 après l'intervention.
   b) Il note un degré d'intensité de la douleur moindre pour des périodes plus longues.
2. Le patient utilise efficacement des stratégies d'adaptation.
   a) Il se sent suffisamment bien pour agir de façon à favoriser son rétablissement (par exemple boire, tousser, marcher).
   b) Il dort toute la nuit.
   c) Il passe plus de temps hors de son lit.
   d) Il consacre davantage de temps aux activités de la vie quotidienne: travail, études, relations avec ses enfants, échanges sociaux.
   e) Il dit que la douleur le dérange moins qu'avant l'intervention.
   f) Il dit qu'il pense moins à la douleur.
   g) Il parle moins de sa douleur.

RÉSUMÉ

La douleur aiguë ou chronique est le motif le plus fréquent de consultation auprès des professionnels de la santé. Elle peut être invalidante, constituer un handicap important et réduire considérablement le temps que l'on peut consacrer au travail, aux études et aux autres activités courantes. Bien que la douleur soit souvent due à la maladie ou à un traumatisme, elle peut également être causée par des épreuves diagnostiques et un traitement. Lorsqu'une douleur importante se manifeste, elle affecte généralement tous les aspects de la vie.

Il est très difficile de prodiguer des soins aux patients qui souffrent de douleur aiguë ou chronique que l'on soit débutante ou que l'on compte des années d'expérience. L'infirmière doit faire appel à ses connaissances de base en soins infirmiers pour assurer au patient des soins physiques de qualité; elle doit appliquer les techniques de résolution de problèmes pour aider le patient à réduire la douleur; elle doit utiliser les techniques de collecte des données, de communication, de conduite des entrevues et d'évaluation pour déceler et modifier les facteurs qui accentuent les réactions du patient à la douleur. Pour soigner le patient qui a mal, l'infirmière doit connaître l'action d'une large gamme d'analgésiques et leurs effets indésirables, de même que des mesures susceptibles de réduire ces effets indésirables. Pour offrir des soins infirmiers de qualité au patient qui souffre, il faut être capable de proposer des méthodes créatrices et novatrices et connaître un vaste éventail de stratégies de traitement de la douleur.

Bibliographie

Ouvrages

American Pain Society. Principles of Analgesic Use in the Treatment of Acute Pain and Chronic Cancer Pain. A Concise Guide to Medical Practice, 2nd ed. Skokie, IL, American Pain Society, 1989.

Fields HL. Douleur, New York, Medsi/McGraw-Hill, 1989.

Malseed RT and Harrigan GS. Textbook of Pharmacology and Nursing Care. Philadelphia, JB Lippincott, 1989.

McCaffery M and Beebe A. Pain: Clinical Manual for Nursing Practice. St Louis, CV Mosby, 1989.

Porth CM. Pathophysiology: Concepts of Altered Health States, 3rd ed. Philadelphia, JB Lippincott, 1990.

Price D. Psychological and Neural Mechanisms of Pain. New York, Raven Press, 1988.

Sterbeck R. The Psychology of Pain. New York, Raven Press, 1986.

Taylor AG. Pain. In Fitzpatrick JJ and Taunton RL (eds). Annual Review of Nursing Research. New York, Springer, 1987.

US Department of Health and Human Services. Report of the Commission on the Evaluation of Pain. Washington, DC, Government Printing Office, 1987.

Wall PD and Melzack R (eds.) Textbook of Pain, 2nd ed. New York, Churchill Livingstone, 1989.

Watt WJ and Donovan MI. Pain Management: Nursing Perspective. St-Louis, Mosby Year Book, 1992.

World Health Organization. Cancer Pain Relief. World Health Organization: Geneva, Switzerland, 1986 (reprinted 1988).

Revues

Les articles de recherche en sciences infirmières sont marqués d'un astérisque.

Amadio PC et al. A framework for management of chronic pain. Am Fam Physician 1988 Nov; 38(5): 155-160.

American Pain Society. Principles of analgesic use in the treatment of acute pain and chronic cancer pain. Am J Nurs 1988 Jun; 88(6): 815-826.

Arner S and Meyerson BA. Lack of analgesic effect of opioids on neuropathic and idiopathic forms of pain. Pain 1988 Apr; 33(1): 11-23.

Barkas G and Duafala ME. Advances in cancer pain management: A review of patient-controlled analgesia. J Pain Symptom Manage 1988 Summer; 3(3): 150-160.

Bragg CL. Interpleural analgesia. Heart Lung 1991 Jan; 20(1): 30-38.

Bruera E et al. Continuous sc infusion of narcotics for the treatment of cancer pain: An update. Cancer Treatment Reports. 1987 Oct; 71(10): 953-955.

Bruera E et al. Influence of the pain and symptom control team (PSCT) on the patterns of treatment of pain and other symptoms in a cancer center. J Pain Symptom Manage 1989 Sep; 4(3): 112-116.

* Burke SO and Jerrett M. Pain management across age groups. West J Nurs Res 1989 Apr; 11(2): 164-180.

* Cahill CA. Beta-endorphin levels during pregnancy and labor: A role in pain modulation? Nurs Res 1989 Jul/Aug; 38(4): 200-203.

* Camp LD. A comparison of nurses' recorded assessments of pain with perceptions of pain as described by cancer patients. Cancer Nurs 1988 Aug; 11(4): 237-243.

Christoph SB. Pain assessment: The problem of pain in the critically ill patient. Crit Care Nurs Clin North Am 1991 Mar; 3(1): 11-16.

Cicala RS et al. Side effects and complications of cervical epidural steroid injections. J Pain Symptom Manage 1989 Jun; 4(2): 64-66.

Cowan P and Lovasik DA. American Chronic Pain Association: Strategies for surviving chronic pain. Orthop Nurs 1990 Jul/Aug; 9(4): 47-49.

* Coyle N et al. Character of terminal illness in the advanced cancer patient: Pain and other symptoms during the last four weeks of life. J Pain Symptom Manage 1990 Apr; 5(2): 83-93.

Coyle N. Analgesics and pain: Current concepts. Nurs Clin North Am 1987 Sep; 22(3): 727-741.

* Dalton JA. Nurses' perceptions of their pain assessment skills, pain management practices, and attitudes toward pain. Oncol Nurs Forum 1989 Mar/Apr; 16(2): 225-231.

* Dalton JA et al. Pain relief for cancer patients. Cancer Nurs 1988 Dec; 11(6): 322-328.

* Dalton JA and Feuerstein M. Biobehavioral factors in cancer pain. Pain 1988 May; 33(2): 137-147.

* Davis GC. Measurement of the chronic pain experience: Development of an instrument. Res Nurs Health 1989 Aug; 12(4): 221-227.

* Davis GC. The clinical assessment of chronic pain in rheumatic disease: Evaluating the use of two instruments. J Adv Nurs 1989 May; 14(5): 397-402.

Dean RJ Jr. Regional anesthetic techniques for postoperative analgesia. Crit Care Nurs Clin North Am 1991 Mar; 3(1): 43-47.

Diekmann JM et al. Cancer pain control: One state's experience. Oncol Nurs Forum 1989 Mar/Apr; 16(2): 219-223.

* Donovan M et al. Incidence and characteristics of pain in a sample of medical-surgical inpatients. Pain 1987 Jul; 30(1): 69-78.

Doody SB, Smith C, and Webb J. Nonpharmacologic interventions for pain management. Crit Care Nurs Clin North Am 1991 Mar; 3(1): 69-75.

Edwards WT. Optimizing opioid treatment of postoperative pain. J Pain Symptom Manage 1990 Feb; 5(1 Suppl): S24-S36.

* Ferrell BR et al. Evolution and evaluation of a pain management team. Oncol Nurs Forum 1988 May/Jun; 15(3): 285-289.

* Ferrell B et al. Effects of controlled-release morphine on quality of life for cancer pain. Oncol Nurs Forum 1989 Jul/Aug; 16(4): 521-526.

Gaston-Johansson F et al. Similarities in pain descriptions of four different ethnic-culture groups. J Pain Symptom Manage 1990 Apr; 5(2): 94-100.

* Geden EA et al. Effects of music and imagery on physiologic and self-report of analogued labor pain. Nurs Res 1989 Jan/Feb; 38(1): 37-41.

Gilbert HC. Pain relief methods in the postanesthesia care unit. J Post Anesth Nurs 1990 Feb; 5(1): 6-15.

* Hargreaves A and Lander J. Use of transcutaneous electrical nerve stimulation for postoperative pain. Nurs Res 1989 May/Jun; 38(3): 159-161.

Hill CS. Relationship among cultural, educational, and regulatory agency influences on optimum cancer pain treatment. J Pain Symptom Manage 1990 Feb; 5(1 Suppl): S37-S45.

Hoffert MJ. The neurophysiology of pain. Neurol Clin 1989 May; 7(2): 183-203.

* Holm K et al. Effect of personal pain experience on pain assessment. Image J Nurs Sch 1989 Summer; 21(2): 72-75.

Jaros JA. The concept of pain. Crit Care Nurs Clin North Am 1991 Mar; 3(1): 1-10.

Jones NJ. Creative analgesic dosing in the elderly. Am J Nurs 1989 Oct; (10): 1285.

Kane NE et al. Use of patient-controlled analgesia in surgical oncology patients. Oncol Nurs Forum 1988 Jan/Feb; 15(1): 29-32.

Krause SJ et al. Pain distribution, intensity, and duration in patients with chronic pain. J Pain Symptom Manage 1989 Jun; 4(2): 67-71.

* Lange MP et al. Patient-controlled analgesia versus intermittent analgesia dosing. Heart Lung 1988 Sep; 17(5): 495-498.

* Lapin J et al. Cancer pain management with controlled-release oral morphine preparation. J Pain Symptom Manage 1989 Sep; 4(3): 146-151.

Lein DH Jr et al. Comparison of effects of transcutaneous electrical nerve stimulation of auricular, somatic, and the combination of auricular and somatic acupuncture points on experimental pain threshold. Phys Ther 1989 Aug; 69(8): 671-678.

Lisson EL. Ethical issues related to pain control. Nurs Clin North Am 1987 Sep; 22(3): 649-659.

Lisson EL. Ethical issues related to pain management. Semin Oncol Nurs 1989 May; 5(2): 114-119.

Lubenow TR and Ivankovich AD. Postoperative epidural analgesia. Crit Care Nurs Clin North Am 1991 Mar; 3(1): 25-32.

Lubenow TR and Ivankovich AD. Patient-controlled analgesia for postoperative pain. Crit Care Nurs Clin North Am 1991 Mar; 3(1): 35-41.

Madrid JL et al. Intermittent intrathecal morphine by means of an implantable reservoir: A survey of 100 cases. J Pain Symptom Manage 1988 Spring; 3(2): 67-71.

Massie MJ and Holland JC. The cancer patient with pain: Psychiatric complications and their management. Med Clin North Am 1987 Mar; 71(2): 243-258.

McCaffery M et al. Nurses' knowledge of opioid analgesic drugs and psychological dependence. Cancer Nurs 1990 Feb; 13(1): 21-27.

McCaffery M and Beebe A. Myths and facts . . . about chronic nonmalignant pain. Nursing 1990 Jan; 20(1): 18.

McCaffery M. When your patient is a drug abuser. Nursing 1988 Nov; 18(11): 49.

McCaffery M. Patient controlled analgesia: More than a machine. Nursing 1987 Nov; 17(11): 62-64.

McCaffery M. A postable chart of equianalgesic doses. Nursing 1987 Aug; 17(8): 56-57.

McCaffery M. Giving meperidine for pain: Should it be so mechanical? Nursing 1987 Apr; 17(4): 60-64.

McNair ND. Epidural narcotics for postoperative pain: Nursing implications. J Neurosci Nurs 1990 Oct; 22(5): 275-279.

Melzack R et al. Pain on a surgical ward: A survey of the duration and intensity of pain and the effectiveness of medication. Pain 1987 Apr; 29(1): 67-72.

Melzack R. The tragedy of needless pain. Sci Am 1990 Feb; 262(2): 27-33.

Nelson L et al. Improving pain management for hip fractured elderly. Orthop Nurs 1990 May/Jun; 9(3): 79-83.

Nitescu P et al. Epidural versus intrathecal morphine-bupivacaine: Assessment of consecutive treatments in advanced cancer pain. J Pain Symptom Manage 1990 Feb; 5(1): 18–26.

Nolan MF. Selected problems in the use of transcutaneous electrical nerve stimulation for pain control-An appraisal with proposed solution. Phys Ther 1988 Nov; 68(11): 1694–1698.

* Norvell KT et al. Pain description by nurses and physicians. J Pain Symptom Manage 1990 Feb; 5(1): 11–17.

Olsson GL et al. Nursing management of patients receiving epidural narcotics. Heart Lung 1989 Mar; 18(2): 130–138.

Paice JA. Intrathecal morphine infusion for intractable cancer pain: A new use for implanted pumps. Oncol Nurs Forum 1986 May/Jun; 13(3): 41–47.

Paice JA. New delivery systems in pain management. Nurs Clin North Am 1987 Sep; 22(3): 715–726.

Pasternak GW. Multiple morphine and enkephalin receptors and the relief of pain. JAMA 1988 Mar 4; 259(9): 1362–1367.

Patt RB and Jain S. Recent advances in the management of oncologic pain. Curr Probl Cancer 1989 May/Jun; 13(3): 135–195.

Payne R. Role of epidural and intrathecal narcotics and peptides in the management of cancer pain. Med Clin North Am 1987 Mar; 71(2): 313–327.

* Pearson BD. Pain control: An experiment with imagery. Geriatr Nurs (New York) 1987 Jan/Feb; 8(1): 28–30.

Portenoy RK. Continuous intravenous infusion of opioid drugs. Med Clin North Am 1987 Mar; 71(2): 133–241.

Portenoy RK. Optimal pain control in elderly cancer patients. Geriatrics 1987 May; 42(5): 33–40.

Portenoy RK. Practical aspects of pain control in the patient with cancer. CA 1988 Nov/Dec; 38(6): 327–352.

Portenoy RK. Mechanisms of clinical pain: Observations and speculations. Neurol Clin 1989 May; 7(2): 205–230.

Portenoy RK. Chronic opiod therapy in nonmalignant pain. J Pain Symptom Manage 1990 Feb; 5(1 Suppl): S46–S62.

Powell AH and Bova MB. How do you give continuous epidural fentanyl? Am J Nurs 1989 Sep; 89(9): 1197–1198, 1200

Puntillo KA. The phenomenon of pain and critical care nursing. Heart Lung 1988 May; 17(3): 262–273.

Rogers AG. Management of postoperative pain in patients on methadone maintenance. J Pain Symptom Manage 1989 Sep; 4(3): 161–162.

Rowland MA. Myths—and facts—about postoperative discomfort. Am J Nurs 1990 May; 90(5): 60–64.

Schug SA et al. Cancer pain management according to WHO analgesic guidelines. J Pain Symptom Manage 1990 Feb; 5(1): 27–32.

Smith IW, Airey S, and Salmond SW. Nontechnologic strategies for coping with chronic low back pain. Orthop Nurs 1990 Jul/Aug; 9(4): 26–32.

Storey P et al. Subcutaneous infusions for control of cancer symptoms. J Pain Symptom Manage 1990 Feb; 5(1): 33–41.

Swezey RL. Low back pain in the elderly: Practical management concerns. Geriatrics 1988 Feb; 43(2): 39–44.

* Taylor AG et al. Psychologic distress of chronic pain sufferers and their spouses. J Pain Symptom Manage 1990 Feb; 5(1): 6–10.

* Teter KA, Viellion G, and Keating EM. Patient controlled analgesia and GI dysfunction. Orthop Nurs 1990 Jul/Aug; 9(4): 51–56.

Thorsteinsson G. Chronic pain: Use of TENS in the elderly. Geriatrics 1987 Dec; 42(12): 75–82.

Vandenbosch TM. How to use a pain flow sheet effectively. Nursing 1988 Aug; 18(8): 50–51.

Ventafridda V et al. Clinical observations on controlled-release morphine in cancer pain. J Pain Symptom Manage 1989 Sep; 4(3): 124–129.

Vissering TR. Pharmacologic agents for pain management. Crit Care Nurs Clin North Am 1991 Mar; 3(1): 17–23.

Walker JM et al. The nursing management of pain in the community: A theoretical framework. J Adv Nurs 1989 Mar; 14(3): 240–247.

Walker VA et al. Evaluation of WHO analgesic guidelines for cancer pain in a hospital-based palliative care unit. J Pain Symptom Manage 1988 Summer; 3(3): 145–149.

* Watt-Watson JH and Graydon JE. Sickness impact profile: A measure of dysfunction with chronic pain patients. J Pain Symptom Manage 1989 Sep; 4(3): 152–156.

White PF. Use of patient-controlled analgesia for management of acute pain. JAMA 1988 Jan 8; 259(2): 243–247.

Whipple B. Methods of pain control: Review of research and literature. Image J Nurs Sch 1987 Fall; 19(3): 142–146.

* Wilkie DJ et al. Use of the McGill questionnaire to measure pain: A meta-analysis. Nurs Res 1990 Jan/Feb; 39(1): 36–41.

Wilkie DJ. Cancer pain management. State-of-the art nursing care. Nurs Clin North Am 1990 Jun; 25(2): 331–343.

Witte M. Pain control. J Gerontol Nurs 1989 Mar; 15(3): 32–37.

Zimmerman L et al. Effects of music in patients who had chronic cancer pain. West J Nurs Res 1989 Jun; 11(3): 298–309.

Syndromes douloureux

Amadio PC. Pain dysfunction syndromes. J Bone Joint Surg 1988 Jul; 70A(6): 944–949.

Davidoff G et al. Pain measurement in reflex sympathetic dystrophy syndrome. Pain 1988 Jan; 32(1): 27–34.

Hodges DL and McGuire TJ. Burning and pain after injury. Is it causalgia or reflex sympathetic dystrophy? Postgrad Med 1988 Feb 1; 83(2): 185–188, 190, 192.

Schwartzman RJ and McLellan TL. Reflex sympathetic dystrophy: A review. Arch Neurol 1987 May; 44(5): 555–561.

Smith DL and Campbell SM. Reflex sympathetic dystrophy syndrome-Diagnosis and management. West J Med 1987 Sep; 147(3): 342–345.

Organismes

American Pain Society
PO Box 186, Skokie, IL 60076
International Pain Foundation
909 NE 43rd St, Room 306, Seattle, WA 98105
Commission on Accreditation of Rehabilitation Facilities (CARF)
101 N Wilmot Rd, Suite 500, Tucson, AZ 85711, (602) 748-1212

44

RÔLE DES RYTHMES BIOLOGIQUES DANS LA SANTÉ ET DANS LA MALADIE

OBJECTIFS D'APPRENTISSAGE

Après avoir étudié ce chapitre, vous devriez être en mesure de réaliser ce qui suit:

1. *Décrire les caractéristiques des rythmes biologiques.*
2. *Énumérer les facteurs ambiants qui peuvent influer sur les rythmes biologiques.*
3. *Décrire les principaux rythmes existant chez l'être humain.*
4. *Expliquer les répercussions que les changements de rythmes peuvent avoir sur la santé et le bien-être.*
5. *Énumérer les paramètres qu'il faut utiliser pour évaluer les rythmes d'un patient.*
6. *Expliquer les facteurs temporels dont il faut tenir compte pour la collecte des données, la planification et l'exécution des soins infirmiers.*
7. *Élaborer des stratégies visant à favoriser le plus possible les rythmes veille-sommeil/activité-repos chez les patients hospitalisés.*
8. *Décrire les changements de rythmes qu'entraîne le vieillissement.*
9. *Énumérer les stratégies que l'infirmière peut utiliser pour réduire les effets nuisibles du travail par quarts.*

GLOSSAIRE

Acrophase: *Localisation temporelle du pic ou sommet d'un rythme pour la période considérée; peut être exprimée en heures.*

Amplitude: *Moitié de la différence entre le pic (acrophase, sommet, zénith) et le creux (bathyphase ou nadir), pour la période considérée.*

Avance de phase: *Changement de rythme dans lequel le pic (acrophase, sommet, zénith) se produit plus tôt dans la période.*

Bathyphase: *Minimum de variation au cours d'une période. Synonyme de creux et de nadir.*

Chronobiologie: *Étude de la nature et des mécanismes de l'organisation temporelle biologique de l'être humain, notamment des manifestations rythmiques de la vie.*

Chronopharmacologie: *Pharmacologie considérée sous l'angle chronobiologique; étude des variations de l'action des médicaments en fonction du moment de leur administration.*

Cycle: *Variation complète qui se répète à intervalles réguliers.*

Désynchronisation: *Perte de synchronisation de deux rythmes auparavant synchronisés.*

Les êtres vivants possèdent une organisation rythmique prévisible qui est indispensable à une interaction coordonnée avec l'environnement. L'organisation temporelle est nécessaire au fonctionnement optimal du corps humain, à la santé et au bien-être. L'organisation rythmique de la vie est universelle. Le cycle jour-nuit se répète sans relâche et règle la vie quotidienne des êtres humains et des animaux. Le cycle menstruel revient en principe chaque mois chez la femme en âge de procréer. Et tout le monde sait que l'arrêt du rythme cardiaque indique la mort. Malgré les manifestations évidentes de la nature rythmique de l'univers, dont celles que nous venons d'énumérer, on accorde relativement peu d'importance à ces rythmes dans la pratique des soins infirmiers.

Des recherches datant du 1er siècle font état du mouvement rythmique des plantes au cours d'une journée. À cette époque, toutefois, on considérait généralement ces rythmes comme des réactions passives à un milieu rythmique. Au XVIIIe siècle, Jean-Jacques d'Ortous de Mairan découvrit un phénomène : une certaine plante dont les feuilles s'ouvraient le jour et se fermaient la nuit continuait ce mouvement des feuilles même quand on l'isolait de la lumière du soleil. Monsieur de Mairan remarqua également que le cycle veille-sommeil de malades alités persistait même quand ceux-ci ignoraient l'heure. L'idée que les êtres vivants possèdent des rythmicités inhérentes et indépendantes de l'environnement s'est de plus en plus imposée. Au début du XXe siècle, la découverte d'autres faits a démontré que les organismes vivants ont un mécanisme de rythmicité interne qui leur permet de mesurer le passage du temps. Plus tard, les recherches ont amené à d'autres progrès importants dans le domaine : on a reconnu que les rythmes biologiques sont les manifestations d'une sorte d'horloge interne qui assure l'organisation temporelle des processus biologiques.

Depuis 30 ans, les scientifiques de diverses disciplines ont beaucoup fait avancer la recherche sur les rythmes, tant dans le domaine infracellulaire que dans l'étude de tout l'organisme. La relation entre la rythmicité et la santé est devenue de plus en plus évidente, et les infirmières ont commencé à s'intéresser à cet aspect du corps humain. Les chercheures en sciences infirmières font de plus en plus d'études sur les altérations de la rythmicité qu'entraînent les problèmes de santé. Les infirmières peuvent maintenant faciliter l'organisation rythmique des patients. Cet intérêt pour la nature rythmique de l'être humain et pour l'interaction entre l'individu et son environnement laisse présager une amélioration de la qualité des soins infirmiers et de la santé des personnes.

Le présent chapitre traitera de la nature rythmique du corps humain, des altérations que peuvent subir les rythmes biologiques, de leurs répercussions sur la santé et le bien-être et, enfin, de la façon dont les infirmières peuvent faciliter l'organisation rythmique pour protéger la santé.

NOTIONS FONDAMENTALES

De nombreuses recherches ont mis en évidence la dimension temporelle de l'être humain et établi un lien entre l'organisation temporelle et la santé, le fonctionnement du corps ainsi que le bien-être. Il faudra cependant étudier davantage le domaine pour mieux connaître la relation qui existe entre les rythmes biologiques et une maladie particulière, de même que la valeur des «chronothérapeutiques» comme moyens d'améliorer la santé.

Un *rythme* est une série de changements qui se reproduisent systématiquement selon des oscillations prévisibles. Le rythme d'une chanson permet à l'auditeur de prévoir la prochaine mesure et, par le fait même, de danser en accord avec la musique. De même, la prévisibilité de la rotation de la Terre permet à la plupart des gens d'être actifs le jour et de dormir la nuit. Ainsi, on sait d'avance que certains événements reviennent régulièrement tout au long d'une journée, tant dans son corps qu'autour de soi. (Par exemple, on sait qu'on commence à travailler à 9 h tous les jours de la semaine, et qu'on a faim vers midi ; on agit donc en conséquence.)

La *chronobiologie* est l'étude de la nature et des mécanismes de la structure temporelle biologique de l'être humain, notamment des manifestations rythmiques de la vie. Cette discipline a été élaborée par des scientifiques de différents champs d'étude mais, jusqu'à récemment, peu d'infirmières ont contribué aux recherches dans ce domaine. Les bases conceptuelles de la chronobiologie sont donc en grande partie un écho des perspectives des biologistes et des médecins. Or, les infirmières peuvent apporter un nouvel éclairage à cette discipline et commencent effectivement à le faire. Dans le présent chapitre, la section portant sur les rythmes biologiques et le vieillissement laisse voir que les perspectives théoriques ne sont pas les mêmes chez les scientifiques en chronobiologie traditionnelle et les chercheures en sciences infirmières.

Peu de théories et de modèles conceptuels en soins infirmiers formulent explicitement la dimension temporelle de l'être humain. Ni le modèle médical, ni le modèle de systèmes d'organisation humaine n'ont été élaborés en partant de l'hypothèse que les humains sont des êtres régis par le temps. Cependant, les modes fonctionnels de santé de Gordon et la taxonomie des diagnostics infirmiers de l'ANADI (Association nord-américaine du diagnostic infirmier) sont tous deux basés sur les modes de réactions humaines et témoignent d'une sensibilisation aux aspects rythmiques, prévisibles et périodiques de l'être humain.

Les modèles conceptuels fondés sur l'adaptation peuvent intégrer la notion de rythme en tant que variation prévisible à l'intérieur de l'homéostasie normale d'une personne. La perturbation des rythmes biologiques normaux l'amène à mobiliser des mécanismes d'adaptation. Ceci cadre bien avec la perspective chronobiologique, selon laquelle les rythmes sont un mécanisme homéostatique de réaction qui permet à l'être humain de répondre à un changement, ainsi qu'un mécanisme homéostatique de prédiction qui permet de connaître d'avance les changements qui surviennent avec le temps.

Martha Rogers est la théoricienne en sciences infirmières qui a le plus formellement intégré la dimension temporelle dans un modèle conceptuel en soins infirmiers (1970, 1986). Elle décrit des champs d'énergie humains et environnementaux en interaction constante et simultanée, qui évoluent vers une complexité et une diversité accrues en des oscillations plus hautes et plus courtes (fréquences plus élevées et périodes courtes). Toutefois, à cause des différences importantes qui séparent les hypothèses des chronobiologistes traditionnels et celles de Rogers, il est difficile d'appliquer les résultats de la recherche en chronobiologie aux perspectives «rogeriennes», et vice versa. Malgré tout, il est essentiel de faire une analyse critique de la recherche en chronobiologie et de l'intégrer au domaine des soins infirmiers si l'on veut que les infirmières reconnaissent la dimension temporelle de l'être humain et en tirent parti dans leur pratique professionnelle.

Nous présenterons dans ce chapitre les résultats d'études effectuées par des chercheurs en chronobiologie traditionnelle et par des chercheures en sciences infirmières, qu'elles soient chronobiologistes ou non. Nous utiliserons également ces résultats ainsi que les principes de la chronobiologie pour décrire les implications pratiques de la dimension temporelle de l'être humain.

NATURE DES RYTHMES BIOLOGIQUES

DÉFINITION DES PARAMÈTRES

Un rythme est une variation régulière et prévisible que caractérisent certains paramètres (figure 44-1).

La *période* d'un rythme est l'intervalle qu'occupe une oscillation, c'est-à-dire l'espace de temps qui s'écoule entre deux aspects identiques marquant un *cycle* complet de la variation rythmique. L'inverse de la période est la *fréquence,* c'est-à-dire le nombre de cycles produits par unité de temps. Franz Halberg, l'un des pionniers de la chronobiologie, a créé le terme *rythme circadien* (circa : environ ; dies : jour) afin de désigner un rythme qui s'étend sur une période d'environ 24 heures. Les cycles veille-sommeil et activité-repos illustrent bien ce type de rythme. Comme on le verra tout au long de ce chapitre,

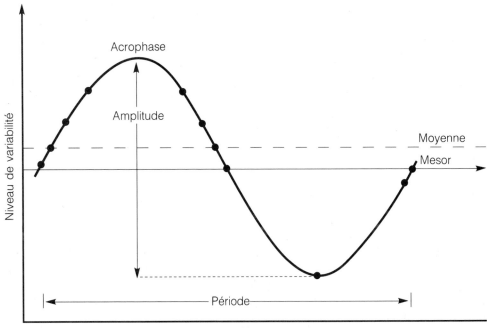

Figure 44-1. Paramètres du rythme

le rythme circadien joue un rôle prépondérant dans la santé et le bien-être de l'être humain. De fait, presque toutes les variables physiologiques étudiées chez l'être humain comportent une rythmicité circadienne.

Les *rythmes infradiens* sont ceux qui s'étendent sur une période dépassant 24 heures, comme le mois lunaire, le cycle menstruel ou la dépression saisonnière. Quant aux *rythmes ultradiens*, ils durent moins de 24 heures, comme le rythme cardiaque, le rythme respiratoire, la durée d'attention et les variations rythmiques qui surviennent pendant le sommeil. Ce dernier exemple montre que les rythmes peuvent comporter des périodes multiples. Ainsi, la sécrétion de mélatonine, qu'on a associée à la dépression saisonnière, a un rythme circadien déterminé qui atteint son pic pendant la nuit. Elle a également un rythme ultradien dont la période est d'environ 5,5 heures. La sécrétion de cette hormone connaît donc des variations plus subtiles tout au long de la période de 24 heures. En outre, la quantité de lumière se trouvant dans le milieu naturel influe sur la sécrétion de mélatonine. Ainsi, l'hiver dans les régions septentrionales, la diminution de l'ensoleillement peut altérer le rythme circadien de la mélatonine et mener à la dépression. Cette variation saisonnière dans le rythme circadien de sécrétion de mélatonine est un rythme infradien.

L'*amplitude* est la moitié de la différence entre le pic (acrophase, sommet, zénith) et le creux (bathyphase ou nadir) pour la période considérée. Une amplitude de zéro signifie qu'il n'y a pas de rythmicité (c'est-à-dire peu ou pas de différence entre le pic et le creux). Un «aplatissement» du rythme indique une diminution de l'amplitude; le travail par quarts, le décalage horaire, le vieillissement et certaines maladies peuvent provoquer ce phénomène.

La *phase* est la valeur de la variable d'un rythme à un moment précis. On parle habituellement d'*acrophase*, c'est-à-dire de l'emplacement du sommet de la variation dans l'échelle du temps, qu'on exprime en heures de 0 à 24 (18:00, et non 6:00 PM). Comme on le verra, l'acrophase joue un rôle extrêmement important dans la santé rythmique de l'être humain. C'est le rapport entre le pic d'un rythme et les phases d'autres rythmes internes et externes qui lui confère toute son importance. Par exemple, une infirmière qui travaille par roulement et passe d'un poste de jour à un poste de nuit inverse son cycle activité-repos, qui se trouve déphasé par rapport au milieu externe. Sa température ainsi que d'autres rythmes circadiens d'ordre physiologique doivent tenter de s'ajuster à la nouvelle organisation temporelle. Les changements qui surviennent ainsi dans la synchronisation des acrophases d'activité et de température corporelle peuvent engendrer une désynchronisation interne transitoire jusqu'à ce que la personne s'adapte à son nouvel horaire de travail. Cette adaptation prend habituellement entre 7 et 10 jours. Les recherches ont démontré que de telles perturbations dans les rapports entre les phases nuisent au rendement et au bien-être.

Le terme *mesor* désigne la valeur moyenne ajustée au rythme. Par exemple, si la figure 44-1 représentait les rythmes circadiens de la température corporelle, les points représenteraient les valeurs réelles de température enregistrées durant les heures de veille. On peut additionner ces points et établir une moyenne. Toutefois, si on place une oscillation symétrique sur ces points pour projeter tout le rythme de la température sur une période de 24 heures (comme le fait la figure 44-1), l'oscillation donne une moyenne différente qui est ajustée au rythme. Cette moyenne s'appelle mesor.

Les paramètres caractéristiques du rythme permettent de décrire et d'expliquer de façon claire et précise les rythmes biologiques et leurs altérations.

FACTEURS ENDOGÈNES ET EXOGÈNES

Les recherches ont montré que deux mécanismes régissent l'organisation temporelle de l'être humain : (a) les facteurs *endogènes*, c'est-à-dire l'horloge (ou les horloges) interne propre à chaque personne, programmée génétiquement qui commande plusieurs oscillateurs; et (b) les facteurs *exogènes*, c'est-à-dire les «repères temporels» de l'environnement qui synchronisent les rythmes.

Facteurs endogènes

L'être humain possède une horloge interne d'origine génétique. On a démontré ce fait en effectuant des expériences d'isolement dans lesquelles on éliminait les repères temporels de l'environnement pour que les rythmes de l'individu isolé puissent être «en libre cours», c'est-à-dire adopter leur période interne naturelle. Pour créer des conditions d'isolement, il faut que le sujet n'ait aucun point de repère temporel (par exemple, il ne doit pas savoir si c'est le jour ou la nuit [aucune fenêtre, ni personne pour dire «bonjour»], il ne doit avoir accès à aucun média [radio, télévision, etc.] qui pourrait lui indiquer le jour ou l'heure, il ne doit pas non plus avoir accès à une horloge et personne ne doit lui dire quel repas de la journée il mange, quand aller se coucher, ni lui donner la moindre indication temporelle dans les conversations). Comme nous le verrons plus loin, les unités de soins intensifs simulent parfois involontairement des conditions d'isolement.

Dans des conditions d'isolement, les rythmes de l'individu adoptent souvent une période qui diffère de la période habituelle ou «synchronisée». Par exemple, dans des conditions normales, les rythmes de la température corporelle et du cycle veille-sommeil maintiennent des périodes circadiennes marquées (c'est-à-dire de presque toujours 24 heures). Dans des conditions d'isolement, le rythme de la température corporelle a une période en libre cours d'environ 25 heures. Le rythme veille-sommeil a lui aussi une période en libre cours d'environ 25 heures et, si celle-ci continue suffisamment longtemps, il se sépare ou se dissocie du rythme de la température corporelle et a une période en libre cours de 30 à 50 heures. De telles expériences d'isolement prouvent que les rythmes circadiens chez l'être humain ont une composante endogène ou interne. Plus encore, elles donnent à penser que ces deux rythmes (température et veille-sommeil) sont commandés par deux horloges différentes ou qu'ils sont couplés à deux oscillateurs (on dit aussi horloges biologiques, ou pacemakers) différents : un premier oscillateur régit le rythme de la température interne du corps et un second régit les rythmes veille-sommeil. Dans des conditions normales, les deux oscillateurs s'influencent l'un l'autre. Il semblerait que la plupart des rythmes circadiens physiologiques soient reliés à l'un de ces deux oscillateurs.

Certaines expériences sur les animaux montrent que les rythmes endogènes sont génétiques, et non pas de simples réactions acquises. Dans une de ces expériences, par exemple, des générations successives de souris élevées dans des conditions d'isolement permanentes ont conservé des rythmes circadiens même si elles n'avaient jamais vécu dans un cycle lumière-obscurité. Dans une autre expérience, on a détruit systématiquement différentes parties du corps et du cerveau pour déterminer si la destruction de telle ou telle zone provoquait une perte de rythmicité, ce qui a permis d'isoler les noyaux suprachiasmatiques de l'hypothalamus comme l'un des principaux oscillateurs. L'observation de sujets atteints de lésions cérébrales vient également confirmer l'hypothèse selon laquelle les noyaux suprachiasmatiques coordonnent et synchronisent certains rythmes biologiques.

Facteurs exogènes

Les rythmes circadiens, tant chez l'être humain que chez la plupart des organismes vivants, sont fortement influencés par des facteurs exogènes, c'est-à-dire des facteurs environnementaux. Ces facteurs sont appelés synchroniseurs ou *zeitgebers* (littéralement: «donneurs de temps»). Pour la plupart des espèces végétales et animales, le synchroniseur le plus puissant est l'alternance périodique de la lumière et de l'obscurité. Les animaux *diurnes* sont ceux qui maintiennent leur période d'activité pendant le jour et leur période de repos pendant la nuit, alors que les animaux *nocturnes* sont ceux qui maintiennent leur période d'activité pendant la nuit et leur période de repos pendant le jour.

On sait depuis longtemps que la lumière est un synchroniseur puissant pour les plantes et les animaux, mais on pensait qu'elle ne jouait qu'un rôle secondaire dans la synchronisation des rythmes biologiques de l'être humain. C'est principalement en constatant que certaines personnes souffraient de dépression saisonnière, aussi appelée dépression ou perturbation affective saisonnière, que l'on a reconnu l'importance du rôle de la lumière comme synchroniseur des rythmes biologiques humains. Ces personnes souffrent de dépression pendant les mois d'hiver, lorsque la durée et l'intensité de l'ensoleillement sont à leur plus bas niveau, mais non durant les mois ensoleillés de l'été. L'une des façons de traiter efficacement cette forme de dépression consiste à exposer la personne atteinte à une lumière vive. Les recherches montrent de plus en plus que la lumière peut être un puissant synchroniseur chez l'être humain si son intensité est suffisamment forte, c'est-à-dire d'au moins 2500 lux. Cette intensité correspond à l'éclairement du soleil peu après son lever et n'existe pas dans la plupart des conditions d'éclairage d'intérieur. Certaines personnes sont toutefois sensibles à un éclairage d'intérieur moins intense, surtout s'il s'agit d'une lumière à incandescence ou d'une lumière fluorescente blanche.

Chez l'être humain, l'un des synchroniseurs les plus puissants est de nature socioécologique. On relève notamment les activités régulières comme les repas ou l'administration de médicaments, les signaux sonores tels que la sonnerie du réveille-matin et les différents facteurs environnementaux qui indiquent l'heure ou le jour de la semaine. Les personnes qui travaillent du lundi au vendredi savent que les repères de l'environnement sont différents la semaine et la fin de semaine. Certains pensent que la fatigue et le cafard du lundi matin sont dus au fait que les synchroniseurs sont en libre cours plus longtemps durant la fin de semaine (ce qui incite la personne à se lever plus tard que pendant les jours de semaine). Ce libre cours entraînerait un déphasage des rythmes circadiens, de sorte que la personne a l'impression de se réveiller plus tôt le lundi. La vie sociale assure aussi la synchronisation en fournissant à l'organisme de nombreux autres repères temporels. Dans les expériences où l'on isolait des sujets par groupes, les périodes en libre cours des sujets d'un même groupe sont analogues mais celles-ci diffèrent de celles d'un autre groupe.

Synchronisation des composantes endogènes et exogènes des rythmes

L'effet des synchroniseurs est important à bien des égards. Tout d'abord, ceux-ci permettent à l'organisme d'ajuster ses rythmes biologiques aux modifications périodiques de l'environnement. Grâce à eux, la personne peut fonctionner dans un milieu où alternent le jour et la nuit, bien que cela puisse présenter un problème pour ceux qui travaillent par roulement. Les synchroniseurs aident également à coordonner les rythmes endogènes disparates. Comme nous le verrons plus loin, le rapport entre le rythme de la température et le rythme veille-sommeil détermine la quantité de sommeil d'une personne au cours d'une nuit donnée, de même que la qualité de ce sommeil. Ce sont donc les synchroniseurs qui contribuent à maintenir des rapports de phase constants, non seulement entre la personne et l'environnement, mais aussi entre ses différents rythmes physiologiques, psychologiques et sociaux.

Plusieurs facteurs déterminent la synchronisation, notamment les fréquences naturelles de deux rythmes ou oscillateurs de périodes semblables (par exemple, le rythme endogène de l'individu et le synchroniseur), la puissance du synchroniseur, la sensibilité de l'oscillateur à ce synchroniseur et le moment où intervient le synchroniseur. Les jeunes adultes et les adultes d'âge moyen peuvent être synchronisés à un rythme circadien de moyenne fréquence dont la période est comprise entre 21 heures et 27 heures; la synchronisation à des périodes plus courtes ou plus longues que celle-ci est difficile. La puissance du synchroniseur a des effets variables; par exemple, la lumière ne synchronise pas nécessairement les rythmes biologiques à moins que son intensité ne soit suffisamment forte, soit de 2500 lux. Le facteur de puissance est toutefois relatif. Ainsi, la personne âgée souffrant de troubles auditifs et visuels ne percevra peut-être pas un synchroniseur aussi fortement qu'un jeune adulte. La sensibilité de l'oscillateur au synchroniseur varie selon les espèces, les individus et le type de synchroniseur. Par exemple, les cycles de la disponibilité saisonnière de la nourriture sont des synchroniseurs puissants pour certaines espèces animales; par contre, ils le sont moins pour l'être humain.

Des études sur les stimuli lumineux ont montré que la position temporelle du synchroniseur peut également influer sur son effet de synchronisation. Ainsi, une exposition à une lumière vive tôt le matin peut engendrer une *avance de phase* dans un rythme, c'est-à-dire que le rythme peut atteindre son pic plus tôt dans la période. À l'inverse, une variation dans le temps de la manifestation du synchroniseur peut occasionner un *retard de phase* des rythmes circadiens et, par conséquent, de leur acrophase.

On peut donc dire, en résumé, que les rythmes biologiques proviennent de l'interaction des rythmes internes propres à chaque personne et des rythmes de l'environnement. Les repères ou synchroniseurs en provenance du monde extérieur peuvent influer à la fois sur la période et sur l'organisation temporelle des rythmes de la personne. Comme nous le verrons plus loin, la compréhension du rôle des synchroniseurs dans l'ajustement des rythmes biologiques peut aider l'infirmière à faciliter et à rétablir la synchronisation des rythmes chez les patients, qu'ils soient hospitalisés ou non.

NATURE DE QUELQUES RYTHMES

Déjà, de nombreuses recherches ont été effectuées sur les différents rythmes physiologiques, psychologiques et sociaux. Il est impossible de les décrire toutes dans le cadre de ce chapitre, mais la figure 44-2 donne un aperçu des nombreux rythmes biologiques reliés au fonctionnement du corps humain. Elle indique les acrophases du cycle activité-repos dans la période habituelle de 24 heures. La section qui suit décrit quelques rythmes afin de permettre à l'infirmière de mieux saisir pourquoi il est important de rechercher l'organisation rythmique de différents aspects des patients.

Notons d'abord que les descriptions suivantes des variations quotidiennes des différents rythmes peuvent s'appliquer à environ 80 % des jeunes adultes et des adultes d'âge moyen. Les 20 % restants font partie d'une des deux catégories opposées: les lève-tôt, c'est-à-dire ceux qui manifestent une préférence très marquée pour l'activité matinale; et les couche-tard, c'est-à-dire ceux qui ont une préférence très marquée pour l'activité nocturne. Pour ces personnes, les acrophases présentées ici sont avancées (elles se situent plus tôt chez les lève-tôt) ou retardées (elles se situent plus tard chez les couche-tard). Cependant, parmi les 80 % qui forment la majorité, il se trouve aussi des personnes qui ont tendance à se lever tôt ou à se coucher tard et ces tendances entraînent des variations dans l'estimation des acrophases.

Température corporelle

La température interne du corps est l'un des rythmes biologiques les plus stables chez l'être humain. Elle est une composante endogène importante qui sert souvent de référence dans l'évaluation de tout le système temporel circadien du corps humain. De nombreuses études portant sur les hausses et les baisses de la température corporelle nous ont appris qu'elles ne sont pas dues à des facteurs comme la fièvre, la température ambiante et l'activité.

La stabilité de la température interne du corps est due à une thermorégulation efficace qui maintient un équilibre constant entre la production et la déperdition de chaleur. Bien que la température cutanée joue un rôle dans la régulation de la température interne, son rythme circadien est plus faible que le rythme de la température interne; elle semble même régie par un oscillateur différent.

Le corps humain possède son propre rythme endogène de température dont la période en libre cours est d'un peu plus de 24 heures. Or, on sait maintenant que certains facteurs exogènes agissent sur ce rythme. La lumière compte sans aucun doute parmi ces facteurs. Le rythme d'activité influe également sur le rythme de la température. Par exemple, les baisses de température coïncident habituellement avec les siestes, et les hausses de température avec l'exercice physique. Toutefois, ces effets se produisent indépendamment de la périodicité circadienne de la température centrale. Ainsi, la température centrale d'une personne alitée ou qui est privée de sommeil présente un rythme circadien constant.

Avec une activité diurne, le rythme habituel de la température corporelle présente un creux (bathyphase) entre 04:00 et 06:00. Il commence ensuite à augmenter de façon marquée jusqu'à 10:00 et augmente graduellement jusqu'à ce qu'il atteigne son sommet (acrophase) entre 17:00 et 22:00, lequel coïncide avec la fin de la période d'activité. La température chute alors rapidement pendant la fin de la soirée et pendant la nuit.

Rythmes veille-sommeil/activité-repos

Rythme circadien veille-sommeil
Le cycle veille-sommeil est probablement le rythme circadien le plus connu. Le sommeil est un processus comportemental et physiologique complexe. En 1988, Webb a décrit les principaux facteurs qui influent sur le sommeil: le besoin de sommeil, les tendances de rythmes circadiens, ainsi que les agents qui inhibent ou qui produisent le sommeil. Les besoins de sommeil dépendent de la durée de veille qui a précédé. Pour ce qui est des facteurs reliés aux tendances de rythmes circadiens ils se rapportent à l'heure à laquelle on se couche et on dort dans une journée de 24 heures. Quant aux agents qui inhibent ou qui produisent le sommeil, leur présence peut être volontaire (somnifères) ou involontaire (bruits ambiants). Ces agents sont interactifs et tributaires de l'état de la personne, lequel peut être modifié par la maladie. Le présent chapitre traite principalement des facteurs reliés aux rythmes circadiens et montre clairement l'interaction de ces derniers avec d'autres facteurs.

La plupart des gens se couchent entre 22:00 et 01:00 et se réveillent entre 06:00 et 09:00. Ils comptent donc environ 8 heures de sommeil ininterrompu et 16 heures de veille. Le cycle veille-sommeil est toutefois fonction du milieu culturel; il reflète la «modernisation» d'une société. En effet, dans plusieurs pays, le cycle veille-sommeil comprend un somme au milieu de la journée (ou sieste, du mot «sexta»: sixième heure, midi). Selon des études portant sur les rythmes biologiques humains, il semblerait que la sieste soit un moyen de s'adapter à cette tendance naturelle du corps à ressentir un «coup de pompe» après le repas du midi. Cette perte d'énergie survient indépendamment de l'apport alimentaire et indique peut-être un rythme ultradien de sommeil dont la période est de 12 heures. On ne sait pas encore s'il est nuisible pour la santé et le bien-être de ne pas succomber à l'envie naturelle de faire une sieste le midi. Toutefois, cet exemple illustre bien l'importance du rôle que jouent les facteurs sociaux dans la modulation circadienne des rythmes endogènes.

Dans des conditions d'isolement, le cycle veille-sommeil aura une période en libre cours d'environ 25 heures. Puis, si on maintient le libre cours suffisamment longtemps, le cycle se prolongera en une période de 30 à 50 heures (c'est-à-dire que la personne isolée dormira une seule fois par période de 30 à 50 heures). Les couche-tard ont tendance à avoir des périodes veille-sommeil plus longues que les lève-tôt. Lorsque la période endogène veille-sommeil est plus longue que 24 heures, la personne a tendance à vouloir se coucher plus tard chaque soir. Pour maintenir un cycle veille-sommeil constant, le corps humain doit se «réajuster» continuellement. Il semble que cette adaptation peut se faire régulièrement en trois ou quatre jours et ce, en respectant son rythme infradien de veille-sommeil.

L'interaction du rythme veille-sommeil et du rythme de la température influe sur l'heure d'endormissement et la nature du sommeil. La durée du sommeil dépend davantage de la phase du rythme circadien de la température corporelle que de la durée de veille précédente. Pour maximiser la durée du sommeil et faciliter l'endormissement, la personne doit s'endormir à peu près au moment où sa température corporelle atteint son creux. Les phases d'éveil sont plus susceptibles de se produire quand la température est dans sa phase ascendante, tandis que le sommeil est davantage possible quand la température est dans sa phase descendante.

Rythme de sommeil ultradien

Le sommeil comprend des stades formant un rythme ultradien (figure 44-3). C'est à l'aide de la polysomnographie qu'on a le mieux défini et décrit ces stades. La polysomnographie consiste à enregistrer simultanément l'activité électrique du cerveau sur un électro-encéphalogramme (EEG), l'activité musculaire sur un électromyogramme (EMG), et les mouvements oculaires sur un électro-oculogramme (EOG). Le sommeil est caractérisé par une alternance cyclique de sommeil paradoxal et de sommeil lent par périodes de 90 à 110 minutes. Le sommeil paradoxal est la phase du sommeil où se produisent des mouvements oculaires rapides, une perte de tonus musculaire et des périodes de rêve. Quant au sommeil lent, il comprend quatre stades (I à IV) pendant lesquels se produisent une augmentation de l'amplitude de la courbe de l'EEG ainsi qu'une diminution de la fréquence et ce, jusqu'à ce que le sommeil lent profond du stade IV soit atteint. La principale différence entre les stades III et IV réside dans le pourcentage d'ondes lentes enregistrées sur l'EEG. Le sommeil lent qui a lieu au cours de ces deux stades s'appelle sommeil à ondes delta. Comme il n'y a pas de perte de tonus musculaire durant le sommeil lent, des mouvements périodiques se produisent pendant les quatre stades. Le sommeil paradoxal occupe 25 % du temps de sommeil des jeunes adultes, mais ce pourcentage diminue avec l'âge.

Le sommeil commence habituellement par le stade I, qui est un sommeil léger. Puis, 70 à 90 minutes plus tard, le sommeil rapide paradoxal apparaît et revient à des intervalles de 90 à 110 minutes. La durée des périodes de sommeil paradoxal augmente à mesure que la nuit avance. Par conséquent, le sommeil lent prédomine au début de la nuit de sommeil, alors que c'est le sommeil paradoxal qui prédomine à la fin de la nuit. Le sommeil paradoxal et le sommeil lent sont tous deux essentiels à la santé et au fonctionnement optimal du corps. Les interruptions empêchant d'atteindre le sommeil à ondes delta ou le sommeil paradoxal sont tout particulièrement néfastes si elles persistent, même si le temps total de sommeil demeure inchangé.

Le rythme ultradien du sommeil reste le même lorsque ses périodes sont en libre cours; il aurait donc une forte composante endogène. On pense que ce rythme ultradien est indépendant du cycle circadien veille-sommeil, mais qu'il peut être modulé par ce dernier. Ainsi, l'accroissement de l'activité diurne augmente la quantité de sommeil lent. La posture influence également le rythme ultradien. En station debout, une personne peut, jusqu'à un certain point, atteindre le sommeil lent; elle ne peut toutefois pas parvenir au sommeil paradoxal en raison de la perte de tonus musculaire qui se

produit pendant ce stade. Par ailleurs, une température ambiante trop chaude ou trop froide, peut agir à la fois sur les cycles de sommeil circadien et ultradien. Le sommeil paradoxal est le stade le plus vulnérable aux facteurs circadiens. Durant la nuit, le sommeil paradoxal devient progressivement prédominant; cependant, si le sommeil a lieu entre 07:00 et 15:00 (comme c'est souvent le cas pour les travailleurs de nuit), ce type de sommeil prend une tendance inverse et diminue de plus en plus. Les siestes que l'on fait assez tôt dans la journée comprennent davantage de phases de sommeil paradoxal que les siestes de fin de journée. Lorsque la phase du sommeil est inversée lorsqu'une personne passe d'un horaire de travail de jour à un horaire de nuit par exemple, le rythme du sommeil paradoxal ne s'ajuste qu'après plusieurs jours. Par contre, le sommeil lent à ondes delta n'est pas très touché par les facteurs reliés aux rythmes circadiens. En effet, il s'adapte immédiatement aux changements de phase qui peuvent se produire dans le cycle circadien du sommeil et sa diminution progressive jusqu'à l'éveil se maintient quelque soit l'heure d'endormissement.

Cycle activité-repos

Le cycle veille-sommeil et le cycle activité-repos sont étroitement reliés, mais ils ne sont pas synonymes: on peut se reposer sans dormir, tout comme on peut dormir en étant actif (somnambulisme ou mouvements des jambes, par exemple). La polysomnographie est encore le moyen le plus objectif et le plus fiable de distinguer les deux cycles. Évidemment, c'est durant le jour que l'activité est la plus intense chez les personnes dont l'activité est diurne. Chez les jeunes adultes, l'acrophase de l'activité survient aux alentours de 15:00.

Hormones

L'organisme humain est doté d'une organisation temporelle. C'est le système endocrinien qui transmet au corps les informations d'ordre temporel. Sa capacité de synchronisation remet à l'unisson cette organisation temporelle avec le monde extérieur. La plupart des hormones ont des rythmes circadiens déterminés, mais leurs paramètres diffèrent. La plupart d'entre elles ont aussi des rythmes ultradiens de diverses durées. Ainsi, la composante ultradienne de l'hormone lutéinisante (LH) est plus forte que sa composante circadienne.

On estime que la sécrétion de cortisol, au même titre que la température corporelle, est un bon indicateur de l'oscillateur des rythmes circadiens de l'être humain. La sécrétion de cortisol plasmatique se fait comme suit: elle augmente et atteint son pic vers 06:00 et diminue graduellement tout au long de la journée pour finalement atteindre son creux quelques heures avant le début du sommeil. La capacité de l'organisme de sécréter des corticostéroïdes comporte également un rythme circadien. Par exemple, le soir est le moment de la journée où le corps est le plus sensible aux substances qui causent de la fièvre, car le taux de corticostéroïdes est alors bas. Les facteurs de stress légers n'ont pas d'effets sur le rythme circadien de la sécrétion de cortisol, mais les facteurs de stress plus importants peuvent en avoir. Le rythme circadien des corticostéroïdes est persistant. Il possède une composante endogène assez forte, ce qui explique qu'il met environ trois semaines pour s'adapter à une inversion du cycle veille-sommeil.

On connaît bien les rythmes d'hormones comme la méla-tonine, l'hormone de croissance (somatotrope), l'aldostérone, la testostérone, la prolactine, la thyrotrophine, l'hormone lutéi-nisante et l'hormone folliculostimulante. Leurs phases et leurs amplitudes présentent des différences assez nettes. Par exemple, les rythmes du cortisol et de l'hormone de croissance ont une amplitude élevée (c'est-à-dire qu'ils présentent des varia-tions rythmiques relativement importantes), tandis que les rythmes de la thyrotrophine et de la testostérone présentent beaucoup moins de variations. Voici un autre exemple illus-trant des différences entre les paramètres des diverses hormones: l'hormone de croissance atteint son pic pendant la nuit, au moment où le cortisol plasmatique est à son mini-mum. La forme sincesoïdale des rythmes varie également.

Fonctions cardiovasculaires

Le fonctionnement cardiovasculaire comporte une variation circadienne qui place la personne dans un état de vulnérabi-lité au petit matin. Entre 06:00 et 09:00, au moment où la capacité d'agrégation plaquettaire atteint un pic dans son rythme circadien, l'hémostase a tendance à présenter une hypercoagulabilité. L'activité fibrinolytique, en baisse en début de matinée, est peut-être reliée à l'augmentation des taux cir-culants d'inhibiteurs de plasminogènes dans les tissus. Par ailleurs, la tendance à l'hypercoagulabilité peut être reliée à un hématocrite plus élevé et à une plus grande viscosité sanguine, qui surviennent tôt le matin.

D'autres variations rythmiques de l'appareil cardiovas-culaire indiquent un état d'éveil associé à la stimulation du système nerveux sympathique. La stimulation vagale étant prédominante pendant le sommeil, la pression artérielle et la fréquence cardiaque diminuent. Au réveil, elles augmen-tent toutes les deux, tout comme les taux circulants de caté-cholamines. Pendant l'éveil, l'augmentation de la pression artérielle est maximale; la pression commence à augmenter environ une heure avant l'éveil et atteint son pic deux heures après. La fréquence cardiaque est également à son maximum dans les deux premières heures qui suivent le lever; on ne constate toutefois aucune augmentation de celle-ci avant le réveil.

Rendement et fonction cognitive

Le rendement est relié au sommeil et au repos. Cependant, le rendement serait jusqu'à un certain point indépendant du sommeil, car ses rythmes circadien et ultradien persistent dans des conditions de privation de sommeil. Entre 02:00 et 07:00, les mécanismes neuraux qui régissent l'état de veille et de sommeil augmentent l'envie de dormir et diminuent la capa-cité de fonctionner. Entre 14:00 et 17:00, un facteur de rythme ultradien provoque ces mêmes effets, mais de façon moins forte.

Les rythmes du rendement varient en fonction de la nature de la tâche à accomplir. Le rendement requis pour des tâches nécessitant peu de mémoire atteint son pic quand la tempéra-ture corporelle est à son maximum (c'est-à-dire au début de la soirée). Par contre, le rendement requis pour des tâches exigeant de la mémorisation atteint son pic quand la tempé-rature corporelle est à son minimum (c'est-à-dire en début de matinée). L'activité mentale augmente le matin et s'affaiblit ensuite à mesure que la journée avance. Ce rythme s'appli-que à la mémoire immédiate; la mémoire à long terme

(celle qui retient l'information longtemps) est à son maximum dans l'après-midi.

PERTURBATIONS DES RYTHMES

Les recherches démontrent de plus en plus que l'être humain est un être doté d'une dimension temporelle. Il devient donc nécessaire de définir la santé en fonction de cette dimension. Ces définitions doivent comprendre les variations rythmiques prévisibles qui se produisent dans les fonctions physiologi-ques, psychologiques et sociales et qui présentent diverses fréquences ainsi que des rapports de phase assez constants de l'organisme avec le monde extérieur. En effet, les facteurs jouant un rôle dans la prévisibilité de cette rythmicité et dans les rapports temporels de celle-ci montrent que le fonctionne-ment intégral de l'être humain repose sur la structure ryth-mique de ses fonctions biologiques.

MALADIE

La maladie ou les problèmes de santé peuvent également s'exprimer de manière temporelle: il s'agit d'une dissociation des rythmes internes qui entraîne une désorganisation tem-porelle biologique. Sous cet angle, le rétablissement peut être considéré comme un processus visant à «resynchroniser» les rythmes internes et externes d'une personne. Le retour des rythmicités peut alors servir de critère dans l'évaluation de l'efficacité des interventions ou des traitements.

Bien que certaines maladies aient été associées à des changements dans les rythmes circadiens (par exemple, une miction accrue durant la nuit dans les cas d'insuffisance car-diaque et une perturbation du rythme veille-sommeil dans les cas de dépression et de maladie à forme bipolaire), on n'a pas encore établi de façon claire si c'est la maladie qui pro-voque le changement rythmique, si c'est le changement rythmique qui provoque la maladie ou si le lien qui existe entre les deux n'est que secondaire. Toutefois, des amplitudes ou acrophases anormales peuvent constituer les premiers signes d'une maladie.

Certaines maladies sont associées à des rythmes anormaux de susceptibilité à des stimuli normalement inoffensifs. Par exemple, la variation circadienne de la résistance des voies aériennes a généralement une amplitude si faible qu'elle n'a que peu ou pas d'effet sur le fonctionnement respiratoire. Cependant, chez une personne asthmatique souffrant d'insuf-fisance respiratoire, la constriction bronchique augmente en début de matinée (06:00) et entraîne un accroissement de l'amplitude de la variation rythmique ainsi qu'une augmen-tation excessive du rythme circadien. L'arrêt respiratoire survient plus souvent durant cette période matinale.

VARIATIONS DE RYTHMES, MORBIDITÉ ET MORTALITÉ

Les rythmes ultradiens du rendement, de la vigilance et de la somnolence peuvent être mis en parallèle avec les taux de mortalité. En effet, le pourcentage des accidents de la route causés par «l'endormissement au volant» atteint son sommet entre 01:00 et 04:00, puis présente un autre pic, moins élevé, entre 13:00 et 16:00. Par ailleurs, c'est entre 02:00 et 04:00, puis entre 14:00 et 16:00, que surviennent le plus grand nombre d'erreurs professionnelles, notamment les gros accidents de travail comme ceux qui se produisent dans les centrales nucléaires. La mortalité, indépendamment des causes, présente un rythme ultradien qui atteint son pic entre 04:00 et 06:00 et de nouveau, à un moindre degré, entre 14:00 et 16:00.

On connaît bien la variation circadienne de la morbidité et de la mortalité cardiovasculaires, qui atteint son pic en début de matinée. Cette variation existe notamment dans les cas d'infarctus du myocarde, d'ischémie et de crises d'angine, de mort subite, de dysrythmie et d'accident cérébral vasculaire. L'incidence de ces accidents atteint son pic entre 06:00 et midi et son creux entre minuit et 06:00. Ce rythme reflète la variation circadienne du fonctionnement cardiovasculaire dont nous avons parlé plus tôt, laquelle accompagne l'état d'éveil du matin (par exemple, la tendance à l'hypercoagulabilité et l'augmentation de la pression artérielle, de la fréquence cardiaque et de la sécrétion de catécholamine). Le travail et les accouchements spontanés ont également tendance à avoir lieu durant la nuit, bien qu'on ne sache pas exactement pourquoi.

DÉSYNCHRONISATION

Selon l'un des principes de la chronobiologie, l'organisme fonctionne plus efficacement s'il est synchronisé à une période qui s'approche de sa propre fréquence naturelle. Ce principe est mis en évidence dans l'une des premières expériences d'isolement effectuées avec des êtres humains (Aschoff, 1965). Aschoff rapporte qu'un de ses sujets isolés écrivait dans son journal les jours où il se sentait tout particulièrement en forme. Or, ces journées coïncidaient avec les moments où ses rythmes de température, d'activité et d'autres fonctions, dissociés et «en libre cours», étaient en phase les uns avec les autres.

À l'inverse, le manque de synchronisme entre l'organisme et le milieu externe est associé à une baisse de rendement et à une diminution du fonctionnement et du bien-être. Les recherches sur les plantes et les animaux montrent qu'un manque de synchronisation continuel entre l'organisme et l'environnement peut nuire à la croissance et à la longévité. Ce manque de synchronisation est appelé *désynchronisation*. La désynchronisation apparaît quand deux ou plusieurs rythmes auparavant synchronisés ne présentent plus la même période ou la même acrophase.

La désynchronisation peut être externe ou interne. La désynchronisation externe a lieu quand un rythme biologique devient désynchronisé par rapport à un rythme environnemental. La désynchronisation interne se produit quand deux ou plusieurs rythmes biologiques de la même entité se désynchronisent les uns par rapport aux autres. Ces deux types de désynchronisation peuvent se produire en même temps. Par exemple, certaines personnes aveugles sont incapables de maintenir un cycle veille-sommeil de 24 heures. Cette période est souvent «en libre cours» de sorte que la personne aveugle connaît tantôt une correspondance de phase, tantôt un déphasage par rapport au rythme environnemental; c'est alors que la désynchronisation externe a lieu. En même temps, le rythme veille-sommeil peut être en discordance avec le rythme de la température et créer une désynchronisation interne.

On pense que la lumière, en agissant sur l'oscillateur circadien, joue un rôle dans la dépression affective saisonnière. En effet, les symptômes de cette maladie (tristesse, anxiété, irritabilité, diminution de l'activité et de l'énergie, envie de dormir et sommeil excessifs, augmentation de l'appétit et du poids, difficultés au travail et dans les relations interpersonnelles) sont accentués durant l'hiver et atténués ou enrayés pendant l'été. La prévalence de la dépression affective saisonnière augmente à mesure que l'on s'éloigne de l'équateur; elle est également plus élevée dans les régions à faible ensoleillement. Selon un sondage téléphonique effectué auprès d'un échantillonnage aléatoire d'adultes vivant à New York, 25 % des participants souffraient à un degré ou à un autre de dépression affective saisonnière (Terman, 1989). Des expériences ont démontré que l'exposition à une lumière vive permet de traiter efficacement cette forme de dépression, surtout dans le cas de personnes légèrement atteintes que l'on expose à une lumière de forte intensité tôt le matin (Terman et coll., 1989).

La désynchronisation a également lieu chez les personnes qui travaillent par roulement ou qui subissent un décalage horaire. Ainsi, chez l'infirmière qui passe d'un poste de jour à un poste de nuit, on peut observer un aplatissement du rythme de la température environ trois jours après la transition. Puis, le rythme de la température inverse peu à peu son pic, jusqu'à ce qu'il se soit adapté à la nouvelle organisation temporelle et qu'il retrouve son pic pendant la période qui correspond dorénavant au jour (mais qui est en fait la nuit). Ce processus prend de 7 à 14 jours. Si l'infirmière reprend ensuite le travail de jour, la même inversion du rythme de la température s'effectue, de sorte que la phase du cycle de température corresponde de nouveau avec celle du jour. Les autres rythmes physiologiques et psychologiques suivent le même processus à des degrés différents.

Pour qu'une personne se sente bien et pour que son corps fonctionne de façon optimale, les rythmes circadiens doivent être complètement établis et présenter une amplitude élevée. Le travail par roulement et le décalage horaire perturbent ce rythme et entraînent une désynchronisation interne transitoire. C'est pourquoi les travailleurs par roulement sont moins efficaces et moins précis dans l'exercice de leurs fonctions. Ils montrent des signes de fatigue, sont sujets à des sautes d'humeur et disent se sentir épuisés; on observe chez eux un malaise physique, mental et social. Les perturbations de la température corporelle causées par le décalage horaire (c'est-à-dire par un vol traversant plusieurs fuseaux horaires) entraînent une diminution du temps de réaction, un ralentissement des fonctions cognitives, ainsi qu'une augmentation de la sensation de fatigue.

TROUBLES DU SOMMEIL

Le dérèglement de certains rythmes circadiens peut entraîner des troubles subjectifs importants. Certains de ceux-ci s'avèrent tout particulièrement désagréables, notamment les troubles du sommeil. (Quarante pour cent de la population adulte se dit insatisfaite de la qualité de son sommeil. Parmi ces personnes, 15 à 20 % consultent un médecin et 50 % des médecins consultés prescrivent des somnifères. Le mauvais usage des sédatifs soulève de plus en plus d'inquiétudes, surtout en ce qui concerne les personnes âgées. Par ailleurs, l'incidence

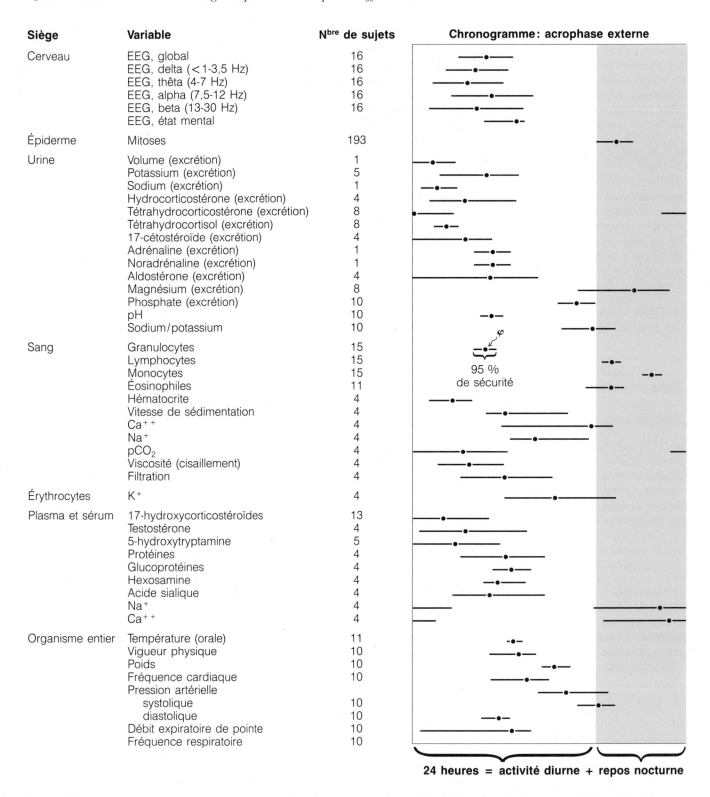

Figure 44-2. Acrophases de divers rythmes circadiens humains. Toutes les séries temporelles ont été analysées par la méthode du cosinor à l'université du Minnesota.

des troubles du sommeil est plus élevée chez les personnes qui souffrent d'une maladie chronique.)

Les troubles du sommeil peuvent être causés par des facteurs exogènes et endogènes. L'un de ces troubles, l'insomnie se traduit par l'incapacité de dormir durant la période de sommeil habituelle. Il existe plusieurs sortes d'insomnie. La plus courante, l'insomnie prédormitionnelle (ou encore de

début de nuit ou d'endormissement), touche 10 % de la population adulte. La personne qui en souffre éprouve de la difficulté à s'endormir, mais peu de difficulté à rester endormie une fois le sommeil venu. Parfois appelée «insomnie par retard de phase du sommeil», l'insomnie prédormitionnelle comporte une seule anomalie: le moment de l'endormissement, qui a souvent lieu aux alentours de 03:00. La durée et la nature du sommeil sont les mêmes que pour le sommeil normal. Cependant, si la personne souffrant d'insomnie prédormitionnelle doit respecter un horaire professionnel ou scolaire qui l'oblige à se lever à 07:00, par exemple, elle manquera de sommeil et souffrira probablement d'une somnolence si importante durant la journée que son rendement diminuera. Les études portant sur l'insomnie prédormitionnelle montrent que les personnes souffrant de ce trouble présentent un retard de phase dans leur température corporelle (c'est-à-dire que la température atteint son pic et son creux environ 2,5 heures plus tard que chez les personnes dont le profil de sommeil est normal) (Morris et coll., 1990).

L'insomnie postdormitionnelle (aussi appelée réveil matinal précoce ou insomnie matutinale) présente les signes suivants: la personne s'endort assez rapidement, dort d'un assez bon sommeil, mais se réveille trop tôt et ne peut se rendormir. Il semblerait que cette sorte d'insomnie soit reliée à une avance de phase dans le rythme de la température (c'est-à-dire que la température commencerait à augmenter plus tôt que chez les dormeurs normaux). L'insomnie postdormitionnelle est aussi un des symptômes classiques de la dépression.

L'alcoolisme est associé aux perturbations des habitudes de sommeil. Même chez une personne qui n'est pas alcoolique, la consommation modérée d'alcool le soir peut entraîner des périodes d'éveil temporaire pendant la nuit. La fatigue associée à de nombreuses maladies peut également dérégler les rythmes veille-sommeil. Ainsi, l'inactivité et l'alitement, de même que des affections comme l'infarctus du myocarde et l'accident vasculaire cérébral, sont associés à un prolongement du sommeil. D'un autre côté, les gens qui font de l'exercice régulièrement se plaignent souvent de mal dormir les jours où ils ne font *pas* d'exercice; il se pourrait donc qu'un peu d'activité physique soit une condition favorable à un bon sommeil.

Chez les personnes souffrant de certaines maladies chroniques ou aiguës, notamment l'insuffisance rénale chronique, on constate un dérèglement du rythme veille-sommeil et d'autres rythmes circadiens. Les récidives de sclérose en plaques ont déjà été associées à une perte du rythme circadien de la somatostatine dans le liquide céphalorachidien (Sorensen et coll., 1987). Par ailleurs, l'augmentation de sommeil diurne est associée à la démence grave, notamment à la maladie d'Alzheimer. L'inversion du cycle veille-sommeil est en effet une manifestation caractéristique de l'évolution de la maladie d'Alzheimer; il semble que des changements pathologiques se produisent dans le système temporel circadien des personnes qui souffrent de cette maladie. Cette inversion du cycle veille-sommeil entraîne des conséquences graves, tant sur la personne atteinte de cette maladie que sur sa famille. En effet, l'errance nocturne du malade vient à perturber le cycle de sommeil de la personne qui s'en occupe, au point que cette dernière peut souffrir de manque de sommeil, de fatigue et de dépression. C'est souvent à ce moment que la famille décide d'envoyer le malade dans un établissement.

AGITATION

Norris (1986) décrit l'agitation comme étant l'une des premières manifestations de l'adaptation d'une personne à une perturbation de la rythmicité. Il semble que l'agitation elle-même aurait un rythme circadien, comme on peut le constater chez les personnes en «état crépusculaire»:

> Quand la nuit tombe, le patient qui normalement fonctionne bien devient désorienté. [...] On le trouve, ses vêtements ou son oreiller dans les bras, dans le corridor à chercher sa chambre. Peu importe le nombre de fois que l'infirmière le reconduit à sa chambre (qu'il reconnaît durant le jour), elle le trouve de nouveau hors de sa chambre peu de temps après, en train de chercher «sa chambre». Au matin, le patient est de nouveau capable de s'orienter, et l'agitation disparaît.

L'état crépusculaire est caractérisé par une augmentation de la confusion et de l'agitation à la tombée de la nuit.

STRESS

Le dérèglement des rythmes circadiens et du cycle veille-sommeil peut être un facteur de stress et aggraver l'état du patient déjà en mauvaise santé. Par ailleurs, les recherches indiquent que le stress peut retarder les rythmes et avoir un effet indirect en perturbant le cycle veille-sommeil normal (excès ou manque de sommeil). Ainsi, une intervention chirurgicale peut être un facteur de stress. Les recherches ont montré que les rythmes circadiens sont déréglés après une opération et que la persistance de ce dérèglement peut nuire au rétablissement de l'opéré (voir l'étude de Farr dans la section traitant de la recherche en sciences infirmières). On ne sait pas encore si la perturbation postopératoire de la rythmicité est causée par l'intervention chirurgicale, par l'anesthésie ou par leur interaction.

La présence de rythmes marqués et synchronisés est un signe de santé et de bien-être. Que la maladie soit la cause ou la conséquence des changements de rythmes, ou qu'elle en soit simplement une manifestation secondaire, les différentes rythmicités et la structure temporelle elle-même peuvent varier chez une personne malade. L'infirmière qui tient compte de ce fait peut contribuer à prévenir le dérèglement des rythmes et à favoriser l'organisation temporelle du patient.

COLLECTE DES DONNÉES SUR LES RYTHMES BIOLOGIQUES

Quand l'infirmière recueille des données, elle doit systématiquement tenir compte de la dimension temporelle du patient. Elle doit: a) évaluer les rythmes du patient; et b) tenir compte des facteurs temporels lorsqu'elle interprète les données recueillies.

ÉVALUATION DES RYTHMES DU PATIENT

L'évaluation des cycles veille-sommeil du patient fournit à l'infirmière des informations complémentaires sur l'état du système temporel circadien du patient ainsi que d'autres données qui l'aideront à favoriser un rythme veille-sommeil optimal. Les questions suivantes pourront aider à évaluer les cycles veille-sommeil.

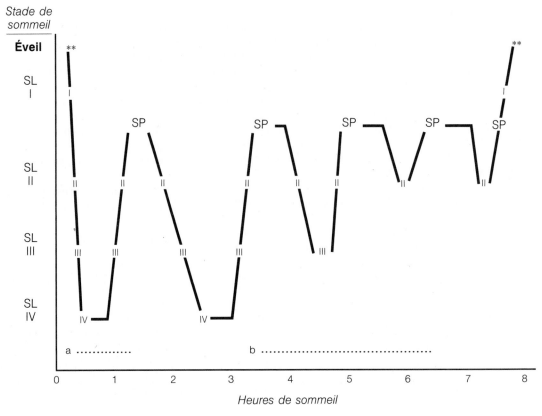

Notes :
a) *Progression du sommeil d'une période de mouvements oculaires non rapides (sommeil lent ou SL), en passant par les stades I-II-III-IV-III-II, puis à la première phase de mouvements oculaires rapides (sommeil paradoxal ou SP).*
b) *Les phases du sommeil paradoxal s'allongent un peu alors que s'achèvent les phases du sommeil lent des stades III et IV.*

Figure 44-3. Profil du sommeil normal d'un adulte et stades de sommeil

- Quel est l'horaire de sommeil habituel du patient ? À quelle heure se couche-t-il et se lève-t-il habituellement ? Dort-il davantage le jour ou la nuit ?

- De combien d'heures de sommeil le patient estime-t-il avoir besoin chaque nuit ? Trouve-t-il qu'il dort bien ou mal ? Pour lui, qu'est-ce qu'un sommeil «normal» ?

- Quel est le rituel habituel du patient avant de se mettre au lit ? (comment se prépare-t-il à dormir) ?

- Le patient fait-il des siestes ? À quel moment les fait-il ? Combien de fois en fait-il et quelle en est la durée ? Ces siestes semblent-elles nuire au sommeil nocturne du patient ? Trouve-t-il que ces siestes lui procurent un sommeil réparateur ?

- Le patient a-t-il des troubles du sommeil (difficulté à s'endormir, difficulté à rester endormi, réveil matinal précoce) ? Si oui, que fait-il pour résoudre ces problèmes ?

- Le patient est-il excessivement somnolent durant la journée ? Cette somnolence varie-t-elle au cours de la journée ? À quels moments de la journée la somnolence est-elle plus grande ou plus faible ?

Pour évaluer les perturbations du rythme circadien veille-sommeil chez le patient rencontré en clinique externe ou à domicile, on peut lui demander de noter pendant un mois dans un carnet ses périodes de veille et ses périodes de sommeil. Il devra noter chaque jour ses heures de coucher et de lever ainsi que ses heures de sieste. L'infirmière doit accorder une attention spéciale au travailleur de soir ou de nuit qui s'apprête à passer à un poste de jour et, par conséquent, à «resynchroniser» ses rythmes.

Pour savoir si le patient est un lève-tôt ou un couche-tard, l'infirmière peut lui demander s'il préfère les activités du matin ou du soir. Elle peut ainsi lui demander quelle est l'heure où il est le plus efficace dans la journée. La réponse qu'elle obtiendra l'aidera à planifier l'horaire de ses interventions, et surtout l'heure à laquelle elle prodiguera de l'enseignement au patient et appliquera des mesures de réadaptation.

L'infirmière devrait également se renseigner sur les habitudes du patient, notamment l'heure de ses repas, de ses séances d'exercice et de son élimination urinaire et intestinale. Par exemple, le patient habitué à faire de la course à pied le matin réagira mieux à la physiothérapie si celle-ci a lieu le matin, sauf s'il souffre de troubles cardiovasculaires. On peut donc favoriser la synchronisation des rythmes du patient hospitalisé en respectant le plus possible ses habitudes de vie.

Comme nous le verrons plus tard, les médicaments et certaines substances alimentaires peuvent aussi influer sur le système temporel circadien. L'infirmière doit donc savoir quels médicaments le patient prend et à quel moment il les prend. Elle doit également évaluer sa consommation d'alcool et de substances telles que la caféine, qu'on trouve dans le café, le thé et les boissons gazeuses. Ces substances agissent sur les rythmes circadiens.

PROFIL CHRONOBIOLOGIQUE

Idéalement, le profil chronobiologique d'une personne devrait être fait lorsqu'elle est en bonne santé, lors de son examen médical annuel, par exemple. Les données recueillies pourront ensuite servir de valeurs initiales à partir desquelles on évaluera les problèmes de santé ainsi que l'évolution du rétablissement. Ce profil peut comprendre les rythmes relatifs à la température, au cycle veille-sommeil et à la sécrétion des corticostéroïdes; on peut également inclure dans ce profil les rythmes de certains autres composants du sang et de l'urine, de même que les rythmes de la vigilance, du rendement et de l'humeur. Dans les recherches sur les rythmes biologiques, on utilise souvent une méthode qui permet au patient de mesurer lui-même ses rythmes, l'autorythmométrie. L'infirmière peut se servir de cette méthode pour obtenir le profil individuel des patients.

FACTEUR TEMPS DANS LA COLLECTE ET L'INTERPRÉTATION DES DONNÉES

Le facteur temps joue un rôle important dans la collecte des données. En choisissant le moment où elle procède à ses évaluations, l'infirmière: a) recueille des données qui lui permettront d'évaluer le rythme circadien lui-même; b) accroît son efficacité dans la collecte d'autres renseignements sur le patient et c) est en mesure d'interpréter avec exactitude les données recueillies. Comme nous l'avons vu, la mesure fréquente de variables telles que la température corporelle peut fournir des données sur l'état même des rythmes circadiens. L'infirmière peut ensuite se servir de ces données pour formuler des diagnostics infirmiers reliés aux perturbations des rythmes.

La prise en considération du facteur temps dans l'évaluation de différentes variables peut également aider l'infirmière à prodiguer des soins plus efficaces et plus sûrs. Par exemple, sachant que le taux de mortalité est plus élevé en début de matinée (surtout dans les cas de maladies cardiovasculaires), l'infirmière peut surveiller de plus près les patients souffrant de ces maladies entre 4:00 et 10:00. Cette surveillance accrue est tout particulièrement importante pendant le quart de nuit alors que le personnel a tendance à penser que le patient nécessite moins d'attention parce qu'il dort et pendant l'heure qui suit le réveil du patient. Pour savoir tenir compte du facteur temps dans la collecte des données, l'infirmière doit comprendre la dimension rythmique de l'être humain ainsi que les rythmes de l'environnement.

Quand l'infirmière interprète les résultats d'un examen physique notamment de l'inspection ou d'une épreuve de laboratoire, elle doit absolument tenir compte de l'heure où ces données ont été recueillies. Si elle n'y attache pas d'importance, elle risque de considérer des variations circadiennes normales comme des anomalies, et vice versa. Par exemple, pour bien interpréter la température corporelle, l'infirmière

doit comprendre le rythme circadien normal. Ainsi, une température de 37 °C enregistrée au petit matin peut en fait représenter une fébricule chez certains patients, notamment les personnes âgées.

INTERVENTIONS INFIRMIÈRES CHRONOTHÉRAPEUTIQUES

MOMENTS PRÉFÉRENTIELS DES INTERVENTIONS

L'un des premiers principes de la chronobiologie stipule que l'organisme réagit différemment à un stimulus selon le moment de la journée. Ainsi, la réaction d'un patient à un stimulus peut être différente selon qu'on applique le stimulus le matin ou le soir. L'infirmière doit donc choisir le moment où elle effectue ses interventions. Étant donné que les phases des différents rythmes biologiques varient, le moment opportun d'une intervention dépend de sa nature. Par exemple, on sait que la mémoire à long terme est à son maximum dans l'après-midi; l'enseignement donné par l'infirmière auprès des jeunes adultes et des adultes d'âge moyen devrait donc se faire à ce moment-là de la journée (on ne sait pas encore s'il s'agit aussi du meilleur moment pour enseigner aux personnes âgées). Toutefois, le début de l'après-midi est mal choisi pour les séances de physiothérapie, alors que le patient est sujet au «coup de pompe» qui suit le repas du midi.

Il n'est pas toujours possible de savoir quand exactement il faut effectuer une intervention de façon à maximiser la réaction du patient sur le plan chronobiologique. Cependant, si l'infirmière comprend bien la dimension temporelle de l'être humain et les rythmes de l'environnement, il lui sera plus facile d'évaluer l'efficacité d'une intervention. Elle sera donc en mesure de déterminer s'il est préférable de la faire à un autre moment pour obtenir une meilleure réaction.

LUMIÈRE

On peut régler l'oscillateur circadien d'une personne à n'importe quelle phase en l'exposant à la lumière pendant deux ou trois jours selon un programme établi. Une exposition plus longue peut traiter efficacement la dépression affective saisonnière. Des chercheurs étudient actuellement les effets de l'exposition à la lumière en variant l'intensité de la lumière, les heures d'exposition et les types d'éclairage pour comparer les sensibilités individuelles à ces variations. Même si les recherches sur les effets de la lumière ne sont pas terminées, l'infirmière peut commencer à utiliser des moyens simples et pratiques pour tirer avantage des effets thérapeutiques et préventifs de la lumière.

D'abord, il importe d'évaluer l'éclairage de l'endroit dans lequel vit le patient (centre hospitalier, centre d'accueil ou domicile). Le meilleur éclairage est celui qui vient d'une lumière vive qui n'éblouit pas. Il ne faut pas placer le patient dans une pièce qui n'est pas dotée de fenêtres. En effet, non seulement celles-ci laissent-elles pénétrer la lumière, mais elles agissent comme des synchroniseurs en fournissant des repères sur l'heure.

On doit ensuite veiller le plus possible à régler l'éclairage de la pièce de façon à simuler le cycle jour-nuit. Par exemple, dans les unités de soins intensifs, on peut baisser l'éclairage des pièces durant la nuit et se servir de lampes de chevet quand un patient a besoin d'aide. On peut aussi régler l'éclairage au maximum le matin, à peu près à la même heure chaque jour.

Enfin, le patient doit pouvoir s'exposer à la lumière naturelle du soleil le plus souvent possible. L'infirmière doit donc inciter la famille à sortir le patient en fauteuil roulant, s'il en est capable et si la température le permet. Si le patient reçoit des soins à domicile, l'infirmière du CLSC devrait l'aider à trouver quelqu'un qui peut l'amener à l'extérieur le matin.

AUTRES FACTEURS RELIÉS AU MILIEU HOSPITALIER

Les recherches ont démontré que les centres hospitaliers ne sont pas des endroits où il est aisé de se reposer et de dormir (voir l'étude de Coss dans la section traitant de la recherche en sciences infirmières). Le bruit et la lumière y sont constants, les fenêtres et les horloges sont souvent placées hors de la vue des patients et le personnel travaille par roulement. Le patient est donc souvent dérangé par l'activité du personnel de nuit et des autres patients. Puisque les signaux de l'environnement n'agissent plus comme des synchroniseurs, les périodes du cycle veille-sommeil tombent en libre cours; les rythmes de certains patients peuvent donc être perturbés et se désynchroniser pendant leur séjour au centre hospitalier.

L'infirmière peut favoriser la synchronisation des rythmes biologiques si elle connaît bien les facteurs exogènes qui agissent sur eux. Elle peut, comme nous l'avons vu, régler l'éclairage de façon à respecter le cycle jour-nuit. Les membres du personnel devraient donc converser le plus loin possible des patients qui dorment. Il conviendrait aussi de fermer les portes des chambres qui se trouvent près du poste des infirmières, car c'est souvent là où il y a le plus de bruit et d'activité. On peut aussi placer des calendriers et des horloges dans le champ de vision des patients de façon à leur donner des repères temporels. L'infirmière peut encore renforcer leur notion du temps en mentionnant l'heure et la date lorsqu'elle leur parle.

Chaque fois qu'on procède à un changement dans les habitudes quotidiennes de l'établissement, il faut s'assurer que le nouvel horaire convient à tous les patients ou à la majorité d'entre eux. Cependant, comme on sait que les rythmes circadiens varient chez les adultes, il serait irréaliste de penser qu'un horaire peut convenir à tout le monde. La plupart des adultes s'accommodent du rythme «coucher tôt, lever tôt» des centres hospitaliers et des centres d'accueil. On peut prendre certains arrangements pour satisfaire les couche-tard: les placer dans une chambre individuelle ou les regrouper dans une même chambre, les réveiller plus tard, leur offrir la possibilité de prendre un petit déjeuner froid un peu plus tard, et mettre à leur disposition une salle où ils peuvent lire ou regarder la télévision le soir.

FACILITATION DES RYTHMES VEILLE-SOMMEIL/ACTIVITÉ-REPOS

Dans un centre hospitalier ou un centre d'accueil, on peut faciliter la synchronisation des rythmes du patient en maintenant ses rythmes de sommeil assez constants sans avoir recours à des somnifères. Pour respecter les rythmes du patient, il faut interrompre le moins possible son sommeil. Par exemple, quand l'infirmière de nuit fait sa tournée, elle peut utiliser une lampe de poche pour ne pas réveiller le patient et éviter d'envoyer directement le faisceau lumineux vers son visage. Par ailleurs, quand l'infirmière de nuit doit faire plusieurs interventions auprès d'un patient, elle doit, dans la mesure du possible, effectuer les traitements en une seule fois et les commencer quand le patient bouge dans son sommeil. Il est facile pour une infirmière qui travaille dans une unité de soins intensifs de choisir le moment de ses interventions, car elle peut observer tous les patients depuis le poste des infirmières.

L'infirmière peut également favoriser le sommeil du patient en l'encourageant à respecter son rituel du coucher, dans la mesure du possible. Ce genre de rituel contribue à préparer le corps au sommeil. Ainsi, une personne qui a l'habitude de prendre une douche ou un bain juste avant d'aller au lit conditionne probablement son corps à se détendre. S'il est appliqué régulièrement, ce rituel signale au corps qu'il doit se préparer à dormir. L'infirmière peut donc aider cette personne à bien dormir sans avoir recours aux médicaments en lui permettant de prendre une douche ou un bain le soir.

Pour traiter l'insomnie prédormitionnelle, on prescrit généralement des hypnotiques (voir la prochaine section intitulée «Médicaments et autres substances»). Ces médicaments procurent dès le début un soulagement des symptômes de l'insomnie. Mais il peuvent avoir des effets indésirables tels que la dépendance, le rebond de l'insomnie lorsque la prise du médicament est arrêtée, et la somnolence diurne, qui peut être tout particulièrement dangereuse chez un patient âgé ou une personne dont le travail exige beaucoup de vigilance. Les recherches ont récemment permis de trouver un traitement efficace pour les personnes souffrant d'insomnie prédormitionnelle grave: on retarde progressivement l'heure du coucher en demandant à la personne de se coucher à l'heure où elle s'est endormie la veille. Elle peut observer ce rythme pendant quelques jours et généralement, au bout d'une semaine, elle arrive à se coucher à l'heure souhaitée et à dormir immédiatement. Il existe cependant d'autres façons de traiter l'insomnie prédormitionnelle. Les recherches ont aussi montré que l'exercice tôt le matin et l'exposition à une lumière vive pendant l'avant-midi peut avancer la phase du cycle veille-sommeil. L'exposition à une lumière vive durant la soirée peut au contraire retarder le cycle circadien. Par ailleurs, l'adoption d'un rituel de coucher peut prévenir les troubles du sommeil. Enfin, si l'on maintient les mêmes heures de coucher et de lever pendant la semaine que pendant la fin de semaine, on favorise la synchronisation des rythmes veille-sommeil.

L'infirmière qui travaille à l'unité des soins intensifs doit faire particulièrement attention à ce que les patients ne manquent pas de sommeil à cause d'un éclairage constant et d'une activité incessante. La privation de sommeil est aussi appelée syndrome de l'USI (unité des soins intensifs), psychose de l'USI. La privation de sommeil entraîne une diminution du rendement et une altération de l'humeur. Une grave privation de sommeil peut entraîner une altération des facultés cognitives, de la confusion et même des hallucinations, surtout chez les patients âgés déjà sujets à la confusion mentale. Elle peut aussi provoquer un dysfonctionnement des lymphocytes et des granulocytes. Tous ces troubles peuvent compromettre le rétablissement ou la santé du patient traité en unité de soins intensifs.

La privation partielle ou totale de sommeil nocturne augmente la somnolence durant la journée. Il est important de noter que la somnolence subjective peut avoir un rythme distinct du rythme du sommeil. La somnolence et la vigilance sont considérées comme des états inverses, qui dépendent du rythme temporel circadien ainsi que du cycle veille-sommeil qui les précède. On a pu établir un lien entre les augmentations de somnolence subjective (degré de somnolence estimé par le patient) et les augmentations subjectives de tension, de confusion, de fatigue, de tristesse, d'agitation et de faiblesse. Toutefois, ces effets ne sont pas nécessairement présents quand la somnolence est mesurée objectivement (quand, par exemple, on mesure la vitesse d'endormissement du patient). La somnolence objective diminue effectivement quand la personne commence à bien dormir la nuit ou quand elle prend de la caféine. Par contre, la somnolence subjective n'est pas reliée au sommeil nocturne et la caféine a moins d'effet sur elle. Ces différences signifient que la sensation subjective de somnolence ne correspond pas nécessairement à des signes objectifs, mais il faut tenir compte de ces deux types de données si l'on veut favoriser le bien-être du patient. Quand le patient se dit somnolent après avoir passé une nuit de sommeil qui semble «bonne», il faut le croire; il faut alors vérifier à quel moment il s'est endormi et lui demander s'il s'est éveillé pendant la nuit.

L'activité et l'exercice faits durant la journée peuvent favoriser un sommeil ininterrompu la nuit. Ils offrent de plus l'avantage de fournir des repères sociaux. Pour la plupart des gens, il est préférable de faire de l'exercice le matin, alors que l'activité du corps s'intensifie. Il semblerait cependant que les personnes sujettes à l'ischémie cardiaque devraient plutôt faire de l'exercice l'après-midi ou le soir, car le cœur est alors moins vulnérable que le matin.

Les patients qui manquent de sommeil et les patients en convalescence peuvent tirer profit de périodes de repos judicieusement intégrées dans leur horaire. Étant donné que la somnolence a un rythme ultradien de 12 heures et survient au début de l'après-midi (coup de pompe), une période de repos ou une sieste à ce moment de la journée peut s'avérer très réparatrice. La sieste peut permettre au patient qui dort mal la nuit de récupérer, mais elle peut l'empêcher de dormir la nuit d'après, surtout s'il n'est pas habitué à dormir pendant la journée. Étant donné que les siestes du matin simulent le sommeil du petit matin qui est composé principalement de phases de sommeil paradoxal, l'infirmière peut inciter les patients agités à faire une sieste le matin si l'agitation est causée par un manque de sommeil paradoxal. À l'inverse, les siestes de l'après-midi favorisent le sommeil à ondes delta. Elles peuvent être bénéfiques aux personnes âgées qui se plaignent de fatigue, car le sommeil nocturne des personnes âgées est caractérisé par une diminution du sommeil lent et profond.

On peut aussi favoriser à la fois le repos et le sommeil à l'aide de techniques de relaxation: respiration abdominale, relaxation musculaire progressive, méditation, exercices de visualisation, hypnose et rétroaction biologique (biofeedback).

MÉDICAMENTS ET AUTRES SUBSTANCES

Les médicaments peuvent perturber les rythmes biologiques. Certains ont des effets directs sur les rythmes, d'autres des effets indirects. En outre, les recherches montrent que plusieurs médicaments ont des rythmes circadiens d'efficacité et de toxicité. La *chronopharmacologie* englobe les recherches sur les effets des médicaments en fonction de la structure temporelle biologique et sur les effets des médicaments sur les paramètres qui caractérisent les rythmes.

Certaines substances peuvent réorganiser les rythmes circadiens, notamment les méthylxanthines, la théophylline, la caféine, le phénobarbital, le chloramphénicol et l'éthanol. Étant donné que le café, le thé et les boissons gazeuses contiennent souvent de la caféine et de la théophylline, et que les boissons alcoolisées contiennent de l'éthanol, la personne qui consomme régulièrement ces substances peut subir une constante réorganisation de ses rythmes. Chez les animaux, le triazolam, un benzodiazépine d'action brève, peut avancer la phase (soit avancer le moment du pic) des rythmes circadiens de l'hormone lutéinisante et de l'activité locomotrice. Les recherches montrent aussi que le triazolam facilite la synchronisation des rythmes endocriniens quand ces derniers viennent d'être perturbés par des changements dans le cycle lumière-obscurité. Le triazolam est surtout utilisé chez les personnes qui souffrent de dépression ou d'anxiété, problèmes qui s'accompagnent fréquemment de troubles du sommeil.

Certaines des substances mentionnées ci-dessus peuvent également avoir des effets indirects sur le rythme circadien. Ainsi, la caféine augmente la vigilance quand celle-ci est diminuée par la fatigue ou le manque de sommeil. Les médicaments psychoactifs comme les amphétamines peuvent ralentir le rythme veille-sommeil et le rythme de la vigilance, surtout chez les personnes plus âgées; les personnes qui en prennent se sentent «sonnées» ou sont dans un état d'obnubilation le lendemain. Que leurs effets soient directs ou indirects, ces substances et d'autres ont de toute évidence des effets positifs ou négatifs sur l'organisation temporelle du rythme circadien de l'être humain.

La plupart du temps, on traite les problèmes de sommeil au moyen de médicaments. Les hypnotiques peuvent provoquer le sommeil mieux que les placebos. Toutefois, l'utilisation prolongée de somnifères peut affaiblir l'efficacité du médicament et entraîner un rebond de l'insomnie quand la personne cesse d'en prendre. Cette rechute peut avoir lieu la première nuit suivant l'arrêt du traitement ou quelques nuits plus tard. Il vaut mieux ne pas donner d'hypnotiques aux personnes qui craignent davantage de donner un mauvais rendement le lendemain que de mal dormir, car ces médicaments ne semblent pas aider à mieux fonctionner pendant la journée. On sait cependant que de faibles doses d'hypnotiques à demi-vie courte ne diminuent pas le rendement du lendemain, alors que les hypnotiques à demi-vie longue nuisent à celui-ci. Les hypnotiques peuvent également causer une dépression respiratoire, et celle-ci peut exacerber une apnée du sommeil (interruption fréquente de la respiration durant le sommeil) préexistante. Ils ne sont donc pas recommandés pour les patients apnéiques. À l'heure actuelle, les benzodiazépines sont les hypnotiques de prédilection pour le traitement de l'insomnie.

Étant donné que la douleur peut entraver le sommeil, on doit souvent administrer des analgésiques aux personnes qui souffrent (arthritiques, opérés ou autres), avant le coucher ou pendant leur sommeil, car le rythme circadien de la douleur atteint son pic à 22:00. Certains analgésiques peuvent perturber les stades ultradiens du sommeil et même agir sur les rythmes circadiens (par exemple, un patient qui reçoit un analgésique pendant la journée peut trop dormir le jour et ne pas être capable de s'endormir le soir ou de rester endormi toute la nuit). Il faut donc essayer de déterminer si les perturbations causées par la douleur sont plus importantes que celles causées par le médicament.

Il convient de recueillir les données relatives aux variations du rythme de la douleur. Ces données serviront à déterminer l'heure d'administration du médicament. Par exemple, si la douleur augmente en début de soirée, l'infirmière doit administrer les analgésiques avant qu'elle n'atteigne son pic et qu'il ne soit alors nécessaire d'augmenter la posologie pour la soulager.

La variation circadienne des rythmes physiologiques peut avoir d'autres applications. Ainsi, Valle et Lemberg (1990b) font remarquer que les patients angineux qui suivent un traitement prolongé au nitrate (nitroglycérine) doivent arrêter le traitement chaque jour pendant 10 à 12 heures pour ne pas acquérir une tolérance au médicament. Valle et Lemberg estiment que cette période est mieux tolérée si le traitement est interrompu dans l'après-midi et dans la soirée plutôt que le matin, car les risques de troubles cardiovasculaires sont beaucoup plus élevés dans l'avant-midi. Les patients angineux sont protégés par le nitrate le matin, c'est-à-dire au moment où ils sont le plus susceptibles de subir une crise d'angine. De même, il est préférable que les patients souffrant d'hypertension et présentant des risques d'insuffisance coronarienne prennent dans la soirée les agonistes alpha-2 stimulants comme la clonidine (Catapres) et le guanabenz (Wytensin) à action ou à libération prolongée. Lorsqu'on administre ces médicaments dans la soirée, le médicament atteint son pic d'action en début de matinée. Ces recommandations s'appliquent à l'administration d'autres médicaments destinés à contrer les troubles cardiovasculaires, car ceux-ci sont plus susceptibles de se produire le matin.

Le moment choisi pour administrer un médicament peut constituer le facteur déterminant duquel dépendra l'efficacité du médicament et l'apparition d'effets indésirables chez le patient. L'administration des corticostéroïdes illustre bien l'importance du facteur temps. Chez une personne qui souffre d'insuffisance surrénale et qui a besoin d'une hormonothérapie substitutive, on obtient le maximum d'effets thérapeutiques et le minimum d'effets indésirables si on administre le médicament en tenant compte du rythme circadien naturel de sécrétion de corticostéroïdes. Cela signifie qu'il faut administrer le médicament en dose unique tôt le matin (vers 06:00) ou administrer les deux tiers de la dose quotidienne à cette même heure et le dernier tiers dans l'après-midi. Ainsi, on évite le freinage de la sécrétion corticosurrénalienne, qui constitue l'un des effets indésirables des corticostéroïdes. Toutefois, si le traitement vise l'inhibition de la fonction surrénalienne, on obtiendra de meilleurs résultats en administrant le médicament à une concentration constante tout au long de la journée ou au cours de la soirée et de la nuit.

Les variations observées dans la réaction de l'organisme aux différents médicaments sont reliées à différents rythmes circadiens : le rythme de la vitesse d'absorption du médicament, le rythme de son métabolisme, son rythme d'excrétion et le rythme de la sensibilité des tissus. Ainsi, on administre de plus en plus la chimiothérapie anticancéreuse en tenant compte des variations circadiennes des effets thérapeutiques et des effets secondaires, car celles-ci correspondent à la variation circadienne de la sensibilité du patient aux médicaments.

La division cellulaire des cellules cancéreuses est souvent différente de la division cellulaire des cellules normales, de sorte que leurs rythmes de sensibilité diffèrent. Par conséquent, il faut planifier l'administration de la chimiothérapie de façon à ce que l'effet maximum du médicament coïncide avec le pic du rythme de sensibilité des cellules tumorales. Les études faites sur les animaux semblent indiquer que la prise en considération du facteur temps peut faire toute la différence entre la vie et la mort. Les anesthésiques, les analeptiques, les antihistaminiques, certains analgésiques et plusieurs autres médicaments ont aussi des rythmes d'efficacité et de toxicité bien marqués.

GÉRONTOLOGIE

De plus en plus de recherches montrent que l'organisation temporelle de l'être humain change avec l'âge. Quand on compare les rythmes des jeunes adultes et des adultes d'âge moyen avec les rythmes des personnes plus âgées, on constate certaines caractéristiques chez ces dernières : des amplitudes moins élevées (c'est-à-dire un aplatissement des rythmes allant parfois jusqu'à la perte de rythmicité), des mesors plus bas, ainsi que des changements dans la situation temporelle des acrophases de différents rythmes physiologiques. Ces changements sont semblables à ceux que provoquent le travail par roulement et le décalage horaire. Les recherches semblent aussi indiquer que la période des rythmes circadiens s'écourte avec l'âge et que le système temporel circadien lui-même prend une avance de phase.

PERSPECTIVES THÉORIQUES

Les chronobiologistes proposent quelques hypothèses sur les causes des changements rythmiques qui prennent place avec l'âge. Une première hypothèse repose sur les théories du vieillissement «programmé». Selon cette hypothèse, le vieillissement serait dû à un programme génétiquement prédéterminé de désorganisation temporelle, ce qui expliquerait l'espérance de vie propre à chaque espèce. Une deuxième hypothèse découle d'une autre théorie du vieillissement, celle des «erreurs accumulées». Selon cette hypothèse, la désorganisation temporelle qui accompagne le vieillissement résulterait des agressions ou des mutations des processus et des structures cellulaires accumulées pendant toute une vie. La capacité d'adaptation diminuant avec l'âge, la cellule ou l'organisme serait incapable de «resynchroniser» les rythmes internes désynchronisés avec la même efficacité et la même facilité que les adultes plus jeunes. Même les légères désynchronisations non corrigées s'accumuleraient et entraîneraient une plus grande dissociation des phases. Il en résulte un manque de coordination entre les différents oscillateurs interdépendants, ainsi qu'une réduction de la capacité de fonctionnement et d'adaptation. Selon une troisième hypothèse, l'individu deviendrait moins sensible aux synchroniseurs en vieillissant. Comme la perception sensorielle diminue avec l'âge, on pense que la personne deviendrait incapable de percevoir les principaux repères temporels de l'environnement et serait alors désynchronisée. Cette perte de synchronisation des rythmes serait aggravée par d'autres changements qui surviennent dans le mode de vie de l'adulte âgé, tel l'absence d'un horaire de travail régulier.

Les chronobiologistes estiment que les variations rythmiques qui accompagnent le vieillissement sont dommageables. Martha Rogers (1970, 1986), théoricienne en sciences infirmières, apporte cependant une autre explication. Selon elle, les êtres humains sont des champs d'énergie qui interagissent constamment avec les champs ambiants et se transforment. Avec le temps, ces champs se diversifient et deviennent plus complexes; leurs rythmes présentent également des oscillations de fréquence. Au lieu de présumer que l'organisation temporelle des adultes âgés se détériore ou que leur capacité de percevoir le milieu extérieur est altérée, Rogers croit plutôt que les personnes âgées évoluent et, par conséquent, perçoivent leur environnement de façon différente. Une étude dans des conditions d'isolement effectuée auprès de jeunes adultes et d'adultes plus âgés vient appuyer en partie ce point de vue (Weitzman et coll., 1982). Cette expérience a démontré que chez des sujets vivant dans des conditions d'isolement en libre cours, la période de leur rythme de température corporelle est plus courte. Ce fait porte à penser que les rythmes biologiques des êtres humains ont effectivement des oscillations de fréquence plus élevée avec le temps (et donc, des périodes plus courtes). De plus, d'autres études portant sur le vieillissement laissent supposer que les rythmes sont plus variés au sein d'un groupe d'adultes âgés qu'au sein d'un groupe de jeunes adultes. Cette constatation va dans le même sens que l'hypothèse de Rogers, selon laquelle les rythmes de l'être humain se diversifient au fur et à mesure que celui-ci se développe. Selon l'approche rogerienne, donc, les changements qui surviennent dans l'organisation temporelle des adultes âgés pourraient être associés à un degré élevé de bien-être.

CHANGEMENTS DE RYTHMES RELIÉS AU VIEILLISSEMENT

Même si les recherches n'ont pas encore déterminé quelle théorie explique le plus justement le processus de vieillissement au cours du temps, il importe que les infirmières qui travaillent auprès de personnes âgées tiennent compte des différentes hypothèses. Par exemple, les rythmes circadien et ultradien du cycle veille-sommeil sont, entre autres, ceux qui sont les plus susceptibles de changer avec l'âge. Les personnes âgées, de même que certains adultes d'âge moyen, se réveillent souvent plus tôt le matin (leur cycle veille-sommeil présente une avance de phase). Leur sommeil se modifie et peut les amener à se sentir moins reposés. Le sommeil à ondes delta, c'est-à-dire le sommeil lent et profond, s'écourte et le sommeil du stade IV peut disparaître. Les personnes âgées se plaignent donc souvent de s'éveiller plus fréquemment la nuit et de ne pas dormir aussi profondément qu'auparavant. Très souvent, on a tendance à évaluer le sommeil des personnes âgées par rapport à celui des jeunes adultes. Or, il importe de connaître les changements qui se produisent dans le sommeil avec l'âge pour rassurer les patients qui s'inquiètent à tort et leur éviter de faire un usage intempestif de somnifères.

Ses connaissances sur les changements de rythmes reliés au vieillissement pourront aider l'infirmière à bien comprendre les problèmes qu'entraînent ces changements et, par conséquent, à savoir comment intervenir. Contrairement à l'idée préconçue selon laquelle les personnes âgées seraient moins actives que les jeunes adultes, une étude faite auprès d'adultes en santé jeunes et âgés (Lieberman et coll., 1989) montre que les personnes âgées ont en fait un niveau d'activité général plus élevé que les jeunes adultes (appréciation du niveau selon l'ensemble des exercices physiques pratiqués). Selon cette étude, le moment de la journée où l'activité des deux groupes différait le plus était en début de matinée; à ce moment, les personnes âgées étaient plus actives que les jeunes adultes. L'acrophase de l'activité des jeunes adultes se situait vers 15:00 et l'acrophase moyenne des adultes âgés vers 13:30. Même si l'activité physique vigoureuse tend à diminuer avec l'âge, l'étude de Lieberman semble indiquer que les personnes qui conservent un mode de vie actif (correspondant à l'avance de phase du rythme circadien qu'on retrouve souvent chez les personnes âgées) sont en meilleure santé. En outre, il semble qu'une personne âgée sans problème cardiovasculaire réagit mieux à l'exercice physique pratiqué le matin. L'étude de Lieberman indique aussi des différences dans le rythme circadien de la somnolence en fonction de l'âge et du sexe (figure 44-4). La vigilance étant l'état inverse de la somnolence, les données présentées à la figure 44-4 indiquent que l'enseignement auprès des patients âgés serait plus efficace entre 09:00 et 11:00.

Même si la personne âgée en santé reste active et vigilante, elle a besoin de plus de repos et, dans une moindre mesure, de plus de sommeil. En effet, elle a tendance à se fatiguer plus rapidement que le jeune adulte et à avoir besoin de plus longues périodes de repos pour récupérer.

Étant donné que les rythmes des personnes âgées présentent plus de variabilité, il est difficile de définir des rythmes «normaux» d'après les données relatives à ce groupe. Il est donc particulièrement important que l'infirmière recueille les valeurs initiales de chaque patient âgé, car chacun réagit différemment. L'exemple suivant illustre bien cette différence. Une étude portant sur les rythmes circadiens de femmes âgées en santé a montré que les interruptions de sommeil dérangeaient plusieurs des femmes interrogées, sauf l'une d'elles, qui affirmait ne pas être dérangée par ces interruptions. Cette femme se réveillait pourtant très régulièrement la nuit. Cependant, comme elle était retraitée et n'avait pas à se lever à une heure déterminée, elle disait que ces éveils nocturnes ne la dérangeaient pas et respectait le rythme endogène de sommeil que lui dictait son corps. Ainsi, quand elle se réveillait la nuit et ne s'endormait plus, il lui arrivait souvent de se lever et de faire du ménage ou toute autre activité jusqu'à ce qu'elle soit fatiguée. Malgré des éveils nocturnes très réguliers, cette femme avait un niveau de bien-être subjectif élevé et présentait le rythme circadien de température orale le plus marqué (Mason, 1988; voir la section portant sur la recherche en sciences infirmières).

SOINS INFIRMIERS

L'étude dont nous venons de parler ainsi que les différences de points de vue théoriques sur les changements rythmiques reliés au vieillissement soulèvent des questions cruciales: l'infirmière doit-elle renforcer les synchroniseurs du patient en milieu hospitalier (ou lui recommander de le faire à la maison) ou devrait-elle plutôt l'encourager à suivre ses propres rythmes? En attendant que des recherches puissent fournir

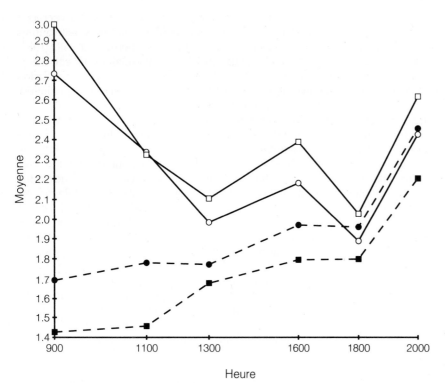

Figure 44-4. Somnolence moyenne indiquée par les patients eux-mêmes à différents moments de la journée sur l'échelle de somnolence de Stanford.

des réponses plus probantes, il importe de faire certaines recommandations pour rallier les divergences de vues:

1. Déterminez les connaissances de la personne âgée sur les changements rythmiques normaux reliés à l'âge, surtout ceux qui touchent le cycle veille-sommeil, et informez-la sur les aspects qu'elle ignore. Si une personne âgée définit le sommeil «normal» en fonction des rythmes de sommeil qu'elle avait étant jeune, elle risque de considérer comme des problèmes tous les changements qu'entraîne normalement l'âge. Si l'infirmière l'informe que ces changements sont normaux, elle peut l'aider à les accepter et peut-être lui éviter de prendre des médicaments inutilement. Cependant, comme les changements de sommeil associés au vieillissement peuvent également être reliés à l'anxiété, à la dépression et à la maladie chronique, il est important de vérifier si ces facteurs sont en cause lorsqu'une personne âgée se plaint de mal dormir. Il faut également considérer que l'emploi de plusieurs médicaments (en plus des hypnotiques), de même que la douleur et les troubles respiratoires peuvent aggraver les changements normaux reliés au vieillissement.

2. Informez la personne âgée sur les effets que l'usage prolongé d'hypnotiques et d'autres substances modifiant l'humeur et la vigilance peut avoir sur la qualité du sommeil. Notez également les autres médicaments pris par le patient et évaluez les effets secondaires qu'ils peuvent avoir sur le système temporel ou les rythmes circadiens, surtout si le patient semble subir des effets désagréables comme une somnolence accrue durant la journée.

3. Lorsque des changements surviennent dans les rythmes d'un patient âgé, évaluez sa capacité sensorielle et vérifiez s'il a moins de repères sociaux. On peut en effet promouvoir la synchronisation des rythmes du patient en améliorant ses fonctions sensorielles. Par exemple, on peut améliorer la vue par l'enlèvement d'une cataracte ou l'ouïe par une prothèse auditive. En outre, le patient qui doit demeurer à la maison risque d'être isolé socialement et, par conséquent, d'avoir des périodes en

libre cours. Pour réduire son isolement et lui donner des repères sociaux qui favorisent la synchronisation, on peut demander à la famille ou aux voisins de téléphoner ou de visiter le patient à des heures régulières.

4. Quand un patient âgé se plaint des effets nocifs du dérèglement de ses rythmes ou que ces effets sont observés, renforcez ses repères environnementaux: ouvrez les rideaux pour qu'il puisse distinguer clairement s'il fait jour ou nuit; maintenez un horaire de repas régulier; conseillez-lui de ne pas faire de sieste durant la journée s'il dort mal la nuit, ou d'en faire s'il est somnolent le jour; augmentez l'éclairage durant la journée et baissez-le la nuit. Toutefois, si l'infirmière ou le patient âgé pensent que les rythmes sont perturbés parce qu'on essaie de les «mouler» au rythme environnemental de 24 heures, l'infirmière peut encourager le patient à suivre l'horaire que lui dicte son corps et laisser ses rythmes fonctionner en libre cours. Pour ce faire, elle peut laisser le patient dormir ou se reposer pendant le jour sans troubler son sommeil, et lui donner la possibilité d'être actif durant la nuit sans toutefois déranger les autres patients (pour ce faire, on peut réserver une salle pour les activités nocturnes dans un centre d'accueil, ou permettre aux patients d'utiliser la salle des visiteurs la nuit dans un centre hospitalier). Il peut aussi s'avérer nécessaire d'adapter les heures de repas. En attendant que les chercheurs fassent des études comparatives sur les effets d'un horaire aussi souple sur la santé et le bien-être des adultes âgés, l'infirmière et le patient désynchronisé peuvent travailler de concert et tenter d'accroître les synchroniseurs ou de les diminuer, selon les besoins individuels.

RYTHMES ET SOINS INFIRMIERS

Comme la prestation des soins de santé se fait sur une base de 24 heures dans les centres hospitaliers, les centres d'accueil et à domicile, les infirmières doivent souvent travailler le soir et la nuit. Même le quart de jour habituel de 07:00 à 15:00 peut être éprouvant pour les infirmières qui sont des couche-tard ou qui ont tendance à l'être, car l'horaire de jour les oblige à se lever plus tôt que l'heure de lever «normale» de beaucoup de gens. Le travail par roulement touche donc les infirmières. Il a également des conséquences sur la qualité des soins donnés aux patients.

Les études montrent que le travail par roulement est associé aux troubles du sommeil et aux troubles gastro-intestinaux, notamment aux ulcères gastroduodénaux, aux gastrites et aux troubles intestinaux. La perturbation des heures de repas, de la durée et de la qualité du sommeil sont les principales causes de ces troubles. Le travail par roulement influe également sur le rendement, car les erreurs de jugement et les défaillances psychomotrices sont plus fréquentes la nuit chez les travailleurs désynchronisés. Le manque de sommeil combiné à un stress (comme celui provoqué par la réanimation d'une victime d'arrêt cardiaque, par exemple) peut entraîner des changements de personnalité et même accroître les risques d'erreurs professionnelles.

Il existe plusieurs façons de réduire les effets négatifs du travail par roulement:

- On devrait pouvoir demander aux infirmières quelles sont leurs préférences quant au quart de travail. Contrairement à ce qu'on pourrait penser, elles ne choisiraient pas toutes un poste de jour. Les couche-tard préféreront plutôt travailler le soir et la nuit. Quand toutefois les équipes de travail doivent se relayer, on devrait affecter chaque infirmière à deux horaires de son choix. On ne peut s'attendre à ce que tout le monde puisse travailler indifféremment le jour ou la nuit; en le faisant, on compromet la santé des infirmières et la qualité des soins qu'elles prodiguent.

- La rotation des équipes d'infirmières devrait toujours être faite dans l'ordre de progression du temps, c'est-à-dire du poste de jour au poste de soir, du poste de soir au poste de nuit, et du poste de nuit au poste de jour. Cette façon de relever le quart respecte le rythme endogène du corps, dont la période est légèrement plus longue que 24 heures. Ce rythme endogène explique pourquoi il est toujours plus facile de s'adapter à un vol qui rallonge la journée subjective (vol de l'est vers l'ouest) qu'à un vol qui la raccourcit (vol de l'ouest vers l'est).

- Si la rotation des équipes est nécessaire, il vaut mieux la faire soit toutes les trois à quatre semaines, soit tous les deux jours. La raison en est simple: les rythmes circadiens d'une personne ne commencent à changer que deux ou trois nuits après le changement de quart de travail et s'aplanissent ensuite avant de s'inverser complètement et de s'adapter au nouvel horaire; du début du changement de quart à l'inversion complète, il faut compter 7 à 14 jours. Par conséquent, si une personne change encore de quart de travail cinq à sept jours après le changement initial (au moment où ses rythmes sont déjà en voie d'adaptation), ses rythmes seront perturbés à nouveau. Il en résulte donc une désynchronisation constante. Pour éviter ce phénomène, plusieurs entreprises industrielles utilisent un système de rotation des équipes rapide avec changement de postes tous les deux jours. Toutefois, le rythme circadien du rendement chez l'employé continuera à chuter entre 03:00 et 05:00; il faut donc être prudent pendant cette période où les risques d'erreur et d'accident sont élevés.

- Une bonne partie des problèmes reliés au travail de nuit sont dus aux troubles du sommeil. Il existe plusieurs façons de favoriser le sommeil de jour: doter les fenêtres de stores opaques; décrocher le récepteur téléphonique ou se procurer un répondeur qui coupe la sonnerie et enregistre les messages; maintenir un horaire de repas semblable à celui qu'on avait dans une journée normale (c'est-à-dire prendre le petit déjeuner avant d'aller travailler le soir et un repas plus copieux au moins deux heures avant de se mettre au lit).

Même si le travail par roulement est nécessaire pour assurer en tout temps les soins dont les patients ont besoin, on devrait l'éviter le plus possible. Lorsque la rotation des équipes doit avoir lieu, on peut planifier les changements de quarts de façon à en réduire les effets nuisibles sur la santé des infirmières et sur la qualité des soins. De leur côté, les infirmières appelées à travailler par roulement peuvent respecter leurs propres rythmes biologiques et modifier les repères environnementaux de façon à avoir le meilleur sommeil possible.

RÉSUMÉ

L'être humain possède une dimension temporelle caractérisée par une variation rythmique de ses fonctions et de ses processus physiologiques, psychologiques et sociaux. Plusieurs facteurs agissent sur les rythmes biologiques, notamment les repères de l'environnement du milieu externe et les médicaments. Ces facteurs peuvent favoriser ou altérer la rythmicité. L'infirmière devrait évaluer ces facteurs et s'en servir pour entretenir la rythmicité. Elle devrait tenir compte du facteur temps lorsqu'elle analyse les données relatives au patient, en particulier quand elle interprète les résultats des épreuves de laboratoire et les autres données physiologiques. Elle doit tenir compte du facteur temps lorsqu'elle planifie ses interventions, car la réaction d'un patient à un traitement peut dépendre du moment de la journée où celui-ci est effectué.

Le respect de l'organisation temporelle de chaque personne favorise au maximum le fonctionnement, le bien-être et la santé, tant chez l'infirmière que chez le patient. Même s'il reste beaucoup à découvrir dans le domaine des rythmes biologiques, il existe actuellement une abondante documentation qui peut s'avérer utile à l'infirmière, notamment pour procéder à la collecte des données, planifier et exécuter ses soins. En appliquant ces connaissances aux soins infirmiers, l'infirmière pourra rehausser la qualité des soins donnés aux patients et sera mieux en mesure de favoriser la santé et le rétablissement.

Bibliographie

Les articles de recherche en sciences infirmières sont marqués d'un astérisque.

Ouvrages

*Coss SJ. Factors affecting the sleep of patients on surgical wards in Scotland. In Funk SL et al (eds). Key Aspects of Recovery: Improving Nutrition, Rest, and Mobility. New York, Springer, 1990, pp 223–238.

Felton G. Human Biologic Rhythms. Annual Review of Nursing Research, Vol 6. New York, Springer, 1989, pp 71–93.

Fryger MH. Principles and Practice of Sleep Medicine. Philadelphia, WB Saunders, 1989.

Hobson AJ. Sleep. New York, Scientific American Library, 1989.

Mendelson WB. Human Sleep: Research and Clinical Care. New York, Plenum Medical Book Co, 1987.

Rogers M. An Introduction to the Theoretical Basis of Nursing. Philadelphia, FA Davis, 1970.

Rogers M. Science of unitary human beings. In Malinski VM (ed). Exploration of Martha Rogers' Science of Unitary Human Beings. Norwalk, CT, Appleton-Century-Crofts, 1986, pp 3-8.

Shaver JLF and Giblin EC. Sleep. Annual Review of Nursing Research, Vol 7. New York, Springer, 1989, pp 45-77.

Revues

Ancoli-Israel S et al. Sleep fragmentation in patients from a nursing home. J Gerontol 1989 Jan; 4(1):M18-M21.

Aschoff J. Circadian rhythms in man. Science 1965 Jun; 148(11):1427-1432.

Biddle C and Oaster TRF. The nature of sleep. AANA J 1990 Feb; 58(1):35-42.

Bliwise DL, Carroll JS, and Dement WC. Predictors of observed sleep/wakefulness in residents in long-term care. J Gerontol 1990 Jul; 45(4):M126-M130.

Borbely AA and Tobler I. Endogenous sleep-promoting substances and sleep regulation. Physiol Rev 1989 Apr; 69(2):605-670.

Broughton R et al. Chronobiologic aspects of SWS and REM sleep in extended night sleep of normals. Sleep Res 1988; 17:361.

Czeisler CA et al. Bright light induction of strong (type O) resetting of the human circadian pacemaker. Science 1989 Jun; 244(4910):1328-1333.

Dinges DF et al. Temporal placement of a nap for alertness: Contributions of circadian phase and prior wakefulness. Sleep 1987 Aug; 10(4):313-329.

* Farr LA, Campbell-Grossman C, and Mack JM. Circadian disruption and surgical recovery. Nurs Res 1988 May/Jun; 37(3):1171-1174.

* Hansell H. The behavioral effects of noise on man: The patient with intensive care unit psychosis. Heart Lung 1984 Jan; 13(1):59-65.

Hauri PJ and Esther MS. Insomnia. Mayo Clin Proc 1990 Jun; 65(6):869-882.

* Hilton A. Noise in acute patient care areas. Res Nurs Health 1985 Sep; 8(3):283.

Hyyppa MT and Kronholm E. Quality of sleep and chronic illness. J Clin Epidemiol 1989; 42(7):633-638.

Johnson LC et al. Daytime sleepiness, performance, mood, nocturnal sleep: The effect of benzodiazepine and caffeine on their relationship. Sleep 1990 Apr; 13(2):121-135.

Levine B et al. Fragmenting sleep diminishes its recuperative value. Sleep 1987 Dec; 10(6):590-599.

Lieberman HR, Wurtman JJ, and Teicher MH. Circadian rhythms of activity in healthy young and elderly humans. Neurobiol Aging 1989 May/Jun; 10(3):259-265.

* Mason DJ. Circadian rhythms of body temperature and activation and the well-being of older women. Nurs Res 1988 Sep/Oct; 37(5):276-281.

Mitler MM et al. Catastrophes, sleep, and public policy: Consensus report. Sleep 1988 Feb; 11(1):100-109.

Monk TH. Subjective ratings of sleepiness: The underlying circadian mechanisms. Sleep 1987 Aug; 10(4):343-353.

Monk TH and Moline ML. Removal of temporal constraints in the middle-aged and elderly: Effects on sleep and sleepiness. Sleep 1988 Dec; 11(6):513-520.

* Moore MN. Development of a sleep-awake instrument for use in a chronic renal population. ANNA J 1989 Feb; 16(1):15-19.

Morris M, Lack L, and Dawson D. Sleep-onset insomniacs have delayed temperature rhythms. Sleep 1990 Feb; 13(1):1-14.

National Institutes of Health Consensus Statement: The treatment of sleep disorders of older people. 1990 Mar; 8(3):1-22.

Norris CM. Restlessness: A disturbance in rhythmicity. Geriatr Nurs 1986 Nov/Dec; 7(6):302-306.

* Richards KC and Bairnsfather L. A description of night sleep patterns in the critical care unit. Heart Lung 1988 Jan; 17(1):35-42.

Rivest RW et al. Difference between circadian and ultradian organization of cortisol and melatonin rhythms during activity and rest. J Clin Endocrinol Metab 1989 Apr; 68(4):721-729.

* Samples JF et al. Circadian rhythms: Basis for screening for fever. Nurs Res 1985 Nov/Dec; 34(5):377-379.

Sorensen KV et al. CSF somatostatin in multiple sclerosis: Reversible loss of diurnal oscillation in relapses. Neurology 1987 Jun; 37(6):1050-1053.

Terman M. On the question of mechanism in phototherapy for seasonal affective disorder: Considerations of clinical efficacy and epidemiology. J Biol Rhythms 1988 Summer; 3(2):155-172.

Terman M et al. Light therapy for seasonal affective disorder: A review of efficacy. Neuropsychopharmacology 1989; 2(1):1-22.

Turek F and Van Reeth O. Use of benzodiazepines to manipulate the circadian clock regulating behavioral and endocrine rhythms. Horm Res 1989; 31(1/2):59-65.

Valle GA and Lemberg L. Circadian influence in cardiovascular disease (part 1). Chest 1990a Jun; 97(6):1453-1457.

Valle GA and Lemberg L. Circadian influence in cardiovascular disease (part 2). Chest 1990b Jul; 98(1):218-221.

Webb WB. An objective behavioral model of sleep. Sleep 1988 Oct; 11(5):488-496.

Weitzman ED et al. Chronobiology of aging: Temperature, sleep-wake rhythms and entrainment. Neurobiol Aging 1982; 3:299-309.

Wever RA. Light effects on human circadian rhythms: A review of recent Andechs experiments. J Biol Rhythms 1989 Sep; 4(2):161-185.

45
SEXUALITÉ

OBJECTIFS D'APPRENTISSAGE

Après avoir étudié ce chapitre, vous devriez être en mesure de réaliser ce qui suit:

1. *Expliquer pourquoi il est important que l'infirmière évalue ses propres attitudes face à la sexualité afin de reconnaître ses points forts et ses limites lorsque son travail clinique l'amène à traiter des questions de sexualité.*

2. *Énumérer les variables biologiques, psychologiques et sociales qui peuvent altérer la fonction sexuelle.*

3. *Décrire le mode de réaction sexuelle de l'être humain.*

4. *Recueillir des données sur la sexualité en dressant le profil du patient hospitalisé.*

5. *Préciser la relation entre l'image corporelle et la sexualité.*

6. *Expliquer l'importance du counseling sexuel dans la prévention et le traitement des troubles sexuels causés par des problèmes de santé (infarctus du myocarde, mammectomie, lésions de la moelle épinière, diabète, hypertension artérielle, etc.).*

Beaucoup d'infirmières qui travaillent auprès des malades et des opérés évitent de discuter avec eux de sexualité et d'interactions sexuelles. Pourtant, de la naissance à la mort, nous sommes tous des êtres sexués, et le patient, où qu'il se situe dans le continuum santé-maladie, est aussi un être sexué.

Le mot *sexualité* se rapporte à la totalité de l'être: il n'est pas seulement lié à la génitalité, mais à la nature humaine dans son ensemble. La sexualité englobe toutes les composantes de la personnalité: biologique, psychologique, affective, sociale, culturelle et spirituelle et elle s'exprime dans chacune de ces composantes. Sur le plan psychologique, par exemple, elle se traduit par le concept de soi: «je suis viril; je suis féminine; je ne suis qu'une moitié d'homme; j'ai cessé d'être désirable» (Whipple et Gick, 1980).

Pour assurer aux patients des soins globaux, il faut avoir de bonnes connaissances de base sur la sexualité et la fonction sexuelle, et se sentir à l'aise face à sa propre sexualité et à celle des patients. En suivant un cours de sexualité humaine qui comprend un programme de réévaluation des attitudes sexuelles, l'infirmière peut acquérir de bonnes connaissances de base qui l'aideront à connaître, à comprendre et à accepter ses propres attitudes, valeurs et émotions. En effet, elle ne pourra rester neutre face aux attitudes et aux émotions du patient si elle n'a pas clarifié et accepté les siennes.

Dans notre société, tout acte qui ne répond pas aux normes de bonne conduite est souvent jugé immoral, illégal, ou contraire aux impératifs culturels. Il est impossible de nier le rôle de la culture, des mœurs, des croyances religieuses et des valeurs familiales, car ce sont elles qui déterminent l'identité de la personne, la manière dont elle exprime la sexualité et la manière dont elle accepte de recevoir des informations sur ce sujet. L'infirmière peut avoir à soigner un patient dont le comportement ou l'orientation sexuelle heurte ou contredit profondément l'idée qu'elle se fait d'une conduite acceptable. Mais pour dispenser des soins globaux, il faut savoir que les préjugés peuvent compromettre la qualité des soins et qu'il est essentiel d'être à l'aise avec sa propre sexualité et celle des patients.

RÔLE DE L'INFIRMIÈRE

L'infirmière a pour rôle de créer un environnement thérapeutique propice à l'harmonie sexuelle. À titre d'éducatrice et de conseillère, elle peut aider le patient à élargir ses connaissances, le rassurer sur sa normalité et le préparer aux changements qui jalonnent les différentes étapes de la vie, qu'il soit malade ou en santé. La démarche de soins permet à l'infirmière de recueillir les données pertinentes, de déceler les problèmes, de planifier et d'exécuter des soins, de coordonner l'intervention des spécialistes pertinents et d'évaluer l'efficacité des soins.

DÉVELOPPEMENT SEXUEL

Le développement sexuel commence à la conception. L'ovule de la femme (l'œuf) porte deux chromosomes X; le sperme de l'homme porte un chromosome X et un chromosome Y. C'est ainsi que le sperme détermine le sexe de l'enfant. Quand un chromosome X se joint à un autre chromosome X, l'embryon est femelle; quand un chromosome Y se joint au chromosome X, c'est un embryon mâle qui se développe. Du point de vue du développement sexuel, tous les embryons sont femelles jusqu'à la sixième ou la septième semaine après la conception; c'est alors que les androgènes stimulent le développement sexuel mâle chez le fœtus XY (Guyton, 1986). À ce stade, une erreur chromosomique ou des perturbations hormonales peuvent faire dévier le développement sexuel. Dès la naissance, le développement sexuel est influencé par l'entourage, de même que tout au long du processus de socialisation.

Notre sens de l'identité masculine ou féminine et la manière dont nous l'exprimons constituent le fondement de notre développement en tant qu'êtres sexués. Pour assurer la clarté et la cohérence des explications qui suivent, nous définirons ici quelques-uns des termes qui seront employés.

L'*identité biologique* se fonde sur les différences fondamentales entre les hommes et les femmes au chapitre de l'anatomie et de la reproduction. Ces différences touchent les chromosomes, les sécrétions hormonales, les organes sexuels internes et les organes génitaux externes.

Le *sexe* de la personne est un phénomène relevant du comportement et de la psychologie. Ses deux composantes sont l'identité biologique et l'identité sexuelle.

L'*identité sexuelle* est le sentiment qu'a une personne d'être un homme ou une femme. L'essence de l'identité sexuelle de l'enfant est formée à 18 mois (Crooks et Baur, 1993). Puis au moment de la puberté, l'action des hormones sur la morphologie, l'érotisme et l'image corporelle mènent au développement d'une identité sexuelle adulte. À la fin de l'adolescence, l'identité sexuelle est devenue à peu près immuable (Money et Ehrhardt, 1972).

Le *rôle sexuel* correspond aux moyens par lesquels la personne choisit d'exprimer son identité sexuelle. Il s'agit de comportements appris en imitant le parent du même sexe et en se faisant le complément du parent du sexe opposé. Le rôle sexuel est influencé par l'interaction complexe des récompenses et des punitions dispensées par les parents, et il continue à se définir tout au long de la vie.

Dans la tradition culturelle occidentale, les comportements qui déterminent la masculinité ou la féminité (les rôles sexuels) ont obéi par le passé à des stéréotypes restrictifs. Les traits dits «masculins» étaient la force, l'agressivité, la logique et l'indépendance; les traits «féminins» étaient la faiblesse, la soumission, la dépendance et l'émotivité. Mais depuis une vingtaine d'années, les rôles sexuels ont changé autant pour les hommes que pour les femmes. L'identité sexuelle est représentée aujourd'hui comme un continuum, de sorte que la présence de traits autrefois considérés comme masculins ne rend pas nécessairement une personne moins féminine, et réciproquement. L'*androgynie* est la présence simultanée de traits masculins et féminins; elle représente l'élargissement de la gamme des possibilités et favorise, au bout du compte, une plus grande égalité entre les sexes (Bem, 1974).

L'*orientation sexuelle* désigne le choix d'un partenaire sexuel: hétérosexualité (sexe opposé), homosexualité (même sexe), bisexualité (les deux).

Afin d'offrir des conseils préventifs à chaque étape de la vie, l'infirmière doit connaître le développement psychosexuel (tâches développementales, croissance et comportements sexuels), ainsi que les problèmes et les types d'interventions les plus fréquents en matière de sexualité.

On trouvera au tableau 45-1 les points essentiels du développement psychosexuel, qui pourront servir de cadre pour la collecte des données. Le cadre théorique proposé provient des travaux d'Erikson; bien entendu, il faut toujours tenir compte des variations individuelles (Erikson, 1963).

CYCLE DE LA RÉACTION SEXUELLE

Masters et Johnson ont décrit la réaction sexuelle comme un cycle comportant quatre phases (Masters et Johnson, 1966). La personne passe de l'excitation à un plateau, puis à l'orgasme et à la résolution. Le cycle repose sur deux mécanismes physiologiques de base: la congestion vasculaire et la myotonie.

La *congestion vasculaire* est l'afflux du sang vers les organes génitaux, et certaines autres parties du corps, qui se gonflent et changent de couleur. La *myotonie* est une augmentation, volontaire et involontaire, de la tension musculaire. Les deux phénomènes, qui résultent de l'excitation sexuelle, deviennent de plus en plus marqués, atteignent un sommet au moment de l'orgasme et disparaissent pendant la résolution.

Le désir sexuel qui précède l'excitation est régi dans le cerveau par le système limbique, et l'hormone appelée *testostérone* exerce sur lui une influence considérable. Ainsi, tout ce qui inhibe la production de la testostérone peut entraver le désir. Le stress entraîne une diminution de la concentration de testostérone; c'est pourquoi la personne qui se sent menacée, qui a mal ou qui a peur est peu encline à ressentir un désir sexuel (Kaplan, 1974).

(suite à la page 1334)

TABLEAU 45-1. *Étapes du développement psychosexuel et interventions infirmières correspondantes*

Tâches développementales	Croissance sexuelle	Comportements sexuels	Problèmes sexuels	Interventions
STADE DÉVELOPPEMENTAL: *Nourrisson (0-18 mois)*				
CRISE DÉVELOPPEMENTALE: *Confiance ou méfiance*				
Développe le besoin de recevoir et de donner l'affection.	Sensibilité à la chaleur et à l'amour de l'entourage	Caresses, câlineries, baisers	Privation tactile	Insister sur l'importance des contacts physiques et expliquer les problèmes associés à la privation tactile.
	Sensibilité des lèvres, de la langue, de la bouche (stade oral)	Succion	Privation orale (sevrage précoce)	Expliquer la signification d'un sevrage précoce et les problèmes qui en découlent.
Commence à interpréter les attentes des personnes clés dans sa vie.	Sensibilité génitale; possibilité d'érection chez les garçons; possibilité d'orgasme chez les enfants des deux sexes	Autostimulation ou stimulation par autrui des organes génitaux; érections chez les garçons; orgasmes primitifs	Inquiétude et craintes des parents	Clarifier les attitudes et les croyances des parents. Expliquer le caractère primitif de la réaction, car les centres nerveux supérieurs ne sont pas encore pleinement développés. Souligner qu'il s'agit d'un comportement normal qui ne nuira pas à l'enfant.
Élabore un système de communication.	Sentiments positifs ou négatifs à l'endroit de certaines parties du corps et des fonctions corporelles	Attribution d'une valeur aux parties du corps d'après les valeurs des parents et les inflexions de la voix	Image corporelle négative	Souligner qu'il est important que les parents parlent du corps de l'enfant en termes positifs.
Se conçoit comme être distinct; devient sociable; est capable de faire la différence entre les gens familiers et les inconnus.	Distinction entre soi et les autres Renforcement de l'identité sexuelle	Premières manifestations des caractéristiques masculines ou féminines Identification au parent du même sexe	Identité floue, rôles sexuels restrictifs, stéréotypes, codage (le rose pour les filles, le bleu pour les garçons), interdiction de certains jouets	Expliquer que le bébé a besoin de contacts intimes avec une autre personne pour développer une identité sexuelle. On peut éviter les stéréotypes en matière de rôles sexuels en se montrant attentif à la personnalité individuelle de l'enfant.
STADE DÉVELOPPEMENTAL: *Trottineur (18 mois à 3 ans)*				
CRISE DÉVELOPPEMENTALE: *Autonomie ou honte et doute*				
Commence à être propre.	Maîtrise des sphincters de l'anus et de l'urètre (stade anal)	Plaisir sensuel provenant de l'élimination	Rigidité dans l'entraînement à la propreté	Souligner les problèmes associés à un entraînement rigide à la propreté: compulsions, peur de la castration. Proposer d'autres moyens d'entraîner l'enfant à la propreté.
Commence à participer à la vie familiale.	Développement du noyau de l'identité sexuelle	Imitation du comportement du parent du même sexe	Anxiété reliée aux comportements qui conviennent aux garçons et aux filles	Recommander que l'on évite les stéréotypes sexuels en offrant une gamme de possibilités, et que l'on choisisse les jouets et les vêtements en fonction de la personnalité de l'enfant.

TABLEAU 45-1. (suite)

Tâches développementales	Croissance sexuelle	Comportements sexuels	Problèmes sexuels	Interventions
Communique avec les gens à l'extérieur de la famille.	Distinction entre les corps masculins et féminins	Intérêt pour les corps des autres enfants	Inquiétude des parents	Clarifier les attitudes, les valeurs et les croyances des parents.
	Notion d'image corporelle	Inventaire des parties du corps, parfois accompagné de questions	Image de soi négative, les organes génitaux étant parfois considérés «sales»	Fournir un vocabulaire qui souligne l'acceptation du corps (organes génitaux, reproduction et élimination).
Développe un comportement autonome.	Sensibilité génitale Possibilité d'érection Possibilité d'orgasme	Comportements sensuels et érotiques: jouissance par la masturbation, les jouets, les objets	Inquiétude des parents	Souligner le fait qu'il s'agit d'un aspect normal du développement sexuel; clarifier les valeurs, les attitudes et les croyances.

STADE DÉVELOPPEMENTAL: Âge préscolaire (4-6 ans)
CRISE DÉVELOPPEMENTALE: Initiative ou culpabilité

Participe activement à la vie familiale.	Attachement oedipien au parent du sexe opposé; complémentarité: compréhension de ce qu'il peut attendre de ce parent; identification au parent du même sexe; apprentissage des rôles sexuels	Expression physique de l'affection; intérêt pour le corps des parents; fantasmes au sujet des parents; jeu consistant à endosser leurs vêtements	Attachement démesuré pour un parent; comportement de séduction du parent; hostilité du parent du même sexe	Proposer au parent séducteur, en cherchant à ne pas l'alarmer, de modifier son comportement. Orienter les parents vers des cours sur les rôles parentaux où ils apprendront à éviter les messages qui créent la confusion chez l'enfant. Les écarts sexuels peuvent être liés au comportement du parent séducteur: recommander le counseling.
Réagit aux attentes d'autrui; commence à comprendre les principes moraux et à établir un système de valeurs morales.	Curiosité sexuelle; le pénis et le clitoris deviennent les principales zones de plaisir érotique (stade phallique)	Multiplication des jeux corporels; jeu du «médecin», vue et toucher des corps des autres enfants; questions sur les organes génitaux et la reproduction	Inquiétude des parents: l'enfant peut apprendre à étouffer ses sensations et ses comportements sexuels pour être accepté.	Informer les parents que les réactions démesurées suscitent la culpabilité. Il faut se préparer à répondre aux questions de l'enfant; souligner qu'il est important de répondre à ses questions sans porter de jugements; employer les mots corrects (*pénis, vagin*) qui constituent la terminologie la plus appropriée.

STADE DÉVELOPPEMENTAL: Âge scolaire (6-12 ans)
CRISE DÉVELOPPEMENTALE: Zèle ou sentiment d'infériorité

A moins besoin de l'amour et du soutien absolus de sa famille; commence à comprendre les relations avec les pairs.	Contacts intimes avec les pairs du même sexe; création d'amitiés	Jeux sexuels avec d'autres enfants	Réactions démesurées des parents; culpabilité de l'enfant	Dissiper les mythes en donnant des renseignements exacts sur la reproduction.
	Curiosité touchant la sexualité (aucune latence)	Discussions sur la sexualité avec les pairs	Notions qui sèment la confusion ou l'effroi	Rassurer les parents en leur expliquant qu'il s'agit d'un élément normal de la croissance et du développement psychosexuel.
	Possibilité d'orgasme (garçons et filles); apparition des premières règles chez certaines fillettes	Masturbation, autostimulation	Craintes découlant de l'ignorance	

TABLEAU 45-1. (suite)

Tâches développementales	Croissance sexuelle	Comportements sexuels	Problèmes sexuels	Interventions
Est conscient des changements physiques.	Conscience de soi approfondie et intérêt pour la croissance physique	Comparaisons entre sa croissance physique et celle de ses pairs	Inquiétudes touchant la croissance physique	Poser des questions sur la sexualité au cours d'un entretien détendu et confidentiel. Que sais-tu de la naissance des bébés? Quand tu as des questions sur la sexualité, à qui les poses-tu? As-tu remarqué que ton corps changeait? Quelle est ta réaction à ces changements?
Adhère aux valeurs, aux attitudes et aux croyances sociales, religieuses et familiales.	Formation d'un système de valeurs personnel sur la sexualité; apprentissage de la maîtrise de soi	Initiation à la dissimulation; emploi d'un langage cru visant à choquer	Mise à l'épreuve d'autrui pour savoir jusqu'où il peut aller; conduite obsessionnelle et anti-sociale; répression	Orienter vers le counseling ou la thérapie familiale. En étant trop stricts envers l'enfant, les parents mettent en danger son estime de soi. En étant trop permissifs, les parents retardent la formation d'un système de valeurs personnel.
	Compréhension des notions de masculinité et de féminité	Processus de définition des rôles sexuels à l'intérieur et à l'extérieur de la famille	Stéréotypes rigides imposés par les parents qui, par exemple, découragent le garçon de développer des habiletés dites «féminines», la fille de faire du sport	Proposer des solutions autres que les stéréotypes rigides en matière de rôles sexuels. Mettre l'accent sur les préférences personnelles de l'enfant.

STADE DÉVELOPPEMENTAL: *Adolescence (12-18 ans)*
CRISE DÉVELOPPEMENTALE: *Formation de l'identité ou identité diffuse*

Accepte les changements que son corps subit et sa nouvelle image corporelle.	Filles: premières règles; développement des seins; répartition du tissu adipeux aux cuisses et aux hanches; augmentation du volume de l'utérus; pilosité pubienne. Garçons: éjaculation; augmentation du volume des testicules; pilosité du pubis et du visage; mue; éjaculation nocturne	Comparaison des changements physiques avec les pairs du même sexe; fantasmes sexuels liés au corps	Anxiété causée par la modification de l'image corporelle; gêne	Parler de la relation entre l'image corporelle et la croissance sexuelle en notant que la personne perçoit les changements en fonction de son image d'elle-même.
Établit des liens intimes avec des pairs des deux sexes; établit une relation personnelle profonde avec le sexe opposé.	Apprentissage de l'intimité et des relations sexuelles; vifs engouements amoureux	Expériences sexuelles: baisers, caresses, masturbation réciproque; fantasmes sexuels; rapports sexuels complets pour la moitié des adolescents	Performance; orgasme; virginité; anxiété	Poser des questions sur la sexualité de façon directe et confidentielle. Êtes-vous sexuellement actif? Fréquence des rapports? Quels sont vos sentiments à ce sujet? Offrir des conseils sur la contraception, la réduction des risques de MTS, les tests Pap, l'auto-examen des seins ou des testicules.

TABLEAU 45-1.   (suite)

Tâches développementales	Croissance sexuelle	Comportements sexuels	Problèmes sexuels	Interventions
			Masturbation compulsive et mécanique	Peut constituer le moyen d'échapper à un autre problème: dispenser un counseling sexuel.
Assume un rôle masculin ou féminin.	Conscience accrue de son orientation sexuelle profonde	Formation de groupes chez les deux sexes (axés, chez les garçons, sur la pratique des sports)	Manifestation d'écarts sexuels: homosexualité, transsexualité, bisexualité	Clarifier les rôles: À votre avis, que signifie le fait d'être un homme ou une femme? Confirmer le caractère normal des comportements. Recommander un counseling sexuel s'il existe des problèmes.
Cherche à établir une relation d'égal à égal avec ses parents.	Expression de sentiments touchant sa sexualité	Réaction aux interdits des parents	Inquiétude des parents, effondrement de la communication, culpabilité	La communication est essentielle, car les parents ne prennent pas au sérieux les béguins de l'adolescent; ils commencent parfois à employer deux poids et deux mesures pour les garçons et les filles, ce qui peut causer des problèmes. Les interdits trop sévères entravent le développement.

STADE DÉVELOPPEMENTAL: *Jeune adulte (20-45 ans)*
CRISE DÉVELOPPEMENTALE: *Intimité ou isolement*

Tâches développementales	Croissance sexuelle	Comportements sexuels	Problèmes sexuels	Interventions
Stabilise son image de soi.	Acceptation de son corps; grossesse	Aisance face à la nudité en présence de personnes proches	Hommes: anxiété reliée à la taille du pénis Femmes: anxiété reliée au volume des seins Pour les deux sexes: honte, gêne	Insister sur le fait que la taille du pénis ou des seins n'a aucun effet sur le plaisir sexuel. Une image corporelle négative peut faire obstacle à l'établissement de relations sexuelles.
Établit des habitudes en matière de comportement sexuel.	Idée pleinement mûrie de son être sexuel; maintien du processus de définition de l'identité sexuelle; affermissement de l'orientation et du mode de vie sexuels	Adaptation sexuelle: bisexualité, homosexualité, hétérosexualité, célibat, masturbation, cohabitation, monogamie, mariage, rapports extraconjugaux	Ambivalence en matière de rôle, d'identité ou d'orientation sexuels; «panique» liée à l'homosexualité; sentiment d'être prisonnier d'une orientation sexuelle	Poser des questions sur la sexualité: Quels sont vos sentiments touchant votre identité, votre rôle et votre orientation sexuels? Explorer les sentiments à l'endroit du partenaire sexuel. Quel que soit le mode d'expression sexuel du patient, il faut évaluer sa situation du point de vue de l'intimité et de l'isolement. Confirmer la normalité.

TABLEAU 45-1. (suite)

Tâches développementales	Croissance sexuelle	Comportements sexuels	Problèmes sexuels	Interventions
	Capacité de donner et de recevoir du plaisir	Essai de différentes formes d'expression sexuelle	Ennui; crainte des expériences nouvelles; incapacité de communiquer ses besoins sexuels au partenaire; manque d'informations	Expliquer le cycle de la réaction sexuelle. Discuter des types de comportements sexuels. Cerner les questions qui suscitent l'inquiétude; au besoin, orienter le patient vers un spécialiste.
Décide s'il veut fonder une famille; protège sa capacité de reproduction.	Prise de décision touchant la possibilité d'avoir des enfants	Maîtrise de la reproduction: maintien de l'intégrité des organes génitaux; tests Pap, auto-examen des seins ou des testicules, comportements visant à réduire les risques de MTS	Grossesse non désirée; crainte de l'examen physique ou de l'examen pelvien; manque d'information touchant les MTS ou la contraception	Poser des questions sur la sexualité et sur la méthode de contraception utilisée; proposer d'autres moyens. Explorer les sentiments de la patiente touchant la grossesse; informer sur les MTS et leur prévention.
Formule une philosophie de la vie et élabore des normes morales.	Élaboration d'un système de valeurs en matière de sexualité	Cohérence du comportement, des valeurs, des attitudes et des croyances personnelles	Non-satisfaction des besoins sexuels en raison de principes moraux rigides	Il est nécessaire de clarifier les valeurs; morale absolutiste: la sexualité vise la reproduction; morale hédoniste: elle vise le plaisir; morale relativiste: on juge les actions selon leurs conséquences.

STADE DÉVELOPPEMENTAL : *Adulte d'âge moyen (45-65 ans)*
CRISE DÉVELOPPEMENTALE : *Générativité ou stagnation*

Tâches développementales	Croissance sexuelle	Comportements sexuels	Problèmes sexuels	Interventions
Reconnaît et accepte les changements physiques et affectifs subis.	Déclin de la production hormonale (ménopause): atrophie du vagin et affinement de la muqueuse vaginale; symptômes vasomoteurs — bouffées de chaleur; irritabilité, fatigue, modification des organes génitaux externes et des tissus mammaires; climatère chez l'homme — atteint plus lentement l'érection, la maintient moins longtemps; la force éjaculatoire diminue.	Accent sur la qualité de l'activité sexuelle plutôt que la quantité; la fréquence peut diminuer; le rapport sexuel en tant qu'expression d'amour et de confiance; réaffirmation du concept de soi	Anxiété touchant la perte de la jeunesse, de la vitalité, de la capacité de séduire, et crainte de perdre le partenaire; abandon dans certains cas de l'activité sexuelle en raison d'une dyspareunie (rapports sexuels douloureux) causée par le manque de sécrétions vaginales; crise de l'image de soi; dépression et déni; l'homme a peur de perdre sa vigueur et sa virilité.	Offrir des conseils préventifs. Expliquer les changements de la réaction sexuelle associés au vieillissement. Recommander un lubrifiant vaginal aux femmes ménopausées. L'activité sexuelle régulière augmentera la capacité de performance sexuelle.
S'adapte à l'indépendance des enfants adultes.	Adaptation au «nid vide»; redéfinition des rôles sexuels	Accent sur le rétablissement de la relation primaire; adoption de nouvelles activités avec le partenaire; renonciation à l'emprise sur les enfants	Tentative de maintenir son emprise sur ses enfants	Mettre l'accent sur le maintien de la relation avec le conjoint ou une personne proche.

TABLEAU 45-1. (suite)

Tâches développementales	Croissance sexuelle	Comportements sexuels	Problèmes sexuels	Interventions
STADE DÉVELOPPEMENTAL: *Vieillesse (65 ans et plus)* **CRISE DÉVELOPPEMENTALE: *Intégrité du moi ou désespoir***				
Maintient l'amour et l'intimité dans ses rapports avec son conjoint.	Acceptation du ralentissement du cycle de réaction sexuelle; mise au point d'autres moyens d'atteindre la satisfaction sexuelle	Modification des activités sexuelles: le matin peut être plus propice (la fatigue est moins grande); stimulation orale ou manuelle; fantasmes; accent sur la sensualité des caresses et des baisers	Conformité au mythe prédominant de la société associant la sexualité à la reproduction; manque d'information; image rigide et stéréotypée de la personne âgée	Le besoin d'intimité et d'expression sexuelle ne change pas avec l'âge. Expliquer les changements physiques que le vieillissement entraîne par rapport à la réaction sexuelle.
S'adapte à la maladie ou à la mort du conjoint ou d'un ami.	Création de nouvelles habitudes sociales et de nouveaux moyens d'atteindre la satisfaction sexuelle	Cohabitation; relation homosexuelle ou lesbienne; masturbation; relation hétérosexuelle; remariage	Culpabilité; anxiété; dépression; isolement; abandon de toute activité sexuelle	Poser des questions sur la sexualité: Êtes-vous sexuellement actif? Évaluer les habitudes sexuelles et la satisfaction qu'elles apportent. Il est important de clarifier les valeurs. Accorder au patient la permission d'avoir une activité sexuelle.
Maintient une relation interdépendante avec ses enfants.	Maintien de la capacité de nouer des relations	Maintien de la capacité de répondre aux besoins sexuels	Manque d'intimité; réactions des enfants; anxiété, jalousie, colère	Aider le patient à rester autonome et à ne pas trop exiger de ses enfants.

Dans ce chapitre, seul le cycle de la réaction sexuelle décrit par Masters et Johnson (1966) sera traité en détail. Il faut néanmoins savoir que d'autres chercheurs présentent des théories différentes. Ainsi, Kaplan (1979) a mis au point un modèle qui divise le cycle en deux étapes: l'excitation et l'orgasme. Pour Zilbergeld et Ellison (1980), par contre, le cycle de l'excitation et de la réaction sexuelles comporte cinq phases: désir, excitation, préparation physiologique, orgasme et satisfaction. Pour leur part, J. et I. Singer (1978) proposent une classification des orgasmes féminins en trois types: orgasmes vulvaux, utérins et mixtes. L'hypothèse des Singer a été partiellement confirmée par les travaux de Perry et Whipple (1981, 1982). Selon ces derniers, il existe chez la femme une zone sensible, que l'on peut atteindre en appuyant sur la paroi antérieure du vagin, et qu'ils ont appelée le point de Grafenberg (point G). D'après les femmes qui ont participé aux recherches, la stimulation de cette zone déclenche un orgasme plus profond, l'orgasme utérin (Perry et Whipple, 1981).

EXCITATION

L'excitation sexuelle peut être déclenchée par des stimuli externes (visuels, auditifs, tactiles et olfactifs) ou internes (fantasmes et souvenirs).

Réaction de la femme

Chez la femme, le premier signe de l'excitation est la lubrification vaginale: l'engorgement des vaisseaux provoque le suintement d'un liquide à travers les parois du vagin. La partie intérieure du vagin (qui représente les deux tiers de cet organe) s'allonge et s'élargit; ses parois deviennent lisses et s'empourprent. L'utérus commence à être attiré vers le haut. Chez la femme nullipare, les grandes lèvres s'amincissent et s'aplatissent; chez la femme multipare, en raison de la vascularisation accrue causée par la grossesse, elles se gonflent de sang et doublent de volume. Les petites lèvres se gonflent et s'engorgent de sang; elles contribueront bientôt à l'allongement du vagin.

La contraction involontaire des fibres musculaires des aréoles provoque l'érection des mamelons. Le sang veineux retenu dans les seins les rend plus volumineux. En se gonflant de sang, le clitoris grossit. Ce processus de tumescence ressemble beaucoup au gonflement du pénis, mais il est plus lent.

Chez les femmes âgées, le clitoris garde toute sa sensibilité, mais la capacité d'expansion du vagin diminue. Les parois vaginales deviennent minces et lisses; la vessie et l'urètre sont donc moins bien protégées pendant le coït, ce qui prédispose à la cystite. La lubrification est parfois moins abondante ou plus lente à se manifester, causant une *dyspareunie* (rapports sexuels douloureux). Ce symptôme peut être soulagé par l'emploi d'un lubrifiant hydrosoluble.

Réaction de l'homme

À l'étape de l'excitation, le pénis devient tumescent (en érection) en quelques secondes ou en quelques minutes. Le scrotum se contracte et devient plus épais; en même temps, les testicules montent vers le périnée à cause de la contraction des muscles reliés aux cordons spermatiques.

Tant chez les hommes (25 %) que chez les femmes (74 %), la congestion vasculaire à la surface de la peau entraîne une rougeur sexuelle maculopapuleuse à la fin de l'étape de l'excitation ou au début de celle du plateau. En même temps, la pression artérielle et la fréquence cardiaque commencent à augmenter.

Chez l'homme âgé, la réaction sexuelle ralentit. Après 50 ans, l'érection est plus lente, et dans certains cas, elle n'est complète qu'au moment de l'orgasme. L'homme est néanmoins capable de stimuler sa partenaire et de maintenir un degré d'excitation élevé. Chez les personnes âgées des deux sexes, la congestion vasculaire et la myotonie diminuent et les changements de couleur sont moins manifestes.

PLATEAU

La durée de la phase du plateau varie selon l'efficacité de la stimulation, l'âge de la personne et son désir d'atteindre l'orgasme. Si un stimulus est perçu de façon négative (par l'homme ou par la femme), il peut y avoir résolution sans orgasme. Pendant le plateau, il y a augmentation de la tension musculaire, de la fréquence cardiaque et de la pression artérielle.

Réaction de la femme

Le tiers inférieur du vagin devient plus court et plus large. Rétracté sous son capuchon, le clitoris est extrêmement sensible. Les glandes de Bartholin secrètent en petite quantité une substance mucoïde.

Chez les femmes âgées, l'engorgement des lèvres et le ballonnement du vagin sont moins marqués, mais les réactions de constriction qui assurent la formation de la plateforme orgastique sont présentes.

Réaction de l'homme

Le diamètre du pénis augmente, et le gland devient parfois plus foncé. Les testicules se rapprochent du périnée et leur volume augmente à cause de la congestion vasculaire. Les glandes de Cowper sécrètent un liquide prééjaculatoire.

Tant chez les hommes que chez les femmes, la myotonie s'accroît, entraînant des contractions volontaires et involontaires des bras, des jambes, du cou, du rectum, des fesses. On peut également observer un spasme carpopédal des mains et des pieds. Les femmes peuvent contracter le muscle pubococcygien (exercices de Kegel) pour accentuer le plaisir et stimuler la réaction sexuelle (Perry et Whipple, 1981). En outre, d'après Hartman et Fithian (1984), les hommes peuvent faire les exercices de Kegel pour apprendre à avoir des orgasmes multiples.

Chez les hommes âgés, la montée des testicules et les modifications du scrotum sont moins prononcées. La maîtrise de l'éjaculation augmente; cependant, l'homme peut avoir de la difficulté à retrouver une érection complète une fois qu'il l'a partiellement perdue, et dans ce cas, il peut y avoir résolution sans orgasme.

ORGASME

Pendant l'orgasme, la congestion vasculaire et la myotonie atteignent un sommet et se relâchent par des contractions involontaires qui secouent le corps. Chez les deux sexes, l'orgasme comporte plusieurs étapes.

Réaction de la femme

L'orgasme féminin commence avec une sensibilité sexuelle intense dans la région du bassin, et des contractions rythmiques de l'utérus et de la plateforme orgastique. Une sensation de chaleur se manifeste dans le corps tout entier, en même temps qu'une sensation de pulsation dans le bassin.

La réaction orgastique varie considérablement d'une femme à l'autre et d'une fois à l'autre. D'après des études récentes, certaines femmes connaissent une éjaculation: la stimulation du point G à travers la paroi antérieure du vagin entraînerait au moment de l'orgasme la sécrétion d'un liquide analogue au liquide séminal (Addiego et coll., 1981; Belzer et coll., 1984).

Les orgasmes multiples ont lieu lorsque la tension sexuelle ne retombe pas au niveau d'avant l'étape du plateau et lorsque la stimulation continue. Il y a «status orgasmus» lorsque l'orgasme se maintient pendant une période allant de 20 secondes à une minute.

Réaction de l'homme

La réaction orgastique de l'homme comprend deux étapes. Dans la première étape, les ampoules et les vésicules séminales de la prostate se contractent de façon rythmique, projetant le liquide séminal vers la partie de l'urètre située dans la prostate et créant ainsi la sensation que l'éjaculation est inéluctable. À la seconde étape, le sperme est envoyé, par une série de contractions rythmiques, dans le méat urinaire distendu. L'homme est conscient des contractions urétrales et du volume du liquide séminal.

Les hommes et les femmes éprouvent des contractions musculaires généralisées du visage, des cuisses, des fesses et du sphincter anal. Les signes vitaux atteignent un sommet: respiration, 40/min; fréquence cardiaque, 110 à 180 battements/min. La pression artérielle systolique augmente de 30 à 100 mm Hg et la pression diastolique de 20 à 50 mm Hg.

La durée de l'orgasme décroît chez les personnes âgées. Chez la femme, le nombre de contractions de la plateforme orgastique et de l'utérus diminue. Chez l'homme, l'expulsion du liquide séminal se fait d'un seul coup; la force et le volume de l'éjaculation diminuent.

RÉSOLUTION

La résolution est le relâchement de la tension musculaire et le retour des organes à l'état non stimulé. Elle peut prendre de 10 à 15 minutes. S'il n'y a pas eu d'orgasme, elle peut prendre une heure ou plus, mais cela n'entraîne pas d'effets nocifs. Chez l'homme, l'étape de la résolution se double d'une phase réfractaire pendant laquelle il ne peut avoir d'autre érection.

La résolution a lieu plus rapidement chez les personnes âgées, hommes ou femmes. Chez l'homme âgé, la période réfractaire est plus longue.

ALTÉRATIONS DE LA SANTÉ ET RÉPERCUSSIONS SUR LA SEXUALITÉ

Les altérations de la santé sexuelle sont le résultat d'une interaction complexe entre la personne et son milieu. Pour prodiguer des soins holistiques, il faut évaluer les facteurs biologiques, psychologiques et environnementaux, qui concourent à la santé sexuelle.

Bien qu'ils soient généralement le résultat de problèmes à la fois organiques et psychologiques, les troubles sexuels peuvent découler de facteurs purement organiques. Les variables biologiques comprennent les perturbations anatomiques ou physiologiques qui inhibent, partiellement ou complètement, les phases de la réaction sexuelle. Le désir (la libido) est perturbé par la douleur, la fatigue et la dépression, ainsi que par les lésions des centres nerveux supérieurs, surtout du cortex limbique. De même, tout trouble qui modifie l'équilibre des hormones sexuelles (la concentration des androgènes dans le sang, par exemple) agit sur le désir sexuel.

La myotonie et la congestion vasculaire peuvent être entravées par les maladies ou les traumatismes qui affectent le système nerveux autonome et l'appareil cardiovasculaire. Les traumatismes, les interventions chirurgicales et les maladies aiguës ou chroniques agissent, de façon directe ou indirecte, sur la réaction sexuelle.

Les médicaments prescrits dans le cadre d'un traitement peuvent inhiber le désir sexuel, la congestion vasculaire et la myotonie en perturbant les mécanismes hormonaux, neurologiques ou circulatoires.

Certains types de troubles sexuels ont des causes psychologiques. Ces causes relèvent de facteurs internes et externes. Les principaux facteurs internes sont le développement, le contenu et les opérations de la pensée, l'état d'esprit et l'affect ainsi que l'image corporelle. Les facteurs externes englobent la communication, les habitudes d'expression sexuelle, l'attraction physique que l'on éprouve pour le partenaire et les conflits avec ce partenaire (valeurs, attitudes et croyances, rôles et préférences sexuels). Les troubles sexuels d'origine psychologique peuvent être déclenchés par une maladie, mais ils peuvent également se produire chez des personnes en santé. Ils affectent la réaction sexuelle en diminuant la libido et en inhibant la myotonie, la congestion vasculaire ou parfois les deux.

Les facteurs environnementaux qui ont un effet négatif sur le fonctionnement sexuel peuvent découler de changements dans le mode de vie, du passage d'un stade de la vie à un autre ou d'un événement. Ainsi, une personne hospitalisée ou une personne qui souffre d'isolement peut avoir de la difficulté à satisfaire ses besoins sexuels. Une personne âgée qui vit avec ses enfants adultes et ses petits-enfants ne peut pas toujours assurer la saine expression de sa sexualité.

La mort du conjoint ou le divorce peuvent obliger la personne âgée à acquérir de nouveaux modes d'expression sexuelle. Si elle ne parvient pas à s'adapter, elle pourra en venir à réprimer sa sexualité, évitant ou éliminant entièrement toute activité sexuelle.

En milieu thérapeutique, on peut observer chez les patients la conjonction des variables physiques, psychologiques et environnementales. L'intervention thérapeutique consiste à déceler les problèmes causés par l'interaction de ces variables.

COLLECTE DE DONNÉES SUR LA SEXUALITÉ ET COUNSELING SEXUEL

L'évaluation de la sexualité commence par la collecte de données subjectives et objectives. Le profil sexuel, l'examen physique et les épreuves de laboratoire sont des sources de données essentielles.

PROFIL SEXUEL

Le profil sexuel donne à l'infirmière la possibilité de discuter ouvertement de questions d'ordre sexuel, et permet au patient de communiquer ses inquiétudes à une professionnelle bien informée. Dans le cadre du bilan de santé, l'infirmière note d'abord les antécédents gynécologiques, obstétriques ou génito-urinaires, et peut dresser ensuite le profil sexuel du patient. Cette façon de procéder lui permet d'amorcer la communication et de passer des questions générales aux questions plus délicates.

En parlant au patient, l'infirmière doit faire preuve d'une grande ouverture d'esprit. Si le patient perçoit une réaction négative, verbale ou autre, il y a de bonnes chances qu'il omette les faits embarrassants. Le langage employé pendant l'entretien doit convenir à l'âge et aux origines de la personne. Il faut éviter les ambiguïtés en renonçant aux euphémismes. (Par exemple, un couple peut faire l'amour sans pratiquer le coït; il peut y avoir coït sans que l'on «couche» avec le partenaire; on peut coucher avec quelqu'un sans faire l'amour avec lui.) Il est parfois indiqué d'amorcer la discussion par une question ouverte.

Au cours de la collecte de données sur la sexualité, le patient peut éprouver un degré considérable d'anxiété, de culpabilité et de gêne. C'est pourquoi le cadre de l'entretien est très important. Pour qu'une relation de confiance s'établisse, la conversation doit avoir lieu en tête-à-tête, dans des conditions agréables; il ne doit y avoir aucune interruption; il faut assurer au patient que l'entretien est strictement confidentiel.

Pour dresser le profil sexuel du patient adulte, l'infirmière peut commencer par une question générale et ouverte: «Êtes-vous sexuellement actif?» Si la réponse est non, l'infirmière doit aborder:

- les expériences sexuelles passées et les motifs qui ont amené le patient à y mettre fin,

- le degré de satisfaction du patient à l'endroit de sa situation actuelle.

Même si elle est satisfaite de sa situation actuelle, la personne peut s'inquiéter des attitudes ou des comportements sexuels de ses amis ou de sa famille. C'est le moment de l'inviter à poser des questions sur tout aspect de la sexualité. L'infirmière peut aussi faire du counseling préventif en informant le patient sur les stades de développement. Il faut également aborder la question des médicaments, des maladies et de leurs effets sur le fonctionnement sexuel.

Si le patient est actif sur le plan sexuel, et si le cadre et la situation s'y prêtent, l'infirmière peut discuter des questions suivantes:

1. Variété et fréquence des activités sexuelles (cette question comprend le choix du partenaire sexuel et l'intensité de la libido).

2. Satisfaction à l'endroit du fonctionnement sexuel actuel (pour la femme, la stimulation et la lubrification doivent être suffisantes; l'homme doit avoir une érection et maîtriser l'éjaculation; l'un et l'autre doivent avoir un orgasme satisfaisant sans éprouver de douleur).

3. La sexualité du partenaire et la satisfaction à l'endroit du partenaire (cette question englobe tous les aspects de la compatibilité sexuelle et sociale).

4. L'historique du mariage ou de la relation.

5. Les effets d'événements ou de facteurs particuliers (viol, mort du conjoint, vieillissement, médicaments, maladie, contraception) sur le fonctionnement sexuel.

6. Le besoin d'information sur les problèmes sexuels.

Lorsque le patient fait état d'un problème, un bilan plus détaillé s'impose. Ce bilan pourrait comporter des renseignements sur les points suivants:

1. Développement sexuel pendant l'enfance (influence des parents, des pairs et de la religion sur les valeurs, les attitudes et les croyances).

2. Développement et expériences sexuels pendant l'adolescence (puberté, masturbation, éjaculation nocturne, menstruation, premiers rapports sexuels, fantasmes sexuels).

3. Historique des activités sexuelles avant et après le mariage (fréquentations, relations sexuelles hors mariage, techniques sexuelles employées, fréquence des rapports sexuels hors mariage, fréquence des rapports sexuels conjugaux, tout changement dans ces facteurs).

4. Historique du problème actuel (apparition, durée, gravité, facteurs favorisants et atténuants).

Ces renseignements doivent être transcrits dans les mots du patient.

L'établissement du profil sexuel est un processus dynamique impliquant un échange entre le patient et l'infirmière. Il offre à l'infirmière l'occasion de dissiper les mythes et peut permettre au patient de parler pour la première fois de certains sujets qui l'inquiètent.

EXAMEN PHYSIQUE

L'examen physique peut aussi permettre à l'infirmière de créer un climat thérapeutique en proposant un modèle d'identification au patient et en lui dispensant de l'enseignement sur la sexualité.

L'infirmière peut profiter de l'examen physique pour apprendre à la femme à pratiquer l'auto-examen des seins et pour la renseigner sur les exercices de Kegel, le test de Papanicolaou, les moyens de contraception efficaces et les comportements qui diminuent les risques de contracter une maladie transmissible sexuellement. Quant aux hommes, elle leur apprend l'auto-examen des testicules et les façons de réduire les risques de contracter des maladies transmissibles sexuellement, et elle les informe sur la contraception et l'examen des seins.

L'attitude de l'infirmière pendant l'examen physique est de toute première importance. Par son attitude professionnelle et son intérêt pour le patient, elle peut en faire une expérience saine et positive. Elle doit veiller au bien-être du patient, respecter son intimité et faire preuve de délicatesse en expliquant chaque intervention.

Certaines personnes risquent plus que d'autres d'avoir des problèmes sexuels. C'est le cas de ceux qui ne connaissent pas les effets sur la sexualité du passage d'un stade de la vie à un autre, notamment à l'adolescence et à l'âge mûr; de ceux qui éprouvent des difficultés sur le plan de la communication ou du comportement; de ceux qui subissent un événement traumatisant (viol, mort du conjoint); de ceux qui doivent modifier leur image d'eux-mêmes (à la suite d'une intervention chirurgicale, par exemple); de ceux qui souffrent de troubles anatomiques ou physiologiques (traumatismes); de ceux qui consomment un médicament qui agit sur la sexualité; et de ceux dont le mode de vie est modifié (personnes hospitalisées, par exemple).

COUNSELING SEXUEL

Annon (1974) a mis au point une méthode de counseling sexuel dont l'emploi s'est répandu. Le modèle PILRPTI comporte quatre étapes: permission, information limitée, recommandations particulières et thérapie intensive. (On l'appelle en anglais le modèle «PLISSIT», pour «*P*ermission, *L*imited *I*nformation, *S*pecific *S*uggestions, *I*ntensive *T*herapy».) À chaque nouvelle étape, l'infirmière doit disposer de connaissances, d'une formation et de compétences plus poussées.

1. La *permission* consiste essentiellement à faire savoir au patient qu'il peut continuer d'agir comme il l'a fait jusque-là. En autorisant des pensées, des fantasmes et des comportements sexuels, on offre à la personne la possibilité d'éviter de graves problèmes et on la soulage également de sa culpabilité. Il s'agit avant tout d'une mesure de prévention.

2. À l'étape de l'*information limitée*, on offre les renseignements qui semblent pertinents en fonction des besoins du patient. Cette mesure peut être prophylactique ou thérapeutique. Par exemple, on peut agir de façon préventive auprès d'un adolescent en dissipant les mythes et les malentendus touchant les maladies transmissibles sexuellement (MTS). On peut le renseigner sur les comportements qui diminuent les risques de contracter l'une de ces maladies.

3. À l'étape des *recommandations particulières,* l'infirmière propose ou décrit une méthode thérapeutique donnée. Par exemple, elle peut recommander l'emploi d'un lubrifiant hydrosoluble à une femme ménopausée qui souffre de vaginite atrophique.

4. Une *thérapie intensive* peut être indiquée dans le cas d'une personne dont le trouble sexuel est causé par des problèmes de communication ou de comportement.

INTERVENTIONS RELATIVES À DES PROBLÈMES DE SANTÉ PERTURBANT LA SEXUALITÉ

MODIFICATION DE L'IMAGE CORPORELLE

Pour comprendre les effets de la maladie sur la sexualité, il faut comprendre son action sur l'image corporelle, les mécanismes d'adaptation les plus répandus, et l'influence spécifique d'une pathologie donnée sur la réaction sexuelle.

L'image corporelle (la perception du corps) se forme dans la petite enfance et évolue tout au long de la vie. Elle est intimement liée à l'identité, au rôle et aux modes de fonctionnement sexuels.

La société nous montre continuellement des corps et des visages idéalisés d'hommes et de femmes: c'est la perfection qui constitue la norme, et l'apparence physique est extrêmement valorisée. Il y a donc conflit lorsque l'image de soi ne correspond pas à l'image idéalisée. La personne qui est défigurée, ou qui subit une perte de la structure ou du fonctionnement de son corps, peut voir changer sa perception d'elle-même, son insertion dans son milieu et ses relations avec autrui.

Le passage de la santé à la maladie peut miner l'estime de soi, détruire l'image de soi et entraîner un sentiment d'insécurité. L'humeur et l'affect peuvent s'en trouver perturbés. Les gens qui ont subi une modification de leur image corporelle souffrent souvent de dépression; la dépression fait partie du processus de deuil. La maladie rend la personne plus dépendante: il peut en résulter un sentiment d'impuissance et de sujétion qui influe sur ses interactions sexuelles. Si le déni ou la culpabilité durent longtemps, la personne peut être incapable de rétablir une image corporelle positive.

Lorsque la personne a l'impression que le changement peut détruire son rôle, son identité ou son fonctionnement sexuels, elle peut éprouver une anxiété reliée à la performance. En effet, la structure ou la fonction corporelle modifiée ne s'harmonise pas toujours avec les rôles stéréotypés imposés aux hommes et aux femmes. Les mythes, les notions erronées, les attitudes et valeurs négatives face au changement corporel peuvent empêcher la personne de chercher de nouveaux moyens d'expression sexuelle.

La visibilité de la partie corporelle atteinte, la valeur symbolique dont elle est investie et l'idée que la personne se fait des réactions des autres déterminent l'intensité de la réaction à la modification de l'image corporelle. En général, plus la partie atteinte est visible, plus les réactions affectives sont vives. S'il s'agit d'une partie du corps qui est intimement associée à l'identité sexuelle (l'utérus ou le sein, par exemple) l'image de soi peut être profondément altérée. La personne qui croit percevoir chez son partenaire une réaction de dégoût peut éprouver une vive crainte du rejet qui l'amènera à éviter la sexualité et à choisir l'isolement en se repliant sur elle-même.

La relation entre les partenaires sexuels est un facteur qui exerce une influence décisive sur le fonctionnement sexuel après une maladie. Quand l'activité sexuelle diminue à cause de la maladie, de l'absence de communication ou d'une image corporelle négative, et que les partenaires ne parviennent pas à s'expliquer à ce sujet, il en résulte souvent des conflits, des frustrations et de l'irritation. Si le partenaire sexuel d'une personne malade cesse de lui manifester de l'affection de crainte de lui faire mal mais qu'il ne s'explique pas à ce sujet, il risque de provoquer chez elle de la colère et de l'hostilité.

En recueillant des données sur le patient qui a subi une modification de son image corporelle, il faut évaluer les effets du changement sur le concept et l'estime de soi, ses effets sur l'exercice du rôle, l'identité, le fonctionnement et les relations sexuelles, ainsi que les mécanismes d'adaptation du patient.

Les interventions infirmières peuvent viser globalement à permettre au patient d'exprimer librement ses sentiments négatifs, à corriger les idées fausses par des entretiens avec le patient et son conjoint (ensemble ou séparément), à aider le patient à reconnaître ses capacités et ses attributs sexuels, et à lui donner de nouveaux moyens d'exprimer sa sexualité.

Nous décrivons ci-dessous quelques-uns des troubles qui peuvent perturber la sexualité.

INFARCTUS DU MYOCARDE

Bien que l'infarctus du myocarde (IDM) puisse se produire chez les femmes comme chez les hommes, les recherches à ce sujet ont porté principalement sur des sujets masculins; c'est pourquoi notre discussion se limitera au patient de sexe masculin. Le patient qui a subi un infarctus du myocarde court un risque de troubles sexuels, car la maladie perturbe souvent l'image corporelle. La peur de mourir subitement, la crainte de devenir impuissant, le sentiment d'avoir perdu sa virilité, la dépendance qu'entraîne la maladie ainsi que la baisse générale de l'activité peuvent freiner l'activité sexuelle.

À la suite d'un infarctus, l'incidence réelle de mort subite pendant les rapports sexuels est très faible. Le risque augmente légèrement lorsque le patient a des rapports avec une partenaire qu'il ne connaît pas beaucoup dans des conditions stressantes (dans le cas, par exemple, d'une liaison extraconjugale). La dépense d'énergie occasionnée par le coït est comparable à celle exigée pour monter un escalier jusqu'au deuxième palier. Selon la gravité des lésions cardiaques, la plupart des patients qui ont subi un infarctus du myocarde peuvent reprendre une vie sexuelle normale une fois que leur tolérance à l'effort a été évaluée, soit, en général, après 8 à 12 semaines.

Il faut notamment évaluer les habitudes et les préférences sexuelles du patient (type, moment et durée des activités sexuelles); la consommation d'alcool et de nourriture associée à l'activité sexuelle; les crises d'angine; les symptômes antérieurs de fatigue; la privation de sommeil associée à l'activité sexuelle; la consommation de médicaments sur ordonnance ou en vente libre.

En intégrant le counseling sexuel à la réadaptation, on peut améliorer de façon considérable l'activité sexuelle après un infarctus. Lorsque la crainte de la mort s'est estompée, certains patients «flirtent» avec l'infirmière. Celle-ci peut profiter de l'occasion pour entreprendre l'enseignement et le counseling en matière sexuelle: elle aborde l'étape de la permission en reconnaissant le caractère normal de son comportement.

Le patient et sa partenaire peuvent avoir besoin d'un counseling qui dissipera les mythes et rectifiera les notions erronées. L'infirmière doit intégrer au plan d'enseignement des renseignements sur le cycle normal de la réaction sexuelle, l'envergure des lésions cardiaques et les répercussions de la maladie sur le comportement sexuel.

Le patient doit reprendre les rapports sexuels dans un environnement familier et veiller à ce que la température ambiante soit tempérée. Il doit éviter de consommer de l'alcool dans les trois heures précédant les rapports sexuels, car l'alcool augmente la fréquence cardiaque et dilate les vaisseaux sanguins.

S'il y a lieu de craindre une crise d'angine, il peut avaler un comprimé de nitroglycérine avant le début de l'activité sexuelle. On peut conseiller au patient et à sa partenaire de commencer par des formes d'activité sexuelle qui exigent moins d'énergie.

Le patient doit connaître les signes indiquant qu'il doit cesser l'activité sexuelle et consulter un médecin. Ceux-ci comprennent l'angine pendant ou après les rapports sexuels, l'insomnie ou la fatigue le lendemain, et le maintien d'une fréquence cardiaque ou respiratoire élevée 20 minutes après le coït.

Le médecin peut prescrire au patient cardiaque des antihypertenseurs, des antidépresseurs, des tranquillisants ou des hypnotiques. Comme ces médicaments peuvent entraîner une baisse de la libido et bloquer la congestion vasculaire et la myotonie, il faut informer le patient de ces effets secondaires (tableau 45-2).

Quand un patient présente un trouble sexuel après un infarctus du myocarde (impuissance, éjaculation précoce, absence d'orgasme), on doit l'orienter vers un spécialiste compétent pour une nouvelle évaluation. Le trouble peut provenir d'une insuffisance de la congestion vasculaire due à l'atteinte cardiovasculaire, ou être causé par les médicaments prescrits, l'anxiété, la dépression, la crainte de l'échec ou la fatigue.

TABLEAU 45-2. *Médicaments fréquemment prescrits qui ont des effets indésirables sur la fonction sexuelle*

Médicament	Mécanisme d'action probable	Effets néfastes possibles sur la réaction sexuelle
ANTIDÉPRESSEURS	Dépression centrale; blocage périphérique de l'innervation des glandes sexuelles	
Amitriptyline (Elavil)		
Désipramine (Norpramin, Pertofrane)		
Imipramine (Tofranil)		
Sulfate de phénelzine (Nardil)		
Tranylcypromine (Parnate)		
ANTIHISTAMINIQUES	Blocage de l'innervation parasympathique des glandes sexuelles	Baisse de la libido et de la lubrification vaginale
Diphénhydramine (Benadryl)		
Prométhazine (Phénergan)		
ANTIHYPERTENSEURS	Anti-adrénergique à action centrale et périphérique	Impuissance; absence d'orgasme chez les deux sexes
Clonidine (Catapres)		
Guanéthidine (Ismelin)		
Méthyldopa (Aldomet)		
Propranolol (Indéral)		
ANTISPASMODIQUES	Blocage ganglionique de l'innervation des glandes sexuelles	Problèmes d'érection et de lubrification vaginale
Glycopyrrolate (Robinul)		
SÉDATIFS ET TRANQUILLISANTS	Sédation centrale; blocage de l'innervation neurovégétative des glandes sexuelles; inhibition des fonctions hypothalamiques et hypophysaires; somnolence	Baisse de la libido
Chlordiazépam (Librium)		
Chlorpromazine (Thorazine)		
Diazépam (Valium Roche)		
Bésylate de mésoridazine (Serentil)		
Méthaqualone (Quaalude)		
Thioridazine (Mellaril)		
ALCOOL ÉTHYLIQUE	Dépression du SNC; suppression de l'activité motrice; diurèse; relâchement des inhibitions; relaxation	
BARBITURIQUES	Dépression du SNC; suppression de l'activité motrice	

TABLEAU 45-2. (suite)

Médicament	Mécanisme d'action probable	Effets néfastes possibles sur la réaction sexuelle
NARCOTIQUES ET DROGUES PSYCHOACTIVES		
Amphétamines	Dépression du SNC	Baisse de la libido et de la virilité
Cocaïne		
PRÉPARATIONS D'HORMONES SEXUELLES		
Acétate de cyprotérone	Effets antiandrogènes sur la fonction sexuelle	Baisse de la libido, diminution de la virilité et de la capacité érectile
Méthandrosténolone		
Phenproprionate de nandrolone (Durabolin)		

(Source: *J. S. Woods. «Drug effects on human sexual behavior», dans N. F. Woods*, Human Sexuality in Health and Illness, *3ᵉ éd., St. Louis, C. V. Mosby; B. Whipple, «Drugs that affect sexual functioning», dans R. T. Francoeur.* Becoming a Sexual Person, *New York, John Wiley & Sons, 1982*)

MAMMECTOMIE

Les seins constituent pour de nombreuses femmes le symbole même de la féminité, l'attribut qui assure leur capacité de plaire et les rend désirables. La femme qui subit l'ablation d'un sein pour un cancer affronte de nombreux problèmes: la peur de la mort, la modification de l'image corporelle et la crainte du rejet. Le déni, la dépression et la colère font partie du processus de deuil qu'elle doit traverser. Elle peut également se sentir coupable si elle perçoit la mammectomie comme un châtiment pour des activités sexuelles qu'elle croit excessives ou défendues (une liaison extraconjugale, par exemple). De même, son partenaire peut se sentir coupable s'il craint d'avoir porté atteinte au sein pendant l'activité sexuelle. La relation qui s'établit après la mammectomie dépend de la qualité de la relation avant l'opération.

En soutenant la patiente par un counseling sexuel et en favorisant une meilleure communication entre les partenaires pendant le séjour de celle-ci au centre hospitalier, l'infirmière peut contribuer à l'amélioration du fonctionnement sexuel après l'opération.

Au cours du counseling précédant l'opération, l'infirmière dissipe les mythes et rectifie les notions erronées. Elle confirme le caractère normal des inquiétudes de la femme et la rassure en lui disant que la mammectomie ne diminuera pas sa réceptivité sexuelle. Elle évalue une variété de facteurs: la relation sexuelle, l'effet de la modification de l'image corporelle sur le rôle et l'identité sexuels tels que les conçoit la patiente, l'importance des seins pendant les jeux sexuels à l'étape de l'excitation, la présence d'un réseau de soutien et la capacité de la femme d'exprimer ses inquiétudes et ses besoins sexuels. En employant une démarche axée sur la personne, l'infirmière détermine si le partenaire doit participer à l'évaluation initiale. Si la réponse est non, il est recommandé de lui offrir séparément un counseling.

Dans la période qui suit immédiatement l'opération, la patiente peut être soutenue par la présence de son partenaire. Par sa participation active aux soins postopératoires, celui-ci peut empêcher la patiente de refuser la réalité. Il faut conseiller aux partenaires de communiquer, de se toucher et de se caresser dès le début de la période postopératoire.

La femme et son partenaire peuvent craindre le relâchement des sutures. Il faut leur expliquer qu'en respectant les directives touchant les positions, on peut habituellement reprendre les rapports sexuels une semaine après la sortie du centre hospitalier. En général, il est préférable que l'homme assume la position supérieure ou que les deux partenaires soient étendus côte à côte. Pour favoriser le bien-être et l'acceptation de soi, on déconseille le port d'une prothèse pendant l'activité sexuelle.

Si la patiente a besoin d'un soutien supplémentaire et de modèles, on peut lui faire rencontrer une femme qui a vécu la même situation et s'y est adaptée. Celle-ci peut également l'aider à comprendre que son cas n'est pas unique.

La femme qui n'a pas de partenaire peut avoir l'impression de n'être plus désirable et éprouver, tout comme la femme mariée, une baisse de l'estime de soi; malheureusement, elle ne dispose pas toujours du même réseau de soutien. Il est particulièrement important pour elle de franchir l'étape du déni et d'établir une image de soi favorable dès la première période de la réadaptation, sans quoi elle risque de se sentir abandonnée au retour à la maison.

Afin de favoriser une image corporelle positive, on recommande notamment que la femme se regarde nue dans un miroir et laisse voir à son partenaire la ligne de l'incision au cours de l'hospitalisation. On cherche ainsi à atténuer les réactions provoquées par la modification de l'image corporelle. À ce moment, l'infirmière peut être présente ou elle peut laisser le couple seul, selon ce qu'elle juge approprié.

Les exercices de sensibilité ou de sensualité peuvent favoriser l'établissement d'une image corporelle positive. Les jeux dans le bain avec une douche-massage sont un exercice de sensualité rassurant permettant à la personne d'accroître sa capacité de discrimination sensorielle. Le toucher est aussi un élément important des exercices de sensibilité.

En demandant à la patiente de se dessiner, on peut l'aider à exprimer ses sentiments touchant la modification de son image corporelle. L'infirmière peut alors y répondre en insistant sur les aspects positifs du fonctionnement corporel et sexuel.

La femme qui a subi une mammectomie doit apprendre à pratiquer l'auto-examen du sein qui lui reste. En effet, le risque d'y voir apparaître une tumeur cancéreuse est trois fois plus grand que la normale ; toutefois, si la tumeur est rapidement décelée, le risque de mortalité est plus faible.

LÉSIONS DE LA MOELLE ÉPINIÈRE

Les adolescents et les jeunes adultes sont souvent victimes de lésions de la moelle épinière, et la prestation de soins complets à ces personnes est un défi pour le personnel soignant. Il s'agit dans la majorité des cas de patients du sexe masculin. Le traumatisme, et ses répercussions sur l'estime de soi, l'image de soi, la fonction sexuelle et les relations interpersonnelles, menacent le bien-être physique et psychologique. La réadaptation sexuelle commence pendant le séjour au centre hospitalier lorsque le danger de mort est écarté. Il est absolument nécessaire que ces patients obtiennent des renseignements sur le fonctionnement sexuel avant de quitter le centre hospitalier.

Les deux variables dont il faut tenir compte en planifiant la réadaptation sexuelle sont le niveau de la lésion et le nombre de faisceaux sectionnés (lésion complète ou partielle). Les patients atteints de lésions hautes présentent habituellement une spasticité, une hyperréflexie et des érections réflexogènes. Ceux dont les lésions sont plus basses présentent généralement de la flaccidité et une hyporéflexie ; les érections psychogènes sont possibles, mais rares.

Les érections réflexogènes peuvent être suscitées en touchant les organes génitaux ou par la distension de la vessie ; chez les hommes en santé, elles ont lieu pendant le sommeil paradoxal. Le stimulus est transmis du pénis à la région sacrée de la moelle épinière par l'entremise du système nerveux autonome du bassin. Chez les femmes, la stimulation de la région du périnée provoque par réflexe la lubrification du vagin et l'engorgement du bassin.

Les érections psychogènes sont déclenchées par les centres nerveux supérieurs, l'influx étant transmis aux organes génitaux par l'entremise des nerfs sympathiques thoracolombaires. Ces érections sont plus fréquentes chez les patients atteints de lésions basses parce que les influx qui descendent la moelle épinière la quittent à un point situé au-dessus de la lésion. Par contre, les érections réflexogènes sont peu probables lorsqu'il y a lésion basse complète, car l'arc réflexe est interrompu. On trouvera au tableau 45-3 une brève description des effets des lésions complètes de la moelle épinière sur la réaction sexuelle. Il est essentiel que le patient évalue de façon réaliste sa capacité de satisfaire ses besoins sexuels.

Une fois que le choc spinal s'est estompé, on peut distinguer les lésions hautes complètes ou partielles des lésions basses complètes ou partielles en se servant des facteurs d'évaluation suivants, énoncés par Comarr et Gunderson (1975) :

- *Lésion haute complète :* Absence de sensation ou de maîtrise du sphincter de l'anus externe ; signes de tonus du sphincter anal externe et réflexe bulbocaverneux positif.
- *Lésion haute partielle :* Réactions partiellement diminuées aux piqûres d'épingle ; perte de la maîtrise volontaire du sphincter anal externe ; tonus du sphincter anal externe et réflexe bulbocaverneux positif.
- *Lésion basse complète :* Absence de sensation, de maîtrise volontaire ou de tonus dans le sphincter anal externe ; absence de réflexe bulbocaverneux.

- *Lésion basse partielle :* Sensation partielle ; absence de maîtrise volontaire du sphincter anal externe ; absence de tonus et de réflexe bulbocaverneux.

Chez les personnes atteintes de lésions partielles, la déficience neurologique est moins grande et les chances de coït réussi sont meilleures. Les différences individuelles sont importantes et il faut en tenir compte dans la planification de la réadaptation sexuelle.

La personne qui présente une lésion de la moelle épinière peut être perturbée par de nombreux mythes touchant la sexualité et le fonctionnement sexuel après le traumatisme. Le counseling consiste tout d'abord à rassurer le patient en lui expliquant que ses inquiétudes sont normales, et à lui donner l'information nécessaire pour dissiper les mythes et les idées fausses. Les interdits culturels, religieux et sociaux associés aux rapports sexuels anaux ou à la stimulation buccale doivent être abordés. Il est recommandé d'offrir un counseling aux couples ; toutefois, si le patient s'y oppose, on pourra offrir un counseling à sa partenaire séparément.

Il importe de tenir compte dans le plan d'enseignement d'un certain nombre de principes touchant les réactions sexuelles dans les cas de lésions de la moelle épinière. L'excitation sexuelle engendrée par des pensées ou des fantasmes, ou par la stimulation tactile de zones situées au-dessus de la lésion n'entraînent aucune réaction génitale ; par contre, les réactions génitales réflexogènes ont lieu sans que la personne en soit consciente.

Bien que les érections soient plus fréquentes chez les patients atteints de lésions hautes complètes, elles ne mènent pas toujours à la satisfaction sexuelle. Il peut cependant y avoir un orgasme purement cérébral en l'absence de stimulation génitale et des manifestations physiques habituelles de la réaction sexuelle. L'imagerie, l'autosuggestion et le matériel érotique audiovisuel peuvent accroître la possibilité d'atteindre l'orgasme ; celui-ci peut ressembler ou non à l'orgasme provoqué par stimulation génitale.

C'est le niveau de la lésion qui détermine dans quelles régions le patient éprouvera une sensibilité à la stimulation tactile. Il arrive souvent que des régions comme le cou, les oreilles et les seins, qui étaient auparavant dépourvues de sensibilité, deviennent extrêmement sensibles. Des régions d'hypersensibilité tactile au niveau de la lésion peuvent être source d'un plaisir sexuel profond.

Chez l'homme, une lésion de la moelle épinière entraîne souvent la stérilité. Chez la femme, par contre, la fécondité n'est généralement pas affectée. La sensibilité de l'utérus se situe à la sixième vertèbre dorsale ; si la lésion se situe à ce niveau, l'accouchement ne provoquera aucune sensation. Il existe peu d'études sur la réaction sexuelle des femmes atteintes d'une lésion de la moelle épinière.

La personne atteinte d'une lésion de la moelle épinière peut avoir de la difficulté à répondre à ses besoins sexuels parce qu'elle n'a pas de partenaire, parce qu'elle est incapable d'employer les modes sexuels conventionnels, parce qu'elle n'avait pas beaucoup d'expérience sexuelle avant le traumatisme et parce qu'elle se perçoit désormais comme une personne asexuée.

Un entraînement visant l'affirmation de soi dans le domaine sexuel peut atténuer certains de ces problèmes en renforçant la confiance et la capacité de communiquer qui sont essentielles à l'établissement d'une nouvelle relation sexuelle ou à l'adaptation de la relation existante.

TABLEAU 45-3. *Effets de lésions complètes de la moelle épinière sur la réaction sexuelle*

Étape de la réaction sexuelle	Lésions C1 — D12	Lésions D12 — S4
Excitation (psychogène)	Pas d'érection psychogène	Érection psychogène
	Pas de lubrification vaginale	Lubrification vaginale
	Autres manifestations provoquées par les faisceaux situés au-dessus de la lésion: modification de la pression artérielle, de la respiration, du pouls	Stimuli visuels, auditifs, olfactifs; rêves, souvenirs, fantasmes
	Changements dans les seins, rougeur sexuelle	
Plateau (réflexogène)	Érection réflexogène causée par les caresses au pénis, le changement de la sonde vésicale, la distension de la vessie	Absence de réflexes
		Interruption des réflexes
Orgasme	Éjaculation: rare	Éjaculations et orgasmes plus fréquents
	L'orgasme est purement cérébral	Variation dans la force de l'éjaculation

(Source: *R. C. Geiger. «Neurophysiology of sexual response in spinal cord injury», dans D. Bullard, et V. Knight,* Sexuality and Physical Disability, *St. Louis, C. V. Mosby, 1981*)

La personne atteinte d'une lésion de la moelle épinière pourra alors trouver de nouveaux moyens d'exprimer sa sexualité. De même, il lui sera possible de découvrir de nouvelles régions d'hypersensibilité par diverses formes de stimulation. En apprenant à mieux communiquer, elle pourra indiquer les sensations qu'elle trouve agréables.

Une sonde à demeure peut être fixée au moyen de ruban adhésif et rester en place pendant les rapports sexuels. L'administration d'un antispasmodique avant l'activité sexuelle permet de réduire la spasticité; le patient peut toutefois voir diminuer en même temps la force de ses sensations.

Il existe d'excellents documents audiovisuels qui aident les personnes atteintes de lésions de la moelle épinière à comprendre qu'elles ne sont pas seules et que de nombreuses activités peuvent leur procurer du plaisir.

Quelle que soit la gravité de son handicap, il est possible d'exprimer sa sexualité et d'atteindre un degré élevé de satisfaction sexuelle. La réadaptation sexuelle dépend de la confiance en soi, de la bonne volonté du partenaire, et d'un personnel soignant attentif et bien informé.

DIABÈTE

Le diabète est un problème médical courant auquel on a pu associer des troubles de la fonction sexuelle. Il est difficile de déterminer la cause des troubles sexuels associés à cette maladie car on ne peut distinguer les causes organiques des causes psychologiques. Pour certains diabétiques, le seul fait de savoir que leur maladie peut entraîner l'impuissance ou l'absence d'orgasme suffit à créer le problème. Les troubles sexuels peuvent être dus à d'autres facteurs psychogènes, comme l'adaptation à une maladie chronique, la dépendance, la dépression et une baisse de l'estime de soi entraînant la peur d'être incapable d'avoir des relations sexuelles.

Les causes des troubles sexuels chez les personnes souffrant de diabète sont complexes et imprécises; les facteurs contribuants comprennent la neuropathie diabétique, les microangiopathies, les déséquilibres biochimiques ou hormonaux et certains facteurs psychogènes. Les hommes peuvent souffrir d'impuissance ou d'éjaculation rétrograde (voir le chapitre 30 pour de plus amples renseignements). Les femmes peuvent connaître une absence d'orgasme, des problèmes de lubrification vaginale ou une dyspareunie. Chez les femmes diabétiques, la dyspareunie est souvent la conséquence d'une vaginite causée par *Candida albicans.*

Par une connaissance plus poussée du diabète, qui permettra une meilleure régulation du glucose ainsi que par le dépistage et le traitement immédiats des complications à long terme, on espère pouvoir réduire la fréquence des troubles sexuels associés à cette maladie.

Les problèmes de fécondité que l'on constate chez les hommes diabétiques sont généralement causés par l'éjaculation rétrograde, l'impuissance ou une diminution du nombre des spermatozoïdes et du volume du sperme. Les femmes diabétiques ne sont généralement pas stériles, mais lorsque la glycémie est mal équilibrée au cours de la grossesse, elles peuvent accoucher avant terme, avoir un enfant mort-né ou ayant un poids élevé à la naissance.

Lors de la collecte des données, l'infirmière doit dresser le profil sexuel, faire l'historique de la relation conjugale, évaluer les mécanismes d'adaptation actuels, effectuer un examen physique complet et vérifier les épreuves de laboratoire s'il y a un problème de fécondité et si le diabète est bien équilibré.

Le counseling doit commencer au moment où l'infirmière dresse le profil sexuel. À cette étape, il convient de dissiper les mythes, de corriger les idées fausses et de désamorcer le sentiment de culpabilité s'il est présent, comme c'est souvent le cas. Pour les personnes mariées, on recommande le counseling conjugal. L'infirmière peut également fournir de l'information sur la transmission génétique du diabète et l'effet de cette maladie sur la fonction sexuelle et la fécondité. Si le couple y est réceptif, on pourra parler des techniques permettant de résoudre les problèmes d'intromission et d'améliorer la stimulation.

On peut recommander aux femmes souffrant de dyspareunie d'utiliser un lubrifiant hydrosoluble. En outre, il importe de traiter toutes les infections à Candida. Quand il est évident que la glycémie est mal équilibrée, l'infirmière peut dispenser de l'enseignement à ce sujet, et diriger la personne vers un médecin pour la modification du traitement médical.

Si le patient diabétique qui connaît un trouble sexuel d'origine psychologique ou organique dit qu'il a besoin d'aide, l'infirmière le dirige vers un sexologue.

HYPERTENSION ARTÉRIELLE

Rien ne prouve que l'hypertension artérielle seule ait un effet négatif sur la fonction sexuelle, et aucune restriction de l'activité sexuelle n'est nécessaire pour les personnes qui présentent ce trouble.

Cependant, des troubles sexuels sont associés à la non-observance du programme thérapeutique. Les antihypertenseurs entraînent une vasodilatation et réduisent le débit cardiaque en agissant sur le système nerveux sympathique à la partie périphérique ou centrale. Les effets sur la fonction sexuelle comprennent une baisse de la libido, l'impuissance, l'éjaculation rétrograde et la diminution de l'intensité. Certains antihypertenseurs provoquent la stérilité chez les femmes en bloquant l'ovulation et en supprimant la menstruation.

Il est nécessaire d'établir un profil sexuel détaillé et d'effectuer un examen physique complet pour déterminer si le trouble sexuel est attribuable au médicament antihypertenseur, à un autre médicament, à une cause organique (le diabète, par exemple) ou à des facteurs psychologiques. Si l'apparition du trouble est liée de façon précise à une augmentation de la posologie ou à un changement de médicament, et s'il ne semble pas y avoir de cause psychogène ou de cause organique, le trouble est probablement causé par le médicament (tableau 45-2).

Il faut expliquer à la personne qui connaît un trouble sexuel causé par les antihypertenseurs que le problème est réversible et qu'il existe d'autres médicaments. On doit souligner le fait que les réactions indésirables de ces médicaments sur la fonction sexuelle varient considérablement d'une personne à l'autre.

Les techniques de gestion du stress comme la relaxation profonde, le yoga et l'exercice ainsi que le respect du régime thérapeutique peuvent améliorer la fonction sexuelle en permettant une diminution des doses d'antihypertenseurs requises.

MALADIES TRANSMISSIBLES SEXUELLEMENT

Même si nous abordons ailleurs les maladies transmissibles sexuellement ou MTS (voir les chapitres 39 et 53), nous voulons insister ici sur le fait qu'à chaque étape de la démarche de soins infirmiers, l'infirmière qui soigne des patients atteints de MTS doit se montrer impartiale et sans préjugés. Toutes les infirmières ne sont pas à l'aise avec les patients atteints d'une MTS, avec ceux qui présentent les symptômes du syndrome d'immunodéficience acquise (sida) ou avec ceux dont les comportements heurtent ses principes. Nous l'avons déjà dit: l'infirmière doit démêler ses propres attitudes et sentiments avant de pouvoir faire face à ceux du patient. Il est difficile d'enseigner des pratiques sexuelles plus sûres à un patient avec qui l'on n'est pas à l'aise.

Il faut également insister sur le fait que les MTS, y compris le sida, touchent des personnes de toutes les catégories d'âge, des nouveau-nés aux octogénaires. Les personnes âgées infectées par le virus du sida courent les mêmes risques que leurs cadets (Scura et Whipple, 1990).

TROUBLES SEXUELS

La fonction sexuelle est régie par le système nerveux autonome par l'entremise des sous-systèmes sympathique et parasympathique. Lorsqu'il y a stress ou anxiété, le système sympathique prend le dessus sur le système parasympathique; la détente nécessaire à la réaction sexuelle est alors impossible. On observe un blocage de la congestion vasculaire, de la myotonie ou parfois des deux, ce qui entraîne une réaction sexuelle insatisfaisante.

Masters et Johnson (1966) ont estimé que 50 % des couples peuvent avoir besoin d'aide en raison d'un trouble sexuel. Il s'agit d'un phénomène dont les causes sont fort complexes. L'encadré 45-1 présente quelques-unes des causes psychologiques; il importe toutefois de ne pas oublier qu'il existe également des causes organiques.

On considère qu'un trouble sexuel peut être primaire ou secondaire. La personne qui n'a jamais connu une réaction sexuelle satisfaisante souffre d'un *trouble primaire*. On parle de *trouble sexuel secondaire* lorsque la personne a eu, au moins une fois dans sa vie, une réaction sexuelle satisfaisante. L'apparition du trouble peut être associé à un événement, à une période ou à une personne déterminés.

Chaque type de trouble sexuel peut provoquer une variété de réactions individuelles, selon la fréquence et la gravité du problème.

Troubles sexuels chez l'homme

L'*impuissance* est due à l'altération de la congestion vasculaire qui fait partie de la réaction sexuelle. L'homme peut être entièrement incapable d'avoir une érection; il peut n'avoir qu'une érection partielle; il peut être incapable d'une érection ferme à l'extérieur du vagin. La présence d'une érection réflexogène élimine les causes organiques.

L'*éjaculation précoce* est due à l'absence de maîtrise du réflexe éjaculatoire. L'éjaculateur précoce parvient à l'orgasme avant ou quelques instants après l'intromission. Il s'agit du trouble sexuel le plus répandu chez les hommes.

L'*éjaculation tardive* est l'inhibition involontaire du réflexe éjaculatoire. Dans certains cas, l'homme peut éjaculer à l'occasion grâce au coït ou à l'autostimulation; dans d'autres cas, il est incapable d'éjaculer, quelles que soient les circonstances.

Troubles sexuels chez la femme

L'absence d'orgasme est dû à un blocage involontaire du réflexe orgastique (le phénomène ressemble à celui de l'éjaculation tardive chez l'homme). Dans certains cas, la femme est incapable d'atteindre l'orgasme quelles que soient les circonstances; dans d'autres cas, l'orgasme n'est possible que par la stimulation du clitoris.

Inhibition du désir sexuel

Certaines personnes souffrent de façon persistante d'une paralysie du désir sexuel. L'inhibition peut être sélective: la personne est capable d'érection ou de lubrification et elle atteint l'orgasme, mais n'éprouve à peu près pas de plaisir physique. D'autres éprouvent un désir tellement faible qu'elles

Encadré 17-1
Causes psychologiques des troubles sexuels

Facteurs prédisposants

Éducation restrictive
Relations familiales perturbées
Manque d'informations en matière de sexualité
Expériences sexuelles traumatisantes pendant l'enfance
Insécurité face au rôle psychosexuel dans l'enfance

Facteurs précipitants

Accouchement
Discorde dans le couple
Infidélité
Attentes démesurées
Dysfonctionnement chez le partenaire
Échec sporadique
Réaction à des facteurs organiques
Vieillissement
Dépression et anxiété
Expérience sexuelle traumatisante

Facteurs de maintien

Anxiété reliée à la performance
Peur de l'échec
Culpabilité
Perte du désir entre les partenaires
Mauvaise communication entre les partenaires
Discorde dans le couple
Peur de l'intimité
Image de soi perturbée
Manque d'informations sur la sexualité ; mythes sexuels
Insuffisance des caresses préliminaires
Trouble psychiatrique

(Source : K. Hawton. *Sex Therapy : A Practical Guide*, New York, Oxford University Press, 1985)

ne ressentent aucun intérêt pour la masturbation ou les relations sexuelles. Souvent, les personnes souffrant de troubles du désir éprouvent de l'anxiété sur le plan sexuel, et parfois une grande hostilité à l'endroit de leur partenaire.

Lorsque l'infirmière soupçonne un trouble sexuel chez un patient, elle applique le modèle PILRPTI (permission, information limitée, recommandations particulières, thérapie intensive) dans le cadre de la démarche de soins infirmiers, et elle définit l'intervention requise. Il suffit parfois de prodiguer de l'enseignement et de faire du counseling pour dissiper les idées fausses, de donner une permission, de fournir de l'information limitée et de faire des recommandations particulières. Lorsqu'une thérapie intensive est nécessaire, on dirigera le patient vers un thérapeute sexuel qualifié.

Les thérapeutes sexuels disposent d'une gamme de techniques qui leur permettent d'aider les gens à avoir des expériences sexuelles plus agréables. Citons notamment la désensibilisation systématique, les exercices de sensibilité et de sensualité et l'apprentissage de la masturbation ; il existe également d'autres techniques auxquelles vient s'ajouter la psychothérapie.

En effectuant le suivi de l'intervention, on pourra déterminer si la personne est satisfaite du conseiller ou du thérapeute, si le dysfonctionnement a été corrigé et si la relation sexuelle s'est améliorée.

RÉSUMÉ

On sait que la sexualité est l'un des besoins fondamentaux de l'être humain, mais il s'agit d'un besoin dont on ne tient pas toujours compte dans l'enseignement et l'exécution des soins infirmiers. Il importe que chaque infirmière soit bien renseignée sur la sexualité humaine et qu'elle puisse aborder les questions sexuelles de façon détendue avec les patients. Sachant que toute personne (quel que soit son âge ou le point où elle se situe sur le continuum santé-maladie) est un être sexué ayant des besoins sexuels, l'infirmière peut mieux informer et conseiller les patients dans le domaine de la sexualité.

Bibliographie

Ouvrages

Allgeier AR and Allgeier ER. Sexual Interactions. Lexington, MA, DC Heath, 1988.

Annon JS. Behavioral Treatment of Sexual Problems. Vol I. Brief Therapy. Honolulu, Enabling Systems, Inc., 1974.

Bancroft J. Human Sexuality and Its Problems. New York, Churchill Livingstone, 1983.

Barbach L. For Each Other. New York, Doubleday, 1982.

Erikson Erik H. Enfance et société. (Traduit de l'anglais par A. Cardinet). Neuchâtel, Éditions Delachaux & Niestlé S. A., 1959.

Farber M. Human Sexuality : Psychosexual Effects of Disease. New York, Macmillan, 1985.

Francoeur RT. Becoming a Sexual Person. New York, Macmillan, 1991.

Guyton AC. Textbook of Medical Physiology. Philadelphia, WB Saunders, 1986.

Green R. Human Sexuality : A Health Practitioner's Text, 2nd ed. Baltimore, Williams & Wilkins, 1979.

Hartman W and Fithian M. Any Man Can. New York, St Martin Press, 1984.

Hawton K. Sex Therapy : A Practical Guide. New York, Oxford University Press, 1985.

Hogan R. Human Sexuality : A Nursing Perspective. New York, Appleton-Century-Crofts, 1985.

Johnson WR and Kempton W. Sex Education and Counseling of Special Groups. Springfield, IL, Charles C Thomas, 1981.

Kaplan HS. Disorders of Sexual Desire. New York, Simon & Schuster, 1979.

Kaplan HS. The New Sex Therapy. New York, Brunner-Mazel, 1974.

Kerfoot KM and Buckwalter KC. Sexual counseling. In Bulecheck GM and McCloskey JC (eds). Nursing interventions: Treatments for Nursing Diagnoses. Philadelphia, WB Saunders, 1985.

Kinsey AC et al. Sexual Behavior in the Human Male. Philadelphia, WB Saunders, 1948.

Kinsey AC et al. Sexual Behavior in the Human Female. Philadelphia, WB Saunders, 1953.

Ladas AK et al. The G Spot and Other Recent Discoveries About Human Sexuality. New York, Dell, 1983.

Masters W and Johnson V. Human Response. Boston, Little, Brown, 1966.

Money J and Ehrhardt A. Man, Woman, Boy and Girl. Baltimore, Johns Hopkins University Press 1972.

Perry JD and Whipple B. Multiple components of the female orgasm. In Graber B (ed). Circumvaginal Musculature and Sexual Function. New York, S Karger, 1982.

Simons RC. Understanding Human Behavior in Health and Illness, 3rd ed. Baltimore, Williams & Wilkins, 1985.

Singer J and Singer I. Types of female orgasm. In LoPiccolo J and LoPiccolo L (eds). Handbook of Sex Therapy. New York, Plenum, 1978.

Smith PB and Mumforf DM. Adolescent Reproductive Health: A Handbook for the Health Professionals. New York, Gardner Press, 1985.

Tallmer M (ed). Sexuality and Life-Threatening Illness. Springfield, IL, Charles C Thomas, 1984

Webb C. Sexuality, Nursing and Health. New York, John Wiley & Sons, 1985.

Weg RB (ed). Sexuality in Later Years. New York, Academic Press, 1983.

Weinstein E and Rosen E. Sexual Counseling. Pacific Grove, Brooks/Cole, 1988.

Whipple B. Female sexuality. In Leyson J (ed). Sexual Rehabilitation of the Spinal Cord Injured Patient. Clifton, NJ, Humana Press, 1990.

Whipple B and Ogden G. Safe Encounters: How Women Can Say Yes to Pleasure and No to Unsafe Sex. New York, McGraw-Hill, 1989.

Woods N. Human Sexuality in Health and Illness, 3rd ed. St Louis, CV Mosby, 1984.

Zilbergeld B and Ellison CR. Desire discrepancies and arousal problems in sex therapy. In Leiblum SR and Pervin LA (eds). Principles and Practice of Sex Therapy. New York, Guilford Press, 1980.

Revues

Les articles de recherche en sciences infirmières sont marqués d'un astérisque.

Adolescence et sexualité

Alexander E. Counseling teenagers about sex. Medical Aspects of Human Sexuality 1989 Aug; 23(8): 26-36.

Brooks B. Sexually abused children and adolescent identity development. Am J Psychother 1985 Jul; 39(3):401-410.

Eisen M and Zellman GL. The role of health belief attitudes, sex education, and demographics in predicting adolescents' sexual knowledge. Health Educ Q 1986 Spring; 13(1):9-22.

Furstenberg FF Jr et al. Sex education and sexual experience among adolescents. Am J Public Health 1985 Nov; 75(11):1331-1332.

Howe CL. Developmental theory and adolescent sexual behavior. Nurse Pract 1986 Feb; 11(2):65, 68, 71.

Pestrak VA and Martin D. Cognitive development and aspects of adolescent sexuality. Adolescence 1985 Winter; 20(8):981-987.

Pietropinto A and Arora A. Medical problems in adolescence: Effects on sexual adjustment. Medical Aspects of Human Sexuality 1988 Jul; 22(7): 108-109.

Smith EA et al. Pubertal development and friends: A biosocial explanation of adolescent sexual behavior. J Health Soc Behav 1985 Sep; 26(3): 183-192.

Vieillissement et sexualité

Hobson KG. The effects of aging on sexuality. Health Soc Work 1984 Winter; 9(1):25-35.

McCracken AL. Sexual practice by elders: The forgotten aspect of functional health. Gerontol Nurs 1988 Oct; 14(10): 13-25.

Steinke EE and Bergen MB. Sexuality and aging. J Gerontol Nurs 1986 Jun; 12(6):6-10.

Walbroehl GS. Effect of medical problems on sexuality in the elderly. Medical Aspects of Human Sexuality 1988 Oct; 22(10):56-66.

Whipple B and Scura KW. HIV and the Older Adult: Taking the Necessary Precautions. Gerontol Nurs 1989 Sep; 15(9): 15-19.

Évaluation

Conte HR. Multivariate assessment of sexual dysfunction. J Consult Clin Psychol 1986 Apr; 54(2): 149-157.

Hammond DC. Screening for sexual dysfunction. Clin Obstet Gynecol 1984 Sep; 27(3):732-737.

Hoon PW. Physiologic assessment of sexual response in women: The unfulfilled promise. Clin Obstet Gynecol 1984 Sep; 27(3):767-780.

Stoudemire A et al. Sexual assessment of the urologic oncology patient. Psychosomatics 1985 May; 26(5):405-408,410.

Waterhouse J and Metcalfe MC. Development of the sexual adjustment questionnaire. Oncol Nurs Forum 1986 May/Jun; 13(3):53-59.

Watters WW et al. An assessment approach to couples with sexual problems. Can J Psychiatry 1985 Feb; 30(1):2-11.

* White EJ. Appraising the need for altered sexuality information. Rehabil Nurs 1986 May/Jun; 11(3):6-9.

Cancer et sexualité

Anderson BL et al. Sexual dysfunction and signs of gynecologic cancer. Cancer 1986 May 1; 57(9):1880-1886.

Kriss RT and Kramer HC. Efficacy of group therapy for problems with postmastectomy self-perception, body image, and sexuality. J Sex Res 1986 Nov; 22(4):438-451.

MacElveen-Hoehn P and McCorkle R. Understanding sexuality in progressive cancer. Semin Oncol Nurs 1985 Feb; 1(1):56-62.

Schain WS. Breast cancer surgeries and psychosexual sequelae: Implications for remediation. Semin Oncol Nurs 1985 Aug; 1(3):200-205.

Schwartz-Appelbaum J et al. Nursing care plans: Sexuality and treatment of breast cancer. Oncol Nurs Forum 1984 Nov/Dec; 11(6):16-24.

Walbroehl GS. Sexuality in cancer patients. Am Fam Physician 1985 Jan; 31(1): 153-158.

Wellisch DK. The psychologic impact of breast cancer on relationships. Semin Oncol Nurs 1985 Aug; 1(3):195-199.

Whipple B. Sexual counseling of couples after a mastectomy or myocardial infarction. Nurs Forum 1987/88; 23(3): 85-90.

Yarbro CH et al (eds). Sexuality and cancer. Semin Oncol Nurs 1985 Feb; 1(1):1-75.

Diabète

Berstein G. Counseling the male diabetic patient with erectile dysfunction. Medical Aspects of Human Sexuality 1989 Apr; Special issue: 20-23.

Bhen-Auger N et al. Sexual response of the type I diabetic woman. Medical Aspects of Human Sexuality 1988 Oct; 22(10): 94-100.

Hollander P. The need to address sexual dysfunction in diabetes. Postgrad Med 1986 Apr; 79(5):15-16, 18.

House WC and Pendleton L. Sexual dysfunction in diabetes. Postgrad Med 1986 Apr; 79(5):227-235.

Jensen SB. Sexual dysfunction in insulin-treated diabetics: A six-year follow-up study of 101 patients. Arch Sex Behav 1986 Aug; 15(4):271-283.

Dysfonctionnements

Avery-Clark C. Sexual dysfunction and disorder patterns of working and nonworking wives. J Sex Marital Ther 1986 Summer; 12(2):93-107.

Barlow DH. Causes of sexual dysfunction: The role of anxiety and cognitive interference. J Consult Psychol 1986 Apr; 54(2):140-148.

Berstein J et al. Assessment of psychological dysfunction associated with infertility. Journal of Obstetrical and Gynecological Nursing 1985 Nov/Dec; 14 (suppl 6): 63s-66s.

Hesford A. Sexual dysfunction in women. Nurs Times 1986 Apr 2-8; 82(14): 49-51.

LoPiccolo J and Stock WE. Treatment of sexual dysfunction. J Consul Clin Psychol 1986 Apr; 54(2): 158–167.

Newton W and Keith LG. Role of sexual behavior in the development of pelvic inflammatory disease. J Reprod Med 1985 Feb; 30(2): 82–88.

Pariser SF et al. Clinical sexuality. Reprod Med 1983; 3: 1–222.

Sexualité humaine

*Addiego F et al. Female ejaculation: A case study. J Sex Res 1981 Feb; 17: 13–21.

*Belzer EG et al. On female ejaculation. J Sex Res 1984 Nov; 20(4): 403–406.

Bem S. The measurement of psychological androgyny. J Consult Clin Psychol 1974 Apr; 42(4): 155–162.

Chinn PL (ed). Sexuality and sex roles. ANS 1985 Apr; 7(3): 1–86.

Comarr A and Gunderson B. Sexual function in traumatic paraplegia and quadriplegia. Am J Nurs 1975 Feb; 75(2): 250–255.

Greener D and Reagan P. Sexuality: Knowledge and attitudes of student nurse-midwives. J Nurse Midwife 1986 Jan/Feb; 31(1): 30–37.

Hahn K. Sexuality and COPD. Rehabil Nurs 1989. Jul/Aug; 14(4): 191–195.

Leiblum S and Rosen R. Guidelines for taking a sexual history. Unpublished paper presented at course on human sexuality. Department of Psychiatry, CMDNJ, Rutgers Medical School, New Jersey, Jan 1980.

Perry JD and Whipple B. Pelvic muscle strength of female ejaculators: Evidence in support of a new theory of orgasm. J Sex Res 1981 Feb; 17(1): 22–39.

Rosenbaum J and Monaghan ML. A sexuality workshop: Increasing sexual self-awareness. Can J Psychiatr Nurs 1986 Apr; 27(2): 8–10.

Weisberg M. Physiology of female sexual function. Clin Obstet Gynecol 1984 Sep; 27(3): 697–705.

Whipple B. Sexuality education in a nursing curriculum: The whys and hows. Imprint 1989 Nov; 36(4): 55–56.

Whipple B and Gick R. A holistic view of sexuality: Education for the health professional. Topics Clin Nurs 1980 Jan; 1(4): 91–98.

Infarctus du myocarde et hypertension

* Baggs JG and Karch AM. Sexual counseling of women with coronary heart disease. Heart Lung 1987 Mar; 16(2): 154–159.

Dhubuwala C et al. Myocardial infarction and its influence on male sexual function. Arch Sex Behav 1986 Dec; 15(6):499–504.

MacKey FG. Sexuality in coronary artery disease: A problem-oriented approach. Postgrad Med 1986 Jul; 80(1): 58–69.

McCann ME. Sexual healing after heart attack. Am J Nurs 1989 Sep; 89(9): 1132–1140.

Moore K et al. The joy of sex after a heart attack: Counseling the cardiac patient. Nursing 1984 Apr; 14(4): 104–113.

Smith PJ and Talbert RL. Sexual dysfunction with antihypertensive and antipsychotic agents. Clin Pharm 1986 May; 5(5):378–384.

Whipple B. Sexual counseling of couples after a mastectomy or myocardial infarction. Nurs Forum 1987/88; 23(3): 85–90.

Lésions de la moelle épinière

Comarr AE. Sexuality and fertility among spinal cord and/or corda equina injuries. J Am Paraplegia Soc 1985 Oct; 8(4): 67–75.

Persaud DH. Assessing sexual function of the adult with traumatic quadriplegia. J Neurosci Nurs 1986 Feb; 18(1): 11–12.

Maladies transmissibles sexuellement

*Scura KW and Whipple B. Older adults as an HIV positive risk group. J Gerontol Nurs 1990 Feb; 15(2): 6–10.

Shubin S. Caring for AIDS patients: The stress will be on you. Nursing 1989 Oct; 19(10): 43–47.

Organismes

American Association of Sex Educators, Counselors, and Therapists
435 North Michigan Ave, Suite 1717, Chicago, IL 60611-4067

Sex Information and Education Council of the US (SIECUS)
80 Fifth Avenue, Suite 801, New York, NY 10011

46
BILAN HYDROÉLECTROLYTIQUE

OBJECTIFS D'APPRENTISSAGE

Après avoir étudié ce chapitre, vous devriez être en mesure de réaliser ce qui suit:

1. *Faire la différence entre l'osmose, la diffusion, la filtration et le transport actif transmembranaire.*

2. *Décrire le rôle des reins, des poumons et des glandes endocrines dans la régulation du volume et de la composition des liquides biologiques.*

3. *Expliquer les effets de l'âge sur la régulation des liquides et des électrolytes.*

4. *Appliquer la démarche de soins infirmiers auprès des patients présentant un déficit de volume liquidien ou un excès de volume liquidien, un déficit en sodium (hyponatrémie) ou un excès de sodium (hypernatrémie), un déficit en potassium (hypokaliémie) ou un excès de potassium (hyperkaliémie).*

5. *Énoncer les causes, les manifestations cliniques et le traitement des déséquilibres suivants, de même que les interventions infirmières qui s'y rapportent:
   Déficit en calcium (hypocalcémie) et excès de calcium (hypercalcémie);
   Déficit en magnésium (hypomagnésémie) et excès de magnésium (hypermagnésémie);
   Déficit en phosphore (hypophosphatémie) et excès de phosphore (hyperphosphatémie).*

NOTIONS FONDAMENTALES

VOLUME ET COMPOSITION DES LIQUIDES BIOLOGIQUES

Chez les humains, le volume des liquides biologiques est fonction de l'âge, du sexe et de la quantité de tissu adipeux. Généralement, les jeunes ont une plus forte proportion de liquides organiques que les aînés et les hommes une plus forte proportion que les femmes (tableau 46-1). Les personnes obèses ont proportionnellement moins de liquides organiques que les personnes minces, les cellules adipeuses ne renfermant qu'une faible quantité d'eau.

Chez un adulte moyen, le volume liquidien (eau et électrolytes) représente approximativement 60 % du poids corporel. Environ les deux tiers de ce liquide se trouve dans le compartiment intracellulaire (principalement dans la masse musculosquelettique) et l'autre tiers dans le compartiment extracellulaire (entre les cellules et le plasma).

Avant de lire ce qui suit, voir les définitions à l'encadré 46-1.

ÉLECTROLYTES

Les électrolytes contenus dans les liquides biologiques sont des éléments chimiques actifs (anions et cations) qui s'unissent pour former divers composés. C'est pourquoi on a longtemps exprimé leur concentration en milliéquivalents (mEq) au litre, une mesure de l'activité chimique, plutôt qu'en milligrammes, une unité de poids. Plus précisément, un milliéquivalent correspond à l'activité électrochimique de un milligramme d'hydrogène. Aujourd'hui, on exprime les taux sériques d'électrolytes en unités internationales, soit en millimoles au litre (mmol / L).

La teneur en électrolytes du liquide intracellulaire (LIC) diffère de celle du liquide extracellulaire (LEC). Comme la mesure des électrolytes dans le LIC exige l'emploi de techniques spéciales, il est d'usage de les mesurer dans le sérum.

Les ions sodium sont de loin les cations les plus abondants dans le LEC (tableau 46-2) et en déterminent l'osmolalité dans une proportion d'environ 90 %. Par conséquent, le sodium joue un rôle important dans la régulation du volume liquidien. Une rétention de sodium est en effet associée à une rétention de liquide et, à l'inverse, une perte excessive de sodium s'accompagne généralement d'une diminution du volume liquidien.

TABLEAU 46-1.   *Pourcentage du poids corporel représenté par le volume liquidien total, en fonction de l'âge et du sexe*

Âge	*Volume liquidien total (en % du poids corporel)*	
Nouveau-né à terme	70 %-80 %	
Un an	64 %	
De la puberté à 39 ans	Hommes:	60 %
	Femmes:	52 %
De 40 à 60 ans	Hommes:	55 %
	Femmes:	47 %
Plus de 60 ans	Hommes:	52 %
	Femmes:	46 %

(Source: N. Metheny, *Quick Reference to Fluid Balance*, Philadelphia, J. B. Lippincott, 1984)

TABLEAU 46-2.   *Électrolytes du LEC*

Électrolytes	*mEq/L*
CATIONS	
Sodium (Na^+)	142
Potassium (K^+)	5
Calcium (Ca^{++})	5
Magnésium (Mg^{++})	2
Total des cations	154
ANIONS	
Chlore (Cl^-)	103
Bicarbonate (HCO_3^-)	26
Phosphore (P_2^-)	2
Sulfates (SO_4^{--})	1
Acides organiques	5
Protéinate	17
Total des anions	154

(Source: N. Metheny, *Fluid and Electrolyte Balance: Nursing Considerations*, Philadelphia, J. B. Lippincott, 1987)

Encadré 46-1
Définitions

Acidose — Trouble du métabolisme acidobasique caractérisé par une augmentation de la concentration des ions hydrogène (baisse du pH) et pouvant avoir pour cause une production excessive d'acides ou une perte de bases

Alcalose — Trouble du métabolisme acidobasique caractérisé par une diminution de la concentration des ions hydrogène (hausse du pH) et pouvant avoir pour cause une perte d'acides ou une production excessive de bases

Diffusion — Passage de particules d'une solution de forte concentration à une solution de plus faible concentration

Osmose — Passage à travers une membrane semi-perméable d'une solution de faible concentration à une solution de forte concentration, de sorte que les concentrations deviennent égales des deux côtés de la membrane

Pression hydrostatique — Force exercée par un liquide sur les parois d'un contenant (dans l'organisme, la pression du liquide sur les parois des vaisseaux sanguins est due au poids du liquide et à la force exercée par les contractions cardiaques)

Osmolalité — Nombre de particules en solution dans une unité de solvant, soit un kilogramme

Solution isotonique — Solution ayant la même pression osmotique que le sang, soit entre 275 et 300 mmol/L

Solution hypotonique — Solution ayant une pression osmotique plus faible que le sang

Solution hypertonique — Solution ayant une pression osmotique plus élevée que le sang

Comme on peut le voir au tableau 46-3, le potassium et le phosphore sont les électrolytes qui se retrouvent en plus grande quantité dans le LIC. Le LEC ne pouvant tolérer que de faibles variations dans la concentration du potassium (environ 5 mmol/L), une importante fuite de potassium intracellulaire, due à un traumatisme, constitue un très grave danger. Le maintien de la prédominance du sodium dans le LEC et du potassium dans le LIC exige une forte dépense d'énergie et se fait par des échanges de sodium et de potassium au moyen des pompes des membranes cellulaires. Le passage des liquides à travers la paroi des capillaires est fonction de la pression hydrostatique (la force exercée par le liquide sur les parois des vaisseaux sanguins) aux extrémités artérielle et veineuse des vaisseaux, de même que de la pression osmotique exercée par les protéines plasmatiques. Les différences entre ces forces s'opposent pour déterminer la direction du mouvement du liquide. Le LEC transporte également d'autre substances comme des enzymes et des hormones, ainsi que les éléments figurés du sang, comme les globules rouges et les globules blancs.

MAINTIEN DE L'ÉQUILIBRE ENTRE LES COMPARTIMENTS INTRACELLULAIRE ET EXTRACELLULAIRE

Osmose

Quand deux solutions de concentrations différentes sont séparées par une membrane non perméable aux substances en solution, de l'eau passe à travers la membrane, de la solution de faible concentration à la solution de forte concentration, jusqu'à ce que les concentrations soient égales (figure 46-1). L'importance de la force ainsi exercée est fonction du *nombre* des particules en solution et non de leur poids. L'osmolalité est déterminée par le nombre des particules en solution dans une unité de mesure de l'eau.

Diffusion

La diffusion est le passage d'une substance d'une solution de forte concentration à une solution de plus faible concentration. Ce passage se fait naturellement au gré du mouvement des ions et des molécules. L'échange d'oxygène et de gaz carbonique entre les capillaires pulmonaires et les alvéoles est un exemple de diffusion.

Filtration

La pression hydrostatique qui s'exerce dans les capillaires permet la filtration du liquide qui passe du compartiment vasculaire à l'espace interstitiel. Par exemple, l'eau et les électrolytes qui passent du lit capillaire à l'espace interstitiel subissent une filtration. Dans ce cas, la pression hydrostatique est exercée par l'action de propulsion du cœur.

TABLEAU 46-3. *Concentration approximative des principaux électrolytes du LIC*

Électrolytes	mEq/L
CATIONS	
Potassium (K^+)	150
Magnésium (Mg^{++})	40
Sodium (Na^+)	10
Total	200
ANIONS	
Phosphates } Sulfates	150
Bicarbonate (HCO_3^-)	10
Protéinate	40
Total	200

(Source: N. Metheny, *Fluid and Electrolyte Balance: Nursing Considerations*, Philadelphia, J. B. Lippincott, 1987)

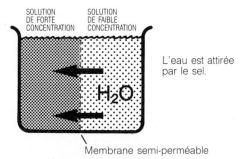

Figure 46-1. Osmose (L'eau est attirée par le sel.)
(Source: N. Metheny, *Fluid and Electrolyte Balance: Nursing Considerations*, Philadelphia, J. B. Lippincott, 1987)

Pompe à sodium-potassium

Il a été mentionné précédemment que le sodium est en plus forte concentration dans le LEC que dans le LIC. C'est pourquoi il a tendance à pénétrer dans la cellule par diffusion. La pompe à sodium-potassium, qui se trouve dans la membrane cellulaire, compense cette tendance en déplaçant le sodium des cellules au LEC. À l'inverse, cette pompe assure le maintien de la forte concentration intracellulaire du potassium en déplaçant ce cation dans les cellules. Par définition, le transport actif transmembranaire implique une dépense d'énergie, car le mouvement doit s'exercer contre un gradient de concentration.

APPORTS ET PERTES DE LIQUIDES

L'apport d'eau et d'électrolytes se fait de différentes façons. La personne en bonne santé se procure le liquide dont elle a besoin dans les boissons et la nourriture. Dans certaines maladies, les liquides doivent être administrés par voie parentérale (intraveineuse) ou par alimentation entérale au moyen d'un tube introduit dans les voies gastro-intestinales. Quand l'équilibre hydrique est précaire, on doit noter toutes les ingestions et toutes les pertes de liquides et en comparer les volumes (bilan des ingesta et des excreta). Les reins, la peau, les poumons et les voies gastro-intestinales sont responsables de pertes de liquides biologiques.

Reins

Chez l'adulte normal, le volume urinaire se situe entre un et deux litres par jour. En règle générale, le débit est d'environ un millilitre par kilogramme de poids corporel par heure (1 mL/kg/h) dans tous les groupes d'âge.

Peau

La *perspiration sensible* est une perte visible d'eau et d'électrolytes à la surface de la peau, par la sueur. Les principaux électrolytes contenus dans la sueur sont le sodium, le potassium et le chlore. Les pertes réelles par la sueur varient de 0 à plus de 1000 mL par heure, selon la température ambiante. Il se produit également une perte continue mais non visible d'eau (environ 600 mL par jour) par évaporation à la surface de la peau. Cette perte a pour nom *perspiration insensible*. La fièvre augmente considérablement les pertes insensibles

par les poumons et la peau, tout comme les brûlures graves, à cause de la destruction de la barrière cutanée.

Poumons

Les poumons normaux éliminent de la vapeur d'eau (perte insensible), au rythme de 300 à 400 millilitres par jour. Cette perte s'accentue considérablement si le rythme ou la profondeur de la respiration sont augmentés.

Voies gastro-intestinales

Les pertes par les voies gastro-intestinales ne sont généralement que de 100 à 200 millilitres par jour, même si environ 8 litres de liquide y circulent (circulation gastro-intestinale). La plus grande partie de ce liquide étant réabsorbée dans l'intestin grêle, on comprend facilement que la diarrhée ou une fistule peuvent provoquer d'importantes pertes.

Au cours d'une période de 24 heures chez les personnes en bonne santé, l'apport liquidien est à peu près égal aux pertes (tableau 46-4).

MÉCANISMES RESPONSABLES DU MAINTIEN DE L'HOMÉOSTASIE

Dans l'organisme humain, le maintien du volume et de la composition des liquides dans les étroites limites de la normale est assuré par d'extraordinaires mécanismes. Les reins, les poumons, le cœur, les glandes surrénales et parathyroïdes, de même que l'hypophyse sont les principaux organes qui concourent à l'homéostasie.

Reins

Essentiels à la régulation de l'équilibre hydroélectrolytique, les reins des adultes normaux filtrent chaque jour 170 litres de plasma, tout en n'excrétant que 1,5 litre d'urine. Ils agissent seuls, mais aussi en réponse à des messagers contenus dans le sang, comme l'aldostérone et l'hormone antidiurétique (ADH). Les principales fonctions du rein dans le maintien de l'équilibre hydrique sont:

- La régulation du volume du LEC et de l'osmolalité par la rétention et l'excrétion sélectives des liquides biologiques.

- La régulation de la concentration des différents électrolytes dans le LEC par la rétention des substances dont l'organisme a besoin et l'excrétion de celles dont il n'a pas besoin.

- La régulation du pH du LEC par la rétention des ions hydrogène.

- L'excrétion des déchets métaboliques et des substances toxiques.

On comprendra, sachant ce qui précède, que l'insuffisance rénale entraîne de multiples troubles du métabolisme hydroélectrolytique. Chez les personnes âgées, on observe une détérioration du fonctionnement des reins, une baisse de la production exogène quotidienne de créatinine et une diminution de la masse musculaire. Par conséquent, un taux sérique de créatinine dans les limites supérieures de la normale ou légèrement élevé peut indiquer chez elles une altération substantielle de la fonction rénale.

TABLEAU 46-4. *Ingesta et excreta moyens chez l'adulte, pour une période de 24 heures*

Ingesta		Excréta	
Liquides ingérés par voie orale	1300 mL	Urines	1500 mL
		Selles	200 mL
Eau provenant des aliments	1000 mL	*INSENSIBLE*	
Eau provenant du métabolisme	300 mL	Poumons	300 mL
		Peau	600 mL
Total	2600 mL	Total	2600 mL

(Source: N. Metheny, *Fluid and Electrolyte Balance: Nursing Considerations*, Philadelphia, J. B. Lippincott, 1987)

Cœur et vaisseaux sanguins

Grâce à l'action de propulsion du cœur, le sang circule à travers les reins sous une pression assez forte pour permettre la formation de l'urine. Une insuffisance de cette propulsion perturbe l'irrigation rénale et, par conséquent, l'équilibre hydroélectrolytique.

Poumons

Les poumons jouent également un rôle essentiel dans le maintien de l'homéostasie, éliminant quotidiennement par l'expiration environ 300 mL d'eau chez l'adulte normal. Des affections comme l'hyperpnée ou une toux continuelle accentuent ces pertes. La ventilation assistée avec excès d'humidité les atténuent. Les poumons ont aussi un important rôle à jouer dans le maintien de l'équilibre acidobasique, dont il est question plus loin dans le présent chapitre. Le vieillissement entraîne généralement une détérioration de la fonction respiratoire, ce qui rend plus difficile la régulation du pH chez les personnes âgées présentant une maladie ou un traumatisme graves.

Hypophyse

L'hypothalamus fabrique une substance connue sous le nom d'hormone antidiurétique (ADH). Cette hormone est mise en réserve dans le lobe postérieur de l'hypophyse et libérée selon les besoins. Elle stimule la rétention de l'eau. Elle a donc pour principales fonctions d'assurer le maintien de la pression osmotique cellulaire, en commandant la rétention et l'excrétion de l'eau par les reins, de même que le maintien du volume sanguin (figure 46-2).

Glandes surrénales

La zone glomérulée (zone externe) de la corticosurrénale sécrète un minéralocorticoïde qui a pour nom aldostérone et qui a une importante influence sur l'équilibre liquidien. Une augmentation de la sécrétion de cette hormone provoque une rétention de sodium (et par conséquent une rétention d'eau) et une perte de potassium. À l'inverse, une diminution de sa sécrétion entraîne une perte de sodium et d'eau et une rétention de potassium. L'hydrocortisone (cortisol), une autre hormone corticosurrénalienne, a beaucoup moins d'influence sur le métabolisme minéral que l'aldostérone. Sécrétée en grande quantité toutefois, elle peut provoquer une rétention de sodium et d'eau et une perte de potassium.

Parathyroïdes

Les parathyroïdes sont situées sur la face postérieure des lobes latéraux de la glande thyroïde. Elles sécrètent l'hormone parathyroïdienne (PTH) qui joue une rôle essentiel dans l'équilibre phosphocalcique de l'organisme. Cette hormone a aussi

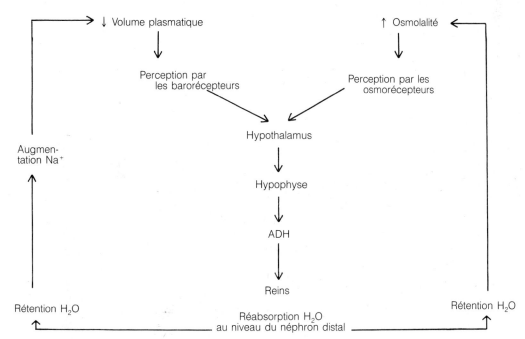

Figure 46-2. Rétention d'eau induite par l'ADH. La sécrétion d'ADH est stimulée principalement par une augmentation de l'osmolalité sérique, et de façon secondaire par une importante diminution du volume extracellulaire.

une influence sur la résorption osseuse, l'absorption intestinale du calcium et la réabsorption du calcium au niveau des tubules rénaux.

GÉRONTOLOGIE

Le vieillissement entraîne normalement une détérioration des fonctions et des réserves rénales et respiratoires, de même qu'une modification du rapport entre les liquides biologiques et la masse musculaire. Par conséquent, on observe chez les personnes âgées une altération de la réaction aux variations de l'équilibre hydroélectrolytique, de même qu'aux troubles du métabolisme acidobasique. De plus, l'usage de médicaments qui affectent les fonctions rénale et cardiaque, de même que l'équilibre liquidien, accroît chez elles les risques de perturbation de l'équilibre hydroélectrolytique. Des examens courants, comme les radiographies du côlon qui exigent l'administration de fortes doses de laxatifs, peuvent provoquer chez les aînés un grave déficit de volume liquidien avec risques d'hypotension et d'autres complications. Un traitement intraveineux est nécessaire pour prévenir ces complications.

Des altérations de l'équilibre hydroélectrolytique qui n'ont que des effets mineurs chez les jeunes adultes et les adultes d'âge moyen provoquent chez les personnes âgées de sérieuses perturbations qui, parfois, se manifestent rapidement par des signes et des symptômes distinctifs. Dans d'autres cas toutefois, les manifestations sont subtiles ou atypiques. Par exemple, la confusion peut être un signe de déficit liquidien ou d'hyponatrémie chez une personne âgée. Par ailleurs, chez un adulte jeune ou d'âge moyen, la soif est fréquemment la première manifestation de ces déséquilibres. À cause de la diminution du volume intravasculaire et de l'altération de la fonction rénale qu'entraîne le vieillissement, la perfusion rapide d'un volume excessif de liquide peut provoquer promptement une surcharge liquidienne et une insuffisance cardiaque.

Étant donné leur sensibilité accrue aux perturbations hydroélectrolytiques, les personnes âgées doivent faire l'objet d'une évaluation minutieuse tenant compte de toutes les sources d'ingestion et d'excrétion de liquides, des variations quotidiennes de poids, de même que des effets secondaires et des interactions des médicaments. Les troubles que cette évaluation permet d'observer doivent être signalés et traités sans délai. On aborde ailleurs dans ce chapitre d'autres aspects gérontologiques, en rapport avec des troubles hydroélectrolytiques précis.

PERTURBATIONS DU VOLUME LIQUIDIEN

DÉFICIT DE VOLUME LIQUIDIEN

Définition et causes

On observe un déficit de volume liquidien (DVL) quand il se produit une perte d'eau et d'électrolytes dans des proportions correspondantes à celles qui existent normalement dans les liquides biologiques, de sorte que le rapport eau-électrolytes dans le sérum reste le même. Il ne faut pas confondre le DVL avec la *déshydratation*, qui désigne une perte d'eau sans perte d'électrolytes avec, par conséquent, une augmentation du taux sérique de sodium. Le DVL peut être isolé, ou associé à d'autres déséquilibres. S'il est isolé, les taux sériques d'électrolytes restent essentiellement normaux.

Le déficit de volume liquidien est généralement dû à une perte de liquides biologiques et se manifeste plus rapidement si l'apport liquidien est restreint. De fait, il peut avoir pour seule origine un apport liquidien inadéquat prolongé. Ses principales causes sont donc une perte anormale de liquide et d'électrolytes provoquée notamment par des vomissements, de la diarrhée, un drainage gastro-intestinal ou une transpiration intense, ou encore un apport liquidien inadéquat dû par exemple à des nausées ou à l'impossibilité d'avoir accès à des liquides. Il peut aussi avoir pour cause un déplacement des liquides du système vasculaire vers le «troisième compartiment», comme dans l'oedème dû aux brûlures ou l'ascite due à un trouble hépatique.

Manifestations cliniques

Le déficit de volume liquidien peut apparaître rapidement et être léger, modéré ou grave, selon l'importance de la perte de liquide. Il se caractérise principalement par une perte rapide de poids, une diminution de l'élasticité de la peau, une oligurie, une augmentation de la densité urinaire, une hypotension orthostatique et une accélération et une faiblesse du pouls.

Examens diagnostiques

Les analyses de laboratoire utiles dans l'évaluation de l'état du volume liquidien sont l'azote uréique sanguin, en relation avec la créatinine sérique. Chez la personne atteinte d'un déficit de volume liquidien, on observe une élévation du taux d'azote uréique sanguin qui est hors de proportion avec celle du taux de créatinine sérique ($> 10:1$). L'hématocrite est plus élevé que la normale à cause d'une réduction du volume plasmatique. Consulter le tableau 46-5 pour les valeurs normales de ces analyses.

Traitement

Pour corriger une perte liquidienne, on doit tenir compte des besoins liquidiens habituels et d'autres facteurs (comme la fièvre) qui peuvent avoir une influence sur ces besoins. Si le déficit n'est pas grave et que le patient est capable de boire, le traitement par voie orale est préférable. Si les pertes de liquides sont brusques ou importantes, un traitement par voie intraveineuse s'impose. Chez le patient qui présente de l'hypotension, on utilise souvent des solutions isotoniques (comme le lactate Ringer ou le chlorure de sodium à 0,9 %) qui augmentent le volume plasmatique. Dès que la pression est revenue à la normale, on peut poursuivre le traitement au moyen d'une solution hypotonique (comme le chlorure de sodium à 0,45 %) qui fournit les électrolytes et l'eau libre nécessaires à l'excrétion rénale des déchets métaboliques. Consulter le tableau 46-6 pour la composition de ces solutions et d'autres liquides de remplacement, de même que des explications sur leurs emplois.

Si un patient atteint de DVL grave présente une oligurie, on doit déterminer si la baisse de la production urinaire est due à une réduction du débit sanguin rénal consécutif au DVL (azotémie prérénale) ou, ce qui est plus sérieux, à une nécrose

TABLEAU 46-5. *Analyses de laboratoire utilisées pour évaluer l'équilibre hydroélectrolytique et l'équilibre acidobasique*

Analyse	Valeurs de référence	Unités internationales (UI)
Sodium sérique	135-145 mEq/L	135-145 mmol/L
Potassium sérique	3,5-5,5 mEq/L	3,5-5,5 mmol/L
Calcium sérique total	8,5-10,6 mg/dL	2,1-2,6 mmol/L
	(environ 50 % sous forme ionisée)	
Magnésium sérique	1,5-2,5 mEq/L	0,80-1,2 mmol/L
Phosphates sériques	2,5-4,5 mEq/L	0,80-1,5 mmol/L
Chlore sérique	100-106 mEq/L	100-106 mmol/L
Dioxyde de carbone	24-30 mEq/L	24-30 mmol/L
Osmolalité sérique	280-295 mOsm/kg	280-295 mmol/L
Azote uréique du sang	10-20 mg/dL	3,5-7 mmol/L d'urée
Créatinine sérique	0,7-1,5 mg/dL	60-130 μmol/L
Rapport azote uréique: créatinine	10:1	
Hématocrite	Male: 44-52 %	Fraction du volume: 0,44-0,52
	Female: 39-47 %	Fraction du volume: 0,39-0,47
Glucose sérique	70-110 mg/dL	3,9-6,1 mmol/L
Albumine sérique	3,5-5,5 g/dL	3,5-5,5 g/L
Gaz artériels		
pH	7,35-7,45	7,35-7,45
$PaCO_2$	38-42 mm Hg	38-42 mm Hg
HCO_3^-	22-26 mEq/L	22-26 mmol/L
Sodium urinaire	80-180 mEq/jour	80-180 mmol/jour
Potassium urinaire	40-80 mEq/jour	40-80 mmol/jour
Chlore urinaire	110-250 mEq/jour	110-250 mmol/jour
Densité urinaire	1,003-1,035	1,003-1,035
Osmolalité urinaire		
Limites extrêmes	50-1400 mOsm/L	40-1400 mmol/kg
Limites normales	500-800 mOsm/L	500-800 mmol/kg
pH urinaire	4,5-8,0	4,5-8,0
Limites normales	< 6,6	< 6,6

tubulaire aiguë due à un DVL prolongé. Dans ce cas, une épreuve visant à évaluer le pouvoir de concentration urinaire du rein peut être utile. Il est essentiel de traiter sans délai le DVL afin de prévenir les lésions rénales.

 ### DÉMARCHE DE SOINS INFIRMIERS

PATIENTS PRÉSENTANT UN DÉFICIT DE VOLUME LIQUIDIEN

▷ Collecte des données

Pour établir la présence d'un DVL, on doit mesurer et évaluer les ingesta et les excreta au moins toutes les huit heures, et parfois toutes les heures si la situation l'exige. Au stade évolutif du DVL, les excreta sont plus abondants que les ingesta. Les pertes peuvent être dues à une polyurie, à une diarrhée, à des vomissements, etc. Plus tard, quand le déficit est bien en place, les reins tentent de conserver les liquides dont l'organisme a besoin en réduisant le débit urinaire à 30 mL/h chez l'adulte. La concentration des urines est alors un signe d'une saine réaction des reins. On doit peser le patient tous les jours, et se rappeler qu'une perte soudaine de poids de 0,5 kg représente une perte de liquide d'environ 500 mL (un litre de liquide pèse environ 1 kg).

On doit de plus surveiller attentivement les signes vitaux, à la recherche, plus particulièrement d'un pouls faible et rapide et d'une hypotension orthostatique (chute de la pression systolique supérieure à 15 mm Hg lors du passage de la position couchée à la position assise). Une hypothermie accompagne généralement le DVL, à moins qu'il n'y ait une infection concomitante.

On doit aussi observer régulièrement l'élasticité de la peau et le degré d'humidité de la langue. L'élasticité est la propriété grâce à laquelle la peau d'une personne normale reprend immédiatement sa forme après avoir été pincée. Elle est fonction du volume liquidien interstitiel. Chez une personne qui présente un DVL, la peau reprend sa forme plus lentement, après plusieurs secondes dans les cas graves. Il est préférable d'évaluer l'élasticité dans la région du sternum, sur l'intérieur des cuisses ou sur le front. Chez les personnes âgées toutefois, cette évaluation n'est pas très fiable, car l'élasticité de la peau diminue avec l'âge. L'humidité de la langue, par contre, n'est pas affectée par l'âge. Chez un sujet normal, la langue présente un seul sillon longitudinal. Chez la personne atteinte de DVL, elle présente plusieurs sillons longitudinaux et est plus petite, à cause des pertes liquidiennes. On peut aussi évaluer le degré d'humidité de la muqueuse buccale. Une muqueuse buccale sèche peut indiquer que le patient souffre d'un DVL, mais aussi qu'il respire par la bouche.

TABLEAU 46-6.   *Solutions d'eau et d'électrolytes*

Solutions	Explications
NaCL à 0,9 % (solution salée isotonique) Na$^+$ 154 mmol/L Cl$^-$ 154 mmol/L (308 mmol/kg) Certaines préparations contiennent du dextrose à différentes concentrations, la plus fréquente étant de 5 %.	• Une solution isotonique qui augmente le volume du liquide extracellulaire, utilisée dans les états hypovolémiques. • Fournit un excès de Na$^+$ et de Cl$^-$; peut causer un excès de volume liquidien et une acidose hyperchlorémique quand on l'administre en trop grande quantité, surtout chez les patients qui présentent une altération de la fonction rénale. • Ne doit pas être employée comme solution d'entretien, car elle ne fournit que du Na$^+$ et du Cl$^-$, et en quantités excessives. • Souvent utilisée pour diluer des culots globulaires • Parfois utilisée pour corriger un léger déficit en Na$^+$. • Quand la préparation contient du dextrose à 5 %, elle est hypertonique par rapport au plasma et son apport énergétique est de 710 kJ au litre.
NaCl à 0,45 % (solution salée à demi-dose) Na$^+$ 77 mmol/L Cl$^-$ 77 mmol/L (154 mmol/kg) Certaines préparations contiennent du dextrose à différentes concentrations, la plus fréquente étant de 5 %.	• Une solution hypotonique qui fournit du Na$^+$, du Cl$^-$ et de l'eau libre. • L'eau libre favorise l'élimination des solutés par les reins. • Ne contient pas d'électrolytes autres que Na$^+$ et Cl$^-$. • Quand la préparation contient du dextrose à 5 %, elle est légèrement hypertonique par rapport au plasma et son apport énergétique est de 710 kJ au litre.
Lactate Ringer (solution de Hartmann) Na$^+$ 130 mmol/L K$^+$ 4 mmol/L Ca^{++} 3 mmol/L Cl$^-$ 109 mmol/L Lactate (métabolisé en bicarbonate) 28 mmol/L (274 mmol/kg) Certaines préparations contiennent du dextrose à différentes concentrations, la plus fréquente étant de 5 %.	• Une solution isotonique qui contient de multiples électrolytes dans des concentrations semblables à celles que l'on retrouve dans le plasma (ne contient pas de Mg^{++}). • Utilisée pour le traitement de l'hypovolémie, des brûlures et des pertes liquidiennes d'origine biliaire ou diarrhéique. • Le lactate est rapidement métabolisé en HCO$_3^-$ dans l'organisme. Cette solution ne doit pas être utilisée dans les cas d'acidose métabolique, à cause de l'altération du pouvoir de conversion du lactate en HCO$_3^-$.
Dextrose à 5 % en solution aqueuse Ne contient pas d'électrolytes 50 g de dextrose	• Une solution isotonique qui fournit 710 kJ au litre et de l'eau libre pour favoriser l'excrétion des solutés par les reins. • Ne doit pas être utilisée en quantité excessive au début de la période post-opératoire, alors que la sécrétion d'ADH est augmentée en réaction au stress. • Ne doit pas être utilisée seule dans le traitement du déficit de volume liquidien, car elle dilue les électrolytes plasmatiques.
NaCl à 3 % (solution salée hypertonique) Na$^+$ 513 mmol/L Cl$^-$ 513 mmol/L (1026 mmol/kg)	• Solution fortement hypertonique utilisée uniquement dans les situations critiques pour le traitement de l'hyponatrémie.

(Source: N. Metheny, *Fluid and Electrolyte Balance: Nursing Considerations*, Philadelphia, J. B. Lippincott, 1987)

On peut aussi évaluer la concentration des urines en mesurant leur densité au moyen d'un urodensimètre. Chez un patient qui présente une déplétion de liquide, la densité urinaire devrait être supérieure à 1,020, ce qui indique une saine rétention urinaire de liquide.

Une déplétion grave peut affecter le niveau de conscience, car elle diminue l'irrigation cérébrale. Une diminution de l'irrigation périphérique peut se traduire par un refroidissement des pieds et des mains. Chez les patients dont la fonction cardiorespiratoire est relativement normale, une faible pression veineuse centrale indique une hypovolémie. Chez les personnes qui présentent une décompensation cardiorespiratoire aiguë, on doit exercer un monitorage hémodynamique plus précis au moyen d'un dispositif capable de mesurer la pression des deux côtés du cœur.

▷ *Analyse et interprétation des données*

L'infirmière peut formuler un diagnostic infirmier de déficit de volume liquidien sur la base des données recueillies et de signes de ce déséquilibre chez les patients qui y sont exposés. Par exemple, chez un patient avec une déplétion de volume consécutive à un diabète mal équilibré, le diagnostic peut être formulé comme suit: déficit de volume liquidien relié à un mauvais équilibre du diabète.

▷ *Planification et exécution*

▷ *Objectifs de soins:* Prévention ou correction du déficit de volume liquidien

▷ *Interventions infirmières*

▷ *Prévention du DVL.* Pour prévenir le DVL, on doit savoir reconnaître les patients qui y sont exposés et prendre les mesures nécessaires pour réduire les pertes de liquides. Par exemple, si un patient souffre de diarrhées, il faut prendre des mesures pour corriger la diarrhée tout en remplaçant les liquides perdus. Pour ce faire, on peut administrer des médicaments antidiarrhéiques et de petites quantités de liquides par voie orale à intervalles rapprochés.

▷ *Correction du DVL.* On doit, si possible, corriger le DVL par l'administration orale de liquides, en tenant compte des goûts du patient et de la nature du liquide perdu. Il importe donc de choisir des liquides susceptibles de remplacer les pertes électrolytiques, ce qui favorise une rétention de liquide. Si des lésions buccales rendent douloureuse l'absorption de liquide, on doit procéder à des soins fréquents de la bouche et choisir des liquides qui n'irriteront pas les muqueuses. Souvent, il est préférable d'offrir de petits volumes de liquide à intervalles fréquents plutôt que de grands volumes en une seule fois. Parfois, les patients qui souffrent de nausées ne peuvent tolérer le remplacement oral de liquides qu'après avoir reçu un traitement antiémétique.

Si le patient est incapable de boire et de manger, le médecin doit envisager un remplacement de liquides par voie entérale ou parentérale, afin de prévenir les lésions rénales associées à un DVL prolongé.

▷ *Évaluation*

Résultats escomptés

1. Le patient présente une élasticité de la peau et une humidité de la langue normales.

2. Le patient excrète un plus grand volume d'urine de densité normale.

3. Le patient présente un retour à la normale du pouls et de la pression artérielle.

4. Le patient est orienté dans les trois sphères: personne, temps, espace.

5. Le patient s'hydrate conformément aux recommandations.

6. Le patient ne présente pas de facteurs déclenchants (comme une perte excessive de liquides ou une diminution de l'apport liquidien).

EXCÈS DE VOLUME LIQUIDIEN

Définition et causes

L'excès de volume liquidien (EVL) désigne une expansion du LEC sans variation de la pression osmotique, due à une rétention anormale d'eau et d'électrolytes dans des proportions à peu près égales à celles qui existent normalement dans le LEC.

Il est toujours consécutif à une augmentation de la concentration totale du sodium dans l'organisme provoquant une augmentation du volume total d'eau. Comme la pression osmotique ne varie pas, la concentration sérique de sodium reste essentiellement normale.

L'excès de volume liquidien peut avoir pour cause une simple surcharge en liquides ou une altération des mécanismes responsables de l'équilibre hydrique. Parmi les facteurs causals on note l'insuffisance cardiaque, l'insuffisance rénale et la cirrhose. Chez les personnes qui présentent une altération des mécanismes de régulation de l'équilibre hydroélectrolytique, une trop forte administration de liquides contenant du sodium peut provoquer un grave excès de volume liquidien. La consommation excessive de sel de table (chlorure de sodium) ou d'autres sels de sodium peut aussi prédisposer à une surcharge en liquides.

Manifestations cliniques

Les principales manifestations cliniques de l'EVL (œdème, turgescence des veines, pression veineuse élevée, pouls bondissant et crépitements [bruits respiratoires anormaux]) découlent d'une surcharge liquidienne à l'intérieur du compartiment intravasculaire ou d'une expansion du compartiment extracellulaire.

Examens diagnostiques

Les analyses de laboratoire utiles au diagnostic de l'EVL sont notamment l'azote uréique, à cause d'un apport réduit en protéines, et l'hématocrite, dont les valeurs sont abaissées à cause d'une dilution du plasma.

Traitement

Le traitement de l'EVL vise les facteurs causals. Pour en corriger les symptômes, on a recours à l'administration de diurétiques ou à la restriction de l'apport liquidien ou les deux. Si l'excès de liquide est relié à une trop forte administration intraveineuse de liquides contenant du sodium, il suffit parfois d'arrêter la perfusion et d'utiliser une solution de composition différente. Comme le traitement comporte presque toujours une restriction de l'apport alimentaire en sodium, les notions relatives aux régimes à faible teneur en sodium sont exposées ci-dessous.

Régimes à faible teneur en sodium
Les Nord-Américains consomment en moyenne entre 6 et 15 grammes de sel par jour. Selon les besoins du patient, un régime à faible teneur en sodium peut ne comporter qu'une légère restriction, mais peut, à l'autre extrême, ne contenir que 250 mg par jour. Une légère restriction permet que l'on ajoute aux aliments une petite quantité de sel (environ la moitié de la quantité habituelle) dans la cuisson comme à table, mais exige que l'on évite d'ajouter du sel aux aliments déjà assaisonnés préparés commercialement et, bien sûr, que l'on s'abstienne de consommer des aliments à forte teneur en sodium. Comme environ la moitié du sodium des aliments provient de l'assaisonnement, le remplacement du sel par d'autres aromatisants, comme le jus de citron, les oignons et l'ail, joue un important rôle dans la réduction de l'apport sodique. Toutefois certains patients préfèrent employer des succédanés du sel. Or, ces succédanés contiennent pour la plupart du potassium et doivent être utilisés avec prudence

chez ceux qui prennent des diurétiques d'épargne potassique (comme la spironolactone, le triamtérène et l'amiloride). Ils sont absolument contre-indiqués chez les patients qui souffrent d'une maladie associée à une rétention de potassium, comme l'insuffisance rénale à un stade avancé. Les succédanés du sel qui contiennent du chlorure d'ammonium peuvent avoir des effets nocifs chez les personnes atteintes de lésions hépatiques.

Dans certaines municipalités, l'eau du robinet doit être exclue des régimes à faible teneur en sodium parce qu'elle contient une trop forte concentration de cet élément. Selon sa source, l'eau peut contenir de 1 à plus de 1500 mg/L de sodium. Si l'eau de sa municipalité a une trop forte teneur en sodium, le patient doit consommer de l'eau distillée. Il doit de plus éviter l'emploi des «adoucisseurs d'eau», car ces produits ajoutent à l'eau du sodium en échange d'autres ions comme le calcium.

▶ *DÉMARCHE DE SOINS INFIRMIERS*
PATIENTS PRÉSENTANT UN EXCÈS DE VOLUME LIQUIDIEN

▷ *Collecte des données*

Pour évaluer l'EVL, on doit mesurer les ingesta et les excreta à intervalles réguliers à la recherche des signes de rétention excessive de liquides. Il faut aussi peser quotidiennement le patient et noter les gains soudains de poids. (Un gain soudain de poids de 1 kg représente un gain d'environ 1 L de liquide.)

Il importe d'évaluer les bruits respiratoires à intervalles réguliers chez les patients à risque, particulièrement au cours d'une administration parentérale de liquides. On doit aussi évaluer la gravité de l'oedème dans les parties du corps les plus vulnérables à l'infiltration séreuse, comme les pieds et les chevilles chez les patients qui se déplacent et la région sacrée chez ceux qui sont alités. Il faut de plus déterminer à quel degré l'oedème cutané prend l'empreinte du doigt (godet) et mesurer l'importance de l'oedème périphérique au moyen d'un ruban gradué en millimètres.

▷ *Analyse et interprétation des données*

L'infirmière peut formuler un diagnostic d'excès de volume liquidien sur la base des données recueillies et des signes de cette affection chez les patients qui y sont exposés. Par exemple, chez un patient atteint d'insuffisance cardiaque, le diagnostic peut être formulé comme suit: Excès de volume liquidien relié à une altération des mécanismes de régulation (insuffisance cardiaque).

▷ *Planification et exécution*

▷ *Objectifs de soins:*   Prévention ou correction de l'excès de volume liquidien

▷ *Interventions infirmières*

▷ *Prévention de l'EVL.*   Les interventions varient en fonction de la maladie sous-jacente et de la gravité de l'EVL. Dans la majorité des cas toutefois, un régime à faible teneur en sodium s'impose. Par conséquent, on doit inciter le patient à se conformer au régime prescrit. Il faut de plus lui conseiller

de consulter son médecin avant d'utiliser un médicament en vente libre, car certains de ces médicaments contiennent du sodium. Dans les cas où la rétention de liquide persiste même si le régime prescrit est strictement suivi, on doit penser à un apport en sodium provenant d'une source cachée, comme l'eau du robinet ou les adoucisseurs d'eau, de même que les mets précuisinés congelés et les conserves.

▷ *Dépistage et correction de l'EVL.*   Le dépistage précoce de l'EVL est primordial pour éviter qu'il ne s'aggrave. Les principales interventions sont le repos, la restriction de l'apport en sodium, une observation étroite du traitement parentéral et l'administration des médicaments appropriés. Dans certains cas, le repos a des effets bénéfiques, car il favorise l'excrétion urinaire des sérosités responsables de l'oedème. Il a pour effet, semble-t-il, d'éviter l'augmentation du volume sanguin circulant et de l'irrigation rénale, en réduisant l'accumulation veineuse de sang. On doit établir les restrictions en sodium et en liquides conformément aux indications. La majorité des patients qui présentent un EVL doivent prendre des diurétiques; il faut donc observer leurs réactions à ces médicaments. Il importe aussi de surveiller étroitement la vitesse de perfusion des liquides et les réactions à ces liquides. En présence de dyspnée ou d'orthopnée, il faut placer le patient en position assise vers l'avant, les bras appuyés sur une table, afin de favoriser l'expansion des poumons. En outre, comme le tissu oedématié se dégénère plus facilement que le tissu sain, des changements réguliers de position s'imposent.

Comme les affections qui exposent à un EVL sont le plus souvent chroniques, on doit enseigner au patient à observer lui-même ses réactions au traitement en notant et en évaluant son apport et ses pertes de liquides, de même que ses variations de poids. Il faut insister sur l'importance de se conformer au traitement.

▷ *Évaluation*

Résultats escomptés
1. Le patient présente une élasticité normale de la peau et une absence d'oedème.

2. Le patient excrète de l'urine en quantité accrue.

3. Le patient présente un retour à la normale de son poids corporel.

4. Le patient ne présente pas de turgescence des veines jugulaires.

5. Le patient se conforme à son régime à faible teneur en sodium.

6. Le patient connaît les raisons qui justifient les restrictions alimentaires.

7. Le patient présente des bruits respiratoires normaux sans crépitements ou wheezing.

8. Le patient se repose au lit conformément aux ordonnances.

9. Le patient ne présente pas de facteurs déclenchants (comme une surcharge en liquides ou un apport élevé en sodium).

GÉRONTOLOGIE

La proportion des personnes âgées augmente sans cesse dans la société nord-américaine et ces personnes exigent des soins infirmiers particuliers, car elles sont vulnérables aux troubles de l'équilibre hydroélectrolytique. À cause de certaines des modifications physiologiques dues au vieillissement, l'équilibre hydrique est souvent chez les aînés à la limite de la normale, quand il n'est pas franchement altéré. Ces modifications sont notamment une réduction du volume total d'eau (associée à une augmentation de la quantité de tissu adipeux et une diminution de la masse musculaire), une détérioration de la fonction rénale entraînant une réduction du pouvoir de concentration urinaire, une détérioration de la fonction cardiorespiratoire et des perturbations de la régulation hormonale. On considère que ces changements sont normaux, mais ils n'en exposent pas moins la personne âgée malade à des déséquilibres hydroélectrolytiques.

L'évaluation des personnes âgées doit différer légèrement de celle des adultes plus jeunes. Par exemple, comme leur peau a perdu de son élasticité, on ne peut se fier à l'évaluation de l'élasticité cutanée pour dépister chez elles un déficit de volume liquidien. On doit par conséquent utiliser d'autres mesures d'évaluation comme le retard de remplissage des veines de la main et des pieds. S'il est nécessaire d'évaluer l'élasticité cutanée, on doit le faire de préférence sur la peau du front ou de la région du sternum, car la perte d'élasticité est moins marquée à ces endroits. Comme pour les patients plus jeunes, des observations périodiques sont nécessaires afin de dépister les moindres variations.

L'infirmière doit procéder à une évaluation fonctionnelle de la personne âgée afin d'établir si elle est apte à estimer ses besoins en liquides et en nourriture et à combler ces besoins. Elle doit par exemple se demander si le patient âgé présente de la confusion, s'il est capable de se déplacer et d'utiliser ses bras et ses mains pour préparer ses repas et s'il est capable d'avaler, car tous ces facteurs déterminent dans quelle mesure il peut combler ses besoins énergétiques. Elle a ensuite pour tâche de suppléer les manques ou de s'organiser pour qu'il ait l'aide nécessaire. Par ailleurs, on constate que certaines personnes âgées réduisent délibérément leur consommation de liquides pour éviter des épisodes d'incontinence qui les mettent mal à l'aise. Dans ce cas, l'infirmière doit prendre des mesures pour permettre à la personne âgée de maîtriser son incontinence.

DÉSÉQUILIBRES DU SODIUM

Les troubles de l'équilibre du sodium sont fréquents dans la pratique clinique et leurs causes peuvent être simples ou complexes. Avant de traiter de ces troubles, il convient de rappeler d'importantes notions concernant le rôle physiologique de cet électrolyte.

FONCTIONS DU SODIUM

Le sodium est le plus abondant des électrolytes du LEC, sa concentration se situant entre 135 et 145 mmol / L. Il détermine donc dans une large mesure la concentration du LEC. À cause de son taux relativement élevé et parce qu'il franchit difficilement la membrane cellulaire, il joue un rôle primordial dans la répartition de l'eau dans l'organisme. Il est aussi le principal régulateur du volume du LEC, les pertes et les excès de sodium étant, en général, associés respectivement à des pertes et des excès d'eau. Il a de plus un rôle à jouer dans l'établissement des conditions électrochimiques nécessaires aux contractions musculaires et à la transmission des influx nerveux.

DÉFICIT EN SODIUM (HYPONATRÉMIE)

Définition et causes

Le terme hyponatrémie désigne une diminution du taux sérique de sodium en-dessous des valeurs normales (moins de 130 mmol / L). Il s'agit d'un déséquilibre qui peut avoir pour cause une perte excessive de sodium ou un apport hydrique excessif. Dans les deux cas, elle se manifeste par un excès d'eau par rapport au sodium. On ne doit pas confondre ce déséquilibre avec le DVL, qui désigne une perte isotonique d'eau et de sodium, dans laquelle le taux sérique de sodium reste normal. Toutefois, l'hyponatrémie se surajoute parfois à un DVL ou à un EVL.

Les pertes sodiques peuvent être dues à des vomissements, à des diarrhées, à des fistules ou à la sudation. Elles sont parfois associées à la prise de diurétiques, surtout si le régime alimentaire est faible en sodium. Les patients qui présentent une baisse de l'activité de l'aldostérone, comme ceux qui souffrent d'insuffisance surrénalienne, sont également exposés à l'hyponatrémie.

Les excès d'eau peuvent provenir de l'administration parentérale d'un volume trop important d'une solution aqueuse de dextrose. Ils peuvent aussi découler d'une absorption compulsive d'eau (polydipsie psychogène).

Le syndrome de sécrétion inadéquate d'ADH (SIADH) est une hyponatrémie de type particulier, associée à une trop forte activité de l'hormone antidiurétique (ADH). Ce syndrome se manifeste donc essentiellement par une trop forte activité de l'ADH, accompagnée d'une rétention d'eau et d'une hyponatrémie de dilution, de même que d'une excrétion urinaire de sodium non appropriée en présence d'une hyponatrémie. Il peut avoir pour cause une sécrétion prolongée d'ADH par l'hypothalamus ou la production d'une substance semblable à l'ADH par une tumeur (production aberrante d'ADH). Ce syndrome est associé notamment à l'épithélioma à petites cellules des bronches, aux traumas crâniens, à certains troubles endocriniens et pulmonaires et à l'usage de médicaments comme le Syntocinon, les cyclophosphamides, la vincristine, la thioridazine et l'amytriptyline.

Manifestations cliniques

Les manifestations cliniques de l'hyponatrémie dépendent de la cause de ce déséquilibre, de sa gravité et de la rapidité avec laquelle il est apparu. L'hyponatrémie se manifeste parfois

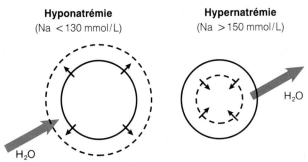

Hyponatrémie (Na < 130 mmol/L)

Hypernatrémie (Na > 150 mmol/L)

Augmentation du volume cellulaire, l'eau passant dans la cellule en provenance d'un liquide extracellulaire relativement hypotonique.

Réduction du volume cellulaire, l'eau de la cellule étant attirée vers un liquide extracellulaire relativement hypertonique.

Figure 46-3. Effets du taux de sodium extracellulaire sur le volume des cellules

par des nausées et des douleurs abdominales, mais dans la majorité des cas, ses symptômes sont de type neuropsychiatrique, probablement à cause d'un gonflement cellulaire et d'un œdème cérébral. La diminution de la concentration extracellulaire de sodium provoque en effet une concentration relative du liquide cellulaire qui «attire» l'eau dans les cellules (figure 46-3). En général, la baisse rapide du taux sérique de sodium est associée à des symptômes plus marqués et à un taux de mortalité plus élevé que l'hyponatrémie d'apparition plus lente.

L'hyponatrémie due à une perte de sodium et à un excès d'eau se caractérise notamment par de l'anorexie, des crampes musculaires et une sensation de fatigue. Quand le taux sérique de sodium descend sous les 115 mmol/L, on peut observer des signes d'augmentation de la pression intracrânienne, comme la léthargie, la confusion, les secousses musculaires, l'hémiparésie, l'oedème papillaire et les convulsions.

Examens diagnostiques

Peu importe sa cause, l'hyponatrémie se caractérise par un taux sérique de sodium inférieur à 135 mmol/L. Dans le SIADH, il est fortement abaissé, soit à moins de 100 mmol/L. Si l'hyponatrémie est due principalement à des pertes sodiques, le taux de sodium urinaire sera inférieur à 10 mmol/L et la densité faible, soit entre 1,002 et 1,004. D'autre part, si elle est attribuable à un SIADH, le taux urinaire de sodium sera supérieur à 20 mmol/L et la densité supérieure à 1,012. Le patient atteint d'un SIADH présente un excès d'eau et un gain de poids corporel; il ne présente toutefois pas d'oedème périphérique, mais plutôt un oedème cellulaire. Ce phénomène peut être mis en évidence en pressant avec le doigt sur une proéminence osseuse, la peau retenant l'empreinte.

Traitement

L'hyponatrémie se traite par une prudente administration de sodium, soit par voie orale, soit par tube nasogastrique, soit par voie parentérale. Chez les patients qui sont capables de consommer des liquides et de la nourriture, il est facile de remplacer le sodium puisqu'on le retrouve en grande quantité dans un régime alimentaire normal. Si le sodium ne peut être pris par voie orale, le médecin peut prescrire l'administration intraveineuse d'une solution contenant du sodium, comme le lactate Ringer ou une solution salée isotonique (chlorure de sodium à 0,9 %) (voir tableau 46-6). Chez l'adulte normal, les besoins quotidiens en sodium sont de 100 mmol/L environ, à condition que les pertes soient normales.

Si le patient atteint d'hyponatrémie est normovolémique ou hypervolémique, le traitement de choix est la restriction hydrique, qui présente beaucoup moins de risques que l'administration de sodium et est habituellement assez efficace. Toutefois, en présence de symptômes neurologiques, il est parfois nécessaire d'administrer de petits volumes d'une solution hypertonique de sodium, comme le chlorure de sodium à 3 ou à 5 %. Il est extrêmement dangereux d'utiliser ces liquides de façon incorrecte, ce qui se comprend facilement si on considère qu'un litre de chlorure de sodium à 3 % contient 513 mmol/L de sodium et qu'un litre de chlorure de sodium à 5 % en contient 855. Ces solutions fortement hypertoniques ne doivent être administrées que dans un service de soins intensifs, sous observation étroite, car de faibles volumes suffisent pour ramener à la normale des concentrations de sodium dangereusement faibles. Elles doivent par conséquent être administrées lentement, par petits volumes, sous observation constante des signes de surcharge liquidienne.

▶ DÉMARCHE DE SOINS INFIRMIERS
PATIENTS PRÉSENTANT UN DÉFICIT EN SODIUM

▷ Évaluation

Il importe de reconnaître les patients exposés à l'hyponatrémie afin de les observer de près, car il faut dépister et traiter rapidement ce déséquilibre pour en prévenir les graves conséquences. L'observation comprend la mesure des ingesta et des excreta et une pesée quotidienne. L'infirmière doit aussi noter les pertes anormales de sodium et les gains excessifs d'eau, de même que les manifestations gastro-intestinales, comme l'anorexie, les vomissements et les crampes abdominales, et être à l'affût des signes d'atteinte du système nerveux central, comme la léthargie, la confusion, les secousses musculaires et les convulsions. En général, les signes neurologiques les plus graves sont associés à une chute rapide du taux de sodium à un niveau très bas, à cause d'une surcharge hydrique. Il est essentiel de procéder régulièrement à la mesure du taux sérique de sodium chez les patients exposés à l'hyponatrémie. Si l'état du patient l'exige, on doit aussi procéder à des mesures du sodium et de la densité urinaires. On oublie trop souvent que l'hyponatrémie peut être une cause de confusion chez les personnes âgées, celles-ci présentant des risques accrus à cause d'une détérioration de la fonction rénale et d'une diminution subséquente de la capacité d'excrétion de l'excès d'eau. L'administration de médicaments qui entraînent une perte de sodium ou une rétention d'eau expose à l'hyponatrémie.

▷ Analyse et interprétation des données

On peut formuler un diagnostic d'hyponatrémie sur la base des données recueillies et des manifestations cliniques de ce déséquilibre chez les patients qui y sont exposés. Par exemple, chez un patient atteint de diarrhée qui consomme de grandes quantités d'eau du robinet pour soulager sa soif, on peut formuler le diagnostic de la façon suivante: altération de l'équilibre sodique (hyponatrémie) reliée à une perte excessive de sodium et un apport excessif d'eau. Une fois que l'on connaît les facteurs causals, on peut prendre les mesures thérapeutiques appropriées pour corriger le déséquilibre. Les infirmières peuvent parfois intervenir de façon autonome, comme dans les cas où il suffit d'augmenter l'apport alimentaire en sodium ou de restreindre la consommation d'eau libre, selon ce que le patient peut tolérer. Souvent, toutefois, elles doivent travailler en collaboration avec les membres d'autres disciplines, comme dans les cas où une administration parentérale de liquides contenant du sodium s'impose.

▷ Planification et exécution

▷ *Objectifs de soins:* Dépistage et correction de l'hyponatrémie

◇ *Interventions infirmières*

◇ *Dépistage et correction de l'hyponatrémie.* Il importe de savoir quels sont les patients vulnérables à l'hyponatrémie et de prendre les mesures nécessaires pour dépister ce trouble avant qu'il ne s'aggrave. Chez les patients qui peuvent s'alimenter de façon normale, les pertes anormales de sodium peuvent être corrigées par la consommation d'aliments et de liquides à forte teneur en sodium. Par exemple, un bouillon préparé à partir d'un cube de bœuf contient environ 900 mg de sodium et 250 mL de jus de tomate en contiennent environ 700.

Il est important de connaître la teneur en sodium des solutions parentérales (voir tableau 46-6). Au cours de l'administration de ces liquides à un patient atteint d'une maladie cardiovasculaire, on doit ausculter régulièrement les poumons à la recherche de signes de surcharge circulatoire, comme les crépitements pulmonaires. Comme il a été mentionné précédemment, les solutions fortement hypertoniques (comme le chlorure de sodium à 3 et à 5 %) doivent être administrées avec une extrême prudence, car elles peuvent provoquer la mort si elles sont perfusées de façon trop rapide et en trop grand volume.

En présence de pertes de sodium, le lithium peut avoir des effets toxiques. Les patients traités au lithium qui présentent des pertes sodiques doivent donc recevoir des suppléments de sel et de liquides. Ils doivent de plus éviter la prise de diurétiques, à moins d'être suivis de près par un médecin, parce que ces médicaments favorisent les pertes de sodium. Ils doivent en tout temps s'assurer que leur apport en sel est adéquat.

On doit éviter les excès d'eau chez les patients qui reçoivent une solution isotonique ou hypotonique par voie entérale, surtout s'ils présentent des pertes anormales de sodium ou une rétention anormale d'eau (comme dans le SIADH). Pour établir les besoins réels en liquides, on doit tenir compte des ingesta et des excreta, de la densité urinaire et du taux sérique de sodium.

◇ *Correction du taux de sodium.* Si l'hyponatrémie est due principalement à une rétention d'eau, il est préférable de restreindre les liquides, ce qui présente moins de dangers que l'administration de sodium. Chez les patients normovolémiques ou hypervolémiques, l'administration de sodium peut provoquer une surcharge en liquide. Comme il a été mentionné précédemment, on doit observer de très près les patients atteints d'une maladie cardiovasculaire qui reçoivent des liquides contenant du sodium, à la recherche de signes de surcharge circulatoire comme les crépitements pulmonaires. Dans les cas d'hyponatrémie grave, le traitement vise à faire augmenter le taux sérique de sodium juste assez pour corriger les symptômes neurologiques. Par exemple, on recommande de viser une concentration de 125 mmol / L ou moins quand on administre une solution hypertonique de sodium.

◇ *Évaluation*

Résultats escomptés

1. Le patient est orienté dans les trois sphères: identité, temps, espace.

2. Le patient présente moins de crampes et de spasmes musculaires.

3. Le patient a retrouvé une force normale dans les membres inférieurs et supérieurs.

4. Le patient dit être moins fatigué et léthargique.

5. Le patient a retrouvé son poids normal.

6. Le patient excrète un volume normal d'urines de densité normale.

7. Le patient ne présente pas de convulsions.

8. Le patient se conforme à l'apport en sodium et en liquides prescrits.

9. Le patient ne présente pas de facteurs déclenchants (comme des pertes gastro-intestinales de sodium, la prise de diurétiques ou la consommation excessive de liquides ne contenant pas d'électrolytes.

EXCÈS DE SODIUM (HYPERNATRÉMIE)

Définition et causes

Le terme hypernatrémie désigne un taux sérique de sodium supérieur à la normale, soit plus grand que 150 mmol / L. Il s'agit d'un trouble des métabolismes hydrique et sodique qui est généralement la conséquence de pertes hydriques supérieures aux pertes sodiques, et qui peut se manifester aussi bien chez des personnes dont le volume liquidien est normal que chez des personnes atteintes d'un DVL ou d'un EVL.

Souvent, l'hypernatrémie est due à une carence en eau chez des patients inconscients dont les mécanismes de régulation de la soif sont perturbés, soit chez des personnes très âgées ou très jeunes, ou encore qui souffrent d'une altération de leurs facultés cognitives. Elle peut aussi être attribuable à l'administration entérale d'une solution hypertonique sans un apport en eau approprié, à une diarrhée aqueuse ou à une forte augmentation des pertes insensibles d'eau (comme dans les cas d'hyperventilation prolongée ou de brûlures graves). Elle peut également se manifester chez les personnes atteintes de diabète insipide dont les mécanismes de régulation de la soif sont perturbés, qui sont incapables de boire, ou dont la consommation de liquides est extrêmement restreinte. Parmi les autres causes moins fréquentes d'hypernatrémie on note l'insolation, la noyade dans l'eau de mer (qui contient environ 500 mmol / L de sodium) et un mauvais fonctionnement des dispositifs de dosage dans les appareils d'hémodialyse ou de dialyse péritonéale.

Manifestations cliniques

Les manifestations cliniques de l'hypernatrémie sont surtout de nature neurologique, probablement à cause d'une diminution de la teneur en eau des cellules, cette eau étant attirée vers le LEC dont la concentration est relativement augmentée (voir figure 46-3). L'hypernatrémie se manifeste par de l'agitation et de la faiblesse si elle est modérée et par une désorientation, un délire et des hallucinations si elle est grave. On oublie trop souvent que, chez les personnes âgées, la déshydratation (hypernatrémie) peut être une cause primaire de modifications du comportement. Un grave excès de sodium peut provoquer des lésions cérébrales permanentes (surtout chez les enfants). Ces lésions sont dues, semble-t-il, à des hémorragies sous-arachnoïdiennes causées par la contraction du cerveau.

Une des principales manifestations de l'hypernatrémie est la soif. De fait, quand ses mécanismes ne sont pas perturbés, la soif agit de façon assez efficace pour conférer aux personnes conscientes et qui ont accès à de l'eau une protection absolue contre les variations du sodium sérique. Malheureusement, on observe souvent chez les personnes malades une perturbation des mécanismes de la soif. Parmi les autres signes d'excès de sodium on note une sécheresse de la peau, une augmentation du volume de la langue et une sécheresse des muqueuses. On observe parfois une légère hyperthermie qui se corrige avec le retour à la normale du taux de sodium.

Examens diagnostiques

Dans l'hypernatrémie, le taux sérique de sodium est supérieur à 145 mmol/L et l'osmolalité sérique à plus de 295 mmol/L. Si les pertes hydriques ne sont pas d'origine rénale, la densité urinaire sera supérieure à 1,015, car les reins tentent de conserver l'eau.

Traitement

Le traitement de l'hypernatrémie consiste en une perfusion d'une solution hypotonique d'électrolytes (comme le chlorure de sodium à 0,3 %), de façon à obtenir une baisse *graduelle* du sodium sérique. Selon de nombreux médecins, la solution salée hypotonique est préférable au dextrose à 5 % en solution aqueuse, car il permet d'obtenir cette baisse graduelle qui réduit les risques d'œdème cérébral. L'œdème cérébral est une dangereuse complication due à une chute trop rapide du taux de sodium causant une baisse temporaire de l'osmolalité plasmatique sous celle du liquide tissulaire du cerveau.

On ne s'accorde pas sur la vitesse exacte à laquelle le taux sérique de sodium doit baisser. Toutefois, en règle générale, le réajustement par diffusion entre les compartiments intracellulaire et extracellulaire exige que la vitesse de réduction ne dépasse pas 2 mmol/L/h.

DÉMARCHE DE SOINS INFIRMIERS
PATIENTS PRÉSENTANT UN EXCÈS DE SODIUM

▷ Collecte des données

Chez les patients exposés à l'hypernatrémie, on doit surveiller étroitement les pertes et les apports de liquides. Il convient d'observer les signes de pertes hydriques anormales ou de faible apport hydrique et de noter les apports importants en sodium provoqués, par exemple, par la prise de médicaments en vente libre à forte teneur en sodium (comme Alka Seltzer). Il importe également d'obtenir les antécédents pharmacologiques du patient, car certains médicaments vendus sur ordonnance ont aussi une forte teneur en sodium.

On doit également noter la soif ou l'hyperthermie et évaluer ces signes en regard des autres signes cliniques. Il faut de plus observer le patient à la recherche de modifications du comportement, comme l'agitation, la désorientation et la léthargie.

▷ Analyse et interprétation des données

L'infirmière peut poser un diagnostic infirmier adéquat sur la base des données recueillies et des signes cliniques d'hypernatrémie chez les patients exposés à ce déséquilibre. Par exemple, chez un patient âgé confus, dont les mécanismes de la soif sont perturbés, le diagnostic infirmier pourrait se formuler comme suit: altération de l'équilibre sodique (hypernatrémie) reliée à un apport hydrique insuffisant.

▷ Planification et exécution

▷ *Objectifs de soins:* Prévention ou correction de l'hypernatrémie

▷ Interventions infirmières

▷ *Prévention de l'hypernatrémie.* L'infirmière doit tenter de prévenir l'hypernatrémie en offrant des liquides à intervalles réguliers, surtout dans le cas des patients affaiblis incapables de percevoir la soif ou de la combler de façon autonome. Si l'apport liquidien est insuffisant, elle doit consulter le médecin afin de décider de l'administration de liquides par voie entérale ou parentérale. Si on choisit la voie entérale, on doit administrer de l'eau en quantité suffisante pour maintenir les taux de sodium et d'azote uréique dans les limites de la normale. En règle générale, plus l'osmolalité du liquide administré est grande, plus le besoin d'un supplément en eau est important.

Dans les cas de diabète insipide, un apport hydrique suffisant est essentiel. Si le patient est conscient et que ses mécanismes de régulation de la soif sont intacts, il suffit souvent de lui assurer l'accès à de l'eau. Toutefois, si son niveau de conscience est altéré ou qu'il est incapable, pour une raison quelconque, de consommer du liquide en quantité suffisante, l'apport liquidien pourra être assuré par voie parentérale. On peut utiliser ce traitement à titre préventif chez les patients atteints de troubles neurologiques, particulièrement au début de la période post-opératoire.

▷ *Correction de l'hypernatrémie.* Dans les cas d'hypernatrémie exigeant l'administration de liquides par voie parentérale, l'infirmière doit observer la réponse du patient au traitement en suivant de près la baisse du taux sérique de sodium et en notant les modifications des signes neurologiques. La baisse graduelle du sodium sérique devrait concorder avec une amélioration des signes neurologiques. Comme il a été mentionné dans la section consacrée au traitement, une baisse trop rapide provoque une chute temporaire de l'osmolalité plasmatique sous celle du liquide tissulaire du cerveau, entraînant un dangereux œdème cérébral.

▷ Évaluation

Résultats escomptés

1. Le patient est orienté dans les trois sphères: temps, personne, espace.

2. Le patient ne présente pas de délire, d'hallucinations ou d'agitation.

3. Le patient manifeste une soif normale.

4. Le patient ne présente pas de sécheresse de la peau et des muqueuses.

5. Le patient ne présente pas d'hyperthermie.

6. Le patient excrète un volume suffisant d'urines de densité normale.

7. Le patient consomme des liquides en quantité suffisante et se conforme à son régime à faible teneur en sodium.

8. Le patient connaît les raisons qui justifient un apport liquidien adéquat et une restriction de l'apport en sodium.

9. Le patient dit être moins léthargique.

10. Le patient présente des taux sérique et urinaire de sodium normaux.

11. Le patient ne présente pas de facteurs déclenchants (comme une restriction excessive de liquides, l'ingestion entérale de solutions hypertoniques, une perte liquidienne excessive due à un diabète insipide).

DÉSÉQUILIBRES DU POTASSIUM

Les déséquilibres du potassium sont fréquents, car ils sont associés à un grand nombre de maladies et de lésions. Ils peuvent de plus être provoqués par des médicaments, comme les diurétiques, les laxatifs et certains antibiotiques, de même que par des traitements comme l'hyperalimentation et la chimiothérapie. Avant de traiter de l'hypokaliémie et de l'hyperkaliémie, il convient de rappeler certaines notions concernant le potassium.

FONCTIONS DU POTASSIUM

Le potassium est le principal électrolyte intracellulaire, 98 % de tout le potassium de l'organisme se trouvant à l'intérieur des cellules. Le 2 % qui reste est extracellulaire et de toute première importance dans le fonctionnement neuromusculaire. Le potassium influence l'activité des muscles squelettiques et du muscle cardiaque. Par exemple, des perturbations de sa concentration provoquent de l'irritabilité et des modifications du rythme myocardique. Le potassium va et vient constamment de l'intérieur à l'extérieur des cellules selon les besoins de l'organisme et sous l'action de la pompe à sodium-potassium. Le taux sérique normal de potassium se situe entre 3,5 et 5,5 mmol / L et même les plus petites variations de ce taux sont significatives. Le maintien de l'équilibre potassique exige que le fonctionnement des reins soit normal, car l'excrétion quotidienne du potassium se fait par les voies urinaires dans une proportion de 80 %. L'autre 20 % est excrété dans les selles et dans la sueur.

DÉFICIT EN POTASSIUM (HYPOKALIÉMIE)

Définition et causes

Le terme hypokaliémie désigne une diminution sous la normale du taux sérique de potassium, ce qui indique généralement une déplétion réelle des réserves potassiques totales. Dans les cas d'alcalose toutefois, on observe parfois une hypokaliémie avec réserves normales, car l'alcalose provoque un passage temporaire dans les cellules du potassium sérique. (Voir pages xxx-xxx pour de plus amples renseignements sur l'alcalose.)

Comme il a été mentionné plus haut, l'hypokaliémie est fréquente, sa principale cause étant probablement les pertes gastro-intestinales de potassium. Elle est souvent provoquée par des vomissements ou une aspiration gastrique, en partie à cause d'une perte potassique réelle dans le liquide gastrique, mais surtout d'une augmentation des pertes rénales associée à une alcalose métabolique. Les liquides intestinaux renferment des quantités relativement grandes de potassium, le liquide diarrhéique pouvant en contenir jusqu'à 30 mmol / L. Par conséquent on observe fréquemment une déplétion en potassium dans les cas de diarrhée, d'aspiration gastrique prolongée, d'iléostomie récente et d'adénome villeux (une tumeur des voies intestinales caractérisée par l'excrétion de mucosités riches en potassium).

Les altérations de l'équilibre acidobasique ont une importante influence sur la répartition du potassium, à cause notamment des échanges d'ions hydrogène et d'ions potassium entre les cellules et le LEC. L'hypokaliémie peut provoquer une alcalose et l'alcalose une hypokaliémie. Par exemple, une augmentation du pH peut provoquer un déplacement des ions hydrogène vers le LEC pour corriger cette augmentation, et un déplacement des ions potassium vers le LIC pour en assurer l'électroneutralité. (Voir page 1373 à 1377 pour de plus amples renseignements sur l'équilibre acidobasique.)

L'hyperaldostéronisme augmente l'excrétion urinaire de potassium et peut provoquer une grave déplétion potassique. On observe un hyperaldostéronisme primaire chez des patients atteints d'un adénome surrénalien et un hyperaldostéronisme secondaire chez des personnes souffrant de cirrhose, de syndrome néphrotique, d'insuffisance cardiaque et d'hypertension artérielle maligne. Les diurétiques à effet kaliurétique, comme le furosémide, les thiazidiques et l'acide étacrynique, peuvent bien sûr provoquer une hypokaliémie, surtout s'ils sont administrés à forte dose à des patients dont l'apport en potassium est faible. D'autres médicaments peuvent entraîner une hypokaliémie, dont les stéroïdes, la pénicilline sodique, la carbénicilline et l'amphotéricine B.

Parce que l'insuline favorise le passage du potassium dans les muscles squelettiques et les cellules hépatiques, un hyperinsulinisme persistant peut entraîner une hypokaliémie, ce que l'on observe souvent chez les patients qui reçoivent par voie parentérale des liquides à forte teneur en hydrates de carbone (hyperalimentation).

Les personnes qui sont sous-alimentées (personnes âgées affaiblies, alcooliques) sont sujettes à l'hypokaliémie. Les boulimiques et anorexiques sont aussi exposés à des pertes potassiques, à cause des vomissements provoqués et de l'abus de diurétiques et de laxatifs.

Manifestations cliniques

Un déficit en potassium peut avoir pour conséquence d'importantes perturbations des fonctions physiologiques et peut même, dans les cas graves, entraîner la mort par arrêt cardiaque ou respiratoire. L'hypokaliémie reste généralement asymptomatique jusqu'à ce que le potassium sérique soit sous les 3 mmol / L, à moins que la chute ne soit rapide. Ses symptômes sont notamment la fatigue, l'anorexie, les nausées, les vomissements, une faiblesse musculaire, une diminution de la motilité intestinale (iléus paralytique), des paresthésies, des arythmies et une sensibilité accrue à la digitaline. Si l'hypokaliémie se prolonge, elle peut provoquer une altération du pouvoir de concentration urinaire causant une dilution de l'urine, une polyurie, une nycturie et une polydipsie.

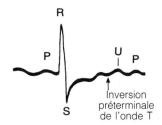

Figure 46-4. Modifications de l'électrocardiogramme caractéristiques de l'hypokaliémie. Noter la présence d'une onde U.

Examens diagnostiques

Dans l'hypokaliémie, le taux sérique de potassium est sous la limite inférieure de la normale. Les modifications de l'électrocardiogramme caractéristiques de ce déséquilibre sont une diminution de l'amplitude de l'onde T, une dépression du segment ST, ainsi que l'allongement de l'intervalle QT et l'apparition d'une onde U (cette onde n'est pas présente dans tous les cas d'hypokaliémie) (figure 46-4). L'hypokaliémie potentialise l'action de la digitaline et en exagère les effets toxiques. Elle est de plus fréquemment associée à l'alcalose métabolique. Consulter la section consacrée aux troubles de l'équilibre acidobasique pour de plus amples renseignements à ce sujet.

Traitement

La prévention est la mesure la plus efficace contre l'hypokaliémie. Les pertes potassiques normales chez l'adulte doivent être corrigées quotidiennement par l'absorption de 40 à 60 mmol/L de potassium. Chez les patients à risque, un régime alimentaire riche en potassium s'impose ; l'apport alimentaire de ce minéral se situe entre 50 et 100 mmol/jour chez l'adulte moyen. Les aliments à forte teneur en potassium sont notamment les raisins secs, les bananes, les abricots, les oranges, les avocats, les légumineuses et les pommes de terre. Si l'apport alimentaire en potassium est insuffisant, le médecin peut prescrire un supplément. De nombreux succédanés du sel contiennent entre 50 et 60 mmol/L de potassium par 5 mL et peuvent constituer un bon supplément.

Si l'administration orale de potassium est impossible, la voie intraveineuse est indiquée. Elle s'impose même chez les patients atteints d'hypokaliémie grave (taux sériques de 2 mmol/L). La solution intraveineuse la plus utilisée est le chlorure de potassium, mais certains médecins emploient l'acétate ou le phosphate de potassium.

 DÉMARCHE DE SOINS INFIRMIERS PATIENTS PRÉSENTANT UN DÉFICIT EN POTASSIUM

▷ Évaluation

Comme l'hypokaliémie peut mettre en danger la vie du patient, il est important de la dépister précocement. On doit vérifier le taux de potassium sérique si un patient à risque présente de la fatigue, une faiblesse musculaire, une diminution de la motilité intestinale, des paresthésies ou des arythmies. Un électrocardiogramme peut aussi fournir des renseignements utiles. On doit observer de près les patients exposés à l'hypokaliémie qui reçoivent de la digitaline, à la recherche de signes

de toxicité, car la déplétion potassique potentialise l'action de ce médicament. De façon générale, les médecins préfèrent maintenir le taux de potassium à plus de 3,5 mmol/L chez les patients digitalisés.

▷ Analyse et interprétation des données

L'infirmière peut poser un diagnostic infirmier adéquat sur la base des données recueillies et des signes d'hypokaliémie chez les patients exposés à ce déséquilibre. Par exemple, chez un patient atteint de diarrhée, le diagnostic infirmier pourrait se formuler comme suit : altération de l'équilibre potassique (hypokaliémie) reliée à des pertes potassiques excessives dans le liquide diarrhéique. Une fois que les facteurs causals ont été établis, on doit prendre les mesures thérapeutiques nécessaires pour corriger le déséquilibre.

▷ Planification et exécution

▷ *Objectifs de soins :* Prévention ou correction de l'hypokaliémie

▷ Interventions infirmières

▷ *Prévention de l'hypokaliémie.* On doit prendre les mesures nécessaires pour prévenir l'hypokaliémie. Un apport accru en potassium dans le régime alimentaire (si l'état du patient le permet) est un des moyens les plus simples et les plus efficaces. Voir le tableau 46-7 pour une liste d'aliments à forte teneur en potassium. Dans les cas d'abus de laxatifs ou de diurétiques, l'éducation du patient peut aider à corriger le problème. Le questionnaire et la collecte des données doivent viser en partie à découvrir les causes qui relèvent de la prévention par l'éducation et l'information.

▷ *Correction de l'hypokaliémie.* L'administration intraveineuse de potassium exige la plus grande prudence. Les solutions concentrées doivent *toujours* être diluées selon les recommandations du fabricant. La concentration habituelle est de 40 mmol/L et la concentration maximale de 80 mmol/L. En général, on évite de perfuser dans les veines périphériques les solutions dont la concentration excède 60 mmol/L, à cause des risques de phlébite, de douleur et de sclérose. On ne doit pas administrer plus de 40 mmol de potassium à l'heure.

Dans les situations critiques, on peut administrer des solutions plus concentrées (200 mmol/L par exemple) par la voie d'un cathéter central. Même dans les cas d'hypokaliémie extrême, on recommande que le rythme de perfusion ne dépasse pas 20 à 40 mmol/h et se fasse sous monitorage cardiaque constant. On doit aussi observer le patient à la recherche de certains signes d'hyperkaliémie, comme les changements dans la force musculaire.

Le potassium ne doit être administré qui si le débit urinaire est adéquat. Si on observe une diminution du volume urinaire à moins de 20 mL/h pendant deux heures consécutives, on doit arrêter la perfusion jusqu'à ce que la situation ait été évaluée, car l'oligurie peut entraîner une dangereuse élévation du taux sérique de potassium, cet élément étant excrété principalement par les reins.

Le remplacement du potassium doit s'effectuer avec prudence chez les personnes âgées, car leurs besoins en potassium sont moindres que ceux des adultes plus jeunes, étant donné que leur masse corporelle et leur concentration totale de potassium sont relativement faibles. De plus, comme la fonction rénale se détériore avec l'âge, il est possible que les personnes âgées retiennent davantage le potassium administré que les adultes plus jeunes.

◇ *Évaluation*

Résultats escomptés

1. Le patient présente une fonction cardiaque normale avec un pouls régulier, un électrocardiogramme normal et l'absence d'arythmies.

2. Le patient présente une force musculaire normale dans les membres supérieurs et inférieurs.

3. Le patient présente une fonction gastro-intestinale et des bruits intestinaux normaux.

4. Le patient se dit moins fatigué.

5. Le patient dit avoir un appétit normal et ne pas éprouver de nausées ou de vomissements.

6. Le patient consomme les aliments à forte teneur en potassium et les suppléments de potassium prescrits.

7. Le patient présente un volume urinaire (minimum de 30 mL / h).

8. Le patient ne présente pas de facteurs déclenchants (comme la diarrhée, les vomissements et l'abus de laxatifs et de diurétiques).

EXCÈS DE POTASSIUM (HYPERKALIÉMIE)

Définition et causes

Le terme hyperkaliémie désigne un taux sérique de potassium supérieur à la normale. L'excès de potassium se manifeste rarement chez les personnes dont la fonction rénale est normale et, comme le déficit en potassium, il est souvent iatrogène (provoqué par les traitements). Il est moins fréquent que l'hypokaliémie, mais présente généralement plus de risques, car il est souvent associé à des arrêts cardiaques.

Avant de traiter des causes réelles de l'hyperkaliémie, il convient de rappeler que le taux sérique de potassium peut être faussement élevé pour différentes raisons. Les causes les plus fréquentes de pseudohyperkaliémie sont le prélèvement du sang dans un membre qui vient d'être soumis à un effort, l'utilisation prolongée d'un garrot trop serré au cours du prélèvement, et l'hémolyse de l'échantillon. Parmi les autres causes on note une leucocytose ou une thrombocytose marquées et le prélèvement de l'échantillon sanguin au-dessus d'un point de perfusion de potassium. Il importe de connaître les causes de fausse élévation du potassium sérique afin d'éviter des traitements inutiles qui peuvent avoir pour conséquence une importante hypokaliémie. Les résultats très élevés doivent donc faire l'objet d'une vérification.

La principale cause de l'hyperkaliémie est la diminution de l'excrétion rénale de potassium. Par conséquent, on observe souvent une importante hyperkaliémie chez les personnes atteintes d'insuffisance rénale non traitée, particulièrement si du potassium est libéré des cellules à cause d'une infection ou si l'apport en potassium provenant du régime alimentaire ou des médicaments est excessif. Les déficiences en corticostéroïdes provoquent une perte de sodium et une rétention de potassium. Par conséquent, l'hypoaldostéronisme et la maladie d'Addison prédisposent à l'hyperkaliémie.

Des études rétrospectives ont démontré que les médicaments contribuent à l'hyperkaliémie dans plus de 60 % des cas. Ceux qui sont le plus souvent en cause sont le chlorure de potassium et les inhibiteurs de l'enzyme de conversion de l'angiotensine, comme le captopril, les anti-inflammatoires non stéroïdiens et les diurétiques d'épargne potassique. Dans la plupart des cas, l'insuffisance rénale perturbe la régulation du potassium.

Un apport élevé en potassium cause rarement une élévation du taux sérique de potassium chez les sujets normaux, mais peut entraîner une grave hyperkaliémie chez les patients dont la fonction rénale est perturbée. Dans tous les cas toutefois, il faut user prudemment des suppléments de potassium, surtout chez ceux qui consomment des succédanés du sel. Il convient de rappeler que la prise de diurétiques à effet kaliurétique n'exige pas toujours un supplément de potassium et, bien sûr, que le traitement aux diurétiques d'épargne potassique l'interdit. Chez les personnes dont la fonction rénale est altérée et qui présentent, par conséquent, une baisse de l'excrétion urinaire de potassium, les suppléments de potassium sont extrêmement dangereux, mais moins encore que l'administration intraveineuse de cet élément qui peut provoquer une hausse très rapide du taux sérique. Les patients prédisposés à l'hyperkaliémie doivent recevoir du sang relativement frais, car la concentration du potassium augmente avec le temps dans le sang entreposé, à cause de l'hémolyse des globules rouges. Même si la fonction rénale est normale, le potassium ingéré en quantité importante ou administré rapidement par voie intraveineuse peut excéder les capacités d'excrétion rénale.

Dans les cas d'acidose, du potassium intracellulaire passe dans le LEC, en échange d'ions hydrogène qui pénètrent dans la cellule, un mécanisme qui a pour but de maintenir le pH à un niveau normal. (Voir à la page 1374 pour de plus amples renseignements sur l'acidose.) Les atteintes tissulaires profondes, comme dans les blessures par écrasement, les brûlures

TABLEAU 46-7. *Aliments à forte teneur en potassium*

Aliments à forte teneur en potassium	*Teneur approximative en potassium*
Abricots crus, trois de grosseur moyenne	313 mg
Bananes crues, une de grosseur moyenne	451 mg
Oranges navel crues, une de grosseur moyenne	250 mg
Pomme de terre cuite au four, sans la pelure	610 mg
Pomme de terre bouillie avec la pelure	407 mg
Rosbif, 2 tranches (100 g au total)	438 mg
Flétan cuit bouilli, 125 g	656 mg
Pétoncles cuits, 100 g	476 mg
Saumon grillé, 100 g	443 mg
Champignons frais, 100 g	414 mg
Épinards crus, 100 g	470 mg
Épinards cuits, 90 g	291 mg
Dattes, 10 de grosseur moyenne	648 mg
Figues séchées, 5 de grosseur moyenne	640 mg
Lait entier, 250 mL	352 mg
Lait écrémé, 250 mL	278 mg

(Source: M. V. Krause et M. A. Hunscher, *Nutrition et diététique*, Montréal, Éditions HRW, 1978)

Figure 46-5. Modifications de l'électrocardiogramme caractéristiques de l'hyperkaliémie : élargissement du complexe QRS, diminution de l'amplitude de l'onde P et onde T pointue.

et les infections graves, peuvent provoquer une augmentation du taux de potassium extracellulaire, de même que la lyse des cellules malignes après la chimiothérapie.

Manifestations cliniques

La toxicité cardiaque est de loin le plus important effet de l'hyperkaliémie. Les effets sur le cœur d'une hausse du taux sérique de potassium sont généralement peu importants sous les 7 mmol / L, mais presque toujours présents à 8 mmol / L ou plus. Avec l'augmentation du taux de potassium, on assiste à des troubles de la conduction cardiaque. Les modifications les plus précoces de l'électrocardiogramme sont de grandes ondes T pointues et un raccourcissement de l'intervalle QT et apparaissent généralement à des taux de potassium supérieurs à 7 mmol / L. Si la hausse du taux de potassium se poursuit, on observe un allongement de l'intervalle PR, suivi de la disparition de l'onde P et, enfin, d'une dégénérescence du complexe QR (figure 46-5). À n'importe quel moment dans cette progression, une arythmie ventriculaire et un arrêt cardiaque peuvent se produire.

L'hyperkaliémie grave provoque une faiblesse musculaire et même une paralysie reliées à un blocage de la dépolarisation musculaire. De la même façon, elle provoque un ralentissement de la conduction ventriculaire. Elle a aussi des effets marqués sur le système neuromusculaire périphérique, mais peu d'effets sur le système nerveux central. On a observé chez des patients dont le taux sérique de potassium était très élevé, une détérioration rapide de la force musculaire menant à une quadriplégie flasque. Un grave excès de potassium peut aussi provoquer une paralysie des muscles respiratoires et phonatoires.

Certains patients hyperkaliémiques présentent des nausées, des coliques intestinales intermittentes et de la diarrhée.

Examens diagnostiques

Le diagnostic de l'hyperkaliémie se fait essentiellement sur la base du taux sérique de potassium et des modifications de l'électrocardiogramme. Voir la section consacrée aux manifestations cliniques.

Traitement

Si l'hyperkaliémie n'est pas aiguë, il suffit souvent de réduire l'apport en potassium provenant des aliments et des médicaments. Par exemple, chez un patient qui prend des diurétiques d'épargne potassique et qui présente une légère hyperkaliémie, il peut suffire d'éliminer la consommation de succédanés du sel à forte teneur en potassium ou de passer

à un diurétique sans épargne potassique en prenant soin d'inclure des aliments riches en potassium. Chez les personnes atteintes d'insuffisance rénale, il est parfois nécessaire de prévenir une hyperkaliémie grave par l'administration de résines échangeuses de cations (comme Kayexalate).

Mesures d'urgence

Dans les cas d'urgence, une administration intraveineuse de gluconate de calcium peut être nécessaire pour faire disparaître rapidement les effets cardiaques de l'hyperkaliémie. Cette administration doit se faire sous monitorage cardiaque continu et être interrompue si on observe l'apparition de bradycardie. Les effets du calcium sont transitoires, ne durant que 30 minutes environ. On doit faire preuve d'une plus grande prudence encore chez les patients digitalisés, car l'administration parentérale de calcium accroît la sensibilité du cœur à la digitaline et les risques d'effets toxiques de ce médicament.

Dans les cas d'acidose surtout, l'administration intraveineuse de bicarbonate de sodium est nécessaire pour alcaliniser le plasma et provoquer un déplacement intracellulaire temporaire du potassium. De plus, le sodium s'oppose aux effets toxiques du potassium sur le cœur. Ce traitement agit en 30 à 60 minutes et son action peut persister pendant des heures.

L'administration intraveineuse d'insuline ordinaire et de dextrose hypertonique provoque un déplacement intracellulaire temporaire du potassium. Ce traitement agit dans les 30 minutes qui suivent son administration et ses effets durent quelques heures.

Les mesures ci-dessus ne sont que temporaires. Si l'hyperkaliémie n'est pas transitoire, on devra éliminer le potassium du sang au moyen de résines échangeuses de cations (Kayexalate) ou par dialyse péritonéale ou hémodialyse.

▶ DÉMARCHE DE SOINS INFIRMIERS
PATIENTS PRÉSENTANT UN EXCÈS DE POTASSIUM

▷ Évaluation

Il importe de connaître les patients qui sont exposés aux excès de potassium afin de pouvoir les observer de près à la recherche des signes de ce déséquilibre. (Voir la section consacrée aux causes de l'hyperkaliémie.) L'infirmière doit rechercher les signes de faiblesse musculaire ou d'arythmie. Elle doit de plus noter la présence de paresthésies, de même que de symptômes gastro-intestinaux, comme les nausées et les coliques intestinales. Elle doit également faire procéder à des dosages périodiques du taux de potassium.

Il importe de se rappeler que le taux sérique de potassium peut être faussement élevé et de procéder systématiquement à la vérification des résultats très anormaux. Pour prévenir une fausse augmentation du taux de potassium, on doit éviter l'utilisation prolongée du garrot au cours du prélèvement sanguin et demander au patient de reposer son bras avant le prélèvement. On doit faire parvenir l'échantillon au laboratoire dans les plus brefs délais, car l'hémolyse est une source de pseudohyperkaliémie.

▷ *Analyse et interprétation des données*

À l'aide des données recueillies, on doit déterminer quels sont les patients exposés à l'hyperkaliémie et formuler les diagnostics infirmiers appropriés. Par exemple, chez un patient atteint d'insuffisance rénale avec oligurie, le diagnostic infirmier peut être formulé comme suit: altération de l'équilibre potassique (hyperkaliémie) reliée à une diminution de l'excrétion du potassium.

▷ *Planification et exécution*

▷ *Objectifs de soins:* Prévention ou correction de l'hyperkaliémie

▷ *Interventions infirmières*

▷ *Prévention de l'hyperkaliémie.* On doit avant tout prévenir l'hyperkaliémie chez le patient à risque, en l'incitant à se conformer aux restrictions potassiques prescrites. Les aliments riches en potassium à éviter sont notamment le café, le cacao, le thé, les fruits séchés, les légumineuses et les pains de grains entiers. Le lait et les œufs contiennent aussi des quantités substantielles de potassium. Les aliments à faible teneur en potassium sont notamment le beurre, la margarine, le jus ou la sauce de canneberge, la boisson gazeuse au gingembre, les boules de gomme, les dragées à la gelée de sucre, les sucettes, la racinette, le sucre et le miel.

▷ *Correction de l'hyperkaliémie.* Comme il a été mentionné précédemment, une administration intraveineuse rapide de potassium peut excéder les capacités d'excrétion rénale de cet élément même chez les personnes dont la fonction rénale est normale. Par conséquent, il importe de porter une attention particulière à la concentration et à la vitesse d'administration des solutions intraveineuses de potassium. Si on ajoute du potassium à une solution parentérale, on doit mélanger le potassium au liquide en inversant plusieurs fois le contenant. On ne doit *jamais* ajouter du chlorure de potassium dans une bouteille ou un sac de solution intraveineuse suspendu, car il pourrait en résulter une ingestion massive de potassium (le chlorure de potassium est lourd et se dépose au fond du contenant).

Il importe de mettre en garde contre l'usage de succédanés du sel les patients qui prennent des suppléments de potassium ou des diurétiques d'épargne potassique. De plus, les patients qui souffrent d'un dysfonctionnement rénal ne doivent pas recevoir de diurétiques d'épargne potassique (comme la spirolactone, le triamtérène et l'amiloride), de suppléments de potassium ou de succédanés du sel, qui contiennent pour la plupart environ 60 mmol/L de potassium par 5 mL.

▷ *Évaluation*

Résultats escomptés
1. Le patient présente une fonction cardiaque normale avec rythme cardiaque normal et absence d'arythmies à l'électrocardiogramme.

2. Le patient excrète un volume d'urine adéquat.

3. Le patient présente une excursion thoracique et une fonction respiratoire normales.

4. Le patient présente une fonction gastro-intestinale normale, sans diarrhée ou crampes abdominales.

5. Le patient consomme des aliments faibles en potassium et évite l'emploi de succédanés du sel.

6. Le patient connaît les raisons qui justifient un régime à faible teneur en potassium.

7. Le patient présente un taux sérique de potassium normal.

8. Le patient ne présente pas de facteurs déclenchants (comme une altération de la fonction rénale, un apport excessif en potassium ou une atteinte profonde des tissus comme dans les brûlures ou les blessures par écrasement).

DÉSÉQUILIBRES DU CALCIUM

L'hypercalcémie et l'hypocalcémie sont des déséquilibres relativement fréquents, car de nombreux facteurs affectent la régulation du calcium. Pour faciliter l'étude des déséquilibres calciques, on doit rappeler d'abord les fonctions du calcium.

FONCTIONS DU CALCIUM

Plus de 99 % du calcium de l'organisme se trouve dans les os et les dents et contribue dans une large mesure à la solidité de ces organes. Environ 1 % du calcium des os est librement échangeable avec le calcium du LEC, le reste étant plus stable. Le calcium est donc présent en petite quantité dans le LEC, en partie lié aux protéines, en partie sous forme ionisée. Il contribue à retenir ensemble les cellules et exerce une action sédative sur les cellules nerveuses, jouant ainsi un rôle majeur dans la transmission des influx nerveux. Il aide à la régulation de la contraction des muscles, y compris du muscle cardiaque, contribue à l'activation de nombreux enzymes qui stimulent des réactions biochimiques essentielles, et joue un rôle dans la coagulation du sang.

Le taux sérique normal de calcium se situe entre 2,1 et 2,6 mmol/L. Environ 50 % du calcium sérique existe sous une forme ionisée physiologiquement active qui a de l'importance dans l'activité neuromusculaire. Le reste est lié aux protéines sériques, principalement à l'albumine.

DÉFICIT EN CALCIUM (HYPOCALCÉMIE)

Définition et causes

Le terme hypocalcémie désigne un taux sérique de calcium inférieur à la normale. Il s'agit d'un déséquilibre qui se manifeste dans différentes situations cliniques. Parfois, on observe une déplétion du calcium total de l'organisme sans baisse du taux sérique de cet électrolyte (dans l'ostéoporose par exemple). Il est dangereux de garder au lit les personnes âgées qui souffrent d'ostéoporose, car l'immobilité accroît la résorption osseuse du calcium, ce qui perturbe son métabolisme.

Parmi les nombreuses causes de l'hypocalcémie, on note l'hypoparathyroïdie idiopathique et post-opératoire, cette dernière étant beaucoup plus fréquente. Elle peut être la conséquence d'opérations touchant les parathyroïdes et la thyroïde, mais aussi d'un curage ganglionnaire cervical élargi, et apparaît généralement dans les 24 à 48 heures qui suivent l'opération. Une transfusion massive de sang citraté (comme une exsanguinotransfusion chez un nouveau-né) peut entraîner une disparition transitoire du calcium ionisé de la circulation, car le citrate se combine avec l'ion calcium. De plus, l'hypocalcémie nuit aux mécanismes de coagulation.

La pancréatite provoque la libération d'enzymes protéolytiques et lipolytiques et la chélation du calcium par les produits de la lipolyse; elle se complique donc souvent d'une hypocalcémie. Selon certaines études, la baisse du taux sérique de calcium observée dans la pancréatite serait aussi reliée à une hypersécrétion de glucagon causant une hypersécrétion de calcitonine, une hormone hypocalcémiante.

Les personnes atteintes d'insuffisance rénale présentent souvent une élévation du taux sérique des phosphates, ce qui entraîne une baisse du taux sérique de calcium. Les autres causes de l'hypocalcémie sont notamment la carence en vitamine D, le déficit en magnésium, le cancer médullaire de la thyroïde, l'hypoalbuminémie et l'alcalose. Les médicaments qui exposent à l'hypocalcémie sont les antiacides à base d'aluminium, les aminosides, la caféine, le cisplatin, les corticostéroïdes, la mithramycine, les phosphates, l'isoniazide et les diurétiques de l'«anse».

L'ostéoporose est une affection associée à un carence prolongée en calcium et se caractérise par une déplétion du calcium total de l'organisme avec des taux sériques généralement normaux. Elle affecte des millions de Nord-Américains, surtout des femmes. Elle se manifeste par une diminution de la masse du tissu osseux, rendant les os poreux et fragiles et, par conséquent, sujets aux fractures (voir chapitre 60).

Manifestations cliniques

La tétanie est le signe le plus typique de l'hypocalcémie. Il s'agit d'un syndrome provoqué par une augmentation de l'excitabilité nerveuse. Ses symptômes sont la conséquence de décharges spontanées des fibres sensitives et motrices des nerfs périphériques. Elle se caractérise par une sensation de fourmillement dans le bout des doigts, autour de la bouche et, plus rarement, dans les pieds. Parfois, on observe des spasmes musculaires dans les membres et le visage. Ces spasmes causent parfois de la douleur.

On provoque le signe de Trousseau (figure 46-6) en gonflant un brassard de tensiomètre placé sur l'avant-bras à 20 mm Hg environ au-delà de la pression systolique. Après deux à cinq minutes, un spasme carpopédal apparaît en réponse à une ischémie du nerf cubital. Le signe de Chvostek est une contraction des muscles provoquée par une percussion du nerf facial à deux centimètres environ en avant du lobe de l'oreille, juste sous l'arcade zygomatique.

L'hypocalcémie peut entraîner des convulsions, parce qu'elle accroît l'irritabilité du système nerveux central et des nerfs périphériques. Elle peut également provoquer un allongement de l'intervalle QT et du segment ST à l'électrocardiogramme et des changements psychologiques comme la dépression, des troubles de la mémoire, de la confusion, un délire et même des hallucinations. Les enfants atteints d'hypocalcémie chronique peuvent présenter un retard de croissance et un faible quotient intellectuel.

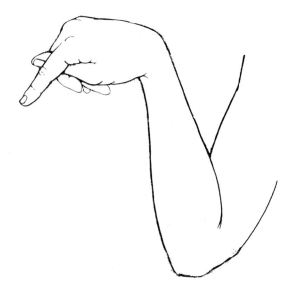

Figure 46-6. Signe de Trousseau; spasme carpopédal observé dans l'hypocalcémie

Examens diagnostiques

Le taux sérique de calcium doit être évalué en regard d'autres variables comme le taux sérique de protéines et le pH artériel. Du point de vue clinique, il importe de faire la corrélation entre la calcémie et l'albuminémie, une baisse ou une hausse de 10 g/L du taux d'albumine (normale: 40 à 50 g/L) correspondant à une baisse ou une hausse du taux de calcium d'environ 0,2 mmol/L. Par exemple, si un patient qui avait un taux de calcium total de 2,5 mmol/L et un taux d'albumine de 40 g/L présente une baisse de son taux d'albumine à 30 g/L, son taux de calcium baissera à 2,3 mmol/L. C'est pourquoi, dans la plupart des cas, l'hypocalcémie n'est pas significative en présence d'une hypoalbuminémie correspondante, le taux de calcium ionisé étant habituellement normal. L'alcalose (augmentation du pH artériel) provoque une baisse du taux de calcium ionisé, à cause d'une augmentation de la liaison aux protéines, et s'accompagne souvent, par conséquent, de symptômes d'hypocalcémie. À l'inverse, l'acidose (baisse du pH) provoque une diminution de la liaison aux protéines et une augmentation consécutive du taux de calcium ionisé. L'acidose s'accompagne rarement de signes d'hypocalcémie, même si le taux sérique de calcium total est abaissé.

Idéalement, le laboratoire devrait mesurer le taux de calcium ionisé. Toutefois, certains laboratoires ne dosent que le taux de calcium total. Si tel est le cas, on doit estimer le taux de calcium ionisé en mesurant simultanément le taux sérique d'albumine et le pH artériel.

Traitement

L'hypocalcémie aiguë symptomatique est une urgence médicale exigeant une prompte administration intraveineuse de calcium. Les principales solutions parentérales se composent de gluconate, de chlorure ou de gluceptate de calcium. Même si le chlorure de calcium provoque une plus forte hausse du calcium ionisé qu'une quantité équimolaire de gluconate de calcium, il est moins utilisé parce qu'il est très irritant en cas d'infiltration. Une administration intraveineuse trop rapide de calcium peut provoquer un arrêt cardiaque précédé de bradycardie. Chez les patients digitalisés, la perfusion intraveineuse de calcium présente d'importants risques, car les ions calcium exercent un effet similaire à celui de la digitaline, ce qui exagère les effets toxiques de ce médicament sur le coeur.

Interventions infirmières

Il importe d'observer les patients exposés à l'hypocalcémie, à la recherche de signes de ce déséquilibre. L'hypocalcémie grave pouvant provoquer des convulsions, on doit prévoir les précautions qui s'imposent. On doit de plus observer étroitement l'état des voies respiratoires, à cause des risques de laryngospasme. En cas de confusion, il faut prendre les mesures de sécurité indiquées. Il importe de recommander aux personnes qui présentent des risques élevés d'ostéoporose un apport alimentaire en calcium suffisant ou un supplément de calcium si les besoins ne peuvent être comblés par l'alimentation. Les aliments riches en calcium sont le lait et les produits laitiers, de même que les légumes verts feuillus. Chez les femmes ménopausées, l'oestrogénothérapie de substitution peut prévenir l'ostéoporose ou en retarder l'évolution. On doit de plus insister sur le fait que l'exercice régulier réduit les pertes osseuses. Certaines substances ont un effet défavorable sur l'équilibre calcique, dont l'alcool et la caféine qui, à fortes doses, inhibent l'absorption du calcium. Une consommation modérée de cigarettes accroît son excrétion urinaire.

EXCÈS DE CALCIUM (HYPERCALCÉMIE)

Définition et causes

Le terme hypercalcémie désigne une augmentation du taux sérique de calcium. Un grave excès de calcium peut avoir de dangereux effets, le taux de mortalité pouvant atteindre 50 % dans les cas de crise non traitée promptement.

Certaines tumeurs malignes et l'hyperparathyroïdie sont les causes les plus fréquentes d'hypercalcémie. Dans le cas des tumeurs malignes, les mécanismes qui concourent à l'augmentation du taux de calcium sont variés. Dans celui de l'hyperparathyroïdie, c'est l'augmentation de la sécrétion de l'hormone parathyroïdienne qui cause un accroissement de la libération du calcium des os et une augmentation de son absorption intestinale et rénale.

L'immobilité entraîne une baisse de la minéralisation de la substance osseuse (Gladstone), causant parfois une hausse de la concentration de calcium dans la circulation sanguine (particulièrement sous forme ionisée). Toutefois, l'hypercalcémie symptomatique due à l'immobilité est rare et se manifeste presque toujours chez des personnes ayant une vitesse élevée de renouvellement du calcium (comme les adolescents en poussée de croissance), et dans la plupart des cas, à la suite de fractures multiples graves ou de paralysie traumatique étendue.

Les diurétiques thiazidiques peuvent causer une légère élévation du taux sérique de calcium parce qu'ils potentialisent l'action de l'hormone parathyroïdienne sur les reins, ce qui réduit l'excrétion urinaire de calcium. On observe parfois un syndrome du lait et des alcalins (syndrome de Burnett) chez les personnes qui souffrent d'un ulcère gastroduodénal traité de façon prolongée au lait et aux antiacides alcalins, surtout le carbonate de calcium.

Manifestations cliniques

En général, les symptômes de l'hypercalcémie sont proportionnels à la gravité de la hausse du taux sérique de calcium. Ce déséquilibre se caractérise par une réduction de l'excitabilité neuromusculaire due à l'effet sédatif du calcium sur la jonction neuromusculaire. Les symptômes comme la faiblesse musculaire, le manque de coordination, l'anorexie et la constipation peuvent avoir pour cause une perte de tonus dans les muscles lisses et striés.

L'anorexie, les nausées, les vomissements et la constipation sont des symptômes fréquents de l'hypercalcémie. On observe aussi des douleurs abdominales, parfois tellement fortes qu'elles peuvent laisser croire à une affection abdominale aiguë. La crise d'hypercalcémie peut se compliquer d'un ballonnement abdominal et d'une occlusion intestinale. Dans certains cas, on observe une grande soif, consécutive à une polyurie due à une forte charge en calcium. Les personnes atteintes d'hypercalcémie chronique peuvent présenter des symptômes semblables à ceux de l'ulcère gastroduodénal, parce que la hausse du taux de calcium augmente la sécrétion gastrique d'acide et de pepsine.

La hausse du taux sérique de calcium peut aussi provoquer de la confusion, des troubles de mémoire, des troubles d'élocution, de la léthargie, un comportement psychotique soudain ou un coma. Les symptômes les plus graves apparaissent généralement quand le taux de calcium atteint 4,0 mmol/L ou plus. Dans certains cas toutefois, on observe d'importantes perturbations à un taux de 3,0 mmol/L. Les symptômes se résorbent avec le retour à la normale de la calcémie.

L'hypercalcémie peut provoquer une polyurie due à une altération de la fonction des tubes rénaux. Un taux sérique de calcium de 4,5 mmol/L environ peut provoquer un arrêt des contractions cardiaques. Le calcium exagère l'effet inotrope de la digitaline et, par conséquent, ses effets toxiques.

La crise d'hypercalcémie se caractérise par une hausse soudaine du taux sérique de calcium à 4,2 mmol/L ou plus et par des symptômes comme une forte soif et une polyurie. Elle peut aussi provoquer une faiblesse musculaire, des nausées incoercibles, des crampes abdominales, une constipation opiniâtre ou de la diarrhée, des symptômes apparentés à ceux de l'ulcère gastroduodénal, des douleurs osseuses, un coma et un arrêt cardiaque.

Examens diagnostiques

L'hypercalcémie se caractérise par un taux sérique de calcium supérieur à 2,6 mmol/L. Les principales modifications électrocardiographiques sont des arythmies et un raccourcissement de l'intervalle QT. On observe également aux rayons X des modifications de la masse osseuse, comme des fractures pathologiques, ainsi qu'une précipitation dense à l'épreuve de Sulkowilch.

Traitement

Le traitement de l'hypercalcémie vise à inverser le cours de ce déséquilibre et à ramener le taux sérique de calcium à la normale. Les mesures les plus souvent utilisées pour ce faire sont l'administration de liquides dans le but de diluer le calcium et d'en favoriser l'excrétion urinaire, l'accroissement de la mobilité et une restriction de l'apport alimentaire en calcium. L'administration intraveineuse de solutions de chlorure de sodium à 0,45 ou à 0,9 % dilue le calcium sérique et favorise son excrétion urinaire en inhibant sa réabsorption tubulaire. On utilise souvent le furosémide (Lasix) en association avec l'administration de sérum physiologique, ce médicament provoquant une diurèse en plus d'accroître l'excrétion de calcium. La calcitonine saumon (Calcimar) peut aussi être utile, particulièrement chez les patients atteints d'une maladie cardiaque ou d'insuffisance rénale qui ne peuvent tolérer une surcharge en sodium.

Dans le cas des patients atteints de cancer, on vise avant tout à arrêter la progression de la maladie par chirurgie, chimiothérapie et radiothérapie. Chez les personnes qui souffrent d'une sarcoïdose, d'un myélome, d'un lymphome ou d'une leucémie, l'administration de corticostéroïdes peut réduire le taux de renouvellement du calcium dans les os et sa réabsorption par les tubes rénaux. Les patients atteints de tumeurs solides ne répondent pas aussi bien à ce traitement. On peut administrer des phosphates inorganiques par voie orale, par voie nasogastrique, par voie rectale (lavement de rétention : Fleet) ou par voie intraveineuse. L'administration intraveineuse de phosphates doit se faire avec une extrême prudence à cause des risques de grave calcification des tissus, y compris de la veine servant à la perfusion.

Interventions infirmières

Il importe d'observer les patients exposés à l'hypercalcémie, à la recherche des signes de ce déséquilibre. Pour prévenir l'excès de calcium ou en réduire la gravité, on peut prendre des mesures comme l'amélioration de la mobilité ou une consommation supplémentaire de liquides. On doit encourager les patients hospitalisés à se déplacer dès que leur état le permet et insister auprès des patients externes sur l'importance de fréquents déplacements. Les liquides sont prescrits en fonction des goûts du patient et doivent contenir du sodium, à moins de contre-indications, parce que le sodium favorise l'excrétion du calcium. On doit recommander aux patients externes de boire entre 3 et 4 litres de liquide par jour, si possible. Un régime alimentaire riche en fibres peut réduire la constipation. Certaines précautions s'imposent si on observe des manifestations neurologiques. Si le patient devient confus et désorienté, il est préférable de le garder sous contention et de relever les ridelles. On doit rassurer le patient et sa famille en les informant du fait que ces manifestations de l'hypercalcémie sont réversibles. Le patient, de même que sa famille, doivent savoir que la consommation d'aliments riches en calcium, comme les produits laitiers lui est interdite.

DÉSÉQUILIBRES DU MAGNÉSIUM
FONCTIONS DU MAGNÉSIUM

Le magnésium est le plus important cation intracellulaire, après le potassium. Il est un activateur d'enzymes intracellulaires et a un rôle à jouer dans le métabolisme des hydrates de carbone et des protéines. Il facilite également le transport du sodium et du potassium à travers les membranes cellulaires. L'équilibre magnésique est nécessaire au bon fonctionnement neuromusculaire, les variations dans la concentration sérique de magnésium, affectant l'irritabilité et la contractilité neuromusculaires par une action directe sur la jonction neuromusculaire. Par exemple, un excès de magnésium réduit l'excitabilité des cellules musculaires, tandis qu'un déficit augmente l'irritabilité et la contractilité neuromusculaires. L'action sédative du magnésium à la jonction neuromusculaire est probablement due à une inhibition de la libération de l'acétylcholine, un neurotransmetteur. Il augmente également le seuil de stimulation des fibres nerveuses.

Le magnésium a des effets sur l'appareil cardiovasculaire, agissant en périphérie pour provoquer une vasodilatation. On croit qu'il a un effet direct sur les artères et les artérioles périphériques, ce qui aurait pour résultat une diminution de la résistance périphérique totale.

DÉFICIT EN MAGNÉSIUM (HYPOMAGNÉSÉMIE)

Définition et causes

Le terme hypomagnésémie désigne une concentration sérique de magnésium inférieure à la normale, qui se situe entre 0,75 et 1,25 mmol / L. Environ le tiers du magnésium sérique est lié aux protéines et le reste est sous forme ionisée (Mg^{++}). Comme pour le calcium, c'est surtout la forme ionisée du magnésium qui joue un rôle dans l'activité neuromusculaire et autres processus physiologiques.

On oublie trop souvent que l'hypomagnésémie est fréquente chez les patients gravement malades. Elle se manifeste chez les personnes qui sont dans un état grave comme celui observé dans le sevrage alcoolique ou lors de gavages par voie entérale ou par alimentation parentérale totale après une période d'inanition.

Les voies gastro-intestinales sont une importante source de pertes de magnésium. Ces pertes sont dues notamment à une aspiration nasogastrique, à la diarrhée ou à des fistules. Comme les liquides des voies gastro-intestinales inférieures sont plus riches en magnésium (5 à 7 mmol / L) que ceux des voies supérieures (0,5 à 1,0 mmol / L), les pertes provenant d'une diarrhée ou de fistules intestinales sont plus susceptibles de causer une déplétion magnésique que celles qui proviennent de l'aspiration gastrique. Même si les pertes par aspiration sont relativement faibles, elles peuvent entraîner une hypomagnésémie si elles sont prolongées et si les liquides administrés par voie parentérale ne contiennent pas de magnésium. L'intestin grêle, dans sa partie distale, est un important site d'absorption du magnésium. Par conséquent, toute perturbation de son fonctionnement, comme dans la résection intestinale ou les affections intestinales inflammatoires, peut provoquer une hypomagnésémie.

Aux États-Unis, l'alcoolisme (surtout au cours de la désintoxication) est la cause la plus fréquente d'hypomagnésémie symptomatique. On recommande donc de doser le taux sérique de magnésium tous les deux ou trois jours chez les patients hospitalisés pour une désintoxication alcoolique, même si le taux de magnésium est normal au moment de l'admission, car une baisse provoquée par le traitement est toujours possible, notamment à cause de changements métaboliques, comme un déplacement intracellulaire de magnésium dû à l'administration intraveineuse de glucose.

Au cours du gavage, les principaux électrolytes cellulaires passent du sérum aux cellules nouvellement formées. Par conséquent, on peut observer une grave hypomagnésémie si la teneur en magnésium des solutions entérales ou parentérales est insuffisante. C'est pourquoi, on doit procéder à des mesures périodiques des taux sériques des principaux ions intracellulaires au cours d'une alimentation parentérale totale, et même au cours d'un gavage, surtout chez les patients qui ont connu une période d'inanition.

Les autres causes d'hypomagnésémie sont notamment l'administration d'aminosides, de cyclosporine, de cisplatin, de diurétiques, de digitaline et d'amphotéricine, et l'administration rapide de sang citraté, surtout chez les patients atteints d'une maladie rénale ou hépatique. On observe souvent une déplétion en magnésium dans l'acidocétose diabétique. Cette déplétion est due à une augmentation de l'excrétion rénale de magnésium au cours de la diurèse osmotique et à un déplacement du magnésium extracellulaire vers la cellule, une conséquence de l'insulinothérapie.

Manifestations cliniques

Les manifestations cliniques de l'hypomagnésémie sont surtout d'ordre neuromusculaire. Certaines de ces manifestations sont dues directement à la baisse du taux sérique de magnésium, d'autres sont la conséquence de perturbations secondaires du métabolisme du potassium et du calcium. L'hypomagnésémie est généralement asymptomatique jusqu'à ce que le taux de magnésium soit sous les 0,5 mmol / L.

Les manifestations neuromusculaires sont notamment une hyperexcitabilité, accompagnée de faiblesse musculaire, de tremblements et de mouvements athétoïdes (mouvements involontaires lents et ondulants). On observe également une tétanie, des convulsions tonicocloniques ou focales, un laryngospasme et les signes de Chvostek et Trousseau (voir page 1366).

La carence en magnésium prédispose à des arythmies cardiaques, comme des contractions ventriculaires prématurées, une tachycardie supraventriculaire et une fibrillation ventriculaire. Elle exagère également les effets toxiques de la digitaline, ce qui a de l'importance, car il est fréquent que les patients digitalisés reçoivent des diurétiques qui les exposent en plus à des pertes rénales de magnésium.

L'hypomagnésémie peut également s'accompagner de troubles de l'humeur, comme l'apathie, la dépression, l'appréhension ou une extrême agitation, de même que l'ataxie, les vertiges et la confusion. Parfois, on observe un délire ou un état psychotique, de même que des hallucinations auditives et visuelles.

Examens diagnostiques

L'hypomagnésémie se caractérise par un taux sérique de magnésium inférieur à 0,75 mmol / L. Elle est fréquemment associée à une hypokaliémie et à une hypocalcémie. À l'ECG on peut observer un prolongement des intervalles PR et QT, un élargissement des complexes QRS, une dépression du segment ST ainsi qu'un écrasement (aplatissement) de l'onde T.

Traitement

Un faible déficit en magnésium peut se corriger par le régime alimentaire seulement. Les principales sources de magnésium sont les légumes verts, les noix, les légumineuses et les fruits comme les bananes, les pamplemousses et les oranges. Le beurre d'arachide et le chocolat sont également très riches en magnésium. Si nécessaire, on peut administrer des sels de magnésium par voie orale pour remplacer des pertes excessives continues. Pour prévenir une hypomagnésémie chez les patients sous alimentation parentérale totale, la solution administrée doit contenir du magnésium. L'hypomagnésémie symptomatique doit être traitée par une administration parentérale de magnésium, le plus souvent sous forme de sulfate.

Interventions infirmières

L'infirmière doit savoir quels sont les patients exposés à l'hypomagnésémie (en particulier, les patients en hypokaliémie et ceux qui sont sous alimentation parentérale totale) et les observer à la recherche des signes de ce déséquilibre. Les patients digitalisés doivent être observés de plus près encore parce qu'un déficit en magnésium exagère les effets toxiques de la digitaline. L'hypomagnésémie grave pouvant provoquer des convulsions, il faut prendre les précautions qui s'imposent. Dans les cas de confusion, on doit aussi prendre les précautions indiquées.

Les patients qui souffrent d'une hypomagnésémie peuvent présenter une dysphagie (difficulté d'avaler). C'est pourquoi on doit évaluer avec de l'eau leur capacité d'avaler avant de leur administrer des médicaments ou des aliments par voie orale. La dysphagie est probablement reliée aux mouvement athétoïdes ou choréiformes (mouvements involontaires rapides et saccadés) associés à la carence en magnésium.

Si l'hypomagnésémie est due à une utilisation exagérée de diurétiques et de laxatifs, l'éducation du patient peut aider à corriger le problème. On doit recommander aux patients qui ont un régime alimentaire normal mais qui présentent des pertes anormales de magnésium, de consommer des aliments riches en magnésium, comme les légumes verts, les noix et les légumineuses, les bananes et les oranges.

EXCÈS DE MAGNÉSIUM (HYPERMAGNÉSÉMIE)

Définition et causes

Le terme hypermagnésémie désigne une concentration sérique de magnésium supérieure à la normale, soit plus élevée que 1,2 mmol / L. On observe une fausse élévation du taux de magnésium dans les échantillons sanguins hémolysés ou quand on utilise un garrot trop serré lors du prélèvement sanguin.

L'insuffisance rénale est de loin la cause la plus fréquente d'hypermagnésémie, provoquant toujours, à un stade avancé, une augmentation plus ou moins marquée du taux sérique de magnésium. Cette augmentation peut être aggravée par l'administration de magnésium (dans le but de faire céder des convulsions) ou d'un des nombreux antiacides en vente libre qui contiennent des sels de magnésium. L'hémodialyse peut aussi contribuer à la surcharge exogène en magnésium, soit à cause de l'utilisation par mégarde d'eau lourde ou d'une erreur dans la fabrication du concentré utilisé pour préparer la solution de dialyse.

L'acidocétose diabétique non traitée peut entraîner une hypermagnésémie, quand le catabolisme provoque une libération de magnésium intracellulaire ne pouvant être excrété à cause d'un grave déficit de volume liquidien avec oligurie. L'administration de quantités excessives de magnésium peut aussi entraîner une hypermagnésémie. À l'électrocardiogramme, on observe certaines modifications, telles qu'un prolongement des intervalles PR et QT ainsi que du complexe QRS.

Manifestations cliniques

Une élévation soudaine du taux sérique de magnésium provoque une dépression du système nerveux central, de même que de la jonction neuromusculaire. Un taux modérément élevé peut entraîner une hypotension à cause d'une vasodilatation périphérique. L'hypotension peut s'accompagner de rougeurs au visage et d'une sensation de chaleur. Des hausses plus importantes peuvent provoquer une léthargie, une dysarthrie et de la somnolence. On peut également observer une perte du réflexe tendineux profond, une faiblesse musculaire et une paralysie. À des taux supérieurs à 5 mmol/L, on observe une dépression des centres respiratoires et à des taux très élevés, un coma et un arrêt cardiaque.

Examens diagnostiques

Un taux sérique de magnésium supérieur à 1,25 mmol/L indique une hypermagnésémie. À l'électrocardiogramme, on observe certaines modifications, comme un prolongement des intervalles PR et QT, ainsi que du complexe QRS.

Traitement

La prévention est la mesure la plus efficace contre l'hypermagnésémie. Pour ce faire, on doit éviter l'administration de magnésium aux patients qui souffrent d'insuffisance rénale et faire preuve de vigilance lors de l'administration de sels de magnésium à des patients gravement malades. Si on observe une hypermagnésémie grave, on doit cesser toute administration parentérale et orale de sels de magnésium. Dans les cas de dépression des centres respiratoires ou de troubles de la conduction cardiaque, des mesures d'urgence, comme la ventilation assistée ou l'administration intraveineuse de gluconate de calcium, sont indiquées. L'hémodialyse au moyen d'une solution exempte de magnésium constitue un traitement efficace qui devrait ramener en quelques heures le taux sérique de magnésium à un niveau normal.

Interventions infirmières

L'infirmière doit savoir reconnaître les patients exposés à l'hypermagnésémie et procéder à leur évaluation. Si elle soupçonne une élévation du taux de magnésium, elle doit prendre régulièrement les signes vitaux, noter la présence d'hypotension et de respiration superficielle et vérifier s'il y a perte du réflexe rotulien et de la force de préhension et des modifications du niveau de conscience. Les patients atteints d'insuffisance rénale ou d'altération de la fonction rénale ne doivent pas recevoir de médicaments contenant du magnésium, ni prendre des médicaments en vente libre sans l'approbation de leur médecin. On doit, de plus, leur recommander de limiter leur ingestion d'aliments riches en magnésium, tels que les légumes verts, les noix et légumineuses ainsi que les bananes et les oranges. Les contenants de solutions de magnésium étant de formats très variés (qui vont des ampoules de 2 mL aux fioles de 50 mL), il importe de toujours vérifier soigneusement l'étiquette, d'autant plus que l'on désigne souvent, de façon impropre, les fioles sous le nom d'ampoules.

DÉSÉQUILIBRES DU PHOSPHORE

FONCTIONS DU PHOSPHORE

Le phosphore est un des principaux anions du liquide intracellulaire. Environ 80 % du phosphore se trouve dans le tissu osseux combiné au calcium. Il est aussi, avec le calcium, un composant essentiel des dents. Il joue un rôle primordial dans le fonctionnement des muscles, des globules rouges et du système nerveux et dans le métabolisme intermédiaire des hydrates de carbone, des protéines et des lipides. Le taux sérique normal de phosphore se situe entre 0,8 et 1,5 mmol/L chez l'adulte et jusqu'à 1,94 mmol/L chez les bébés et les enfants. Il est plus élevé chez les enfants à cause, croit-on, de la croissance musculosquelettique rapide.

DÉFICIT EN PHOSPHORE (HYPOPHOSPHATÉMIE)

Définition et causes

Le terme hypophosphatémie désigne un taux sérique de phosphore inorganique inférieur à la normale. Une baisse du taux sérique du phosphore ne signifie pas toujours une déplétion, les réserves pouvant être normales. À l'inverse, on peut observer une déplétion en phosphore dans les tissus maigres en l'absence d'une hypophosphatémie.

L'hypophosphatémie peut être la conséquence d'un retour à un apport énergétique normal, surtout si la teneur en hydrates de carbones simples de l'alimentation est exagérée, chez des patients ayant souffert d'une grave malnutrition protéinoénergétique. Elle peut se manifester chez toute personne dont l'apport protéinoénergétique est nettement insuffisant (anorexiques, alcooliques, personnes âgées faibles et incapables de s'alimenter). Selon certains auteurs, 50 % des alcooliques chroniques hospitalisés présenteraient une hypophosphatémie. L'administration intraveineuse de glucose ou d'insuline peut aussi provoquer une hypophostatémie en favorisant l'entrée du phosphore dans les cellules musculaires, ce qui réduit son taux sérique.

Les patients souffrant de malnutrition et recevant une alimentation parentérale totale qui ne compense pas adéquatement les pertes de phosphore peuvent présenter une importante hypophosphatémie. Les autres causes d'hypophosphatémie sont notamment une hyperventilation profonde et prolongée, le sevrage alcoolique, un apport alimentaire insuffisant, l'acidocétose diabétique, des brûlures thermiques importantes, et l'hyperparathyroïdie qui entraîne une perte de phosphore au niveau des os au profit d'une réabsorption calcique.

Manifestations cliniques

La plupart des signes et symptômes de la déplétion en phosphore semblent dus à une déplétion en adénosine triphosphate (ATP) ou en 2,3-diphosphoglycérate (DPG) ou les deux, la première affectant les ressources énergétiques des cellules, la seconde l'oxygénation des tissus.

Les symptômes neurologiques sont variés: irritabilité, appréhension, faiblesse musculaire, engourdissements, paresthésies, confusion, convulsions et coma. De faibles taux de 2,3-DPG peuvent entraîner une réduction de l'oxygénation des tissus périphériques, provoquant une anoxie.

On croit que l'hypophosphatémie prédispose à l'infection. Des études en laboratoire portant sur des animaux ont en effet démontré qu'une baisse du taux sérique de phosphore provoque une réduction de l'activité chimiotactique, phagocytique et bactéricide des granulocytes.

Une baisse du taux d'ATP dans les muscles peut entraîner des lésions qui se manifestent par une fatigue et des douleurs musculaires et, parfois, par une rhabdomyolyse (rupture des cellules musculaires striées). De plus, la faiblesse des muscles respiratoires peut perturber considérablement la ventilation. L'hypophosphatémie prédispose également à une insulinorésistance et, conséquemment, à une hyperglycémie.

Examens diagnostiques

L'hypophosphatémie est révélée par un taux sérique de phosphore inférieur à 0,8 mmol/L chez l'adulte, ainsi que par une hypercalciurie.

Traitement

Comme pour les autres déséquilibres électrolytiques, la prévention est le meilleur traitement de l'hypophosphatémie. Chez les patients qui sont exposés à ce déséquilibre, il convient de procéder à des dosages périodiques du taux de phosphore afin de pouvoir entreprendre les mesures de correction qui s'imposent dès qu'un déficit se manifeste et éviter ainsi qu'il ne s'aggrave. Les solutions d'hyperalimentation et d'alimentation entérale doivent contenir des quantités adéquates de phosphore.

L'hypophosphatémie grave présente d'importants dangers et exige un traitement immédiat. L'administration intraveineuse de phosphore est habituellement réservée aux patients dont le taux de phosphore est inférieur à 0,3 mmol/L, car elle présente des risques, dont une hypocalcémie et des calcifications métastatiques. Dans les cas moins graves, une administration orale de phosphore suffit.

Interventions infirmières

L'infirmière doit être en mesure de reconnaître les patients exposés à l'hypophosphatémie afin de pouvoir les observer à la recherche de signes de ce déséquilibre. Chez les personnes souffrant de malnutrition, la réalimentation doit être progressive, car une augmentation trop rapide de l'apport énergétique peut causer un déplacement rapide du phosphore vers les cellules. Les principales sources de phosphore sont le lait, les produits laitiers, les œufs, la viande, les légumes et le blé.

L'hypophosphatémie pouvant causer des modifications dans les granulocytes, il convient de prendre des mesures de prévention des infections chez les patients qui souffrent de ce déséquilibre. Dans les cas qui exigent une correction des pertes de phosphore, on doit procéder fréquemment à des mesures de la phosphatémie afin d'étayer les observations cliniques.

EXCÈS DE PHOSPHORE (HYPERPHOSPHATÉMIE)

Définition et causes

Le terme hyperphosphatémie désigne un taux sérique de phosphore supérieur à la normale et peut avoir différentes causes, dont la plus fréquente est la diminution de l'excrétion rénale de phosphore dans les cas d'insuffisance rénale. Les autres causes sont notamment le traitement par chimiothérapie des néoplasies, un apport alimentaire exagéré en phosphore, une nécrose musculaire profonde, une augmentation de l'absorption du phosphore, ainsi qu'une hypoparathyroïdie et un usage excessif de laxatifs et de lavements à base de phosphore.

Manifestations cliniques

L'hyperphosphatémie provoque peu de symptômes, sa plus importante conséquence à long terme étant des calcifications des tissus mous qui se manifestent principalement chez les patients dont le taux de filtration glomérulaire est faible. Ces calcifications sont dues à la précipitation du phosphate de calcium dans les tissus non osseux. Sa plus importante conséquence à court terme est la tétanie, causée par l'hypocalcémie qui accompagne souvent l'hyperphosphatémie, à cause de la relation qui existe entre le calcium et le phosphore. La tétanie se manifeste, entre autres, par une sensation de fourmillement au bout des doigts et autour de la bouche.

Examens diagnostiques

Dans l'hyperphosphatémie, le taux sérique de phosphore est supérieur à 1,5 mmol/L chez l'adulte. La phosphatémie est plus élevée chez les enfants, probablement à cause d'une croissance musculosquelettique rapide.

Traitement

Si possible, le traitement doit viser l'affection sous-jacente. Par exemple, on peut diminuer l'hyperphosphatémie reliée à la lyse de cellules tumorales par l'administration d'allopurinol dans le but de prévenir la néphropathie urique. Chez les patients souffrant d'insuffisance rénale, on doit prendre des mesures destinées à faire baisser le taux sérique de phosphates, dont l'administration de gels de liaison des phosphates, une restriction de l'apport alimentaire en phosphates et l'hémodialyse. On peut également administrer des suppléments de calcium afin d'augmenter le taux sérique de calcium, ce qui diminuera le taux sérique de phosphore.

Interventions infirmières

L'infirmière doit être en mesure de reconnaître les patients exposés à l'hyperphosphatémie afin de pouvoir les observer à la recherche de signes de ce déséquilibre. Elle doit enseigner au patient qui doit suivre un régime à faible teneur en phosphore les aliments qu'il doit éviter, soit notamment les fromages à pâte pressée, la crème, les noix, les céréales à grains

TABLEAU 46-8.   *Sommaire des principaux déséquilibres hydroélectrolytiques*

Déséquilibre	Causes	Signes et symptômes
Déficit de volume liquidien	Perte d'eau et d'électrolytes, comme dans les vomissements, la diarrhée, les fistules, l'aspiration gastro-intestinale, et les déplacements de liquides vers un espace autre que les compartiments intracellulaire et extracellulaire; apport insuffisant comme dans l'anorexie, les nausées et l'incapacité de boire	Perte soudaine de poids, perte d'élasticité de la peau et sécheresse de la langue, oligurie, densité urinaire élevée, pouls faible et rapide, pression veineuse centrale faible
Excès de volume liquidien	Altération des mécanismes de régulation, comme dans l'insuffisance rénale, l'insuffisance cardiaque et la cirrhose; administration de quantités exagérées de liquides à forte teneur en sodium	Gain de poids soudain, œdème, turgescence des veines, crépitements et pression veineuse centrale élevée
Déficit en sodium (hyponatrémie)	Perte de sodium, comme dans la prise de diurétiques, la perte de liquides gastro-intestinaux et l'insuffisance surrénalienne. Apport hydrique excessif comme dans l'administration d'une trop grande quantité de dextrose à 5 % en solution aqueuse et supplémentation en eau excessive chez les patients sous alimentation entérale hypotonique; états pathologiques associés au SIADH, comme les traumas crâniens, l'épithélioma à petites cellules des bronches; prise de médicaments associés à une rétention d'eau comme l'ocytocine et certains tranquillisants	Anorexie, nausées et vomissements, léthargie, confusion, crampes et secousses musculaires, convulsions, œdème papillaire, taux sérique de sodium inférieur à 135 mmol/L
Excès de sodium (hypernatrémie)	Déplétion en eau chez les patients incapables de boire à volonté; alimentation entérale hypertonique en l'absence d'une supplémentation en eau adéquate; diabète insipide, coup de chaleur, hyperventilation, et diarrhée aqueuse	Soif, hyperthermie, sécheresse et tuméfaction de la langue, sécheresse des muqueuses, hallucinations, léthargie, irritabilité, convulsions tonicocloniques ou focales, taux sérique de sodium supérieur à 145 mmol/L
Déficit en potassium (hypokaliémie)	Diarrhée, vomissements, aspiration gastrique, hyperaldostéronisme, boulimie, diurèse osmotique; prise de médicaments comme les stéroïdes, la carbénicilline et l'amphotéricine B	Fatigue, anorexie, nausées et vomissements, faiblesse musculaire, diminution de la motilité intestinale, arythmies, paresthésies, taux sérique de potassium inférieur à 3,5 mmol/L et onde T plate à l'ECG
Excès de potassium (hyperkaliémie)	Pseudohyperkaliémie (échantillon sanguin hémolysé par exemple), insuffisance rénale oligurique, prise de diurétiques d'épargne potassique chez les patients atteints d'insuffisance rénale, acidose	Faiblesse musculaire vague, bradycardie, arythmies, paralysie flasque, paresthésies, coliques intestinales, onde T pointue à l'ECG, taux sérique de potassium supérieur à 5,8 mmol/L
Déficit en calcium (hypocalcémie)	Hypoparathyroïdie idiopathique et hypoparathyroïdie post-opératoire (consécutive à une thyroïdectomie, mais également à un curage ganglionnaire cervical élargi), malabsorption, pancréatite, alcalose	Engourdissements, fourmillements au bout des doigts, aux orteils et autour de la bouche, signes de Trousseau et de Chvostek positifs, convulsions, taux sérique de calcium inférieur à 2,2 mmol/L ou moins de 50 % du calcium total sous forme ionisée

TABLEAU 46-8. (suite)

Déséquilibre	Causes	Signes et symptômes
Excès de calcium (hypercalcémie)	Hyperparathyroïdie, cancer, immobilité prolongée, usage exagéré des suppléments de calcium	Faiblesse musculaire, constipation, anorexie, nausées et vomissements, polyurie et polydipsie, comportement névrotique, arythmies cardiaques, taux sérique de calcium supérieur à 2,6 mmol/L
Déficit en magnésium (hypomagnésémie)	Alcoolisme chronique, malabsorption, acidocétose diabétique, réalimentation à la suite d'une période d'inanition, prise de certains médicaments, comme la gentamicine et la cisplatine	Irritabilité neuromusculaire, arythmies, désorientation, taux sérique de magnésium inférieur à 0,75 mmol/L
Excès de magnésium (hypermagnésémie)	Insuffisance rénale (surtout s'il y a prise de médicaments contenant du magnésium), insuffisance surrénalienne, administration de quantités excessives de magnésium	Bouffées congestives, hypotension, somnolence, diminution des réflexes, perturbation de la fonction respiratoire, arrêt cardiaque et coma, taux sérique de magnésium supérieur à 1,25 mmol/L
Déficit en phosphore (hypophosphatémie)	Réalimentation après une période d'inanition, sevrage alcoolique, acidocétose diabétique, alcalose respiratoire	Paresthésies, faiblesse musculaire, douleurs musculaires, modifications de comportement, cardiomyopathie, insuffisance respiratoire
Excès de phosphore (hyperphosphatémie)	Insuffisance rénale, apport excessif de phosphore (suppléments de phosphore et laxatifs à base de phosphore)	À court terme, symptômes de tétanie, comme fourmillements au bout des doigts et autour de la bouche; à long terme, précipitation de phosphate de calcium dans les tissus non osseux

entiers, les fruits secs, les légumes secs, certaines viandes (comme les rognons et les riz de veau ou d'agneau), les sardines et les aliments à base de lait. Elle doit aussi lui recommander, si nécessaire, d'éviter les médicaments à base de phosphore, comme certains laxatifs ou solutions de lavement.

Résumé: Les déséquilibres hydroélectrolytiques sont fréquents et ont de multiples causes. De plus, ils peuvent se manifester chez des personnes en bonne santé dont l'apport alimentaire en liquides ou en électrolytes est insuffisant. Les personnes âgées hospitalisées sont exposées aux déséquilibres hydroélectrolytiques à cause de carences alimentaires, de pertes de liquides, souvent provoquées par des examens diagnostiques, et d'une altération des fonctions physiologiques. Les déséquilibres hydroélectrolytiques peuvent également avoir pour cause l'administration de certains médicaments. Ils sont fréquents chez les patients hospitalisés, mais ils n'en sont pas moins graves. De fait, ils mettent souvent la vie en danger. Par conséquent, l'infirmière doit savoir que *tous* les patients peuvent présenter des risques de déséquilibres hydroélectrolytiques et faire preuve d'un bon sens de l'observation et de jugement pour dépister ces affections et prévenir leur progression.

Consulter le tableau 46-8 pour un sommaire des principaux déséquilibres hydroélectrolytiques.

DÉSÉQUILIBRES ACIDOBASIQUES

RÉGULATION DE L'ÉQUILIBRE ACIDOBASIQUE

Il existe quatre types de déséquilibres acidobasiques, soit l'acidose métabolique, l'alcalose métabolique, l'acidose respiratoire et l'alcalose respiratoire. La présente section est consacrée aux causes, aux caractéristiques et au traitement de chacun de ces troubles.

Le maintien du pH plasmatique, un indicateur de la concentration en ions hydrogène (H^+), dans les étroites limites de la normale (entre 7,35 et 7,45) se fait grâce à de remarquables mécanismes qui font intervenir les systèmes tampons, les reins et les poumons. Le pH exprime la concentration en H^+ d'une solution. Plus la concentration en ions H est forte, plus la solution est acide. Les limites du pH plasmatique compatibles avec la vie, soit entre 6,8 et 7,8, représentent un écart de l'ordre de 10 fois dans la concentration en ions H du plasma.

Systèmes tampons

Les tampons sont des substances qui ont pour rôle d'assurer la stabilité du pH des liquides organiques. Ils agissent rapidement pour prévenir les variations excessives de la concentration en ions H en les libérant ou en les retenant selon les besoins. Le principal système tampon de l'organisme est le système bicarbonate-acide carbonique (HCO_3^-—H_2CO_3). Le rapport bicarbonate-acide carbonique normal est de 20:1, et une modification de ce rapport entraîne une modification du pH. C'est ce rapport qui a de l'importance dans le maintien du pH et non les concentrations respectives. On doit se rappeler que le gaz carbonique (CO_2) se transforme en acide carbonique quand il est dissous dans l'eau ($CO_2 + H_2O = H_2CO_3$). Par conséquent, une augmentation de sa concentration entraîne une augmentation de la concentration en acide carbonique et réciproquement. Si une augmentation du bicarbonate ou de l'acide carbonique modifie le rapport 20:1, il se produit un déséquilibre acidobasique.

Il existe dans le LEC d'autres systèmes tampon, dont un qui fait intervenir les phosphates inorganiques et les protéines plasmatiques. Dans le LIC, les protéines, les phosphates organiques et inorganiques et, dans les globules rouges, l'hémoglobine, composent le système tampon.

Reins

Les reins assurent le maintien du taux de bicarbonate dans le LEC. Ils ont la propriété de régénérer les ions bicarbonate et de les réabsorber au niveau des cellules tubulaires. Dans l'acidose respiratoire et dans la plupart des acidoses métaboliques, les reins excrètent des ions hydrogène et retiennent les ions bicarbonate dans le but de rétablir l'équilibre. À l'inverse, dans l'alcalose respiratoire et métabolique, ils retiennent les ions hydrogène et excrètent les ions bicarbonate. Ces mécanismes de compensation agissent de façon relativement lente (en quelques heures ou quelques jours). Ils sont bien sûr altérés dans les cas d'acidose métabolique due à une insuffisance rénale.

Poumons

Les poumons, sous l'action de la moelle, sont responsables de la régulation de la teneur en gaz carbonique, et par conséquent en acide carbonique, du LEC. Pour ce faire, ils règlent la ventilation en fonction de la quantité de gaz carbonique dans le sang. La respiration est fortement stimulée par une hausse de la pression partielle de gaz carbonique ($PaCO_2$) dans le sang artériel. Bien sûr, la respiration est aussi influencée par la pression partielle en oxygène (PaO_2), mais à un degré moindre.

Dans l'acidose métabolique, le rythme respiratoire s'accélère dans le but d'expulser l'excès de gaz carbonique et de réduire ainsi la surcharge en acides. Dans l'alcalose métabolique, le rythme respiratoire se ralentit dans le but de retenir le gaz carbonique et d'augmenter la charge en acides.

ACIDOSE MÉTABOLIQUE (DÉFICIT EN BICARBONATE)

Définition et causes

L'acidose métabolique est un trouble clinique caractérisé par une baisse du pH artériel (augmentation de la concentration en ions hydrogène) et une baisse de la concentration plasmatique de bicarbonate. Elle peut avoir pour cause un gain en ions hydrogène ou une perte de bicarbonate. Elle existe sous deux formes, selon que le trou anionique (qui représente les anions sériques non mesurés comme les sulfates, les corps cétoniques et l'acide lactique) est élevé ou normal. Le trou anionique (TA) s'obtient en soustrayant la somme de la concentration en chlore et en bicarbonate (des anions, ions chargés négativement) de la concentration en sodium (un cation, ion chargé positivement). Donc, le TA = Na^+ − (Cl^- + HCO_3^-). Un trou anionique trop élevé indique par conséquent une accumulation excessive d'anions non mesurés.

L'acidose avec trou anionique élevé est donc la conséquence d'une accumulation d'anions non mesurés et on l'observe dans l'acidocétose diabétique, l'acidose lactique, l'intoxication aux salicylés à un stade avancé, l'urémie, l'intoxication au méthanol ou à l'éthylène glycol et dans l'acidocétose associée à l'inanition.

L'acidose avec trou anionique normal résulte d'une perte directe de bicarbonate, comme dans la diarrhée et les fistules, ou d'un apport excessif en chlore, comme dans l'administration d'une solution salée isotonique ou de chlorure d'ammonium en grande quantité.

Manifestations cliniques

Les signes et les symptômes de l'acidose métabolique (céphalées, confusion, somnolence, odeur fruitée de l'haleine, respiration accélérée et profonde [respiration de Kussmaul], nausées et vomissements, convulsions, stupeur, coma) varient en fonction de la gravité du déséquilibre. À un pH inférieur à 7, on observe une vasodilatation périphérique et une diminution du débit cardiaque.

Examens diagnostiques

Le diagnostic de l'acidose métabolique se fait sur la base de l'analyse des gaz artériels. Ce déséquilibre se caractérise par une diminution de la concentration de bicarbonate (à moins de 22 mmol/L) et une baisse du pH (à moins de 7,35). Elle peut s'accompagner d'une hyperkaliémie causée par un passage de potassium intracellulaire dans le LEC. Elle est compensée par une hyperventilation qui donne lieu à une diminution de la teneur en gaz carbonique. Le calcul du trou anionique peut aider à en déterminer la cause.

Traitement

Le traitement vise à corriger la cause sous-jacente. S'il s'agit d'un apport excessif en chlore, le traitement consistera bien sûr à réduire cet apport. Il est parfois nécessaire d'administrer du bicarbonate.

ALCALOSE MÉTABOLIQUE (EXCÈS DE BICARBONATE)

Définition et causes

L'alcalose métabolique est un trouble clinique caractérisé par une hausse du pH (diminution de la concentration en ions hydrogène) et une augmentation de la concentration plasmatique de bicarbonate. Elle peut être due à un apport excessif de bicarbonate ou à une perte d'ions hydrogène.

Les pertes gastro-intestinales d'ions hydrogène et chlore (comme dans les vomissements et l'aspiration gastrique) en sont probablement la cause la plus fréquente. Elle est particulièrement susceptible de se manifester dans la sténose du pylore, qui donne lieu à des pertes de liquide gastrique uniquement. Or, ces pertes provoquent une alcalinisation des autres liquides organiques, le liquide gastrique étant très acide (son pH se situant généralement entre 1 et 3). Les personnes qui présentent des pertes de potassium (par exemple dans la prise de diurétiques à action kaliurétique, comme les thiazidiques, le furosémide et l'acide éthacrynique) ou une hypersécrétion de corticostéroïdes (comme dans l'hyperaldostéronisme ou le syndrome de Cushing) sont également exposées à l'alcalose métabolique. L'hypokaliémie peut causer une alcalose: (1) en provoquant une excrétion rénale d'ions hydrogène en réponse à une rétention de potassium et (2) en provoquant un passage des ions hydrogène du LEC dans la cellule pour assurer le maintien de l'électroneutralité compromise par le passage du potassium cellulaire dans le LEC dans le but d'assurer le maintien d'un taux sérique près de la normale. L'alcalose peut aussi résulter d'une ingestion excessive d'alcali (antiacides à base de bicarbonate).

Manifestations cliniques

L'alcalose se manifeste principalement par des symptômes d'hypocalcémie, comme des fourmillements au bout des doigts et des orteils (paresthésies), des étourdissements et une hypertonie musculaire, un spasme carpopédal (signe de Trousseau), de la confusion, de l'irritabilité, de l'agitation, des convulsions et le coma, car elle provoque une baisse du taux de la fraction ionisée du calcium (responsable des effets du calcium sur l'activité neuromusculaire), à cause d'une augmentation de la liaison du calcium aux protéines. Elle est compensée par une diminution du rythme respiratoire et de la profondeur de la respiration.

Examens diagnostiques

Dans l'alcalose, l'analyse des gaz artériels révèle un pH supérieur à 7,45 et un taux sérique de bicarbonate supérieur à 26 mmol/L. On observe également une augmentation de la pression partielle en gaz carbonique due à une rétention de gaz carbonique par les poumons dans le but de compenser l'excès de bicarbonate. L'hypoventilation qui résulte de ce mécanisme est plus marquée chez les patients semi-conscients, inconscients ou affaiblis que chez les patients conscients. Elle peut provoquer une hypoxémie marquée. L'alcalose métabolique peut s'accompagner d'une hypokaliémie.

Traitement

Le traitement vise à renverser le cours de l'affection sous-jacente. On doit assurer un apport en chlore suffisant pour permettre l'absorption rénale du sodium sous forme de chlorure de sodium et, par conséquent, l'excrétion de l'excès de bicarbonate. Il faut de plus rétablir le volume liquidien normal par l'administration de liquides contenant du chlorure de sodium, car un déficit de volume liquidien entretient l'alcalose.

ACIDOSE RESPIRATOIRE (EXCÈS D'ACIDE CARBONIQUE)

Définition et causes

L'acidose respiratoire est un trouble clinique caractérisé par un pH inférieur à 7,35 et une $PaCO_2$ supérieure à 45 mm Hg. Elle peut être aiguë ou chronique.

L'acidose respiratoire est toujours la conséquence d'une rétention de gaz carbonique due à une hypoventilation, ce qui a pour résultat une hausse du taux plasmatique de gaz carbonique et, par conséquent, une hausse du taux d'acide carbonique. Généralement, l'hypoventilation entraîne aussi une baisse de la PaO_2. L'acidose respiratoire aiguë se manifeste dans des affections exigeant des soins d'urgence, comme l'œdème pulmonaire aigu, l'arrêt cardiorespiratoire, l'absorption d'un corps étranger, l'atélectasie, le pneumothorax, une dose excessive de sédatifs et une pneumonie grave. L'acidose respiratoire chronique est associée à des maladies chroniques comme l'emphysème, la bronchiectasie et l'asthme bronchique.

Manifestations cliniques

Les signes cliniques de l'acidose respiratoire aiguë ou chronique sont variables. Une hypercapnie soudaine (élévation de la $PaCO_2$) peut causer une accélération du pouls et du rythme respiratoire, une hypertension, de la confusion et une sensation de lourdeur dans la tête. Elle provoque également une vasodilatation cérébrovasculaire et une augmentation du débit sanguin cérébral, surtout si la $PaCO_2$ est supérieure à 60 mm Hg. Chez les patients sous anesthésie, une fibrillation ventriculaire peut être le premier signe d'acidose respiratoire.

Les patients qui souffrent d'acidose respiratoire chronique peuvent présenter de la faiblesse, des céphalées sourdes et des symptômes de la maladie sous-jacente. Il est possible que les personnes atteintes d'une pneumopathie obstructive chronique ne présentent pas de symptômes d'hypercapnie si elles accumulent graduellement le gaz carbonique au cours d'une période prolongée, laissant aux mécanismes rénaux de compensation le temps d'agir.

- Dans l'acidose respiratoire chronique avec $PaCO_2$ à plus de 50 mm Hg, les centres respiratoires s'adaptent à l'hypercapnie, de sorte que l'hypoxémie devient le principal stimulus de la respiration. L'administration d'oxygène peut inhiber la stimulation par l'hypoxémie et provoquer ainsi une «narcose hypercapnique», à moins d'une correction immédiate. Par conséquent, l'administration d'oxygène doit se faire avec prudence.

Examens diagnostiques

L'acidose respiratoire aiguë se manifeste par un pH inférieur à 7,35 et une $PaCO_2$ à plus de 45 mm Hg. Si la compensation (rétention rénale de bicarbonate) est maximale, le pH artériel peut se situer à la limite inférieure de la normale.

Traitement

Le traitement vise l'amélioration de la ventilation et varie selon la cause de l'insuffisance respiratoire. Les médicaments sont utilisés selon les indications. Par exemple, les bronchodilatateurs aident à réduire les bronchospasmes et les antibiotiques

Encadré 46-2
Interprétation systématique de l'analyse des gaz artériels

L'interprétation des résultats de l'analyse des gaz artériels peut se faire selon les étapes suivantes, en se basant sur des valeurs moyennes de:

$pH = 7,4$ $PaCO_2 = 40$ mm Hg $HCO_3^- = 24$ mmol/L

1. Vérifier si le pH est normal, abaissé ou élevé:
   $pH > 7,4$ (alcalose)
   $pH < 7,4$ (acidose)
   $pH = 7,4$ (normal)

2. Déterminer la nature du déséquilibre, en interprétant les résultats de la $PaCO_2$ et du HCO_3^- en relation avec le pH:
   $pH > 7,4$ (alcalose)
   a) Si la $PaCO_2$ est <40 mm Hg, il s'agit d'une alcalose respiratoire.
   b) Si le HCO_3^- est >24 mmol/L, il s'agit d'une alcalose métabolique.

   $pH < 7,4$ (acidose)
   a) Si la $PaCO_2$ est >40 mm Hg, il s'agit d'une acidose respiratoire.
   b) Si la HCO_3^- est <24 mmol/L, il s'agit d'une acidose métabolique.

3. Déterminer si une compensation s'est amorcée, en vérifiant si le HCO_3^- suit la même tendance que la $PaCO_2$ dans les déséquilibres respiratoires et si la $PaCO_2$ suit la même tendance que le HCO_3^- dans les déséquilibres métaboliques. Par exemple:
   a) $pH = 7,20$ $PaCO_2 = 65$ mm Hg $HCO_3^- = 23$ mmol/L
   b) $pH = 7,40$ $PaCO_2 = 65$ mm Hg $HCO_3^- = 37$ mmol/L
   En a), il s'agit d'une acidose respiratoire. On note que la $PaCO_2$ est élevée tandis que le HCO_3^- est normal (acidose respiratoire non compensée).
   En b), la $PaCO_2$ est toujours élevée, mais le HCO_3^- est aussi élevé, permettant un retour du pH à la normale (acidose respiratoire compensée).

(Source: N. Metheny, *Fluid and Electrolyte Balance: Nursing Considerations*, Philadelphia, J. B. Lippincott, 1987)

à juguler les infections respiratoires. Des mesures d'hygiène pulmonaire (aspiration des sécrétions) sont utilisées au besoin pour débarrasser les voies respiratoires du mucus et des écoulements purulents. On recommande un apport liquidien de deux à trois litres par jour pour humidifier les muqueuses et faciliter l'évacuation des sécrétions. Si nécessaire, on peut utiliser l'oxygénothérapie (avec nébulisateur) pour améliorer les échanges gazeux. Toutefois, la prudence s'impose, car une excrétion trop rapide de gaz carbonique peut entraîner un excès de bicarbonate que les reins sont incapables d'éliminer assez rapidement pour prévenir une alcalose et des convulsions. Par conséquent, la baisse de la $PaCO_2$ doit se faire lentement.

ALCALOSE RESPIRATOIRE (DÉFICIT EN ACIDE CARBONIQUE)

Définition et causes

L'alcalose respiratoire est un trouble clinique caractérisé par un pH artériel supérieur à 7,45 et une $PaCO_2$ inférieure à 35 mm Hg. Comme l'acidose respiratoire, elle peut être aiguë ou chronique.

Elle a toujours pour origine une hyperventilation entraînant une perte excessive de gaz carbonique dans l'air expiré et, par conséquent, une baisse de la teneur du plasma en acide carbonique. Ses principales causes sont une extrême anxiété, l'hypoxémie, une intoxication salycilée à ses débuts, une

septicémie à bactéries Gram-négatif, un usage excessif de la ventilation mécanique, la douleur intense et la thyrothoxicose. Elle peut aussi faire suite à un traumatisme ou à des lésions du système nerveux central.

Examens diagnostiques

Le diagnostic de l'alcalose respiratoire repose sur l'analyse des gaz artériels. Dans la phase aiguë, le pH est plus élevé que la normale à cause d'une baisse de la $PaCO_2$ et d'un taux de bicarbonate normal. (Les reins sont incapables de modifier rapidement le taux de bicarbonate.) Dans l'alcalose compensée, les reins ont eu le temps de modifier le taux de bicarbonate.

Manifestations cliniques

Les signes de l'alcalose respiratoire sont une sensation de vertige due à une vasoconstriction et à une diminution du débit sanguin cérébral, des troubles de concentration, des engourdissements et des fourmillements dus à une baisse du taux de calcium ionisé, un acouphène et, parfois, une perte de conscience.

Traitement

Le traitement dépend de la cause sous-jacente de l'alcalose respiratoire. Si elle est due à l'anxiété, le patient doit savoir que son mode de respiration anormal est responsable de ses symptômes. On doit lui demander de respirer plus lentement afin de provoquer une accumulation de CO_2. Il est parfois utile de le faire respirer dans un milieu fermé (comme un sac de papier). L'administration d'un sédatif est habituellement nécessaire pour soulager l'hyperventilation chez les patients très anxieux. Le traitement de l'alcalose respiratoire due à d'autres causes vise la correction du trouble sous-jacent.

Résumé: Les troubles de l'équilibre acidobasique peuvent être relativement bénins (comme l'alcalose respiratoire due à l'hyperventilation) et faciles à traiter, mais ils peuvent aussi être très graves (comme l'acidose diabétique), au point de mettre la vie en danger. Il est essentiel de connaître les mécanismes de régulation du pH si on veut prévenir les déséquilibres acidobasiques et en dépister précocement les signes. L'infirmière qui a une solide connaissance du rôle des poumons, des reins et des systèmes tampons dans la régulation du pH est en mesure de prodiguer de meilleurs soins aux patients qui sont exposés aux déséquilibres acidobasiques. L'interprétation systématique des résultats de l'analyse des gaz artériels permet de mieux comprendre la notion d'équilibre acidobasique (voir encadré 46-2).

ADMINISTRATION PARENTÉRALE DE LIQUIDES

INDICATIONS

Les indications de l'administration parentérale de liquides déterminent le choix de la solution à utiliser. De façon générale, on administre du liquide par voie intraveineuse pour l'une ou l'autre des raisons suivantes:

- Combler les besoins quotidiens en eau, en électrolytes et éléments nutritifs.
- Remplacer l'eau et corriger les déficits en électrolytes.
- Fournir un milieu pour l'administration intraveineuse de médicaments.

Les solutions intraveineuses se composent de différentes quantités de dextrose ou d'électrolytes diluées dans l'eau. Il ne faut jamais administrer de l'eau pure ou eau «libre» par voie intraveineuse, parce qu'elle pénètre dans les globules rouges provoquant une hémolyse.

TYPES DE SOLUTIONS INTRAVEINEUSES

On qualifie les solutions intraveineuses d'isotonique, hypotonique ou hypertonique, selon que leur osmolalité est respectivement la même, inférieure ou supérieure à celle du plasma sanguin.

On peut consulter le tableau 46-6 pour une liste des différentes solutions d'électrolytes et des explications concernant leurs différents usages. Une solution isotonique a une teneur totale en électrolytes (anions et cations) d'environ 310 mmol/L. Une solution hypotonique a une teneur totale en électrolytes de moins de 250 mmol/L et une solution hypertonique de plus de 375 mmol/L. On doit de plus tenir compte de l'osmolalité, en se rappelant que celle du plasma

est d'environ 300 mmol/L. Par exemple, une solution de dextrose à 10 % a une osmolalité de 505 mmol/L.

Lors d'une perfusion de liquides, il importe d'observer les réactions du patient. Il faut également tenir compte du volume et du contenu du liquide, de même que de l'état clinique du patient.

Solutions isotoniques

Les solutions dites isotoniques ont une osmolalité totale qui se rapproche de celle du LEC et ne provoquent pas de modifications du volume des globules rouges. Toutefois, leur composition n'est pas toujours semblable à celle du LEC.

La solution aqueuse de dextrose à 5 % a une osmolalité de 252 mmol/L. Le glucose étant rapidement métabolisé, la solution est devenue hypotonique au moment où elle se disperse dans les liquides intracellulaire et extracellulaire, à raison de un tiers et deux tiers respectivement. Par conséquent, elle est surtout utilisée pour améliorer l'apport hydrique et corriger une augmentation de l'osmolalité plasmatique. Un litre de dextrose à 5 % en solution aqueuse contient moins de 830 kJ et constitue une source mineure d'énergie.

La solution salée physiologique (chlorure de sodium à 0,9 %) a une osmolalité totale de 308 mmol/L. Il reste dans le compartiment extracellulaire parce que la pression osmotique est entièrement fournie par les électrolytes. C'est pourquoi on l'utilise souvent pour corriger un déficit de volume extracellulaire. Même si on le qualifie de normal, sa composition ne s'apparente pas à celle du LEC, car il ne contient que du sodium et du chlore.

Il existe des solutions dont la composition en ions se rapproche davantage de celle du LEC, dont le lactate Ringer, qui contient du potassium et du calcium en plus du chlorure de sodium. Le lactate Ringer contient également des précurseurs du bicarbonate. La composition de ces solutions varie légèrement selon leur marque de commerce.

Solutions hypotoniques

On utilise notamment les solutions hypotoniques pour le remplacement du liquide intracellulaire, ou pour fournir l'eau libre nécessaire à l'excrétion des déchets organiques. Elles sont parfois employées pour traiter l'hypernatrémie ou d'autres troubles provoquant une augmentation de la pression osmotique. Parmi les solutions hypotoniques les plus utilisées on note la solution salée demi-dose (chlorure de sodium à 0,45 %). Il existe également des solutions hypotoniques contenant de multiples électrolytes.

Solutions hypertoniques

Pour obtenir une osmolalité totale plus grande que celle du LEC, on peut ajouter du dextrose à 5 % à une solution salée physiologique ou au lactate Ringer. Dans l'organisme toutefois, le dextrose est rapidement métabolisé et la solution devient vite isotonique. Par conséquent, l'effet sur le compartiment intracellulaire est temporaire. De la même façon, on peut ajouter du dextrose à 5 % à une solution hypotonique contenant de multiples électrolytes. Une fois le glucose métabolisé, la solution redevient hypotonique.

On administre des solutions aqueuses de dextrose à forte concentration (50 % par exemple) pour augmenter l'apport énergétique. Ces solutions étant très hypertoniques, elles doivent être perfusées dans une veine centrale où le débit sanguin rapide permet leur dilution.

Il existe des solutions salées dont l'osmolalité est plus grande que celle du LEC. Ces solutions attirent l'eau à l'extérieur du compartiment intracellulaire et provoquent une diminution du volume des globules rouges. Si elles sont administrées trop rapidement ou en trop grande quantité, elles peuvent causer un excès de volume extracellulaire et déclencher un œdème pulmonaire. Par conséquent, on doit les administrer avec prudence et, de façon générale, uniquement quand l'osmolalité est dangereusement inférieure à la normale.

Autres substances administrées par voie intraveineuse

Quand les voies gastro-intestinales ne peuvent accepter la nourriture, on peut combler les besoins nutritionnels par voie intraveineuse, en administrant par exemple de fortes concentrations de glucose, de protéines ou de lipides.

De nombreux médicaments sont aussi administrés par voie intraveineuse, soit par perfusion, soit directement dans la veine. Les médicaments administrés de cette façon pénètrent rapidement dans la circulation, ce qui peut présenter d'importants risques. On peut consulter les ouvrages spécialisés pour obtenir la vitesse d'administration et les dilutions des différents médicaments.

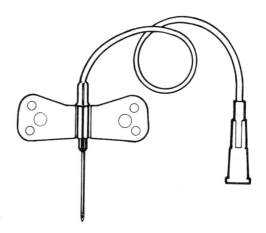

Figure 46-8. Dispositif de perfusion avec aiguille papillon
(Source: N. Metheny, *Fluid and Electrolyte Balance: Nursing Considerations,* Philadelphia, J. B. Lippincott, 1987)

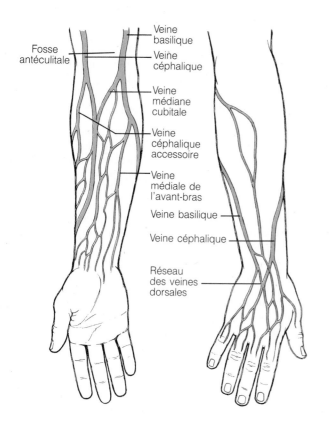

Figure 46-7. Sites de mise en place de canules intraveineuses pour administration parentérale de liquides ou transfusion sanguine

- Veine basilique
- Veine céphalique
- Veine médiane cubitale
- Veine céphalique accessoire
- Veine médiale de l'avant-bras
- Veine basilique
- Veine céphalique
- Réseau des veines dorsales
- Fosse antéculitale

SOINS INFIRMIERS AU PATIENT SOUS PERFUSION INTRAVEINEUSE

PONCTION VEINEUSE

Dans beaucoup de centres hospitaliers, il appartient à l'infirmière de pratiquer les ponctions veineuses. Celle-ci doit donc apprendre à choisir le site et la canule qui conviennent et acquérir la dextérité nécessaire à l'exécution de la méthode de ponction.

Avant de procéder à une ponction veineuse, il importe, comme on l'a déjà dit, de choisir soigneusement le site et la canule appropriés. Ces choix se font en fonction de la solution administrée, de la durée prévue du traitement, de l'état général du patient et de l'accessibilité des veines. L'habilité de la personne qui pratique la ponction a aussi de l'importance.

Choix du site de ponction

De nombreuses veines peuvent servir à l'administration d'un traitement, mais certaines ne sont pas faciles d'accès ou présentent des risques. Les infirmières n'utilisent généralement que les veines des membres supérieurs, parce qu'elles sont faciles à pénétrer avec des risques minimes pour le patient. On peut voir à la figure 46-7 les veines du bras et de la main. On doit éviter autant que possible les veines du pied, à cause d'importants risques de thrombo-embolie. La mise en place d'une canule dans une veine centrale, comme la jugulaire interne et la sous-clavière, constitue un acte médical, car elle présente d'importants risques, comme la pénétration par inadvertance dans une artère ou l'espace pleural. On utilise ces gros vaisseaux quand les veines périphériques sont collabées pour l'administration de solutions hypertoniques, ainsi que pour l'alimentation parentérale totale.

Idéalement, on doit examiner les deux mains et les deux bras avant de choisir un site de ponction. Autant que possible, la perfusion ne doit pas nuire à la mobilité du membre et ne doit pas, par conséquent, être mise en place au niveau du pli du coude. Généralement, les perfusions consécutives

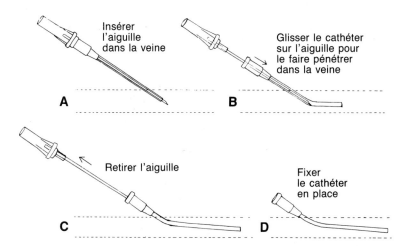

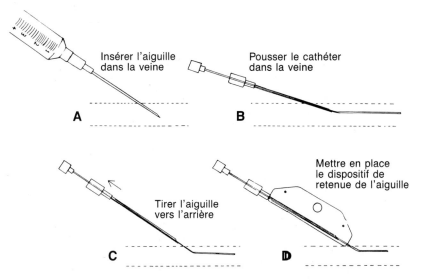

Figure 46-9. Mise en place d'un angiocathéter sur aiguille.
(Source: *Textbook of Advanced Cardiac Life Support*, Dallas, American Heart Association, 1987. Reproduit avec l'autorisation de l'American Heart Association, Inc.)

sont mises en place selon une progression ascendante (de la main vers le bras).

Dispositifs de ponction veineuse

Il existe trois types principaux de canules, les aiguilles papillon, les angiocathéters en plastique insérés sur une aiguille métallique et les angiocathéters en plastique insérés à l'intérieur d'une aiguille métallique. Les aiguilles papillon sont des aiguilles métalliques courtes surmontées d'une pièce en plastique en forme de papillon qui permet de les saisir. Elles sont faciles à mettre en place, mais comme elles sont courtes et rigides, elles présentent des risques d'infiltration (figure 46-8). La mise en place d'un angiocathéter inséré sur une aiguille exige une étape supplémentaire qui consiste à pousser le cathéter dans la veine après la ponction (figure 46-9). On le préfère souvent à l'aiguille papillon, parce qu'il présente des risques d'infiltration moindres. Les angiocathéters insérés à l'intérieur d'une aiguille creuse sont souvent appelés intracathéters. Certains sont longs et conviennent bien aux veines centrales. Ils sont toutefois plus difficiles à insérer que les autres cathéters car ils doivent être engagés dans la veine sur une longue distance (figure 46-10).

Préparation du patient

Sauf dans les situations d'urgence, on doit préparer le patient à recevoir une perfusion intraveineuse. Il importe notamment de lui donner une brève description de la méthode de ponction veineuse, et de l'informer de la durée de la perfusion et des activités qui lui sont interdites durant cette période. On doit également lui permettre d'exprimer ses craintes. Par exemple, certaines personnes ont peur que leur vie ne soit menacée si de l'air pénètre dans leurs veines. Comme la tubulure du dispositif de perfusion peut contenir de petites bulles d'air, il appartient à l'infirmière de leur expliquer que seules des quantités relativement grandes d'air injectées rapidement présentent un danger.

Préparation du site de ponction

L'infection étant une des plus graves complications du traitement intraveineux, le dispositif de ponction, la tubulure et la solution doivent être stériles. Il faut nettoyer le site au moyen d'un tampon d'alcool à 70 % pendant 60 secondes, en allant du centre vers la périphérie. L'infirmière doit porter des gants non stériles, à cause des risques de contact avec le sang du patient.

Figure 46-10. Mise en place d'un angiocathéter inséré à l'intérieur d'une aiguille.

(Source: *Textbook of Advanced Cardiac Life Support*, Dallas, American Heart Association, 1987. Reproduit avec la permission de l'American Heart Association, Inc.)

Pénétration de la veine

La marche à suivre pour effectuer une ponction veineuse apparaît à l'encadré 46-3. On devra peut-être modifier cette technique dans le cas de veines très petites ou particulièrement fragiles. On peut consulter les revues ou les ouvrages spécialisés pour obtenir d'autres méthodes de ponction veineuse.

SURVEILLANCE DU TRAITEMENT

Il appartient à l'infirmière d'assurer le bon déroulement d'une perfusion intraveineuse. Elle doit pour ce faire connaître la solution administrée et les principes de l'écoulement des liquides. Elle doit de plus observer de près le patient à la recherche de signes de complications localisées ou généralisées.

Facteurs affectant le débit des liquides intraveineux

Le débit d'un liquide intraveineux qui s'écoule par gravité est soumis aux principes généraux qui régissent le mouvement des liquides.

- *Le débit est directement proportionnel à la hauteur de la colonne de liquide.* On peut donc accélérer l'écoulement en plaçant plus haut le sac de solution.
- *Le débit est directement proportionnel au diamètre de la tubulure.* La pince qui se trouve sur la tubulure en modifie le diamètre, ce qui permet de régler le débit. Le calibre de l'aiguille a aussi une influence sur le débit, une aiguille de gros calibre l'accélérant, une aiguille de petit calibre le ralentissant.
- *Le débit est inversement proportionnel à la longueur de la tubulure.* On peut donc ajouter une tubulure de rallonge pour ralentir le débit.
- *Le débit est inversement proportionnel à la viscosité du liquide.* Les solutions visqueuses, comme le sang, exigent une canule de plus gros calibre que les solutions aqueuses ou le sérum physiologique.

Régulation du débit

Comme de nombreux facteurs peuvent influencer le débit d'une solution qui s'écoule par gravité, il importe de vérifier souvent les perfusions afin de s'assurer que le liquide s'écoule toujours à la vitesse désirée. Une marque sur le sac de solution au moyen d'un ruban adhésif permet de vérifier d'un coup d'œil la quantité perfusée. On calcule le débit au début de la perfusion, puis on le vérifie par la suite toutes les heures au moins. Pour calculer le débit, on doit connaître le nombre de gouttes par millilitre. Ce nombre varie selon le matériel utilisé et figure généralement sur l'emballage du dispositif

de perfusion. La formule suivante permet de calculer le nombre de gouttes par minute:

$$\frac{\text{gouttes/mL selon dispositif de perfusion}}{60 \text{ (min dans une heure)}} \times \text{volume horaire total} = \text{gouttes/min}$$

Pour un débit plus précis, on peut utiliser une pompe à perfusion. Certaines sont dites «volumétriques» et se règlent en millilitres à l'heure (figure 46-11). D'autres sont appelées contrôleurs de perfusion et se règlent en gouttes par minute (figure 46-12). Le mode d'emploi des pompes volumétriques et des contrôleurs de perfusion varie selon les modèles. Il importe donc de lire soigneusement les instructions du fabricant. L'utilisation de ces dispositifs n'exclut pas les vérifications périodiques de l'état du patient et du déroulement de la perfusion.

ARRÊT DE LA PERFUSION

Le retrait d'une canule intraveineuse présente deux dangers: l'hémorragie et l'embolie. Pour prévenir un saignement abondant, on doit tenir une compresse sèche et stérile sur le site de ponction pendant que l'on retire la canule, puis appliquer une pression ferme jusqu'à ce que le saignement cesse. Il faut prendre les précautions nécessaires pour éviter de sectionner le cathéter, car un morceau de cathéter qui se détache peut se rendre jusqu'au ventricule droit, obstruer la circulation sanguine et provoquer une embolie. Il importe donc de retirer doucement le cathéter et d'en mesurer la longueur pour s'assurer qu'il est intact. On doit faire preuve d'une extrême prudence quand on utilise des ciseaux autour du pansement. Si on constate immédiatement qu'un cathéter a été sectionné, on peut tenter d'empêcher que la partie sectionnée n'atteigne la circulation générale en bloquant la veine au-dessus du site de ponction jusqu'au moment de l'extraction chirurgicale. Toutefois, il est toujours préférable de *prévenir* les complications qui peuvent avoir des conséquences fatales. Dans ce cas-ci, les mesures de prévention sont heureusement très simples. Il suffit en effet d'éviter l'emploi de ciseaux près du cathéter et d'éviter de retirer le cathéter quand l'aiguille d'insertion est encore en place. Il importe également de suivre attentivement les directives du fabricant (couvrir la pointe de l'aiguille avec le dispositif de protection prévu à cet effet, par exemple). Pour éviter que le cathéter ne pénètre dans la circulation générale s'il se détache accidentellement de l'adaptateur, il convient de le fixer avec soin.

COMPLICATIONS

Malheureusement, les complications localisées et généralisées des traitements intraveineux sont nombreuses. Les complications généralisées (dont la surcharge circulatoire, l'embolie d'air, les réactions fébriles et l'infection) sont moins

Encadré 46-3
Mise en place d'une perfusion intraveineuse

Interventions

Préparation

1. Vérifier l'ordonnance du médecin, l'étiquette de la solution et l'identité du patient.
2. Fixer le sac de solution à la tubulure et laisser la solution s'écouler pour expulser l'air, puis couvrir l'extrémité de la tubulure.
3. Expliquer le procédé au patient.
4. Se laver les mains et enfiler des gants jetables non stériles.
5. Monter le lit à la position désirée, placer le patient et régler l'éclairage.
6. Choisir la canule.

7. Choisir le point de ponction.

Méthode

1. Placer un garrot entre 5 et 15 cm au-dessus du point de ponction. Vérifier s'il y a un pouls radial sous le garrot.

2. Nettoyer le point de ponction pendant 60 secondes au moyen d'un tampon d'iode (s'assurer que le patient n'est pas allergique à l'iode), puis avec un tampon d'alcool à 70 % selon un mouvement circulaire, en allant du centre vers la périphérie.
3. Saisir l'aiguille d'une main, immobiliser le membre de l'autre main et tendre la peau qui recouvre la veine avec le pouce ou un doigt.
4. Tenir l'aiguille à un angle de 45 degrés, le biseau vers le haut, traverser la peau et avancer l'aiguille jusqu'à la veine en évitant de la pénétrer.
5. Réduire l'angle de l'aiguille jusqu'à ce qu'elle soit presque parallèle à la peau et pénétrer dans la veine, soit par le dessus, soit par le côté.
6. Si on observe un reflux sanguin, réduire l'angle et pousser l'aiguille. Si on utilise un angiocathéter sur aiguille, procéder aux étapes supplémentaires suivantes:
   a) Avancer l'aiguille de 0,5 cm.

   b) Saisir la garde de l'aiguille et glisser le cathéter sur l'aiguille pour le faire pénétrer dans la veine. Ne *jamais* réinsérer l'aiguille dans le cathéter ou retirer le cathéter avec l'aiguille encore en place.
   c) Retirer l'aiguille en exerçant une légère pression sur la peau, au niveau de la pointe du cathéter.
   d) Placer sous la garde du cathéter un tampon de gaze stérile de 5 × 5 cm.
7. Détacher le garrot et fixer la tubulure au cathéter. Ouvrir la pince pour permettre l'écoulement.
8. Fixer solidement le cathéter au moyen de ruban adhésif.

Justifications

1. Une vérification minutieuse permet d'éviter des erreurs graves.

3. Les explications rassurent le patient et le rendent plus coopératif.
4. L'asepsie est essentielle à la prévention des infections.
5. Une bonne mise en position accroît les chances de succès de la ponction et ajoute au confort du patient.
6. On doit choisir la longueur et le calibre de la canule en fonction du point de ponction, de la qualité des veines du patient, de même que du type de la solution à perfuser et des indications de la perfusion.
7. Un choix minutieux du site de ponction augmente les chances de succès de la ponction et réduit les risques de perforation de la veine.

1. Le garrot fait gonfler la veine et la rend plus facile à pénétrer. On doit éviter de trop le serrer, ce qui pourrait bloquer la circulation artérielle ou provoquer une hémolyse des globules rouges.
2. Une asepsie rigoureuse et une préparation soignée du point de ponction sont essentielles à la prévention des infections.

3. Tendre la veine aide à la stabiliser.

4. L'aiguille endommage moins la peau et la veine si le biseau est placé vers le haut, et la pénétration est plus facile.

5. On procède en deux étapes pour réduire les risques de perforation de la paroi postérieure de la veine.

6. Si la veine est petite, il est possible que l'on n'observe pas de reflux sanguin. On réduit l'angle pour réduire les risques de perforation de la paroi postérieure de la veine.
   a) En poussant juste un peu l'aiguille, on s'assure que le cathéter en plastique a bien pénétré dans la veine.
   b) Si on réinsère l'aiguille ou qu'on retire le cathéter avec l'aiguille encore en place, on risque de sectionner le cathéter et de provoquer une embolie due à l'obstruction de la circulation par la partie sectionnée.
   c) Une légère pression empêche le saignement.

   d) La gaze joue le rôle de champ stérile.

7. On doit fixer la tubulure rapidement pour éviter la formation d'un caillot dans la canule.
8. On stabilise l'aiguille pour éviter qu'elle ne se déloge ou n'irrite la veine.

Encadré 46-3 (suite)

9. Appliquer un onguent antimicrobien sur le site de ponction et couvrir d'un diachylon, ou d'un tampon de gaze stérile que l'on fixe au moyen d'un ruban adhésif en évitant d'entourer le bras. On peut également recouvrir le cathéter d'une pellicule de plastique transparente (OpSite®, ou Tegaderm®).

9. L'onguent antimicrobien réduit les risques d'infection. Un ruban adhésif qui entoure le bras peut avoir les effets d'un garrot.

10. Former une petite boucle à la partie inférieure de la tubulure et la fixer à l'intérieur du pansement.

10. La boucle réduit les risques de déplacement de la canule si la tubulure est accrochée par inadvertance.

11. Inscrire sur le pansement le type et la longueur de la canule, la date et les initiales de la personne qui a procédé à la mise en place de la perfusion.

11. Ces renseignements facilitent les observations et l'arrêt en toute sécurité de la perfusion.

12. Calculer et régler le débit.

12. Un débit réglé avec soin assure une bonne vitesse d'administration.

13. Inscrire au dossier le site de ponction, le type et la longueur de la canule, et l'heure.

13. Les inscriptions au dossier facilitent les soins et sont obligatoires en vertu de la Loi.

---

fréquentes, mais souvent plus graves que les complications localisées.

Complications généralisées

Une surcharge liquidienne du système circulatoire peut provoquer une augmentation de la pression sanguine et de la pression veineuse centrale, et même une dyspnée grave et une cyanose. Cette complication, qui a pour nom *surcharge circulatoire,* est plus susceptible de se produire chez les patients qui souffrent d'une maladie cardiaque.

Il existe toujours des risques d'*embolie d'air,* même si cette complication est relativement rare. Elle est le plus souvent associée à la mise en place d'une canule dans une veine centrale et se manifeste par une dyspnée et une cyanose, une hypotension, un pouls faible et rapide et une perte de conscience. On ne connaît pas la quantité d'air qui peut causer la mort chez les humains, mais il semble que la vitesse à laquelle l'air pénètre dans la circulation ait autant d'importance que le volume.

La *réaction fébrile* est provoquée par la présence de substances pyrogènes dans la solution de perfusion, dans le dispositif d'administration ou au niveau du site d'insertion du cathéter. Elle se manifeste notamment par une hyperthermie

soudaine peu après le début de la perfusion, une douleur au dos, une céphalée, un malaise généralisé et, dans les cas graves, un collapsus vasculaire.

Les *infections* peuvent être bénignes et localisées au site de ponction, mais elles peuvent aussi être généralisées et prendre la forme d'une septicémie. Il est essentiel de prendre des mesures de prévention des infections au moment de la mise en place de la perfusion et pendant toute la durée du traitement. Les principales mesures de prévention des infections sont:

- Se laver soigneusement les mains avant tout contact avec le patient ou avec n'importe quelle partie du système de perfusion.
- Examiner le sac de solution à la recherche de fissures ou de fuites et vérifier si la solution est trouble, ce qui est un signe de contamination.
- Respecter strictement les règles de l'asepsie.
- Fixer solidement la canule pour prévenir son déplacement.
- Examiner tous les jours le point d'insertion du cathéter et remplacer le pansement stérile. (L'application d'un onguent antimicrobien peut conférer une protection supplémentaire.)
- Retirer la canule au premier signe d'inflammation localisée.
- Remplacer la canule toutes les 72 heures ou conformément aux indications.

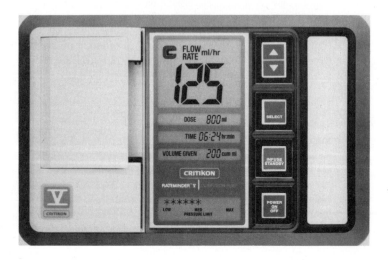

Figure 46-11. Pompe volumétrique. Réglage du débit en millilitres à l'heure. (Reproduit avec la permission de Critikon Inc.)

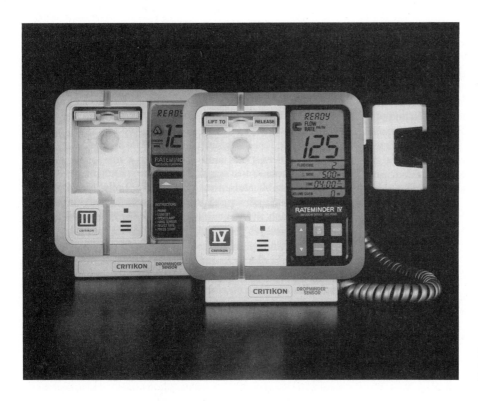

Figure 46-12. Contrôleur de perfusion. Réglage du débit en gouttes par minute. (Reproduit avec la permission de Critikon Inc.)

• Remplacer aussitôt que possible une canule mise en place dans une situation d'urgence ne permettant pas un respect rigoureux des règles de l'asepsie.

• Remplacer le sac de solution toutes les 24 heures ou moins, toutes les 4 heures si on administre du sang ou toutes les 24 heures si on administre des lipides.

Complications localisées

Les principales complications localisées sont l'infiltration, la phlébite et la thrombophlébite.

L'*infiltration* de la solution intraveineuse dans le tissu sous-cutané est causée par le déplacement de l'aiguille et se caractérise par de l'œdème, un malaise, un refroidissement de la peau et un ralentissement du débit. Si la solution est particulièrement irritante, on peut observer une inflammation des tissus avec possibilité de nécrose tissulaire. Il est donc essentiel de vérifier souvent le point d'insertion pour dépister l'infiltration avant que ses effets ne s'aggravent. L'infiltration se reconnaît facilement quand la région est œdématiée, mais elle n'est pas toujours évidente. On croit souvent à tort qu'un reflux sanguin dans la tubulure indique que la canule est bien placée à l'intérieur de la veine. Toutefois, la solution peut continuer de circuler dans la veine tout en s'infiltrant dans les tissus si seulement la pointe de la canule a traversé la veine. Pour confirmer la présence d'une infiltration, il convient donc de placer un garrot au-dessus ou en amont du point de ponction et de le serrer suffisamment pour réduire le débit veineux. Si le liquide continue alors de s'écouler, il y a infiltration.

La *phlébite* est l'inflammation d'une veine et se manifeste par de la chaleur, une rougeur et une tuméfaction au point de ponction et un ralentissement ou un arrêt complet du débit. La *thrombophlébite* est l'inflammation d'une veine associée à la présence d'un caillot. Elle se manifeste par une chaleur localisée, de la rougeur, une tuméfaction et un durcissement de la veine.

Résumé: Les infirmières sont les seules professionnelles de la santé responsables de l'administration intraveineuse de liquides. Il s'agit d'un traitement extrêmement important et fréquemment utilisé, mais il n'en présente pas moins des risques de complications graves, dont les infections, l'embolie et les déséquilibres hydroélectrolytiques. Ces risques peuvent être réduits par le respect des règles de l'asepsie lors de tout contact avec le système de perfusion, l'application des principes qui régissent l'écoulement des liquides et des examens fréquents du patient et du point d'insertion du cathéter intraveineux.

RÉSUMÉ

Les déséquilibres hydroélectrolytiques et acidobasiques sont fréquents chez les personnes malades et hospitalisées et compliquent souvent les interventions chirurgicales et les examens diagnostiques. Ils peuvent même affecter sérieusement les personnes atteintes d'une maladie bénigne caractérisée par de la fièvre, des vomissements et de la diarrhée. Les risques de déséquilibres graves sont plus importants chez les personnes âgées, les jeunes enfants et les personnes atteintes d'une maladie aiguë ou chronique.

À cause de la fréquence des déséquilibres hydroélectrolytiques et acidobasiques et de la vitesse à laquelle ils se développent, il est essentiel que l'infirmière connaisse les fonctions des liquides et des électrolytes dans l'organisme, de même que les mécanismes physiologiques qui assurent le maintien du pH. Elle doit de plus connaître les principaux signes et symptômes des déséquilibres hydroélectrolytiques et acidobasiques et prévoir les mesures de correction de ces déséquilibres afin de pouvoir les mettre en œuvre rapidement.

L'administration intraveineuse de liquides, d'électrolytes, de médicaments ou d'autres substances est courante de nos jours. Il appartient à l'infirmière de procéder à la mise en place de la perfusion, d'assurer son bon déroulement et d'en prévenir les complications. Les principales responsabilités de l'infirmière sont d'administrer avec soin le liquide ou le médicament appropriés, d'observer le point d'insertion du cathéter et d'en assurer l'intégrité, d'observer le patient à la recherche de signes de complications et de noter ses réactions physiologiques et psychologiques au traitement.

Bibliographie

Ouvrages

Bray J et al. Lecture Notes on Human Physiology. 2nd ed. Oxford, Blackwell Scientific Publications, 1989.

Gahart B. Intravenous Medications. 6th ed. St. Louis, CV Mosby, 1990.

Goldberger E. A Primer of Water, Electrolyte & Acid–Base Syndromes. 7th ed. Philadelphia, Lea & Febiger, 1986.

Kim M et al. A Pocket Guide to Nursing Diagnoses. 3rd ed. St. Louis, CV Mosby, 1989.

Kokko J and Tannen R. Fluids and Electrolytes. 2nd ed. Philadelphia, WB Saunders, 1990.

MacFarland M and Grant M. Nursing Implications of Laboratory Tests. 2nd ed. New York, John Wiley & Sons, 1988.

Maxwell M et al. Clinical Disorders of Fluid and Electrolyte Metabolism. 4th ed. New York, McGraw–Hill, 1987.

Metheny N. Fluid and Electrolyte Balance: Nursing Considerations. Philadelphia, JB Lippincott, 1987.

Pennington J and Church H. Bowes and Church's Food Values of Portions Commonly Used. 15th ed. Philadelphia, JB Lippincott, 1989.

Pestano C. Fluids and Electrolytes in the Surgical Patient. 4th ed. Baltimore, Williams & Wilkins, 1989.

Plumer A. Principles and Practice of Intravenous Therapy. 4th ed. Boston, Little, Brown, 1986.

Rose B. Clinical Physiology of Acid–Base & Electrolyte Disorders. 3rd ed. New York, McGraw–Hill, 1989.

Scherer J. Lippincott's Nurses' Drug Manual. Philadelphia, JB Lippincott, 1985.

Schrier R. Renal and Electrolyte Disorders. 3rd ed. Boston, Little, Brown, 1986.

Shapiro B. Clinical Application of Respiratory Care. 3rd ed. Chicago, Year Book Medical Pub, 1985.

Ulrich B. Nephrology Nursing: Concepts and Strategies. Norwalk, CT, Appleton & Lange, 1989.

Revues

Les articles de recherche en sciences infirmières sont marqués d'un astérisque.

Abraham A et al. Magnesium in the prevention of lethal arrhythmias in acute myocardial infarction. Arch Intern Med 1987 147: 753–55.

* Adams F. Fluid intake: How much do elders drink? Geriatr Nurs (New York) 1988 Jul/Aug; 9(4): 218–221.

Ansari A. Hypokalemia and hyperkalemia: Diagnosis by electrocardiography. Primary Cardiol 1988; 14(4): 17–31.

Baicich R. Potassium supplementation. Nutritional Support Services 1987; 7(8): 29–31.

Barrus D and Danek G. Clinical controversy: Should you irrigate an occluded I.V. line? Nursing 1987 Mar; 17(3): 63–64.

* Bowman M et al. Effect of tube-feeding osmolality on serum sodium levels. Crit Care Nurse 1989; 9(1): 22–28.

Cagno J. Nursing care plan: Diabetes insipidus. Crit Care Nurse 1989; 9(6): 86–93.

Chazan J and McKay D. Acid–base abnormalities in cardiopulmonary arrest: Varying patterns in different locations in the hospital (letter). N Engl J Med 1989; 320(9): 597–598.

Cole M. Flushing heparin locks: Is saline flushing really cost-effective? J IV Nurs 1989; 12(1): 523–529.

* Coward D. Hypercalcemia knowledge assessment in patients at risk of developing cancer-induced hypercalcemia. Oncol Nurs Forum 1988; 15(4): 471–476.

Chernow B et al. Hypomagnesemia in patients in postoperative intensive care. Chest 1989; 95(2): 391–397.

Dudley D et al. Long-term tocolysis with intravenous magnesium sulfate. Obstet Gynecol 1989; 73(3): 373–377.

Garner B. Guide to changing lab values in elders. Geriatr Nurs 1989 May/Jun; 3: 144–145.

Hatjis C et al. Efficacy of combined administration of magnesium sulfate and ritodrine in the treatment of premature labor. Obstet Gynecol 1987; 69: 317.

Halevy J and Bulvik S. Severe hypophosphatemia in hospitalized patients. Arch Intern Med 1988; 148: 153–155.

Hazinski M. Fluid balance in the seriously ill child. Pediatr Nurs 1988; 14(3): 230–236.

Gershan JA et al. Fluid volume deficit: Validating the indicators. Heart Lung 1990 Mar; 19(2); 152–156.

Metheny NM. Why worry about IV fluids. Am J Nurs 1990 Jun; 90(6): 50–57.

Hoffman R. An "amp" by any other name: The hazards of intravenous magnesium dosing (letter). JAMA 1989 Jan 27; 261: 557.

Iqbal Z and Friedman E. Preferred therapy of hyperkalemia in renal insufficiency: Survey of nephrology training-program directors (letter). N Engl J Med 1989; 320(1): 60–61.

Johnson D. Fluid and electrolyte dysfunction in alcoholism. Crit Care Q 1986 Mar; 8(4): 53–64.

* Jordan L. Effects of fluid manipulation on the incidence of vomiting during outpatient cisplatin infusion. Oncol Nurs Forum 1989; 16(2): 213–218.

Kwan K and Barrett-Connor E. Dietary potassium and stroke-associated mortality. N Engl J Med 1987; 316: 235–240.

Ley J. Fluid therapy following intracardiac operation. Crit Care Nurse 1988; 8(1): 26–36.

Linas S. Potassium: Weighing the evidence for supplementation. Hosp Pract 1988 Dec 15; 23(12): 73–86.

Lunger D. Potassium supplementation: How and why? Focus Crit Care 1988; 15(5): 56–59.

* Mahon S. For the research record: Symptoms as clues to calcium levels. Am J Nurs 1987 Mar; 87(3): 354, 356.

Mathewson M. Intravenous therapy. Crit Care Nurse 1989; 9(2): 21–36.

Matz R. Hyperosmolar nonacidotic uncontrolled diabetes: Not a rare event. Clin Diabetes 1988; 6(2): 1, 30–37, 46.

* Metheny N et al. Electrolyte disturbances in tube-fed patients (Abstr). Thirteenth Annual Midwest Nursing Research Society Conference, Cincinnati, OH, April 2, 1989, p 220.

Moran T. AIDS: Current implications and impact on nursing. J IV Nurs 1989; 12(4): 220–226.

Murphy L and Lipman T. Central venous catheter care in parenteral nutrition: A review. J Parenteral Enteral Nutr 1987; 11(2): 190–201.

Pfister S and Bullas J. Interpreting arterial blood gas values. Crit Care Nurs 1986 Jul/Aug; 6(4): 9–14.

Poe C and Taylor L. Syndrome of inappropriate antidiuretic hormone: Assessment and nursing implications. Oncol Nurs Forum 1989; 16(3): 373–381.

Rimmer J et al. Hyperkalemia as a complication of drug therapy. Arch Intern Med 1987; 147(5): 867–869.

Ryan M. Diuretics and potassium/magnesium depletion: Directions for treatment. Am J Med 1987; 82(suppl 3A): 38–47.

Schrier R. Pathogenesis of sodium and water retention in high-output and low-output cardiac failure, nephrotic syndrome, cirrhosis, and pregnancy. N Engl J Med 1988; 319(16): 1065–1072.

Seligman M (ed). Potassium. Drug Therapy Review. Massachusetts General Hospital, 1986; 1–4.

Stein J. Hypokalemia: Common and uncommon causes. Hosp Pract 1988 Mar 30; 23(3A): 55–64, 66, 70.

* Thompson D et al. A trial of povidone-iodine antiseptic solution for the prevention of cannula-related thrombophlebitis. J IV Nurs 1989; 12(2): 99–102.

Todd B. Calcium: Should we supplement? Geriatr Nurs 1989 Mar/Apr; 2: 96–98.

Tucker S and Schimmel E. Postoperative hypophosphatemia: A multifactorial problem. Nutr Rev 1989; 47(4): 111–116.

Valle G and Lemberg L. Electrolyte imbalances in cardiovascular disease: The forgotten factor. Heart Lung 1988; 17(3): 324–329.

Wagman L et al. The effect of acute discontinuation of total parenteral nutrition. Ann Surg 1986; 204: 524–529.

Whang R. Magnesium deficiency: Pathogenesis, prevalence and clinical implications. Am J Med 1987; 82(suppl 3A): 24–29.

Whang R. Magnesium and potassium interrelationships in cardiac arrhythmias. Magnesium 1986; 5: 127–133.

Whang R. Routine serum magnesium determinations: A continuing unrecognized need. Magnesium 1987; 6: 1–4.

Young M and Flynn K. Third-spacing: When the body conceals fluid loss. RN 1988 Aug; 51: 46–48.

Zaloga G et al. A simple method for determining physiologically active calcium and magnesium concentrations in critically ill patients. Crit Care Med 1987; 15: 813–16.

47

ONCOLOGIE: SOINS INFIRMIERS AU PATIENT ATTEINT DE CANCER

OBJECTIFS D'APPRENTISSAGE

Après avoir étudié ce chapitre, vous devriez être en mesure de réaliser ce qui suit:

1. Comparer la structure et le fonctionnement de la cellule normale et de la cellule cancéreuse.
2. Faire la distinction entre les tumeurs bénignes et malignes.
3. Énumérer les agents et les facteurs cancérigènes reconnus.
4. Décrire l'importance de l'enseignement sur la prévention du cancer.
5. Expliquer la différence entre les différents types d'interventions chirurgicales effectuées dans les cas de cancer: curatives, diagnostiques, prophylactiques, palliatives et reconstructives.
6. Décrire les rôles respectifs de la chirurgie, de la radiothérapie, de la chimiothérapie, de l'hyperthermie et des modificateurs de la réponse biologique dans le traitement du cancer.
7. Décrire les soins infirmiers aux patients recevant une chimiothérapie.
8. Donner les diagnostics infirmiers les plus couramment formulés pour les patients atteints de cancer.
9. Appliquer la démarche de soins infirmiers pour intervenir auprès des patients atteints de cancer.
10. Décrire les services offerts aux patients atteints de cancer en phase terminale.
11. Expliquer le rôle de l'infirmière dans l'évaluation et le traitement des urgences oncologiques courantes.

Le cancer touche des personnes de tous les âges et peut apparaître dans n'importe quel tissu ou organe. Les infirmières de toutes les spécialités sont donc appelées à traiter des patients atteints de cancer, dans les centres hospitaliers, à domicile, dans les unités de soins palliatifs et dans les centres locaux de services communautaires. Les soins infirmiers aux patients atteints de cancer ont évolué parallèlement aux soins médicaux. Ils sont complexes, comme dans les autres spécialités, mais ont des exigences particulières, car le cancer est souvent associé à la souffrance et à la mort. Pour bien remplir son rôle auprès des patients atteints du cancer, l'infirmière doit d'abord analyser ses propres réactions face à la maladie et établir judicieusement ses objectifs.

Le cancer s'accompagne de nombreux troubles physiques, affectifs, sociaux, culturels et spirituels. L'infirmière doit donc être en mesure d'offrir aux patients et à leur famille toute l'aide dont ils ont besoin, en se fondant sur les normes de pratique de la profession et sur la démarche de soins infirmiers. Les principales responsabilités de l'infirmière qui traite des personnes atteintes du cancer sont énumérées dans l'encadré 47-1.

Encadré 47-1
Responsabilités de l'infirmière auprès du patient atteint de cancer et de sa famille

- Répandre l'idée que le cancer est une maladie chronique ayant des poussées évolutives et non une maladie mortelle qui est source de souffrances.
- Évaluer ses propres connaissances sur la physiopathologie de la maladie.
- Appliquer les résultats des recherches récentes dans le domaine de l'oncologie aux soins des patients atteints de cancer et à leur famille.
- Dépister les personnes prédisposées au cancer.
- Appliquer les mesures de prévention primaire et secondaire.
- Évaluer les besoins en matière de soins infirmiers du patient atteint de cancer.
- Évaluer les besoins, les désirs et les capacités de la personne atteinte de cancer en matière d'apprentissage.
- Dépister les problèmes de soins reliés au patient atteint de cancer et de sa famille.

- Évaluer le réseau de soutien sur lequel peut compter le patient.
- Établir un plan d'interventions infirmières en collaboration avec le patient et sa famille.
- Aider le patient à reconnaître ses forces et ses limites.
- Aider le patient à se fixer des objectifs à court et à long terme.
- Élaborer un plan de soins infirmiers qui soit en rapport étroit avec le traitement médical et qui respecte les objectifs établis; le mettre à exécution.
- Collaborer avec les membres d'une équipe multidisciplinaire pour favoriser la continuité des soins.
- Évaluer les objectifs et les résultats des soins avec le patient, sa famille et les membres de l'équipe multidisciplinaire.
- Modifier les interventions infirmières en fonction des résultats de l'évaluation.

FRÉQUENCE

Le cancer touche tous les groupes d'âge, mais surtout les personnes de 65 ans et plus, et davantage les hommes que les femmes, si on considère toutes les formes de la maladie.

On diagnostique un cancer chez des millions de Nord-Américains chaque année (figure 47-1). L'incidence du cancer est plus grande dans les pays industrialisés, particulièrement dans les villes.

Taux de mortalité

Le cancer vient tout de suite après les maladies cardiovasculaires parmi les principales causes de décès au Canada. Chaque année, près de 60 000 Canadiens meurent des suites de cette maladie. Par ordre de fréquence, les cancers les plus meurtriers chez les hommes sont le cancer du poumon, le cancer de la prostate et les cancers du côlon et du rectum, et chez les femmes le cancer du sein, les cancers du côlon et du rectum et le cancer du poumon. Le taux de survie de 5 ans était, en 1991, de 38 % chez les Noirs et de 52 % chez les Blancs.

PHYSIOPATHOLOGIE DE LA TRANSFORMATION MALIGNE

Le *cancer* est un processus morbide qui débute par l'apparition de cellules anormales provenant de la transformation de cellules normales selon des mécanismes encore mal connus. Ces cellules prolifèrent ensuite de façon anarchique pour envahir peu à peu les tissus voisins. Elles peuvent être transportées à distance par voie lymphatique ou sanguine.

Il existe une définition générale du cancer, mais chacune de ses formes a des caractéristiques et des causes qui lui sont propres. Le traitement et le pronostic diffèrent aussi selon les types de cancer.

PROLIFÉRATION DES TUMEURS BÉNIGNES ET MALIGNES

Au cours de la vie, on observe des périodes de prolifération rapide des cellules, qu'il ne faut pas confondre avec la prolifération maligne. Il existe plusieurs types de croissance cellulaire, connus sous les noms d'*hyperplasie*, de *métaplasie*, de *dysplasie* et de *néoplasie*. Voici la description de chacun d'eux.

Hyperplasie

L'hyperplasie est l'augmentation du nombre de cellules dans un tissu. Il s'agit d'un processus prolifératif courant durant les périodes de croissance rapide (par exemple, pendant la période fœtale ou à l'adolescence) et durant la régénération de l'épithélium ou de la moelle osseuse. Elle est normale quand elle répond aux besoins physiologiques, et anormale quand elle dépasse ces besoins.

Métaplasie

La métaplasie est la transformation d'un type de cellules matures en un autre type de cellules sous l'influence d'un stimulus extérieur. Elle peut avoir pour cause une irritation ou une inflammation chronique, une déficience en vitamines ou l'exposition à un produit chimique. Elle peut être réversible ou évoluer vers une dysplasie.

Dysplasie

La dysplasie est une croissance cellulaire anarchique ayant pour résultat l'apparition de cellules dont la morphologie et

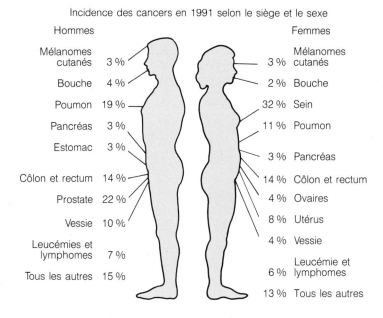

Incidence des cancers en 1991 selon le siège et le sexe

Hommes				Femmes
Mélanomes cutanés	3 %		3 %	Mélanomes cutanés
Bouche	4 %		2 %	Bouche
Poumon	19 %		32 %	Sein
Pancréas	3 %		11 %	Poumon
Estomac	3 %		3 %	Pancréas
Côlon et rectum	14 %		14 %	Côlon et rectum
Prostate	22 %		4 %	Ovaires
Vessie	10 %		8 %	Utérus
Leucémies et lymphomes	7 %		4 %	Vessie
Tous les autres	15 %		6 %	Leucémie et lymphomes
			13 %	Tous les autres

A   (à l'exclusion des cancers de la peau non mélanomes)

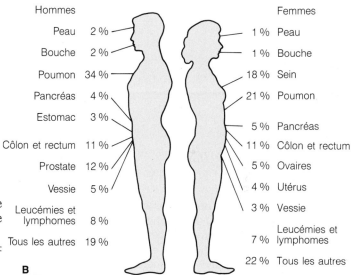

Taux de mortalité par cancer en 1991 selon le siège et le sexe.

Hommes				Femmes
Peau	2 %		1 %	Peau
Bouche	2 %		1 %	Bouche
Poumon	34 %		18 %	Sein
Pancréas	4 %		21 %	Poumon
Estomac	3 %		5 %	Pancréas
Côlon et rectum	11 %		11 %	Côlon et rectum
Prostate	12 %		5 %	Ovaires
Vessie	5 %		4 %	Utérus
Leucémies et lymphomes	8 %		3 %	Vessie
Tous les autres	19 %		7 %	Leucémies et lymphomes
			22 %	Tous les autres

B

Figure 47-1. (**A**) Incidence des cancers en 1991 selon le siège et le sexe (à l'exclusion des cancers de la peau non mélanomes) (**B**) Taux de mortalité des cancers en 1991 selon le siège et le sexe
(Source: C. C. Boring, S. S. Squires et T. Tong, *Cancer Statistics*, 1991. CA 1991: 41(1)19: A Journal for Clinicians and the American Cancer Society Inc.)

l'organisation diffèrent de celles des autres cellules du même tissu. Elle peut être provoquée par des produits chimiques, une irradiation, ou encore une inflammation ou une irritation chroniques. Elle peut être réversible ou précéder un changement néoplasique irréversible.

Anaplasie

L'anaplasie est le caractère des cellules dysplasiques ayant perdu leurs particularités propres. On dit de ces cellules qu'elles ne sont plus différenciées, la différenciation étant l'apparition des particularités dans des cellules qui étaient semblables à l'origine. Les cellules anaplasiques sont donc de forme irrégulière, et elles ont une croissance et une configuration anarchiques. Les cellules anaplasiques sont toujours malignes.

Néoplasie

La néoplasie est une croissance cellulaire anarchique ne répondant à aucun besoin physiologique. Elle peut être bénigne ou maligne, et on la classe selon le tissu d'origine (tableau 47-1).

Les caractéristiques de croissance des cellules bénignes et malignes diffèrent de plusieurs façons, comme on peut le voir au tableau 47-2. Le degré d'anaplasie (perte de différenciation des cellules) détermine en fin de compte les risques de transformation maligne.

TABLEAU 47-1.   *Tumeurs bénignes et malignes selon les tissus affectés*

Tissus	Bénignes	Malignes
ÉPITHÉLIUM		
Épithélium de revêtement	Papillomes	Épithélioma Spinocellulaire
Épithélium glandulaire	Adénomes	Adénocarcinome
TISSU CONJONCTIF		
Tissu fibreux	Fibromes	Fibrosarcomes
Tissu adipeux	Lipomes	Liposarcomes
Tissu cartilagineux	Chondromes	Chondrosarcomes
Tissu osseux	Ostéomes	Ostéosarcomes
Vaisseaux sanguins	Hémangiomes	Hémangiosarcomes
Vaisseaux lymphatiques	Lymphangiomes	Lymphangiosarcomes
MUSCLES		
Muscles lisses	Leiomyomes	Leiomyosarcomes
Muscles striés	Rhabdomyomes	Rhabdomyosarcomes
CELLULES NERVEUSES		
Cellules nerveuses	Neuromes	
Tissu névroglique		Gliomes
Gaines nerveuses	Neurinomes	Neurinosarcomes
SANG		
Granulocytes		Leucémies myéloïdes
Érythrocytes		Érythroleucémie
Plasmocytes		Myélome multiple
Lymphocytes		Leucémies lymphoïdes

(Source: C. M. Porth., *Pathophysiology: Concepts of Altered Health States*, 3ᵉ éd., Philadelphia, J. B. Lippincott, 1990)

CARACTÉRISTIQUES DES CELLULES MALIGNES

Les cellules cancéreuses ont des caractéristiques communes, peu importe leur type. Leur membrane est altérée, ce qui affecte les échanges hydriques entre l'espace intracellulaire et l'espace extracellulaire. Elles contiennent également des antigènes tumoraux spécifiques. Elles renferment aussi moins de fibronectine, un composé qui assure la cohésion et l'adhérence de la cellule avec les cellules voisines.

Le noyau des cellules cancéreuses est souvent gros et de forme irrégulière (pléomorphisme). Les nucléoles, corpuscules présents dans le noyau qui jouent un rôle essentiel dans la synthèse de l'acide ribonucléique (ARN), sont plus gros et plus nombreux peut-être en raison d'une accélération de la synthèse de l'ARN. Les cellules malignes ont aussi des chromosomes fragiles et présentant des anomalies. Leur division (mitose) est plus rapide que celle des cellules normales et elles contiennent moins d'adénosine monophosphate cyclique (AMP) et de guanosine monophosphate cyclique (GMP). Ces composés, qui sont le motif structural des molécules d'acides nucléiques, favorisent l'utilisation des matières nutritives et la synthèse de l'ARN, et conséquemment, la croissance et la division cellulaire, ce qui exige de grandes quantités de glucose et d'oxygène. Si les réserves en glucose et en oxygène sont insuffisantes, les cellules malignes utiliseront les voies du métabolisme anaérobie pour produire de l'énergie.

Invasion et métastatisation

Les tumeurs malignes peuvent se propager aux tissus voisins (invasion) ou se développer à distance (métastatisation). L'invasion est due à différents mécanismes. Par exemple, la pression mécanique exercée par la tumeur maligne en croissance rapide peut entraîner la projection de cellules tumorales dans les tissus voisins. Des cellules malignes peuvent aussi quitter la tumeur d'origine pour envahir les structures adjacentes. On croit de plus que les cellules malignes contiendraient des enzymes spécifiques (hydrolases lysosomiales ou collagénoses) qui détruiraient les tissus voisins, ce qui favoriserait l'invasion. La pression mécanique exercée par la tumeur pourrait accélérer ce processus.

Le terme *métastase* désigne la propagation à distance de cellules malignes, soit par voie sanguine ou lymphatique, soit par un conduit naturel. Les tumeurs qui croissent dans un conduit naturel ou y pénètrent laissent parfois échapper des cellules ou des nodules cellulaires qui se déplacent dans le conduit et ensemencent la surface d'autres organes. Ce phénomène peut se produire dans les cas de cancer des ovaires, où des cellules malignes se déplacent par la cavité péritonéale pour atteindre les membranes des organes abdominaux tels que le foie ou le pancréas.

Toutefois, les cellules cancéreuses se déplacent le plus souvent par voie lymphatique, entrant dans les vaisseaux lymphatiques par le liquide interstitiel, qui communique avec

TABLEAU 47-2. *Caractéristiques de la tumeur bénigne et de la tumeur maligne*

Caractéristiques	Tumeur bénigne	Tumeur maligne
Caractéristiques cytologiques	Cellules bien différenciées et ressemblant aux cellules normales du tissu d'où elles proviennent.	Cellules ayant le plus souvent peu de ressemblance avec les cellules normales du tissu d'où elles proviennent. Il y a à la fois anaplasie et pléomorphisme.
Mode de croissance	La tumeur croît par expansion sans envahir les tissus voisins. Elle est généralement encapsulée.	La tumeur croît à la périphérie puis envahit les tissus voisins.
Rythme de croissance	La croissance est généralement lente.	Le rythme de croissance varie et dépend du degré de différentiation. Plus la tumeur est anaplasique, plus sa croissance est rapide.
Métastases	Ne produit pas de métastases.	Produit des métastases.
Effets généraux	Les effets sont généralement localisés, à moins que la tumeur n'entrave des fonctions vitales.	Les effets sont généralisés: anémie, faiblesse, perte de poids, etc.
Lésions tissulaires	La tumeur ne provoque généralement pas de lésions tissulaires, à moins qu'elle n'entrave le débit sanguin.	La tumeur provoque généralement de graves lésions tissulaires quand elle compromet, à cause de sa taille, l'apport sanguin des tissus voisins. Elle peut aussi produire des substances qui provoquent des lésions cellulaires.
Risques de mortalité	N'entraîne généralement pas la mort, à moins qu'elle n'entrave des fonctions vitales.	Est généralement mortelle, à moins qu'on ne puisse l'empêcher de proliférer.

(Source: C. M. Porth, *Pathophysiology: Concepts of Altered Health States*, 3e éd., Philadelphia, J. B. Lippincott, 1990)

le liquide lymphatique. Les cellules malignes peuvent également pénétrer dans les vaisseaux lymphatiques par invasion. Une fois dans la circulation lymphatique, les cellules malignes peuvent se loger dans les ganglions lymphatiques ou passer de la circulation lymphatique à la circulation veineuse. Les tumeurs qui se situent dans une région où la circulation lymphatique est rapide et forte présentent plus de risques de métastatisation. Ainsi, le cancer du sein peut se propager à distance par la voie des canaux lymphatiques axillaires, claviculaires et thoraciques.

La dissémination par voie sanguine est moins courante. En effet, peu de cellules malignes peuvent survivre à la turbulence de la circulation artérielle. De plus, la structure de la plupart des artères et des artérioles les protège de l'invasion. Toutefois, les cellules malignes qui survivent dans ce milieu hostile peuvent se fixer sur l'endothélium et attirer de la fibrine, des plaquettes et des facteurs de coagulation pour se soustraire aux défenses immunitaires. On assiste alors à une rétraction de l'endothélium permettant aux cellules de pénétrer dans la membrane basale et de sécréter des enzymes lisosomiales qui détruiront les tissus voisins, ce qui favorisera leur implantation.

Les cellules malignes ont aussi la capacité d'induire la formation de nouveaux vaisseaux capillaires à partir du tissu hôte, pour répondre à leurs besoins en matières nutritives et en oxygène. Ce processus est appelé angiogénèse. C'est grâce à ce réseau vasculaire que les cellules tumorales peuvent entrer dans la circulation générale et migrer vers des régions éloignées. Les gros nodules tumoraux qui sont bloqués en cours de route peuvent ainsi être à l'origine de métastases.

Résumé: La formation de métastases n'est pas fortuite. Elle se fait à partir de cellules tumorales qui ont résisté aux mécanismes de défense de l'hôte grâce à leur virulence et à leurs capacités d'adaptation.

On sait depuis la fin du XIXe siècle que des cellules malignes appartenant à une classe donnée sont attirées par des organes spécifiques. À l'heure actuelle, les chercheurs concentrent leurs efforts sur les facteurs de métastatisation suivants: la vascularité de l'organe atteint, les défenses immunitaires du tissu, les facteurs de reconnaissance de la surface des cellules tumorales ainsi que les différences de comportement des cellules d'une même tumeur.

CANCÉROGÉNÈSE

On croit que la transformation maligne est un processus cellulaire qui se fait en deux étapes au moins. D'abord, on observe une altération de la structure génétique de l'acide desoxyribonuclique (ADN) par des agents cancérigènes chimiques, physiques ou biologiques ayant échappé aux mécanismes enzymatiques normaux. Bien que ces altérations soient irréversibles, elles sont généralement sans gravité jusqu'à ce que survienne l'étape de l'activation. L'exposition répétée aux agents cancérigènes provoque alors des anomalies ou des mutations dans des gènes appelés oncogènes cellulaires, présents chez tous les mammifères et jouant un rôle dans la croissance et la différenciation des cellules. Or, quand ces gènes subissent une mutation, une recombinaison ou une amplification, ou lorsqu'ils perdent leurs capacités de régulation, ils peuvent conduire à une transformation maligne. On appelle cancérigènes les agents qui peuvent provoquer ou favoriser la transformation maligne.

ÉTIOLOGIE

De nombreux agents ou facteurs sont impliqués dans la cancérogénèse (virus, agents physiques et chimiques, facteurs génétiques ou familiaux, facteurs alimentaires et hormonaux).

Virus

Les virus étant difficiles à isoler, on connaît encore mal leur rôle dans la cancérogénèse, mais on croit que certaines formes de cancer seraient d'origine virale. Il semble que les virus s'incorporeraient à la structure génétique des cellules pour provoquer des mutations chez les générations futures de ces cellules. Par exemple, on a associé le virus Epstein-Barr au lymphome de Burkitt et au cancer du nasopharynx, et l'herpèsvirus de type II, le cytomégalovirus et le papillomavirus aux dysplasies et aux néoplasies du col de l'utérus. Le virus de l'hépatite B est impliqué dans le carcinome hépatocellulaire et le virus T-lymphotrophe de type 1 (HTLV-1) dans certaines leucémies et certains lymphomes, particulièrement dans le sud du Japon.

Agents physiques

Les agents cancérigènes physiques sont notamment l'exposition aux rayons ultraviolets ou aux rayons ionisants, les inflammations ou les irritations chroniques et le tabac.

La principale source de rayons ultraviolets est le soleil. Une exposition excessive à ses rayons, particulièrement chez les gens qui ont la peau claire et les yeux bleus ou verts, accroît les risques de cancer de la peau. Les personnes exposées à des doses importantes de rayons ionisants sont davantage prédisposées aux leucémies et aux cancers du poumon, des os, du sein, de la thyroïde, etc. Les sources de rayons ionisants sont notamment les appareils de radiographie ou de radiothérapie, les substances radioactives dans les usines d'armements nucléaires ou dans les centrales nucléaires, ou encore la radioactivité naturelle que l'on ne peut éviter.

On croit que l'irritation ou l'inflammation chroniques provoquerait des lésions cellulaires altérant la différenciation. C'est ce qui se produirait dans le cancer des lèvres des fumeurs de pipe. De même, on a associé des cancers de la bouche à l'usage prolongé du tabac ou à des prothèses dentaires mal ajustées, des mélanomes à des grains de beauté constamment irrités, des cancers du côlon et du rectum à la colite ulcéreuse, et des cancers du foie à la cirrhose.

Agents chimiques

On estime que 85 % de tous les cancers sont reliés à l'environnement. La fumée du tabac est un puissant oncogène, responsable d'au moins 35 % de la mortalité attribuable au cancer. Elle est directement reliée aux cancers du poumon, aux cancers cervicofaciaux, de même qu'aux cancers de l'œsophage, du pancréas, du col de l'utérus et de la vessie. Elle peut également agir en synergie avec d'autres substances comme l'alcool, l'amiante, l'uranium et les virus pour favoriser le développement du cancer. Le tabac à chiquer est relié aux cancers de la bouche.

La liste des produits chimiques cancérigènes que l'on retrouve dans les lieux de travail ne cesse de s'allonger. Parmi ces produits, notons les aminés aromatiques et les colorants à base d'anilène, l'arsenic, les suies et les goudrons, l'amiante, le benzène, la noix et la chaux d'arec, le cadmium, les alliages de chrome, le minerai de nickel, la poussière de bois et le chlorure de polyvinyle.

Les effets toxiques des produits chimiques les plus dangereux altèrent la structure de l'ADN dans des parties du corps non directement exposées. Le foie, les poumons et les reins sont les organes les plus souvent affectés, vraisemblablement en raison du rôle qu'ils jouent dans la détoxication des substances chimiques.

Facteurs génétiques et familiaux

Les facteurs génétiques jouent également un rôle dans le développement des cellules cancéreuses, car une altération de l'ADN dans des cellules présentant des anomalies chromosomiques peut donner lieu à des transformations cellulaires. On a associé des transformations malignes à l'addition ou à la soustraction de chromosomes ou à des translocations. Parmi les cancers associés à des anomalies génétiques, on note le lymphome de Burkitt, la leucémie myéloïde chronique, les méningiomes, les leucémies aiguës, les rétinoblastomes et les cancers de la peau.

On a aussi observé une prédisposition familiale à certains types de cancer chez les enfants comme chez les adultes. Toutefois, ces cancers touchent surtout des personnes jeunes et se manifestent souvent par des lésions cancéreuses multiples ou une atteinte bilatérale. Ce sont les rétinoblastomes, les néphroblastomes, les phéochromocytomes, les neurofibromatoses malignes, les leucémies, et les cancers du sein, de l'endomètre, de l'estomac, de la prostate et du poumon, ainsi que les cancers rectocoliques.

Facteurs alimentaires

On estime que les facteurs alimentaires jouent un rôle dans 40 % à 60 % des cancers environnementaux. Certains produits alimentaires sont cancérigènes, mais d'autres offrent une protection contre le cancer. Les produits alimentaires qui augmentent les risques de cancer, sont notamment les graisses, l'alcool et les charcuteries. Un régime à trop forte teneur énergétique est aussi un facteur de risque. À l'inverse, les aliments qui semblent diminuer les risques de cancer sont entre autres les légumes crucifères (chou, brocoli, chou-fleur, choux de Bruxelles, chou-rave). Certains minéraux et vitamines, dont les vitamines A, E et C, et le sélénium, joueraient aussi un rôle protecteur.

Facteurs hormonaux

La croissance d'une tumeur maligne peut être favorisée par certains troubles de l'équilibre hormonal, par la production endogène d'hormones, ou par l'absorption exogène d'hormones. On sait que certains cancers du sein, de la prostate et de l'utérus sont hormonodépendants. On a associé les contraceptifs oraux au carcinome hépatocellulaire et le diéthylstilbestrol (DES) au cancer du vagin.

Résumé : Le développement des tumeurs cancéreuses peut être notamment d'origine virale, génétique ou hormonale.

Il est aussi associé à des facteurs environnementaux, comme l'exposition à des produits chimiques, à des facteurs alimentaires et à certains phénomènes physiques. Vraisemblablement, une combinaison de plusieurs de ces agents et facteurs est nécessaire au développement et à la prolifération des tumeurs malignes.

RÔLE DU SYSTÈME IMMUNITAIRE

Chez les humains, des cellules malignes peuvent se développer régulièrement, mais le système immunitaire est généralement capable de les dépister et de les détruire avant qu'elles ne prolifèrent. Si le système immunitaire est incapable de dépister les cellules malignes et d'arrêter leur prolifération, un cancer peut apparaître. Ainsi, on note une incidence accrue de tumeurs malignes chez les greffés qui reçoivent un traitement aux agents immunosuppresseurs pour prévenir le rejet du greffon. Les patients qui subissent une chimiothérapie prolongée pour traiter une tumeur maligne sont prédisposés à l'apparition d'une deuxième tumeur maligne.

On note aussi chez les patients atteints d'une immunodéficience, comme les sidatiques, une plus forte incidence de tumeurs malignes, impliquant le plus souvent le système lymphoréticulaire.

Les cellules malignes subissent de nombreuses modifications structurelles et fonctionnelles. Ainsi, de nouveaux antigènes de surface, appelés antigènes associés aux tumeurs, se forment sur les membranes cellulaires. Ces antigènes peuvent stimuler les réponses immunitaires cellulaires et humorales. Les lymphocytes T, les soldats de la réponse immunitaire cellulaire, de même que les macrophages, sont chargés de la reconnaissance de ces antigènes, ce qui entraîne la stimulation, la prolifération et la libération dans la circulation de lymphocytes T qui sont toxiques pour les cellules tumorales. En plus de posséder des propriétés cytotoxiques, les lymphocytes T peuvent libérer des substances appelées lymphokines qui sont capables de tuer ou d'altérer plusieurs types de cellules malignes. Les *lymphokines* peuvent aussi mobiliser certaines cellules, telles les macrophages, capables de dissocier les cellules cancéreuses. L'*interféron*, une substance produite par l'organisme pour lutter contre les infections virales, possède aussi des propriétés antitumorales. Des anticorps, produits par les lymphocytes B de la réponse immunitaire humorale, contribuent également à défendre l'organisme contre les cellules malignes, seuls ou en association avec le système complémentaire.

Il arrive toutefois que des cellules tumorales déjouent un système immunitaire apparemment intact. On présume que dans certains cas le système immunitaire serait incapable de reconnaître les cellules malignes comme étrangères à l'organisme, ce qui laisse libre cours à la croissance de la tumeur.

Les cellules tumorales peuvent en fait supprimer les défenses immunitaires de l'organisme. Les antigènes tumoraux peuvent se combiner aux anticorps pour se dissimuler et échapper aux mécanismes de défense immunitaire normaux. Ces complexes antigènes-anticorps peuvent aussi inhiber la production ultérieure d'anticorps. Les tumeurs ont également la propriété de produire des substances qui altèrent les défenses immunitaires. Ces substances favorisent la croissance de la tumeur en plus de diminuer la résistance aux infections par différents agents pathogènes. La présence d'antigènes tumoraux peut provoquer une déplétion des lymphocytes spécifiques et, par conséquent, une altération de la réponse immunitaire.

Une concentration anormale de lymphocytes T-suppresseurs peut jouer un rôle dans le développement des tumeurs malignes. Les lymphocytes T-suppresseurs participent normalement à la régulation de la production des anticorps et réduisent la réponse immunitaire au besoin. Des études ont démontré la présence d'un faible taux d'anticorps sériques et d'un taux élevé de cellules T-suppressives chez les patients atteints de myélome multiple. Le myélome multiple est associé à l'hypogammaglobulinémie, un trouble caractérisé par un faible taux d'anticorps sériques. Des agents cancérigènes tels que les virus et certains produits chimiques, incluant les agents antinéoplasiques, peuvent affaiblir le système immunitaire et, en fin de compte, favoriser la croissance de la tumeur.

Enfin, chez les personnes âgées, la forte incidence des cancers s'explique par le déclin des fonctions organiques, la présence de maladies chroniques et la diminution de l'efficacité du système immunitaire, qui sont des conséquences du vieillissement.

PRÉVENTION DU CANCER

Tout comme les médecins, les infirmières font depuis toujours de la *prévention tertiaire*, c'est-à-dire qu'ils tentent de diminuer les incapacités après que le cancer ait été diagnostiqué et traité. Depuis quelques années toutefois, la Société Canadienne du cancer, l'Institut national du cancer du Canada, les cliniciens et les chercheurs mettent davantage l'accent sur la *prévention primaire* et secondaire de cette maladie. La prévention primaire a pour but de réduire l'incidence d'une maladie, tandis que la *prévention secondaire* vise le dépistage et le traitement de la maladie à ses débuts pour en freiner l'évolution et en réduire la durée.

Les infirmières de tous les milieux ont une rôle important à jouer dans la prévention du cancer. Ce rôle est de faire connaître les habitudes de vie saines, les facteurs de risque, ainsi que les méthodes de dépistage. Des études épidémiologiques et de laboratoire ont démontré que de mauvaises habitudes alimentaires, l'exposition au soleil, l'usage du tabac et la consommation d'alcool pouvaient grandement augmenter les risques de cancer. Les infirmières doivent donc posséder des talents d'éducatrice et de conseillère pour accroître la participation de la clientèle aux programmes de prévention du cancer et pour faire la promotion d'habitudes de vie saines.

Des recherches en sciences infirmières ont exploré les facteurs qui influencent la participation aux programmes de dépistage. Ainsi, Williams (1988) a étudié les facteurs qui exercent une action sur la pratique de l'auto-examen des seins (AES) chez les femmes âgées. Ses résultats ont démontré que les femmes qui ont de saines habitudes de vie pratiquent cet examen dans une plus forte proportion.

On peut assurer la prévention du cancer de plusieurs façons, notamment par des programmes d'éducation mis de l'avant par des organismes communautaires, les regroupements d'aînés ou les associations de parents. Les programmes de prévention primaire peuvent mettre l'accent sur les risques du tabagisme ou sur l'importance d'une bonne alimentation, et les programmes de prévention secondaire sur

TABLEAU 47-3. *Les dix étapes de la prévention du cancer*

Mesure	Justification
FACTEURS DE PROTECTION	
1. Augmenter la consommation de légumes frais (spécialement ceux de la famille des crucifères).	Les légumes frais assurent un apport accru en fibres et en vitamines.
2. Augmenter la consommation de fibres.	Un régime alimentaire riche en fibres protège contre certains cancers (sein, prostate et côlon).
3. Augmenter la consommation de vitamine A.	La vitamine A réduit les risques de cancer de l'œsophage, du larynx et du poumon.
4. Augmenter la consommation d'aliments riches en vitamine C.	Les agrumes et les légumes riches en vitamine C peuvent protéger contre le cancer de l'estomac et de l'œsophage.
5. Surveiller son poids.	L'obésité est associée aux cancers de l'utérus, de la vésicule biliaire, du sein et du côlon.
FACTEURS DE RISQUE	
6. Réduire sa consommation de matières grasses.	Un régime alimentaire riche en matières grasses augmente les risques de cancer du sein, du côlon et de la prostate.
7. Réduire sa consommation de charcuteries, de même que de viandes et de poissons fumés (aliments contenant des nitrates).	Ces aliments sont associés aux cancers de l'œsophage et de l'estomac.
8. Cesser de fumer.	Les fumeurs courent plus de risques de contracter un cancer du poumon.
9. Réduire sa consommation d'alcool.	L'alcool consommé en grande quantité accroît les risques de cancer du foie. Les buveurs invétérés qui fument s'exposent davantage à contracter un cancer de la bouche, de la gorge, du larynx ou de l'œsophage.
10. Éviter de trop s'exposer au soleil.	L'exposition aux rayons ultraviolets augmente les risques de cancer de la peau. Le port de vêtements protecteurs et l'usage de crèmes avec filtre solaire réduisent ces risques.

(Source: Taking Control Program. American Cancer Society)

l'auto-examen des seins ou des testicules, de même que sur le test de Papanicolaou. La Société Canadienne du cancer offre des brochures et des vidéos d'éducation populaire portant sur différentes mesures de prévention du cancer (tableau 47-3). (Voir à la fin de ce chapitre sous Information / Ressources, pour l'adresse et le numéro de téléphone de cet organisme.) Les infirmières qui travaillent dans les centres hospitaliers de soins de courte durée peuvent établir les facteurs de risques que présentent les patients et leur famille, et adapter leur enseignement en conséquence dans les plans de congé.

Des infirmières mettent aussi en œuvre des programmes d'enseignement et de consultation à l'intention des familles qui présentent une incidence élevée de certaines formes de cancers. Par exemple, le mélanome malin et le cancer du sein se retrouvent souvent chez plusieurs membres d'une même famille.

Les programmes de dépistage visent généralement des cancers qui ont une forte incidence et dont le taux de survie est amélioré considérablement par un dépistage à leur début: cancers du sein, du col de l'utérus, de l'endomètre, des testicules, de la peau, et cancers oropharyngiens et du côlon et du rectum.

DIAGNOSTIC

Le diagnostic du cancer est fondé sur l'évaluation des changements physiologiques et fonctionnels tout autant que sur les épreuves diagnostiques. Les patients chez qui on soupçonne un cancer subissent différents tests dans le but de déterminer s'il y a présence d'une tumeur. Si oui, on doit établir le degré d'envahissement de la tumeur et déterminer s'il y a présence de métastases. Il faut de plus évaluer le fonctionnement des organes affectés et non affectés. En outre, on doit obtenir une biopsie de la tumeur pour procéder à des études cytologiques permettant d'établir le stade clinique de la maladie. Le diagnostic du cancer repose donc sur un bilan de santé et un examen physique complet et sur des épreuves radiologiques, sérologiques, cytologiques, etc. Généralement, le patient qui doit subir une épreuve diagnostique craint autant l'épreuve elle-même que ses résultats. Lui et sa famille ont donc besoin d'information sur le déroulement de ces épreuves. L'infirmière leur permettra aussi d'exprimer leurs craintes. Elle les soutiendra tout au long de la période des épreuves diagnostiques et élucidera ou étoffera au besoin les explications données par le médecin. Elle les incitera de plus à partager entre eux leurs préoccupations et leurs interrogations.

Classification

La classification du cancer fait partie du diagnostic de la maladie, car elle détermine le traitement et le pronostic. Elle facilite aussi les échanges d'information, notamment sur les taux de rémission et de survie des différents types de cancer, et les études cliniques.

Elle révèle la taille de la tumeur et l'existence de métastases. Il existe différents systèmes de classification, dont le système TNM, mis au point à partir des travaux de l'International Union Against Cancer (IUAC) et l'American Joint Committee for Cancer Staging and End Stage Reporting (AJCCS), fréquemment utilisé pour la description des cancers du sein et du poumon et des cancers cervicofaciaux. Selon ce système, T désigne l'étendue de la tumeur primaire, N le degré d'atteinte des ganglions lymphatiques, et M la présence ou l'absence de métastases (encadré 47-2).

On peut aussi utiliser un système de classification des cellules tumorales. Selon ce système, on détermine l'origine du tissu tumoral et le degré de transformation maligne.

Cette information aide à prévoir l'évolution des différentes tumeurs et à établir un pronostic. Les stades vont de I à IV. Les tumeurs du stade I se composent de cellules bien différenciées qui ont conservé dans une large mesure la structure et les propriétés du tissu d'origine. Les tumeurs du stade IV diffèrent du tissu d'origine et leurs cellules sont peu ou pas différenciées. Les tumeurs de stade IV sont plus redoutables et plus difficiles à traiter que les tumeurs de stade I.

TRAITEMENT

Le choix du mode de traitement d'un cancer doit reposer sur des objectifs réalistes établis en fonction du stade de la tumeur. Selon le cas, on peut viser à guérir complètement la maladie, à prolonger la survie du patient ou à soulager ses symptômes. Il est indispensable que les choix de traitement et les objectifs soient clairs aussi bien pour les membres de l'équipe de soins, que pour le patient et sa famille. Si le traitement doit être modifié à cause de complications ou d'une progression de la maladie, le patient et sa famille auront besoin d'exprimer leurs sentiments et de se sentir épaulés. Pour traiter le cancer, on fait généralement appel à plus d'un type de traitement. On peut utiliser la chirurgie, la radiothérapie, la chimiothérapie et les modificateurs de la réponse biologique, à diverses phases du traitement. La connaissance des principes et de l'interrelation des différents traitements aide à saisir les raisons des choix.

CHIRURGIE

La chirurgie est encore la forme de traitement du cancer la plus efficace et la plus courante. On peut y avoir recours pour plusieurs raisons, soit comme méthode principale de traitement, ou encore à des fins diagnostiques, prophylactiques, palliatives ou reconstructives.

Chirurgie utilisée comme traitement principal

Quand la chirurgie est le principal traitement d'un cancer, elle vise l'ablation complète de la tumeur (ou une réduction de son volume si l'excision complète est impossible), et de tous les tissus voisins touchés, ce qui inclut les ganglions lymphatiques régionaux.

Dans les cas des tumeurs primaires, la chirurgie peut être locale ou radicale. Une excision locale est justifiée quand la tumeur est petite et bien délimitée. Les chirurgies radicales comprennent l'excision de la tumeur primaire, des tissus voisins et des ganglions lymphatiques régionaux. Elles peuvent avoir des conséquences esthétiques et provoquer l'altération de certaines fonctions. On y a quand même recours si la tumeur peut être complètement excisée et si les chances de guérison ou de rémission sont excellentes. Il est essentiel d'aborder les effets de la chirurgie sur l'image corporelle, sur l'estime de

---

Encadré 47-2
Système de classification TNM

T (tumeur primaire)

Tx — Tumeur impossible à classer
T0 — Pas de signe d'une tumeur primaire
TIS — Cancer *in situ* (non invasif)
T1, T2, T3, T4 — Augmentation progressive de la taille de la tumeur primitive et de son extension locale

N (ganglions lymphatiques régionaux)

Nx — Ganglions lymphatiques régionaux impossibles à évaluer
N0 — Ganglions lymphatiques régionaux manifestement normaux
N1, N2, N3, N4 — Envahissement des ganglions lymphatiques régionaux, à différents degrés

M (métastase)

Mx — Métastases impossibles à évaluer
M0 — Absence de métastases
M1 — Présence de métastases

Histopathologie

G1 — Cellules bien différenciées
G2 — Cellules modérément différenciées
G3, G4 — Cellules peu ou très peu différenciées

(Source: American Joint Committee on Cancer, *Manual for Staging of Cancer*, Chicago, American Joint Committee)

soi et sur les capacités fonctionnelles selon une perspective multidisciplinaire. Un plan de réadaptation postopératoire sera établi avant l'intervention chirurgicale.

On sait maintenant que des métastases sont souvent présentes au moment où le cancer est diagnostiqué. Dans ce cas, il est inutile d'exciser de grandes quantités de tissus dans l'espoir d'éliminer toutes les cellules cancéreuses. On devra plutôt avoir recours à d'autres modes de traitement après l'opération. Certains cancers, comme les cancers de la peau et des testicules peuvent être guéris s'ils sont traités par la chirurgie à leur tout début.

Chirurgie diagnostique

On a habituellement recours à la chirurgie diagnostique pour obtenir une biopsie (prélèvement d'un fragment de tissu) en vue d'études cytologiques. Les trois méthodes de biopsie les plus courantes sont la biopsie-exérèse, la biopsie d'incision et la biopsie à l'aiguille. La *biopsie-exérèse* est la plus fréquemment utilisée dans les cas de tumeurs facilement accessibles de la peau, du sein, du tube digestif et des voies respiratoires supérieures. Elle permet l'excision de la totalité de la tumeur aussi bien que des tissus voisins. L'ablation de tissu normal autour de la tumeur diminue les risques de récidive. L'ablation de toute la tumeur facilite les études histologiques. La *biopsie d'incision* est utilisée si la tumeur est trop grosse pour être retirée en entier. Dans ce cas, on doit prélever un échantillon qui soit représentatif de la tumeur pour que le pathologiste puisse poser un diagnostic précis. Un résultat négatif ne signifie pas nécessairement qu'il y a absence de cellules cancéreuses. Ces deux méthodes de biopsie peuvent être effectuées sous visualisation endoscopique. Une incision chirurgicale est souvent nécessaire pour déterminer l'étendue et le stade clinique de la tumeur.

La *biopsie à l'aiguille* est utilisée pour le prélèvement d'échantillons de masses suspectes facilement accessibles, notamment dans les seins, les poumons, le foie ou les reins. Elle est rapide, relativement peu coûteuse, facile à réaliser et peut se faire sous anesthésie locale. Elle ne provoque généralement qu'un léger malaise temporaire. Elle perturbe peu les tissus voisins, ce qui réduit les risques de dissémination des cellules cancéreuses. Cependant, il est possible que l'échantillon obtenu ne permette pas une analyse cytologique complète, si la masse suspecte est trop petite.

Le choix de la méthode de biopsie dépend de nombreux facteurs. Un des plus importants est le type de traitement anticipé si l'hypothèse du cancer est confirmée. Si une intervention chirurgicale doit avoir lieu par la suite, les tissus de la région où a été pratiquée la biopsie devront être excisés pour éviter la dissémination de cellules cancéreuses délogées. De plus, on doit tenir compte de l'état du patient et procéder à l'évaluation de son état nutritionnel et de ses fonctions respiratoire, rénale et hépatique. Si la biopsie exige une anesthésie générale et qu'une intervention chirurgicale subséquente est probable, on tiendra compte des effets d'une anesthésie prolongée sur le patient. On permettra au patient de discuter avec sa famille des différents choix qui s'offrent à lui avant de prendre les décisions finales. L'infirmière, qui a pour rôle de protéger le patient, servira de lien entre celui-ci et le médecin pour faciliter les choix. Elle devra se réserver du temps auprès de lui pour répondre à ses questions, et lui accorder une période de réflexion.

Chirurgie prophylactique

La chirurgie prophylactique est l'ablation de lésions qui pourraient devenir cancéreuses, comme de petites tumeurs (polypes) qui croissent dans le côlon. Récemment, des interventions chirurgicales majeures ont été pratiquées à titre prophylactique, dont des colostomies et des mastectomies chez des personnes fortement prédisposées aux cancers du côlon et du sein en raison de leurs antécédents personnels et familiaux. Les répercussions physiologiques et psychologiques de ces interventions n'étant pas connues, le choix en est laissé au patient. Les patients à qui on offre ce choix doivent prendre leur décision en toute connaissance de cause. S'ils choisissent l'intervention chirurgicale, un suivi prolongé s'impose.

Chirurgie palliative

Quand la guérison du cancer est impossible, l'objectif du traitement est de soulager les symptômes, afin de permettre au patient de mener une existence satisfaisante et productive. Que la survie soit très courte ou longue, on doit viser à offrir au patient la meilleure qualité de vie possible selon ses exigences et celles de sa famille. Pour leur éviter de faux espoirs et des déceptions, on doit établir un climat de franchise.

La chirurgie palliative est réalisée dans le but de soulager les complications du cancer : ulcérations, obstructions, hémorragies, douleurs ou infections. On peut procéder à des blocages nerveux et des cordotomies pour soulager une douleur irréductible, à une résection de la tumeur pour prévenir une obstruction intestinale (ou à une stomie si l'invasion est étendue) ou à une mastectomie simple dans les cas d'ulcération du sein.

Enfin, on pratique souvent l'excision des glandes endocrines, (hypophyse, surrénales, ovaires, testicules, etc.) dans les cas de cancers hormonodépendants.

Chirurgie reconstructive

La chirurgie reconstructive peut suivre une chirurgie curative ; elle est pratiquée à des fins fonctionnelles ou esthétiques. Elle peut être réalisée en une ou en plusieurs étapes. On recommande une consultation avec le plasticien avant la chirurgie curative. Par exemple, une femme qui doit subir une mastectomie, peut retrouver l'espoir grâce à cette consultation, à un moment où elle est obsédée par la mutilation et la mort. Pour sa part, le plasticien profitera de l'occasion pour étudier la forme naturelle de la poitrine de la patiente et pour nouer contact avec elle. L'infirmière doit connaître les besoins sexuels de la femme et les effets de la perte d'un sein sur sa sexualité. Elle doit donc offrir à la patiente et à sa famille l'occasion de discuter de ces questions. Les besoins de tous les patients qui vont subir une chirurgie reconstructive doivent être évalués sur une base individuelle.

Soins infirmiers

Les soins infirmiers dispensés aux patients qui doivent subir une chirurgie sont décrits dans la partie 8. Toutefois, les patients atteints de cancer présentent certains troubles particuliers, dont des altérations fonctionnelles, des carences nutritionnelles, des troubles de la coagulation, et une faiblesse immunitaire, qui peuvent augmenter l'incidence des complications postopératoires. La radiothérapie et la chimiothérapie peuvent aussi provoquer des complications postopératoires: infection, mauvaise cicatrisation, apparition d'une thrombose veineuse profonde. L'infirmière devra procéder à une évaluation préopératoire complète de tous les facteurs susceptibles d'influencer l'issue de l'opération.

Le patient qui doit subir une chirurgie pour le diagnostic ou le traitement d'un cancer craint l'opération elle-même, mais aussi les résultats et les conséquences de cette opération et le pronostic de la maladie.

L'infirmière doit prodiguer de l'enseignement et offrir une aide psychologique au patient et à sa famille, selon leurs besoins. Il lui faut aussi cerner leurs craintes et leur capacité d'adaptation, et leur permettre de prendre part aux décisions chaque fois que cela est possible.

Quand le patient et sa famille posent à l'infirmière des questions sur les résultats des épreuves diagnostiques ou des interventions chirurgicales, celle-ci se guide dans ses réponses sur l'information donnée par le médecin. Ils lui demandent souvent par exemple de reprendre ou l'élucider des explications données par le médecin à un moment où ils n'ont pu saisir l'information parce qu'ils étaient trop anxieux. Il importe que l'infirmière travaille en collaboration avec le médecin et les autres membres de l'équipe soignante pour assurer la cohérence.

Après la chirurgie, l'infirmière observe les réactions du patient à l'intervention et est à l'affût des complications: infection, hémorragie, thrombophlébite, désunion des sutures et troubles organiques. Elle veille aussi au bien-être du patient. L'enseignement postopératoire doit porter notamment sur les soins à apporter à la plaie, la reprise de l'activité, la nutrition et le traitement médicamenteux.

Le plan de congé et le suivi doivent être établis le plus tôt possible de façon à assurer la continuité des soins par exemple du centre hospitalier spécialisé au centre hospitalier local, ou du centre hospitalier à la maison.

RADIOTHÉRAPIE

La radiothérapie est l'utilisation de rayons ionisants pour stopper la croissance cellulaire. Environ la moitié des patients atteints d'un cancer doivent subir une radiothérapie à un moment ou à un autre de leur traitement, souvent à des fins curatives comme dans la maladie de Hodgkin, du séminome des testicules, des cancers cervicofaciaux localisés et du cancer du col de l'utérus. La radiothérapie peut aussi servir à limiter la progression de la maladie quand la tumeur ne peut être excisée par chirurgie ou qu'il y a présence de métastases localisées. On peut de plus l'employer à des fins prophylactiques, pour prévenir par exemple une infiltration du cerveau ou de la moelle épinière par des cellules leucémiques, ou à des fins palliatives, pour soulager les symptômes causés par les métastases, en particulier quand celles-ci ont atteint le cerveau, les os ou les tissus mous.

Il existe deux types de rayons ionisants: les rayons électromagnétiques (rayons-x et rayons gamma) et les rayons à particules lourdes (rayons bêta et alpha, protons, neutrons). Ces deux types de rayons ionisants peuvent provoquer une rupture des tissus, en produisant des interruptions dans la continuité des brins de l'ADN, ce qui peut causer la mort de la cellule. Ils peuvent aussi provoquer la formation de radicaux libres par ionisation des liquides, surtout de l'eau, un phénomène qui peut également causer des dommages irréversibles à l'ADN.

La destruction cellulaire peut être instantanée au moment de la mitose, s'il n'y a pas réparation de l'ADN. Enfin, une cellule tumorale peut devenir stérile à la suite de l'irradiation et mourir de mort naturelle sans s'être reproduite.

C'est au moment de la synthèse de l'ADN et de la mitose (début de la phase S, phase M et phase G2 du cycle cellulaire) que les cellules sont le plus sensibles aux effets de l'irradiation. Par conséquent, les tissus qui subissent des divisions

---

Encadré 47-3
Appareils de radiothérapie externe

Type de radiation	Zone de dose maximale	Indications
Kilovoltage		
superficiel (10-125 Kv)	Surface cutanée	Lésions superficielles
orthovoltage (125-400 Kv)	Surface cutanée (plus forte captation par le tissu osseux)	Métastases osseuses
Rayons gamma		
Isotope (cobalt ou césium)	0.5 cm sous la surface cutanée	La plupart des cancers
Mégavoltage		
Accélérateurs linéaires		
– appareils 6-MV	1.5 cm sous la surface cutanée	La plupart des cancers
– appareils 15-MV	3.0 cm sous la surface cutanée	La plupart des cancers, mais surtout les tumeurs profondes
Accélérateurs de faisceaux de particules		
Cyclotrons (faisceaux de neutrons)	Forte captation par le tissu graisseux	Stade terminal; tumeurs grosses, mal oxygénées, nécrotiques et résistantes au traitement

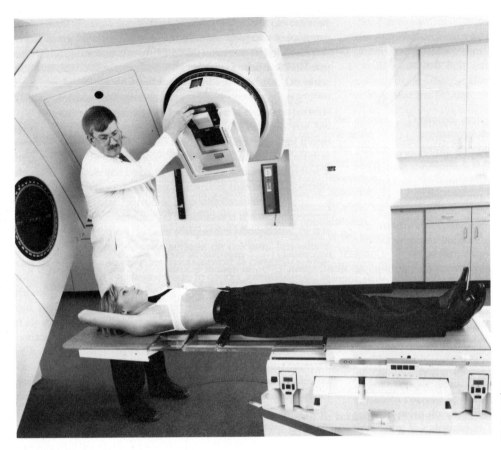

Figure 47-2. Le Mevatron, un accélérateur linéaire d'électrons utilisé en radiothérapie

(Source: Siemens Medical Laboratories, Inc.)

cellulaires fréquentes sont plus sensibles à la radiothérapie: moelle osseuse, tissus lymphatiques, épithélium du tube digestif, gonades, etc.

Inversement, les tissus dont la croissance est lente, dont les muscles, le cartilage et le tissu conjonctif, sont relativement peu sensibles à l'irradiation. Une tumeur est dite *radiosensible* quand elle peut être détruite par une dose d'irradiation qui ne provoque pas la destruction des cellules normales. Les tissus bien oxygénés semblent aussi plus sensibles à l'irradiation. Par conséquent, on améliorerait l'efficacité de la radiothérapie si on pouvait augmenter l'apport en oxygène de la tumeur. De même, si l'irradiation pouvait être réalisée à un moment où la plupart des cellules tumorales sont dans la phase S ou M, le nombre de cellules cancéreuses détruites serait plus élevé.

La radiothérapie peut être externe ou interne. Il existe différentes méthodes de radiothérapie externe, dont le choix dépend de la profondeur de la tumeur (encadré 47-3). On utilise par exemple la radiothérapie par kilovoltage pour irradier des lésions superficielles de la peau ou du sein, et la radiothérapie par rayons gamma (cobalt-60) pour atteindre des structures plus profondes et éviter les lésions cutanées. Il existe aussi des *accélérateurs linéaires*, qui irradient des structures plus profondes sans endommager la peau et dont les rayons sont plus concentrés. Enfin, un petit nombre de centres spécialisés traitent les tumeurs très peu oxygénées, résistantes à l'irradiation, à l'aide de cyclotrons, des appareils émetteurs de faisceaux de neutrons.

La radiothérapie interne se fait à l'aide d'implants qui émettent localement de fortes doses d'irradiation. On choisit le radio-isotope à implanter en fonction de sa *demi-vie*, soit le temps nécessaire pour que son activité diminue de moitié. On peut pratiquer l'implantation au moyen d'aiguilles, de billes radioactives, de cathéters, de fils et d'épingles. Dans la radiothérapie interne, la dose d'irradiation diminue en fonction de la distance, ce qui permet d'épargner les tissus voisins de la région traitée.

Un patient traité par radiothérapie interne émet des radiations. Le plan de soins doit donc faire état des mesures de protection du personnel.

Dose de rayonnement

La dose de rayonnement utilisée dépend de la sensibilité des tissus visés et de la taille de la tumeur. On appelle *dose létale* pour la tumeur, une dose capable de la détruire dans une proportion de 95 % tout en épargnant les tissus normaux.

Les traitements de radiothérapie sont échelonnés sur plusieurs semaines, pour permettre aux tissus sains de se régénérer et pour améliorer la destruction des cellules cancéreuses en augmentant le nombre de cellules qui sont dans les phases S, G2 ou M du cycle cellulaire. Le fractionnement des doses permet aussi aux tissus qui sont en périphérie de la tumeur de se réoxygéner à mesure que la tumeur diminue de volume, ce qui améliore la radiosensibilité.

Effets toxiques

Les effets toxiques de la radiothérapie se limitent généralement à la région irradiée. On observe des réactions localisées quand les cellules normales de la région traitée sont détruites et que la régénération est plus lente que la destruction. Les tissus les plus affectés sont généralement ceux qui prolifèrent rapidement: la peau, le revêtement épithélial des voies gastro-intestinales et la moelle osseuse. Les atteintes à l'intégrité de la peau sont fréquentes: alopécie, érythème et desquamation. L'épithélium se régénère toutefois après l'arrêt du traitement. On observe aussi des effets sur la muqueuse orale se manifestant par une stomatite, une sécheresse de la bouche (xérostomie), une altération ou une perte du goût, de même qu'une diminution de la sécrétion de salive. La muqueuse gastro-intestinale peut aussi être touchée. Il s'ensuit une irritation de l'œsophage accompagnée de douleurs thoraciques et de dysphagie. Anorexie, nausées, vomissements et diarrhées peuvent survenir si l'estomac et le côlon se trouvent dans la région irradiée. Là encore, on observe une disparition des symptômes et une réépithélisation après l'arrêt du traitement. Si des sites de production de la moelle osseuse se trouvent dans le champ d'irradiation, on peut observer une anémie, une leucopénie ou une thrombocytopénie, ce qui augmente les risques d'infection et d'hémorragie. Dans certains cas, l'anémie devient chronique.

La radiothérapie a aussi des effets secondaires généralisés: fatigue, malaises, maux de tête, nausées et vomissements. Ces manifestations peuvent avoir pour cause la libération de certaines substances par les cellules tumorales détruites. Elles sont temporaires et disparaissent après la fin des traitements.

La radiothérapie peut aussi avoir sur certains tissus des effets chroniques dus à la diminution de l'irrigation. Ces effets sont plus graves quand ils touchent des organes vitaux comme les poumons, le cœur, le système nerveux central ou la vessie.

Résumé: La radiothérapie est utilisée pour arrêter ou retarder la transformation maligne ou pour soulager les symptômes quand la maladie est au stade terminal. Elle peut être interne ou externe. Ses effets toxiques varient selon la région irradiée et peuvent se manifester par des troubles gastro-intestinaux, cutanés ou hématopoïétiques, ce qui pose un important défi aux infirmières.

Soins infirmiers

Le patient et les membres de sa famille craignent souvent que la radiothérapie présente des dangers. L'infirmière est souvent bien placée pour répondre à leurs questions et apaiser leurs craintes à ce sujet (effets sur l'entourage, sur la tumeur, sur les tissus et organes normaux). Elle peut expliquer le déroulement de la séance d'irradiation, décrire l'appareil utilisé et indiquer la durée de la séance (souvent quelques minutes seulement). Elle peut aussi prévenir le patient qu'il devra être immobilisé, si tel est le cas, et lui dire qu'il n'éprouvera aucune sensation nouvelle pendant le traitement. Si le traitement est interne, elle doit lui expliquer pourquoi les visites sont restreintes et pourquoi le personnel doit se protéger. Elle doit aussi lui expliquer ce qu'il doit faire avant, pendant et après le traitement.

L'infirmière doit évaluer l'état nutritionnel et le bien-être général du patient. Elle doit aussi procéder à des examens fréquents de la peau et de la muqueuse buccale (surtout si le risque qu'elles soient affectées par les radiations est grand). On protégera la peau du patient des irritations et on le dissuadera d'utiliser onguents, crèmes et poudres. Une hygiène buccale douce est essentielle pour éliminer les débris et prévenir l'irritation. Si le patient éprouve de la faiblesse et de la fatigue, il aura besoin d'aide pour effectuer ses activités quotidiennes

et ses soins personnels. L'infirmière doit rassurer le patient en lui expliquant que ces symptômes sont des effets du traitement et non un signe de détérioration de son état ou de progression de la maladie.

Si le patient porte un implant radioactif, l'infirmière prendra les précautions qui s'imposent pour sa propre protection, celle du reste du personnel et celle du patient lui-même. Les femmes enceintes doivent éviter les contacts avec les patients porteurs d'un implant.

Généralement, ces patients ne peuvent quitter leur lit ou leur chambre. Souvent, c'est la personne chargée de la sécurité au service de radiologie qui établit les règlements: durée maximale des contacts avec le patient, matériel de protection à utiliser, précautions et mesures à prendre si l'implant se déloge. On doit expliquer au patient les raisons de toutes ces précautions pour éviter qu'il ne croit qu'on l'isole indûment.

CHIMIOTHÉRAPIE

La chimiothérapie est l'emploi d'agents, que l'on appelle antinéoplasiques, qui entravent le fonctionnement et la reproduction des cellules. On l'utilise surtout dans les cas de cancer généralisé. On peut l'utiliser en association avec la chirurgie ou la radiothérapie, ou les deux, pour réduire la taille de la tumeur avant l'opération ou pour détruire les cellules tumorales qui restent après l'opération. On l'utilise aussi dans les leucémies. On doit établir des objectifs réalistes: guérison, rémission ou soulagement des symptômes. Ces objectifs déterminent les agents à utiliser et leur puissance.

Chaque fois qu'une tumeur est exposée à un antinéoplasique les cellules tumorales sont détruites dans une proportion de 20 à 99 %, selon la posologie. Il est nécessaire d'administrer des doses répétées d'antinéoplasiques sur une longue période pour obtenir une régression de la tumeur. La chimiothérapie ne vise pas à supprimer entièrement la tumeur, mais à détruire suffisamment de cellules tumorales pour que le système immunitaire puisse prendre en charge celles qui restent.

Les cellules qui prolifèrent activement à l'intérieur d'une tumeur sont les plus sensibles aux antinéoplasiques; les cellules qui ne sont pas en phase de mitose mais qui sont susceptibles de proliférer plus tard sont les moins sensibles et par conséquent les plus dangereuses. Elles doivent donc être détruites pour que le cancer soit totalement éliminé. C'est pour tenter d'atteindre ces cellules dans une phase de prolifération que l'on administre les agents antinéoplasiques selon des cycles répétés. L'efficacité de la chimiothérapie est donc fonction des diverses phases du cycle de reproduction de la cellule ou cycle cellulaire. Le *cycle cellulaire* est le même pour les cellules saines et les cellules malignes (figure 47-3). Il dure le temps nécessaire à une cellule pour se diviser en deux cellules filles identiques. Il comprend quatre phases distinctes, toutes aussi importantes l'une que l'autre: la phase G1: synthèse de l'ARN et des protéines, la phase S: synthèse de l'ADN, la phase G2: formation de fuseaux mitotiques et la phase M: mitose. La phase G0, ou phase d'inactivité, peut survenir après la mitose et au cours de la phase G1. C'est au cours de cette phase que les cellules sont le moins sensibles aux antinéoplasiques. L'administration de certains agents antinéoplasiques est coordonnée avec le cycle cellulaire.

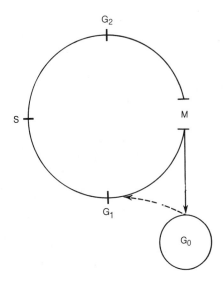

Figure 47-3. Les phases du cycle cellulaire. Le cycle se déroule entre le moment où une cellule fille naît de la division d'une cellule mère et celui où la cellule fille achève sa propre division. La phase G_1 est la phase qui suit la mitose. au cours de cette phase, l'ARN et les protéines sont synthétisées et la cellule croît. La phase G_0 est la phase d'inactivité. La phase S est la phase de synthèse de l'ADN et de duplication des chromosomes en prévision de la mitose cellulaire. Dans la phase G_2, l'ARN et les protéines sont synthétisées comme au cours de la phase G_1.
(Source: C. M. Port, *Pathophysiology: Concepts of Altered Health States*, 3ᵉ éd., Philadelphia, J. B. Lippincott, 1990)

Classification des agents antinéoplasiques

Certains antinéoplasiques sont actifs sur une des phases du cycle cellulaire, la plupart sur la phase S en inhibant la synthèse de l'ADN et de l'ARN. D'autres, comme les alcaloïdes de la Pervenche et autres alcaloïdes végétaux, agissent spécifiquement sur la phase M en inhibant la formation des fuseaux mitotiques.

D'autres antinéoplasiques ne sont pas actifs sur une phase spécifique du cycle cellulaire. Ces agents ont habituellement un effet prolongé sur les cellules, qu'ils peuvent léser ou tuer. On combine souvent dans un traitement des agents qui présentent une spécificité de phase et des agents qui n'en présentent pas dans le but de détruire le plus grand nombre possible de cellules tumorales.

On peut aussi classer les antinéoplasiques selon leur composition chimique, chaque groupement chimique ayant un mécanisme d'action qui lui est propre. Cette classification englobe les agents alcoylants, les nitroso-urées, les antimétaboliques, les antibiotiques antitumoraux, les alcaloïdes végétaux, les agents hormonaux et autres. On trouve au tableau 47-4 les différentes catégories d'antinéoplasiques, leur mécanisme d'action, leur spécificité de phase et leurs effets secondaires les plus courants. On peut associer des antinéoplasiques de différentes catégories pour intensifier la destruction des cellules tumorales. Les antinéoplasiques qui composent ces associations doivent agir en synergie et avoir des effets toxiques différents.

Médicaments réservés aux essais et études cliniques. Les antinéoplasiques de recherche doivent faire l'objet de nombreux essais rigoureux et souvent longs, pour établir leurs effets indésirables, leur efficacité et leur innocuité, avant que leur utilisation clinique ne soit approuvée. La phase I des études cliniques a pour but d'établir la posologie optimale du médicament, son schéma d'administration et sa toxicité, la phase II, de déterminer son efficacité dans certains types de tumeurs et la phase III, de comparer son efficacité avec celle d'antinéoplasiques bien connus.

Administration des antinéoplasiques

Voies d'administration. On peut administrer les antinéoplasiques par voie orale, intraveineuse, intramusculaire, sous-cutanée, artérielle, endocavitaire et intrathécale. La voie d'administration dépend habituellement du type de médicament, de la dose administrée, et du type, du siège et de la taille de la tumeur.

Posologie. On établit généralement la posologie des antinéoplasiques selon la surface corporelle du patient, sa réaction antérieure à la chimiothérapie ou à la radiothérapie et son état physique.

Extravasation vésicante (infiltration). On doit faire preuve de prudence quand on administre un antinéoplasique vésicant. On appelle vésicant un médicament qui peut provoquer s'il s'infiltre, une nécrose des tissus sous-cutanés et des lésions aux tendons, nerfs et vaisseaux sanguins sousjacents. On connaît encore mal les mécanismes de cette nécrose, mais on sait que les réactions inflammatoires graves et la capacité de liaison à l'ADN sont très souvent fonction du pH de l'agent antinéoplasique. La desquamation et l'ulcération des tissus peut être grave au point d'exiger une greffe cutanée. Les lésions tissulaires ne se manifestent souvent dans toute leur ampleur qu'après plusieurs semaines. Les antinéoplasiques qui entrent dans la catégorie des agents vésicants sont la dactynomycine, la daunorubicine, la doxorubicine (Adriamycin), la moutarde azotée, la mithramycine, la mitomycine, la vinblastine, la vincristine et la vindésine.

Seuls des médecins et des infirmières ayant reçu une formation spéciale devraient administrer les agents vésicants. Il importe de choisir avec soin la veine, de pratiquer la ponction avec dextérité et d'administrer le médicament avec prudence. Les signes d'infiltration sont l'absence de retour du sang dans le dispositif intraveineux, un ralentissement de la circulation du liquide intraveineux et une tuméfaction, une douleur et une rougeur au point d'injection. Si l'on soupçonne une infiltration, il faut arrêter immédiatement l'administration du médicament et appliquer de la glace sur le point d'injection (sauf s'il s'agit d'*alcaloïdes de la Pervenche)*. Le médecin peut décider d'aspirer le médicament qui s'est infiltré dans les tissus et d'injecter dans la région une solution neutralisante pour réduire les lésions tissulaires. Les fabricants des divers agents, les pharmacies et l'Association Canadienne des infirmières en oncologie ont émis des recommandations et des directives pour le traitement de l'extravasation vésicante; ces directives et recommandations diffèrent selon l'agent utilisé.

Si on prévoit une administration fréquente et prolongée d'antinéoplasiques vésicants, on peut poser un cathéter de type Silastic® ou une chambre implantable sous-cutanée. Ces dispositifs facilitent l'administration du médicament et en réduisent les risques (encadré 47-4).

TABLEAU 47-4. *Classification, action et effets secondaires des antinéoplasiques*

Catégorie	Mécanisme d'action	Médicaments les plus courants	Spécificité de phase	Effets secondaires les plus fréquents
Agents alcoylants	Modification de la structure de l'ADN: • en brouillant la lecture du code de l'ADN • en brisant la molécule d'ADN • en empêchant le déroulement des brins d'ADN qui forment la double hélice	Moutarde azotée Cyclophosphamide Ifosfamide Melphalan Chlorambucil Thiotépa Carboplatine Cisplatine Busulfan	Sans spécificité de phase	Aplasie médullaire, nausées, vomissements, cystite (cyclophospha-mide), stomatite, alopé-cie, suppression de la fonction gonadique, néphrotoxicité (cisplatine)
Nitroso-urées	Identique à celui des agents alcoylants; ces agents traversent la barrière hémato-encéphalique	Carmustine (BCNU) Lomustine (CCNU) Sémustine (méthyl CCNU) Streptozocine	Sans spécificité de phase	Aplasie médullaire retardée et cumulative, se mani-festant surtout par une thrombocytopénie; nausées, vomissements
Antimétaboliques	Inhibition de la biosynthèse des acides nucléaires nécessaires à la synthèse de l'ARN et de l'ADN	Cytarabine 5-fluorouracile (5Fu) Méthotrexate Hydroxyurée 6-mercaptopurine 6-thioguanine	Spécificité de phase (phase S)	Nausées, vomissements, diarrhée, aplasie médul-laire rectite, stomatite, néphrotoxicité méthotrinate (MTX), hépatotoxicité
Antibiotiques antitumoraux	Inhibition de la synthèse de l'ADN par liaison à ce composé; inhibition de la synthèse de l'ARN	Dactinomycine Bléomycine Daunorubicine Mithramycine Mitomycine Mitoxantrone Doxorubicine (Adriamycin)	Sans spécificité de phase	Aplasie médullaire, nausées, vomissements, alopécie, anorexie, cardiotoxicité (daunorubi-cine, doxorubicine)
Alcaloïdes végétaux	Blocage de la métaphase par inhibition de la formation de fuseaux mitotiques; inhibition de la synthèse de l'ADN et des protéines	Vincristine Vinblastine Vindésine	Spécificité de phase (phase M)	Aplasie médullaire (légère avec la vincristine), neuropathies (vincristine) stomatite
Agents hormonaux	Liaison aux sites des récepteurs hormonaux qui altèrent la croissance cellulaire; blocage de la liaison des œstrogènes aux sites récepteurs (anti-œstrogènes); inhibition de la synthèse de l'ARN	Testostérone Œstrogènes Anti-œstrogènes Progestérone Stéroïdes	Sans spécificité de phase	Hypercalcémie, ictère, appétit accru, virilisa-tion, féminisation, réten-tion d'eau et de sodium, nausées, vomissements, bouffées vasomotrices
Autres agents	Inconnu; complexe; ne peut être classé dans une catégorie précise	Asparaginase Procarbazine Amsacrine AMSA-PO Hexaméthyl-mélamine Dacarbazine (DTIC) Mitoxantrone	?	Anorexie, nausées, vomis-sements, aplasie médul-laire, hépatotoxicité, anaphylaxie, hypotension, altération du métabolisme du glucose

Encadré 47-4
Accès vasculaire

Les patients souffrant de cancer doivent recevoir par voie intraveineuse des agents antinéoplasiques, des liquides, des médicaments, du sang et des dérivés sanguins ou des solutions d'alimentation parentérale, en plus de subir de nombreuses prises de sang. C'est pourquoi l'implantation d'un dispositif d'accès vasculaire est souvent indiquée. Il existe plusieurs types de dispositifs d'accès vasculaire, dont le choix dépend des préférences du patient, de sa capacité d'effectuer ses autosoins, du type de traitement, du mode d'administration et de la durée du traitement. Nous présentons deux types couramment utilisés.

Cathéters

Les cathéters sont faits d'un silicone de type Silastic®, souple et non irritant, qui réduit les risques de thrombose. Ils ont une ou plusieurs lumières. Leur capacité de transport du liquide est comparable. On les implante à la salle d'opération, sous anesthésie locale. On introduit le cathéter par une grosse veine (céphalique, sous-clavière ou jugulaire) et on l'avance jusqu'au moment où leur extrémité distale atteint la veine cave supérieure, juste au-dessus de l'oreillette droite (figure 47-4). On pousse ensuite l'extrémité proximale du cathéter à travers le tissu sous-cutané de la paroi thoracique pour l'amener au point de sortie qui se situe à mi-chemin entre la clavicule et le mamelon. Ces cathéters sont munis d'un patch en feutre de Dacron que l'on enchasse dans le tissu sous-cutané juste au-dessus du point de sortie. Ce patch stabilise le cathéter et prévient la migration des microorganismes vers l'intérieur. Le cathéter est prêt à l'emploi dès que sa position a été confirmée par radiographie thoracique.

On effectue le nettoyage du point de sortie et on change le pansement qui le recouvre selon les directives en vigueur dans l'établissement. Parmi les agents qu'on utilise pour le nettoyage, citons l'alcool, le peroxyde d'hydrogène et la povidone-iode. On peut recouvrir le point de sortie d'un pansement occlusif ou d'un pansement transparent. Généralement, on nettoie le point de sortie et on change le pansement qui le recouvre toutes les 24 à 72 heures. Pour prévenir l'occlusion du cathéter par un caillot, il faut le rincer régulièrement avec de l'héparine. La fréquence des rinçages et la dose d'héparine sont établies par chaque établissement. On peut assurer la perméabilité de la plupart des cathéters en les rinçant au moyen de 2,5 à 3 mL d'une solution physiologique contenant 100 unités d'héparine par mL, tous les jours ou tous les deux jours. Il faut également rincer

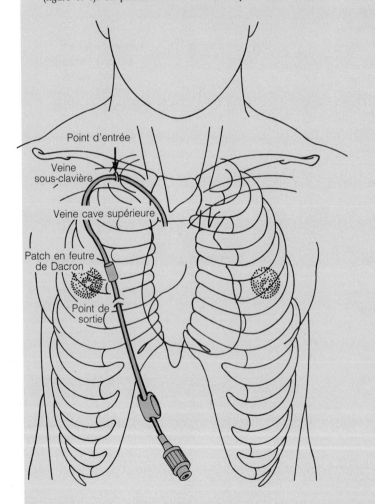

Point d'entrée

Veine sous-clavière

Veine cave supérieure

Patch en feutre de Dacron

Point de sortie

Figure 47-4. Cathéter intra-auriculaire droit. On introduit le cathéter dans la veine sous-clavière et on l'avance jusqu'au moment où son extrémité pénètre dans la veine cave supérieure, juste au-dessus de l'oreillette droite. L'extrémité proximale est ensuite poussée à travers par le tissu sous-cutané de la paroi thoracique jusqu'au point de sortie situé sur le thorax. Un patch en feutre de Dacron permet d'ancrer le cathéter et constitue une barrière contre l'infection.
(Source: C. D. Viall, ''Your complete guide to central venous catheters,'' *Nursing*, février 1990; 10(2):37)

Encadré 47-4   (suite)

le cathéter après chaque prélèvement sanguin ou chaque administration de liquide. L'infirmière doit enseigner au patient et aux membres de sa famille toutes les étapes de l'entretien du cathéter à domicile. Elle doit de plus leur expliquer comment déceler les infections. Les signes et les symptômes d'infection sont la rougeur, les écoulements, la tuméfaction et la douleur au point de sortie, ainsi que la fièvre et les frissons. Les autres complications engendrées par le cathétérisme sont l'extrusion du patch et l'occlusion ou le bris du cathéter.

Chambres implantables sous-cutanées

Ces dispositifs permettent l'accès à une veine de façon permanente par une chambre placée sous la peau. Ils sont entièrement internes. Ils se composent d'un cathéter de polyuréthanne ou de silicone, attaché à un septum en caoutchouc à obturation automatique placé dans une chambre en acier inoxydable, en plastique ou en titane (figure 47-5**A**). On les implante de la même façon que les cathéters. On pratique une petite incision dans la veine choisie et on avance un cathéter jusqu'à l'extrémité de l'oreillette droite. On pratique une deuxième incision dans la paroi thoracique antérieure pour créer une poche qui accueillera le septum. On attache le cathéter au septum une fois que sa position a été confirmée par fluoroscopie. On ancre la chambre par des sutures et on ferme la poche. Tout ce qu'on peut voir de l'extérieur est une légère protubérance sous la peau de la paroi thoracique. On peut également installer des dispositifs d'accès de ce genre dans les veines basilique ou céphalique, près du pli du coude ainsi que dans la veine fémorale, dans la partie antérieure de la cuisse. Il existe aussi des dispositifs d'accès à la circulation artérielle, que l'on peut implanter pour la perfusion d'antinéoplasiques, par exemple dans l'artère hépatique, et d'autres qui permettent l'accès à l'espace sous-arachnoïdien pour l'administration d'antinéoplasiques ou d'analgésiques dans le liquide céphalorachidien. Dans ce dernier cas, le septum à obturation automatique est placé dans l'abdomen.

Certains septums se ponctionnent sur le sommet, d'autres sur le côté, au moyen d'une aiguille spéciale qui porte le nom d'*aiguille de Huber* (figure 47-5**B**). Les aiguilles de Huber coudées à 90° préviennent l'extraction du septum et permettent des ponctions répétées. Les aiguilles de Huber droites servent aux injections en bolus et aux prélèvements de sang. On peut utiliser les aiguilles droites avec les septums qui se ponctionnent sur le sommet aussi bien qu'avec ceux qui se ponctionnent sur le côté. Les aiguilles coudées à 90° ne peuvent ponctionner que sur le sommet et servent aux perfusions de liquides ou d'antinéoplasiques. Pendant la perfusion, on recouvre l'aiguille coudée à 90° d'un pansement afin de la maintenir en place et de prévenir l'infection. Il faut effectuer des purges à l'héparine, similaires à celles recommandées pour les cathéters après chaque perfusion ou prélèvement sanguin, ainsi qu'avant le retrait de l'aiguille de Huber. Pour l'entretien normal du dispositif, l'infirmière ou le médecin doit effectuer des purges à l'héparine toutes les trois à quatre semaines. Normalement, le patient n'a pas besoin de savoir comment purger le dispositif ni comment appliquer les pansements, puisque l'aiguille ne reste pas en place quand le dispositif n'est pas utilisé. On doit toutefois lui enseigner, de même qu'aux membres de sa famille, comment déceler les signes et symptômes d'infection (douleur, tuméfaction, rougeur, écoulements, fièvre et frissons). Le cathéter peut s'obstruer ou se détacher du septum.

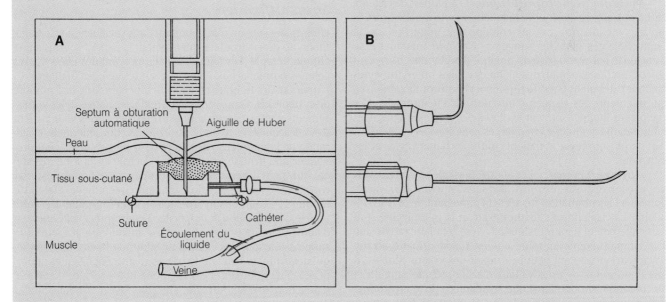

Figure 47-5. Chambre implantable sous-cutanée (**A**) Illustration d'une chambre implantable sous-cutanée utilisée pour l'administration de médicaments, de liquides, de sang et de dérivés du sang et de solutions d'alimentation parentérale. La cloison à obturation automatique peut être ponctionnée de façon répétée, sans risques de lésions ou de fuite. (**B**) Les deux types d'aiguilles de Huber utilisées pour la ponction des chambres implantables sous-cutanées: l'aiguille coudée à 90° est utilisée avec les dispositifs qu'il faut ponctionner sur le sommet et est destinée aux perfusions.

Effets toxiques

Les effets toxiques des antinéoplasiques peuvent être aigus ou chroniques. Ces agents détruisent surtout les cellules dont la croissance est rapide (soit celles de l'épithélium, de la moelle osseuse et des follicules pileux). Leurs effets secondaires sur les différents appareils et systèmes de l'organisme sont décrits dans les paragraphes ci-dessous.

Appareil gastro-intestinal. Les nausées et les vomissements sont les effets secondaires les plus courants de la chimiothérapie. Ils peuvent persister jusqu'à 24 heures après l'administration des antinéoplasiques. La stimulation du centre du vomissement se fait par (1) stimulation de la zone détente des chimiorécepteurs dans la médulla; (2) stimulation des voies périphériques (voies gastro-intestinales et pharynx); (3) stimulation des voies vestibulaires (déséquilibre de l'oreille interne, informations provenant du labyrinthe); (4) stimulation cognitive (maladie du système nerveux central, nausées et vomissements d'anticipation) et (5) une combinaison de ces facteurs. Les phénothiazines, les sédatifs, les stéroïdes et l'histamine, administrés seuls ou en association, sont souvent efficaces pour réduire les nausées et les vomissements. Les techniques de relaxation et de visualisation aident également à diminuer les stimuli qui favorisent l'apparition de ces symptômes. Des modifications au régime alimentaire peuvent en réduire la fréquence ou la gravité.

L'épithélium qui tapisse la cavité orale prolifère rapidement et est par conséquent sensible aux effets de la chimiothérapie. C'est pourquoi on observe souvent des stomatites et de l'anorexie chez les patients qui reçoivent des antinéoplasiques. On observe aussi des inflammations de la muqueuse gastro-intestinale provoquant fréquemment des diarrhées. Les antinéoplasiques les plus susceptibles d'entraîner des complications gastro-intestinales sont les antimétaboliques et les antibiotiques antitumoraux.

Système hématopoïétique. La plupart des agents antinéoplasiques diminuent la fonction de la moelle osseuse (aplasie médullaire), ce qui entraîne une réduction de la production des globules sanguins. L'aplasie médullaire se caractérise par une baisse du nombre des globules blancs ou leucocytes (leucopénie), des globules rouges ou érythrocytes (anémie), des plaquettes ou thrombocytes (thrombopénie), ce qui augmente les risques d'infection et d'hémorragie. Ces cytopénies limitent souvent les doses d'antinéoplasiques. Des numérations globulaires fréquentes sont donc essentielles. Il faut de plus protéger le patient contre les hémorragies et les infections.

Appareil rénal. Les antinéoplasiques peuvent avoir des effets nocifs sur les reins, dus directement à leur excrétion ou à l'accumulation de déchets provenant de la lyse cellulaire. La cisplatine, le méthotrexate et la mitomycine sont particulièrement néphrotoxiques. La lyse cellulaire rapide due à la chimiothérapie entraîne une excrétion urinaire accrue d'acide urique, ce qui peut provoquer des lésions rénales. Il faut donc suivre de près les taux d'azote uréique sanguin et de créatinine sérique ainsi que la clearance de la créatinine. Pour favoriser l'élimination de l'acide urique, il faut assurer un apport liquidien suffisant, alcaliniser l'urine pour prévenir la formation de cristaux et administrer parfois de l'allopurinol.

Appareil cardiopulmonaire. Les antibiotiques antitumoraux (daunorubicine et doxorubicine) ont des effets toxiques cumulatifs sur le cœur, particulièrement lorsque la dose totale atteint 550 mg/m². L'infirmière doit donc suivre de près la fraction d'éjection cardiaque, le tracé électrocardio-graphique et les signes d'insuffisance cardiaque. La bléomycine et le busulfan ont des effets toxiques cumulatifs sur la fonction pulmonaire. La fibrose pulmonaire peut être un effet chronique de l'administration prolongée de ces médicaments. Par conséquent, il faut observer étroitement le patient pour déceler les modifications de la fonction pulmonaire.

Appareil reproducteur. Les antinéoplasiques peuvent perturber le fonctionnement des testicules et des ovaires, ce qui peut entraîner la stérilité. Il semble que les risques de stérilité soient fonction de l'âge, et que la capacité de procréer se rétablisse parfois après l'arrêt du traitement. Toutefois, on a observé des anomalies chromosomiques chez les enfants de patients ayant subi une chimiothérapie. Par conséquent, on recommande aux hommes de faire congeler leur sperme avant le début du traitement. Il faut informer les patients et les membres de leur famille des effets possibles de la chimiothérapie sur les fonctions reproductrices.

Système nerveux. Des doses répétées d'alcaloïdes végétaux, particulièrement la vincristine, peuvent provoquer des lésions neurologiques se manifestant notamment par des neuropathies périphériques, une hyporéflexie tendineuse et un iléus paralytique. Ces effets secondaires sont habituellement réversibles.

Résumé: On administre très souvent des antinéoplasiques pour traiter le cancer, particulièrement si on ne peut éliminer complètement les cellules cancéreuses par d'autres moyens ou s'il y a présence de métastases. En tenant compte du renouvellement et du cycle cellulaires, on peut détruire par chimiothérapie jusqu'à 99 % des cellules malignes, laissant au système immunitaire le soin de détruire celles qui restent. Les antinéoplasiques peuvent toutefois entraîner de graves effets toxiques aigus ou chroniques, ce qui exige de la part du personnel soignant beaucoup de compétence et de perspicacité.

Soins infirmiers

L'infirmière joue un rôle important dans l'évaluation et le traitement des divers troubles qui affectent le patient soumis à une chimiothérapie. Les antinéoplasiques ayant des effets sur les cellules normales aussi bien que sur les cellules malignes, ils entraînent des troubles généralisés touchant un grand nombre de systèmes et d'appareils. L'anorexie, les nausées, les vomissements, l'altération du goût et la diarrhée exposent le patient à des déséquilibres hydroélectrolytiques et nutritionnels. L'altération de la muqueuse des voies gastro-intestinales peut provoquer une irritation de la cavité buccale et du tube digestif, ce qui peut aggraver les carences nutritionnelles. Par conséquent, l'infirmière doit vérifier fréquemment l'état nutritionnel et l'équilibre hydroélectrolytique du patient et faire preuve d'imagination pour l'inciter à consommer suffisamment d'aliments et de liquides. L'aplasie médullaire et l'immunosuppression sont des effets prévisibles de la chimiothérapie, qui déterminent souvent les doses d'antinéoplasiques appropriées. Toutefois, ces effets augmentent les risques d'anémie, d'infection et d'hémorragie. Par conséquent, la collecte des données vise à établir les facteurs qui peuvent accroître ces risques, et les soins infirmiers à éliminer ces facteurs. Pour prévenir les infections et les lésions, on doit respecter les règles de l'asepsie et éviter les manipulations brusques. Les résultats des examens diagnostiques et, particulièrement, de la formule sanguine doivent être suivis de près. L'infirmière doit

(suite à la page 1418)

► ## Plan de soins 47-1
Patient souffrant de cancer

Interventions infirmières	Justification	Résultats escomptés

Diagnostic infirmier: Risque élevé d'infection relié à une altération de la réponse immunitaire

Objectif: Prévention de l'infection

Interventions infirmières	Justification	Résultats escomptés
1. Observer le patient à la recherche de signes d'infection; a) Prendre les signes vitaux toutes les quatre heures. b) Vérifier la numération et la formule leucocytaires tous les jours. c) Examiner toutes les portes d'entrée possibles d'agents pathogènes (point de ponction veineuse, plaies, plis cutanés, protubérances osseuses, périnée et cavité buccale).	1. On peut réduire la morbidité et la mortalité dues aux infections chez les patients immunodéprimés, par un dépistage et un traitement rapides.	• Le patient ne fait pas de fièvre et ses signes vitaux sont normaux. • Il ne présente pas de signes d'inflammation, comme un œdème localisé, de l'érythème, une douleur et une chaleur de la peau. • Ses bruits respiratoires sont normaux à l'auscultation. • Il prend des respirations profondes et tousse toutes les deux heures pour prévenir les troubles respiratoires et les infections.
2. Prévenir le médecin si la température monte à 38,3 °C ou plus et si le patient présente des frissons, une diaphorèse, une tuméfaction et une chaleur de la peau, une douleur, de l'érythème et des écoulements.		
3. Informer le médecin de toute modification de l'état respiratoire, du niveau de conscience, de la fréquence des mictions, ou de la présence de brûlures à la miction, de malaises, de myalgies, d'arthralgies, d'éruptions cutanées ou de diarrhée.		
4. Prélever des échantillons (écoulements de plaies, expectorations, urines, selles, sang) pour cultures et antibiogrammes avant d'entreprendre une antibiothérapie.	4. Les cultures permettent d'identifier les microorganismes, et les antibiogrammes de déterminer les antibiotiques les plus appropriés. L'administration d'un antibiotique non approprié favorise la prolifération de bactéries résistantes aux antibiotiques.	• Ses cultures sont négatives.
5. Mettre en œuvre des mesures de prévention des infections: a) Discuter avec le patient et les membres de sa famille (1) de la possibilité de placer le patient dans une chambre privée si le taux absolu de neutrophiles est entre 500 et 1000/mm³. (2) de l'importance d'éviter tout contact avec des personnes atteintes d'une infection, ayant souffert récemment d'une infection ou ayant reçu un vaccin.	5. Ces mesures réduisent l'exposition aux germes pathogènes.	• Le patient évite le contact avec les personnes infectées. • Il évite les foules. • Tous les membres du personnel se lavent les mains après chaque miction et défécation. • La peau du patient ne présente pas d'excoriations ou de lésions. • Le patient évite ce qui pourrait provoquer des lésions aux muqueuses (prise de la température rectale, utilisation de suppositoires, utilisation de tampons vaginaux, blessures dans la région périanale).

Plan de soins 47-1 (suite)

Patient souffrant de cancer

Interventions infirmières	Justification	Résultats escomptés
b) Recommander à tous les membres du personnel de se laver soigneusement les mains avant d'entrer dans la chambre et après l'avoir quittée.	b) Les mains sont une importante source de contamination.	• Il procède à l'entretien des cathéters et des sondes conformément à ce qu'on lui a enseigné.
c) Éviter ce qui pourrait provoquer des lésions rectales ou vaginales (prise de la température par voie rectale, examens, administration de suppositoires, utilisation de tampons vaginaux).	c) On observe une forte fréquence d'abcès rectaux et périanaux évoluant vers une septicémie. Certains gestes thérapeutiques peuvent altérer l'intégrité des muqueuses rectales et périanales et favoriser l'infection.	
d) Administrer des laxatifs émollients pour prévenir la constipation et les efforts de défécation.		
e) Aider le patient à pratiquer une hygiène personnelle méticuleuse.		
f) Recommander au patient d'utiliser un rasoir électrique.	f) Les risques d'irritation de la peau sont ainsi réduits.	• Le patient utilise un rasoir électrique.
g) Encourager le patient à marcher dans sa chambre, sauf contre-indication.	g) Les risques d'accumulation de sécrétions pulmonaires sont ainsi réduits.	• Il ne présente pas d'atteintes à l'intégrité de la peau, ni d'accumulation de sécrétions pulmonaires.
h) Recommander au patient d'éviter la consommation de fruits, de viandes, de poissons et de légumes crus, si le taux absolu des neutrophiles est entre 500 et 1000 / mm^3. Retirer également de la pièce les fleurs coupées et les plantes.	h) Les fruits et les légumes crus renferment des bactéries qu'on ne peut pas supprimer par le lavage normal. Les fleurs et les plantes favorisent également la prolifération de microorganismes.	• Il respecte les restrictions alimentaires et environnementales.
i) Changer tous les jours l'eau potable, les solutions ayant servi au nettoyage des dentiers, l'eau contenue dans les appareils de respiration.	i) L'eau stagnante est une source d'infection.	
6. Observer tous les jours les points de perfusion veineuse à la recherche de signes d'infection :	6. La septicémie staphylococcique nosocomiale est souvent provoquée par des germes qui pénètrent dans l'organisme par des cathéters intraveineux.	• Le patient ne présente aucun signe de septicémie ou de choc septique.
a) Changer les cathéters tous les deux jours.	a) Les risques d'infection sont accrus si un cathéter reste en place plus de 72 heures.	• Ses signes vitaux, son débit cardiaque et sa pression artérielle sont normaux.
b) Nettoyer la peau avec de la povidone-iode avant d'effectuer une ponction artérielle ou veineuse.	b) La povidone-iode détruit efficacement un grand nombre de germes pathogènes Gram-positif et Gram-négatif.	
c) Changer le pansement du cathéter veineux central tous les deux jours.		
d) Changer les solutions et les dispositifs de perfusion toutes les 48 heures.	d) Une fois qu'ils ont pénétré dans la tubulure, les microorganismes y prolifèrent rapidement même si on remplace la solution et que le débit d'administration est rapide.	
7. Éviter les injections intramusculaires.	7. Les risques d'abcès cutané sont ainsi réduits.	

▶ ## Plan de soins 47-1 (suite)

Patient souffrant de cancer

Interventions infirmières	Justification	Résultats escomptés
8. Éviter l'utilisation de sondes urétrales; s'il est impossible de l'éviter, respecter scrupuleusement les règles de l'asepsie.	8. Les risques d'infection augmentent *fortement* après l'installation d'une sonde urétrale.	

Diagnostic infirmier: Risque élevé d'accident relié à des troubles hémorragiques

Objectif: Prévention des accidents et des hémorragies

Interventions infirmières	Justification	Résultats escomptés
1. Déceler les risques d'hémorragie; suivre de près la numération plaquettaire.	1. Risque léger: de 50 à 100 × 10^9/L à 0,1 × 10^{12}/L Risque modéré: de 20 à 50 × 10^9/L Risque grave: moins de 20 × 10^9/L	• Le patient connaît les signes et les symptômes d'infection. • Il y a absence de sang dans ses selles, ses urines ou ses vomissements. • Il ne présente pas de saignements aux gencives, ni aux points d'injection ou de ponction veineuse. • Il ne présente pas d'ecchymoses (hématomes).
2. Observer le patient à la recherche de signes d'hémorragie: a) Pétéchies ou ecchymoses	a) Ces signes indiquent une lésion des capillaires ou de plus gros vaisseaux.	
b) Baisse du taux d'hémoglobine ou de l'hématocrite	b) Une baisse du taux d'hémoglobine et de l'hématocrite indique une hémorragie.	
c) Saignement prolongé lors d'interventions effractives, de ponctions veineuses, de coupures ou d'égratignures mineures		
d) Présence macroscopique ou microscopique de sang dans les excréments, les vomissements et les expectorations		
e) Saignement provenant d'un orifice corporel		
f) Altération du niveau de conscience	f) Une altération du niveau de conscience indique une atteinte neurologique.	
3. Enseigner au patient et aux membres de sa famille les mesures permettant de réduire les saignements: a) Utiliser une brosse à dents à poils souples ou une éponge dentaire pour les soins de la bouche.	a) On peut ainsi prévenir les lésions à la muqueuse buccale.	• Le patient et les membres de sa famille connaissent les mesures de prévention des saignements. • Le patient adopte les mesures recommandées pour prévenir les saignements (brosse à dents à poils souples, rasoir électrique).
b) Éviter les rince-bouche vendus dans le commerce.	b) Ces solutions, en raison de leur forte teneur en alcool, dessèchent la muqueuse buccale.	
c) Utiliser un rasoir électrique.	c) Les rasoirs électriques n'irritent pas les tissus cutanés.	
d) Utiliser des limes en émeri.		
e) Éviter les aliments difficiles à mâcher.	e) On prévient ainsi les lésions à la muqueuse buccale.	

Plan de soins 47-1 (suite)

Patient souffrant de cancer

Interventions infirmières	Justification	Résultats escomptés
4. Adopter des mesures pour prévenir les saignements.		• Les signes vitaux du patient sont normaux. • Le patient dit avoir réduit ou éliminé les risques environnementaux.
a) Prélever tout le sang nécessaire aux analyses quotidiennes en une seule ponction veineuse.	a) On réduit ainsi le nombre des atteintes à l'intégrité de la peau.	
b) Éviter de prendre la température par voie rectale ou d'administrer des suppositoires et des lavements.	b) On prévient ainsi les lésions à la muqueuse rectale.	
c) Éviter les injections intramusculaires; si impossible, utiliser une aiguille de petit calibre.	c) On prévient ainsi les risques de saignement intramusculaire.	
d) Appliquer une pression directe au point d'injection et de ponction veineuse pendant au moins 5 minutes.		
e) Lubrifier les lèvres du patient avec de la vaseline.	e) La vaseline prévient la déshydratation de la peau.	
f) Éviter le sondage vésical; si impossible, utiliser la plus petite sonde possible.	f) On prévient ainsi les lésions à l'urètre.	
g) Assurer un apport liquidien d'au moins 3L/24 h, sauf contre-indication.	g) Une bonne hydratation prévient la sécheresse de la peau.	• Le patient consomme suffisamment de liquides.
h) Administrer des laxatifs émollients ou augmenter la consommation de fibres alimentaires.	h) On prévient ainsi la constipation et les efforts de défécation qui peuvent léser les tissus du rectum.	• Il dit ne pas souffrir de constipation.
i) Recommander au patient d'éviter les médicaments qui agissent sur les facteurs de coagulation, comme l'aspirine.	i) On réduit ainsi les risques de saignement.	• Il évite de prendre des médicaments qui agissent sur les facteurs de coagulation.
j) Recommander au patient d'utiliser un lubrifiant aqueux avant de s'engager dans des rapports sexuels.	j) Ces lubrifiants préviennent la friction et les lésions tissulaires.	• Ses tissus sont intacts.
5. Prendre les mesures qui suivent lorsque la numération plaquettaire est inférieure à $20 \times 10^9/L$:	5. Les risques d'hémorragie sont élevés quand la numération plaquettaire est inférieure à $20 \times 10^9/L$.	• Il a un niveau de conscience normal et ne présente pas d'hémorragie cérébrale.
a) Conseiller le repos au lit; rembourrer les ridelles.	a) Les risques d'accident sont ainsi réduits.	
b) Recommander au patient d'éviter les activités épuisantes.	b) Les activités épuisantes augmentent la pression intracrânienne et les risques d'hémorragie cérébrale.	
c) Transfuser des plaquettes conformément à l'ordonnance du médecin; administrer selon l'ordonnance du médecin, du chlorhydrate de diphenhydramine (Benadryl) ou du succinate sodique d'hydrocortisone (Solu-Cortef) pour prévenir les réactions aux plaquettes.	c) Les réactions allergiques aux dérivés sanguins sont dues à une réaction antigène—anticorps qui peut provoquer la destruction des plaquettes.	
d) Surveiller les activités du patient non alité.		

Plan de soins 47-1 (suite)

Patient souffrant de cancer

Interventions infirmières	Justification	Résultats escomptés
e) Recommander au patient d'éviter de se moucher vigoureusement.	e) On prévient ainsi les lésions de la muqueuse nasale et l'élévation de la pression intracrânienne.	• Le patient ne présente pas d'épistaxis ni de signes d'hémorragie cérébrale.

Diagnostic infirmier: Atteinte à l'intégrité de la peau reliée à un érythème ou à des lésions suintantes

Objectif: Maintien de l'intégrité de la peau

1. Dans les cas d'érythème: a) Éviter l'utilisation de savons, de produits cosmétiques, de parfums, de poudres, de lotions, d'onguents et de désodorisants.	1. Les soins des régions atteintes doivent porter sur la prévention de l'irritation, de la déshydratation et des lésions.	• Le patient évite d'appliquer du savon, de la poudre et d'autres produits cosmétiques sur la peau de la région exposée à la radiothérapie. • Il donne les raisons pour lesquelles il doit prendre particulièrement soin de sa peau. • Il présente peu d'atteintes à l'intégrité de sa peau.
b) Ne laver la région qu'à l'eau tiède.		• Il évite d'irriter les régions cutanées affectées (il évite de se raser avec un rasoir mécanique, de porter des vêtements trop serrés ou qui irritent la peau, de s'exposer à des températures extrêmes et d'utiliser des pansements adhésifs). • Il signale sans délai toute atteinte cutanée.
c) Éviter de frictionner ou de gratter la région. d) Éviter de se raser avec un rasoir mécanique. e) Éviter d'appliquer sur la région affectée des bouillottes, des coussins électriques, de la glace ou des pansements adhésifs. f) Recommander au patient de ne pas exposer la région atteinte au soleil ou au froid. g) Recommander au patient d'éviter les vêtements trop serrés et lui conseiller le port de vêtements en coton. h) Appliquer des onguents à base de vitamines A et D sur la région atteinte.	g) Le coton laisse circuler l'air. h) Ces onguents favorisent la cicatrisation.	
2. Dans les cas de lésions suintantes: a) Ne pas crever les phlyctènes. b) Éviter le lavage fréquent de la région atteinte. c) Mentionner au médecin qu'il y a formation de phlyctènes. d) Utiliser seulement les crèmes ou les onguents prescrits. e) En cas de suintement, appliquer une fine couche de gaze.	2. Les lésions suintantes ouvertes sont vulnérables aux infections bactériennes. Il faut donc les protéger contre l'introduction de bactéries. d) Ces produits diminuent l'irritation et l'inflammation de la région atteinte. e) Ce type de pansement favorise l'assèchement.	• Le patient soigne adéquatement les phlyctènes ou les plaies ouvertes. • Il ne présente pas d'infection des phlyctènes ou des plaies ouvertes.

Plan de soins 47-1 (suite)

Patient souffrant de cancer

Interventions infirmières	Justification	Résultats escomptés

Diagnostic infirmier: Atteinte à l'intégrité de la muqueuse buccale reliée à la stomatite

Objectif: Maintien de l'intégrité de la muqueuse buccale

Interventions infirmières	Justification	Résultats escomptés
1. Examiner tous les jours la cavité buccale.	1. On peut ainsi dépister les lésions.	• Le patient donne les raisons des examens fréquents de la bouche et d'une bonne hygiène buccale.
2. Recommander au patient de mentionner à l'infirmière ou au médecin les brûlures, les douleurs et les rougeurs de la bouche, les lésions ouvertes sur les lèvres, les douleurs lors de la déglutition ou une tolérance réduite aux aliments trop chauds ou trop froids.	2. Le dépistage de la stomatite à ses débuts permet une intervention immédiate et la modification du traitement par le médecin.	• Il reconnaît les signes et symptômes de stomatite qu'il doit mentionner à l'infirmière ou au médecin.
3. Encourager l'hygiène buccale et aider le patient à la pratiquer. *Prévention*		• Le patient se conforme aux pratiques d'hygiène buccale recommandées.
a) Éviter l'utilisation des rince-bouche vendus dans le commerce.	a) Ces rince-bouche, à forte teneur en alcool, dessèchent la muqueuse buccale et peuvent provoquer des lésions.	• Le patient n'utilise pas de rince-bouche à base d'alcool.
b) Recommander au patient de se brosser les dents avec une brosse à dents à poils souples, d'utiliser des dentifrices sans abrasifs après les repas et au coucher, et d'utiliser la soie dentaire toutes les 24 heures.	b) Ces mesures permettent de limiter les lésions et d'éliminer les débris.	• Il utilise une brosse à dents à poils souples. • Il utilise un lubrifiant pour garder les lèvres souples et éviter les gerçures. • Il évite les aliments trop chauds, épicés ou difficiles à mâcher.
Stomatite légère (érythème généralisé, faibles ulcérations, petites plaques blanches de *Candida*)		
c) Recommander au patient de se rincer la bouche avec une solution physiologique toutes les deux heures au cours de la journée et toutes les six heures pendant la nuit.	c) Cette solution a une action oxydante permettant d'éliminer les débris, les sécrétions épaisses et les bactéries.	• Sa muqueuse buccale est propre et intacte. • Il ne présente pas d'ulcération ou d'infection de la cavité buccale.
d) Recommander au patient d'utiliser une brosse à dents à poils souples ou une éponge dentaire.	d) On évite ainsi les lésions.	• Il dit que les douleurs ont diminué ou disparu.
e) Retirer les dentiers, sauf pendant les repas; s'assurer qu'ils sont bien adaptés.	e) On réduit ainsi les frictions.	• Il dit ne pas éprouver de troubles de déglutition.
f) Appliquer un lubrifiant sur les lèvres du patient.	f) Le bien-être du patient est ainsi accru.	• Le patient atteint de stomatite légère recouvre l'intégrité de la muqueuse buccale (réépithélialisation) en 5 à 7 jours.
g) Recommander au patient d'éviter les aliments épicés ou difficiles à mâcher ainsi que les aliments très chauds ou très froids.	g) On évite ainsi les lésions.	• Le patient atteint de stomatite grave recouvre l'intégrité de la muqueuse buccale en 10 à 14 jours.
Stomatite grave (ulcérations confluentes avec saignement et présence de plaques blanches sur plus de 25 % de la muqueuse buccale).		• Le patient ne présente pas de saignement ou d'ulcération de la muqueuse buccale. • Il consomme suffisamment de liquides ou d'aliments.

▶ *Plan de soins 47-1* (suite)

Patient souffrant de cancer

Interventions infirmières	*Justification*	*Résultats escomptés*
h) Faire des prélèvements dans les régions infectées pour culture et antibiogramme.	h) Une culture positive indique la nécessité d'une antibiothérapie.	• Il ne présente pas de signes de déshydratation et il ne perd pas de poids.
i) Évaluer la capacité de mastication et de déglutition du patient et le réflexe pharyngé.	i) On peut ainsi prévenir les inhalations.	
j) Recommander au patient de se rincer la bouche selon l'ordonnance du médecin, ou le placer sur le côté et lui irriguer la bouche; garder à portée de la main un appareil d'aspiration. Le rince-bouche peut se composer d'une solution physiologique contenant un antifongique, tel Mycostatin, et un anesthésique local. (Voir ci-dessous.)	j) On améliore ainsi le bien-être du patient.	
k) Retirer les dentiers.		
l) Utiliser une éponge ou une gaze imbibée de solution nettoyante.	l) On réduit ainsi les lésions et on favorise le bien-être du patient.	
m) Lubrifier les lèvres du patient.	m) Cette mesure améliore le bien-être du patient.	
n) Offrir au patient un régime de consistance molle.	n) On peut ainsi lui assurer un apport alimentaire suffisant.	
o) Observer le patient à la recherche de signes de déshydratation.	o) La consommation réduite d'aliments et de liquides par voie orale et la présence d'ulcérations risquent de provoquer un déficit liquidien.	
4. Améliorer le bien-être du patient.		
a) Demander au médecin s'il autorise l'administration d'anesthésiques par voie locale, comme le dyclonine, le diphenhydramine ou la lidocaïne en solution visqueuse.	a) Ces anesthésiques soulagent la douleur et favorisent le bien-être, la pratique de l'hygiène orale et la consommation suffisante d'aliments.	
b) Administrer les analgésiques selon l'ordonnance du médecin.		
c) Prodiguer les soins buccaux décrits plus haut.	c) Ces soins buccaux favorisent l'élimination des débris, la cicatrisation et le bien-être du patient.	

Diagnostic infirmier: Atteinte à l'intégrité des tissus capillaires reliée à l'alopécie

Objectif: Maintien de l'intégrité des tissus; acceptation de la chute des cheveux

1. Expliquer au patient et aux membres de sa famille qu'il risque de perdre ses cheveux.	1. Ces informations permettent au patient et aux membres de sa famille de se préparer à la chute des cheveux.	• Le patient sait que l'alopécie est un effet secondaire possible du traitement.
2. Explorer les répercussions possibles de la chute des cheveux sur l'image de soi, sur les relations interpersonnelles et sur la sexualité.	2. On favorise ainsi l'acceptation de l'alopécie.	• Il sait que la chute des cheveux menace l'image de soi.
		• Il exprime l'importance qu'il accorde à la perte de ses cheveux.
		• Il explique les raisons pour lesquelles il doit modifier ses soins capillaires.

Plan de soins 47-1 (suite)

Patient souffrant de cancer

Interventions infirmières	Justification	Résultats escomptés
3. Prévenir ou réduire au minimum l'alopécie en prenant les mesures ci-dessous. a) Recommander au patient de se couper les cheveux avant le traitement. b) Recommander au patient d'éviter les shampoings trop fréquents. c) Recommander au patient d'utiliser des shampoings et des revitalisants doux et de sécher ses cheveux par tapotements légers. d) Recommander au patient d'éviter l'utilisation du fer à friser, des bigoudis électriques, du séchoir, des barrettes, des fixatifs, des colorants et des solutions à permanentes. e) Recommander au patient de ne pas trop peigner ni brosser ses cheveux et d'utiliser des peignes à dents espacées.	a) à e) On réduit ainsi la chute des cheveux.	• Le patient utilise des shampoings et des revitalisants doux, au besoin seulement. • Il évite l'emploi du séchoir, du fer à friser, de fixatifs et d'autres produits qui risquent d'endommager les cheveux et le cuir chevelu.
4. Prévenir les lésions du cuir chevelu. a) Lubrifier le cuir chevelu avec un onguent à la vitamine A et D pour soulager les démangeaisons. b) Recommander au patient d'utiliser un écran solaire ou de porter un chapeau lorsqu'il s'expose au soleil.	a) Cette mesure favorise le maintien de l'intégrité de la peau. b) L'écran solaire et le chapeau protègent contre l'exposition aux rayons ultraviolets.	• Le patient porte un chapeau ou une écharpe lorsqu'il s'expose au soleil.
5. Proposer des mesures qui favorisent l'acceptation de la chute des cheveux: a) Recommander au patient d'acheter une perruque avant qu'il ne commence à perdre ses cheveux. b) Si les cheveux sont tombés, recommander au patient d'apporter une photo chez le perruquier pour pouvoir mieux choisir la perruque qui convient. c) Recommander au patient de commencer à porter la perruque avant que les cheveux ne soient tombés. d) Conseiller au patient de communiquer avec la Société canadienne du cancer pour obtenir gratuitement une perruque. e) Recommander au patient de porter un chapeau, une écharpe ou un turban. f) Recommander au patient de porter des accessoires attrayants et élégants.	a) On peut ainsi plus facilement choisir une perruque dont la couleur et la texture se rapprochent de la couleur et de la texture des cheveux naturels. b) La photo permet de choisir une perruque plus appropriée. e) Le patient peut ainsi cacher l'alopécie. f) Cette mesure permet au patient de moins se concentrer sur la perte des cheveux.	• Le patient prend des mesures pour s'adapter à la chute des cheveux avant qu'elle ne se produise; il s'achète une perruque ou un postiche. • Il se soucie de son hygiène et de son apparence. • Il maintient des rapports sociaux.

Plan de soins 47-1 (suite)

Patient souffrant de cancer

Interventions infirmières	Justification	Résultats escomptés
6. Inciter le patient à porter ses propres vêtements, à conserver ses rapports sociaux, à apporter au centre hospitalier des objets qui ont pour lui une signification particulière.	6. Le patient conserve ainsi son identité.	
7. Expliquer que les cheveux commencent habituellement à repousser dès que le traitement prend fin.	7. Le patient saura ainsi que l'alopécie est habituellement temporaire.	• Le patient sait que la perte des cheveux est temporaire et qu'il ne devra porter une perruque que pour un temps limité.

Diagnostic infirmier: Déficit nutritionnel relié aux nausées et aux vomissements

Objectif: Réduction de la fréquence des épisodes de nausées et de vomissements avant, pendant et après l'administration des antinéoplasiques

Interventions infirmières	Justification	Résultats escomptés
1. Modifier l'alimentation avant et après l'administration des antinéoplasiques selon les préférences et la tolérance du patient.	1. La réaction aux aliments après la chimiothérapie varie d'un patient à l'autre. Un régime à base d'aliments qui causent moins de nausées ou de vomissements sera beaucoup mieux accepté.	• Le patient dit avoir moins de nausées. • Il dit vomir moins fréquemment. • Il consomme suffisamment de liquides et d'aliments lorsque ses nausées ont disparu.
2. Durant les repas, éviter les scènes, les odeurs et les bruits désagréables.	2. Les sensations désagréables peuvent stimuler le centre des nausées et des vomissements.	
3. Utiliser des techniques de relaxation, de visualisation et de diversion avant, pendant et après la chimiothérapie.	3. On peut ainsi soulager l'anxiété et réduire par le fait même les nausées et les vomissements, et éviter le réflexe conditionné.	• Il utilise des techniques de diversion, de relaxation et de visualisation au moment opportun.
4. Administrer des antiémétiques, des sédatifs et des corticostéroïdes selon l'ordonnance du médecin.	4. Ce traitement par association médicamenteuse permet de réduire les nausées et les vomissements en agissant sur les mécanismes de déclenchement de ces troubles.	
5. S'assurer que l'apport liquidien est suffisant avant, pendant et après l'administration des médicaments; effectuer le bilan des ingesta et des excreta.	5. Un volume suffisant de liquides dilue les médicaments, ce qui réduit les vomissements.	• Sa peau et ses muqueuses sont bien hydratées. • Il dit ne pas avoir perdu de poids.
6. Pratiquer fréquemment les soins d'hygiène buccale.	6. Une bonne hygiène buccale aide à réduire le mauvais goût dans la bouche.	
7. Prendre des mesures pour soulager la douleur, au besoin.	7. Un sentiment accru de bien-être améliore la tolérance physique du patient aux nausées et vomissements.	

Diagnostic infirmier: Déficit nutritionnel relié à l'anorexie, à la cachexie ou à la malabsorption

Objectif: Maintien de l'état nutritionnel; maintien du poids (perte inférieure à 10 %)

Interventions infirmières	Justification	Résultats escomptés
1. Durant les repas éviter les scènes, les odeurs et les bruits désagréables.	1. Les stimuli désagréables peuvent accroître l'anorexie due aux nausées.	• Le patient a perdu moins de 10 % de son poids. • Il dit avoir plus d'appétit. • Sa peau est bien hydratée.
2. Servir au patient des aliments à haute valeur énergétique et à forte teneur en protéines qu'il aime et tolère bien. Respecter ses préférences pour la cuisine de son pays d'origine.	2. Ces aliments assureront un apport nutritionnel approprié pendant les périodes où la demande métabolique est accrue.	• Il connaît les raisons des modifications au régime alimentaire. • Il participe à l'établissement de son régime alimentaire.

Plan de soins 47-1 (suite)

Patient souffrant de cancer

Interventions infirmières	Justification	Résultats escomptés
3. Assurer un apport liquidien suffisant, mais conseiller au patient d'éviter de boire pendant les repas.	3. Un apport liquidien suffisant favorise l'élimination des déchets et prévient la déshydratation, mais une trop forte consommation de liquide pendant les repas donne une fausse sensation de satiété.	• Il utilise des techniques de relaxation et de visualisation avant les repas. • Les résultats des analyses de laboratoire indiquent un apport nutritionnel suffisant: taux sériques de transferrine, de protéines, et de fer normaux, taux d'hémoglobine, hématocrite, taux urinaire de créatinine.
4. S'assurer que le patient prend de petits repas à intervalles plus rapprochés.	4. Le patient tolère mieux les petits repas parce qu'il n'a pas l'impression d'être rassasié.	
5. Faire en sorte que le patient prenne ses repas dans une ambiance calme en compagnie d'autres personnes s'il le désire.	5. Une ambiance calme favorise la relaxation. La compagnie d'autres personnes stimule l'appétit.	
6. Si possible, servir du vin avec les repas.	6. Le vin est une bonne source d'énergie et il stimule l'appétit.	
7. Servir des aliments froids, si le patient le désire.	7. Les aliments froids, riches en protéines, sont souvent mieux tolérés et dégagent moins d'odeurs que les aliments chauds.	
8. Administrer des suppléments alimentaires et offrir des aliments riches en protéines entre les repas.	8. Les suppléments et les collations constituent une source supplémentaire de protéines et d'énergie permettant de satisfaire les besoins nutritionnels.	• Le patient a un régime alimentaire équilibré.
9. Pratiquer fréquemment les soins d'hygiène buccale.	9. Une bonne hygiène buccale aide à stimuler l'appétit et favorise la production de salive.	• Il pratique des soins d'hygiène buccale avant les repas.
10. Prendre des mesures pour soulager la douleur.	10. La douleur diminue l'appétit.	• Il dit que la douleur ne le gêne pas pendant les repas.
11. Prendre des mesures pour soulager les nausées et les vomissements.	11. Les nausées et les vomissements entraînent de l'anorexie.	• Il dit éprouver moins de nausées et de vomissements.
12. Augmenter l'intensité des activités du patient selon ses capacités.	12. Une activité physique plus intense stimule l'appétit.	• Il augmente l'intensité de ses activités.
13. Diminuer l'anxiété du patient en l'incitant à exprimer ses craintes; recommander des techniques de relaxation et de visualisation aux heures de repas.	13. Le soulagement de l'anxiété peut accroître l'appétit.	
14. Placer le patient dans une position appropriée pendant les repas.	14. Une bonne position corporelle permet de mieux mastiquer et avaler.	
15. Si une alimentation entérale est nécessaire, administrer les préparations, les solutions ou les aliments en purée prescrits au moyen d'une sonde en Silastic©.	15. Une alimentation entérale est parfois nécessaire chez un patient très affaibli, mais dont la fonction gastro-intestinale est normale.	• Le patient connaît les raisons de l'alimentation entérale ou parentérale.
16. Administrer par voie parentérale les solutions de suralimentation, selon l'ordonnance du médecin.	16. La suralimentation par voie parentérale procure l'énergie et les protéines nécessaires pour répondre aux besoins nutritionnels, particulièrement lorsque la fonction gastro-intestinale est altérée.	• Il se montre prêt à collaborer lors de l'alimentation entérale ou de la suralimentation par voie parentérale.

Plan de soins 47-1 (suite)

Patient souffrant de cancer

Interventions infirmières	Justification	Résultats escomptés

Diagnostic infirmier: Fatigue et intolérance à l'activité

Objectif: Augmentation de la tolérance à l'activité et réduction de la fatigue

Interventions infirmières	Justification	Résultats escomptés
1. Prévoir plusieurs périodes de repos pendant la journée, particulièrement avant et après un effort physique.	1. Le repos conserve l'énergie ou en rétablit les réserves. Plusieurs courtes périodes de repos peuvent être plus bénéfiques qu'un repos prolongé.	• Le patient dit être moins fatigué. • Il augmente graduellement ses activités. • Il se repose lorsqu'il est fatigué.
2. Augmenter le nombre d'heures de sommeil nocturne.	2. Le sommeil permet de rétablir les réserves d'énergie.	• Il dit dormir d'un sommeil réparateur.
3. Réorganiser l'horaire de la journée de façon à réduire les dépenses d'énergie.	3. On conserve ainsi les réserves d'énergie et on réduit le stress.	
4. Recommander au patient de se faire aider dans ses tâches quotidiennes comme l'entretien de la maison, le soin des enfants, les courses, la cuisine.	4. L'aide lui permet de dépenser moins d'énergie.	• Le patient demande de l'aide pour accomplir ses activités quotidiennes.
5. Inciter le patient à réduire ses heures de travail dans la mesure du possible.	5. La réduction des heures de travail diminue le stress physique et psychologique et permet d'augmenter les périodes de repos et de relaxation.	• Il dit avoir suffisamment d'énergie pour s'engager dans les activités qui ont pour lui de l'importance (visites à la famille, loisirs, etc.).
6. Assurer un apport suffisant en protéines et en énergie.	6. Un trop faible apport en protéines et en énergie réduit la tolérance à l'activité.	• Son apport en protéines et en énergie est suffisant.
7. Inciter le patient à utiliser des techniques de relaxation et de visualisation.	7. La relaxation et le repos mental diminuent la fatigue physique.	• Il fait des exercices de relaxation et de visualisation pour diminuer son anxiété et pour favoriser le repos.
8. Inciter le patient à participer à un programme d'exercice.	8. Des exercices appropriés augmentent l'endurance et l'énergie.	• Il s'engage graduellement dans un programme d'exercice planifié. • Il dit ne pas être exagérément essoufflé quand il pratique ses exercices.
9. Administrer le sang et les dérivés sanguins selon l'ordonnance du médecin.	9. Une diminution du taux d'hémoglobine et de l'hématocrite provoque de la fatigue à cause d'une diminution des réserves d'oxygène.	• Le taux d'hémoglobine et l'hématocrite sont normaux.
10. Observer le patient à la recherche de signes de déséquilibre électrolytique.	10. Les déséquilibres électrolytiques peuvent provoquer des troubles neurologiques et musculaires.	• Le patient ne présente pas de déséquilibre électrolytique.
11. Déceler les sources de douleur.	11. La lutte contre la douleur exige de l'énergie.	• Il dit éprouver moins de douleur.
12. Mettre au point des mesures qui favorisent la mobilité.	12. L'altération de la mobilité entraîne des dépenses d'énergie.	• Il présente une plus grande mobilité.

Diagnostic infirmier: Douleur

Objectif: Soulagement de la douleur

Interventions infirmières	Justification	Résultats escomptés
1. Déterminer les caractéristiques de la douleur: siège, intensité, fréquence, durée, etc.	1. Ces données initiales permettront d'évaluer les modifications de l'intensité de la douleur et l'efficacité des interventions.	• Le patient dit éprouver moins de douleur.

Plan de soins 47-1 (suite)

Patient souffrant de cancer

Interventions infirmières	Justification	Résultats escomptés
2. Dire au patient que l'on sait que sa douleur est bien réelle et qu'on fera tout pour la soulager.	2. On soulage ainsi l'anxiété du patient et on augmente sa tolérance à la douleur.	• Il dit être moins gêné dans ses activités par la douleur.
3. Déterminer quels sont les facteurs qui intensifient la douleur: peur, fatigue, colère, etc.	3. On peut ainsi tenter de réduire ces facteurs.	• Il explique comment la peur, la fatigue, etc. intensifient la douleur ou les malaises.
4. Administrer des analgésiques pour soulager la douleur le plus efficacement possible, tout en se conformant à l'ordonnance du médecin.	4. Les analgésiques sont plus efficaces si on les administre dès que la douleur se manifeste.	• Il accepte de prendre les analgésiques prescrits.
5. Observer le comportement du patient face à la douleur et recueillir des données sur son expérience de la douleur.	5. Ces données renseignent davantage sur la douleur ressentie par le patient.	• Il présente moins de signes de *douleur aiguë* (grimaces, cris et gémissements, manque d'intérêt pour ce qui l'entoure).
6. Collaborer avec le patient, le médecin et les autres membres de l'équipe soignante lorsque des modifications dans le traitement de la douleur s'imposent.	6. Les modifications dans l'administration des analgésiques doivent être acceptées par le patient, le médecin et les membres de l'équipe soignante; en participant à son traitement, le patient a moins le sentiment d'être impuissant.	• Il participe aux décisions concernant l'administration des analgésiques.
7. Inciter le patient à utiliser des mesures de soulagement de la douleur qui ont donné de bons résultats par le passé.	7. On favorise ainsi le soulagement de la douleur par des moyens connus du patient et des membres de sa famille.	
8. Enseigner au patient de nouvelles mesures de soulagement de la douleur: diversion, visualisation, relaxation, stimulation cutanée, etc.	8. On donne au patient des moyens supplémentaires de soulager la douleur.	• Le patient connaît de nouvelles mesures de soulagement de la douleur. • Il utilise à bon escient les nouvelles mesures de soulagement de la douleur. • Il dit utiliser efficacement les nouvelles mesures de soulagement de la douleur et éprouver une diminution de l'intensité de la douleur. • Il dit que l'intensité de la douleur a diminué, ce qui lui permet de participer à un plus grand nombre d'activités.

Diagnostic infirmier: Chagrin par anticipation; perturbation dans l'exercice du rôle

Objectif: Progression appropriée dans le processus de deuil

1. Inciter le patient à exprimer ses peurs et ses inquiétudes et à poser des questions concernant la maladie, son traitement et ses conséquences futures.	1. Une meilleure connaissance de la maladie réduit l'anxiété et dissipe les idées fausses.	• Le patient et sa famille progressent de façon appropriée dans le processus de deuil, car ils expriment davantage leur chagrin.
2. Encourager la participation active du patient ou des membres de sa famille aux soins et aux décisions thérapeutiques.	2. La participation active assure l'autonomie du patient et diminue son sentiment d'impuissance.	• Ils connaissent les ressources qui leur permettront de s'adapter au cours du processus de deuil.
3. Encourager les visites fréquentes de la famille pour établir ou maintenir les rapports et le rapprochement physique.	3. Les contacts fréquents améliorent la confiance et le sentiment de sécurité et diminuent la peur et le sentiment d'isolement.	• Ils utilisent adéquatement les ressources qui sont à leur disposition. • Ils parlent ouvertement de l'avenir.
4. Favoriser l'expression des sentiments négatifs, y compris la colère et l'hostilité dans des limites de l'acceptable.	4. Le patient peut ainsi exprimer ses émotions sans perdre l'estime de soi.	• Le patient et les membres de sa famille discutent ouvertement de leurs inquiétudes et de leurs sentiments.

Plan de soins 47-1 (suite)

Patient souffrant de cancer

Interventions infirmières	Justification	Résultats escomptés
5. Permettre au patient de pleurer et d'exprimer sa tristesse.	5. Ces sentiments sont nécessaires pour que la séparation et le détachement puissent se faire.	• Ils expriment par des moyens non verbaux les sentiments qu'ils nourrissent les uns pour les autres.
6. Demander l'assistance d'un membre du clergé si le patient et les membres de sa famille le désirent.	6. On peut ainsi favoriser l'acceptation du deuil et offrir une aide spirituelle.	
7. Recommander au patient et aux membres de sa famille les services d'un psychothérapeute pour soulager un chagrin anormal.	7. On favorise ainsi le processus de deuil.	
8. Permettre au patient et à sa famille de progresser à leur rythme dans le processus de deuil.	8. La progression dans le processus de deuil varie d'une personne à l'autre. Certaines personnes ne traversent pas toutes les étapes du processus. D'autres mettent plus de temps à traverser chacune des étapes. Pour que l'acceptation du deuil puisse se faire adéquatement, il faut tenir compte de ces différences individuelles.	

Diagnostic infirmier : Perturbation de l'image corporelle et de l'estime de soi reliée à des modifications de l'apparence extérieure et du fonctionnement et à une perturbation dans l'exercice du rôle

Objectif : Amélioration de l'image corporelle et de l'estime de soi

1. Évaluer les sentiments du patient concernant son image corporelle et son degré d'estime de soi.	1. Ces données initiales permettront d'évaluer les modifications et l'efficacité des interventions.	• Le patient fait état des problèmes qui ont pour lui de l'importance.
2. Déterminer les facteurs qui peuvent menacer l'estime de soi du patient (modification de l'apparence physique, diminution de la libido, chute des cheveux, perte d'énergie, perturbation dans l'exercice du rôle). Expliquer au patient que ses inquiétudes sont justifiées.	2. On peut ainsi prévoir les changements et leur importance pour le patient.	
3. Encourager la participation aux soins et aux prises de décisions.	3. On permet ainsi au patient de conserver un certain pouvoir.	• Il participe activement aux soins. • Il maintient le rôle qu'il exerçait antérieurement dans les prises de décisions.
4. Encourager le patient à exprimer ses inquiétudes.	4. Il importe de reconnaître ses inquiétudes pour être en mesure d'y faire face.	• Il exprime ses sentiments et ses réactions aux pertes réelles ou anticipées.
5. Personnaliser les soins apportés au patient.	5. Le patient se sentira ainsi valorisé et moins dépersonnalisé.	• Il effectue ses autosoins.
6. Aider le patient à effectuer ses autosoins quand la fatigue, la léthargie, les nausées, les vomissements et autres complications réduisent son autonomie.	6. Le bien-être physique améliore l'estime de soi.	• Il permet aux autres de l'aider à effectuer ses autosoins lorsqu'il est incapable de le faire seul.
7. Aider le patient à choisir et à utiliser des produits cosmétiques, des écharpes, des postiches et des vêtements qui améliorent son apparence physique.	7. On peut améliorer ainsi l'image corporelle.	• Il s'intéresse à son apparence physique et utilise adéquatement les produits cosmétiques, les accessoires, etc.
8. Encourager le patient et son partenaire à partager leurs inquiétudes concernant la modification de la sexualité et de la fonction sexuelle et à chercher d'autres moyens d'exprimer leur sexualité.	8. Le patient et sa partenaire peuvent ainsi exprimer leurs inquiétudes et leur affection.	• Il participe aux conversations et s'engage dans des activités sociales. • Il exprime ses inquiétudes concernant son partenaire sexuel. • Il cherche de nouveaux moyens d'exprimer ses inquiétudes et son affection.

informer sans délai le médecin de toute modification indésirable des résultats des analyses sanguines et de l'apparition de signes d'infection ou d'hémorragie. Elle doit enseigner au patient et aux membres de sa famille les mesures permettant de prévenir ces complications à la maison. (Voir le plan de soins 47-1 pour plus de détails à ce sujet.)

On ne doit pas négliger non plus les effets localisés de la chimiothérapie. Il faut observer étroitement le patient au cours de l'administration des antinéoplasiques, car une infiltration peut avoir de graves conséquences, surtout dans le cas des agents vésicants qui peuvent provoquer une nécrose du tissu sous-cutané. Il faut prévenir sans tarder le médecin si on observe des complications localisées ou si on a éprouvé des difficultés lors de l'administration des antinéoplasiques, afin qu'il puisse prendre immédiatement des mesures correctrices.

Les infirmières qui administrent les antinéoplasiques peuvent être exposées à de faibles doses de ces médicaments par contact direct, par inhalation ou par ingestion. On a observé des signes de mutations génétiques dans les urines de membres du personnel médical souvent exposés à des agents cytotoxiques. Ces mutations n'entraînent pas forcément un cancer mais peuvent devenir héréditaires. Même si on n'a mené aucune étude prolongée sur les infirmières qui administrent des antinéoplasiques, on sait que ces agents peuvent provoquer des cancers et des anomalies chromosomiques. On a observé chez des membres du personnel médical qui administrent des antinéoplasiques des nausées, des vomissements, des étourdissements, de l'alopécie et des ulcérations de la muqueuse nasale. Étant donné les dangers de l'administration des antinéoplasiques, l'Association pour la santé et la sécurité au travail, secteur des affaires sociales, les centres hospitaliers et les autres établissements où l'on prodigue ce genre de soins ont mis au point des recommandations particulières destinées aux personnes qui préparent et administrent ces médicaments.

Ces personnes doivent prendre les précautions suivantes: (1) préparer tous les antinéoplasiques sous une hotte de confinement biologique; (2) porter des gants chirurgicaux en latex pour manipuler les antinéoplasiques et les excréments des patients subissant une chimiothérapie; (3) porter une blouse jetable, à manches longues pendant la préparation et l'administration des antinéoplasiques; (4) placer des adaptateurs Luer-Lok sur tous les tubes utilisés pour l'administration d'antinéoplasiques par voie intraveineuse; (5) jeter tout le matériel utilisé pour la préparation et l'administration des antinéoplasiques dans des contenants appropriés, étanches et non perforables; (6) éliminer les antinéoplasiques conformément aux règlements relatifs à l'élimination des matières dangereuses. En prenant toutes ces précautions, on peut fortement diminuer les risques d'exposition.

HYPERTHERMIE

L'hyperthermie (traitement par la chaleur), soit l'exposition à des températures élevées, est utilisée depuis de nombreuses années chez l'humain pour détruire les cellules cancéreuses. Des recherches ont en effet démontré que les cellules malignes sont plus sensibles que les cellules normales aux températures élevées pour plusieurs raisons. Les cellules malignes ne contiennent pas les enzymes nécessaires à la réparation de l'ADN et de la membrane cellulaire endommagés par la chaleur. Elles ne contiennent pas non plus les enzymes qui catalysent la production de l'adénosine triphosphate (ATP), un nucléotide qui est nécessaire pour obtenir une réponse cellulaire normale aux demandes métaboliques accrues par l'hyperthermie. De plus, la plupart des cellules tumorales ont un apport en oxygène insuffisant pour répondre aux besoins quand la demande est accrue par des températures élevées. Les cellules cancéreuses ne peuvent dissiper la chaleur, faute de vaisseaux sanguins de calibre suffisant. D'après certaines recherches, l'hyperthermie stimulerait indirectement le système immunitaire.

L'hyperthermie est généralement utilisée en association avec la radiothérapie et la chimiothérapie. On pense que l'association hyperthermie et radiothérapie est efficace parce que les cellules tumorales hypoxiques et les cellules en phase S du cycle sont plus sensibles à la chaleur qu'à l'irradiation. De plus, la chaleur cause des lésions aux cellules tumorales qui les empêchent de se régénérer après la radiothérapie. Utilisée en association avec la chimiothérapie, elle permettrait, croit-on, une plus grande absorption d'antinéoplasiques par la cellule en augmentant la perméabilité de la membrane cellulaire. Il semble de plus qu'elle inhiberait la régénération cellulaire.

La chaleur peut être générée par des ondes radioélectriques, des ultrasons, des micro-ondes ou ondes magnétiques. On peut aussi immerger le patient dans un bain d'eau chaude ou de cire chaude. On peut réchauffer une région précise du corps ou le corps entier. L'hyperthermie régionale peut être administrée par perfusion dans un membre affecté (par un mélanome malin par exemple). Dans ce cas, on isole le membre avec un tourniquet et on réchauffe le sang qui l'irrigue au moyen d'un dispositif extracorporel. On peut également introduire des sondes thermiques autour d'une tumeur et les relier à une source de chaleur. On peut aussi réchauffer certains antinéoplasiques, comme le melphalan, et les instiller dans le sang qui circule dans la région affectée, ou encore perfuser une solution chaude dans un organe atteint. Le traitement hyperthermique du corps tout entier est utilisé dans les cas de cancer disséminé. On l'administre au moyen de dispositifs extracorporels de circulation de la chaleur, ou par immersion du patient dans de l'eau ou de la paraffine chaudes ou encore au moyen d'une combinaison chauffante.

Parmi les effets secondaires de l'hyperthermie, citons les brûlures cutanées, les lésions tissulaires, la fatigue, l'hypotension, les neuropathies périphériques, les thrombophlébites, les nausées, les vomissements, la diarrhée et les déséquilibres électrolytiques. On observe dans certains cas une résistance à l'hyperthermie due à une adaptation des cellules. L'efficacité et les effets secondaires de ce mode de traitement, de même que les différentes méthodes d'administration, font actuellement l'objet d'études cliniques.

Rôle de l'infirmière

Bien que l'hyperthermie soit utilisée depuis de nombreuses années, elle est peu connue des patients et des membres de leur famille. Par conséquent, l'infirmière doit leur en expliquer les modalités, les buts et les effets. Elle doit observer le patient à la recherche d'effets secondaires et faire tout ce qui est en son pouvoir pour en prévenir l'apparition ou en réduire la gravité. Elle doit aussi administrer des soins cutanés au point d'introduction des sondes thermiques.

MODIFICATEURS DE LA RÉPONSE BIOLOGIQUE

Les modificateurs de la réponse biologique sont des agents capables de stimuler les défenses immunitaires contre les cellules tumorales. Les mécanismes d'action varient selon le modificateur de la réponse biologique utilisé, mais les objectifs du traitement sont toujours de détruire les cellules malignes ou d'arrêter leur prolifération. Avec les années, on est arrivé à comprendre comment les défenses immunitaires naturelles de l'organisme luttent contre le cancer. Le traitement par les modificateurs de la réponse biologique se fonde sur le rétablissement ou la stimulation de ces défenses immunitaires naturelles.

Les premières recherches dans ce domaine portaient sur l'utilisation chez les animaux et les humains d'agents non spécifiques, comme le bacille de Calmette-Guérin (BCG) et *Corynebacterium parvum*, jouant le rôle d'antigènes capables de stimuler la réponse immunitaire. On se basait sur l'hypothèse selon laquelle le système immunitaire stimulé pourrait détruire les tumeurs malignes. Ces recherches ont donné des résultats prometteurs, particulièrement dans le traitement du mélanome malin et des cancers rectocoliques, et le BCG est aujourd'hui couramment utilisé dans le traitement du cancer localisé de la vessie. Cependant, les mécanismes d'action des agents non spécifiques sont encore mal connus.

Les *interférons* sont des modificateurs de la réponse biologique ayant des propriétés antivirales et antitumorales. Il s'agit de glycoprotéines produites par les cellules et que l'on classe selon leurs propriétés biologiques et chimiques. L'interféron α est produit par les leucocytes, l'interféron β, par les fibroblastes et l'interféron γ, par les lymphocytes. Jusqu'ici les études cliniques ont surtout porté sur l'utilisation de l'interféron α. Les interférons sont d'abord utilisés pour leurs propriétés antivirales.

On ne connaît pas précisément les mécanismes d'action des interférons, mais on pense qu'ils stimulent le système immunitaire ou qu'ils préviennent la croissance de la tumeur. Ils augmentent la production de lymphocytes et d'anticorps et stimulent la fonction cytolytique des macrophages et des cellules NK, les cellules tueuses naturelles. De plus, ils peuvent inhiber la multiplication des cellules en prolongeant la durée des diverses phases du cycle cellulaire.

Les interférons se sont révélés efficaces dans le traitement d'un grand nombre de cancers. On les a utilisés avec succès dans le traitement des lymphomes non hodgkiniens et des mélanomes malins. La posologie optimale et les méthodes d'administration les plus efficaces de ces agents sont à l'étude.

Les *anticorps monoclonaux* font également partie des modificateurs de la réponse biologique. Ce sont des anticorps qui ne reconnaissent qu'un seul type d'antigène. Des progrès techniques récents ont permis la production d'anticorps monoclonaux reconnaissant des cellules malignes spécifiques. Pour produire ces anticorps monoclonaux, on injecte des cellules tumorales dans un organe donné d'une souris et on récolte les anticorps produits, que l'on utilise ensuite dans le traitement du cancer.

Les premières recherches menées sur le traitement par les anticorps monoclonaux des cancers hématologiques et des tumeurs solides ont donné peu de résultats. On étudie actuellement la possibilité de conjuguer les anticorps monoclonaux à d'autres substances, comme des substances radioactives, des agents antinéoplasiques, des hormones, des lymphokynes et des interférons. On utilise les anticorps monoclonaux, liés à un isotope radioactif dans les épreuves de dépistage du cancer.

Les lymphokines ou cytokines, cellules produites par des lymphocytes et jouant un rôle bien défini dans la réponse immunitaire, font actuellement l'objet d'études.

La mieux connue des lymphokines est l'interleukine-2 (IL-2) qui stimule la production et l'activation de plusieurs types de lymphocytes T. Combinés aux interleukines-2, les lymphocytes nuls (soit les lymphocytes sans marqueurs T et B) deviennent des cellules tueuses activées par les lymphokines (cellules LAK) capables de détruire les cellules cancéreuses. Dans le cadre de certaines études cliniques, des patients souffrant de cancers comme le mélanome, les sarcomes ou le cancer du rein ont reçu des perfusions d'IL-2 combiné à des cellules LAK. Certains médecins remettent en question l'utilité de ces études étant donné que les effets toxiques de l'IL-2 peuvent être particulièrement graves. Les études futures porteront sur la posologie optimale, les effets antitumoraux et le traitement des effets toxiques de cet agent. Les lymphokines qu'on étudie actuellement sont les facteurs de croissance hématopoïétiques, le facteur de nécrose des tumeurs et le facteur de transfert.

Les facteurs de croissance hématopoïétiques sont des substances de type hormonal produites naturellement par un grand nombre de cellules du système immunitaire. Ils stimulent la production de tous les types de cellules sanguines, dont les leucocytes, les érythrocytes et les plaquettes. On croit que plusieurs de ces facteurs pourraient contribuer à réduire l'aplasie médullaire provoquée par la chimiothérapie et pourraient être utilisés à cette fin dans le traitement de certains cancers hématologiques, ce qui est actuellement à l'étude.

Soins infirmiers

Les patients qui sont traités à l'aide de modulateurs de la réponse biologique ont les mêmes besoins que ceux qui reçoivent les traitements anticancéreux plus traditionnels. Ce mode de traitement est souvent utilisé en dernier recours. Par conséquent, l'infirmière doit offrir son aide au patient et à sa famille et leur prodiguer l'enseignement et les conseils dont ils ont besoin. Elle doit de plus aider à la planification et à l'évaluation des soins. Elle doit connaître chacun des agents administrés et leurs effets indésirables. Comme l'utilisation de ces agents est encore au stade expérimental, ils sont administrés dans le cadre de projets de recherche. Il importe donc que l'infirmière note toutes ses observations de façon claire et précise.

TRAITEMENTS EMPIRIQUES

Actuellement, 45 % des patients atteints de cancer survivent au moins cinq ans après que le diagnostic a été posé et sont virtuellement «guéris» de leur maladie. Cependant, d'autres n'obtiennent pas les résultats désirés et sont la cible de charlatans. La peur, l'ignorance, la frustration, le désespoir, et les pressions familiales et sociales sont les principaux facteurs qui poussent la personne atteinte de cancer à se tourner vers des traitements empiriques. Malheureusement, ces traitements peuvent nuire aux traitements traditionnels, entraîner des frais importants et provoquer des complications.

Certains de ces traitements sont administrés au moyen de divers appareils et dispositifs, d'autres sont à base de drogues, de produits biologiques, ou de pratiques et produits dits «naturels», et d'autres encore se fondent sur des pratiques et des croyances spirituelles.

Appareils et dispositifs. Il existe divers dispositifs et gadgets électroniques qui sont censés traiter le cancer. Les personnes qui en font la promotion ont souvent peu de formation et se vantent d'avoir obtenu des succès extraordinaires. Ces appareils sont souvent munis de nombreux boutons et voyants et produisent des vibrations ou autres sensations simulant la transmission d'énergie.

Drogues et produits biologiques. Des agents médicinaux, des plantes, des protéines, des mégavitamines, des vaccins, des enzymes et des sérums ont été utilisés pour des traitements anticancéreux illicites. On a aussi utilisé des produits dérivés d'herbes et de fleurs, ainsi que du sang et des urines provenant d'animaux ou de patients atteints de cancer.

Pratiques et produits naturels. Certains charlatans préconisent des régimes à base de produits naturels qui auraient pour effet de purifier l'organisme et de retarder la croissance de tumeurs cancéreuses. On connaît des régimes de ce genre à base de raisins, de jus de carottes, ou de foie cru. On a affirmé aussi que les irrigations du côlon auraient des effets anticancéreux, et qu'un produit à base de vitamine B_{17} et d'amygdaline, connu sous le nom de Laetrile, pourrait tuer les cellules tumorales en libérant du cyanure. Aux États-Unis, le National Cancer Institute, pour répondre à la demande du public, a fait procéder à une étude des effets de Laetrile. Cette étude a révélé que ce produit n'avait aucune propriété thérapeutique. Il peut par ailleurs provoquer un grand nombre d'effets nocifs (empoisonnement par le cyanure, fièvre, éruptions cutanées, céphalées, vomissements, diarrhée, hypotension). On a également prétendu que les régimes macrobiotiques pourraient avoir des effets bénéfiques chez les personnes atteintes de cancer, car ils rétablissent l'équilibre entre les deux forces de l'univers, le yin et le yang. On observe cependant chez les adeptes de ces régimes des carences en vitamines, en minéraux et en protéines, de même qu'une importante perte de poids due à un apport énergétique insuffisant. Les régimes macrobiotiques n'ont aucune valeur thérapeutique.

Pratiques et croyances spirituelles. Certains traitements empiriques se fondent sur des pratiques et des croyances spirituelles, comme la chirurgie psychique, le fidéisme thérapeutique, l'imposition des mains et l'invocation des pouvoirs mystiques de l'Univers. Il est difficile de rejeter ces traitements étant donné qu'ils sont fondés sur la foi.

Résumé: Les personnes atteintes de cancer chez qui les traitements traditionnels ont échoué sont une proie facile pour les charlatans, qui proposent des traitements à base de divers appareils et dispositifs, de drogues et de produits biologiques, de pratiques et de produits dits naturels ou de pratiques et de croyances spirituelles. Elles se tournent vers ces traitements par peur ou par désespoir. Elles ont donc besoin de l'aide de membres du personnel médical et paramédical, capables de les comprendre et de leur donner des renseignements objectifs à ce sujet.

Soins infirmiers

Pour protéger contre le charlatanisme les personnes atteintes de cancer, l'infirmière doit leur offrir son aide et leur redonner espoir. Elle doit répondre avec honnêteté, et sans porter de jugement, à leurs questions concernant les méthodes empiriques de traitement du cancer. Elle peut ainsi soulager leurs craintes et leur éviter de croire qu'ils n'ont pas tout fait pour combattre la maladie. L'infirmière peut expliquer au patient et aux membres de sa famille les caractéristiques générales des charlatans afin de les renseigner et de les mettre en garde (encadré 47-5).

SOINS INFIRMIERS AUX PATIENTS ATTEINTS DE CANCER

Grâce aux progrès techniques et scientifiques, les chances de survie du patient qui souffre de cancer se sont grandement améliorées. Cependant, la maladie sous toutes ses formes et son traitement entraînent de nombreuses complications. L'infirmière de l'équipe d'oncologie a donc l'importante tâche d'observer le patient à la recherche de signes de ces complications.

▶ DÉMARCHE DE SOINS INFIRMIERS PATIENTS ATTEINTS DE CANCER

▷ *Évaluation*

À tous les stades de la maladie, il faut observer le patient pour déceler les facteurs de prédisposition aux infections. Les infections sont la principale cause de mortalité dans cette population. Voir le tableau 47-5 pour les facteurs qui prédisposent aux infections. L'infirmière doit vérifier les résultats des examens diagnostiques, particulièrement de la formule sanguine, afin de déceler le plus rapidement possible les modifications dans le nombre des leucocytes. Les foyers d'infection courants, comme le pharynx, la peau, la région périanale, les voies urinaires et les voies respiratoires, doivent faire l'objet d'examens fréquents. Il faut cependant se rappeler que les signes caractéristiques d'infection (fièvre, tuméfaction, rougeur, écoulements et douleur) peuvent être absents chez le patient dont le système immunitaire est atteint. Il faut observer le patient à la recherche de signes de septicémie, particulièrement si des lignes de perfusion ou des cathéters installés par méthode effractive sont en place.

Chez les personnes atteintes de cancer, la fonction leucocytaire est souvent altérée. On appelle *leucopénie* la diminution du nombre des leucocytes (globules blancs). Il existe trois sortes de leucocytes: les granulocytes (neutrophiles, basophiles et éosinophiles), les lymphocytes, et les monocytes. Les granulocytes neutrophiles, qui représentent normalement de 60 à 70 % du nombre total de leucocytes, jouent un rôle important dans la lutte par phagocytose contre l'infection. Afin de déterminer la capacité de l'organisme de combattre l'infection, il faut donc connaître le nombre total de leucocytes ainsi que le nombre relatif et absolu des granulocytes neutrophiles matures et immatures (bands, métamyélocytes). Les risques d'infection augmentent lorsque le nombre absolu des neutrophiles diminue.

Encadré 47-5
Caractéristiques générales des charlatans

- Ils n'ont pas de liens avec les établissements et organismes reconnus.
- Ils ne publient pas les résultats de leurs études dans des périodiques scientifiques reconnus, mais plutôt dans des revues qui ne sont pas lues par les oncologistes et autres spécialistes.
- Ils prétendent être victimes de préjugés et de mépris de la part de la médecine officielle.
- Ils ont tendance à remettre en question les théories établies et à attaquer de façon virulente d'éminents spécialistes.
- Ils citent souvent en exemple des médecins et des scientifiques qui ont été forcés de lutter contre le dogmatisme rigide de leur époque.
- Ils utilisent très souvent un jargon complexe et des tournures peu habituelles pour donner plus de crédibilité aux articles qu'ils publient.
- Leur formation est insuffisante sinon inexistante.
- Ils évitent ou refusent la confrontation avec des médecins réputés, et n'acceptent pas les résultats des études scientifiques portant sur leurs méthodes, se disant persécutés par la médecine officielle.

- Ils ont une méthode de traitement secrète qu'eux seuls peuvent appliquer ou enseigner.
- Ils dénigrent la biopsie et vont jusqu'à prétendre qu'elle favorise la dissémination du cancer. Certains d'entre eux acceptent de traiter des personnes guéries de leur cancer par les méthodes traditionnelles mais qui craignent de ne pas l'être.
- Ils utilisent parfois des médicaments ou des méthodes de traitement reconnus en plus de leur remède miracle, mais affirment que les effets favorables qu'ils obtiennent sont dus à leur remède miracle.
- Ils prétendent détenir des doctorats de toutes sortes, souvent obtenus grâce à un cours par correspondance.
- Ils sont en général appuyés par des hommes politiques, des acteurs, des écrivains, des avocats, mais jamais par des personnes ayant une connaissance scientifique du cancer et de son traitement.

(Source: American Cancer Society, *Unproven Methods of Cancer Management,* New York, 1982)

Il faut également tenir compte des facteurs qui prédisposent ces patients à l'hémorragie. Il s'agit de l'aplasie médullaire provoquée par la chimiothérapie, la radiothérapie et les médicaments qui entravent la coagulation et l'agrégation plaquettaire comme l'acide acétylsalicylique (aspirine), Persantine, l'héparine ou la warfarine. Les principaux foyers d'hémorragie sont la peau et les muqueuses, les voies intestinales, urinaires et respiratoires et le cerveau.

Il faut également vérifier s'il y a présence de saignement macroscopique ou de suintement aux points d'injection, de même que d'ecchymoses dans n'importe quelle région du corps. Il faut également être à l'affût des modifications de l'état de conscience, ce qui peut indiquer une hémorragie intracrânienne. Il faut faire part au médecin de tout signe d'hémorragie.

Chez les patients souffrant de cancer, *l'intégrité de la peau et des tissus* est menacée en raison des effets de la chimiothérapie, de la radiothérapie, de la chirurgie et des interventions effractives. Lors de la collecte des données, l'infirmière doit noter la présence de ces facteurs et dépister les autres facteurs de risque comme les carences nutritionnelles, l'incontinence urinaire et fécale, l'immobilité, l'immunosuppression et les modifications dues au vieillissement. Elle doit également noter la présence de lésions et d'ulcérations cutanées associées à la tumeur. Les lésions buccales peuvent avoir d'importants effets sur l'état nutritionnel et le bien-être du patient. Il faut donc examiner attentivement la muqueuse buccale et noter, s'il y a lieu, l'aspect des lésions. La chute des cheveux (alopécie) est une autre forme d'altération des tissus courante chez les patients qui reçoivent une radiothérapie ou une chimiothérapie. L'infirmière doit noter la perte des cheveux en plus d'évaluer son importance pour le patient et sa famille.

L'évaluation de l'*état nutritionnel* du patient est une partie importante du travail de l'infirmière. Les altérations de l'état nutritionnel et la perte de poids peuvent être provoquées par une tumeur localisée, une maladie, les effets secondaires du traitement ou l'état affectif du patient. L'infirmière doit peser le patient tous les jours et évaluer son apport énergétique. Elle doit également noter les habitudes alimentaires, la fréquence et la durée des épisodes d'anorexie, les modifications de l'appétit, les situations et les aliments qui soulagent ou aggravent l'anorexie et les antécédents pharmaceutiques. Elle doit déterminer si le patient éprouve des difficultés à mastiquer ou à avaler et elle doit inscrire dans le dossier la fréquence des nausées, des vomissements ou de la diarrhée. On évalue généralement l'état nutritionnel par des mesures anthropométriques (pli cutané tricipital et périmètre du bras), les taux sériques de protéines (albumine et transferrine), la numération leucocytaire, le taux d'hémoglobine, l'hématocrite, le taux urinaire de créatinine et le taux de fer sérique.

La douleur et le malaise éprouvés par le patient atteint de cancer peuvent être provoqués par la maladie elle-même, par la pression exercée par la tumeur, par les examens diagnostiques ou par les traitements. L'intensité de la douleur est influencée par des facteurs physiques et psychologiques. L'infirmière doit donc, en plus de déterminer la source et le siège de la douleur, établir s'il y a présence de facteurs susceptibles d'en augmenter l'intensité: peur, appréhension, fatigue, colère, isolement social. Les échelles d'évaluation de la douleur (voir le chapitre 15) sont utiles pour en mesurer l'intensité avant l'administration d'un analgésique et pour évaluer ensuite le soulagement obtenu.

Tous éprouvent à l'occasion une fatigue passagère, mais les personnes atteintes de cancer éprouvent souvent une fatigue constante. Par conséquent, l'infirmière doit les observer pour déceler chez eux l'épuisement, la faiblesse, le manque d'énergie et l'incapacité de mener à bien les activités importantes de la vie quotidienne. Les patients qui souffrent de fatigue chronique ont moins d'intérêt et sont moins actifs.

TABLEAU 47-5. *Facteurs qui prédisposent le patient atteint de cancer aux infections*

Facteurs	Mécanismes
1. Atteinte à l'intégrité de la peau et des muqueuses	• Les lésions cutanées font une brèche dans la première ligne de défense de l'organisme contre les microorganismes.
2. Chimiothérapie	• De nombreux agents antinéoplasiques provoquent une aplasie médullaire, ce qui entraîne une diminution de la production et du fonctionnement des leucocytes. Certains antinéoplasiques portent aussi atteinte à l'intégrité de la peau et des muqueuses. Ils peuvent de plus provoquer des lésions organiques, telles la fibrose pulmonaire et les cardiomyopathies, qui prédisposent à l'infection.
3. Radiothérapie	• L'irradiation de la moelle osseuse peut provoquer une aplasie médullaire. La radiothérapie peut également porter atteinte à l'intégrité des tissus.
4. Modificateurs de la réponse biologique	• Certains modificateurs de la réponse biologique peuvent provoquer une aplasie médullaire et un dysfonctionnement de certains organes.
5. Transformation maligne	• Des cellules malignes peuvent s'infiltrer dans la moelle osseuse et entraver la production des leucocytes. Les cancers hématologiques (leucémies et lymphomes) sont associés à une altération de la production des cellules sanguines.
6. Malnutrition	• La malnutrition entrave la production et l'activité des cellules du système immunitaire. Elle peut également porter atteinte à l'intégrité de la peau.
7. Médicaments	• Les antibiotiques perturbent l'équilibre de la flore microbienne normale et favorisent la prolifération des bactéries pathogènes, surtout dans les voies gastro-intestinales. Les stéroïdes et les anti-inflammatoires non stéroïdiens masquent la réponse inflammatoire.
8. Sondes urétrales	• Les sondes favorisent l'entrée des microorganismes dans les voies urinaires.
9. Cathéters intraveineux	• La pose d'un cathéter intraveineux porte atteinte à l'intégrité de la peau. Le cathéter est aussi une voie d'accès pour les microorganismes.
10. Autres interventions effractives (interventions chirurgicales, paracentèse, thoracentèse, pose de drains, endoscopies, respiration assistée)	• Toutes ces interventions favorisent l'entrée des microorganismes.
11. Matériel contaminé	• Le matériel contaminé comme un appareil d'oxygénothérapie qui contient de l'eau stagnante, favorise la prolifération des microorganismes.
12. Âge	• Le vieillissement est associé au déclin des fonctions organiques et à une baisse de la production et de l'activité des cellules du système immunitaire.
13. Maladies chroniques	• Les maladies chroniques provoquent une altération des fonctions organiques et de la réponse immunitaire.
14. Hospitalisation prolongée	• L'hospitalisation prolongée expose aux infections nosocomiales.

Ils perdent aussi leur capacité de concentration et réagissent de façon plus lente et laconique dans les conversations. Ils sont pâles et leur musculature faciale est lâche. L'infirmière doit déterminer les facteurs de stress physiologique et psychologique qui peuvent aggraver la fatigue. La douleur, les nausées, la dyspnée, la constipation, la peur et l'anxiété sont souvent présents avant, pendant et après un épisode de fatigue.

Chez le patient atteint de cancer, l'évaluation ne doit pas se limiter à l'observation de manifestations physiologiques de l'évolution de la maladie. Elle doit en effet tenir compte de *l'état psychologique du patient* tout au cours de la maladie,

et de ses réactions, de même que de celles de sa famille aux examens diagnostiques et aux traitements, de même qu'à l'aggravation de la maladie, le cas échéant. Elle doit de plus évaluer sa progression dans le processus de deuil, ainsi que la façon dont il parle avec sa famille de sa maladie et du pronostic qui y est associé.

Beaucoup de patients atteints de cancer doivent s'adapter à des *altérations de l'image corporelle*. Pris dans l'engrenage du système de santé, ils se sentent souvent dépersonnalisés, le concept de soi étant sérieusement perturbé par la maladie, les risques d'invalidité et la crainte de la mort. Ils doivent modifier leur mode de vie à cause de la maladie, mais aussi des traitements. Si leur image corporelle est altérée, ils doivent modifier leur système de valeurs pour accorder moins d'importance à l'apparence physique. Une chirurgie mutilante, la chute des cheveux, la cachexie, les lésions cutanées, l'altération de la communication verbale et l'impuissance sexuelle font partie des effets dévastateurs du cancer et de son traitement qui peuvent ébranler l'image corporelle et l'estime de soi, ce dont l'infirmière doit tenir compte dans sa collecte des données. Elle doit aussi évaluer les capacités d'adaptation du patient à cet égard.

▷ Analyse et interprétation des données

Selon les données recueillies, voici les principaux diagnostics infirmiers possibles:

- Risque élevé d'infection relié à l'altération de la réponse immunitaire
- Risque élevé d'accident relié à des troubles de coagulation
- Atteinte à l'intégrité des tissus reliée aux effets de la maladie et du traitement
- Déficit nutritionnel relié à l'anorexie et à des troubles gastro-intestinaux
- Douleur reliée à la maladie et aux effets du traitement
- Fatigue reliée à des facteurs de stress physique et psychologique
- Chagrin (deuil) par anticipation relié à la perturbation de l'exercice du rôle
- Perturbation de l'image corporelle reliée à des modifications de l'apparence physique et à une perturbation de l'exercice du rôle

▷ Planification et exécution

▷ *Objectifs:* Prévention des infections; prévention des accidents reliés aux troubles de la coagulation; maintien de l'intégrité des tissus; maintien de l'apport nutritionnel; soulagement de la douleur et de la fatigue; progression appropriée à travers les étapes du processus de deuil; amélioration de l'image corporelle

▷ Interventions infirmières

▷ *Prévention des infections.* Malgré les progrès enregistrés dans le soin des patients souffrant de cancer, les infections sont toujours une importante cause de décès. Chez ces patients, les mécanismes de défense contre l'infection sont compromis de plusieurs façons. L'intégrité de la peau et des muqueuses, les premières lignes de défense de l'organisme, est altérée par un grand nombre d'interventions thérapeutiques et diagnostiques effractives, les effets indésirables de la radiothérapie et de la chimiothérapie et les effets nocifs de l'immobilité. L'anorexie, les nausées, les vomissements, la diarrhée et l'évolution de la maladie elle-même provoquent des carences nutritionnelles qui réduisent l'efficacité des mécanismes de défense. Des médicaments, comme les antibiotiques, perturbent l'équilibre de la flore microbienne normale et favorisent la prolifération de microorganismes pathogènes. D'autres médicaments peuvent altérer la réponse immunitaire (voir le chapitre 48). Le cancer, par lui-même, peut avoir un effet immunosuppresseur. Certains cancers comme les leucémies et les lymphomes altèrent souvent l'immunité cellulaire et humorale. Dans les cancers avancés, la tumeur peut obstruer les viscères creux et les vaisseaux sanguins et lymphatiques, ce qui crée un environnement favorable à la prolifération des

microorganismes pathogènes. Chez certains patients, des cellules tumorales s'infiltrent dans la moelle osseuse, empêchant la production normale des leucocytes. Le plus souvent toutefois, les leucopénies sont dues à l'aplasie médullaire consécutive à la chimiothérapie ou à la radiothérapie.

Chez les patients atteints d'aplasie médullaire ou d'une immunosuppression, les infections sont souvent causées par des microorganismes présents dans l'environnement hospitalier, dont les plus dangereux sont les bacilles Gram-négatif, comme *Pseudomonas aeruginosa* et *Escherichia coli*. Des bacilles Gram-positif, comme *Staphylococcus aureus*, et des champignons, comme *Candida albicans*, peuvent également provoquer des infections graves.

La fièvre est probablement le signe le plus important d'infection chez le patient immunosupprimé. Elle peut aussi être provoquée par un grand nombre de maladies non infectieuses, dont le cancer lui-même. On doit néanmoins communiquer sans délai avec le médecin si la température corporelle atteint 38,8 °C ou plus. On traite les infections au moyen d'antibiotiques, d'après les résultats des cultures et des antibiogrammes faits sur les écoulements de plaie, les expectorations, les urines, les selles ou le sang, selon le cas. Il arrive très souvent que les patients atteints de leucopénie (réduction du nombre des globules blancs) soient traités par des antibiotiques à large spectre avant qu'on ait identifié le germe causal, à cause d'un important risque de mortalité. Les antibiotiques à large spectre sont efficaces contre la plupart des microorganismes pathogènes.

Il appartient à l'infirmière d'administrer les antibiotiques promptement, selon le schéma posologique prescrit, afin d'assurer des concentrations sanguines suffisantes. Il faut respecter strictement les règles de l'asepsie lors de la manipulation des tubulures et cathéters intraveineux et de tout matériel qui permet l'entrée des microorganismes. Il faut de plus éviter au patient les contacts avec les personnes souffrant d'une infection évolutive, et leur recommander fortement d'éviter les foules. Pour éviter les contaminations, le lavage des mains et une bonne hygiène s'imposent. Les interventions effractives, comme les injections, les examens vaginaux et rectaux, la prise de la température rectale et les interventions chirurgicales, doivent être évitées. Il faut aussi encourager le patient à tousser et à prendre souvent des respirations profondes pour prévenir l'atélectasie et autres troubles respiratoires.

L'infirmière doit observer fréquemment le patient à la recherche de signes d'infection et d'inflammation tout au cours de sa maladie. Les septicémies et le choc septique sont des complications qui mettent la vie en péril et qu'il faut prévenir, ou déceler le plus rapidement possible.

Les principaux signes et symptômes du choc septique sont une altération du niveau de conscience, la fièvre ou l'hypothermie, une peau froide et moite, une réduction du débit urinaire, l'hypotension, des arythmies et des déséquilibres électrolytiques et acidobasiques. Le patient et les membres de sa famille doivent connaître les signes et les mesures de prévention de la septicémie, de même que les mesures à prendre si elle se manifeste.

Le choc septique est le plus souvent associé à une infection irrépressible par des germes Gram-négatif. Il se caractérise par des troubles circulatoires et une hypoxie. Il se manifeste par une baisse du niveau de conscience, une température inférieure ou supérieure à la normale, une peau froide et moite, une diminution du débit urinaire, de l'hypotension, des troubles du rythme, des déséquilibres électrolytiques et une acidose métabolique. Dans les cas de choc septique, l'infirmière doit prendre, toutes les 15 à 30 minutes, la pression artérielle, le pouls, le rythme respiratoire et la température du patient. L'examen neurologique lui permet de déceler la confusion et la désorientation. Pour dépister les déséquilibres hydroélectrolytiques, elle doit tenir le bilan des ingesta et des excreta, et prélever des échantillons pour la mesure des électrolytes sériques. Il lui faut suivre de près les valeurs des gaz artériels pour dépister l'hypoxie. Elle doit administrer, selon l'ordonnance du médecin, les liquides intraveineux, le sang et les dérivés du sang, afin d'assurer le maintien de la pression artérielle et l'irrigation tissulaire. Une oxygénothérapie est parfois nécessaire, de même que l'administration d'antibiotiques à large spectre pour combattre l'infection sous-jacente.

▷ *Prévention des accidents reliés aux troubles de la coagulation.* La diminution du nombre des plaquettes dans le sang circulant (thrombopénie) est la cause la plus courante d'hémorragie chez le patient atteint de cancer. La thrombopénie est le plus souvent due à l'aplasie médullaire provoquée par la chimiothérapie ou la radiothérapie. L'infiltration de la moelle osseuse par des cellules cancéreuses peut également entraver la production normale des plaquettes. Dans les leucémies et les lymphomes, la destruction des plaquettes peut provoquer une hypertrophie de la rate (splénomégalie), ainsi qu'une altération de l'activité des anticorps.

Les plaquettes sont essentielles à la coagulation du sang (hémostase). On parle de *thrombopénie* quand le nombre des plaquettes dans le sang circulant est inférieur à 100×10^9/L. Les risques d'hémorragie sont importants quand la numération plaquettaire se situe entre 20 et 50×10^9/L. Une transfusion de plaquettes est souvent nécessaire pour éviter une hémorragie spontanée quand leur nombre est inférieur à 20×10^9/L.

En plus de vérifier les résultats des examens diagnostiques, l'infirmière doit observer le patient à la recherche de signes d'hémorragie. Elle doit également prendre des mesures pour prévenir les traumas et réduire les risques de saignement. Pour ce faire, elle doit recommander au patient de remplacer sa brosse à dents à poils durs par une brosse à poils souples et d'utiliser un rasoir électrique plutôt qu'un rasoir mécanique. Elle doit aussi éviter les interventions effractives superflues (par exemple, prise de la température rectale et cathétérisme). Elle doit enseigner au patient et aux membres de sa famille les mesures de prévention des accidents à la maison. Pour réduire les risques de lésions gastro-intestinales, elle peut conseiller la consommation d'aliments mous, l'augmentation de l'apport liquidien ou la prise de laxatifs émollients selon l'ordonnance du médecin. Elle doit manier doucement les articulations et les membres pour réduire les risques d'hémorragie spontanée.

L'hémorragie peut avoir plusieurs causes, dont la thrombopénie et les troubles de la coagulation associés à l'évolution du cancer ou aux traitements. Elle peut se déclencher dans les voies gastro-intestinales, respiratoires ou génito-urinaires ainsi que dans le cerveau. En cas d'hémorragie, il faut mesurer la pression artérielle, le pouls et le rythme respiratoire toutes les 15 à 30 minutes. Il faut suivre de près l'hématocrite et le taux d'hémoglobine pour dépister les baisses. L'infirmière doit prélever des échantillons d'urines, de selles et de vomissements pour la recherche de sang occulte. Les examens neurologiques permettent de dépister les troubles d'orientation et de comportement. L'infirmière doit administrer les liquides, le sang et les dérivés sanguins prescrits par le médecin pour remplacer les pertes subies, de même que les vasopresseurs pour stabiliser la pression artérielle et assurer l'oxygénation des tissus. Elle doit également administrer de l'oxygène, selon les besoins.

▷ *Maintien de l'intégrité des tissus.* Le patient souffrant de cancer est exposé à des altérations de la peau et des muqueuses. Les infirmières de tous les milieux de soins sont bien placées pour déceler ces altérations et aider le patient et sa famille à les prendre en charge. Les altérations les plus fréquentes sont notamment les lésions cutanées et tissulaires dues à la radiothérapie, la stomatite, l'alopécie et les lésions cutanées malignes.

En présence de lésions cutanées et tissulaires dues à la radiothérapie, l'infirmière doit prodiguer des soins attentifs pour prévenir l'aggravation de l'irritation, de même que le dessèchement et l'ulcération. Elle doit traiter délicatement la peau des régions affectées et éviter les frictions, l'emploi d'eau trop chaude ou trop froide, de savons, de poudres, de lotions et de produits cosmétiques. Elle doit aussi recommander au patient de porter des vêtements amples en tissu non irritant. Il faut éviter de crever les phlyctènes de crainte de favoriser une infection, et prendre les mesures d'asepsie nécessaires pour prévenir l'infection des plaies et la septicémie.

Stomatite. La stomatite provoquée par la chimiothérapie ou la radiothérapie est un trouble fréquent chez les patients souffrant de cancer. Il s'agit d'une réaction inflammatoire des tissus de la bouche qui se manifeste d'abord par un œdème ou un érythème légers, puis par des ulcérations douloureuses, des saignements et une infection. Elle apparaît souvent dans les 5 à 14 jours qui suivent l'administration de certains antinéoplasiques comme la doxorubicine et le 5-fluorouracil. Elle peut aussi être consécutive à une irradiation de la tête et du cou. Dans les cas graves, il faut parfois interrompre la chimiothérapie jusqu'à ce que l'inflammation soit disparue.

Le tissu épithélial qui tapisse la cavité buccale se renouvelle très rapidement. La chimiothérapie et la radiothérapie entravent ce renouvellement, ce qui provoque une réaction inflammatoire. De plus, le cancer lui-même ou son traitement entraînent une aplasie médullaire qui prédispose aux saignements et aux infections. Les douleurs provoquées par les ulcérations de la bouche peuvent empêcher le patient de se nourrir adéquatement et de pratiquer une bonne hygiène buccale. On peut prévenir ou réduire les lésions à la muqueuse buccale par l'emploi d'une brosse à dents à poils souples et d'un dentifrice non abrasif. Pour soulager la douleur et réduire les lésions, il faut également restreindre la consommation d'aliments trop chauds, trop épicés ou trop difficiles à mâcher. On doit lubrifier les lèvres du patient. Dans certains cas, on administre localement des antifongiques et des anesthésiques pour favoriser la cicatrisation et réduire la douleur. Il faut offrir un soutien au patient dont la stomatite est très douloureuse. On doit de plus l'aider à appliquer les traitements prescrits et à maintenir un apport liquidien et alimentaire suffisant.

Alopécie. La perte des cheveux (alopécie) totale ou partielle, temporaire ou permanente fait partie des effets indésirables de la radiothérapie et de la chimiothérapie. Sa gravité dépend des doses administrées et de la durée du traitement. Elle est due à une atteinte des cellules souches et des follicules pileux. La chute des poils situés ailleurs sur le corps est moins fréquente.

Pour la plupart des professionnels de la santé, la perte des cheveux est un problème mineur en regard des autres conséquences du cancer. Pour un grand nombre de patients, toutefois, elle est une grave atteinte à l'image corporelle et provoque de l'anxiété, de la tristesse, de la colère, et la crainte du ridicule et de l'isolement. Pour les patients et pour les membres de leur famille, elle peut rappeler constamment la présence du cancer. Elle peut entraver les capacités d'adaptation, les relations interpersonnelles et la sexualité. Le rôle de l'infirmière est de fournir au patient et à sa famille des renseignements sur l'alopécie et de les aider à s'y adapter. Elle doit conseiller au patient de se procurer une perruque ou un postiche avant que les cheveux ne tombent afin de choisir une couleur et une texture se rapprochant de celles des cheveux naturels. Le port d'un chapeau ou d'une écharpe à la mode peut également donner au patient le sentiment d'être plus attrayant. Souvent, le patient est réconforté par le fait que les cheveux repoussent après la fin de la chimiothérapie. Toutefois, leur couleur et leur texture seront parfois différentes de la couleur et la texture qu'ils avaient auparavant.

Lésions cutanées malignes. Les lésions cutanées malignes peuvent être le résultat d'une dissémination locale ou d'une embolisation de la tumeur dans l'épithélium et dans la lymphe et les vaisseaux sanguins qui l'entourent. Elles se manifestent notamment par des plaques érythémateuses qui se transforment en plaies avec nécrose et infection. Les lésions les plus étendues sont friables, purulentes et malodorantes. Elles sont extrêmement douloureuses. Elles accompagnent le plus souvent le cancer du sein, mais on les retrouve également dans les lymphomes, les leucémies, les mélanomes et les cancers cervicofaciaux, de même que les cancers du poumon, de l'utérus, du rein, du côlon et de la vessie. De graves lésions cutanées sont habituellement de mauvais augure.

Les lésions cutanées sont presque toujours signe de cancer avancé. Par conséquent, on ne peut habituellement pas les guérir. Le soin de ces lésions doit donc être une priorité pour l'infirmière. Elle doit observer les plaies, les nettoyer, réduire la flore bactérienne superficielle, réprimer les saignements, réduire l'odeur et protéger le patient contre la douleur et l'aggravation des lésions. Le patient et les membres de sa famille ont besoin d'aide et de conseils pour soigner ces lésions à domicile. Il faut donc leur recommander d'avoir recours aux services d'une infirmière visiteuse.

▷ ***Maintien de l'apport nutritionnel.*** La plupart des personnes atteintes de cancer connaissent une certaine perte pondérale pendant leur maladie. L'anorexie, la malabsorption et la cachexie sont autant d'exemples de troubles nutritionnels qu'on rencontre souvent chez ces personnes.

Anorexie. On a attribué à de nombreuses causes l'anorexie, la réduction de l'apport nutritionnel et la malnutrition protéino-énergétique que l'on observe chez les cancéreux. Ces patients ont souvent dans la bouche un goût salé, acide ou métallique qui diminue leur appétit. Ces altérations du goût peuvent être dues à des carences en minéraux comme le zinc, à une augmentation des acides aminés et des métabolites cellulaires circulants et à la chimiothérapie. Les patients qui

subissent une radiothérapie cervicofaciale peuvent être victimes d'une altération très marquée du goût, de même que d'une perte de l'odorat. L'anorexie peut provenir d'une sensation de satiété due à une diminution de la production des enzymes digestives, à une perturbation du métabolisme du glucose et des triglycérides et à une stimulation prolongée des récepteurs du volume gastrique. La peur, la douleur, la dépression et l'isolement peuvent aussi réduire l'appétit. Les nausées et les vomissements entraînent parfois du dégoût pour certains aliments, ce qui contribue également à l'anorexie.

Malabsorption. Chez un grand nombre de patients atteints de cancer, l'absorption gastro-intestinale des éléments nutritifs est perturbée. Les tumeurs peuvent entraver la production des enzymes, engendrer des fistules et secréter des hormones ou des enzymes comme la gastrine, ce qui peut provoquer une irritation, la formation d'ulcères gastroduodénaux, et une mauvaise digestion des lipides et des protéines. Les antinéoplasiques et l'irradiation peuvent irriter et léser les cellules de la muqueuse intestinale. La radiothérapie peut provoquer une sclérose des vaisseaux sanguins intestinaux et une fibrose des tissus gastro-intestinaux, et les interventions chirurgicales peuvent altérer le péristaltisme et réduire les sécrétions gastro-intestinales de même que la surface d'absorption de la muqueuse gastro-intestinale. Tous ces facteurs peuvent entraîner une malabsorption.

Cachexie. La cachexie (émaciation) est une manifestation fréquente du cancer, au stade avancé surtout. Elle est due à un apport nutritionnel insuffisant s'accompagnant d'une demande métabolique accrue, à une dépense énergétique accrue attribuable au métabolisme anaérobie de la tumeur, à une altération du métabolisme du glucose et des lipides, à la compétition des cellules tumorales pour l'obtention des éléments nutritifs et à un manque d'appétit.

On doit faire preuve d'imagination pour proposer au patient des modifications à son régime alimentaire lui permettant de vaincre son anorexie. Les membres de la famille doivent participer à la mise au point du régime alimentaire pour assurer une meilleure conformité. Ils doivent aussi éliminer certains facteurs comme les odeurs et les images désagréables. Dans le choix des aliments, il faut tenir compte des préférences du patient ainsi que de ses besoins physiologiques et métaboliques. Il faut lui proposer de manger fréquemment en petite quantité et de prendre des suppléments alimentaires entre les repas. Avant les repas, on doit procéder à des soins d'hygiène buccale pour réduire les altérations du goût et administrer des analgésiques pour réduire la douleur.

Pour corriger la malabsorption, on peut notamment administrer des suppléments d'enzymes et de vitamines, modifier les heures des repas, administrer des préparations nutritives liquides complètes, et prendre des mesures pour soulager la diarrhée. Dans les cas de malabsorption grave, on peut pratiquer une hyperalimentation par un cathéter en Silastic®, comme le cathéter de Broviac ou de Hickman (figure 47-4, dans l'encadré 47-4). Ces cathéters doivent être mis en place par chirurgie. Ils assurent un accès veineux permanent. Ils sont acheminés par une veine périphérique jusque dans la veine cave supérieure et l'oreillette droite. Un patch en Dacron se place juste sous la peau, au niveau de l'orifice de sortie; il a pour fonction d'assujettir le cathéter et d'empêcher la pénétration des bactéries. On rince périodiquement le cathéter à l'héparine pour prévenir son obstruction par des caillots.

On doit aussi changer régulièrement le pansement qui recouvre le point de sortie pour éviter les infections. Les directives de soins des cathéters varient selon les établissements. De façon générale, le rinçage à l'héparine se fait toutes les 24 à 48 heures, ou après chaque utilisation du cathéter, et le pansement est changé trois fois par semaine. On doit examiner régulièrement le point de sortie pour déceler les rougeurs, l'œdème, les écoulements, la douleur ou la protrusion du manchon en Dacron. On doit aussi nettoyer l'orifice de sortie avec de l'alcool, puis de la povidone-iode (Betadine), y appliquer un agent anti-infectieux et le recouvrir d'une gaze occlusive ou d'un pansement transparent. On doit de plus changer toutes les semaines le capuchon qui recouvre l'extrémité du cathéter afin de prévenir l'infection. Le patient doit savoir comment prévenir les complications, comme le bris du cathéter, l'embolie gazeuse et l'infection, et connaître les mesures à prendre si elles se manifestent.

Les interventions visant à réduire la cachexie ne prolongent habituellement pas la survie, mais améliorent la qualité de vie. On peut favoriser l'apport nutritionnel par des modifications au régime alimentaire, l'alimentation entérale (par sonde) ou la suralimentation. Les soins infirmiers doivent également viser la prévention des accidents, des infections et autres complications qui augmentent les demandes métaboliques.

▷ *Soulagement de la douleur.* On estime que 60 à 96 % des patients atteints d'un cancer évolutif éprouveront de la douleur. La douleur est aiguë dans certains cas, mais elle est le plus souvent chronique (pour des explications plus détaillées concernant la douleur, voir le chapitre 43). Son intensité est influencée par des facteurs physiques et psychologiques.

Les causes de la douleur due au cancer sont multiples. Les atteintes osseuses sont par exemple une source de douleurs atroces. Elles sont fréquentes dans le myélome multiple et les cancers du sein et de la prostate. Une infiltration ou une compression nerveuse peut engendrer une douleur vive cuisante. Dans les cancers du sein et du poumon, on observe souvent la présence de métastases vertébrales touchant les nerfs rachidiens. Dans les lymphomes ou le sarcome de Kaposi, des tumeurs peuvent obstruer les vaisseaux lymphatiques ou les veines, ce qui provoque une douleur sourde et pulsatile. Les tumeurs qui obstruent la circulation artérielle entraînent une ischémie se manifestant par la douleur qui caractérise ce trouble. On associe souvent au cancer du côlon une obstruction des viscères creux se caractérisant par une douleur sourde et diffuse. Enfin les métastases de la peau ou des muqueuses provoquent des douleurs dues à l'inflammation, l'ulcération, l'infection ou la nécrose des tissus. Elles sont fréquentes dans les cancers cervicofaciaux et le sarcome de Kaposi.

Les traitements anticancéreux peuvent également être source de douleur. Ainsi, les interventions chirurgicales entraînent des douleurs aiguës. La chimiothérapie peut provoquer des douleurs dues à une nécrose tissulaire, des neuropathies périphériques et une stomatite, et la radiothérapie à l'inflammation de la peau ou des organes irradiés.

On possède aujourd'hui les outils nécessaires pour faire disparaître rapidement la douleur. Dans les cas de cancer toutefois, ces outils ne sont pas toujours aussi efficaces qu'on le voudrait. Pour un grand nombre de personnes atteintes de cancer, la douleur est un signe d'aggravation de la maladie

et de mort imminente. Ils l'anticipent donc, ce qui provoque de l'angoisse, et l'angoisse augmente la perception et l'intensité de la douleur. Il se crée ainsi un cycle douleur, angoisse, douleur.

Le seuil de tolérance à la douleur, soit l'aptitude à supporter la douleur, varie selon les personnes. Il est diminué par la fatigue, l'anxiété, la peur de la mort, la colère, l'impuissance, l'isolement social, les perturbations dans l'exercice du rôle, la perte de l'autonomie et les expériences du passé. Il est augmenté par le sommeil et le repos, les distractions, l'optimisme, et la sympathie de l'entourage, ainsi que par les antidépresseurs, les anxiolytiques et les analgésiques.

Pour soulager efficacement la douleur due au cancer, il faut évaluer cette douleur de façon précise et tenir compte des facteurs physiques, psychologiques, environnementaux et spirituels susceptibles d'en aggraver l'intensité. Une contribution multidisciplinaire est essentielle pour établir la ligne de conduite la plus appropriée. La prévention et le soulagement de la douleur permettent de réduire l'anxiété et de briser ainsi le cycle de la douleur. Pour prévenir la douleur, il faut administrer des analgésiques à intervalles réguliers et non au besoin. Pour la soulager, il existe une variété de méthodes, pharmacologiques et non pharmacologiques. On doit avoir recours à toutes les interventions acceptables, même si elles comportent un certain degré d'effraction et même si le pronostic est sombre. Il importe tout autant d'assurer au patient une bonne qualité de vie qu'une mort douce.

▷ *Réduction de la fatigue.* Les infirmières doivent aider le patient et les membres de sa famille à comprendre que la fatigue est un effet temporaire de la maladie, et qu'elle ne traduit pas nécessairement une aggravation de la maladie ou un échec du traitement. On trouvera au tableau 47-6 les principales sources de fatigue.

TABLEAU 47-6. *Sources de fatigue*

Douleur, prurit.

Déficit nutritionnel relié à l'anorexie, aux nausées, aux vomissements, à la cachexie.

Déséquilibres électrolytiques reliés aux vomissements et à la diarrhée.

Déficit immunitaire relié à la leucopénie, à la thrombopénie et à l'anémie.

Atteinte à l'intégrité des tissus reliée à la stomatite et à l'inflammation des muqueuses.

Altération de la mobilité physique reliée à des perturbations neurologiques, à la chirurgie, à des métastases osseuses, à la douleur et à la prise d'analgésiques.

Manque de connaissances sur la maladie et son traitement.

Anxiété reliée à la peur, au diagnostic, à une perturbation de l'exercice du rôle et à l'incertitude.

Mode de respiration inefficace relié à la toux, à l'essoufflement et à la dyspnée.

Perturbation des habitudes de sommeil.

L'infirmière doit prendre des mesures pour aider le patient à s'adapter à la fatigue. Elle doit par exemple l'aider à planifier ses activités quotidiennes de façon à épargner son énergie, en alternant par exemple les périodes de repos et les périodes d'activité. Pour que son mode de vie ne soit pas trop perturbé, elle l'incitera à pratiquer des activités qui lui sont agréables et qui lui tiennent à cœur. Elle l'incitera également à partager les tâches (soins des enfants, ménage, préparation des repas, etc.) avec les autres membres de sa famille. Dans certains cas, une réduction des heures de travail s'impose.

L'infirmière doit également prendre en charge les facteurs qui prédisposent à la fatigue. Il lui faut par exemple soulager la douleur par des médicaments ou d'autres mesures. Elle peut aussi adresser à une diététiste le patient dont l'apport protéino-énergétique est insuffisant. Elle doit suivre de près le taux d'hémoglobine et l'hématocrite pour déceler l'anémie et administrer du sang, le cas échéant, selon l'ordonnance du médecin. Il lui faut aussi observer le patient à la recherche de signes d'hypoxie et de déséquilibres électrolytiques. La physiothérapie et les appareils orthopédiques peuvent aider les patients dont la mobilité est atteinte.

▷ *Progression à travers les étapes du processus de deuil.*   Un diagnostic de cancer ne signifie pas nécessairement la mort, car on peut aujourd'hui arrêter la progression de nombreuses formes de cancer, si on les dépiste à temps. Néanmoins, on voit encore le cancer comme une maladie mortelle qui s'accompagne inévitablement de souffrance. Le chagrin est une réaction normale à une perte anticipée ou réelle. Le patient atteint de cancer doit notamment faire face à la perte de la santé, des sensations normales, de l'image corporelle, des interactions sociales, de la sexualité et de l'intimité. Il peut aussi être attristé par la perte des moments privilégiés passés avec sa famille et ses amis, de ses projets d'avenir ou de la maîtrise de son corps et de ses réactions émotives.

Le patient à qui on vient d'annoncer qu'il souffre de cancer et les membres de sa famille sont souvent sous l'effet du choc et de l'incrédulité. Ils ne sont donc pas dans un état d'esprit idéal pour prendre les décisions qui s'imposent concernant le traitement, et ont besoin de l'aide du médecin, de l'infirmière et des autres membres de l'équipe soignante. L'infirmière a l'importante tâche de répondre aux questions du patient et des membres de sa famille et d'éclaircir les renseignements donnés par le médecin. Elle doit tout d'abord évaluer la réaction du patient et des membres de sa famille au diagnostic et au traitement préconisé et les aider à préciser leurs questions et leurs inquiétudes, à trouver les personnes capables de les soutenir (membres du clergé, conseillers, etc.) et à partager leurs craintes.

La colère, la frustration et la dépression sont des réactions normales au cours du processus de deuil. L'infirmière doit donc créer un climat de confiance pour inciter le patient et les membres de sa famille à exprimer leurs sentiments. Elle doit observer continuellement leurs réactions et les aider à faire face à leurs problèmes à mesure qu'ils surgissent.

Pendant la phase terminale de la maladie, il est fréquent que le patient et les membres de sa famille ne soient pas tous à la même étape du processus de deuil. Par conséquent, l'infirmière doit les aider individuellement selon l'étape qu'ils traversent. Pour rassurer et calmer le patient, il suffit parfois d'un simple geste, comme de lui tenir la main ou de rester à son chevet. Il est recommandé de rester en contact avec les membres de la famille après le décès du patient pour les aider à accepter leur perte.

▷ *Amélioration de l'image corporelle et de l'estime de soi.*   Les patients qui ont subi une perturbation de leur image corporelle ont besoin d'être entourés de personnes ayant une attitude constructive. On doit favoriser leur autonomie en les incitant à participer à leurs soins personnels et aux prises de décision. Il faut aussi les aider à exprimer leurs sentiments et à accomplir les tâches qui ont pour eux le plus d'importance. L'infirmière est bien placée pour écouter le patient et les membres de sa famille et pour les conseiller. Elle peut aussi les mettre en rapport avec des groupes de soutien.

Il faut inciter les patients dont la vie sexuelle est perturbée à partager leurs inquiétudes avec leur partenaire. Il faut aussi explorer avec eux et leur partenaire de nouvelles formes d'expression de la sexualité afin d'améliorer leur estime de soi et de favoriser leur adaptation. L'infirmière qui décèle des troubles sexuels physiologiques et psychologiques graves ou des problèmes de communication à cet égard est bien placée pour recommander une thérapie appropriée.

▷ Évaluation

Résultats escomptés.   (Voir le plan de soins 47-1 pour les résultats escomptés détaillés.)

1. Le patient ne présente pas d'infection ou d'inflammation.
2. Le patient ne présente pas d'hémorragie.
3. Le patient ne présente pas d'atteinte à l'intégrité des tissus (peau et muqueuses).
4. Le patient maintient un apport nutritionnel approprié.
5. Le patient éprouve un soulagement de la douleur et des malaises.
6. Le patient présente une meilleure tolérance à l'effort et une diminution de la fatigue.
7. Le patient traverse de façon adéquate les étapes du processus de deuil.
8. Le patient présente une amélioration de l'image corporelle et de l'estime de soi.

Réadaptation

Le cancer est une maladie chronique qui a des répercussions physiques, psychologiques, sociales et financières. Il peut entraîner un bouleversement affectif et des modifications des habitudes de vie ou des activités quotidiennes. Cependant, grâce aux progrès enregistrés dans le diagnostic et le traitement de cette maladie, le taux de survie ne cesse d'augmenter. Un grand nombre de cancéreux, même parmi ceux qui ont dû subir une importante chirurgie suivie d'une chimiothérapie ou d'une radiothérapie, peuvent reprendre leur travail et leurs activités quotidiennes habituelles. Ils ont toutefois à affronter un grand nombre de problèmes, comme l'adaptation à la baisse de leurs capacités fonctionnelles et l'attitude négative de leur employeur, de leurs collègues et des membres de leur famille qui considèrent encore le cancer comme une maladie débilitante et mortelle.

L'infirmière joue un rôle important dans la réadaptation de la personne atteinte de cancer. Pour obtenir les meilleurs résultats possibles, la réadaptation doit commencer dès le début de la maladie et du traitement. Il importe d'évaluer les effets des traitements mutilants sur l'image corporelle, afin de faciliter l'adaptation aux modifications de l'apparence physique ou des capacités fonctionnelles. L'infirmière peut conseiller au patient et aux membres de sa famille de se joindre à un groupe de soutien approprié. (Voir à la fin de la bibliographie pour une liste des organismes d'aide aux personnes atteintes de cancer.) Elle doit également collaborer avec les ergothérapeutes et les physiothérapeutes afin d'améliorer les capacités du patient et de faciliter son adaptation au port d'une prothèse s'il y a lieu.

Certains patients qui reçoivent une chimiothérapie ou une radiothérapie prolongée retournent au travail avant la fin de leur traitement. Ils peuvent toutefois souffrir de léthargie, de fatigue, d'anorexie, de nausées et de vomissements. L'infirmière doit donc les aider à trouver les moyens de s'adapter à ces malaises. Par exemple, un patient qui souffre de troubles gastro-intestinaux après la chimiothérapie peut modifier ses heures de travail ou recevoir son traitement dans la soirée. L'infirmière doit aussi collaborer avec les diététiciennes pour aider les patients à planifier des repas qui répondent à leurs besoins nutritionnels. Elle doit également participer au suivi du patient qui a pour but de déceler les séquelles du traitement du cancer.

Les personnes atteintes de cancer sont victimes de discrimination sous diverses formes. Pour certains employeurs, par exemple, tous les cancers entraînent des incapacités fonctionnelles et la mort à plus ou moins brève échéance. Ils hésitent donc à embaucher ou à garder à leur emploi une personne qui souffre de cancer, surtout si le traitement exige une modification des heures de travail. Certains cancers, comme le cancer du larynx, entraînent des troubles de communication, ce qui peut rendre difficiles les relations avec les collègues de travail. Il arrive aussi que les employeurs, les collègues de travail et les membres de la famille ne croient pas en la guérison du patient.

Les infirmières ont pour rôle d'éduquer les employeurs et le grand public, afin d'assurer le respect des droits des personnes atteintes de cancer. Elles doivent en outre aider le patient à reprendre son rôle au sein de sa famille. Elles ont aussi pour tâche d'inciter le patient à recouvrer son autonomie, dans toute la mesure du possible, et lui conseiller d'avoir recours à un service de réadaptation. Un diagnostic de cancer n'est pas une «sentence de mort», ni une condamnation à vivre en marge de la société.

Résumé: Les patients atteints de cancer ont une meilleure espérance de vie que par le passé. Les infirmières peuvent contribuer à améliorer leur qualité de vie en utilisant les principes de la réadaptation dans le cadre des soins infirmiers, en tenant compte de la baisse de leurs capacités fonctionnelles, mais aussi de l'ostracisme et de la discrimination dont ils sont souvent victimes. Les infirmières, en tant qu'éducatrices, conseillères et protectrices du patient, jouent un rôle important dans sa réadaptation.

GÉRONTOLOGIE

Les infirmières spécialisées en oncologie soignent beaucoup de personnes âgées, car environ 55 % des cancers apparaissent après l'âge de 65 ans. Les néoplasies les plus fréquentes chez les personnes âgées sont le myélome multiple, les lymphomes non hodgkiniens, les cancers oropharyngiens et les cancers de la vessie, du sein, du côlon, du poumon et de la prostate.

Les infirmières qui s'occupent de personnes âgées doivent connaître les effets physiologiques normaux du vieillissement, comme la diminution de l'élasticité cutanée, la diminution de la masse et de la résistance des os, de même que l'altération des fonctions organiques et des mécanismes immunitaires. On observe aussi chez les aînés une perturbation de l'absorption, de la diffusion, du métabolisme et de l'élimination des médicaments. Ces effets du vieillissement, de même que certaines maladies chroniques fréquentes chez les personnes âgées, peuvent diminuer la tolérance au traitement anticancéreux.

Le vieillissement entraîne une baisse du flux sanguin rénal et de la clairance de la créatinine, ce qui peut accroître les effets néphrotoxiques de certains antinéoplasiques, comme la cisplastine. De même, la réduction du débit cardiaque augmente les effets cardiotoxiques de la doxorubicine.

Chez la personne âgée qui reçoit une radiothérapie, on observe souvent un ralentissement de la régénération tissulaire et une exagération des effets indésirables du traitement sur la moelle osseuse, les voies gastro-intestinales et la peau: aplasie médullaire, atteintes cutanées, anorexie, nausées, vomissements et diarrhée.

Les personnes âgées récupèrent aussi plus lentement d'une intervention chirurgicale. Elles présentent plus de risques de complications postopératoires, comme l'atélectasie, la pneumonie et les infections, à cause du ralentissement de la cicatrisation et l'altération de la fonction cardiorespiratoire.

L'infirmière doit donc être à l'affût des signes de complications chez les personnes âgées subissant un traitement anticancéreux. Elle doit aussi leur recommander de mentionner tous leurs symptômes au médecin, car il est fréquent qu'elles taisent leurs symptômes, les attribuant au vieillissement. Elles craignent aussi que la maladie ne les prive de leur autonomie, perturbe l'exercice de leur rôle et menace leur sécurité matérielle. L'infirmière doit jouer le rôle de protectrice du patient âgé, en favorisant son autonomie et en lui offrant son aide au besoin.

SOINS AUX PATIENTS ATTEINTS D'UN CANCER AVANCÉ

Chez le patient dont le cancer est à un stade avancé, les troubles généralement associés à la maladie sont plus graves. Les troubles gastro-intestinaux, les carences nutritionnelles, la perte de poids et la cachexie le prédisposent davantage aux atteintes à l'intégrité de la peau, aux déséquilibres hydroélectrolytiques et aux infections. Certains patients éprouvent des douleurs intenses et craignent que les médicaments n'arrivent pas à les soulager. À ce stade de la maladie, le traitement est de nature palliative et vise l'amélioration de la qualité de vie. Par exemple, l'administration des analgésiques, à intervalles réguliers plutôt qu'«au besoin» est plus efficace pour soulager la douleur et évite au patient d'avoir à décider quand il doit réclamer un soulagement. On peut aussi établir en collaboration avec le patient, les membres de sa famille et les autres membres de l'équipe soignante un programme de soulagement de la douleur tenant compte de ses besoins, ce qui peut contribuer à son bien-être et réduire son sentiment d'impuissance. Souvent, quand la douleur devient moins rebelle, on peut administrer les analgésiques narcotiques à doses plus faibles et leur ajouter d'autres médicaments (tranquillisants, myorelaxants).

Des traitements de radiothérapie et certaines interventions chirurgicales (blocage nerveux percutané, cordotomie, etc.) peuvent soulager la douleur intense qui afflige certains patients. Il faut expliquer au patient et aux membres de sa famille les effets de ces interventions et prendre les mesures nécessaires pour prévenir les complications entraînées par l'immobilité, la baisse de la sensibilité et l'altération des fonctions intestinale et urinaire.

Chaque nouveau symptôme fait craindre une aggravation de la maladie, ce qui n'est pas toujours le cas. Il faut évaluer rapidement les nouveaux symptômes et prendre sans délai des mesures énergiques pour améliorer le bien-être du patient et sa qualité de vie.

La faiblesse, l'immobilité, la fatigue et l'inactivité sont des conséquences du cancer en phase terminale qui sont attribuables à la maladie elle-même, aux traitements, à un apport nutritionnel insuffisant et à des troubles respiratoires. L'infirmière doit travailler en collaboration avec le patient pour établir des objectifs réalistes et lui permettre de rester actif tout en évitant la fatigue excessive. Elle doit l'aider à trouver des moyens d'épargner son énergie lorsqu'il accomplit les tâches et les activités qui lui tiennent le plus à cœur.

Centres de soins palliatifs

Jusqu'à récemment, il n'existait pas de services spécialisés à l'intention des patients atteints de cancer en phase terminale. Ces patients finissaient donc leurs jours dans des unités de soins intensifs plutôt qu'à la maison ou dans un centre spécialement conçu pour répondre à leurs besoins. Quand une guérison ou une rémission ne sont plus possibles, le matériel ultramoderne devient inutile, mais le soulagement des symptômes et un soutien affectif et spirituel sont essentiels. Les centres de soins palliatifs destinés à répondre à ces besoins ont vu le jour en Grande-Bretagne. Ils avaient pour but d'offrir une médecine adaptée aux patients en phase préterminale et terminale. Les soins palliatifs existent maintenant partout dans le monde. Ils peuvent prendre diverses formes: équipe de consultation à l'intérieur d'un centre hospitalier, unité de soins palliatifs, maisons de soins palliatifs à l'extérieur du milieu hospitalier et équipes de soins à domicile.

Une équipe de soins palliatifs se compose de médecins, de travailleurs sociaux, de membres du clergé, de diététiciennes, de physiothérapeutes et de bénévoles; il incombe généralement aux infirmières de coordonner leurs activités. Les infirmières qui œuvrent dans un centre de soins palliatifs doivent posséder des connaissances leur permettant d'évaluer et de soigner la douleur, la malnutrition, les troubles gastrointestinaux et les atteintes à l'intégrité de la peau.

Par ailleurs, les programmes de soins palliatifs favorisent la communication entre les membres de la famille et l'équipe soignante. Le patient et les membres de sa famille connaissent généralement le pronostic et sont invités à participer aux prises de décision concernant la poursuite ou l'arrêt du traitement.

Les infirmières qui œuvrent dans un centre de soins palliatifs doivent aussi aider les familles à accepter leur deuil. Par une collaboration avec les autres membres de l'équipe multidisciplinaire, l'infirmière peut aider les patients et les membres de leur famille à s'adapter aux perturbations de l'exercice du rôle et de la structure familiale et à mieux vivre leur chagrin pour admettre plus tard l'imminence de la mort. Souvent, le soutien des survivants se poursuit pendant environ un an.

URGENCES ONCOLOGIQUES

Certaines complications du cancer, dues à la maladie elle-même, à la présence de métastases ou au traitement, exigent des interventions immédiates, et l'infirmière a un important rôle à jouer dans leur dépistage. Les plus fréquentes parmi ces complications sont le syndrome de compression de la veine cave supérieure, la compression de la moelle épinière, l'hypercalcémie, l'épanchement péricardique, la coagulation intravasculaire disséminée et le syndrome de sécrétion inadéquate d'hormone antidiurétique.

SYNDROME DE COMPRESSION DE LA VEINE CAVE SUPÉRIEURE

La veine cave supérieure est un tronc veineux qui recueille le sang veineux de la région sus-diaphragmatique du corps (tête, cou, partie supérieure du thorax). Située à l'intérieur du compartiment rigide du médiastin, elle est entourée de structures importantes comme le cœur, les poumons, les vertèbres et l'œsophage. Par conséquent, la compression de la veine cave supérieure par une tumeur ou par un ganglion lymphatique tuméfié peut provoquer une importante congestion dans la région sus-diaphragmatique. Elle se produit le plus souvent chez les patients souffrant d'un cancer du poumon, mais on l'observe aussi dans les lymphomes et dans différents cancers avec métastases.

Les manifestations cliniques de congestion veineuse s'installent habituellement de façon graduelle sur une période de trois à quatre semaines, mais elles peuvent aussi apparaître brusquement. Ces manifestations sont l'essoufflement, la dyspnée, la toux et un œdème facial, et parfois, un œdème du cou, des bras, des mains et du thorax, accompagné d'une sensation de constriction de la peau et de difficultés de déglutition. Les veines jugulaires, les veines temporales et les veines du bras peuvent s'engorger et se distendre. On observe parfois sur la paroi thoracique un réseau proéminent de veines dilatées. Une obstruction veineuse prolongée peut provoquer une augmentation de la pression intracrânienne, accompagnée de troubles de la vision, de céphalées et d'une altération du niveau de conscience. S'il n'est pas traité sans délai, le syndrome de compression de la veine cave supérieure peut provoquer une anoxie cérébrale, un œdème laryngé, une obstruction des bronches et la mort.

Traitement

Le diagnostic et le traitement rapides de ce syndrome sont essentiels. La radiothérapie est le traitement de choix pour diminuer la taille de la tumeur et pour soulager les symptômes. La chimiothérapie est indiquée dans les formes de cancer qui y sont sensibles (lymphomes ou épithélioma à petites cellules des bronches). On peut également utiliser d'autres mesures de soutien comme l'oxygénothérapie et l'administration de diurétiques.

Interventions infirmières

L'infirmière a notamment pour tâche d'établir si son patient est exposé au syndrome de compression de la veine cave supérieure. Elle doit communiquer sans délai avec le médecin si l'examen physique révèle des manifestations de ce syndrome, et observer de près les fonctions cardiorespiratoire et neurologique. Les troubles respiratoires et l'œdème peuvent provoquer chez le patient de l'anxiété et la peur de suffoquer. L'infirmière doit donc placer le patient dans une position qui facilite la respiration. Elle doit aussi assurer son bien-être, soulager son anxiété et réduire ses dépenses d'énergie. Elle doit en outre surveiller le volume liquidien et réduire l'administration de liquides afin d'assécher l'œdème.

COMPRESSION DE LA MOELLE ÉPINIÈRE

Certains cancers se disséminent dans la moelle, comme le cancer du sein, du poumon, du rein ou de la prostate ainsi que les myélomes et les lymphomes. Ils peuvent donc provoquer une compression médullaire. Les tumeurs se forment généralement dans l'espace entre le périoste et la dure-mère rachidienne (espace épidural) et provoquent la destruction des vertèbres et des tissus épiduraux. Parfois, elles se forment dans la moelle osseuse elle-même.

La compression de la moelle se caractérise par une douleur souvent constante qui peut être exacerbée par le mouvement, la toux, les éternuements et la manœuvre de Valsalva. Le siège et les caractéristiques de la douleur dépendent de la région de la moelle qui est touchée. Dans les cas de compression grave et prolongée, on observe des manifestations neurologiques, comme une déficience motrice ou sensorielle. Généralement, la déficience sensorielle se manifeste d'abord par la perte de la sensibilité aux piqûres, suivie d'une perte de la sensation de vibration et de la sensibilité posturale. Le sens du toucher n'est habituellement pas atteint même dans les cas de déficience motrice grave. Une perte motrice (faiblesse et ataxie) est souvent présente au moment du diagnostic. La compression peut progresser pour provoquer une paralysie flasque. On peut observer une incontinence urinaire par regorgement si la tumeur comprime les neurones moteurs supérieurs, situés au-dessus de S2, et une incontinence fécale avec flaccidité du sphincter si la compression se situe au niveau des vertèbres S3, S4 et S5.

Pour préserver ou rétablir les fonctions motrices et sensorielles, il importe de procéder sans délai à un examen neurologique. Pour localiser avec précision le siège de la compression, on a généralement recours au myélogramme. Une fois le diagnostic posé, une intervention médicale urgente s'impose.

Traitement

On utilise le plus souvent la radiothérapie pour réduire la taille de la tumeur. Une intervention chirurgicale n'est nécessaire que si le patient ne peut recevoir des doses supplémentaires d'irradiation, si l'irradiation ne donne pas les effets escomptés ou si la tumeur n'est pas radiosensible. On administre souvent des stéroïdes parallèlement à la radiothérapie pour assécher l'œdème et pour réduire l'inflammation au siège de la compression. Le rétablissement de la fonction neurologique dépend de la rapidité du diagnostic et du traitement. Les patients qui présentent une paralysie complète ne recouvrent généralement pas leur fonction neurologique.

Interventions infirmières

L'infirmière doit observer de près la fonction neurologique pour déceler les symptômes de compression de la moelle. Dans la plupart des cas, on doit avoir recours à des mesures pharmacologiques et non pharmacologiques pour soulager la douleur. L'immobilité entraînée par la douleur et la réduction des capacités fonctionnelles expose le patient à des atteintes à l'intégrité de la peau, à la stase urinaire, à la thrombophlébite et à une accumulation de sécrétions pulmonaires. Les interventions infirmières visent la prévention de ces troubles et le maintien du tonus musculaire par des exercices d'amplitude de mouvement. Chez les patients souffrant d'incontinence urinaire et fécale, le sondage intermittent et une rééducation intestinale sont des mesures essentielles. L'infirmière doit aussi aider le patient à supporter la douleur et à s'adapter à la réduction de ses capacités fonctionnelles et à la perte de son autonomie, de même qu'à la modification de ses habitudes de vie et à la perturbation de l'exercice du rôle.

HYPERCALCÉMIE

L'hypercalcémie est une complication qui peut avoir des conséquences fatales. Elle se caractérise par une perturbation du métabolisme du calcium se traduisant par un taux sérique de cet élément supérieur à 2,74 mmol/L. Les os sont la principale réserve de calcium de l'organisme. L'hypercalcémie associée au cancer est due à une résorption osseuse de calcium (voir le chapitre 46 pour plus de détails sur le métabolisme du calcium). L'hypercalcémie est fréquente chez les patients souffrant de myélome multiple, d'un cancer du sein ou de la prostate ou de l'épithélioma à petites cellules des bronches. Elle se manifeste parfois chez les patients souffrant de leucémie, de lymphome ou de cancer du rein.

La résorption osseuse de calcium associée au cancer est due à différents mécanismes. Dans 70 % des cas environ, elle est attribuable à une destruction des os par des cellules tumorales. Elle peut également être la conséquence de la synthèse d'un *facteur activant les ostéoclastes* ou de prostaglandines, ou encore de la production de substances analogues à l'hormone parathyroïdienne.

Des facteurs qui ont un lien indirect avec le cancer peuvent également prédisposer à l'apparition de l'hypercalcémie. Il s'agit de l'immobilité, de la déshydratation, de l'altération de la fonction rénale et de la prise de médicaments comme les diurétiques thiazidiques. Les hormones administrées pour le traitement du cancer du sein peuvent également favoriser l'apparition de l'hypercalcémie.

Traitement

On trouve au chapitre 46 un exposé sur le traitement de l'hypercalcémie.

Interventions infirmières

L'infirmière doit d'abord établir si son patient est exposé à l'hypercalcémie. Une collecte attentive des données peut l'aider à déceler les signes et les symptômes de ce déséquilibre: fatigue, faiblesse, confusion, baisse de la réactivité, hyporéflexie, nausées, vomissements, constipation, polyurie, polydipsie, déshydratation et troubles du rythme.

L'infirmière doit évaluer les connaissances du patient et des membres de sa famille concernant l'hypercalcémie et leur enseigner comment la prévenir, ou la dépister dès son apparition. Le patient doit donc connaître les signes et les symptômes de l'hypercalcémie. Il faut aussi lui recommander de boire suffisamment de liquide, 2 à 3 litres par jour, sauf s'il souffre d'une insuffisance rénale ou cardiaque, et lui souligner l'importance de la mobilité pour prévenir la déminéralisation et la destruction des os. Dans le cas des patients atteints d'hypercalcémie qui sont confus et alités, l'infirmière doit prévenir les risques de l'immobilité et prendre les mesures de sécurité qui s'imposent.

ÉPANCHEMENT PÉRICARDIQUE ET TAMPONNADE CARDIAQUE

La tamponnade cardiaque est un trouble cardiovasculaire dû à une accumulation de liquide dans l'espace péricardique (épanchement) qui provoque une compression du cœur entravant son remplissage pendant la diastole. Elle est le plus souvent une complication du cancer et de son traitement. L'épanchement est dû à l'envahissement du péricarde par des tumeurs thoraciques adjacentes (cancer du poumon, de l'œsophage et du sein). Il peut également être provoqué par des métastases péricardiques dans les cas de lymphome, de leucémie, de sarcome, de mélanome et de carcinome des voies gastro-intestinales. Il exerce une pression sur le myocarde par la lésion entravant la dilatation des ventricules. Il s'ensuit une diminution du volume ventriculaire et du débit cardiaque provoquant une défaillance de la pompe cardiaque et un colapsus circulatoire. Des patients qui ont reçu 4000 rad ou plus de rayons ionisants dans la région du médiastin ont présenté, parfois plusieurs mois ou plusieurs années après leur traitement, une fibrose péricardique et une péricardite suivies d'une tamponnade cardiaque.

L'épanchement péricardique peut se constituer graduellement ou très rapidement. Si l'accumulation de liquide est graduelle, un étirement de la couche pariétale (externe) du péricarde compense l'augmentation de la pression. Par conséquent, des quantités importantes de liquide peuvent s'accumuler avant que les symptômes n'apparaissent. Par contre, si l'accumulation est rapide, l'augmentation de la pression ne peut être compensée, ce qui se manifeste par une élévation de la pression veineuse centrale et une distension des veines du cou au cours de l'inspiration (signe de Kussmaul). Quand l'épanchement provoque une tamponnade, on note un pouls paradoxal (une diminution de l'amplitude du pouls et une baisse de plus de 10 mm Hg de la pression systolique lors de l'inspiration). Les bruits du cœur sont distants et on observe une matité à la percussion. Le débit cardiaque baisse progressivement, ce qui provoque une tachycardie et une résistance vasculaire. À un stade plus grave, la pression différentielle diminue et on observe des troubles respiratoires. La réduction de l'irrigation cérébrale provoque de la faiblesse, une douleur thoracique, une orthopnée, une diaphorèse, une léthargie, une baisse du niveau de conscience et de l'anxiété. Si elle n'est pas traitée, la tamponnade cardiaque évolue rapidement vers un collapsus circulatoire et un arrêt cardiaque.

Dans les cas d'épanchement péricardique, le tracé électrocardiographique révèle habituellement des modifications non spécifiques de l'onde T avec diminution de l'amplitude du complexe QRS. L'alternance électrique (alternance de l'amplitude des complexes QRS) est un signe fréquent de tamponnade. La radiographie thoracique ne permet habituellement pas de poser le diagnostic dans les cas d'épanchement péricardique peu important. Si l'épanchement est plus important toutefois, elle révèle une silhouette cardiaque en carafe (oblitération du contour des vaisseaux et des cavités cardiaques). L'échocardiographie et la tomographie assistée par ordinateur sont très utiles pour le diagnostic de la tamponnade cardiaque et l'évaluation de l'efficacité du traitement.

Traitement

Le traitement habituel de la tamponnade cardiaque est la *péricardiocentèse* (aspiration du liquide péricardique à l'aide d'une aiguille de gros calibre introduite dans l'espace péricardique). Malheureusement, dans les épanchements dus au cancer, les effets ne sont que temporaires. On procède parfois à la création d'une fistule pleuropéricardique. Il s'agit d'une mesure palliative qui permet le passage du liquide du péricarde dans l'espace pleural. On peut également placer des sondes dans l'espace péricardique et injecter des agents sclérosants (par exemple, la tétracycline, la bléomycine, le 5-FU ou le thiotépa) pour prévenir une nouvelle accumulation de liquide. Dans les cas d'épanchement faible, on peut prescrire des diurétiques, en suivant de près leurs effets.

Interventions infirmières

L'infirmière doit prendre régulièrement les signes vitaux et vérifier s'il y a présence d'un pouls paradoxal. Elle doit suivre de près l'électrocardiogramme, ausculter le cœur et les poumons, vérifier s'il y a distension des veines du cou, évaluer le niveau de conscience et la fonction respiratoire et noter la couleur et la température de la peau. Elle doit aussi tenir un bilan des ingesta et des excreta et vérifier les résultats des mesures des gaz artériels et des électrolytes.

Parmi les autres interventions infirmières, on note l'élévation de la tête du lit, la restriction des activités physiques pour réduire les besoins en oxygène, l'administration de l'oxygénothérapie selon l'ordonnance du médecin, et des soins d'hygiène buccale fréquents. L'infirmière doit de plus, toutes les deux heures, changer le patient de position et lui faire pratiquer ses exercices de respiration profonde et de toux. Elle doit aussi le réorienter au besoin et assurer la perméabilité de l'accès veineux. Le soutien et l'enseignement font également partie de ses tâches.

Résumé: L'épanchement péricardique est une urgence oncologique provoquant une compression et un remplissage inadéquat du cœur. Il peut être dû à l'envahissement du péricarde par une tumeur, à l'accumulation de liquide dans le péricarde ou au traitement anticancéreux. Il se manifeste notamment par une distension des veines du cou, une augmentation de la pression veineuse centrale, une diminution du débit cardiaque, une tachycardie, une baisse de la pression différentielle, une dyspnée, des modifications de l'ECG et, enfin, un collapsus circulatoire avec arrêt cardiaque. On le traite par la péricardiocentèse, par la création de fistules pleuropéricardiques ou par l'instillation d'agents sclérosants au moyen de sondes placées dans le péricarde.

COAGULATION INTRAVASCULAIRE DISSÉMINÉE

La coagulation intravasculaire disséminée (coagulopathie de consommation) est une activation anormale des mécanismes de la coagulation et de la fibrinolyse qui entraîne une consommation des plaquettes et des facteurs de coagulation. Elle peut se manifester dans toutes les formes de cancer, mais elle est plus fréquente dans les cancers du poumon, des voies gastro-intestinales et de la prostate ainsi que dans les mélanomes et les leucémies. On croit qu'elle pourrait être déclenchée par certains antinéoplasiques, comme la vincristine, le méthotrexate, la 6-mercaptopurine, la prednisone et la L-asparaginase. Certains troubles fréquents chez les patients atteints de cancer, comme la septicémie, l'insuffisance hépatique et l'anaphylaxie, peuvent en être la cause.

Elle se manifeste par la formation de caillots due au déclenchement de la coagulation par la voie intrinsèque ou extrinsèque. Les tumeurs malignes stimulent la coagulation par la voie intrinsèque au cours de la propagation des métastases quand se produit la lésion endothéliale. La coagulation par la voie extrinsèque est stimulée par la libération de thromboplastine (ou de substances analogues à la thromboplastine) par les cellules tumorales.

La destruction des cellules tumorales par la chimiothérapie stimulerait la coagulation par la libération de thromboplastine des cellules lésées. Dans les infections par des germes Gram-négatif, ce serait une endotoxine libérée par les bactéries qui déclencherait les réactions en cascade de la coagulation.

Une fois la coagulation stimulée, on assiste à une consommation des facteurs de coagulation entraînant la formation de multiples caillots de fibrine dans la microcirculation, ce qui peut provoquer une nécrose des tissus et des hémorragies. Les risques d'hémorragie sont aggravés par une accélération de la fibrinolyse ayant pour effet la dissolution des caillots sanguins.

La coagulation intravasculaire disséminée se manifeste par la prolongation du temps de prothrombine (temps de Quick) et du temps de céphaline, la diminution du nombre de plaquettes et du taux de fibrinogène et l'augmentation des produits de dégradation de la fibrine.

Dans sa forme chronique, elle se manifeste par de légers symptômes comme l'apparition d'ecchymoses au moindre traumatisme, un saignement prolongé des points de ponction veineuse, un saignement des gencives et une hémorragie digestive lente. Dans sa forme aiguë, elle peut provoquer une hémorragie mortelle et une nécrose tissulaire. Ses symptômes cliniques sont très variables et dépendent des organes affectés.

Traitement

Le traitement de la coagulation intravasculaire disséminée vise essentiellement la correction de la cause sous-jacente (chimiothérapie en cas de cancer ou antibiothérapie en cas d'infection). Dans certains cas, on doit administrer un agent antithrombinique, comme l'héparine ou l'antithrombine III. Des transfusions de plasma frais congelé ou de cryoprécipités, (sources de fibrinogène et de facteurs de coagulation) peuvent s'ajouter à l'administration d'héparine, mais elles sont rarement efficaces seules. L'administration d'inhibiteurs de la fibrinolyse comme l'acide aminocaproïque (Amicar) est controversée car elle peut aggraver la formation de caillots.

Interventions infirmières

Dans les cas de coagulation intravasculaire disséminée, l'infirmière doit prendre régulièrement les signes vitaux, tenir le bilan des ingesta et des excreta, observer la couleur de la peau, prendre la température, écouter les bruits respiratoires, cardiaques et intestinaux, observer le niveau de conscience, guetter l'apparition de céphalées, de troubles visuels, de douleurs thoraciques, d'une sensibilité abdominale et d'une diminution du débit urinaire. Elle doit aussi examiner tous les orifices du corps, les points d'insertion des sondes et les incisions ainsi que les excrétions à la recherche de saignements et vérifier les résultats des examens diagnostiques.

Elle doit réduire les activités physiques du patient pour diminuer les risques d'accident et les besoins en oxygène. Il lui faut également exercer une pression supplémentaire sur tous les points de ponction veineuse et réduire le nombre des interventions effractives, veiller au maintien d'une bonne hygiène buccale, aider le patient à changer de position, à tousser et à prendre des respirations profondes toutes les deux heures, le réorienter au besoin, assurer sa sécurité et lui prodiguer l'enseignement approprié et le soutien nécessaire.

SYNDROME DE SÉCRÉTION INADÉQUATE D'HORMONE ANTIDIURÉTIQUE

Ce syndrome se caractérise par une sécrétion continue et anarchique d'hormone antidiurétique entraînant une augmentation du volume de liquide extracellulaire (LEC) avec hypo-osmolalité, une intoxication par l'eau, une hyponatrémie, une augmentation de l'osmolalité urinaire et de l'excrétion urinaire de sodium. La cause la plus courante de ce syndrome est le cancer, particulièrement l'épithélioma à petites cellules des bronches. On l'observe également dans les cancers du pancréas, du duodénum, du cerveau, de l'œsophage, du côlon, des ovaires, du larynx, de la prostate et du nasopharynx ainsi que dans la maladie de Hodgkin, les thymomes et les lymphosarcomes. Certains antinéoplasiques, comme la vincristine, la vinblastine, la cisplatine et le cyclophosphamide, ainsi que certains narcotiques comme la morphine stimulent également la sécrétion d'hormone antidiurétique. La douleur, le stress, les nausées, les traumas et l'hémorragie peuvent également favoriser l'apparition de ce syndrome.

L'hormone antidiurétique sécrétée et libérée par les cellules tumorales, est identique à l'hormone antidiurétique produite par le lobe postérieur de l'hypophyse. Cette hormone stimule la réabsorption de l'eau au niveau du tube distal du rein. Dans le syndrome de sécrétion inadéquate d'hormone antidiurétique, on observe une inhibition des mécanismes de rétroaction qui arrêtent normalement la sécrétion d'hormone antidiurétique quand l'osmolalité sérique baisse et que l'osmolalité urinaire augmente. La réabsorption des liquides se poursuit donc, le volume de LEC augmente, de même que l'excrétion rénale de sodium. On observe par conséquent une baisse du taux sérique de sodium. Une natrémie inférieure à 120 mmol / L entraîne des modifications de la personnalité, de l'irritabilité, des céphalées, une léthargie et de la confusion. Un taux sérique de sodium inférieur à 110 mmol / L se manifeste notamment par des convulsions, une hyperexcitabilité neuromusculaire, le coma et la mort. L'œdème n'est pas une manifestation courante du syndrome de sécrétion inadéquate d'hormone antidiurétique.

Les examens diagnostiques révèlent: 1) une hyponatrémie, 2) une hyperosmolalité urinaire et 3) une hypernatriurie. On observe également une baisse du taux d'azote uréique, de créatinine et d'albumine due à l'augmentation du volume du LEC. L'épreuve de surcharge hydrique donne également des résultats anormaux.

Traitement

Le traitement du syndrome de sécrétion inadéquate d'hormone antidiurétique dépend de la gravité des symptômes. Si les symptômes sont bénins, on restreint la consommation de liquide entre 500 et 1000 mL par jour afin d'augmenter le taux sérique de sodium et de réduire la surcharge hydrique. Si cette mesure n'est pas efficace pour corriger ou pour stabiliser le taux sérique de sodium, on peut administrer de la déméclocycline ou du carbonate de lithium pour inhiber l'effet antidiurétique. Dans les cas de symptômes neurologiques graves, il est conseillé d'administrer du sodium par voie parentérale et des diurétiques. Au cours du traitement, il faut suivre de près les taux d'électrolytes, étant donné les risques de déséquilibre magnésique, potassique et calcique.

Après la disparition des symptômes du syndrome de sécrétion inadéquate d'hormone antidiurétique, il faut traiter le cancer qui en est la cause. Si la surcharge hydrique se poursuit malgré le traitement du cancer, on peut administrer des diurétiques (furosémide ou urée).

Interventions infirmières

L'infirmière qui traite un patient atteint du syndrome de sécrétion inadéquate d'hormone antidiurétique doit tenir le bilan des ingesta et des excreta, évaluer le niveau de conscience, ausculter les poumons et le cœur, prendre les signes vitaux, peser le patient et mesurer la densité urinaire. Elle doit également observer le patient à la recherche de symptômes comme les nausées et les vomissements, l'anorexie, l'œdème, la fatigue et la léthargie. Il lui faut également suivre de près les résultats des examens diagnostiques, dont les électrolytes sériques, l'osmolalité sérique, le taux sanguin d'azote uréique, le taux sérique de créatinine, le taux urinaire de sodium et l'osmolalité urinaire.

Les principales interventions infirmières sont la réduction de l'activité, les soins d'hygiène buccale, la prise de mesures de sécurité, et, au besoin, la réorientation et la restriction liquidienne. L'infirmière doit aussi assurer l'enseignement et offrir un soutien.

Résumé: Le syndrome de sécrétion inadéquate d'hormone antidiurétique est une urgence oncologique. Il est dû à la sécrétion prolongée d'hormone antidiurétique et provoque une augmentation du volume du LEC avec hypo-osmolalité, une intoxication par l'eau, une hyponatrémie, une hyperosmolalité urinaire et une hypernatriurie. On le traite notamment par une restriction de la consommation de liquide, le remplacement du sodium par voie parentérale et l'administration de diurétiques et de médicaments qui inhibent l'action de l'hormone antidiurétique.

Résumé: Les urgences oncologiques (syndrome de compression de la veine cave supérieure, compression de la moelle épinière, hypercalcémie, épanchement péricardique,

coagulation intravasculaire disséminée et syndrome de sécrétion inadéquate d'hormone antidiurétique) sont des complications graves du cancer qui dictent une intervention rapide. Elles exigent que l'infirmière fasse preuve de diligence dans ses observations et de compétence dans ses examens. Celle-ci doit bien connaître les symptômes de ces complications pour être en mesure d'intervenir promptement s'ils se manifestent. Il lui faut de plus aider les patients à surmonter les réactions psychologiques associées à ces complications: anxiété, peur, dépression et même colère. Elle sera davantage en mesure de le faire si elle comprend que le patient les perçoit souvent comme une grave rechute.

RÉSUMÉ

Le cancer est une maladie qui se présente sous diverses formes et peut avoir pour cause des facteurs environnementaux, alimentaires ou héréditaires et certains virus. L'infirmière joue un rôle important dans la prévention du cancer en faisant connaître les facteurs de risque, les méthodes de dépistage (par exemple, l'auto-examen des seins et des testicules) et les signes avant-coureurs, de même qu'en enseignant les mesures générales de promotion de la santé.

Le patient qui apprend qu'il souffre de cancer et les membres de sa famille sont généralement très perturbés, car cette maladie est souvent pour eux synonyme de souffrance et de mort, même si les progrès de la médecine permettent aujourd'hui la guérison dans bien des cas. Ce patient aura peut-être à subir des interventions chirurgicales pour diagnostiquer la maladie et en établir le stade clinique, pour exciser la tumeur ou pour soulager ses symptômes. Il devra probablement aussi subir des traitements de radiothérapie ou de chimiothérapie, qui peuvent avoir des effets secondaires pour le moins désagréables et dans certains cas extrêmement pénibles. Le patient et les membres de sa famille doivent donc recevoir des soins infirmiers attentifs afin de pouvoir surmonter les conséquences physiologiques et psychologiques du cancer et de son traitement.

Pour que la réadaptation du patient atteint de cancer soit couronnée de succès, l'infirmière doit tenir compte des besoins immédiats et futurs de celui-ci et de sa famille. Des groupes et des personnes de soutien peuvent être consultés avant l'intervention chirurgicale ou avant le début du traitement et tout au cours de la maladie. Par exemple, le patient qui doit subir une stomie ou une laryngectomie peut grandement profiter des conseils et de l'exemple d'une personne ayant subi la même intervention. Les besoins psychosociaux et sexuels du patient et des membres de sa famille sont aussi importants que leurs besoins physiologiques et ils exigent tout autant d'attention de la part de l'infirmière et des autres membres de l'équipe soignante.

Les urgences oncologiques sont des complications du cancer qui peuvent avoir des conséquences fatales. L'infirmière doit savoir que ces complications peuvent survenir et être en mesure de les dépister à temps.

Bibliographie

Ouvrages

Baird S. Decision Making in Oncology Nursing. Toronto, BC Decker, 1988.

Bérubé L. *Quand c'est une question de temps...* Boucherville: Les éditions de Mortagne, 1987

Billings JA. Outpatient Management of Advanced Cancer: Symptom-Control, Support, and Hospice-in-the-Home. Philadelphia, JB Lippincott, 1985.

Brager BL and Yasko JM. Care of the Client Receiving Chemotherapy. Reston, VA, Reston Publishing Co, 1984.

Buckman R. I don't know what to say. Toronto: Key Porter Books, 1988

Carrieri VK et al (eds). Pathophysiological Phenomena in Nursing. Philadelphia, WB Saunders, 1986.

Chemecky CC and Ramsey PW. Critical Care Nursing of the Client With Cancer. Norwalk, CT, Appleton–Century–Crofts, 1984.

DeVita V et al (eds). Cancer: Principles and Practice of Oncology. Philadelphia, JB Lippincott, 1989.

Doan Noyes D. Beauty & Cancer. Los Angeles: AC Press, 1988

Frank AW. At the will of the body. Reflections on illness. Boston: Houghton Mifflin, 1991

Groenwald SL et al (eds). Cancer Nursing: Principles and Practice, 2nd ed. Boston, Jones and Bartlett, 1990.

Perez C and Brady L (eds). Principles and Practice of Radiation Oncology. Philadelphia, JB Lippincott, 1987.

Porth C. Pathophysiology: Concepts of Altered Health States, 2nd ed. Philadelphia, JB Lippincott, 1990.

Société Canadienne du Cancer. Le temps qu'il faut.

Tenenbaum L. Cancer Chemotherapy: A Reference Guide. Philadelphia, WB Saunders, 1989.

Yasko JM. Guidelines for Cancer Care: Symptom Management. Reston, VA, Prentice–Hall, 1983.

Ziegfeld CR (ed). Core Curriculum for Oncology Nursing. Philadelphia, WB Saunders, 1987.

Revues

Les articles de recherche en sciences infirmières sont marqués d'un astérisque.

Généralités

Aistars J. Fatigue in the cancer patient: A conceptual approach to a clinical problem. Oncol Nurs Forum 1987 Nov/Dec; 14(6): 25–30.

Anderson JL. The nurse's role in cancer rehabilitation. Cancer Nurs 1989 Apr; 12(2): 85–94.

Basch A. Changes in elimination. Semin Oncol Nurs 1987 Nov; 3(4): 287–292.

Boring CC, Squires TS, and Tong T. Cancer statistics: 1991. CA 1991 Jan/Feb; 41(1): 19–36.

* Curtis AE and Fernsler. Quality of life of oncology hospice patients: A comparison of patient and primary caregiver reports. Oncol Nurs Forum 1989 Jan/Feb; 16(1): 49–53.

Dudas S and Carlson CE. Cancer rehabilitation. Oncol Nurs Forum 1988 Mar/Apr; 15(2): 183–188.

Frank-Stromborg M and Welch-McCaffery D (eds). Cancer in the elderly. Semin Oncol Nurs 1988 Aug; 4(3): 155–306.

* Funkhouser SW and Grant MM. The 1988 ONS survey of research priorities. Oncol Nurs Forum 1989 May/Jun; 16(3): 413–416.

Herberth L and Gosnell DJ. Nursing diagnosis for oncology nursing practice. Cancer Nurs 1987 Feb; 10(1): 41–51.

Laliberté D et Blouin D. Manipuler des médicaments néoplasiques. Nursing Québec Août 1990

Mandeville R. Le cancer du sein. Le comprendre pour le prévenir et le guérir. Montréal: La Presse 1988

McMillon SC. The relationship between age and intensity of cancer-related symptoms. Oncol Nurs Forum 1989 Mar/Apr; 16(2): 237–241.

Miaskowski C. The future of oncology nursing: A historical perspective. Nurs Clin North Am 1990 Jun; 25(2): 461–473.

Musgrave CF. The ethical and legal implications of hospice care. Cancer Nurs 1987 Aug; 10(4): 183–189.

Nail LM and King KB. Fatigue. Semin Oncol Nurs 1987 Nov; 3(4): 257–262.

Piper BF et al. Fatigue mechanisms in cancer patients: Developing nursing theory. Oncol Nurs Forum 1987 Nov/Dec; 14(6): 17–23.

Smith DB. Sexual rehabilitation of the cancer patient. Cancer Nurs 1989 Feb; 12(1): 10–15.

Yasko JM and Greesy P. Coping with problems related to cancer and cancer treatment. CA 1987 Mar/Apr; 37(2): 106–125.

Transformation maligne et épidémiologie

Bakemeier AH. The potential role of vitamins A, C, and E and selenium in cancer prevention. Oncol Nurs Forum 1988 Nov/Dec; 15(6): 785–791.

Frank-Stromborg M. The epidemiology and primary prevention of gastric and esophageal cancer. Cancer Nurs 1989 Apr; 12(2): 53–64.

Lindsey AM et al. Endocrine mechanisms and obesity: Influences in breast cancer. Oncol Nurs Forum 1987 Mar/Apr; 14(2): 47–51.

Lovejoy NC. Precancerous lesions of the cervix. Cancer Nurs 1987 Feb; 10(1): 2–14.

Oleske DM. The epidemiology of lung cancer: An overview. Semin Oncol Nurs 1987 May; 3(3): 165–173.

Dépistage et prévention du cancer

Beck S et al. The family high-risk program: Targeted cancer prevention. Oncol Nurs Forum 1988 May/Jun; 15(3): 301–306.

Cashavelly BJ. Cervical dysplasia. Cancer Nurs 1987 Aug; 10(4): 199–206.

d'Angelo and Gorrell CR. Breast reconstruction using tissue expanders. Oncol Nurs Forum 1989 Jan/Feb; 16(1): 23–27.

Fitzsimmons ML et al. Hereditary cancer syndromes: Nursing's role in identification and education. Oncol Nurs Forum 1989 Jan/Feb; 16(1): 87–94.

Foltz A. Nutritional factors in the prevention of gastrointestinal cancer. Semin Oncol Nurs 1988 Nov; 4(4): 239–245.

Frank-Stromberg M. The role of the nurse in cancer detection and screening. Semin Oncol Nurs 1986 Aug; 2(3): 191–199.

Lovejoy NC et al. Tumor markers, relevance to clinical practice. Oncol Nurs Forum 1987 Sep/Oct; 14(5): 75–83.

Rose MA. Health promotion and risk prevention: Applications for cancer survivors. Oncol Nurs Forum 1989 May/Jun; 16(3): 335–340.

* Rutledge DN and Davis GT. Breast self-examination compliance and the health belief model. Oncol Nurs Forum 1988 Mar/Apr; 15(2): 175–174.

Schleper JR. Prevention, detection and diagnosis of head and neck cancers. Semin Oncol Nurs 1989 Aug; 5(3): 139–149.

* Williams RD. Factors affecting the practice of breast self-examination in older women. Oncol Nurs Forum 1988 Sep/Oct; 15(5): 611–616.

Chimiothérapie et radiothérapie

Brenner DE. Intraperitoneal chemotherapy: A review. J Clinical Oncol 1986 Jul; 4(7): 1135–1147.

Bujorian GA. Clinical trials: Patient issues in the decision-making process. Oncol Nurs Forum 1988 Nov/Dec; 15(6): 779–782.

* Caudell KA et al. Quantification of urinary nitrogens in nurses during potential antineoplastic agent exposure. Cancer Nurs 1988 Feb; 11(1): 41–50.

Cawley MN. Recent advances in chemotherapy: Administration and nursing implications. Nurs Clin North Am 1990 Jun; 25(2): 377–391.

Clark RA et al. Antiemetic therapy: Management of chemotherapy-induced nausea and vomiting. Semin Oncol Nurs 1989 May; 5(2 Suppl 1): 53–57.

Coons HL et al. Anticipatory nausea emotional distress in patients receiving cisplatin-based chemotherapy. Oncol Nurs Forum 1987 May/Jun; 14(3): 31–35.

Cotanch PH and Strum S. Progressive muscle relaxation as antiemetic therapy for cancer patients. Oncol Nurs Forum 1987 Jan/Feb; 14(1): 33–37.

Doig B. Adjuvant chemotherapy in breast cancer. Cancer Nurs 1988 Apr; 11(2): 91–98.

Dudjak LA. Mouth care for mucositis due to radiation therapy. Cancer Nurs 1987 Jun; 10(3): 131–140.

Eclers J et al. Development, testing, and application of the oral assessment guide. Oncol Nurs Forum 1988 May/Jun; 15(3): 325–330.

Fraser MC and Tucker MA. Late effects of cancer therapy: chemotherapy-related malignancies. Oncol Nurs Forum 1988 Jan/Feb; 15(1): 67-77.

Giaccone G et al. Scalp hypothermia in the prevention of doxorubicin-induced hair loss. Cancer Nurs 1988 Jun; 11(3): 170-173.

Glicksman AS. Radiobiologic basis of brachytherapy. Semin Oncol Nurs 1987 Feb; 3(1): 3-6.

Goodman M. Management of nausea and vomiting induced by outpatient cisplatin (Platinol) therapy. Semin Oncol Nurs 1987 Feb; 3(1 Suppl 1): 23-35.

Goodman M. Managing the side effects of chemotherapy. Semin Oncol Nurs 1989 May; 5(2 Suppl 1): 29-52.

Gullate MM and Graves T. Advances in antineoplastic therapy. Oncol Nurs Forum 1990 Nov/Dec; 17(6): 867-876.

Gullo SM. Safe handling of antineoplastic drugs: Translating the recommendations into practice. Oncol Nurs Forum 1988 Sep/Oct; 15(5): 595-601.

Hagle ME. Implantable devices for chemotherapy: Access and delivery. Semin Oncol Nurs 1987 May; 3(2): 96-105.

Haibeck SV. Intraoperative radiation therapy. Oncol Nurs Forum 1988 Mar/Apr; 15(2): 143-147.

Harris LL and Smith S. Chemotherapy in head and neck cancer. Semin Oncol Nurs 1989 Aug; 5(3): 174-181.

Hassey KM. Principles of radiation safety and protection. Semin Oncol Nurs 1987 Feb; 3(1): 23-29.

Hassey KM. Radiation therapy for rectal cancer and the implications for nursing. Cancer Nurs 1987 Dec; 10(6): 311-318.

* Headley JA. The influence of administration time on chemotherapy-induced nausea and vomiting. Oncol Nurs Forum 1987 Nov/Dec; 14(6): 43-47.

Hendrickson FR. The use of neutron beam therapy in the management of locally advanced nonresectable radioresistant tumors. CA 1988 Nov/Dec; 38(6): 353-361.

Hobbie WL and Schwartz CL. Endocrine late effects among survivors of cancer. Semin Oncol Nurs 1989 Feb; 5(1): 14-21.

Hogan, CM. Advances in the management of nausea and vomiting. Nurs Clin North Am 1990 Jun; 25(2): 475-497.

Hoff ST. Concepts in intraperitoneal chemotherapy. Semin Oncol Nurs 1987 May; 3(2): 112-117.

Holden S and Felde G. Nursing care of patients experiencing Cisplatin-related peripheral neuropathy. Oncol Nurs Forum 1987 Jan/Feb; 14(1): 13-19.

Hydzik CA. Late effects of chemotherapy: Implications for patient management and rehabilitation. Nurs Clin North Am 1990 Jun; 25(2): 423-446.

Jordan LN. Effects of fluid manipulation on the incidence of vomiting during outpatient cisplatin infusion. Oncol Nurs Forum 1989 Mar/Apr; 16(2): 213-217.

Keller JF and Blausey LA. Nursing issues and management in chemotherapy-induced alopecia. Oncol Nurs Forum 1988 Sep/Oct; 15(5): 603-607.

Kramer J and Moore IM. Late effects of cancer therapy on the central nervous system. Semin Oncol Nurs 1989 Feb; 5(1): 22-28.

Lewis F and Levita M. Understanding radiotherapy. Cancer Nurs 1988 Jun; 11(3): 174-185.

Lyndon J. Assessment of renal function in the patient receiving chemotherapy. Cancer Nurs 1989 Jun; 12(3): 133-143.

Lyndon J. Nephrotoxicity of cancer treatment. Oncol Nurs Forum 1986 Mar/Apr; 13(2): 68-77.

Maddock PG. Brachytherapy sources and applicators. Semin Oncol Nurs 1987 Feb; 3(1): 15-22.

Maran JN and Gray MA. Pulmonary laser therapy. Am J Nurs 1988 Jun; 88(6): 828-831.

Montrose PA. Extravasation management. Semin Oncol Nurs 1987 May; 3(2): 128-132.

Muller SA. Issues in cytotoxic drug handling safety. Semin Oncol Nurs 1987 May; 3(2): 133-141.

O'Rourke ME. Enhanced cutaneous effects in combined modality therapy. Oncol Nurs Forum 1987 Nov/Dec; 14(6): 31-35.

Ostehega Y et al. High-dose cisplatin-related peripheral neuropathy. Cancer Nurs 1988 Feb; 11(1): 23-32.

Pape LH. Therapy-related acute leukemia. Cancer Nurs 1988 Oct; 11(5): 295-302.

Parker R. The effectiveness of scalp hypothermia in preventing cyclophosphamide-induced alopecia. Oncol Nurs Forum 1987 Nov//Dec; 14(6): 49-53.

Rhodes VA et al. Patterns of nausea, vomiting, and distress in patients receiving antineoplastic drug protocols. Oncol Nurs Forum 1987 Jul/Aug; 14(4): 35-44.

Ruccione KR and Weinberg K. Late effects in multiple body systems. Semin Oncol Nurs 1989 Feb; 5(1): 4-13.

Schulmeister L. Developing guidelines for bleomycin test dosing. Oncol Nurs Forum 1989 Mar/Apr; 16(2): 205-207.

Shell JA and Carter J. The gynecological implant patient. Semin Oncol Nurs 1987 Feb; 3(1): 54-66.

Strohl RA. The nursing role in radiation oncology: Symptom management of acute and chronic reactions. Oncol Nurs Forum 1988 Jul/Aug; 15(4): 429-434.

Strohl RA. Radiation therapy for head and neck cancers. Semin Oncol Nurs 1989 Aug; 5(3): 166-173.

Strohl RA. Radiation therapy: Recent advances and nursing implications. Nurs Clin North Am 1990 Jun; 25(2): 309-329.

Valanis B and Shortridge L. Self protective practices of nurses handling antineoplastic drugs. Oncol Nurs Forum 1987 May/Jun; 14(3): 23-27.

Vizcarra C. Intraperitoneal Chemotherapy. J NITA 1988 May/Jun; 11(3): 184-187.

Wickham R. Managing chemotherapy-related nausea and vomiting: The state of the art. Oncol Nurs Forum 1989 Jul/Aug; 16(4): 563-574.

Witt ME et al. Adjuvant radiotherapy to the colorectum: Nursing implications. Oncol Nurs Forum 1987 May/Jun; 14(3): 17-21.

Yarbo CH (ed). Current concepts in emesis control. Semin Oncol Nurs 1990 Nov; 6(4): 1-22.

Yasko JM and Rust D. Trends in chemotherapy administration. Semin Oncol Nurs 1989 May; 5(2 Suppl 1): 3-7.

Modificateurs de la réponse biologique

Baird SB and Irwin MM (eds). The biotherapy of cancer: IV. Oncol Nurs Forum 1990 May; 18(1): 1-30.

Creekmore SP and Longo DL. Biologic response modifiers, interferons, interleukins and other cytokines. Resident and Staff Physician 1988 Jul; 34(8): 23-28, 30-31.

Goldstein D and Laszlo J. The role of interferon in cancer therapy: A current perspective. CA 1988 Sep/Oct; 38(5): 1-20.

Haeuber D and DiJulio JE. Hemopoietic colony stimulating factors: An overview. Oncol Nurs Forum 1989 Mar/Apr; 16(2): 247-255.

Lynch M et al. Nursing care of AIDS patient participating a in phase I/II trial of recombinant human granulocyte-m colony stimulating factor. Oncol Nurs Forum 1988 Jul/Aug; 15(4): 403-469.

Mayer DK. Biotherapy: Recent advances and nursing implications. Nurs Clin North Am 1990 Jun; 25(2): 291-308.

Rieger PT. Monoclonal antibodies. Am J Nurs 1987 Apr; 87(4): 469-473.

Urgences oncologiques

Baker WF. Clinical aspects of disseminated intravascular coagulation: A clinician's point of view. Semin Thromb Hemost 1989 Jan; 15(1): 1-57.

Barry SA. Septic shock: Special needs of patients with cancer. Oncol Nurs Forum 1989 Jan/Feb; 16(1): 31-35.

* Coward DD. Hypercalcemia knowledge assessment in patients at risk of developing cancer-induced hypercalcemia. Oncol Nurs Forum 1988 Jul/Aug; 15(4): 471-476.

Coward DD. Cancer induced hypercalcemia. Cancer Nurs 1986 Jun; 9(3): 125-132.

Germon K. Fluid and electrolyte problems associated with diabetes insipidus and syndrome of inappropriate antidiuretic hormone. Nurs Clin North Am 1987 Dec; 22(4): 785–796.

Glover DJ and Glick JH. Metabolic oncologic emergencies. CA 1987 Sep/Oct; 37(5): 302–320.

Green L and Bingenberg QS. Current concepts in the management of hypercalcemia of malignancy. Hospital Formulary 1988 Mar; 23(3): 268–287.

Helms SR and Carlson MD. Cardiovascular emergencies. Semin Oncol 1989 Dec; 16(6): 463–470.

Lazarus HM et al. Infectious emergencies in oncology patients. Semin Oncol 1989 Dec; 16(6): 543–560.

Mahon SM. Signs and symptoms associated with malignancy-induced hypercalcemia. Cancer Nurs 1989 Jun; 12(3): 153–160.

McCaffery DW. Metastatic bone cancer. Cancer Nurs 1988 Apr; 11(2): 103–111.

Poe CM and Taylor LM. Syndrome of inappropriate antidiuretic hormone: Assessment and nursing implications. Oncol Nurs Forum 1989 May/Jun; 16(3): 373–381.

Polomano RC and Miller SE (eds). Understanding and managing oncologic emergencies. Adria Laboratories 1987; 1–40.

Silverman P and Distelhorst CW. Metabolic emergencies in clinical oncology. Semin Oncol 1989 Dec; 16(6): 504–515.

Douleur

American Pain Society. Relieving pain: An analgesic guide: Principles of analgesic use in the treatment of acute pain and chronic cancer pain. Am J Nurs 1988 Jun; 88(6): 815–826.

* Dalton JA. Nurses' perceptions of their pain assessment skills, pain management practices and attitudes toward pain. Oncol Nurs Forum 1989 Mar/Apr; 16(2): 225–231.

* Dalton JA et al. Pain relief for cancer patients. Cancer Nurs 1988 Dec; 11(6): 322–328.

* Dalton JA and Feuerstein M. Biobehavioral factors in cancer pain. Pain 1988 May; 33(2): 137–147.

* Donovan MI and Dillon P. Incidence and characteristics of pain in a sample of hospitalized cancer patients. Cancer Nurs 1987 Apr; 10(2): 85–92.

* Hill CS. Relationship among cultural, educational, and regulatory agency influences on optimum cancer pain treatment. Journal of Pain Symptom Management 1990 Feb; 5(1 Suppl): S37–S45.

Kane NE et al. Use of patient-controlled analgesia in surgical oncology patients. Oncol Nurs Forum 1988 Jan/Feb; 15(1): 29–32.

* Lapin J et al. Cancer pain management with a controlled-release oral morphine preparation. Journal of Pain Symptom Management 1989 Sep; 4(3): 146–151.

Levy MH. Pain management in advanced cancer. Semin Oncol 1985 Dec; 12(4): 394–410.

McCaffrey M. Patient-controlled analgesia: More than a machine. Nursing 1987 Nov; 17(11): 63–64.

Parce JA. The phenomenon of analgesic tolerance in cancer pain management. Oncol Nurs Forum 1988 Jul/Aug; 15(4): 455–460.

Patt RB and Jain S. Recent advances in the management of oncologic pain. Curr Probl Cancer 1989 May/Jun; 13(3): 135–195.

Wilkie DJ. Cancer pain management: State-of-the art nursing care. Nurs Clin North Am 1990 Jun; 25(2): 331–343.

Problèmes psychosociaux

Benoliel JQ. Loss and terminal illness. Nurs Clin North Am 1985 Jun; 20(2): 439–448.

Blackmore C. The impact of orchiectomy upon the sexuality of the man with testicular cancer. Cancer Nurs 1988 Feb; 11(1): 33–40.

* Blank JJ et al. Perceived home care needs of cancer patients and their caregivers. Cancer Nurs 1989 Apr; 12(2): 78–84.

* Braum PJ and Katz LF. A study of burnout in nurses working in hospice and hospital oncology settings. Oncol Nurs Forum 1989 Jul/Aug; 16(4): 555–560.

* Foltz AT. The influence of cancer on self-concept and life quality. Semin Oncol Nurs 1987 Nov; 3(4): 303–312.

Gobel BH and Donovan MI. Depression and anxiety. Semin Oncol Nurs 1987 Nov; 3(4): 267–76.

Herman DC. Concerns for the dying patient and family. Semin Oncol Nurs 1989 May; 5(2): 120–123.

* Herth KA. The relationship between level of hope and level of coping response and other variables in patients with cancer. Oncol Nurs Forum 1989 Jan/Feb; 16(1): 67–72.

Holland JC. Managing depression in the patient with cancer. CA 1987 Nov/Dec; 37(6): 366–371.

Mount BM. Dealing with our losses. J Clin Oncol 1986 Jul; 4(7): 1127–1134.

Quigley KM. The adult cancer survivor: Psychosocial consequences of cure. Semin Oncol Nurs 1989 Feb; 5(1): 63–69.

Rice MA and Szopa TJ. Group intervention for reinforcing self-worth following mastectomy. Oncol Nurse Forum 1988 Jan/Feb; 15(1): 33–37.

Saunders JM and Valente SM. Cancer and suicide. Oncol Nurs Forum 1988 Sep/Oct; 15(5): 575–581.

Sodestrom KE and Martinson IM. Patients' spiritual coping strategies: A study of nurse and patient perspectives. Oncol Nurs Forum 1987 Mar/Apr; 14(2): 41–46.

Méthodes empiriques

Cassileth BR. The social implications of questionable cancer therapies. CA 1989 Sep/Oct; 39(5): 311–315.

Jarvis W. Helping your patients deal with questionable cancer treatments. CA 1986 Jul/Aug; 36(4): 293–301.

Uretsky S and Birdsall C. Quackery: A thoroughly modern problem. Am J Nurs 1986 Sep; 86(9): 1030–1033.

Nutrition

Chernoff R and Ropka M. The unique nutritional needs of the elderly patient with cancer. Semin Oncol Nurs 1988 Aug; 4(3): 189–197.

Grant M. Nausea, vomiting, and anorexia. Semin Oncol Nurs 1987 Nov; 3(4): 277–86.

Grant M et al. Nutritional management in the head and neck cancer patient. Semin Oncol Nurs 1989 Aug; 5(3): 195–204.

Simon RC. Small gauge central venous catheters and right atrial catheters. Semin Oncol Nurs 1987 May; 3(2): 87–95.

Tait N and Aisner J. Nutritional concerns in cancer patients. Semin Oncol Nurs 1989 May; 5(2 Suppl 1): 58–62.

Infection

Baird SB and Johnson J (eds). Prevention and management of neutropenia in the cancer patient. Oncol Nurs Forum 1990 Jan/Feb; 17(1): 1–24.

* Petrosino B et al. Infection rates in central venous dressings. Oncol Nurs Forum 1988 Nov/Dec; 15(6): 709–717.

Simonson GM. Caring for patients with acute myelocytic leukemia. Am J Nurs 1988 Mar; 88(3): 304–309.

Dispositifs d'accès veineux

Moore CL et al. Nursing care and management of venous access ports. Oncol Nurs Forum 1986 May/Jun; 13(3): 35–39.

Simon RC. Small gauge central venous catheters and right atrial catheters. Semin Oncol Nurs 1987 May; 3(2): 87–95.

Viall CD. Your complete guide to central venous catheters. Nursing 90 1990 Feb; 20(2): 34–41.

Wickham RS. Advances in venous access devices and nursing management strategies. Nurs Clin North Am 1990 Jun; 25(2): 345–364.

Information/ressources

Ouvrages

Bensen H. The Relaxation Response. New York, Times Books, 1984.

Boripenko J. Minding the Body With the Mind. New York, Bantam Books, 1988.

Burning N. Coping with Chemotherapy. New York, Doubleday, 1985.

Johnson J and Klein L. I Can Cope: Staying Healthy With Cancer. Minneapolis, The Wellness Series, 1988.

Petrek JA. A Woman's Guide to the Prevention, Detection and Treatment of Cancer. New York, Macmillan, 1985.

Seigel B. Love, Medicine and Miracles. New York, Harper and Row, 1986.

Organismes

American Cancer Society
777 Third Avenue, New York, NY 10017

American Academy of Otolarynggology
Head and Neck Surgery Inc, 1101 Vermont Avenue NW, Suite 302, Washington DC, 20005

Association des laryngectomisés du Québec
5955 4ᵉ Avenue, Montréal, Québec H1T 2T7

Association québécoise des infirmières en oncologie
2075 de Champlain, Montréal, Québec H2L 2T1 (514) 527-2194

Breast Cancer Advisory Center
11426 Rockville Pike, Suite 406, Rockville, MD 20857

Can Cope
Hôpital Reine Élizabeth, 2100 Marlowe, Montréal, Québec H4A 3L6

Cedars Cansupport
Royal Victoria, 687, av. des Pins ouest, Montréal, Québec H3A 1A1

Concern for Dying
250 West 57th Street, New York, NY 10107, (212) 246-6962

Hope and Cope; L'espoir c'est la vie
Hôpital général Juif, 3755 Chemin de la Côte Ste-Catherine, Montréal, Québec H3T 1E2

La Fondation québécoise du cancer
2075 de Champlain, Montréal, Québec H2L 2T1 (514) 527-2194

Lamplighters
Hôpital de Montréal pour enfants, C.P. 1285, Station H, Montréal, Québec H3G 2N2

La vie nouvelle
Hôtel-Dieu de Montréal, 3840 rue Saint-Urbain, Montréal, Québec H2W 1T8

Leukemia Society of America
733 Third Avenue, New York, NY 10017, (212) 573-8484

Office of Cancer Communications
Building 31, Room 10A24, National Cancer Institute, Bethesda, Maryland 20892

Make Today Count
514 Tama Building, P.O. Box 303, Burlington, IN 52601

National Cancer Information Clearing House
Room 10A18 Building 31 NCI/NIH, Bethesda, MD 20205, (301) 496-4070

National Hospice Organization
1901 North Forth Meyer Drive, Suite 901, Arlington, VA 22209

New Approaches to Cancer
20 Place Gauthier, Dollard-des-Ormeaux, Québec H9G 1Z7

O.M.P.A.C. (Organisation montréalaise des personnes atteintes de cancer),
6653 rue Saint-Denis, Montréal, Québec H2S 2S1

United Ostomy Association Inc
2001 West Beverly Boulevard, Los Angeles, CA 90057

Reach to recovery
Société canadienne du cancer, 5151 de l'Assomption Blvd., Montréal, Québec H1T 4A9

Société canadienne du cancer
5151 de l'Assomption Blvd., Montréal, Québec H1T 4A9 (514) 255-5151

The European Oncology Nursing Society

The International Society of Nurses in Cancer Care

The Oncology Nursing Society

Virage
Hôpital Notre-Dame, 2083 Alexandre-de-Sèves, Montréal, Québec H2L 2W5

V.O.P. (Volunteers for Oncology Patients), Hôpital général de Montréal, Oncology Department, 1650, av. Cedar, Montréal, Québec H3G 1A4

West Island Volunteer Bureau Self-help Group
750 Avenue Dawson, Dorval, Quebec H9S 1X1

Services téléphoniques

INFO CANCER
Montréal (514) 522-6237
À l'extérieur de Montréal 1 (800) 361-4212

TÉLÉ-CANCER
2075 rue de Champlain, Montréal, Québec H2L 2T1
(514) 5 CANCER ou 522-6237

PROGRÈS DE LA RECHERCHE EN SCIENCES INFIRMIÈRES

NOTIONS ET DÉFIS THÉRAPEUTIQUES

Les études présentées ici reflètent la diversité des intérêts des infirmières qui font de la recherche dans les différents domaines de la pratique infirmière. Ces études portent sur la réadaptation, l'évaluation et le traitement de la douleur, les rythmes biologiques chez les humains, les troubles sexuels, le dépistage et la prévention des principaux déséquilibres hydroélectrolytiques et les complications du cancer et de son traitement.

La réadaptation

Les infirmières font une place importante à la réadaptation dans leur pratique, ce qui se reflète par le grand nombre d'articles consacrés à ce sujet dans les revues de soins infirmiers. Ces articles portent notamment sur la mobilité, l'intégrité de la peau et l'incontinence, et sur les facteurs qui influencent la réadaptation.

▷ M. Williams et P. Manaske, «Efficacity of audiovisual tape versus verbal instructions on crutch walking: A comparison», J Emerg Nurs, mai-juin 1987; 13(3):156-159.

On a voulu déterminer si l'utilisation de matériel audiovisuel pouvait être efficace et rentable pour l'enseignement de la démarche du béquillard sans appui. Pour mesurer l'efficacité des méthodes d'enseignement (enseignement non structuré donné à chaque patient par le personnel du service des urgences et bande vidéo de 13 minutes préparée par les infirmières du service des urgences), on a utilisé un test écrit et un test de performance.

L'échantillon se composait de 55 adultes dont le niveau de conscience était normal et qui ne souffraient pas de troubles auditifs ou visuels. Les sujets, qui utilisaient tous des béquilles pour la première fois, ont été choisis parmi les patients d'un hôpital de soins actifs du Midwest américain. Ils ont été répartis, de façon non aléatoire et sans appariement, en deux groupes: un groupe témoin composé de 30 sujets ayant reçu l'enseignement non structuré et un groupe expérimental composé de 25 sujets ayant reçu l'enseignement audiovisuel. Tous les sujets ont pu pratiquer la démarche du béquillard avant les tests.

Les scores moyens du test écrit, du test de performance et le score moyen total ont été plus élevés dans le groupe expérimental, de façon significative pour ce qui est du score total et du score du test de performance. Les patients et les membres du personnel ont réagi favorablement à l'enseignement par la méthode audiovisuelle.

Les chercheurs ont observé une corrélation positive entre les scores et le fait que l'enseignement ait été donné par le personnel de soir ou de nuit, la présence d'un parent ou d'un ami au cours de la séance d'enseignement et le rendement de l'examinateur. On n'a pas calculé le coefficient d'objectivité, mais les chercheurs croient que l'intérêt des examinateurs pour le projet a pu influencer les résultats du test de performance, dont la notation est subjective. Le siège et la nature de la blessure, et l'âge du patient n'ont pas eu d'effet sur les résultats.

Soins infirmiers. La portée des résultats de cette étude est limitée par le fait qu'elle a été menée sur un échantillon de commodité réparti de façon non aléatoire et par l'existence d'hypothèses contradictoires. D'après cette étude, l'enseignement de la démarche du béquillard donné par méthode audiovisuelle serait plus efficace que l'enseignement non structuré donné par les membres du personnel. La méthode audiovisuelle libère le personnel de l'enseignement et assure l'uniformité des instructions. Toutefois, il faudra mener d'autres recherches pour s'assurer de l'efficacité de l'enseignement par la méthode audiovisuelle et l'influence d'autres variables sur les capacités d'apprentissage.

▷ P. G. Watson, «Family participation in the rehabilitation process: The rehabilitator's perspective», Rehabil Nurs, mars-avril 1987, 12(2):70-73.

Cette étude descriptive rétrospective, menée auprès de 198 professionnels de la santé (30 % d'infirmières, 20 % d'ergothérapeutes, 16 % de physiothérapeutes, 34 % d'autres professionnels: orthophonistes, travailleurs sociaux, psychiatres, etc.) pratiquant dans des centres de réadaptation autonomes, portait sur la participation de la famille au processus de réadaptation. Un questionnaire appelé «Family in Rehabilitation Inventory» a permis de mesurer l'importance que les professionnels de la santé attribuent à la participation de la famille et leur perception à cet égard. D'après les résultats de l'étude, on juge utile la participation de la famille et on y fait appel. Les professionnels de la santé qui ont participé à cette étude croient que les membres de la famille devraient poser des questions et exprimer leurs opinions, qu'ils devraient participer au programme dès le départ afin de favoriser l'adaptation du patient et qu'ils devraient suivre leurs recommandations.

Ils se sont dit plus en faveur d'une forme directive de réadaptation dictant de façon précise le rôle de la famille, que d'une forme coopérative comme celle préconisée dans la documentation spécialisée. Ils ont également indiqué que les membres de la famille ont souvent du mal à comprendre les explications concernant l'état du patient et ont parfois peur de participer aux soins. Ils ont reconnu que l'infirmière est le membre de l'équipe de réadaptation qui passe le plus de temps avec le patient et qui aide le plus la famille.

Soins infirmiers. La portée des résultats de cette étude descriptive est limitée par la nature de l'échantillon et la méthodologie utilisée. Il faudrait mener des recherches supplémentaires pour mieux comprendre la participation de la famille à la réadaptation dans d'autres milieux (par exemple, les centres de réadaptation active). Dans la documentation, on préconise une collaboration à part entière du patient et de sa famille tandis que dans cette étude on décrit une participation du patient dans un programme dirigé par un professionnel de la santé. Il serait donc intéressant de savoir si le modèle théorique préconisé dans la documentation est applicable dans la pratique. Il faudrait aussi établir l'importance des interactions entre l'infirmière et la famille dans le processus de réadaptation.

▷ *R. Holmes et coll., «Combating pressure sores nutritionally», Am J Nurs, octobre 1987; 87(10): 1301-1303.*

Le traitement des ulcères de décubitus est coûteux. De plus, ces lésions affectent le bien-être du patient. Le dépistage des patients qui y sont prédisposés permet d'adopter rapidement des mesures de prévention. Les auteurs de cet article font état de deux études sur le sujet.

La première étude avait pour but d'établir l'influence de l'état nutritionnel sur l'apparition d'ulcères de décubitus. L'échantillon se composait de six hommes et de six femmes âgés de 60 à 90 ans présentant des ulcères de décubitus. Ces patients avaient des mensurations au-dessous de la moyenne, ils souffraient d'anémie et d'une carence en protéines, comme en témoignaient respectivement leurs faibles taux sérique de transferrine et d'albumine. Chez neuf d'entre eux, les ulcères de décubitus sont apparus au cours de l'hospitalisation, en même temps qu'une baisse significative du point de vue statistique du taux sérique d'albumine, du taux d'hémoglobine et de la numération leucocytaire, ce qui traduit un apport nutritionnel insuffisant.

On a observé chez 11 des 12 sujets de l'étude une cicatrisation des ulcères de décubitus après une amélioration de l'état nutritionnel par alimentation entérale et administration de suppléments. Chez le douzième sujet, on n'a noté ni amélioration de l'état nutritionnel, ni cicatrisation des ulcères.

La deuxième étude portait sur 36 sujets âgés de 30 à 95 ans ayant subi un traitement médical ou chirurgical, et qui présentaient des risques d'ulcères de décubitus. Pour évaluer ces risques, on a utilisé l'échelle de Norton, dont les items portent sur l'état physique général, le niveau de conscience, le niveau d'activité, la mobilité et l'incontinence. Vingt des sujets ont présenté des ulcères de décubitus dans les deux semaines qui ont suivi leur hospitalisation. Ils avaient tous au moment de leur admission un faible état nutritionnel se traduisant par des mensurations inférieures à la moyenne et un faible taux sérique d'albumine. On a établi qu'un taux sérique d'albumine de 35 g / L ou moins a une valeur prédictive dans la formation des ulcères de décubitus. On recommande donc dans ce cas de prendre les mesures nécessaires pour prévenir l'aggravation de la carence en protéines.

Soins infirmiers. Les résultats de cette étude suggèrent que l'évaluation de l'état nutritionnel et du risque de formation d'ulcères de décubitus doit faire partie de la collecte des données au moment de l'admission. On peut se servir de l'échelle de Norton et du taux sérique d'albumine pour établir les prédispositions, et prendre sans délai, s'il y a lieu, des mesures destinées à améliorer l'état nutritionnel et à prévenir les ulcères de décubitus.

▷ *Y. Dai et M. Catanzaro, «Health beliefs and compliance with a skin care regimen», Rehabil Nurs, janvier-février 1987; 12(1):13-16.*

Les personnes qui ont subi une lésion de la moelle épinière sont prédisposées à la formation d'ulcères de décubitus. On a voulu établir si ces personnes se conforment aux soins cutanés qui leur ont été recommandés. On s'est basé pour ce faire sur le modèle de croyance à la santé. L'étude a donc porté sur la croyance du patient concernant les risques d'ulcères de décubitus, la gravité de ces lésions, l'efficacité des soins cutanés et les raisons qui s'opposent à la pratique de ces soins.

L'échantillon se composait de 20 hommes ayant subi une lésion de la moelle épinière et devant se déplacer en fauteuil roulant, mais qui n'étaient pas incontinents. Ces sujets, choisis dans une clinique d'un hôpital de Taïwan, vivaient dans leur famille et étaient capables d'effectuer sans aide leurs soins cutanés. Ils ont répondu à un questionnaire de croyance à la santé et à des questions à choix multiples portant sur les connaissances générales. Des entrevues structurées ont permis de déterminer l'observance des soins cutanés.

L'analyse des données a révélé qu'il existe une corrélation entre l'observance des soins cutanés et la croyance du sujet en leur efficacité et en la gravité des ulcères de décubitus. On n'a toutefois pas observé de corrélation entre l'observance des soins et la croyance du patient concernant les risques de formation d'ulcères de décubitus et les raisons qui s'opposent à la pratique des soins cutanés.

Soins infirmiers. L'infirmière qui soigne des personnes prédisposées à la formation d'ulcères de décubitus peut promouvoir les soins cutanés par l'enseignement. Elle doit insister sur l'efficacité des soins cutanés et la gravité des ulcères de décubitus. Il lui faut également procurer de l'aide au patient incapable d'effectuer lui-même ses soins cutanés. La portée des résultats de cette étude est limitée par le fait que l'échantillon n'est par représentatif. Il faudrait donc mener des recherches semblables dans d'autres milieux.

La douleur

La douleur fait toujours l'objet d'un grand nombre d'études dans le domaine des soins infirmiers. Toutefois, les études expérimentales sont relativement rares, à cause de l'écart entre la situation clinique réelle et les simulations, et également à cause des nombreuses variables qui influencent les réactions à la douleur.

▷ *L. D. Camp, «A comparison of nurses' recorded assessments of pain with perceptions of pain as described by cancer patients», Cancer Nurs, août 1988; 11(4):237-243.*

Cette étude avait pour but d'établir si les infirmières perçoivent adéquatement la douleur éprouvée par les patients atteints de cancer. L'échantillon se composait de 30 dyades infirmières-patients formées de patients atteints de cancer éprouvant de la douleur et des infirmières qui les soignaient. On a utilisé les items contenus dans le questionnaire sur la douleur de McGill pour évaluer les caractéristiques de la douleur ressentie par le patient: siège, qualité, évolution et intensité, facteurs de soulagement et d'intensification. On a aussi noté la description de la douleur faite par le patient et les expressions non verbales de la douleur. On a ensuite comparé les résultats ainsi obtenus aux notes d'observation de l'infirmière.

Les infirmières n'ont consigné que 18,5 % des caractéristiques mentionnées par les patients et leurs observations concordaient avec la description faite par ces derniers dans moins de 14 % des cas. La plupart des patients ont répondu à sept des huit items d'évaluation de la douleur utilisés par le chercheur, mais la plupart des infirmières n'ont fait état que de deux de ces huit items: siège de la douleur et description de la douleur par le patient.

Soins infirmiers. D'après les résultats de cette étude, les notes d'observation de l'infirmière sur la douleur sont insuffisantes. Il importe de noter soigneusement les caractéristiques de la douleur pour répondre aux exigences de la Loi, mais aussi pour assurer la continuité des soins et permettre un soulagement efficace de la douleur.

▷ *M. Donovan, P. Dillon et L. McGuire, « Incidence and characteristics of pain in a sample of medical-surgical patients »,* Pain, *juillet 1987; 30(1):69-78.*
Cette étude avait pour but d'établir la fréquence et les caractéristiques de la douleur éprouvée par des patients hospitalisés dans un service de soins médicochirurgicaux généraux, les mesures adoptées pour la soulager et l'efficacité de ces mesures selon les patients. L'échantillon était formé de 353 patients qui ont dit éprouver de la douleur au cours de leur hospitalisation. La moitié de ces patients ont qualifié leur douleur d'intolérable. On a évalué la douleur éprouvée par les patients à l'aide du questionnaire sur la douleur de McGill et d'un outil mis au point par les auteurs de l'étude. L'examen des dossiers des patients et des données sur graphique concernant l'administration des analgésiques a révélé que les traitements n'ont pas soulagé efficacement la douleur.

Seulement 193 patients (43 %) ont dit éprouver de la douleur au moment précis où on leur a posé la question, mais 46 autres, qui avaient répondu «non», ont admis éprouver de la douleur quand on a procédé à l'évaluation sur échelle. Beaucoup des sujets ont éprouvé des douleurs modérément intenses et intenses, mais seulement 45 % d'entre eux se sont souvenus d'en avoir parlé avec l'infirmière.

D'après les patients, les mesures les plus efficaces pour soulager la douleur ont été l'administration d'analgésiques, le sommeil, l'immobilisation et la distraction. Un tiers des patients ayant utilisé cette dernière mesure ont affirmé qu'elle avait soulagé la douleur, peu importe son intensité. Quarante patients dont la douleur n'était pas due au cancer ont dit que les massages ont aggravé la douleur.

Soins infirmiers. Les infirmières et les autres membres de l'équipe soignante sous-estiment souvent la fréquence et la gravité de la douleur chez les patients qui subissent des traitements médicochirurgicaux. Souvent, l'administration d'analgésiques ne suffit pas à procurer un soulagement. Il existe des méthodes non médicamenteuses de soulagement dont l'efficacité varie selon la nature et l'intensité de la douleur, mais qui devront faire l'objet d'études supplémentaires.

▷ *K. Holm et coll., « Effect of personal pain experience on pain assessment »,* Image: J Nurs Scholarship, *été 1989; 21(2):72-75.*
Cette étude avait pour but d'établir dans quelle mesure une expérience personnelle de la douleur chez l'infirmière pouvait influencer sa capacité d'évaluer la douleur ressentie par les patients. Cent trente-quatre infirmières ont répondu à un questionnaire, dont 12 items portaient sur l'expérience personnelle de la douleur. Une question avait trait à l'expérience de la douleur chez un proche, et les autres questions à la tolérance à la douleur de l'infirmière et à sa démarche habituelle dans les cas de patients souffrant de douleurs d'intensité faible à modérée. On a utilisé un second outil, soit le Standard Measure of Interferences of Suffering Questionnaire. Ce questionnaire se compose d'une série de descriptions fictives (avec données démographiques) de patients souffrant de différentes maladies ou blessures. La personne qui y répond doit indiquer sous chaque description l'intensité de la douleur physique et de la souffrance psychique que ces patients ressentent.

Les résultats de cette étude ont révélé que l'expérience personnelle de la douleur a une influence significative sur l'évaluation de la douleur par les infirmières, celles qui ont elles-mêmes éprouvé de la douleur semblant avoir plus de sympathie pour le patient. L'âge, la race et le sexe des patients ont peu influencé les réponses dans le Standard Measure of Interferences of Suffering Questionnaire.

Soins infirmiers. Les infirmières devraient être objectives dans leur évaluation de la douleur chez les patients. Les résultats de cette étude ont une portée limitée parce que les évaluations ont été faites à partir de cas fictifs. Ils devront donc être confirmés par des études supplémentaires.

▷ *B. Ferrell et coll., « Effects of controlled-release morphine on quality of life for cancer pain »,* Oncol Nurs Forum, *juillet-août 1989; 16(4):521-526.*
Cette étude avait pour but de comparer les effets de la morphine à libération prolongée à ceux des analgésiques à action brève sur la qualité de vie des patients souffrant de cancer. On a réparti au hasard en deux groupes 83 patients souffrant de douleur d'origine cancéreuse traités dans le service d'oncologie de deux hôpitaux. Les sujets du premier groupe ont reçu un analgésique à action brève et ceux du deuxième groupe, un analgésique à libération prolongée (MS Contin). Le groupe témoin se composait de patients qui avaient reçu pendant au moins deux semaines de la morphine à libération prolongée et qui continuaient de recevoir ce médicament. On a mesuré la qualité de vie à l'aide de cinq instruments: le Demographic Data Tool, le Pain Experienced Measure, le Present Pain Intensity Scale, tiré du questionnaire McGill-Melzack, le Kamofsky Performance Status Scale et le QQL Survey. Les données ont été recueillies au moment de l'admission à l'étude et toutes les deux semaines pendant les six semaines qui ont suivi.

L'analyse des données indique que les patients du groupe recevant l'analgésique à action brève n'ont consommé que 54 % de la quantité de médicament prescrit alors que les patients du groupe recevant la morphine à libération prolongée en ont consommé 92 %. Les mesures de l'intensité de la douleur ont révélé une plus faible intensité de la douleur chez les sujets du second groupe. Les résultats du QQL Survey ont révélé des scores plus élevés chez les sujets du groupe recevant la morphine à libération prolongée, sauf pour ce qui est des troubles intestinaux et des nausées. Ces symptômes étaient plus fréquents chez les patients du groupe recevant la morphine à libération prolongée, mais ont semblé diminuer avec le temps.

Soins infirmiers. Selon les résultats de cette étude, les analgésiques à libération prolongée procurent aux patients atteints de cancer un soulagement plus efficace de la douleur que les analgésiques à action brève administrés selon le schéma thérapeutique habituel, soit toutes les trois ou quatre heures. On recommande à l'infirmière de prendre des mesures pour soulager les symptômes gastro-intestinaux au début du traitement par les analgésiques à libération prolongée, ce qui peut améliorer davantage la qualité de vie du patient.

On ne mentionne pas si les sujets du groupe recevant un analgésique à action brève devaient demander leur médicament ou si on le leur procurait automatiquement. On ne sait donc pas si la faible consommation d'analgésiques dans ce groupe peut s'expliquer par le fait que le patient ne demandait pas son médicament ou que l'infirmière ne le lui procurait pas.

Les rythmes biologiques chez les humains

Dans le domaine des soins infirmiers, on effectue de plus en plus de recherches sur les facteurs qui influencent les rythmes biologiques, dont le rythme circadien et le rythme veille-sommeil, chez les sujets en bonne santé et chez les malades.

▷ S. J. Coss, «*Factors affecting the sleep of patients on surgical wards in Scotland*», dans S. Funk et coll. (éditeurs), Key Aspects of Recovery: Improving Nutrition, Rest and Mobility, *New York, Springer-Verlag, 1990, p. 223-238.*

Cette étude portait sur les facteurs qui ont influencé le sommeil des patients hospitalisés dans le service de chirurgie de deux hôpitaux écossais. L'échantillon se composait de 200 hommes et femmes. On a posé aux sujets des questions concernant la qualité de leur sommeil à la maison et à l'hôpital. On ne fait pas état de la fiabilité et de la validité des instruments utilisés pour les entrevues. Des 200 sujets, 122 ont affirmés dormir plus mal à l'hôpital qu'à la maison, 54 ont dit ne voir aucun changement dans la qualité de leur sommeil et 24 ont dit mieux dormir. En moyenne, les sujets se couchaient près de 60 minutes plus tôt qu'à la maison. Ils mettaient plus de temps à s'endormir, soit entre 24 et 48 minutes de plus et dormaient presque une heure de moins qu'à la maison. Ils s'éveillaient entre 1,4 et 2,3 fois de plus.

L'analyse des facteurs qui ont influencé le sommeil de sujets a révélé ce qui suit: (1) les sujets qui vivaient seuls ont dit mieux dormir à l'hôpital qu'à la maison, ce qui peut s'expliquer par le sentiment de sécurité que leur procure l'hôpital; (2) le fait de conserver son rituel de préparation au coucher n'a pas amélioré le sommeil, ce que l'on peut attribuer à la présence de stimuli qui atténuent l'effet calmant du rituel; (3) les patients qui étaient dans des unités plus petites (2 à 4 lits) ont dormi plus longtemps et se sont éveillés moins souvent au cours de la nuit que les patients qui étaient dans des unités plus grandes (20 à 24 lits); (4) les patients ayant reçu des somnifères se sont endormis plus rapidement, ont dormi plus longtemps et se sont éveillés moins souvent; (5) la qualité des matelas a influencé la durée du sommeil et (6) les causes d'interruption du sommeil à l'hôpital que les sujets ont mentionnées sont la douleur (127), le bruit (123), la température de la pièce (113), l'inconfort du lit à cause d'une alèse en plastique ou d'un matelas dur (87), le besoin d'aller à la toilette (93), l'anxiété et les inquiétudes (73), un malaise (45), les cauchemars (28), l'éclairage (5) et l'administration de traitements (5). Il est intéressant de mentionner que la plupart des infirmières ont noté dans les dossiers que les patients avaient «bien dormi».

Soins infirmiers. Les infirmières doivent prévoir que le patient dormira moins bien à l'hôpital, et prendre, au besoin, des mesures visant à soulager la douleur et à réduire les bruits. Elles doivent également faire entendre leur voix pour ce qui concerne par exemple le réglage de la température ou le choix des matelas. L'administration de somnifères pour une durée limitée peut être utile dans le cas des patients qui connaissent d'importants troubles du sommeil. On recommande dans cette étude d'éviter, autant que possible, d'éveiller le patient à l'aube pour des examens courants, l'administration de médicaments ou le petit déjeuner. L'infirmière devrait recueillir, au moment de l'admission, des données sur les habitudes de sommeil du patient. Elle devrait aussi lui demander tous les matins comment il a dormi et noter sa réponse au dossier. Il importe de plus qu'elle inscrive les troubles de sommeil dans sa liste de problèmes ou dans ses diagnostics infirmiers afin de pouvoir prendre les mesures nécessaires pour améliorer le sommeil.

▷ L. A. Farr, C. Campbell-Grossman et J. M. Mack, «*Circadian disruption and surgical recovery*», Nurs Res, *mai-juin 1988; 37(3):1171-1174.*

Cette étude faisait suite à une étude antérieure, menée par Farr, Keene, Sampson et Michael (Alterations in circadian excretion of urinary variables and indicators of stress following surgery), publiée dans le numéro de mai-juin 1984 de *Nurs Res*, 33(3): 140-146. Elle avait pour but d'examiner les modifications, en fonction du rythme circardien, de la composition des urines et des signes vitaux après une intervention chirurgicale. Comme les rythmes biologiques sont difficiles à observer chez les humains après une intervention chirurgicale, cette étude a été menée sur des rats. Elle portait sur les rythmes circadiens et le rythme de la température après une chirurgie abdominale. Les résultats ont été similaires à ceux obtenus lors de l'étude menée chez les humains qui avait révélé chez 23 sujets un retard de 2 à 12 heures de chacune des phases du rythme circadien. Les deux études sont arrivées à la conclusion que plus les perturbations du rythme circardien sont importantes plus le rétablissement du rythme normal est long.

Soins infirmiers. Sur la base des résultats de ces deux études on a fait plusieurs observations utiles pour la pratique infirmière. On recommande notamment d'établir s'il y a perturbation du rythme circardien après une intervention chirurgicale. Si la perturbation est importante, il faut être à l'affût des troubles qu'elle peut entraîner: insomnie, troubles gastro-intestinaux, diminution de l'attention et malaise. On mentionne aussi que les besoins du patient peuvent être modifiés par une perturbation du rythme circardien, notamment les besoins en analgésiques. On note enfin que, selon les principes de la chronobiologie, on pourrait accélérer le retour au rythme normal en situant le patient dans le temps par divers moyens.

▷ *D. J. Mason, «Circadian rhythms of body temperature and activation and the well-being of older women»*, Nurs Res, *septembre-octobre 1988; 37(5):276-281.*

Cette étude, menée sur 18 femmes âgées en bonne santé, se proposait d'établir si les modifications des rythmes biologiques qui accompagnent le vieillissement doivent être interprétées selon la théorie chronobiologique ou la théorie rogérienne, en d'autres mots, d'établir si ces modifications sont normales ou indésirables. On a demandé pour ce faire à des femmes de 65 à 80 ans (moyenne 71,6 ans) de prendre leur température orale toutes les deux heures au cours des heures d'éveil, pendant sept jours consécutifs et de remplir au même moment un questionnaire portant sur leur niveau général d'énergie. Les sujets devaient également remplir tous les jours un questionnaire portant sur leur bien-être. Les résultats de cette étude sont peu concluants, mais témoignent dans un cas en faveur de la théorie rogérienne. En effet, le sujet dont les variations de température en fonction du rythme circadien étaient le plus marquées et dont le niveau de bien-être était le plus élevé se réveillait souvent la nuit, se levait, faisait le ménage de son appartement ou s'adonnait à une autre activité et n'était pas perturbé par ces interruptions dans son sommeil. D'autres résultats ouvrent des avenues de recherche. Ainsi, chez trois sujets, on n'a pas observé de variations de la température corporelle au cours de la journée. Deux de ces sujets ont dit avoir subi un stress dans les deux mois précédents, ce qui corrobore l'hypothèse énoncée par d'autres chercheurs en chronobiologie, selon laquelle le stress peut modifier le rythme circardien chez les humains. De plus, l'un de ces sujets a connu une grave perturbation affective pendant la période de l'étude. Or, ce sujet est le seul à n'avoir pas présenté de variations nycthémérales de la température et du niveau d'énergie. Un troisième sujet chez qui on n'a pas observé de variations de température a dit suivre le rythme veille-sommeil de son mari, ce qui corrobore les résultats de Hoskins qui a démontré en 1979 une modulation et un décalage du rythme circardien chez les femmes mariées.

Soins infirmiers. L'infirmière doit être consciente de la modification du rythme veille-sommeil chez les personnes âgées, et établir leur rythme normal. Elle doit leur enseigner que le vieillissement entraîne une perturbation du rythme circadien. Il lui faut établir s'il y a perturbation du rythme circadien chez les patients âgés soumis au stress, ou à l'inverse si les perturbations du rythme circadien sont dues au stress.

▷ *M. N. Moore, «Development of a sleep-awake instrument for use in a chronic renal population»*, ANNA J, *février 1989; 16(1):15-19.*

Cette étude pilote avait pour but de déterminer l'utilité d'un instrument d'autoévaluation du rythme veille-sommeil (le questionnaire ESRD portant sur le rythme veille-sommeil). L'échantillon se composait de neuf patients atteints d'insuffisance rénale chronique sous hémodialyse depuis deux à cinq ans, mais ne présentant pas d'autres maladies graves ni de complications reliées à la dialyse. Il s'agissait de patients traités dans un service de consultations externes d'un hôpital universitaire. Plus de la moitié des sujets ont dû mettre plus de temps à s'endormir, s'éveiller plus souvent au cours de la nuit, connaître des variations dans leurs habitudes de sommeil, s'éveiller souvent à l'aube et mal dormir. Quatre sujets ont fait état d'une dépression de légère à modérée, selon l'inventaire de dépression de Beck. L'auteur de cette étude mentionne que l'on devra établir par d'autres études le lien entre les perturbations du rythme veille-sommeil et la dépression, de même que la fatigue et la dialyse, chez les patients en insuffisance rénale chronique.

Soins infirmiers. Les résultats de cette étude devront être confirmés par des recherches supplémentaires. Ils suggèrent toutefois que les infirmières doivent être attentives aux perturbations du rythme veille-sommeil chez les patients en insuffisance rénale chronique. D'autres études ont démontré que le sommeil a d'importants effets sur la qualité de vie de ces patients et que des perturbations du rythme veille-sommeil peuvent être un facteur de stress.

▷ *K. C. Richards et L. Bairnsfather, «A description of night sleep patterns in the critical care unit»*, Heart Lung, *janvier 1988; 17(1):35-42.*

Le manque de sommeil peut être un problème grave chez les patients traités dans un service de soins intensifs. On a donc procédé à des études polysomnographiques (comportant des dérivations électro-encéphalographiques, oculographiques et électromyographiques) au cours des trois premières nuits passées dans un service de soins intensifs. L'échantillon se composait de 11 patients choisis de façon non aléatoire et qui avaient accepté de participer à l'étude. Ils étaient âgés de 53 à 67 ans (moyenne: 59,6 ans). Les résultats ont révélé d'importantes variations dans la structure du sommeil chez les sujets. Les facteurs pouvant expliquer ces variations sont: (1) la proximité du poste des infirmières ou d'une armoire de fournitures; (2) la gravité de la maladie, les sujets les plus gravement atteints étant réveillés plus souvent pour recevoir des soins infirmiers; (3) les médicaments qui affectent le sommeil, comme les dérivés de la théophylline, la morphine, l'hydrocortisone, le diazépam et le triazolam; (4) la somnolence au cours de la journée; (5) les habitudes antérieures de sommeil, certains sujets ayant l'habitude de dormir le jour, soit à cause d'un travail de nuit ou d'une maladie respiratoire obstructive (ce sujet a dit mieux dormir le jour parce qu'il respire plus facilement).

Soins infirmiers. On devra mener des recherches supplémentaires pour bien cerner les divers facteurs qui influencent le sommeil des patients traités dans les services de soins intensifs et l'importance de leur influence. Toutefois, en se basant sur leurs résultats, les auteurs de cette étude émettent des recommandations qui ont de l'intérêt pour les infirmières: (1) aménager les services de soins intensifs en chambres privées avec fenêtres d'observation, ce qui permettrait de garder la porte fermée et de réduire la lumière et le bruit pendant la nuit; (2) doter les appareils, comme les respirateurs, d'un système d'alarme qui ne dérange pas le sommeil des patients; (3) éviter de réveiller inutilement le patient (par exemple, pour lui faire prendre un bain) et planifier les soins infirmiers et autres interventions de façon à éviter les interruptions fréquentes du sommeil; (4) établir les habitudes de sommeil du patient avant l'hospitalisation et les respecter dans toute la mesure du possible; (5) améliorer le cycle veille-sommeil à l'aide de stimuli comme la lumière artificielle, la lumière du jour, des horloges.

▷ *J. F. Samples et coll., «Circadian rhythms: Basis for screening for fever»,* Nurs Res, *novembre-décembre 1985; 34(5):377-379.*

Cette étude avait pour but d'établir si on peut se baser sur le rythme circadien pour dépister la fièvre. L'échantillon se composait de 49 hommes, de 18 à 91 ans, et de 58 femmes, de 19 à 87 ans, hospitalisés pour un traitement médical, un diagnostic ou une intervention chirurgicale. On a pris la température orale des sujets avec des thermomètres électroniques à 18 h, 22 h, 6 h, 10 h, 14 h et 18 h. On a observé de la fièvre chez 38 des 107 sujets (36 %), pendant les 24 heures qu'a duré la prise des températures. Toutefois aucun d'entre eux n'a présenté une première élévation de température à 6 h ou à 10 h. Chez 23 de ces sujets (60 %) la première élévation de température a été notée dès la première mesure à 18 h, chez 9 (24 %), à 22 h, chez 3 (8 %), à 14 h et chez 3, lors de la deuxième mesure de 18 h. Huit d'entre eux ne faisaient pas de fièvre à 18 h, ni lors de la première mesure, ni lors de la seconde, dont 6 n'ont présenté de la fièvre qu'une seule fois.

Soins infirmiers.   Selon les auteurs de cette étude, il suffirait de prendre la température une seule fois par jour, au pic du rythme de la température, soit entre 17 h et 19 h, pour dépister la fièvre chez les adultes hospitalisés. Cette recommandation pourrait faciliter le travail des infirmières, mais elle ne tient pas compte du fait que le rythme circadien varie selon les personnes. En outre, la chronobiologie enseigne que la température normale varie selon l'heure de la journée. Dans cette étude, on affirme qu'aucun des sujets n'a fait de fièvre à 6 h et à 10 h, en se basant sur une limite supérieure de 37,6 °C, peu importe l'heure de la journée. Or, on doit considérer comme faisant de la fièvre un opéré dont la température matinale est à 37,6 °C si elle est habituellement à 37,2 °C. Des prises plus fréquentes de la température sont indiquées dans ce cas.

La sexualité

Peu de recherches en soins infirmiers portent sur la sexualité et ses effets sur le bien-être des patients. Il s'agit pourtant d'un domaine où les besoins sont grands.

▷ *J. G. Baggs et A. M. Karch, «Sexual counseling of women with coronary heart disease»,* Heart Lung, *mars 1987; 16(2):154-159.*

Cette étude a été menée auprès de 58 femmes admises dans une unité de soins coronariens pour un infarctus du myocarde diagnostiqué ou présumé, ou pour angine de poitrine. Toutes ces femmes étaient anglophones et leur niveau de conscience était normal. On les a interrogées deux ou trois jours avant leur sortie de l'hôpital. Il s'agissait d'une entrevue structurée, préparée par les chercheurs, conduite par l'un d'entre eux dans la chambre de la patiente, et composée de 25 questions, dont les trois cinquièmes étaient des questions fermées visant à obtenir des données démographiques et des renseignements sur l'activité sexuelle et les conseils reçus en matière de sexualité. Les autres questions étaient des questions ouvertes ayant pour but de cerner les sentiments des sujets et leurs besoins de conseils en matière de sexualité.

Trente-trois pour cent des sujets ont dit avoir reçu pendant leur hospitalisation des conseils à propos de la reprise de rapports sexuels. Deux d'entre elles avaient pu en parler avec un travailleur de la santé et une avait participé avec son partenaire à des séances proposées et menées par une infirmière de l'unité de soins coronariens. Les autres (29 %) avaient lu un court paragraphe sur les relations sexuelles dans un dépliant sur la réadaptation qu'on remettait à la plupart des patients de cette unité. Soixante-seize pour cent des sujets ont dit que tous les patients devraient avoir droit à une discussion sur la sexualité avec un travailleur de la santé. Parmi les sujets de cette étude, beaucoup de femmes mariées n'avaient pas de relations sexuelles et beaucoup de femmes non mariées étaient sexuellement actives.

Soins infirmiers.   L'infirmière ne peut pas présumer de l'activité sexuelle de ses patients et de leurs besoins d'information sur la sexualité en se fondant uniquement sur leur âge, leur état civil ou leur maladie. Elle devrait par conséquent offrir des conseils en la matière à toutes les femmes atteintes d'une coronaropathie, comme aux autres patients qui en ont besoin, et recevoir la formation pour le faire.

▷ *K. W. Scura et B. Whipple, «Older adults as an HIV positive risk group»,* J Gerontol Nurs, *février 1990; 15(2):6-10.*

Scura et Whipple ont mené une étude rétrospective des dossiers des patients d'un hôpital universitaire de 450 lits pour établir la fréquence du VIH chez les personnes de 60 ans et plus, en partant de l'hypothèse selon laquelle les personnes de 60 ans et plus ne sont pas à l'abri de l'infection par le VIH. Ils ont trouvé neuf hommes et trois femmes séropositifs dont l'âge moyen était de 69,3 ans (entre 60 et 98 ans); 58 % d'entre eux avaient le sida. Selon cette étude les personnes âgées séropositives font partie des groupes à risque reconnus: homosexuels, toxicomanes, personnes ayant reçu du sang ou des dérivés sanguins. Toutefois, la répartition à l'intérieur des groupes à risque ne concorde pas avec celle publiée par les Centers for Disease Control pour la population de 49 ans et plus.

Soins infirmiers.   L'infirmière doit savoir que les personnes de tout âge sont exposées à l'infection par le VIH. Elle doit par conséquent se conformer aux précautions universelles, peu importe l'âge et le statut social de ses patients. Les résultats de cette étude infirment l'idée préconçue selon laquelle les personnes âgées n'ont pas de vie sexuelle.

▷ *E. J. White, «Appraising the need for altered sexuality information»,* Rehabil Nurs, *mai-juin 1986; 11(3):6-9.*

Cette étude souligne l'importance de reconnaître quel est le moment propice pour donner aux patients de l'information sur la sexualité, cette information étant une partie importante de la réadaptation. Or, le moment idéal pour donner des renseignements sur la sexualité est celui où le patient est le mieux disposé à les recevoir. On a donc tenté, dans le cadre de cette étude, d'établir quels sont les comportements manifestes qui, selon 31 infirmières spécialisées en réadaptation, indiquent qu'un patient est prêt à recevoir de l'information sur la sexualité. Les patients observés avaient tous subi une lésion de la moelle épinière. Ils ont indiqué par des moyens verbaux et non verbaux (clins d'œil, roulements des yeux, sifflements ou affirmations du genre «je ne suis plus un homme») qu'ils étaient prêts à recevoir de l'information.

Soins infirmiers.   Des signes verbaux et non verbaux indiquent qu'un patient ayant subi une altération de sa sexualité est prêt à recevoir de l'information à ce sujet. L'infirmière doit à ce moment faire preuve d'une grande ouverture d'esprit afin de faire comprendre au patient qu'il existe d'autres moyens d'exprimer sa sexualité qui lui permettront de retrouver une vie sexuelle satisfaisante.

Les liquides et les électrolytes

De plus en plus d'études portent sur l'équilibre hydroélectrolytique. Les chercheurs s'intéressent notamment aux facteurs qui influencent l'équilibre hydroélectrolytique et aux signes de déséquilibre.

▷ F. Adams, *«Fluid intake: How much do elders drink?»* Geriatr Nurs, *juillet-août 1988; 9(4): 218-221.*

Cette étude descriptive de petite envergure avait pour but de comparer l'apport liquidien des personnes âgées vivant en établissement avec celui de personnes âgées vivant à la maison. L'échantillon se composait de 30 sujets vivant dans des établissements de soins prolongés et de 30 sujets vivant à la maison. On a noté le volume de liquide consommé quotidiennement par les sujets, la nature de ces liquides et les habitudes de consommation. On a observé que la consommation quotidienne de liquides était bien plus élevée chez les personnes âgées qui vivaient à la maison que chez celles vivant en établissement (2115 mL contre à 1507 mL). On croit que cette différence s'explique par le fait que les personnes vivant en établissement doivent demander à boire aux infirmières et hésitent à le faire. Il est intéressant de noter que les résidents des établissements de soins prolongés buvaient généralement tout le liquide qu'on leur présentait lors de la prise des médicaments ou des repas. On a aussi constaté que certains sujets n'ont rien bu pendant 15 heures sans se plaindre de la soif.

On n'a pas observé de différences entre les groupes pour ce qui est des habitudes de consommation, mais on a noté des différences importantes pour ce qui a trait à la nature des liquides consommés, les personnes vivant en établissement consommant 50 % moins d'eau, même si elles y avaient accès en permanence. Par contre, elles consomment plus de lait et semblent avoir accès à une moins grande variété de liquides.

Soins infirmiers. Les résultats de cette étude suggèrent que l'on devrait: (1) offrir à boire aux personnes âgées sans attendre qu'elles le réclament; (2) offrir plus de liquide au moment de l'administration des médicaments et aux repas aux personnes âgées dont l'état exige un plus grand apport liquidien; (3) offrir aux personnes âgées une plus grande variété de liquides en tenant compte de leurs préférences; (4) offrir régulièrement aux personnes âgées qui consomment beaucoup de liquide de les accompagner à la toilette.

▷ D. Coward, *«Hypercalcemia knowledge assessment in patients at risk of developing cancer-induced hypercalcemia»,* Oncol Nurs Forum, *juillet-août 1988; 15(4):471-476.*

Cette étude avait pour but d'évaluer les connaissances des patients atteints de cancer exposés à l'hypercalcémie sur les signes de ce trouble et les mesures destinées à le prévenir. Pour ce faire, on a mis au point un questionnaire de 15 items, appelé Hypercalcemia Knowledge Questionnaire (HQK). L'échantillon de convenance se composait de 22 patients hospitalisés et de 18 patients externes. Le chercheur lisait les questions au sujet et inscrivait ses réponses. On a constaté que les patients possédaient peu de connaissances sur l'hypercalcémie, leurs résultats se situant entre 0 et 10 (sur un total possible de 13), pour une moyenne de 1,8. Seulement 5 des 40 sujets ont dit avoir été mis en garde contre l'hypercalcémie. La plupart ne connaissaient pas les symptômes de ce trouble ni les mesures destinées à le prévenir: consommation

suffisante de liquides et mobilité. Ces résultats traduisent le besoin d'améliorer les connaissances des patients atteints de cancer prédisposés à l'hypercalcémie par du matériel didactique ou des méthodes d'apprentissage appropriées.

Soins infirmiers. Les résultats de cette étude suggèrent que l'on devrait: (1) enseigner au patient atteint de cancer exposé à l'hypercalcémie les signes et les symptômes de ce trouble au moyen de matériel écrit, et étayer régulièrement leurs connaissances; (2) recommander au patient exposé à l'hypercalcémie de boire de 2 à 3 L de liquide par jour pour favoriser l'excrétion rénale de calcium; (3) recommander au patient exposé à l'hypercalcémie de rester aussi physiquement actif que possible pour éviter la résorption osseuse de calcium.

▷ S. Mahon, *«Symptoms as clues to calcium levels»,* Am J Nurs, *mars 1987; 87(3):254-256.*

Cette étude descriptive avait pour but d'établir la fréquence de l'hypercalcémie chez huit patients souffrant de cancer. On a noté chez les 8 sujets un total de 66 jours où les taux sériques de calcium étaient supérieurs à la normale. Les symptômes d'hypercalcémie ont été notés chaque jour à l'aide d'un instrument spécialement mis au point pour ce faire. Les symptômes traduisant une baisse du niveau de conscience (baisse de la capacité de mémorisation, baisse de la capacité de faire des calculs simples, désorientation et troubles de comportement) ont été les plus manifestes. Ils se sont atténués avec le retour à la normale du taux sérique de calcium. Dans les cas d'hypercalcémie grave, on a observé une constipation d'une durée de 6 à 17 jours, malgré l'administration de laxatifs et de lavements. D'autres sujets ont présenté une anorexie qui a persisté jusqu'au retour du taux de calcium à la normale. Un sujet a subi un arrêt cardiaque au moment où son taux sérique de calcium était à 4,2 mmol/L. On a demandé aux membres de la famille quels étaient les symptômes d'hypercalcémie qui avaient motivé l'admission à l'hôpital. Parmi les symptômes le plus souvent mentionnés, citons la constipation, la confusion et l'anorexie.

Soins infirmiers. Les résultats de cette étude suggèrent que l'on devrait: (1) enseigner au patient exposé à l'hypercalcémie les symptômes de cette complication, et lui recommander de consulter un médecin au besoin; (2) expliquer au patient et à la personne clé dans sa vie que l'altération du niveau de conscience disparaîtra avec le retour à la normale du taux de calcium.

▷ M. Bowman et coll., *«Effect of tube-feeding osmolality on serum sodium levels»,* Crit Care Nurse, *janvier 1989; 9(1):22-28.*

On a mené une étude rétrospective de 132 dossiers dans le but d'établir les effets de l'osmolalité des préparations administrées par sonde sur les taux sériques de sodium chez des sujets âgés et non âgés, partant de l'hypothèse selon laquelle les taux sériques de sodium seraient élevés chez les patients recevant une préparation hyperosmolaire et faibles chez ceux recevant une préparation hypo-osmolaire. On a également présumé que l'hypernatrémie due aux préparations hyperosmolaires serait plus fréquente chez les personnes âgées que chez les plus jeunes. On a recueilli les données suivantes: taux sérique de sodium, type de préparation, apport liquidien et volume des excreta. Toutefois, 55 dossiers seulement contenaient suffisamment de données pour permettre l'étude des effets de l'osmolalité des préparations administrées par sonde sur les taux sériques de sodium. On a constaté que 60 %

des sujets de plus de 60 ans ayant reçu des préparations hyper-osmolaires ont souffert d'hypernatrémie (contre 10 et 13 % des sujets ayant reçu des préparations hypo-osmolaires ou normo-osmolaires). Il a été impossible de comparer la consommation d'eau libre entre les groupes, car la plupart des dossiers ne contenaient pas suffisamment de données sur les ingesta et les excreta.

Soins infirmiers. Les résultats de cette étude suggèrent que l'on devrait : (1) tenir compte de l'osmolalité des préparations administrées par sonde en regard du taux sérique de sodium quand on évalue les besoins en liquide ; (2) noter tous les ingesta et les excreta des patients alimentés par sonde et être à l'affût des déséquilibres ; (3) observer les signes d'hypo-natrémie ou d'hypernatrémie chez les patients alimentés par sonde, particulièrement chez les patients âgés.

▷ *D. Thompson et coll., «A trial of providone-iodine antiseptic solution for the prevention of cannula-related thrombophlebitis»,* J IV Nurs, *1989; 12(2): 99-102.*

La thrombophlébite est une complication courante de l'administration intraveineuse de liquides. Elle peut être due à une infection locale ou à une irritation mécanique provoquée par la canule. Cette étude prospective menée chez 200 adultes visait à déterminer si l'application d'une solution antiseptique de povidone-iode pouvait prévenir la thrombophlébite. Chez les sujets du groupe expérimental (N = 97), on a nettoyé la peau avec une solution de povidone-iode qu'on a laissée sécher avant d'introduire la canule. Chez les sujets du groupe témoin (N = 103), on a désinfecté le point d'injection à l'alcool à 70 %. On a effectué des examens quotidiens des points d'injection jusqu'au moment du retrait de la canule (soit à cause de la présence d'inflammation ou parce que le patient a reçu son congé). On a noté de l'inflammation au point d'injection chez 40 des 200 sujets. La fréquence de l'inflammation a été un peu plus élevée dans le groupe expérimental, mais non de façon significative du point de vue statistique. On a noté dans les deux groupes une augmentation des risques d'inflammation en fonction du temps où la canule est restée en place.

Soins infirmiers. D'après les résultats de cette étude, le nettoyage du point d'injection avec de l'alcool à 70 % avant la ponction veineuse est au moins aussi efficace que le nettoyage avec une solution de povidone-iode. Selon les auteurs de cette étude, on pourrait réduire la fréquence des thrombophlébites en ne laissant la canule en place que pendant 48 heures, au lieu de 72 heures comme on le recommande généralement.

Oncologie

La recherche en oncologie faite par les infirmières porte notamment sur les facteurs physiologiques et psychologiques qui ont une influence sur l'évolution de la maladie, de même que sur l'important rôle que jouent, auprès du patient souffrant de cancer, les personnes chargées d'en prendre soin à domicile.

▷ *K. A. Herth, « The relationship between level of hope and level of coping response and other variables in patients with cancer»,* Oncol Nurs Forum, *janvier-février 1989; 16(1):67-72.*

La présente étude avait pour but d'établir s'il existe un lien entre l'espoir et la capacité d'adaptation chez les adultes atteints de cancer, ce que peu de chercheurs ont fait jusqu'ici.

On a également étudié le rôle d'autres variables, comme le cadre d'administration des traitements, les responsabilités familiales et professionnelles et les convictions religieuses.

L'échantillon se composait de 120 adultes atteints de cancer qui recevaient une chimiothérapie soit en tant que malade hospitalisé, soit en externe, soit à la maison. On a réparti les sujets en 3 groupes de 40, représentatifs de différents stades de la maladie : 20 sujets avec cancer localisé et 20 sujets avec cancer métastatique. On a demandé à chaque sujet de remplir l'échelle d'évaluation de l'espoir de Herth, l'échelle d'évaluation de l'adaptation de Jalowiec et une fiche de données démographiques.

D'après les résultats de cette étude, il existe un lien direct important entre l'espoir et les capacités d'adaptation. On a observé que les patients recevant leur chimiothérapie au centre hospitalier, que ce soit dans les unités de soins ou en externe, ont plus d'espoir et de meilleures capacités d'adaptation que ceux recevant leur traitement à domicile, ces différences étant significatives du point de vue statistique (p = 0,05). On a également noté plus d'espoir et de meilleures capacités d'adaptation chez les personnes dont l'exercice du rôle familial a été peu perturbé. Enfin, on a constaté qu'il existe une influence directe de la foi sur l'espoir et les capacités d'adaptation, les résultats à cet égard étant statistiquement significatifs.

Soins infirmiers. Cette étude confirme l'hypothèse selon laquelle l'espoir aide les personnes atteintes de cancer à s'adapter à la maladie et à son traitement. Ses résultats mettent également en lumière l'importance de la foi pour certains patients, et suggèrent que certains cadres seraient plus favorables au traitement du cancer.

▷ *J. J. Blank et coll., «Perceived home care needs of cancer patients and their caregivers»,* Cancer Nurs, *avril 1989; 12(2):78-84.*

Selon les auteurs de cette étude, de plus en plus de patients souffrant de cancer sont traités dans un service de consultations externes. Par conséquent, ces patients et les membres de leur famille ont besoin de mieux connaître les techniques de soins et les ressources qui sont à leur disposition. Cette étude descriptive avait donc pour but d'analyser les besoins physiques et psychologiques, de même que les besoins en services de santé, des patients recevant un traitement anticancéreux dans un service de consultations externes, de même que des personnes chargées d'en prendre soin à domicile. On a également voulu établir si la perception de ces besoins par les patients diffère de celle des personnes chargées d'en prendre soin.

Le modèle de Neuman a servi de cadre pour l'organisation de cette étude. L'échantillon se composait de 16 sujets : 8 patients (5 hommes et 3 femmes) recevant un traitement anticancéreux (radiothérapie ou administration de modificateurs de la réponse biologique) dans un service de consultations externes, et des 8 personnes chargées d'en prendre soin à domicile. Les sujets étaient âgés de 59 à 73 ans, leur âge moyen étant de 66,2 ans. Ils étaient atteints de cancers du sein, de la bouche, de l'abdomen ou du pancréas. Leurs capacités fonctionnelles ont été évaluées à l'aide de l'échelle de performance de l'Eastern Cooperative Oncology Group (ECOG), de la Self-Maintenance Scale et de l'Activity of Daily Living Scale. Ces évaluations ont révélé que les sujets étaient sur pied et n'avaient besoin que de peu d'aide pour effectuer leurs activités quotidiennes.

Les personnes chargées des soins à domicile étaient quatre femmes et quatre hommes. Sept d'entre elles étaient le conjoint du patient et vivaient avec lui. Leur âge allait de 34 à 69 ans, leur âge moyen étant de 56,7 ans. Elles présentaient en moyenne deux problèmes de santé, ce qui indique une certaine altération de l'état de santé.

Des adjoints à la recherche dûment formés ont interrogé séparément les patients et les personnes qui leur prodiguaient les soins. On a utilisé des instruments mis au point par Neuman pour évaluer différentes catégories de facteurs de stress dans les deux groupes: facteurs intrinsèques (venant de la personne elle-même), facteurs interpersonnels (générés par les relations avec autrui) et facteurs extrinsèques (générés par l'environnement). Les entrevues ont été enregistrées pour permettre leur analyse subséquente. On a établi la validité du contenu et de l'organisation de l'étude.

Les facteurs de stress intrinsèques mentionnés par les patients étaient: l'incertitude à propos du traitement et de ses résultats, l'inquiétude concernant l'altération des capacités physiques et la perturbation de l'exercice du rôle, de même que la colère, la dépression et l'isolement. Le principal facteur de stress interpersonnel était le manque de soutien de la part des amis et des membres de la famille. Les facteurs de stress extrinsèques mentionnés étaient la difficulté de trouver un moyen de transport pour se rendre au centre hospitalier subir les traitements et les examens diagnostiques, de même que les problèmes financiers.

Les personnes chargées des soins ont mentionné les facteurs de stress intrinsèques suivants: incertitude concernant le traitement, conflits dans l'exercice du rôle, nouvelles responsabilités, peur de la solitude et difficultés de faire face à la maladie. Les facteurs de stress interpersonnels étaient le manque d'aide, les relations avec le patient, les besoins physiques du patient et le manque de renseignements concernant la maladie. Comme chez les patients, les facteurs de stress extrinsèques étaient les problèmes de transport et les difficultés financières.

Ces résultats révèlent que les patients et les personnes chargées d'en prendre soin ont en commun certains problèmes: adaptation à la perturbation de l'exercice du rôle, besoin de renseignements sur le traitement, besoin de soutien social, problèmes de transport et difficultés financières. Les problèmes propres aux patients étaient l'adaptation à l'altération des capacités physiques, la colère et la dépression; ceux propres aux personnes chargées des soins étaient l'adaptation à des responsabilités supplémentaires, la peur de la solitude et l'oubli de soi dû à la culpabilité.

Soins infirmiers. Les personnes souffrant de cancer vivent plus longtemps que par le passé, et sont hospitalisées moins longtemps, recevant souvent leur traitement en externe. Les infirmières qui travaillent dans les unités de soins ou dans les services de consultations externes doivent établir des plans pour répondre aux besoins de ces patients et des personnes chargées d'en prendre soin à domicile. Elles peuvent donc se guider pour ce faire sur les facteurs définis dans cette étude. D'après les auteurs, les résultats de cette étude peuvent aider à établir des données de base pour la mise au point d'instruments plus précis d'évaluation des besoins.

▷ *P. J. Bram et L. F. Katz, «A study of burnout in nurses working in hospice and hospital oncology settings»,* Oncol Nurs Forum, *juillet-août 1989; 16(4):555-560.*

Cette étude avait pour but d'établir si le degré d'épuisement professionnel varie selon le milieu de travail parmi les infirmières travaillant auprès de mourants, et d'examiner l'influence de six variables sur l'épuisement professionnel chez ces infirmières.

L'échantillon se composait de 57 infirmières. Vingt-neuf d'entre elles travaillaient dans un centre de soins palliatifs et vingt-huit dans un service d'oncologie d'un centre hospitalier. Tous les sujets ont rempli le Staff Burnout Scale for Health Professional, le Corwin's Nursing Pole Conception Scale et un questionnaire portant sur le travail.

Les résultats de cette étude ont révélé que les infirmières travaillant dans les centres de soins palliatifs ont un degré d'épuisement professionnel inférieur à celui des infirmières œuvrant en milieu hospitalier. Cette différence est statistiquement significative ($p < 0,05$). Les résultats indiquent également que certaines variables ont une influence sur l'épuisement professionnel dans chacun des groupes, l'une de ces variables étant commune aux deux groupes, soit la perception du soutien accordé sur le lieu de travail. Les infirmières travaillant dans les centres de soins palliatifs ont dit avoir davantage l'occasion d'exprimer leurs sentiments et de parler de leurs problèmes que les infirmières travaillant en milieu hospitalier, ce qui a fait baisser leur score moyen d'épuisement professionnel.

Soins infirmiers. Les résultats de cette étude touchent le recrutement et le maintien en fonction, la formation et le soutien des infirmières qui travaillent auprès de mourants. Ils indiquent que ces infirmières devraient recevoir davantage de soutien et confirment le besoin d'études supplémentaires sur les facteurs pouvant prévenir l'épuisement professionnel ou qui y contribuent.

▷ *B. Petrosino, H. Becker et B. Christian, «Infection rates in central venous catheter dressings»,* Oncol Nurs Forum, *novembre-décembre 1988; 15(6): 709-717.*

La prévention de l'infection est d'une importance capitale chez les patients atteints de cancer porteurs d'un cathéter à demeure servant à l'administration de la chimiothérapie, à l'alimentation parentérale, aux transfusions et aux prélèvements de sang. Cette étude avait donc pour but d'examiner les effets des soins locaux et de différents types de pansements sur le taux d'infection au point d'insertion des cathéters d'accès aux veines centrales.

L'échantillon se composait de 52 sujets répartis au hasard en 4 groupes. On a utilisé chez le sujets du premier groupe des pansements transparents Tegaderm, chez ceux du deuxième groupe des pansements transparents Op-Site, chez ceux du troisième groupe des pansements de gaze et chez ceux du quatrième groupe aucun pansement. Tous les sujets portaient un cathéter à demeure à une ou plusieurs lumières. Pour déterminer s'il y avait infection, on s'est basé sur des cultures faites de 7 à 10 jours, de 26 à 30 jours et 60 jours après la mise en place du cathéter et sur la présence des symptômes suivants: érythème de plus de 3 cm au point d'insertion du cathéter, température supérieure à 38 °C, sensibilité sur une région de plus de 3 cm au point d'insertion et présence d'écoulements au point d'insertion. Tous les patients, les membres de leur famille et le personnel infirmier ont reçu des instructions orales et écrites sur les soins du point d'insertion ou le changement du pansement.

Les résultats de cette étude n'ont révélé aucune différence significative sur le plan statistique. On a toutefois observé une tendance vers un taux plus élevé d'infection dans les groupes ayant reçu des pansements transparents Tegaderm et Op-Site. Ces résultats portent à croire que les méthodes de nettoyage auraient plus d'importance que les pansements dans la prévention des infections chez les patients porteur d'un cathéter d'accès veineux.

Soins infirmiers. Les résultats de cette étude confirment l'importance d'un nettoyage méticuleux au point d'insertion des cathéters à demeure. Ils permettent aussi de croire que l'emploi de pansements est inutile une fois le point d'insertion cicatrisé, ce qui peut représenter d'importantes économies.

Autres articles de recherche en sciences infirmières

Baillie V, Norbeck JS, and Barnes LEA. Stress, social support, and psychological distress of family caregivers of the elderly. Nurs Res 1988 Jul/Aug; 37(4): 217–222.

Caudell KA et al. Quantification of urinary mutagens in nurses during potential antineoplastic agent exposure. Cancer Nurs 1988 Feb; 11(1): 41–50.

Davis GC. Measurement of the chronic pain experience: Development of an instrument. Res Nurs Health 1989 Aug; 12(4): 221–227.

Davis GC. The clinical assessment of chronic pain in rheumatic disease: Evaluating the use of two instruments. J Adv Nurs 1989 May; 14(5): 397–402.

Geden EA et al. Effects of music and imagery on physiologic and self-report of analogued labor pain. Nurs Res 1989 Jan/Feb; 38(1): 37–41.

Hargreaves A and Lander J. Use of transcutaneous electrical nerve stimulation for postoperative pain. Nurs Res 1989 May/Jun; 38(3): 159–161.

Lange MP, Dahn MS, and Jacobs LA. Patient-controlled analgesia versus intermittent analgesia dosing. Heart Lung 1988 Sep; 17(5): 495–498.

Wilkie DJ et al. Use of the McGill questionnaire to measure pain: A meta-analysis. Nurs Res 1990 Jan/Feb; 38(1): 36–41.

Williams RD. Factors affecting the practice of breast self-exam in older women. Oncol Nurs Forum 1988 Sep/Oct; 15(5): 611–616.

APPENDICE
ANALYSES DE LABORATOIRE:
INTERVALLES DE RÉFÉRENCE*
ET INTERPRÉTATION DES RÉSULTATS

SYMBOLES

ANCIENNES UNITÉS

kg = kilogramme
g = gramme
mg = milligramme
μg = microgramme
$\mu\mu$g = micromicrogramme
ng = nanogramme
pg = picogramme
mL = millilitre
mm³ = millimètre cube
fL = femtolitre

mmol = millimole
nmol = nanomole
mOsm = milliosmole
mm = millimètre
μm = micron ou micromètre
mm Hg = millimètre de mercure
U = unité
mU = milliunité
μU = micro-unité
mEq = milliéquivalent
IU = unité internationale
mIu = milliunité internationale

UNITÉS SI

g = gramme
L = litre
mol = mole
mmol = millimole
μmol = micromole
nmol = nanomole
pmol = picomole
d = jour

---

* Les valeurs varient selon la méthode d'analyse utilisée.

Hématologie

Composant	Intervalles de référence		Interprétation clinique
	Anciennes unités	Unités SI	
HÉMOSTASE			
Consommation de prothrombine	> 20 s		Altérée dans les déficiences en facteurs VIII, IX et X
Facteur V (proaccélérine)	60 à 140 %		
Facteur VIII (facteur antihémophilique)	50 à 200 %		Déficient dans l'hémophilie A
Facteur IX (composant de thrombo-plastine plasmatique)	75 à 125 %		Déficient dans l'hémophilie B
Facteur X (facteur Stuart)	60 à 140 %		
Fibrinogène	200 à 400 mg/100 mL	2 à 4 g/L	Élevé dans la grossesse, les infections avec leucocytose et le syndrome néphrotique Abaissé dans les maladies du foie grave et dans le décollement placentaire
Produits de dégradation de la fibrine	< 10 mg/L	< 10 mg/L	Élevés dans la coagulation intravasculaire disséminée
Stabilité du caillot de fibrine	Absence de lyse après 24 heures d'incubation		Présence de lyse dans les hémorragies massives, certaines interventions chirurgicales majeures et les réactions transfusionnelles
Temps de céphaline activée	20 à 45 s		Allongé dans les déficiences en fibrinogène et en facteurs II, V, VIII, IX, X, XI et XII; allongé dans le traitement à l'héparine
Temps de prothrombine	9 à 12 s		Allongé dans les déficiences en facteurs I, II, V, VII et X, dans les troubles de l'absorption des lipides, dans les maladies du foie graves et dans le traitement aux coumarines
Temps de saignement	2 à 8 min	2 à 8 min	Allongé dans les thrombopénies et les anomalies de la fonction plaquettaire; allongé par la prise d'aspirine
HÉMATOLOGIE GÉNÉRALE			
Fragilité globulaire	Augmentée quand on observe une hémolyse dans le NaCl à plus de 0,5 % Diminuée quand l'hémolyse est incomplète dans le NaCl à 0,3 %		Augmentée dans la sphérocytose congénitale, dans les anémies hémolytiques idiopathiques acquises, dans l'anémie hémolytique iso-immune et dans l'incompatibilité ABO chez le nouveau-né Diminuée dans la drépanocytose et dans la thalassémie
Hématocrite	Hommes: 42 à 50 % Femmes: 40 à 48 %	0,42 à 0,50 0,40 à 0,48	Abaissé dans les anémies graves, l'anémie de la grossesse et les pertes de sang massives Élevé dans les polyglobulies et dans la déshydratation ou l'hémoconcentration associée au choc

Hématologie (suite)

Composant	Intervalles de référence		Interprétation clinique
	Anciennes unités	*Unités SI*	
Hémoglobine	Hommes: 13 à 18 g/100 mL Femmes: 12 à 16 g/100 mL	130 à 180 g/L 120 à 160 g/L	Abaissée dans les anémies, dans la grossesse, dans les hémorragies graves et dans les excès de volume liquidien Élevée dans les polyglobulies, les broncho-pneumopathies chroniques obstructives, dans l'hypoxie due à l'insuffisance cardiaque et chez les personnes qui vivent en haute altitude
Hémoglobine A_2	1,5 à 3,5 % de l'hémoglobine totale	0,015 à 0,035	Élevée dans certains types de thalassémie
Hémoglobine F	< 2 % de l'hémoglobine totale	< 0,02	Élevée chez les bébés et les enfants atteints de thalassémie et dans plusieurs anémies
Indices globulaires:			
volume globulaire moyen (VGM)	80 à 94 (μm^3)	80 à 94 fl	Élevé dans les anémies macrocytaires; abaissé dans les anémies microcytaires
teneur globulaire moyenne en hémoglobine (TGMH)	27 à 32 $\mu\mu$g/globule	27 à 32 pg	Élevé dans l'anémie macrocytaire; abaissé dans l'anémie microcytaire
concentration globulaire moyenne en hémoglobine (CGMH)	33 à 38 %	0,33 à 0,38	Abaissée dans l'anémie hypochrome grave
Numération des érythrocytes	Hommes: 4 600 000 à 6 200 000/mm³ Femmes: 4 200 000 à 5 400 000/mm³	4,6 à 6,2 × 10^{12}/L 4,2 à 5,4 × 10^{12}/L	Élevée dans la diarrhée grave avec déshydratation, dans la polyglobulie, dans les intoxications aiguës et dans la fibrose pulmonaire Abaissée dans les anémies, dans les leucémies et dans les hémorragies
Numération leucocytaire neutrophiles éosinophiles basophiles lymphocytes monocytes	5000 à 10 000/mm³ 60 à 70 % 1 à 4 % 0 à 1 % 20 à 30 % 2 à 6 %	5 à 10 × 10^9/L 0,6 à 0,7 0,01 à 0,04 0 à 0,01 0,2 à 0,3 0,02 à 0,06	Élevée dans les infections aiguës (la proportion des neutrophiles est augmentée dans les infections bactériennes et celle des lymphocytes dans les infections virales) Élevée dans les leucémies aiguës, après la menstruation et après une intervention chirurgicale ou un traumatisme Abaissée dans l'anémie aplasique, dans l'agranulocytose et par certains agents toxiques, comme les antinéoplasiques La proportion des éosinophiles est augmentée dans les atteintes diffuses du collagène, dans les allergies et dans les parasitoses intestinales
Numération plaquettaire	100 000 à 400 000/mm³	100 à 400 × 10^9/L	Élevée dans certains cancers, dans les affections myéloprolifératives, dans la polyarthrite rhumatoïde et dans la période postopératoire; on diagnostique un cancer chez environ 50 % des personnes qui présentent une élévation non expliquée du nombre des plaquettes Abaissée dans le purpura thrombopénique, dans les leucémies aiguës, dans l'anémie aplasique, dans les infections, dans les réactions médicamenteuses et au cours de la chimiothérapie

Hématologie (suite)

Composant	Intervalles de référence		Interprétation clinique
	Anciennes unités	*Unités SI*	
Phosphatase alcaline leucocytaire	Score de 40 à 140		Élevée dans la polyglobulie essentielle, dans la myélofibrose et dans les infections Abaissée dans la leucémie granulocytaire chronique, dans l'hémoglobinurie paroxystique nocturne, dans l'aplasie médullaire et dans certaines infections virales, dont la mononucléose infectieuse
Réticulocytes	0,5 à 1,5 %	0,005 à 0,015	Élevés dans les troubles qui stimulent l'activité médullaire (infections, pertes de sang, etc.), après un traitement au fer dans l'anémie ferriprive et dans la polyglobulie essentielle Abaissés dans les troubles qui inhibent l'activité médullaire, dans la leucémie aiguë et dans les anémies graves au stade avancé
Taux de sédimentation (méthode par centrifugation)	41 à 54 %	0,41 à 0,54 %	Même interprétation que pour la vitesse de sédimentation
Vitesse de sédimentation (méthode Westergreen)	Hommes de moins de 50 ans: <15 mm/h Hommes de plus de 50 ans: <20 mm/h Femmes de moins de 50 ans: 20 mm/h Femmes de plus de 50 ans: <30 mm/h	<15 mm/h < 20 mm/h < 20 mm/h < 30 mm/h	Élevée quand il y a destruction des tissus d'origine inflammatoire ou dégénérative; élevée pendant la menstruation et la grossesse et dans les affections fébriles aiguës

Biochimie (sang)

Composant ou épreuve	Intervalles de référence (adultes)		Interprétation clinique	
	Anciennes unités	*Unités SI*	*Élevé*	*Abaissé*
Acétoacétate	0,2 à 1,0 mg/100 mL	19,6 à 98 μmol/L	Acidose diabétique Jeûne	
Acétone	0,3 à 2,0 mg/100 mL	51,6 à 344,0 μmol/L	Toxémie gravidique Régime pauvre en glucides Régime riche en lipides	
Acide ascorbique (vitamine C)	0,4 à 1,5 mg/100 mL	23 à 85 μmol/L	Larges doses d'acide ascorbique	
Acide folique	4 à 16 ng/mL	9,1 à 36,3 nmol/L	Anémie mégaloblastique de la petite enfance et de la grossesse Carence en acide folique Maladies du foie Malabsorption Anémie hémolytique grave	

Biochimie (sang) (suite)

Composant ou épreuve	Intervalles de référence (adultes)		Interprétation clinique	
	Anciennes unités	Unités SI	Élevé	Abaissé
Acide lactique	Sang veineux: 5 à 20 mg/100 mL Sang artériel 3 à 7 mg/100 mL	0,6 à 2,2 mmol/L 0,3 à 0,8 mmol/l	Augmentation de l'activité musculaire Insuffisance cardiaque Hémorragie Choc Certaines acidoses métaboliques Certaines infections fébriles Maladie du foie grave	
Acide pyruvique	0,3 à 0,7 mg/100 mL	34 à 80 µmol/L	Diabète Carence en thiamine Infection en phase aiguë (probablement à cause d'une augmentation de la glycogénolyse et de la glycolyse)	
Acide urique	2,5 à 8 mg/100 mL	120 à 420 µmol/L	Goutte Leucémies aiguës Lymphomes traités par chimiothérapie Toxémie gravidique	Xanthinurie Défaut de réabsorption tubulaire
Adrénocorticotrophine (ACTH)	20 à 100 pg/mL	4 à 22 pmol/mL	Syndrome de Cushing dépendant de l'ACTH Syndrome d'ACTH ectopique Insuffisance surrénalienne (primaire)	Tumeur corticosurrénalienne Insuffisance surrénalienne secondaire d'un hypopituitarisme
Alanine aminotransférase (ALT)	10 à 40 U/mL	5 à 20 U/L	Même que pour l'AST, mais augmentation plus marquée dans les maladies du foie	
Aldolase	0 à 6 U/L à 37 °C (unités Sibley-Lehninger	0 à 6 U/L	Nécrose hépatique Leucémie granulocytaire Infarctus du myocarde Maladies des muscles squelettiques	
Aldostérone	Couché: 3 à 10 ng/100 mL Debout: 5 à 30 ng/100 mL Veine surrénale: 200 à 400 ng/100 mL	0,08 à 0,30 nmol/L 0,14 à 0,90 nmol/L 5,5 à 22,2 nmol/L	Hyperaldostéronisme primaire et secondaire	Maladie d'Addison
Alpha-1-antitrypsine	200 à 400 mg/100 mL	2 à 4 g/L		Certaines formes de maladies chroniques des poumons et du foie chez les jeunes adultes
Alpha-1-fétoprotéine	0 à 20 ng/mL	0 à 20 µg/L	Hépatocarcinome Cancer métastatique du foie Cancer des testicules et des ovaires à cellules germinales Anomalie de la moelle épinière par défaut de soudure chez le fœtus — valeurs élevées chez la mère	

Biochimie (sang)   (suite)

Composant ou épreuve	Intervalles de référence (adultes)		Interprétation clinique	
	Anciennes unités	Unités SI	Élevé	Abaissé
Alpha-hydroxybutyrique déshydrogénase	<140 U/mL	<140 U/L	Infarctus du myocarde Leucémie granulocytaire Anémies hémolytiques Dystrophie musculaire	
Ammoniac	40 à 80 μg/100 mL (varie considérablement selon la méthode de dosage utilisée)	22,2 à 44,3 μmol/L	Maladies du foie graves Décompensation hépatique	
Amylase	60 à 160 U/100 mL (unités Somogyi)	111 à 296 U/L	Pancréatite aiguë Oreillons Ulcère duodénal Cancer de la tête du pancréas Pseudokyste pancréatique (élévation prolongée) Prise de médicaments qui contractent les sphincters des canaux pancréatiques: morphine, codéine, cholinergiques	Pancréatite chronique Fibrose et atrophie du pancréas Cirrhose Grossesse (2e et 3e trimestres)
Antigène carcino-embryonnaire	0 à 2,5 ng/mL	0 à 2,5 μg/L	La présence de cet antigène est fréquente chez les personnes atteintes de cancers du côlon, du rectum, du pancréas et de l'estomac, ce qui porte à croire que son dosage pourrait être utile pour suivre l'évolution de ces cancers.	
Arsenic	6 à 20 μg/100 mL	0,78 à 2,6 μmol/L	Intoxication accidentelle ou intentionnelle Exposition dans le milieu de travail	
Aspartate aminotransférase (AST)	7 à 40 U/mL	4 à 20 U/L	Infarctus du myocarde Maladies des muscles squelettiques Maladies du foie	
Bilirubine	Totale: 0,1 à 1,2 mg/100 mL Directe: 0,1 à 0,2 mg/100 mL Indirecte: 0,1 à 1,0 mg/100 mL	1,7 à 20,5 μmol/L 1,7 à 3,4 μmol/L 1,7 à 17,1 μmol/L	Anémie hémolytique (indirecte) Obstruction et maladies des voies biliaires Hépatite Anémie pernicieuse Maladie hémolytique du nouveau-né	
Calcitonine	Non mesurable (pg/mL)	Non mesurable (ng/L)	Cancer médullaire de la thyroïde Certaines tumeurs non thyroïdiennes Syndrome de Zollinger-Ellison	

Biochimie (sang) (suite)

	Intervalles de référence (adultes)		Interprétation clinique	
Calcium	8,5 à 10,5 mg/100 mL	2,2 à 2,56 mmol/L	Tumeur ou hyperplasie des parathyroïdes Hypervitaminose D Myélome multiple Néphrite avec urémie Tumeurs malignes Sarcoïdose Hyperthyroïdie Immobilisation des os Apport excessif de calcium (syndrome du lait et des alcalins)	Hypoparathyroïdie Diarrhée Maladie cœliaque Carence en vitamine D Pancréatite aiguë Néphrose Après une parathyroïdectomie
Catécholamines	Adrénaline: <90 pg/mL Noradrénaline: 100 à 550 pg/mL Dopamine: <130 pg/mL	<490 pmol/L 590 à 3240 pmol/L <850 pmol/L	Phéochromocytome	
Céruloplasmine	30 à 80 mg/100 mL	300 à 800 mg/L		Maladie de Wilson (dégénérescence hépatolenticulaire)
Chlorure	95 à 105 mEq/L	95 à 105 mmol/L	Néphrose Néphrite Obstruction urinaire Décompensation cardiaque Anémie	Diabète Diarrhée Vomissements Pneumonie Intoxication par un métal lourd Syndrome de Cushing Brûlures Obstruction intestinale Fièvre
Cholestérol	150 à 200 mg/100 mL	3,9 à 5,2 mmol/L	Hyperlipidémie Ictère obstructif Diabète Hypothyroïdie	Anémie pernicieuse Anémie hémolytique Hyperthyroïdie Infection grave Maladies débilitantes au stade terminal
Cholestérol, esters	60 à 70% du cholestérol total	En fraction du cholestérol total: 0,6 à 0,7		Maladies du foie

Cholestérol LDL

Âge	mg/100 mL	mmol/L	
1 à 19	50 à 170	1,30 à 4,40	Les personnes qui ont un taux élevé de cholestérol LDL présentent un risque élevé de maladie cardiaque.
20 à 29	60 à 170	1,55 à 4,40	
30 à 39	70 à 190	1,8 à 4,9	
40 à 49	80 à 190	2,1 à 4,9	
50 à 59	20 à 210	2,1 à 5,4	

Cholestérol HDL

Âge (ans)	Hommes (mg/100 mL)	Femmes (mg/100 mL)	Hommes (mmol/L)	Femmes (mmol/L)	
0 à 19	30 à 65	30 à 70	0,78 à 1,68	0,78 à 1,81	Les personnes ayant un taux abaissé de cholestérol HDL présentent un risque élevé de maladie cardiaque.
20 à 29	35 à 70	35 à 75	0,91 à 1,81	0,91 à 1,94	
30 à 39	30 à 65	35 à 80	0,78 à 1,68	0,91 à 2,07	
40 à 49	30 à 65	40 à 85	0,78 à 1,68	1,04 à 2,2	
50 à 59	30 à 65	35 à 85	0,78 à 1,68	0,91 à 2,2	
60 à 69	30 à 65	35 à 85	0,78 à 1,68	0,91 à 2,2	

Biochimie (sang) (suite)

	Intervalles de référence (adultes)		Interprétation clinique	
Cholinestérase	620 à 1370 U/L à 25 °C	620 à 1370 U/L	Néphrose Exercice	Intoxication par un gaz neuroplégique Intoxication par les organophosphates
Clairance de la créatinine	100 à 150 mL/min	1,7 à 2,5 mL/s		
Complément, C_3	70 à 160 mg/100 mL	0,7 à 1,6 g/L	Certaines maladies inflammatoires	Glomérulonéphrite aiguë Lupus érythémateux disséminé avec atteinte rénale
Complément, C_4	20 à 40 mg/100 mL	0,2 à 0,4 g/L	Certaines maladies inflammatoires	Souvent dans les maladies immunitaires, surtout le lupus érythémateux disséminé Œdème de Quincke familial
Cortisol	8 h: 4 à 19 μg/100 mL 16 h: 2 à 15 μg/100 mL	110 à 520 nmol/L 50 à 410 nmol/L	Stress dû à une maladie infectieuse, à des brûlures, etc. Grossesse Syndrome de Cushing Pancréatite Toxémie gravidique	Maladie d'Addison Hypoactivité de l'hypophyse antérieure
CO_2 (sang veineux)	Adultes: 24 à 32 mEq/L Bébés: 18 à 24 mEq/L	24 à 32 mmol/L 18 à 24 mmol/L	Tétanie Maladies respiratoires Obstructions intestinales Vomissements	Acidose Néphrite Toxémie gravidique Diarrhée Anesthésie
Créatine	Hommes: 0,17 à 0,50 mg/100 mL Femmes: 0,35 à 0,93 mg/100 mL	10 à 40 μmol/L 30 à 70 μmol/L	Grossesse Nécrose ou atrophie des muscles squelettiques	État d'inanition Hyperthyroïdie
Créatine phosphokinase	Hommes: 50 à 325 mU/mL Femmes: 50 à 250 mU/mL	50 à 325 U/L 50 à 250 U/L	Infarctus du myocarde Myopathies Injections intramusculaires Syndrome d'écrasement Hypothyroïdie Délirium tremens Myopathie alcoolique Accident vasculaire cérébral	
Créatine phosphokinase, iso-enzymes	Présence de la fraction MM (muscles squelettiques) Absence de la fraction MB (muscle cardiaque)		Présence de la fraction MB dans l'infarctus du myocarde et l'ischémie	
Créatinine	0,7 à 1,4 mg/100 mL	62 à 124 μmol/L	Néphrite Insuffisance rénale chronique	Maladies rénales
Cryoglobulines	Négatif		Myélome multiple Leucémie lymphoïde chronique Lymphosarcome Lupus érythémateux disséminé Polyarthrite rhumatoïde Endocardite infectieuse subaiguë Certains cancers Sclérodermie	
Cuivre	70 à 165 μg/100 mL	11,0 à 26 μmol/L	Cirrhose Grossesse	Maladie de Wilson

Biochimie (sang) (suite)

Composant ou épreuve	Intervalles de référence (adultes)		Interprétation clinique	
	Anciennes unités	Unités SI	Élevé	Abaissé
11-Désoxycortisol	0 à 2 µg/100 mL	0 à 60 nmol/L	Forme hypertensive de l'hyperplasie surrénalienne virilisante due à un déficit en 11-B-hydroxylase)	
Dibucaïne number (pourcentage d'inhibition par la dibucaïne de la pseudocholinestérase)	Normale: 70 à 85% d'inhibition Hétérozygotes: 50 à 65% d'inhibition Homozygotes: 16 à 25% d'inhibition			Traduit une activité anormale de la pseudocholinestérase pouvant provoquer une apnée prolongée à la succinyldicholine, un myorelaxant administré pendant l'anesthésie
Dihydrotestostérone	Hommes: 50 à 210 ng/100 mL Femmes: non mesurable	1,72 à 7,22 nmol/L		Syndrome de féminisation testiculaire
Épreuve d'absorption du D-xylose	30 à 50 mg/100 mL (après 2 heures)	2 à 3,5 mmol/L		Syndrome de malabsorption
Électrophorèse des protéines (acétate de cellulose)				
Albumine	3,5 à 5,0 g/100 mL	35 à 50 g/L		
Globulines:				
Alpha 1	0,2 à 0,4 g/100 mL	2 à 4 g/L		
Alpha 2	0,6 à 1,0 g/100 mL	6 à 10 g/L		
Bêta	0,6 à 1,2 g/100 mL	6 à 12 g/L		
Gamma	0,7 à 1,5 g/100 mL	7 à 15 g/L		
Estradiol	Femmes: Phase folliculaire: 10 à 90 pg/mL Milieu du cycle: 100 à 550 pg/mL Phase lutéale: 50 à 240 pg/mL Hommes: 15 à 40 pg/mL	37 à 370 pmol/L 367 à 1835 pmol/L 184 à 881 pmol/L 55 à 150 pmol/L	Grossesse	Insuffisance ovarienne
Estriol	Femmes non enceintes: <0,5 ng/mL	<1,75 nmol/L	Grossesse	Insuffisance ovarienne
Estrogènes	Femmes: Jours du cycle: 1 à 10: 61 à 394 pg/mL 11 à 20: 122 à 437 pg/mL 21 à 30: 156 à 350 pg/mL Hommes: 40 à 115 pg/mL	61 à 394 ng/L 122 à 437 ng/L 156 à 350 ng/L 40 à 115 ng/L	Grossesse	Détresse fœtale Insuffisance ovarienne
Estrone	Femmes: Jours du cycle: 1 à 10: 4,3 à 18 ng/100 mL 11 à 20: 7,5 à 19,6 ng/100 mL 21 à 30: 13 à 20 ng/100 mL Hommes: 2,5 à 7,5 ng/100 mL	15,9 à 66,6 pmol/L 27,8 à 72,5 pmol/L 48,1 à 74,0 pmol/L 9,3 à 27,8 pmol/L	Grossesse	Insuffisance ovarienne

Biochimie (sang) (suite)

Composant ou épreuve	Intervalles de référence (adultes)		Interprétation clinique	
	Anciennes unités	Unités SI	Élevé	Abaissé
Fer	65 à 170 μg/100 mL	11 à 30 μmol/L	Anémie pernicieuse Anémie aplasique Anémie hémolytique Hépatite Hémochromatose	Anémie ferriprive
Fer, capacité de fixation	250 à 420 μg/100 mL	45 à 82 μmol/L	Anémie ferriprive Hémorragie aiguë ou chronique Hépatite	Infections chroniques Cirrhose
Ferritine	Hommes: 10 à 270 ng/mL Femmes: 5 à 100 ng/mL	10 à 270 μg/L 5 à 100 μg/L	Néphrite Hémochromatose Certains cancers Leucémie myéloblastique aiguë Myélome multiple	Carence en fer
Galactose	<5 mg/100 mL	<0,3 mmol/L		Galactosémie
Gamma-glutamyl-transpeptidase	0 à 30 U/L à 30 °C	0 à 30 U/L	Maladies hépatobiliaires Alcoolisme anictérique Lésions dues à des médicaments Infarctus du myocarde Infarctus rénal	
Gastrine	À jeun: 50 à 155 pg/mL Postprandial: 80 à 170 pg/mL	50 à 155 ng/L 80 à 170 ng/L	Syndrome de Zollinger-Ellison Ulcère duodénal Anémie pernicieuse	
Gaz carbonique: pression partielle ($PaCO_2$)	35 à 45 mm Hg	4,7 à 6,0 kPa	Acidose respiratoire Alcalose métabolique	Alcalose respiratoire Acidose métabolique
Gaz du sang artériel: Oxygène Pression partielle (PaO_2) Saturation (SaO_2)	95 à 100 mm Hg 94 à 100 %	12,6 à 13,3 kPa 0,94 à 1,0	Polyglobulie Anhydrémie	Anémie Décompensation cardiaque Bronchopneumopathies chroniques obstructives
Globuline de liaison de la thyroxine (TBG)	10 à 26 μg/100 mL	100 à 260 μg/L	Hypothyroïdie Grossesse Œstrogénothérapie Prise de contraceptifs oraux	Prise d'androgènes et de stéroïdes anabolisants Syndrome néphrotique Hypoprotéinémie grave Maladies hépatiques
Glucose	À jeun: 60 à 110 mg/100 mL Postprandial: 65 à 140 mg/100 mL	3,3 à 6,0 mmol/L 3,6 à 7,7 mmol/L	Diabète Néphrite Hyperthyroïdie Hyperpituitarisme au premier stade Lésions cérébrales Infections Grossesse Urémie	Hyperinsulinisme Hypothyroïdie Hyperpituitarisme au stade avancé Vomissements graves Maladie d'Addison Atteinte hépatique grave
Glucose-6-phosphate déshydrogénase (globules rouges)	1,86 à 2,5 IU/mL de GR	1860 à 2500 U/L		Anémie hémolytique médicamenteuse Maladie hémolytique du nouveau-né

Biochimie (sang) (suite)

Composant ou épreuve	Intervalles de référence (adultes)		Interprétation clinique	
	Anciennes unités	Unités SI	Élevé	Abaissé
Glycoprotéines(alpha-1-acide)	40 à 110 mg/100 mL	400 à 1100 mg/L	Cancer Tuberculose Diabète compliqué d'une maladie vasculaire dégénérative Grossesse Polyarthrite rhumatoïde Rhumatisme articulaire aigu Hépatite Lupus érythémateux	
Gonadotrophine chorionique (B-HCG)	0 à 5 IU/L	0 à 5 IU/L	Grossesse Mole hydatiforme Choriocarcinome	
Haptoglobine	50 à 250 mg/100 mL	0,5 à 2,5 g/L	Grossesse Œstrogénothérapie Infections chroniques Différents troubles inflammatoires	Anémie hémolytique Réaction transfusionnelle hémolytique
Hémoglobine A1 (hémoglobine glycosylée)	4,4 à 8,2 %		Diabète mal équilibré	
Hémoglobine plasmatique	0,5 à 5,0 mg/100 mL	5 à 50 mg/L	Réactions transfusionnelles Hémoglobinurie paroxystique nocturne Hémolyse intravasculaire	

Hexosaminidase A	Normale:
	  49 à 68 %
	Maladie de Tay-Sachs:
	  Hétérozygotes:
	    26 à 45 %
	  Homozygotes:
	    0 à 4 %
	  Diabète:
	    39 à 59 %
		0,49 à 0,68
		
		0,26 à 0,45
		
		0 à 0,04
		
		0,39 à 0,59
				Maladie de Tay-Sachs

Hexosaminidase totale	Normale: 333 à 375 nmol/mL/h
	Maladie de Tay-Sachs:
	  Hétérozygotes: 288 à 644 nmol/mL/h
	  Homozygotes:
	    284 à 1232 nmol/mL/h
	  Diabète: 567 à 3560 nmol/mL/h
		333 à 375 μmol/L/h
		
		288 à 644 μmol/L/h
		
		284 à 1232 μmol/L/h
		
		567 à 3560 μmol/L/h
			Diabète
			Maladie de Tay-Sachs	

Hormone de croissance	<10 ng/mL	<10 mg/L	Acromégalie	Nanisme

Hormone folliculostimulante (FSH)	Phase folliculaire:
	  5 à 20 mIu/L
	Milieu du cycle:
	  12 à 30 mIu/L
	Phase lutéale:
	  5 à 15 mIu/L
	Après la ménopause:
	  40 à 200 mIu/L
		5 à 20 IU/L
		
		12 à 30 IU/L
		
		5 à 15 IU/L
		
		40 à 200 IU/L
			Ménopause
			Insuffisance ovarienne primaire
				Insuffisance hypophysaire

Biochimie (sang) (suite)

Composant ou épreuve	Intervalles de référence (adultes)		Interprétation clinique	
	Anciennes unités	Unités SI	Élevé	Abaissé

Hormone lutéinisante	Hommes:
	  3 à 25 mIu/mL
	Femmes:
	  2 à 20 mIu/mL
	Pic de production:
	  30 à 140 mIu/mL
		3 à 25 IU/L
		
		2 à 20 IU/L
		
		30 à 140 IU/L
			Tumeur hypophysaire
			Insuffisance ovarienne
				Insuffisance
				  hypophysaire

Hormone parathyroïdienne	160 à 350 pg/mL	160 à 350 ng/L	Hyperparathyroïdie	

17-hydroxyprogestérone	Hommes:
	  0,4 à 4 ng/mL
	Femmes:
	  0,1 à 3,3 ng/mL
	Enfants:
	  0,1 à 0,5 ng/mL
		1,2 à 12 nmol/L
		
		0,3 à 10 nmol/L
		
		0,3 à 1,5 nmol/L
			Hyperplasie congénitale des
			  surrénales
			Grossesse
			Certains cas d'adénome
			  surrénalien ou ovarien	

Hyperglycémie provoquée	Limite supérieure de la
	  normale:
	À jeun:
	  125 mg/100 mL
	1 heure:
	  190 mg/100 mL
	2 heures:
	  140 mg/100 mL
	3 heures:
	  125 mg/100 mL
		
		6,9 mmol/L
		
		10,5 mmol/L
		
		7,7 mmol/L
		
		6,9 mmol/L
			(Courbe plate ou inversée)
			Hyperinsulinisme
			Insuffisance surrénalienne
			  (maladie d'Addison)
			Hypoactivité de l'hypophyse
			  antérieure
			Hypothyroïdie
			Maladie cœliaque
				(Courbe élevée)
				Diabète
				Hyperthyroïdie
				Tumeur ou hyperplasie
				  des surrénales
				Anémie grave
				Certaines maladies du
				  système nerveux
				  central

Immunoglobuline A	50 à 300 mg/100 mL	0,5 à 3 g/L	Myélome à IgA
			Syndrome de Wiskott-Aldrich
			Maladies auto-immunitaires
			Cirrhose
				Ataxie-télangiectasies
				Agammaglobulinémie
				Hypogammaglobuli-
				  némie transitoire
				Dysgammaglobulinémie
				Entéropathies avec
				  pertes de protéines

Immunoglobuline D	0 à 30 mg/100 mL	0 à 300 mg/L	Myélome à IgD Certaines infections chroniques	
Immunoglobuline E	20 à 740 ng/mL	20 à 740 μg/L	Allergies et infections parasitaires	

Immunoglobuline G	635 à 1400 mg/100 mL	6,35 à 14 g/L	Myélome à IgG
			Après une hyperimmunisation
			Maladies auto-immunitaires
			Infections chroniques
				Hypogammaglobuliné-
				  mies congénitales et
				  acquises
				Myélome à IgA
				Macroglobulinémie de
				  Waldenström
				Certains syndromes de
				  malabsorption
				Grave perte de protéines

Immunoglobuline M	40 à 280 mg/100 mL	0,4 à 2,8 g/L	Macroglobulinémie de
			  Waldenström
			Infections parasitaires
			Hépatite
				Agammaglobulinémie
				Certains myélomes à
				  IgG et à IgA
				Leucémie lymphoïde
				  chronique

Insuline	5 à 25 μU/mL	35 à 145 pmol/L	Insulinome Acromégalie	Diabète
Isocitrate-déshydrogénase	50 à 180 U	0,83 à 3 U/L	Hépatite et cirrhose Ictère obstructif Cancer métastatique du foie Anémie mégaloblastique	
Lactate-déshydrogénase (LDH)	100 à 225 mU/L	100 à 225 U/L	Anémie pernicieuse non traitée Infarctus du myocarde Infarctus pulmonaire Maladies du foie	

Biochimie (sang) (suite)

	Intervalles de référence (adultes)		Interprétation clinique	
Lactate-déshydrogénase, iso-enzymes			LDH-1 et LDH-2:	
LDH-1	20 à 35 %	0,2 à 0,35	Infarctus du myocarde	
			Anémie mégaloblastique	
LDH-2	25 à 40 %	0,25 à 0,4	Anémie hémolytique	
			LDH-4 et LDH-5:	
LDH-3	20 à 30 %	0,2 à 0,3	Infarctus pulmonaire	
			Insuffisance cardiaque	
LDH-4	0 à 20 %	0 à 0,2	Maladies du foie	
LDH-5	0 à 25 %	0 à 0,25		
Leucine aminopeptidase	80 à 200 U/L	19,2 à 48 U/L	Maladies du foie et des voies biliaires	
			Maladies du pancréas	
			Cancers métastatiques du foie et du pancréas	
			Obstruction des voies biliaires	
Lipase	0,2 à 1,5 U/mL	55 à 417 U/L	Pancréatite aiguë et chronique	
			Obstruction des voies biliaires	
			Cirrhose	
			Hépatite	
			Ulcère gastroduodénal	
Lipides totaux	400 à 1000 mg/100 mL	4 à 10 g/L	Hypothyroïdie	Hyperthyroïdie
			Diabète	
			Néphrose	
			Glomérulonéphrite	
			Hyperlipoprotéinémies	

Caractéristiques des différents types d'hyperlipoprotéinémies

Type	Fréquence	Aspect du sérum	Triglycérides	Cholestérol	Électrophorèse des lipoprotéines				Causes
					Bêta	Pré-bêta	Alpha	Chylomicrons	
I	Très rare	Lactescent	Très élevés	Normal à modérément élevé	Faible	Faible	Faible	Très forte	Dysglobulinémie
II	Fréquent	Limpide	Normaux à légèrement élevés	Légèrement élevé à très élevé	Forte	Absente à forte	Modérée	Faible	Hypothyroïdie, myélomes, syndrome hépatique et apport alimentaire élevé en cholestérol
III	Rare	Limpide ou lactescent	Élevés	Élevé	Large bande, forte	Chevauche la bande bêta	Modérée	Faible	
IV	Très fréquent	Limpide ou lactescent	Légèrement élevés ou très élevés	Normal à légèrement élevé	Faible à modérée	Modérée à forte	Faible à modérée	Faible	Hypothyroïdie, diabète, pancréatite, glycogénoses, syndrome néphrotique myélomes, grossesse et prise de contraceptifs oraux
V	Rare	Limpide ou lactescent	Très élevés	Élevé	Faible	Modérée	Faible	Forte	Diabète, pancréatite, alcoolisme

Les types I et II sont provoqués par les lipides, les types III et IV par les glucides et le type V par les lipides et les glucides.

Biochimie (sang) (suite)

Composant ou épreuve	Intervalles de référence (adultes)		Interprétation clinique	
	Anciennes unités	Unités SI	Élevé	Abaissé
Lithium	0,5 à 1,5 mEq/L	0,5 à 1,5 mmol/L		
Lysozyme (muramidase)	2,8 à 8 µg/mL	2,8 à 8 mg/L	Leucémie monocytaire aiguë Inflammations et infections	Leucémie lymphoïde aiguë
Magnésium	1,3 à 2,4 mEq/L	0,7 à 1,2 mmol/L	Consommation exagérée d'antiacides contenant du magnésium	Alcoolisme chronique Maladie rénale grave Diarrhée Retard de croissance
Manganèse	0,04 à 1,4 µg/100 mL	73 à 255 nmol/L		
Mercure	<10 µg/100 mL	<50 nmol/L	Intoxication au mercure	
Myoglobine	<85 ng/mL	<85 µg/L	Infarctus du myocarde Nécrose musculaire	
5'nucléotidase	3,2 à 11,6 IU/L	3,2 à 11,6 IU/L	Maladies hépatobiliaires	
Osmolalité	280 à 300 mOsm/kg	280 à 300 mmol/L	Déséquilibre hydro-électrolytique	Sécrétion inadéquate d'hormone antidiu-rétique
Peptide C	1,5 à 10 ng/mL	1,5 à 10 µg/L	Insulinome	Diabète
pH	7,35 à 7,45	7,35 à 7,45	Vomissements Hyperhypnée Fièvre Obstruction intestinale	Urémie Acidose diabétique Hémorragie Néphrite
Phénylalanine	Première semaine de vie: 1,2 à 3,5 mg/100 mL Après: 0,7 à 3,5 mg/100 mL	0,07 à 0,21 mmol/L 0,04 à 0,21 mmol/L	Phénylcétonurie	
Phosphatase acide prostatique	0 à 3 U	0 à 5,5 U/L	Cancer de la prostate	
Phosphatase acide totale	0 à 11 U/L	0 à 11 U/L	Cancer de la prostate Maladie de Paget au stade avancé Hyperparathyroïdie Maladie de Gaucher	
Phosphatase alcaline	30 à 120 U/L	30 à 120 U/L	Augmentation de l'activité ostéoblastique Rachitisme Hyperparathyroïdie Maladies du foie	
Phosphohexose isomérase	20 à 90 IU/L	20 à 90 IU/L	Cancers Maladies du cœur, du foie et des muscles squelettiques	
Phospholipides	125 à 300 mg/100 mL	1,25 à 3,0 g/L	Diabète Néphrite	
Phosphore inorganique	2,5 à 4,5 mg/100 mL	0,8 à 1,45 mmol/L	Néphrite chronique Hypoparathyroïdie	Hyperparathyroïdie Carence en vitamine D
Plomb	<40 µg/100 mL	<2 µmol/L	Intoxication au plomb	
Potassium	3,8 à 5,0 mEq/L	3,8 à 5,0 mmol/L	Maladie d'Addison Oligurie Anurie Hémolyse, nécrose tissulaire	Acidose diabétique Diarrhée Vomissements

Biochimie (sang) (suite)

Composant ou épreuve	Intervalles de référence (adultes)		Interprétation clinique	
	Anciennes unités	Unités SI	Élevé	Abaissé
Progestérone	Phase folliculaire: <2 ng/mL Phase lutéale: 2 à 20 ng/mL Fin du cycle <1 ng/mL Grossesse 20e semaine: jusqu'à 50 ng/mL	<6 nmol/L 6 à 64 nmol/L <3 nmol/L jusqu'à 160 nmol/L	Utile dans l'évaluation des troubles menstruels et de l'infertilité, de même que de la fonction placentaire dans les grossesses avec complications (toxémie gravidique, diabète, menace d'avortement)	
Prolactine	0 à 20 ng/mL	0 à 20 ug/L	Grossesse Troubles fonctionnels ou structurels de l'hypothalamus Section de la tige pituitaire Tumeurs hypophysaires	
Protéines: Totales Albumine Globulines	 6 à 8 g/100 mL 3,5 à 5 g/100 mL 1,5 à 3 g/100 mL	 60 à 80 g/L 35 à 50 g/L 15 à 30 g/L	Hémoconcentration Choc Myélome multiple (fraction globulines) Infections chroniques (fraction globulines) Maladies du foie (fraction globulines)	Malnutrition Hémorragie Brûlures Protéinurie
Protoporphyrine	15 à 100 μg/100 mL	0,27 à 1,8 μmol/L	Intoxication au plomb Protoporphyrie érythropoïétique	
Pyridoxine	3,6 à 18 ng/mL			Dépression Neuropathies périphériques Anémie Convulsions néonatales Réaction à certains médicaments
Régime normal en sodium Régime réduit en sodium Rénine	1,1 à 4,1 ng/mL/h 6,2 à 12,4 ng/mL/h	0,3 à 1,14 ng•L^{-1}•s^{-1} 1,72 à 3,44 ng•L^{-1}•s^{-1}	Hypertension rénovasculaire Hypertension maligne Maladie d'Addison non traitée Néphropathie avec perte de sel Régime pauvre en sel Traitement aux diurétiques Hémorragie	Aldostéronisme primaire Augmentation de l'apport en sel Corticothérapie avec rétention de sel Traitement à l'hormone antidiurétique Transfusion sanguine
Sodium	135 à 145 mEq/L	135 à 145 mmol/L	Hémoconcentration Néphrite Obstruction du pylore	Hémodilution Maladie d'Addison Myxœdème
Sulfate inorganique	0,5 à 1,5 mg/100 mL	0,05 à 0,15 mmol/L	Néphrite Rétention d'azote	
Testostérone	Femmes: 25 à 100 ng/100 mL Hommes: 300 à 800 ng/100 mL	 0,9 à 3,5 nmol/L 10,5 à 28 nmol/L	Femmes: Polykystose ovarienne Tumeurs virilisantes	Hommes: Orchidectomie Œstrogénothérapie Syndrome de Klinefelter Hypopituitarisme Hypogonadisme Cirrhose

Biochimie (sang) (suite)

Composant ou épreuve	Intervalles de référence (adultes)		Interprétation clinique	
	Anciennes unités	Unités SI	Élevé	Abaissé
Thyrotrophine (TSH)		2 à 11 mU/L	Hypothyroïdie	Hyperthyroïdie
Thyroxine libre	1,0 à 2,2 ng/100 mL	13 à 30 pmol/L		
Thyroxine (T$_4$)	4,5 à 11,5 µg/100 mL	58 à 150 nmol/L	Hyperthyroïdie Thyroïdite Prise de contraceptifs oraux (à cause de l'augmentation du taux des protéines de liaison de la thyroxine) Grossesse	Hypothyroïdie Prise d'androgènes et de stéroïdes anabolisants (à cause de la baisse du taux des protéines de liaison de la thyroxine) Hypoprotéinémie Syndrome néphrotique
Transferrine	230 à 320 mg/100 mL	2,3 à 3,2 g/L	Grossesse Anémie ferriprive due à une hémorragie Hépatite aiguë Polyglobulie Prise de contraceptifs oraux	Anémie pernicieuse en rémission Thalassémie et drépanocytose Chromatose Cancer et autres maladies du foie
Triglycérides	10 à 150 mg/100 mL	0,10 1,65 mmol/L	Voir le tableau des hyperlipoprotéinémies	
Triiodothyronine (T$_3$), captation	25 à 35 %	0,25 à 0,35	Hyperthyroïdie Déficit en TBG Prise d'androgènes et de stéroïdes anabolisants	Hypothyroïdie Grossesse Excès de TBG Prise d'œstrogènes
Triiodothyronine totale	75 à 220 ng/100 mL	1,15 à 3,1 nmol/L	Grossesse Hyperthyroïdie	Hypothyroïdie
Tryptophane	1,4 à 3,0 mg/100 mL	68 à 147 nmol/L		Malabsorption du tryptophane
Tyrosine	0,5 à 4 mg/100 mL	28 à 220 mmol/L	Tyrosinose	
Urée, azote	10 à 20 mg/100 mL	3,6 à 7,2 mmol/L	Glomérulonéphrite aiguë Obstruction urinaire Intoxication au mercure Syndrome néphrotique	Insuffisance hépatique grave Grossesse
Vitamine A	50 à 220 µg/100 mL	1,75 à 7,7 µmol/L	Hypervitaminose A	Carence en vitamine A Maladie cœliaque Ictère obstructif Giardiase
Vitamine B$_1$ (thiamine)	1,6 à 4,0 µg/100 mL	47 à 135 nmol/L		Anorexie Béribéri Polyneuropathies Myocardiopathies
Vitamine B$_6$ (pyridoxal)	3,6 à 18 ng/mL	14,6 à 72,8 nmol/L		Alcoolisme chronique Malnutrition Urémie Convulsions néonatales Malabsorption

Biochimie (sang) (suite)

Composant ou épreuve	Intervalles de référence (adultes)		Interprétation clinique	
	Anciennes unités	Unités SI	Élevé	Abaissé
Vitamine B$_{12}$	130 à 785 pg/mL	100 à 580 pmol/L	Lésions des cellules hépatiques Maladies myéloprolifératives (les taux les plus élevés s'observent dans la leucémie myéloïde)	Végétarisme strict Alcoolisme Anémie pernicieuse Gastrectomie totale ou partielle Résection de l'iléon Maladie cœliaque Infection par le Diphyllobothrium latum
Vitamine E	0,5 à 2 mg/100 mL	11,6 à 46,4 µmol/L		Carence en vitamine E
Zinc	55 à 150 µg/100 mL	7,6 à 23 µmol/L		

Biochimie (urines)

Composant ou épreuve	Intervalles de référence (adultes)		Interprétation clinique	
	Anciennes unités	Unités SI	Élevé	Abaissé
Acétone et acétoacétate	Négatif		Diabète mal équilibré État d'inanition	
Acide delta aminolévulinique	0 à 0,54 mg/100 mL	0 à 40 µmol/L	Intoxication au plomb Porphyrie hépatique Hépatite Cancer du foie	
Acide homogentisique	0		Alcaptonurie Ochronose	
Acide homovanillique	<15 mg/24 h	<82 µmol/d	Neuroblastome	
Acide 5-hydroxyindole-acétique	0		Carcinomes	
Acide phénylpyruvique	0		Phénylcétonurie	
Acide urique	250 à 750 mg/24 h	1,48 à 4,43 mmol/d	Goutte	Néphrite
Acide vanillylmandélique	<6,8 mg/24 h	<35 µmol/d	Phéochromocytome Neuroblastome Certains aliments (café, thé, bananes) et certains médicaments dont l'aspirine	
Acidité titrable	20 à 40 mEq/24 h	20 à 40 mmol/d	Acidose métabolique	Alcalose métabolique
Aldostérone	Régime normal en sel: 4 à 20 µg/24 h	11,1 à 55,5 nmol/d	Aldostéronisme secondaire Déficit en sel Surcharge en potassium Administration d'ACTH à fortes doses Insuffisance cardiaque Cirrhose avec ascite Néphrose Grossesse	

Biochimie (urines)

| Composant ou épreuve | Intervalles de référence (adultes) | | Interprétation clinique | |
	Anciennes unités	Unités SI	Élevé	Abaissé
Amylase	35 à 260 unités excrétées à l'heure	6,5 à 48,1 U/h	Pancréatite aiguë	
Arylsulfatase A	>2,4 U/mL			Leucodystrophie métachromatique
Azote d'aminoacide	50 à 200 mg/24 h	3,6 à 14,3 mmol/d	Leucémies Diabète Phénylcétonurie et autres maladies métaboliques	
Calcium	<150 mg/24 h	<3,75 mmol/d	Hyperparathyroïdie Intoxication à la vitamine D Syndrome de Fanconi	Hypoparathyroïdie Carence en vitamine D
Catécholamines	Totales: 0 à 275 µg/24 h Épinéphrine: 10 à 40 % Norépinéprhine: 60 à 90 %	0 à 1625 nmol/d 0,1 à 0,4 0,6 à 0,9	Phéochromocytome Neuroblastome	
17-cétostéroïdes	Hommes: 10 à 22 mg/24 h Femmes: 6 à 16 mg/24 h	35 à 76 µmol/d 21 à 55 µmol/d	Carcinome des testicules à cellules interstitielles Hirsutisme (occasionnellement) Hyperplasie surrénalienne Syndrome de Cushing Cancer virilisant des surrénales Arrhénoblastome	Thyrotoxicose Hypogonadisme chez la femme Diabète Hypertension Maladies débilitantes Eunochoïdisme Maladie d'Addison Panhypopituitarisme Myxœdème Néphrose
Clairance de la créatinine	100 à 150 mL/min	1,7 à 2,5 mL/s		Maladies rénales
Cortisol, libre	20 à 90 µg/24 h	55 à 248 nmol/d	Syndrome de Cushing	
Créatine	Hommes: 0 à 40 mg/24 h Femmes: 0 à 80 mg/24 h	0 à 300 µmol/d 0 à 600 µmol/d	Dystrophie musculaire Fièvre Cancer du foie Grossesse Hyperthyroïdie Myosite	
Créatinine	0,8 à 2 g/24 h	7 à 17,6 mmol/d	Fièvre typhoïde Salmonellose Tétanos	Atrophie musculaire Anémie Insuffisance rénale avancée Leucémie
Cuivre	20 à 70 µg/24 h	0,32 à 1,12 µmol/d	Maladie de Wilson Cirrhose Néphrose	
Cystine et cystéine	10 à 100 mg/24 h	40 à 420 µmol/d	Cystinurie	
11-désoxycortisol	20 à 100 µg/24 h	0,6 à 2,9 µmol/d	Forme hypertensive de l'hyperplasie surrénalienne virilisante due à un déficit en 11-bêta-hyroxylase	
Épreuve d'absorption du D-Xylose	16 à 33 % du D-xylose ingéré	0,16 à 0,33		Syndrome de malabsorption

Biochimie (urines)   (suite)

Composant ou épreuve	Intervalles de référence (adultes)		Interprétation clinique	
	Anciennes unités	Unités SI	Élevé	Abaissé
Estriol (placentaire)	*Semaines de grossesse*	µg/24 h	nmol/d	Détresse fœtale Prééclampsie Insuffisance placentaire Diabète mal équilibré
	12	<1	<3,5	
	16	2 à 7	7 à 24,5	
	20	4 à 9	14 à 32	
	24	6 à 13	21 à 45,5	
	28	8 à 22	28 à 77	
	32	12 à 43	42 à 150	
	36	14 à 45	49 à 158	
	40	19 à 46	66,5 à 160	
Estriol (femmes non enceintes)	Femmes: Début de la menstruation:		Hypersécrétion d'œstrogènes due à un cancer des gonades ou des surrénales	Aménorrhée primaire ou secondaire
	4 à 25 µg/24 h	15 à 85 nmol/d		
	Pic ovulation			
	28 à 99 µg/24 h	95 à 345 nmol/d		
	Pic lutéal			
	22 à 105 µg/24 h	75 à 365 nmol/d		
	Après la ménopause:			
	1,4 à 19,6 µg/24 h	5 à 70 nmol/d		
	Hommes:			
	5 à 18 µg/24 h	15 à 60 nmol/d		
Étiocholanolone	Hommes:		Syndrome génitosurrénal Hirsutisme idiopathique	
	1,9 à 6 mg/24 h	6,5 à 20,6 µmol/d		
	Femmes:			
	0,5 à 4 mg/24 h	1,7 à 13,8 µmol/d		
17-hydroxycorticostéroïdes	2 à 10 mg/24 h	5,5 à 27,5 µmol/d	Maladie de Cushing	Maladie d'Addison Hypofonctionnement de l'hypophyse antérieure
Glucose	Négatif		Diabète Troubles hypophysaires Hypertension intracrânienne Lésion du 4e ventricule	
Gonadotrophine chorionique	Négatif en l'absence de grossesse		Grossesse Chorioépithéliome Môle hydatiforme	
Hémoglobine et myoglobine	Négatif		Brûlures étendues Transfusion de sang incompatible Graves blessures par écrasement (myoglobine)	
Hormone folliculostimulante (FSH)	Femmes: Phase folliculaire:		Ménopause et insuffisance ovarienne primaire	Insuffisance hypophysaire
	5 à 20 IU/24 h	5 à 20 IU/d		
	Phase lutéale:			
	5 à 15 IU/24 h	5 à 15 IU/d		
	Milieu du cycle:			
	15 à 60 IU/24 h	15 à 60 IU/d		
	Après la ménopause:			
	50 à 100 IU/24 h	50 à 100 IU/d		
	Hommes:			
	5 à 25 IU/24 h	5 à 25 IU/d		

Biochimie (urines) (suite)

Composant ou épreuve	Intervalles de référence (adultes)		Interprétation clinique	
	Anciennes unités	Unités SI	Élevé	Abaissé
Hormone lutéinisante	Hommes: 5 à 18 IU/24 h Femmes: Phase folliculaire: 2 à 25 IU/24 h Pic ovulation: 30 à 95 IU/24 h Phase lutéale: 2 à 20 IU/24 h Après la ménopause: 40 à 110 IU/24 h	5 à 18 IU/d 2 à 25 IU/d 30 à 95 IU/d 2 à 20 IU/d 40 à 110 IU/d	Tumeur hypophysaire Insuffisance ovarienne	Insuffisance hypophysaire
Hydroxyproline	15 à 43 mg/24 h	0,11 à 0,33 μmol/d	Maladie de Paget Dysplasie fibreuse Ostéomalacie Cancer des os Hyperparathyroïdie	
Métanéphrines	0 à 2 mg/24 h	0 à 11,0 μmol/d	Phéochromocytome; dans quelques cas de phéochromocytome, les métanéprhines sont élevées, mais les catécholamines et l'acide vanillylmandélique sont normaux.	
Mucopolysaccharides	0		Maladie de Hurler Syndrome de Marfan Maladie de Morquio	
Osmolalité	Hommes: 390 à 1090 mOsm/kg Femmes: 300 à 1090 mOsm/kg	390 à 1090 mmol/kg 300 à 1090 mmol/kg	Utile dans l'étude de l'équilibre hydroélectrolytique	
Oxalate	<40 mg/24 h	<450 μmol/d	Oxalose	
Phosphore inorganique	0,8 à 1,3 g/24 h	26 à 42 mmol/d	Hyperparathyroïdie Intoxication à la vitamine D Maladie de Paget Cancer métastatique des os	Hypoparathyroïdie Carence en vitamine D
Plomb	<150 μg/24 h	<0,6 μmol/d	Intoxication au plomb	
Porphobilinogène	0 à 2,0 mg/24 h	0 à 8,8 μmol/d	Intoxication au plomb chronique Porphyrie aiguë Maladie du foie	
Porphyrines	Coproporphyrine: 45 à 180 μg/24 h Uroporphyrine: 5 à 20 μg/24 h	68 à 276 nmol/d 6 à 24 nmol/d	Porphyrie hépatique Porphyrie érythropoïétique Porphyrie cutanée tardive Intoxication au plomb (coproporphyrine seulement)	
Potassium	40 à 65 mEq/24 h	40 à 65 mmol/d	Hémolyse	

Biochimie (urines) (suite)

Composant ou épreuve	Intervalles de référence (adultes)		Interprétation clinique	
	Anciennes unités	*Unités SI*	*Élevé*	*Abaissé*
Prégnandiol	Femmes: Phase proliférative: 0,5 à 1,5 mg/24 h Phase lutéale: 2 à 7 mg/24 h Après la ménopause: 0,2 à 1 mg/24 h Grossesse:	 1,6 à 4,8 μmol/d 6 à 22 μmol/d 0,6 à 3,1 μmol/d	Kystes du corps jaune Rétention placentaire Certaines tumeurs corticosur- rénaliennes	Insuffisance placentaire Menace d'avortement Mort intra-utérine

Semaines de gestation	*mg/24 h*	*μmol/d*
10 à 12	5 à 15	15,6 à 47,0
12 à 18	5 à 25	15,6 à 78,0
18 à 24	15 à 33	47,0 à 103,0
24 à 28	20 à 42	62,4 à 131,0
28 à 32	27 à 47	84,2 à 146,6

Composant ou épreuve	Anciennes unités	Unités SI	Élevé	Abaissé
	Hommes: 0,1 à 2 mg/24 h	 0,3 à 6,2 μmol/d		
Prégnantriol	0,4 à 2,4 mg/24 h	1,2 à 7,1 μmol/d	Hyperplasie surrénalienne congénitale androgénique	
Protéines	<100 mg/24 h	<0,10 g/d	Néphrite Insuffisance cardiaque Intoxication au mercure Fièvre Hématurie	
Protéines de Bence-Jones	Absence		Myélome multiple	
Sodium	130 à 200 mEq/24 h	130 à 200 mmol/d	Utile dans l'étude de l'équi- libre hydroélectrolytique	
Urée	12 à 20 g/24 h	450 à 700 mmol/d	Augmentation du catabolisme des protéines	Altération de la fonc- tion rénale
Urobilinogène	0 à 4 mg/24 h	0 à 6,8 μmol/d	Maladies du foie et des voies biliaires Anémies hémolytiques	Obstruction des voies biliaires Diarrhée Insuffisance rénale
Zinc	0,15 à 1,2 mg/24 h	2,3 à 18,4 μmol/d		

Liquide céphalorachidien

Composant ou épreuve	Intervalles de référence (adultes)		Interprétation clinique	
	Anciennes unités	*Unités SI*	*Élevé*	*Abaissé*
Acide lactique	<24 mg/100 mL	<2,7 mmol/L	Méningite bactérienne Hypocapnie Hydrocéphalie Abcès cervical Ischémie cérébrale	
Albumine	15 à 30 mg/100 mL	150 à 300 g/L	Certains troubles neurolo- giques Lésion du plexus choroïde ou obstruction de l'écoulement du liquide céphalorachidien Altération de la barrière hémato-encéphalique	

Liquide céphalorachidien

Composant ou épreuve	Intervalles de référence (adultes)		Interprétation clinique	
	Anciennes unités	Unités SI	Élevé	Abaissé
Chlorure	100 à 130 mEq/L	100 à 130 mmol/L	Urémie	Méningite aiguë généralisée Méningite tuberculeuse
Électrophorèse des protéines (acétate de cellulose)			Augmentation de la fraction albumine seulement: lésion du plexus choroïde ou obstruction de l'écoulement du liquide céphalorachidien. Augmentation de la fraction gamma-globuline avec fraction albumine normale: sclérose en plaques, neurosyphilis, panencéphalite sclérosante subaiguë et infections chroniques du SNC. Fraction gamma-globuline élevée avec fraction albumine élevée: altération grave de la barrière hémato-encéphalique.	
Préalbumine	3 à 7 %	0,03 à 0,07		
Albumine	56 à 74 %	0,56 à 0,74		
Globulines:				
Alpha$_1$	2 à 6,5 %	0,02 à 0,065		
Alpha^2	3 à 12 %	0,03 à 0,12		
Bêta	8 à 18,5 %	0,08 à 0,18		
Gamma	4 à 14 %	0,04 à 0,14		
Glucose	50 à 75 mg/100 mL	2,7 à 4,1 mmol/L	Diabète Coma diabétique Encéphalite épidémique Urémie	Méningite aiguë Méningite tuberculeuse Choc insulinique
Glutamine	6 à 15 mg/100 mL	0,4 à 1,0 mmol/L	Encéphalopathies hépatiques, dont le syndrome de Reye Coma hépatique Cirrhose	
IgG	0 à 6,6 mg/100 mL	0 à 6,6 g/L	Altération de la barrière hémato-encéphalique Sclérose en plaques Neurosyphilis Panencéphalite sclérosante subaiguë Infections chroniques du SNC	
Lactate déshydrogénase	1/10 du taux sérique	0,1	Maladies du SNC	
Numération globulaire	0 à 5/mm^3	0 à 5 × 10^6/L	Méningite bactérienne Méningite virale Neurosyphilis Poliomyélite Encéphalite léthargique	
Protéines				
lombaires	15 à 45 mg/100 mL	15 à 45 g/L	Méningite aiguë	
sous-occipitales	15 à 25 mg/100 mL	15 à 25 g/L	Méningite tuberculeuse	
ventriculaires	5 à 15 mg/100 mL	5 à 15 g/L	Neurosyphilis Poliomyélite Syndrome de Guillain-Barré	

Liquide gastrique

Composant ou épreuve	Intervalles de référence (adultes)		Interprétation clinique	
	Anciennes unités	Unités SI	Élevé	Abaissé
Acidité maximum	5 à 50 mEq/h	5 à 40 mmol/h	Syndrome de Zollinger-Ellison	Gastrite atrophique chronique
Débit acide basal	0 à 6 mEq/h	0 à 6 mmol/h	Ulcère gastroduodénal	Cancer de l'estomac
pH	<2	<2		Anémie pernicieuse

Concentrations thérapeutiques de différents médicaments

Médicament	Anciennes unités	Unités SI
Acétaminophène	10 à 20 µg/mL	10 à 20 mg/L
Aminophylline (théophylline)	10 à 20 µg/mL	10 à 20 mg/L
Bromure	5 à 50 mg/100 mL	50 à 500 mg/L
Chlordiazépoxide	1 à 3 µg/mL	1 à 3 mg/L
Diazépam	0,5 à 2,5 µg/100 mL	5 à 25 µg/L
Digitoxine	5 à 30 ng/mL	5 à 30 µg/L
Digoxine	0,5 à 2 ng/mL	0,5 à 2 µg/L
Gentamicine	4 à 10 µg/mL	4 à 10 mg/L
Phénobarbital	15 à 40 µg/mL	15 à 40 mg/L
Phénytoïne	10 à 20 µg/mL	10 à 20 mg/L
Primidone	5 à 12 µg/mL	5 à 12 mg/L
Quinidine	0,2 à 0,5 mg/100 mL	2 à 5 mg/L
Salicylates	2 à 25 mg/100 mL	20 à 250 mg/L
Sulfamides:		
Sulfadiazine	8 à 15 mg/100 mL	80 à 150 mg/L
Sulfaguanidine	3 à 5 mg/100 mL	30 à 50 mg/L
Sulfamérazine	10 à 15 mg/100 mL	100 à 150 mg/L
Sufanilamide	10 à 15 mg/100 mL	100 à 150 mg/L

Concentrations toxiques de différentes substances

Substance	Anciennes unités	Unités SI
Éthanol	Intoxication marquée: 0,3 à 0,4 % Stupeur: 0,4 à 0,5 %	
Méthanol	Concentration potentiellement fatale: >10 mg/100 mL	>100 mg/L
Monoxyde de carbone	>20 % de saturation	
Salicylates	>30 mg/100 mL	300 mg/L

manifestations cliniques et traitement, 756-757, 756f
soins à domicile, 757
Hémostase, 446t, 468. *Voir aussi* Coagulation
Hémothorax, 138
Hemovac, 991
Héparine, 445
et dérivés coumariniques, tableau comparatif, 431t
sodique, hyperthermie maligne, 967t
traitement à l', 430
Hépatite
A
enseignement au patient, 785
épidémiologie, 783-784, 786t
manifestations cliniques, 784-785, 786t
prévention, 785, 787t
pronostic, 785
soins à domicile, 785
traitement, 785
B
antigènes et anticorps, 785
enseignement au patient, 788
épidémiologie, 785, 787, 786t
gérontologie, 787
manifestations cliniques, 786t, 787
prévention, 786t, 788
pronostic, 788
soins à domicile, 788
traitement, 787-788
vaccination, 788-789
C (non A — non B), 784e, 786t, 787t, 789
D, 784e, 786t, 787t, 789
fulminante, 790
médicamenteuse, 790
toxique, 789
hépatotoxines, 789
manifestations cliniques et traitement, 790
transmission par transfusion, 478
Hépatocytes, 768
Hépatome, 805
Hering-Bremer, réflexe de, 30
Hernie
abdominale
réduction mécanique, 743
résection. *Voir* Hernioraphie
types, 742-744
étranglée, 743
inguinale
directe, 742-743
indirecte, 742, 743f
irréductible, 743
ombilicale, 743
réductible, 743
ventrale, 743
cervicale, 1978
crurale (fémorale), 743
discale, 1977, 2082
hiatale, 658f, 659
par glissement, 658f, 659
par roulement, 658f, 659
Hernioplastie, 743
Herniorraphie
enseignement au patient, 744
évaluation du patient, 744
soins à domicile, 744
traitement
postopératoire, 743-744
préopératoire, 743
Héroïne, abus, 1744t
Herpès
génital, 1156-1158
infections, 1677
gingivostomatite, 637t
labial, 6
simplex, 6
Herpèsvirus type 2, infections, 1156
démarche de soins infirmiers, 1157-1158
Hétérogreffe, 371, 1597, 1627
Hétérosexualité, 1328
sida, 1463
Hibitane, impétigo, 1573
Hickman, cathéter de, 1402, 1425
Hippocratisme digital, 39f, 40, 1556, 1558f

Hirsutisme, 1551
His, faisceau de, 271, 271f
Histamine
inhibiteurs des récepteurs H₂, 693-694, 693t
réaction
immunitaire, 1492, 1492t
inflammatoire, 1457
régulation gastro-intestinale, 616, 618t
Histiocytes, réaction immunitaire, 1452
Histoplasmose
enseignement sanitaire, 1710
manifestations cliniques, 1709
traitement, 1709
Hodgkin, maladie de, 466
classification par stade, 466-467
soins infirmiers, 467
Holter, moniteur de, 288
Homéostasie, 173
adaptation, 492
maintien, mécanismes responsables, 1350
organes d', 494
processus physiopathologique, 491-501
Homogreffe, 371, 372, 1597, 1627
Homosexualité, 1328
sida, 1463
Hoquet, soins postopératoires, 979-980
Horloge biologique, 1310
Hormone(s)
adrénocorticotrope
entéropathies inflammatoires chroniques, 730
antidiurétique (ADH). *Voir aussi* Vasopressine
diabète insipide, 910
hypophyse et, 877
sécrétion inadéquate, 910-911
varices œsophagiennes, 801, 802e
corticotrope (ACTH), hypersécrétion, 903
de croissance (somatotrophine), 877
folliculostimulante (FSH), 1130, 1131f
lutéinisante (LH), 1130,1131f
œstrogènes, 1130, 1131f
ovariennes, 1130
parathyroïdienne. *Voir* PTH
progestérone, 1130, 1131f
sexuelles, 880, 899
stéroïdes, 1130
tractus gastro-intestinal, 616, 618t
Hormonothérapie
acné, 1570, 1571t
cancer du sein, 1194, 1199t, 1200t
hypothyroïdie, 884, 889
Horton, céphalée de, 1917
Hospitalitisme, 521
Hostilité
réaction au stress et à la menace, 527
interventions infirmières, 528
Hôte(s)
immunoprives, 1462
mécanismes de défense, 1689
susceptibilité, 1683
Howship, lacunes de, 2006
HSV-1. *Voir* Herpès simplex
HSV-1 et 2, 1156
Hubert, aiguille de, 1403, 1403f
Humérus
col, fracture, 2057, 2057f
corps, fracture, 2057-2059, 2058f
Humeur aqueuse, 1763
sécrétion, 1782, 1783f, 1784f
Huntington, chorée de. *Voir* Chorée de Huntington
Hydratation
gavage, 675
peau, 1552
Hydrea, 463
psoriasis, 1580
Hydrocèle, 1236
Hydrocortisone
hyperthermie maligne, 967t
maladie d'Addison, 901
Hydronéphrose
manifestations cliniques et traitement, 1076
vessie neurogène, 1043
Hydrops endolymphatique, 1822f, 1823-1825

Hydrothérapie, lésions cutanées, 1565, 1566t
Hydroxyde de magnésium, 715t
Hygiène
buccodentaire
cancer de la cavité buccale, 642
diabétiques hospitalisés, 867-868
dissection radicale du cou, après une, 651
fracture de la mandibule, après une, 651
maladies infectieuses, 1662, 1664, 1669
progrès de la recherche, 761
troubles de la cavité buccale, 633, 633t, 634
enseignement aux femmes, 1121
laryngectomie, 19
Hymen, 1120f, 1123
Hyménoptères, hypersensibilité, 1742
Hyperaldostéronisme, 905-906
Hyperazotémie, insuffisance rénale, 1022
Hyperbilirubinémie héréditaire, 778
Hypercalcémie, 1367. *Voir aussi* Calcium, excès
Hypercapnie, 72
Hypercholestérolémie, syndrome néphrotique, 1075
Hyperémie, 2006
Hyperglycémie, 303. *Voir aussi* Diabète sucré
Hyperinsulinisme, 923
Hyperkaliémie, 286, 1363, 1364t, 1372t. *Voir aussi* Potassium, excès
Hyperkératose, 2089
Hyperlipidémies, coronopathies, 301, 302t
Hyperlipoprotéinémie, 301
Hypermétropie, 1767, 1768f
Hypernatrémie, 382, 1357f, 1359, 1372t. *Voir aussi* Sodium, excès
Hyperparathyroïdie
manifestations cliniques et diagnostic, 895-896
traitement, 896
types, 895
urémie, 1023
Hyperpigmentation, 1554
Hyperplasie
cellulaire, 494, 495t
définition, 1388
médullaire, 454
prostatique bénigne, 1220
Hyperpnée, 33
Hypersensibilité
immédiate, 1461, 1491
médiateurs, 1492, 1492t
symptômes, 1491
par complexes immuns, 1461, 1491
retardée, 1461, 1492
types, 1461, 1491
Hypersialorrhée. *Voir aussi* Salivation excessive
Hypersonorité à la percussion, 255
Hypertension
artérielle, 417-426
classification, 418
soins infirmiers, 424
traitement médicamenteux, 420t-424t, 419f
générale, anévrisme cérébral, 1927
intracrânienne
gérontologie, 1869
interventions infirmières, 1866-1868
physiopathologie, 1858, 1865
soins infirmiers, démarche, 1865
traitement, 1865
portale
dérivations, 780-781, 781f
paracentèse, 780, 780f
séquelles, 778
systolique, 278
transitoire, 68

Hyperthermie maligne
d'effort, 1735
provoquée par l'anesthésie
étiologie et physiopathologie, 969
manifestations cliniques, 970
médicaments, 967t
traitement, 967t, 970
Hyperthyroïdie
adaptation, 891
apport nutritionnel, 891
collecte des données, 890
crise thyrotoxique, 892
enseignement au patient et soins à domicile, 891
estime de soi, 891
évaluation du patient, 891-892
gérontologie, 890
hyperthermie, 891
manifestations cliniques, 888-889
taux de récidive et complications, 890
traitement, 889-890, 891
Hypertonie extrapyramidale, maladie de Parkinson, 1933
Hypertrichose, 1566
Hypertriglycéridémie, hémodialyse, 1045
Hypertrophie
cellules, 494, 495t
seins, 1205
Hyperuricémie, 1537
Hyperventilation alvéolaire, 33
Hypervolémie, soins postopératoires, 980
Hypnotiques, soins préopératoires, 946
Hypo-insulinisme, tumeurs pancréatiques, 919
Hypoalbuminémie, syndrome néphrotique, 1075
Hypocalcémie, 1365. *Voir aussi* Calcium, déficit
Hypochlorhydrie, gastrite, 688
Hypochromie, 454, 458
Hypocondrie, 541
personnes âgées, 570
Hypoglycémiants, 846-847, 847t
Hypoglycémie
diabète sucré, 827
diabétiques hospitalisés, 866-867
enseignement au patient, 852
exercice, après l', 834
gérontologie, 852
grave, traitement, 852
prévention, 852
réactionnelle, alimentation parentérale totale, 684t
symptômes, 851
traitement, 852
Hypokaliémie, 286, 1361, 1372t. *Voir aussi* Potassium, déficit
Hyponatrémie, 353, 382, 1357f, 1358, 1359, 1372t. *Voir aussi* Sodium, déficit
Hypoparathyroïdie
causes, 896
manifestations cliniques et diagnostic, 897
physiopathologie, 897
traitement, 897
Hypophyse, 1832
anatomie, 877
anomalies, 877
diabète insipide, 910
hypopituitarisme, 908
nécrose hypophysaire du post-partum, 908
syndrome d'antidiurèse inadéquate, 910-911
chirurgie, 904, 910
corticostéroïdes et, 907
équilibre hydroélectrolytique, 1351, 1351f
tumeurs, 1918
adénomes
acidophiles, 908
basophiles, 908
chromophobes, 909
syndrome de Cushing, 903
traitement, 910
Hypophysectomie, 1212
syndrome de Cushing, 904
tumeurs hypophysaires, 910